PSICOLOGIA SOCIAL

```
M996p    Myers, David G.
             Psicologia social / David G. Myers ; tradução: Daniel
         Bueno, Maria Cristina Monteiro, Roberto Cataldo Costa ;
         revisão técnica: Elaine Rabelo Neiva, Fabio Iglesias. – 10. ed.
         – Porto Alegre : AMGH, 2014.
             567 p. : il. ; 28 cm.

             ISBN 978-85-8055-338-3

             1. Psicologia social. I. Título.

                                                         CDU 316.6
```

Catalogação na publicação: Ana Paula M. Magnus – CRB 10/2052

DAVID G. MYERS

PSICOLOGIA SOCIAL

10ª EDIÇÃO

Tradução:
Daniel Bueno
Maria Cristina Monteiro
Roberto Cataldo Costa

Revisão técnica:
Elaine Rabelo Neiva
Mestre e Doutora em Psicologia pela Universidade de Brasília (UnB).
Professora do Programa de Pós-graduação em Psicologia Social, do Trabalho e das Organizações na UnB.

Fabio Iglesias
Mestre em Psicologia pela Universidade Federal do Rio de Janeiro (UFRJ) e Doutor em Psicologia pela UnB.
Professor do Departamento de Psicologia Social e do Trabalho e do Programa de Pós-graduação em Psicologia Social, do Trabalho e das Organizações na UnB.

AMGH Editora Ltda.
2014

Obra originalmente publicada sob o título Social Psychology, 10th Edition
ISBN 0073370665 / 9780073370668

Original edition copyright © 2010, The McGraw-Hill Companies, Inc., New York, New York 10020. All rights reserved.

Portuguese language translation copyright © 2014, AMGH Editora Ltda., a Division of Grupo A Educação S.A.
All rights reserved.

Gerente editorial: *Letícia Bispo de Lima*

Colaboraram nesta edição:

Coordenadora editorial: *Claudia Bittencourt*

Capa: *Márcio Monticelli*

Imagens da capa:
©shutterstock.com / Iakov Filimonov, gold picture frame. Isolated over white background
©shutterstock.com / karavai, Seamless crowd of people illustration

Preparação de originais: *Lara Frichenbruden Kengeriski*

Leitura final: *Antonio Augusto da Roza*

Editoração: *Techbooks*

Reservados todos os direitos de publicação, em língua portuguesa, à
AMGH EDITORA LTDA., uma parceria entre GRUPO A EDUCAÇÃO S.A. e McGRAW-HILL EDUCATION
Av. Jerônimo de Ornelas, 670 – Santana
90040-340 – Porto Alegre – RS
Fone: (51) 3027-7000   Fax: (51) 3027-7070

É proibida a duplicação ou reprodução deste volume, no todo ou em parte, sob quaisquer
formas ou por quaisquer meios (eletrônico, mecânico, gravação, fotocópia, distribuição na Web
e outros), sem permissão expressa da Editora.

Unidade São Paulo
Av. Embaixador Macedo Soares, 10.735 – Pavilhão 5 – Cond. Espace Center
Vila Anastácio – 05095-035 – São Paulo – SP
Fone: (11) 3665-1100   Fax: (11) 3667-1333

SAC 0800 703-3444 – www.grupoa.com.br

IMPRESSO NO BRASIL
PRINTED IN BRAZIL

Autor

Desde que recebeu seu Ph.D. da Iowa University, David Myers trabalha no Hope College, Michigan, e já lecionou em muitas áreas da psicologia social. Os alunos da Hope College o convidaram para ser seu paraninfo e o elegeram como "professor extraordinário".

Os artigos científicos de Myers foram publicados em cerca de três dúzias de livros e periódicos científicos, incluindo as revistas *Science*, *American Scientist*, *Psychological Science* e *American Psychologist*.

Além de seus escritos acadêmicos e livros didáticos, ele leva a psicologia social ao público em geral. Seus textos foram publicados em 36 revistas, da *Today's Education* à *Scientific American*. Ele também publicou livros para o público em geral, incluindo *The Pursuit of Happiness* e *Intuition: Its Powers and Perils*.

David Myers preside a Comissão de Relações Humanas de sua cidade, ajudou na criação de um próspero centro de assistência para famílias pobres e tem feito palestras para centenas de grupos universitários e comunitários. Com base em sua experiência, escreveu artigos e um livro (*A Quiet World*) sobre perda auditiva e está defendendo uma revolução na tecnologia de assistência auditiva nos Estados Unidos (hearingloop.org).

David Myers vai de bicicleta para o trabalho o ano inteiro e continua praticando basquete diariamente. David e Carol Myers são pais de dois meninos e uma menina.

Prefácio

Sejam quais forem suas áreas de interesse, os estudantes verão seu próprio mundo refletido em *Psicologia social*

A psicologia social é uma ciência jovem, com pouco mais de cem anos. Entretanto, suas explorações científicas já lançaram luz sobre temas como amor e ódio, conformidade e independência – entre outros comportamentos sociais que encontramos todos os dias. Nas descobertas e nos conceitos da psicologia social, os alunos verão a si mesmos e ao mundo em que vivem e amam, trabalham e brincam.

Quando me convidaram para escrever este livro pela primeira vez, e mesmo enquanto preparava esta décima edição, imaginei um texto que fosse a um só tempo solidamente científico e calorosamente humano, rigoroso e provocativo. Ele revelaria fenômenos sociais importantes, além de como os cientistas descobrem e explicam tais fenômenos. Também *estimularia o pensamento dos estudantes* – sua motivação para investigar, analisar, relacionar princípios a acontecimentos cotidianos. Fenômenos sociais que são importantes e relevantes aos estudantes da atualidade seriam revelados tanto na narrativa como em notas enriquecedoras e em comentários ao final dos capítulos.

Entendendo que estudantes que estão se formando em psicologia, administração, direito ou em muitas outras áreas podem se sentir atraídos pelo estudo da psicologia social, *esta obra foi escrita, assim, na tradição intelectual das artes liberais.* Como acontece com a grande literatura, a filosofia e a ciência, a educação em artes liberais procura expandir nosso pensamento e consciência para além dos limites do presente. Centrando-me em questões humanamente importantes, ofereço o conteúdo essencial de forma a atrair e mostrar as aplicações de uma grande variedade de comportamentos e experiências.

Muito sobre o comportamento humano continua sendo um mistério, mas a psicologia social pode, hoje, oferecer respostas parciais para muitas perguntas intrigantes:

- Como nosso pensamento – tanto consciente quanto inconsciente – dirige nosso comportamento?
- O que leva as pessoas às vezes a machucarem e às vezes a ajudarem umas às outras?
- O que desencadeia o conflito social, e como podemos transformar punhos cerrados em mãos cooperativas?

Responder a essas e muitas outras perguntas – minha missão nas páginas que se seguem – expande nossa autocompreensão e nos sensibiliza para as forças sociais que atuam sobre nós.

PREFÁCIO

Pesquisas envolventes refletem os interesses dos estudantes e seu ambiente

Além das introduções de cada parte, esboços do conteúdo e resumos, cada capítulo inclui as seguintes seções:

As seções **Por dentro da História** apresentam ensaios que relatam histórias de pesquisadores famosos *em suas próprias palavras*, destacando os interesses e as questões que orientaram – e às vezes desorientaram – suas descobertas. Por exemplo, o Capítulo 4 oferece um ensaio de Mahzarin R. Banaji sobre sua jornada de secretária na Índia até professora em Harvard.

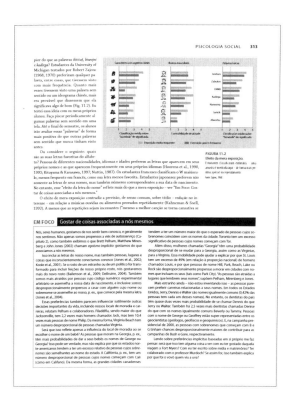

As seções **Em Foco** oferecem aos estudantes a exploração aprofundada de um tema apresentado no texto. No Capítulo 11, por exemplo, a seção Em Foco descreve o que Brett Pelham e colaboradores chamam de egoísmo implícito, que é a predisposição de gostarmos daquilo que associamos a nós mesmos.

PREFÁCIO

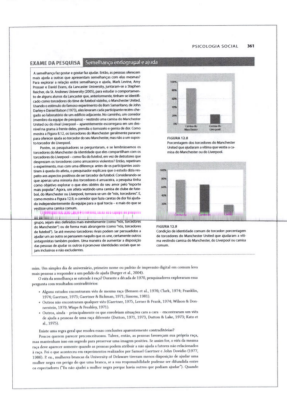

Os quadros **Exame da Pesquisa** oferecem análises aprofundadas de uma fascinante diversidade de tópicos, desde o bocejar das pessoas até como interagem os pedestres nas diferentes culturas. Essas seções proporcionam aos alunos uma compreensão minuciosa, mas acessível, de como os psicólogos sociais usam os diversos métodos de pesquisa, desde estudos laboratoriais, experiências na internet e criação de realidades virtuais até observação naturalista e coleta de dados de arquivos.

Os **Pós-escritos** são vinhetas ao fim dos capítulos que envolvem os estudantes em questões intelectualmente instigantes e *insights* do capítulo. Por exemplo, o Capítulo 8 (Influência do Grupo) explora a questão "Os grupos nos fazem mal?".

O que Há de Novo na Décima Edição

Com cerca de 650 novas citações bibliográficas, David Myers, que é assinante de quase todos os periódicos de psicologia social publicados em inglês (inclusive os europeus), atualizou *Psicologia social* de maneira abrangente. Além de novas citações à margem do texto, fotos e quadrinhos, os novos conteúdos incluem:

Capítulo 1   Introdução à Psicologia Social
- Tendenciosidade na visão retrospectiva e a crise financeira mundial
- Exemplos da eleição para presidente dos Estados Unidos em 2008
- Enquadramento e estímulo à doação de órgãos e economias de aposentadoria

Capítulo 2   O *Self* em um Mundo Social
- Exemplo de abertura de capítulo
- Seção sobre narcisismo
- Pesquisa sobre autoestima e viés de autosserviço

Capítulo 3   Crenças e Julgamentos Sociais
- Lembranças construídas e percepções tendenciosas na política
- Pesquisa sobre processamento inconsciente de informações
- Dados sobre "negligência de probabilidade" em avaliações de risco

Capítulo 4   Comportamento e Atitudes
- Maior cobertura de atitudes implícitas e Teste de Associação Implícita
- Estudos recentes e exemplos de comportamentos alimentando atitudes
- Cobertura atualizada de pesquisa sobre dissonância

Capítulo 5   Genes, Cultura e Gênero
- Pesquisa sobre normas sociais e quebra de regras
- Conflito de grupo e preferência por líder do sexo masculino
- Dados internacionais sobre gênero e sexualidade e papéis sociais e de gênero

Capítulo 6   Conformidade e Obediência
- Exemplos de sugestionabilidade, conformidade e obediência
- Replicação da experiência de obediência de Milgram
- Pesquisa sobre coesão, conformidade e genocídio

Capítulo 7   Persuasão
- Pesquisa sobre anúncios antitabagistas eficazes
- Exemplos de persuasão política
- Fluxo de informações médicas em duas etapas

Capítulo 8   Influência do Grupo
- Efeitos de desindividuação na internet
- Polarização de grupo em comunidades liberais e conservadoras
- A sabedoria das multidões, os mercados de predição e a "multidão interna"

Capítulo 9   Preconceito: Desgostar dos Outros
- Exemplos contemporâneos e dados sobre várias formas de preconceito
- Estudos recentes do preconceito implícito
- Pesquisa sobre fenômenos do preconceito, incluindo infra-humanização, viés da própria idade, pensamento de mundo-justo

Capítulo 10   Agressividade: Machucar os Outros
- Informações atualizadas sobre agressão humana, incluindo exemplos do Congo e Iraque
- Estudos sobre testosterona e agressão
- Pesquisa recente sobre influências da mídia

Capítulo 11   Atração e Intimidade: Gostar e Amar os Outros
- Estudos de exclusão social e dor social
- Experiências de namoro rápido
- Estudos recentes de fertilidade e atração baseados na psicologia evolucionista

Capítulo 12   Ajuda
- Exemplos de altruísmo heroico
- Pesquisa sobre generosidade e felicidade
- Experiências sobre preparação (*priming*) em conceitos materialistas *versus* espirituais

Capítulo 13   Conflitos e Pacificação
- Experiências sobre efeitos contraproducentes do castigo
- "Por dentro da História" (Nicole Shelton e Jennifer Richeson) sobre amizades inter-raciais
- Exemplos interculturais e políticos de inimigos comuns e metas superordenadas

Capítulo 14   Psicologia Social na Clínica
- A construção social da doença mental
- Tendências nos relacionamentos íntimos e implicações para a saúde
- Neurociência de amigos e parceiros apoiadores

Capítulo 15   Psicologia Social no Tribunal
- Exemplos recentes de erros de identificação de testemunhas oculares
- O efeito de *feedback* pós-identificação
- Expectativas dos jurados de evidências na geração de Investigação na Cena do Crime (ICC)

Capítulo 16   Psicologia Social e o Futuro Sustentável
- Consenso do Intergovernmental Panel on Climate Change (IPCC) sobre as mudanças climáticas mundiais
- Dados referentes à opinião pública sobre os efeitos das mudanças climáticas
- Perspectivas para uma "nova consciência" que promovem a sustentabilidade

Conteúdo *On-line* (em inglês)

Vídeos *SocialSense*
Os vídeos *SocialSense*, disponíveis em www.mhhe.com/myers10e, estão organizados de acordo com os capítulos livro. Aproveitando o acordo de licenciamento exclusivo da McGraw-Hill com o Discovery Channel, os vídeos escolhidos ilustram os conceitos essenciais da psicologia social e suas aplicações. Para cada vídeo há um pré-teste e um pós-teste a serem preenchidos *on-line*.

Centro de Aprendizagem *On-line* para Estudantes
O *site* oficial deste livro (www.mhhe.com/myers10e) contém resumos dos capítulos, questões práticas, testes para o meio e o final de semestre, bem como remete a outros recursos *on-line*, atualizados por Jill Cohen da Los Angeles Community College.

Área do Professor
Cadastre-se como professor no *site* www.grupoa.com.br. Acesse a página do livro por meio do campo de busca e clique no *link* Material para o Professor para fazer *download* de material (em inglês) exclusivo deste livro.

Manual do Professor, de Jonathan Mueller, North Central College
Esse manual fornece ferramentas úteis para aprimorar seu ensino. Para cada capítulo, você vai encontrar ideias para aulas expositivas e para exercícios, sugestões de temas para discussão em sala de aula e de filmes.

Banco de Testes, de Donna Walsh, Beaufort Community College
O Banco de Testes traz mais de 100 questões por capítulo, incluindo perguntas factuais, conceituais e aplicadas.

Apresentações em PowerPoint®, de Kim Foreman
Essas apresentações cobrem os pontos fundamentais de cada capítulo e incluem quadros e gráficos do livro. Elas podem ser usadas como estão ou modificadas para atender suas necessidades.

Sistema de Desempenho em Sala de Aula (CPS) de Instrução Eletrônica de Alisha Janowsky, University of Central Florida
CPS, ou *clickers*, é um modo esplêndido de aplicação de jogos interativos de perguntas e respostas, que maximiza a participação dos alunos nas discussões em sala de aula. O conteúdo do CPS pode ser usado como está ou ser modificado para atender suas necessidades.

Agradecimentos

Embora apenas o nome de uma pessoa apareça na capa deste livro, a verdade é que toda a comunidade acadêmica está refletida nele. Mesmo que nenhuma dessas pessoas possa ser responsabilizada pelo que escrevi – e tampouco qualquer uma delas concorde plenamente com tudo o que foi dito –, suas sugestões fizeram deste um livro melhor do que teria sido de outra forma.

Agradeço em especial a Jean Twenge, da San Diego State University, por sua contribuição no Capítulo 2, "O *Self* em um Mundo Social". Aproveitando seu extenso conhecimento e pesquisa sobre o *self* e mudanças culturais, a Professora Twenge atualizou e revisou esse capítulo.

Esta nova edição conserva muitos aprimoramentos feitos pelos consultores e revisores das nove edições anteriores. A esses estimados colegas devo, portanto, gratidão. Também beneficiei-me da contribuição de professores que analisaram a nona edição para preparar esta revisão, salvando-me de erros ocasionais e oferecendo sugestões construtivas (e encorajamento). Estou muito grato a todos estes colegas:

Mike Aamodt, Radford University

Robert Arkin, Ohio State University

Robert Armenta, University of Nebraska–Lincoln

Jahna Ashlyn, San Diego State University

Nancy L. Ashton, Richard Stockton College of New Jersey

Steven H. Baron, Montgomery County Community College

Charles Daniel Batson, University of Kansas

Steve Baumgardner, University of Wisconsin—Eau Claire

Susan Beers, Sweet Briar College

George Bishop, National University of Singapore

Galen V. Bodenhausen, Northwestern University

Martin Bolt, Calvin College

Kurt Boniecki, University of Central Arkansas

Amy Bradfield, Iowa State University

Dorothea Braginsky, Fairfield University

Timothy C. Brock, Ohio State University

Jonathon D. Brown, University of Washington

Fred B. Bryant, Loyola University Chicago

Jeff Bryson, San Diego State University

Shawn Meghan Burn, California Polytechnic State University

David Buss, University of Texas

Thomas Cafferty, University of South Carolina

Jerome M. Chertkoff, Indiana University

Nicholas Christenfeld, University of California at San Diego

Russell Clark, University of North Texas

Diana I. Cordova, Yale University

Karen A. Couture, New Hampshire College

Traci Craig, University of Idaho

Cynthia Crown, Xavier University

Jack Croxton, State University of New York at Fredonia

Jennifer Daniels, University of Connecticut

Anthony Doob, University of Toronto

David Dunning, Cornell University

Alice H. Eagly, Northwestern University

Jason Eggerman, Palomar College

Leandre Fabrigar, Queen's University

Philip Finney, Southeast Missouri State University

Carie Forden, Clarion University

Kenneth Foster, City University of New York

Dennis Fox, University of Illinois at Springfield

Robin Franck, Southwestern College

Carrie B. Fried, Winona State University

William Froming, Pacific Graduate School of Psychology

Madeleine Fugere, Eastern Connecticut State University

Stephen Fugita, Santa Clara University

David A. Gershaw, Arizona Western College

Tom Gilovich, Cornell University

Mary Alice Gordon, Southern Methodist University
Tresmaine Grimes, Iona College
Rosanna Guadagno, University of Alabama
Ranald Hansen, Oakland University
Allen Hart, Amherst College
Elaine Hatfield, University of Hawaii
James L. Hilton, University of Michigan
Bert Hodges, Gordon College
William Ickes, University of Texas at Arlington
Marita Inglehart, University of Michigan
Chester Insko, University of North Carolina
Jonathan Iuzzini, Texas A&M University
Miles Jackson, Portland State University
Bethany Johnsin, University of Nebraska–Lincoln
Meighan Johnson, Shorter College
Edward Jones, Princeton University [falecido]
Judi Jones, Georgia Southern College
Deana Julka, University of Portland
Martin Kaplan, Northern Illinois University
Timothy J. Kasser, Knox College
Janice Kelly, Purdue University
Douglas Kenrick, Arizona State University
Jared Kenworthy, University of Texas at Arlington
Norbert Kerr, Michigan State University
Suzanne Kieffer, University of Houston
Charles Kiesler, University of Missouri
Steve Kilianski, Rutgers University–New Brunswick
Robin Kowalski, Clemson University
Marjorie Krebs, Gannon University
Joachim Krueger, Brown University
Travis Langley, Henderson State University
Dianne Leader, Georgia Institute of Technology
Juliana Leding, University of North Florida
Maurice J. Levesque, Elon University
Helen E. Linkey, Marshall University
Deborah Long, East Carolina University
Karsten Look, Columbus State Community College
Amy Lyndon, East Carolina University
Kim MacLin, University of Northern Iowa
Diane Martichuski, University of Colorado
John W. McHoskey, Eastern Michigan University
Daniel N. McIntosh, University of Denver
Rusty McIntyre, Amherst College

Annie McManus, Parkland College
David McMillen, Mississippi State University
Robert Millard, Vassar College
Arthur Miller, Miami University
Daniel Molden, Northwestern University
Teru Morton, Vanderbilt University
Todd D. Nelson, California State University
K. Paul Nesselroade, Jr., Simpson College
Darren Newtson, University of Virginia
Cindy Nordstrom, Southern Illinois University, Edwardsville
Michael Olson, University of Tennessee at Knoxville
Stuart Oskamp, Claremont Graduate University
Chris O'Sullivan, Bucknell University
Ellen E. Pastorino, Valencia Community College
Sandra Sims Patterson, Spelman College
Paul Paulus, University of Texas at Arlington
Terry F. Pettijohn, Mercyhurst College
Scott Plous, Wesleyan University
Greg Pool, St. Mary's University
Jennifer Pratt-Hyatt, Michigan State University
Michelle R. Rainey, Indiana University–Purdue University at Indianapolis
Cynthia Reed, Tarrant County College
Nicholas Reuterman, Southern Illinois University of Edwardsville
Robert D. Ridge, Brigham Young University
Judith Rogers, American River College
Hilliard Rogers, American River College
Paul Rose, Southern Illinois University, Edwardsville
Gretchen Sechrist, University at Buffalo, the State University of New York
Nicole Schnopp-Wyatt, Pikeville College
Wesley Schultz, California State University, San Marcos
Vann Scott, Armstrong Atlantic State University
John Seta, University of North Carolina at Greensboro
Robert Short, Arizona State University
Linda Silka, University of Massachusetts–Lowell
Royce Singleton, Jr., College of the Holy Cross
Stephen Slane, Cleveland State University
Christopher Sletten, University of North Florida
Christine M. Smith, Grand Valley State University
Richard A. Smith, University of Kentucky
C. R. Snyder, University of Kansas

Mark Snyder, University of Minnesota
Sheldon Solomon, Skidmore College
Matthew Spackman, Brigham Young University
Charles Stangor, University of Maryland at College Park
Garold Stasser, Miami University
Homer Stavely, Keene State College
Mark Stewart, American River College
JoNell Strough, West Virginia University
Eric Sykes, Indiana University Kokomo
Elizabeth Tanke, University of Santa Clara
Cheryl Terrance, University of North Dakota
William Titus, Arkansas Tech University
Christopher Trego, Florida Community College at Jacksonville
Tom Tyler, New York University
Rhoda Unger, Montclair State University
Billy Van Jones, Abilene Christian College
Mary Stewart Van Leeuwen, Eastern College
Ann L. Weber, University of North Carolina at Asheville
Daniel M. Wegner, Harvard University
Gary Wells, Iowa State University
Mike Wessells, Randolph-Macon College
Bernard Whitley, Ball State University
Carolyn Whitney, Saint Michael's University
David Wilder, Rutgers University – New Brunswick
Kipling Williams, Purdue University
Midge Wilson, DePaul University
Doug Woody, University of Northern Colorado
Elissa Wurf, Muhlenberg College

O Hope College, Michigan, apoiou maravilhosamente essas sucessivas edições. Tanto as pessoas como o ambiente ajudaram a tornar a gestação das 10 edições de *Psicologia social* um prazer. No Hope College, o poeta Jack Ridl ajudou a modular a voz que você vai ouvir nestas páginas. Kathy Adamski contribuiu mais uma vez com seu bom ânimo e apoio como secretária. E Kathryn Brownson fez a pesquisa bibliotecária, editou e preparou o manuscrito, gerenciou o fluxo de documentação e revisou as páginas e ilustrações. De modo geral, ela foi a parteira desta edição.

Não fosse pela inspiração de Nelson Black, da McGraw-Hill, jamais me ocorreria escrever um livro didático. Alison Meersschaert orientou e incentivou a primeira edição. O editor Mike Sugarman ajudou a imaginar a execução da nona e da décima edições e seu material complementar. Augustine Laferrera atuou habilmente como coordenadora editorial. Sarah Colwell gerenciou o material complementar, e a editora de produção Holly Paulsen orientou pacientemente o processo de converter o manuscrito em um livro acabado, assessorada pelos finos ajustes da editora de texto Janet Tilden.

Depois de ouvir inúmeras pessoas dizerem que os materiais complementares deste livro e levaram seu ensino a um novo patamar, também presto uma homenagem a Martin Bolt (Calvin College), por sua introdução pioneira dos extensos recursos do professor, com suas inúmeras atividades de demonstração prontas para uso. Somos muito afortunados por contar com Jonathan Mueller (North Central College) em nossa equipe, autor dos recursos para professores para as oitava, nona e décima edições. Jon é capaz de aproveitar seus aclamados recursos *on-line* para o ensino de psicologia social e sua *listserv* mensal que oferece recursos para professores de psicologia social (visite jonathan.mueller.faculty.noctrl.edu/crow).

Créditos também para Donna Walsh ao criar os recursos de teste. Obrigado também a Kim Foreman por criar as apresentações em PowerPoint e a Alisha Janowsky por preparar os materiais para sala de aula.

A todo esse elenco de apoio, devo gratidão. Trabalhar com todas essas pessoas fez da criação deste livro uma experiência estimulante e gratificante.

David G. Myers
www.davidmyers.org

Sumário Resumido

CAPÍTULO 1	Introdução à Psicologia Social 27	
PARTE UM	**Pensamento Social** 49	
CAPÍTULO 2	O *Self* em um Mundo Social 50	
CAPÍTULO 3	Crenças e Julgamentos Sociais 81	
CAPÍTULO 4	Comportamento e Atitudes 113	

PARTE DOIS	**Influência Social** 135
CAPÍTULO 5	Genes, Cultura e Gênero 136
CAPÍTULO 6	Conformidade e Obediência 161
CAPÍTULO 7	Persuasão 188
CAPÍTULO 8	Influência do Grupo 216

PARTE TRÊS	**Relações Sociais** 245
CAPÍTULO 9	Preconceito 246
CAPÍTULO 10	Agressividade 279
CAPÍTULO 11	Atração e Intimidade 308
CAPÍTULO 12	Ajuda 342
CAPÍTULO 13	Conflitos e Pacificação 372

PARTE QUATRO	**Psicologia Social Aplicada** 403
CAPÍTULO 14	Psicologia Social na Clínica 404
CAPÍTULO 15	Psicologia Social no Tribunal 428
CAPÍTULO 16	Psicologia Social e o Futuro Sustentável 450

Glossário 463
Epílogo 467
Referências 469
Créditos 543
Índice Onomástico 547
Índice Remissivo 561

Sumário

CAPÍTULO 1 Introdução à Psicologia Social 27

O que é psicologia social? 28

Grandes ideias da psicologia social 28
- *Construímos nossa realidade social* 29
- *Nossas intuições sociais com frequência são poderosas, mas às vezes perigosas* 29
- *Influências sociais moldam nosso comportamento* 30
- *Atitudes e disposições pessoais também moldam nosso comportamento* 31
- *O comportamento social é biologicamente enraizado* 31
- *Princípios da psicologia social são aplicáveis à vida cotidiana* 31

Psicologia social e valores humanos 32
- *Quando os valores influenciam a psicologia* 32
- *Quando os valores influenciam a psicologia sem que percebamos* 33

Eu sabia o tempo todo: A psicologia social é simplesmente senso comum? 35
- **Em foco: Eu sabia o tempo todo 36**

Métodos de pesquisa: Como fazemos psicologia social 37
- *Formular e testar hipóteses* 38
- *Pesquisa correlacional: Detecção de associações naturais* 39
- *Pesquisa experimental: Busca de causa e efeito* 42
- *Generalização do laboratório para a vida* 45

Pós-escrito: Por que escrevi este livro 47

PARTE UM Pensamento Social 49

CAPÍTULO 2 O *Self* em um Mundo Social 50

Holofotes e ilusões 51
- **Exame da pesquisa: Sobre ficar nervoso por parecer nervoso 51**

Autoconceito: Quem sou eu? 53
- *No centro de nossos mundos: nosso* self **53**
- *Desenvolvimento do self social* 53
- *Self e cultura* 55
- **Por dentro da História: Hazel Markus e Shinobu Kitayama sobre psicologia cultural 58**
- *Autoconhecimento* 58
- *Prevendo nossos sentimentos* 59

Autoestima 62
- *Motivação da autoestima* 63
- *O "lado escuro" da autoestima* 63

Autocontrole percebido 66
- *Autoeficácia* 66
- *Locus de controle* 67
- *Desamparo aprendido versus autodeterminação* 68
- **Por dentro da História: Daniel Gilbert sobre os benefícios dos compromissos irrevogáveis 70**

Viés de autosserviço 70
- *Eventos positivos e negativos* 70
- *É possível que todos sejam melhores do que a média?* 71
- **Em foco: Viés de autosserviço – Como eu me amo? Deixe-me contar de que modos 72**
- *Otimismo irrealista* 73
- *Falso consenso e singularidade* 74
- *Viés de autosserviço* 75
- *Reflexões sobre a autoestima e o viés de autosserviço* 75

Autoapresentação 77
- *Autoimpedimento* 78
- *Gerenciamento de impressões* 78

Pós-escrito: Verdades gêmeas – os perigos do orgulho, os poderes do pensamento positivo 80

CAPÍTULO 3 Crenças e Julgamentos Sociais 81

Percepção de nossos mundos sociais 82
- *Priming* 82
- *Percepção e interpretação de fatos* 83
- *Perseverança de crenças* 85
- *Construção de memórias de nós mesmos e de nossos mundos* 86

SUMÁRIO

Julgamento de nossos mundos sociais 88
  Juízos intuitivos 88
  Excesso de confiança 90
  Heurísticas: Atalhos mentais 93
  Pensamento contrafactual 95

Pensamento ilusório 96
  Correlação ilusória 96
  Humores e julgamentos 98

Explicação de nossos mundos sociais 99
  Atribuição de causalidade: À pessoa ou à situação 99
  Erro fundamental de atribuição 101

Expectativas de nossos mundos sociais 106
  Expectativas dos professores e desempenho dos alunos 107
  Em foco: Profecia autorrealizadora do mercado de valores 107
  Obter dos outros o que esperamos 108

Conclusões 110

Pós-escrito: Reflexão sobre o pensamento ilusório 111

CAPÍTULO 4 Comportamento e Atitudes 113

Em que medida as atitudes predizem o comportamento? 114
  Quando as atitudes predizem o comportamento 115
  Por dentro da História: Mahzarin R. Banaji sobre a descoberta da psicologia social experimental 116
  Exame da pesquisa: Você não recebeu correspondência: Atitudes preconceituosas predizem comportamento discriminatório 118

Quando o comportamento afeta as atitudes? 119
  Desempenho de papéis (role play) 120
  Dizer torna-se acreditar 121
  O fenômeno pé na porta 121
  Em foco: Dizer torna-se acreditar 121
  Atos maldosos e morais 123
  Comportamento inter-racial e atitudes raciais 124
  Movimentos sociais 124

Por que o comportamento afeta as atitudes? 125
  Autoapresentação: Manejo de impressões 125
  Autojustificação: Dissonância cognitiva 126
  Por dentro da História: Leon Festinger sobre redução da dissonância 128
  Autopercepção 129
  Comparação entre teorias 132

Pós-escrito: Mudar a nós mesmos por meio da ação 134

PARTE DOIS Influência Social 135

CAPÍTULO 5 Genes, Cultura e Gênero 136

Como somos influenciados pela natureza humana e pela diversidade cultural? 137
  Genes, evolução e comportamento 137
  Cultura e comportamento 138
  Em foco: O animal cultural 139
  Exame da pesquisa: Encontros passageiros, oriente e ocidente 142

Como se explicam semelhanças e diferenças de gênero? 144
  Independência versus conexão 145
  Dominância social 147
  Agressão 148
  Sexualidade 148

Evolução e gênero: Fazer o que vem naturalmente? 150
  Gênero e preferências de acasalamento 150
  Reflexões sobre psicologia evolucionista 151
  Em foco: Ciência evolucionista e religião 152
  Gênero e hormônios 153

Cultura e gênero: Fazer o que a cultura diz? 154
  Papéis de gênero variam com a cultura 154
  Papéis de gênero variam ao longo do tempo 155
  Cultura transmitida pelos pares 156

O que podemos concluir sobre genes, cultura e gênero? 157
  Biologia e cultura 157
  Por dentro da História: Alice Eagly sobre semelhanças e diferenças de gênero 158
  Poder da situação e pessoa 158

Pós-escrito: Devemos nos ver como produtos ou arquitetos de nossos mundos sociais? 159

CAPÍTULO 6 Conformidade e Obediência 161

O que é conformidade? 162

Quais são os estudos clássicos de conformidade e obediência? 163
  Estudos de Sherif sobre a formação de normas 163
  Exame da pesquisa: Bocejo contagioso 164
  Em foco: Delírios em massa 165
  Estudos de Asch sobre pressão do grupo 166
  Experimentos de obediência de Milgram 167
  Ética dos experimentos de Milgram 168
  O que gera obediência? 168
  Em foco: Personalizar as vítimas 170
  Por dentro da História: Stanley Milgram sobre a obediência 171
  Reflexões sobre os estudos clássicos 172

O que prediz conformidade? 175
  Tamanho do grupo 175
  Unanimidade 176
  Coesão 176
  Status 177
  Resposta pública 178
  Comprometimento prévio 178

SUMÁRIO **23**

Por que se conformar? 179

Quem se conforma? 181
Personalidade 181
Cultura 182
Papéis sociais 183

Algumas vezes queremos ser diferentes? 184
Reatância 184
Afirmando a singularidade 185

Pós-escrito: Sobre ser um indivíduo dentro da comunidade 186

CAPÍTULO 7 Persuasão 188

Que caminhos levam à persuasão? 190
Rota central 190
Rota periférica 191
Vias diferentes para propósitos diferentes 191

Quais são os elementos da persuasão? 192
Quem diz? O comunicador 192
Exame da pesquisa: Experiências com uma realidade social virtual 195
O que se diz? O conteúdo da mensagem 196
Como se diz? O canal da comunicação 201
Para quem se diz? O público 204

Persuasão extrema: Como os cultos doutrinam? 207
Atitudes decorrem do comportamento 208
Elementos persuasivos 208
Efeitos de grupo 209

Como é possível resistir à persuasão? 211
Fortalecimento do compromisso pessoal 211
Aplicações na vida real: Programas de inoculação 212
Por dentro da História: William McGuire sobre inoculação de atitudes 212
Implicações da inoculação de atitudes 214

Pós-escrito: Ser aberto, mas não ingênuo 214

CAPÍTULO 8 Influência do Grupo 216

O que é um grupo? 217

Facilitação social: Como somos afetados pela presença dos outros? 217
Simples presença dos outros 218
Aglomeração: A presença de muitos outros 219
Por que ficamos excitados na presença dos outros? 220

Vadiagem social: Os indivíduos exercem menos esforço em grupo? 221
Muitas mãos facilitam o trabalho 221
Vadiagem social na vida cotidiana 222

Desindividuação: Quando as pessoas perdem seu senso de identidade no grupo? 224
Fazer juntos o que não faríamos sozinhos 224
Diminuição da autoconsciência 226

Polarização de grupo: Os grupos intensificam nossa opinião? 227
Caso da "mudança de risco" 227
Grupos intensificam opiniões? 228
Explicações sobre polarização 231
Em foco: Polarização de grupo 231

Pensamento de grupo: Os grupos atrapalham ou contribuem para boas decisões? 233
Por dentro da História: Irving Janis sobre pensamento de grupo 234
Sintomas de pensamento de grupo 234
Crítica ao pensamento de grupo 235
Prevenção do pensamento de grupo 236
Resolução de problemas em grupo 237
Por dentro da História: Por trás de um Prêmio Nobel: Duas mentes pensam melhor do que uma 238

A influência da minoria: Como os indivíduos influenciam o grupo? 239
Consistência 240
Autoconfiança 240
Deserções da maioria 240
Liderança é influência da minoria? 241
Em foco: Liderança comunitária transformacional 242

Pós-escrito: Os grupos nos fazem mal? 243

PARTE TRÊS   Relações Sociais   245

CAPÍTULO 9   Preconceito   246

Qual é a natureza e o poder do preconceito?   247
- Definição de preconceito   247
- Preconceito: sutil e explícito   248
- Preconceito racial   249
- Preconceito de gênero   252

Quais são as origens sociais do preconceito?   255
- Desigualdades sociais: status desigual e preconceito   255
- Socialização   255
- Apoios institucionais   258

Quais são as origens motivacionais do preconceito?   259
- Frustração e agressividade: a teoria do bode expiatório   259
- Teoria da identidade social: sentir-se superior aos outros   260
- Motivação para evitar o preconceito   263

Quais são as origens cognitivas do preconceito?   264
- Categorização: classificar as pessoas em grupos   264
- Diferenciação: percebendo pessoas que se destacam   266
- Atribuição: O mundo é justo?   269

Quais são as consequências do preconceito?   272
- Estereótipos autoperpetuantes   272
- Impacto da discriminação: a profecia autorrealizável   273
- Ameaça do estereótipo   274
- Os estereótipos condicionam os julgamentos dos indivíduos?   275
- **Por dentro da História: Claude Steele sobre a ameaça do estereótipo   275**

Pós-escrito: Pode-se reduzir o preconceito?   277

CAPÍTULO 10   Agressividade   279

O que é agressividade?   280

Quais são algumas das teorias da agressividade?   281
- Agressividade como fenômeno biológico   281
- Agressividade como resposta à frustração   284
- Agressividade como comportamento social aprendido   286

Quais são algumas influências sobre a agressividade?   288
- Incidentes aversivos   288
- Excitação   290
- Estímulos à agressividade   291
- Influências da mídia: Pornografia e violência sexual   291
- Influências da mídia: televisão   294
- Efeitos da televisão sobre o pensamento   297
- Influências da mídia: Videogames   298
- **Por dentro da História: Craig Anderson sobre violência nos videogames   300**
- Influências do grupo   301
- **Exame da pesquisa: Ao serem provocados, os grupos são mais agressivos do que os indivíduos?   302**

Como a agressividade pode ser reduzida?   303
- Catarse?   303
- Uma abordagem de aprendizagem social   304

Pós-escrito: Reformar uma cultura violenta   306

CAPÍTULO 11   Atração e Intimidade   308

O que leva à amizade e à atração?   311
- Proximidade   311
- **Em foco: Gostar de coisas associadas a nós mesmos   313**
- Atratividade física   315
- **Por dentro da História: Ellen Berscheid sobre atratividade   318**
- Semelhança e complementaridade   322
- **Por dentro da História: James Jones sobre diversidade cultural   324**
- Gostar de quem gosta de nós   324
- **Em foco: O que é ruim é mais forte do que o que é bom   325**
- Gratificações de relacionamento   327

O que é amor?   328
- Amor apaixonado   329
- Amor companheiro   330

O que possibilita os relacionamentos íntimos?   332
- Apego   332
- Equidade   334
- Abertura   335
- **Em foco: A internet cria intimidade ou isolamento?   336**

Como os relacionamentos terminam?   338
- Divórcio   338
- Processo de separação   339

Pós-escrito: Fazer amor   341

CAPÍTULO 12   Ajuda   342

Por que ajudamos?   344
- Intercâmbio social e normas sociais   344
- **Por dentro da História: Dennis Krebs sobre experiências de vida e interesses profissionais   345**
- Psicologia evolucionista   350
- Comparação e avaliação das teorias da ajuda   352
- Altruísmo genuíno   352
- **Em foco: Os benefícios – e os custos – do altruísmo induzido por empatia   354**

Quando ajudamos?   355
- Número de espectadores   356
- **Por dentro da História: John M. Darley sobre reações dos espectadores   357**
- Ajudar quando alguém mais o faz   359
- Pressões do tempo   360
- Semelhança   360
- **Exame da pesquisa: Semelhança endogrupal e ajuda   361**

Quem ajudamos?   362
- Traços de personalidade   363
- Gênero   363
- Fé religiosa   363

Como podemos aumentar a ajuda?   365
- Reduzir a ambiguidade, aumentar a responsabilidade   365
- Culpa e preocupação com autoimagem   366
- Socialização do altruísmo   368
- **Em foco: Comportamento e atitudes entre resgatadores de judeus   369**

Pós-escrito: Levar a psicologia social para a vida   371

CAPÍTULO 13   Conflitos e Pacificação   372

O que gera o conflito?   373
Dilemas sociais   373
Competição   378
Injustiça percebida   379
Erro de percepção   380
Exame da pesquisa: Erro de percepção e guerra   383

Como a paz pode ser alcançada?   384
Contato   384
Exame da pesquisa: Relacionamentos que poderiam ter existido   386
Por dentro da História: Nicole Shelton e Jennifer Richeson sobre amizades inter-raciais   387
Cooperação   388
Em foco: Por que nos importamos com quem ganha?   389
Em foco: Branch Rickey, Jackie Robinson e a integração do beisebol   393
Comunicação   395
Conciliação   398

Pós-escrito: O conflito entre os direitos individuais e comunitários   400

PARTE QUATRO   Psicologia Social Aplicada   403

CAPÍTULO 14   Psicologia Social na Clínica   404

O que influencia a precisão dos julgamentos clínicos?   405
Correlações ilusórias   405
Retrospectiva e excesso de confiança   406
Diagnósticos autoconfirmatórios   407
Predição clínica versus estatística   407
Implicações para uma melhor prática clínica   408

Quais processos cognitivos acompanham os problemas de comportamento?   409
Depressão   409
Por dentro da História: Shelley Taylor sobre ilusões positivas   411
Solidão   412
Ansiedade e timidez   413
Saúde, doença e morte   414

Quais são algumas abordagens psicossociais ao tratamento   418
Induzindo mudança interna por meio de comportamento externo   418
Ruptura de círculos viciosos   419
Manutenção da mudança por meio de atribuições internas para o sucesso   420
Uso da terapia como influência social   421

Como os relacionamentos sociais apoiam a saúde e o bem-estar?   421
Relacionamentos íntimos e saúde   422
Relacionamentos íntimos e felicidade   424
Pós-Escrito: Aumentar a felicidade   426

CAPÍTULO 15   Psicologia Social no Tribunal   428

Quão confiável é o testemunho ocular?   429
Poder de persuasão das testemunhas oculares   429
Quando os olhos enganam   430
Efeito da informação errada   432
Recontar   432
Em foco: Testemunho ocular   433
Reduzir o erro   434
Exame da pesquisa: Feedback para as testemunhas   435

Quais outros fatores influenciam a decisão dos jurados?   437
Características do réu   437
Instruções do juiz   440
Outros fatores   441

O que influencia o jurado individualmente?   441
Compreensão do jurado   441
Seleção do júri   443
Jurados qualificados para a pena de morte   444

Como as influências do grupo afetam os júris?   445
Influência da minoria   445
Polarização do grupo   446
Indulgência   446
Doze cabeças pensam melhor do que uma?   446
Seis cabeças pensam tão bem quanto doze?   447
Exame da pesquisa: Polarização de grupo em um ambiente de tribunal natural   447
Do laboratório para a vida: júris simulados e reais   448

Pós-escrito: Pensar de forma inteligente com a ciência psicológica   449

CAPÍTULO 16   Psicologia Social e o Futuro Sustentável   450

Um chamado ambiental à ação   451

Possibilidade de vida sustentável   452
Novas tecnologias   453
Reduzir o consumo   453

Psicologia social do materialismo e da riqueza   454
Crescimento do materialismo   455
Riqueza e bem-estar   455

26 SUMÁRIO

Materialismo não satisfaz 456
Em direção à sustentabilidade e à sobrevivência 458
Em foco: Comparação social, pertencimento e felicidade 459
Exame da pesquisa: Bem-estar nacional 460

Pós-escrito: Como se vive com responsabilidade no mundo moderno? 461

Glossário 463

Epílogo 467

Referências 469

Créditos 545

Índice Onomástico 547

Índice Remissivo 561

Introdução à Psicologia Social

CAPÍTULO 1

Era uma vez um homem cuja segunda esposa era uma mulher vaidosa e egoísta. As duas filhas dessa mulher eram igualmente vaidosas e egoístas. A própria filha do homem, contudo, era humilde e altruísta. Essa filha meiga e bondosa, que todos conhecemos como Cinderela, aprendeu cedo que deveria ser obediente, aceitar maus-tratos e ofensas e evitar fazer qualquer coisa que fizesse sombra às meias-irmãs e à madrasta.

Entretanto, graças à fada madrinha, Cinderela conseguiu fugir desse contexto por uma noite e ir a um grandioso baile, no qual atraiu a atenção de um lindo príncipe. Quando posteriormente o príncipe apaixonado reencontrou Cinderela em seu lar aviltante, ele não a reconheceu.

Implausível? O conto de fadas exige que aceitemos o poder da situação. Na presença da opressiva madrasta, Cinderela era humilde e pouco atraente. No baile, sentia-se mais bonita – e caminhava, conversava e sorria como se assim fosse. Em uma situação, ela se encolhia. Em outra, encantava.

O filósofo e romancista francês Jean-Paul Sartre (1946) não teria dificuldade para aceitar a premissa de Cinderela. Os seres humanos são "antes de mais nada seres em uma situação", escreveu ele. "Não podemos ser distinguidos de nossas situações, pois elas nos formam e decidem nossas possibilidades" (p. 59-60, parafraseado).

O que é psicologia social?

Grandes ideias da psicologia social

Psicologia social e valores humanos

Eu sabia o tempo todo: A psicologia social é simplesmente senso comum?

Métodos de pesquisa: Como fazemos psicologia social

Pós-escrito: Por que escrevi este livro

O que é psicologia social?

psicologia social
O estudo científico de como as pessoas pensam, influenciam e se relacionam umas com as outras.

Psicologia social é uma ciência que estuda as influências de nossas situações, com especial atenção a como vemos e afetamos uns aos outros. Mais precisamente, ela é *o estudo científico de como as pessoas pensam, influenciam e se relacionam umas com as outras* (Fig. 1.1).

A psicologia social se situa na fronteira da psicologia com a sociologia. Comparada com a sociologia (o estudo das pessoas em grupos e sociedades), a psicologia social focaliza mais nos indivíduos e usa mais experimentação. Comparada à psicologia da personalidade, a psicologia social focaliza menos nas diferenças dos indivíduos e mais em como eles, em geral, veem e influenciam uns aos outros.

Neste livro, as fontes de informação são citadas entre parênteses. A fonte completa é indicada na seção Referências.

A psicologia social ainda é uma ciência jovem. Os primeiros experimentos nessa área foram relatados há pouco mais de um século (1898), e os primeiros textos de psicologia social surgiram em torno de 1900 (Smith, 2005). Somente a partir da década de 1930 ela assumiu sua forma atual, e apenas a partir da Segunda Guerra Mundial começou a emergir como o campo de vulto que é hoje.

A psicologia social estuda nosso pensamento, nossa influência e nossos relacionamentos fazendo perguntas que intrigam a todos. Eis alguns exemplos.

Quanto de nosso mundo social está somente em nossas cabeças? Como veremos em capítulos posteriores, nosso comportamento social varia não apenas conforme a situação objetiva, mas também conforme nosso modo de interpretá-la. Crenças sociais podem ser autorrealizáveis. Por exemplo, pessoas felizes no casamento atribuem um comentário azedo do cônjuge "Por que você nunca põe as coisas no seu devido lugar?" a algo externo: "Ele deve ter tido um dia frustrante". Pessoas infelizes no casamento atribuirão o mesmo comentário a uma disposição mesquinha: "Quanta hostilidade!", e podem responder com um contra-ataque. Além disso, esperando hostilidade de seu cônjuge, elas podem se comportar com ressentimento, provocando justamente a hostilidade que esperam.

As pessoas seriam cruéis se assim ordenássemos? Como os alemães nazistas puderam conceber e executar o massacre de seis milhões de judeus? Em parte, aqueles atos maléficos ocorreram porque milhares de pessoas cumpriram ordens. Elas colocaram os prisioneiros em trens, arrebanharam-nos até "chuveiros" lotados e os envenenaram com gás. Como puderam praticar atos tão horrendos? Aquelas pessoas eram seres humanos normais? Stanley Milgram (1974) queria saber. Assim, ele montou uma situação na qual se pediu às pessoas que aplicassem choques cada vez mais fortes a alguém que estivesse tendo dificuldades para aprender uma sequência de palavras. Como veremos no Capítulo 6, quase dois terços dos participantes obedeceram à risca.

Ajudar? Ou se servir? Quando sacolas com cédulas de dinheiro caíram de um caminhão blindado em um dia de outono, dois milhões de dólares se espalharam em uma rua de Columbus, Ohio. Alguns motoristas pararam para ajudar, devolvendo cem mil dólares. Julgando-se pelo um milhão e novecentos mil que desapareceram, um número muito maior parou para se servir. O que você teria feito? Quando acidentes semelhantes aconteceram alguns meses depois em São Francisco e Toronto, os resultados foram os mesmos: os transeuntes pegaram a maior parte do dinheiro (Bowen, 1988). Que situações fazem as pessoas serem prestativas ou gananciosas? Alguns contextos culturais – talvez vilarejos e cidades pequenas – geram maior prestatividade?

Essas perguntas têm um aspecto em comum: tratam de como as pessoas veem e afetam umas às outras. E é disso que trata a psicologia social. Os psicólogos sociais estudam atitudes e crenças, conformidade e independência, amor e ódio.

FIGURA 1.1
Psicologia social é...

Grandes ideias da psicologia social

Quais são as grandes lições da psicologia social, seus temas dominantes? Em muitas áreas acadêmicas, os resultados de dezenas de milhares de estudos, as conclusões de milhares de investigadores e os *insights* de centenas de teóricos podem ser reduzidos a algumas ideias centrais. A biologia nos oferece princípios como a seleção natural e a adaptação. A sociologia se baseia em conceitos como estrutura e organização social. A música aproveita nossas ideias de ritmo, melodia e harmonia.

Quais conceitos estão na pequena lista de grandes ideias da psicologia social? Que temas, ou princípios fundamentais, valerão a pena ser lembrados muito tempo depois que você tiver esquecido a maioria dos detalhes? Minha pequena lista de "grandes ideias que nunca devemos esquecer" inclui estas, que serão adicionalmente exploradas nos futuros capítulos (Fig. 1.2).

Construímos nossa realidade social

Nós humanos temos um irresistível desejo de explicar o comportamento, atribuí-lo a alguma causa e, assim, fazê-lo parecer organizado, previsível e controlável. Podemos reagir de maneira diferente a situações semelhantes porque *pensamos* de maneira diferente. Nosso modo de reagir ao insulto de um amigo depende de se o atribuirmos à hostilidade ou a um mau dia.

Uma partida dos times de futebol americano das universidades Princeton e Dartmouth, em 1951, ofereceu uma demonstração clássica de como interpretamos a realidade (Hastorf Cantril, 1954; ver também Loy Andrews, 1981). A partida correspondeu ao que foi anunciado como um confronto rancoroso; revelou-se uma das mais duras e sujas na história das duas universidades. Um dos melhores atletas de Princeton foi derrubado e agredido em bando, sendo, por fim, obrigado a sair do jogo com o nariz quebrado. Surgiram brigas de socos, gerando mais feridos de ambos os lados.

Não muito tempo depois, dois psicólogos, um de cada universidade, exibiram filmagens da partida aos alunos nos dois *campi*. Os estudantes desempenharam o papel de cientista-observador, apontando todas as infrações enquanto assistiam e indicando quem era responsável por elas. Mas eles não conseguiram deixar de lado suas lealdades. Por exemplo, os alunos de Princeton viram duas vezes mais violações de Dartmouth do que viram os próprios alunos de Dartmouth. Conclusão: *Existe* uma realidade objetiva lá fora, mas sempre a enxergamos pelas lentes de nossas crenças e nossos valores.

Cansado de olhar as estrelas, o Professor Mueller se volta para a psicologia social.
Reproduzido com permissão de Jason Love em www.jasonlove.com.

Todos somos cientistas intuitivos. Explicamos o comportamento das pessoas, geralmente com rapidez e precisão suficientes para atender nossas necessidades diárias. Quando o comportamento de alguém é coerente e distintivo, atribuímos aquele comportamento a sua personalidade. Por exemplo, se você observa que alguém costuma fazer comentários depreciativos, você pode inferir que esse indivíduo tem uma inclinação sórdida, e então você pode evitá-lo.

Nossas crenças a nosso próprio respeito também importam. Temos uma perspectiva otimista? Vemo-nos como no controle das coisas? Vemo-nos como relativamente superiores ou inferiores? Nossas respostas influenciam nossas emoções e ações. *Nosso modo de interpretar o mundo, e a nós mesmos, importa.*

Nossas intuições sociais com frequência são poderosas, mas às vezes perigosas

Nossas intuições instantâneas moldam nossos medos (Viajar de avião é perigoso?), impressões (Posso confiar nele?) e relacionamentos (Ela gosta de mim?). Intuições influenciam presidentes em épocas de crise, apostadores à mesa de apostas, jurados que avaliam culpa e gerentes de pessoal selecionando candidatos. Essas intuições são corriqueiras.

Sem dúvida, a ciência psicológica revela uma mente inconsciente fascinante – uma mente intuitiva nos bastidores – sobre a qual Freud nunca nos falou. Mais do que os psicólogos compreendiam até pouco tempo atrás, o pensamento ocorre fora do palco, longe dos olhos. Nossas capacidades intuitivas são reveladas por estudos sobre o que os capítulos posteriores explicarão: processamento automático, memória implícita, heurísticas, inferência espontânea de traços, emoções instantâneas e comunicação não verbal. Pensamento, memória e atitudes operam em dois níveis – um consciente e deliberado, o outro inconsciente e automático, ou seja, o processamento dual, como o chamam os pesquisadores da atualidade. Sabemos mais do que sabemos que sabemos.

A intuição é imensa, mas também perigosa. Um exemplo: enquanto atravessamos a

FIGURA 1.2
Algumas grandes ideias na psicologia social.

"Ele não me ameaçou realmente, mas eu o percebi como uma ameaça".

A cognição social importa. Nosso comportamento é influenciado não apenas pela situação objetiva, mas também por nosso modo de interpretá-la.
© The New Yorker Collection, 2005, Lee Lorenz, de cartoonbank.com. Todos os direitos reservados.

vida, em geral no piloto automático, intuitivamente julgamos a probabilidade das coisas pela facilidade com que vários exemplos nos vêm à cabeça. Sobretudo desde 11 de setembro de 2001, nós facilmente produzimos imagens mentais de quedas de aviões. Assim, a maioria das pessoas tem mais medo de voar do que de dirigir, e muitas dirigem grandes distâncias para evitar o risco dos céus. Atualmente, estamos muito mais seguros (por milhas de viagem) em um voo comercial do que em um veículo motor (nos Estados Unidos, viajar de avião foi 230 vezes mais seguro entre 2002 e 2005, conforme relato do Conselho Nacional de Segurança [2008]).

Mesmo nossas intuições sobre nós mesmos com frequência são falhas. Intuitivamente confiamos em nossas memórias mais do que deveríamos. Interpretamos erroneamente nossas próprias mentes; em experimentos, negamos a influência de coisas que de fato nos influenciam. Prevemos erroneamente nossos próprios sentimentos — o quanto nos sentiremos mal daqui a um ano se perdermos nosso emprego ou se nosso romance terminar, e o quanto nos sentiremos bem daqui a um ano, ou mesmo daqui a uma semana, se ganharmos na loteria. E muitas vezes erramos na previsão de nosso próprio futuro. Por exemplo, ao escolher roupas, pessoas perto da meia-idade comprarão peças justas ("Prevejo que perderei uns quilos"); raramente alguém diz, mais realista, "É melhor eu comprar uma peça relativamente folgada; na minha idade, as pessoas tendem a ganhar peso".

Nossas intuições sociais, então, são dignas de nota tanto por seus poderes como por seus perigos. Lembrando-nos das dádivas de nossa intuição e alertando-nos para suas armadilhas, os psicólogos sociais procuram fortalecer nosso pensamento. Na maioria das situações, juízos fáceis, "rápidos e simples" são suficientes. Mas em outras, quando a precisão importa – como quando é necessário temer as coisas certas e despender nossos recursos de acordo –, é melhor restringirmos nossas intuições impulsivas com pensamento crítico. *Nossas intuições e processamento inconsciente de informações são rotineiramente poderosos e, às vezes, perigosos.*

Influências sociais moldam nosso comportamento

Somos, como Aristóteles observou há muito tempo, animais sociais. Falamos e pensamos com palavras que aprendemos com os outros. Ansiamos nos conectar, pertencer e ser estimados. Matthias Mehl e James Pennebaker (2003) quantificaram o comportamento social de seus alunos na Texas University convidando-os para levarem consigo minigravadores e microfones. Uma vez a cada 12 minutos durante suas horas acordados, o gravador operado por computador gravaria imperceptivelmente por 30 segundos. Embora o período de observação cobrisse apenas os dias da semana (inclusive as horas de aula), quase 30% do tempo dos alunos era passado em conversação. Os relacionamentos representam uma parte considerável do ser humano.

Como seres sociais, respondemos a nossos contextos imediatos. Às vezes, a força de uma situação social nos leva a agir de modo contrário a nossas posições expressas em palavras. Sem dúvida, situações poderosamente maléficas às vezes sobrepujam as boas intenções, induzindo as pessoas a concordar com falsidades ou consentir na crueldade. Sob a influência nazista, muitas pessoas a princípio decentes se tornaram instrumentos do Holocausto. Outras situações podem provocar grande generosidade e compaixão. Depois da tragédia de 11 de setembro, a cidade de Nova York recebeu uma imensa quantidade de doações de alimentos, roupas e ajuda de ávidos voluntários.

O poder da situação também foi claramente evidenciado pela variação nas atitudes com relação à invasão do Iraque, em 2003. Pesquisas de opinião revelaram que a maioria dos estadounidenses e israelenses era a favor da guerra. Seus primos distantes em outras partes do mundo majoritariamente opunham-se a ela. Diga-me onde você vive e darei um palpite razoável sobre suas opiniões quando a guerra começou. Diga-me qual é seu nível de instrução e o que você lê e assiste, e eu darei um palpite ainda mais confiante. Nossas situações importam.

Nossas culturas ajudam a definir nossas situações. Por exemplo, nossos padrões sobre prontidão, franqueza e vestuário variam conforme nossa cultura.

- Preferir um corpo esbelto ou voluptuoso depende de quando e onde você vive no mundo.
- Definir justiça social como igualdade (todos recebem o mesmo) ou como equidade (os que merecem mais recebem mais) depende de sua ideologia ter sido mais moldada pelo socialismo ou pelo capitalismo.
- Tender a ser expressivo ou reservado, causal ou formal, depende em parte de sua cultura e de sua etnia.

- Focar principalmente em si mesmo – em suas necessidades pessoais, desejos e moralidade – ou na família, no clã e em grupos comunitários depende do quanto você é um produto do individualismo ocidental moderno.

A psicóloga social Hazel Markus (2005) resume: "As pessoas são, acima de tudo, maleáveis". Em outras palavras, nos adaptamos a nosso contexto social. *Nossas atitudes e comportamento são moldados por forças sociais externas.*

Atitudes e disposições pessoais também moldam nosso comportamento

Forças internas também importam. Não somos folhas soltas, simplesmente levadas por este ou aquele caminho pelos ventos sociais. Nossas atitudes internas afetam nosso comportamento. Nossas opiniões políticas influenciam nosso comportamento nas urnas. Nossas opiniões sobre o tabagismo influenciam nossa suscetibilidade às pressões sociais para fumar. Nossas posturas com relação aos pobres influenciam nossa disposição em ajudá-los. Como veremos, nossas atitudes também decorrem de nosso comportamento, o que nos leva a acreditar fortemente nas coisas com as quais nos comprometemos ou pelas quais sofremos.

Disposições da personalidade também afetam o comportamento. Diante da mesma situação, pessoas diferentes podem reagir de uma maneira diferente. Depois de anos de encarceramento político, uma pessoa transpira amargura e busca vingança. Outra, como o sul-africano Nelson Mandela, busca reconciliação e integração com seus inimigos anteriores. *Atitudes e personalidade influenciam o comportamento.*

O comportamento social é biologicamente enraizado

A psicologia social do século XXI está nos trazendo um entendimento cada vez maior das bases biológicas de nosso comportamento. Muitos de nossos comportamentos sociais refletem uma sabedoria biológica profunda.

Quem já fez estudos iniciais de psicologia aprendeu que a natureza (inata) e a experiência (adquirida) formam, juntas, quem somos. Assim como a área de um retângulo é determinada tanto por seu comprimento quanto por sua largura, também a biologia e a experiência, juntas, nos criam. Como nos lembram os *psicólogos evolucionistas* (ver Capítulo 5), nossa natureza humana nos predispõe a nos comportarmos de modos que ajudaram nossos ancestrais a sobreviverem e a se reproduzirem. Levamos os genes daqueles cujos traços permitiram que eles e seus filhos sobrevivessem e se reproduzissem. Assim, os psicólogos evolucionistas indagam como a seleção natural poderia predispor nossas ações e reações ao namorar e acasalar, odiar e machucar, cuidar e compartilhar. A natureza também nos dota de uma enorme capacidade de aprender e se adaptar a ambientes variados. Somos sensíveis e responsivos a nosso contexto social.

Se todo evento psicológico (todo pensamento, toda emoção, todo comportamento) é simultaneamente um evento biológico, então podemos examinar a neurobiologia subjacente ao comportamento social. Que áreas cerebrais permitem nossas experiências de amor e desprezo, ajuda e agressão, percepção e crença? Como o cérebro, a mente e o comportamento funcionam juntos como um sistema coordenado? O que os tempos de ocorrência de eventos cerebrais revelam sobre nosso modo de processar informações? Perguntas desse tipo são feitas por aqueles que se dedicam à **neurociência social** (Cacioppo et al., 2007).

Os neurocientistas sociais não reduzem comportamentos sociais complexos, tais como ajudar e ferir, a mecanismos neurais ou moleculares simples. Seu ponto é este: para compreender o comportamento social, devemos considerar tanto as influências sob a pele (biológicas) como aquelas entre as peles (sociais). A mente e o corpo são um grande sistema. Os hormônios do estresse afetam como nos sentimos e agimos. O ostracismo social eleva a pressão arterial. O apoio social fortalece o sistema imune, que combate doenças. *Somos organismos biopsicossociais.* Refletimos a interação de nossas influências biológicas, psicológicas e sociais, e é por isso que os psicólogos da atualidade estudam o comportamento a partir desses diferentes níveis de análise.

neurociência social
Uma integração de perspectivas biológicas e sociais que explora as bases neurais e psicológicas dos comportamentos sociais e emocionais.

Princípios da psicologia social são aplicáveis à vida cotidiana

A psicologia social tem o potencial de iluminar sua vida, tornar visíveis as influências sutis que guiam seu pensamento e suas ações. Além disso, como veremos, ela oferece muitas ideias sobre como nos conhecer melhor, como ganhar amigos e influenciar as pessoas, como transformar punhos cerrados em braços abertos.

Outros pesquisadores também estão aplicando ideias da psicologia social. Os princípios do pensamento social, da influência social e das relações sociais têm implicações para a saúde e o bem-estar humanos, para procedimentos judiciais e decisões de jurados em salas de audiência e para influenciar comportamentos que permitirão um futuro ambientalmente sustentável.

Sendo apenas uma perspectiva sobre a existência humana, a ciência psicológica não pretende tratar das questões fundamentais da vida: qual é o significado da vida humana? Qual deveria ser nosso propósito? Qual é nosso derradeiro destino? Entretanto, a psicologia social nos oferece um método para formular e responder algumas questões muito interessantes e importantes. *A psicologia social trata da vida – a sua vida: suas crenças, suas atitudes, seus relacionamentos.*

O restante deste capítulo nos leva para dentro da psicologia social. Primeiro, consideraremos como os próprios valores dos psicólogos sociais influenciam seu trabalho de modos óbvios e sutis. Depois, vamos focar na maior tarefa deste capítulo: vislumbrar como *fazemos* psicologia social. Como os psicólogos sociais buscam explicações do pensamento social, da influência social e das relações sociais? E como eu e você poderíamos usar esses instrumentos analíticos para pensar de maneira mais inteligente?

Ao longo deste livro, um pequeno resumo conclui cada seção importante. Espero que estes resumos o ajudem a avaliar o quanto você assimilou do material de cada seção.

Resumo: Grandes ideias da psicologia social

A psicologia social é o estudo científico de como as pessoas pensam, se influenciam e se relacionam. Seus temas centrais incluem:

- como interpretamos nossos mundos sociais;
- como nossas intuições sociais nos guiam e, às vezes, nos enganam;
- como nosso comportamento social é moldado por outras pessoas e por nossas atitudes, personalidade e biologia;
- como os princípios da psicologia social se aplicam à vida cotidiana e a vários outros campos de estudo.

Psicologia social e valores humanos

Os valores dos psicólogos sociais permeiam seu trabalho de maneiras tanto óbvias como sutis. Que maneiras são essas?

A psicologia social é menos uma coleção de descobertas do que um conjunto de estratégias para responder perguntas. Na ciência, como nos tribunais de justiça, opiniões pessoais são inadmissíveis. Quando as ideias são colocadas em julgamento, as evidências determinam o veredicto.

Mas, os psicólogos sociais são realmente objetivos assim? Por serem seres humanos, será que seus *valores* – suas convicções pessoais sobre o que é desejável e como as pessoas deveriam se comportar – não se infiltram em seu trabalho? Neste caso, a psicologia social pode realmente ser científica?

Quando os valores influenciam a psicologia

Os valores ganham importância quando os psicólogos *selecionam temas para pesquisa*. Não foi por acaso que o estudo do preconceito floresceu durante a década de 1940, quando o fascismo dominava a Europa; que na década de 1950, época de modas de uniformidade na aparência e de intolerância por opiniões diferentes, nos deu estudos da conformidade; que os anos de 1960 viram aumentar o interesse pela agressão com tumultos e crescentes índices de criminalidade; que o movimento feminista dos anos de 1970 ajudou a estimular uma onda de pesquisa sobre gênero e sexismo; que os anos de 1980 ofereceram um ressurgimento da atenção aos aspectos da corrida armamentista; e que os anos de 1990 e início do século XXI foram marcados pelo aumento do interesse em como as pessoas respondem à diversidade na cultura, na etnia e na orientação sexual. A psicologia social reflete a história social (Kagan, 2009).

Os valores diferem não apenas ao longo do tempo, mas também entre as culturas. Na Europa, as pessoas sentem orgulho de suas nacionalidades. Os escoceses são mais autoconscientes de sua distinção dos ingleses, e os austríacos dos alemães, do que o são os residentes de Michigan em relação aos residentes de Ohio, semelhantemente adjacentes. Consequentemente, a Europa nos deu uma teoria importante da "identidade social", ao passo que os psicólogos sociais norte-americanos focaram mais nos indivíduos – como uma pessoa pensa sobre as outras, é influenciada por elas e se relaciona com elas (Fiske, 2004; Tajfel, 1981; Turner, 1984). Os psicólogos sociais australianos extraíram teorias e métodos tanto da Europa quanto da América do Norte (Feather, 2005).

Os valores também influenciam os *tipos de pessoas* que são atraídas às diversas disciplinas (Campbell, 1975a; Moynihan, 1979). Em sua universidade, os alunos que se especializam em humanidades, artes, ciências naturais e ciências sociais diferem perceptivelmente entre si? A psicologia social e a sociologia atraem pessoas que são, por exemplo, relativamente ávidas por questionar a tradição, pessoas mais inclinadas a moldar o futuro do que preservar o passado?

Ciências diferentes oferecem perspectivas diferentes.
ScienceCartoonsPlus.com

Finalmente, os valores obviamente têm importância como o *objeto* da análise sociopsicológica. Os psicólogos sociais investigam como se formam os valores, por que eles mudam e como eles influenciam atitudes e ações. Contudo, nada disso nos diz quais valores são "certos".

Quando os valores influenciam a psicologia sem que percebamos

Com menos frequência, reconhecemos as maneiras mais sutis em que comprometimentos com valores se disfarçam de verdade objetiva. Consideremos três maneiras menos óbvias em que valores influenciam a psicologia.

ASPECTOS SUBJETIVOS DA CIÊNCIA

Cientistas e filósofos hoje concordam: a ciência não é totalmente objetiva. Os cientistas não apenas leem o livro da natureza. Em vez disso, eles interpretam a natureza, usando suas próprias categorias mentais. Em nossas vidas diárias, também, vemos o mundo através das lentes de nossas pressuposições. Pare por um momento: o que você vê na Figura 1.3? Você consegue ver um cão dálmata farejando o chão no centro da figura? Sem essa pressuposição, a maioria das pessoas é incapaz de ver o dálmata. Quando a mente apreende o conceito, ela informa sua interpretação da imagem – tanto que se torna difícil *não* ver o cão.

É assim que nossas mentes funcionam. Enquanto você lê estas palavras, não está consciente de que também está olhando para seu nariz. Sua mente bloqueia da consciência algo que está ali, se você estivesse predisposto a percebê-lo. Essa tendência a prejulgar a realidade com base em nossas expectativas é um fato básico da mente humana.

Uma vez que os estudiosos em qualquer área específica muitas vezes compartilham de um ponto de vista comum ou são provenientes da mesma **cultura**, suas pressuposições podem não ser questionadas. O que tomamos por garantido – as crenças compartilhadas que alguns psicólogos sociais europeus chamam de nossas **representações sociais** (Augoustinos & Innes, 1990; Moscovici, 1988, 2001) – são com frequência nossas convicções mais importantes, porém menos investigadas. Às vezes, contudo, alguém de fora da área chama atenção para essas suposições. Durante a década de 1980, feministas e marxistas expuseram algumas das suposições da psicologia social que não tinham sido examinadas. Críticas feministas chamaram atenção para vieses sutis – por exemplo, o conservadorismo político de alguns cientistas que favoreciam uma interpretação biológica das diferenças de gênero no comportamento social (Unger, 1985). Críticos marxistas chamaram atenção para vieses individualistas competitivos – por exemplo, a suposição de que conformidade é ruim e que recompensas individuais são boas. Marxistas e feministas, evidentemente, fazem suas próprias suposições, como os críticos da "correção política" acadêmica gostam de assinalar. O psicólogo social Lee Jussim (2005), por exemplo, afirma que psicólogos sociais progressistas às vezes se sentem obrigados a negar diferenças de grupo e presumir que os estereótipos de diferença de grupos nunca têm origem na realidade, mas sempre no racismo.

No Capítulo 3, veremos outras formas em que nossos pressupostos orientam nossas interpretações. Como nos informam os fãs de futebol americano de Princeton e Dartmouth, o que guia nosso comportamento é menos a "situação como ela é" do que a "situação como a interpretamos".

CONCEITOS PSICOLÓGICOS CONTÊM VALORES OCULTOS

A compreensão de que os próprios valores dos psicólogos podem desempenhar um papel importante nas teorias e nos juízos que eles apoiam está implícita em nosso entendimento de que a psicologia não é objetiva. Os psicólogos podem se referir às pessoas como maduras ou imaturas, assim como bem adaptadas ou mal-adaptadas, como mentalmente saudáveis ou mentalmente doentes. Eles podem falar como se estivessem afirmando fatos, quando o que estão de fato fazendo é *juízos de valor*. Eis alguns exemplos:

> *Definindo a vida boa.* Os valores influenciam nossa ideia da melhor forma de viver nossas vidas. O psicólogo da personalidade Abraham Maslow, por exemplo, era conhecido por suas descrições sensíveis de pessoas "autorrealizadas" – aquelas que, com suas necessidades de sobrevivência, segurança, pertenci-

"A ciência não simplesmente descreve e explica a natureza; ela faz parte da interação entre nós e a natureza; ela descreve a natureza como exposta a nosso método de questionamento."
—WERNER HEISENBERG, FÍSICO E FILÓSOFO, 1958

cultura
Os comportamentos, ideias, atitudes e tradições duradouros compartilhados por um grande grupo de pessoas e transmitidos de uma geração para outra.

representações sociais
Crenças socialmente compartilhadas – ideias e valores amplamente disseminados, inclusive nossas suposições e ideologias culturais. Nossas representações sociais nos ajudam a entender nosso mundo.

FIGURA 1.3
O que você vê?

Valores ocultos (e não tão ocultos) se infiltram no aconselhamento psicológico. Eles permeiam os livros populares de psicologia que oferecem orientação sobre viver e amar.

mento e autoestima satisfeitas, continuaram para realizar seu potencial humano. Poucos leitores perceberam que o próprio Maslow, guiado por seus próprios valores, selecionou a amostra de pessoas autorrealizadas que descreveu. A resultante descrição de personalidades autorrealizadas – como espontâneas, autônomas, místicas e assim por diante – refletia os valores pessoais de Maslow. Se ele tivesse partido dos heróis de outra pessoa – digamos, Napoleão, Alexandre o Grande e John D. Rockefeller, sua resultante descrição de autorrealização teria sido diferente (Smith, 1978).

Aconselhamento profissional. O aconselhamento profissional também reflete os valores pessoais do conselheiro. Quando profissionais de saúde mental nos aconselham sobre como nos relacionar com nosso cônjuge ou com nossos colegas de trabalho, quando especialistas em educação infantil nos dizem como lidar com nossos filhos e quando alguns psicólogos defendem viver sem se preocupar com as expectativas dos outros, eles estão expressando seus valores pessoais. Nas culturas ocidentais, esses valores geralmente serão individualistas – incentivando o que é melhor para "mim". Culturas não ocidentais com mais frequência encorajam o que é melhor para "nós". Muitas pessoas, sem perceber esses valores ocultos, acatam o "profissional". Porém, os psicólogos não podem responder questões de obrigação moral fundamental, de propósito e direção e do significado da vida.

Formando conceitos. Valores ocultos se infiltram até nos conceitos da psicologia baseados em pesquisa. Imagine que você tenha se submetido a um teste de personalidade e o psicólogo, depois de pontuar suas respostas, anuncia: "Você obteve alta pontuação em autoestima, está com baixa ansiedade e possui um ego excepcionalmente forte". "Ah!", você pensa, "eu já suspeitava, mas é bom saber disso!". Então, outro psicólogo lhe aplica um teste semelhante. Por alguma razão peculiar, esse teste faz algumas das mesmas perguntas. Posteriormente, o psicólogo informa que você parece defensivo, pois pontuou alto em "repressividade". "Mas como isso é possível?", você se pergunta. "O outro psicólogo disse coisas tão legais sobre mim." Talvez seja porque todos esses rótulos descrevam o mesmo conjunto de respostas (uma tendência a dizer coisas legais sobre si mesmo e não reconhecer problemas). Devemos chamá-la de alta autoestima ou de defensividade? O rótulo reflete o juízo.

Rotulação: Juízos de valor, então, muitas vezes estão ocultos em nossa linguagem sociopsicológica – mas isso também é verdade em relação à linguagem cotidiana:

- Rotularmos uma criança quieta como "acanhada" ou "cautelosa", como "contida" ou "observadora", comunica um juízo.
- Rotularmos alguém envolvido na luta armada de "terrorista" ou de "combatente da liberdade" depende de nossa opinião sobre a causa.
- Encararmos a morte de civis em épocas de guerra como "a perda de vidas inocentes" ou como "danos colaterais" afeta nossa aceitação disso.
- Chamarmos a assistência social pública de "bem-estar" ou "auxílio aos necessitados" reflete nossas opiniões políticas.
- Quando "eles" exaltam seu país e seu povo, é nacionalismo; quando "nós" o fazemos, é patriotismo.
- Dizermos que alguém envolvido em um caso amoroso extraconjugal está praticando o "casamento aberto" ou "adultério" depende de nossos valores pessoais.
- "Lavagem cerebral" é uma influência social que não aprovamos.
- "Perversões" são práticas sexuais que não exercemos.
- Comentários sobre homens "ambiciosos" e mulheres "agressivas" transmitem uma mensagem oculta.

Como esses exemplos indicam, valores jazem ocultos em nossas definições culturais de saúde mental, em nosso aconselhamento psicológico para viver, em nossos conceitos e em nossos rótulos psicológicos. Ao longo deste livro, chamarei atenção para exemplos adicionais de valores ocultos. A questão nunca é que os valores implícitos são necessariamente ruins. A questão é que a interpretação científica, mesmo no nível dos fenômenos de rotulação, é uma atividade humana. Portanto, é natural e inevitável que crenças e valores prévios influenciem o que os psicólogos sociais pensam e escrevem.

Devemos desconsiderar a ciência porque ela tem um lado subjetivo? Muito pelo contrário: a compreensão de que o pensamento humano envolve interpretação é precisamente a razão pela qual necessitamos de pesquisadores com vieses diferentes para realizar a análise científica. Ao verificar constantemente nossas crenças em relação aos fatos, como melhor os compreendemos, verificamos e restringimos nossos vieses. A observação e a experimentação sistemáticas nos ajudam a limpar as lentes através das quais vemos a realidade.

Resumo: Psicologia social e valores humanos

- Os valores dos psicólogos sociais se infiltram em seu trabalho de maneiras óbvias, tais como sua escolha de temas de pesquisa e tipos de pessoas que são atraídas aos diversos campos de estudo.
- Eles também fazem isso de modos mais sutis, tais como seus pressupostos ocultos ao formular conceitos, selecionar rótulos e prestar aconselhamento.
- Essa infiltração de valores na ciência não constitui um motivo para culpar a psicologia social ou qualquer outra ciência. É justamente porque o pensamento humano quase nunca é imparcial que precisamos de observação e experimentação sistemáticas para poder cotejar as ideias que nutrimos sobre a realidade.

Eu sabia o tempo todo: A psicologia social é simplesmente senso comum?

As teorias da psicologia social oferecem novos conhecimentos sobre a condição humana? Ou elas apenas descrevem o óbvio?

Muitas das conclusões apresentadas neste livro podem já ter lhe ocorrido, pois os fenômenos psicológicos sociais estão todos a sua volta. Constantemente observamos as pessoas pensando, influenciando e se relacionando umas com as outras. Vale a pena discernir o que uma expressão facial significa, como convencer alguém a fazer alguma coisa ou se podemos considerar alguém amigo ou inimigo. Há muito tempo filósofos, romancistas e poetas observam e comentam sobre o comportamento social.

Isso significa que a psicologia social é apenas senso comum em palavras pomposas? A psicologia social enfrenta duas críticas contraditórias: primeiro, que ela é trivial porque documenta o óbvio; segundo, que ela é perigosa porque suas descobertas poderiam ser usadas para manipular as pessoas.

Exploraremos a segunda crítica no Capítulo 7. Por enquanto, vamos examinar a primeira objeção.

A psicologia social e as outras ciências sociais apenas formalizam o que qualquer leigo já sabe intuitivamente? O escritor Cullen Murphy (1990) era da seguinte opinião: "Dia após dia cientistas sociais saem pelo mundo. Dia após dia eles descobrem que o comportamento das pessoas é quase o que você esperaria". Quase um século antes, o historiador Arthur Schlesinger Jr. (1949) reagiu com semelhante zombaria aos estudos dos cientistas sociais sobre os soldados norte-americanos na Segunda Guerra Mundial. O sociólogo Paul Lazarsfeld (1949) analisou aqueles estudos e ofereceu um exemplo com comentários interpretativos, alguns dos quais eu parafraseio:

1. Soldados com melhor nível de instrução sofreram mais problemas de adaptação do que aqueles com menor nível de instrução. (Intelectuais estavam menos preparados para as tensões das batalhas do que pessoas com experiência de rua.)
2. Soldados sulistas lidaram melhor com o clima quente da ilha do que soldados nortistas. (Os sulistas estavam mais acostumados com o clima quente.)
3. Soldados brancos estavam mais ávidos por promoção do que os soldados negros. (Anos de opressão têm um efeito adverso na motivação para realização.)
4. Negros sulistas preferiam oficiais sulistas a oficiais brancos nortistas. (Os oficiais sulistas tinham mais experiência e habilidade na interação com negros.)

Ao ler essas descobertas, você concordou que elas eram basicamente senso comum? Em caso afirmativo, você ficará surpreso ao saber que Lazarsfeld posteriormente afirmou: *"Todas essas afirmativas são exatamente o contrário do que foi de fato descoberto"*. Na realidade, os estudos constataram que soldados com menor grau de instrução não se adaptaram tão bem. Os sulistas não eram mais propensos a se adaptar ao clima tropical do que os nortistas. Os negros estavam mais ávidos por promoção do que os brancos, e assim por diante. "Se tivéssemos mencionado os resultados reais da investigação por primeiro [como aconteceu com Schlesinger], o leitor os teria igualmente rotulado como 'óbvios'".

Um problema com o senso comum é que o invocamos depois de conhecer os fatos. Os eventos são muito mais "óbvios" e previsíveis em retrospectiva do que de antemão. Experimentos revelam que quando as pessoas são informadas sobre o resultado de um experimento, aquele resultado de súbito parece não ser surpreendente – certamente menos surpreendente do que o é para pessoas às quais apenas se relata o procedimento experimental e os possíveis resultados (Slovic & Fischhoff, 1977).

De modo semelhante, em nosso cotidiano via de regra não esperamos que algo aconteça até que aconteça. *Depois*, subitamente vemos com clareza as forças que ocasionaram o evento e não sentimos surpresa. Além disso, também podemos lembrar incorretamente nossa visão anterior (Blank et al., 2008). Erros ao julgar a previsibilidade do futuro e ao recordar nosso passado se combinam para criar o **viés de retrospectiva** (também denominado *fenômeno do "eu sabia o tempo todo"*).

Assim, depois de eleições ou de mudanças no mercado de ações, a maioria dos comentaristas não se surpreende com a reviravolta nos acontecimentos: "O mercado estava esperando uma correção".

viés de retrospectiva
A tendência a exagerar, depois de saber de um desfecho, nossa capacidade de ter previsto como algo aconteceria. Também conhecido como *fenômeno do "eu sabia o tempo todo"*.

Em retrospectiva, os eventos parecem óbvios e previsíveis.

Após a extensa inundação em Nova Orleans em consequência do furacão Katrina, em 2005, parecia óbvio que as autoridades públicas deveriam ter previsto a situação: estudos da vulnerabilidade da barragem tinham sido realizados. Muitos residentes não tinham automóvel nem condições de arcar com os custos de transporte e alojamento fora da cidade. As previsões meteorológicas da intensidade da tempestade previram claramente a necessidade urgente de providenciar suprimentos de segurança e socorro. Como colocou o teólogo e filósofo dinamarquês Søren Kierkegaard, "A vida é vivida para frente, mas compreendida para trás".

Se o viés de retrospectiva é generalizado, você pode agora estar pensando que já sabia sobre esse fenômeno. Realmente, quase qualquer resultado de um experimento psicológico pode parecer senso comum – *depois* que você sabe o resultado.

Você mesmo pode demonstrar o fenômeno. Selecione um grupo de pessoas e para a metade delas conte uma descoberta psicológica e para a outra metade o resultado contrário. Por exemplo, diga-lhes o seguinte:

Psicólogos sociais descobriram que, seja ao escolher amigos ou se apaixonar, somos mais atraídos a pessoas cujas características diferem das nossas. Parece haver sabedoria no velho ditado "Os opostos se atraem".

Para a outra metade do grupo, diga:

Psicólogos sociais descobriram que, seja ao escolher amigos ou se apaixonar, somos mais atraídos a pessoas cujas características são semelhantes às nossas. Parece haver sabedoria no velho ditado "Diga-me com quem andas e direi-te quem és".

Primeiro, peça às pessoas que expliquem o resultado. Depois, peça-lhes que digam se ele é surpreendente ou não. Praticamente todas elas vão encontrar uma boa explicação para qualquer resultado que receberem e dirão que ele "não é surpreendente".

Sem dúvida, podemos utilizar nosso estoque de ditados para fazer qualquer resultado ter sentido. Se um psicólogo social relata que a separação intensifica a atração romântica, Fulano de Tal responde: "Você é pago para isso? Todo mundo sabe que 'longe dos olhos, perto do coração'". Caso seja revelado que a separação *enfraquece* a atração, Fulano dirá: "Minha avó poderia ter lhe dito que 'quem não é visto não é lembrado'".

Karl Teigen (1986) deve ter dado algumas risadas quando pediu aos alunos da Leicester University (Inglaterra) que avaliassem provérbios reais e seus opostos. Diante do provérbio "O medo é mais forte do que o amor", a maioria o classificou como verdadeiro. Mas o mesmo aconteceu com alunos que receberam a forma invertida do provérbio, "O amor é mais forte do que o medo". De modo semelhante, o provérbio genuíno "Quem caiu não pode ajudar quem está no chão" foi bem avaliado; mas "Quem caiu pode ajudar quem está no chão" também foi. Contudo, meus prediletos foram dois provérbios muito bem classificados: "Os sábios fazem provérbios e os tolos os repetem" (autêntico) e sua contrapartida inventada, "Os tolos fazem provérbios e os sábios os repetem". Para mais duelos de provérbios, ver "Em Foco: Eu Sabia o Tempo Todo".

O viés de retrospectiva cria um problema para muitos alunos de psicologia. Às vezes, os resultados são genuinamente surpreendentes (p. ex., que os vencedores de medalhas de *bronze* ficam mais contentes com sua conquista do que os vencedores de medalhas de prata). Com mais frequência, quando você lê os resultados de experimentos em seus livros-texto, o material parece fácil, até óbvio. Quando posteriormente você faz uma prova de múltipla escolha na qual você deve escolher entre várias conclusões plausíveis, a tarefa pode se tornar surpreendentemente difícil. "Não sei o que aconteceu", resmunga o aluno perplexo depois. "Eu achava que sabia todo o conteúdo."

EM FOCO: Eu sabia o tempo todo

Cullen Murphy (1990), editor geral da revista *The atlantic*, acusou "a sociologia, a psicologia e as outras ciências sociais de muitas vezes apenas discernirem o óbvio ou confirmarem o corriqueiro". Sua própria pesquisa casual das descobertas das ciências sociais "não produziu ideais ou conclusões que não possam ser encontradas no livro de citações de John Bartlett ou em qualquer outra enciclopédia de citações". Não obstante, para examinarmos ditados concorrentes, precisamos de pesquisa. Considere alguns duelos de provérbios:

É mais verdade que
- Cozinheiros demais entornam o caldo.
- A inteligência supera a força.
- Cavalo velho não pega andadura.
- O sangue fala mais alto.
- Quem hesita está perdido.
- Um homem prevenido vale por dois.

ou que
- Duas cabeças pensam melhor do que uma.
- Gestos valem mais do que palavras.
- Nunca é tarde para aprender.
- Muitos parentes, poucos amigos.
- Antes que cases, vê o que fazes.
- Não sofra por antecipação.

O fenômeno "eu sabia o tempo todo" pode ter consequências lastimáveis. Ele pode levar à arrogância – uma superestimação de nossos próprios poderes intelectuais. Além disso, uma vez que os desfechos parecem que poderiam ter sido previstos, somos mais propensos a culpar os tomadores de decisão pelo que em retrospectiva são más escolhas "óbvias" do que elogiá-los por boas escolhas, que também parecem "óbvias".

Partindo da manhã de 11 de setembro e analisando os fatos anteriores, sinais que apontavam para o desastre iminente pareciam óbvios. Um relatório investigativo do Senado dos Estados Unidos relacionava os sinais ignorados ou mal interpretados (Gladwell, 2003), os quais incluíam o seguinte: a CIA sabia que agentes da Al Qaeda haviam entrado no país. Um agente do FBI enviou aos quartéis-generais um memorando que começava alertando "o Bureau e Nova York sobre a possibilidade de um esforço coordenado de Osama bin Laden para enviar alunos aos Estados Unidos para frequentarem universidades e escolas de aviação civil". O FBI ignorou essa precisa advertência e deixou de relacioná-la a outros relatórios de que terroristas estavam planejando usar aviões como armas. O presidente recebeu um informativo diário intitulado "Bin Laden determinado a atacar dentro dos Estados Unidos" e continuou no feriado. "Bobos idiotas!" pareceu aos críticos em retrospectiva. "Por que não conseguiram ligar os pontos?"

Mas o que parece claro em retrospectiva raramente está claro no lado da frente da história. A comunidade do serviço de informação é assolada por "ruído" – pilhas de informações inúteis em torno dos raros retalhos de informações úteis. Portanto, os analistas precisam ser seletivos ao decidir o quê investigar, e somente quando uma pista é investigada ela tem uma chance de estar ligada a outra. Nos seis anos que antecederam o 11 de setembro, a agência antiterrorista jamais poderia ter investigado todas as 68 mil pistas que recebeu. Em retrospectiva, as poucas pistas úteis agora são óbvias.

No período que sucedeu a crise financeira de 2008, parecia óbvio que os reguladores do governo deveriam ter instituído medidas de proteção contra as práticas de crédito bancário fadadas ao fracasso. Mas o que pareceu óbvio em retrospectiva não foi previsto pelo principal regulador dos Estados Unidos, Alan Greenspan, que se viu "em um estado de chocada incredulidade" diante do colapso econômico.

> "É fácil ser inteligente depois do acontecido."
> —SHERLOCK HOLMES, NA HISTÓRIA DE ARTHUR CONAN DOYLE "A PONTE DE THOR"

Às vezes nos culpamos por "erros estúpidos" – talvez por não ter lidado melhor com uma pessoa ou com uma situação. Revendo os fatos, agora vemos como deveríamos ter lidado com eles. "Eu deveria saber o quanto estaria ocupado no fim do semestre e iniciado o trabalho mais cedo". Mas, às vezes, somos muito duros conosco mesmos. Esquecemos que o que é óbvio para nós *agora* não era tão óbvio naquele momento.

Médicos que são informados tanto dos sintomas de um paciente quanto da causa da morte (determinada por necropsia) às vezes se perguntam como um diagnóstico incorreto pôde ter sido feito. Outros médicos, sabendo apenas dos sintomas, não acham que o diagnóstico seja tão óbvio (Dawson et al., 1988). Será que os júris seriam mais cautelosos ao presumir negligência profissional *caso* fossem forçados a assumir uma perspectiva de antecipação em vez de uma de retrospectiva?

O que concluímos? Que o senso comum geralmente está errado? Às vezes, sim. Noutras vezes, a sabedoria convencional está certa – ou ela ocorre em ambos os lados de uma questão: a felicidade vem de saber a verdade ou de preservar ilusões? De estar com os outros ou de viver em tranquila solidão? Opiniões é o que não falta. Não importa o que viermos a descobrir, sempre haverá alguém que o previu. (Mark Twain brincava que Adão era a única pessoa que, quando dizia uma coisa boa, sabia que ninguém a havia dito antes.) Mas qual das muitas ideias concorrentes corresponde melhor à realidade? A pesquisa pode especificar as circunstâncias em que um truísmo do senso comum é válido.

O ponto não é que o senso comum está previsivelmente errado, mas que o senso comum em geral está certo – *depois do fato*. Portanto, nós facilmente nos ludibriamos pensando que sabemos e sabíamos mais do que de fato sabemos e sabíamos. E é exatamente por isso que precisamos da ciência para nos ajudar a separar a realidade da ilusão e as previsões genuínas da retrospectiva fácil.

> "Tudo que é importante já foi dito antes."
> —FILÓSOFO ALFRED NORTH WHITEHEAD (1861-1947)

Resumo: Eu sabia o tempo todo: A psicologia social é simplesmente senso comum?

- A psicologia social é criticada por ser trivial porque documenta coisas que parecem óbvias.
- Contudo, experimentos revelam que desfechos são mais "óbvios" *depois* que os fatos são conhecidos.
- O viés de retrospectiva (o *fenômeno do "eu sabia o tempo todo"*) muitas vezes torna as pessoas excessivamente confiantes sobre a validade de seus juízos e previsões.

Métodos de pesquisa: Como fazemos psicologia social

Estivemos considerando algumas das questões intrigantes que a psicologia social procura responder. Também vimos como processos subjetivos, muitas vezes inconscientes, influenciam o trabalho dos psicólogos sociais. A partir de agora, vamos considerar os métodos científicos que fazem da psicologia social uma ciência.

"Nada tem tanto poder de expandir a mente quanto a capacidade de investigar de maneira sistemática e verdadeira tudo que passa sob vossa observação na vida."

MARCO AURÉLIO, *MEDITAÇÕES*

Em sua busca de compreensão, os psicólogos sociais propõem *teorias* que organizam suas observações e implicam *hipóteses* testáveis e previsões práticas. Para testar uma hipótese, os psicólogos sociais podem fazer pesquisas que preveem o comportamento utilizando estudos *correlacionais*, com frequência conduzidos em ambientes naturais; ou podem procurar explicar o comportamento conduzindo *experimentos* que manipulam um ou mais fatores sob condições controladas. Depois de terem realizado um estudo investigativo, eles exploram formas de aplicar suas descobertas para melhorar a vida cotidiana das pessoas.

Todos somos psicólogos sociais amadores. Observar as pessoas é um *hobby* universal. Enquanto as observamos, formamos ideias sobre como os seres humanos pensam, se influenciam e se relacionam uns com os outros. Os psicólogos sociais fazem o mesmo, só que de maneira mais sistemática (criando teorias) e meticulosa (com frequência, com experimentos que criam dramas sociais em miniatura, os quais especificam causa e efeito). E eles o têm feito de maneira ampla, em 25 mil estudos com oito milhões de pessoas, segundo uma contagem (Richard et al., 2003).

Formular e testar hipóteses

Nós, psicólogos sociais, temos dificuldade para encontrar alguma coisa mais fascinante do que a existência humana. À medida que nos debatemos com a natureza humana para especificar seus segredos, organizamos nossas ideias e descobertas em teorias. Uma **teoria** é *um conjunto integrado de princípios que explicam e preveem* eventos observados. As teorias são uma taquigrafia científica.

teoria
Um conjunto integrado de princípios que explicam e preveem eventos observados.

Na conversação diária, "teoria" com frequência significa "menos do que fato" – um degrau intermediário em uma escada de confiança do palpite à teoria e ao fato. Assim, as pessoas podem, por exemplo, desconsiderar a teoria evolutiva de Charles Darwin como "apenas uma teoria". Na verdade, observa Alan Leshner (2005), superintendente da Associação Americana para o Avanço da Ciência, "A evolução *é* apenas uma teoria, assim como a gravidade". As pessoas muitas vezes respondem que a gravidade é um fato – mas o *fato* é que suas chaves caem no chão quando derrubadas. A gravidade é a *explicação teórica* que explica tais fatos observados.

Para um cientista, fatos e teorias são maçãs e laranjas. Fatos são declarações consensuais sobre o que observamos. Teorias são *ideias* que sintetizam e explicam fatos. "A ciência é construída com fatos, como uma casa é feita com tijolos", escreveu o cientista francês Jules Henri Poincaré, "mas uma coleção de fatos não é mais ciência do que uma pilha de pedras é uma casa".

hipótese
Uma proposição testável que descreve uma relação que pode existir entre dois eventos.

As teorias não somente sintetizam, mas também implicam previsões testáveis, denominadas **hipóteses**. As hipóteses servem a diversos propósitos. Primeiro, elas nos permitem *testar* uma teoria sugerindo como poderíamos refutá-la. Segundo, previsões dão *direção* à pesquisa e, às vezes, levam os pesquisadores a procurar coisas sobre as quais talvez nunca tivessem pensado. Terceiro, a característica preditiva das boas teorias também pode torná-las *práticas*. Uma teoria completa da agressão, por exemplo, prediria quando esperar agressão e como controlá-la. Como declarou o pioneiro psicólogo social Kurt Lewin, "nada é mais prático do que uma boa teoria".

Considere como isso funciona. Digamos que observamos que as pessoas que pilham, zombam e atacam com frequência o fazem em grupos ou multidões. Assim, poderíamos teorizar que fazer parte de uma multidão, ou grupo, faz os indivíduos se sentirem anônimos e diminui suas inibições. Como poderíamos testar essa teoria? Talvez (estou brincando com essa teoria) pudéssemos inventar um experimento laboratorial simulando aspectos de execução em cadeira elétrica. E se pedíssemos aos membros do grupo que aplicassem choques para punir uma desafortunada vítima sem que se soubesse qual membro do grupo estava realmente aplicando o choque? Será que essas pessoas administrariam choques mais fortes do que pessoas que agissem sozinhas, como prevê nossa teoria?

Também podemos manipular o anonimato: será que as pessoas aplicariam choques mais fortes se estivessem usando máscaras? Caso os resultados confirmassem nossa hipótese, eles poderiam sugerir algumas aplicações práticas. Talvez a brutalidade policial pudesse ser reduzida fazendo os policiais usarem grandes etiquetas com seus nomes e dirigirem carros identificados com números grandes, ou filmando suas detenções – todas coisas que, na realidade, tornaram-se prática comum em muitas cidades.

Mas como concluímos que uma teoria é melhor do que outra? Uma boa teoria:

- é capaz de *resumir muitas observações*, e
- *faz previsões claras* que podemos usar para:
  - confirmar ou modificar a teoria,
  - produzir nova exploração e
  - sugerir aplicações práticas.

Quando descartamos teorias, geralmente não é porque elas se revelaram falsas. Em vez disso, como carros velhos, elas são substituídas por modelos mais recentes e melhores.

Para os humanos, as pessoas são o assunto mais fascinante que existe.

© The New Yorker Collection, 1987, Warren Miller, de cartoonbank.com. Todos os direitos reservados.

Pesquisa correlacional: Detecção de associações naturais

A maior parte do que você vai aprender sobre os métodos de pesquisa sociopsicológica será absorvido durante a leitura de capítulos posteriores. Agora, vamos aos bastidores para ver como a psicologia social é feita. Esse vislumbre dos bastidores deve ser suficiente para que você possa apreciar as descobertas discutidas posteriormente. A compreensão da lógica de pesquisa também pode ajudá-lo a pensar criticamente sobre eventos sociais cotidianos.

A pesquisa psicossocial varia por localização. Ela pode ocorrer em *laboratório* (uma situação controlada) ou em **campo** (situações cotidianas). Além disso, ela varia por método – se **correlacional** (indagando se dois ou mais fatores possuem uma associação natural) ou **experimental** (manipulando algum fator para ver seu efeito sobre outro). Se você quer ser um leitor crítico das pesquisas psicológicas relatadas em jornais e revistas, vale a pena compreender a diferença entre pesquisa correlacional e experimental.

Utilizando alguns exemplos reais, vamos considerar as vantagens da pesquisa correlacional (que com frequência envolve variáveis importantes em ambientes naturais) e sua principal desvantagem (interpretação ambígua de causa e efeito). Como veremos no Capítulo 14, os psicólogos da atualidade relacionam fatores pessoais e sociais à saúde humana. Entre os pesquisadores estão Douglas Carroll, da Glasgow Caledonian University, e seus colegas George Davey Smith e Paul Bennett (1994). Em busca de possíveis ligações entre condição socioeconômica (CSE) e saúde, os pesquisadores exploraram os antigos cemitérios de Glasgow. Como medida da saúde, eles observaram, a partir das inscrições nas lápides, a duração da vida de 843 pessoas. Como indicador de condição socioeconômica, mediram a altura das lápides sobre os túmulos, raciocinando que a altura refletia custos e, portanto, afluência. Como mostra a Figura 1.4, lápides mais altas estavam relacionadas a vidas mais longas, para ambos os sexos.

Carroll e colaboradores relatam que outros pesquisadores, usando dados contemporâneos, confirmaram a correlação entre condição socioeconômica e longevidade. As zonas de código postal escocesas com menor superpopulação e desemprego também possuem a maior longevidade. Nos Estados Unidos, a renda se correlaciona com a longevidade (pessoas pobres e de *status* inferior correm maior risco de morte prematura). Na Grã-Bretanha de hoje, a condição ocupacional se correlaciona com a longevidade. Um estudo acompanhou 17.350 funcionários públicos durante 10 anos. Comparados a administradores de alto escalão, aqueles no nível profissional-executivo tinham 1,6 mais chances de ter falecido. Empregados de escritório e operários tinham, respectivamente, 2,2 e 2,7 mais chances de ter morrido (Adler et al., 1993, 1994). Ao longo de épocas e lugares, a correlação entre CSE e saúde parece confiável.

CORRELAÇÃO E CAUSAÇÃO

A questão CSE-longevidade ilustra o erro de pensamento mais irresistível que tanto psicólogos sociais amadores como profissionais cometem: quando dois fatores como *status* e saúde se acompanham, é extremamente tentador concluir que um está causando o outro. A condição socioeconômica, poderíamos presumir, de alguma forma protege a pessoa dos riscos à saúde. Mas não poderia ocorrer o contrário? Não poderia ser que a saúde promove o vigor e o sucesso? Talvez as pessoas que vivem mais simplesmente têm mais tempo para acumular riquezas (o que lhes permite ter lápides mais caras). Ou uma terceira variável, tal como a dieta, poderia estar envolvida (pessoas ricas e da classe trabalhadora tendiam a se alimentar de maneira diferente)? Correlações indicam uma relação, mas essa relação não é necessariamente de causa e efeito. A pesquisa correlacional nos permite *prever*, mas não é capaz de dizer se a mudança de uma variável (como *status* social) *causará* alterações noutra (tal como a saúde).

Uma divertida confusão entre correlação e causação aflorou durante a campanha presidencial de 2008, quando a Associated Press divulgou uma pesquisa segundo a qual a maioria dos donos de cães gostava mais de John McCain (que possuía dois cães) do que de Barack Obama (que não possuía animal de estimação), ao passo que aqueles que não tinham cães preferiam Obama. "O público possuidor de animais de estimação parece ter notado", observou o repórter, inferindo que o fato de McCain ter um cão atraiu o apoio de quem também possuía um (Schmid, 2008). Mas será que o público tinha notado quem possuía animais de estimação e se importava com isso? Ou a correlação da preferência por animais de estimação era simplesmente um reflexo de alguns terceiros fatores "confundidos"? Por exemplo, a pesquisa também

pesquisa de campo
Pesquisa feita em ambientes naturais da vida real, fora do laboratório.

pesquisa correlacional
O estudo de relações que ocorrem naturalmente entre variáveis.

pesquisa experimental
Estudos que buscam pistas para relações de causa e efeito manipulando um ou mais fatores (variáveis independentes) enquanto controlam outros (mantendo-os constantes).

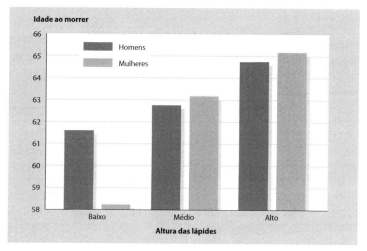

FIGURA 1.4
Correlacionando *status* e longevidade.
Lápides altas celebraram pessoas que também viveram mais tempo.

Marcadores comemorativos no cemitério da Catedral de Glasgow.

indicou taxas de posse de cães muito mais altas entre pessoas brancas e casadas (que com mais frequência são republicanos e, portanto, eleitorado natural de McCain) do que entre negros e solteiros.

A confusão entre correlação e causação está por trás de muito pensamento desorganizado na psicologia popular. Consideremos outra correlação muito real – entre autoestima e desempenho acadêmico. Pessoas com alta autoestima tendem também a ter alto desempenho acadêmico. Como com qualquer outra correlação, também podemos afirmar isso da forma inversa: pessoas com alto desempenho têm alta autoestima. Por que supomos que isso é verdadeiro (Fig. 1.5)?

Algumas pessoas acreditam que um "autoconceito saudável" contribui para o desempenho. Assim, aumentar a autoestima de uma criança pode também aumentar seu desempenho social. Acreditando nisso, 30 estados dos Estados Unidos promulgaram mais de 170 estatutos de promoção da autoestima.

Porém outras pessoas, incluindo os psicólogos William Damon (1995), Robyn Dawes (1994), Mark Leary (1999), Martin Seligman (1994, 2007) e Roy Baumeister e colaboradores (2003, 2005), duvidam que a autoestima seja realmente "a armadura que protege as crianças" do mau desempenho (ou do abuso de drogas e da delinquência). Talvez seja o contrário: talvez problemas e fracassos causem baixa autoestima. Talvez a autoestima apenas reflita a realidade de como as coisas estão indo para nós. Talvez a autoestima seja fruto de realizações alcançadas com esforço. Saia-se bem e você vai se sentir bem consigo mesmo; não faça nada e fracasse e você se sentirá um idiota. Um estudo de 635 crianças norueguesas mostrou que uma sequência de estrelas douradas (legitimamente obtidas) ao lado do nome no quadro de ortografia acompanhada dos elogios de um professor admirador pode aumentar a autoestima de uma criança (Skaalvik & Hagtvet, 1990). Ou talvez, como em um estudo de quase 6 mil alunos de 7ª série alemães, o tráfego entre autoestima e realizações acadêmicas ande em ambos os sentidos (Trautwein & Lüdtke, 2006).

Também é possível que a autoestima e o desempenho se correlacionem porque ambos estão ligados à inteligência subjacente e à condição social da família. Essa possibilidade foi levantada em dois estudos – um de uma amostra de 1.600 jovens de todos os Estados Unidos, outro de 715 jovens de Minnesota (Bachman & O'Malley, 1977; Maruyama et al., 1981). Quando os pesquisadores extraíram o poder preditivo da inteligência e da condição familiar, a relação entre autoestima e desempenho se evaporou.

As correlações quantificam, com um coeficiente conhecido como r, o grau de relacionamento entre dois fatores – de –1,0 (quando o escore em um fator sobe, o outro desce) até 0 e +1,0 (os dois fatores sobem e descem juntos). Os escores em testes de autoestima e depressão se correlacionam negativamente (cerca de –0,6). Os escores de inteligência de gêmeos se correlacionam positivamente (acima de +0,8). A grande virtude da pesquisa correlacional é que ela tende a ocorrer em ambientes do mundo real nos quais podemos examinar fatores como etnia, sexo e condição social (fatores que não podemos manipular no laboratório). Sua grande desvantagem reside na ambiguidade dos resultados. Esse ponto é tão importante que, mesmo que não consiga impressionar as pessoas nas primeiras 25 vezes que o ouvirem, vale a pena repeti-lo uma vigésima sexta vez: *saber que duas variáveis mudam junto (se correlacionam) nos permite prever uma quando conhecemos a outra, mas a correlação não especifica causa e efeito.*

Contudo, técnicas correlacionais avançadas podem sugerir relações de causa e efeito. Correlações de *intervalo de tempo* revelam a *sequência* de eventos (p. ex., indicando se variações no desempenho ocorrem com frequência antes ou depois da mudança de autoestima). Os pesquisadores também podem usar técnicas estatísticas que extraem a influência de variáveis "confundidoras", como quando a correlação entre autoestima e desempenho se evaporou depois de extrair inteligência e condição familiar. Lembre-se de nossa anterior menção a uma *terceira variável*, como a dieta. Assim, a equipe de pesquisa escocesa quis saber se a relação entre condição e longevidade sobreviveria caso o efeito do tabagismo fosse retirado, o qual agora é muito menos comum entre pessoas de maior *status*. Isso aconteceu, o que sugeriu que alguns outros fatores, tais como maior estresse e diminuição dos sentimentos de controle, também podem explicar a mortalidade mais precoce de pessoas pobres.

amostra aleatória
Procedimento em um levantamento no qual toda pessoa na população que está sendo estudada tem a mesma chance de ser incluída.

FIGURA 1.5
Correlação e causações.
Quando duas variáveis estão correlacionadas, qualquer combinação dessas três explicações é possível. Qualquer uma das duas variáveis pode causar a outra, ou ambas podem ser influenciadas por um "terceiro fator" subjacente.

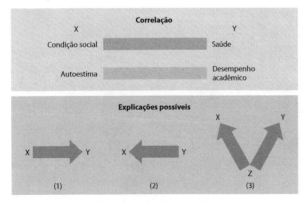

PESQUISA DE *SURVEY*

Como medimos variáveis como condição socioeconômica e saúde? Um modo é fazendo levantamentos em amostras representativas de pessoas. Quando os pesquisadores querem descrever uma população inteira (o que não é o objetivo em muitos levantamentos de psicologia), eles obtêm um grupo *representativo* selecionando uma **amostra aleatória** – *uma amostra em que toda pessoa na população investigada tem as mesmas chances de inclusão*. Com esse procedimento, qualquer subgrupo de pessoas – loiras, praticantes de *jogging*, liberais – tenderá a estar representado na pesquisa na medida em que está representado na população total.

É um fato impressionante que se pesquisarmos pessoas em uma cidade ou em um país inteiro, 1.200 participantes selecionados aleatoriamente nos permitirão ter 95% de confiança de que a pesquisa descreve a população inteira, com margem de erro de 3 pontos percentuais ou menos. Imagine um vidro enorme cheio de grãos de feijão, 50% vermelhos e 50% brancos. Separe aleatoriamente 1.200 deles, e você terá 95% de certeza de retirar entre 47 e 53% de grãos vermelhos – quer o vidro contenha dez mil ou cem milhões de grãos. Se pensarmos nos grãos de feijão vermelhos como apoiadores de um candidato a presidente e os grãos brancos como apoiadores do outro candidato, podemos compreender por que, desde 1950, as pesquisas do Instituto Gallup realizadas pouco antes das eleições nacionais dos Estados Unidos divergem dos resultados das eleições por uma média de menos de 2%. Se algumas gotas de sangue podem falar por todo o corpo, uma amostra aleatória da população pode falar por uma população.

Mesmo pesquisas de boca de urna exigem uma amostra aleatória (portanto, representativa) de eleitores.

Lembre-se de que as pesquisas não *preveem* literalmente a votação; elas apenas *descrevem* a opinião pública no momento em que são feitas. A opinião pública pode mudar. Para avaliar levantamentos, também não podemos esquecer quatro influências que podem distorcer os resultados: amostras não representativas, ordem das perguntas, opções de resposta e palavreado das perguntas.

AMOSTRAS NÃO REPRESENTATIVAS O grau em que a amostra representa a população em estudo é muito importante. Em 1984, a colunista Ann Landers aceitou o desafio de pesquisar entre seus leitores se as mulheres consideram o afeto mais importante do que o sexo. Sua pergunta: "Você ficaria satisfeita de ficar abraçada e tratada com carinho e se esqueceria do 'ato'?". Das mais de 100 mil mulheres que responderam, 72% disseram que sim. Seguiu-se uma avalanche de publicidade no mundo inteiro. Em resposta aos críticos, Landers (1985, p. 45) afirmou que "a amostragem pode não ser representativa de todas as mulheres norte-americanas, mas ela oferece, sim, *insights* valiosos de um corte transversal do público. Isso porque minha coluna é lida por pessoas de todos os estilos de vida, aproximadamente 70 milhões delas". Contudo, é de se perguntar: os 70 milhões de leitores são representativos da população como um todo? E será que os leitores que se deram ao trabalho de responder à pesquisa – 1 a cada 700 – são representativos dos 699 que não responderam?

A importância da representatividade foi claramente demonstrada em 1936, quando uma revista semanal, *Literary Digest, enviou um cartão postal de pesquisa para a eleição para presidente a 10 milhões de norte-americanos. Entre as mais de 2 milhões de devoluções,* Alf Landon derrotava Franklin D. Roosevelt com maioria esmagadora. Quando os votos reais foram apurados alguns dias depois, Landon venceu em apenas dois estados. A revista tinha enviado a pesquisa somente para pessoas cujos nomes foram obtidos em listas telefônicas e registros de automóveis – ignorando, assim, os milhões de eleitores que não tinham condições de ter um telefone ou um carro (Cleghorn, 1980).

ORDEM DAS PERGUNTAS Dada uma amostra representativa, também precisamos enfrentar outras fontes de viés, tais como a ordem das perguntas em uma pesquisa. O apoio dos norte-americanos à união civil de homossexuais aumenta caso eles sejam primeiramente indagados sobre sua opinião a respeito do casamento entre pessoas de mesmo sexo, que em comparação às uniões civis, parecem uma alternativa mais aceitável (Moore, 2004a, 2004b).

OPÇÕES DE RESPOSTA Considere, também, os efeitos dramáticos das opções de resposta. Quando Joop van der Plight e colaboradores (1987) perguntaram aos eleitores ingleses qual porcentagem da energia do país eles gostariam que proviesse de fonte nuclear, a preferência foi de, em média, 41%. Eles perguntaram a outros eleitores qual porcentagem eles queriam que fosse proveniente de (1) fontes nucleares, (2) carvão e (3) outras fontes. A média de preferência por fontes nucleares entre esses entrevistados foi de 21%.

TERMOS DAS PERGUNTAS As palavras específicas das perguntas também podem influenciar as respostas. Uma pesquisa constatou que apenas 23% dos norte-americanos achavam que seu governo estava gastando demais "no auxílio aos pobres". Contudo, 53% achavam que o governo estava gastando demais "em assistência social" (*Time,* 1994). De modo análogo, a maioria das pessoas era a favor de cortes no "auxílio externo" e de *aumento* nos gastos "para ajudar pessoas famintas em outros países" (Simon, 1996).

O laboratório dos Serviços de Pesquisa do Conselho Representativo dos Estudantes (SRC), no Instituto para Pesquisa Social da Michigan University, possui pequenos compartimentos com estações de monitoramento. Os funcionários e visitantes precisam assinar um documento em que prometem manter sigilo total sobre todas as entrevistas.

enquadramento
O modo como uma pergunta ou questão é proposta; o enquadramento pode influenciar as decisões e opiniões expressas das pessoas.

O modo de perguntar em pesquisas é uma questão muito delicada. Até mudanças sutis no tom de uma pergunta podem ter efeitos acentuados (Krosnick & Schuman, 1988; Schuman & Kalton, 1985). "Proibir" alguma coisa pode ser o mesmo que "não permiti-la". Contudo, em 1940, 54% dos norte-americanos disseram que os Estados Unidos deveriam "proibir" discursos contra a democracia, e 75% disseram que o país "não deveria permiti-los". Mesmo quando as pessoas dizem que estão convictas de sua opinião, o modo como uma pergunta é formulada pode influenciar suas resposta.

Efeitos de ordem, resposta e palavreado permitem que manipuladores políticos usem pesquisas para demonstrar apoio público para suas visões. Consultores publicitários e médicos podem ter influências desconcertantes semelhantes sobre nossas decisões conforme seu modo de **enquadrar** nossas escolhas. Não é de surpreender que, em 1994, o *lobby* dos produtores de carne tenha feito oposição a uma nova lei de rotulação de alimentos nos Estados Unidos que exigia que fosse declarado, por exemplo, que a carne moída continha "30% de gordura" em vez de "70% de carne magra, 30% de gordura". Para 9 de cada 10 estudantes universitários, um preservativo parece eficaz se sua proteção contra o vírus da aids tem uma "taxa de eficácia de 95%". Informados de que ele possui uma "taxa de 5% de falha", apenas 4 de cada 10 alunos diziam que o consideravam eficaz (Linville et al., 1992).

A pesquisa de enquadramento também tem aplicações na definição de opções automáticas cotidianas:

- *Consentir ou não a doação de seus órgãos.* Em muitos países, as pessoas decidem, quando renovam sua carteira de motorista, se querem disponibilizar seus órgãos para doação. Em países onde a opção automática é sim, mas é possível optar por não, quase 100% das pessoas optam por ser doador. Nos Estados Unidos, Grã-Bretanha e Alemanha, onde a opção automática é não, mas pode-se optar por sim, cerca de 25% das pessoas optam por ser doador (Johnson & Goldstein, 2003).
- *Optar ou não por economias para a aposentadoria.* Por muitos anos, funcionários estadunidenses que queriam ceder parte de sua remuneração para um plano de aposentadoria da própria empresa tinham que optar por reduzir seu salário líquido. A maioria escolhia não fazer isso. Influenciada pela pesquisa de enquadramento, uma lei de aposentadoria de 2006 reenquadrou a escolha. Agora, as empresas recebem incentivos para inscrever seus funcionários automaticamente no plano, permitindo-lhes que optem por sair (e aumentar seu salário líquido). A escolha foi preservada. Mas um estudo descobriu que com o enquadramento de "sair", as inscrições aumentaram de 49 para 86% (Madrian & Shea, 2001).

Um jovem monge certa vez foi repelido quando perguntou se poderia fumar enquanto orava. Faça uma pergunta diferente, aconselhou um amigo: pergunte se você pode orar enquanto fuma (Crossen, 1993).

A lição da pesquisa de enquadramento é ilustrada por uma história de um sultão que sonhou que tinha perdido todos os seus dentes. Chamado para interpretar o sonho, o primeiro intérprete disse, "Ai de ti! Os dentes perdidos significam que você verá seus familiares morrerem". Enraivecido, o sultão ordenou 50 chibatadas para o portador das más notícias. Quando um segundo intérprete de sonhos ouviu o sonho, explicou a boa sorte do sultão: "Você vai viver mais do que todo o seu clã!". Com a confiança renovada, o sultão ordenou que seu tesoureiro desse 50 barras de ouro para esse portador das boas novas. No caminho, o tesoureiro estupefato comentou com o segundo intérprete, "Sua interpretação não foi diferente da do primeiro intérprete". "Ah, sim", respondeu o sábio intérprete, "mas lembre-se: o que importa não é somente o que você diz, mas como você diz".

Pesquisa experimental: Busca de causa e efeito

A dificuldade de discernir causa e efeito entre eventos naturalmente correlacionados estimula os psicólogos sociais a criarem simulações laboratoriais de

DOONESBURY   by Garry Trudeau

Pesquisadores de opinião devem ser sensíveis a vieses sutis e nem tão sutis.
DOONESBURY © G. B. Trudeau. Reproduzido com permissão de Universal Press Syndicate. Todos os direitos reservados.

processos cotidianos sempre que isso é praticável e ético. Essas simulações são semelhantes a túneis de vento da aeronáutica. Os engenheiros aeronáuticos não começam observando como objetos voadores se comportam nos vários ambientes naturais. As variações tanto nas condições atmosféricas como nos objetos voadores são complexas demais. Em vez disso, eles constroem uma realidade simulada em que podem manipular as condições de vento e as estruturas das asas.

CONTROLE: MANIPULAÇÃO DE VARIÁVEIS

Como engenheiros aeronáuticos, os psicólogos sociais fazem experimentos construindo situações sociais que simulam características importantes de nossas vidas diárias. Variando apenas um ou dois fatores por vez – chamados de **variáveis independentes** –, o experimentador identifica precisamente sua influência. Assim como o túnel de vento ajuda o engenheiro aeronáutico a descobrir princípios de aerodinâmica, também o experimentador permite que o psicólogo social descubra princípios do pensamento social, da influência social e das relações sociais.

Ao longo da história, os psicólogos sociais têm usado o método experimental em cerca de três quartos de seus estudos de pesquisa (Higbee et al., 1982), e em 2 de cada 3 estudos o ambiente tem sido um laboratório de pesquisa (Adair et al., 1985). Como ilustração de um experimento laboratorial, considere dois experimentos que tipificam a pesquisa de capítulos posteriores sobre preconceito e agressão. Cada um deles sugere possíveis explicações de causa e efeito de achados correlacionais.

variável independente
O fator experimental que um pesquisador manipula.

Alguns capítulos a seguir oferecerão muitos insights *baseados em pesquisas, alguns dos quais destacados nos quadros "Exame da Pesquisa", que descrevem um estudo de amostra em profundidade.*

ESTUDOS CORRELACIONAIS E EXPERIMENTAIS DO PRECONCEITO CONTRA OBESOS

O primeiro experimento se relaciona com o preconceito contra pessoas obesas. As pessoas com frequência percebem os obesos como lentos, preguiçosos e desleixados (Roehling et al., 2007; Ryckman et al., 1989). Essas atitudes semeiam discriminação? Para tentar descobrir isso, Steven Gortmaker e colaboradores (1993) estudaram 370 mulheres obesas de 16 a 24 anos. Quando voltaram a estudá-las sete anos depois, dois terços delas continuavam obesas e tinham menor probabilidade de estarem casadas e de ganharem altos salários do que um grupo de comparação de cerca de 5 mil outras mulheres. Mesmo depois de corrigir para as eventuais diferenças em escores em testes de aptidão, etnia e renda dos pais, as rendas anuais das mulheres obesas eram 7 mil dólares mais baixas do que a média.

Nota: A obesidade se correlacionou com o estado civil e a renda.

A correção para outros fatores faz parecer que a discriminação poderia explicar a correlação entre obesidade e *status* inferior. Mas não podemos ter certeza. Você consegue pensar em outras possibilidades? Entram os psicólogos sociais Mark Snyder e Julie Haugen (1994, 1995). Eles pediram a 76 alunos da Minnesota University que travassem uma conversa telefônica para conhecer 1 de 76 alunas. Desconhecidos para as mulheres, a cada homem mostrou-se uma foto *dizendo-se* que ela era de sua parceira da conversa telefônica. À metade deles foi mostrada a fotografia de uma mulher obesa (não da parceira real), e à outra metade, a de uma mulher com peso normal. Uma análise posterior apenas do ponto de vista das mulheres na conversa revelou que *eles falaram com menos carinho e satisfação caso elas fossem presumivelmente obesas.* Sem dúvida, algo no tom de voz e no conteúdo da conversa dos homens induziu as mulheres supostamente obesas a falar de uma forma que confirmava a ideia de que mulheres obesas são indesejáveis. Preconceito e discriminação estavam tendo um efeito.

Quem os homens viram na fotografia – uma mulher de peso normal ou obesa – foi a variável independente.

ESTUDOS CORRELACIONAIS E EXPERIMENTAIS SOBRE ASSISTIR VIOLÊNCIA NA TELEVISÃO

Como segundo exemplo de como os experimentos elucidam causação, considere a correlação entre assistir televisão e o comportamento de crianças. *Quanto mais programas de televisão violentos as crianças assistem, mais agressivas elas tendem ser.* As crianças estão aprendendo e repetindo o que veem na tela? Como eu espero que você agora reconheça, este é um achado correlacional. A Figura 1.5 nos lembra de que existem duas outras interpretações de causa e efeito. Quais são elas?

Os psicólogos sociais levaram o ato de assistir televisão para o laboratório, onde podem controlar a quantidade de violência que as crianças veem. Expondo-as a programas com e sem violência, os pesquisadores podem observar como a quantidade de violência afeta o comportamento. Chris Boyatzis e colaboradores (1995) exibiram para algumas crianças do ensino fundamental, mas não para outras, um episódio do programa infantil mais popular – e violento – da década de 1990, *Power Rangers*. Imediatamente depois de ver o episódio, os espectadores cometeram sete vezes mais atos agressivos por intervalo de dois minutos do que os que não assistiram ao programa. Chamamos os atos agressivos das crianças de **variável dependente**. Esses experimentos indicam que a televisão pode ser uma causa do comportamento agressivo das crianças.

variável dependente
A variável que está sendo medida, assim chamada porque pode depender das manipulações da variável independente.

Até aqui, vimos que a lógica da experimentação é simples: criando e controlando uma realidade em miniatura, podemos variar um fator e depois outro e descobrir como esses fatores, separadamente ou combinados, afetam as pessoas. Agora, iremos um pouco mais fundo e ver como se faz um experimento.

Todo experimento psicossocial tem dois ingredientes essenciais. Acabamos de considerar um deles – o *controle*. Manipulamos uma ou mais variáveis independentes enquanto tentamos manter tudo o mais constante. O outro ingrediente é *designação aleatória*.

Assistir violência na televisão ou em outros meios de comunicação leva à imitação, especialmente entre crianças? Experimentos sugerem que sim.

designação aleatória
O processo de designar participantes para as condições de um experimento de modo que todas as pessoas tenham a mesma chance de estar em uma dada condição. (Observe a distinção entre *designação* aleatória em experimentos e *amostragem* aleatória em levantamentos. A designação aleatória nos ajuda a inferir causa e efeito. A amostragem aleatória nos ajuda a generalizar para uma população.)

realismo mundano
Grau em que um experimento é superficialmente semelhante a situações cotidianas.

realismo experimental
Grau em que um experimento absorve e envolve seus participantes.

DESIGNAÇÃO ALEATÓRIA: O GRANDE EQUALIZADOR

Lembremos que estávamos relutantes, com base em uma correlação, em presumir que a obesidade *causava* menor *status* (pela discriminação) ou que a violência *causava* agressividade (ver Tab. 1.1 para mais exemplos). Um pesquisador de *survey* poderia medir e extrair estatisticamente outros fatores pertinentes e ver se as correlações sobrevivem. Contudo, é impossível controlar todos os fatores que poderiam distinguir obesos de não obesos e espectadores de violência de não espectadores. Talvez os espectadores de violência difiram em educação, cultura, inteligência, ou de diversas outras formas que o pesquisador não considerou.

De uma só vez, a **designação aleatória** elimina todos os fatores extrínsecos. Com designação aleatória, cada pessoa tem a mesma chance de ver violência ou não. Assim, as pessoas em ambos os grupos teriam em média a mesma coisa em todos os aspectos concebíveis – *status* familiar, inteligência, educação, agressividade inicial. Pessoas altamente inteligentes, por exemplo, têm a mesma probabilidade de aparecer em ambos os grupos. Uma vez que a designação aleatória cria grupos equivalentes, é quase certo que qualquer diferença posterior entre os dois grupos terá algo a ver com o único aspecto em que diferem – ter ou não ter assistido violência (Fig. 1.6).

ÉTICA DA EXPERIMENTAÇÃO

Nosso exemplo da televisão ilustra por que alguns experimentos concebíveis levantam questões éticas. Os psicólogos sociais não exporiam um grupo de crianças à violência brutal durante longos períodos de tempo. Em vez disso, eles alteram brevemente a experiência social das pessoas e observam os efeitos. Às vezes, o tratamento experimental é uma experiência inofensiva, talvez até agradável, à qual as pessoas dão seu consentimento consciente. Noutras, contudo, os pesquisadores se veem operando em uma área intermediária entre o inofensivo e o arriscado.

Os psicólogos sociais com frequência se aventuram naquela área intermediária em que planejam experimentos que envolvem pensamentos e emoções intensas. Experimentos não precisam ter o que Elliot Aronson, Marilynn Brewer e Merrill Carlsmith (1985) chamam de **realismo mundano**. Isto é, o comportamento laboratorial (p. ex., aplicar choques elétricos como parte de um experimento sobre agressão) não precisa ser literalmente o mesmo que o comportamento cotidiano. Para muitos pesquisadores, esse tipo de realismo é sem dúvida mundano – não importante. Mas o experimento *deve* ter um **realismo experimental** – ele deve engajar os participantes. Os experimentadores não querem que seus participantes conscientemente finjam ou façam as coisas de má vontade; eles querem provocar processos psicológicos reais. Forçar as pessoas a optar entre aplicar um choque elétrico intenso ou suave em outra pessoa pode, por exemplo, ser uma medida realista da agressão. Isso simula funcionalmente a agressão real.

Para obter realismo experimental, às vezes é necessário enganar as pessoas com uma história falsa plausível. Se a pessoa na sala ao lado não está realmente recebendo os choques, o experimentador

TABELA 1.1 Pesquisa correlacional e experimental

	Os participantes podem ser aleatoriamente designados a uma condição?	Variável independente	Variável dependente
Crianças que amadurecem precocemente são mais confiantes?	Não → Correlacional		
Estudantes aprendem mais em cursos a distância ou presenciais?	Sim → Experimental	Receber aulas pelo computador ou em sala de aula	Aprendizado
Notas escolares predizem sucesso vocacional?	Não → Correlacional		
Jogar jogos eletrônicos aumenta a agressividade?	Sim → Experimental	Jogar jogo violento ou não violento	Agressividade
Pessoas acham comédias mais engraçadas quando estão sozinhas ou acompanhadas?	(você responde)		
Pessoas com renda mais alta têm melhor autoestima?	(você responde)		

não quer que os participantes saibam disso, pois isso iria destruir o realismo experimental. Assim, cerca de um terço dos estudos sociopsicológicos (embora um número decrescente) utilizam **engano** em sua busca pela verdade (Korn & Nicks, 1993; Vitelli, 1988).

Os experimentadores também procuram ocultar suas previsões por temerem que os participantes, em sua ânsia de serem "bons sujeitos", apenas façam o que se espera ou, por teimosia, façam o oposto. Pouco surpreende, diz o professor ucraniano Anatoly Koladny, que apenas 15% dos entrevistados em um levantamento entre ucranianos se declararam "religiosos" em 1990, durante o comunismo soviético, quando a religião era reprimida pelo governo, e que 70% se declararam "religiosos" em 1997, após o fim do regime comunista (Nielsen, 1998). De modos sutis, também, as palavras, o tom de voz e os gestos do experimentador podem evocar respostas desejadas. Para minimizar essas **características de demanda** – sugestões que parecem "demandar" certo comportamento –, os experimentadores via de regra padronizam suas instruções ou até utilizam um computador para apresentá-las.

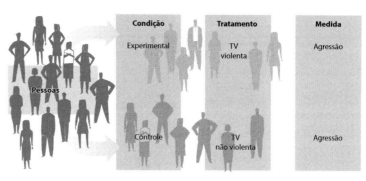

Os pesquisadores muitas vezes andam sobre uma corda bamba ao planejar experimentos que sejam envolventes, porém éticos. Acreditar que você está machucando alguém, ou ser submetido a forte pressão social, pode ser temporariamente desconfortável. Esses experimentos levantam a antiga questão de se os fins justificam os meios. Os enganos dos psicólogos sociais geralmente são breves e suaves se comparados com muitos embustes na vida real e em alguns programas de televisão, como o *Candid Camera* e os *reality shows*. Uma série de televisão enganou mulheres fazendo-as competir pela mão de um suposto atraente milionário, que na verdade era um trabalhador comum.

Comitês de ética universitários analisam pesquisas psicossociais para garantir que as pessoas sejam tratadas humanamente e que o mérito científico justifique qualquer engano ou sofrimento temporário. Princípios éticos elaborados pela American Psychological Association (2002), Canadian Psychological Association (2000) e British Psychological Society (2000) exigem que os investigadores façam o seguinte:

- informem os potenciais participantes o suficiente sobre o experimento para permitir seu **consentimento informado**;
- sejam honestos, usem engano somente se essencial e justificado por um propósito significativo, e não "por aspectos que afetariam sua disposição de participar";
- protejam os participantes (e espectadores, se houver) de danos e desconforto significativo;
- preservem o sigilo das informações sobre os participantes;
- revelem o que foi feito aos participantes (***debriefing***), que expliquem inteiramente o experimento depois, inclusive algum engano. A única exceção a essa regra é quando o retorno seria angustiante, como, por exemplo, fazer os participantes compreenderem que foram estúpidos ou cruéis.

O experimentador deve informar *e* ter suficiente consideração pelas pessoas para que elas, ao final do experimento, se sintam ao menos tão bem a respeito de si mesmas quanto estavam chegarem. Melhor ainda, os participantes devem ser compensados por terem aprendido alguma coisa. Quando tratados com respeito, poucos participantes se importam por terem sido enganados (Epley & Huff, 1998; Kimmel, 1998). Na verdade, dizem os defensores da psicologia social, professores causam muito mais ansiedade e angústia dando e devolvendo provas do que os pesquisadores provocam em seus experimentos.

Generalização do laboratório para a vida

Como ilustra a pesquisa sobre crianças, televisão e violência, a psicologia social mistura experiência cotidiana e análise laboratorial. Neste livro, faremos o mesmo, extraindo nossos dados principalmente do laboratório e nossas ilustrações sobretudo da vida. A psicologia social apresenta uma saudável interação entre pesquisa laboratorial e vida cotidiana. Intuições obtidas da experiência cotidiana muitas vezes inspiram a pesquisa laboratorial, a qual aprofunda nossa compreensão de nossa experiência.

Essa interação aparece no experimento da televisão com crianças. O que a pessoas viam na vida cotidiana sugeriu uma pesquisa correlacional, que levou a uma pesquisa experimental. Os responsáveis pelas políticas de redes de televisão e do governo, que têm poder para fazer mudanças, hoje estão cientes dos resultados. A consistência das descobertas sobre os efeitos da televisão – em

FIGURA 1.6
Designação aleatória.
Os experimentos designam aleatoriamente as pessoas a uma condição que recebe o tratamento experimental ou a uma condição-controle que não o recebe. Isso garante ao pesquisador a confiança de que as eventuais diferenças posteriores são de alguma forma causadas pelo tratamento.

engano
Em pesquisa, um efeito pelo qual os participantes são enganosamente informados ou iludidos sobre os métodos e as finalidades do estudo.

características de demanda
Sugestões em um experimento que indicam ao participante qual comportamento é esperado.

consentimento informado
Princípio ético que exige que os participantes sejam informados o suficiente para permitir-lhes decidir se querem participar.

debriefing
Em psicologia social, a explicação de um estudo para seus participantes. O *debriefing* geralmente revela algum engano, e muitas vezes interroga os participantes sobre sua compreensão e seus sentimentos.

laboratório e em campo – é verdadeira para a pesquisa em muitas outras áreas, incluindo estudos sobre ajuda, estilo de liderança, depressão e autoeficácia. Os efeitos que encontramos no laboratório foram refletidos pelos efeitos em campo. "O laboratório de psicologia geralmente produziu verdades psicológicas mais do que trivialidades", observam Craig Anderson e colaboradores (1999).

Contudo, precisamos ter cautela ao generalizar do laboratório para a vida. Embora o laboratório revele a dinâmica básica da existência humana, ele ainda é uma realidade simplificada controlada. Ele nos informa que efeito esperar de uma variável X, com todas as outras coisas sendo iguais – o que na vida real nunca acontece! Além disso, como você vai ver, os participantes em muitos experimentos são universitários. Embora isso possa ajudá-lo a se identificar com eles, estudantes universitários dificilmente são uma amostra aleatória de toda a humanidade. Obteríamos resultados semelhantes com pessoas de idades, níveis de instrução e culturas diferentes? Esta é sempre uma pergunta em aberto.

Não obstante, podemos fazer distinção entre o *conteúdo* do pensamento e dos atos das pessoas (suas atitudes, por exemplo) e o *processo* pelo qual elas pensam e agem (p. ex., *como* as atitudes afetam as ações e vice-versa). O conteúdo varia mais de uma cultura para outra do que o processo. Pessoas de cultura diferentes podem manter opiniões diferentes, mas elas se formam de modos semelhantes. Considere:

- Estudantes universitários de Porto Rico relataram maior solidão do que universitários dos Estados Unidos. Contudo, em ambas as culturas, os ingredientes da solidão são muito semelhantes – timidez, propósito incerto na vida, baixa autoestima (Jones et al., 1985).
- Grupos étnicos diferem em desempenho escolar e delinquência, mas as diferenças são muito superficiais, relata David Rowe e colaboradores (1994). À medida que estrutura familiar, influências dos pares e educação dos pais predizem realização ou delinquência para um grupo étnico, elas o fazem para outros grupos.

Embora nossos comportamentos possam diferir, somos influenciados pelas mesmas forças sociais. Por baixo de nossa diversidade na superfície, somos mais parecidos do que diferentes.

Resumo: Métodos de pesquisa: Como fazer psicologia social

- Os psicólogos sociais organizam suas ideias e descobertas por meio de teorias. Uma boa teoria destilará uma série de fatos em uma lista muito mais curta de princípios preditivos. Podemos usar essas predições para conformar ou modificar a teoria, produzir novas pesquisas e sugerir aplicação prática.
- A maior parte da pesquisa psicossocial é correlacional ou experimental. Estudos correlacionais, às vezes conduzidos com métodos de levantamento sistemático, discernem a relação entre variáveis, tais como entre a quantidade de educação e a quantidade de renda. Saber que duas coisas estão naturalmente relacionadas é informação valiosa, mas não é um indicador confiável de o quê está causando o quê – ou se uma terceira variável está envolvida.
- Quando possível, os psicólogos sociais preferem conduzir experimentos que exploram causa e efeito. Construindo uma realidade em miniatura que está sob seu controle, os experimentadores podem variar uma coisa e depois outra e descobrir como essas coisas, separadas ou combinadas, afetam o comportamento. Designamos aleatoriamente os participantes a uma condição experimental, que recebe o tratamento experimental, ou a uma condição-controle, que não o recebe. Podemos, então, atribuir a resultante diferença entre as duas condições à variável independente (Fig. 1.7).
- Ao criar experimentos, os psicólogos sociais às vezes criam situações que envolvem as emoções das pessoas. Ao fazer isso, eles são obrigados a seguir diretrizes éticas profissionais, tais como obter o consentimento informado das pessoas, protegê-las de danos e, depois, revelar plenamente os eventuais enganos temporários. Experimentos laboratoriais permitem que os psicólogos sociais testem ideias colhidas da experiência de vida e, então, apliquem os princípios e descobertas à vida real.

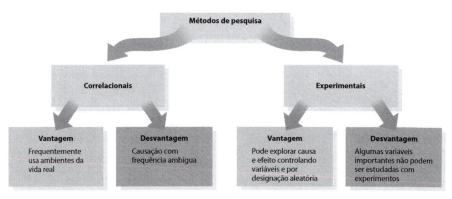

FIGURA 1.7
Dois métodos de fazer pesquisa: correlacional e experimental.

PÓS-ESCRITO: Por que escrevi este livro

Escrevo este livro para apresentar os princípios poderosos da psicologia social, forjados com tanto esforço. Eles têm, acredito, o poder de expandir sua mente e enriquecer sua vida. Se você terminar este livro com aguçadas habilidades de pensamento crítico e com uma compreensão mais profunda de como vemos e afetamos uns aos outros – e por que às vezes gostamos, amamos e ajudamos uns aos outros e, outras vezes, desgostamos, odiamos e prejudicamos uns aos outros –, eu então serei um autor satisfeito, e você, acredito, será um leitor gratificado.

Concluo cada capítulo com uma breve reflexão sobre o significado humano da psicologia social.

Escrevo sabendo que muitos leitores estão no processo de definir suas metas de vida, identidades, valores e atitudes. O romancista Chaim Potok recorda-se de ser incentivado por sua mãe a parar de escrever: "Seja um neurocirurgião. Você vai evitar que muitas pessoas morram; você vai ganhar muito mais dinheiro". A resposta de Potok: "Mamãe, eu não quero evitar que as pessoas morram; eu quero mostrar-lhes como viver" (citado por Peterson, 1992, p. 47).

Muitos de nós que ensinamos e escrevemos sobre psicologia somos conduzidos não apenas pela paixão de revelar a psicologia, mas também por desejarmos ajudar os alunos a viver vidas melhores – mais sábias, mais compensadoras, mais compassivas. Nisso, somos como professores e escritores em outros campos. "Por que escrevemos?" pergunta o teólogo Robert McAfee Brown. "Eu sugiro que, além de todas as recompensas... *escrevemos porque queremos mudar as coisas*. Escrevemos porque temos essa [convicção de que] podemos fazer diferença. A 'diferença' pode ser uma nova percepção de beleza, um novo *insight* sobre a autocompreensão, uma nova experiência de alegria, uma decisão de unir-se à revolução." (Citado por Marty, 1988.) Na verdade, escrevo esperando fazer minha parte para restringir a intuição com o pensamento crítico, refinar os juízos de valor com compaixão e substituir a ilusão por compreensão.

Conexão social

Durante a leitura deste livro, você vai encontrar muitas conexões interessantes: conexões entre o trabalho de um pesquisador e outros temas da psicologia social; conexões entre um conceito discutido em um capítulo e em outros capítulos.

Além disso, vai notar que muitos conceitos introduzidos em capítulos anteriores se relacionam com nossa vida cotidiana. Alguns desses conceitos psicossociais também são aplicáveis à psicologia clínica, ao tribunal e ao cuidado com o nosso meio ambiente. Essas aplicações aparecem em todo o livro e particularmente na Parte Quatro: Psicologia Social Aplicada.

Assim, fique atento a cada uma dessas conexões – com o trabalho de pesquisadores, com outros tópicos em psicologia social e com aplicações na vida cotidiana.

Estabelecemos algumas conexões para você nesta seção, Conexão Social. Como um modo de ampliar sua compreensão dessas conexões, você é convidado a assistir a um vídeo, seja sobre um conceito importante discutido no capítulo ou um psicólogo social famoso discutindo o que despertou seus interesses de pesquisa. Esses pequenos vídeos oferecem exemplos de como os temas da psicologia social se relacionam entre si e com as experiências cotidianas.

Visite o Centro de Aprendizagem *On-line* deste livro em www.mhhe.com/myers10e e assistir ao vídeo "How David Myers became a social psychologist" (Como Dave Myers se tornou um psicólogo social).

PARTE UM

Pensamento Social

Este livro está organizado em torno de sua definição de psicologia social: o estudo científico de como *pensamos* (Parte Um), *influenciamos* (Parte Dois) e *nos relacionamos* (Parte Três) uns com os outros. A Parte Quatro oferece exemplos adicionais de como a pesquisa e as teorias da psicologia social são aplicadas à vida real.

A primeira parte examina o estudo científico de como pensamos uns sobre os outros (o que também é chamado de *cognição social*). Cada capítulo confronta algumas questões prioritárias: quão sensatas são nossas atitudes, explicações e crenças sociais? Nossas impressões dos outros e de nós mesmos são precisas? Como nosso pensamento social se forma? Como ele pende ao viés e ao erro, e como podemos aproximá-lo da realidade?

O Capítulo 2 explora a interação entre nosso *self* e nossos mundos sociais. Como nosso ambiente social molda nossas autoidentidades? Como o interesse pessoal influencia nossos juízos sociais e motiva nosso comportamento social?

O Capítulo 3 examina os modos incríveis e às vezes divertidos de formarmos crenças sobre nossos mundos sociais. Ele também nos alerta para algumas armadilhas do pensamento social e sugere como evitá-las e pensar de maneira mais inteligente.

O Capítulo 4 aborda os vínculos entre nossos pensamentos e nossas ações, entre nossas atitudes e nossos comportamentos: Nossas atitudes determinam nossos comportamentos ou vice-versa? Ou isso ocorre em ambos os sentidos?

CAPÍTULO 2

O *Self* em um Mundo Social[1]

> "Existem três coisas extremamente duras; aço, diamante e conhecer a si mesmo."
>
> —Benjamin Franklin

No centro de nossos mundos, mais crucial do que tudo o mais, estamos nós mesmos. Enquanto pilotamos nossas vidas diárias, nosso *self* constantemente engaja o mundo.

Considere este exemplo: certa manhã, você acorda com os cabelos espetados de uma maneira esquisita. É tarde demais para pular para o banho e você não encontra um boné, de modo que você alisa os tufos de cabelos espetados e sai apressado para a aula. Você passa a manhã inteira intensamente autoconsciente de seu dia de cabelo muito feio. Para sua surpresa, seus colegas não dizem nada. Será que eles estão rindo por dentro de sua aparência ridícula ou estão preocupados demais consigo mesmos para notar seu cabelo espetado?

---

[1] Nesta décima edição, este capítulo tem a coautoria de Jean Twenge, professor de psicologia na San Diego State University. As pesquisas do professor Twenge sobre rejeição social e sobre mudanças geracionais na personalidade e o *self* foram publicadas em muitos artigos e livros, incluindo *Generation Me: Why Today's Young Americans are More Confident, Assertive, Entitled – and More Miserable Than Ever Before* (2006) e *The Narcissism Epidemic: Living in the Age of Entitlement* (com W. Keith Campbell, 2009).

Holofotes e ilusões

Autoconceito: Quem sou eu?

Autoestima

Autocontrole percebido

Viés de autosserviço

Autoapresentação

Pós-escrito: Verdades gêmeas – os perigos do orgulho, os poderes do pensamento positivo

O efeito holofote: superestima o quanto os outros estão reparando em nosso comportamento e aparência.
FOR BETTER OR FOR WORSE © 2005 Lynn Johnston Productions. Dist. por Universal Press Syndicate. Reproduzido com permissão. Todos os direitos reservados.

Holofotes e ilusões

De nossa perspectiva autofocada, superestimamos nossa notoriedade. Esse **efeito holofote** significa que tendemos a nos ver no centro do palco, intuitivamente superestimando o grau em que a atenção dos outros se dirige a nós.

Thomas Gilovich, Victoria Medvec e Kenneth Savitsky (2000) exploraram o efeito holofote fazendo alunos da Cornell University vestirem camisetas constrangedoras de Barry Manilow antes de entrarem em uma sala com outros alunos. Autoconscientes de estarem vestindo as camisetas, os estudantes supuseram que quase a metade de seu pares reparariam na camiseta. Na verdade, apenas 23% deles repararam.

O que é verdade em relação a nossas roupas estúpidas e cabelo feio também é verdade em relação a nossas emoções: nossa ansiedade, irritação, repulsa, fraude ou atração (Gilovich et al., 1998). Menos pessoas reparam do que presumimos. Intensamente conscientes de nossas emoções, com frequência sofremos uma **ilusão de transparência**. Se estamos felizes e sabemos disso, nossa expressão facial certamente vai mostrá-lo; e os outros, presumimos, vão perceber. Na verdade, podemos ser mais opacos do que imaginamos (ver "Exame da Pesquisa: Sobre ficar nervoso por parecer nervoso").

efeito holofote
A crença de que os outros estão prestando mais atenção em nossa aparência e comportamento do que realmente estão.

ilusão de transparência
A ilusão de que nossas emoções escondidas transparecem e podem ser facilmente identificadas pelos outros.

EXAME DA PESQUISA Sobre ficar nervoso por parecer nervoso

Alguma vez você já se sentiu autoconsciente ao se aproximar de alguém por quem você sentiu atração, preocupado porque seu nervosismo era evidente? Ou você já se sentiu trêmulo enquanto falava em público e presumia que todo mundo estava notando?

A partir de seus próprios estudos e dos estudos de outras pessoas, Kenneth Savitsky e Thomas Gilovich (2003) constataram que as pessoas superestimam o grau em que seus estados internos "vazam". Pessoas que são solicitadas a mentir presumem que os outros vão detectar a fraude, que parece tão óbvia. Pessoas solicitadas a provar bebidas com um sabor horrível presumem que os outros percebem sua repulsa, que elas mal conseguem esconder.

Muitas pessoas que precisam fazer uma apresentação dizem que, além de ficarem nervosas, também ficam ansiosas porque vão parecer nervosas. E caso sintam suas pernas e mãos tremerem durante a apresentação, sua suposição de que os outros estão percebendo pode compor e perpetuar sua ansiedade. Isso é parecido com exasperar-se por não conseguir dormir, o que impede ainda mais que adormeçamos, ou sentir-se ansioso por gaguejar, o que piora o gaguejo. (Como ex-gaguejador e paciente de fonoaudiologia, eu sei que isso é verdade.)

Savitsky e Gilovich se perguntavam se uma "ilusão de transparência" poderia vir à tona entre oradores públicos inexperientes – e se isso poderia afetar seu desempenho. Para descobrir, eles convidaram 40 alunos da Cornell University para virem a seu laboratório aos pares. Enquanto uma pessoa ficava de pé no púlpito e a outra sentada, Savitsky designava um tópico, tal como "as melhores e as piores coisas sobre a vida de hoje", e pedia à pessoa que falasse por três minutos. Depois, elas trocavam de posição, e a outra pessoa improvisava uma fala sobre outro assunto. Posteriormente, cada uma delas indicava quão nervosa achava que pareceu enquanto falava (de 0, *absolutamente nada*, a 10, *muito*) e quão nervosa a outra pessoa pareceu.

Os resultados: as pessoas achavam que pareciam relativamente nervosas (6,65, em média). Contudo, para seus parceiros, elas não pareceram tão nervosas (5,25), diferença que era suficientemente grande para alcançar significância estatística (ou seja, é muito improvável que uma diferença desse tamanho, para essa amostra de pessoas, seja oriunda de uma variação ao acaso). Vinte e sete dos participantes (68%) pensaram que pareciam estar mais nervosos do que seu parceiro achou.

Para verificar a confiabilidade de seus resultados, Savitsky e Gilovich *replicaram* (repetiram) o experimento fazendo as pessoas falarem diante de plateias passivas que não estivessem distraídas pelo próprio ato de falar. Mais uma vez, os oradores superestimaram a transparência de seu nervosismo.

Em seguida, Savitsky e Gilovich queriam saber se informar os oradores que seu nervosismo não é tão óbvio poderia ajudá-los a relaxar e desempenhar melhor. Eles convidaram mais 77 alunos para virem ao laboratório e, após uma preparação de cinco minutos, falarem por três minutos sobre as relações raciais em sua universidade enquanto estavam sendo filmados. Um grupo de alunos – a *condição-controle* – não recebeu nenhuma outra instrução. Aos alunos que estavam na *condição tranquilizada*, foi dito que era natural se sentir ansioso, mas que "você não deve se preocupar muito sobre o que as outras pessoas pensam. Com isso em mente, você só precisa relaxar e tentar dar o melhor de si. Lembre-se de que se você ficar nervoso, não deve se preocupar com isso". Para aqueles que estavam na *condição informada*, ele explicou a ilusão da transparência. Depois de dizer-lhes que era natural se sentir ansioso, o experimentador acrescentou que "a pesquisa constatou que o público não é capaz de detectar sua ansiedade tão bem quanto você talvez imagine. Quem está falando acha que seu nervosismo é visível, mas na realidade suas emoções não são tão aparentes. Com isso em mente, você só precisa relaxar e dar o melhor de si. Lembre-se de que se você ficar nervoso, você provavelmente será o único a saber".

Depois dos discursos, os oradores classificaram a qualidade das falas e sua percepção do nervosismo (dessa vez usando uma escala de 7 pontos) e também foram classificados pelos observadores. Como mostra a Tabela 2.1, os sujeitos informados sobre o fenômeno da ilusão de transparência se sentiram melhor sobre sua fala e sua aparência do que aqueles que estavam nas condições de controle e de tranquilização. Além disso, os observadores confirmaram as autoavaliações dos oradores.

Portanto, da próxima vez que você ficar nervoso por aparentar nervosismo, pare para lembrar a lição desses experimentos: as outras pessoas estão reparando menos do que talvez você suponha.

TABELA 2.1 Classificações médias dos discursos por oradores e observadores em uma escala de 1 a 7

Tipo de classificação	Condição-controle	Condição tranquilizada	Condição informada
Autoavaliação dos próprios oradores			
Qualidade do discurso	3,04	2,83	3,50*
Aparência de relaxamento	3,35	2,69	4,20*
Avaliação dos observadores			
Qualidade do discurso	3,50	3,62	4,23*
Aparência de serenidade	3,90	3,94	4,65*

*Cada um desses resultados difere por uma margem estatisticamente significativa daqueles das condições controle e tranquilizada.

Também superestimamos a visibilidade de nossos maiores erros sociais e lapsos mentais em público. Quando disparamos o alarme da biblioteca ou acidentalmente ofendemos alguém, podemos ficar mortificados ("Todo mundo pensa que eu sou um idiota"). Mas a pesquisa indica que nos angustiamos por coisas que os outros mal percebem e logo se esquecem (Savitsky et al., 2001).

O efeito holofote e a relacionada ilusão de transparência são apenas dois dos muitos exemplos da interação entre nosso *self* e de nossos mundos sociais. Eis mais alguns:

- *O ambiente social afeta nossa autoconsciência.* Quando somos o único membro de nossa etnia, gênero ou nacionalidade em um grupo, reparamos em como diferimos e como os outros estão reagindo a nossa diferença. Um norte-americano branco me contou o quanto ele se sentia autoconsciente de ser branco quando morou em uma aldeia rural no Nepal; uma hora depois, uma amiga afro-americana me contou o quanto ela se sentia autoconsciente de ser americana enquanto morou na África.
- *O interesse próprio tinge nosso juízo social.* Quando surgem problemas em um relacionamento íntimo, como no casamento, geralmente atribuímos mais responsabilidade a nossos parceiros do que a nós mesmos. Quando as coisas vão *bem*, identificamo-nos como mais responsáveis.
- *A preocupação consigo mesmo motiva nosso comportamento social.* Esperando causar uma impressão favorável, afligimo-nos em torno de nossa aparência. Como políticos experientes, também monitoramos o comportamento e as expectativas dos outros e adaptamos nosso comportamento de acordo.
- *Os relacionamentos sociais ajudam a definir nosso* self. Em nossos variados relacionamentos, temos identidades diversas, observam Susan Andersen e Serena Chen (2002). Podemos ter uma identidade com a mãe, outra com amigos, outra com professores. Nosso modo de pensar nós mesmos está relacionado à pessoa com quem estamos no momento.

Como esses exemplos sugerem, o tráfego entre nós e os outros é uma via de mão dupla. Nossas ideias e sentimentos a nosso respeito afetam como respondemos aos outros, e os outros ajudam a moldar nosso *self*.

> "Nenhum assunto é mais interessante às pessoas do que as pessoas. Para a maioria delas, contudo, a pessoa mais interessante é ela própria."
> —ROY F. BAUMEISTER, *THE SELF IN SOCIAL PSYCHOLOGY*, 1999

Nenhum tópico é mais pesquisado na psicologia de hoje do que o *self*. Em 2009, a palavra *self* apareceu em 6.935 resumos de livros e artigos na *PsycINFO* (base de dados eletrônica da pesquisa psicológica) – mais de quatro vezes o número que apareceu em 1970. Nosso senso de identidade organiza nossos pensamentos, sentimentos e ações. Nosso senso de identidade nos permite lembrar nosso passado, avaliar nosso presente e projetar nosso futuro – e assim nos comportarmos adaptativamente.

Em capítulos posteriores, veremos que grande parte de nosso comportamento não é controlado conscientemente, sendo automático e não autoconsciente. Contudo, o *self* permite planejamento em longo prazo, estabelecimento de metas e moderação. Ele imagina alternativas, compara-se com outros e administra sua reputação e seus relacionamentos. Além disso, como assinalou Mark Leary (2004a), o *self* às vezes pode ser um empecilho para uma vida gratificante. Suas preocupações egocêntricas são o que as práticas de meditação religiosas procuram aparar, silenciando o *self*, reduzindo seus apegos a prazeres materiais e redirecionando-o. O "misticismo", acrescenta o colega psicólogo Jonathan Haidt (2006), "em todo lugar e sempre, se refere a perder o *self*, transcendê-lo e fundir-se com algo maior do que ele".

No restante deste capítulo, examinaremos o autoconceito (como viemos a nos conhecer) e o *self* em ação (como nosso senso de identidade guia nossas atitudes e ações).

Resumo: Holofotes e ilusões

- Preocupados com a impressão que causamos nos outros, tendemos a acreditar que os outros estão prestando mais atenção em nós do que de fato estão (o efeito holofote).
- Também tendemos a acreditar que nossas emoções são mais evidentes do que realmente são (a ilusão de transparência).

Autoconceito: Quem sou eu?

Como, e com que precisão, conhecemos a nós mesmos? O que determina nosso autoconceito?

Você tem muitas formas de completar a sentença: "Eu sou _____". Quais cinco respostas você poderia dar? Consideradas em conjunto, suas respostas definem seu **autoconceito**.

autoconceito
Respostas de uma pessoa à pergunta: "Quem sou eu?".

No centro de nossos mundos: nosso *self*

O aspecto mais importante de você mesmo é seu *self*. Você sabe quem você é, seu gênero, quais sentimentos e memórias você experimenta.

Para descobrir de onde emana esse *self*, os neurocientistas estão explorando a atividade cerebral que subjaz nosso constante senso de sermos nós mesmos. Alguns estudos sugerem um papel importante para o hemisfério direito. Coloque o seu para dormir (com um anestésico em sua artéria carótida direita) e provavelmente você terá problemas para reconhecer seu próprio rosto. Um paciente com dano no hemisfério direito não conseguiu reconhecer que possuía e estava controlando sua mão esquerda (Decety & Sommerville, 2003). O "córtex pré-frontal medial", uma rota neuronal localizada na fenda entre seus hemisférios cerebrais bem atrás de seus olhos, parece ajudar a costurar seu senso de identidade. Ele se torna mais ativo quando você pensa sobre si mesmo (Zimmer, 2005). Os elementos de seu autoconceito, as crenças específicas pelas quais você define a si mesmo, são seus **autoesquemas** (Markus & Wurf, 1987). *Esquemas* são modelos mentais pelos quais organizamos nossos mundos. Nossos autoesquemas – nossa percepção de que somos atléticos, obesos, inteligentes ou o que quer que seja – afetam poderosamente nosso modo de perceber, recordar e avaliar as outras pessoas e a nós mesmos. Se o esporte é central para seu autoconceito (se ser um atleta é um de seus autoesquemas), então você vai tender a reparar nos corpos e habilidades dos outros. Você rapidamente vai recordar experiências ligadas aos esportes e acolher de modo positivo informações que sejam compatíveis com seu autoesquema (Kihlstrom & Cantor, 1984). Os autoesquemas que constituem nossos autoconceitos nos ajudam a organizar e recordar nossas experiências.

autoesquema
Crenças sobre si mesmo que organizam e guiam o processamento de informações relacionadas ao *self*.

***selves* possíveis**
Imagens do que sonhamos ou tememos nos tornar no futuro.

SELVES POSSÍVEIS

Nossos autoconceitos incluem não apenas nossos autoesquemas sobre quem atualmente somos, mas também quem podemos nos tornar – nossos ***selves*** **possíveis.** Hazel Markus e colegas (Inglehart et al., 1989; Markus & Nurius, 1986) assinalam que nossos *selves* possíveis incluem nossas visões de quem sonhamos nos tornar – o *self* rico, o *self* magro, o *self* passionalmente amado e amoroso. Eles também incluem o que tememos nos tornar – o *self* desempregado, o *self* não amado, o *self* academicamente fracassado. Esses *selves* possíveis nos motivam com uma visão da vida pela qual ansiamos.

Desenvolvimento do *self* social

O autoconceito se tornou um foco psicossocial importante porque ajuda a organizar nosso pensamento e guiar nosso comportamento social (Fig. 2.1). Mas o que determina nossos autoconceitos? Estudos de gêmeos apontam para influências genéticas sobre personalidade e autoconceito, mas a experiência social também desempenha um papel. Entre essas influências estão as seguintes:

- papéis que desempenhamos;
- identidades sociais que formamos;
- comparações que fazemos com os outros;
- nossos êxitos e fracassos;
- como outras pessoas nos julgam;
- cultura circundante.

Os *selves* imaginários possíveis de Oprah Winfrey, incluindo o temido *self* de obesa, o *self* rico e o *self* prestimoso, motivaram-na a trabalhar para conquistar a vida que ela queria.

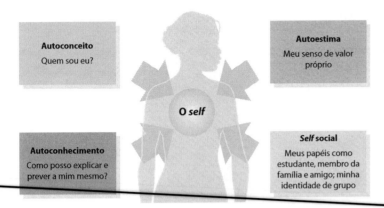

FIGURA 2.1
O self.

comparação social
Avaliar as próprias capacidades e opiniões comparando-se com os outros.

"Não faça comparações!"
—REI CHARLES I, 1600–1649

PAPÉIS QUE DESEMPENHAMOS

Quando representamos um novo papel – estudante universitário, pai/mãe, vendedor –, inicialmente nos sentimos autoconscientes. Gradativamente, contudo, o que começa como uma atuação no teatro da vida é absorvido em nosso *self*. Por exemplo, enquanto desempenhamos nossos papéis podemos reforçar algo sobre o qual nunca pensamos muito. Tendo feito uma oferta em nome de nossa empresa, nós depois justificamos nossas palavras acreditando com mais força nelas. O desempenho de papéis se torna realidade (ver Capítulo 4).

COMPARAÇÕES SOCIAIS

Como decidimos se somos ricos, inteligentes ou baixos? Um modo é por **comparações sociais** (Festinger, 1954). Outros nos ajudam a definir o padrão pelo qual nos definimos como ricos ou pobres, inteligentes ou burros, altos ou baixos: comparamo-nos com eles e consideramos como diferimos. A comparação social explica por que os estudantes tendem a ter um autoconceito acadêmico mais elevado caso tenham frequentado uma escola de ensino médio com estudantes predominantemente medianos (Marsh et al., 2000), e como esse autoconceito pode ser ameaçado depois da graduação quando um estudante que se destacava em uma escola mediana ingressa em uma universidade academicamente seletiva. O "peixe grande" não está mais em um laguinho.

Grande parte da vida gira em torno de comparações sociais. Sentimo-nos bonitos quando os outros parecem feios, inteligentes quando os outros parecem burros, carinhosos quando os outros parecem insensíveis. Quando testemunhamos o desempenho de um colega, não podemos resistir a uma comparação implícita conosco (Gilbert et al., 1995; Stapel e Suls, 2004). Podemos, portanto, intimamente sentir prazer com o fracasso de um colega, em especial quando acontece com alguém que invejamos e não nos sentimos vulneráveis a essa má sorte (Lockwood, 2002; Smith et al., 1996).

Comparações sociais também podem diminuir nossa satisfação. Quando experimentamos um aumento de riqueza, *status* ou realização, "nivelamos por cima" – elevamos os padrões pelos quais avaliamos nossas realizações. Ao subirmos a escada do sucesso, tendemos a olhar para cima, não para baixo; comparamo-nos com outros que estão indo ainda melhor (Gruder, 1977; Suls & Tesch, 1978; Wheeler et al., 1982). Ao enfrentar concorrência, com frequência protegemos nosso instável autoconceito percebendo o competidor como favorecido. Por exemplo, nadadores universitários acreditavam que seus concorrentes tinham melhor treinamento e mais tempo de prática (Shepperd & Taylor, 1999).

SUCESSO E FRACASSO

O autoconceito não é alimentado somente por nossos papéis, nossa identidade social e nossas comparações, mas também por nossas experiências diárias. Empreender tarefas desafiantes, porém realistas, e ter êxito é se sentir mais competente. Depois de dominar as habilidades físicas necessárias para repelir um ataque sexual, as mulheres se sentem menos vulneráveis, menos ansiosas e mais no controle (Ozer & Bandura, 1990). Depois de experimentar sucesso acadêmico, os estudantes acreditam que são melhores na escola, o que com frequência os estimula a trabalhar com mais afinco e a realizar mais (Felson, 1984; Marsh & Young, 1997). Dar o melhor de si e obter sucesso é se sentir mais confiante e capacitado.

Como assinalado no Capítulo 1, o princípio de que o sucesso alimenta a autoestima levou muitos psicólogos investigativos a questionarem os esforços para aumentar o desempenho aumentando a autoestima com mensagens positivas ("Você é alguém! Você é especial!"). A autoestima não provém somente de dizer as crianças quão admiráveis elas são, mas também de realizações obtidas com esforço. Os sentimentos seguem a realidade.

A baixa autoestima, às vezes, causa problemas. Comparadas às pessoas que têm baixa autoestima, aquelas com um senso de valor próprio são mais felizes, menos neuróticas, menos perturbadas por insônia, menos propensas à adição a drogas e álcool e mais persistentes após um fracasso (Brockner & Hulton, 1978; Brown, 1991; Tafarodi & Vu, 1997). Em contrapartida, como veremos, críticos argumentam que o inverso é ao menos igualmente verdadeiro: problemas e fracassos podem causar baixa autoestima.

JUÍZOS DE OUTRAS PESSOAS

Quando as pessoas pensam bem de nós, isso nos ajuda a pensar bem de nós mesmos. As crianças que são rotuladas pelos outros como talentosas, esforçadas ou prestativas tendem a incorporar essas ideias em seus autoconceitos e comportamento (ver Capítulo 3). Se estudantes de grupos minoritários se sentem ameaçados por estereótipos negativos de sua capacidade acadêmica, ou se mulheres se sentem ameaçadas por baixas expectativas em relação ao seu desempenho em matemática e ciências, elas podem se "desidentificar" com essas áreas. Em vez de combater esses pré-julgamentos, elas podem identificar seus interesses em outra parte (Steele, 1997, e ver Capítulo 9).

O self do espelho foi como o sociólogo Charles H. Cooley (1902) descreveu descreveu o fato de usarmos o que achamos que os outros pensam de nós como um espelho para percebermos a nós mesmos. O sociólogo George Herbert Mead (1934) refinou esse conceito, observando que o que importa para nossos autoconceitos não é como os outros realmente nos veem, mas o modo como *imaginamos* que eles nos vejam. As pessoas geralmente se sentem mais livres para elogiar do que para criticar; elas expressam seus elogios e refreiam suas zombarias. Podemos, portanto, superestimar a avaliação dos outros, inflando nossas autoimagens (Shrauger & Schoeneman, 1979).

A autoinflação, como veremos, está visivelmente mais presente nos países ocidentais. Kitayama (1996) relata que visitantes japoneses na América do Norte sempre ficam impressionados com as muitas palavras de elogio que os amigos oferecem uns aos outros. Quando ele e seus colegas perguntaram às pessoas quando foi a última vez que elogiaram alguém, a resposta mais comum dos norte-americanos foi um dia. No Japão, onde as pessoas são socializadas menos para sentirem orgulho de suas realizações pessoais e mais para sentirem vergonha por faltarem com os outros, a resposta mais comum foi quatro dias.

O destino de nossos antepassados dependia do que os outros pensavam deles. Sua sobrevivência aumentava quando eram protegidos por seu grupo. Quando percebiam a desaprovação de seu grupo, havia uma sabedoria biológica em seu sentimento de vergonha e baixa autoestima. Como seus herdeiros, tendo uma necessidade arraigada de pertencer, sentimos a dor da baixa autoestima quando enfrentamos exclusão social, observa Mark Leary (1998, 2004b). A autoestima, ele afirma, é uma medida psicológica pela qual monitoramos e reagimos a como os outros nos avaliam.

Self e cultura

Como você completou a declaração "Eu sou _____", na página 53? Você deu informações sobre seus traços pessoais, tais como "Eu sou honesto", "Eu sou alto" ou "Eu sou extrovertido"? Ou você também descreveu sua identidade social, como, por exemplo, "Eu sou de peixes", eu sou um MacDonald" ou "Eu sou muçulmana"?

Para algumas pessoas, especialmente as das culturas ocidentais industrializadas, prevalece o **individualismo**. A identidade é independente. A adolescência é a época de se separar dos pais, se tornar autossuficiente e definir nosso *self* pessoal *independente*. Nossa identidade – como um indivíduo único com determinadas habilidades, traços, valores e sonhos – permanece relativamente constante.

A psicologia das culturas ocidentais presume que sua vida será enriquecida acreditando em seu poder de controle pessoal. A literatura ocidental, da *Ilíada* às *Aventuras de Huckleberry Finn,* celebra o indivíduo autossuficiente. Os enredos cinematográficos mostram heróis duros que se opõem ao *establishment*. Músicas proclamam "Eu tenho que ser mais eu", declaram que "O maior amor de todos" é amar a si próprio (Schoeneman, 1994) e declaram sem ironia que "Eu acredito que o mundo deveria girar ao meu redor". O individualismo floresce quando as pessoas experimentam riqueza, mobilidade, urbanismo e comunicação de massa (Freeman, 1997; Marshall, 1997; Triandis, 1994).

A maioria das culturas nativas da Ásia, da África e das Américas Central e do Sul dão maior valor ao **coletivismo**. Elas nutrem o que Shinobu Kitayama e Hazel Markus (1995) chamam de ***self* interdependente**. Nessas culturas, as pessoas são mais autocríticas e têm menos necessidade de autoconsideração positiva (Heine et al., 1999). Os malásios, indianos, japoneses e quenianos tradicionais, como os Maasai, por exemplo, são muito mais propensos a completar a declaração do "eu sou" com suas identidades de grupo (Kanagawa et al., 2001; Ma & Schoeneman, 1997). Ao falarem, as pessoas que usam os idiomas de países coletivistas dizem "eu" com menos frequência (Kashima e Kashima, 1998, 2003). Uma pessoa poderia dizer "Eu fui ao cinema".

Compartimentar as culturas como exclusivamente individualistas ou coletivistas é simplificar demais, pois em qualquer cultura o individualismo varia de uma pessoa para outra (Oyserman et al., 2002a, 2002b). Existem chineses individualistas e norte-americanos coletivistas, e a maioria de nós às vezes se comporta de forma comunal, às vezes de forma individualista (Bandura, 2004). O individualismo-coletivismo também varia entre as regiões e concepções políticas de um país. Nos Estados Unidos, os cidadãos havaianos e os cidadãos que vivem no extremo sul apresentam maior coletivismo do que os habitantes dos estados montanhosos do oeste, tais como Oregon e Montana (Vandello & Cohen, 1999). Conservadores tendem a ser individualistas econômicos ("não me tribute nem me regule") e coletivistas morais ("legisle contra a imoralidade"). Os liberais, por sua vez, tendem a ser coletivistas econômicos (apoiando a assistência médica nacional) e individualistas morais ("tire suas mãos de mim"). A despeito das variações individuais e subculturais, os pesquisadores continuam considerando o individualismo e o coletivismo variáveis culturais genuínas (Schimmack et al., 2005).

individualismo
O conceito de dar prioridade aos seus próprios objetivos e não aos objetivos do grupo e definir sua identidade em termos de atributos pessoais mais do que de identificações de grupo.

coletivismo
Dar prioridade às metas de nossos grupos (com frequência nossa família extensa ou grupo de trabalho) e definir nossa identidade de acordo.

***self* interdependente**
Interpretar nossa identidade em relação aos outros.

© The New Yorker Collection, 2000, Jack Ziegler, de cartoonbank.com. Todos os direitos reservados.

INDIVIDUALISMO CRESCENTE

As culturas também podem mudar no decorrer do tempo, e muitas parecem estar se tornando mais individualistas. Os jovens chineses adquiriram o rótulo "A Geração do Eu", e novas oportunidades econômicas têm desafiado os modos coletivistas tradicionais na Índia. Os cidadãos chineses com menos de 25 anos são mais propensos do que os mais velhos a concordar com declarações individualistas como "faça nome" e "viva uma vida que satisfaça seus gostos" (Arora, 2005). Nos Estados Unidos, as gerações mais jovens relatam sentimentos significativamente mais positivos em relação a si do que o faziam os jovens nas décadas de 1960 e 1970 (Gentile et al., 2009; Twenge & Campbell, 2001).

Inclusive o nome pode mostrar a tendência para o individualismo: hoje, os pais norte-americanos são menos propensos a dar a seus filhos nomes comuns e mais propensos a ajudá-los a se destacar com um nome pouco comum. Enquanto quase 20% dos meninos nascidos em 1990 receberam um dos 10 nomes mais comuns, apenas 9% receberam um desses nomes em 2007 (Twenge et al., 2009). Hoje, você não precisa ser filho de uma celebridade para receber um nome especial como Shiloh, Suri, Knox ou Apple.

Essas mudanças demonstram algo mais profundo do que um nome: a interação entre os indivíduos e a sociedade. A cultura focou primeiro na singularidade e levou às escolhas dos nomes pelos pais, ou os pais decidiram que queriam que seus filhos fossem especiais, assim criando a cultura? A resposta, mesmo que ainda não plenamente compreendida, é provavelmente: as duas coisas.

CULTURA E COGNIÇÃO

Em seu livro *The geography of thought* (2003), o psicólogo social Richard Nisbett afirma que o coletivismo também resulta em modos diferentes de pensar. "Considere: entre um urso panda, um macaco e uma banana, quais são os dois elementos que formam um par"? Talvez o macaco e o panda, pois ambos são incluídos na categoria "animal"? Os asiáticos com mais frequência do que os americanos veem relacionamentos: macaco come banana. Diante de uma animação de uma cena embaixo d'água, os japoneses espontaneamente recordaram-se 60% mais detalhes do segundo plano do que os americanos, além de terem falado mais de relações (a rã ao lado da planta). Os americanos olham mais para um objeto focal, tais como um peixe grande, e menos para o ambiente (Chua et al., 2005; Nisbett, 2003), um resultado duplicado em estudos que examinam a ativação em diferentes áreas do cérebro (Goh et al., 2007; Lewis et al., 2008). Diante de desenhos de grupos de crianças, estudantes japoneses levaram em consideração as expressões faciais de todas as crianças ao avaliar a felicidade ou raiva de uma criança, ao passo que os norte-americanos se concentraram apenas na criança que foram solicitados a avaliar (Masuda et al., 2008). Nisbet e Takahido Masuda (2003) concluem desses estudos que os indivíduos do leste asiático pensam mais holisticamente – percebendo e pensando sobre objetos e pessoas em relação uns aos outros e a seu ambiente.

Se você cresceu em uma cultura ocidental, provavelmente lhe disseram para "se expressar" – pela escrita, pelas escolhas que você faz e pelos produtos que você compra, e talvez por meio de suas tatuagens ou *piercings*. Quando indagados sobre o propósito da linguagem, os estudantes norte-americanos eram mais propensos a explicar que ela permite a autoexpressão, ao passo que os estudantes coreanos se concentraram em como a linguagem permite a comunicação com os outros. Estudantes norte-americanos também eram mais propensos a ver suas escolhas como expressões de si mesmos e a avaliar suas escolhas mais favoravelmente (Kim & Sherman, 2007). O café individualizado – "descafeinado, dose única, fraco, extraquente" – que parece tão certo em uma loja de café expresso nos Estados Unidos pareceria estranho em Seul, observam Kim e Hazel Markus (1999). Na Coreia, as pessoas dão menos valor à expressão de sua singularidade e mais à tradição e às práticas compartilhadas (Choi & Choi, 2002, e Fig. 2.3). Os comerciais coreanos tendem a mostrar as pessoas juntas; eles raramente destacam a escolha pessoal ou a liberdade (Markus, 2001; Morling & Lamoreaux, 2008).

Com um *self* interdependente, as pessoas têm um maior senso de pertencimento. Caso fossem desarraigadas e isoladas da família, dos colegas e dos amigos leais, pessoas interdependentes perderiam as conexões sociais que definem quem elas são. Eles não têm uma, mas muitas identidades: com os pais, no trabalho, com os amigos (Cross et al., 1992). Como sugerem a Figura 2.4 e a Tabela 2.2, o *self* interdependente está embutido em afiliações sociais. A conversa é menos direta e mais polida (Holtgraves, 1997), e as pessoas se concentram mais na obtenção de aprovação social (Lalwani et al., 2006). A meta da vida social é se harmonizar e apoiar nossa comunidade, e não – como acontece nas sociedades mais individualistas – realçar nossa identidade individual.

FIGURA 2.2
Pensamento asiático e ocidental.
Ao verem uma cena embaixo d'água, os asiáticos com frequência descrevem o ambiente e as relações entre os peixes. Os norte-americanos atentam mais para um único peixe grande. (Nisbett, 2003)

Mesmo dentro de uma cultura, a história pessoal pode influenciar a visão de si mesmo. Pessoas que se mudaram de um lugar para outro ficam mais felizes quando os outros compreendem suas identidades pessoais constantes; pessoas que sempre viveram na mesma cidade ficam mais satisfeitas quando alguém reconhece sua identidade coletiva (Oishi et al., 2007). Nossos autoconceitos parecem se adaptar a nossa situação: se você interage com as mesmas pessoas toda a sua vida, elas são mais importantes para sua identidade do que se você se muda de tempos em tempos e precisa fazer novos amigos. Seu *self* se torna sua companhia constante (ecoando a afirmativa absurda, mas correta: "Onde quer que você vá, lá está você").

CULTURA E AUTOESTIMA

A autoestima nas culturas coletivistas se correlaciona de perto com "o que os outros pensam de mim e do meu grupo". O autoconceito é mais maleável (específico ao contexto) do que estável (duradouro entre situações). Em um estudo, 4 de cada 5 estudantes canadenses, mas apenas 1 de cada 3 estudantes chineses e japoneses, concordaram que "as crenças que você têm sobre quem você é (seu eu interior) permanecem iguais entre diferentes esferas de atividade" (Tafarodi et al., 2004).

Para os que vivem em culturas individualistas, a autoestima é mais pessoal e menos relacional. Ameace nossa identidade *pessoal* e nos sentiremos mais zangados e tristes do que quando alguém ameaça nossa identidade coletiva (Gaertner et al., 1999). Diferentemente dos japoneses, que persistem mais nas tarefas quando estão fracassando (querendo não ficar aquém das expectativas dos outros), as pessoas em países individualistas persistem mais quando estão sendo bem-sucedidas, porque o sucesso eleva a autoestima (Heine et al., 2001). Individualistas ocidentais gostam de fazer comparações com pessoas que aumentem sua autoestima. Coletivistas asiáticos fazem comparações (geralmente ascendentes, com os que estão se saindo melhor) de modos que facilitem o autoaperfeiçoamento (White & Lehman, 2005).

Assim, quando você acha que estudantes universitários no Japão coletivista e nos Estados Unidos individualista tendem a relatar emoções positivas como felicidade e euforia? Para universitários japoneses, a felicidade vem com o engajamento social positivo – com sentir-se próximo, amigável e respeitoso. Para universitários norte-americanos, ela com mais frequência vem com emoções desvinculadas – com sentir-se efetivo, superior e orgulhoso (Kitayama & Markus, 2000). O conflito em culturas coletivistas com frequência ocorre entre grupos; culturas individualistas geram mais conflito (e crimes e divórcios) entre indivíduos (Triandis, 2000).

Quando Kitayama (1999), depois de 10 anos ensinando e pesquisando nos Estados Unidos, visitou sua *alma mater* japonesa, a Universidade de Kyoto, os estudantes de pós-graduação ficaram "espantados" quando ele explicou a ideia ocidental do *self* independente. "Eu persisti explicando essa noção ocidental de autoconceito – que meus alunos norte-americanos compreendiam intuitivamente – e por fim comecei a persuadi-los de que, sem dúvida, muitos norte-americanos realmente possuem uma noção de si mesmos desvinculada. Contudo, um deles, suspirando profundamente, disse no fim "Isso poderia *realmente* ser verdade?".

Quando o Oriente encontra o Ocidente – como acontece, por exemplo, graças às influências ocidentais no Japão urbano e aos estudantes de intercâmbio japoneses que visitam países ocidentais –, o autoconceito se torna mais individualizado? São os japoneses influenciados quando expostos a promoções ocidentais baseadas no desempenho individual, com exortações a "acreditar em suas próprias possibilidades" e com filmes em que um oficial de polícia heroico sozinho pega o criminoso *apesar* da interferência dos outros? Parece que sim, relatam Steven Heine e colaboradores (1999). A autoestima pessoal aumentou entre estudantes de intercâmbio japoneses de-

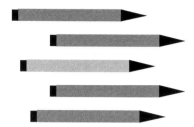

FIGURA 2.3
Qual das canetas você escolheria?
Quando Heejun Kim e Hazel Markus (1999) convidaram pessoas para escolher uma dessas canetas, 77% dos norte-americanos e apenas 31% dos asiáticos escolheram a cor incomum (quer ela fosse laranja, como neste caso, ou verde). Esse resultado ilustra preferências culturais diferentes por singularidade e conformidade, observam Kim e Markus.

"É preciso cultivar o espírito de sacrificar o *eu menor* para obter os benefícios do *eu maior*."
—PROVÉRBIO CHINÊS

FIGURA 2.4
Autointerpretação como independente ou interdependente.
O *self* independente reconhece as relações com os outros, mas o *self* interdependente está mais profundamente engastado nos outros (Markus & Kitayama, 1991).

Visão independente de si mesmo

Visão interdependente de si mesmo

TABELA 2.2 Autoconceito: independente ou interdependente

	Independente	Interdependente
Identidade é	Pessoal, definida por traços e metas individuais	Social, definida por ligações com os outros
O que importa	Eu – realização e gratificação pessoal; meus direitos e liberdades	Nós – metas do grupo e solidariedade; nossas responsabilidades e relações sociais
Desaprova	Conformidade	Egocentrismo
Lema ilustrativo	"Seja fiel a seu próprio eu"	"Ninguém é uma ilha"
Culturas que apoiam	Ocidental individualista	Ásia e terceiro mundo coletivista

POR DENTRO DA HISTÓRIA — Hazel Markus e Shinobu Kitayama sobre psicologia cultural

Começamos nossa colaboração fazendo perguntas em voz alta. Shinobu perguntou por que a vida nos Estados Unidos era tão esquisita. Hazel reagiu com anedotas sobre a estranheza do Japão. A psicologia cultural trata de tornar familiar o estranho e estranho o familiar. Nossos encontros culturais nos impressionaram e convenceram de que, quando se trata de funcionamento psicológico, o lugar importa.

Depois de semanas dando aulas no Japão para estudantes com bom domínio de inglês, Hazel se perguntava por que os alunos não diziam nada – sem perguntas, sem comentários. Tendo garantido aos alunos que estava interessada em ideias que fossem diferentes das dela, por que não havia resposta? Onde estavam as discussões, debates e sinais de pensamento crítico? Mesmo quando ela fazia uma pergunta direta, "Onde fica a melhor loja de macarrão?", a resposta era invariavelmente uma audível tomada de ar seguida de "depende". Os estudantes japoneses não tinham preferências, ideias, opiniões e atitudes? O que há dentro de uma cabeça se não forem essas coisas? Como você poderia conhecer uma pessoa se ela não lhe dissesse o que estava pensando?

Shinobu estava curioso sobre por que os alunos não apenas ouviam a aula e por que os estudantes norte-americanos sentiam a necessidade de constantemente interromper uns aos outros e discutir entre si e com o professor. Por que os comentários e perguntas revelavam fortes emoções e tinham um tom competitivo? Qual era o objetivo dessas discussões? Por que a inteligência parecia associada a tirar partido de outra pessoa, mesmo em uma classe na qual as pessoas se conheciam bem?

Shinobu expressou seu espanto diante de anfitriões americanos que bombardeiam seus convidados com opções. Você aceita vinho, cerveja, refrigerantes, suco, café ou chá? Porque sobrecarregar o convidado com decisões triviais? Com certeza o anfitrião sabia qual seria um bom lanche nessa ocasião e poderia simplesmente servir algo apropriado.

A escolha como um fardo? Hazel pensou se este não poderia ser o segredo de uma experiência particularmente humilhante no Japão. Um grupo de oito pessoas estava em um restaurante francês, e todos estavam seguindo o roteiro universal do restaurante e estudando o cardápio. O garçom se aproximou e ficou de pé junto à mesa. Hazel declarou sua escolha para aperitivo e entrada. Houve então uma conversação tensa entre o anfitrião japonês e os convidados japoneses. Quando a refeição foi servida, não era o que ela tinha pedido. Todos na mesa foram servidos do mesmo prato. Isso foi profundamente perturbador. Se você não pode escolher seu próprio jantar, como ele pode ser agradável? Para que ter cardápio se a todos se serve a mesma refeição?

Será que o senso de semelhança poderia ser um sentimento bom ou desejável no Japão? Quando Hazel passeava pelas dependências de um templo em Kyoto, havia uma bifurcação no caminho e uma placa com as palavras: "caminho comum". Quem iria querer tomar o caminho comum? Onde estava o caminho especial menos trilhado? Escolher o caminho incomum pode ser um percurso óbvio para os norte-americanos, mas nesse caso ele levava ao depósito do lado de fora das dependências do templo. O caminho comum não denotava o caminho enfadonho e sem desafio, mas significava o caminho apropriado e bom.

Esses intercâmbios inspiraram nossos estudos experimentais e nos lembram que existem outros modos de viver além dos que cada um de nós conhece bem. Até agora, a maior parte da psicologia foi produzida por psicólogos em ambientes norte-americanos brancos de classe média e estudando sujeitos norte-americanos brancos de classe média. Em outros contextos socioculturais, podem haver ideias e práticas diferentes sobre como ser uma pessoa e como viver uma vida significativa, e essas diferenças podem ter uma influência sobre o funcionamento psicológico. É essa compreensão que alimenta nosso renovado interesse por colaboração e psicologia cultural.

Hazel Rose Markus,
Stanford University

Shinobu Kitayama,
University of Michigan

Coletivismo em ação: após o tsunami de 2004, as pessoas agiram juntas para ajudar umas às outras.

pois de passarem sete meses na British Columbia University. No Canadá, a autoestima individual também é mais alta entre imigrantes asiáticos há mais tempo no país do que entre imigrantes mais recentes (e do que o é entre os que vivem na Ásia).

Autoconhecimento

"Conhece-te a ti mesmo", advertia o antigo profeta grego. Nós certamente tentamos. Sem demora formamos crenças a nosso próprio respeito, e nas culturas ocidentais não hesitamos em explicar o motivo de nossos sentimentos e ações. Mas até que ponto realmente nos conhecemos?

"Existe uma coisa, e somente uma coisa, em todo o universo sobre a qual conhecemos mais do que poderíamos conhecer da observação externa", observou C. S. Lewis (1952, p. 18–19). "E essa coisa é [nós mesmos]. Temos, por assim dizer, informações internas; estamos por dentro." Às vezes, *pensamos* que sabemos, mas nossas informações internas estão erradas. Essa é a conclusão inevitável de algumas pesquisas fascinantes.

EXPLICANDO NOSSO COMPORTAMENTO

Por que você decidiu em qual faculdade iria estudar? Por que você atacou verbalmente seu companheiro de quarto? Por que você se apaixonou por aquela pessoa especial? Às vezes sabemos. Às vezes não. Indagados sobre por que nos sentimos ou agimos da forma como fizemos, produzimos respostas plausíveis. Contudo, quando as causas são sutis, nossas autoexplicações muitas vezes estão erradas. Podemos desconsiderar fatores que importam e exagerar outros que não importam. As pessoas podem erroneamente atribuir sua tristeza em um dia de chuva ao vazio da vida (Schwarz & Clore, 1983). E as pessoas rotineiramente negam ser influenciadas pela mídia, mas reconhecem prontamente que esta afeta *os outros*.

Também instigam a reflexão estudos em que pessoas registraram seus estados de espírito todos os dias durante dois ou três meses (Stone et al., 1985; Weiss & Brown, 1976; Wilson et al., 1982). Elas também registraram fatores que poderiam afetar seu humor: o dia da semana, o clima, quanto dormiram e assim por diante. No fim do estudo, as pessoas julgaram quanto cada fator tinha afetado seu humor. Mesmo com sua atenção sobre seus humores diários, houve pouca relação entre suas percepções do quanto um fator predizia seu humor e o quanto ele realmente o fazia. Por exemplo, as pessoas achavam que experimentariam mais humores negativos às segundas-feiras, mas na verdade seus humores não eram mais negativos no primeiro dia útil da semana do que os outros. Isso levanta uma questão desconcertante: qual é realmente nossa capacidade de discernir o que nos faz felizes ou infelizes? Como observa Daniel Gilbert em *Stumbling on happiness* (2007), não muita: somos notavelmente maus previsores do que vai nos fazer feliz.

PREVENDO NOSSO COMPORTAMENTO

As pessoas também erram quando preveem seu comportamento. Casais de namorados tendem a prever a longevidade de seus relacionamentos com otimismo. Seus amigos e familiares muitas vezes sabem que não é bem assim, relata Tara MacDonald e Michael Ross (1997). Entre estudantes da Waterloo University, seus companheiros de quarto eram mais capazes de prever se seus romances iriam sobreviver do que eles próprios. Residentes de medicina não se revelaram muitos bons para prever se iriam se sair bem em uma prova de habilidades cirúrgicas, mas seus pares no programa previram o desempenho um do outro com admirável precisão (Lutsky et al., 1993). Assim, se você quer prever seus comportamentos diários rotineiros – quanto tempo você vai passar rindo, ao telefone ou assistindo televisão, por exemplo –, as estimativas de seus amigos próximos provavelmente vão se mostrar ao menos tão precisas quanto as suas (Vazire & Mehl, 2008).

Um dos erros mais comuns na previsão do comportamento é subestimar quanto tempo vai levar para completar uma tarefa (denominado **falácia do planejamento**). O projeto de construção da rodovia Big Dig em Boston deveria levar 10 anos e acabou levando 20. A Casa de Ópera de Sydney deveria ser construída em 6 anos; levou 16. Em um estudo, estudantes universitários que estavam escrevendo um trabalho acadêmico avançado foram solicitados a prever quando concluiriam o projeto. Em média, os alunos terminaram três semanas mais tarde do que sua estimativa "mais realista" – e uma semana mais tarde do que sua estimativa "na pior das hipóteses" (Buehler et al., 2002)! Entretanto, amigos e professores foram capazes de prever exatamente o quanto a realização desses trabalhos demoraria. Assim como você deveria perguntar a seus amigos quanto tempo seu relacionamento provavelmente vai durar, se você quiser saber quando terminará seu trabalho do semestre, pergunte a seu companheiro de quarto ou a sua mãe. Você também pode fazer o que a Microsoft faz: os gerentes automaticamente acrescentam 30% sobre a estimativa de conclusão de um desenvolvedor de *software*, e 50% se o projeto envolve um novo sistema operacional (Dunning, 2006).

Assim, como você pode aprimorar suas autoprevisões? A melhor forma é ser mais realista sobre quanto tempo as tarefas levaram no passado. Ao que parece, as pessoas subestimam quanto tempo alguma coisa vai levar porque se lembram erroneamente do tempo que levaram para concluir tarefas anteriores (Roy et al., 2005). Ou você pode tentar prever as ações de outra pessoa. Um mês antes da eleição para presidente, Nicholas Epley e David Dunning (2006) pediram a estudantes que previssem se eles votariam. Quase todos (90%) previram que votariam, mas apenas 69% o fizeram – praticamente idêntico aos 70% que previram que um colega votaria. Portanto, se os estudantes só tivessem considerado o que seus colegas provavelmente fariam, eles teriam previsto seu próprio comportamento com muita precisão. Se Lao-tzu tinha razão ao dizer que "aquele que conhece os outros é instruído; aquele que conhece a si mesmo é iluminado", então a maioria das pessoas, pareceria, são mais instruídas que iluminadas.

Prevendo nossos sentimentos

Muitas das grandes decisões da vida envolvem prever nossos futuros sentimentos. Casar-me com essa pessoa levará a um contentamento permanente? Ingressar nessa profissão contribuiria para um trabalho gratificante? Sair de férias produziria uma experiência feliz? Ou os resultados mais prováveis seriam divórcio, esgotamento e decepção?

"Para ser franco, não sei por que estou tão triste."
—WILLIAM SHAKESPEARE, *O MERCADOR DE VENEZA*, 1596

falácia do planejamento
A tendência de subestimar quanto tempo vai levar para concluir uma tarefa.

Às vezes sabemos como vamos nos sentir – se falharmos na prova, vencermos a grande partida ou aliviarmos nossas tensões com uma caminhada de meia hora. Sabemos o que nos anima e o que faz nos sentirmos ansiosos ou aborrecidos. Noutras vezes, podemos prever erroneamente nossas respostas. Indagadas sobre como se sentiriam diante de perguntas sexualmente embaraçosas em uma entrevista de emprego, a maioria das mulheres estudadas por Julie Woodzicka e Marianne LaFrance (2001) disseram que se sentiriam zangadas. Contudo, quando perguntas desse tipo de fato foram feitas, as mulheres com mais frequência experimentaram medo.

Estudos de "previsão afetiva" revelam que as pessoas têm maior dificuldade para prever a *intensidade* e a *duração* de suas futuras emoções (Wilson & Gilbert, 2003). As pessoas previram erroneamente como se sentiriam algum tempo depois de romper um caso amoroso, receber um presente, perder uma eleição, vencer uma partida e ser ofendidas (Gilbert & Ebert, 2002; Loewenstein & Schkade, 1999). Alguns exemplos:

- Quando rapazes são sexualmente excitados por fotografias eróticas, depois expostos a um cenário de namoro ardente em que sua parceira lhes pede para "parar", eles admitem que poderiam não parar. Caso não vejam as fotografias excitantes antes, eles negam com mais frequência a possibilidade de serem sexualmente agressivos. Quando não estamos excitados, é fácil errar sobre como nos sentiremos e agiremos quando excitados – fenômeno que acarreta inesperadas declarações de amor durante o desejo, a gravidez inesperada e a repetição de crimes por parte de abusadores sexuais que declararam sinceramente "nunca mais".
- Fregueses famintos compram mais impulsivamente ("Aqueles doces seriam deliciosos!") do que fregueses que acabaram de comer um bolo de mirtilo (Gilbert & Wilson, 2000). Quando estamos com fome, podemos prever mal quão pesados os doces parecerão quando estivermos satisfeitos. De estômago cheio, podemos subestimar quão delicioso um doce poderia ser com um copo de leite na madrugada – uma compra cuja atratividade rapidamente desaparece após comermos um ou dois.
- Universitários que sofreram um rompimento amoroso ficaram posteriormente menos chateados do que previram (Eastwick et al., 2007). Seu sofrimento durou mais ou menos o que previram que duraria, mas os estudantes de coração partido não ficaram tão abalados quanto imaginaram que ficariam. De modo semelhante, atletas europeus superestimaram quão mal se sentiriam se não atingissem sua meta em um evento iminente (van Dijk et al., 2008).
- Quando ocorrem desastres naturais, como furacões, as pessoas preveem que sua tristeza será maior se mais pessoas morrerem. Contudo, após a passagem do furacão Katrina em 2005, a tristeza dos estudantes foi semelhante quando se acreditava que 50 pessoas tinham sido mortas ou que mil pessoas haviam morrido (Dunn & Ashton-James, 2008). O que *realmente* influenciou o grau de tristeza das pessoas? Ver fotografias das vítimas. Não é de admirar que imagens pungentes na televisão tenham tanta influência sobre nós depois de catástrofes.
- As pessoas subestimam o quanto seu bem-estar seria afetado por invernos mais quentes, perda de peso, mais canais de televisão ou mais tempo livre. Mesmo eventos extremos, tais como ganhar na loteria ou sofrer um acidente paralisante, afetam menos a felicidade a longo prazo do que a maioria das pessoas supõe.

Nossa teoria intuitiva parece ser: queremos, obtemos, estamos felizes. Se isso fosse verdade, este capítulo teria menos palavras. Na realidade, observa Daniel Gilbert e Timothy Wilson (2000), com frequência "queremos errado". As pessoas que imaginam um feriado idílico em uma ilha deserta com sol, mar e areia podem ficar desapontadas quando descobrem "o quanto elas necessitam de estruturação diária, estimulação intelectual ou doses regulares de alguma comida congelada". Pensamos que se nosso candidato ou time vencer ficaremos contentes por muito tempo. Mas um estudo depois do outro revela nossa vulnerabilidade ao **viés de impacto** – superestimar o impacto duradouro de eventos causadores de emoção. Mais rápido do que esperamos, os traços emocionais dessas boas notícias se evaporam.

Além disso, somos especialmente propensos ao viés de impacto após eventos *negativos*. Quando Gilbert e colaboradores (1998) pediram a professores assistentes que previssem sua felicidade alguns anos depois de obterem estabilidade na função ou não, a maioria acreditava que um desfecho favorável era importante para sua felicidade: "Perder meu emprego esmagaria minhas ambições de vida. Seria terrível". Contudo, quando pesquisados muitos anos após o evento foram novamente entrevistados, os que tiveram a permanência negada estavam tão felizes quanto os que a receberam. O viés de impacto é importante, diz Wilson e Gilbert (2005), porque as "previsões afetivas" das pessoas – suas previsões de suas futuras emoções – influenciam suas decisões. Se as pessoas superestimam a intensidade e a duração do prazer que vão

---

"Quando um sentimento estava presente, era como se ele nunca fosse parar; quando tinha terminado, era como se nunca tivesse existido; quando ele voltava, era como se nunca tivesse passado."

—GEORGE MACDONALD, *WHAT'S MINE'S MINE*, 1886

viés de impacto
Superestimar o impacto duradouro de eventos causadores de emoção.

Prever o comportamento, mesmo o próprio, não é um negócio fácil, o que pode explicar por que algumas pessoas consultam cartomantes em busca de ajuda.

obter da compra de um carro novo ou de se submeter a uma cirurgia plástica, elas podem fazer investimentos imprudentes naquela nova Mercedes ou remodelação radical.

Vamos tornar isso pessoal. Gilbert e Wilson nos convidam a imaginar como poderíamos nos sentir um ano depois de perder nossa mão não dominante. Comparado com hoje, quão feliz você estaria?

Pensando sobre isso, talvez você tenha se concentrado na calamidade que isso representaria: sem bater palmas, sem dar o laço nos cadarços, sem competir no basquete, sem digitar com rapidez. Ainda que provavelmente você fosse lamentar a perda para sempre, sua felicidade geral algum tempo depois do evento seria influenciada por "duas coisas: (a) o evento, e (b) todas as outras coisas" (Gilbert & Wilson, 2000). Ao focar no evento negativo, desconsideramos a importância de todas as outras coisas que contribuem para a felicidade e, assim, prevemos exageradamente a duração de nossa tristeza. "Nada em que você foca vai fazer tanta diferença quanto você pensa", escrevem os pesquisadores David Schkade e Daniel Kahneman (1998).

Além disso, dizem Wilson e Gilbert (2003), as pessoas negligenciam a rapidez e a força de seu *sistema imune psicológico*, o qual inclui suas estratégias para racionalizar, desconsiderar, perdoar e limitar o trauma emocional. Sendo em grande medida ignorantes de nosso sistema imunológico psicológico (fenômeno que Gilbert e Wilson chamam de **negligência imunológica**), nós nos adaptamos a deficiências, rompimentos amorosos, reprovação em provas, negação de promoção em cargos e derrotas pessoais e grupais com mais prontidão do que esperaríamos. Ironicamente, como Gilbert e colaboradores relatam (2004), eventos negativos importantes (os quais ativam nossas defesas psicológicas) podem ser menos aflitivos do que irritações menores (as quais não ativam nossas defesas). Somos, na maioria das circunstâncias, incrivelmente resilientes.

SABEDORIA E ILUSÕES DA AUTOANÁLISE

Em medida notável, então, nossas intuições muitas vezes estão totalmente erradas em relação ao que nos influenciou e ao que iremos sentir e fazer. Mas não vamos exagerar. Quando as causas de nosso comportamento são conspícuas e a explicação correta se encaixa com nossa intuição, nossas autopercepções serão precisas (Gavanski & Hoffman, 1987). Quando as causas do comportamento são óbvias para um observador, elas geralmente também são óbvias para nós.

Como será explorado no Capítulo 3, não temos consciência de muita coisa que acontece em nossas mentes. Estudos da percepção e da memória mostram que temos mais consciência dos *resultados* de nosso pensamento do que de seu processo. Por exemplo, experimentamos os resultados das operações inconscientes de nossa mente quando ajustamos um relógio mental para registrar a passagem do tempo ou nos despertar em uma determinada hora, ou quando de alguma forma encontramos alguma solução criativa espontânea depois que um problema ficou inconscientemente "incubado". De modo semelhante, cientistas e artistas criativos muitas vezes são incapazes de descrever os processos de pensamento que produziram seus *insights*, ainda que tenham conhecimento formidável dos resultados.

Timothy Wilson (1985, 2002) oferece uma ideia ousada: os processos mentais que *controlam* nosso comportamento social são diferentes dos processos mentais pelos quais *explicamos* nosso comportamento. Nossas explicações racionais podem, portanto, omitir as atitudes inconscientes que realmente guiam o nosso comportamento. Em nove experimentos, Wilson e colaboradores (1989, 2008) constataram que as atitudes que as pessoas expressavam conscientemente em relação às coisas e às pessoas costumavam predizer seu comportamento subsequente relativamente bem. Contudo, suas descrições das atitudes se tornavam inúteis se primeiro se pedisse aos participantes que *analisassem* seus sentimentos. Por exemplo, o nível de contentamento de casais de namorados com seu relacionamento predizia com precisão se eles ainda estariam namorando vários meses depois. Mas os participantes que primeiro listaram todas as *razões* que podiam imaginar para explicar por que seu relacionamento era bom ou ruim antes de julgarem seu contentamento estavam enganados – suas classificações do contentamento foram inúteis para prever o futuro do relacionamento! Ao que parece, o processo de dissecar o relacionamento chamou atenção para fatores facilmente verbalizados que na verdade não eram tão importantes quanto um contentamento mais difícil de verbalizar. Muitas vezes somos "estranhos a nós mesmos", concluiu Wilson (2002).

Esses resultados ilustram que temos um sistema de **atitudes duais**, afirmam Wilson e colaboradores (2000). Nossas atitudes *implícitas* automáticas sobre alguém ou alguma coisa muitas vezes diferem de nossas atitudes *explícitas* controladas (Gawronski & Bodenhausen, 2006; Nosek, 2007). Da infância, por exemplo, podemos reter um medo ou aversão habitual automática por pessoas às quais hoje conscientemente verbalizamos respeito e apreciação. Embora atitudes explícitas possam mudar com relativa facilidade, assinala Wilson, "atitudes implícitas, como antigos hábitos, mudam mais lentamente". Entretanto, com repetida prática, novas atitudes podem substituir antigas.

Murray Millar e Abraham Tesser (1992) argumentaram que Wilson exagera nossa ignorância de nós mesmos. Sua pesquisa sugere que, sim, dirigir a atenção das pessoas para *razões* diminui a utilidade de relatos de atitude para prever comportamentos que são guiados por *sentimentos*. Eles argu-

---

"O pranto pode permanecer à noite, mas a alegria vem com o amanhecer."
—SALMO 30:5

negligência da imunidade
A tendência humana de subestimar a rapidez e a força do "sistema imune psicológico", o qual permite recuperação e resiliência emocional depois que coisas ruins acontecem.

"A autocontemplação é uma maldição que torna uma antiga confissão pior."
—THEODORE ROETHKE, *THE COLLECTED POEMS OF THEODORE ROETHKE*, 1975

atitudes duais
Atitudes implícitas (automáticas) e explícitas (conscientemente controladas) diferentes ante o mesmo objeto. Atitudes explícitas verbalizadas podem mudar com educação e persuasão; atitudes implícitas mudam lentamente, com prática que forma novos hábitos.

mentam que, se em vez de fazer as pessoas analisarem seus relacionamentos amorosos, Wilson tivesse primeiro pedido que elas entrassem mais em contato com seus sentimentos ("Como você se sente quando está junto e quando está longe de seu parceiro?"), os relatos de atitude poderiam ter sido mais reveladores. Outras decisões que as pessoas tomam – digamos, escolher que escola frequentar com base em considerações de custo, avanço profissional e assim por diante – parecem ser mais cognitivamente orientadas. Para estas, uma análise das razões mais do que de sentimentos pode ser mais útil. Ainda que o coração tenha suas razões, às vezes as próprias razões da mente são decisivas.

Essa pesquisa sobre os limites de nosso autoconhecimento tem duas implicações práticas. A primeira é para a pesquisa psicológica. *Autorrelatos com frequência não são confiáveis.* Erros na autocompreensão limitam a utilidade científica de descrições pessoais subjetivas.

A segunda implicação é para nossas vidas cotidianas. A sinceridade com que as pessoas relatam e interpretam suas experiências não é garantia da validade desses relatos. Testemunhos pessoais são poderosamente persuasivos (como veremos no Capítulo 15, Psicologia Social no Tribunal), mas também podem estar errados. Manter esse potencial de erro em mente pode nos ajudar a nos sentir menos intimidados pelos outros e sermos menos crédulos.

Resumo: Autoconceito: quem sou eu?

- Nosso senso de *self* nos ajuda a organizar nossos pensamentos e ações. Quando processamos informações com referência a nós mesmos, lembramos bem delas (efeito de autorreferência). O autoconceito consiste em dois elementos: os autoesquemas que orientam nosso processamento de informações relacionadas ao *self*, e os *selves* possíveis com os quais sonhamos ou que tememos.
- As culturas também moldam o *self*. Muitas pessoas nas culturas ocidentais individualistas presumem um *self* independente. Outras, com frequência em culturas coletivistas, presumem um *self* mais interdependente. Como o capítulo 5 explicará melhor, essas ideias contrastantes contribuem para diferenças culturais no comportamento social.

- Nosso autoconhecimento é curiosamente defeituoso. Muitas vezes não sabemos por que nos comportamos do modo como fazemos. Quando influências sobre nosso comportamento não são suficientemente conspícuas para que um observador as veja, nós também podemos não vê-las. Os processos implícitos inconscientes que controlam nosso comportamento podem diferir de nossas explicações explícitas conscientes dele. Também tendemos a prever erroneamente nossas emoções. Subestimamos o poder de nossos sistemas imunes psicológicos e, assim, tendemos a superestimar a durabilidade de nossas reações emocionais negativas a eventos significativos.

Autoestima

As pessoas desejam autoestima, a qual são motivadas a aumentar. Mas a autoestima excessiva também tem um lado sombrio.

autoestima
Autoavaliação global ou senso de valor próprio de uma pessoa.

É a **autoestima** – ou autoavaliação global – a soma de todos os nossos autoesquemas e *selves* possíveis? Se nos considerarmos atraentes, atléticos, inteligentes e fadados a ser ricos e amados, teremos alta autoestima? Sim, diz Jennifer Crocker e Wolfe (2001) – quando nos sentimos bem a respeito dos domínios (aparência, inteligência ou o que seja) importantes para nossa autoestima. "Uma pessoa pode ter uma autoestima que é altamente dependente de se sair bem nos estudos e ser fisicamente atraente, ao passo que outra pode ter uma autoestima que é dependente de ser amada por Deus e respeitar padrões morais." Assim, a primeira pessoa vai sentir alta autoestima quando se sente inteligente e bonita; a segunda pessoa, quando se sente virtuosa.

No entanto, Jonathon Brown e Keith Dutton (1994) alegam que essa visão "de baixo para cima" da autoestima pode não ser toda a história. A flecha da causalidade, creem eles, também aponta para o outro lado. Pessoas que se valorizam de um modo geral – as que possuem alta autoestima – são mais propensas a valorizar sua aparência, suas habilidades e assim por diante. Elas são como novos pais que, amando seu bebê, deleitam-se com seus dedos e cabelos: os pais não avaliam primeiro os dedos do bebê para depois decidirem o quanto valorizam o bebê como um todo.

Contudo, autopercepções específicas têm realmente alguma influência. Se você pensa que é bom em matemática, é mais provável que você se saia bem em matemática. Embora a autoestima geral não preveja o desempenho acadêmico muito bem, o autoconceito acadêmico – se você pensa que é bom nos estudos – prediz o desempenho (Marsh & O'Mara, 2008). Evidentemente, um causa o outro: sair-se bem em matemática faz você pensar que é bom em matemática, o que então o motiva a se sair ainda melhor. Assim, se você quer encorajar alguém (ou a si mesmo!), é melhor se seu elogio for específico ("Você é bom em matemática") do que geral ("Você é ótimo") e se suas palavras gentis refletirem real capacidade e desempenho ("Você realmente melhorou desde sua última prova") em vez de otimismo irrealista ("Você pode fazer qualquer coisa"). O retorno é melhor quando é verdadeiro e específico (Swann et al., 2007).

Imagine-se recebendo sua nota na primeira prova em uma disciplina de psicologia. Quando você vê seu resultado, suspira por ter tirado uma nota baixa. Mas depois você recebe um *e-mail* encorajador com algumas questões de revisão para a aula e este recado: "Alunos que possuem alta autoestima não somente obtêm melhores notas, mas também se mantêm autoconfiantes e seguros... Moral da história: mantenha a cabeça – e sua autoestima – erguida". Outro grupo de alunos, em vez disso, recebe um recado sobre assumir o controle pessoal de seu desempenho, ou recebem apenas questões de revisão. Como cada grupo se sairia em uma prova final? Para surpresa dos pesquisadores em um estudo, os alunos cuja autoestima foi estimulada se saíram muito pior na prova final – na verdade, eles foram reprovados (Forsyth et al., 2007). Os pobres alunos a quem se disse para se sentirem satisfeitos consigo mesmos, refletem os pesquisadores, podem ter pensado, "Eu já sou ótimo – para que estudar?".

Nas relações entre irmãos, a ameaça à autoestima é maior para um irmão mais velho que tem um irmão ou irmã mais jovem altamente capaz.

Motivação da autoestima

Abraham Tesser (1988) relatou que um motivo de "manutenção da autoestima" prevê várias descobertas interessantes, inclusive de atrito entre irmãos e irmãs. Você tem um irmão do mesmo sexo e com idade próxima a sua? Neste caso, as pessoas provavelmente compararam vocês dois enquanto vocês cresciam. Tesser presume que o fato de as pessoas perceberem um de vocês como mais capaz do que o outro motivará o menos capaz a agir de modo a manter a autoestima. (Tesser pensa que a ameaça à autoestima é maior para uma criança mais velha que têm um irmão altamente capaz.) Homens que têm um irmão com diferença notável nos níveis de habilidade recordam-se de não se relacionarem bem com ele; homens com um irmão de capacidade semelhante são mais propensos a se recordar de muito pouco atrito.

Ameaças à autoestima ocorrem entre amigos, cujo sucesso pode ser mais ameaçador do que o de estranhos (Zuckerman & Jost, 2001), e elas também podem ocorrer entre parceiros casados. Embora interesses compartilhados sejam saudáveis, metas profissionais *idênticas* podem produzir tensão ou ciúmes (Clark & Bennett, 1992). Quando um parceiro supera nosso desempenho em um domínio importante para ambas as identidades, podemos reduzir a ameaça afirmando nosso relacionamento, dizendo, "Meu parceiro capaz, a quem sou muito próximo, faz parte de quem eu sou" (Lockwood et al., 2004).

O que subjaz a motivação para manter ou aumentar a autoestima? Mark Leary (1998, 2004b, 2007) acredita que nossos sentimentos de autoestima são como um medidor de combustível. Os relacionamentos permitem sobreviver e prosperar. Assim, o medidor de autoestima nos alerta para uma ameaça de rejeição social, motivando-nos a agir com maior sensibilidade às expectativas dos outros. Estudos confirmam que a rejeição social diminui nossa autoestima e nos torna mais ávidos por aprovação. Desprezados ou largados, nos sentimos pouco atraentes ou inadequados. Como uma luz piscando em um painel, essa dor pode nos motivar à ação – autoaperfeiçoamento e busca de aceitação e inclusão em outro lugar.

Jeff Greenberg (2008) oferece outra perspectiva. Se a autoestima dependesse apenas de aceitação, contra-argumenta ele, por que "as pessoas se esforçam para serem grandes e não apenas para serem aceitas?". A realidade de nossa própria morte, ele alega, motiva-nos a obter reconhecimento de nosso trabalho e valores. Mas há um pequeno problema: nem todos podem alcançar esse reconhecimento, sendo justo por isso que ele é valioso, e por isso que a autoestima jamais pode ser totalmente incondicional ("Você é especial apenas por ser você" é um exemplo de autoestima sendo considerada de modo incondicional). Para sentir que nossas vidas não são triviais, sustenta Greenberg, precisamos continuamente perseguir a autoestima satisfazendo os padrões de nossas sociedades.

O "lado escuro" da autoestima

Pessoas com baixa autoestima frequentemente têm problemas na vida – ganham menos dinheiro, abusam de drogas e são mais propensas à depressão (Salmela-Aro & Nurmi, 2007; Trzesniewski et al., 2006). Como você aprendeu no Capítulo 1, contudo, uma correlação entre duas variáveis às vezes é causada por um terceiro fator. Talvez pessoas com baixa autoestima também tenham enfrentado pobreza na infância, sofrido abuso sexual ou tido pais que usavam drogas, todas causas possíveis de lutas posteriores. De fato, um estudo que controlou esses fatores constatou que a ligação entre autoestima e desfechos negativos desapareceu (Boden et al., 2008). Em outras palavras, baixa autoestima não foi a causa dos problemas desses jovens – a causa aparente, em vez disso, foi que muitos não puderam fugir de suas duras infâncias.

Uma boa autoestima certamente tem alguns benefícios – promove a iniciativa, a resiliência e os sentimentos agradáveis (Baumeister et al., 2003). Contudo, jovens do sexo masculino que iniciam sua vida sexual em uma "idade inadequadamente precoce" tendem a ter autoestima *superior* à média, assim como líderes de gangues, etnocentristas, terroristas e presidiários que cometeram crimes violentos (Bushman & Baumeister, 2002; Dawes, 1994, 1998). "Hitler tinha uma autoestima muito alta", observam Baumeister e colaboradores (2003).

NARCISISMO: O IRMÃO CONVENCIDO DA AUTOESTIMA

A alta autoestima se torna especialmente problemática caso se transponha para o narcisismo ou para uma consideração enfatuada de si mesmo. A maioria das pessoas com alta autoestima valoriza tanto a realização pessoal quanto os relacionamentos com os outros. Os narcisistas geralmente possuem alta autoestima, mas carecem da parte de se importar com os outros (Campbell et al., 2002). Embora os narcisistas em geral sejam extrovertidos e encantadores no início, seu egocentrismo muitas vezes acarreta problemas de relacionamento a longo prazo (Campbell, 2005). A ligação entre narcisismo e relações sociais problemáticas levou Delroy Paulhus e Kevin Williams (2002) a incluírem o narcisismo na "Tríade Escura" dos traços negativos. As outras duas são o maquiavelismo (o caráter manipulador) e a psicopatia antissocial.

Em uma série de experimentos conduzidos por Brad Bushman e Roy Baumeister (1998), universitários voluntários escreveram ensaios e receberam retorno manipulado dizendo, "Este é um dos piores ensaios que já li!". Os que obtiveram pontuação alta para narcisismo eram muito mais propensos a retaliar, vociferando dolorosamente nos fones de ouvido do aluno que acreditavam que os havia criticado. Os narcisistas não foram tão agressivos com uma pessoa que os elogiou ("ótimo ensaio"). Era a ofensa que os fazia explodir. Mas e quanto à autoestima? Talvez apenas os narcisistas "inseguros" – aqueles com baixa autoestima – atacassem com violência. Porém não foi isso que aconteceu – em vez disso, os estudantes com autoestima e narcisismo altos foram os mais agressivos. O mesmo ocorreu em um ambiente de sala de aula – os que tinham tanto autoestima como narcisismo altos foram os mais propensos a retaliar as críticas de um colega dando-lhe uma nota ruim (Bushman et al., 2009; Fig. 2.5). Os narcisistas podem ser encantadores e divertidos. Mas como disse um espirituoso, "Deus ajude se você os contrariar".

Alguns estudos constataram pequenas correlações entre baixa autoestima e comportamento antissocial, mesmo quando o Q.I. e a renda familiar foram levados em conta (Donnellan et al., 2005; Trzesniewski et al., 2006). Entretanto, outro estudo constatou que a ligação entre baixa autoestima e comportamento antissocial desapareceu quando fatores como abuso sexual e problemas comportamentais anteriores foram considerados (Boden et al., 2007). Assim, os jovens não estão agindo de modo agressivo porque têm baixa autoestima, mas porque foram feridos no passado. "As alegações entusiastas do movimento da autoestima geralmente variam da fantasia à asneira", diz Baumeister (1996), que suspeita "provavelmente ter publicado mais estudos sobre autoestima do que qualquer outra pessoa. Os efeitos da autoestima são pequenos, limitados e nem sempre bons". As pessoas com alta autoestima, relata ele, são mais propensas a serem antipáticas, a interromper e a falar às pessoas em vez de conversar com elas (em contraste com pessoas mais tímidas e modestas com baixa autoestima). "Minha conclusão é que o autocontrole vale 10 vezes mais do que a autoestima."

E quanto à ideia de que um ego muito inchado ser apenas um disfarce para uma insegurança arraigada? Será que, "bem no fundo", as pessoas narcisistas na verdade odeiam a si mesmas? Estudos recentes mostram que a resposta é *negativa*. Pessoas com alta pontuação em medidas de traços de personalidade narcisista também pontuam alto em medidas de autoestima. Caso os narcisistas estivessem alegando alta autoestima apenas para criar uma falsa impressão, os pesquisadores também pediram a estudantes que jogassem um jogo virtual no qual tinham de apertar um botão o mais rápido possível para combinar a palavra "eu" com palavras como bom, maravilhoso, ótimo e certo e com palavras como ruim, horrível, terrível e errado. Estudantes com alta pontuação na escala de narcisismo foram mais rápidos em associar a si mesmos com palavras positivas, e mais lentos do que os outros em se associar com palavras negativas (Campbell et al., 2007). Além disso, os narcisistas foram ainda mais rápidos na identificação com palavras como franco, dominante e assertivo. Embora seja confortador pensar que um colega arrogante está apenas disfarçando sua insegurança, é provável que no fundo ele se ache *fabuloso*.

> "Depois de todos esses anos, minha recomendação é esta: esqueça sobre a autoestima e se concentre mais no autocontrole e disciplina. Trabalhos recentes sugerem que isso seria bom para o indivíduo e bom para a sociedade."
> —ROY BAUMEISTER, 2005

FIGURA 2.5
Narcisismo, autoestima e agressão. Narcisismo e autoestima interagem para influenciar a agressividade. Em uma experiência de Brad Bushman e colaboradores (2009), a receita para retaliação contra um colega crítico exigia tanto narcisismo quanto autoestima.

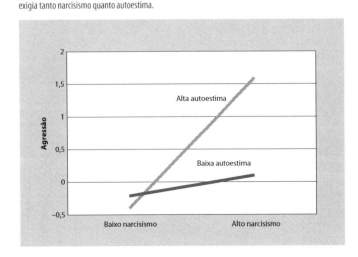

NARCISISMO EM ASCENSÃO

Houve uma área em que os narcisistas foram apenas medianos – mesmo que ainda não tenham sido inseguros. O narcisismo não teve efeito na associação de palavras como gentil, amigável e carinhoso com palavras do *self*. Isso é compatível com a ideia de que os narcisistas adoram ser vencedores, mas não estão muito interessados em estar emocionalmente próximos dos outros. Também parece haver mais narcisistas. Depois de rastrear a autoimportância durante as últimas décadas, a psicóloga Jean Twenge (2006; Twenge et al., 2008) relata que os jovens da atual geração – *Geração Eu*, como ela a chama – expressam mais narcisismo (concordando com afirmativas como "se eu mandasse no mundo ele seria um lugar melhor" ou "eu acho que sou uma pessoa especial"). A concordância com itens narcisistas se correlaciona com materialismo, desejo de ser famoso, expectativas exageradas, menos relacionamentos sérios e mais sexo casual, mais jogos de apostas e mais traição, todos os quais aumentaram com o aumento do narcisismo.

Outro conjunto de dados sobre narcisismo mostrou a influência do tempo e da etnia. O narcisismo não mudou com o passar do tempo em amostras de alunos da California University (Trzesniewski et al., 2008), possivelmente porque mais estudantes norte-americanos de origem asiática – de uma cultura que desencoraja a autoimportância – se matricularam no decorrer dos anos. Quando analisados separadamente por etnicidade e *campus*, esses dados mostraram aumentos no narcisismo em todos os grupos étnicos (Twenge & Foster, 2008). Embora estudantes norte-americanos de origem asiática tenham em média pontuado menos em narcisismo do que estudantes brancos, ambos os grupos aumentaram de narcisismo no decorrer do tempo à medida que a cultura americana presumivelmente passou a aceitar mais a autoimportância.

AUTOESTIMA BAIXA *VERSUS* SEGURA

Os achados que ligam um autoconceito altamente positivo a um comportamento negativo existem em tensão com os achados de que as pessoas com baixa autoestima são mais vulneráveis a diversos problemas clínicos, incluindo ansiedade, solidão e transtornos da alimentação. Quando se sentiam mal ou ameaçadas, pessoas com baixa autoestima com frequência adotam uma visão negativa de tudo. Elas percebem e se recordam dos piores comportamentos dos outros e pensam que seu parceiro não as ama (Murray et al., 1998, 2002; Ybarra, 1999). Ainda que não existam evidências de que pessoas com baixa autoestima escolham parceiros menos desejáveis, elas acreditam rapidamente que seus parceiros as estejam criticando ou rejeitando. Talvez em consequência disso, as pessoas com baixa autoestima se sintam menos satisfeitas com seus relacionamentos (Fincham & Bradbury, 1993). Elas também podem ser mais propensas a sair desses relacionamentos. Estudantes com baixa autoestima decidiram não permanecer com parceiros de moradia que os viam de maneira positiva.

A autoestima segura – mais enraizada em se sentir bem por ser quem se é do que em desempenho acadêmico, dinheiro ou aprovação dos outros – é conducente ao bem-estar a longo prazo (Kernis, 2003; Schimel et al., 2001). Jennifer Crocker e colaboradores (2002, 2003, 2004, 2005) confirmaram isso em estudos com alunos da Universidade de Michigan. Aqueles cuja autoestima era mais frágil – mais dependente de fontes externas – experimentaram mais estresse, raiva, problemas de relacionamento, uso de drogas e álcool e transtornos da alimentação do que aqueles cujo senso de valor próprio estava mais enraizado em fontes internas, tais como virtudes pessoais.

Ironicamente, observam Crocker e Lora Park (2004), aqueles que perseguem a autoestima, talvez tentando se tornar bonitos, ricos ou populares, podem perder de vista o que de fato contribui para a qualidade de vida. Além disso, se nos sentirmos bem a nosso próprio respeito é nosso objetivo, então podemos nos tornar menos abertos a críticas, mais propensos a culpar do que nos identificar com os outros e mais pressionados a ter êxito em atividades do que em desfrutá-las. No decorrer do tempo, essa perseguição de autoestima pode não conseguir satisfazer nossas profundas necessidades de competência, relacionamento e autonomia, observam Crocker e Park. Focar menos em nossa autoimagem e mais no desenvolvimento de nossos talentos e relacionamentos por fim leva a um maior bem-estar.

Resumo: Autoestima

- Autoestima é o senso global de valor próprio que usamos para avaliar nossas características e habilidades. Nossos autoconceitos são determinados por múltiplas influências, incluindo os papéis que desempenhamos, as comparações que fazemos, nossas identidades sociais, como percebemos as avaliações dos outros sobre nós e nossas experiências de sucesso e fracasso.
- A motivação da autoestima influencia nossos processos cognitivos: diante do fracasso, pessoas com alta autoestima mantêm seu valor próprio percebendo as outras pessoas como igualmente falhas e exagerando sua superioridade em relação aos outros.
- Embora a alta autoestima em geral seja mais benéfica do que a baixa, pesquisas revelam que pessoas com alta autoestima e narcisismo são mais agressivas. Uma pessoa com um grande ego que é ameaçada ou diminuída por rejeição é potencialmente agressiva.

Autocontrole percebido

Muitas linhas de pesquisa apontam para a importância de nosso autocontrole percebido. Que conceitos emergem dessas pesquisas?

Até agora, consideramos o que é o autoconceito, como ele se desenvolve e em que medida conhecemos a nós mesmos. Agora vamos ver por que nossos autoconceitos importam, vendo o *self* em ação.

A capacidade do *self* para a ação tem limites, observam Roy Baumeister e colaboradores (1998, 2000; Muraven et al., 1998). Considere (Gailliot & Baumeister, 2007):

- pessoas que exercem autocontrole – forçando-se a comer rabanetes em vez de chocolates ou suprimindo pensamentos proibidos – posteriormente desistem mais rápido da resolução de quebra-cabeças insolúveis;
- pessoas que tentaram controlar suas respostas emotivas a um filme perturbador exibem diminuído vigor físico;
- pessoas que gastaram sua força de vontade em tarefas como controlar suas emoções durante um filme perturbador mais tarde ficam mais agressivas e propensas a brigar com seus parceiros (de Wall et al., 2007; Finkel & Campbell, 2001). Elas também se tornam menos contidas em seus pensamentos e comportamentos sexuais. Em um estudo, alunos que esgotaram sua força de vontade concentrando sua atenção em uma tarefa difícil, posteriormente, quando solicitados a expressar um nível confortável de intimidade com seu parceiro, eram mais propensos a fazer sexo e até a tirar alguma roupa.

O autocontrole que requer esforço esgota nossas reservas de força de vontade limitada. O "executivo central" de nosso cérebro consome o açúcar do sangue disponível quando estamos envolvidos em autocontrole (Gailliot, 2008). O autocontrole, portanto, opera de modo semelhante à força muscular, concluem Baumeister e Julia Exline (2000): ambos são mais fracos após esforço, reabastecidos com repouso e fortalecidos pelo exercício.

Embora a energia do *self* possa se esgotar temporariamente, nossos autoconceitos influenciam nosso comportamento (Graziano et al., 1997). Diante de tarefas desafiadoras, as pessoas que se imaginam trabalhadoras e bem-sucedidas superam o desempenho daquelas que se imaginam fracassadas (Ruvolo & Markus, 1992). Visualize suas possibilidades positivas e você será mais propenso a planejar e executar uma estratégia bem-sucedida.

Autoeficácia

O psicólogo Albert Bandura (1997, 2000, 2008), da Stanford University, captou o poder do pensamento positivo em sua pesquisa e teorização sobre **autoeficácia** (o quanto nos sentimos competentes em uma tarefa). Acreditar em nossa própria competência e efetividade paga dividendos (Bandura et al., 1999; Maddux & Gosselin, 2003). Crianças e adultos com fortes sentimentos de autoeficácia são mais persistentes, menos ansiosas e menos deprimidas. Elas também vivem de forma mais saudável e são academicamente mais bem sucedidas.

Na vida cotidiana, a autoeficácia nos leva a fixar metas desafiadoras e a persistir. Mais de uma centena de estudos mostram que a autoeficácia prediz a produtividade de um trabalhador (Stajkovic & Luthans, 1998). Quando surgem problemas, um forte senso de autoeficácia leva os trabalhadores a manterem a calma e buscar soluções em vez de ruminarem sobre sua inadequação. Competência mais persistência é igual a realização, e com a realização, cresce a autoconfiança. A autoeficácia, como a autoestima, cresce com realizações adquiridas com esforço.

Até manipulações sutis da autoeficácia podem afetar o comportamento. Becca Levy (1996) descobriu isso quando subliminarmente expôs 90 pessoas de idade a palavras que invocavam (*priming*) um estereótipo negativo ou positivo do envelhecimento. Alguns sujeitos viram apresentações de 0,066 segundos de palavras como "declínio", "esquece" e "senil" ou de palavras positivas como "sábio, "inteligente" e "aprendeu". No nível consciente, os participantes perceberam apenas um clarão de luz. Contudo, o recebimento de palavras positivas levou a uma realçada "autoeficácia da memória" (confiança na própria memória) e melhor desempenho da memória. Ver palavras negativas teve o efeito oposto. Podemos observar um fenômeno semelhante fora do laboratório: adultos mais velhos na China, onde predominam imagens positivas do envelhecimento e a autoeficácia da memória pode ser maior, parecem sofrer de menor declínio da memória do que normalmente se observa nos países ocidentais (Schacter et al., 1991).

Se você acredita que é capaz de fazer alguma coisa, essa crença necessariamente fará diferença? Isso depende de um segundo fator: você tem *controle* sobre seus resultados? Por exemplo, você pode se sentir um bom motorista (alta autoeficácia), porém se sentir ameaçado por motoristas bêbados (baixo controle). Você pode se sentir um estudante ou profissional competente, mas, temendo discriminação

---

autoeficácia
O senso de que somos competentes e eficazes, distinguido da autoestima, que é nosso senso de valor próprio. Um bombardeiro poderia sentir alta autoeficácia e baixa autoestima.

em função de sua idade, seu sexo ou sua aparência, pode considerar que suas perspectivas de sucesso são poucas.

Muitas pessoas confundem autoeficácia com autoestima. Se você acredita que pode fazer alguma coisa, isso é autoeficácia. Se você gosta de si mesmo de modo geral, isso é autoestima. Quando você era criança, seus pais podem ter-lhe encorajado dizendo coisas como, "Você é especial!" (visando construir autoestima) em vez de "Eu sei que você é capaz!" (visando construir autoeficácia). Um estudo mostrou que o retorno de autoeficácia ("Você se esforçou muito") acarretou melhor desempenho do que retorno de autoestima ("Você é realmente esperto"). As crianças a quem se disse que eram inteligentes ficaram com medo de tentar de novo – talvez elas não fossem parecer tão inteligentes na próxima vez. Aquelas que foram elogiadas por se esforçarem, contudo, sabiam que poderiam se esforçar mais novamente (Mueller & Dweck, 1998). Se você quer encorajar alguém, concentre-se em sua autoeficácia, não em sua autoestima.

Locus de controle

"Eu não tenho vida social", queixou-se um homem solteiro na faixa dos 40 anos ao terapeuta em formação Jerry Phares. Por insistência de Phares, o paciente foi a um baile, onde várias mulheres dançaram com ele. "Eu tive muita sorte", contou ele mais tarde, "nunca aconteceria novamente". Quando Phares contou isso a seu mentor, Julian Rotter, cristalizou-se uma ideia que ele vinha formando. Nas experiências de Rotter e em sua prática clínica, algumas pessoas pareciam persistentemente "sentir que o que acontece com elas é regido por forças externas de um tipo ou outro, ao passo que outras sentem que o que lhes acontece é regido sobretudo por seus próprios esforços e habilidades" (citado por Hunt, 1993, p. 334).

O que você pensa sobre sua própria vida? Você com mais frequência é responsável por seu destino, ou uma vítima das circunstâncias? Rotter chamou essa dimensão de **locus de controle**. Com Phares, ele desenvolveu 29 pares de afirmativas para medir *locus* de controle de uma pessoa. Imagine-se fazendo esse teste: em quais afirmativas você acredita com mais força?

locus de controle
O grau em que as pessoas percebem os resultados como internamente controláveis por seus próprios esforços ou como externamente controlados pelo acaso ou por forças externas.

- **a.** A longo prazo, as pessoas recebem o respeito que merecem neste mundo.
  ou **b.** Infelizmente, o valor das pessoas fica sem reconhecimento, por mais que elas tentem.
- **a.** O que me acontece depende do que faço.
  ou **b.** Às vezes eu acho que eu não tenho controle suficiente sobre a direção que a minha vida está tomando.
- **a.** Uma pessoa mediana pode ter uma influência nas decisões do governo.
  ou **b.** Este mundo é governado por poucas pessoas no poder, e não existe nada que uma pessoa comum possa fazer a respeito.

Se suas respostas para essas perguntas (Rotter, 1973) foram principalmente "a", você provavelmente acredita que controla seu próprio destino (*locus* de controle *interno*). Se suas respostas foram principalmente "b", você provavelmente sente que o acaso ou forças externas determinam seu destino (*locus* de controle *externo*, como na Fig. 2.6). Aqueles que se veem como controlados *internamente* são mais propensos a se sair bem nos estudos, conseguir parar de fumar, usar cintos de segurança, lidar diretamente com problemas conjugais, ter uma renda significativa e adiar gratificação instantânea para alcançar metas a longo prazo (Findley & Cooper, 1983; Lefcourt, 1982; Miller et al., 1986).

A quantidade de controle que sentimos está relacionada com nosso modo de explicar contratempos. Talvez você já tenha conhecido estudantes que se veem como vítimas – que atribuem notas baixas a coisas além de seu controle, tais como seus sentimentos de burrice ou seus professores, textos ou provas "fracos". Se tais estudantes são treinados a adotar uma atitude mais esperançosa – acreditar que esforço, bons hábitos de estudo e autodisciplina podem fazer uma diferença –, seu desempenho acadêmico tende a aumentar (Noel et al., 1987; Peterson & Barrett, 1987). Em geral, os estudantes que se sentem no controle – os quais, por exemplo, concordam que "eu sou bom na resistência à tentação" – obtêm notas melhores, usufruem de melhores relacionamentos e apresentam melhor saúde mental (Tangney et al., 2004). Eles também são menos propensos a trapacear: estudantes a quem se disse que o livre arbítrio é uma ilusão – que o que acontece com eles está fora de seu controle – colaram respostas e pagaram do próprio bolso por trabalhos medíocres (Vohs & Schooler, 2008).

"Se meu pensamento pode imaginá-lo e meu coração pode acreditar nisso, eu sei que posso realizá-lo. Abaixo às drogas! Viva a esperança. Eu sou alguém!"
—JESSE JACKSON, *THE MARCH ON WASHINGTON*, 1983

FIGURA 2.6
Locus de controle.

"Defenda suas limitações, e com certeza elas serão suas."
—RICHARD BACH, *ILLUSIONS: ADVENTURES OF A RELUCTANT MESSIAH*, 1977

Quando confrontadas com um contratempo, pessoas bem-sucedidas tendem a vê-lo como um feliz acaso ou a pensar: "Eu preciso de uma nova abordagem". Novos representantes de vendas de seguros de vida que consideram os fracassos como controláveis ("É difícil, mas com persistência eu vou melhorar") vendem mais apólices. Comparados a seus colegas mais pessimistas, eles têm apenas a metade das chances de largar o emprego durante seu primeiro ano (Seligman & Schulman, 1986). Entre membros de equipes universitárias de natação, aqueles com um "estilo explicativo" otimista são mais propensos do que os pessimistas a desempenhar além das expectativas (Seligman et al., 1990). Como o poeta Virgílio disse na *Eneida*, "Eles podem porque pensam que podem".

Contudo, algumas pessoas levaram essas ideias muito longe. O livro popular *O Segredo*, por exemplo, afirma que ter pensamentos positivos faz coisas positivas acontecerem com você ("O único motivo pelo qual uma pessoa não tem dinheiro suficiente é porque ela está impedindo que o dinheiro chegue até ela com seus pensamentos"). Assim, não vamos ajudar os pobres zimbabuanos – tudo que eles precisam fazer é ter pensamentos felizes. E se você está doente, seus pensamentos não são suficientemente positivos – apesar dos milhares de pacientes com câncer que querem desesperadamente ficar bem. Evidentemente, existem limites para o poder do pensamento positivo. Ser otimista e se sentir no controle pode trazer grandes benefícios, mas pobreza e doença podem acontecer com qualquer pessoa.

Desamparo aprendido *versus* autodeterminação

Os benefícios dos sentimentos de controle também aparecem na pesquisa com animais. Cães confinados em uma gaiola e ensinados que não podem evitar choques vão adquirir um senso de desamparo. Mais tarde, esses cães se encolhem passivamente em outras situações quando *poderiam* fugir da punição. Cães que aprendem controle pessoal (fugindo com êxito de seus primeiros choques) se adaptam facilmente a uma nova situação. O pesquisador Martin Seligman (1975, 1991) observou semelhanças com esse **desamparo aprendido** em suas situações humanas. Pessoas deprimidas ou oprimidas, por exemplo, se tornam passivas porque acreditam que seus esforços não têm efeito. Cães desamparados e pessoas deprimidas sofrem de paralisia da vontade, resignação passiva, até apatia imóvel (Fig. 2.7).

desamparo aprendido
Senso de desesperança e resignação adquirido quando um ser humano ou um animal percebe que não tem controle sobre maus eventos repetidos.

FIGURA 2.7
Desamparo aprendido.
Quando animais e pessoas experimentam maus eventos incontroláveis, eles aprendem a se sentir impotentes e resignados.

Eventos aversivos incontroláveis → Percebida falta de controle → Desamparo aprendido

Em contrapartida, as pessoas se beneficiam treinando seus "músculos" de autocontrole. Esta é a conclusão dos estudos de Megan Oaten e Ken Cheng (2006), na Macquarie University. Por exemplo, alunos que se exercitaram no autocontrole com exercícios diários, estudo regular e manejo do tempo se tornaram mais capazes de autocontrole em outros ambientes, tanto no laboratório como ao prestar provas. Se você desenvolve sua autodisciplina em uma área de sua vida, ela pode se refletir também em outras áreas.

Ellen Langer e Judith Rodin (1976) testaram a importância do controle pessoal tratando pacientes idosos em uma clínica de repouso altamente conceituada de Connecticut de uma de duas formas. Com um grupo, benevolentes cuidadores enfatizaram "nossa responsabilidade de fazer deste um lar do qual você possa se orgulhar e no qual você possa ser feliz". Eles prestaram aos pacientes seus cuidados solidários bem-intencionados normais e permitiram-lhes assumir um papel passivo de recebedores de cuidados. Três semanas depois, a maioria dos pacientes fez autoavaliação e foi avaliada por entrevistadores e por enfermeiros como mais debilitados. O outro tratamento de Langer e Rodin promoveu o controle pessoal, enfatizando oportunidades de escolha, as possibilidades de influenciar o regulamento da instituição e a responsabilidade da pessoa "de fazer de sua vida o que quiser". Esses pacientes podiam tomar pequenas decisões e tinham tarefas sob sua responsabilidade. Durante as três semanas seguintes, 93% desse grupo apresentou melhora na agilidade, atividade e satisfação.

"Sim, nós podemos."
—BARACK OBAMA, 4 DE NOVEMBRO DE 2008

Estudos confirmam que os sistemas de governo ou gerenciamento de pessoas que promovem o controle pessoal promoverão sem dúvida a saúde e a felicidade (Deci & Ryan, 1987). Eis alguns exemplos adicionais:

- Prisioneiros que recebem algum controle sobre seus ambientes – possibilidade de mover cadeiras, controlar televisores e operar as luzes – experimentam menos estresse, apresentam menos problemas de saúde e cometem menos vandalismo (Ruback et al., 1986; Wener et al., 1987).
- Trabalhadores com liberdade de ação no cumprimento de tarefas e na tomada de decisão experimentam moral melhorada (Miller & Monge, 1986), assim como trabalhadores de telecomunicação que têm mais flexibilidade para equilibrar seu trabalho e vida pessoal (Valcour, 2007).
- Residentes internados com liberdade para escolher em assuntos como o que comer no café da manhã, quando ir ao cinema, dormir tarde ou acordar cedo podem viver mais tempo e certamente são mais felizes (Timko & Moos, 1989).

Controle pessoal: colegas de cela em uma prisão moderna em Valência, Espanha, com trabalho e comportamento adequado, ganharam acesso a aulas, instalações esportivas, oportunidades culturais e dinheiro em uma conta que pode ser debitada para lanches.

- Moradores de lares para desabrigados que percebem pouca escolha sobre quando comer e dormir e pouco controle sobre sua privacidade são mais propensos a ter uma atitude passiva desamparada em relação a encontrar moradia e trabalho (Burn, 1992).
- Em todos os países estudados, pessoas que percebem a si mesmas como tendo livre escolha experimentam maior satisfação com suas vidas (Fig. 2.8), e países nos quais as pessoas experimentam mais liberdade têm cidadãos mais satisfeitos (Inglehart et al., 2008).

PREÇO DO EXCESSO DE OPÇÕES

Pode haver excesso de alguma coisa boa como liberdade e autodeterminação? Barry Schwartz (2000, 2004) sustenta que as culturas individualistas modernas sem dúvida têm "um excesso de liberdade", causando menor satisfação de vida e maiores taxas de depressão clínica. Muitas opções podem levar à paralisia, ou ao que Schwartz chama de "tirania da liberdade". Depois de escolher entre 30 tipos de geleias ou chocolates, as pessoas expressam menos satisfação com suas escolhas do que aquelas que

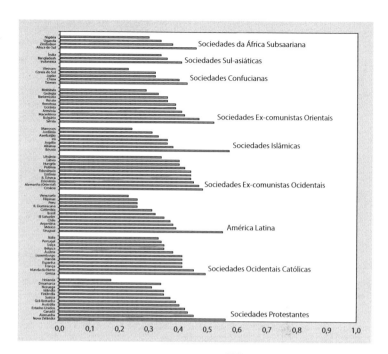

FIGURA 2.8
Correlações entre liberdade de escolha percebida dos indivíduos e sua autoavaliada satisfação de vida em 73 países (Inglehart Welzel, 2005).

escolhem entre 6 opções (Iyengar & Lepper, 2000). Fazer escolhas também é cansativo. Estudantes que escolhem quais disciplinas cursariam durante o semestre seguinte – comparados àqueles que apenas leram o catálogo do curso – posteriormente eram menos propensos a estudar para uma prova importante e mais propensos a deixar para a última hora, jogando *videogames* e lendo revistas. Em outro estudo, estudantes que escolhem entre uma série de produtos de consumo foram menos capazes de consumir uma bebida insípida, mas saudável (Vohs et al., 2008). Assim, depois de escolher entre 19 mil combinações de bebida possíveis na Starbucks ou entre os 40 mil itens em um supermercado mediano, você pode se sentir menos satisfeito com suas escolhas e mais propenso a ir para casa e comer o sorvete direto do pote.

Christopher Hsee e Reid Hastie (2006) ilustram como a escolha pode aumentar o arrependimento. Dê aos funcionários uma viagem de graça a Paris ou ao Havaí e eles ficarão contentes. Mas dê-lhes uma escolha entre os dois e eles podem ficar menos contentes. As pessoas que optam por Paris podem lamentar que lá falta calor e praia. Aquelas que escolhem o Havaí podem lamentar a ausência de grandes museus. Algo semelhante a isso pode explicar por que, em um estudo recente, veteranos de 11 faculdades que passaram muito tempo procurando e avaliando diversas possibilidades de emprego terminaram com salários iniciais mais elevados, mas menor satisfação (Iyengar et al., 2006).

Em outros experimentos, as pessoas expressaram maior satisfação com escolhas irrevogáveis (tais como as feitas em vendas sem possibilidade de troca/devolução) do que com escolhas reversíveis (como quando se permitem reembolsos ou trocas). Ironicamente, as pessoas gostam e pagam pela liberdade para reverter suas escolhas. Contudo, observa Daniel Gilbert e Jane Ebert (2002), essa mesma liberdade "pode inibir os processos psicológicos que produzem satisfação".

Esse princípio pode ajudar a explicar um fenômeno social curioso (Myers, 2000a): levantamentos nacionais mostram que as pessoas expressavam mais satisfação com seus casamentos várias décadas atrás, quando o casamento era irrevogável ("sem devolução"). Hoje, apesar da maior liberdade para fugir de matrimônios ruins e tentar outros, as pessoas tendem a expressar um pouco menos de satisfação com seu casamento.

A pesquisa sobre autocontrole nos dá maior confiança em virtudes tradicionais como perseverança e esperança. Bandura (2004) reconhece que a autoeficácia é alimentada pela persuasão social ("Você tem o que é necessário para ser bem-sucedido") e por autopersuasão ("Eu acho que posso, eu acho que posso"). A imitação de modelos – ver semelhantes serem bem-sucedidos com esforço – também ajuda. Contudo, a maior fonte de autoeficácia, diz ele, são as *experiências de domínio*. "Os êxitos formam uma crença robusta na própria eficácia." Se seus esforços iniciais para perder peso, parar de fumar ou melhorar suas notas são bem-sucedidos, sua autoeficácia aumenta.

Uma equipe de pesquisadores liderada por Roy Baumeister (2003) concorda. "Elogiar todas as crianças apenas por serem elas mesmas", sustentam eles, "simplesmente desvaloriza o elogio". Melhor elogiar e reforçar autoestima "em reconhecimento ao bom desempenho. À medida que a pessoa desempenha ou se comporta melhor, a autoestima é encorajada a subir, e o efeito final será reforçar

POR DENTRO DA HISTÓRIA — Daniel Gilbert sobre os benefícios dos compromissos irrevogáveis

Em 2002, mudei de ideia sobre o benefício de poder mudar de ideia.

Eu e Jane Ebert descobrimos que as pessoas geralmente ficam mais felizes com decisões quando não podem desfazê-las. Quando os participantes em nossos experimentos eram capazes de desfazer suas decisões, eles tendiam a considerar tanto as características positivas quanto negativas das decisões que haviam tomado. Quando não podiam desfazer as suas decisões, eles tendiam a se concentrar nas boas características e ignorar as ruins. Nesse sentido, eles ficavam mais satisfeitos quando tomavam decisões irrevogáveis do que revogáveis. Ironicamente, os sujeitos não se davam conta de que isso aconteceria e prefeririam claramente ter a oportunidade de mudar de ideia.

Agora, até este ponto eu sempre acreditara que o amor causa o casamento. Mas essas experiências me sugeriram que o casamento também causaria o amor. Se você leva os dados a sério, você age com base neles, e, assim, quando esses resultados apareceram, eu fui para casa e propus casamento à mulher com a qual eu estava vivendo. Ela aceitou, e revelou-se que os dados estavam certos: eu amo minha esposa mais do que amava minha namorada. (Retirado com permissão de edge.org).

Daniel Gilbert, Harvard University

tanto o bom comportamento quanto a melhora. Esses desfechos são propícios tanto para a felicidade do indivíduo quanto para a melhoria da sociedade."

Resumo: Autocontrole percebido
- Diversas linhas de pesquisa mostram os benefícios de um senso de autoeficácia e de sentimentos de controle. As pessoas que acreditam em sua própria competência e eficácia e que têm um *locus* de controle interno enfrentam melhor e realizam mais do que as outras.
- O desamparo aprendido muitas vezes ocorre quando tentativas de melhorar uma situação se mostram inúteis; a autodeterminação, em contraste, é estimulada por experiências de exercer o controle com êxito e melhorar nossa situação.
- Quando as pessoas têm muitas opções, elas podem ficar menos satisfeitas com o que têm do que quando dispõem de um conjunto mais restrito de opções.

Viés de autosserviço

Enquanto processamos informações relevantes ao self, um potente viés se intromete. Sem demora, desculpamos nossos fracassos, aceitamos crédito por nossos sucessos e, em muitos aspectos, vemo-nos melhor do que a maioria. Essas percepções autoenaltecedoras permitem que a maioria das pessoas gozem do aspecto positivo da alta autoestima, enquanto ocasionalmente sofrem do aspecto sombrio.

A maioria de nós tem uma boa reputação consigo mesmo. Em estudos de autoestima, mesmo pessoas com pontuação baixa respondem na faixa intermediária de possíveis escores. (Uma pessoa com baixa autoestima responde a afirmativas como "eu tenho boas ideias" com um adjetivo qualificador, tais como "um pouco" ou "às vezes".) Em um estudo de autoestima em 53 nações, o escore de autoestima mediano estava acima do ponto intermediário em todos os países (Schmitt & Allik, 2005). Uma das conclusões mais provocativas, porém firmemente estabelecidas da psicologia social, refere-se à potência do **viés de autosserviço**.

viés de autosserviço
Tendência de perceber a si mesmo de modo favorável.

Eventos positivos e negativos

Inúmeros experimentos constataram que as pessoas aceitam o crédito quando lhes dissemos que foram bem-sucedidas. Elas atribuem o sucesso a sua habilidade e a seu esforço, mas atribuem o fracasso a fatores externos, tais como má sorte ou a "impossibilidade" inerente ao problema (Campbell & Sedikides, 1999). De modo semelhante, ao explicarem suas vitórias, atletas comumente atribuem o crédito a si mesmos, mas atribuem derrotas a alguma outra coisa: más saídas, má arbitragem ou o superesforço ou jogo sujo da equipe adversária (Grove et al., 1991; Lalonde, 1992; Mullen & Riordan, 1988). E quanta responsabilidade você supõe que os motoristas de automóvel tendem a aceitar por seus acidentes? Em formulários de seguros, os motoristas descreveram seus acidentes em palavras como as seguintes: "Um carro invisível apareceu do nada, bateu no meu carro e sumiu"; "Quando eu cheguei em uma intersecção, surgiu um arbusto que obscureceu minha visão, e eu não vi o outro carro"; "Um pedestre me bateu e entrou embaixo do meu carro" (*Toronto News*, 1977).

Situações que combinam habilidade e acaso (jogos, provas, solicitações de emprego) são especialmente propensas ao problema. Quando

"Isso dá à minha confiança um bom impulso."

A confiança e os sentimentos de autoeficácia nascem dos êxitos.
© The New Yorker Collection, 1983, Edward Koren, de cartoonbank.com. Todos os direitos reservados.

sou bem-sucedido em um jogo de palavras cruzadas, é por causa de minha habilidade verbal; quando eu perco, é porque "Quem poderia conseguir alguma coisa com um Q, mas sem um U?". De modo semelhante, políticos tendem a atribuir suas vitórias a si mesmos (trabalho árduo, serviço do eleitorado, prestígio e estratégia) e suas derrotas a fatores além de seu controle (composição dos partidos em seu Estado, nome de seu adversário, tendências políticas) (Kingdon, 1967). Quando os lucros corporativos estão altos, os executivos-chefes acolhem bônus valiosos por sua habilidade gerencial. Quando os lucros se transformam em perdas, bem, o que se pode esperar em uma economia em recessão? Esse fenômeno de **atribuições autofavoráveis** (atribuir desfechos positivos a si mesmo e desfechos negativos a outra coisa) é um dos vieses humanos mais potentes (Mezulis et al., 2004).

DILBERT © Scott Adams. Distribuído por United Feature Syndicate, Inc.

atribuições autofavoráveis
Uma forma de viés de autosserviço; a tendência a atribuir desfechos positivos a si mesmo e desfechos negativos a outros fatores.

Atribuições autofavoráveis contribuem para discórdia conjugal, insatisfação de funcionários e impasses de negociação (Kruger & Gilovich, 1999). Não é de admirar que os divorciados geralmente culpem seu parceiro pelo rompimento (Gray & Silver, 1990), ou que administradores com frequência atribuam o mau desempenho à falta de habilidade ou esforço dos funcionários (Imai, 1994; Rice, 1985). (Os funcionários tendem a culpar algo externo – suprimentos, carga de trabalho excessiva, colegas difíceis, atribuições ambíguas.) Também não é de admirar que as pessoas julgam aumentos de salário como mais justos quando elas recebem um maior aumento do que a maioria de seus colegas (Diekmann et al., 1997).

Ajudamos a manter nossas autoimagens positivas nos associando com o sucesso e nos distanciando do fracasso. Por exemplo, "Eu ganhei uma nota alta em minha prova de economia" *versus* "O professor me deu um uma nota baixa na prova de história". Atribuindo o fracasso ou a rejeição a algo externo, até mesmo a outra pessoa, é menos deprimente do que ver a si mesmo como desmerecedor (Major et al., 2003). Contudo, reconheceremos nossos fracassos passados – aqueles de nosso *self* "anterior", observam Anne Wilson e Michael Ross (2001). Descrevendo seus antigos *selves* pré-universitários, seus alunos da Waterloo University ofereceram quase tantas afirmativas negativas quanto positivas. Quando descrevem seus *selves* atuais, eles oferecem três vezes mais declarações positivas. "Eu aprendi e cresci, e sou uma pessoa melhor na atualidade" supõe a maioria das pessoas. Bobões ontem, campeões hoje.

Ironicamente, somos tendenciosos mesmo contra ver nossos próprios vieses. As pessoas alegam que evitam o viés de autosserviço, mas reconhecem que os outros cometem esse viés (Pronin et al., 2002). Esse "ponto cego do viés" pode ter graves consequências durante conflitos. Se você está negociando com seu colega de moradia sobre a execução das tarefas domésticas e acredita que ele tem uma visão tendenciosa da situação, você é muito mais propenso a ficar bravo (Pronin & Ross, 2006). Ao que parece, vemo-nos como objetivos e todos os outros como tendenciosos. Não admira que lutamos, pois estamos convencidos de que estamos "certos" e livres de tendenciosidade. Como diz o *slogan* na camiseta, "Todos têm direito a minha opinião".

O viés de autosserviço é universal ou em culturas coletivistas as pessoas são imunes? As pessoas em culturas coletivistas se associam a palavras positivas e a traços valorizados (Gaertner et al., 2008; Yamaguchi et al., 2007). Contudo, em alguns estudos, coletivistas são menos propensos a se autofavorecer ao acreditarem que são melhores do que os outros (Heine & Hamamura, 2007), particularmente em domínios individualistas (Sedikides et al., 2003).

É possível que todos sejam melhores do que a média?

O viés autofavorável também aparece quando as pessoas se comparam com as outras. Se o filósofo chinês do século VI a.C., Lao-tzu, tinha razão ao dizer que "em nenhuma época do mundo um homem são vai exceder a si mesmo, despender mais do que tem, superestimar a si mesmo", então todos nós somos um pouco insanos. Pois em dimensões *subjetivas, socialmente desejáveis* e comuns, a maioria das pessoas se vê como melhor do que um indivíduo mediano. Comparado com as pessoas em geral, a maioria das pessoas se considera mais ética, mais competente em seu emprego, mais sociável, mais inteligente, mais bonita, menos preconceituosa, mais saudável e até mais perspicaz e menos tendenciosa em suas autoavaliações (Ver "Em foco: Viés de autosserviço – Como eu me amo? Deixe-me contar de que modos").

Toda comunidade, parece, é como a ficcional cidade Lake Wobegon, de Garrison Keillor, onde "todas as mulheres são fortes, todos os homens são bonitos e todas as crianças estão acima da média". Muitas pessoas acreditam que vão se distanciar ainda mais da média no futuro – se eu for bom agora, serei ainda melhor em breve – elas parecem pensar (Kanten & Teigen, 2008). Uma das piadas prediletas de Freud era a do marido que disse à esposa: "Se um de nós morresse, eu acho que iria viver em Paris".

EM FOCO: Viés de autosserviço – Como eu me amo? Deixe-me contar de que modos

"Uma coisa que une todos os seres humanos, independentemente de idade, gênero, religião, condição socioeconômica ou origem étnica", assinala o colunista Dave Barry (1998), "é que, em nosso íntimo, todos acreditamos que somos motoristas acima da média". Também acreditamos que estamos acima da média na maioria de outras características subjetivas e desejáveis. Entre as muitas faces do viés autofavorável, estão as seguintes:

- *Ética*. A maioria dos empresários se considera mais ética do que a média dos empresários (Baumhart, 1968; Brenner & Molander, 1977). Um levantamento nacional indagou, "Como você classificaria sua própria ética e valores em uma escala de 1 a 100 (100 sendo perfeito)?". A metade das pessoas se classificou 90% ou acima; somente 11% disseram 74 ou menos (Lovett, 1997).
- *Competência profissional*. Em um levantamento, 90% dos empresários classificaram seu desempenho como superior ao de seu colega mediano (French, 1968). Na Austrália, 86% das pessoas classificaram seu desempenho profissional como acima da média, 1% como abaixo da média (Headey & Wearing, 1987). A maioria dos cirurgiões acredita que a taxa de mortalidade de *seus* pacientes é menor do que a média (Gawande, 2002).
- *Virtudes*. Na Holanda, a maioria dos estudantes do ensino médio classificam a si mesmos como mais honestos, persistentes, originais, sociáveis e confiáveis do que a média dos estudantes de ensino médio (Hoorens, 1993, 1995).
- *Inteligência*. A maioria das pessoas se considera mais inteligente, mais bonita e muito menos preconceituosa do que a média (*Public Opinion*, 1984; Wylie, 1979). Quando alguém supera seu desempenho, as pessoas tendem a considerar o outro um gênio (Lassiter & Munhall, 2001).
- *Tolerância*. Em uma pesquisa do Gallup de 1997, somente 14% dos norte-americanos brancos classificaram seu preconceito contra negros como igual ou superior a 5 em uma escala de 0 a 10. Contudo, os brancos percebiam alto preconceito (igual ou superior a 5) entre 44% dos *outros* brancos.
- *Apoio dos pais*. A maioria dos adultos acredita que apoia mais seus pais envelhecidos do que o fazem seus irmãos (Lerner et al., 1991).
- *Saúde*. Os moradores de Los Angeles consideram-se mais saudáveis do que a maioria dos seus vizinhos, e a maioria dos universitários acredita que viverá cerca de 10 anos mais do que a idade prevista para sua morte por cálculo atuarial (Larwood, 1978; Snyder, 1978).
- *Discernimento*. As palavras e atos públicos dos outros revelam suas naturezas, presumimos. Nossos pensamentos *privados* fazem o mesmo. Assim, a maioria de nós acredita que conhece e compreende melhor os outros do que eles compreendem a nós. Também acreditamos que nos conhecemos melhor do que os outros conhecem a si mesmos (Pronin et al., 2001).
- *Atratividade*. É sua experiência, como é minha, de que a maioria das suas fotografias não lhe fazem justiça? Um experimento apresentou às pessoas uma fileira de rostos – um delas próprias, os outros sendo seu rosto misturado com outros menos ou mais atraentes (Epley & Whitchurch, 2008). Quando indagadas sobre qual era seu verdadeiro rosto, as pessoas tendiam a identificar uma versão melhorada de seu rosto.
- *Dirigir*. A maioria dos motoristas – mesmo os que estiveram hospitalizados por causa de acidentes – acredita ser mais segura e mais habilidosa do que o motorista mediano (Guerin, 1994; McKenna & Myers, 1997; Svenson, 1981). Dave Barry estava certo.

Michael Ross e Fiore Sicoly (1979) observaram uma versão conjugal do viés autofavorável. Eles constataram que jovens canadenses casados geralmente acreditavam que assumiam mais responsabilidade por tarefas como limpar a casa e cuidar das crianças do que seus cônjuges reconheciam. Em um recente estudo de 265 casais norte-americanos com filhos, os maridos estimaram que faziam 42% das tarefas de casa. As esposas estimaram essa proporção em 33%. Quando o real trabalho foi rastreado (amostrando a atividade dos participantes em momentos aleatórios usando sinalizadores), constatou-se que os maridos na verdade eram responsáveis por 39% da carga do trabalho doméstico (Lee & Waite, 2005). A regra geral: as estimativas dos membros do grupo de o quanto eles contribuem para uma tarefa conjunta, via de regra, soma mais do que 100% (Savitsky et al., 2005).

Eu e minha esposa costumávamos jogar nossa roupa ao pé do cesto de roupa suja. De manhã, um de nós as colocava dentro. Quando ela sugeriu que eu me responsabilizasse mais por isso, eu pensei, "O quê? Eu já faço isso 75% do tempo". Assim, eu perguntei a ela com que frequência ela pensava que recolhia as roupas. "Ah", respondeu ela, "cerca de 75% do tempo."

Mas e se você tivesse que fazer uma estimativa da frequência com que realizou tarefas domésticas mais raras, como limpar o forno? Nesse caso, você tende a dizer que faz isso menos do que 50% das vezes (Kruger & Savitsky, 2009). Ao que parece, isso ocorre porque temos mais conhecimento sobre nosso comportamento do que sobre o de outra pessoa, e presumimos que o comportamento de outras pessoas será menos extremo do que o nosso (Kruger et al., 2008; Moore & Small, 2007). Se você lembra de ter limpado o forno apenas algumas vezes, talvez presuma que você é incomum e que seu parceiro deve fazer isso com mais frequência. O mesmo se aplica a um concurso de trivialidades: os estudantes dizem que têm apenas uma pequena chance de vencer se as questões forem sobre a história da Mesopotâmia, aparentemente não reconhecendo que seus colegas provavelmente sabem muito pouco sobre esse assunto (Windschitl et al., 2003). Quando as pessoas recebem mais informações sobre as ações dos outros, a discrepância desaparece.

Dentro de domínios comumente considerados, dimensões comportamentais subjetivas (tais como "disciplinado") disparam um viés de autosserviço ainda maior do que dimensões comportamentais observáveis (tais como "pontual"). Qualidades subjetivas nos dão flexibilidade para construir nossas próprias definições de sucesso (Dunning et al., 1989, 1991). Classificando

© Jean Sorensen.

minha "habilidade atlética", eu pondero meu jogo de basquetebol, não as semanas angustiantes que passei como jogador de beisebol na Liga Infantil me escondendo no campo direito. Avaliando minha "capacidade de liderança", eu evoco a imagem de um grande líder cujo estilo seja semelhante ao meu. Definindo critérios ambíguos em nossos próprios termos, podemos nos ver como relativamente bem-sucedidos. Em um levantamento do Comitê de Avaliação de Admissão Universitária com 829 mil estudantes do último ano do ensino médio, *nenhum* deles se considerou abaixo da média na "capacidade de se relacionar com os outros" (um traço subjetivo desejável); 60% se classificaram nos 10% superiores; e 25% se identificaram entre o 1% superior!

Os pesquisadores se perguntam: será que as pessoas realmente acreditam em suas estimativas de si mesmas como acima da média? Seu viés de autosserviço deve-se em parte ao modo como as perguntas são estruturadas (Krizan & Suls, 2008)? Quando Elanor Williams e Thomas Gilovich (2008) fizeram as pessoas apostarem dinheiro de verdade ao estimar seu desempenho relativo em provas, eles descobriram que sim, "as pessoas realmente acreditam nas próprias avaliações autofavoráveis".

Otimismo irrealista

O otimismo predispõe uma abordagem positiva da vida. "O otimista", assinala H. Jackson Brown (1990, p. 79), "vai à janela todas as manhãs e diz, 'Bom dia, Deus'. O pessimista vai até a janela e diz, 'Bom Deus, dia'". Estudos com mais de 90 mil pessoas em 22 culturas revelam que as pessoas são, em sua maioria, mais predispostas ao otimismo do que ao pessimismo (Fischer & Chalmers, 2008). Sem dúvida, muitos de nós têm o que o pesquisador Neil Weinstein (1980, 1982) chama de "um otimismo irrealista sobre os futuros eventos da vida". Em parte por causa de seu relativo pessimismo sobre os destinos dos outros (Hoorens et al., 2008; Shepperd, 2003), os estudantes percebem a si mesmos como muito mais propensos do que seus colegas a conseguir um bom emprego, ganhar um bom salário e possuir uma casa. Eles também veem a si mesmos como muito *menos* propensos a experimentar eventos negativos, tais como desenvolver um problema com bebida, ter um infarto antes dos 40 ou ser demitido.

"As visões do futuro são tão otimistas que fariam Poliana corar."
—SHELLEY E. TAYLOR, *POSITIVE ILLUSIONS*, 1989

Os pais estendem seu otimismo irrealista a seus filhos, presumindo que sua criança é menos propensa a abandonar a escola, ficar deprimida ou ter câncer de pulmão do que a média, mas mais propensa a terminar a faculdade, manter-se saudável e permanecer feliz (Lench et al., 2006).

O otimismo ilusório aumenta nossa vulnerabilidade. Acreditando-nos imunes ao azar, não tomamos medidas sensatas. Estudantes sexualmente ativas que não usam anticoncepcionais com regularidade, comparadas com outras moças de sua universidade, percebem a si próprias como *menos* vulneráveis a uma gravidez indesejada (Burger & Burns, 1988). Motoristas idosos que se consideram "acima da média" tiveram quatro vezes mais chances do que motoristas mais modestos de serem reprovados em um teste de direção e serem considerados "inseguros" (Freund et al., 2005). Alunos que entram na universidade com avaliações imodestas de sua capacidade acadêmica muitas vezes sofrem um esvaziamento de sua autoestima e bem-estar e têm maior tendência a abandonar o curso (Robins & Beer, 2001).

Pessoas com otimismo irrealista também são mais propensas a escolher ofertas de cartões de crédito com baixas anuidades, mas altas taxas de juros – uma má escolha para o comprador mediano, cujas taxas de juro excedem em muito a diferença de alguns dólares na anuidade (Yang et al., 2007). Uma vez que a principal fonte de lucros das operadoras de cartão de crédito é a cobrança de juros, o otimismo irrealista significa mais lucro para elas – e menos dinheiro nos bolsos daqueles cercados por um brilho otimista.

Aqueles que alegremente acumulam dívidas no cartão de crédito, negam os efeitos do cigarro e tropeçam em relacionamentos malfadados nos lembram que o otimismo cego, como o orgulho, pode prenunciar uma queda. Quando apostam, os otimistas persistem por mais tempo do que os pessimistas, mesmo quando estão acumulando perdas (Gibson & Sanbonmatsu, 2004). Se aqueles que negociam no mercado de ações ou de imóveis percebem sua intuição para negócios como superior a de seus concorrentes, também eles podem se preparar para uma decepção. Mesmo o economista do século XVII Adam Smith, defensor da racionalidade econômica humana, previu que as pessoas superestimariam suas chances de ganho. Essa "absurda presunção de sua própria boa sorte", disse ele, origina-se da "esmagadora presunção que a maior parte dos homens tem de suas próprias habilidades" (Spiegel, 1971, p. 243).

O otimismo irrealista parece estar em alta. Na década de 1970, a metade dos estudantes norte-americanos da última série do ensino médio previa que seriam profissionais "muito bons" quando adultos – a melhor classi-

NON SEQUITUR © 1999 Wiley Miller. Distribuído por Universal Press Syndicate. Reproduzido com permissão. Todos os direitos reservados.

Otimismo ilusório: a maioria dos casais se casam confiantes de um amor duradouro. Na verdade, nas culturas individualistas, a metade dos casamentos fracassa.

"Oh Deus, dê-nos graça para aceitar com serenidade as coisas que não podem ser mudadas, coragem para mudar as coisas que devem ser mudadas e sabedoria para distinguir uma coisa da outra."

—REINHOLD NIEBUHR, *THE SERENITY PRAYER*, 1943

pessimismo defensivo
O valor adaptativo de antever problemas e aproveitar a ansiedade para motivar uma ação efetiva.

ficação disponível e, portanto, equivalente a darem a si mesmos cinco de cinco estrelas. Em 2006, dois terços dos adolescentes acreditavam que alcançariam esse resultado estelar – colocando-se entre os 20% superiores (Twenge & Campbell, 2008)! Ainda mais impressionante, a metade dos estudantes que estava concluindo o ensino médio em 2000 acreditava que obteriam um diploma de pós-graduação – ainda que provavelmente apenas 9% o obteriam (Reynolds et al., 2006). Embora mirar alto contribua para o sucesso, aqueles que miram alto demais podem enfrentar depressão enquanto aprendem a ajustar suas metas a alturas mais realistas (Wrosch & Miller, 2009).

O otimismo definitivamente derrota o pessimismo na promoção de autoeficácia, saúde e bem-estar (Armor & Taylor, 1996; Segerstrom, 2001). Sendo otimistas por natureza, a maioria das pessoas acredita que será feliz com sua vida no futuro – crença que certamente ajuda a criar felicidade no presente (Robinson & Ryff, 1999). Se nossos antepassados otimistas fossem mais propensos do que seus vizinhos pessimistas a superar desafios e sobreviver, então não é de admirar que somos inclinados ao otimismo (Haselton & Nettle, 2006).

Porém, um traço de realismo – ou o que Julie Norem (2000) chama de **pessimismo defensivo** – pode nos salvar dos perigos do otimismo irrealista. O pessimismo defensivo antecipa problemas e motiva o enfrentamento. Como diz um provérbio chinês, "Esteja preparado para o perigo enquanto estás em paz". Estudantes que demonstram excesso de otimismo (como acontece com muitos estudantes fadados a notas baixas) podem se beneficiar de ter alguma dúvida a seu próprio respeito, o que os motiva a estudar (Prohaska, 1994; Sparrell & Shrauger, 1984). Estudantes superconfiantes tendem a não se preparar o suficiente, ao passo que seus colegas igualmente aptos, mas menos confiantes, estudam mais e obtêm notas mais altas (Goodhart, 1986; Norem & Cantor, 1986; Showers & Ruben, 1987). Ver as coisas de um modo mais realista imediato com frequência ajuda. Estudantes em um experimento mostraram-se exageradamente otimistas ao prever seu desempenho em provas quando a prova era hipotética, mas surpreendentemente certeiros quando a prova era iminente (Armor & Sackett, 2006). Crer que você é ótimo quando nada é capaz de provar que você está errado é uma coisa, mas com uma avaliação aproximando-se rápido, melhor não parecer um bobo vaidoso.

Também é importante ser capaz de ouvir críticas. "Uma regra gentil que eu com frequência digo a meus alunos", escreve David Dunning (2006), "é que se duas pessoas lhe derem o mesmo retorno negativo de forma independente, deve-se considerar a possibilidade de que possa ser verdade". Em outras palavras, não se candidate ao *American Idol* se você não sabe cantar. Conselho simples, mas os cantores risivelmente ruins que aparecem nos episódios de abertura de todas as temporadas provam que o otimismo irrealista está muito vivo.

Existe poder tanto no pensamento negativo quanto no positivo. Moral: o sucesso nos estudos e na vida exige otimismo suficiente para manter a esperança e pessimismo suficiente para motivar a preocupação.

Falso consenso e singularidade

Temos uma curiosa tendência de realçar nossas autoimagens superestimando ou subestimando o grau em que os outros pensam e agem como nós agimos. Em questões de opinião, encontramos apoio para nossas posições superestimando o grau em que os outros concordam – fenômeno chamado de **efeito do falso consenso** (Krueger & Clement, 1994; Marks & Miller, 1987; Mullen & Goethals, 1990). Aqueles que foram favoráveis a um referendo canadense ou apoiaram o Partido Nacional da Nova Zelândia desejosamente superestimaram o grau em que outros concordariam (Babad et al., 1992; Koestner, 1993). O sentido que damos ao mundo parece semelhante ao senso comum.

efeito do falso consenso
A tendência de superestimar a semelhança de nossas opiniões e de nossos comportamentos indesejáveis ou malsucedidos.

Quando nos comportamos mal ou falhamos em uma tarefa, renovamos nossa confiança pensando que tais lapsos são comuns. Depois que uma pessoa mente para outra, o mentiroso começa a perceber a outra pessoa como desonesta (Sagarin et al., 1998). Eles pensam que os outros pensam e agem da mesma forma que eles: "Eu minto, mas todo mundo mente, não?". Se trapaceamos no imposto de renda ou fumamos, somos propensos a superestimar o número de outras pessoas que faz o mesmo. Se sentimos desejo sexual por outra pessoa, podemos superestimar seu desejo recíproco. Como admitiu o ex-ator de *Baywatch* David Hasselhoff, "Eu apliquei botox. Todo mundo aplicou!". Quatro estudos recentes ilustram:

- As pessoas que tomam banho durante uma proibição de banhos em situação de racionamento de água acreditam (mais do que as que não tomam banho) que muitos outros estão fazendo o mesmo (Monin & Norton, 2003).

- Os que sentem sede depois de exercício intenso imaginam que caminhantes perdidos sentem-se mais incomodados pela sede do que pela fome. Isso é o que 88% de pessoas sedentas supuseram depois de praticar exercícios em um estudo de Leaf Van Boven e George Lowenstein (2003), contra 57% de pessoas que estavam prestes a se exercitar.
- À medida que a vida das próprias pessoas muda, elas veem o mundo mudando. Novos pais protetores passam a ver o mundo como um lugar mais perigoso. As pessoas que fazem dieta julgam que os anúncios de comida são mais prevalentes (Eibach et al., 2003).
- As pessoas que nutrem ideias negativas sobre outro grupo racial presumem que muitas outras também têm estereótipos negativos (Krueger, 1996, 2007). Assim, nossas percepções dos estereótipos dos outros podem revelar algo próprio nosso.

"Não vemos as coisas como elas são", diz um provérbio. "Vemos as coisas como nós somos."

Dawes (1990) propõe que esse falso consenso pode ocorrer porque generalizamos de uma amostra limitada, a qual proeminentemente inclui a nós mesmos. Carecendo de outras informações, por que não nos "projetarmos"; por que não imputar nosso conhecimento aos outros e usar nossas respostas como uma sugestão para suas prováveis respostas? A maior parte das pessoas está na maioria; assim, quando as pessoas presumem que estão na maioria, elas geralmente estão certas. Além disso, somos mais propensos a despender tempo com pessoas que compartilham de nossas atitudes e comportamentos e, consequentemente, julgar o mundo com base nas pessoas que conhecemos.

Contudo, em questões de *habilidade* ou quando nos comportamos bem ou com êxito, um **efeito de falsa unicidade** ocorre com mais frequência (Goethals et al., 1991). Servimos a nossa autoimagem enxergando nossos talentos e comportamentos morais como relativamente incomuns. Por exemplo, aqueles que usam maconha, mas usam cintos de segurança, *superestimarão* (falso consenso) o número de outros usuários e *subestimarão* (falsa unicidade) o número de outros usuários de cinto de segurança (Suls et al., 1988). Assim, podemos ver nossas falhas como relativamente normais e nossas virtudes como relativamente excepcionais.

Em suma, o viés de autosserviço aparece na forma de atribuições interesseiras, comparações de autosserviço, otimismo ilusório e falso consenso para nossas falhas (Fig. 2.9).

> Todo mundo diz que eu sou de plástico, dos pés a cabeça. Não posso chegar perto de um radiador se não derreto. Eu fiz implantes (nos seios), mas isso todo mundo também fez em Los Angeles."
> —ATRIZ PAMELA LEE ANDERSON (CITADO POR TALBERT, 1997)

efeito de falsa unicidade
A tendência de subestimar a semelhança de nossas habilidades e de nossos comportamentos desejáveis ou bem-sucedidos.

Viés de autosserviço

Por que as pessoas percebem a si mesmas de modos autoenaltecedores? Uma explicação vê o viés de autosserviço como um subproduto de como processamos e recordamos informações a nosso próprio respeito. Comparar-se com os outros exige que percebamos, avaliemos e recordemos o comportamento alheio e o nosso. Assim, existem múltiplas oportunidades para falhas em nosso processamento de informações (Chambers & Windschitl, 2004). Recorde o estudo em que pessoas casadas atribuíram a si mais crédito por fazer mais tarefas domésticas do que o fizeram seus cônjuges. Será que isso não poderia se dever, como Michael Ross e Fiore Sicoly (1979) acreditavam, a nossa maior recordação do que fizemos ativamente e menor recordação do que não fizemos ou apenas observamos nosso parceiro fazer? Eu poderia facilmente visualizar-me recolhendo as roupas sujas do piso do quarto, mas estava menos consciente das vezes em que eu distraidamente negligenciei isso.

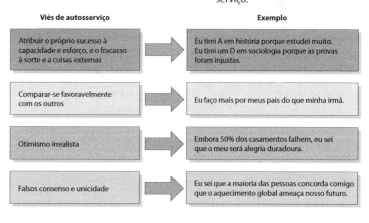

FIGURA 2.9
Como funciona o viés de autosserviço.

As percepções tendenciosas são, então, apenas um erro perceptual, um pequeno defeito livre de emoção em como processamos a informação? Ou *motivos* autofavoráveis também estão envolvidos? Hoje está claro da pesquisa que temos múltiplos motivos. Em busca de autoconhecimento, somos motivados a *avaliar nossa competência* (Dunning, 1995). Em busca de autoconfirmação, somos motivados a *confirmar nossos autoconceitos* (Sanitioso et al., 1990; Swann, 1996, 1997). Em busca de autoafirmação, somos especialmente motivados a *realçar nossa autoimagem* (Sedikides, 1993). A motivação da autoestima, então, ajuda a acionar nosso viés de autosserviço. Como conjectura o psicólogo Daniel Batson (2006), "A cabeça é uma extensão do coração".

Reflexões sobre a autoestima e o viés de autosserviço

Se você é como alguns leitores, agora achando o viés de autosserviço deprimente ou contrário a seus próprios sentimentos ocasionais de inadequação. Mesmo as pessoas

Eu admito que parece muito impressionante. Mas, veja, hoje todo mundo se forma entre os 10% superiores de sua classe".

Podemos estar todos acima da média?
© 2009 William Haefeli, de cartoonbank.com. Todos os direitos reservados.

© The New Yorker Collection, 1996, Mike Twohy, de cartoonbank.com. Todos os direitos reservados.

que apresentam o viés de autosserviço podem se sentir inferiores – em relação a indivíduos específicos, especialmente aqueles que estão um ou dois degraus acima na escada do sucesso, atratividade ou habilidade. Além disso, nem todo mundo opera com um viés de autosserviço. Algumas pessoas *realmente* sofrem de baixa autoestima. A autoestima positiva de fato têm alguns benefícios.

O VIÉS DE AUTOSSERVIÇO COMO ADAPTATIVO

A autoestima tem seu aspecto sombrio, mas também seu aspecto positivo. Quando coisas boas acontecem, as pessoas com alta autoestima são mais propensas a apreciar e manter os bons sentimentos (Wood et al., 2003). "Acreditar que temos mais talentos e qualidades positivas do que nossos semelhantes nos permite sentir bem a nosso próprio respeito e enfrentar as circunstâncias estressantes da vida diária com os recursos conferidos por um senso favorável de si mesmo", observam Shelley Taylor e colaboradores (2003).

O viés de autosserviço e as concomitantes desculpas também ajudam a proteger as pessoas da depressão (Snyder & Higgins, 1988; Taylor et al., 2003). Pessoas não deprimidas geralmente apresentam viés de autosserviço. Elas desculpam seus fracassos em tarefas no laboratório ou percebem a si mesmas como tendo mais controle do que têm. As autoavaliações das pessoas deprimidas e suas avaliações de como os outros realmente as veem não são aumentadas (mais sobre isso no Capítulo 14).

O viés autofavorável também ajuda a amortecer o estresse. George Bonanno e colaboradores (2005) avaliaram a resiliência emocional de pessoas que escaparam do World Trade Center ou de seus arredores em 11 de setembro de 2001. Eles constataram que aquelas com tendências autoenaltecedoras eram as mais resilientes.

Em sua "teoria do gerenciamento do terror", Jeff Greenberg, Sheldon Solomon e Tom Pyszczynski (1997; Greenberg, 2008) propõem outra razão pela qual a autoestima é adaptativa: ela amortece a ansiedade, inclusive a ansiedade relacionada à certeza de nossa morte. Na infância, aprendemos que quando satisfazemos os padrões ensinados por nossos pais, somos amados e protegidos; em caso contrário, o amor e a proteção podem ser retirados. Assim, passamos a associar ver-nos como bons a sentir-nos seguros. Greenberg e colaboradores argumentam que a autoestima positiva – ver a si mesmo como bom e seguro – nos protege inclusive de sentir terror em relação à derradeira morte. A pesquisa deles mostra que lembrar as pessoas de sua mortalidade (digamos, escrevendo um pequeno ensaio sobre morrer) as motiva a afirmar seu valor pessoal. Diante de tais ameaças, a autoestima amortece a ansiedade. Em 2004, um ano após a invasão norte-americana, os adolescentes iraquianos que achavam que seu país estava sob ameaça relataram autoestima mais alta (Carlton-Ford et al., 2008).

Como sugere a pesquisa sobre depressão e ansiedade, existe sabedoria prática nas percepções autofavoráveis. Pode ser estratégico acreditar que somos mais inteligentes, mais fortes e socialmente mais bem-sucedidos do que somos. Trapaceiros podem causar uma impressão mais convincente de honestidade se se acreditarem respeitáveis. A crença em nossa superioridade também pode nos motivar a realizar – criando uma profecia autorrealizada – e pode manter nossa esperança durante épocas difíceis (Willard e Gramzow, 2009).

VIÉS DE AUTOSSERVIÇO COMO INADAPTATIVO

Embora o orgulho autocomplacente possa ajudar a nos proteger da depressão, ele também pode ser inadaptativo. As pessoas que culpam os outros por suas dificuldades sociais são muitas vezes mais infelizes do que aquelas que reconhecem seus erros (Anderson et al., 1983; Newman & Langer, 1981; Peterson et al., 1981).

A pesquisa de Barry Schlenker (1976; Schlenker & Miller, 1977a, 1977b) também demonstra como as percepções autofavoráveis podem envenenar um grupo. Como guitarrista de um grupo de *rock* durante seus anos de faculdade, Schlenker observou que "os integrantes de um grupo de *rock* geralmente superestimavam suas contribuições para o sucesso de um grupo e subestimavam suas contribuições para o fracasso. Eu vi muitas bandas boas se desintegrarem devido aos problemas causados por essas tendências vangloriosas". Em um período posterior de sua vida como psicólogo social na Florida University, Schlenker explorou as percepções autofavoráveis de integrantes de grupos. Em nove experimentos, ele fez pessoas trabalharem juntas em alguma tarefa. Depois, ele as informou enganosamente que seu grupo tinha se saído bem ou mal. Em todos esses estudos, os integrantes de grupos bem-sucedidos arrogaram-se maior responsabilidade pelo desempenho do grupo do que o fizeram os integrantes de grupos que supostamente tinham falhado na tarefa.

Caso a maioria dos integrantes de um grupo acredite que é mal-remunerada e subestimada em relação a suas contribuições acima da média, desarmonia e inveja são prováveis. Diretores de faculdade e chefes de departamentos acadêmicos reconhecerão prontamente o fenômeno. Noventa e nove por

> "A vitória encontra uma centena de pais, mas a derrota é órfã."
> —COUNT GALEAZZO CIANO, *THE CIANO DIARIES*, 1938

> "Os pecados dos outros estão diante de nossos olhos; os nossos estão atrás de nossas costas."
> —SENECA, *DA IRA*, 43 A.C.

cento ou mais dos docentes universitários classificaram-se como superiores a seu colega mediano (Blackburn et al., 1980; Cross, 1977). É, portanto, inevitável que, quando aumentos de salário por mérito são anunciados e a metade recebe um aumento mediano ou menos, muitos se sintam vítimas de injustiça.

Vieses de autosserviço também incham os juízos que as pessoas fazem de seus próprios grupos, fenômeno denominado **viés favorável ao grupo**. Quando os grupos são comparáveis, a maioria das pessoas considera o seu próprio grupo superior (Codol, 1976; Jourden & Heath, 1996; Taylor & Doria, 1981).

- A maioria das integrantes de associações de universitárias percebe os membros de sua sociedade como muito menos tendentes a presunção e esnobismo do que os membros de outras associações (Biernat et al., 1996).
- Cinquenta por cento dos adultos holandeses classificam seu casamento ou parceria como melhores do que a da maioria dos outros; somente 1% o classificam como pior do que a maioria (Buunk & van der Eijnden, 1997).
- Sessenta e seis por cento dos norte-americanos dão uma nota A ou B à escola pública de seu filho mais velho. Mas quase a mesma proporção – 64% – dão às escolas públicas do país uma nota C ou D (Whitman, 1996).
- A maioria dos empresários superestima a futura produtividade e o crescimento de suas próprias empresas (Kidd & Morgan, 1969; Larwood & Whittaker, 1977).

"Então estamos de acordo. Não há nada podre na Dinamarca. Algo está podre em todos os outros lugares".

O orgulho autofavorável em contextos de grupo pode se tornar especialmente perigoso.
© The New Yorker Collection, 1983, Dana Fradon, de cartoonbank.com. Todos os direitos reservados.

Que as pessoas veem a si e a seus grupos com uma tendenciosidade favorável não é absolutamente uma novidade. O defeito trágico retratado na dramaturgia grega antiga era a *vaidade*, ou o orgulho. Como os sujeitos de nossos experimentos, as figuras das tragédias gregas não eram autoconscientemente más; elas apenas têm excessiva admiração por si mesmas. Na literatura, as armadilhas do orgulho são retratadas repetidas vezes. Na teologia, o orgulho é há muito o primeiro dos "sete pecados capitais".

Se o orgulho é semelhante ao viés de autosserviço, então, o que é humildade? É o desprezo por si mesmo? Humildade não é pessoas bonitas acreditarem que são feias e pessoas inteligentes tentarem acreditar que são tapadas. A falsa modéstia pode, na verdade, ser um disfarce para o orgulho de nossa humildade acima da média. (James Friedrich [1996] relata que a maioria dos alunos se parabeniza por ser melhor do que a média em não se considerar acima da média!) A verdadeira humildade é mais como o autoesquecimento do que a falsa modéstia. Ela nos deixa livres para regozijar-nos de nossos especiais talentos e, com a mesma honestidade, reconhecer os talentos dos outros.

viés favorável ao grupo
Invalidar (por meio de explicação) os comportamentos positivos dos integrantes de outros grupos; também, atribuir comportamentos negativos a suas disposições (ao mesmo tempo se desculpando tal comportamento por parte de seu próprio grupo).

"A falsa humildade é o fingimento de que se é pequeno. A verdadeira humildade é a consciência de estar na presença da grandeza".
—JONATHAN SACKS, *BRITAIN'S CHIEF RABBI*, 2000

Resumo: Viés de autosserviço

- Contrário a nossa presunção de que a maioria das pessoas sofre de baixa autoestima ou de sentimentos de inferioridade, pesquisadores constatam consistentemente que a maioria das pessoas apresenta um viés de autosserviço. Em experimentos e na vida cotidiana, muitas vezes aceitamos o crédito por nossos êxitos, ao passo que atribuímos à situação a culpa por nossos fracassos.
- A maioria das pessoas se considera melhor do que a média em características e habilidades subjetivas desejáveis.
- Exibimos otimismo irrealista em relação a nossos futuros.
- Superestimamos a semelhança de nossas opiniões e idiossincrasias (falso consenso), ao passo que subestimamos a semelhança de nossas habilidades e virtudes (falsa unicidade).
- Tais percepções são em parte oriundas de uma motivação para preservar e aumentar a autoestima, motivação que protege as pessoas da depressão, mas contribui para erros de julgamento e conflito grupal.
- O viés de autosserviço pode ser adaptativo porque nos permite apreciar as coisas boas que acontecem em nossas vidas. Contudo, quando acontecem coisas ruins, ele pode ter o efeito inadaptativo de fazer-nos culpar os outros ou nos sentir privados de algo que "merecíamos".

Autoapresentação

Os humanos parecem motivados não apenas a perceber a si próprios de modos autoenaltecedores, mas também a apresentarem-se favoravelmente aos outros. Como as táticas das pessoas de "manejo de impressões" poderiam levar a uma falsa modéstia ou a um comportamento autoderrotista?

Até aqui vimos que o *self* está no cerne de nossos mundos sociais, que a autoestima e a autoeficácia rendem alguns dividendos e que o viés de autosserviço influencia as autoavaliações. Talvez você tenha se perguntado: as expressões de autoproteção são sempre sinceras? As pessoas têm privadamente os mesmos sentimentos que expressam em público? Ou elas querem apenas passar uma imagem positiva enquanto vivem com dúvidas a seu próprio respeito?

Autoimpedimento

Às vezes, as pessoas sabotam suas chances de sucesso criando impedimentos que diminuem a probabilidade de êxito. Longe de serem deliberadamente autodestrutivos, esses comportamentos em geral possuem um objetivo de autoproteção (Arkin et al., 1986; Baumeister & Scher, 1988; Rhodewalt, 1987): "Não sou realmente um fracasso – eu teria me saído bem se não fosse por esse problema".

Por que as pessoas se colocam em desvantagem com comportamento autoderrotista? Recorde-se de que protegemos avidamente nossas autoimagens atribuindo os fracassos a fatores externos. Você consegue ver por que, *temendo o fracasso*, as pessoas podem se autossabotar permanecendo em festas noturnas até poucas horas antes de uma entrevista de emprego ou jogando *videogames* em vez de estudar antes de uma prova importante? Quando a autoimagem está vinculada ao desempenho, pode ser mais humilhante se esforçar e fracassar do que deixar para a última hora e ter uma desculpa pronta. Se falharmos enquanto estivermos prejudicados de alguma forma, podemos nos agarrar a um senso de competência; se formos bem-sucedidos em tais condições, isso pode melhorar nossa autoimagem. Desvantagens protegem tanto a autoestima quanto a imagem pública, permitindo-nos atribuir fracassos a algo temporário ou externo ("Eu estava me sentindo enjoado"; "Eu voltei para casa tarde demais na noite anterior"), e não à falta de talento ou de capacidade.

Steven Berglas e Edward Jones (1978) confirmaram essa análise do **autoimpedimento**. Um experimento foi anunciado como relativo a "drogas e desempenho intelectual". Imagine-se no lugar dos participantes do estudo da Duke University. Você "chuta" respostas para algumas perguntas de aptidão difíceis e então lhe dizem, "A sua pontuação foi uma das melhores até hoje!". Sentindo-se um felizardo, você então pode optar por duas drogas antes de responder mais perguntas. Uma delas irá auxiliar o desempenho intelectual e a outra irá inibi-la. Qual droga você quer? A maioria dos alunos quis a droga que supostamente iria prejudicar seu pensamento, assim oferecendo uma desculpa cômoda para um antecipado mau desempenho.

Os pesquisadores documentaram outros modos de se colocar em desvantagem. Temendo o fracasso, as pessoas:

- reduzem sua preparação para eventos atléticos individuais importantes (Rhodewalt et al., 1984);
- dão ao adversário uma vantagem (Shepperd & Arkin, 1991);
- desempenham mal no início de uma tarefa a fim de criar expectativas inatingíveis (Baumgardner & Brownlee, 1987);
- não se esforçam tanto quanto poderiam durante uma tarefa difícil envolvendo o ego (Hormuth, 1986; Pyszczynski & Greenberg, 1987; Riggs, 1992; Turner & Pratkanis, 1993).

Gerenciamento de impressões

O viés de autosserviço, a falsa modéstia e o autoimpedimento revelam a profundidade de nosso interesse pela autoimagem. Em graus variáveis, estamos constantemente administrando as impressões que criamos. Quer desejemos impressionar, intimidar ou parecer desamparados, somos animais sociais, desempenhando para uma plateia.

Autoapresentação refere-se a desejar apresentar uma imagem desejada tanto para uma plateia externa (outras pessoas) como para uma plateia interna (nós mesmos). Trabalhamos para gerenciar as impressões que causamos. Damos desculpas, justificamos ou nos desculpamos conforme o necessário para sustentar nossa autoestima e confirmar nossas autoimagens (Schlenker & Weigold, 1992). Assim como preservamos nossa autoestima, também precisamos nos certificar de não nos vangloriarmos demais e arriscar a desaprovação dos outros (Anderson et al., 2006). A interação social é um equilíbrio cuidadoso de parecer bom sem parecer bom *demais*.

Em situações familiares, a autoapresentação acontece sem esforço consciente. Em situações desconhecidas, talvez em uma festa com pessoas que gostaríamos de impressionar ou em uma conversa com alguém por quem estamos interessados do ponto de vista amoroso, estamos fortemente autoconscientes das impressões que estamos criando e, portanto, somos menos modestos do que entre amigos que nos conhecem bem (Leary et al., 1994; Tice et al., 1995). Preparando-nos para sermos fotografados, podemos inclusive experimentar expressões diferentes na frente de um espelho. Fazemos isso ainda que a autoapresentação ativa esgote energia, o que com frequência acarreta diminuição da eficácia – por exemplo, menos persistência em uma tarefa experimental maçante ou mais dificuldade para abafar expressões emocionais (Vohs et al., 2005). O aspecto positivo é que a autoapresentação pode inesperadamente melhorar o humor. As pessoas sentiram-se significativamente me-

---

"Sem tentativa não pode haver fracasso; sem fracasso, nenhuma humilhação."
—WILLIAM JAMES, *PRINCIPLES OF PSYCHOLOGY*, 1890

autoimpedimento
Proteger nossa autoimagem com comportamentos que criam uma desculpa cômoda para o posterior fracasso.

"Se você tenta fracassar e é bem-sucedido, o que você fez?"
—ANÔNIMO

Depois de perder para alguns rivais mais jovens, a grande tenista Martina Navratilova confessou que estava "com medo de dar o melhor de mim... Eu estava com medo de descobrir que eles eram capazes de me derrotar quando eu estava dando o melhor de mim, porque nesse caso seria o meu fim" (Frankel & Snyder, 1987).

autoapresentação
O ato de se expressar e se comportar de modos destinados a criar uma impressão favorável ou uma impressão que corresponda a nossos ideais.

© 2008 by P. S. Mueller

lhor do que achavam que se sentiriam depois de se esforçarem ao máximo para "mostrar o melhor de si" e se concentrar em causar uma impressão favorável em seu namorado ou namorada. Elizabeth Dunn e colaboradores concluem que "noites de namoro" para casais de longa data funcionam porque encorajam a autoapresentação ativa, o que melhora o humor (Dunn et al., 2008).

Os *sites* de relacionamento social como o Facebook oferecem um local novo e às vezes intenso para a autoapresentação. Eles são, diz o professor de comunicações Joseph Walther, "como manejo de impressões com esteroides" (Rosenbloom, 2008). Os usuários tomam decisões cuidadosas sobre quais fotografias, atividades e interesses destacar em seus perfis. Alguns até pensam sobre como seus amigos vão afetar a impressão que causam nos outros; um estudo constatou que as pessoas com amigos mais atraentes eram também percebidos como mais atraentes (Walther et al., 2008). Dada a preocupação com o *status* e a atratividade em *sites* de relacionamento social, não

Identidade de grupo. Nos países asiáticos, a autoapresentação é coibida. As crianças aprendem a se identificar com seus grupos.

é de surpreender que pessoas com altos traços narcisistas prosperam no Facebook, contando mais amigos e escolhendo fotografias mais atraentes de si mesmos (Buffardi & Campbell, 2008).

Dado nosso interesse por autoapresentação, não é de surpreender que as pessoas se autoimpeçam quando o fracasso poderia lhes fazer parecer ruins. Não admira que as pessoas ponham sua saúde em risco – bronzeando sua pele com radiação que causa rugas e câncer; fazendo *piercings* ou tatuagens sem a devida higiene; tornando-se anoréxicas; cedendo a pressões sociais para fumar, embriagar-se e usar drogas (Leary et al., 1994). Não é de admirar que as pessoas expressem mais modéstia quando suas lisonjas a si mesmas estão vulneráveis, prestes a serem desmascaradas, talvez por especialistas que examinarão de modo minucioso suas autoavaliações (Arkin et al., 1980; Riess et al., 1981; Weary et al., 1982). A professora Silva provavelmente expressará mais modéstia em relação ao significado de seu trabalho quando for apresentá-lo a colegas de profissão do que quando for apresentá-la a estudantes.

Para algumas pessoas, a autoapresentação consciente é um modo de vida. Elas monitoram constantemente seu próprio comportamento e observam como os outros reagem, adaptando, então, seu desempenho social para obter o efeito desejado. Aquelas que pontuam alto em uma escala de tendência ao **automonitoramento** (as quais, por exemplo, concordam que "eu tendo a ser o que as pessoas esperam que eu seja") agem como camaleões sociais – elas adaptam seu comportamento em resposta a situações externas (Gangestad & Snyder, 2000; Snyder, 1987). Tendo modulado seu comportamento para a situação, elas são mais propensas a sustentar atitudes que realmente não possuem (Zanna & Olson, 1982). Como observou Mark Leary (2004b), o *self* que elas conhecem muitas vezes difere do *self* que elas mostram. Como camaleões sociais, as que pontuam alto em automonitoramento também são menos dedicadas a seus relacionamentos e mais propensas a se sentir insatisfeitas em seus casamentos (Leone & Hawkins, 2006).

Aqueles que pontuam baixo em automonitoramento se importam menos com o que os outros pensam. Eles são mais orientados internamente e, assim, mais propensos a falar e agir de acordo com o que sentem e acreditam (McCann & Hancock, 1983). Por exemplo, se solicitados a listar seus pensamentos sobre casais homossexuais, eles apenas expressam o que pensam, independentemente das atitudes de seu público previsto (Klein et al., 2004). Como você poderia imaginar, alguém cujo automonitoramento é muito baixo poderia parecer como um grosso insensível, ao passo que automonitoramento extremamente elevado poderia resultar em comportamento desonesto digno de um picareta. A maioria de nós se situa em algum ponto entre esses dois extremos.

Apresentar-se de modos que criam uma impressão desejada é um delicado ato de equilíbrio. As pessoas querem ser vistas como capazes, mas também como modestas e honestas (Carlston & Shovar, 1983). Na maioria das situações sociais, a modéstia cria uma boa impressão; jactância espontânea, uma má impressão. Daí o fenômeno da falsa modéstia: com frequência apresentamos menos autoestima do que sentimos intimamente (Miller & Schlenker, 1985). Contudo, quando é evidente que nos saímos extremamente bem, a não sinceridade de uma negação ("Eu fui bem, mas não é grande coisa") pode ser óbvia. Para causar boas impressões – parecer modesto, porém competente – é preciso habilidade social.

automonitoramento
Estar sintonizado com o modo como nos apresentamos em situações sociais e ajustamos nosso desempenho para criar a impressão desejada.

"A opinião pública é sempre mais tirânica para aqueles que obviamente a temem do que para aqueles que se sentem indiferentes a ela."
—BERTRAND RUSSELL, *A CONQUISTA DA FELICIDADE*, 1930

"Hmmm.... o que eu devo vestir hoje?"

© Mike Marland

Resumo: Autoapresentação

- Como animais sociais, adaptamos nossas palavras e ações para que sirvam para seus públicos. Em graus variados, observamos nosso desempenho e o ajustamos para criar a impressão que desejamos.
- Essas táticas explicam exemplos de falsa modéstia, em que as pessoas se autorrebaixam, enaltecem futuros competidores ou publicamente dão crédito aos outros enquanto privadamente dão o crédito a si mesmas.
- Às vezes, as pessoas chegam até a se autoprejudicar com comportamentos autoderrotistas que protegem a autoestima, fornecendo desculpas para o fracasso.
- A autoapresentação se refere a querermos apresentar uma imagem favorável tanto para um público externo (outras pessoas) como para um público interno (nós mesmos). Com respeito a um público externo, aqueles que pontuam alto em uma escala de automonitoramento adaptam seu comportamento a cada situação, ao passo que os que pontuam baixo em automonitoramento podem fazer tão pouca adaptação social que parecem insensíveis.

PÓS-ESCRITO: Verdades gêmeas – os perigos do orgulho, os poderes do pensamento positivo

Este capítulo ofereceu duas verdades memoráveis – a verdade da autoeficácia e a verdade do viés de autosserviço. A verdade sobre a autoeficácia nos encoraja a não nos resignarmos a más situações. Precisamos persistir a despeito de fracassos iniciais e exercer esforço sem sermos excessivamente distraídos por dúvidas a nosso próprio respeito. A autoestima segura é igualmente adaptativa. Quando acreditamos em nossas possibilidades positivas, somos menos vulneráveis à depressão e nos sentimos menos inseguros.

Assim, é importante pensar de modo positivo e tentar arduamente, mas não ser tão presunçoso que seus objetivos se tornem ilusórios ou que você se aliene dos outros com seu narcisismo. Levar a autoeficácia longe demais leva-nos a culpar a vítima: se o pensamento positivo pode realizar qualquer coisa, então só nos resta culpar a nós mesmos quando estamos infelizes no casamento, somos pobres ou deprimidos. Que vergonha! Se ao menos tivéssemos tentado mais, tivéssemos sido mais disciplinados e menos estúpidos! Esse ponto de vista não reconhece que coisas ruins podem acontecer com pessoas boas. As maiores realizações da vida, mas também suas maiores decepções, nascem das mais altas expectativas.

Essas verdades gêmeas – autoeficácia e viés de autosserviço – lembram-me do que Pascal nos ensinou 300 anos atrás: nenhuma verdade sozinha é suficiente, pois o mundo é complexo. Toda verdade, separada de sua verdade complementar, é uma meia-verdade.

Conexão social

A discussão deste capítulo sobre o *self* e a cultura explorou a ideia do autoconceito e sugeriu que a visão do *self* pode ser interdependente e/ou independente; também lemos as ideias de Hazel Markus sobre *self* e cultura. Visite o Centro de Aprendizagem *On-line* em www.mhhe.com/myers10e para assistir a vídeos sobre esses temas.

Crenças e Julgamentos Sociais

CAPÍTULO 3

Quando eram senadores dos Estados Unidos, o republicano John McCain e o democrata Barack Obama adotaram posições de aparente consciência. Em 2001, McCain votou contra o corte nos impostos proposto pelo presidente Bush, dizendo "eu não posso em sã consciência apoiar um corte de impostos em que muitos dos benefícios vão para os mais afortunados". Em 2008, quando McCain estava em campanha pela indicação republicana e depois para presidente, ele apoiou e favoreceu o aumento dos cortes aos quais antes tinha se oposto.

Em 2007, Barack Obama declarou-se "há muito defensor" do financiamento público das eleições presidenciais e prometeu aceitar o financiamento público caso vencesse a indicação para presidente pelo partido democrata. Mas quando foi indicado para concorrer à presidência, apoiado por contribuições sem precedentes para a campanha, ele rejeitou o financiamento público de sua própria campanha.

Para os democratas, a inversão de McCain não demonstrou coragem moral e abertura para mudar de ideia à luz de novas informações, e sim conveniência e hipocrisia, pois McCain queria receber contribuições e votos de conservadores abastados.

Percepção de nossos mundos sociais

Julgamento de nossos mundos sociais

Explicação de nossos mundos sociais

Expectativas de nossos mundos sociais

Conclusões

Pós-escrito: Reflexão sobre o pensamento ilusório

Para os republicanos, a inversão de Obama, analogamente, não demonstrou uma estratégia temporária no caminho para a reforma do financiamento de campanhas, e sim hipocrisia e a velha política de fazer tudo que se pode para se eleger.

Durante o debate dos candidatos, os partidários de McCain ficaram, em sua maioria, impressionados pela sensatez e força de seus argumentos categóricos, deixando de se impressionar pela força e pelo poder de persuasão do desempenho de Obama. A maioria dos partidários de Obama experimentou uma reação espelhada, sentindo animação pelo que foi percebido como carisma, inteligência e visão superior de seu candidato.

Essas reações diferentes, que se repetem nas percepções políticas ao redor do mundo, ilustram o quanto construímos percepções e crenças sociais quando:

- *percebemos* e recordamos fatos pelos filtros de nossas próprias suposições;
- *julgamos* fatos, informados por nossa intuição, por regras implícitas que orientam nossos juízos instantâneos e por nossos humores;
- *explicamos* fatos, às vezes atribuindo-os à situação, às vezes à pessoa; e
- *esperamos* certos fatos, o que às vezes contribui para que eles se realizem.

Este capítulo, portanto, explora como percebemos, julgamos e explicamos nossos mundos sociais e como – e em que medida – nossas expectativas importam.

Percepção de nossos mundos sociais

Pesquisas impressionantes revelam o quanto nossas pressuposições e pré-julgamentos guiam nossas percepções, interpretações e recordações.

O Capítulo 1 assinalou um fato significativo sobre a mente humana: nossas pré-concepções guiam nosso modo de perceber e interpretar as informações. Interpretamos o mundo através de lentes tingidas por crenças. "Com certeza, as pré-concepções importam", concordarão as pessoas; contudo, elas não se dão conta da magnitude do efeito.

Vamos considerar alguns experimentos provocativos. O primeiro grupo de experimentos examina como predisposições e pré-julgamentos afetam o modo como percebemos e interpretamos informações. O segundo grupo planta um juízo nas mentes das pessoas *depois* que elas receberam informações para ver como ideias pós-fato inclinam a recordação. O ponto dominante: *não respondemos à realidade como ela é, mas à realidade como a interpretamos*.

Priming

Estímulos ignorados podem sutilmente influenciar como interpretamos e recordamos os fatos. Imagine-se, durante um experimento, usando fones de ouvido e se concentrando em frases faladas ambíguas, tais como "ficamos ao lado do banco". Quando uma palavra pertinente (*rio* ou *dinheiro*) é simultaneamente enviada a seu outro ouvido, você não a ouve conscientemente. Contudo, a palavra "ativa" (*primes*) sua interpretação da frase (Baars & McGovern, 1994).

Nosso sistema de memória é uma rede de associações, e chama-se **priming** o despertar ou ativação de algumas associações. Experimentos mostram que ativar um pensamento, mesmo sem consciência, pode influenciar outro pensamento ou mesmo uma ação. John Bargh e colaboradores (1996) pediram a pessoas que completassem uma frase contendo palavras como "velho", "sábio" e "aposentado". Logo depois, eles observaram que essas pessoas caminhavam mais devagar até o elevador do que aquelas que não haviam sido ativadas com palavras relacionadas ao envelhecimento. Além disso, os caminhantes lentos não tinham consciência da velocidade em que estavam caminhando ou de terem recém-visto palavras que "ativaram" envelhecimento.

Muitas vezes nossas ideias e ações são sutilmente ativadas por fatos despercebidos. Rob Holland e colaboradores (2005) observaram que estudantes holandeses expostos à fragrância de um produto de limpeza geral identificaram com mais rapidez palavras relacionadas à limpeza. Em experimentos posteriores, outros estudantes expostos a uma fragrância de limpeza recordaram-se de mais atividades relacionadas à limpeza quando descreveram suas atividades do dia e até mantiveram sua mesa mais limpa enquanto comiam um biscoito farelento. Além disso, todos esses efeitos ocorreram sem que os participantes tivesse consciência da fragrância e sua influência.

priming
Ativar determinadas associações na memória.

Os experimentos de *priming* (Bargh, 2006) têm seus equivalentes na vida cotidiana:

- Assistir a um filme sozinho em casa pode ativar emoções que, sem que nos demos conta, fazem-nos interpretar ruídos de um forno como um possível intruso.
- Humores deprimidos, como este capítulo explica posteriormente, ativam associações negativas. Coloque as pessoas de *bom* humor e subitamente seu passado parece mais maravilhoso, seu futuro mais brilhante.
- Assistir à violência ativa as pessoas para interpretar ações ambíguas (um empurrão) e palavras como agressivas.
- Para muitos estudantes de psicologia, ler sobre transtornos psicológicos ativa seu modo de interpretar suas próprias ansiedades e humores sombrios. De modo semelhante, ler sobre sintomas de doenças ativa estudantes de medicina para se preocuparem sobre sua prisão de ventre, febre ou dor de cabeça.

O segundo aviso pode ativar os consumidores a se sentirem insatisfeitos com o modo como suas queixas foram tratadas na primeira janela.
www.CartoonStock.com

Em muitos estudos, os efeitos do *priming* aparecem quando os estímulos são apresentados de modo subliminar – demasiado breves para serem percebidos conscientemente. O que está fora de vista pode não estar fora da mente. Um choque elétrico que é muito fraco para ser sentido pode aumentar a intensidade percebida de um choque posterior. Uma palavra exibida imperceptivelmente, "pão", pode ativar as pessoas para detectar uma palavra relacionada, como "manteiga", mais rapidamente do que elas detectam uma palavra não relacionada, como "garrafa" ou "bolha". O nome de uma cor subliminar facilita uma identificação mais veloz quando a cor aparece na tela do computador, ao passo que um nome errado não visto retarda a identificação da cor (Epley et al., 1999; Merikle et al., 2001). Em cada caso, uma imagem ou palavra invisível ativa uma resposta para uma tarefa posterior.

Os estudos de como ideias e imagens implantadas podem ativar nossas interpretações e memória ilustram uma das lições da psicologia social do século XXI para levarmos para casa: *grande parte de nosso processamento de informações é automático*. Ele é involuntário, fora de vista e ocorre sem nossa atenção consciente.

Percepção e interpretação de fatos

Apesar de alguns vieses e defeitos lógicos surpreendentes e com frequência comprovados em nosso modo de perceber e compreender uns aos outros, de modo geral somos precisos (Jussim, 2005). Nossas primeiras impressões uns dos outros costumam estar mais certas do que erradas. Além disso, quanto melhor conhecemos as pessoas, com maior precisão podemos interpretar suas mentes e sentimentos.

Mas, às vezes, nossos pré-julgamentos erram. Os efeitos de pré-julgamentos e expectativas são comuns em um curso de introdução à psicologia. Recorde a foto do dálmata no Capítulo 1, ou considere esta frase:

UM
PÁSSARO
NA
NA MÃO

Você notou alguma coisa errada? Há mais na percepção do que parece. O mesmo se aplica à percepção social. Uma vez que as percepções sociais encontram-se muitíssimo no olho do observador, até um simples estímulo pode atingir duas pessoas de maneira muito diferente. Dizer que Gordon Brown da Grã-Bretanha é "um primeiro-ministro satisfatório" pode soar como menosprezo para um de seus admiradores apaixonados e como um elogio para alguém que o considera com desprezo. Quando informações sociais estão sujeitas a múltiplas interpretações, as pressuposições importam (Hilton & von Hippel, 1990).

Um experimento de Robert Robert Vallone, Lee Ross e Mark Lepper (1985) revela como as pressuposições podem ser poderosas. Eles exibiram a estudantes a favor de Israel e a estudantes a favor dos árabes seis matérias jornalísticas descrevendo o assassinato de refugiados civis que ocorreu em dois campos no Líbano em 1982. Como ilustra a Figura 3.1, cada grupo percebeu as redes de comunicação como hostis em relação ao seu lado.

O fenômeno é comum: fãs de esportes percebem os árbitros como parciais para o adversário. Candidatos políticos e seus apoiadores quase sempre veem os veículos de comunicação como antipáticos a sua causa (Richardson et al., 2008). Na corrida presidencial dos Estados Unidos

FIGURA 3.1
Estudantes pró-israelenses e pró-árabes que viram novas descrições do "massacre de Beirute" na mídia acreditavam que a cobertura foi tendenciosa contra seu ponto de vista.
Fonte: dados de Vallone, Ross e Lepper, 1985.

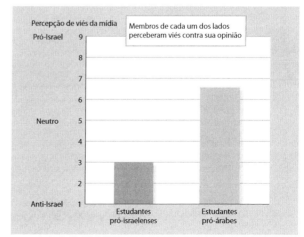

> "Quando você tem uma crença, ela influencia seu modo de perceber todas as outras informações relacionadas. Quando você considera um país hostil, você tende a interpretar que ações ambíguas de sua parte significam sua hostilidade."
>
> —CIENTISTA POLÍTICO ROBERT JERVIS (1985)

em 2008, os partidários de Hillary Clinton, Barack Obama e John McCain assinalaram casos em que a imprensa pareceu tendenciosa contra seu candidato, às vezes por causa de um aparente preconceito relacionado a gênero, raça ou idade.

Mas não são só fãs e políticos. Em toda parte, as pessoas percebem mediadores e os meios de comunicação como tendenciosos contra sua posição. "Não existe assunto sobre o qual as pessoas são menos objetivas do que a objetividade", observou um comentarista (Poniewozik, 2003). Na verdade, as percepções de viés das pessoas podem ser usadas para avaliar suas atitudes (Saucier & Miller, 2003). Diga-me onde você vê viés e eu indicarei suas atitudes.

Nossas suposições sobre o mundo podem inclusive fazer evidências contraditórias parecerem favoráveis. Por exemplo, Ross e Lepper auxiliaram Charles Lord (1979) a pedir a dois grupos de estudantes que avaliassem os resultados de dois estudos supostamente novos. Metade dos estudantes era a favor da pena de morte e a outra metade era contra. Dos estudos que avaliaram, um confirmava e o outro refutava as crenças dos estudantes sobre o efeito dissuasor da pena de morte. Os resultados: tanto os defensores quanto os opositores à pena de morte prontamente aceitaram evidências que confirmavam sua crença, mas foram nitidamente críticos às evidências refutatórias. Mostrar aos dois lados um corpo *idêntico* de evidências não tinha diminuído, e sim *aumentado*, sua discórdia.

É por isso que, em política, religião e ciências, informações ambíguas com frequência alimentam o conflito? Os debates presidenciais nos Estados Unidos em geral têm reforçado opiniões já presentes. Com uma margem de 10 para 1, aqueles que já favoreciam um candidato ou outro perceberam seu candidato como tendo vencido (Kinder & Sears, 1985). Assim, relatam Geoffrey Munro e colaboradores (1997), as pessoas de ambos os lados podem se tornar ainda mais apoiadoras de seus respectivos candidatos depois de assistirem a um debate de presidenciáveis. Além disso, no fim do mandato de Ronald Reagan como presidente republicano (durante o qual a inflação caiu), apenas 8% dos democratas perceberam que a inflação havia diminuído. Os republicanos – 47% dos quais perceberam corretamente que isso tinha acontecido – também foram igualmente imprecisos e negativos em suas percepções no fim do mandato do presidente democrata Clinton (Brooks, 2004). O partidarismo predispõe percepções.

> "O erro de nosso olho dirige nossa mente: o que o erro conduz deve enganar."
>
> —SHAKESPEARE, *TROILO E CRESSIDA*, 1601–1602

Além desses estudos das atitudes sociais e políticas preexistentes das pessoas, pesquisadores têm manipulado as pressuposições das pessoas – com efeitos espantosos sobre suas interpretações e recordações.

Myron Rothbart e Pamela Birrell (1977) fizeram alunos da Oregon University avaliar a expressão facial de um homem (Fig. 3.2). Aqueles a quem se disse que ele era um líder da Gestapo responsável por experimentos médicos cruéis em presidiários de campos de concentração intuitivamente julgaram sua expressão como cruel. (Você consegue identificar aquele olhar de desprezo quase incontido?) Aqueles a quem se disse que ele era um líder do movimento antinazista subversivo cuja coragem salvou a vida de milhares de judeus julgaram sua expressão facial como carinhosa e bondosa. (Repare nos olhos amorosos e na boca quase sorridente.)

"Eu gostaria de sua opinião honesta, imparcial e possivelmente de fim de carreira sobre alguma coisa."

Certas circunstâncias tornam difícil ser imparcial.
© The New Yorker Collection, 2003, Alex Gregory, de cartoonbank.com. Todos os direitos reservados.

FIGURA 3.2
Julgue por si mesmo: a expressão desta pessoa é cruel ou bondosa? Se lhe dissessem que se trata de um nazista, sua interpretação do rosto mudaria?

Os cineastas controlam as percepções de emoção das pessoas manipulando o ambiente em que elas veem um rosto. Eles chamam isso de "efeito Kulechov", em homenagem a um diretor de cinema russo que habilmente guiava as inferências dos espectadores manipulando suas suposições. Kulechov demonstrou o fenômeno criando três filmes curtos que apresentavam sequências idênticas do rosto de um ator com uma expressão neutra depois que os espectadores tivessem visto primeiro três cenas diferentes: uma mulher morta, um prato de sopa ou uma menina brincando. Consequentemente, no primeiro filme o ator parecia triste; no segundo, reflexivo; e no terceiro, feliz.

Os processos de interpretação também tingem as percepções que os outros têm de nós. Quando dizemos algo bom ou ruim sobre alguém, as pessoas espontaneamente tendem a associar aquele traço a nós, relatam Lynda Mae, Donal Carlston e John Skowronski (1999; Carlston & Skowronski, 2005) – fenômeno que eles chamam de *transferência espontânea de traço*. Caso saiamos por aí chamando os outros de fofoqueiros, as pessoas podem inconscientemente associar "fofoca" a nós. Chame alguém de idiota e as pessoas posteriormente podem interpretá-lo como um. Descreva alguém como sensível, amoroso e compassivo, e você pode parecer assim. Existe, ao que parece, uma sabedoria intuitiva na provocação infantil: "sou de borracha, você é cola; o que você diz rebate e gruda em você".

Conclusão: vemos nossos mundos sociais através dos óculos de nossas crenças, atitudes e valores. Esta é uma das razões pelas quais nossas crenças são tão importantes; elas moldam nossa interpretação de tudo o mais.

Perseverança de crenças

Imagine um avô que decide, durante uma noite com um bebê chorando, que a mamadeira produz cólicas nos bebês: "Pense nisto: o leite de vaca obviamente é mais adequado para bezerros do que para bebês". Caso revele-se que o bebê está com febre alta, o cuidador não obstante persistirá acreditando que a mamadeira causa cólica (Ross & Anderson, 1982)? Para investigar isso, Lee Ross, Craig Anderson e seus colegas plantaram uma ideia falsa na cabeça das pessoas e depois tentaram desacreditá-la.

Sua pesquisa revela que é surpreendentemente difícil destruir uma falsidade depois que a pessoa evoca uma fundamentação para ela. Cada experimento primeiro *implantou uma crença*, seja proclamando-a como verdadeira ou apresentando aos participantes alguns indícios casuais. Depois, pediu-se aos participantes que *explicassem por que* aquilo era verdadeiro. Por fim, os pesquisadores *desacreditaram* totalmente a informação inicial dizendo a verdade aos participantes: a informação foi fabricada para o experimento, e a metade dos participantes no experimento tinha recebido informações contrárias. Não obstante, a nova crença permaneceu 75% intacta, presumivelmente porque os participantes ainda mantinham as explicações que inventaram para a crença. Esse fenômeno, chamado de **perseverança da crença**, mostra que as crenças podem criar vida própria e sobreviver ao descrédito das evidências que as inspiraram.

Os partidários de um determinado candidato ou causa tendem a ver a imprensa como favorável ao outro lado.

perseverança da crença
Persistência de nossas concepções iniciais, como quando a base para nossa crença é desacreditada, mas uma explicação de por que a crença poderia ser verdadeira sobrevive.

Um exemplo: Anderson, Lepper e Ross (1980) pediram a participantes que decidissem se indivíduos que correm riscos dão bons ou maus bombeiros. Um grupo considerou uma pessoa inclinada a correr riscos que era um bombeiro bem-sucedido e uma pessoa cautelosa que não era bem-sucedida. O outro grupo considerou casos que sugerem a conclusão contrária. Depois de formarem sua teoria de que pessoas inclinadas a riscos dão bons bombeiros, os participantes redigiram explicações para isso – por exemplo, que as pessoas inclinadas a riscos são corajosas ou que pessoas cautelosas sofrem menos acidentes. Uma vez formada, cada explicação podia existir independentemente da informação que inicialmente gerou a crença. Quando essa informação foi desacreditada, os participantes ainda sustentavam as explicações que tinham criado e assim continuavam acreditando que pessoas inclinadas a riscos realmente dão melhores ou piores bombeiros.

Esses experimentos sugerem que quanto mais examinamos nossas teorias e explicamos como elas *poderiam* ser verdadeiras, mais fechados nos tornamos para informações que desafiam nossas crenças. Depois de considerarmos por que um réu poderia ser culpado, por que um estranho agressor age dessa forma ou por que uma ação favorita poderia aumentar de valor, nossas explicações podem sobreviver a contestações (Davies, 1997; Jelalian & Miller, 1984).

As evidências são convincentes: nossas crenças e expectativas afetam sobremaneira nosso modo de construir mentalmente os fatos. Em geral, nos beneficiamos de nossas pressuposições, assim como os cientistas se beneficiam da criação de teorias que os orientam para perceber e interpretar fatos. Mas os benefícios às vezes envolvem um custo: tornamo-nos prisioneiros de nossos padrões de pensamento. Assim, os supostos "canais" de Marte que os astrônomos do século XX deleitavam-se em reconhecer revelaram-se um produto da vida inteligente – uma inteligência no lado da Terra do telescópio. Como outro exemplo, os alemães, que acreditavam amplamente que a introdução do Euro como moeda havia levado a um aumento dos preços, superestimaram tais aumentos ao compararem reais cardápios de restaurantes – o cardápio anterior com preços em Marcos Alemães e um cardápio novo com preços em Euro (Traut-Mattausch et al., 2004). Como diz um antigo ditado chinês: "dois terços do que vemos está atrás de nossos olhos".

"Só ouvimos e aprendemos o que em parte já sabíamos."
—HENRY DAVID THOREAU, 1817–1862

A perseverança da crença pode ter consequências importantes, como Stephan Lewandowsky e colaboradores (2005) descobriram quando exploraram informações plantadas e desacreditadas sobre a Guerra do Iraque que se iniciou em 2003. À medida que a guerra se desdobrou, a imprensa ocidental relatou e repetiu diversas alegações – por exemplo, que as forças iraquianas executaram prisioneiros de guerra da coalizão – que posteriormente mostraram-se falsas e foram retratadas. Infelizmente, tendo aceito a informação, que se encaixava com suas suposições prévias, os norte-americanos tenderam a reter a crença (diferentemente da maioria dos alemães e australianos, que tinham questionado o fundamento lógico da guerra).

Existe um remédio para a perseverança da crença? Existe: *explicar o contrário*. Charles Lord, Mark Lepper e Elizabeth Preston (1984) repetiram o estudo da pena de morte descrito anteriormente e acrescentaram duas variantes. Primeiro, eles pediram a alguns dos participantes que fossem "tão *ob-*

"Ninguém nega que novas evidências podem mudar as crenças das pessoas. As crianças com o tempo realmente deixam de acreditar em Papai Noel. O que afirmamos é apenas que essas mudanças em geral ocorrem lentamente, e que muitas vezes é preciso evidência mais convincente para alterar uma crença do que para criá-la."
—LEE ROSS E MARK LEPPER (1980)

jetivos e *imparciais* quanto possível" ao avaliar as evidências. Essa instrução não adiantou nada; quer a favor quer contra a pena de morte, os que receberam a instrução fizeram avaliações tão enviesadas quanto os que não receberam.

Os pesquisadores pediram a um terceiro grupo que considerasse o oposto – que perguntassem a si mesmos "se você teria feito as mesmas avaliações favoráveis ou desfavoráveis caso exatamente o mesmo estudo tivesse produzido resultados no *outro* lado da questão". Depois de imaginarem o resultado oposto, essas pessoas tiveram muito menos viés em suas avaliações das evidências a favor ou contra suas opiniões. Em seus experimentos, Craig Anderson (1982; Anderson & Sechler, 1986) verificou sistematicamente que explicar *porque* uma teoria contrária poderia ser verdadeira – porque uma pessoa cautelosa mais do que uma pessoa que corre riscos poderia ser um bombeiro melhor – reduz ou elimina a perseverança da crença. Na verdade, explicar qualquer desfecho alternativo, não apenas o contrário, leva as pessoas a ponderarem várias possibilidades (Hirt & Markman, 1995).

Construção de memórias de nós mesmos e de nossos mundos

Você concorda ou discorda da seguinte afirmativa?

> A memória pode ser comparada a um baú de armazenamento no cérebro no qual depositamos material e de onde podemos retirá-lo posteriormente caso necessário. Às vezes, algo se perde no "baú", e então dizemos que esquecemos.

Cerca de 85% dos universitários disseram que concordavam (Lamal, 1979). Como dizia um anúncio de jornal, "a ciência provou que a experiência acumulada de uma vida encontra-se perfeitamente preservada em nossa mente."

Na verdade, a pesquisa psicológica provou o contrário. Nossas lembranças não são cópias exatas das experiências que permanecem armazenadas em um banco de memória. Em vez disso, construímos as lembranças no momento em que as acessamos. Como um paleontólogo que infere o aparecimento de um dinossauro a partir de fragmentos de ossos, reconstruímos nosso passado distante utilizando nossos atuais sentimentos e expectativas para combinar fragmentos de informação. Consequentemente, podemos com facilidade (embora de modo inconsciente) revisar nossas lembranças para se adequarem a nosso presente conhecimento. Quando um de meus filhos queixou-se de que "a edição de junho da *Cricket* nunca veio", e então soube onde ela estava, ele respondeu com prazer: "Ah! Que bom! Eu sabia que tinha recebido".

Quando um experimentador ou um terapeuta manipula as suposições das pessoas sobre seu passado, uma proporção considerável das pessoas construirá falsas memórias. Solicitadas a imaginar vividamente uma experiência de infância inventada em que elas corriam, tropeçavam, caíam e metiam a mão através de um janela, ou esbarravam em uma tigela de ponche em um casamento, cerca de um quarto delas posteriormente se recordará do evento fictício como algo que de fato aconteceu (Loftus & Bernstein, 2005). Em sua busca pela verdade, a mente às vezes constrói uma falsidade.

Em experimentos envolvendo mais de 20 mil pessoas, Elizabeth Loftus e colaboradores (2003, 2007) exploraram a tendência de nossa mente de construir memórias. No experimento típico, as pessoas testemunham um evento, recebem informações enganosas sobre ele (ou não) e depois fazem um teste de memória. A repetida descoberta é o **efeito da desinformação**. As pessoas incorporam a desinformação em suas memórias: elas se recordam de um sinal de trânsito de "dê a preferência" como um sinal de "parada obrigatória", de martelos como chaves de fenda, da revista *Vogue* como *Mademoiselle*, do Dr. Henderson como Dr. Davidson, de cereais matinais como ovos e de um homem barbeado como um sujeito de bigode. Desinformações sugeridas podem inclusive produzir falsas memórias de um suposto abuso sexual infantil, argumenta Loftus.

Esse processo afeta nossa recordação de eventos sociais e também de eventos físicos. Jack Croxton e colaboradores (1984) fizeram estudantes passar 15 minutos conversando com alguém. Aqueles que foram posteriormente informados de que essa pessoa gostava deles recordaram-se do comportamento da pessoa como tranquilo, confortável e feliz. Os que foram informados de que aquela pessoa não gostava deles recordaram-se dela como nervosa, desconfortável e não tão feliz.

RECONSTRUÇÃO DE NOSSAS ATITUDES PASSADAS

Cinco anos atrás, como você se sentia em relação à energia nuclear? Em relação ao presidente ou primeiro-ministro de seu país? Em relação a seus pais? Se suas atitudes mudaram, qual você acha que foi o grau da mudança?

Experimentadores exploraram questões desse tipo, e os resultados foram desanimadores. Pessoas cujas atitudes mudaram com frequência insistem que elas sempre se sentiram muito como se sentem agora. Daryl Bem e Keith McConnell (1970) realizaram um levantamento entre estudantes da Carnegie-Mellon University. Havia uma questão embutida sobre o controle estudantil sobre o currí-

---

"A memória não é como ler um livro: ela assemelha-se mais à escrita de um livro a partir de apontamentos fragmentários."
—JOHN F. KIHLSTROM, 1994

efeito da desinformação
A incorporação de informações errôneas à lembrança do evento, depois de testemunhar um evento e receber informações enganosas sobre ele.

"Um homem nunca deve se envergonhar por admitir que estava errado, o que é senão dizer em outras palavras que ele é mais sábio hoje do que era ontem."
—JONATHAN SWIFT, *THOUGHTS ON VARIOUS SUBJECTS*, 1711

culo universitário. Uma semana depois, os alunos concordaram em escrever uma redação contrária ao controle estudantil. Depois de fazê-lo, suas atitudes mudaram para maior oposição ao controle estudantil. Quando solicitados a se recordarem de como haviam respondido a pergunta antes de escrever o ensaio, os estudantes "lembraram-se" de ter a opinião que *agora* tinham e negaram que o experimento os tivesse afetado.

Depois de observarem estudantes da Clark University negarem de forma semelhante suas atitudes anteriores, os pesquisadores D. R. Wixon e James Laird (1976) comentaram: "a rapidez, magnitude e certeza" com a qual os estudantes revisaram suas próprias histórias "foi impressionante". Como George Vaillant (1977) assinalou depois de acompanhar adultos ao longo do tempo, "é muito comum que lagartas transformem-se em borboletas e depois sustentem que em sua juventude elas tinham sido borboletinhas. A maturação faz de todos nós mentirosos".

A construção de memórias positivas ilumina nossas recordações. Terence Mitchell, Leigh Thompson e colaboradores (1994, 1997) relatam que as pessoas muitas vezes exibem *retrospecção otimista* – elas se recordam de eventos ligeiramente agradáveis de modo mais favorável do que os experimentaram. Universitários em uma viagem de bicicleta de três semanas, idosos em uma excursão guiada pela Áustria e universitários em férias disseram estar gostando de suas experiências enquanto as estavam tendo. Mas posteriormente eles se recordaram de tais experiências ainda com mais carinho, minimizando os aspectos desagradáveis ou chatos e recordando-se dos melhores momentos. Assim, os tempos agradáveis em que passei na Escócia eu agora (de volta ao escritório com prazos e interrupções) romantizo como puro êxtase. A bruma e os mosquitos são quase lembranças vagas. A paisagem espetacular, a brisa do mar e os restaurantes prediletos ainda me acompanham. Com qualquer experiência positiva, parte de nosso prazer reside na antecipação, parte na experiência real e parte na retrospecção otimista.

Cathy McFarland e Michael Ross (1985) constataram que, à medida que nossos relacionamentos mudam, também revisamos nossas recordações de outras pessoas. Eles fizeram universitários avaliarem seus namorados. Dois meses depois, eles os avaliaram novamente. Os estudantes que estavam mais apaixonados do que nunca tinham tendência a se recordar de amor à primeira vista. Aqueles que tinham rompido eram mais propensos a se lembrar de terem reconhecido o parceiro como um pouco egoísta e mal-humorado.

Diane Holmberg e John Holmes (1994) descobriram o fenômeno também em operação entre 373 casais recém-casados, a maioria dos quais dizendo estarem se sentindo muito felizes. Quando reentrevistados dois anos depois, aqueles cujos casamentos tinham azedado lembraram-se de que as coisas sempre tinham sido ruins. Os resultados são "assustadores", dizem Holmberg e Holmes: "esses vieses podem acarretar uma espiral descendente perigosa. Quanto pior sua visão de seu parceiro, piores são suas lembranças, o que apenas confirma adicionalmente suas atitudes negativas".

Não é que sejamos absolutamente inconscientes de como nos sentíamos, e sim que quando as lembranças não são claras, os presentes sentimentos orientam nossa recordação. Quando viúvas e viúvos tentam se recordar do pesar que sentiram quando seu cônjuge morreu cinco anos antes, seu presente estado emocional tinge suas lembranças (Safer et al., 2001). Quando pacientes se recordam de sua dor de cabeça do dia anterior, seus sentimentos presentes influenciam suas recordações (Eich et al., 1985). Pais de todas as gerações deploram os valores da geração seguinte, em parte porque se recordam erroneamente de seus valores de juventude como mais semelhantes a seus valores presentes. Ademais, adolescentes de todas as gerações recordam-se de seus pais como – dependendo de seu presente humor – maravilhosos ou deploráveis (Bornstein et al., 1991).

RECONSTRUÇÃO DE NOSSO COMPORTAMENTO PASSADO

A construção da memória nos permite revisar nossas próprias histórias. O viés de retrospectiva, descrito no Capítulo 1, envolve a revisão da memória. Hartmut Blank e colaboradores (2003) demonstraram isso quando convidaram alunos da Leipzig Universität, depois de um resultado surpreendente das eleições alemãs, a recordarem suas previsões da votação dois meses antes. Os alunos se recordaram erroneamente de suas previsões como mais próximas dos resultados reais.

Nossas memórias também reconstroem outros tipos de comportamentos passados. Michael Ross, Cathy McFarland e Garth Fletcher (1981) expuseram alguns alunos da Waterloo University a uma mensagem convencendo-os da desejabilidade de escovar os dentes. Depois, em um experimento supostamente diferente, esses alunos se recordaram de ter escovado os dentes com mais frequência durante as duas últimas duas semanas do que aqueles que não tinham ouvido a mensagem. De modo semelhante, pessoas que são entrevistadas relatam ter fumado um número muito menor de cigarros do que o número que realmente foi vendido (Hall, 1985). Além disso, elas se lembram de terem dado mais votos do que foram realmente registrados (Census Bureau, 1993).

O psicólogo social Anthony Greenwald (1980) observou a semelhança dessas descobertas aos acontecimentos no romance *1984*, de George Orwell – em que era "necessário lembrar que os fatos

> "Viajar é deslumbrante somente em retrospectiva."
> —PAUL THEROUX, *THE OBSERVER*

> "A vaidade prega peças chocantes com nossa memória."
> —ESCRITOR JOSEPH CONRAD, 1857–1924

aconteceram da maneira desejada". Sem dúvida, afirmou Greenwald, todos temos "egos totalitários" que revisam o passado para que ele seja condizente com as visões presentes. Dessa forma, em nossos relatos, minimizamos o mau comportamento e maximizamos o bom comportamento.

Às vezes, nossa visão presente é que melhoramos – em cujo caso podemos recordar erroneamente nosso passado como mais diferente do presente do que de fato foi. Essa tendência soluciona um par intrigante de descobertas consistentes: as pessoas que fazem psicoterapia e participam de programas de autoaperfeiçoamento para controle de peso, antitabagismo e exercícios apresentam em média apenas uma pequena melhora. Contudo, elas com frequência alegam benefícios consideráveis (Myers, 2010). Michael Conway e Michael Ross (1986) explicam: tendo despendido tanto tempo, esforço e dinheiro em autoaperfeiçoamento, as pessoas podem pensar: "Eu posso não ser perfeito agora, mas eu estava pior antes; isso me fez muito bem."

No Capítulo 14, veremos que psiquiatras e psicólogos clínicos não são imunes a essas tendências humanas. Seletivamente percebemos, interpretamos e recordamos eventos de modos que sustentam nossas ideias. Nossos juízos sociais são um misto de observação e expectativa, razão e paixão.

Resumo: Percepção de nossos mundos sociais

- Nossas pressuposições influenciam fortemente o modo como interpretamos e nos recordamos dos fatos. Em um fenômeno denominado *priming*, os pré-julgamentos das pessoas têm notáveis efeitos no modo como elas percebem e interpretam as informações.
- Outros experimentos plantaram juízos ou ideias falsas nas mentes das pessoas *depois* que elas receberam informações. Esses experimentos revelam que assim como *juízos antes do fato* inclinam nossas percepções e interpretações, também nossos *juízos depois do fato* inclinam nossa memória.
- *Perseverança da crença* é o fenômeno em que as pessoas se agarram às crenças iniciais e aos motivos pelos quais uma crença poderia ser verdadeira, mesmo quando a base para a crença é desacreditada.
- Longe de ser um repositório de fatos sobre o passado, nossas memórias são na verdade formadas quando as acessamos, estando sujeitas a forte influência das atitudes e sentimentos presentes no momento do acesso.

Julgamento de nossos mundos sociais

Como já assinalamos, nossos mecanismos cognitivos são eficientes e adaptativos, ainda que às vezes propensos a erro. Em geral, eles nos atendem bem. Mas, às vezes, clínicos julgam erroneamente pacientes, empregadores julgam erroneamente empregados, pessoas de uma etnia julgam erroneamente pessoas de outra e cônjuges julgam erroneamente seus parceiros. Os resultados podem ser diagnósticos errados, conflitos de trabalho, preconceitos e divórcios. Assim, como – e quão bem – fazemos juízos sociais intuitivos?

Quando os historiadores descreverem o primeiro século da psicologia social, eles certamente registrarão o período 1980–2010 como a era da cognição social. Inspirados nos avanços na psicologia cognitiva – em como as pessoas percebem, representam e recordam-se dos eventos –, os psicólogos sociais lançaram bem-vinda luz sobre como formamos juízos. Vamos examinar o que essa pesquisa revela das maravilhas e erros de nossa intuição social.

Juízos intuitivos

Quais são nossos poderes de intuição – de imediatamente conhecer alguma coisa sem raciocínio ou análise? Os defensores do "gerenciamento intuitivo" acreditam que devemos nos sintonizar com nossos pressentimentos. Ao julgar os outros, dizem eles, devemos nos conectar com a sabedoria não lógica de nosso "cérebro direito". Ao contratar, demitir e investir, devemos ouvir nossas premonições. Ao fazermos juízos, devemos seguir o exemplo de Luke Skywalker, de *Guerra nas estrelas*, desligando nossos sistemas de navegação por computador e acreditando na força interior.

Estão certos os intuicionistas de que informações importantes estão sempre disponíveis fora de nossa análise consciente? Ou têm razão os céticos ao dizerem que a intuição é "sabermos que estamos certo, quer estejamos ou não"?

A pesquisa em *priming* sugere que o inconsciente, sem dúvida, controla grande parte de nosso comportamento. Como John Bargh e Tanya Chartrand (1999) explicam, "a maior parte da vida diária das pessoas é determinada não por suas intenções conscientes e escolhas deliberadas, mas por processos mentais que são acionados por características do ambiente e que operam fora da atenção e orientação consciente". Quando o sinal fica vermelho, reagimos e pisamos no freio antes de decidir conscientemente fazer isso. Realmente, refletem Neil Macrae e Lucy Johnston (1998), "para sermos capazes de fazer absolutamente qualquer coisa (p.ex., dirigir, namorar, dançar), a iniciação da ação precisa estar desvinculada das operações ineficientes (i.e., lentas, sequenciais e consumidoras de recursos) da mente consciente, caso contrário a inação inevitavelmente predominaria".

OS PODERES DA INTUIÇÃO

"O coração tem razões que a razão desconhece", observou o matemático e filósofo Blaise Pascal no século XVII. Três séculos depois, os cientistas provaram que Pascal estava certo. Sabemos mais do que sabemos que sabemos. Estudos de nosso processamento inconsciente de informações confirmam nosso acesso limitado ao que está acontecendo em nossas mentes (Bargh & Ferguson, 2000; Greenwald & Banaji, 1995; Strack & Deutsch, 2004). Nosso pensamento é em parte **controlado** (refletido, deliberado e consciente) e – mais do que os psicólogos antes supunham – em parte **automático** (impulsivo, sem esforço e sem nossa consciência). O pensamento automático, intuitivo, ocorre não "na tela", mas fora dela, fora do alcance da visão, onde a razão não chega. Considere esses exemplos de pensamento automático:

- *Esquemas* são conceitos ou modelos mentais que intuitivamente orientam nossas percepções e interpretações. Ouvir alguém dizer *sexo* ou *sério* depende não só da palavra falada, mas também de como automaticamente interpretamos o som.
- *Reações emocionais* são quase sempre instantâneas, ocorrendo antes que haja tempo para pensar deliberadamente. Um atalho neural leva informações do olho ou ouvido para o painel de controle sensorial do cérebro (o tálamo) e dali para seu centro de controle emocional (a amígdala) antes que o córtex do pensamento tenha tido chance de intervir (LeDoux, 2002). Nossos ancestrais que intuitivamente temiam um som nos arbustos geralmente não estavam temendo nada. Mas quando o som era emitido por um predador perigoso, tornaram-se mais propensos a sobreviver para repassar seus genes para nós do que seus primos mais deliberativos.
- Com *conhecimento* suficiente, as pessoas podem intuitivamente saber a resposta para um problema. Mestres no xadrez intuitivamente reconhecem padrões significativos que os novatos ignoram, e muitas vezes fazem sua próxima jogada com apenas uma olhada no tabuleiro, quando a situação sinaliza informações armazenadas em sua memória. De modo semelhante, sem saber exatamente como, reconhecemos a voz de um amigo depois da primeira palavra falada em uma conversa telefônica.
- Diante de uma decisão, mas carecendo do conhecimento para fazer um juízo instantâneo informado, nosso *pensamento inconsciente* pode nos orientar para uma escolha satisfatória. É isso que o psicólogo Ap Dijksterhuis e colaboradores (2006a, 2006b), da Universidade Ap Dijksterhuis, descobriram depois de mostrarem, por exemplo, uma dúzia de informações sobre quatro possíveis apartamentos. Em comparação a pessoas que tomaram decisões instantâneas ou tiveram tempo para analisar as informações, as decisões mais satisfatórias foram tomadas por aqueles que estavam distraídos e impossibilitados de se concentrar conscientemente no problema. Embora esses resultados sejam controversos (González-Vallejo et al., 2008; Newell et al., 2008), isto parece verdade: diante de uma decisão difícil, muitas vezes é compensador não se apressar – até mesmo adiá-la por uma noite – e esperar o resultado intuitivo de nosso processamento de informações oculto.

processamento controlado
Pensamento "explícito" que é deliberado, reflexivo e consciente.

processamento automático
Pensamento "implícito" que não requer esforço, habitual e sem consciência, e que corresponde aproximadamente à "intuição".

De algumas coisas – fatos, nomes e experiências passadas – lembramos explicitamente (conscientemente), mas outras – habilidades e disposições condicionadas – lembramos *implicitamente*, sem saber ou declarar de modo consciente que sabemos. Isso se aplica a todos nós, mas é mais notório em pessoas com dano cerebral que não conseguem formar novas memórias explícitas. Uma pessoa não conseguia aprender a reconhecer seu médico, que precisava reapresentar-se com um cumprimento de mão todos os dias. Um dia o médico prendeu um alfinete na mão, fazendo o paciente pular de dor. Quando voltou no dia seguinte, ele ainda não foi reconhecido (explicitamente), mas o paciente, tendo retido uma memória implícita, não estendeu a mão para cumprimentá-lo.

Igualmente dramáticos são os casos de pessoas que, tendo perdido uma porção do córtex visual devido a cirurgia ou AVC, podem ser funcionalmente cegas em parte de seu campo de visão. Diante de uma sequência de varetas mostradas no campo cego, elas dizem que não veem nada. Depois de adivinhar corretamente se as varetas estão na vertical ou na horizontal, esses pacientes ficam espantados ao saberem que "acertaram todas". Como o paciente que "se lembrou" do aperto de mão doloroso, essas pessoas sabem mais do que sabem que sabem.

Considere sua própria capacidade garantida de reconhecer um rosto. Quando você olha para ele, seu cérebro decompõe a informação visual em subdimensões como cor, profundidade, movimento e forma e trabalha em cada aspecto simultaneamente antes de remontar os componentes. Por fim, usando o processamento automático, seu cérebro compara a imagem percebida com imagens previamente armazenadas. E pronto! De maneira instantânea e sem esforço, você reconhece sua avó. Se intuição é imediatamente saber alguma coisa sem análise racional, então perceber é intuição por excelência.

Estímulos *subliminares* podem, como já assinalamos, ativar nosso pensamento e nossas reações. Quando certas figuras geométricas são exibidas às pessoas por menos de 0,01 segundos, elas negam ter visto mais do que um clarão, contudo expressam preferência pelas formas que viram.

Assim, muitas funções cognitivas ocorrem de modo automático e involuntário, sem consciência. Podemos nos lembrar de como o processamento automático nos ajuda a passar pela vida imaginando que nossas mentes funcionam como grandes empresas. Nosso executivo-chefe – a consciência controlada – atenta para muitas das novas questões complexas mais importantes, ao passo que subordinados tratam de assuntos rotineiros e questões que exigem ação imediata. Essa delegação de recursos nos permite reagir a muitas situações de maneira rápida e eficiente. Conclusão: nosso cérebro sabe mais do que pode nos contar.

LIMITES DA INTUIÇÃO

Vimos como o pensamento automático, intuitivo, pode "nos tornar espertos" (Gigerenzer, 2007). Elizabeth Loftus e Mark Klinger (1992), não obstante, falam por outros cientistas cognitivos ao terem dúvidas sobre o brilhantismo da intuição. Eles relatam "um consenso de que o inconsciente pode não ser tão inteligente quanto se acreditava anteriormente". Por exemplo, embora estímulos subliminares possam desencadear uma resposta fraca fugaz – suficiente para provocar um sentimento, se não atenção consciente –, não há evidência de que registros comerciais subliminares podem "reprogramar sua mente inconsciente" para o êxito. Na verdade, um conjunto significativo de evidências indica que eles não podem (Greenwald, 1992).

Os psicólogos sociais exploraram não somente nossos juízos de retrospectiva propensos a erro, mas também nossa capacidade para a ilusão – para interpretações perceptuais errôneas, fantasias e crenças construídas. Michael Gazzaniga (1992, 1998, 2008) relata que pacientes cujos hemisférios cerebrais forem cirurgicamente separados fabricarão instantaneamente explicações de seus próprios comportamentos intrigantes – e acreditarão nelas. Se o paciente se levanta e dá alguns passos depois de o experimentador "lampejar" a instrução "ande" ao hemisfério direito não verbal do paciente, o hemisfério esquerdo verbal instantaneamente fornecerá uma explicação plausível ("Eu senti vontade de buscar algo para beber").

O pensamento ilusório também aparece na vasta nova literatura sobre como captamos, armazenamos e acessamos informações sociais. Enquanto os pesquisadores da percepção estudam ilusões visuais para saber o que elas revelam sobre os mecanismos perceptuais normais, os psicólogos sociais estudam o pensamento ilusório para saber o que ele revela sobre o processamento de informações normal. Esses pesquisadores querem nos dar um mapa do pensamento social cotidiano, com os perigos claramente indicados.

À medida que examinarmos alguns desses padrões de pensamento eficientes, lembre-se disto: demonstrações de como as pessoas criam crenças falsificadas não provam que todas as crenças são falsificadas (embora, para reconhecer a falsificação, seja útil saber como ela é feita).

Excesso de confiança

Até aqui, vimos que os sistemas cognitivos processam uma imensa quantidade de informações de maneira eficiente e automática. Entretanto, nossa eficiência tem um preço; enquanto interpretamos nossas experiências e construímos memórias, nossas intuições automáticas às vezes erram. Geralmente, não temos consciência de nossas falhas. A "prepotência intelectual" evidente em juízos do conhecimento passado ("eu sabia o tempo todo") se estende às estimativas do conhecimento presente e previsões do futuro comportamento. Sabemos que falhamos no passado. Mas temos expectativas

DOONESBURY © 2000 G. B. Trudeau. Reproduzida com permissão de Universal Press Syndicate. Todos os direitos reservados.

mais positivas para nosso futuro desempenho no cumprimento de metas, gerenciamento de relacionamentos, seguimento de uma rotina de exercício, e assim por diante (Ross & Newby-Clark, 1998).

Para explorar esse **fenômeno da confiança excessiva,** Daniel Kahneman e Amos Tversky (1979) apresentaram a pessoas declarações factuais e pediram-lhes que preenchessem os espaços, como na seguinte oração: "Eu tenho 98% de certeza de que a distância aérea entre Nova Deli e Pequim é mais do que _____ milhas, mas menos do que _____ milhas. A maioria dos indivíduos foi excessivamente confiante: Cerca de 30% das respostas corretas estiveram fora da faixa sobre a qual acharam que tinham 98% de certeza.

Para descobrir se o excesso de confiança se estende aos julgamentos sociais, David Dunning e colaboradores (1990) criaram um pequeno programa de televisão. Eles pediram que estudantes da Stanford University adivinhassem as respostas de um estranho a uma série de perguntas, tais como "Você se prepararia para uma prova difícil sozinho ou com outras pessoas?" e "Você classificaria seus apontamentos de aula como organizados ou desorganizados?". Sabendo o tipo de questão, mas não as reais perguntas, os participantes primeiro entrevistaram sua pessoa-alvo sobre seus antecedentes, *hobbies*, interesses acadêmicos, aspirações, signo astrológico – qualquer coisa que achassem que poderia ser útil. Depois, enquanto os alvos respondiam privadamente 20 das perguntas de duas opções, os entrevistadores previram as respostas de seus alvos e classificaram sua própria confiança nas previsões.

Os entrevistados adivinharam corretamente 63% das respostas superando o acaso por uma margem de 13%. Mas, em média, eles *sentiram* 75% de certeza de suas previsões. Quando adivinharam as respostas de seus próprios parceiros de moradia, eles tiveram 68% de acertos e 78% de confiança. Além disso, as pessoas mais confiantes eram mais propensas a ser superconfiantes. As pessoas também revelaram acentuado excesso de confiança ao julgar se alguém estava dizendo a verdade ou quando estimaram coisas como história sexual de seu/sua namorado/a ou as atividades preferidas de seus parceiros de moradia (DePaulo et al., 1997; Swann & Gill, 1997).

Ironicamente, a *incompetência alimenta a confiança excessiva*. É preciso competência para reconhecer o que é competência, observam Justin Kruger e David Dunning (1999). Estudantes que pontuam menos em provas de gramática, humor e lógica são mais propensos a superestimar seus talentos nesses aspectos. Aqueles que não sabem o que é boa lógica ou gramática muitas vezes não sabem que carecem dela. Se você escrever uma lista de todas as palavras que é possível formar com as letras da palavra "psicologia", você pode se sentir brilhante – e depois burro, quando um amigo começa a dizer aquelas que você ignorou. Caputo e Dunning (2005) recriaram esse fenômeno em experimentos, confirmando que a ignorância de nossa ignorância sustenta nossa autoconfiança. Estudos de seguimento indicam que essa "ignorância da própria incompetência" ocorre sobretudo em tarefas que parecem relativamente fáceis, tais como formar palavras a partir da palavra "psicologia". Em tarefas realmente difíceis, pessoas com mau desempenho reconhecem com mais frequência sua falta de habilidade (Burson et al., 2006).

A ignorância da própria incompetência ajuda a explicar a surpreendente conclusão de David Dunning em estudos de avaliação de empregados: "o que os outros veem em nós... tende a estar mais correlacionado com resultados objetivos do que o que vemos em nós mesmos". Em um estudo, os participantes assistiram alguém entrar em uma sala, sentar-se, ler o boletim do tempo e sair (Borkenau & Liebler, 1993). Baseado em nada mais do que isso, sua estimativa da inteligência da pessoa correlacionou-se com o escore de inteligência da pessoa aproximadamente tão bem quanto o fez a estimativa da pessoa a seu próprio respeito (0,30 contra 0,32)! Se a ignorância pode gerar falsa confiança, então – uau! – podemos perguntar: você e eu somos deficientes sem saber?

No Capítulo 2, observamos que as pessoas superestimam suas respostas emocionais a longo prazo a acontecimentos bons e ruins. Será que as pessoas são mais capazes de prever seu próprio *comportamento*? Para descobrir, Robert Vallone e colaboradores (1990) fizeram estudantes universitários preverem em setembro se eles abandonariam uma disciplina, declarariam seu ramo de especialização, optariam por morar fora do *campus* no ano seguinte, e assim por diante. Embora em média os alunos sentisse 84% de certeza sobre essas autoprevisões, eles estavam equivocados quase duas vezes mais do que esperavam. Mesmo quando sentiam 100% de certeza sobre suas previsões, eles erraram 15% das vezes.

Ao estimarem suas chances de êxito em uma tarefa, tal como uma prova importante, a confiança das pessoas atinge o máximo quando o momento da verdade está distante no futuro. No dia da prova, a possibilidade de fracasso se agiganta, e a confiança normalmente diminui (Gilovich et al., 1993; Shepperd et al., 2005). Roger Buehler e colaboradores (1994, 2002, 2003, 2005) relatam que a maioria dos estudantes também subestima com confiança quanto tempo vai levar para terminar trabalhos e outras tarefas importantes. Eles não são os únicos:

- A *"falácia do planejamento"*. Quanto tempo livre você tem hoje? Quanto tempo livre você prevê que vai ter daqui a um mês? A maioria de nós superestima o quanto terá feito e, portanto, quanto tempo livre terá (Zauberman & Lynch, 2005). Planejadores profissionais também subestimam rotineiramente o tempo e as despesas dos projetos. Em 1969, o prefeito de Montreal, Jean

fenômeno da confiança excessiva
A tendência de ser mais confiante do que correto – de superestimar a precisão de suas crenças.

A distância aérea entre Nova Deli e Pequim é de 2.500 milhas.

"Os sábios conhecem demais sua fraqueza para assumirem infalibilidade; e aquele que mais sabe, sabe melhor quão pouco sabe".

—THOMAS JEFFERSON, *WRITINGS*

> Em relação à bomba atômica: "Esta é a maior bobagem que já fizemos. A bomba jamais vai explodir, e eu falo como especialista em explosivos".
>
> —ALMIRANTE WILLIAM LEAHY AO PRESIDENTE TRUMAN, 1945

Drapeau, orgulhosamente anunciou que um estádio de 120 milhões de dólares com um telhado retrátil seria construído para os Jogos Olímpicos de 1976. O telhado foi concluído em 1989 e sozinho custou 120 milhões. Em 1985, autoridades estimaram que o projeto da rodovia "Big Dig" custaria 2,6 bilhões de dólares e estaria pronto em 1998. O custo inchou para 14,6 bilhões, e o projeto só foi concluído em 2006.

- *Excesso de confiança dos corretores de ações.* Os especialistas em investimentos vendem seus serviços com a confiante suposição de que eles podem superar a média do mercado de ações, esquecendo-se de que para todo corretor ou comprador que diz "Venda!" a um determinado preço, existe outro dizendo "Compre!". O preço de uma ação é o ponto de equilíbrio entre esses juízos mutuamente confiantes. Assim, por incrível que pareça, o economista Burton Malkiel (2007) relata que portfólios de fundos mútuos selecionados por analistas de investimentos não superaram ações selecionadas ao acaso.
- *Excesso de confiança política.* Decisores excessivamente confiantes podem destruir. Foi um Adolf Hitler confiante quem travou guerra contra o resto da Europa de 1939 a 1945. Foi um Lyndon Johnson confiante quem, na década de 1960, investiu armas e soldados dos Estados Unidos no esforço de salvar a democracia no Vietnã do Sul. Foi um Saddam Hussein confiante que, em 1990, invadiu o Kuwait com seu exército e, em 2003, prometeu derrotar exércitos invasores. Foi um George W. Bush confiante quem proclamou que a democracia com paz em breve estaria estabelecida em um Iraque liberto e próspero, com suas supostas armas de destruição de massa destruídas.

O que produz o excesso de confiança? Por que a experiência não nos leva a uma autoavaliação mais realista? Antes de mais nada, as pessoas tendem a recordar seus erros de julgamento como ocasiões em que elas estavam *quase* certas. Philip Tetlock (1998, 1999, 2005) observou isso depois de convidar diversos especialistas acadêmicos e governamentais para projetarem – de seu ponto de vista no final da década de 1980 – a futura governança da União Soviética, da África do Sul e do Canadá. Cinco anos depois, o comunismo tinha ruído, a África do Sul tinha se tornado uma democracia multirracial e a minoria falante do francês no Canadá não tinha se separado. Os especialistas que tinham sentido 80% de confiança previram esses acontecimentos corretamente em menos de 40% das vezes. Contudo, refletindo sobre seus juízos, aqueles que erraram acreditavam que continuavam basicamente certos. Eu estava "quase certo", disseram muitos. "Os linha-dura quase tiveram êxito em sua tentativa de golpe contra Gorbachev." "Os separatistas do Quebec quase venceram o referendo separatista." "Não fosse pela coincidência de Mandela e de Klerk, teria havido uma transição muito mais sangrenta para o domínio da maioria negra na África do Sul." A guerra do Iraque foi uma boa ideia, apenas mal executada, desculparam-se muitos dos que a apoiaram. Entre especialistas políticos – e também entre analistas do mercado de ações, profissionais da saúde mental e analistas esportivos – o excesso de confiança é difícil de remover.

> "Quando você sabe uma coisa, sustente que você a sabe; e quando você não sabe uma coisa, reconheça que não sabe; isso é conhecimento".
>
> —CONFÚCIO, ANALECTS

viés de confirmação
Tendência de buscar informações que confirmem nossas pressuposições.

VIÉS DE CONFIRMAÇÃO

As pessoas também tendem a não buscar informações que possam refutar suas crenças. Wason (1960) demonstrou isso, como você pode ver, apresentando aos participantes uma sequência de três números – 2, 4, 6 – que obedeciam uma regra que ele tinha em mente. (A regra era simplesmente *quaisquer três números em ordem ascendente.*) Para permitir que os participantes descobrissem a regra, Wason convidou cada pessoa a fornecer conjuntos de números adicionais. Em cada ocasião, Wason dizia à pessoa se a sequência obedecia ou não à regra. Assim que os participantes tivessem certeza de que tinham descoberto a regra, eles deviam parar e declará-la.

O resultado? Raramente certos, mas jamais em dúvida: 23 dos 29 participantes se convenceram de uma regra errônea. Eles formaram alguma crença errônea sobre a regra (p. ex., contar de dois em dois) e depois buscavam evidências *confirmativas* (p. ex., experimentando 8, 10, 12), em vez de tentar *refutar* seus pressentimentos. Somos ávidos por confirmar nossas crenças, mas menos inclinados a buscar evidências que possam refutá-las, fenômeno denominado **viés de confirmação.**

O viés de confirmação ajuda a explicar porque nossas autoimagens são tão extraordinariamente estáveis. Em experimentos na Texas University, em Austin, William Swann e Stephen Read (1981; Swann et al., 1992a, 1992b, 2007) descobriram que os estudantes buscam, provo-

O Presidente George W. Bush depois da invasão do Iraque pelos Estados Unidos. O excesso de confiança, como exibido por presidentes e primeiros-ministros que enviaram tropas para guerras fracassadas, subjaz muitos erros graves.

cam e recordam-se de retornos que confirmam suas crenças sobre si mesmos. As pessoas buscam como amigos e cônjuges aqueles que reforçam suas próprias visões de si – mesmo que se subestimem (Swann et al., 1991, 2003).

Swann e Read (1981) comparam essa *autoconfirmação* a como alguém com uma autoimagem dominadora poderia se comportar em uma festa. Ao chegar, a pessoa procura os convidados que ela sabe que reconhecerão seu domínio. Na conversa, ela então apresenta suas opiniões de modos que provocam o respeito que ela espera. Depois da festa, ela tem dificuldade para se lembrar de conversas em que sua influência foi mínima e se recorda mais facilmente de sua persuasão nas conversas que dominou. Assim, a experiência na festa confirma sua autoimagem.

REMÉDIOS PARA A CONFIANÇA EXCESSIVA

Que lições podemos tirar da pesquisa sobre excesso de confiança? Uma lição é desconfiar das declarações dogmáticas das outras pessoas. Mesmo quando as pessoas têm certeza de que têm razão, elas podem estar erradas. Confiança e competência não precisam coincidir.

Três técnicas tiveram êxito na redução do viés de confiança excessiva. Uma delas é o *retorno imediato* (Lichtenstein & Fischhoff, 1980). Na vida cotidiana, os meteorologistas e aqueles que apostam em corridas de cavalos recebem retorno claro diariamente, e especialistas em ambos os grupos se saem muito bem na estimativa de sua provável precisão (Fischhoff, 1982).

Para reduzir a confiança excessiva na "falácia do planejamento", as pessoas podem ser solicitadas a *desembrulhar uma tarefa* – decompô-la em seus subcomponentes – e estimar o tempo necessário para cada uma. Justin Kruger e Matt Evans (2004) relatam que essa prática leva a estimativas mais realistas do tempo de conclusão.

Quando as pessoas pensam sobre por que uma ideia *poderia* ser verdadeira, ela começa a parecer verdadeira (Koehler, 1991). Assim, uma terceira maneira de reduzir a excessiva autoconfiança é fazer as pessoas pensarem em uma boa razão *porque* seus juízos *poderiam estar errados*; ou seja, forçá-las a considerar informações refutatórias (Koriat et al., 1980). Administradores poderiam promover juízos mais realistas insistindo que todas as propostas e recomendações incluam razões pelas quais elas poderiam *não* funcionar.

Contudo, devemos ter cuidado para não minar a autoconfiança sensata das pessoas ou destruir sua determinação. Em épocas em que sua sabedoria é necessária, aqueles que carecem de autoconfiança podem se esquivar de falar ou de tomar decisões difíceis. O excesso de confiança tem um preço, mas a autoconfiança realista é adaptativa.

Heurísticas: Atalhos mentais

Com pouco tempo para processar tantas informações, nosso sistema cognitivo é rápido e econômico. Ele é especializado em atalhos mentais. Com notável facilidade, formamos impressões, fazemos juízos e inventamos explicações. Fazemos isso utilizando **heurísticas** – estratégias de raciocínio simples e eficientes. Heurísticas nos permitem viver e tomar decisões com mínimo esforço (Shah & Oppenheimer, 2008). Na maioria das situações, nossas generalizações instantâneas – "Isso é perigoso!" – são adaptativas. A rapidez dessas guias intuitivas promove nossa sobrevivência. O propósito biológico do pensamento é menos nos dar razão do que nos manter vivos. Em algumas situações, contudo, a pressa produz erro.

heurística
Uma estratégia de pensamento que nos permite julgar de maneira rápida e eficiente.

HEURÍSTICA DA REPRESENTATIVIDADE

Alunos da Oregon University foram informados de que uma equipe de psicólogos entrevistou uma amostra de 30 engenheiros e 70 advogados e resumiu suas impressões em descrições concisas. A descrição a seguir foi retirada aleatoriamente da amostra de 30 engenheiros e 70 advogados:

> Divorciado duas vezes, Frank passa a maior parte de seu tempo livre no *country club*. Suas conversas no bar do clube com frequência giram em torno de seu arrependimento por ter tentado seguir os passos de seu estimado pai. As muitas horas que dedicou à labuta acadêmica teriam sido melhor investidas no aprendizado de como ser menos brigão em suas relações com outras pessoas.
>
> *Pergunta:* Qual é a probabilidade de Frank ser advogado em vez de engenheiro?

Solicitados a adivinhar a profissão de Frank, mais de 80% dos alunos supuseram que ele era um dos advogados (Fischhoff & Bar-Hillel, 1984). Bastante justo. Mas como você acha que essas estimativas mudaram quando a descrição de exemplo foi apresentada a outro grupo de alunos, modificada para dizer que 70% eram engenheiros? Absolutamente nada. Os alunos não levaram em conta a taxa básica de engenheiros e advogados; em suas mentes, Frank era mais *representativo* dos advogados, e isso era tudo que parecia importar.

heurística da representatividade
A tendência de presumir, às vezes a despeito de probabilidades contrárias, que alguém ou alguma coisa pertence a um determinado grupo caso pareça (represente) um membro típico.

Julgar alguma coisa comparando-a intuitivamente a nossa representação mental de uma categoria é usar a **heurística da representatividade**. A representatividade (tipicidade) geralmente é um guia razoável para a realidade. Mas, como vimos com "Frank", nem sempre ela funciona. Considere Linda, de 31 anos, solteira, franca e muito inteligente. Na faculdade, ela se especializou em filosofia. Tendo sido uma estudante profundamente interessada em discriminação e outras questões sociais, ela participou em manifestações contra a energia nuclear. Com base nessa descrição, você diria que é mais provável que:

a. Linda é caixa de banco.
b. Linda é caixa de banco e atua no movimento feminista.

A maioria das pessoas considera que *b* é mais provável, em parte porque Linda *representa* melhor a imagem que elas têm das feministas (Mellers et al., 2001). Mas pergunte a si mesmo: existem mais chances de Linda ser *tanto* caixa de banco *quanto* feminista do que de ela ser caixa de banco (sendo feminista ou não)? Como Amos Tversky e Daniel Kahneman (1983) nos lembram, a conjunção de dois fatos não pode ser mais provável do que um dos fatos sozinho.

HEURÍSTICA DA DISPONIBILIDADE

Considere o seguinte: mais pessoas vivem no Iraque ou na Tanzânia? (Ver p. 95.)

Você provavelmente respondeu conforme a rapidez com que iraquianos e tanzanianos vêm à cabeça. Caso existam exemplos facilmente *disponíveis* em nossa memória – como tende a acontecer no caso de iraquianos –, presumimos que outros exemplos são comuns. Em geral, isso é verdade, e assim somos bem servidos por essa regra cognitiva, denominada **heurística da disponibilidade** (Tab. 3.1). Dito de maneira simples, quanto mais facilmente nos recordamos de alguma coisa, mais provável ela parece.

heurística da disponibilidade
Uma regra cognitiva que julga a probabilidade das coisas em termos de sua disponibilidade na memória. Se exemplos de alguma coisa não demoram para vir à cabeça, presumimos que eles são comuns.

Mas às vezes a regra nos engana. Se as pessoas ouvem uma lista de pessoas famosas de um sexo (Jennifer Lopez, Venus Williams, Hillary Clinton) intercaladas com uma lista de mesmo tamanho de pessoas desconhecidas do sexo oposto (Donald Scarr, William Wood, Mel Jasper), posteriormente os nomes famosos tornar-se-ão cognitivamente mais disponíveis. A maioria das pessoas mais tarde se lembrará de ter ouvido (nesse caso) mais nomes de mulheres (McKelvie, 1995, 1997; Tversky & Kahneman, 1973). Eventos vívidos, fáceis de imaginar, tais como ataques de tubarões ou doenças com sintomas fáceis de visualizar, podem igualmente parecer mais prováveis de ocorrer do que eventos mais difíceis de imaginar (MacLeod & Campbell, 1992; Sherman et al., 1985).

Mesmo acontecimentos fictícios em livros, na televisão e no cinema deixam imagens que posteriormente impregnam nossos juízos (Gerrig & Prentice, 1991; Green et al., 2002; Mar & Oatley, 2008). Quanto mais absorto e "transportado" o leitor ("eu podia facilmente imaginar os fatos"), mais a história influencia suas crenças posteriores (Diekman et al., 2000). Leitores que são cativados por histórias de amor, por exemplo, podem obter roteiros sexuais prontamente disponíveis que influenciam suas próprias atitudes e comportamentos sexuais.

Nosso uso da heurística da probabilidade sublinha um princípio básico do pensamento social: as pessoas são lentas para deduzir casos particulares de uma verdade geral, mas são extraordinariamente rápidas para inferir verdades gerais de uma instância vívida. Não é de admirar que depois de ouvirem e lerem histórias de estupros, roubos e espancamentos, 9 de cada 10 canadenses superestimaram – geralmente por uma margem considerável – a porcentagem de crimes envolvendo violência (Doob & Roberts, 1988). E não é de admirar que os sul-africanos, após uma sequência de roubos e assassinatos do submundo do crime que ocuparam as manchetes dos jornais, tenham estimado que os crimes violentos tinham quase duplicado entre 1998 e 2004, quando na verdade eles diminuíram significativamente (Wines, 2005).

"A maioria das pessoas raciocina de maneira dramática, não quantitativa."
—JURISTA OLIVER WENDELL HOLMES JR., 1841-1935

A heurística de disponibilidade explica por que relatos isolados poderosos podem não obstante ser mais convincentes do que informações estatísticas e por que muitas vezes o risco percebido está desvinculado dos riscos reais (Allison et al., 1992). Afligimo-nos com a gripe suína (H1N1), mas não nos preocupamos em tomar a vacina para a gripe comum, que mata dezenas de milhares de pessoas.

TABELA 3.1 Heurísticas rápidas e econômicas

Heurística	Definição	Exemplo	Mas pode levar a
Representatividade	Julgamentos instantâneos de se alguém ou algo se encaixa em uma categoria	Concluir que Carlos é bibliotecário em vez de caminhoneiro porque ele representa melhor a imagem que temos dos bibliotecários.	Desconsiderar outras informações importantes.
Disponibilidade	Julgamentos rápidos sobre a probabilidade dos fatos (seu grau de disponibilidade na memória)	Estimar a violência de adolescentes após tiroteios na escola.	Dar demasiada importância a exemplos vívidos e, assim, por exemplo, temer as coisas erradas.

Acontecimentos vívidos, memoráveis – e, portanto, cognitivamente disponíveis – influenciam nossa percepção do mundo social. A resultante "negligência da probabilidade" muitas vezes leva as pessoas a temerem as coisas erradas, tais como medo de viajar de avião ou do terrorismo mais do que de fumar, dirigir ou das mudanças climáticas. Se quatro aviões de grande porte cheios de crianças caíssem todos os dias – aproximadamente o número de óbitos infantis por diarreia em consequência do rotavírus –, algo seria feito a esse respeito.

Ilustração de Dave Bohn.

Preocupamo-nos com o sequestro de crianças, algo extremamente raro, mas não afivelamos nossas crianças no banco de trás. Tememos o terrorismo, mas somos indiferentes às mudanças climáticas mundiais – "Armageddon em câmera lenta". Em suma, preocupamo-nos com possibilidades remotas enquanto ignoramos probabilidades mais altas, fenômeno que Cass Sunstein (2007b) chama de "negligência da probabilidade".

Uma vez que filmagens de desastres aéreos são uma memória prontamente disponível para a maioria das pessoas – sobretudo desde 11 de setembro de 2001 –, com frequência supomos que corremos mais risco viajando em aviões comerciais do que em automóveis. Na verdade, de 2003 a 2005, os viajantes nos Estados Unidos tinham 230 mais chances de morrer em um acidente de carro do que em um voo comercial percorrendo a mesma distância (National Safety Council, 2008). Em 2006, relata a Flight Safety Foundation, houve um acidente com avião de passageiros para cada 4,2 milhões de voos por jatos comerciais de fabricação ocidental (Wald, 2008). Para a maioria das pessoas que viaja de avião, a parte mais perigosa da viagem é o deslocamento até o aeroporto.

Logo depois de 11 de setembro, quando muitas pessoas deixaram de viajar de avião e foram para as estradas, calculei que se os norte-americanos voassem 20% menos e, em vez disso, percorressem de carro as milhas que deixaram de percorrer de avião, poderíamos esperar um acréscimo de 800 óbitos em acidentes de trânsito no ano subsequente (Myers, 2001). Foi preciso um pesquisador alemão curioso (por que não pensei nisso?) para confrontar essa previsão com relatórios de acidentes, o que confirmou um excedente de cerca de 350 mortes nos últimos três meses de 2001 em comparação à média trimestral nos cinco anos anteriores (Gigerenzer, 2004). Os terroristas de 11 de setembro parecem ter matado mais pessoas sem saber – nas estradas dos Estados Unidos – do que fizeram com as 266 mortes naqueles quatro aviões.

Hoje está claro que nossas ingênuas intuições estatísticas, bem como nossos medos resultantes, não são guiadas por cálculo e razão, mas por emoções sintonizadas com a heurística de disponibilidade. Depois que este livro for publicado, provavelmente haverá outro acontecimento natural ou terrorista dramático, o que mais uma vez irá propelir nossos medos, vigilância e recursos em uma nova direção. Os terroristas, auxiliados pelos meios de comunicação, podem mais uma vez atingir seu objetivo de prender nossa atenção, exaurir nossos recursos e nos distrair dos riscos mundanos, insidiosos e não dramáticos que, com o passar do tempo, destroem vidas, tais como o rotavírus, que a cada dia tira a vida do equivalente a quatro aviões 747 lotados de crianças (Parashar et al., 2006). Contudo, eventos dramáticos também podem servir para nos alertar para riscos reais. Isso, segundo alguns cientistas, é o que aconteceu quando os furacões Katrina e Rita em 2005 começaram a aumentar o temor de que o aquecimento global, por aumentar o nível dos mares e gerar temperaturas extremas, está destinado a se tornar a arma de destruição em massa da própria natureza.

Pensamento contrafactual

Eventos facilmente imagináveis (cognitivamente disponíveis) também podem influenciar nossas experiências de culpa, pesar, frustração e alívio. Se nosso time perde (ou vence) uma grande partida por um ponto, podemos imaginar com facilidade como a partida poderia ter transcorrido de outra forma

Resposta da pergunta na p. 94:
Os 40 milhões de habitantes da Tanzânia superam em muito os 28 milhões do Iraque. Por possuírem imagens mais vívidas dos iraquianos, a maioria das pessoas adivinha errado.

"Depoimentos podem ser mais convincentes do que montes de fatos e números (como montes de fatos e números demonstram de forma tão convincente)."

—MARK SNYDER (1988)

pensamento contrafatual
Imaginar cenários e desfechos alternativos que poderiam ter acontecido, mas não aconteceram.

e, assim, sentimos pesar (ou alívio). Imaginar alternativas piores faz-nos sentir melhor. Imaginar alternativas melhores e ponderar o que poderíamos fazer de maneira diferente da próxima vez ajuda-nos a nos preparar para fazer melhor no futuro (Epstude & Roese, 2008).

Em competições olímpicas, as emoções dos atletas após um evento refletem principalmente como eles se saíram em relação às expectativas, mas também seu **pensamento contrafatual** – sua *simulação mental do que poderia ter acontecido* (McGraw et al., 2005; Medvec et al., 1995). Os medalhistas de bronze (para os quais uma alternativa facilmente imaginável era terminar sem medalha) demonstraram mais contentamento do que medalhistas de prata (que poderiam mais facilmente imaginar terem ganhado o ouro). Na colocação de medalhas, como já se disse, o contentamento é tão simples quanto 1-3-2. De modo semelhante, quanto mais alta a pontuação de um aluno dentro de uma categoria de notas (digamos um B+), *pior* eles se sentem (Medvec & Savitsky, 1997). O aluno B+ que deixa de ganhar um A– por um ponto sente-se pior do que um aluno B+ que realmente se saiu pior e ganhou um B+ por um ponto.

Esse pensamento contrafactual ocorre quando podemos facilmente imaginar um desfecho alternativo (Kahneman & Miller, 1986; Markman & McMullen, 2003):

- Se por pouco perdemos um avião ou ônibus, imaginamos *se ao menos* tivéssemos saído no horário de costume, seguido o caminho usual, não parado para conversar. Caso percamos nossa conexão por meia hora ou depois de seguir nosso itinerário de costume, é mais difícil simular um desfecho diferente, e assim sentimos menos frustração.
- Se mudamos uma resposta em uma prova, e então erramos, inevitavelmente pensamos "se ao menos..." e juramos que da próxima vez confiaremos em nossa intuição imediata – embora, contrário à mitologia estudantil, mudanças de resposta ocorrem com mais frequência de incorreto para correto (Kruger et al., 2005).
- A equipe ou o candidato político que perde por pouco vai simular repetidamente como ele(s) poderia(m) ter vencido (Sanna et al., 2003).

O pensamento contrafactual subjaz nossos sentimentos de sorte. Quando escapamos por pouco de algo ruim – evitar a derrota com um gol no último minuto ou ficar mais próximo de um pedaço de gelo suspenso – facilmente imaginamos um contrafactual negativo (perder, ser atingido) e assim sentimos "boa sorte" (Teigen et al., 1999). "*Má* sorte" refere-se a coisas ruins que de fato aconteceram, mas que facilmente podiam não ter acontecido.

As pessoas desculpam-se com mais frequência por ações do que por inações. (Zeelenberg et al., 1998).

correlação ilusória
Percepção de uma relação onde não existe nenhuma, ou percepção de uma relação mais forte do que realmente existe.

Quanto mais significativo o evento, mais intenso o pensamento contrafatual (Roese & Hur, 1997). Enlutados que perderam um cônjuge ou um filho em um acidente de automóvel, ou um filho por síndrome de morte súbita do lactente, com frequência dizem repetir e desfazer o evento (Davis et al., 1995, 1996). Um amigo meu sobreviveu a uma colisão frontal com um motorista de caminhão bêbado que matou sua esposa, sua filha e sua mãe. Ele se recorda: "por meses eu revirava os acontecimentos daquele dia na minha cabeça. Eu ficava revivendo o dia, mudando a ordem dos fatos para que o acidente não ocorresse" (Sittser, 1994).

Tanto em culturas asiáticas como nas ocidentais, contudo, a maioria das pessoas vive com menos pesar por coisas que fizeram do que por coisas que deixaram de fazer, tais como "gostaria de ter levado a faculdade mais a sério" ou "eu deveria ter dito a meu pai que eu o amava antes de ele morrer" (Gilovich & Medvec, 1994; Rajagopal et al., 2006). Em um levantamento entre adultos, o arrependimento mais comum foi não ter levado os estudos mais a sério (Kinnier & Metha, 1989). Será que viveríamos com menos arrependimento se ousássemos com mais frequência ir além de nossa zona de conforto – aventurar-se, arriscando o fracasso, mas ao menos ter tentado?

Pensamento ilusório

Outra influência sobre o pensamento cotidiano é nossa busca por ordem em eventos aleatórios, tendência que pode nos conduzir a toda sorte de caminhos errôneos.

Correlação ilusória

É fácil ver uma correlação onde não existe nenhuma. Quando esperamos encontrar relações significativas, facilmente associamos fatos aleatórios, percebendo uma **correlação ilusória**. William Ward e Herbert Jenkins (1965) mostraram as pessoas os resultados de um experimento hipotético de semea-

Pensamento contrafactual: Quando os concorrentes do programa *Topa ou Não Topa* topam tarde demais (vão embora com uma quantidade menor do que lhes foi oferecida anteriormente) ou cedo demais (abrindo mão de sua próxima escolha, que teria lhes trazido mais dinheiro), eles tendem a experimentar pensamento contrafactual – imaginar como poderia ter sido.

dura de nuvens por 50 dias. Eles disseram aos participantes em quais dos 50 dias as nuvens tinham sido semeadas e em quais havia chovido. Essa informação não era mais do que uma mistura aleatória de resultados: às vezes choveu após a semeadura, às vezes não. Entretanto, os participantes ficaram convencidos – em conformidade com suas ideias sobre os efeitos da semeadura de nuvens – que eles realmente haviam observado uma relação entre semeadura de nuvens e chuva.

Outros experimentos confirmam que as pessoas facilmente percebem de modo errôneo que fatos aleatórios confirmam suas crenças (Crocker, 1981; Jennings et al., 1982; Trolier & Hamilton, 1986). Quando acreditamos que existe uma correlação, somos mais propensos a reparar e recordar casos confirmatórios. Quando acreditamos que premonições se correlacionam com eventos, reparamos e nos recordamos da ocorrência conjunta da premonição e a ocorrência posterior do fato. Quando acreditamos que mulheres obesas são mais infelizes, percebemos que testemunhamos tal correlação mesmo quando não o fizemos (Viken et al., 2005). Raramente percebemos ou recordamos todas as vezes que eventos não usuais não coincidem. Se, depois de pensarmos em um amigo, o amigo nos telefona, reparamos e lembramos dessa coincidência. Não reparamos todas as vezes em que pensamos em um amigo sem um subsequente telefonema ou recebemos um telefonema de um amigo em quem não estivemos pensando.

O CIRCO DA FAMÍLIA. De Bil Keane

"Queria que eles não ligassem tanto aquele sinal do cinto de segurança! Toda vez que ligam, o avião sacode."

FAMILY CIRCUS © Bil Keane, Inc. King Features Syndicate.

ILUSÃO DE CONTROLE

Nossa tendência a perceber eventos aleatórios como relacionados alimenta uma **ilusão de controle** – a ideia de que *eventos casuais estão sujeitos a nossa influência*. Isso faz apostadores continuarem apostando e o resto de nós fazer todo tipo de coisas implausíveis.

ilusão de controle
Percepção de eventos incontroláveis como sujeitos a nosso controle ou como mais controláveis do que são.

JOGOS DE APOSTAS Ellen Langer (1977) demonstrou a ilusão de controle com experimentos em jogos de aposta. Comparadas a indivíduos que receberam um número de loteria, as pessoas que escolheram seu próprio número demandaram quatro vezes mais dinheiro quando perguntadas se venderiam seu bilhetes. Ao disputarem um jogo de sorte contra uma pessoa desajeitada e nervosa, elas apostaram consideravelmente mais do que ao jogarem contra um adversário garboso e confiante. Ser a pessoa que lança os dados ou gira a roleta aumenta a confiança (Wohl & Enzle, 2002). Destas e de outras maneiras, mais de 50 experimentos constataram consistentemente pessoas agindo como se pudessem prever ou controlar eventos casuais (Presson & Benassi, 1996; Thompson et al., 1998).

Observações de apostadores da vida real confirmam esses achados experimentais. Os apostadores podem lançar dados suavemente para números baixos e com força para números altos (Henslin, 1967). A indústria de apostas prospera com as ilusões dos apostadores. Os apostadores atribuem as vitórias à habilidade e à capacidade de previsão. Perdas tornam-se "quase acertos" ou "acaso", ou para os que apostam em esportes, um erro do árbitro ou um rebote esquisito da bola (Gilovich & Douglas, 1986).

Negociantes de ações também gostam da "sensação de poder" que vem de ser capaz de escolher e controlar suas próprias ações, como se estar no controle lhes permitisse superar o desempenho da média do mercado. Um anúncio declarava que o investimento *on-line* "é uma questão de controle". Ai de nós, a ilusão de controle gera um excesso de confiança e perdas frequentes depois que os custos das transações no mercado de valores são deduzidos (Barber & Odean, 2001).

REGRESSÃO PARA A MÉDIA Tversky e Kahneman (1974) observaram outra forma pela qual uma ilusão de controle pode aparecer: deixamos de reconhecer o fenômeno estatístico da **regressão para a média**. Uma vez que os escores em provas oscilam em parte por acaso, a maioria dos estudantes que obtêm escores extremamente altos em uma prova obterão escores mais baixos na próxima. Se os primeiros escores deles estão no teto, seus segundos escores têm mais chance de retroceder ("regredir") para suas médias do que de empurrar o teto ainda mais para cima. É por isso que um estudante que apresenta um trabalho regularmente bom, mesmo que nunca o melhor, às vezes terminará o curso no topo da classe. Inversamente, os estudantes com os escores mais baixos na primeira prova tendem a melhorar. Se os que obtiveram os escores mais baixos recebem instrução de tutores depois da primeira prova, os tutores tendem a se sentir efetivos quando o estudante melhora, mesmo que a instrução não tenha tido efeito algum.

regressão para a média
A tendência estatística de escores extremos ou de comportamento radical retornarem à média.

Realmente, quando as coisas chegam a um ponto baixo, tentaremos qualquer coisa, e o que quer que tentemos – ir a um psicoterapeuta, iniciar um novo programa de dieta e exercícios, ler um livro de autoajuda – é mais provável de ser seguido de melhora do que de maior deterioração. Às vezes reconhecemos que é improvável que os eventos continuem em um extremo bom ou ruim. A experiência nos ensinou que quando tudo está ótimo, alguma coisa vai dar errado, e que quando a vida está nos desferindo golpes terríveis, geralmente podemos esperar que as coisas vão melhorar. Muitas vezes,

Regressão para a média. Quando estamos em um ponto extremamente baixo, qualquer coisa que tentemos irá com frequência parecer eficaz. "Talvez uma aula de ioga melhore a minha vida". Os fatos raramente continuam em uma baixa anormal.

contudo, deixamos de reconhecer esse efeito de regressão. Ficamos intrigados sobre por que uma revelação do ano no beisebol muitas vezes tem um segundo ano menos extraordinário – tornou-se confiante demais? Autoconsciente? Esquecemos que o desempenho tende a regredir para a normalidade.

Simulando as consequências de usar elogio e punição, Paul Schaffner (1985) demonstrou como a ilusão de controle pode se infiltrar nas relações humanas. Ele convidou alunos de Bowdoin College para treinar um aluno de 4ª série imaginário, "Harold", que deveria vir à escola todos os dias às 8h30min da manhã. Em cada dia de aula de um período de três semanas, um computador exibia o horário de chegada de Harold, que era sempre entre 8h20min e 8h40min. Os alunos escolhiam uma resposta para Harold, que variava de forte elogio à forte repreensão. Como você poderia esperar, eles geralmente elogiavam Harold quando ele chegava antes das 8h30min e o repreendiam quando ele chegava depois das 8h30min. Uma vez que Schaffner tinha programado o computador para mostrar uma sequência aleatória de horas de chegada, a hora de chegada de Harold tendia a melhorar (regredir para 8h30min) depois que ele era repreendido. Por exemplo, se Harold chegava às 8h39min, ele quase certamente era repreendido, e seu horário aleatoriamente escolhido para chegar no dia seguinte provavelmente era antes de 8h39min. Assim, *muito embora suas repreensões não estivessem tendo efeito*, a maioria dos estudantes terminou o experimento acreditando que suas repreensões tinham sido efetivas.

Esse experimento comprova a provocativa conclusão de Tversky e Kahneman: a natureza funciona de um jeito que nós muitas vezes nos sentimos punidos por recompensar os outros e recompensados por puni-los. Na realidade, como todo estudante de psicologia sabe, o reforço positivo para fazer as coisas direito geralmente é mais eficaz e tem menos efeitos colaterais.

Humores e julgamentos

Julgamentos sociais envolvem processamento de informações eficiente, ainda que falível. Ele também envolve nossos sentimentos: nossos humores impregnam nossos juízos. Não somos máquinas computacionais frias; somos seres emocionais. O grau em que os sentimentos impregnam a cognição aparece em novos estudos que comparam indivíduos alegres e tristes (Myers, 1993, 2000b). Pessoas que estão infelizes – especialmente enlutadas ou deprimidas – tendem a ser mais autofocadas e taciturnas. O humor deprimido motiva pensar intensamente – uma busca por informações que tornem nosso ambiente mais compreensível e controlável (Weary & Edwards, 1994).

Pessoas felizes, em contraste, são mais confiantes, mais amorosas e mais responsivas. Caso se deixe as pessoas temporariamente felizes por receberem um presentinho enquanto fazem compras no *shopping*, elas relatarão, alguns momentos depois em um levantamento independente, que seus automóveis e televisores estão funcionando perfeitamente – melhor, se você acreditar nas palavras delas sobre isso, do que aquelas que pertencem ao grupo que respondeu depois de não receber presentes.

Os humores impregnam nosso pensamento. Para alemães ocidentais gozando sua vitória na Copa do Mundo (Schwarz et al., 1987) e para australianos saindo de um filme reconfortante (Forgas & Moylan, 1987), as pessoas parecem ter bom coração, a vida parece maravilhosa. Depois (mas não antes) de uma partida de futebol em 1990 entre os rivais Alabama e Auburn, os fãs do vitorioso Alabama consideraram a guerra menos provável e potencialmente destruidora do que consideraram os fãs do Auburn, mais tristes (Schweitzer et al., 1992). Quando estamos em um estado de espírito mais feliz, o mundo parece mais amistoso, as decisões são fáceis e boas notícias vem à cabeça com mais facilidade (DeSteno et al., 2000; Isen & Means, 1983; Stone & Glass, 1986).

Contudo, permita que o "astral" torne-se sombrio, e os pensamentos tomam outro rumo. Saem as lentes otimistas, entram as escuras. Agora, o mau humor prepara nossas recordações de eventos negativos (Bower, 1987; Johnson & Magaro, 1987). Nossos relacionamentos parecem azedar. Nossas autoimagens dão um mergulho. Nossas esperanças para o futuro se enfraquecem, e o comportamento das outras pessoas parece mais sinistro (Brown & Taylor, 1986; Mayer & Salovey, 1987).

O psicólogo social da New South Wales University, Joseph Forgas (1999, 2008), sempre se impressionou com o quanto as "memórias e juízos de pessoas temperamentais mudam conforme a cor de seu humor". Para entender essa "infusão de humores", ele realizou um experimento. Imagine-se em um estudo assim. Por meio de hipnose, Forgas e colaboradores (1984) colocam você em um estado de bom ou mau humor e depois fazem você assistir a um videoteipe (feito no dia anterior) de você mesmo conversando com alguém. Se fizeram você se sentir feliz, você sente prazer com o que vê e é capaz de detectar muitos exemplos de seu equilíbrio, interesse e habilidade social. Se lhe colocaram de mau humor, ver a mesma filmagem parece revelar um outro você bem diferente – que é rígido, nervoso e inarticulado (Fig. 3.3). Dado que seu estado de espírito tinge seus juízos, você sente alívio com o quanto as coisas se iluminam quando o experimentador lhe converte para um humor feliz antes de sair do experimento. Curiosamente, observam Michael Ross e Garth Fletcher (1985), não atribuímos as variações em nossas percepções às mudanças de humor. Em vez disso, o mundo realmente parece diferente.

Nossos humores tingem o modo como julgamos nossos mundos em parte por trazerem à mente experiências anteriores associadas ao humor. Quando estamos de mau humor, temos mais pensamentos depressivos. Pensamentos relacionados ao humor podem nos distrair de pensamento complexo sobre alguma outra coisa. Consequentemente, quando estamos emocionalmente excitados – quando zangados ou mesmo de muito bom humor – tornamo-nos mais propensos a fazer juízos instantâneos e avaliar os outros com base em estereótipos (Bodenhausen et al., 1994; Paulhus & Lim, 1994).

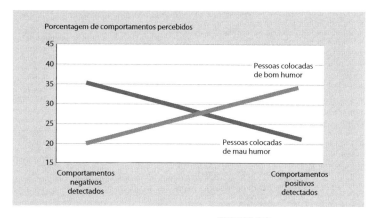

FIGURA 3.3
Um bom ou mau humor temporário influenciou fortemente as classificações das pessoas de seu comportamento filmado. Os que se encontravam de mau humor detectaram muito menos comportamentos positivos.
Fonte: Forgas et al., 1984.

Resumo: Julgamento de nosso mundo social

- Temos uma imensa capacidade para pensamento automático, eficiente, intuitivo. Nossa eficiência cognitiva, embora geralmente adaptativa, vem com o preço de erro ocasional. Uma vez que em geral não temos consciência desses erros que entram em nosso pensamento, é útil identificar modos em que formamos e sustentamos falsas crenças.
- Em primeiro lugar, com frequência superestimamos nossos juízos. Esse *fenômeno de excesso de confiança* provém em parte da facilidade muito maior com a qual podemos imaginar por que poderíamos estar certos do que por que poderíamos estar errados. Além disso, as pessoas são muito mais propensas a buscar informações que possam confirmar suas crenças do que informações que possam refutá-las.
- Segundo, quando recebemos relatos isolados convincentes ou mesmo informações inúteis, com frequência ignoramos informações básicas. Isso se deve em parte à posterior facilidade de recordar informações vívidas (a *heurística da disponibilidade*).
- Terceiro, somos com frequência influenciados por ilusões de correlação e controle pessoal. É tentador perceber correlações onde elas não existem (*correlação ilusória*) e pensar que podemos prever ou controlar eventos casuais (a *ilusão de controle*).
- Por fim, os humores impregnam os julgamentos. Bons e maus humores disparam lembranças de experiências associadas a esses humores. Humores tingem nossas interpretações de experiências correntes e, por nos distraírem, também podem influenciar o quanto pensamos profunda ou superficialmente quando fazemos juízos.

Explicação de nossos mundos sociais

As pessoas fazem questão de explicar os outros, e os psicólogos sociais fazem questão de explicar as explicações das pessoas. Assim, como – e com que precisão – as pessoas explicam o comportamento dos outros? A teoria da atribuição sugere algumas respostas.

Nossos juízos das pessoas dependem de como explicamos seu comportamento. Conforme nossa explicação, podemos julgar o ato de matar como assassinato, homicídio culposo, autodefesa ou heroísmo. Dependendo de nossa explicação, podemos considerar uma pessoa sem moradia carente de iniciativa ou vítima da redução de empregos e do auxílio-desemprego. Conforme nossa explicação, podemos interpretar o comportamento amigável de alguém como afeto genuíno ou como insinuação.

Atribuição de causalidade: À pessoa ou à situação

Analisamos e discutimos por que as coisas acontecem como acontecem, especialmente quando experimentamos alguma coisa negativa ou inesperada (Bohner et al., 1988; Weiner, 1985). Se a produtividade dos empregados diminui, presumimos que eles estão ficando mais preguiçosos? Ou seu local de trabalho tornou-se menos eficiente? Um jovem que bate em seus colegas tem uma personalidade hostil? Ou ele está respondendo a provocações contínuas? Amy Holtzworth-Munroe e Neil Jacobson (1985, 1988) constataram que pessoas casadas com frequência analisam os comportamentos de seus parceiros, especialmente seus comportamentos negativos. Hostilidade fria, mais do que um abraço caloroso, tende a deixar o parceiro se perguntando: *por quê?*

Um erro de atribuição? O estupro cometido por um conhecido às vezes é resultado de um homem interpretar erroneamente a cordialidade de uma mulher como sinal de interesse sexual.

As respostas dos cônjuges estão correlacionadas à satisfação conjugal. Casais infelizes geralmente oferecem explicações para ações negativas que mantêm o sofrimento ("ela se atrasou por que não se importa comigo"). Casais felizes exteriorizam com mais frequência ("ela se atrasou por causa do tráfego pesado"). Com um comportamento positivo do parceiro, suas explicações funcionam de modo semelhante para manter o sofrimento ("ele me trouxe flores porque quer sexo") ou para melhorar o relacionamento ("ele me trouxe flores para mostrar que me ama") (Hewstone & Fincham, 1996; McNulty et al., 2008; Weiner, 1995).

Antonia Abbey (1987, 1991; Abbey & Ross, 1998) e seus colegas constataram repetidamente que os homens são muito mais propensos do que as mulheres a atribuir a afabilidade de uma mulher a um ligeiro interesse sexual. Esse erro de interpretar a cordialidade como um sinal de interesse sexual – um exemplo de erro de atribuição – pode contribuir para um comportamento que as mulheres consideram assédio sexual ou mesmo estupro (Farris et al., 2008; Kolivas & Gross, 2007; Pryor et al., 1997). Muitos homens acreditam que as mulheres se sentem lisonjeadas por repetidos convites para encontros, o que elas com frequência veem como assédio (Rotundo et al., 2001).

erro de atribuição
Atribuir um comportamento à fonte errada.

O **erro de atribuição** é particularmente provável quando os homens estão em posições de poder. Um gerente pode interpretar mal o comportamento submisso ou cordial de uma funcionária subordinada e, cheio de si, vê-la em termos sexuais (Bargh & Raymond, 1995). Os homens pensam em sexo com mais frequência do que as mulheres (ver Capítulo 5). Eles também são mais propensos do que elas a presumir que os outros compartilham de seus sentimentos (recorde o "efeito do falso consenso" do Capítulo 2). Assim, um homem pode superestimar muito o significado sexual do sorriso cortês de uma mulher (Levesque et al., 2006; Nelson & LeBoeuf, 2002).

Esses erros de atribuição ajudam a explicar a maior assertividade sexual exibida pelos homens ao redor do mundo e a maior tendência dos homens em diversas culturas, de Boston a Bombaim, a justificar o estupro alegando que a vítima implícita ou explicitamente consentiu (Kanekar & Nazareth, 1988; Muehlenhard, 1988; Shotland, 1989). As mulheres com mais frequência julgam o sexo forçado como merecedor de condenação e de uma sentença dura (Schutte & Hosch, 1997). Erros de atribuição também ajudam a explicar por que os 23% das mulheres americanas que dizem ter sido forçadas a um comportamento sexual indesejado são oito vezes maior do que os 3% dos homens que admitem que já forçaram uma mulher a fazer sexo (Laumann et al., 1994).

teoria da atribuição
A teoria sobre como as pessoas explicam o comportamento dos outros – por exemplo, atribuindo-o a disposições internas (traços, motivos e atitudes permanentes) ou a situações externas.

A **teoria da atribuição** analisa como explicamos o comportamento das pessoas. As variações da teoria da atribuição têm algumas suposições em comum. Como explicam Daniel Gilbert e Patrick Malone (1995), cada um "interpreta a pele humana como um limite especial que separa um conjunto de 'forças causais' de outro. No lado ensolarado da epiderme estão as forças externas ou situacionais que pressionam o indivíduo para dentro, e no lado corpulento estão as forças internas ou pessoais que exercem pressão para fora. Às vezes, essas forças pressionam em conjunção, outras em oposição, e sua interação dinâmica se manifesta como comportamento observável".

atribuição disposicional
Atribuir o comportamento à disposição e aos traços de uma pessoa.

atribuição situacional
Atribuir o comportamento ao ambiente.

O pioneiro da teoria da atribuição, Fritz Heider (1958), e outros depois dele analisaram a "psicologia do senso comum" pela qual as pessoas explicam eventos cotidianos. Eles concluíram que quando observamos alguém agindo intencionalmente, às vezes atribuímos seu comportamento a causas *internas* (p. ex., a disposição da pessoa) e às vezes a causas *externas* (p. ex., alguma coisa sobre a situação da pessoa). Um professor pode se perguntar se o mau rendimento de uma criança se deve à falta de motivação e capacidade (uma **atribuição disposicional**) ou a circunstâncias físicas e sociais (uma **atribuição situacional**). Além disso, algumas pessoas são mais inclinadas a atribuir o comportamento à personalidade estável; outras tendem mais a atribuir o comportamento a situações (Bastian & Haslam, 2006; Robins et al., 2004).

INFERINDO TRAÇOS

Edward Jones e Keith Davis (1965) observaram que com frequência inferimos que as ações de outras pessoas são indicativas de suas intenções e disposições. Se

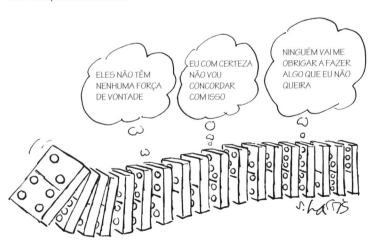

ScienceCartoonsPlus.com.

observo Rick fazendo um comentário sarcástico à Linda, eu deduzo que Rick é uma pessoa hostil. A "teoria das inferências correspondentes" de Jones e Davis especificou as condições sob as quais as pessoas inferem traços. Por exemplo, o comportamento normal ou esperado nos diz menos sobre a pessoa do que o comportamento incomum. Se Samanta é sarcástica em uma entrevista de emprego, situação na qual uma pessoa normalmente seria agradável, isso nos diz mais sobre Samanta do que se ela for sarcástica com seus irmãos.

A facilidade com a qual inferimos traços – fenômeno denominado **inferência espontânea de traços** é notável. Em experimentos na New York University, James Uleman (1989; Uleman et al., 2008) deu aos estudantes afirmativas para lembrar, tais como "o bibliotecário leva as compras da senhora até o outro lado da rua". De forma instantânea, involuntária e inconsciente, os estudantes inferem um traço. Quando posteriormente eles foram auxiliados a se recordar da frase, a dica mais valiosa não foi a palavra "livros" (para lembrar de "bibliotecário") ou "sacolas" (para lembra de "compras"), mas "prestativo" – o traço inferido que eu suspeito que você também espontaneamente atribuiu ao bibliotecário. Após uma exposição de apenas um décimo de segundo ao rosto de alguém, as pessoas espontaneamente inferem alguns traços de personalidade (Willis & Todorov, 2006).

A quê deveríamos atribuir a sonolência de um aluno? À falta de sono? Ao enfado? Fazer atribuições internas ou externas depende de o observarmos consistentemente dormindo nesta e noutras aulas e de se outros alunos reagem como ele nessa aula em particular.

inferência espontânea de traços
Uma inferência automática espontânea de um traço após exposição ao comportamento de alguém.

ATRIBUIÇÕES DO SENSO COMUM

Como a teoria das inferências correspondentes sugere, as atribuições com frequência são irracionais. O pioneiro teorista da atribuição, Harold Kelley (1973), descreveu como explicamos o comportamento usando informações sobre "consistência", "singularidade" e "consenso" (Fig. 3.4).

Consistência: Quão consistente é o comportamento da pessoa nessa situação?

Singularidade: Quão específico é o comportamento da pessoa nessa situação em particular?

Consenso: Em que medida outros nessa situação se comportam de maneira semelhante?

Ao explicarem por que Edgar está tendo problemas com seu computador, a maioria das pessoas usa informações sobre a *consistência* (Edgar geralmente é incapaz de fazer seu computador funcionar?), *singularidade* (Edgar tem problemas com outros computadores ou somente com esse?) e *consenso* (Outras pessoas têm problemas semelhantes com essa marca de computador?). Caso saibamos que apenas o Edgar costuma ter problemas com esse e outros computadores, tenderemos a atribuir os problemas a Edgar, não a defeitos nesse computador.

Assim, nossa psicologia do senso comum muitas vezes explica o comportamento logicamente. Mas Kelley também constatou que as pessoas muitas vezes desconsideram uma causa contribuinte do comportamento se outras causas plausíveis já são conhecidas. Se pudermos especificar uma ou duas razões suficientes para um estudante ter se saído mal em uma prova, muitas vezes ignoramos ou desconsideramos possibilidades alternativas (McClure, 1998). Ou considere o seguinte: você suporia que as pessoas superestimam ou subestimam a frequência de um nome muito conhecido, tal como "Bush", na população norte-americana? Surpreende-me – a você também? – ler a descoberta de Daniel Oppenheimer (2004) de que as pessoas *subestimam* a frequência de nomes hiperfamosos, tais como Bush, em relação a um nome igualmente comum, como Stevenson. Elas o fazem porque sua familiaridade com o nome pode ser atribuída ao Presidente Bush, o que as leva a desconsiderar outras razões para sua familiaridade com "Bush".

Erro fundamental de atribuição

A lição mais importante da psicologia social se refere à influência de nosso ambiente social. A qualquer momento, nosso estado interno e, portanto, o que dizemos e fazemos, depende da situação, bem como do que levamos a ela. Em experimentos, uma pequena diferença entre duas situações às vezes afeta grandemente como as pessoas respondem. Como professor, notei isso quando ensinava o mesmo assunto tanto às 8h30min quanto às 19h. Olhares silenciosos cumprimentavam-me às 8h30min; às 19h, eu precisava inter-

FIGURA 3.4
Teoria das atribuições de Harold Kelley.
Três fatores – consistência, singularidade e consenso – influenciam se atribuímos o comportamento de alguém a causas internas ou externas. Tente criar seus próprios exemplos, tais como: se Mary e muitos outros criticam Steve (com consenso), e se Mary não critica os outros (alta singularidade), então fazemos uma atribuição externa (é algo em relação a Steve). Se apenas Mary (baixo consenso) critica Steve e se ela também critica muitas outras pessoas (pouca singularidade), então somos atraídos a uma atribuição interna (é algo em relação a Mary).

romper uma festa. Em ambas as situações, alguns indivíduos eram mais falantes do que outros, mas a diferença entre as duas situações excedia as diferenças individuais.

Os pesquisadores dessa área encontraram um problema comum em nossas atribuições. Ao explicar o comportamento de alguém, muitas vezes subestimamos o impacto da situação e superestimamos o grau em que ela reflete os traços e atitudes do indivíduo. Assim, mesmo sabendo do efeito da hora do dia sobre a conversação em sala de aula, pareceu-me extremamente tentador presumir que as pessoas na aula das 19h eram mais extrovertidas do que os "tipos silenciosos" que vinham às 8h30min. De modo semelhante, podemos inferir que as pessoas caem porque são desajeitadas, e não porque foram derrubadas; que as pessoas sorriem porque estão felizes, e não porque estão fingindo afabilidade; que as pessoas nos ultrapassam na rodovia porque são agressivas, e não porque estão atrasadas para uma reunião importante.

Essa desconsideração da situação, que Lee Ross (1977) apelidou de **erro fundamental de atribuição**, aparece em muitos experimentos. No primeiro desses estudos, Edward Jones e Victor Harris (1967) fizeram alunos da Duke University lerem os discursos dos debatedores apoiando ou atacando o líder cubano Fidel Castro. Quando informados de que o debatedor escolheu qual posição queria assumir, os alunos presumiram logicamente que isso refletia a atitude da própria pessoa. Mas o que aconteceu quando os alunos foram informados de que o mediador do debate tinha designado a posição? Pessoas que estão simplesmente simulando uma posição escrevem declarações mais vigorosas do que você esperaria (Allison et al., 1993; Miller et al., 1990). Assim, o fato de saber que o debatedor tinha sido designado para defender uma posição a favor ou contra Castro não impediu os alunos de inferir que o debatedor tinha de fato as inclinações designadas (Fig. 3.5). As pessoas pareceram pensar: "Sim, eu sei que ele foi designado para aquela posição, mas, sabe, eu acho que ele realmente acredita naquilo".

O erro é tão irresistível que mesmo quando as pessoas sabem que estão *causando* o comportamento de outra, elas ainda subestimam influências externas. Se os indivíduos impõem uma opinião que outra pessoa deve então expressar, eles ainda tendem a ver que a pessoa realmente têm aquela opinião (Gilbert & Jones, 1986). Se as pessoas são solicitadas a se autoenaltecerem ou se autodepreciarem durante uma entrevista, elas estão muito conscientes de por que estão agindo dessa forma. Mas elas estão *inconscientes* de seu efeito sobre outra pessoa. Se Juan age com modéstia, seu parceiro ingênuo Bob também tende a exibir modéstia. Juan facilmente compreenderá seu próprio comportamento, mas ele pensará que o coitado do Bob sofre de baixa autoestima (Baumeister et al., 1988). Em suma, tendemos a presumir que os outros *são* do modo como agem. Observando Cinderela encolhendo-se em seu lar opressivo, as pessoas (ignorando a situação) inferem que ela é humilde; dançando com ela no baile, o príncipe vê uma pessoa charmosa e encantadora.

A desconsideração de pressões sociais foi evidente em um experimento intelectualmente instigante de Ross e colaboradores (1977). O experimento recriou a experiência pessoal de Ross de passar de estudante de pós-graduação a professor. Sua prova oral de doutorado se revelara uma experiência humilhante, uma vez que seus professores aparentemente brilhantes o arguiram sobre temas nos quais eram especialistas. Seis meses depois, o Dr. Ross era ele próprio examinador, agora capaz de fazer perguntas penetrantes sobre *seus* temas prediletos. O desafortunado aluno de Ross posteriormente confessou que se sentiu exatamente como Ross tinha se sentido seis meses antes – insatisfeito com sua ignorância e impressionado com a aparente genialidade de seus examinadores.

No experimento, com Teresa Amabile e Julia Steinmetz, Ross montou um jogo de perguntas e respostas simulado. Ele designou aleatoriamente alguns alunos da Stanford University para desempenharem o papel de perguntadores, alguns para desempenhar o papel de respondedores e outros para observar. Os pesquisadores convidaram os perguntadores a elaborar perguntas difíceis que demonstrassem sua riqueza de conhecimentos. Qualquer um pode imaginar perguntas desse tipo utilizando sua própria área de competência: "Onde fica a Ilha Bainbridge?", "Como morreu Maria, a Rainha dos Escoceses?", "Quem tem o litoral mais extenso, a Europa ou a África?". Se mesmo essas poucas perguntas fazem você se sentir um pouco desinformado, então você apreciará os resultados deste experimento.[1]

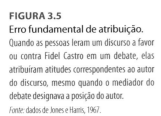

erro fundamental de atribuição
A tendência do observador de subestimar influências situacionais e superestimar influências disposicionais no comportamento dos outros. (Também denominado *viés de correspondência*, porque com muita frequência vemos o comportamento como correspondente a uma disposição.)

FIGURA 3.5
Erro fundamental de atribuição.
Quando as pessoas leram um discurso a favor ou contra Fidel Castro em um debate, elas atribuíram atitudes correspondentes ao autor do discurso, mesmo quando o mediador do debate designava a posição do autor.
Fonte: dados de Jones e Harris, 1967.

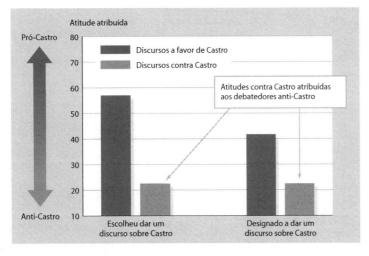

___
[1] A Ilha Bainbridge fica em frente a Puget Sound, a partir de Seattle. Maria foi condenada à decapitação por sua prima, a Rainha Elizabeth I. Embora o continente africano tenha mais do que o dobro da área da Europa, o litoral da Europa é mais extenso. (Ele é mais acidentado, com inúmeros portos e enseadas, uma característica geográfica que contribuiu para seu papel na história do comércio marítimo.)

Todos tinham de saber que o perguntador estaria em vantagem. Contudo, tanto os respondedores quanto os observadores (mas não os perguntadores) chegaram à errônea conclusão de que os perguntadores *eram realmente* mais instruídos do que os respondentes (Fig. 3.6). Pesquisas de seguimento mostram que essas impressões errôneas dificilmente são um reflexo de baixa inteligência social. Na verdade, pessoas inteligentes e socialmente competentes são *mais* propensas a cometer o erro de atribuição (Block & Funder, 1986).

Na vida real, os que possuem poder social geralmente iniciam e controlam as conversas, o que com frequência leva os subordinados a superestimar seu conhecimento e inteligência. Com frequência, presume-se, por exemplo, que os médicos são especialistas em todos os tipos de questões não relacionadas à medicina. De modo semelhante, os estudantes com frequência superestimam o saber de seus professores. (Como no experimento, os professores são perguntadores em assuntos de seu especial conhecimento.) Quando alguns desses estudantes posteriormente tornam-se professores, em geral ficam surpresos ao descobrir que, afinal de contas, os professores não são tão brilhantes.

Quando vemos um ator de cinema fazendo papel de "mocinho" e de "bandido", temos dificuldade de fugir da ilusão de que o comportamento que segue o roteiro reflete uma disposição interna. Talvez seja por isso que Leonard Nimoy, que fez o papel de Sr. Spock na série original de "Jornada nas Estrelas", intitulou um de seus livros de *Eu não sou Spock*.

Para ilustrar o erro fundamental de atribuição, a maioria não precisa olhar além das próprias experiências. Determinada a fazer novos amigos, Bev engessa um sorriso no rosto e ansiosamente mergulha em uma festa. Todos parecem bastante relaxados e felizes enquanto riem e falam uns com os outros. Bev pergunta a si mesma: "Por que todos sempre se sentem tão à vontade em grupos como esse, enquanto me sinto tímida e tensa?". Na verdade, todas as outras pessoas também estão se sentindo nervosas e cometendo o mesmo erro de atribuição ao presumir que Bev e os outros *são* o que *parecem* – confiantemente sociáveis.

POR QUE COMETEMOS ERROS DE ATRIBUIÇÃO?

Até aqui vimos um viés no modo como explicamos o comportamento de outras pessoas: com frequência ignoramos determinantes situacionais poderosos. Por que tendemos a subestimar os determinantes situacionais do comportamento dos outros, mas não os nossos?

PERSPECTIVA E CONSCIÊNCIA SITUACIONAL

Perspectivas de ator versus *de observador?* Teoristas da atribuição assinalaram que observamos os outros e a nós mesmos de perspectivas diferentes (Jones, 1976; Jones & Nisbett, 1971). Quando agimos, o *ambiente* comanda nossa atenção. Quando vemos outra pessoa agir, aquela *pessoa* ocupa o centro de nossa atenção e o ambiente torna-se relativamente invisível. O comandante de Auschwitz, Rudolph Höss (1959), enquanto agia como um bom oficial da SS "que não podia demonstrar o menor sinal de emoção", declarou uma angústia íntima por suas ações genocidas, dizendo que sentia "tamanha pena que ansiava sumir de cena". Contudo, inferia que os prisioneiros judeus igualmente estoicos eram indiferentes – uma "característica racial", ele presumia – enquanto conduziam seus semelhantes até as câmaras de gás.

De sua análise de 173 estudos, Bertram Malle (2006) concluiu que a diferença ator-observador é mínima. Quando nossas ações parecem intencionais e admiráveis, as atribuímos a nossas boas razões, não à situação. É somente quando nos comportamos mal que somos mais propensos a atribuir o comportamento à situação, enquanto alguém que nos observa pode espontaneamente inferir um traço.

Viés da perspectiva de câmera. Em alguns experimentos, as pessoas viram um vídeo de um suspeito confessando durante um interrogatório policial. Quando viam a confissão através de uma câmera focada no suspeito, elas percebiam a confissão como genuína. Quando a viam através de uma câmera focada no detetive, elas a percebiam como

FIGURA 3.6

Tanto os competidores quanto os observadores de um jogo de perguntas e respostas assumiram que uma pessoa que foi aleatoriamente designada para o papel de perguntador sabia muito mais do que o respondedor. Na verdade, os papéis designados de perguntador e respondedor simplesmente faziam o perguntador parecer mais conhecedor. A incapacidade de reconhecer isso ilustra o erro fundamental de atribuição.

Fonte: dados de Ross, Amabile e Steinmetz, 1977.

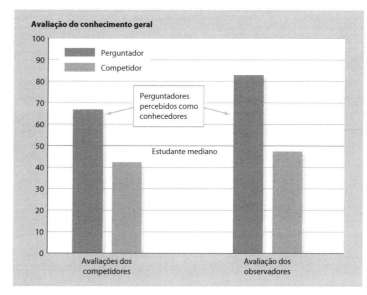

As pessoas com frequência atribuem grande inteligência àquelas que testam o conhecimento dos outros, tais como professores e anfitriões de programas de perguntas e respostas.

> "E na imaginação, ele começou a se recordar dos melhores momentos de sua vida agradável... Mas a criança que tinha experimentado aquela felicidade não existia mais, era como uma reminiscência de outra pessoa."
> —LEON TOLSTOY, *A MORTE DE IVAN ILITCH*, 1886

autoconsciência
Um estado de consciência de si próprio em que a atenção se concentra sobre nós mesmos. Ela torna as pessoas mais sensíveis às próprias atitudes e disposições.

O erro fundamental de atribuição: observadores subestimando a situação. Chegando de carro a um posto de gasolina, podemos pensar que a pessoa estacionada na segunda bomba (impedindo o acesso à primeira) está sendo desatenta. Aquela pessoa, tendo chegado quando a primeira bomba estava em uso, atribui seu comportamento à situação.

mais coagida (Lassiter et al., 1986, 2005, 2007). A perspectiva da câmera influenciou os juízos de culpa das pessoas mesmo quando o juiz as instruiu a não permitirem que isso acontecesse (Lassiter et al., 2002).

Nos tribunais, os vídeos de confissão, em sua maioria, focam no confessor. Como poderíamos esperar, observaram Daniel Lassiter e Kimberly Dudley (1991), essas fitas geram uma taxa de condenação de aproximadamente 100% quando executadas por promotores. Ciente dessa pesquisa, relata Lassiter, a Nova Zelândia instituiu a política nacional de que os interrogatórios policiais sejam filmados com idêntico foco no oficial de polícia e no suspeito, como, por exemplo, ao filmá-los com os perfis de ambos.

Perspectivas mudam com o tempo. À medida que a pessoa antes visível recua em sua memória, os observadores dão cada vez mais crédito à situação. Como vimos no pioneiro experimento do erro de atribuição de Edward Jones e Victor Harris (1967), imediatamente depois de ouvir alguém defender uma posição designada, as pessoas presumem que é assim que a pessoa realmente se sentia. Jerry Burger e M. L. Palmer (1991) constataram que uma semana depois elas estão muito mais prontas para reconhecer as pressões situacionais. Um dia após a eleição presidencial, Burger e Julie Pavelich (1994) perguntaram aos eleitores por que a eleição teve aquele resultado. A maioria atribuiu o resultado aos traços e posições pessoais dos candidatos (o vencedor do partido beneficiado era agradável). Quando fizeram a mesma pergunta a outros eleitores um ano depois, somente um terço atribuiu o veredicto aos candidatos. Mais pessoas então reconheceram as circunstâncias, tais como o bom humor do país e a economia robusta.

Vamos tornar isso pessoal: você geralmente é quieto, falador ou depende da situação? "Depende da situação" é uma resposta comum. Mas quando solicitadas a descrever um amigo – ou a descrever como eram cinco anos atrás –, as pessoas com mais frequência fazem descrições de traços. Quando recordamos nosso passado, é como se nos tornássemos outra pessoa, observam os pesquisadores Emily Pronin e Lee Ross (2006). Para a maioria de nós, o "você antigo" é alguém diferente do "você real" de hoje. Consideramos nossos passados distantes (e nossos *selves* futuros distantes) quase como se eles fossem outras pessoas ocupando nosso corpo.

Autoconsciência. As circunstâncias também podem mudar nossa perspectiva sobre nós mesmos. Ver a si próprio na televisão redireciona nossa atenção a nós mesmos. Quando vemos nossa imagem em um espelho, ouvimos nossas vozes gravadas, somos fotografados ou preenchemos questionários biográficos, isso concentra nossa atenção sobre nós de forma semelhante, tornando-nos conscientes *de nós mesmos* em vez de conscientes *da situação*. Vendo em retrospectiva malfadados relacionamentos que uma vez pareciam impossíveis de afundar como um *Titanic*, as pessoas podem ver os *icebergs* com mais facilidade (Berscheid, 1999).

Robert Wicklund, Shelley Duval e colaboradores exploraram os efeitos da **autoconsciência** (Duval & Wicklund, 1972; Silvia & Duval, 2001). Quando nossa atenção se concentra sobre nós mesmos, com frequência atribuímos a responsabilidade a nós mesmos. Allan Fenigstein e Charles Carver (1978) demonstraram isso fazendo os estudantes se imaginarem em situações hipotéticas. Fez-se que alguns estudantes se tornassem autoconscientes por pensarem que estavam ouvindo seus próprios batimentos cardíacos enquanto ponderam a situação. Comparados com aqueles que pensaram que estavam apenas ouvindo ruídos irrelevantes, os estudantes autoconscientes viram a si mesmos como mais responsáveis pelo desfecho imaginado.

Algumas pessoas são muito autoconscientes. Em experimentos, as pessoas que descrevem a si como intimamente autoconscientes (que concordam com declarações como "Eu geralmente estou atento a meus sentimentos íntimos") comportam-se de modo semelhante ao de pessoas cuja atenção foi autofocada com um espelho (Carver & Scheier, 1978). Assim, as pessoas cuja atenção se concentra em si mesmas – seja brevemente durante um experimento ou porque são pessoas autoconscientes – veem-se mais como fazem os observadores; elas atribuem seu comportamento mais a fatores internos e menos à situação.

Todos esses experimentos apontam para uma razão para o erro de atribuição: *encontramos causas onde as pro-*

curamos. Para ver isso em sua própria experiência, considere: você diria que seu professor de psicologia social é uma pessoa que fala muito ou pouco?

Meu palpite é que você deduziu que ele é bastante extrovertido. Mas considere: sua atenção se concentra em seu professor enquanto ele se comporta em um contexto público que exige que ele fale. O professor também observa seu próprio comportamento em muitas situações diferentes – na sala de aula, em reuniões, em casa. "Eu, falador?" seu professor poderia dizer. "Bem, depende da situação. Quando estou em aula ou com bons amigos, sou mais extrovertido. Mas em congressos e em situações desconhecidas, eu me sinto e ajo de maneira mais tímida." Por estarmos mais conscientes de como nosso comportamento varia com a situação, vemo-nos como mais variáveis do que as outras pessoas (Baxter & Goldberg, 1987; Kammer, 1982; Sande et al., 1988). "Nigel é tenso, Fiona é calma. Comigo varia."

DIFERENÇAS CULTURAIS As culturas também influenciam o erro de atribuição (Ickes,1980; Watson, 1982). Uma visão de mundo ocidental predispõe as pessoas a presumirem que as pessoas, e não as situações, causam os eventos. Explicações internas são socialmente mais aprovadas (Jellison & Green, 1981). "Você é capaz!", garante-nos a psicologia popular do pensamento positivo da cultura ocidental. Você ganha o que merece e merece o que ganha.

Focando na pessoa. Você deduziria que seu professor nesta disciplina, ou o professor mostrado aqui, é naturalmente extrovertido?

À medida que crescem na cultura ocidental, as crianças aprendem a explicar o comportamento em termos das características pessoais do outro (Rholes et al., 1990; Ross, 1981). Como aluno da 1ª série, um de meus filhos trouxe um exemplo para casa. Ele desemaranhou as palavras "portão o manga prendeu Tom em sua" para formar "o portão prendeu Tom em sua manga". O professor, aplicando as suposições culturais ocidentais dos materiais curriculares, marcou a frase como incorreta. A resposta "certa" situava a causa em Tom: "Tom prendeu sua manga [n]o portão".

O erro fundamental de atribuição ocorre em diversas culturas (Krull et al., 1999). No entanto, as pessoas nas culturas asiáticas ocidentais são um pouco mais sensíveis à importância das situações. Assim, quando conscientes do contexto social, elas são menos inclinadas a presumir que o comportamento dos outros corresponde a seus traços (Choi et al., 1999; Farwell & Weiner, 2000; Masuda & Kitayama, 2004).

Alguns idiomas promovem atribuições externas. Em vez de "eu estava atrasado", a língua espanhola nos permite dizer "o relógio fez eu me atrasar". Em culturas coletivistas, as pessoas percebem os outros em termos de disposições pessoais com menos frequência (Lee et al., 1996; Zebrowitz-McArthur, 1988). Elas são menos propensas a interpretar espontaneamente um comportamento como reflexo de um traço permanente (Newman, 1993). Quando ficam sabendo das ações dos outros, os hinduístas da Índia são menos propensos do que os norte-americanos a oferecer explicações disposicionais ("Ela é gentil") e mais propensos a oferecer explicações situacionais ("Os amigos estavam com ela") (Miller, 1984).

O erro fundamental de atribuição é *fundamental* porque ele tinge todas as nossas explicações de maneiras básicas e importantes. Pesquisadores na Grã-Bretanha, na Índia, na Austrália e nos Estados Unidos constataram que as atribuições das pessoas podem prever suas atitudes em relação aos pobres e aos desempregados. (Furnham, 1982; Pandey et al., 1982; Skitka, 1999; Wagstaff, 1983; Zucker & Weiner, 1993). Aqueles que atribuem a pobreza e o desemprego a disposições pessoais ("Eles são apenas preguiçosos e desmerecedores") tendem a adotar posições políticas antipáticas a essas pessoas (Fig. 3.7). A *atribuição disposicional* atribui o comportamento à disposição e aos traços da pessoa. Aqueles que fazem *atribuições situacionais* ("Se você ou eu vivêssemos com a mesma falta de espaço, pouco ensino e discriminação, estaríamos melhores?") tendem a adotar posições políticas que oferecem apoio mais direto aos pobres.

Podemos nos beneficiar de estarmos conscientes do erro de atribuição? Certa vez ajudei com algumas entrevistas para preenchimento de um cargo na faculdade. Um candidato foi entrevistado por seis de nós ao mesmo tempo; cada um teve a oportunidade de fazer duas ou três perguntas. Eu saí pensando: "Que pessoa rígida e atrapalhada ele é". Encontrei a segunda candidata a sós durante um café, e imediatamente descobrimos que tínhamos um amigo próximo em comum. Enquanto conversamos, fui ficando cada vez mais impressionado pela "pessoa carinhosa, envolvente e estimulante que ela é". Somente mais tarde é que me lembrei do erro fundamental de atribuição e reavaliei minha análise. Eu tinha atribuído a rigidez dele e o calor dela a suas disposições; na verdade, posteriormente percebi, esse comportamento resultou em parte da diferença em suas situações de entrevista.

FIGURA 3.7
Atribuições e reações.
Nosso modo de explicar o comportamento negativo de alguém determina como nos sentimos a esse respeito.

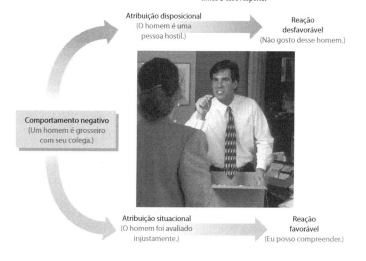

POR QUE ESTUDAMOS ERROS DE ATRIBUIÇÃO

Este capítulo, como o que o antecedeu, explica alguns pontos fracos e falácias em nosso pensamento social. A leitura sobre isso pode parecer, como colocou um de meus alunos, que "os psicólogos sociais se divertem pregando peças nas pessoas". Na verdade, os experimentos não visam demonstrar "o quanto esses mortais são bobos" (embora alguns dos experimentos sejam um pouco divertidos). Em vez disso, seu propósito é revelar como pensamos sobre nós mesmos e os outros.

Se nossa capacidade para ilusão e autoengano é chocante, lembre-se de que nossos modos de pensamento geralmente são adaptativos. O pensamento ilusório com frequência é um subproduto das estratégias de nossa mente para simplificar informações complexas. Ele é análogo a nossos mecanismos perceptuais, que geralmente nos dão imagens úteis do mundo, mas às vezes nos desencaminham.

Um segundo motivo para nos concentrarmos em vieses de pensamento como o erro fundamental de atribuição é humanitário. Uma das "grandes mensagens humanizadoras" da psicologia social, segundo Thomas Gilovich e Richard Eibach (2001), é que as pessoas nem sempre devem ser responsabilizadas por seus problemas. "Com mais frequência do que as pessoas estão dispostas a reconhecer", eles concluem, "fracasso, deficiência e infortúnio são... produto de causas ambientais reais".

Uma terceira razão para nos concentrarmos em vieses é que geralmente não temos consciência deles e podemos nos beneficiar de uma maior consciência. Como com outros vieses, tais como o viés de autosserviço (Capítulo 2), as pessoas veem a si mesmas como menos suscetíveis do que as outras a erros de atribuição (Pronin, 2008). Meu palpite é que você vai encontrar mais surpresas, mais desafios e mais benefício em uma análise de erros e vieses do que encontraria em uma sequência de testemunhos da capacidade humana para a lógica e realização intelectual. Também é por isso que a literatura universal sempre retrata o orgulho e outras fraquezas humanas. A psicologia social visa nos expor às falácias em nosso pensamento na esperança de que nos tornemos mais racionais, mais em contato com a realidade. A esperança não é vã: estudantes de psicologia explicam o comportamento de maneira menos simplista do que estudantes de ciências naturais com inteligência semelhante (Fletcher et al., 1986).

> "A maioria das pessoas não é preguiçosa... Elas pegam o ônibus cedo. Elas criam filhos de outras pessoas. Elas limpam as ruas. Não, não, elas não são preguiçosas."
> —REVERENDO JESSE JACKSON, EM DISCURSO PARA A CONVENÇÃO DO PARTIDO DEMOCRÁTICO NACIONAL, JULHO DE 1988

Resumo: Explicação de nosso mundo social

- *A teoria da atribuição* envolve como explicamos o comportamento das pessoas. O erro de atribuição – atribuir o comportamento à fonte errada – é um fator importante no assédio sexual, pois uma pessoa no poder (via de regra do sexo masculino) interpreta a cordialidade como um sinal de interesse sexual.
- Embora geralmente nossas atribuições sejam sensatas, com frequência cometemos o *erro fundamental de atribuição* (também denominado *viés de correspondência*) quando explicamos o comportamento dos outros. Atribuímos seu comportamento tanto a seus traços e atitudes internas que desconsideramos pressões situacionais, mesmo que estas sejam muito óbvias. Cometemos esse erro de atribuição em parte porque, quando vemos alguém agir, aquela *pessoa* é o foco de nossa atenção e a situação é relativamente invisível. Quando *nós* agimos, nossa atenção geralmente está focada naquilo a que estamos reagindo – a situação é mais visível.

Expectativas de nossos mundos sociais

Tendo considerado como explicamos e julgamos os outros – de maneira eficiente e adaptativa, mas, às vezes, errônea –, concluímos este capítulo ponderando os efeitos de nossos julgamentos sociais. Nossas crenças sociais importam? Elas mudam nossa realidade?

Nossas crenças e julgamentos sociais importam, sim. Eles influenciam nosso modo de sentir e agir, e por isso podem ajudar a produzir sua própria realidade. Quando nossas ideias nos levam a agir de modos que produzem sua aparente confirmação, elas se tornaram o que o sociólogo Robert Merton (1948) chamou de **profecias autorrealizadoras** – crenças que levam a sua própria concretização. Se, acreditando que seu banco está prestes a falir, seus clientes correm para retirar seu dinheiro, então suas falsas percepções podem criar a realidade, observou Merton. Se as pessoas são levadas a acreditar que as ações estão prestes a disparar, elas vão mesmo disparar. (Ver "Em Foco: A profecia autorrealizadora do mercado de valores.)

Em seus conhecidos estudos do *viés do experimentador*, Robert Rosenthal (1985, 2006) constatou que os participantes de uma pesquisa correspondem ao que acreditam que os experimentadores esperam deles. Em um estudo, os experimentadores pediram aos participantes que julgassem o sucesso de pessoas em várias fotografias. Os experimentadores leram as mesmas instruções a todos os participantes e mostraram a eles as mesmas fotos. Não obstante, os experimentadores que esperavam que os participantes vissem as pessoas fotografadas como bem-sucedidas obtiveram classificações mais altas do que aqueles que esperavam que seus participantes vissem as pessoas como fracassadas. Ainda mais surpreendentes – e controversos – são os relatos de que as crenças dos professores sobre seus alunos funcionam como profecias autorrealizadoras do modo semelhante. Se um professor acredita que um aluno é bom em matemática, o aluno vai se sair bem na aula? Vamos examinar isso.

profecia autorrealizadora
Uma crença que leva à própria concretização.

Rosenthal (2008) lembra-se de submeter um trabalho descrevendo seus primeiros experimentos sobre viés do experimentador a uma revista importante e a um concurso premiado da Associação Americana para o Avanço da Ciência. Algumas semanas depois, ele recebeu, no mesmo dia, uma carta da revista rejeitando o trabalho e outra da associação condecorando-o como o melhor trabalho científico do ano. Na ciência, como na vida diária, algumas pessoas apreciam o que outras não, e é por isso que muitas vezes vale a pena tentar e, se rejeitado, tentar outra vez.

EM FOCO: Profecia autorrealizadora do mercado de valores

Na noite de 6 de janeiro de 1981, Joseph Granville, um popular consultor de investimentos da Flórida, comunicou a seus clientes: "As cotações das ações vão despencar; venda amanhã". O conselho de Granville logo se espalhou, e 7 de janeiro tornou-se o dia de maior negociação na história da Bolsa de Valores de Nova York. No cômputo total, a perda nos valores das ações foi de 40 bilhões de dólares.

Quase meio século atrás, John Maynard Keynes comparou essa psicologia do mercado de valores aos concursos de beleza então promovidos pelos jornais londrinos. Para vencer, era preciso escolher seis de uma centena de rostos que eram, por sua vez, escolhidos com mais frequência por concorrentes de outros jornais. Assim, como Keynes escreveu, "cada competidor tem que escolher não os rostos que ele próprio acha mais bonitos, mas aqueles que ele acha que mais provavelmente agradarão outros concorrentes".

Os investidores também tentam escolher não as ações que lhe agradam, mas as ações que os outros investidores preferem. O nome do jogo é prever o comportamento dos outros. Como explicou um gerente financeiro de Wall Street, "você pode concordar ou não com a opinião de Granville – mas isso geralmente não vem ao caso". Se você acha que o conselho dele vai fazer os outros venderem, então você vai querer vender rápido, antes que os valores caiam mais. Se você prevê que os outros vão comprar, você compra agora para vencer na corrida.

A psicologia autorrealizadora do mercado de valores chegou ao extremo na segunda-feira de 19 de outubro de 1987, quando o índice Dow Jones caiu 20%. Parte do que acontece durante esses colapsos é que a imprensa e a indústria de rumores focam nas más notícias que existem à disposição para explicá-los. Uma vez divulgadas, as histórias explicativas diminuem ainda mais as expectativas das pessoas, fazendo os preços caírem ainda mais. O processo também acontece no sentido contrário, ampliando boas notícias quando as cotações das ações estão subindo.

Em abril de 2000, o mercado volátil de tecnologia mais uma vez demonstrou uma psicologia de autorrealização, hoje chamado de *momentum investing*. Depois de dois anos comprando ações avidamente (porque as cotações estavam subindo), as pessoas começaram a vendê-las de modo frenético (porque as cotações estavam caindo). Essas doidas oscilações de mercado – "exuberância irracional" seguida de colapso – são principalmente autoproduzidas, observou o economista Robert Shiller (2000). Em 2008 e 2009, a psicologia do mercado despencou de novo como mais uma bolha explodindo.

Expectativas dos professores e desempenho dos alunos

Os professores realmente têm mais expectativas em relação a alguns alunos do que outros. Talvez você tenha detectado isso tendo um irmão ou irmã que o antecedeu na escola ou depois de ter recebido um rótulo como "superdotado" ou "portador de deficiência de aprendizagem" – ou, ainda, depois de ser agrupado com alunos de "capacidade superior" ou de "capacidade mediana". Talvez as conversas na sala dos professores tenham aumentado seu prestígio. Ou talvez seu novo professor tenha examinado seu arquivo escolar ou descoberto a posição social de sua família. Não resta dúvida de que as avaliações dos professores estão correlacionadas com o desempenho dos alunos: eles pensam bem de estudantes que se saem bem. Isso ocorre sobretudo porque os professores percebem com precisão as capacidades e realizações de seus alunos (Jusim, 2005).

Mas as avaliações dos professores podem ser uma *causa* além de uma consequência do desempenho dos alunos? Um estudo correlacional de 4.300 escolares britânicos realizado por William Crano e Phyllis Mellon (1978) sugeriu que sim. Não apenas o alto desempenho é seguido de melhores avaliações dos professores, mas também o inverso é verdadeiro.

Poderíamos testar esse "efeito de expectativas do professor" experimentalmente? Suponha que demos a um professor a impressão de que Dana, Sally, Todd e Manuel – quatro estudantes escolhidos aleatoriamente – são excepcionalmente capazes. Será que o professor vai conceder um tratamento especial a esses quatro e obter um desempenho superior deles? Em um experimento hoje famoso, Rosenthal e Lenore Jacobson (1968) relataram exatamente isso. Crianças selecionadas de modo aleatório em uma escola de ensino fundamental em relação às quais se disse que (com base em um teste fictício) estavam na iminência de um drástico crescimento intelectual realmente depois deram um salto à frente nos escores de Q.I.

Esse drástico resultado parecia sugerir que os problemas escolares dos alunos "desfavorecidos" poderiam refletir as baixas expectativas de seus professores. Os achados em breve foram divulgados na mídia, assim como em muitos livros-texto universitários. Contudo, uma análise adicional – que não foi tão divulgada – revelou que o efeito das expectativas dos professores não era tão poderoso e confiável quanto esse estudo tinha levado muitas pessoas a acreditar (Spitz, 1999). Pela conta do próprio Rosenthal, apenas em um quarto dos quase 500 experimentos publicados as expectativas afetaram significativamente o desempenho (Rosenthal, 1991, 2002). Baixas expectativas não condenam crianças ao insucesso, tampouco altas expectativas transformam magicamente um aprendiz lento em um aluno de destaque. A natureza humana não é tão maleável.

Entretanto, altas expectativas realmente parecem impulsionar aqueles que apresentam maus desempenhos, para os quais uma atitude positiva do professor pode ser um alento de esperança (Madon et al., 1997). Como essas expectativa são transmitidas? Rosenthal e outros investigadores relatam que os professores olham, sorriem e aquiescem com a cabeça mais para "alunos com alto potencial". Os professores também podem ensinar mais a seus alunos "dotados", estabelecer metas mais elevadas para eles, chamá-los mais e dar-lhes mais tempo para responder (Cooper, 1983; Harris & Rosenthal, 1985, 1986; Jussim, 1986).

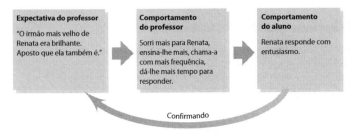

FIGURA 3.8
Profecias autorrealizadoras.
As expectativas dos professores podem se tornar profecias autorrealizadoras. Contudo, geralmente as expectativas dos professores refletem a realidade com precisão (Jussim & Harber, 2005).

Basta uma pequena amostra de comportamento – apenas alguns segundos – para julgar o calor e entusiasmo de um professor (Ambady & Rosenthal, 1992, 1993).

Em um estudo, Elisha Babad, Frank Bernieri e Rosenthal (1991) filmaram professores conversando com ou sobre alunos ocultos para os quais eles tinham altas ou baixas expectativas. Um clipe aleatório de 10 segundos da voz ou do rosto do professor foi suficiente para que os espectadores – tanto crianças quanto adultos – identificassem se aquele era um bom ou um mau aluno e o quanto o professor gostava dele. (Você entendeu direito: 10 segundos.) Ainda que os professores achem que podem esconder seus sentimentos e se comportar imparcialmente diante da classe, os alunos são muito sensíveis às expressões faciais e movimentos corporais do professor (Fig. 3.8).

Ler sobre experimentos sobre as expectativas dos professores faz-me pensar sobre o efeito das expectativas dos alunos em seus professores. Certamente você inicia muitas de suas disciplinas tendo ouvido falar que o "o professor Silva é interessante" e "o professor João é um chato". Robert Feldman e Thomas Prohaska (1979; Feldman & Theiss, 1982) constataram que essas expectativas podem influenciar tanto o aluno quanto o professor. Em um experimento de aprendizagem, os alunos que tinham a expectativa de serem ensinados por um professor excelente perceberam seu professor (que não sabia de suas expectativas) como mais competente e interessante do que o fizeram os alunos com baixas expectativas. Além disso, os estudantes realmente aprenderam mais. Em um experimento posterior, mulheres que foram induzidas a acreditar que seu professor era sexista tiveram uma experiência menos positiva com ele, pior desempenho e o classificaram como menos competente do que mulheres que não tinham a expectativa sexista (Adams et al., 2006).

Esses resultados deviam-se inteiramente às percepções dos alunos, ou também a uma profecia autorrealizadora que influenciou o professor? No experimento a seguir, Feldman e Prohaska filmaram professores e fizeram observadores avaliar os desempenhos deles. Os professores foram julgados mais capazes quando recebiam um aluno que expressava expectativas positivas não verbalmente.

Para ver se esses efeitos também poderiam ocorrer em salas de aula reais, uma equipe de pesquisa liderada por David Jamieson (1987) fez um experimento com quatro turmas do ensino médio de Ontário ensinadas por um professor recém-transferido. Durante entrevistas individuais, eles disseram aos estudantes em duas das turmas que tanto outros alunos quanto a equipe de pesquisa tinham o professor em alta conta. Comparados às turmas-controle, os alunos com expectativas favoráveis prestaram mais atenção durante a aula. Ao final da unidade de ensino, eles também receberam melhores notas e consideraram o professor mais claro em seu ensino. Ao que parece, as atitudes que uma turma tem em relação ao seu professor são tão importantes quanto a atitude do professor em relação a seus alunos.

Obter dos outros o que esperamos

Portanto, as expectativas de experimentadores e professores, ainda que razoavelmente precisas, às vezes atuam como profecias autorrealizadoras. Quão comuns são as profecias autorrealizadoras? Recebemos das pessoas o que esperamos delas? Estudos mostram que profecias autorrealizadoras também operam em ambientes de trabalho (com gerentes que têm altas ou baixas expectativas), em tribunais (com juízes instruindo júris) e em contextos policiais simulados (quando interrogadores com expectativas de culpa ou inocência interrogam e pressionam suspeitos) (Kassin et al., 2003; Rosenthal, 2003, 2006).

As profecias autorrealizadoras tingem nossos relacionamentos pessoais? Existem momentos quando expectativas negativas de alguém nos levam a ser mais gentis com uma pessoa, o que a induz a ser gentil em retribuição – assim, refutando nossas expectativas. Mas um achado mais comum em estudos de interação social é que, sim, em certa medida obtemos o que esperamos (Olson et al., 1996).

Em simulações de laboratório, hostilidade quase sempre gera hostilidade: as pessoas que percebem seus adversários como não cooperativos irão prontamente induzi-los a não serem cooperativos (Kelley & Stahelski, 1970). A percepção do outro como agressivo, ressentido e vingativo induz o outro a exibir esses comportamentos como autodefesa, assim criando um círculo vicioso que se autoperpetua. Em outro experimento, as pessoas anteviram interação com outra pessoa de etnia diferente. Quando levadas a esperar que a pessoa não gostava de interagir com alguém de sua etnia, elas sentiam mais raiva e exibiam mais hostilidade em relação àquela pessoa (Butz & Plant, 2006). De modo semelhante, esperar que minha esposa esteja de mau ou de bom humor pode afetar meu modo de me relacionar com ela, assim induzindo-a a confirmar minha crença.

Então, as relações íntimas prosperam quando os parceiros idealizam um ao outro? As ilusões positivas das virtudes do outro são autorrealizadoras? Ou com mais frequência elas são autoderrotistas, por criarem altas expectativas que não podem ser atingidas? Entre os casais de namorados da Waterloo University seguidos por Sandra Murray e colaboradores (1996a, 1996b, 2000), os ideais positivos do parceiro eram bons presságios. A idealização ajudava a amortecer os conflitos, reforçar a satisfação e transformar sapos autopercebidos em príncipes ou princesas. Quando alguém nos ama e admira, isso nos ajuda a ser mais a pessoa que ele ou ela imagina que somos.

Confirmação comportamental. Quando os fãs de futebol ingleses foram à França para a Copa do Mundo de 1998, esperava-se que eles correspondessem a sua fama de *hooligans* agressivos. Consta que os jovens e a polícia francesa, esperando um comportamento agressivo, demonstraram hostilidade em relação aos ingleses, que retaliaram, assim confirmando a expectativa (Klein & Snyder, 2003).

Quando casais de namorados lidam com conflitos, os otimistas e seus parceiros esperançosos tendem a perceber um ao outro como envolvidos construtivamente. Comparados àqueles com expectativas mais pessimistas, eles então se sentem mais apoiados e mais satisfeitos com o desfecho (Srivastava et al., 2006). Entre cônjuges, também, aqueles que se preocupam que seu parceiro não os ama nem os aceita como são interpretam pequenas ofensas como rejeições, o que os motiva a desvalorizar o parceiro e se distanciarem. Aqueles que presumem o amor e a aceitação de seu parceiro respondem de maneira menos defensiva, dão menos importância a eventos estressantes e tratam seus parceiros melhor (Murray et al., 2003). O amor ajuda a criar sua presumida realidade.

Vários experimentos realizados por Mark Snyder (1984) na Minnesota University mostram como, uma vez formadas, as crenças errôneas sobre o mundo social podem induzir os outros a confirmarem essas crenças, fenômeno denominado **confirmação comportamental**. Em um estudo clássico, Snyder, Elizabeth Tanke e Ellen Berscheid (1977) fizeram estudantes do sexo masculino conversar com mulheres que eles achavam (por terem visto uma fotografia) que eram atraentes ou não atraentes. A análise dos comentários apenas das mulheres durante as conversas revelou que as mulheres supostamente atraentes falaram de modo mais carinhoso do que as supostamente não atraentes. As crenças errôneas dos homens tinham se tornado uma profecia autorrealizadora, fazendo-os agir de um modo que influenciou as mulheres a satisfazerem o estereótipo dos homens de que pessoas bonitas são pessoas desejáveis.

A confirmação comportamental também ocorre quando as pessoas interagem com parceiros que possuem crenças equivocadas. Pessoas tidas como solitárias se comportam menos socialmente (Rotenberg et al., 2002). Homens tidos como sexistas se comportam menos favoravelmente em relação às mulheres (Pinel, 2002). Em entrevistas de emprego, pessoas tidas como calorosas se comportam mais calorosamente.

Imagine-se como um dos 60 jovens do sexo masculino ou uma das 60 jovens do sexo feminino em um experimento de Robert Ridge e Jeffrey Reber (2002). Cada homem deve entrevistar uma das mulheres para avaliar sua adequação para um cargo de assistente de ensino. Antes de fazê-lo, diz-se a ele que ela se sente atraída por ele (com base nas respostas dele a um questionário biográfico) ou que não se sente atraída. (Imagine lhe contarem que alguém que você está prestes a conhecer demonstrou considerável interesse em namorar com você ou nenhum interesse.) O resultado foi confirmação comportamental: os candidatos que se acreditava sentirem atração exibiram um comportamento mais galanteador (e sem terem consciência disso). Ridge e Reber acreditam que esse processo, como o fenômeno do erro de atribuição que discutimos anteriormente, pode ser uma das raízes do assédio sexual. Se o comportamento de uma mulher parece confirmar as crenças de um homem, ele pode então intensificar suas tentativas até elas se tornarem suficientemente explícitas para que a mulher as reconheça e interprete como inadequadas ou atormentadoras.

As expectativas também influenciam o comportamento das crianças. Depois de observar a quantidade de lixo em três salas de aula, Richard Miller e colaboradores (1975) fizeram o professor e outros repetidamente dizerem à turma que eles precisavam ser limpos e organizados. Essa persuasão aumentou a quantidade de lixo colocada nos cestos de lixo de 15 para 45%, mas apenas temporariamente. Outra turma, que também vinha colocando apenas 15% de seu lixo nos cestos, foi repetidamente elogiada por serem tão limpos e organizados. Depois de oito dias ouvindo isso, e ainda duas semanas depois, essas crianças estavam satisfazendo a expectativa colocando mais do que 80% de seu lixo nos cestos de lixo. Diga às crianças que elas são esforçadas e boas (em vez de preguiçosas e mesquinhas), e talvez elas correspondam a seus rótulos.

Esses experimentos nos ajudam a compreender como crenças sociais, tais como estereótipos sobre pessoas com deficiências ou sobre pessoas de uma determinada etnia ou sexo, podem ser autoconfirmatórios. O modo como os outros nos tratam reflete como nós e os outros os tratamos.

Uma nota de cautela: como com todo fenômeno social, a tendência de confirmar as expectativas dos outros tem seus limites. As expectativas muitas vezes predizem o comportamento simplesmente porque são precisas (Jussim, 2005).

confirmação comportamental
Um tipo de profecia autorrealizadora na qual as expectativas sociais das pessoas as levam a se comportar de modos que fazem os outros confirmarem suas expectativas.

"Quanto mais ele a tratava como se ela fosse mesmo muito legal, mais Lotty se expandia e tornava-se realmente muito legal, e ele, influenciado por sua vez, tornava-se muito legal; de modo que eles rodavam e rodavam, não em um círculo vicioso, mas em um círculo altamente virtuoso."
—ELIZABETH VON ARNIM, *THE ENCHANTED APRIL*, 1922

Resumo: Expectativas de nosso mundo social

- Nossas crenças às vezes adquirem vida própria. Geralmente, nossas crenças sobre os outros têm base na realidade. Mas estudos sobre viés do experimentador e expectativas dos professores mostram que uma crença errônea de que algumas pessoas são extraordinariamente capazes (ou incapazes) pode levar professores e pesquisadores a conceder a essas pessoas um tratamento especial. Isso pode provocar um desempenho superior (ou inferior) e, portanto, parece confirmar uma suposição que na verdade é falsa.
- De modo semelhante, na vida cotidiana muitas vezes obtemos *confirmação comportamental* do que esperamos. Se nos dizem que alguém que estamos prestes a conhecer é inteligente e atraente, podemos acabar impressionados com sua inteligência e atratividade.

Conclusões

Estudos de cognição social revelam que nossa capacidade de processamento de informações é impressionante por sua eficiência e adaptatividade ("na apreensão, como se assemelha aos deuses!" exclama Hamlet, de Shakespeare). Contudo, também somos vulneráveis a erros e juízos equivocados ("elmo cheio de palha", disse T. S. Eliot). Que lições práticas, e que insights *sobre a natureza humana, podemos aprender dessa pesquisa?*

Revisamos as razões pelas quais as pessoas às vezes formam falsas crenças. Não podemos facilmente descartar esses experimentos: a maioria dos participantes era composta de pessoas inteligentes, muitas vezes alunos nas melhores universidades. Além disso, os escores de inteligência não estão correlacionados à vulnerabilidade a muitos vieses de pensamento diferentes (Stanovich & West, 2008). É possível ser muito inteligente e incorrer em graves erros de julgamento.

Esforçar-se muito também não elimina os vieses de pensamento. Essas distorções e vieses previsíveis ocorreram mesmo quando uma compensação por respostas corretas motivava as pessoas a pensar da melhor forma possível. Como concluiu um pesquisador, as ilusões "possuem uma qualidade persistente semelhante à das ilusões perceptuais" (Slovic, 1972).

A pesquisa em psicologia social cognitiva, portanto, espelha a ambígua análise dada à humanidade na literatura, na filosofia e na religião. Muitos psicólogos investigativos passaram a vida inteira explorando as assombrosas capacidades da mente humana. Somos suficientemente inteligentes para ter decifrado o código genético, ter inventado computadores que falam, ter mandado pessoas à Lua. Três vivas para a razão humana.

Bem, dois vivas – pois a valorização do julgamento eficiente pela mente torna nossa intuição mais vulnerável a erros de avaliação do que suspeitamos. Com notável facilidade, formamos e sustentamos crenças falsas. Levados por nossas pressuposições, sentindo-nos superconfiantes, persuadidos por vívidas narrativas, percebendo correlações e controle mesmo onde eles podem não existir, construímos nossas crenças sociais e depois influenciamos os outros para confirmá-las. "O intelecto nu", observou a romancista Madeleine L'Engle, "é um instrumento extraordinariamente impreciso".

> "Ao criar esses problemas, não nos pusemos a enganar as pessoas. Todos os nossos problemas nos enganaram também."
> —AMOS TVERSKY (1985)

Mas, esses experimentos foram apenas truques intelectuais aplicados em desafortunados participantes, assim fazendo-os parecerem piores do que são? Richard Nisbett e Lee Ross (1980) afirmaram que, no mínimo, os experimentos laboratoriais superestimam nossas capacidades intuitivas. Os experimentos geralmente apresentam às pessoas evidências claras e as alertam que sua capacidade de raciocínio está sendo testada. Raramente a vida real nos diz: "Eis algumas evidências. Agora, vista suas melhores roupas intelectuais e responda a essas perguntas".

Com frequência nossas falhas cotidianas não têm consequências, mas nem sempre. Falsas impressões, interpretações e crenças podem ter consequências graves. Mesmo pequenos vieses podem ter profundos efeitos sociais quando estamos fazendo julgamentos sociais importantes: por que tantas pessoas não possuem moradia? São infelizes? Homicidas? Meu amigo ama a mim ou a meu dinheiro? Vieses cognitivos se insinuam até no pensamento científico sofisticado. A natureza humana quase não mudou nos 3 mil anos desde a observação contida no Velho Testamento de que "ninguém é capaz de ver seus próprios erros".

> "Os propósitos na mente humana são como águas profundas, mas os inteligentes irão retirá-los."
> —PROVÉRBIOS 20:5

Cínico demais? Leonard Martin e Ralph Erber (2005) nos convidam a imaginar que um ser inteligente descesse dos céus e implorasse informações que ajudassem a compreender a espécie humana. Quando você lhe entrega este texto de psicologia social, o alienígena diz "obrigado" e desaparece no espaço. Depois (gostaria eu de presumir) de resolver seu arrependimento por ter aberto mão deste livro, como você se sentiria por ter oferecido a análise da psicologia social? Joachim Krueger e David Funder (2003a, 2003b) não se sentiriam muito bem. A preocupação da psicologia social com as fraquezas humanas precisa ser equilibrada com "uma visão mais positiva da natureza humana", argumentam eles.

A colega de psicologia social Lee Jussim (2005) concorda, acrescentando: "apesar da existência comprovada de uma grande quantidade de falhas e vieses sistemáticos no julgamento leigo e percepção social, tais como o erro fundamental de atribuição, falso consenso, excessiva dependência de heurísticas imperfeitas, vieses de autosserviço, etc., as percepções que as pessoas têm umas das outras são surpreendentemente (ainda que seja raro serem perfeitamente) precisas". As elegantes análises das imperfeições de nosso pensamento são elas próprias um tributo à sabedoria humana. Se argumentássemos que todo pensamento humano é ilusório, a asserção refutaria a si mesma, pois ela também seria uma ilusão. Seria o equivalente lógico de afirmar que "todas as generalizações são falsas, incluindo esta".

Assim como a ciência médica assume que qualquer órgão possui uma função, também os cientistas sociais pensam ser útil presumir que nossos modos de pensamento e comportamento são adaptativos (Funder, 1987; Kruglanski & Ajzen, 1983; Swann, 1984). As regras de pensamento que produzem falsas crenças e notáveis deficiências em nossa intuição estatística em geral nos servem bem. Frequentemente, os erros são um subproduto de nossos atalhos mentais que simplificam as informações complexas que recebemos.

Ganhador do prêmio Nobel, o psicólogo Herbert Simon (1957) foi um dos pesquisadores modernos que primeiro descreveu os limites da razão humana. Simon alega que para lidar com a realidade, nós a simplificamos. Considere a complexidade de uma partida de xadrez: o número de partidas possíveis é maior do que o número de partículas do universo. Como enfrentamos? Adotamos algumas regras simplificadoras – heurísticas. Essas heurísticas às vezes nos levam à derrota. Mas elas realmente nos permitem fazer julgamentos instantâneos eficientes.

O pensamento ilusório pode igualmente resultar de heurísticas úteis que auxiliam nossa sobrevivência. Em muitos aspectos, as heurísticas "nos tornam inteligentes" (Gigerenzer, 2007). A crença em nossa capacidade de controlar os fatos ajuda a manter a esperança e o esforço. Se as coisas às vezes estão sujeitas a controle e às vezes não, maximizamos nossos resultados pelo pensamento positivo. O otimismo paga dividendos. Podemos até dizer que nossas crenças são como teorias cientificas – às vezes erradas, mas ainda úteis como generalizações. Como diz a psicóloga Susan Fiske (1992): "pensar é para fazer".

"Erros cognitivos... existem no presente porque levaram à sobrevivência e às vantagens reprodutivas para os humanos no passado."
—PSICÓLOGOS EVOLUCIONISTAS MARTIE HASELTON E DAVID BUSS (2000)

À medida que constantemente procuramos aperfeiçoar nossas teorias, não poderíamos também trabalhar para reduzir os erros em nosso pensamento social? Na escola, os professores de matemática ensinam, ensinam, ensinam até que a mente finalmente esteja treinada para processar informações numéricas de maneira precisa e automática. Presumimos que essa capacidade não se desenvolve de modo natural; de outra forma, por que se preocupar com anos de treinamento? Consternado porque "um estudo após o outro revelam que as pessoas possuem uma capacidade muito limitada de processar informações em um nível consciente, especialmente informações sociais", o psicólogo investigativo Robyn Dawes (1980) sugeriu que também deveríamos ensinar, ensinar, ensinar a processar informações sociais.

Richard Nisbett e Lee Ross (1980) acreditam que a educação poderia sem dúvida reduzir nossa vulnerabilidade a certos tipos de erro. Eles oferecem as seguintes recomendações:

- Treinar as pessoas para reconhecerem fontes prováveis de erros em sua própria intuição social.
- Criar cursos de estatísticas voltados para problemas cotidianos de lógica e julgamento social. Com esse tipo de treinamento, as pessoas realmente raciocinam melhor sobre fatos cotidianos (Lehman et al., 1988; Nisbett et al., 1987).
- Tornar esse tipo de treinamento mais efetivo ilustrando-o ricamente com histórias vívidas concretas e exemplos da vida cotidiana.
- Ensinar *slogans* memoráveis e úteis, tais como "é uma questão empírica", "de que chapéu você tirou essa amostra?" ou "você pode mentir com estatísticas, mas um exemplo bem escolhido cumpre melhor essa função".

"O espírito de liberdade é o espírito que não tem muita certeza de estar certo; o espírito de liberdade é o espírito que procura compreender as mentes de outros homens e mulheres; o espírito de liberdade é o espírito que pesa com imparcialidade os seus próprios interesses juntamente com os deles."
—LEARNED HAND, "*THE SPIRIT OF LIBERTY*", 1952

Resumo: Conclusões

A pesquisa em crenças e julgamentos sociais revela como formamos e sustentamos crenças que geralmente nos servem bem, mas às vezes nos desencaminham. Uma psicologia social equilibrada, portanto, apreciará tanto os poderes quanto os perigos do pensamento social.

PÓS-ESCRITO: Reflexão sobre o pensamento ilusório

A pesquisa sobre orgulho e erro é muito humilhante? Certamente podemos reconhecer a dura verdade de nossos limites humanos e ainda compreender a mensagem de que as pessoas são mais do que máquinas. Nossas experiências subjetivas são a matéria de nossa humanidade – nossa arte e nossa música, nosso gozo da amizade e amor, nossas experiências místicas e religiosas.

Os psicólogos cognitivos e sociais que exploram o pensamento ilusório não pretendem fazer de nós máquinas lógicas. Eles sabem que as emoções enriquecem a experiência humana e que as intuições são uma fonte importante de ideias criativas. Eles acrescentam, contudo, o humilhante lembrete de que nossa suscetibilidade a erro também torna clara a necessidade de treinamento disciplinado da

"Roube o homem mediano da ilusão de sua vida, e você também o furtará de sua felicidade."
—HENRIK IBSEN, *THE WILD DUCK*, 1884

mente. O escritor norte-americano Norman Cousins (1978) chamou esta de "maior verdade de todas sobre a aprendizagem: que seu propósito é libertar a mente humana e torná-la um órgão capaz de pensamento – pensamento conceitual, pensamento analítico, pensamento sequencial".

A pesquisa sobre erro e ilusão no julgamento social nos lembra para "não julgar" – lembrar, com uma pitada de humildade, nosso potencial para julgamento errôneo. Ela também nos encoraja a não nos sentirmos intimidados pela arrogância daqueles que são incapazes de ver seu próprio potencial para viés e erro. Nós humanos somos seres maravilhosamente inteligentes, ainda que falíveis. Temos dignidade, mas não divindade.

Essa humildade e desconfiança da autoridade humana está no cerne tanto da religião quanto das ciências. Não surpreende que muitos dos fundadores da ciência moderna eram pessoas religiosas cujas convicções as predispunham a serem humildes perante a natureza e céticas da autoridade humana (Hooykaas, 1972; Merton, 1938). A ciência sempre envolve uma interação entre intuição e testagem rigorosa, entre pressentimento criativo e ceticismo. Para separar a realidade da ilusão é preciso tanto curiosidade receptiva quanto rigor obstinado. Essa perspectiva poderia se revelar como uma boa atitude com relação à vida como um todo: ser crítico, mas não cínico; curioso, mas não ingênuo; aberto, mas não explorável.

Conexão social

O Centro de Aprendizagem *On-line* vinculado a este livro (www.mhhe.com/myers10e) inclui um vídeo para cada um dos três temas importantes deste capítulo. O primeiro é sobre a maneira como o contexto influenciou as percepções públicas do discurso de campanha televisionado feito pelo candidato à presidência Howard Dean após o Iowa Caucus, em 2000. No segundo vídeo, a pesquisadora da memória Elizabeth Loftus explora o efeito da desinformação e o modo como ela distorce nossas memórias. Por fim, Lee Ross discute o erro fundamental de atribuição, conceito que ele criou a partir de suas observações de como as pessoas percebem e interpretam fatos. Mantenha esses conceitos em mente durante a leitura dos próximos capítulos e observe de que modos você tende a explicar o comportamento dos outros.

Comportamento e Atitudes

CAPÍTULO 4

"O ancestral de toda ação é um pensamento."
—Ralph Waldo Emerson, *Ensaios, Primeira Série*, 1841

Qual é a relação entre o que *somos* (por dentro) e o que *fazemos* (por fora)? Filósofos, teólogos e educadores há muito especulam sobre as ligações entre atitude e ação, caráter e conduta, palavra privada e ação pública. Subjacente à maior parte do ensino, do aconselhamento e da criação de filhos encontra-se uma suposição: nossas crenças e sentimentos privados determinam nosso comportamento público, e assim, se quisermos mudar nosso comportamento, primeiro devemos mudar nossos corações e mentes.

No início, os psicólogos sociais concordavam: conhecer as atitudes das pessoas é prever suas ações. Como demonstrado por assassinos genocidas e por homens-bomba suicidas, atitudes radicais podem produzir comportamento extremado. Mas em 1964, Leon Festinger concluiu que as evidências indicavam que *mudar* as atitudes das pessoas dificilmente afeta seu comportamento. Festinger acreditava que a relação atitude-comportamento funciona do modo inverso. Como coloca Robert Abelson (1972), somos "muito bem treinados e muito bons em encontrar razões para o que fazemos, mas não muito bons em fazer aquilo para o que encontramos razões". Este capítulo explora a interação de atitudes e comportamento.

Em que medida as atitudes predizem o comportamento?

Quando o comportamento afeta as atitudes?

Por que o comportamento afeta as atitudes?

Pós-escrito: Mudar a nós mesmos por meio da ação

atitude
Uma reação favorável ou desfavorável em relação a algo ou alguém (com frequência enraizada em nossas crenças e exibida em nossos sentimentos e comportamento pretendido).

"Tudo o que somos é resultado do que pensamos."
—BUDA, 563 A.C.– 483 D.C. *DHAMMA-PADA*

"O pensamento é filho da ação."
—BENJAMIN DISRAELI, *VIVIAN GRAY*, 1926

Quando os psicólogos sociais falam sobre a atitude de alguém, eles se referem a crenças e sentimentos relacionados a uma pessoa ou a um fato e a consequente tendência de comportamento. Consideradas em conjunto, reações avaliativas favoráveis ou desfavoráveis a alguma coisa – muitas vezes enraizadas em crenças e exibidas em sentimentos e inclinações para agir – definem a **atitude** de uma pessoa (Eagly & Chaiken, 2005). Assim, uma pessoa pode ter uma atitude negativa em relação ao café, uma atitude neutra em relação aos franceses e uma atitude positiva em relação ao vizinho que mora ao lado. As atitudes oferecem um modo eficiente de avaliar o mundo. Quando temos que responder rapidamente a alguma coisa, o modo como nos sentimos a seu respeito pode guiar como reagimos. Por exemplo, uma pessoa que *acredita* que um determinado grupo étnico é preguiçoso e agressivo pode *sentir* desapreço por essas pessoas e, portanto, pretender agir de uma maneira discriminatória.

O estudo de atitudes está próximo da essência da psicologia social e foi um dos seus primeiros temas de interesse. Durante grande parte dos últimos cem anos, os pesquisadores se perguntaram o quanto nossas atitudes afetam nossas ações. Você pode se lembrar destas três dimensões como o ABC das atitudes: afeto (sentimentos), tendência de comportamento (b*ehavior tendency*) e cognição (pensamentos) (Fig. 4.1).

Em que medida as atitudes predizem o comportamento?

Em que medida, e em que condições, as atitudes do coração dirigem nossas ações exteriormente? Por que os psicólogos sociais a pricípio ficaram surpresos por uma ligação aparentemente pequena entre atitudes e ações?

Um golpe ao suposto poder das atitudes foi desferido quando o psicólogo social Allan Wicker (1969) revisou dezenas de estudos abrangendo uma ampla variedade de pessoas, atitudes e comportamentos. Wicker ofereceu uma conclusão chocante: as atitudes expressas das pessoas dificilmente prediziam seus comportamentos variáveis.

- As atitudes de estudantes com relação a trapaças tinham pouca relação com a probabilidade de eles realmente trapacearem.
- As atitudes em relação à igreja tiveram ligação apenas modesta com o comparecimento à igreja em qualquer domingo.
- As atitudes raciais autorrelatadas fornecem pouca informação sobre comportamentos em situações reais.

Um exemplo da disjunção entre atitudes e ações é o que Daniel Batson e colaboradores (1997, 2001, 2002; Valdesolo e DeSteno, 2007, 2008) chamam de "hipocrisia moral" (parecer moralmente correto e ao mesmo tempo evitar os custos de sê-lo). Em seus estudos eles apresentaram uma tarefa convidativa às pessoas (na qual o participante podia ganhar números de rifa para um prêmio de 30 dólares) e uma tarefa chata sem recompensas. Os participantes tinham de se oferecer para uma das tarefas e um suposto segundo participante para a outra. Somente 1 de 20 participantes acreditava que designar a tarefa favorável a si mesmo era a coisa moralmente certa a fazer, mas 80% o fizeram. Em experimentos de seguimento sobre hipocrisia moral, os participantes receberam moedas que poderiam virar privadamente se assim desejassem. Mesmo que escolhessem sortear, 90% designou a si mesmos para a tarefa favorável! (Será que isso foi porque eles poderiam especificar as consequências de cara ou coroa depois de lançar a moeda?) Em outro experimento, Batson pôs um adesivo em cada lado da moeda, indicando o que o resultado do sorteio significaria. Contudo, 24 de 28 pessoas que fizeram o sorteio designaram a si mesmas para a tarefa favorável. Quando moralidade e cobiça foram colocadas em rota de colisão, venceu a cobiça.

"Pode ser desejável abandonar o conceito de atitude."
—ALLAN WICKER (1971)

FIGURA 4.1
O ABC das atitudes.

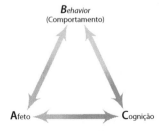

Se as pessoas não fazem o que dizem, não é de surpreender que tentativas de mudar o comportamento mudando as atitudes com frequência fracassem. Os avisos sobre os perigos de fumar afetam apenas minimamente aqueles que já fumam. A crescente consciência pública dos efeitos de dessensibilização e brutalização da violência na televisão estimulou muitas pessoas a manifestar o desejo de diminuir a programação com violência – contudo, elas continuam assistindo assassinatos na mídia como sempre. Os programas de educação sexual com frequência influenciaram as *atitudes* em relação à abstinência e ao uso de preservativos sem afetar os *comportamentos* de abstinência e uso de preservativos a longo prazo. Somos, ao que parece, uma população de hipócritas.

No balanço geral, o quadro que vem se formando sobre o que controla o comportamento enfatizou influências sociais externas, tais como o comportamento e as expectativas dos outros, e menosprezou fatores internos, tais como atitudes e personalidade. Assim, a tese original de que as atitudes determinam as ações foi, durante a década de 1960, contrariada pela antítese de que as atitudes não determinam praticamente nada.

Tese. Antítese. Existe uma síntese? A descoberta surpreendente de que o que as pessoas *dizem* com frequência difere do que elas *fazem* fez os psicólogos sociais irem correndo descobrir por quê. Com certeza, arrazoamos, convicções e sentimentos devem às vezes fazer uma diferença.

Sem dúvida. Na verdade, o que estou prestes a explicar parece tão óbvio que me pergunto por que a maioria dos psicólogos sociais (inclusive eu) não pensava dessa forma antes do início dos anos de 1970. Contudo, devo lembrar a mim mesmo de que a verdade jamais parece óbvia até ser conhecida.

Quando as atitudes predizem o comportamento

A razão – agora óbvia – pela qual nosso comportamento e nossas atitudes expressas diferem é que ambas estão sujeitas a outras influências. Muitas outras influências. Um psicólogo social enumerou 40 fatores que complicam seu relacionamento (Triandis, 1982; ver também Kraus, 1995). Nossas atitudes predizem nosso comportamento quando essas outras influências sobre o que dizemos e fazemos são mínimas, quando a atitude é específica ao comportamento e quando a atitude é potente.

QUANDO AS INFLUÊNCIAS SOCIAIS SOBRE O QUE DIZEMOS SÃO MÍNIMAS

Diferentemente de um médico que mede a frequência cardíaca, os psicólogos sociais nunca fazem uma leitura direta das atitudes. Em vez disso, medimos as atitudes *expressas*. Como outros comportamentos, expressões estão sujeitas a influências externas. Às vezes, por exemplo, dizemos o que achamos que os outros querem ouvir. No final de 2002, muitos legisladores dos Estados Unidos, sentindo o medo, raiva e fervor patriótico de seu país após o 11 de setembro, votaram publicamente em favor da guerra planejada pelo Presidente Bush contra o Iraque, enquanto privadamente tinham reservas (Nagourney, 2002). Na votação nominal, a forte influência social – o medo de críticas – tinha distorcido os reais sentimentos.

"Eu tenho minhas próprias opiniões, opiniões fortes, mas nem sempre eu concordo com elas."
—PRESIDENTE GEORGE H. W. BUSH

Os psicólogos sociais de hoje têm alguns métodos engenhosos à disposição para minimizar as influências sociais sobre as descrições de atitudes das pessoas. Algumas delas complementam as medidas de autorrelato tradicionais de atitudes *explícitas* (conscientes) com medidas de atitudes *implícitas* (inconscientes). Um desses testes mede as respostas dos músculos faciais a várias afirmativas (Cacioppo & Petty, 1981). Essas medidas, esperam os pesquisadores, podem revelar o suficiente de um microssorriso ou de uma microcareta para indicar a atitude do participante sobre uma determinada declaração.

Uma medida mais nova e amplamente utilizada, o **teste de associação implícita (IAT)**, usa os tempos de reação para medir com que rapidez as pessoas associam conceitos (Greenwald et al., 2002, 2003). Pode-se, por exemplo, medir atitudes raciais implícitas avaliando se as pessoas levam mais tempo para associar palavras positivas a rostos negros do que a rostos brancos. Entre 126 estudos, as associações implícitas medidas pelo IAT tiveram, em média, uma modesta correlação de 0,24 com as atitudes autorrelatadas (Hofmann et al., 2005). (Ver "Por Dentro da História: Mahzarin R. Banaji sobre a descoberta da psicologia social experimental".)

teste de associação implícita (IAT)
Uma avaliação computadorizada das atitudes implícitas. O teste usa os tempos de reação para medir as associações automáticas das pessoas entre objetos de atitude e palavras avaliativas. Pareamentos mais fáceis (e respostas mais rápidas) são interpretados como indicativos de associações inconscientes mais fortes.

Uma revisão de mais de 100 estudos e de mais de 2,5 milhões de testes IAT realizados *on-line* revela que as atitudes explícitas (autorrelato) e implícitas ajudam a predizer os comportamentos e juízos das pessoas (Greenwald et al., 2008; Nosek et al., 2007). Assim, atitudes explícitas e implícitas podem juntas predizer o comportamento melhor do que uma delas isoladamente (Spence & Townsend, 2007).

Para atitudes formadas precocemente na vida, tais como as raciais e de gênero, atitudes implícitas e explícitas com frequência divergem, sendo que as implícitas com frequência preveem melhor o comportamento. Por exemplo, atitudes raciais implícitas predisseram as relações interraciais entre parceiros de moradia (Towles-Schwen & Fazio, 2006). Para outras atitudes, tais como as relacionadas ao comportamento de consumo e apoio a candidatos políticos, autorrelatos explícitos são o melhor preditor.

Recentes estudos de neurociências identificaram centros cerebrais que produzem reações automáticas implícitas (Stanley et al., 2008). Uma área profunda no cérebro (a amígdala, um centro de percepção de ameaça) é ativada quando avaliamos automaticamente estímulos sociais. Por exemplo, pessoas brancas que mostram forte tendenciosidade racial inconsciente no IAT também apresentam alta atividade da amígdala quando veem rostos de negros desconhecidos. Outras áreas do lobo frontal estão envolvidas na detecção e regulação de atitudes implícitas.

"Ainda existem obstáculos lá fora, muitas vezes inconscientes."
—SENADORA HILLARY RODHAM CLINTON, DISCURSO DE CONCESSÃO APÓS A CAMPANHA PRESIDENCIAL DE 2008

POR DENTRO DA HISTÓRIA — Mahzarin R. Banaji sobre a descoberta da psicologia social experimental

Depois de me formar no ensino médio na Índia aos 15 anos, eu tinha um único objetivo – deixar minha família bem-adaptada e segura para viver a vida evidentemente mais ousada e excitante de secretária executiva. Proficiente na digitação de uma grande quantidade de palavras por minuto, eu ansiava por uma vida de independência que envolvia viver a uma quadra de meus pais. Minha mãe, apesar de não ter feito faculdade, convenceu-me a tentar uma vaga – mas somente por um semestre, combinamos, depois do que eu estaria livre para escolher meu caminho.

O fim de meu primeiro semestre no Nizam College veio e foi. Minha mãe não falou sobre meus planos. Eu não tive que engolir seco e falar. Pouco antes de uma viagem para casa em um feriado, adquiri os cinco volumes do *Manual de psicologia social*, de 1968, pelo equivalente a 1 dólar por volume (parecia muito livro pela quantia em dinheiro). Ao final de 24 horas de uma viagem de trem pra casa, eu tinha devorado um volume e sabia com total clareza que essa ciência, que estudava os processos sociais experimentalmente, era algo que eu tinha que fazer.

Bolsas de doutorado e pós-doutorado permitiram-me trabalhar com três pessoas notáveis em minha carreira: Tony Greenwald, na Ohio, State, e Claude Steele e Elizabeth Loftus, na University of Washington. Em Yale, embora ainda interessada em pesquisadores da memória humana, descobri que as lembranças ocorrem tanto de formas explícitas (conscientes) quanto implícitas (inconscientes). Será que isso poderia ser verdade em relação a atitudes, crenças e valores? Hesitante, escrevi as palavras "Atitudes Implícitas" como título para uma proposta de financiamento de pesquisa, sem saber que este se tornaria um aspecto fundamental do que eu e meus alunos estudaríamos nas duas décadas seguintes.

Com Tony Greenwald e Brian Nosek, tenho desfrutado de um extenso trabalho colaborativo sobre cognição social implícita com o qual poucos são agraciados. Das centenas de estudos que usaram o teste de associação implícita (implicit.harvard.edu) e dos milhões de testes aplicados, hoje sabemos que as pessoas carregam conhecimentos (estereótipos) e sentimentos (atitudes) dos quais não têm consciência e que frequentemente contrastam com suas expressões conscientes. Sabemos que a atividade cerebral subcortical pode ser um marcador independente de atitudes implícitas, que as pessoas diferem em suas atitudes implícitas e que tais atitudes e estereótipos predizem o comportamento na vida real. De modo mais otimista, sabemos que atitudes implícitas, mesmo antigas, podem ser modificadas pela experiência.

Mahzarin Banaji
Harvard University

Uma palavra de cautela: apesar do grande entusiasmo em torno desses recentes estudos das atitudes implícitas que se escondem no subsolo da mente, o teste de associação implícita tem seus detratores (Arkes & Tetlock, 2004; Blanton et al., 2006, 2007). Eles observam que, diferentemente do teste de atitude, o IAT não é confiável o suficiente para uso na avaliação e comparação de indivíduos. Além disso, um escore que sugere alguma tendenciosidade relativa não distingue uma tendenciosidade positiva para um grupo (ou maior familiaridade com um grupo) de uma tendenciosidade negativa contra outro. Os críticos também se perguntam se compaixão e culpa em vez de hostilidade latente poderiam reduzir nossa velocidade ao associar negros a palavras positivas. Seja como for, a existência de atitudes explícitas e implícitas distintas confirma uma das maiores lições da psicologia do século XXI: nossa capacidade de "processamento dual" tanto para o pensamento *controlado* (deliberado, consciente, explícito) quanto para o pensamento *automático* (sem esforço, habitual, implícito).

QUANDO OUTRAS INFLUÊNCIAS SOBRE O COMPORTAMENTO SÃO MÍNIMAS

> "Eu me contradigo? Pois muito bem, eu me contradigo. (Sou amplo, contenho multidões.)"
> —WALT WHITMAN, *CANTO A MIM MESMO*, 1855

Em qualquer ocasião, não são apenas nossas atitudes internas que nos guiam, mas também a situação que enfrentamos. Como os Capítulos 5 a 8 ilustrarão repetidas vezes, as influências sociais podem ser imensas – imensas o suficiente para induzir as pessoas a violarem suas convicções mais profundas. Assim, *calcular a média* de muitas ocasiões nos permitiria detectar mais claramente o impacto de nossas atitudes? Prever o comportamento das pessoas é como prever a tacada de um jogador de beisebol ou críquete. O resultado de qualquer virada do taco é quase impossível de prever, pois isso depende não apenas do rebatedor, mas também do que o lançador manda e de uma série de outros fatores casuais. Quando agregamos muitas instâncias de tacadas, neutralizamos esses fatores complicadores. Conhecendo os jogadores, podemos prever suas *médias* aproximadas de rebatidas bem-sucedidas.

Para usar um exemplo da pesquisa, a atitude geral das pessoas com relação à religião não prediz bem se elas irão à missa na semana seguinte (porque o comparecimento também é influenciado pelo clima, pelo padre, por como estamos nos sentindo, e assim por diante). Mas as atitudes religiosas predizem muito bem a total quantidade de comportamentos religiosos ao longo do tempo (Fishbein & Ajzen, 1974; Kahle & Berman, 1979). Os achados definem um *princípio de agregação*: os efeitos de uma atitude se tornam mais evidentes quando consideramos o comportamento agregado ou mediano do que quando consideramos atos isolados.

QUANDO ATITUDES ESPECÍFICAS AO COMPORTAMENTO SÃO EXAMINADAS

Outras condições aumentam adicionalmente a precisão preditiva das atitudes. Como assinalam Icek Ajzen e Martin Fishbein (1977, 2005), quando a atitude medida é geral – digamos, atitude em relação a asiáticos – e o comportamento é muito específico – digamos, uma decisão de ajudar ou não um determinado asiático em uma determinada situação –, não devemos esperar uma correspondência entre palavras e ações. Na verdade, relatam Fishbein e Ajzen, em 26 de 27 desses estudos, as atitudes não previram o comportamento. Mas atitudes previram o comportamento em todos os 26 estudos que puderam encontrar nos quais a atitude medida era diretamente pertinente à situação. Assim, atitudes em relação a um conceito geral de "boa forma física" previram mal as práticas de exercícios e dietéticas específicas, mas as atitudes de um indivíduo sobre os custos e benefícios de fazer *jogging* são um preditor consideravelmente forte de ele caminhar com regularidade ou não.

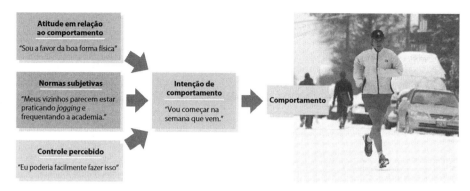

FIGURA 4.2
A teoria do comportamento planejado.
Icek Ajzen, trabalhando com Martin Fishbein, demonstrou que nossas (a) atitudes, (b) normas sociais percebidas e (c) sentimentos de controle juntos determinam nossas intenções, as quais guiam nosso comportamento. Em comparação a suas atitudes gerais com relação a um estilo de vida saudável, as atitudes específicas das pessoas em relação ao *jogging* predizem muito melhor seu comportamento de caminhada.

Melhor ainda para prever o comportamento, dizem Ajzen e Fishbein em sua "teoria do comportamento planejado", é conhecer os comportamentos *pretendidos* das pessoas e seus controle e autoeficácia percebidos (Fig. 4.2). Além disso, quatro dúzias de testes experimentais confirmam que induzir novas intenções induz novo comportamento (Webb & Sheeran, 2006). Mesmo simplesmente perguntar às pessoas sobre suas intenções em se envolver em um comportamento aumenta sua probabilidade (Levav & Fitzsimons, 2006). Pergunte às pessoas se elas pretendem usar fio dental nas próximas duas semanas ou votar nas próximas eleições, e elas se tornam mais propensas a fazê-lo.

Estudos adicionais – mais de 700 estudos com 276 mil participantes – confirmaram que atitudes relacionadas específicas realmente predizem o comportamento pretendido e real (Armitage & Conner, 2001; Six & Eckes, 1996; Wallace et al., 2005). Por exemplo, as atitudes em relação a preservativos predizem fortemente seu uso (Albarracin et al., 2001), e as atitudes em relação à reciclagem (mas não atitudes gerais em relação a questões ambientais) predizem a participação em reciclagem (Oskamp, 1991). Para mudar hábitos mediante persuasão, é melhor alterarmos as atitudes das pessoas em relação a práticas *específicas*.

Até aqui vimos duas condições nas quais as atitudes predirão o comportamento: (1) quando minimizamos outras influências sobre nossas declarações de atitude e sobre nosso comportamento e (2) quando a atitude é especificamente relacionada ao comportamento observado. Existe uma terceira condição: uma atitude prediz melhor o comportamento quando ela é potente.

QUANDO AS ATITUDES SÃO POTENTES

Grande parte de nosso comportamento é automático. Agimos de acordo com roteiros familiares sem refletir sobre o que estamos fazendo. Respondemos às pessoas que encontramos no corredor com um "oi" automático. Respondemos à pergunta do caixa do restaurante – "Como estava a refeição?" – dizendo "Ótima", mesmo sem tê-la apreciado.

Essa falta de atenção é adaptativa. Ela livra nossas mentes para trabalhar em outras coisas. Para comportamentos habituais – uso do cinto de segurança, consumo de café, comparecimento na escola – intenções conscientes dificilmente são ativadas (Ouellette & Wood, 1998). Como argumentou o filósofo Alfred North Whitehead, "a civilização avança ao estender o número de operações que podemos efetuar sem termos que pensar sobre elas".

TRAZER ATITUDES À CONSCIÊNCIA. Se fôssemos estimulados a pensar sobre nossas atitudes antes de agir, será que seríamos mais fiéis a nós mesmos? Mark Snyder e William Swann (1976) queriam descobrir. Duas semanas depois que 120 de seus alunos da University of Minnesota indicaram suas atitudes com relação às políticas empregatícias de ação afirmativa, Snyder e Swann os convidaram a servirem de jurados em um caso judicial de discriminação sexual. As atitudes dos participantes predisseram os veredictos somente para aqueles que primeiro foram induzidos a se lembrarem de suas atitudes – dando-lhes "alguns minutos para organizar seus pensamentos e opiniões sobre a questão da ação afirmativa". Nossas atitudes se tornam potentes *se* pensarmos sobre elas.

Pessoas autoconscientes geralmente estão em contato com suas próprias atitudes (Miller & Grush, 1986). Isso sugere outra forma de induzir as pessoas a focarem em suas convicções íntimas: *torne-as autoconscientes*, talvez fazendo-as agirem em frente a um espelho (Carver & Scheier, 1981). Talvez você também possa se lembrar de tomar uma aguda consciência de si mesmo ao entrar em uma sala com um grande espelho. Fazer as pessoas se conscientizarem de si mesmas dessa forma promove a coerência entre palavras e atos (Froming et al., 1982; Gibbons, 1978).

Edward Diener e Mark Wallbom (1976) observaram que quase todos os estudantes universitários dizem que trapacear é moralmente errado. Mas seguirão eles o conselho do Polônio, de Shakespeare:

"Pensar é fácil, agir é difícil, e colocar os pensamentos em prática é a coisa mais difícil do mundo."
—GOETHE, POETA ALEMÃO, 1749-1832

"Sem dúvida é uma harmonia prazerosa quando fazer e dizer andam juntos."
—MONTAIGNE, *ENSAIOS*, 1588

"É mais fácil pregar a virtude do que praticá-la."
—LA ROCHEFOUCAULD, *MÁXIMAS*, 1665

"Sê fiel a ti mesmo"? Diener e Wallbom puseram alunos da University of Washington a trabalhar em uma tarefa de resolução de um anagrama (que era, disseram-lhes, para prever o Q.I.) e pediram-lhes que parassem quando soasse uma sineta. Se deixados sozinhos, mais de 71% trapaceou trabalhando depois do sinal. Entre estudantes tornados autoconscientes – por trabalharem em frente a um espelho enquanto ouvem suas próprias vozes gravadas –, somente 7% trapaceou. Isso faz a gente pensar: será que colocar espelhos no nível dos olhos em lojas tornaria as pessoas mais autoconscientes de suas atitudes em relação a roubar?

Lembram dos estudos de hipocrisia moral de Batson descritos na página 114? Em um experimento posterior, Batson e colaboradores (1999) constataram que espelhos de fato alinhavam o comportamento com atitudes morais defendidas. Quando as pessoas faziam um sorteio com moeda em frente a um espelho, o sorteio tornou-se escrupulosamente justo. Exatamente metade dos participantes designou a outra pessoa para a tarefa favorável.

FORJANDO ATITUDES FORTES POR MEIO DA EXPERIÊNCIA. As atitudes que melhor predizem o comportamento são acessíveis (facilmente trazidas ao pensamento), bem como estáveis (Glasman & Albarracin, 2006). E quando atitudes são forjadas pela experiência, não apenas por boatos, elas são mais acessíveis, mais duradouras e mais tendentes a guiar ações. Em um estudo, estudantes universitários expressaram atitudes negativas sobre a resposta de sua escola à escassez de moradias. Porém, recebendo oportunidades para agir – assinar uma petição, solicitar assinaturas, unir-se a um comitê ou escrever uma carta –, somente aqueles cujas atitudes se originaram da experiência direta agiram (Regan & Fazio, 1977).

Resumo: Em que medida as atitudes predizem o comportamento?

- Como nossas atitudes íntimas (reações avaliativas em relação a algum objeto ou pessoa, com frequência enraizada em crenças) se relacionam a nosso comportamento externo? Embora a sabedoria popular enfatize o impacto das atitudes sobre o comportamento, na verdade as atitudes com frequência são fracos preditores dos comportamentos. Além disso, mudar as atitudes das pessoas geralmente costuma não produzir muita mudança em seu comportamento. Essas descobertas fizeram os psicólogos sociais saírem correndo para descobrir por que muitas vezes não fazemos o que falamos.

- A resposta: nossas expressões de atitudes e nossos comportamentos estão sujeitos a muitas influências. Nossas atitudes predirão nosso comportamento (1) se essas "outras influências" forem minimizadas, (2) se a atitude corresponder muito bem ao comportamento previsto (como em estudos de votação) e (3) se a atitude for potente (porque algo nos lembre dela ou porque a adquirimos por experiência direta). Sob essas condições, o que pensamos e sentimos prediz o que fazemos.

EXAME DA PESQUISA | Você não recebeu correspondência: Atitudes preconceituosas predizem comportamento discriminatório

Vimos que atitudes firmemente sustentadas predizem ações específicas, em especial quando as ações não são constrangidas por pressões sociais. Depois de 11 de setembro, algumas pessoas formaram atitudes veementes em relação aos árabes. Isso levou o psicólogo social da University of Michigan, Brad Bushman, e sua colega de pesquisa, Angelica Bonacci (2004), a se perguntarem em que medidas as atitudes em relação aos americanos árabes poderiam influenciar o *comportamento* não constrangido em relação a eles. Eles queriam avaliar as atitudes dos universitários ligadas à raça e então, algum tempo depois, correlacionar suas atitudes expressas com seu comportamento natural em uma situação que oferecesse anonimato. (Alguma ideia sobre como você poderia ter feito isso?)

Sua estratégia foi, primeiro, embutir 11 declarações de atitude sobre americanos árabes em um conjunto de questionários administrados a quase 1000 estudantes de introdução à psicologia em seu semestre da primavera de 2002. Utilizando uma escala de 1 ("discordo totalmente") a 10 ("concordo totalmente"), os estudantes responderam a afirmativas como as seguintes:

- "Um grande defeito dos americanos árabes é sua presunção, seu orgulho arrogante e sua ideias de que são um grupo étnico escolhido."
- "Se existirem americanos árabes demais nos Estados Unidos, nosso país será menos seguro."
- "Se eu soubesse que fui designado para morar em um dormitório com um americano árabe, eu pediria para mudar de dormitório."

Entre as muitas outras perguntas que os estudantes responderam havia uma que indagava se eles estariam dispostos a participar posteriormente de um "estudo sobre correspondência eletrônica não solicitada". Com suas atitudes agora medidas, e seu consentimento informado garantido, mais de 500 desses estudantes (todos americanos de origem europeia) participariam sem saber, duas semanas depois, de um engenhoso experimento. Cada pessoa recebeu um *e-mail* endereçado a uma pessoa com um nome árabe (Mohammed Hameed para participantes do sexo masculino e Hassan Hameed para participantes do sexo feminino) ou a um nome europeu (Peter Brice ou Julliana Brice). A metade dos alunos recebeu um *e-mail* declarando que o destinatário havia recebido uma bolsa de estudos de prestígio que exigia aceitação dentro de 48 horas:

Obrigado por se candidatar para a Bolsa de Estudos da Glassner. Essas bolsas são altamente competitivas e são concedidas somente a poucos indivíduos selecionados. Ela cobre os custos de instrução por quatro anos. ...Devido ao grande número de candidatos, este ano o envio desses avisos atrasou. ...Estamos felizes por informá-lo de que você foi selecionado para receber uma Bolsa de Estudos da Glassner. Parabéns! ... Solicitamos que você responda a este *e-mail* dentro de 48 horas para nos informar se aceita formalmente nossa oferta dessa bolsa de estudos. [Em caso negativo,] gostaríamos de estender as ofertas a outros estudantes em nossa lista de espera. ...

A outra metade recebeu más notícias: eles não ganharam a bolsa de estudos (mas eram bem-vindos para responder caso desejassem ficar na lista de espera).

Se você tivesse recebido um *e-mail* erroneamente como este, sem saber que na verdade você estava participando de um experimento, você o teria devolvido ao remetente, avisando sobre o erro para que ele pudesse ser reenviado? Cerca de 26% das mulheres, mas apenas 16% dos homens fizeram isso. E importava quem era o destinatário pretendido?

Como mostra a Figura 4.3, sem dúvida importava. Os participantes (que geralmente expressaram sentimentos de preconceito mais fortes em relação a americanos de origem árabe do que em relação a afro-americanos, americanos asiáticos ou hispano-americanos) foram menos propensos a redirecionar as boas novas sobre a concessão da bolsa de estudos aos destinatários com nomes árabes. Esse comportamento discriminatório foi mais evidente entre os alunos que anteriormente haviam expressado preconceito acima da média em relação a americanos árabes. Além disso, como mostra a Figura 4.4, os estudantes com atitudes muito preconceituosas também se mostraram mais dispostos do que os que tinham menos preconceito a redirecionar as más notícias aos árabes. Assim, nos meses após 11 de setembro, atitudes preconceituosas de fato previram comportamento discriminatório sutil, porém relevante.

FIGURA 4.3
Efeito de atitudes preconceituosas sobre a taxa de redirecionamento de boas notícias a destinatários com nomes europeus e árabes.

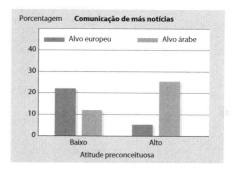

FIGURA 4.4
Efeito de atitudes preconceituosas sobre a taxa de redirecionamento de más notícias a destinatários com nomes europeus e árabes.

Quando o comportamento afeta as atitudes?

Se a psicologia social nos ensinou alguma coisa durante os últimos 25 anos é que somos propensos não somente a pensar para agir de alguma forma, mas também a agir para pensar de alguma forma. Que evidências apoiam essa afirmativa?

Agora nos voltamos para a ideia mais surpreendente de que o comportamento determina as atitudes. É verdade que às vezes defendemos o que acreditamos. Mas também é verdade que passamos a acreditar naquilo que defendemos. As teorias da psicologia social inspiraram grande parte da pesquisa que embasa essa conclusão. Contudo, em vez de partir dessas teorias, vamos primeiro ver o que há para explicar. Ao engrenarmos as evidências de que o comportamento afeta as atitudes, especule sobre *por que* as ações afetam as atitudes e depois compare suas ideias com as explicações dos psicólogos sociais.

Considere os seguintes incidentes:

- Sarah foi hipnotizada e disseram-lhe para tirar os sapatos quando um livro caísse no chão. Quinze minutos depois, um livro cai, e Sarah calmamente descalça seus sapatos. "Sarah", pergunta o hipnotizador, "por que você tirou os sapatos?" "Bem ... sinto meus pés quentes e cansados", responde ela. "O dia foi longo". O ato produz a ideia.
- George têm eletrodos temporariamente implantados na região cerebral que controla os movimentos da cabeça. Quando o neurocirurgião José Delgado (1973) estimula os eletrodos por controle remoto, George sempre vira a cabeça. Sem saber da estimulação remota, ele oferece uma explicação para a virada da cabeça: "Estou procurando meus chinelos". "Ouvi um barulho". "Estou inquieto". "Eu estava olhando embaixo da cama".
- As graves convulsões de Carol foram aliviadas pela separação cirúrgica de seus dois hemisférios cerebrais. Agora, em um experimento, o psicólogo Michael Gazzaniga (1985) envia a imagem de uma mulher nua para a metade esquerda do campo de visão de Carol e, consequentemente, para seu hemisfério cerebral direito não verbal. Um sorriso encabulado toma conta do rosto dela, e ela começa a rir. Indagada sobre por que, ela inventa – e aparentemente acredita – em uma explicação plausível: "Ah – aquela máquina engraçada". Envia-se a Frank, outro paciente com cérebro dividido, a palavra "sorriso" para seu hemisfério direito não verbal. Ele obsequia e força um sorriso. Perguntado por que, ele explica: "Este experimento é muito engraçado".

Os pós-efeitos mentais de nosso comportamento também aparecem em muitos fenômenos psicológicos sociais. Os seguintes exemplos ilustram essa autopersuasão. Como veremos repetidas vezes, as atitudes seguem o comportamento.

Desempenho de papéis (*role play*)

papel
Um conjunto de normas que define como as pessoas em uma dada posição social devem se comportar.

A palavra **papel** é tomada do teatro e, como no teatro, refere-se às ações esperadas daqueles que ocupam uma determinada posição social. Ao desempenhar novos papéis sociais, podemos inicialmente nos sentir falsos. Mas nosso desconforto raramente perdura.

Pense em uma época em que você assumiu um novo papel – talvez seus primeiros dias em um emprego ou na faculdade. Naquela primeira semana no *campus*, por exemplo, você pode ter se sentido supersensível a sua nova situação social e corajosamente tentado a agir com maturidade e suprimir seu comportamento do ensino médio. Nessas épocas você pode ter se sentido autoconsciente. Você observava sua nova fala e ações porque elas não lhe eram naturais. Então um dia algo incrível aconteceu: sua fala pseudointelectual não parecia mais forçada. O papel começou a servir tão bem quanto seu velho jeans e camiseta.

"Nenhum homem, durante qualquer período considerável, pode vestir um rosto para si mesmo e outro para a multidão sem por fim ficar perplexo quanto a qual deles pode ser verdadeiro."
—NATHANIEL HAWTHORNE, 1850

Em um estudo, universitários apresentaram-se como voluntários para passar um tempo em uma prisão simulada construída no departamento de psicologia de Stanford por Philip Zimbardo (1971; Haney & Zimbardo, 1998, 2009). Zimbardo queria descobrir: a brutalidade na prisão é um produto de maus prisioneiros e guardas malignos? Ou os papéis institucionais de guarda e prisioneiro amarguram e endurecem até mesmo pessoas compassivas? As pessoas tornam o lugar violento? Ou o lugar torna as pessoas violentas?

Com um sorteio com moeda, Zimbardo designou alguns estudantes como guardas. Deu-lhes uniformes, cassetetes e apitos e os instruiu a fazer valer as regras. A outra metade, os prisioneiros, foi trancafiada em celas e obrigada a usar trajes humilhantes semelhantes a camisolas hospitalares. Depois de um primeiro dia jovial "desempenhando" seus papéis, os guardas e os prisioneiros, e mesmo os experimentadores, foram apanhados pela situação. Os guardas começaram a rebaixar os prisioneiros, e alguns criaram rotinas cruéis e degradantes. Os prisioneiros sucumbiram, rebelaram-se ou tornaram-se apáticos. Desenvolveu-se, segundo Zimbardo (1972), uma "confusão cada vez maior entre realidade e ilusão, entre desempenho de papéis e identidade própria... Essa prisão que tínhamos criado ... estava nos absorvendo como seres de sua própria realidade". Observando a patologia social emergente, Zimbardo foi forçado a cancelar a simulação de duas semanas após apenas seis dias.

O ponto não é que somos impotentes para resistir às regras impostas. Na simulação de prisão de Zimbardo, na Prisão Abu Ghraib (onde guardas degradaram prisioneiros iraquianos) e em outras situações produtoras de atrocidades, algumas pessoas se tornam sádicas e outras não (Haslam & Reicher, 2007; – Mastroianni & Reed, 2006; Zimbardo, 2007). Na água, o sal se dissolve e a areia não. Assim também, assinala John Johnson (2007), quando colocado em um cesto podre, algumas pessoas tornam-se laranjas podres e outras não. O comportamento é um produto tanto do indivíduo quanto da situação, e o estudo da prisão parece ter atraído voluntários propensos à agressividade (McFarland & Carnahan, 2009).

A lição mais profunda dos estudos de desempenho de papéis não é que somos máquinas impotentes. Ela trata, isso sim, de como o que é irreal (um papel artificial) pode sutilmente evoluir para o que é real. Em uma nova carreira, como professor, soldado ou pessoa de negócios, representamos um papel que molda nossas atitudes.

Imagine desempenhar o papel de escravo – não apenas por seis dias, mas durante décadas. Se alguns dias alteraram o comportamento dos voluntários na "prisão" de Zimbardo, então imagine os efeitos corrosivos de décadas de comportamento subserviente. O senhor de escravos pode ser ainda mais profundamente afetado, porque o papel de senhor é escolhido. Frederick Douglass, um ex-escravo, recorda-se da transformação de sua nova proprietária enquanto ela absorvia seu novo papel:

Guardas e prisioneiros na simulação da prisão de Stanford foram rapidamente absorvidos pelos papéis que desempenharam.

> Minha nova patroa provou ser tudo que parecia quando a conheci à porta – uma mulher do coração mais bondoso e dos melhores sentimentos. ... Eu fiquei totalmente impressionado com sua bondade. Eu quase não sabia como me comportar em relação a ela. Ela era completamente diferente de qualquer outra mulher que eu já tivesse conhecido... O escravo mais miserável sentia-se à vontade em sua presença, e nenhum saía sem se sentir melhor por tê-la visto. Seu rosto era feito de sorrisos celestiais, e sua voz era música calma. Mas, infelizmente, esse bondoso coração não teve muito tempo para manter-se assim. O veneno fatal do poder irresponsável já estava em suas mãos, e logo iniciou seu trabalho infernal. Sob a influência da escravidão, aquele olhar alegre logo tornou-se vermelho de raiva; aquela voz, toda feita de doce harmonia, mudou para uma de áspera e horrenda desarmonia; e aquele rosto angelical deu lugar ao de um demônio. (Douglass, 1845, p. 57–58)

Dizer torna-se acreditar

As pessoas muitas vezes adaptam o que dizem para agradar seus ouvintes. Elas são mais rápidas para contar boas do que más notícias e ajustam sua mensagem conforme a posição do ouvinte (Manis et al., 1974; Tesser et al., 1972; Tetlock, 1983). Quando induzidas a dar apoio verbal ou escrito a alguma coisa da qual duvidam, as pessoas geralmente sentem-se mal em relação à fraude. Contudo, elas começam a acreditar no que estão dizendo – *contanto que* não tenham sido subornadas ou coagidas a fazer isso. Quando não existe explicação externa convincente para nossas palavras, dizer torna-se acreditar (Klaas, 1978).

Tory Higgins e colaboradores (Higgins & McCann, 1984; Higgins & Rholes, 1978) ilustraram como dizer torna-se acreditar. Eles fizeram estudantes universitários lerem uma descrição da personalidade de uma pessoa e depois a resumirem para outra, a qual acreditava-se que gostava ou não gostava daquela pessoa. Os estudantes escreveram uma descrição mais positiva quando o destinatário gostava da pessoa. Dizendo coisas positivas, eles mesmos também passaram a gostar mais daquela pessoa. Solicitados a recordar-se do que tinham lido, eles recordaram uma descrição mais positiva do que havia sido. Em resumo, as pessoas tendem a adaptar suas mensagens a seus ouvintes e, depois de fazê-lo, a acreditar na mensagem alterada.

Depois da degradação de prisioneiros iraquianos em Abu Ghraib, Philip Zimbardo (2004a, 2004b) observou "paralelos diretos e tristes entre comportamento semelhante dos 'guardas' no Experimento da Prisão em Stanford". Esse comportamento, ele afirma, é atribuível a uma situação tóxica que pode fazer boas pessoas se tornarem perpetradoras do mal. "Não é que colocamos laranjas podres em um cesto bom. Colocamos laranjas boas em um cesto podre. O cesto corrompe qualquer coisa que tocar."

O fenômeno pé na porta

A maioria de nós é capaz de se recordar de épocas em que, depois de concordar a colaborar para um projeto ou organização, acabamos mais envolvidos do que pretendíamos, jurando que no futuro diríamos não para esses convites. Como isso acontece? Em harmonia com o princípio de que "a atitude segue o comportamento", experimentos sugerem que se você quer que as pessoas lhe façam um grande favor, uma estratégia efetiva é pedir-lhes primeiro um pequeno favor. Na mais conhecida demonstração desse **fenômeno pé na porta**, pesquisadores apresentando-se como voluntários para direção segura pediram a californianos permissão para instalar placas enormes e mal-escritas dizendo "Dirija com Cuidado" em seus pátios de frente. Somente 17% permitiu. Outros foram primeiramente abordados como com um pequeno pedido: concordariam em exibir decalques de oito centímetros com os dizeres "Dirija com Segurança" em suas janelas? Quase todos concordaram prontamente. Quando contatados duas semanas depois para permitirem a colocação das placas grandes e feias em seus pátios de frente, 76% concordou (Freedman & Fraser, 1966). Um ajudante do projeto que passou de casa em casa posteriormente recordou-se de que, sem saber quem tinha sido visitado anteriormente: "eu fiquei simplesmente pasmo diante da facilidade que foi convencer algumas pessoas e o quanto foi impossível convencer outras" (Ornstein, 1991).

Outros pesquisadores confirmaram o fenômeno pé na porta com comportamentos altruístas.

- Patricia Pliner e colaboradores (1974) constataram que 46% dos moradores de bairros residenciais de Toronto estavam dispostos a doar para a Sociedade Canadense do Câncer quando abordados diretamente. Outros, solicitados com um dia de antecipação a usar um bóton na lapela divulgando a iniciativa (que todos concordaram em fazer), mostraram-se quase duas vezes mais propensos a fazer doações.

fenômeno pé na porta
A tendência de que as pessoas que primeiro concordaram com um pequeno favor concordarão posteriormente com um pedido maior.

"Meu Deus. Ele está fazendo o discurso dos votantes de colarinho branco para os de colarinho azul."

Manejo de impressões: ao expressar nossos pensamentos aos outros, às vezes adaptamos nossas palavras ao que pensamos que eles vão querer ouvir.

© The New Yorker Collection, 1984, Joseph Farris, de cartoonbank.com. Todos os direitos reservados.

EM FOCO | Dizer torna-se acreditar

O psicólogo da Oregon University, Ray Hyman (1981), descreveu como representar o papel de um quiromante convenceu-o de que a quiromancia funcionava.

> Eu comecei a ler mãos na adolescência como uma maneira de complementar minha renda obtida com *shows* de mágica e mentalismo. Inicialmente eu não acreditava em quiromancia. Mas eu sabia que para "vendê-la" eu tinha que agir como se acreditasse. Depois de alguns anos, passei a acreditar firmemente na quiromancia. Certo dia, o falecido Stanley Jaks, que era um mentalista profissional e um homem que eu respeitava, sugeriu habilmente que seria uma experiência interessante se eu deliberadamente fornecesse leituras contrárias ao que as linhas indicavam. Tentei isso com alguns clientes. Para minha surpresa e horror, minhas leituras continuaram tendo o sucesso de sempre. Desde então, eu me interesso pelas forças poderosas que nos convencem, quiromante e cliente, de que é algo é verdadeiro quando realmente não é. (p. 86)

Fenômeno pé na porta.
BLONDIE © King Features Syndicate.

- Angela Lipsitz e colaboradores (1989) relatam que concluir as chamadas para doação de sangue com "Contamos com sua presença então, OK? [pausa para resposta]", aumentou a taxa de comparecimento de 62 para 81%.
- Em salas de bate-papo na internet, Paul Markey e colaboradores (2002) solicitaram ajuda ("Meu programa de correio eletrônico não está funcionando. Será que você poderia enviar um e-mail por mim?"). A ajuda aumentou – de 2 a 16% – quando foi incluído um pequeno pedido prévio ("Sou novo nessa coisa de computador. Será que você podia me dizer como olho o perfil de alguém?").
- Nicolas Guéguen e Céline Jacob (2001) triplicaram a taxa de usuários da internet que contribuem para organizações de defesa de crianças vítimas de minas terrestres (de 1,6 para 4,9%) convidando-as primeiro para assinar uma petição contra minas terrestres.

"Você facilmente encontrará pessoas que façam favores se cultivar aquelas que já os fizeram."
—PUBLILIUS SYRUS, 42 A.C.

Observe que nesses experimentos, como em muitos dos cem outros experimentos sobre o pé na porta, a obediência inicial – usar um bóton, declarar sua intenção, assinar uma petição – foi voluntária (Burger & Guadagno, 2003). Veremos repetidas vezes que, quando as pessoas se comprometem com comportamentos públicos e percebem tais atos como causados por si próprias, elas passam a acreditar com mais firmeza no que fizeram.

O psicólogo social Robert Cialdini se considera um "tolo". "Até onde vai minha memória, tenho sido um alvo fácil para as ofertas de vendedores ambulantes, arrecadadores de fundos e operadores de qualquer tipo". Para melhor compreender por que uma pessoa diz sim para outra, ele passou três anos em treinamento para diversos tipos de venda, arrecadamento de fundos e organizações publicitárias, descobrindo como eles exploram "as armas de influência". Ele também colocou tais armas à prova em experimentos simples. Em um deles, Cialdini e colaboradores (1978) exploraram uma variante do fenômeno pé na porta experimentando com a **técnica da bola baixa**, uma tática, ao que consta, utilizada por alguns vendedores de automóvel. Depois que o cliente concorda em comprar um novo automóvel por causa de um preço de barganha e começa a completar os papéis de venda, o vendedor retira a vantagem de preço cobrando por opções ou consultando um chefe que não permite o negócio porque "estaríamos perdendo dinheiro". Diz o folclore que mais clientes submetidos a isso agora aderem à compra de maior preço do que teriam concordado com ela desde o início. Companhias aéreas e hotéis usam a tática atraindo consultas a grandes negócios disponíveis apenas para algumas poltronas ou dormitórios, depois esperando que o cliente concorde com uma opção mais cara.

técnica da bola baixa
Uma tática para fazer as pessoas concordarem com alguma coisa. As pessoas que concordam com um pedido inicial com frequência ainda aquiescerão quando o solicitante aumenta o valor cobrado. As pessoas que recebem apenas o valor mais alto são menos propensas a aceitar.

Cialdini e colaboradores (1988) constataram que essa técnica realmente funciona. Quando eles convidaram estudantes de introdução à psicologia para participarem de um experimento às 7h da manhã, somente 24% apareceu. Mas quando os alunos primeiro concordaram em participar sem saber a hora e somente depois foram convidados a chegar às 7h da manhã, 53% veio.

Pesquisadores de *marketing* e vendedores constataram que o princípio funciona mesmo quando estamos cientes de uma motivação para lucro (Cialdini, 1988). Um comprometimento inicial inocente – devolver um cartão postal para mais informações e um "brinde", concordar em ouvir uma possibilidade de investimento – com frequência nos leva em direção a um maior comprometimento. Uma vez que os vendedores às vezes exploraram o poder desses pequenos comprometimentos tentando prender as pessoas a contratos de compra, muitos estados agora possuem leis que dão aos clientes alguns dias para pensar sobre suas compras e cancelar. Para contrariar o efeito dessas leis, muitas empresas usam o que o um programa de treinamento de vendas chama de "um recurso psicológico muito importante para prevenir que clientes voltem atrás em seus contratos (Cialdini, 1988, p. 78). Eles simplesmente fazem o cliente, e não o vendedor, preencher o contrato. Tendo elas mesmas o preenchido, as pessoas geralmente cumprem o que prometeram.

A técnica da bola baixa.
The Born Loser © Newspaper Enterprise Association.

O fenômeno pé na porta é uma lição digna de ser lembrada. Alguém tentando nos seduzir – financeira, política ou sexualmente – irá com frequência usar essa técnica para criar um ímpeto de aquiescência. A lição prática: antes de concordar com um pequeno pedido, pense no que pode vir depois.

Atos maldosos e morais

O princípio de que as atitudes decorrem do comportamento também funciona com atos imorais. O mal às vezes resulta de comprometimentos gradativamente maiores. Um ato maldoso insignificante pode reduzir nossa sensibilidade moral, tornando mais fácil realizar um ato pior. Parafraseando as *Máximas* de La Rochefoucauld, é mais fácil encontrar uma pessoa que nunca tenha sucumbido a uma determinada tentação do que encontrar uma que tenha sucumbido apenas uma vez. Depois de contar uma "mentira branca" e pensar: "bom, não foi tão ruim", a pessoa pode ir adiante para contar uma mentira maior.

Atos cruéis, tais como o genocídio em Ruanda em 1994, tendem a gerar atitudes ainda mais cruéis e repletas de ódio.

Outra forma de atos maldosos influenciarem atitudes é o fato paradoxal de que tendemos não somente a ferir aqueles de quem não gostamos, mas também a não gostar daqueles que ferimos. Vários estudos (Berscheid et al., 1968; Davis & Jones, 1960; Glass, 1964) constataram que ferir uma vítima inocente – fazendo comentários perniciosos ou aplicando choques elétricos – geralmente leva os agressores a menosprezarem suas vítimas, assim ajudando-os a justificar seu comportamento cruel. Isso ocorre especialmente quando somos persuadidos, e não coagidos. Quando concordamos em fazer alguma coisa voluntariamente, assumimos mais responsabilidade por ela.

O fenômeno aparece em época de guerras. Os guardas dos campos de prisioneiros de guerra às vezes exibem bons modos aos presos nos primeiros dias de serviço, mas não por muito tempo. Soldados ordenados a matar podem inicialmente reagir com repulsa a ponto de se nausearem com seu ato, mas por pouco tempo (Waller, 2002). Muitas vezes eles denegrirão seus inimigos com apelidos degradantes.

Atitudes também decorrem do comportamento em épocas de paz. Um grupo que mantém o outro na escravidão provavelmente passará a perceber nos escravos traços que justificam sua opressão. Equipes presidiárias que participam de execuções experimentam "desengajamento moral" por passarem a acreditar (com mais convicção do que outras equipes presidiárias) que suas vítimas merecem seu destino (Osofsky et al., 2005). Ações e atitudes se alimentam mutuamente, às vezes a ponto do entorpecimento moral. Quanto mais ferimos o outro e ajustamos nossas atitudes, mais fácil torna-se ferir. A consciência é corroída.

Para simular o processo "matança gera matança", Andy Martens e colaboradores (2007) pediram a estudantes da Arizona University que matassem alguns insetos. Será que matar insetos em um ensaio "de treinamento" aumentaria a disposição dos alunos para matar mais insetos posteriormente? Para descobrir, eles pediram a alguns alunos que olhassem um pequeno inseto em um frasco, depois o despejassem na máquina de moer café exibida na Figura 4.5, e então pressionassem o botão de ligar por três segundos. (Na verdade, nenhum inseto foi morto. Uma rolha oculta na base do tubo de inserção impedia que o inseto realmente entrasse na máquina de moer opaca, que tinha pedacinhos de papel rasgados para simular o som do inseto sendo morto.) Outros, que inicialmente mataram cinco insetos (ou assim pensavam), prosseguiram para "matar" um número significativamente maior de insetos durante um período subsequente de 20 segundos.

Atos nocivos moldam o *self*, mas, felizmente, atos morais também. Nosso caráter se reflete no que fazemos quando pensamos que ninguém está vendo. Pesquisadores testaram o caráter expondo crianças a tentações quando parece que ninguém está olhando. Consideremos o que acontece quando as crianças resistem à tentação. Em um experimento drástico, Jonathan Freedman (1965) apresentou a crianças do ensino fundamental um atraente robô operado por pilhas, instruindo-as a não brincarem com ele enquanto ele estivesse fora da sala. Freedman usou uma ameaça severa com metade das crianças e uma ameaça branda com as outras. Ambas foram suficientes para dissuadir as crianças.

Muitas semanas depois, outro pesquisador, sem relação aparente com os eventos anteriores, deixou cada criança brincar na mesma sala com os mesmos brinquedos. Das crianças que tinham recebido a ameaça severa, três quartos agora brincavam livremente com o robô; mas dois terços das que haviam recebido o dissuasor brando ainda *resistiram* a brincar com ele. Ao que parece, o dissuasor foi forte o suficiente para provocar o comportamento desejado, mas brando o suficiente para deixá-las com uma noção de escolha. Tendo anteriormente optado conscientemente por *não* brincar com o brinquedo, as crianças dissuadidas de modo brando pareciam ter

"Nossas autodefinições não são construídas em nossas cabeças; elas são forjadas por nossos atos."
—ROBERT McAFEE BROWN, *CREATIVE DISLOCATION: THE MOVEMENT OF GRACE*, 1980

FIGURA 4.5
Matança gera matança.
Estudantes que inicialmente achavam que estavam matando muitos insetos, jogando-os nessa aparente máquina moedora, mataram um número maior de insetos em um período posterior. (Na realidade, nenhum inseto foi morto.)

> "Amamos as pessoas mais pelo bem que fizemos a elas do que pelo bem que elas nos fizeram."
> —LEON TOLSTÓI, *GUERRA E PAZ*, 1867–1869

internalizado suas decisões. A ação moral, especialmente quando escolhida em vez de coagida, afeta o pensamento moral.

Além disso, comportamento positivo promove o apreço pela pessoa. Fazer um favor para um experimentador ou outro participante, ou ser tutor de um aluno, geralmente aumenta o apreço pela pessoa ajudada (Blanchard & Cook, 1976). É uma lição que vale a pena lembrar: se você quer amar mais uma pessoa, aja como se assim fosse.

Em 1973, Benjamin Franklin testou a ideia de que fazer um favor engendra o gostar. Como secretário na Assembleia Geral da Pensilvânia, ele se sentia perturbado pela oposição de outro importante legislador. Franklin então resolveu conquistá-lo:

> Eu não ... pretendia ganhar sua aprovação demonstrando-lhe algum respeito servil, mas, depois de algum tempo, empreguei este outro método. Tendo ficado sabendo que ele tinha em sua biblioteca um livro muito raro e curioso, escrevi-lhe um bilhete expressando minha vontade de examinar tal livro e pedir-lhe que me emprestasse por alguns dias.. Ele o enviou imediatamente e eu o devolvi em cerca de uma semana, expressando claramente meu sentimento de gratidão. Em nosso encontro seguinte na Assembleia, ele falou comigo (coisa que nunca tinha feito antes), e com muita educação; e desde então ele sempre manifestou uma prontidão a me servir em todas as oportunidades, de modo que nos tornamos grandes amigos e nossa amizade continuou até sua morte. (Citado por Rosenzweig, 1972, p. 769)

Comportamento inter-racial e atitudes raciais

Se a ação moral alimenta atitudes morais, será que o comportamento inter-racial positivo reduzirá o preconceito racial – tanto quanto a obrigatoriedade do uso do cinto de segurança produziu atitudes mais favoráveis em relação ao cinto de segurança? Esta foi parte do depoimento de cientistas sociais antes da decisão da Suprema Corte dos Estados Unidos, em 1954, de dessegregar as escolas. Seu argumento era mais ou menos assim: se esperarmos que o coração mude – por meio de pregação e ensino –, esperaremos muito tempo pela justiça social. Mas se legislarmos a ação moral, podemos, sob as condições ideais, afetar indiretamente atitudes sinceras.

Essa ideia vai contra a suposição de que "não se pode legislar a moralidade". Entretanto, a mudança de atitude, como previram alguns psicólogos sociais, decorreu da dessegregação. Considere:

> "Tornamo-nos justos pela prática de ações justas, autocontrolados pelo exercício do autocontrole e corajosos pela realização de atos corajosos."
> —ARISTÓTELES

- Após a decisão da Corte Suprema, a porcentagem de norte-americanos brancos a favor de escolas integradas deu um salto e, agora, inclui praticamente todas as pessoas. (Para outros exemplos de atitudes raciais antigas e correntes, ver Capítulo 9.)
- Nos 10 anos após a Lei dos Direitos Civis de 1964, a porcentagem de norte-americanos brancos que descreveram seus bairros, amigos, colegas de trabalho ou outros alunos como exclusivamente formado por brancos diminuiu em cerca de 20% para cada uma dessas medidas. O comportamento inter-racial estava aumentando. Durante o mesmo período, a porcentagem de estadunidenses brancos que disse que negros deveriam poder viver em qualquer bairro aumentou de 65 para 87% (*ISR Newsletter*, 1975). As atitudes também estavam mudando.
- Padrões nacionais mais uniformes contra a discriminação foram seguidos reduzindo-se as diferenças nas atitudes raciais entre pessoas de religiões, classes e regiões geográficas diferentes. À medida que passaram a agir de maneira mais parecida, os norte-americanos passaram a pensar de maneira mais semelhante (Greeley & Sheatsley, 1971; Taylor et al., 1978).

Movimentos sociais

Vimos agora que as leis de uma sociedade e, portanto, seu comportamento podem ter forte influência sobre as atitudes raciais. Um perigo reside na possibilidade de empregar a mesma ideia para a socialização política em uma escala de massa. Para muitos alemães durante a década de 1930, a participação em comícios nazistas, exibindo a bandeira nazista, e especialmente o cumprimento "Heil Hitler", estabeleceu uma profunda incompatibilidade entre comportamento e crença. O historiador Richard Grunberger (1971, p. 27) relata que para aqueles que tinham suas dúvidas sobre Hitler, "'o cumprimento alemão' foi um poderoso dispositivo de condicionamento. Tendo decidido entoá-lo como um símbolo visível de conformidade, muitos experimentaram ... desconforto com a contradição entre suas palavras e seus sentimentos. Impedidos de expressar o que acreditavam, eles tentaram estabelecer seu equilíbrio psíquico fazendo-se conscientemente acreditar no que diziam".

Rituais políticos – a saudação diária à bandeira por escolares, cantando o hino nacional – usam a conformidade das pessoas para construir uma fidelidade individual.

A prática não se limita aos regimes totalitários. Rituais políticos – a saudação diária à bandeira por escolares, cantando o hino nacional – usam a conformidade pública para construir uma crença individual no patriotismo. Recordo-me de participar de exercícios de ataques aéreos em minha escola de ensino fundamental não distante da Companhia Boeing em Seattle. Depois de agirmos repetidamente como se fôssemos os alvos de ataques russos, muitos passaram a temer os russos.

Muitas pessoas presumem que a doutrinação social mais potente ocorre por meio de *lavagem cerebral*, expressão criada para descrever o que aconteceu com os prisioneiros de guerra durante a

Guerra da Coreia, em 1950. Embora o programa de "controle do pensamento" não fosse tão irresistível quanto o termo sugere, os resultados ainda foram desconcertantes. Centenas de prisioneiros cooperaram com seus aprisionadores. Vinte e um optaram por ficar após terem recebido permissão para retornar aos Estados Unidos, e muitos daqueles que realmente retornaram voltaram para casa acreditando que "embora o comunismo não possa funcionar nos Estados Unidos, eu acho que ele é uma coisa boa para a Ásia" (Segal, 1954).

Edgar Schein (1956) entrevistou muitos dos prisioneiros de guerra durante seu retorno para casa e relatou que os métodos dos aprisionadores incluíam uma intensificação gradual das demandas. Os aprisionadores sempre iniciavam com pedidos triviais e iam aumentando para outros mais significativos. "Assim, depois que um prisioneiro estava 'treinado' a falar ou escrever sobre trivialidades, declarações sobre questões mais importantes eram demandadas". Além disso, eles sempre esperavam participação ativa, seja apenas copiando alguma coisa ou participando nas discussões de grupo, escrevendo autocríticas ou expressando confissões públicas. Depois que um prisioneiro tivesse falado ou redigido uma declaração, ele sentia uma necessidade íntima de compatibilizar suas crenças com seus atos. Isto com frequência levava os prisioneiros a se convencerem do que haviam feito errado. A tática de "começar-pequeno-e-ir-aumentando" foi uma aplicação efetiva da técnica do pé na porta, e continua sendo atualmente na socialização de terroristas e torturadores (Capítulo 6).

Agora eu peço a você, antes de continuar lendo, que brinque de teorista. Pergunte a si mesmo: por que nesses estudos e em exemplos da vida real, as atitudes decorrem do comportamento? Por que desempenhar um papel ou fazer um discurso influencia sua atitude?

"Você pode usar pequenos compromissos para manipular a autoimagem de uma pessoa; você pode usá-los para transformar cidadãos em 'funcionários públicos', candidatos possíveis em 'clientes', prisioneiros em 'colaboradores'".
—ROBERT CIALDINI, *INFLUENCE*, 1988

Resumo: Quando o comportamento afeta as atitudes?

- A relação atitude-ação também funciona na direção inversa: somos propensos não somente a pensar para agir, mas também a agir para pensar de uma determinada maneira. Quando agimos, ampliamos a ideia subjacente ao que fizemos, especialmente quando nos sentimos responsáveis por ela. Muitas correntes de evidências convergem sobre esse princípio. As ações prescritas pelos papéis sociais moldam as atitudes dos que desempenham esses papéis.
- De modo semelhante, o que dizemos ou escrevemos pode influenciar fortemente o que depois sustentamos.
- A pesquisa sobre o fenômeno pé na porta revela que executar um pequeno ato torna as pessoas mais dispostas a executarem outro maior posteriormente.
- As ações também afetam nossas atitudes morais: tendemos a justificar aquilo que fizemos, mesmo que seja maléfico, como certo.
- De modo semelhante, nossos comportamentos raciais e políticos moldam nossa consciência social: não somente defendemos o que acreditamos, também acreditamos no que defendemos.
- Os movimentos políticos e sociais podem legislar comportamento destinado à mudança de atitude em escala de massa.

Por que o comportamento afeta as atitudes?

Quais teorias ajudam a explicar o fenômeno de que as atitudes decorrem do comportamento? Como a disputa entre essas teorias competitivas ilustra o processo de explicação científica?

Vimos que diversas correntes de evidências se fundem para formar um rio: o efeito das ações sobre as atitudes. Essas observações contêm alguma pista do *porquê* a ação afeta as atitudes. Os detetives da psicologia social suspeitam de três fontes possíveis. A *teoria da autoapresentação* presume que, por razões estratégicas, expressamos atitudes que nos fazem parecer consistentes. A *teoria da dissonância cognitiva* presume que para reduzir o desconforto, justificamos nossas ações para nós mesmos. A *teoria da autopercepção* presume que nossas ações são autorreveladoras (quando não temos certeza sobre nossos sentimentos ou crenças, observamos nosso comportamento, como qualquer outra pessoa faria). Vamos examinar cada explicação.

Autoapresentação: Manejo de impressões

A primeira explicação de por que as ações afetam as atitudes começa como uma ideia simples que você pode recordar do Capítulo 2. Quem de nós não se importa com o que as pessoas pensam? Despendemos muito dinheiro em roupas, dietas, cosméticos e em cirurgia plástica – tudo por causa de nossa preocupação com o que os outros pensam. Entendemos que causar uma boa impressão é um modo de obter recompensas sociais e materiais, sentirmo-nos melhores a nosso próprio respeito e até mesmo nos tornarmos mais seguros de nossas identidades sociais (Leary, 1994, 2001, 2004b, 2007).

Ninguém quer parecer estupidamente inconsistente. Para evitarmos parecer assim, expressamos atitudes que correspondam com nos-

"Vejo que finalmente ele se livrou daquele penteado ridículo."

© The New Yorker Collection, 2009, Jack Ziegler, de cartoonbank.com. Todos os direitos reservados.

sas ações. Para parecermos consistentes, podemos simular essas atitudes. Mesmo que isso signifique exibir um pouco de insinceridade ou hipocrisia, pode ser compensador para manejar a impressão que estamos causando. Ou assim sugere a teoria da autoapresentação.

Nossa simulação de consistência explica por que atitudes expressas mudam para haver consistência com o comportamento? Em certa medida, sim – as pessoas exibem uma mudança de atitude muito menor quando um falso detector de mentiras as inibe de tentar causar uma boa impressão (Paulhus, 1982; Tedeschi et al., 1987).

Mas há mais nas atitudes do que autoapresentação, pois as pessoas expressam suas mudanças de atitude mesmo para alguém que desconhece seu comportamento anterior. Duas outras teorias explicam por que as pessoas às vezes internalizam suas autoapresentações como mudanças de atitude genuínas.

Autojustificação: Dissonância cognitiva

dissonância cognitiva
Tensão que surge quando se está simultaneamente consciente de duas cognições incompatíveis. Por exemplo, pode ocorrer dissonância quando percebemos que, com pouca justificativa, agimos contra nossas atitudes ou tomamos uma decisão que favorece uma alternativa a despeito de razões que favoreçam outra.

Uma teoria é que nossas atitudes mudam porque somos motivados a manter a consistência entre nossas cognições. Esta é a implicação da famosa teoria da **dissonância cognitiva** de Leon Festinger (1957). A teoria é simples, mas sua gama de aplicações é enorme, tornando "dissonância cognitiva" parte do vocabulário das pessoas instruídas da atualidade. Ela presume que sentimos tensão, ou falta de harmonia ("dissonância"), quando dois pensamentos ou crenças simultaneamente acessíveis ("cognições") são psicologicamente incompatíveis. Festinger afirmou que para reduzir essa excitação desagradável, muitas vezes ajustamos nosso pensamento. Essa ideia simples, e algumas surpreendentes previsões dela derivadas, geraram mais de 2 mil estudos (Cooper, 1999).

A teoria da dissonância refere-se principalmente a discrepâncias entre comportamento e atitudes. Estamos cientes de ambos. Assim, se sentimos alguma inconsistência, talvez alguma hipocrisia, sentimos pressão para mudar. Isso explica porque fumantes britânicos e norte-americanos têm sido muito menos propensos do que não fumantes a acreditar que fumar é perigoso (Eiser et al., 1979; Saad, 2002).

Depois da Guerra do Iraque em 2003, observou o diretor do Programa de Atitudes na Política Internacional, alguns norte-americanos esforçaram-se para reduzir sua "experiência de dissonância cognitiva" (Kull, 2003). A principal premissa da guerra tinha sido que Saddam Hussein, diferentemente da maioria dos brutais ditadores que o mundo vinha tolerando, tinha armas de destruição em massa que ameaçavam a segurança dos Estados Unidos e da Inglaterra. Quando a guerra começou, somente 38% dos norte-americanos disseram que a guerra era justificada mesmo que o Iraque não tivesse armas de destruição em massa (Gallup, 2003). Quase quatro de cada cinco norte-americanos acreditavam que suas tropas invasoras encontrariam-nas, e uma proporção semelhante apoiava a recém-declarada guerra (Duffy, 2003; Newport et al., 2003).

Quando armas desse tipo não foram encontradas, a maioria favorável à guerra experimentou dissonância, a qual foi intensificada por sua consciência dos custos financeiros e humanos da guerra, pelas cenas do Iraque no caos, pelas ondas de atitudes antiamericanas na Europa e em países muçulmanos e por atitudes pró-terroristas inflamadas. Para reduzir sua dissonância, assinalou o Programa de Atitudes na Política Internacional, alguns norte-americanos revisaram suas lembranças dos principais argumentos de seu país para entrar em guerra. Agora, as razões tornaram-se libertar um povo oprimido do governo tirânico e genocida e estabelecer as bases para um Oriente Médio mais pacífico e democrático. Três meses depois que a guerra começou, a opinião antes minoritária tornou-se, por um tempo, a visão majoritária: 58% dos norte-americanos agora apoiavam a guerra mesmo que não existisse nenhuma das referidas armas de destruição em massa (Gallup, 2003). "Encontrar ou não armas de destruição em massa não importa", sugeriu o pesquisador republicano Frank Luntz (2003), "porque a fundamentação para a guerra mudou".

"Eu tomei uma decisão dura. E sabendo o que eu sei hoje, eu tomaria a decisão novamente."
—GEORGE W. BUSH, 12 DE DEZEMBRO DE 2005

Em *Erros foram cometidos (mas não por mim): porque justificar crenças tolas, más decisões e atos nocivos*, os psicólogos Carol Tavris e Elliot Aronson (2007, p. 7) ilustram redução de dissonância por líderes de vários partidos políticos diante de claras evidências de que uma decisão que tomaram ou um curso de ação que escolheram revelou-se errôneo, até mesmo desastroso. Esse fenômeno humano é apartidário, observam Tavris e Aronson: "um presidente que justificou suas ações para si mesmo, acreditando que tem *a verdade*, torna-se imune à autocorreção". Por exemplo, o biógrafo do presidente democrata Lyndon Johnson o descreveu como alguém que se agarrava a suas crenças, mesmo afundando no atoleiro do Vietnã, independentemente "dos fatos no problema". E o presidente republicano George W. Bush, nos anos após ter lançado a Guerra do Iraque, disse que "sabendo o que sei hoje, eu tomaria a decisão novamente" (2005), que "nunca estive mais convencido de que as decisões que tomei são certas" (2006) e que "essa guerra teve ... um alto preço em vidas e dinheiro, mas esses custos são necessários" (2008).

A teoria da dissonância cognitiva oferece uma explicação para a autopersuasão, e ela oferece muitas previsões surpreendentes. Veja se você consegue antecipá-las.

JUSTIFICAÇÃO INSUFICIENTE

Imagine que você é um participante em uma famosa experiência dirigida pelo criativo Festinger e seu aluno J. Merrill Carlsmith (1959). Durante uma hora, você precisa realizar tarefas enfadonhas, tais como girar maçanetas de madeira repetidamente. Depois que você termina, o experimentador (Carlsmith) explica que o estudo é sobre como as expectativas afetam o desempenho. O próximo participante, esperando do lado de fora, deve ser levado a esperar uma experiência *interessante*. O experimentador aparentemente irritado, que Festinger havia treinado por muitas horas até que ele parecesse extremamente convincente, explica que o assistente que geralmente cria essa expectativa não ia poder fazer essa sessão. Torcendo as mãos, ele implora: "Você poderia substituí-lo e fazer isso?".

Como é pela ciência e está sendo pago, você concorda em contar ao próximo participante (que na verdade é um cúmplice do experimentador) a experiência agradável que você acabou de ter. "É mesmo?", indaga o suposto participante. "Uma amiga minha estava nesse experimento uma semana atrás, e ela disse que era chato". "Não", você responde, "é realmente muito interessante. Você faz um bom exercício enquanto gira aquelas maçanetas. Tenho certeza de que você vai gostar". Finalmente, outra pessoa que está estudando como as pessoas reagem aos experimentos faz você completar um questionário que pergunta o quanto você realmente gostou de sua experiência de girar maçanetas.

Agora, sobre a previsão: sob que condição você é mais propenso a acreditar em sua pequena mentira e dizer que o experimento foi realmente interessante? Quando lhe pagaram 1 dólar para mentir, como foram alguns dos participantes? Ou quando pagaram generosos 20 dólares, como foram outros? Contrariamente à noção comum de que grandes recompensas produzem grandes efeitos, Festinger e Carlsmith fizeram uma previsão ultrajante: os que receberam apenas 1 dólar (justificativa quase insuficiente para uma mentira) teriam mais propensão a ajustar suas atitudes a suas ações. Tendo **justificação insuficiente** para suas ações, eles experimentariam mais desconforto (dissonância) e, assim, estariam mais motivados a acreditar no que tinham feito. Os que receberam 20 dólares tinham justificação suficiente para o que tinham feito e, consequentemente, deviam ter experimentado menos dissonância. Como mostra a Figura 4.6, os resultados se encaixam com essa intrigante previsão.[1]

Em muitos experimentos posteriores, esse efeito das atitudes decorrerem do comportamento foi mais forte quando as pessoas sentiram alguma escolha e quando suas ações tinham consequências previsíveis. Um experimento fez as pessoas lerem piadas depreciativas sobre advogados em um gravador (p. ex., "Como a gente sabe quando um advogado está mentindo? Os lábios dele estão se mexendo"). A leitura produziu mais atitudes negativas em relação a advogados quando foi uma atividade escolhida em vez de coagida (Hobden & Olson, 1994). Outros experimentos fizeram as pessoas escreverem redações por menos de 2 dólares ou algo assim. Quando a redação afirma algo no qual elas não acreditam – digamos, um aumento no custo de instrução –, o redator mal pago começa a sentir uma afinidade um pouco maior com o sistema. A simulação se torna realidade.

Anteriormente, assinalamos como o princípio da justificação insuficiente funciona com punições. As crianças eram mais propensas a internalizar o pedido de não brincarem com um brinquedo atraente quando receberam uma ameaça branda que justificava insuficientemente sua obediência. Quando um dos pais diz: "Arrume seu quarto, Joshua, se não pode esperar uma surra", Joshua não vai precisar justificar internamente a arrumação do quarto. A ameaça severa é uma justificativa suficiente.

Observe que a teoria da dissonância cognitiva se concentra não na relativa efetividade de recompensas e punições administradas depois daquele ato, e sim no que induz uma desejada ação. Ela almeja que Joshua

justificação insuficiente
Redução da dissonância justificando internamente o próprio comportamento quando justificação externa é "insuficiente".

FIGURA 4.6
Justificação insuficiente.
A teoria da dissonância prevê que quando nossas ações não são plenamente explicadas por recompensas externas ou coação, experimentaremos dissonância, a qual podemos reduzir acreditando no que fizemos.
Fonte: dados de Festinger e Carlsmith, 1959.

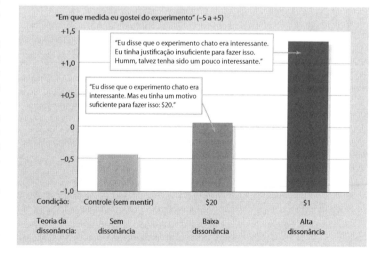

---

[1] Existe um aspecto final raramente relatado desse experimento de 1950. Imagine-se finalmente de volta com o experimentador, que está explicando sinceramente todo o estudo. Além de você ficar sabendo que foi ludibriado, o experimentador também pede os 20 dólares de volta. Você obedece? Festinger e Carlsmith observam que todos os seus alunos de Stanford participantes devolveram o dinheiro de bom grado. Essa é uma amostra de algumas observações bastante surpreendentes sobre obediência e conformidade discutidas no Capítulo 6. Como veremos, quando a situação social faz claras exigências, as pessoas geralmente respondem de acordo.

A teoria da dissonância sugere que os pais devem procurar obter o comportamento desejado de maneira não coerciva, assim motivando as crianças a internalizarem as atitudes apropriadas.

diga "Estou arrumando meu quarto porque quero um quarto arrumado", em vez de "Estou arrumando meu quarto porque senão meus pais vão me matar". Alunos que percebem seu serviço comunitário requerido como algo que teriam escolhido fazer são mais propensos a antever futuro trabalho voluntário do que aqueles que se sentem coagidos (Stukas et al., 1999). O princípio: *atitudes decorrem dos comportamentos pelos quais sentimos responsabilidade.*

O manejo autoritário será efetivo, prevê a teoria, somente quando a autoridade estiver presente – pois as pessoas tendem a não internalizar comportamento forçado. Bree, um cavalo falante anteriormente escravizado em *The horse and his boy* (1974, p. 193), de C. S. Lewis, observa: "Um dos piores resultados de ser um escravo e ser forçado a fazer coisas é que quando não há mais ninguém para forçá-lo, você descobre que quase perdeu o poder de forçar-se". A teoria da dissonância insiste que o incentivo e a persuasão devem ser suficientes para produzir a ação desejada (para que atitudes possam decorrer do comportamento). Mas ela sugere que gerentes, professores e pais devem usar somente incentivo suficiente para produzir o comportamento desejado.

DISSONÂNCIA APÓS DECISÕES

A ênfase na escolha e responsabilidade percebidas implica que decisões produzem dissonância. Quando confrontadas com uma decisão importante – que faculdade frequentar, quem namorar, qual emprego aceitar – às vezes nos sentimos dilacerados entre duas alternativas igualmente atraentes. Talvez você se recorde de uma ocasião em que, tendo se comprometido, você se tornou dolorosamente consciente de cognições dissonantes – as características desejáveis do que você rejeitou e as características indesejáveis do que você escolheu. Se você decidiu morar no *campus*, você pode ter se dado conta de que estava abrindo mão do espaço e liberdade de um apartamento por alojamentos apertados e barulhentos. Se você optou por viver fora do *campus*, você pode ter compreendido que sua decisão significava separação física do *campus* e dos amigos, e ter que cozinhar e lavar roupa para si mesmo.

Depois de tomar decisões importantes, geralmente reduzimos a dissonância promovendo a alternativa escolhida e rebaixando a opção não escolhida. No primeiro experimento de dissonância publicado (1956), Jack Brehm levou alguns de seus presentes de casamento ao laboratório da University of Minnesota e fez mulheres classificarem seis produtos, tais como uma torradeira, um rádio e um secador de cabelos. Brehm então mostrou às mulheres dois objetos aos quais elas deram quase a mesma classificação e lhes disse que podiam ficar com qualquer um que escolhessem. Posteriormente, ao reavaliarem os oito objetos, as mulheres melhoraram suas avaliações do item rejeitado. Parece que depois de termos feito nossas escolhas, a grama do vizinho não fica mais verde. (Depois, Brehm confessou que ele não tinha condições de deixar-lhes ficarem com o que escolheram.)

Com decisões simples, esse efeito de "decidir torna-se acreditar" pode gerar um excesso de confiança (Blanton et al., 2001): "O que eu decidi deve estar certo". O efeito pode ocorrer muito rapidamente. Robert Knox e James Inkster (1968) constataram que apostadores em hipódromos que tinham acabado de desembolsar seu dinheiro se sentiam mais otimistas sobre suas apostas do que aqueles que estavam prestes a apostar. Nos poucos momentos entre ficar na fila e sair do guichê de apostas, nada havia mudado – exceto a ação decisiva e os sentimentos da pessoa em relação a isso. Às vezes, pode haver apenas uma pequena diferença entre duas opções, como me recordo ao ajudar nas decisões sobre exercício de cargos docentes. A competência de um docente que consegue por pouco e a de outro que perde por pouco não parece muito diferente – até depois de você tomar e anunciar a decisão.

Uma vez tomadas, as decisões criam suas próprias pernas autojustificadoras de apoio. Muitas vezes, essas pernas são fortes o suficiente para que, quando uma delas é retirada – talvez a original, como no caso da guerra do Iraque –, a decisão não desabe. Rosalia decide fazer uma viagem para casa se isso puder ser feito por uma tarifa inferior a 400 dólares. Como é possível, ela faz sua reserva e começa a pensar em razões adicionais pelas quais ela ficará feliz em rever sua família. Contudo, quando vai comprar as passagens, ela fica sabendo que a tarifa aumentou para 475 dólares. Não importa; ela está decidida a ir. Como ao ser submetido à técnica da bola baixa por um vendedor de automóveis,

> "Toda vez que você faz uma escolha, você está transformando a parte central de você, a parte de você que escolhe, em algo um pouco diferente do que ela era antes."
> —C. S. LEWIS, *MERE CHRISTIANITY*, 1942

POR DENTRO DA HISTÓRIA

Leon Festinger sobre redução da dissonância

Após um terremoto na Índia, em 1934, houve rumores fora da zona atingida de desastres piores que viriam. Ocorreu-me que esses rumores poderiam ser "justificadores da ansiedade" – cognições que justificariam seus medos persistentes. A partir desse germe de uma ideia, desenvolvi minha teoria da redução da dissonância – fazer sua visão de mundo se encaixar em como você se sente ou o que você fez.

Leon Festinger
(1920–1989)

nunca ocorre às pessoas, relata Robert Cialdini (1984, p. 103), "que essas razões adicionais poderiam jamais ter existido se a escolha não tivesse sido tomada antes".

E não são só os adultos que fazem isso. Uma equipe da de Yale University liderada por Louisa Egan (2007) convidou crianças de 4 anos a classificarem diferentes adesivos usando uma escala de faces sorridentes (*smileys*). Com cada criança, os pesquisadores depois escolheram três adesivos aos quais ela tinha dado a mesma classificação, e aleatoriamente identificaram dois (vamos chamá-los de Adesivo A e Adesivo B) dos quais as crianças podiam escolher para levar para casa. Depois, a criança podia escolher mais um – seja um adesivo não escolhido ou o terceiro, Adesivo C. O resultado (que pôs um sorriso no meu rosto): ao que parece, as crianças reduziram a dissonância minimizando a atratividade do primeiro adesivo não escolhido, assim levando-as a favorecer o Adesivo C em 63% das vezes (em vez de a metade das vezes, como poderíamos ter esperado). O experimento foi repetido com macacos-pregos usando doces alternativos em vez de adesivos. Com os macacos aconteceu o mesmo que com as crianças: eles também repensaram suas atitudes depois de tomar uma decisão inicial.

Grandes decisões podem produzir grande dissonância quando posteriormente ponderamos os aspectos negativos do que escolhemos e os aspectos positivos do que não escolhemos.

Autopercepção

Embora a teoria da dissonância tenha inspirado muitas pesquisas, uma teoria ainda mais simples também explica seus fenômenos. Considere como fazemos inferências sobre as atitudes das outras pessoas. Vemos como um indivíduo age em uma determinada situação, e então atribuímos o comportamento ou aos traços e atitudes da pessoa ou a forças ambientais. Se vemos pais coagindo Brett, um menino de 10 anos, a dizer "desculpe", atribuímos o pedido de desculpas à situação, não ao arrependimento pessoal do menino. Se vemos ele se desculpando sem estar visivelmente sendo persuadido, atribuímos o pedido de desculpas ao próprio Brett (Fig. 4.7).

A **teoria da autopercepção** (proposta por Daryl Bem, 1972) presume que fazemos inferências semelhantes quando observamos nosso próprio comportamento. Quando nossas atitudes são fracas ou ambíguas, estamos na posição de alguém nos observando de fora. Ouvir-me falando me informa de minhas atitudes; ver minhas ações fornece pistas do quão fortes são minhas crenças. Isso é especialmente verdadeiro quando não posso atribuir meu comportamento a pressões externas. As ações que cometemos livremente são autorreveladoras.

O pioneiro psicólogo William James propôs uma explicação semelhante para a emoção um século atrás. Inferimos nossas emoções, ele sugeriu, observando nossos corpos e nossos comportamentos. Um estímulo como um urso rosnando confronta uma mulher na floresta. Ela fica tensa, sua frequência cardíaca aumenta, a adrenalina corre e ela foge. Observando tudo isso, ela então experimenta medo. Em uma faculdade onde vou dar uma palestra, eu me acordo antes do amanhecer e não consigo mais dormir. Observando minha insônia, concluo que devo estar ansioso.

As pessoas que observam a si mesmas aquiescendo a um pequeno pedido realmente passam a perceber a si mesmas como o tipo de pessoa prestativa que responde positivamente a pedidos de ajuda? É por isso que, nos experimentos do pé na porta, as pessoas posteriormente concordarão com pedidos maiores? Sem dúvida, sim, relatam Jerry Burger e David Caldwell (2003). O comportamento pode modificar o autoconceito.

EXPRESSÕES E ATITUDE

Talvez você seja cético quanto ao feito de autopercepção, como inicialmente eu fui. Experimentos sobre os efeitos de expressões faciais sugerem um modo de você testar isso. Quando James Laird (1974, 1984) induziu universitários a fazerem uma careta enquanto eletrodos eram afixados em seus rostos – "contraia esses músculos", "franza a testa" –, eles disseram que sentiram raiva. É mais divertido expe-

teoria da autopercepção
A teoria de que quando não temos certeza de nossas atitudes, nós as inferimos como faria alguém que nos observa, observando nosso comportamento e as circunstâncias nas quais ele acontece.

"A melhor maneira de alcançar o autoconhecimento não é pela contemplação, mas pela ação."
—GOETHE, 1749–1832

"Eu posso assistir a mim e minhas ações, como alguém de fora."
—ANNE FRANK, *O DIÁRIO DE ANNE FRANK*, 1947

"Eu só gosto de me angustiar com minhas decisões depois de tê-las tomado."

Dissonância após a decisão.
© David Sipress. Reimpressa com permissão.

FIGURA 4.7
Três teorias explicam por que as atitudes decorrem do comportamento.

"A livre expressão por sinais externos de emoção a intensifica. Por sua vez, lado, a repressão, tanto quanto possível, de todos os sinais externos suaviza nossas emoções."
—CHARLES DARWIN, *A EXPRESSÃO DAS EMOÇÕES NO HOMEM E NOS ANIMAIS*, 1897

rimentar a outra descoberta de Laird: aqueles que foram induzidos a fazer uma expressão sorridente sentiram-se mais alegres e acharam mais graça em desenhos humorísticos. Aqueles induzidos a praticar repetidamente expressões de alegria (*versus* de tristeza ou raiva) podem ter mais recordações felizes e sentir que esse estado de espírito de satisfação perdura (Schnall & Laird, 2003). Observar nossas expressões em um espelho amplifica esse efeito de autopercepção (Kleinke et al., 1998).

Todos já experimentamos esse fenômeno. Estamos nos sentindo mal-humorados, mas daí o telefone toca ou alguém bate na porta e obtém de nós um comportamento carinhoso e cordial. "Como vão as coisas?" "Tudo bem, obrigado. E com você?" "Nada mal..." Se nossos sentimentos não forem intensos, esse comportamento pode mudar toda a nossa atitude. É difícil sorrir e sentir-se irritado. Quando a Miss Universo desfila com seu sorriso, ela pode, afinal, estar ajudando-se a se sentir feliz. Como Rodgers e Hammerstein nos lembram, quando estamos com medo, pode ser útil "assobiar uma melodia alegre". Fazer os movimentos pode desencadear as emoções. Em contrapartida, esticar o dedo médio faz as expressões ambíguas dos outros parecerem mais hostis (Chandler & Schwarz, 2009).

Até seu modo de andar afeta como você se sente. Quando você terminar a leitura deste capítulo, caminhe por um minuto dando passos curtos e arrastando os pés, olhando para baixo. É uma ótima maneira de se sentir deprimido. "Fique sentado o dia inteiro em uma postura de desânimo, suspire e responda a tudo com uma voz triste, e sua melancolia persiste", observou William James (1890, p. 463). Quer se sentir melhor? Ande por um minuto dando passos longos, balançando os braços e com os olhos retos para a frente.

Se nossas expressões influenciam nossos sentimentos, então imitar as expressões dos outros nos ajuda a saber o que estamos sentindo? Um experimento de Katherine Burns Vaughan e John Lanzetta (1981) sugere que sim. Eles pediram a universitários da Dartmouth College que observassem alguém recebendo choques elétricos. Eles disseram a alguns dos observadores que fizessem uma expressão de dor sempre que ocorresse um choque. Se, como Freud e outros supunham, expressar uma emoção permite-nos descarregá-la, então a expressão de dor deveria ser intimamente tranquilizante (Cacioppo et al., 1991). Na verdade, comparados a outros estudantes que não representaram suas expressões, esses estudantes que fizeram caretas transpiraram mais e apresentaram frequências cardíacas mais altas sempre que viam um choque ser aplicado. Representar a emoção da pessoa permitiu que os observadores sentissem mais empatia. A implicação: para entender como as outras pessoas estão se sentindo, deixe que seu próprio rosto espelhe as expressões delas.

Na verdade, você nem precisa tentar. Observando as expressões, posturas e vozes dos outros, nós natural e inconscientemente imitamos suas reações a cada momento (Hatfield et al., 1992). Sincronizamos nossos movimentos, posturas e tons de voz com as delas. Isso nos ajuda a nos sintonizar com o que elas estão sentindo e também contribui para o "contágio emocional", o qual explica por que é divertido estar com pessoas felizes e deprimente estar com pessoas deprimidas (Capítulo 14).

Nossas expressões faciais também influenciam nossas atitudes. Em um experimento engenhoso, Gary Wells e Richard Petty (1980) fizeram alunos da Alberta University "testarem fones de ouvido" fazendo movimentos verticais ou horizontais enquanto ouviam a um editorial de rádio. Quem mais concordou com o editorial? Aqueles que estiveram movendo a cabeça para cima e para baixo. Por quê? Wells e Petty inferiram que pensamentos positivos são compatíveis com acenos verticais e incompatíveis com movimento horizontal. Experimente você mesmo quando ouvir alguém: você se sente mais cordato quando faz que sim ou quando faz que não com a cabeça?

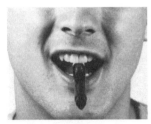 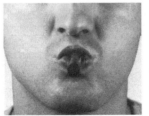

Segundo o psicólogo alemão Fritz Strack e colaboradores (1988), as pessoas acham mais graça de desenhos humorísticos enquanto seguram uma caneta entre os dentes (usando o músculo do sorriso) do que quando a seguram com os lábios (usando músculos incompatíveis com o sorrir).

Na Cologne University, Thomas Mussweiler (2006) também descobriu que ações estereotipadas alimentam o pensamento estereotipado. Em um experimento engenhoso, ele induziu algumas pessoas a se movimentarem da maneira imponente de uma pessoa obesa – fazendo-as vestirem um colete salva-vidas e colocando pesos em seus punhos e tornozelos – e depois dessem suas impressões de alguém descritas em papel. Aquelas cujos movimentos simularam obesidade, mais do que aquelas em uma condição controle, perceberam a pessoa-alvo (descrita no papel) como portadora de traços (cordialidade, indolência, falta de saúde) que as pessoas costumam perceber em pessoas obesas. Em experimentos de seguimento, pessoas induzidas a se moverem lentamente, como faria um idoso, atribuíram mais traços estereotípicos de idosos a uma pessoa-alvo. O fazer influencia o pensar.

Posturas também afetam o desempenho. Depois de observar que as pessoas associam uma postura de braços cruzados a determinação e persistência, Ron Friedman e Andrew Elliot (2008) fizeram estudantes tentarem resolver anagramas impossíveis. Os instruídos a trabalhar de braços cruzados perseveraram por, em média, 55 segundos, quase o dobro dos 30 segundos dos que ficaram com as mãos sobre suas coxas.

Todos os funcionários da Nippon Airways, mordendo "pauzinhos", sorriem durante uma sessão de treinamento para sorrir.

EXCESSO DE JUSTIFICAÇÃO E MOTIVAÇÕES INTRÍNSECAS

Recorde-se do efeito de justificação insuficiente: o menor incentivo que fará as pessoas fazerem alguma coisa geralmente é o mais efetivo para fazê-las gostarem da atividade e continuarem fazendo-a. A teoria da dissonância cognitiva oferece uma explicação para isso: quando induções externas são insuficientes para justificar nosso comportamento, reduzimos a dissonância internamente, justificando o comportamento.

A teoria da autopercepção oferece uma explicação diferente: as pessoas explicam seu comportamento observando as condições em que ele ocorre. Imagine ouvir alguém declarar o bom senso de um aumento do custo de instrução depois de ter recebido 20 dólares para fazer isso. Com certeza a declaração pareceria menos sincera do que se você pensasse que a pessoa estava expressando essas opiniões sem nenhuma remuneração. Talvez façamos inferências semelhantes quando observamos a nós mesmos. Observamos nossa ação não coagida e inferimos nossa atitude.

A teoria da autopercepção dá um passo adiante. Contrária à noção de que as recompensas sempre aumentam a motivação, ela sugere que recompensas desnecessárias podem ter um custo oculto. Recompensar as pessoas por fazerem o que elas já gostam pode levá-las a atribuir sua ação à recompensa. Nesse caso, isto solaparia sua autopercepção de que elas o fazem porque gostam. Experimentos de Edward Deci e Richard Ryan (1991, 1997, 2008) na Rochester University, de Mark Lepper e David Greene (1979) em Stanford e de Ann Boggiano e colaboradores (1985, 1987, 1992) na Colorado University confirmaram esse **efeito de justificação excessiva**. Remunere as pessoas por brincarem com quebra-cabeças, e posteriormente elas brincarão de quebra-cabeças menos do que aquelas que brincam sem remuneração. Prometa a crianças uma recompensa por fazerem o que elas gostam naturalmente (p. ex., brincar com canetas hidrocores), e você transformará o brincar em trabalho (Fig. 4.8).

efeito de justificação excessiva
O resultado de subornar as pessoas para que elas façam o que já gostam de fazer; elas podem então ver suas ações como controladas externamente e não como intrinsecamente atraentes.

Uma anedota popular ilustra o efeito de justificação excessiva. Um senhor de idade vivia sozinho em uma rua onde meninos brincam ruidosamente todas as tardes. Como o barulho o incomodava, ele um dia chamou os meninos a sua porta. Ele lhes disse que adorava o som alegre das vozes das crianças e prometeu dar 50 centavos a cada uma delas se elas voltassem no dia seguinte. No outro dia de tarde, as crianças voltaram correndo e brincaram como mais vigor do que nunca. O velho então as remunerou e prometeu-lhes outra recompensa no dia seguinte. Mais uma vez elas voltaram e se divertiram, e o homem novamente as pagou, desta vez 25 centavos. No dia seguinte, elas receberam apenas 15 centavos, e o homem explicou que seus escassos recursos estavam se esgotando. "Mas, por favor, vocês viriam brincar por 10 centavos amanhã?" Desapontados, os meninos disseram ao senhor que não retornariam. Não valia o esforço, disseram, brincar a tarde inteira em frente a sua casa por apenas 10 centavos.

Como implica a teoria da autopercepção, uma recompensa *imprevista* não diminui o interesse intrínseco, porque as pessoas ainda podem atribuir suas ações a sua própria motivação (Bradley & Mannell, 1984; Tang & Hall, 1995). (É como a heroína que, tendo se apaixonado pelo lenhador, agora fica sabendo que ele na verdade é um príncipe.) E se elogios por um bom trabalho fazem-nos sentir mais competentes e bem-sucedidos, isso pode na verdade aumentar nossa motivação intrín-

"Eu não canto porque sou feliz. Sou feliz porque canto."

Autopercepção em funcionamento.
© The New Yorker Collection, 1991, Ed Frascino, de cartoonbank.com. Todos os direitos reservados.

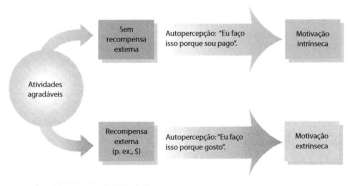

FIGURA 4.8
Motivação intrínseca e extrínseca.
Quando as pessoas fazem alguma coisa que elas gostam de fazer, sem recompensa ou coação, elas atribuem seu comportamento ao seu amor pela atividade. Recompensas externas minam a motivação intrínseca levando as pessoas a atribuírem seu comportamento ao incentivo.

seca. Quando corretamente administradas, as recompensas também podem estimular a criatividade (Eisenberger et al., 1999, 2001, 2003).

O efeito de justificação excessiva ocorre quando alguém oferece uma recompensa desnecessária de antemão em um esforço óbvio para controlar o comportamento. O que importa é o que a recompensa implica: recompensas e elogio que informam as pessoas de suas realizações – que as fazem sentir que são muito boas naquilo" – aumentam sua motivação intrínseca. Recompensas que visam controlar as pessoas e fazê-las acreditar que foi a recompensa que causou seu esforço – "Eu fiz pelo dinheiro" – diminuem a atratividade intrínseca de uma tarefa agradável (Rosenfeld et al., 1980; Sansone, 1986).

Então, como podemos cultivar o prazer das pessoas com tarefas inicialmente pouco atraentes? Maria pode achar sua primeira aula de piano frustrante. Toshio pode não ter um amor natural por ciência na 9ª série. DeShawn pode se iniciar em uma carreira sem muito entusiasmo para dar aqueles primeiros telefonemas de vendas. Nesses casos, os pais, o professor ou o gerente devem provavelmente usar alguns incentivos para induzir o comportamento desejado (Boggiano & Ruble, 1985; Workman & Williams, 1980). Depois que a pessoa obedece, sugira uma razão intrínseca para fazê-lo: "Não estou surpreso que os telefonemas de vendas foram bem, pois você é muito bom em causar uma boa impressão".

Se proporcionarmos aos estudantes apenas justificação suficiente para realizar uma tarefa de aprendizado e usarmos recompensas e rótulos para ajudá-los a se sentirem competentes, podemos aumentar seu prazer e seu entusiasmo ao perseguir o assunto por sua própria conta. Quando existe um excesso de justificação – como acontece em salas de aula onde os professores ditam o comportamento e usam recompensas para controlar as crianças –, o aprendizado conduzido pelos estudantes pode diminuir (Deci & Ryan, 1985, 1991, 2008). Meu filho mais jovem consumia 6 ou 8 livros da biblioteca por semana – até que nossa biblioteca criou um clube de leituras que prometia uma festa para aqueles que lessem 10 livros em três meses. Três semanas depois, ele começou a retirar um ou dois livros durante nossas visitas semanais. Por quê? "Porque só é preciso ler 10 livros, sabe."

Comparação entre teorias

Vimos uma explicação de por que nossas ações podem não apenas *parecerem* afetar nossas atitudes (teoria da *autoapresentação*). Além disso, vimos dois modos de explicar por que nossas ações afetam genuinamente nossas atitudes: (1) a suposição da teoria da *dissonância* de que justificamos nosso comportamento para reduzir nosso desconforto interno e (2) a suposição da teoria da *autopercepção* de que observamos nosso comportamento e fazemos inferências razoáveis sobre nossas atitudes, muito como observamos outras pessoas e inferimos as atitudes *delas*.

"Não, Hoskins, você não vai fazer isso só porque eu estou te mandando fazer isso. Você vai fazer porque você acredita nisso."

As pessoas raramente internalizam um comportamento coagido.
© The New Yorker Collection, 1988, Charles Barsotti, from cartoonbank.com. Todos os direitos reservados.

Essas duas explicações parecem se contradizer. Qual está certa? É difícil encontrar um teste definitivo. Na maioria dos casos, elas fazem as mesmas previsões, e podemos curvar cada teoria para acomodar a maioria dos resultados que consideramos (Greenwald, 1975). O teorista da autopercepção Daryl Bem (1972) chegou a sugerir que tudo se resume a uma questão de lealdades e preferências pessoais. Isso ilustra o elemento humano na teorização científica. Nem a teoria da dissonância nem a teoria da autopercepção nos foram dadas pela natureza. Ambas são produtos da imaginação humana – tentativas criativas de simplificar e explicar o que observamos.

Não é raro na ciência constatar que um princípio, tal como o de que "atitudes decorrem do comportamento", é previsível a partir de mais de uma teoria. O físico Richard Feynman (1967) admirou-se de que "uma das características incríveis da natureza" é a "ampla gama de maneiras interessantes" em que podemos descrevê-la: "Eu não compreendo a razão pela qual as corretas leis da física parecem poder ser exprimíveis de uma tremenda variedade de maneiras" (p. 53-55). Como estradas que levam ao mesmo lugar, diferentes conjuntos de suposições podem levar ao mesmo princípio. No mínimo, isto aumenta nossa confiança no princípio. Ele se torna confiável não apenas por causa dos dados que o sustentam, mas também porque repousa sobre mais do que um pilar teórico.

DISSONÂNCIA COMO EXCITAÇÃO

Podemos dizer que uma de nossas teorias é melhor? Em um ponto-chave, forte apoio tem surgido para a teoria da dissonância. Recorde que a dissonância é, por definição, um estado excitado de desconfortável tensão. Para reduzir essa tensão, supostamente mudamos nossas atitudes. A teoria da autopercepção não diz nada sobre a tensão ser estimulada quando nossas ações e atitudes não estão em harmonia. Ela simplesmente presume que se em primeiro lugar nossas atitudes são fracas, usaremos nosso comportamento e suas circunstâncias como uma pista para tais atitudes (como a pessoa que disse: "Como vou distinguir o que eu penso antes de ver o que eu digo?" [Forster, 1976]).

As condições que supostamente produzem dissonância (p. ex., tomar decisões ou praticar ações que são contrárias a nossas atitudes) são de fato desconfortavelmente excitantes? Sem dúvida que sim, contanto que o comportamento tenha consequências indesejáveis pelas quais a pessoa se sente responsável (Cooper, 1999; Elliot & Devine, 1994). Se na privacidade de sua casa, você diz algo em que não acredita, a dissonância será mínima. Ela será muito maior se houver resultados desagradáveis – se alguém ouvir ou acreditar em você, se a declaração causar dano e os efeitos negativos forem irrevogáveis e se a pessoa prejudicada é alguém que você gosta. Se, além disso, você se sentir responsável por essas consequências – se você não puder facilmente desculpar seu ato porque concordou livremente com ele e se podia prever suas consequências – então, uma dissonância desconfortável será gerada. Essa excitação relacionada à dissonância pode ser detectada na forma de aumento na transpiração e na frequência cardíaca (Cacioppo & Petty, 1986; Croyle & Cooper, 1983; Losch & Cacioppo, 1990).

Por que apresentar-se como "voluntário" para dizer ou fazer coisas indesejáveis é tão excitante? Porque, sugere a **teoria da autoafirmação** de Claude Steele (1988), tais atos são constrangedores. Eles fazem nos sentirmos tolos. Eles ameaçam nosso senso de competência e bondade pessoal. Justificar nossas ações e decisões é, portanto, *autoafirmativo*; isso nos protege e sustenta nosso senso de integridade e valor próprio. E quando as pessoas praticam ações geradoras de dissonância – ações contra-atitudinais não coagidas –, seus lobos frontais esquerdos pensantes zunem com sobre-excitação (Harmon-Jones et al., 2008). Esse é o rangido das engrenagens da mudança de crença em ação.

O que você supõe que acontece, então, quando oferecermos a pessoas que cometeram atos autocontraditórios um modo de reafirmar sua autoestima, por exemplo, praticando boas ações? Em vários experimentos, Steele constatou que, com seus autoconceitos recuperados, as pessoas sentem muito menos necessidade de justificar seus atos (Steele et al., 1993). Pessoas com autoestima alta e segura também se ocupam menos com autojustificação.

Assim, condições de dissonância realmente despertam tensão, especialmente quando ameaçam sentimentos de autoestima positivos. Mas essa excitação é necessária para o efeito "atitudes decorrem de comportamento"? Steele e colaboradores (1981) acreditam que a resposta é afirmativa. Quando beber álcool reduz a excitação produzida por dissonância, o referido efeito desaparece. Em um de seus experimentos, eles induziram estudantes da Washington University a escreverem redações em favor de um aumento nos custos de instrução. Os estudantes reduziram sua resultante dissonância suavizando suas atitudes anticustos de instrução – *a menos que* depois de escrever suas redações eles bebessem álcool, supostamente como parte de um experimento de degustação de cerveja ou vodca.

AUTOPERCEPÇÃO SEM AUTOCONTRADIÇÃO

Os procedimentos de dissonância são desconfortavelmente excitantes. Isso contribui para a autopersuasão depois de agir contra as próprias atitudes. Mas a teoria da dissonância não pode explicar mudanças de atitude que ocorrem sem dissonância. Quando as pessoas defendem uma posição que está alinhada com sua opinião, ainda que um passo ou dois além dela, procedimentos que eliminam a excitação não eliminam a mudança de atitude (Fazio et al., 1977, 1979). A teoria da dissonância também não explica o efeito de excesso de justificação, pois ser pago para fazer o que você gosta de fazer não deveria gerar grande tensão. E quanto às situações em que a ação não contradiz nenhuma atitude? (Quando, por exemplo, as pessoas são induzidas a sorrir ou fazer caretas.) Nesse caso, também não deveria haver dissonância. Para esses casos, a teoria da autopercepção tem uma explicação pronta.

Em suma, parece que a teoria da dissonância explica o que acontece quando agimos contrariamente a atitudes bem definidas: como sentimos tensão, ajustamos nossas atitudes para reduzi-la. A teoria da dissonância, então, explica a *mudança* de atitude. Em situações em que nossas atitudes são bem formadas, a teoria da autopercepção explica a *formação* de atitudes. À medida que agimos e refletimos, desenvolvemos atitudes mais prontamente acessíveis para orientar nosso futuro comportamento (Fazio, 1987; Roese & Olson, 1994).

---

teoria da autoafirmação
Uma teoria de que (a) as pessoas muitas vezes experimentam uma ameaça à autoimagem depois de terem um comportamento indesejável; e (b) elas podem compensar afirmando outro aspecto de seu *self*. Ameace o autoconceito das pessoas em um domínio, e elas compensarão retomando o foco ou fazendo boas ações em algum outro domínio.

"Um pouco surpreendentemente, 40 anos depois de sua publicação, a teoria da dissonância cognitiva parece tão forte e interessante como sempre."
—PSICÓLOGO SOCIAL JACK W. BREHM (1999)

Resumo: Por que o comportamento afeta as atitudes?

Três teorias concorrentes explicam por que nossas ações afetam nossas descrições de atitudes.

- A *teoria da autoapresentação* presume que as pessoas, especialmente aquelas que automonitoram seu comportamento esperando criar boas impressões, adaptarão suas descrições de atitude para que elas pareçam compatíveis com suas ações. As evidências disponíveis confirmam que as pessoas ajustam suas declarações de atitudes por se preocuparem com o que as outras pessoas vão pensar. Mas elas também mostram que alguma mudança genuína de atitude ocorre.

- Duas dessas teorias propõem que nossas ações desencadeiam mudança genuína de atitude.

- A *teoria da dissonância* explica essa mudança de atitude presumindo que sentimos tensão depois de agir contrariamente a nossas atitudes ou tomando decisões difíceis. Para reduzir essa excitação, justificamos internamente nosso comportamento. A teoria da dissonância propõe adicionalmente que, quanto menos externa a justificativa que temos para nossas ações indesejáveis, mais nos sentimos responsáveis por elas, e assim mais surge dissonância e mais as atitudes mudam.

- A *teoria da dissonância* presume que, quando nossas atitudes são fracas, simplesmente observamos nosso comportamento e suas circunstâncias, então inferimos nossas atitudes. Uma implicação interessante da teoria da autopercepção é o "efeito de justificação excessiva": recompensar as pessoas para fazerem o que gostam de fazer pode transformar seu prazer em trabalho penoso (se a recompensa levá-las a atribuir seu comportamento à recompensa).

- Evidências apoiam predições de ambas as teorias, sugerindo que cada uma descreve o que acontece sob certas condições.

PÓS-ESCRITO: Mudar a nós mesmos por meio da ação

Para criar um hábito, pratique-o.
Para não criar um hábito, não o faça.
Para desfazer um hábito, faça algo em seu lugar.
— Epíteto, *filósofo estoico grego*

> "Se desejamos superar tendências emocionais indesejáveis em nós mesmos, devemos ... friamente passar pelos movimentos externos daquelas disposições contrárias que preferimos cultivar."
> —WILLIAM JAMES, "O QUE É UMA EMOÇÃO?" 1884

O princípio de que as atitudes decorrem do comportamento exposto neste capítulo oferece uma poderosa lição para a vida: se queremos mudar a nós mesmos em algum aspecto importante, é melhor não esperar por *insight* ou inspiração. Às vezes, precisamos agir – começar a escrever aquele trabalho, dar aqueles telefonemas, ver aquela pessoa – mesmo sem sentir vontade de agir. Jacques Barzun (1975) reconheceu o poder energizador da ação quando aconselhava os aspirantes a escritores a começarem a escrever mesmo que a contemplação os tivesse deixado sentindo-se inseguros sobre suas ideias:

> Se você é muito modesto em relação a si mesmo ou simplesmente indiferente ao possível leitor e ainda assim precisa escrever, então você precisa fingir. Faça acreditarem que você quer convencê-los de sua opinião; em outras palavras, adote uma tese e comece a expô-la... Com um pequeno esforço deste tipo no início – um desafio à expressão – você descobrirá que seu fingimento desaparece e um verdadeiro interesse se insinua. O assunto terá tomado conta de você como o faz na obra de todos os escritores inveterados. (p. 173–174)

Esse fenômeno de as atitudes decorrerem do comportamento não é irracional ou mágico. Aquilo que nos estimula a agir pode também nos estimular a pensar. Escrever uma redação ou representar um papel de uma visão oposta nos obriga a considerar argumentos que de outra forma poderíamos ter ignorado. Além disso, lembramos melhor das informações quando as explicamos ativamente em nossos próprios termos. Como um aluno escreveu para mim: "Foi somente depois de verbalizar minhas crenças que eu realmente as compreendi". Como professor e como escritor, devo, por conseguinte, lembrar-me de nem sempre apresentar resultados acabados. É melhor estimular os alunos a refletirem sobre as implicações de uma teoria, torná-los ouvintes e leitores ativos. Mesmo a tomada de notas aprofunda a impressão. William James (1899) afirmou a mesma coisa um século atrás: "Nenhuma recepção sem reação, nenhuma impressão sem expressão correlativa – esta é a grande máxima que o professor jamais deve esquecer".

Conexão social

Neste capítulo discutimos a autoapresentação e o modo como manejamos as impressões que causamos nos outros. Para um exemplo interessante de autoapresentação, visite o Centro de Aprendizagem *On-line* (www.mhhe.com/myers10e) e assista ao vídeo *Motivation and emotional language of the face*. Você também encontrará um vídeo de Philip Zimbardo descrevendo seu famoso Experimento da Prisão de Stanford, o qual examinamos como parte da discussão sobre atitudes e comportamento deste capítulo. No Capítulo 8, encontraremos Zimbardo novamente em seu estudo de mudanças no comportamento das pessoas quando elas acreditam que são anônimas.

PARTE DOIS

Influência Social

Até aqui, consideramos principalmente fenômenos "dentro da pele" – como pensamos uns sobre os outros. Agora consideraremos acontecimentos "entre peles" – como influenciamos e nos relacionamos uns com os outros. Portanto, dos capítulos 5 a 8, sondaremos a preocupação central da psicologia social: os poderes da influência social.

Quais são essas forças sociais ocultas que nos puxam e empurram? Quão poderosas são? A pesquisa em influência social nos ajuda a iluminar os fios invisíveis pelos quais nossos mundos sociais nos movem. Os quatro capítulos a seguir revelam esses poderes sutis, especialmente influências culturais (Capítulo 5), as forças da conformidade social (Capítulo 6), os princípios da persuasão (Capítulo 7), as consequências da participação em grupos (Capítulo 8) e como todas essas influências operam juntas em situações cotidianas.

Observando essas influências, podemos entender melhor por que as pessoas sentem e agem como o fazem, bem como podemos nos tornar menos vulneráveis à manipulação indesejável e mais hábeis na manipulação de nossos próprios fios.

CAPÍTULO 5
Genes, Cultura e Gênero

"Por nascimento, iguais; por costume, diferentes."
—Confúcio, *Os Analectos*

Aproximando-se da Terra após percorrerem anos-luz de distância, cientistas alienígenas designados a estudar o *Homo sapiens* sentem sua emoção aumentar. Seu plano: observar dois seres humanos escolhidos ao acaso. Seu primeiro sujeito, Jan, é um advogado de defesa verbalmente combativo que cresceu em Nashville, mas se mudou para o oeste em busca de um "estilo de vida californiano". Depois de um caso amoroso e um divórcio, Jan está desfrutando de seu segundo casamento. Amigos o descrevem como um pensador independente, autoconfiante, competitivo e um pouco dominador.

Seu segundo sujeito, Tomoko, vive com o marido e seus dois filhos em um vilarejo rural japonês, a pouca distância dos pais de ambos. Tomoko sente orgulho de ser uma boa filha, uma esposa fiel e uma mãe protetora. Amigos a descrevem como bondosa, gentil, respeitosa, sensível e apoiadora de toda a família.

De sua pequena amostra de duas pessoas de gêneros e culturas diferentes, o que nossos cientistas alienígenas poderiam concluir sobre a natureza humana? Será que se perguntariam se os dois

Como somos influenciados pela natureza humana e pela diversidade cultural?

Como se explicam semelhanças e diferenças de gênero?

Evolução e gênero: Fazer o que vem naturalmente?

Cultura e gênero: Fazer o que a cultura diz?

O que podemos concluir sobre genes, cultura e gênero?

Pós-escrito: Devemos nos ver como produtos ou como arquitetos de nossos mundos sociais?

são de duas subespécies diferentes? Ou ficariam impressionados por semelhanças mais profundas por baixo de diferenças superficiais?

As questões com que se defrontam nossos cientistas alienígenas são aquelas com que se defrontam os cientistas da Terra atualmente: em que aspectos nós, humanos, diferimos? Em que aspectos somos parecidos? Essas questões são centrais em um mundo no qual a diversidade social tornou-se, como disse o historiador Arthur Schlesinger (1991), o "problema explosivo de nossos tempos". Em um mundo que luta com diferenças culturais, podemos aprender a aceitar nossa diversidade, valorizar nossas identidades culturais e reconhecer nossa afinidade humana? Acredito que sim. Para entender, vamos considerar as raízes evolucionistas, culturais e sociais de nossa humanidade. Depois veremos como cada uma delas pode nos ajudar a compreender semelhanças e diferenças.

Como somos influenciados pela natureza humana e pela diversidade cultural?

Duas perspectivas dominam o atual pensamento sobre semelhanças e diferenças: uma perspectiva evolucionista, que enfatiza a afinidade humana, e uma perspectiva cultural, que enfatiza a diversidade humana. Quase todo mundo concorda que precisamos de ambas: nossos genes permitem um cérebro humano adaptativo – um disco rígido cerebral que recebe o software *da cultura.*

Em muitos aspectos importantes, Jan e Tomoko são mais semelhantes do que diferentes. Como integrantes de uma grande família com ancestrais comuns, eles compartilham não somente de uma biologia comum, mas também tendências de comportamento comuns. Os dois dormem e acordam, sentem fome e sede e desenvolvem a linguagem por meio de mecanismos idênticos. Ambos, Jan e Tomoko, preferem o sabor doce ao amargo, e eles dividem o espectro visual em cores semelhantes. Eles e seus semelhantes ao redor do planeta sabem como interpretar as caretas e sorrisos uns dos outros.

Jan e Tomoko — assim como todos nós em toda parte – são intensamente sociais. Unimo-nos a grupos, conformamo-nos e reconhecemos distinções de posição social. Retribuímos favores, punimos ofensas e lamentamos a morte de uma criança. Na infância, a partir dos 8 meses, demonstramos medo de estranhos e, na idade adulta, favorecemos os membros de nossos grupos. Confrontados por pessoas com atitudes ou atributos diferentes, reagimos com cautela ou negativamente. O antropólogo Donald Brown (1991, 2000) identificou centenas desses padrões de comportamento e linguagem. Para extrair uma amostra apenas daqueles que começam com "v", todas as sociedades humanas têm verbos, violência, visitas e vogais.

Nossos cientistas alienígenas poderiam ir a qualquer lugar e encontrar pessoas conversando e discutindo, rindo e chorando, fazendo festas e dançando, cantando e cultuando. Em toda parte, os humanos preferem viver com outras pessoas – em famílias e grupos comunais – a viver sozinhos. Em todo lugar, os dramas familiares que nos entretêm – das tragédias gregas à ficção chinesa e às novelas mexicanas – retratam enredos semelhantes (Dutton, 2006). Igualmente, as histórias de aventura, em que homens fortes e corajosos, apoiados por sábios idosos, superam o mal para o deleite de lindas mulheres ou de crianças ameaçadas. Esses pontos em comum definem nossa natureza humana compartilhada. Somos todos semelhantes por baixo da pele.

Genes, evolução e comportamento

Os comportamentos universais que definem a natureza humana provêm de nossa semelhança biológica. Você pode dizer "meus antepassados vieram da Irlanda", "minhas raízes estão na China" ou "sou italiano", mas os antropólogos nos dizem que se pudéssemos localizar nossos antepassados a cem mil anos ou mais atrás, veríamos que somos todos africanos (Shipman, 2003). Em resposta à mudança climática e à disponibilidade de comida, aqueles primeiros hominídeos migraram da África para a Ásia, Europa, o subcontinente australiano e, por fim, as Américas. À medida que se adaptaram a seus novos ambientes, os primeiros humanos desenvolveram diferenças que, medidas em escalas antropológicas, são recentes e superficiais. Por exemplo, aqueles que permaneceram na África tinham pigmentação de pele mais escura – o que o psicólogo de Harvard Steven Pinker (2002) chama de "protetor solar para os trópicos" –, e aqueles que foram para o norte do equador desenvolveram peles mais claras, capazes de sintetizar a vitamina D com luz solar menos direta. Ainda assim, contudo, somos todos africanos.

Éramos africanos há tão pouco tempo que "ainda não houve muito tempo para acumular muitas novas versões dos genes", observa Pinker (2002, p. 143). E, sem dúvida, os biólogos que estudam nossos genes descobriram que nós, humanos – mesmo pessoas aparentemente tão diferentes quanto

seleção natural
O processo evolutivo pelo qual traços hereditários que melhor capacitam os organismos para sobreviver e se reproduzir em determinados ambientes são transmitidos para as gerações seguintes.

"O aspecto emocionante da evolução não é que nossa compreensão seja perfeita ou completa, mas que ela é a pedra fundamental para o resto da biologia."
—DONALD KENNEDY, EDITOR-CHEFE, *SCIENCE*, 2005

psicologia evolucionista
O estudo da evolução da cognição e do comportamento usando princípios da seleção natural.

"A psicologia basear-se-á em um novo alicerce."
—CHARLES DARWIN, *A ORIGEM DAS ESPÉCIES*, 1859

"Levante-se, macaco bípede. O tubarão pode ultrapassá-lo em seu nado, o guepardo vencê-lo na corrida, a andorinha superá-lo no voo e a sequoia viver muito mais tempo. Mas é você quem detém o maior de todos os dons."
—RICHARD DAWKINS, *O CAPELÃO DO DIABO*, 2003

cultura
Os comportamentos, ideias, atitudes e tradições duradouros compartilhados por um grande grupo de pessoas e transmitido de geração em geração.

Jan e Tomoko –, somos notavelmente semelhantes, como membros de uma tribo. Podemos ser mais numerosos do que os chimpanzés, mas os chimpanzés são geneticamente mais variados.

Para explicar os traços da nossa espécie, e de todas as outras, o naturalista britânico Charles Darwin (1859) propôs um processo evolutivo. Siga os genes, aconselhou ele. A ideia de Darwin, à qual o filósofo Daniel Dennett (2005) daria a "medalha de ouro para a melhor ideia que alguém já teve", foi que a **seleção natural** permite a evolução.

A ideia, simplificada, é esta:

- os organismos podem ter prole numerosa e diversificada;
- a prole compete pela sobrevivência no ambiente;
- certas variações biológicas e comportamentais aumentam suas chances de reprodução e sobrevivência naquele ambiente;
- os descendentes que sobrevivem têm maior probabilidade de transmitir seus genes às gerações seguintes;
- consequentemente, ao longo do tempo, as características da população podem mudar.

A seleção natural implica que alguns genes – aqueles que predispuseram traços que aumentaram as chances de sobreviver por tempo suficiente para se reproduzir e nutrir descendentes – tornaram-se mais abundantes. No ambiente gelado do Ártico, por exemplo, os genes que programam uma camada espessa de pelos brancos de camuflagem venceram a concorrência genética nos ursos polares.

A seleção natural, há muito um princípio organizador da biologia, recentemente tornou-se um princípio importante também para a psicologia. A **psicologia evolucionista** estuda como a seleção natural predispõe não apenas características físicas apropriadas para determinados contextos – camadas de pelos nos ursos polares, sonar nos morcegos, visão em cores nos humanos –, mas também características psicológicas e comportamentos sociais que aumentam a preservação e disseminação dos genes (Buss, 2005, 2007). Nós, humanos, somos como somos, dizem os psicólogos evolucionistas, porque a natureza selecionou aqueles que tinham nossos traços – aqueles que, por exemplo, preferiam o sabor adocicado de alimentos nutritivos provedores de energia e que não gostavam dos sabores amargos ou azedos de alimentos que são tóxicos. Aqueles que careciam dessas preferências eram menos propensos a sobreviver para contribuir com seus genes para a posteridade.

Como máquinas genéticas móveis, carregamos não apenas nosso legado físico, mas também o legado psicológico das preferências adaptativas de nossos ancestrais. Ansiamos pelo que os tenha ajudado a sobreviver, reproduzir-se e nutrir seus descendentes para sobreviverem e se reproduzirem. "A finalidade do coração é bombear o sangue", observa o psicólogo evolucionista David Barash (2003). "A finalidade do cérebro", acrescenta ele, é dirigir nossos órgãos e nosso comportamento "de um modo que maximize nosso sucesso evolucionário. É isso".

A perspectiva evolucionista sublinha nossa natureza humana universal. Não apenas compartilhamos certas preferências alimentares, mas também compartilhamos respostas a questões sociais, tais como em quem devo confiar, e quem devo temer? Quem devo ajudar? Quando, e com quem, devo acasalar? Quem pode me dominar, e quem eu posso controlar? Os psicólogos evolucionistas afirmam que nossas respostas emocionais e comportamentais a essas perguntas são as mesmas que funcionaram para nossos antepassados.

Uma vez que essas tarefas sociais são comuns para as pessoas em toda a parte, os humanos de qualquer lugar tendem a concordar sobre as respostas. Por exemplo, todos os humanos classificam os outros por autoridade e *status*. E todos têm ideias sobre justiça econômica (Fiske, 1992). Os psicólogos evolucionistas destacam essas características universais que evoluíram por meio de seleção natural. Contudo, as culturas fornecem regras específicas para compreendermos esses elementos da vida social.

Cultura e comportamento

Talvez nossa semelhança mais importante, a marca registrada de nossa espécie, seja nossa capacidade de aprender e se adaptar. A evolução nos preparou para vivermos criativamente em um mundo inconstante e a nos adaptarmos a ambientes que vão das selvas equatoriais aos campos de gelo árticos. Em comparação a abelhas, pássaros e cães, as rédeas genéticas da natureza sobre os humanos são mais soltas. Ironicamente, é nossa biologia humana compartilhada que permite nossa diversidade cultural. Ela permite que as pessoas de uma **cultura** valorizem a presteza e acolham a franqueza ou aceitem o sexo pré-conjugal, ao passo que as de outras culturas, não. Como observa o psicólogo Roy Baumeister (2005, p. 29), "A evolução nos fez para a cultura." (Ver "Em foco: O animal cultural.")

A psicologia evolucionista incorpora influências ambientais. Ela reconhece que a natureza e a criação interagem para nos formar. Os genes não são moldes fixos; sua expressão depende do ambiente, assim como o chá que estou bebendo agora não se expressava até encontrar um ambiente de água quente. Um estudo de jovens adultos na Nova Zelândia revelou uma variação genética que colocava as pessoas em risco para depressão, mas somente se elas tivessem também experimentado estresses de vida importantes, tais como rompimento conjugal (Caspi et al., 2003). Nem o estresse nem o gene sozinho produziam depressão, mas os dois juntos, sim.

Nós, humanos, fomos selecionados não apenas por cérebros e bíceps gigantes, mas também pela cultura. Viemos preparados para aprender a linguagem e formar vínculos e cooperar com os outros para assegurar alimentos, cuidar dos jovens e nos proteger. A natureza, portanto, nos predispõe a adquirir a cultura na qual nascemos (Fiske et al., 1998). A perspectiva cultural destaca a adaptabilidade humana. As "naturezas das pessoas são semelhantes", disse Confúcio; "são seus hábitos que as distanciam". E distanciados ainda estamos, observam os pesquisadores da cultura mundial Ronald Inglehart e Christian Welzel (2005). A despeito da crescente educação, "não estamos nos aproximando de uma cultura global uniforme: a convergência cultural não está acontecendo. O legado cultural de uma sociedade é notavelmente duradouro" (p. 46).

"De alguma forma os defensores do lado da 'criação' nas discussões se apavoraram estupidamente com o poder e inevitabilidade dos genes e perderam a maior lição de todas: os genes estão do seu lado."
—MATT RIDLEY, *NATURE VIA NURTURE*, 2003

DIVERSIDADE CULTURAL

A diversidade de nossas linguagens, costumes e comportamentos expressivos confirma que muito de nosso comportamento é socialmente programado, não inato. A coleira genética é comprida. Como o sociólogo Ian Robertson (1987, p.67) observou:

> Os norte-americanos comem ostras, mas não lesmas. Os franceses comem lesmas, mas não gafanhotos. Os zulus comem gafanhotos, mas não peixe. Os judeus comem peixe, mas não porco. Os hindus comem porco, mas não vaca. Os russos comem vaca, mas não cobras. Os chineses comem cobra, mas não pessoas. Os jalés da Nova Guiné acham as pessoas deliciosas.

Se todos vivêssemos como grupos étnicos homogêneos em regiões separadas do mundo, como algumas pessoas ainda vivem, a diversidade cultural seria menos relevante para nossa vida diária. No Japão, onde vivem 127 milhões de pessoas, das quais 125 milhões são japonesas, as diferenças culturais internas são mínimas. Em contraste, essas diferenças são encontradas muitas vezes ao dia pela maioria dos residentes da cidade de Nova York, onde mais de um terço dos 8 milhões de residentes são de origem estrangeira e nenhum grupo étnico constitui mais do que 37% da população.

Cada vez mais a diversidade cultural nos rodeia. Cada vez mais vivemos em um aldeia global, ligados por nossos aldeões por correio eletrônico, aviões a jato e comércio internacional. A mistura de nossas culturas não é nada nova. Os jeans "americanos" foram inventados em 1872 pelo imigrante alemão Levi Strauss combinando Genes, um estilo de calças dos marinheiros genoveses, com um tecido grosseiro de algodão de uma cidade francesa (Legrain, 2003). Do *Antônio e Cleópatra* de Shakespeare à *Aïda* de Verdi e *Passagem para a Índia* de Forster, as artes e a literatura refletem a fascinante interação das culturas. Em nossa própria época, um sábio desconhecido disse que nada tipifica a globalização como a morte da Princesa Diana: "Uma princesa inglesa com um namorado egípcio sofre um acidente em um túnel francês, andando em um automóvel alemão com um motor holandês, dirigido por um belga que estava alto de uísque escocês, seguidos de perto por *paparazzi* italianos em motocicletas japonesas, e é tratada por um médico norte-americano usando remédios do Brasil."

EM FOCO | O animal cultural

Somos, disse Aristóteles, animais sociais. Nós humanos temos ao menos uma coisa em comum com lobos e abelhas: florescemos nos organizando em grupos e trabalhando juntos. Mas mais do que isso, observa Roy Baumeister, somos – como ele nos rotula no título de seu livro de 2005 – *O animal cultural*. Os humanos mais do que os outros animais aproveitam o poder da cultura para tornar a vida melhor. "A cultura é um modo melhor de ser social", escreve ele. Temos de agradecer à cultura por nossa comunicação pela linguagem, por dirigirmos com segurança em um lado da estrada, por comermos frutas no inverno e por nosso uso de dinheiro para pagar por nossos carros e frutas. A cultura facilita nossa sobrevivência e reprodução, e a natureza nos abençoou com um cérebro que, como nenhum outro, possibilita a cultura.

Outros animais mostram rudimentos de cultura e linguagem. Observou-se que macacos aprendem novas técnicas de lavagem de alimentos, que então são transmitidas para gerações futuras. E chimpanzés exibem uma modesta capacidade para a linguagem. Mas nenhuma espécie pode acumular progresso ao longo das gerações de forma tão inteligente quanto os humanos. Nossos antepassados do século XIX não tinham automóveis, água encanada, eletricidade, ar-condicionado, internet, *iPods* e adesivos para recados – coisas pelas quais podemos agradecer à cultura. A inteligência permite a inovação, e a cultura permite a disseminação – a transmissão de informações e inovações através do tempo e do espaço.

A divisão do trabalho é "outra imensa e poderosa vantagem da cultura", observa Baumeister. Poucos de nós cultivam alimentos ou constroem moradias, mas praticamente todos os leitores deste livro desfrutam de casa e comida. Na verdade, os próprios livros são um tributo à divisão de trabalho permitida pela cultura. Embora apenas uma pessoa de sorte tenha seu nome na capa deste livro, o produto é na verdade fruto de uma equipe coordenada de pesquisadores, revisores, assistentes e editores. Os livros e outros meios de comunicação disseminam conhecimento, provendo o motor do progresso.

"A cultura é o que há de especial nos seres humanos", conclui Baumeister. "A cultura nos ajuda a nos tornarmos algo que é muito mais do que a soma de nossos talentos, esforços e outras bênçãos individuais. Nesse sentido, a cultura é a maior bênção de todas. ... Sozinhos seríamos apenas selvagens astuciosos, à mercê de nosso ambiente. Juntos, podemos sustentar um sistema que nos permite tornar a vida cada vez melhor para nós, nossos filhos e aqueles que depois virão."

"Mulher beija mulher ao se despedir. Homem beija mulher ao se despedir. Mas homem não beija homem ao se despedir, especialmente em Armonk."

Embora algumas normas sejam universais, toda cultura tem suas próprias normas – regras para comportamento social aceito e esperado.
© The New Yorker Collection, 1979, J. B. Handelsman, de cartoonbank.com. Todos os direitos reservados

normas
Padrões para comportamento aceito e esperado. As normas prescrevem o comportamento "correto". (Em outra acepção da palavra, as normas também descrevem o que faz a maioria das outras pessoas – o que é *normal*.)

Mescla de culturas. Como ilustram estas escolares londrinas (uma de origem muçulmana, outra anglo-saxônica), a imigração e a globalização estão aproximando culturas anteriormente distantes.

Confrontar outra cultura às vezes é uma experiência surpreendente. Homens americanos podem se sentir desconfortáveis quando chefes de estado do Oriente Médio cumprimentam o presidente dos Estados Unidos com um beijo no rosto. Um estudante alemão, acostumado a falar com "Herr Profesor" apenas em raras ocasiões, considera estranho que em minha instituição, a maioria das portas dos gabinetes da faculdade fica aberta e os alunos o frequentam livremente. Uma estudante iraniana em sua primeira visita a um restaurante do McDonald's nos Estados Unidos vasculha dentro da sacola de papel em busca de talheres, até ver os outros fregueses comendo batatas fritas com, por incrível que pareça, as próprias mãos. Em muitas áreas do planeta, seus melhores modos e os meus são graves quebras de etiqueta. Os estrangeiros que visitam o Japão muitas vezes lutam para dominar as regras do jogo social – quando descalçar os sapatos, como servir o chá, quando dar e receber presentes, como agir perante alguém superior ou inferior na hierarquia social.

As migrações e evacuações de refugiados estão misturando as culturas mais do que nunca. "O Oriente é o Oriente e o Ocidente é o Ocidente, os dois nunca serão conciliados", escreveu o autor britânico do século XIX Rudyard Kipling. Mas, hoje, Oriente e Ocidente e Norte e Sul encontram-se o tempo todo. A Itália é um lar para muitos albaneses, a Alemanha para turcos, a Inglaterra para paquistaneses, e o resultado é tanto amizade quanto conflitos. Um de cada cinco canadenses e um de cada dez norte-americanos é imigrante. Quando trabalhamos, jogamos e convivemos com pessoas de diversas origens culturais, isso ajuda a entender como nossas culturas nos influenciam e como diferem. Em um mundo assolado por conflitos, alcançar a paz exige uma genuína apreciação pelas diferenças, bem como pelas semelhanças.

NORMAS: COMPORTAMENTO ESPERADO

Como ilustram as regras de etiqueta, todas as culturas têm suas ideias aceitas sobre comportamento apropriado. Muitas vezes vemos essas expectativas sociais, ou **normas**, como uma força negativa que aprisiona as pessoas em um esforço cego para perpetuar a tradição. As normas realmente nos restringem e controlam – de maneira tão bem-sucedida e sutil que nós mal sentimos sua existência. Como peixes no oceano, estamos tão imersos em nossas culturas que precisamos nos alçar para fora delas para compreender sua influência. "Quando vemos outros holandeses se comportando de uma forma que os estrangeiros chamariam de jeito holandês", observam os psicólogos holandeses Willem Koomen e Anton Dijker (1997), "muitas vezes não nos damos conta de que esse comportamento é tipicamente holandês."

Não há melhor forma de aprender as normas de nossa cultura do que visitar outra cultura e ver que seus integrantes fazem as coisas *daquele* jeito, ao passo que nós as fazemos *deste* jeito. Quando moramos na Escócia, eu apontei para meus filhos que, sim, os europeus cortam com o garfo virado para baixo na mão esquerda. "Mas nós, norte-americanos, consideramos boas maneiras cortar a carne e depois passar o garfo para a mão direita. Admito que é ineficiente. Mas é *assim* que fazemos".

Para os que não as aceitam, essas normas podem parecer arbitrárias e aprisionadoras. Para a maioria dos ocidentais, o véu das mulheres muçulmanas parece arbitrário e aprisionador, mas não para a maioria das culturas muçulmanas. Assim como uma peça teatral se desenrola sem percalços quando os atores sabem suas falas, também o comportamento social ocorre sem percalços quando as pessoas sabem o que esperar. As normas lubrificam a maquinaria social. Em situações desconhecidas, quando as normas podem ser duvidosas, monitoramos o comportamento dos outros e adaptamos o nosso de acordo.

As culturas variam em suas normas para expressividade, pontualidade, quebra de regras e espaço pessoal. Considere:

EXPRESSIVIDADE Para alguém de uma cultura relativamente formal do norte da Europa, uma pessoa cujas raízes se encontram em uma cultura mediterrânica expressiva pode parecer "calorosa, encantadora, ineficiente e desperdiçadora de tempo". Para a pessoa mediterrânica, o europeu nortista pode parecer "eficiente, frio e excessivamente preocupado com o tempo" (Beaulieu, 2004; Triandis, 1981).

PONTUALIDADE Os executivos latino-americanos que chegam tarde para um jantar de negócios podem ficar mistificados com a obsessão dos colegas norte-americanos por pontualidade. Turistas norte-americanos no Japão podem se perguntar sobre a falta de contato visual dos transeuntes. (Ver Exame da Pesquisa: Encontros passageiros, oriente e ocidente)

QUEBRA DE REGRAS Quando as pessoas veem normas sociais sendo violadas, tais como pichações proibidas em um muro, elas se tornam mais propensas a seguir a norma de quebrar a regra violando outras regras, tais como jogar lixo nas ruas. Em seis experimentos, uma equipe de pesquisa holandesa liderada por Kees Keizer (2008) constatou que as pessoas eram mais do que duas vezes mais propensas a desobedecer a regras sociais quando parecia que os outros estavam fazendo isso. Por exemplo, quando panfletos inúteis eram colocados nos guidões de bicicletas, um terço dos ciclistas jogaram o panfleto no chão como lixo quando a parede ao lado não estava pichada. Mas mais de dois terços fizeram isso quando a parede estava coberta de pichações (Fig. 5.1).

FIGURA 5.1
Um ambiente degradado pode degradar o comportamento.
Em um estudo na University of Groningen, as pessoas geralmente não jogam no chão um panfleto indesejado quando a parede adjacente está limpa, mas *fazem isso* quando a parede está coberta de pichações.

ESPAÇO PESSOAL **Espaço pessoal** é uma espécie de bolha portátil ou zona de amortecimento que gostamos de manter entre nós e os outros. À medida que a situação muda, a bolha varia de tamanho. Com estranhos, a maioria dos norte-americanos mantém um espaço pessoal relativamente grande, mantendo cerca de 1,2 metro de distância das pessoas. Em ônibus não lotados, ou em banheiros ou bibliotecas, protegemos nosso espaço e respeitamos o espaço dos outros. Deixamos amigos chegarem mais perto, com frequência a 60 ou 90 centímetros de distância.

Os indivíduos diferem: algumas pessoas preferem mais espaço pessoal do que outras (Smith, 1981; Sommer, 1969; Stockdale, 1978). Os grupos diferem também: os adultos mantêm maior distância que as crianças. Os homens mantêm maior distância entre si que as mulheres. Por razões desconhecidas, as culturas próximas ao Equador preferem menos espaço e mais toque e abraços. Assim, os britânicos e os escandinavos preferem mais distância que os franceses e os árabes; os norte-americanos preferem mais espaço que os latino-americanos.

Para ver o efeito de invadir o espaço pessoal de outra pessoa, brinque de invasor do espaço. Coloque-se ou sente-se a aproximadamente 30cm de um amigo e inicie uma conversa. A pessoa se agita, olha em outra direção, recua, mostra outros sinais de desconforto? Estes são os sinais de excitação observados por pesquisadores da invasão de espaço (Altman & Vinsel, 1978).

espaço pessoal
A zona de amortecimento que gostamos de manter em torno de nossos corpos. Seu tamanho depende de nossa familiaridade com quem está perto de nós.

"Até trinta polegadas do meu nariz, estende-se a fronteira da minha Pessoa."
—W. H. AUDEN, 1907–1973

SEMELHANÇA CULTURAL

Graças à adaptabilidade humana, as culturas diferem. Por baixo do verniz das diferenças culturais, contudo, os psicólogos interculturais veem "uma universalidade essencial" (Lonner, 1980). Como membros da mesma espécie, constatamos que os processos que subjazem nossos diferentes comportamentos são muito semelhantes em todo lugar. Nas idades de 4 a 5 anos, por exemplo, as crianças ao redor do mundo começam a exibir uma "teoria da mente" que as permite inferir o que os outros estão pensando (Norenzayan & Heine, 2005). Caso vejam que um brinquedo foi movido enquanto outra criança não estava olhando, elas se tornam capazes – sem importar sua cultura – de inferir que a outra criança vai *pensar* que ele ainda está no mesmo lugar.

NORMAS UNIVERSAIS DE AMIZADE Em todos os lugares, as pessoas têm algumas normas comuns para a amizade. De estudos conduzidos na Grã-Bretanha, Itália, Hong Kong e Japão, Michael Argyle e Monika Henderson (1985) observaram muitas variações culturais nas normas que definem o papel de amigo. Por exemplo, no Japão, é especialmente importante não constranger um amigo com críticas em público. Mas também existem algumas normas aparentemente universais: respeitar a privacidade do amigo; fazer contato visual enquanto conversa; não revelar coisas ditas em segredo.

DIMENSÕES DE TRAÇOS UNIVERSAIS Ao redor do mundo, as pessoas tendem a descrever os outros como mais ou menos estáveis, sociáveis, abertos, cordatos e conscienciosos (John & Srivastava, 1999; McCrae & Costa, 1999). Se um teste especifica onde você se coloca nessas "cinco grandes" dimensões da personalidade, ele descreve muito bem sua personalidade, não importando onde você vive. Além disso, um recente estudo em 49 países revelou que as diferenças de um país para outro nos escores das pessoas nos cinco grandes traços, tais como conscienciosidade e extroversão, são menores do que a maioria das pessoas supõe (Terracciano et al., 2005). Os australianos se consideram extraordinariamente sociáveis. Os suíços falantes de alemão se consideram notavelmente conscienciosos. Os canadenses descrevem a si mesmos como distintamente cordatos. Na verdade, contudo, esses estereótipos nacionais exageram as reais diferenças, que são bastante modestas.

O Presidente Bush honrou as normas de amizade sauditas ao passear com o Príncipe da Coroa Abdullah em 2005. Muitos homens norte-americanos heterossexuais, contudo, ficaram surpresos com a violação de sua própria norma de distância de outros homens.

EXAME DA PESQUISA: Encontros passageiros, oriente e ocidente

No *campus* de minha universidade e na minha cidade no centro-oeste dos Estados Unidos, os transeuntes nas calçadas costumam olhar e sorrir uns para os outros. Na Grã-Bretanha, onde vivi dois anos, estas microinterações são visivelmente menos comuns. Para um europeu, nossos cumprimentos ao cruzar com estranhos podem parecer um pouco bobos e desrespeitosos à privacidade; para um habitante do centro-oeste, evitar o contato visual – o que os sociólogos chamaram de "desatenção civil" – pode parecer indiferença.

Para quantificar a diferença cultural nas interações entre pedestres, uma equipe internacional liderada por Miles Patterson e Yuichi Iizuka (2007) realizou um experimento de campo simples tanto nos Estados Unidos quanto no Japão com a participação inconsciente de mais de mil pedestres norte-americanos e japoneses. Seu procedimento ilustra como os psicólogos sociais às vezes realizam pesquisas discretas em ambientes naturais (Patterson, 2008). Como mostra a Figura 5.2, um aliado (um cúmplice do experimentador) iniciaria um de três comportamentos quando estivesse a cerca de 3,5 m de um pedestre que se aproxima em uma calçada pouco ocupada: (1) *evitar* (olhar reto para frente), (2) *olhar de relance* para a pessoa (menos de um segundo) e (3) *olhar* para a pessoa e *sorrir*. Um observador posterior então registraria a reação do pedestre. O pedestre lançou um olhar para o aliado? Sorriu? Cumprimentou com a cabeça? (A ordem das três condições foi randomizada e não era conhecida pelo observador, garantindo que a pessoa que fazia o registro era "cega" para a condição experimental.)

Como você poderia esperar, os pedestres eram mais propensos a olhar para trás para alguém que lhes olhou, e sorrir, acenar com a cabeça ou cumprimentar alguém que lhes sorriu, especialmente quando aquela pessoa era do sexo feminino. Porém, como mostra a Figura 5.3, as diferenças de cultura foram mesmo assim notáveis. Como a equipe de pesquisa esperava, em vista do maior respeito do Japão pela privacidade e reserva cultural quando da interação com grupos externos, os norte-americanos eram muito mais propensos a sorrir, acenar ou cumprimentar o aliado do pesquisador.

No Japão, eles concluem, "existe pouca pressão para retribuir o sorriso do aliado porque não existe relação com o aliado e nenhuma obrigação de responder". Por contraste, a norma americana é retribuir um gesto amigável.

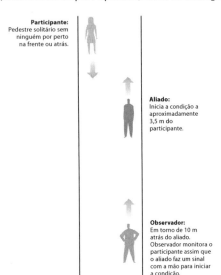

FIGURA 5.2
Ilustração de um encontro passageiro.
Fonte: Patterson et al. (2006).

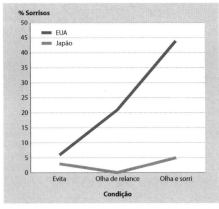

FIGURA 5.3
Respostas de pedestres norte-americanos e japoneses por condição.
Fonte: adaptada de Patterson et al. (2006).

Em O eunuco feminino, Germaine Greer observa como a linguagem da afeição reduz as mulheres a alimentos e filhotes de animais – honey *(mel, querida),* lamb *(cordeiro),* sugar *(açúcar, benzinho),* sweetie-pie *(docinho),* kitten *(gatinha),* chick *(pintinho).*

DIMENSÕES DAS CRENÇAS SOCIAIS UNIVERSAIS De modo análogo, dizem os psicólogos sociais de Hong Kong Kwok Leung e Michael Harris Bond (2004), existem cinco dimensões universais de crenças sociais. Em cada um dos 38 países que eles estudaram, as pessoas variam no grau em que endossam e aplicam esses entendimentos sociais em suas vidas diárias: cinismo, complexidade social, recompensa por aplicação, espiritualidade e controle do destino (Fig. 5.4). A adesão das pessoas a essas crenças sociais parece orientar o seu viver. Aqueles que adotam o ceticismo expressam menor satisfação na vida e favorecem táticas de influência e políticas direitistas. Aqueles que adotam a recompensa pela aplicação são inclinados a investirem-se no estudo, no planejamento e na competição.

NORMAS UNIVERSAIS DE *STATUS* Roger Brown (1965, 1987; Kroger & Wood, 1992) estudou outra norma universal. Onde quer que as pessoas formem hierarquias de *status*, elas também falam com pessoas de *status* superior da forma respeitosa com que costumam falar com estranhos. E elas falam com pessoas de *status* inferior da maneira mais familiar, pelo primeiro nome, com que falam com os amigos. Pacientes chamam seu médico "Dr. Funano de tal"; o médico pode responder usando os primeiros nomes dos pacientes. Estudantes e professores costumam se dirigir uns aos outros de uma forma semelhantemente não recíproca.

A maioria das línguas possui duas formas do pronome inglês *you*: uma forma respeitosa e uma forma familiar (p. ex., *Sie* e *du* em alemão, *vous* e *tu* em francês, *usted* e *tu* em espanhol). As pessoas via de regra usam a forma familiar com pessoas íntimas e subordinados – com amigos próximos e familiares, mas também quando falam com crianças e animais de estimação. Um adolescente alemão recebe um incentivo quando estranhos começam a tratá-lo por *Sie* em vez de por *du*.

O primeiro aspecto da norma universal de Brown – de que *os pronomes de tratamento comunicam não apenas distância social, mas também* status *social* – correlaciona-se com um segundo aspecto: *aumentos na intimidade geralmente são sugeridos pela pessoa de maior* status *social*. Na Europa, onde a maioria dos pares começa um relacionamento com um "tu" educado formal e pode posteriormente progredir para o "tu" mais íntimo, alguém obviamente tem de iniciar a maior intimidade. Quem você acha que faz isso? Em alguma ocasião propícia, o mais velho ou o mais rico ou mais distinto dos dois é o que dirá: "Vamos nos tratar por tu".

"Bem, todo mundo aqui gosta de baunilha, certo? Então vamos começar por aí."

Apesar da imensa variação cultural, nós humanos temos algumas coisas em comum.
© The New Yorker Collection, 1980, Peter Steiner, de cartoonbank.com. Todos os direitos reservados.

Essa norma se estende para além da língua para todo tipo de aumento de intimidade. É mais aceitável tomar emprestada uma caneta ou colocar a mão no ombro de pessoas íntimas e subordinados do que se comportar dessa maneira informal com estranhos ou superiores. De modo semelhante, o diretor de minha faculdade convida os professores para irem a sua casa antes de estes convidarem-no para ir a sua. Na progressão para a intimidade, a pessoa de maior *status* geralmente é quem determina o ritmo.

O TABU DO INCESTO A norma universal mais conhecida é o tabu contra o incesto: os pais não devem ter relações sexuais com seus filhos, nem os irmãos entre si. Embora o tabu aparentemente seja violado com mais frequência do que os psicólogos uma vez acreditaram, a norma ainda é universal. Toda sociedade desaprova o incesto. Dadas as penalidades biológicas para a endogamia (o surgimento de distúrbios ligados a genes recessivos), os psicólogos evolucionistas podem facilmente compreender por que as pessoas em toda parte são predispostas contra o incesto.

NORMAS DE GUERRA Os humanos têm até normas interculturais para conduzir guerras. No processo de matar os inimigos, existem regras acordadas que têm sido respeitadas há séculos. Deve-se usar uniformes identificáveis, render-se com um gesto de submissão e tratar prisioneiros de forma digna. (Se não for possível matá-los antes de eles se renderem, você deve alimentá-los.) Essas normas, ainda que interculturais, não são universais. Quando as forças iraquianas as violaram mostrando bandeiras de rendição e depois atacando, e vestindo soldados como civis libertados para armar emboscadas, uma porta-voz dos Estados Unidos queixou-se de que "ambas as ações estão entre as mais graves violações de guerra" (Clarke, 2003).

Assim, algumas normas são específicas à cultura, outras são universais. A força da cultura aparece na variação das normas, ao passo que são nossas predisposições genéticas – nossa natureza humana – que explicam a universalidade de algumas normas. Consequentemente, podemos pensar a natureza como universal e a criação como específica à cultura.

Até aqui, neste capítulo, afirmamos nosso parentesco biológico como membros de uma família humana. Reconhecemos nossa diversidade cultural e assinalamos como as normas variam dentro e entre culturas. Lembre-se de que nosso objetivo em psicologia social não é apenas catalogar diferenças, mas também identificar princípios universais de comportamento. Nosso objetivo é o que o

FIGURA 5.4
Dimensões das crenças sociais universais de Leung e Bond.

As cinco grandes crenças sociais	Exemplo de item de questionário
Cinismo	"Pessoas poderosas tendem a explorar os outros."
Complexidade social	"É preciso lidar com as situações de acordo com circunstâncias específicas."
Recompensa por aplicação	"Quem se esforça muito é bem-sucedido."
Espiritualidade	"A fé religiosa contribui para boa saúde mental."
Controle do destino	"O destino determina o sucesso e os fracassos."

Normas – as regras para o comportamento aceito e esperado – variam confirme a cultura.

> "Estou confiante de que [se] a psicologia moderna tivesse se desenvolvido, digamos, na Índia, os psicólogos de lá teriam descoberto a maioria dos princípios descobertos pelos ocidentais."
> —PSICÓLOGO INTERCULTURAL JOHN E. WILLIAMS (1993)

psicólogo intercultural Walter Lonner (1989) chama de "uma psicologia universalista – uma psicologia que seja tão válida e significativa em Omaha e Osaka quanto o é em Roma e Botsuana."

Atitudes e comportamentos vão sempre variar com a cultura, mas os processos pelos quais as atitudes influenciam o comportamento variam muito menos. Os papéis dos adolescentes não são definidos da mesma maneira na Nigéria e no Japão que na Europa e na América do Norte, mas em todas as culturas, as expectativas dos papéis orientam as relações sociais. G. K. Chesterton teve a ideia quase um século atrás: quando alguém "descobrir por que os homens em Bond Street usam chapéus pretos, terá ao mesmo tempo descoberto por que os homens em Timbkutu usam penas vermelhas".

Resumo: Como somos influenciados pela natureza humana e pela diversidade cultural?

- Em que aspectos nós, humanos, somos semelhantes e em quais somos diferentes? E por quê? Os psicólogos evolucionistas estudam como a seleção natural favorece traços comportamentais que promovem a perpetuação de nossos genes. Embora parte do legado de nossa evolução seja nossa capacidade humana de aprender e se adaptar (e assim diferirmos uns dos outros), a *perspectiva evolucionista* realça o parentesco que resulta de nossa natureza humana compartilhada.
- A *perspectiva cultural* destaca a diversidade humana – os comportamentos que definem um grupo e que são transmitidos entre as gerações. As diferenças nas atitudes e comportamentos de uma cultura para outra indicam a extensão em que somos produtos de normas e papéis culturais. Contudo, os psicólogos interculturais também examinam a "universalidade essencial" de todas as pessoas. Por exemplo, a despeito de suas diferenças, as culturas têm diversas normas em comum, tais como respeitar a privacidade nas amizades e condenar o incesto.

Como se explicam semelhanças e diferenças de gênero?

Tanto os psicólogos evolucionistas quanto os psicólogos que trabalham a partir de uma perspectiva cultural têm procurado explicar as variações de gênero. Antes de considerar suas opiniões, vamos examinar as questões básicas: como homens e mulheres, de que maneira nos assemelhamos? Como diferimos? E por quê?

Existem muitas dimensões óbvias da diversidade humana – altura, peso, cor de cabelo, para citar apenas algumas. Mas para os autoconceitos e relacionamentos sociais das pessoas, as duas dimensões que mais importam, e com as quais as pessoas primeiro se sintonizam, são a raça e, especialmente, o gênero (Stangor et al., 1992). Quando você nasceu, a primeira coisa que as pessoas queriam saber sobre você era "um menino ou uma menina?". Quando uma criança intersexual nascia com uma combinação de órgãos sexuais masculinos e femininos, os médicos e a família tradicionalmente sentiam-se obrigados a atribuir um gênero à criança (pois eles careciam de uma categoria aprovada de pessoas transgênero) e reduzir a ambiguidade cirurgicamente. A mensagem simples: a todas as pessoas *deve-se* atribuir um gênero. Entre o dia e a noite existe a penumbra. Mas entre o masculino e o feminino, não tem existido, socialmente falando, essencialmente nada.

No Capítulo 9, consideraremos como a raça e o sexo afetam o modo como os outros nos consideram e tratam. Por enquanto, vamos considerar o **gênero** – as características que as pessoas associam ao masculino e feminino. Quais comportamentos são universalmente característicos e esperados dos homens? E das mulheres?

"Dos 46 cromossomos do genoma humano, 45 são unissex", observa Judith Rich Harris (1998). Homens e mulheres são, portanto, semelhantes em muitos traços físicos e marcos do desenvolvimento, tais como idade do sentar-se, do aparecimento dos dentes e do caminhar. Eles também são parecidos em muitos traços psicológicos, tais como vocabulário geral, criatividade, inteligência, autoestima e alegria. Homens e mulheres sentem as mesmas emoções e anseios, ambos são loucos por seus filhos e possuem cérebros de aparência semelhante (embora, em média, os homens tenham mais neurônios, e as mulheres, mais conexões neurais). Na verdade, observa Janet Shibley Hyde (2005) a partir de seu estudo de 46 metanálises (cada uma delas um resumo de dezenas de estudos), o resultado comum para as maioria das variáveis estudadas é a *semelhança de gênero*. Seu "sexo oposto" é, na verdade, quase o seu sexo idêntico.

Assim, devemos concluir que homens e mulheres são essencialmente iguais, exceto por algumas estranhezas anatômicas que pouco importam a não ser em ocasiões especiais? Na verdade, existem algumas diferenças, e são essas diferenças, não as muitas semelhanças, que chamam atenção e fazem notícia. Tanto na ciência quanto na vida cotidiana, as diferenças despertam o interesse. Comparadas com os homens, as mulheres em média:

- têm 70% mais gordura e 40% menos músculo, são 12 cm mais baixas e pesam 18 kg menos.
- são mais sensíveis a odores e sons.

gênero
Em psicologia, as características, quer biológicas ou socialmente influenciadas, pelas quais as pessoas definem-se masculinas e femininas.

Mesmo em traços físicos, diferenças individuais entre homens e mulheres excedem em muito as diferenças médias entre os sexos. O recorde de 4 minutos e 12 segundos nos 400 m de nado livre estabelecido por Don Schollander nas Olimpíadas de 1964 ficou aquém dos tempos de todas as nadadoras que participaram das finais nas Olimpíadas de 2008.

- são duas vezes mais vulneráveis a transtornos de ansiedade e depressão.

Comparados com as mulheres, os homem em média:

- demoram mais para entrar na puberdade (cerca de dois anos depois), mas morrem mais cedo (cerca de 4 anos, no mundo inteiro).
- são três vezes mais propensos a ser diagnosticados com TDAH (transtorno do déficit de atenção/hiperatividade), quatro vezes mais propensos a cometer o suicídio e cinco vezes mais propensos a serem mortos por raios.
- são mais capazes de menear as orelhas.

Durante a década de 1970, muitos estudiosos receavam que os estudos dessas diferenças de gênero poderiam reforçar estereótipos. As diferenças de gênero seriam interpretadas como déficits das mulheres? Embora as descobertas confirmem alguns estereótipos das mulheres – como fisicamente menos agressivas, mais nutridoras e socialmente mais sensíveis –, tais traços são não apenas mais apreciados por muitas feministas, mas também preferidos pela maiorias das pessoas, sejam elas homens ou mulheres (Prentice & Carranza, 2002; Swim, 1994). Não é de admirar, então, que a maioria das pessoas classifique suas crenças e sentimentos em relação às mulheres como mais *favoráveis* do que seus sentimentos em relação aos homens (Eagly, 1994; Haddock & Zanna, 1994).

Vamos comparar as conexões sociais, dominância, agressividade e sexualidade de homens e mulheres. Depois de termos descrito essas poucas diferenças, podemos então considerar como as perspectivas evolucionista e cultural poderiam explicá-las. As diferenças de gênero refletem a seleção natural? Elas são culturalmente construídas – um reflexo dos papéis que homens e mulheres com frequência desempenham e das situações em que agem? Ou tanto a cultura quanto os genes inclinam os gêneros?

> "Não deve haver escrúpulo sobre o estudo franco das diferenças raciais e de gênero; a ciência necessita desesperadamente de bons estudos que ... nos informem o que precisamos fazer para ajudar pessoas sub-representadas a terem êxito nessa sociedade. Diferentemente do avestruz, não podemos nos dar ao luxo de enterrar nossas cabeças por medo de descobertas socialmente desconfortáveis."
>
> —PSICÓLOGA DO DESENVOLVIMENTO SANDRA SCARR (1988)

Independência *versus* conexão

Cada homem apresenta perspectivas e comportamentos que variam de competitividade feroz à nutrição carinhosa. Assim também com as mulheres. Sem negar isso, os psicólogos Nancy Chodorow (1978, 1989), Jean Baker Miller (1986) e Carol Gilligan e colaboradores (1982, 1990) afirmaram que as mulheres, mais do que os homens, valorizam relacionamentos próximos, íntimos.

BRINCAR Comparado com os meninos, as meninas falam com mais intimidade e brincam com menos agressividade, observa Eleanor Maccoby (2002) de suas décadas de pesquisa sobre desenvolvimento de gênero. Elas também brincam em grupos menores, com frequência conversando com uma amiga, ao passo que os meninos com mais frequência participam de atividades de grupo (Rose & Rudolph, 2006). E à medida que interagem com seu próprio gênero, suas diferenças aumentam.

AMIZADE Na idade adulta, as mulheres em culturas individualistas descrevem a si mesmas em termos mais relacionais, aceitam mais ajuda, experimentam mais emoções ligadas aos relacionamentos e sintonizam-se mais com os relacionamentos dos outros (Addis & Mahalik, 2003; Gabriel & Gardner, 1999; Tamres et al., 2002; Watkins et al., 1998, 2003). Na conversação, os homens com mais frequência se concentram em tarefas e em conexões com grandes grupos; as mulheres, nos relacionamentos pessoais (Tannen, 1990). Ao telefone, as conversas das mulheres com amigas são mais longas (Smoreda & Licoppe, 2000). No computador, as mulheres passam mais tempo enviando *e-mails*, nos quais expressam mais emoção (Crabtree, 2002; Thomson & Murachver, 2001). Quando em grupos, as mulheres compartilham mais de suas vidas e oferecem mais apoio (Dindia & Allen, 1992; Eagly, 1987). Quando enfrentam estresse, os homens tendem a responder com "luta ou fuga"; muitas vezes, sua resposta a uma ameaça é o combate. Em quase todos os estudos, observa Shelley Taylor (2002), as mulheres que estão sob estresse "cuidam e protegem" com mais frequência; elas buscam o apoio dos amigos e da família. Entre calouros universitários, 5 de cada 10 homens e 7 de cada 10 mulheres dizem que é *muito* importante "ajudar pessoas que estão em dificuldade" (Sax et al., 2002).

> "Na voz diferente das mulheres reside a verdade de uma ética de cuidado."
>
> —CAROL GILLIGAN, *IN A DIFFERENT VOICE*, 1982

VOCAÇÕES Em geral, relatam Felicia Pratto e colaboradores (1997), os homens gravitam desproporcionalmente para empregos que realçam desigualdades (advogado de acusação, publicidade empresarial); as mulheres gravitam para trabalhos que reduzem as desigualdades (defensoria pública, trabalho publicitário para uma instituição de caridade). Estudos das preferências de emprego de 640 mil pessoas revelam que os homens valorizam ganhos, promoção, desafio e poder mais do que as mulheres; as mulheres valorizam bons horários, relacionamentos pessoais e oportunidades de ajudar os outros mais do que os homens (Konrad et al., 2000; Pinker, 2008). Realmente, na maioria das profissões norte-americanas de provisão de cuidados, tais como assistente social, professor e enfermeiro, as mulheres superam os homens. E mundialmente, os interesses vocacionais das mulheres, comparados aos dos homens, em geral se relacionam mais às pessoas e menos às coisas (Lippa, 2008a).

As brincadeiras das meninas costumam se dar em pequenos grupos e a imitar relacionamentos. As brincadeiras dos meninos com frequência são mais competitivas e agressivas.

> "Ao contrário do que muitas mulheres acreditam, é relativamente fácil desenvolver um relacionamento de longo prazo, estável, íntimo e mutuamente gratificante com um cara. É claro que esse cara tem que ser um *Labrador retriever*."
> —DAVE BARRY, *DAVE BARRY'S COMPLETE GUIDE TO GUYS*, 1995

RELAÇÕES FAMILIARES As ligações das mulheres como mães, irmãs e avós unem as famílias (Rossi & Rossi, 1990). As mulheres passam mais tempo cuidando tanto de pré-escolares quando de pais envelhecidos (Eagly & Crowley, 1986). Comparadas aos homens, elas compram três vezes mais presentes e cartões comemorativos, escrevem duas a quatro vezes mais cartas pessoais e fazem de 10 a 20% mais ligações de longa distância a amigos e família (Putnam, 2000). Solicitadas a fornecer fotos que retratem quem elas são, as mulheres incluem mais fotos dos pais e de si mesmas com outras pessoas (Clancy & Dollinger, 1993). Para as mulheres, especialmente, um senso de apoio mútuo é imprescindível para a satisfação conjugal (Acitelli & Antonucci, 1994).

SORRIR Sorrir, evidentemente, varia conforme as situações. Contudo, em mais de 400 estudos, a maior ligação das mulheres têm sido expressada em sua taxa geralmente mais elevada de sorrisos (LaFrance et al., 2003). Por exemplo, quando Marianne LaFrance (1985) analisou 9 mil fotografias de anuários universitários e Amy Halberstadt e Martha Saitta (1987) estudaram 1.100 pessoas em fotografias de revistas e jornais e 1.300 pessoas em *shoppings*, parques e ruas, elas constataram consistentemente que as mulheres eram mais propensas a sorrir.

EMPATIA Quando entrevistadas, as mulheres são muito mais propensas a descrever a si mesmas como possuidoras de **empatia**, a capacidade de sentir o que o outro sente – regozijar-se com aqueles que se regozijam e chorar com aqueles que choram. Em menor grau, a diferença de empatia estende-se a estudos de laboratório. Vendo *slides* ou ouvindo histórias, as meninas reagem com mais empatia (Hunt, 1990). Diante de experiências perturbadoras no laboratório ou na vida real, as mulheres, mais do que os homens, expressam empatia por outras pessoas que sofrem experiências semelhantes (Batson et al., 1996). Observando outra pessoa sofrendo dor depois de mau comportamento, os circuitos cerebrais relacionados à empatia das mulheres apresentam atividade elevada mesmo quando os dos homens não – depois do outro ter se comportado mal (Singer et al., 2006). As mulheres são mais propensas a chorar ou dizer que se sentiram aflitas com a aflição de outra pessoa (Eisenberg & Lennon, 1983). Em uma pesquisa da Gallup de 2003, 12% dos homens e 43% das mulheres norte-americanas disseram ter chorado em consequência da Guerra no Iraque.

empatia
A experiência vicária dos sentimentos dos outros; colocar-se no lugar dos outros.

Todas essas diferenças ajudam a explicar por que, em comparação às amizades com homens, tanto homens como mulheres relatam que as amizades com mulheres são mais íntimas, agradáveis e carinhosas (Rubin, 1985; Sapadin, 1988). Quando você quer empatia e compreensão, alguém a quem você possa revelar suas alegrias e mágoas, a quem você recorre? A maioria dos homens e mulheres geralmente recorre às mulheres.

Uma explicação para essa diferença de empatia entre os sexos é que as mulheres tendem a superar os homens na capacidade de identificar as emoções dos outros. Em sua análise de 125 estudos sobre a sensibilidade de homens e mulheres para sinais não verbais, Judith Hall (1984) discerniu que as mulheres são geralmente superiores na decodificação das mensagens emocionais dos outros. Por exemplo, vendo um filme mudo de 2 segundos do rosto de uma mulher chateada, as mulheres adivinham com mais precisão se ela está criticando alguém ou discutindo seu divórcio. As mulheres também costumam ser nota-

O que você acha: as mulheres ocidentais deveriam se tornar mais autossuficientes e mais sintonizadas com o individualismo de sua cultura? Ou sua perspectiva relacional da vida deveria ajudar transformar as sociedades ocidentais orientadas ao poder (marcadas por altos níveis de maus-tratos infantil, solidão e depressão) em comunidades mais compassivas?

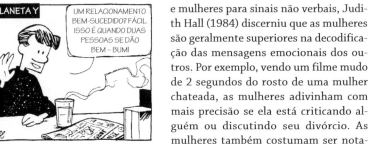

© Michael Jantze. Com permissão de TheNorm.com Publishing.

velmente mais capazes do que os homens de recordar a aparência dos outros, relatam Marianne Schmid Mast e Judith Hall (2006).

Por fim, as mulheres são mais hábeis em *expressar* emoções de modos não verbais, diz Hall. Isso é especialmente verdade em relação à emoção positiva, relatam Erick Coats e Robert Feldman (1996). Eles fizeram pessoas falarem sobre ocasiões em que tinham se sentido alegres, tristes e raivosas. Quando viram vídeos silenciosos de 5 segundos desses relatos, observadores puderam discernir com muito mais precisão as emoções das mulheres do que as dos homens ao recordarem alegrias. Os homens, porém, foram um pouco mais bem-sucedidos na comunicação da raiva.

Por serem geralmente mais empáticas e hábeis na leitura das emoções dos outros, as meninas são menos vulneráveis ao autismo, o que para Simon Baron-Cohen (2004, 2005) representa um "cérebro masculino extremo".

Dominância social

Imagine duas pessoas: uma é "aventureira, autocrática, grosseira, dominante, independente e forte". A outra é "carinhosa, dependente, sonhadora, emotiva, submissa e fraca". Se, para você, a primeira pessoa soa mais como um homem e a segunda como uma mulher, você não é o único, relatam John Williams e Deborah Melhor (1990, p. 15). Da Ásia à África e da Europa à Austrália, as pessoas consideram os homens mais dominantes, obstinados e agressivos. Além disso, estudos de cerca de 80 mil pessoas em 70 países mostram que mais homens do que mulheres consideram poder e realização importantes (Schwartz & Rubel, 2005).

Essas percepções e expectativas se correlacionam com a realidade. Em essencialmente todas as sociedades, os homens *são* socialmente dominantes. Em nenhuma sociedade conhecida as mulheres costumam dominar os homens (Pratto, 1996). Como veremos, as diferenças de gênero variam muito por cultura, e as diferenças de gênero estão diminuindo em muitas sociedades industrializadas à medida que as mulheres assumem mais posições de gerenciamento e de liderança. No entanto, considere:

- Em 2008, as mulheres constituíam apenas 18% dos legisladores do mundo (IPU, 2008).
- Os homens, mais do que as mulheres, estão preocupados com a dominância social e são mais propensos a favorecer candidatos e programas políticos conservadores que preservam a desigualdade dos grupos (Eagly et al., 2004; Sidanius & Pratto, 1999). Em 2005, os homens norte-americanos, por amplas margens, foram mais favoráveis à pena capital e à Guerra no Iraque (Gallup, 2005; Newport, 2007a).
- Ainda que formem a metade de todos os jurados, os homens constituem 90% dos líderes de júri eleitos; os homens também são líderes da maioria dos grupos *ad hoc* em laboratório (Colarelli et al., 2006; Davis & Gilbert, 1989; Kerr et al., 1982).
- Os salários das mulheres nos países industrializados equivalem, em média, a 77% dos salários dos homens. Apenas cerca de um quinto desse hiato salarial pode ser atribuído a diferenças de gênero na educação, experiência profissional ou características do trabalho (World Bank, 2003).

Como é típico dos que ocupam posições de maior *status*, os homens geralmente são os que tomam a iniciativa para convidar para um primeiro encontro amoroso, na maioria das vezes dirigem e pagam as contas (Laner & Ventrone, 1998, 2000).

O estilo de comunicação dos homens reforça seu poder social. Em situações nas quais os papéis não estão rigidamente definidos, os homens tendem a ser mais autocráticos, e as mulheres, mais democráticas (Eagly & Carli, 2007). Em cargos de liderança, os homens tendem a se destacar como líderes diretivos focados na tarefa; as mulheres se destacam com maior frequência na liderança "transformacional" favorecida por um número cada vez maior de organizações, com habilidades inspiradoras e sociais que constroem o espírito de equipe. Os homens dão mais prioridade a vencer, chegar na frente e dominar os outros do que as mulheres (Sidanius et al., 1994). Isso pode explicar a maior preferência das pessoas por um líder do sexo masculino em competições entre grupos, tais como guerras entre países, do que em conflitos que ocorrem dentro de um grupo (Van Vugt & Spisak, 2008).

Os homens também correm mais riscos (Byrnes et al., 1999). Em um estudo de dados de 35 mil contas de corretores de ações, constatou-se que "os homens são mais confiantes do que as mulheres" e, assim, realizaram 45% mais operações acionárias (Barber & Odean, 2001). Uma vez que as operações custam dinheiro e que as operações dos homens não se revelaram mais bem-sucedidas, seus resultados ficaram 2,65% aquém do mercado de ações, em comparação a 1,72% das mulheres nesse mesmo índice. As transações dos homens eram mais arriscadas – e os homens eram, por isso, os mais pobres.

"Bom relatório, Bárbara. Mas como os sexos falam línguas diferentes, eu provavelmente não compreendi nada."

© The New Yorker Collection, 1991, Ed Frascino, de cartoonbank.com. Todos os direitos reservados.

"Coisa de menino."

© The New Yorker Collection, 1995, J. B. Handelsman, de cartoonbank.com. Todos os direitos reservados.

Algumas diferenças de gênero não se correlacionam com status e poder. Por exemplo, as mulheres em todos os níveis de status tendem a sorrir mais (Hall et al., 2005).

agressão
Comportamento físico ou verbal com intenção de ferir alguém. Em experimentos de laboratório, isso pode significar aplicar choques elétricos ou dizer algo que provavelmente irá ferir os sentimentos de outra pessoa.

Na escrita, as mulheres tendem a usar preposições comunais ("com"), menos palavras quantitativas e mais o tempo verbal presente. Um programa de computador, que reconhecia diferenças de gênero no uso de palavras e estrutura frasais, identificou com sucesso o sexo do autor em 80% de 920 obras britânicas de ficção e não ficção (Koppel et al., 2002).

Na conversa, o estilo dos homens reflete seu interesse por independência, o das mulheres, por conexão. Os homens são mais propensos a agir como pessoas poderosas costumam fazer – falar assertivamente, interromper desrespeitosamente, tocar com a mão, encarar mais, sorrir menos (Leaper & Ayres, 2007). Enunciando os resultados de uma perspectiva feminina, o estilo de influência das mulheres tende a ser mais indireto – menos interruptivo, mais sensível, mais educado, menos arrogante.

Então, está certo declarar (nas palavras do título de um recordista de vendas de 1990), *Homens são de Marte, mulheres são de Vênus?* Na verdade, observam Kay Deaux e Marianne LaFrance (1998), os estilos de conversação dos homens e das mulheres variam com o contexto social. Muito do estilo que atribuímos aos homens é típico de pessoas (homens e mulheres) em posições de *status* e poder (Hall et al., 2006). Por exemplo, estudantes aquiescem mais com a cabeça quando falam com professores do que quando falam com os colegas, e as mulheres aquiescem mais com a cabeça do que os homens (Helweg-Larsen et al., 2004). Homens – e pessoas em papéis de alto *status* – tendem a falar mais alto e interromper mais (Hall et al., 2005). Além disso, os indivíduos variam; alguns homens são caracteristicamente hesitantes e respeitosos, algumas mulheres diretas e assertivas. Sugerir que mulheres e homens são de planetas emocionais diferentes é simplificar demais.

Agressão

Por **agressão** os psicólogos se referem ao comportamento que visa ferir. Em todo o mundo, a caça, a luta e a guerra são principalmente atividades masculinas (Wood & Eagly, 2007). Nas pesquisas, os homens admitem mais agressividade do que as mulheres. Em experimentos de laboratório, os homens de fato exibem mais agressividade física, por exemplo, administrando o que acreditam serem choques elétricos dolorosos (Knight et al., 1996). No Canadá, a proporção de homens para mulheres detidos por assassinato é de 9 para 1 (Statistics Canada, 2008). Nos Estados Unidos, onde 92% dos prisioneiros são do sexo masculino, ela é de 9 para 1 (FBI, 2008). Quase todos os terroristas suicidas são homens jovens (Kruglanski & Golec de Zavala, 2005). Assim também são quase todas as mortes em campos de batalha e de sentenciados à morte.

Mas mais uma vez, a diferença entre os sexos varia conforme o contexto. Quando há provocação, o hiato de gênero encolhe (Bettencourt & Kernahan, 1997; Richardson, 2005). Além disso, dentro de formas menos ameaçadoras de agressão, digamos, bater em um membro da família, jogar alguma coisa ou atacar alguém verbalmente, as mulheres não são menos agressivas do que os homens (Björkqvist, 1994; White & Kowalski, 1994). Na verdade, diz John Archer (2000, 2004, 2007) a partir de suas compilações estatísticas de dezenas de estudos, as mulheres podem ser um pouco mais propensas a cometer atos agressivos indiretos, tais como espalhar fofocas maldosas. Entretanto, no mundo inteiro e em todas as faixas etárias, os homens ferem os outros com agressões físicas com muito mais frequência.

Sexualidade

Há também uma diferença de gênero nas atitudes sexuais e na assertividade. É verdade que, em suas respostas fisiológicas e subjetivas a estímulos sexuais, homens e mulheres são "mais semelhantes do que diferentes" (Griffitt, 1987). No entanto, considere:

- Em uma pesquisa australiana, 48% dos homens e 12% das mulheres concordaram com "posso imaginar sentindo-me confortável e usufruindo sexo 'casual' com diferentes parceiro(a)s" (Bailey et al., 2000). Um estudo em 48 países revelou a variação país por país na aceitação da sexualidade irrestrita, desde a relativamente promíscua Finlândia à relativamente monogâmica Taiwan (Schmitt, 2005). Mas, em todos os 48 países estudados, foram os homens que expressaram mais desejo pelo sexo irrestrito. Da mesma forma, quando a BBC entrevistou mais de 200 mil pessoas em 53 países, os homens em todos os lugares concordaram com mais veemência com "eu tenho um forte impulso sexual" (Lippa, 2008b).
- A recente pesquisa do American Council on Education com 250 mil estudantes do primeiro ano de faculdade oferece uma conclusão semelhante. Nela, 58% dos homens, mas apenas 34% das mulheres, concordaram que "se duas pessoas realmente se gostam, não há problema em terem relações sexuais, mesmo que tenham se conhecido há muito pouco tempo" (Pryor et al., 2005).

- Em uma pesquisa com 3.400 norte-americanos de 18 a 59 anos selecionados aleatoriamente, 25% dos homens e 48% das mulheres citaram afeição pelo parceiro como uma razão para a primeira relação sexual. Com que frequência eles pensam em sexo? "Todo dia" ou "várias vezes ao dia", disseram 19% das mulheres e 54% dos homens (Laumann et al., 1994). O mesmo entre canadenses, com 11% das mulheres e 46% dos homens dizendo "várias vezes ao dia" (Fischstein et al., 2007).

A diferença de gênero nas atitudes sexuais se reflete no comportamento. "Com poucas exceções em qualquer lugar do mundo", relataram o psicólogo intercultural Marshall Segall e colaboradores (1990, p. 244), "os homens são mais propensos do que as mulheres a iniciar a atividade sexual".

Comparados a lésbicas, os homossexuais masculinos também relatam maior interesse em sexo sem compromisso, sexo mais frequente, maior capacidade de resposta a estímulos visuais e maior preocupação com a atratividade do parceiro (Bailey et al., 1994; Peplau & Fingerhut, 2007; Schmitt, 2007). Os 47% dos casais de lésbicas norte-americanas são o dobro dos 24% de casais homossexuais masculinos (Doyle, 2005). Entre os que optaram por uniões civis em Vermont e pelo casamento entre homossexuais em Massachusetts, dois terços foram casais do sexo feminino (Belluck, 2008; Rothblum, 2007). "Não é que os homens *gays* tenham excesso de desejo sexual", observa Steven Pinker (1997). "Eles são simplesmente homens cujos desejos masculinos rebatem em outros desejos masculinos, em vez de rebaterem em desejos femininos."

Na verdade, observam Roy Baumeister e Kathleen Vohs (2004; Baumeister et al., 2001), além de fantasiar mais sobre sexo, ter atitudes mais permissivas e buscar mais parceiros, os homens também se excitam com mais rapidez, desejam sexo e masturbam-se com mais frequência, são menos bem-sucedidos no celibato, recusam sexo com menos frequência, correm mais riscos, despendem mais recursos para obter sexo e preferem maior variedade sexual. Uma pesquisa perguntou a 16.288 pessoas de 52 países quantos parceiros sexuais elas desejavam para os próximos 30 dias. Entre os descomprometidos, 29% dos homens e 6% das mulheres queriam mais do que um parceiro (Schmitt, 2003, 2005). Esses resultados foram idênticos para heterossexuais e homossexuais (29% dos homossexuais masculinos e 6% das lésbicas desejavam mais de um parceiro).

"Em toda parte, o sexo é entendido como algo que as mulheres têm que os homens querem", propôs o antropólogo Donald Symons (1979, p. 253). Não admira, dizem Baumeister e Vohs, que as culturas em todos os lugares atribuem maior valor à sexualidade masculina do que à feminina, como indicam as assimetrias de gênero na prostituição e no namoro, em que homens geralmente oferecem dinheiro, presentes, elogios ou compromisso em implícita troca pelo envolvimento sexual de uma mulher. Na economia sexual humana, segundo eles, as mulheres raramente ou nunca pagam por sexo. Como os sindicatos opõem-se aos "fura-greves" por minarem o valor de seu próprio trabalho, a maioria das mulheres se opõe ao oferecimento de "sexo barato" por parte de outras mulheres, o qual reduz o valor de sua própria sexualidade. Em 185 países, quanto mais escassos os homens disponíveis, *maior* é a taxa de gravidez na adolescência – porque quando os homens estão escassos, "as mulheres competem entre si, oferecendo sexo a um preço inferior em termos de compromisso" (Barber, 2000; Baumeister & Vohs, 2004). Quando as mulheres estão escassas, como é cada vez mais o caso na China e na Índia, o valor de mercado da sua sexualidade aumenta, e elas são capazes de comandar um maior comprometimento.

As fantasias sexuais também expressam a diferença entre os sexos (Ellis & Symons, 1990). Nos produtos eróticos orientados ao masculino, as mulheres são descomprometidas e conduzidas pela luxúria. Nos romances de amor, cujo principal mercado são as mulheres, um homem delicado é emocionalmente consumido por sua dedicada paixão pela heroína. Os cientistas sociais não são os únicos a ter notado. "As mulheres podem sentir fascínio por um filme de quatro horas com legendas em que todo o enredo consiste em um homem e uma mulher que anseiam por ter, mas nunca realmente têm, um relacionamento", observa o humorista Dave Barry (1995). "Os homens ODEIAM isso. Os homens podem aceitar talvez 45 segundos de saudade, e eles querem que todo mundo fique nu. Seguido por uma perseguição de carros. Um filme chamado 'Pessoas nuas em perseguições de carro' se sairia bem entre homens."

Assim como o crime intriga mais os detetives do que a virtude, também as diferenças intrigam mais os detetives psicológicos do que as semelhanças. Vamos, portanto, recordar-nos: as diferenças *individuais* excedem em muito as diferenças de gênero. Mulheres e homens quase não são sexos opostos (completamente diferentes). Em vez disso, eles diferem como duas mãos dobradas – semelhantes, mas não iguais, encaixando-se, mas diferentes ao agarrarem uma a outra.

"Ah sim, querida, eu vou te ouvir – eu vou te ouvir a noite inteira."

© The New Yorker Collection, 1995, Donald Reilly, de cartoonbank.com. Todos os direitos reservados.

Resumo: Como se explicam semelhanças e diferenças de gênero?

- Meninos e meninas, homens e mulheres, são em muitos aspectos semelhantes. No entanto, suas diferenças atraem mais atenção do que suas semelhanças.
- Os psicólogos sociais têm explorado as diferenças de gênero em termos de *independência versus conectividade*. As mulheres geralmente são mais carinhosas, expressam mais empatia e emoção e definem-se mais em termos de relacionamentos.
- Homens e mulheres também tendem a apresentar diferenças de dominância social e agressividade. Em todas as culturas conhecidas na Terra, os homens tendem a ter mais poder social e são mais propensos que as mulheres a praticar agressão física.
- A sexualidade é outra área de acentuadas diferenças de gênero. Os homens com mais frequência pensam e iniciam o sexo, ao passo que a sexualidade das mulheres tende a ser inspirada pela paixão emocional.

Evolução e gênero: Fazer o que vem naturalmente?

Para explicar as diferenças de gênero, a pesquisa tem focado em duas influências: evolução e cultura.

"Qual você acha que é a principal razão pela qual homens e mulheres têm personalidades, interesses e habilidades diferentes?" perguntou a Organização Gallup (1990) em uma pesquisa nacional. "É sobretudo por causa da forma como homens e mulheres são criados, ou as diferenças fazem parte de sua constituição biológica?" Entre os 99% que responderam à pergunta (aparentemente sem questionar seus pressupostos), aproximadamente o mesmo percentual respondeu "educação" e "biologia".

Existem, é claro, algumas diferenças sexuais biológicas salientes. Os genes dos homens predispõem a massa muscular para a caça de animais; das mulheres, a capacidade de amamentar bebês. As diferenças sexuais biológicas se limitam a essas distinções óbvias na reprodução e no físico? Ou os genes, hormônios e cérebros dos homens e das mulheres diferem em aspectos que também contribuem para diferenças comportamentais?

Gênero e preferências de acasalamento

Observando a persistência mundial de diferenças de gênero na agressividade, dominância e sexualidade, o psicólogo evolucionista Douglas Kenrick (1987) sugeriu, como muitos outros desde então, que "não podemos mudar a história evolutiva de nossa espécie, e algumas das diferenças entre nós são sem dúvida resultado dessa história". A psicologia evoluvionista não prevê nenhuma diferença entre os sexos em todos os domínios em que os sexos enfrentaram desafios adaptativos semelhantes (Buss, 1995b). Ambos os sexos regulam o calor com o suor. Os dois têm preferências de paladar semelhantes para nutrir seus corpos. Ademais, ambos desenvolvem calos onde a pele sofre atrito. Mas a psicologia evolucionista prevê diferenças sexuais em comportamentos relacionados ao namoro, acasalamento e reprodução.

Considere, por exemplo, que o macho é maior iniciador sexual. Um macho mediano produz muitos trilhões de espermatozoides em sua vida, tornando o esperma mais barato em comparação com óvulos. (Se por acaso você é um homem comum, você vai produzir mais de mil espermatozoides ao ler esta frase.) Além disso, enquanto uma mulher traz um feto a termo e depois o amamenta, um homem pode disseminar seus genes por meio da fertilização de muitas fêmeas. O investimento das mulheres na gravidez é, só para começar, nove meses, o investimento dos homens pode ser nove segundos.

Assim, dizem os psicólogos evolutivos, as mulheres investem suas oportunidades reprodutivas com cuidado, procurando por sinais de recursos e comprometimento. Os machos competem entre si pelas chances de ganhar o sorteio genético enviando os seus genes para o futuro, e assim buscam solo saudável fértil para plantarem sua semente. As mulheres querem encontrar homens que as ajudem a cuidar do jardim – papais engenhosos e monogâmicos, em vez de grossos errantes. Mulheres procuram reproduzir com sabedoria, os homens amplamente. Ou pelo menos assim diz a teoria.

Além disso, sugere a psicologia evolucionista, os machos fisicamente dominantes foram os que se destacaram no acesso às fêmeas, o que ao longo das gerações reforçou a agressividade e dominância masculina, pois os machos menos agressivos tinham menos chances de se reproduzir. Os genes que porventura ajudaram Montezuma II a se tornar o rei asteca também foram dados a sua prole, junto com aqueles de muitas das 4 mil mulheres em seu harém (Wright, 1998). Se nossas mães ancestrais se beneficiaram por serem capazes de ler as emoções de seus bebês e pretendentes, então a seleção natural pode ter favorecido igualmente a capacidade de detectar emoções das fêmeas. Subjacente a todas essas suposições existe um princípio: *a natureza seleciona características que ajudam a enviar os genes para o futuro.*

Em espécies nas quais os machos proveem mais investimento parental do que as fêmeas, observa o psicólogo evolucionista David Schmitt (2006), os machos têm uma estratégia de acasalamento de longo prazo, são mais exigentes quanto às parceiras em potencial e morrem mais tarde.

"Eu caço e ela coleta – de outra forma não conseguiríamos pagar as contas."

Pouco desse processo é consciente. Poucas pessoas no auge da paixão param para pensar, "quero dar meus genes para a posteridade". Em vez disso, dizem os psicólogos evolucionistas, os nossos anseios naturais são o modo de nossos genes fazerem mais genes. As emoções executam as disposições da evolução, tanto quanto a fome executa a necessidade do corpo por nutrientes.

"Uma galinha é apenas o jeito de um ovo fazer mais ovos."
—SAMUEL BUTLER, 1835–1901

O pesquisador médico e escritor Lewis Thomas (1971) capturou a ideia de predisposições evolucionárias ocultas em sua descrição fantasiosa de uma mariposa macho respondendo à liberação de bombicol por uma fêmea, do qual uma única molécula fará tremer os pelos de qualquer macho em um raio de milhas e fazê-lo voar contra o vento em ardor. Mas é duvidoso que o inseto tenha consciência de ser apanhado por um aerossol de atrativo químico. Pelo contrário, ele provavelmente acha de repente que o dia ficou excelente, o clima extremamente estimulante, o momento adequado para um pouco de exercício das velhas asas, uma virada lépida contra o vento.

"Os seres humanos são fósseis vivos – coleções de mecanismos produzidos por pressões de seleções anteriores", diz David Buss (1995a). E isso, acreditam os psicólogos evolucionistas, ajuda a explicar não apenas a agressividade masculina, mas também as atitudes e comportamentos sexuais diferentes de fêmeas e machos. Embora a interpretação de um homem do sorriso de uma mulher como interesse sexual geralmente se revele errônea, estar ocasionalmente certo pode ter uma compensação reprodutiva.

A psicologia evolucionista também prevê que os homens se esforçam para oferecer o que as mulheres desejam – recursos externos e proteção física. Os pavões machos ostentam suas penas; os seres humanos, seus músculos abdominais, Audis e posses. Em um experimento, rapazes julgaram "ter um monte de dinheiro" mais importante depois de terem sido colocados sozinhos em uma sala com uma adolescente (Roney, 2003). "A realização masculina é, em última análise, uma exibição de cortejo", diz Glenn Wilson (1994). E as mulheres podem inflar seus seios, aplicar Botox nas rugas e fazer lipoaspiração para oferecer aos homens a aparência jovem, saudável (conotando fertilidade) que eles desejam – enquanto, em alguns experimentos, depreciam o sucesso e a aparência de outras mulheres atraentes (Agthe et al., 2008; Vukovic et al, 2008). Com certeza, observam Buss (1994a) e Alan Feingold (1992a), as preferências de acasalamento de mulheres e de homens estendem essas observações. Considere o seguinte:

- Estudos em 37 culturas, da Austrália à Zâmbia, revelam que os homens em todos os lugares se sentem atraídos por mulheres cujas características físicas, como rostos e formas jovens, sugerem fertilidade. Mulheres de toda parte se sentem atraídas por homens cuja riqueza, poder e ambição prometem recursos para proteger e nutrir filhos (Fig. 5.5). O maior interesse dos homens pela forma física também faz deles os consumidores da maior parte da pornografia visual do mundo. Contudo, também existem semelhanças de gênero: quer residam em uma ilha da Indonésia ou na área urbana de São Paulo, homens e mulheres desejam bondade, amor e atração mútua.
- Em toda parte, os homens tendem a se sentir mais atraídos por mulheres com idade e características sugestivas de um pico da fertilidade. Para meninos adolescentes, essa é uma mulher muitos anos mais velha do que eles. Para homens em seus 20 anos, são as mulheres de sua idade. Para os homens mais velhos, são as mulheres mais jovens, e quanto mais velho o homem, maior a diferença de idade que ele prefere ao selecionar uma parceira (Kenrick et al., 2009). Encontra-se esse padrão no mundo inteiro, em anúncios de solteiros europeus, em anúncios matrimoniais indianos e em registros de casamento das Américas, África e Filipinas (Singh, 1993; Singh & Randall, 2007). Mulheres de todas as idades preferem homens ligeiramente mais velhos que elas. Mais uma vez, dizem os psicólogos evolucionistas, vemos que a seleção natural predispõe os homens a se sentirem atraídos por características femininas associadas à fertilidade.

Refletindo sobre essas constatações, Buss (1999) revela se sentir um pouco espantado "de que homens e mulheres em todo o mundo difiram em suas preferências de acasalamento precisamente nas formas previstas pelos evolucionistas. Assim como os nossos medos de cobras, alturas e aranhas oferecem uma janela para visualizar os riscos de sobrevivência de nossos ancestrais evolutivos, nossos desejos de acasalamento fornecem uma janela para ver os recursos de que nossos antepassados necessitaram para a reprodução. Todos levamos conosco hoje os desejos de nossos antepassados bem-sucedidos".

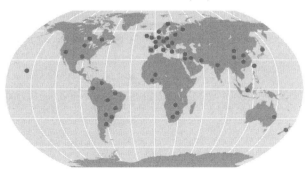

FIGURA 5.5
Preferências humanas de acasalamento.
David Buss e 50 colaboradores entrevistaram mais de 10 mil pessoas de todas as raças, religiões e sistemas políticos em seis continentes e cinco ilhas. Em todos os lugares, os homens preferiam características físicas atraentes que sugerissem juventude e saúde – e aptidão reprodutiva. Em todos os lugares, as mulheres preferiam homens com recursos e *status*.
Fonte: Buss (1994b).

Reflexões sobre psicologia evolucionista

Sem contestar a seleção natural – o processo pelo qual a natureza seleciona traços físicos e comportamentais que aumentam a sobrevivência dos genes –, críticos veem um problema nas explicações evo-

Larry King, 25 anos mais velho do que sua sétima esposa, Shawn Southwick-King.

Fora da ciência tradicional, outros críticos desafiam o ensino da evolução. (Ver "Em Foco: Ciência evolucionista e religião".)

lucionistas. Os psicólogos evolucionistas às vezes partem de um efeito (tal como a diferença entre os sexos na iniciativa sexual) e então constroem retrospectivamente uma explicação para isso. Essa abordagem é uma reminiscência do funcionalismo, a teoria dominante na psicologia durante a década de 1920, cuja lógica era a seguinte: "por que esse comportamento ocorre? Porque serve tal e tal função". Você pode reconhecer as abordagens tanto evolucionista quanto funcionalista como exemplos de raciocínio retrospectivo. Como os biólogos Paul Ehrlich e Marcus Feldman (2003) apontaram, o teórico evolucionista dificilmente pode perder quando emprega retrospectiva. A psicologia evolutiva de hoje é como a psicologia freudiana de ontem, dizem os críticos: qualquer uma delas pode ser readaptada a qualquer coisa que aconteça.

A maneira de superar o viés de retrospectiva é imaginar que as coisas revelem ser de outra forma. Vamos tentar. Imagine que as mulheres eram mais fortes e fisicamente mais agressivas do que os homens. "Mas é claro!" alguém poderia dizer, "muito melhor para proteger seus filhotes". E se jamais tivéssemos sabido de machos humanos tendo casos extraconjugais, não poderíamos ver a sabedoria evolutiva por trás de sua fidelidade? Uma vez que levar a prole à maturidade envolve mais do que simplesmente depositar espermatozoides, tanto homens quanto mulheres ganham por investirem conjuntamente em seus filhos. Os machos que são leais a suas companheiras e filhos são mais aptos a garantir que seus filhos sobreviverão para perpetuar seus genes. A monogamia também aumenta a certeza de paternidade dos homens. (Estas são, na verdade, explicações evolucionistas – mais uma vez baseadas em retrospectiva – de por que os seres humanos, e algumas outras espécies cujos filhos necessitam de um investimento pesado dos pais, tendem a formar casais e ser monogâmicas).

Os psicólogos evolucionistas respondem que as críticas a suas teorias por serem baseadas em retrospectiva estão "totalmente erradas". Eles argumentam que a retrospectiva não desempenha menor papel nas explicações culturais: por que homens e mulheres são diferentes? Porque a sua cultura *socializa* o seu comportamento! Quando os papéis das pessoas variam ao longo do tempo e lugar, a "cultura" melhor *descreve* tais papéis do que os explica. E longe de ser mera conjectura retrospectiva, dizem os psicólogos evolucionistas, seu campo é uma ciência empírica que testa predições evolutivas com dados do comportamento animal, observações interculturais e estudos hormonais e genéticos. Como em muitos campos científicos, observações inspiram uma teoria que gera novas previsões testáveis (Fig. 5.6). As previsões nos alertam para fenômenos despercebidos e nos permitem confirmar, refutar ou rever a teoria.

Os críticos, no entanto, afirmam que as evidências empíricas não respaldam com firmeza as previsões da psicologia evolucionista (Buller, 2005, 2009). Eles também temem que a especulação evolucionista sobre sexo e gênero "reforce estereótipos homem-mulher" (Small, 1999). As explicações evolucionistas para a violência das gangues, ciúme homicida e estupro poderiam reforçar e justificar

EM FOCO Ciência evolucionista e religião

Um século e meio depois que Charles Darwin escreveu *A origem das espécies*, continua a controvérsia sobre sua grande ideia: a de que cada ser terrestre é descendente de outro ser terrestre. A controvérsia é mais violenta nos Estados Unidos, onde uma pesquisa do Gallup revela que metade dos adultos não acredita que a evolução explique "como os seres humanos vieram a existir na Terra" (Newport, 2007b). Esse ceticismo em relação à evolução persiste apesar das evidências, incluindo a pesquisa de DNA moderna, que há muito tempo convenceu 95% dos cientistas de que "os seres humanos se desenvolveram ao longo de milhões de anos" (Gallup, 1996).

Para a maioria dos cientistas, mutação e seleção natural explicam o surgimento da vida, incluindo seus desenhos engenhosos. Por exemplo, o olho humano, uma maravilha da engenharia que codifica e transmite um rico fluxo de informações, tem seus blocos de construção "espalhados pelo reino animal", permitindo que a natureza selecione mutações que ao longo do tempo melhoraram o *design* (Dennett, 2005). Na verdade, muitos cientistas gostam de citar a famosa máxima do geneticista (e membro da Igreja Ortodoxa russa) Theodosius Dobzhansky: "nada faz sentido em biologia senão à luz da evolução".

Alan Leshner (2005), o diretor-executivo da American Association for the Advancement of Science, lamenta a polarização causada por fanáticos nos extremos tanto da anticiência quanto do antirreligioso. Para resolver a crescente tensão ciência-religião, ele acredita que "devemos aproveitar cada oportunidade para deixar claro para o público em geral que a ciência e a religião não são adversárias. Elas podem coexistir confortavelmente, e ambas têm um lugar e proporcionam importantes benefícios para a sociedade".

Existem muitos cientistas que concordam com Leshner, acreditando que a ciência oferece respostas a perguntas como "quando" e "como" e que a religião oferece respostas para "quem" e "por quê". No século V, Santo Agostinho antecipou-se às pessoas de fé favoráveis à ciência de hoje: "o universo foi trazido à existência em um estado não plenamente formado, porém foi dotado com a capacidade de se transformar a partir da matéria informe em uma matriz verdadeiramente maravilhosa de estruturas e formas" (Wilford, 1999).

E o universo é realmente maravilhoso, dizem os cosmólogos. Se a gravidade tivesse sido um pouco mais forte ou mais fraca, ou se o próton do carbono pesasse um pouco mais ou menos, o nosso universo, que é tão extraordinariamente certo para a produção da vida, jamais teria sido produzido. Embora existam questões além da ciência (por que existe algo e não nada?), tudo isso parece verdadeiro, conclui o cosmólogo Paul Davies (2004, 2007): "a natureza parece engenhosamente concebida para produzir sistemas autorreplicantes processadores de informações (nós). Embora pareçamos ter sido criados em um longuíssimo período de tempo, o resultado final é a nossa existência maravilhosamente complexa, significativa e cheia de esperança".

a agressão masculina como comportamentos naturais "que se pode esperar dos homens"? Mas lembrem-se, respondem os psicólogos evolucionistas, a sabedoria evolucionista é a sabedoria do passado. Ela nos diz quais comportamentos funcionaram no início de nossa história como espécie. Se essas tendências continuam sendo adaptativas na atualidade é uma questão totalmente diferente.

Os críticos da psicologia evolucionista reconhecem que a evolução ajuda a explicar os nossos pontos comuns e também as nossas diferenças (certa quantidade de diversidade auxilia a sobrevivência). Mas eles afirmam que a nossa herança evolutiva comum por si só não prevê a enorme variação cultural em padrões humanos de matrimônio (de um cônjuge a uma sucessão de cônjuges, múltiplas esposas, múltiplos maridos e troca de cônjuges). Tampouco ela explica as mudanças culturais nos padrões de comportamento ao longo de apenas algumas décadas. O traço mais significativo de que a natureza nos dotou, ao que parece, é nossa capacidade de adaptação – de aprender e de mudar. É aí que reside, o que todos podemos concordar, o poder de moldar da cultura.

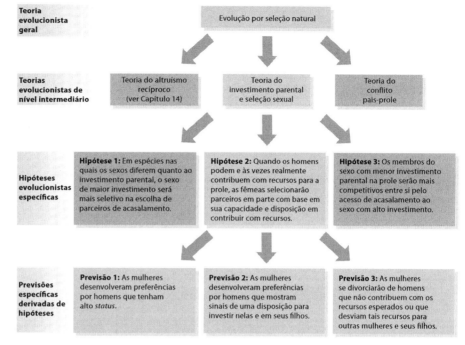

FIGURA 5.6
Exemplos de previsões derivadas da psicologia evolucionista por David Buss (1995a).

"As diferenças sexuais no comportamento podem ter sido relevantes para os nossos antepassados que coletavam raízes e caçavam esquilos nas planícies do norte da África, mas suas manifestações na sociedade moderna são menos claramente 'adaptativas'. A sociedade moderna é orientada à informação – grandes bíceps e jorros de testosterona têm menos relevância direta para o presidente de uma empresa de informática."
—DOUGLAS KENRICK (1987)

Gênero e hormônios

Se os genes predispõem traços relacionados ao gênero, devem fazê-lo por seus efeitos sobre nossos corpos. Em embriões masculinos, os genes direcionam a formação dos testículos, que começam a segregar testosterona, o hormônio sexual masculino que influencia a aparência masculina. Estudos indicam que meninas que foram expostas a um excesso de testosterona durante o desenvolvimento fetal tendem a apresentar um comportamento mais semelhante ao dos meninos ao brincar do que outras meninas (Hines, 2004). Outros estudos de caso acompanharam homens que, tendo nascido sem pênis, foram criados como meninas (Reiner & Gearhart, 2004). Apesar de serem colocados em vestidos e serem tratados como meninas, a maioria apresenta um modo de brincar típico masculino e com o tempo, na maioria dos casos, não sem sofrimento emocional, passam a ter uma identidade masculina.

A diferença de gênero na agressividade também parece influenciada pela testosterona. Em vários animais, a administração de testosterona aumenta a agressividade. Nos seres humanos, criminosos violentos do sexo masculino têm níveis de testosterona acima do normal, assim como atletas da Liga Nacional de Futebol e membros de irmandades que causam tumultos (Dabbs, 2000). Além disso, tanto entre os seres humanos quanto entre os macacos, a diferença de gênero na agressividade aparece precocemente na vida (antes de a cultura ter tido muito efeito) e diminui com o declínio dos níveis de testosterona durante a vida adulta. Nenhuma dessas linhas de evidência é conclusiva. Consideradas em conjunto, elas convencem muitos estudiosos de que os hormônios sexuais importam. Mas, como veremos, a cultura também.

"As melhores pessoas casam os dois sexos em sua própria pessoa."
—RALPH WALDO EMERSON, *JOURNALS*, 1843

À medida que as pessoas chegam à meia-idade e além, acontece uma coisa curiosa. As mulheres se tornam mais assertivas e autoconfiantes, os homens mais empáticos e menos dominadores (Kasen et al., 2006; Lowenthal et al., 1975; Pratt et al., 1990). Alterações hormonais são uma possível explicação para a diminuição das diferenças de gênero. As demandas dos papéis, outra. Alguns especulam que durante o namoro e paternidade/maternidade precoce, as expectativas sociais levam ambos os sexos a enfatizarem as características que realçam seus papéis. Durante o namoro, provimento e proteção, os homens exageram seus aspectos masculinos e renunciam a suas necessidades de interdependência e nutrição (Gutmann, 1977). Durante o namoro e criação de filhos pequenos, as mulheres jovens refreiam seus impulsos para se afirmarem e serem independentes. À medida que homens e mulheres concluem esses primeiros papéis adultos, eles supostamente expressam mais suas tendências reprimidas. Cada um torna-se mais **andrógino**, capaz tanto de assertividade quanto de amparo.

andrógino
De *andro* (homem) + *gyn* (mulher) – portanto, que mistura tanto características masculinas quanto femininas.

Resumo: Evolução e gênero: Fazer o que vem naturalmente?

- Os psicólogos evolucionistas teorizam como a evolução pode ter predisposto diferenças de gênero em comportamentos tais como agressividade e iniciativa sexual. O jogo de acasalamento da natureza favorece os machos que tomam a iniciativa sexual em direção às fêmeas – especialmente aquelas com características físicas que sugerem fertilidade – e que buscam a dominância agressiva na concorrência com outros machos. As fêmeas, que têm menos chances reprodutivas, dão maior prioridade à seleção de parceiros que ofereçam os recursos para proteger e nutrir seus filhotes.
- Críticos dizem que as explicações evolutivas são às vezes conjecturas a posteriori que não levam em conta a realidade da diversidade cultural; eles também questionam se existem evidências empíricas suficientes para apoiar as teorias da psicologia evolucionista e receiam que essas teorias possam reforçar estereótipos problemáticos.
- Embora a biologia (p. ex., sob a forma de hormônios do sexo masculino e feminino) desempenhe um papel importante nas diferenças de gênero, os papéis sociais também são uma influência importante. O que é consensual é que a natureza nos dota com uma notável capacidade de nos adaptarmos a diferentes contextos.

Cultura e gênero: Fazer o que a cultura diz?

A influência da cultura é vividamente ilustrada pelas variações nos papéis de gênero ao longo do tempo e espaço.

Cultura, como observamos anteriormente, é aquilo que é compartilhado por um grande grupo e transmitido ao longo das gerações – ideias, atitudes, comportamentos e tradições. Podemos ver o poder formador da cultura em ideias sobre como homens e mulheres devem se comportar. E podemos ver a cultura na desaprovação que eles suportam quando violam essas expectativas (Kite, 2001). Em países de qualquer parte, as meninas passam mais tempo ajudando nos trabalhos domésticos e cuidando das crianças, e os meninos passam mais tempo brincando sem supervisão (Edwards, 1991). Mesmo nos casamentos norte-americanos contemporâneos de dupla carreira, os homens fazem a maioria dos reparos domésticos e as mulheres organizam o cuidado das crianças (Bianchi et al., 2000; Fisher et al., 2007).

A socialização de gênero, como já foi dito, dá às meninas "raízes" e aos meninos "asas". Peter Crabb e Dawn Bielawski (1994) pesquisaram livros infantis do século XX que receberam o prestigioso Prêmio Caldecott e constataram que as meninas apareciam quatro vezes mais do que os meninos usando objetos domésticos (tais como vassoura, agulha de costura ou potes e panelas), e os meninos apareciam cinco vezes mais do que as meninas usando objetos de produção (como forcado, arado ou arma). Para os adultos, a situação não é muito diferente. "Em toda parte", relatou a Organização das Nações Unidas (1991), "as mulheres fazem mais trabalho doméstico". E "em todos os lugares, cozinhar e lavar louça são as tarefas domésticas menos compartilhadas". Análises de quem faz o quê em 185 sociedades revelaram que os homens fazem a caça grossa e colhem a madeira, as mulheres fazem cerca de 90% da cozinha e da lavanderia, e os sexos são igualmente propensos a plantar e colher e ordenhar vacas. Tais expectativas de comportamento para machos e fêmeas definem os **papéis de gênero**.

A cultura constrói esses papéis de gênero? Ou será que os papéis de gênero refletem apenas as tendências naturais de comportamento dos homens e das mulheres? A variedade de papéis de gênero em todas as culturas e ao longo do tempo mostra que a cultura realmente ajuda a construir nossos papéis de gênero.

Papéis de gênero variam com a cultura

Apesar das desigualdades dos papéis de gênero, a maioria das pessoas do mundo gostaria idealmente de ver papéis masculinos e femininos mais paralelos. A pesquisa do Pew Global Attitudes perguntou a 38 mil pessoas se a vida era mais satisfatória quando ambos os cônjuges trabalham e dividem o cuidado das crianças ou quando as mulheres ficam em casa e cuidam dos filhos enquanto o marido trabalha pelo sustento da família. A maioria dos entrevistados em 41 dos 44 países escolheu a primeira resposta (Fig. 5.7).

No entanto, existem grandes diferenças de país para país. Os egípcios discordaram da opinião da maioria do mundo por 2 a 1, enquanto os vietnamitas concordaram por 11 a 1. Em seu relatório Global Gender Gap de 2008, o Fórum Econômico Mundial informou que a Noruega, a Finlândia e a Suécia têm a maior igualdade de gênero, e a Arábia Saudita, o Chade e o Iêmen a menor. Mesmo em sociedades industrializadas, os papéis variam imensamente. As mulheres preenchem 10% dos car-

---

papéis de gênero
Um conjunto de expectativas (normas) para homens e mulheres.

"Nas Nações Unidas, sempre entendemos que o nosso trabalho para o desenvolvimento depende da construção de uma parceria bem-sucedida com a agricultora africana e seu marido."
—SECRETÁRIO GERAL KOFI ANNAN, 2002

Três meses após a *tsunami* no sudeste asiático, ocorrido em 26 de dezembro de 2004, a Oxfam (2005) contou as mortes em oito aldeias e descobriu que o número de mulheres mortas foi pelo menos três vezes maior do que o de homens. (As mulheres tinham mais probabilidade de estarem dentro ou próximo de suas casas e perto da costa, e menor probabilidade de estarem no mar ou em tarefas longe de casa ou no trabalho.)

PSICOLOGIA SOCIAL **155**

Nos países ocidentais, os papéis de gênero estão se tornando mais flexíveis. O ensino pré-escolar não é mais necessariamente trabalho de mulheres, e pilotagem já não é necessariamente uma profissão para homens.

gos de chefia no Japão e na Alemanha e cerca de 50% na Austrália e nos Estados Unidos (OIT, 1997; Wallace, 2000). Na América do Norte, a maioria dos médicos e dentistas são homens; na Rússia, os médicos são, em sua maioria, mulheres, assim como a maioria dos dentistas na Dinamarca.

Papéis de gênero variam ao longo do tempo

Nos últimos 50 anos – uma fatia fina de nossa longa história –, os papéis de gênero mudaram drasticamente. Em 1938, apenas 20% dos norte-americanos aprovavam "uma mulher casada ganhar dinheiro em negócios ou na indústria mesmo tendo um marido capaz de sustentá-la". Em 1996, esse número era de 80% (Niemi et al., 1989; NORC, 1996). Em 1967, 57% das estudantes norte-americanas do primeiro ano de faculdade concordavam que "as atividades de mulheres casadas devem se restringir ao lar e á família" Em 2005, apenas 20% concordavam com isso (Astin et al., 1987; Pryor et al., 2005). (Com a cultura chegando perto de um consenso sobre essas questões, as perguntas não são mais feitas nessas pesquisas.)

Mudanças comportamentais têm acompanhado essa mudança de atitude. Em 1965, a Harvard Business School nunca havia concedido um diploma a uma mulher. Na virada do século XXI, 30% dos seus diplomados foram mulheres. De 1960 a 2005, as mulheres passaram de 6 para 50% dos estudantes de Medicina dos Estados Unidos e de 3 para 50% dos estudantes de Direito (AMA, 2004; Cynkar, 2007; Hunt, 2000; Richardson, 2005). Em meados dos anos de 1960, as norte-americanas casadas dedicaram *sete vezes* mais horas ao trabalho doméstico do que fizeram seus maridos; em meados da década de 1990, esse número diminuiu para a metade de horas (Bianchi et al., 2000; Fisher et al., 2007).

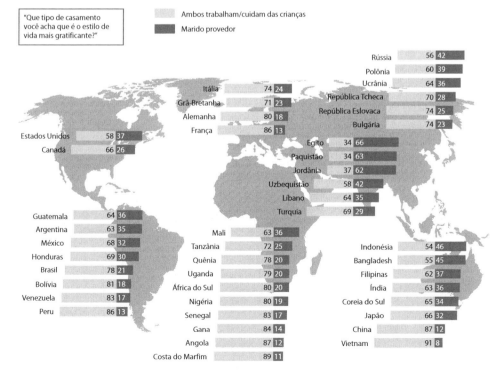

FIGURA 5.7
Os papéis de gênero aprovados variam com a cultura.
Fonte: dados da pesquisa Pew Global Attitudes de 2003.

Nas culturas ocidentais, os papéis de gênero estão mudando, mas nem tanto.
DOONESBURY © 1989 G. B. Trudeau. Reimpressa com a permissão de Universal Press Syndicate. Todos os direitos reservados.

As mudanças nos papéis homem-mulher perpassam muitas culturas, como ilustra o gradual aumento da representação das mulheres nos parlamentos em países que vão do Marrocos à Suécia (Inglehart & Welzel, 2005; IPU, 2008). Tais mudanças, em todas as culturas e ao longo de um período extremamente curto, indicam de que a evolução e a biologia não fixam os papéis de gênero: o tempo também inclina os sexos.

Cultura transmitida pelos pares

As culturas, como os sorvetes, vêm em muitos sabores. Em Wall Street, a maioria dos homens usa terno, e as mulheres geralmente usam saias e vestidos; na Escócia, muitos homens usam saias plissadas (kilts) como traje formal; em algumas culturas equatoriais, homens e mulheres não vestem praticamente nada. Como essas tradições são preservadas entre as gerações?

A hipótese que prevalece é o que Judith Rich Harris (1998, 2007) chama de *The Nurture Assumption*: a criação dos pais, o modo como eles criam os filhos, comanda o que seus filhos se tornam. Nesse aspecto, freudianos e behavioristas – e seu vizinho de porta – estão de acordo. Comparar os extremos de filhos amados e de crianças vítimas de abuso sugere que a criação *realmente* importa. Além disso, as crianças adquirem muitos dos seus valores, incluindo sua filiação política e fé religiosa, em casa. Mas, se as personalidades das crianças são moldadas pelo exemplo e criação dos pais, as crianças que crescem nas mesmas famílias deveriam ser perceptivelmente semelhantes, não?

Essa suposição é refutada pela descoberta mais surpreendente, consensual e drástica da psicologia do desenvolvimento. Nas palavras dos geneticistas do comportamento Robert Plomin e Denise Daniels (1987): "duas crianças da mesma família [são, em média,] tão diferentes uma da outra quanto o são pares de crianças selecionadas aleatoriamente da população".

A evidência de estudos de gêmeos e de irmãos biológicos e adotivos indica que influências genéticas explicam cerca de 50% de variações individuais nos traços da personalidade. Influências ambientais compartilhadas – incluindo a influência do lar compartilhado – explicam apenas 0 a 10% de suas diferenças de personalidade. Então, o que explica os restantes 40 a 50%? É principalmente *a influência dos pares*, argumenta Harris. O que mais preocupa as crianças e os adolescentes não é o que seus pais pensam, mas o que seus colegas pensam. As crianças e os jovens aprendem sua cultura – seus jogos, seus gostos musicais, seus sotaques, até mesmo seus palavrões – principalmente de seus pares. Em retrospectiva, isso faz sentido. São seus pares com quem elas brincam e posteriormente com quem vão trabalhar e acasalar. Considere o seguinte:

- Pré-escolares muitas vezes se recusam a experimentar um determinado alimento, apesar da insistência dos pais, até serem colocados em uma mesa com um grupo de crianças que gostam dele.
- Apesar de os filhos de fumantes terem uma elevada taxa de tabagismo, o efeito parece ser em grande parte mediado pelos pares. Esses jovens com mais frequência têm amigos que dão o exemplo de fumar, que sugerem os prazeres de fumar e que oferecem cigarros.

As crianças aprendem muitas de suas atitudes com seus colegas.

- Jovens filhos de imigrantes, cujas famílias são transplantadas para culturas estrangeiras, geralmente crescem preferindo a linguagem e as normas de sua nova cultura de pares. Eles podem "trocar de código" quando pisam em casa, mas seus corações e mentes estão com seus grupos de pares. Da mesma forma, crianças surdas que frequentam escolas para surdos e cujos pais têm audição normal costumam deixar a cultura de seus pais e assimilar a cultura dos surdos.

Portanto, se deixássemos um grupo de crianças com suas mesmas escolas, bairros e colegas, mas trocássemos seus pais, diz Harris (1996); levando seus argumentos ao limite, elas "se tornariam o mesmo tipo de adultos". Os pais têm uma influência importante, mas ela é significativamente indireta; eles ajudam a definir as escolas, os bairros e os colegas que influenciam diretamente se seus filhos se tornarão delinquentes, usarão drogas ou quando engravidarão. Além disso, as crianças costumam receber suas sugestões de crianças um pouco mais velhas, as quais recebem suas sugestões de jovens mais velhos, que recebem as suas de jovens adultos da geração dos pais.

Os laços de influência entre o grupo dos pais e o grupo de crianças são suficientemente soltos para que a transmissão cultural nunca seja perfeita. E tanto na cultura humana quanto na primata, a mudança vem dos jovens. Quando um macaco descobre uma maneira melhor de lavar os alimentos ou quando as pessoas desenvolvem uma nova ideia sobre moda ou papéis de gênero, a inovação geralmente vem dos jovens e é mais facilmente aceita por adultos mais jovens. Assim, as tradições culturais continuam, mas as culturas mudam.

Resumo: Cultura e gênero: Fazer o que a cultura diz?

- Os papéis mais extensamente pesquisados, os papéis de gênero, refletem a influência biológica, mas também ilustram o forte impacto da cultura. A tendência universal tem sido de os homens, mais do que as mulheres, ocuparem papéis socialmente dominantes.
- Os papéis de gênero mostram uma variação significativa de cultura para cultura e de tempos em tempos.
- Grande parte da influência da cultura é transmitida às crianças por seus pares.

O que podemos concluir sobre genes, cultura e gênero?

A biologia e a cultura atuam no contexto uma da outra. Como, então, a biologia e a cultura interagem? E como nossas personalidades individuais interagem com nossas situações?

Biologia e cultura

Não precisamos pensar a evolução e a cultura como concorrentes. As normas culturais afetam nossas atitudes e comportamentos de forma sutil, porém poderosa. Contudo, elas não o fazem independentemente da biologia. Tudo que é social e psicológico é, em última análise, biológico. Se as expectativas dos outros nos influenciam, isso faz parte da nossa programação biológica. Além disso, a cultura pode acentuar o que o nosso patrimônio biológico inicia. Se os genes e hormônios predispõem os homens para serem fisicamente mais agressivos do que as mulheres, a cultura pode ampliar essa diferença por meio de normas que esperam que os homens sejam mais durões e as mulheres sejam o sexo mais gentil e bondoso.

Biologia e cultura também podem **interagir**. Os avanços da ciência genética indicam como a experiência usa os genes para mudar o cérebro (Quarts & Sejnowski, 2002). Estímulos ambientais podem ativar os genes que produzem novos receptores de ramificação das células cerebrais. A experiência visual ativa genes que desenvolvem a área visual do cérebro. O toque dos pais ativa genes que ajudam filhos a lidar com futuros eventos estressantes. Os genes não são imutáveis; eles respondem adaptativamente às nossas experiências.

Biologia e experiência interagem quando traços biológicos influenciam a forma como o ambiente reage. Os homens, sendo 8% mais altos e tendo em média quase o dobro da proporção de massa muscular, estão fadados a experimentar a vida de maneira diferente das mulheres. Ou considere o seguinte: uma norma cultural muito forte dita que os homens devem ser muito mais altos do que as suas parceiras de acasalamento. Em um estudo nos Estados Unidos, apenas 1 em cada 720 casais violou essa norma (Gillis & Avis, 1980). Em retrospectiva, podemos especular sobre uma explicação psicológica: talvez o fato de serem mais altos ajude os homens a perpetuarem o seu poder social sobre as mulheres. Mas também podemos especular sobre a sabedoria evolutiva que pode estar por trás da norma cultural: se as pessoas preferissem parceiros da própria altura, homens altos e mulheres baixas com frequência ficariam sem parceiros. Como está, a evolução determina que os homens tendem a ser mais altos do que as mulheres, e a cultura dita o mesmo para casais. Assim, a norma da altura pode muito bem ser o resultado de biologia *e* cultura.

interação
Uma relação em que o efeito de um fator (como a biologia) depende de outro fator (como o ambiente).

FIGURA 5.8
Uma teoria do papel social das diferenças de gênero no comportamento social.

Várias influências, incluindo experiências e fatores da infância, inclinam homens e mulheres para diferentes papéis. São as expectativas e as habilidades e crenças associadas a esses papéis diferentes que afetam o comportamento de homens e mulheres.

Fonte: adaptada de Eagly (1987) e Eagly e Wood (1991).

Alice Eagly e Wendy Wood (1999; Wood & Eagly, 2007) teorizam como a biologia e a cultura interagem (Fig. 5.8). Elas acreditam que uma variedade de fatores, incluindo influências biológicas e de socialização na infância, predispõem uma divisão sexual do trabalho. Na vida adulta, as causas imediatas de diferenças de gênero no comportamento social são os *papéis* que refletem essa divisão sexual do trabalho. Por causa da força e da velocidade com que a biologia os dotou, os homens tendem a desempenhar papéis que exigem força física. A capacidade das mulheres para ter filhos e amamentar as inclina a papéis mais ligados ao cuidado e nutrição. Cada sexo, então, tende a apresentar os comportamentos esperados daqueles que cumprem tais papéis e ter suas habilidades e crenças moldadas de acordo. Natureza e educação são um "emaranhado". À medida que as atribuições de função se tornam mais idênticas, Eagly prevê que as diferenças de gênero "diminuirão gradualmente".

De fato, observam Eagly e Wood, em culturas com maior igualdade de papéis de gênero, a diferença de gênero nas preferências de acasalamento (homens em busca de juventude e habilidade doméstica, mulheres em busca de *status* e potencial de ganhos) é menor. Da mesma forma, como o emprego de mulheres em ocupações anteriormente masculinas aumentou, a diferença de gênero nos autorrelatos de masculinidade/feminilidade diminuiu (Twenge, 1997). À medida que homens e mulheres desempenham papéis mais semelhantes, algumas diferenças psicológicas diminuem.

Mas não todas, relatam David Schmitt e colaboradores (2008). Testes de personalidade feitos por homens e mulheres em 55 países mostram que, em todo o mundo – embora (surpresa) especialmente em países prósperos, educados e igualitários –, as mulheres relatam mais extroversão, afabilidade e conscienciosidade. Em contextos econômicos e sociais menos afortunados, sugere Schmitt, "o desenvolvimento dos próprios traços de personalidade inerentes é mais comedido".

Ainda que a biologia predisponha os homens para tarefas de força e as mulheres para o cuidado de crianças, Wood e Eagly (2002) concluem que "o comportamento de homens e mulheres é suficientemente maleável para que indivíduos de ambos os sexos sejam plenamente capazes de exercer de maneira eficaz funções organizacionais em todos os níveis". Para os papéis profissionais de alto *status* e muitas vezes de alta tecnologia da atualidade, o tamanho e a agressividade masculinos importam cada vez menos. Além disso, as menores taxas de natalidade significam que as mulheres são menos constrangidas pela gravidez e amamentação. O resultado final, quando combinado com as pressões competitivas dos empregadores para contratarem os melhores talentos independentemente do sexo, é o inevitável aumento na igualdade de gênero.

Poder da situação e pessoa

Para reflexão: se a declaração de Bohr é uma grande verdade, qual é o seu oposto?

"Existem verdades triviais e verdades grandes", declarou o físico Niels Bohr. "O oposto de uma verdade trivial é simplesmente falso. O oposto de uma grande verdade é também verdadeiro". Cada capítulo desta unidade sobre influência social ensina uma grande verdade: *o poder da situação*. Essa grande verdade sobre o poder de pressões externas explicaria o nosso comportamento se fôssemos passivos, como ervas daninhas ao vento. Mas, ao contrário delas, não somos soprados para lá e para cá pelas situações em que nos encontramos. Nós agimos, reagimos. Nós respondemos e recebemos respostas. Podemos resistir à situação social e às vezes até alterá-la. Por essa razão, decidi concluir cada um destes capítulos sobre "influências sociais" chamando atenção para o oposto da grande verdade: *o poder da pessoa*.

POR DENTRO DA HISTÓRIA — Alice Eagly sobre semelhanças e diferenças de gênero

Iniciei meu trabalho em gênero com um projeto sobre a influência social no início da década de 1970. Como muitas ativistas feministas da época, eu inicialmente pressupunha que, apesar dos estereótipos culturais negativos sobre as mulheres, o comportamento das mulheres e dos homens é significativamente equivalente. Ao longo dos anos, meus pontos de vista se desenvolveram consideravelmente. Descobri que alguns comportamentos sociais de mulheres e homens são um pouco diferentes, especialmente em situações que trazem à mente os papéis de gênero.

As pessoas não devem supor que essas diferenças têm um reflexo necessariamente desfavorável sobre as mulheres. As tendências das mulheres de terem maior sintonia com as preocupações de outras pessoas e de tratarem os outros de maneira mais democrática são avaliadas favoravelmente e podem ser vantajosas em muitas situações. Na verdade, minha pesquisa sobre os estereótipos de gênero mostra que, se levarmos em conta tanto as qualidades positivas quanto negativas, o estereótipo das mulheres é atualmente mais favorável do que o estereótipo dos homens. No entanto, as qualidades de gentileza e de cuidado e nutrição que são importantes nas expectativas sobre as mulheres podem diminuir o poder e eficácia delas em situações que exigem comportamento assertivo e competitivo.

Alice Eagly,
Northwestern University

Talvez a ênfase no poder da cultura faça você se sentir um pouco desconfortável. A maioria das pessoas se ressente de qualquer sugestão de que forças externas determinam nosso comportamento; vemo-nos como seres livres, como os criadores de nossas ações (bem, pelo menos das nossas boas ações). Nossa preocupação é que presumir razões culturais para nossas ações pode levar ao que o filósofo Jean-Paul Sartre chamou de "má-fé", fugir da responsabilidade, culpar alguém ou alguma coisa pelo destino de alguém.

Na verdade, o controle social (o poder da situação) e o controle pessoal (o poder da pessoa) não competem mais entre si do que as explicações biológicas e culturais. Explicações pessoais e sociais de nosso comportamento social são ambas válidas, pois a qualquer momento somos criaturas e criadores de nossos mundos sociais. Podemos muito bem ser o produto da interação de nossos genes com o meio ambiente. Mas também é verdade que o futuro está chegando, e cabe a nós decidir para onde ele vai. Nossas escolhas hoje determinam o nosso ambiente amanhã.

"As palavras da verdade são sempre paradoxais."
—LAO-TZU, *THE SIMPLE WAY*, SÉCULO VI A.C.

As situações sociais influenciam profundamente as pessoas. Mas as pessoas também influenciam as situações sociais. As duas coisas *interagem*. Perguntar se as situações externas ou disposições internas (ou a cultura ou evolução) determinam o comportamento é como perguntar se o comprimento ou a largura determina a área de uma sala.

A interação ocorre, pelo menos, de três maneiras (Snyder & Ickes, 1985):

- *Uma determinada situação social muitas vezes afeta cada pessoa de maneira diferente*. Uma vez que nossas mentes não veem a realidade de forma idêntica ou objetiva, respondemos a uma situação conforme nosso modo de interpretá-la. E algumas pessoas (tanto grupos quanto indivíduos) são mais sensíveis e receptivas às situações sociais do que outras (Snyder, 1983). Os japoneses, por exemplo, são mais sensíveis às expectativas sociais do que os britânicos (Argyle et al., 1978).
- *As pessoas muitas vezes escolhem suas situações* (Ickes et al., 1997). Diante de uma escolha, pessoas sociáveis elegem situações que evocam a interação social. Quando escolhe a sua faculdade, você também está escolhendo se expor a um conjunto específico de influências sociais. Políticos liberais ardentes dificilmente optam por viver nos subúrbios de Dallas e se unir à Câmara de Comércio. Eles são mais propensos a viver em São Francisco ou Toronto e se associar ao Greenpeace – em outras palavras, a escolher um mundo social que reforce suas inclinações.
- *As pessoas muitas vezes criam suas situações*. Lembre-se novamente de que nossas pressuposições podem ser autorrealizáveis: se esperamos que uma pessoa seja extrovertida, hostil, inteligente ou *sexy*, nossas ações em relação a ela podem induzir o próprio comportamento que esperamos. O que, afinal de contas, forma uma situação social, se não as pessoas? Um ambiente conservador é criado por conservadores. O que acontece no grêmio estudantil é criado por seus membros. O ambiente social não é como o clima, algo que simplesmente nos acontece. Ele é mais parecido com nossos lares, algo que fazemos para nós mesmos.

Assim, o poder reside tanto nas pessoas quanto nas situações. Criamos e somos criados por nossos mundos culturais.

Resumo: O que podemos concluir sobre genes, cultura e gênero?

- Explicações biológicas e culturais não precisam ser contraditórias. Na verdade, elas interagem. Fatores biológicos operam dentro de um contexto cultural, e a cultura se assenta sobre uma base biológica.
- A grande verdade sobre o poder de influência social é apenas metade da verdade se separada de sua verdade complementar: o poder da pessoa. Pessoas e situações interagem pelo menos de três maneiras. Primeiro, os indivíduos variam quanto à forma de interpretar e reagir a uma determinada situação. Segundo, as pessoas escolhem muitas das situações que as influenciam. Terceiro, as pessoas ajudam a criar suas situações sociais.

 PÓS-ESCRITO: Devemos nos ver como produtos ou arquitetos de nossos mundos sociais?

A causação recíproca entre situações e pessoas nos permite ver as pessoas *reagindo* ou *agindo sobre* o meio ambiente. Ambas as perspectivas são corretas, pois somos tanto produtos como arquitetos de nossos mundos sociais. Mas, uma perspectiva é mais sábia? Em certo sentido, é aconselhável vermo-nos como seres de nossos ambientes (para não nos tornarmos muito orgulhosos de nossas realizações e nos culparmos demais por nossos problemas) e vermos os outros como agentes livres (para não nos tornarmos paternalistas e manipuladores).

Talvez, no entanto, nos saíssemos melhor com mais frequência se presumíssemos o inverso – se nos víssemos como agentes livres e víssemos os outros como influenciados por seus ambientes. Desse modo, presumiríamos autoeficácia em nossa consideração de nós mesmos e buscaríamos entendimento e reforma social ao nos relacionarmos com os outros. De fato, a maioria das religiões nos encoraja a assumirmos a responsabilidade por nós mesmos, mas abstermo-nos de julgar os outros. Será porque a nossa tendência natural é o contrário: desculpar-nos por nossas próprias falhas, enquanto culpamos os outros pelas deles?

Conexão social

Gênero e cultura permeiam a psicologia social. Por exemplo, a cultura prevê como as pessoas vão se conformar (Capítulo 6, Conformidade e Obediência)? Como as culturas variam quanto a sua forma de ver o amor? Como homens e mulheres veem o amor de maneira diferente (Capítulo 11, Atração e Intimidade)? Como o significado de certos gestos de mão varia de uma cultura para outra? Visite o Centro de Aprendizagem *On-line* (www.mhhe.com/myers10e) para assistir aos vídeos sobre como a biologia e a cultura moldam nossos papéis sociais e variações culturais no comportamento não verbal.

Conformidade e Obediência

CAPÍTULO 6

"Tudo que esmaga a individualidade é despotismo, qualquer que seja o nome que se lhe chame."
—John Stuart Mill, *Sobre a liberdade,* 1859

"As pressões sociais que a comunidade exerce são um pilar de nossos valores morais."
—Amitai Etzioni, *O espírito de comunidade,* 1993

Você certamente já experimentou o fenômeno: quando um orador polêmico ou um concerto de música chega ao fim, os fãs apaixonados sentados na fila da frente se levantam rapidamente, aplaudindo. As pessoas atrás deles seguem o exemplo e juntam-se à ovação de pé. Então, a onda de pessoas aplaudindo de pé atinge aqueles que, espontaneamente, apenas aplaudiriam educadamente, permanecendo sentados em seus confortáveis assentos. Ainda em sua poltrona, uma parte de você quer permanecer sentado ("esse orador absolutamente não representa a minha opinião").

O que é conformidade?

Quais são os estudos clássicos de conformidade e obediência?

O que prediz conformidade?

Por que se conformar?

Quem se conforma?

Alguma vez queremos ser diferentes?

Pós-escrito: Sobre ser um indivíduo dentro da comunidade

Mas quando a onda de pessoas aplaudindo de pé chega, você vai ficar sentado sozinho? Não é fácil ser minoria de um. A menos que sinceramente não tenha gostado do que ouviu, é provável que você se levante, pelo menos por alguns instantes.

Tais cenas de conformidade levantam as questões deste capítulo:

- Por que, dada a nossa diversidade, muitas vezes nos comportamos como clones sociais?
- Em que circunstâncias é mais provável que nos conformemos?
- Certas pessoas são mais propensas a se conformar do que outras?
- Quem resiste à pressão para se conformar?
- A conformidade é tão ruim quanto implica minha imagem de um "rebanho" dócil? Eu deveria, em vez disso, descrever sua "solidariedade de grupo" e "sensibilidade social"?

O que é conformidade?

Tomemos a última pergunta primeiro. A conformidade é uma coisa boa ou ruim? Essa pergunta não tem uma resposta científica. Pressupondo os valores que a maioria de nós compartilha, podemos dizer que a conformidade às vezes é ruim (quando leva alguém a dirigir embriagado ou participar de comportamento racista), às vezes é boa (quando inibe as pessoas a furarem uma fila) e às vezes é inconsequente (quando dispõe tenistas a se vestirem de branco).

Nas culturas individualistas ocidentais, nas quais se submeter à pressão do grupo não é algo admirado, a palavra "conformidade" tende a carregar um juízo de valor negativo. Como você se sentiria se ouvisse alguém o descrever como um "verdadeiro conformista"? Suspeito que você se sentiria magoado. Refletindo suas culturas individualistas, psicólogos sociais norte-americanos e europeus dão à influência social rótulos negativos (conformismo, submissão, aquiescência) em vez de positivos (sensibilidade comunal, capacidade de resposta, espírito de equipe cooperativo).

No Japão, cooperar com os outros não é um sinal de fraqueza e sim de tolerância, autocontrole e maturidade (Markus & Kitayama, 1994). "Em todo lugar no Japão", observou Lance Morrow (1983), "percebe-se uma intrincada serenidade que ocorre em um povo que sabe exatamente o que esperar uns dos outros". Isso também é verdade em relação aos fãs auto-organizados do U2 que Marie Helweg-Larsen e Barbara LoMonaco (2008) observaram, os quais pernoitam em filas para assistir aos *shows* sem lugares marcados o mais perto possível do palco. Um código de honra dos fãs do U2 estipula que quem chega primeiro tem a preferência, com desdém pelos furadores de fila.

Moral da história: escolhemos os rótulos que servem para nossos valores e julgamentos. Os rótulos tanto descrevem quanto avaliam e são inevitáveis. Então, vamos ser claros em relação aos significados dos seguintes rótulos: conformidade, aquiescência, obediência, aceitação.

conformidade
Uma mudança de comportamento ou de crença como resultado da pressão do grupo real ou imaginária.

Conformidade não é apenas agir como outras pessoas agem, mas também ser *afetado* pela forma como elas agem. É agir ou pensar de uma maneira que difere de como você agiria ou pensaria se estivesse sozinho. Assim, **conformidade** é uma mudança de comportamento ou de crença para concordar com os outros. Quando, em meio a uma multidão, você se levanta para aplaudir um gol de vitória, você está se conformando? Quando, junto com milhões de outras pessoas, você bebe leite ou café, você está se conformando? Quando você e todo mundo concorda que as mulheres ficam melhor com um cabelo mais longo do que com cortes à escovinha, você está se conformando? Talvez sim, talvez não. A chave é se o seu comportamento e suas crenças seriam os mesmos fora do grupo. Será que você se levantaria para aplaudir o gol caso fosse o único torcedor na arquibancada?

Existem diversas variedades de conformidade (Nail et al., 2000). Consideremos três: aquiescência, obediência e aceitação. Às vezes nos conformamos com uma expectativa ou pedido sem realmente acreditar no que estamos fazendo. Colocamos a gravata ou o vestido, apesar de não gostar de fazer isso. Essa conformidade exterior insincera é **aquiescência.** Aquiescemos principalmente para colher uma recompensa ou evitar um castigo. Se nossa aquiescência é a uma ordem explícita, nós a chamamos de **obediência**.

aquiescência
Conformidade que envolve publicamente agir de acordo com um pedido implícito ou explícito, mas privadamente discordar.

obediência
Agir de acordo com uma ordem ou comando direto.

aceitação
Conformidade que envolve tanto agir quanto acreditar de acordo com a pressão social.

Às vezes, realmente acreditamos no que o grupo nos convenceu a fazer. Podemos nos unir a milhões de pessoas que se exercitam, pois foi nos dito que o exercício é saudável e aceitamos isso como verdadeiro. Essa conformidade interior sincera é chamada de **aceitação**. A aceitação por vezes segue a aquiescência; podemos passar a acreditar intimamente em algo que a princípio questionávamos. Como enfatizou o Capítulo 4, as atitudes decorrem do comportamento. A menos que não sintamos nenhuma responsabilidade por nosso comportamento, geralmente nos sentimos simpatizantes por aquilo que defendemos.

PSICOLOGIA SOCIAL **163**

Resumo: O que é conformidade?

A *conformidade* – mudar seu comportamento ou crença como resultado de pressão do grupo – ocorre de duas formas: *aquiescência* é exteriormente concordar com o grupo, mas internamente discordar; um subconjunto da aquiescência é a *obediência*, cumprir uma ordem direta; *aceitação* é acreditar, bem como agir de acordo com a pressão social.

"Com certeza, eu sigo o rebanho – não por desmiolada obediência, veja bem, mas por um profundo e constante respeito pelo conceito de comunidade".

© The New Yorker Collection, de 2003, Alex Gregório, de cartoonbank.com. Todos os direitos reservados.

Quais são os estudos clássicos de conformidade e obediência?

Como os psicólogos sociais estudaram a conformidade em laboratório? O que suas descobertas revelam sobre a potência das forças sociais e da natureza do mal?

Pesquisadores que estudam conformidade e obediência constroem mundos sociais em miniatura – microculturas laboratoriais que simplificam e simulam características importantes de influência social cotidiana. Alguns desses estudos revelaram descobertas tão surpreendentes que foram amplamente replicados e divulgados por outros pesquisadores, conferindo-lhes o nome de experimentos "clássicos". Vamos considerar três, sendo que cada um deles fornece um método para o estudo da conformidade – e muito em que pensar.

Estudos de Sherif sobre a formação de normas

O primeiro dos três clássicos liga o foco do Capítulo 5 no poder da cultura de criar e perpetuar normas e o foco deste capítulo na conformidade. Muzafer Sherif (1935, 1937) se perguntava se era possível observar o surgimento de uma norma social em laboratório. Assim como os biólogos procuram isolar um vírus para poder realizar experimentos com ele, Sherif queria isolar e depois realizar experimentos com a formação de normas.

Como participante em um dos experimentos de Sherif, você pode se encontrar sentado em uma sala escura. Quatro metros e meio a sua frente aparece um ponto de luz. De início, nada acontece. Então, por alguns segundos, a luz se move erraticamente e por fim desaparece. Agora você tem de adivinhar que distância ela se moveu. Como o quarto escuro não lhe oferece nenhuma maneira de julgar a distância, você oferece um palpite de "15 centímetros". O experimentador repete o procedimento. Desta vez você diz, "25 centímetros". Com mais repetições, suas estimativas continuam em uma média de aproximadamente 20 centímetros.

No dia seguinte você retorna à sala escura, acompanhado por dois outros participantes que tiveram a mesma experiência no dia anterior. Quando a luz se apaga pela primeira vez, as outras duas pessoas oferecem seus melhores palpites a partir do dia anterior. "Três centímetros", diz uma. "Seis centímetros", diz a outra. Um pouco surpreso, você não obstante diz, "15 centímetros". Com repetições dessa experiência de grupo, tanto nesse dia quanto nos próximos dois, suas respostas mudarão? Os homens da Columbia University que Sherif testou mudaram suas estimativas significativamente. Como ilustra a Figura 6.1, uma norma de grupo surgiu. (A norma era falsa. Por quê? A luz nunca se moveu! Sherif se aproveitou de uma ilusão de ótica chamada de **fenômeno autocinético**.)

Sherif e outros pesquisadores usaram essa técnica para responder a perguntas sobre a sugestionabilidade das pessoas. Quando as pessoas foram retestadas após 1 ano, novamente suas estimativas divergeriam ou eles continuariam a seguir a norma de grupo? Surpreendentemente, eles continuaram a apoiar a norma grupo (Rohrer et al., 1954). (Será que sugerem a conformidade ou aceitação?)

Impressionado com o aparente poder da cultura para perpetuar falsas crenças, Robert Jacobs e Donald Campbell (1961) estudaram a transmissão de crenças falsas em seu laboratório da Northwestern University. Usando o fenômeno autocinético, eles fizeram um cúmplice oferecer uma estimativa inflada da distância que a luz havia percorrido. O cúmplice então deixava o experimento e era substituído por outro participante real, que por sua vez era substituído por um membro ainda mais recente. A ilusão inflada persistiu (embora de modo decrescente) por cinco gerações de participantes. Essas pessoas haviam se tornado "conspiradores involuntários na perpetuação de uma fraude cultural". A lição desses experimentos: nossas visões da realidade não são só nossas.

fenômeno autocinético
Movimento (*cinético*) próprio (*auto*). O aparente movimento de um ponto fixo de luz no escuro.

FIGURA 6.1
Exemplo de um grupo do estudo de Sherif sobre formação de normas.
Três indivíduos convergem à medida que repetem estimativas do movimento aparente de um ponto de luz.
Fonte: dados de Sherif e Sherif (1969), p. 209.

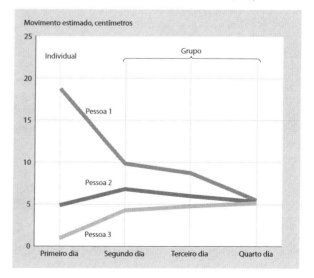

> "Por que o bocejo de um homem faz outro bocejar?"
> —ROBERT BURTON, *ANATOMIA DA MELANCOLIA*, 1621

Na vida cotidiana, os resultados da sugestionabilidade são por vezes divertidos. Se uma pessoa tosse, ri ou boceja, logo as outras estão fazendo o mesmo. (Consulte "Exame da Pesquisa: Bocejo contagioso"). As trilhas sonoras de risadas em programas de humor aproveitam nossa sugestionabilidade. O som das risadas funciona muito bem quando supomos que o público que ri é de gente como nós – "gravado aqui em La Trobe University" em um estudo realizado por Michael Platow e colaboradores (2004) –, e não de um grupo diferente. Só de estar perto de pessoas felizes pode ajudar a nos sentirmos mais felizes, um fenômeno que Peter Totterdell e colaboradores (1998) chamam de "vinculação de humor". Em seus estudos de enfermeiros e contabilistas britânicos, as pessoas dentro dos mesmos grupos de trabalho tendem a compartilhar os bons e maus humores.

Outra forma de contágio social é o que Tanya Chartrand e John Bargh (1999) chamam de "efeito camaleão". Imagine-se em um de seus experimentos, trabalhando ao lado de um cúmplice que de vez em quando ou esfregava o rosto ou sacudia a perna. Será que você – como seus participantes – seria mais propenso a esfregar o rosto quando estivesse com uma pessoa que esfregava o rosto e a sacudir a perna quando estivesse com uma pessoa que sacudia a perna? Se assim for, esse provavelmente seria um comportamento automático, feito sem qualquer intenção consciente de se conformar. E, uma vez que nosso comportamento influencia nossas atitudes e emoções, isso inclinaria você a sentir o que o outro sente (Neumann & Strack, 2000).

EXAME DA PESQUISA Bocejo contagioso

O bocejo é um comportamento que eu e você compartilhamos com a maioria dos vertebrados. Os primatas bocejam. Assim como os gatos e os crocodilos, as aves e as tartarugas e até mesmo os peixes. Mas por que, e quando?

Às vezes, observa o psicólogo Robert Provine (2005), da Maryland University, Baltimore County, a pesquisa científica negligencia o comportamento comum – inclusive os comportamentos que ele gosta de estudar, como rir e bocejar. Para estudar o bocejo pelo método de observação naturalística, observa Provine, é preciso apenas um cronômetro, um bloco de notas e um lápis. Bocejar, relata ele, é um "padrão fixo de ação" que dura cerca de seis segundos, com uma longa inspiração e uma expiração culminante mais curta (e prazerosa). Os bocejos muitas vezes ocorrem em surtos, com pouco mais de um minuto entre si. São igualmente comuns entre homens e mulheres. Mesmo pacientes que estão totalmente paralisados e incapazes de mover o corpo voluntariamente podem bocejar normalmente, indicando que este é um comportamento automático.

Quando bocejamos?

Bocejamos quando estamos entediados. Quando Provine pediu a participantes que assistissem a um padrão de teste de TV por 30 minutos, eles bocejaram 70% mais do que outras pessoas de um grupo-controle que assistiram a vídeos musicais menos chatos. Mas a tensão também pode provocar bocejos, o que comumente se observa entre paraquedistas antes de seu primeiro salto, atletas olímpicos antes de sua prova e violinistas esperando para entrar no palco. Uma amiga diz que muitas vezes sente-se constrangida quando está aprendendo algo novo no trabalho, porque sua ansiedade em entender direito invariavelmente a faz ter um "ataque de bocejos".

Bocejamos quando estamos com sono. Nenhuma surpresa aqui, exceto talvez que as pessoas que, a pedido de Provine, mantiveram um diário de bocejos registraram ainda mais bocejos na hora depois de acordar do que na hora antes de dormir, mais propensa aos bocejos. Muitas vezes acordamos e nos espreguiçamos. E assim fazem os nossos cães e gatos quando despertam de uma soneca.

Bocejamos quando os outros bocejam. Para testar se o bocejo, como o riso, é contagioso, Provine expôs pessoas a um vídeo de cinco minutos de um homem bocejando repetidamente. De fato, 55% dos espectadores bocejaram, em contraste com apenas 21% das pessoas que assistiram a um vídeo de sorrisos. Um rosto bocejando funciona como um estímulo que ativa um padrão fixo de ação de bocejo, mesmo que o bocejo seja apresentado em preto e branco, de cabeça para baixo, ou como uma imagem estática de meio bocejo. A descoberta de "neurônios-espelho" do cérebro – os neurônios que ensaiam ou imitam ações presenciadas, sugere um mecanismo biológico que explica por que os nossos bocejos tantas vezes espelham os bocejos dos outros – e porque até mesmo cães muitas vezes bocejam depois de verem uma pessoa bocejar (Joly-Mascheroni et al., 2008).

Para verificar quais partes de um rosto que boceja eram mais potentes, Provine fez espectadores assistirem a um rosto inteiro, um rosto com a boca encoberta, uma boca com o rosto encoberto ou (como condição de controle) um rosto sorrindo. Como mostra a Figura 6.2, os rostos bocejando provocaram bocejos mesmo com a boca encoberta. Assim, cobrir a boca ao bocejar provavelmente não irá suprimir o contágio do bocejo.

Só o pensar sobre bocejos geralmente produz bocejos, relata Provine, fenômeno que você deve ter notado ao ler este quadro. É um fenômeno que eu tenho notado. Enquanto lia a pesquisa de Provine sobre o contágio dos bocejos, bocejei quatro vezes (e me senti um pouco idiota).

FIGURA 6.2
Que características faciais disparam bocejos contagiosos?
Robert Provine (2005) convidou quatro grupos de 30 pessoas cada para assistirem a videoteipes de cinco minutos de um adulto sorrindo ou de um adulto bocejando, dos quais partes do rosto estavam encobertas para dois dos grupos. A boca bocejando disparou alguns bocejos, mas olhos bocejando e movimentos da cabeça dispararam ainda mais.

Um experimento de Rick van Baaren e colaboradores (2004) na Holanda indica que o mimetismo também inclina o outro a gostar e a ser prestativo com você e com outras pessoas. As pessoas são mais propensas a ajudar alguém se seu comportamento imita o delas. Ser imitado parece aumentar os laços sociais, levando inclusive à doação de mais dinheiro para uma instituição de caridade. Em um experimento de acompanhamento, Chartrand van Baaren e colaboradores fizeram um entrevistador convidar os alunos a experimentar uma nova bebida esportiva, enquanto às vezes espelhavam as posturas e movimentos do aluno, com um atraso apenas suficiente para não torná-lo perceptível (Tanner et al., 2008). Ao final do experimento, os alunos imitados mostraram-se mais propensos a consumir a nova bebida e dizer que iriam comprá-la.

"Não sei o que aconteceu. De repente me deu uma vontade de ligar."

© The New Yorker Collection, de 2000, Mick Stevens, de cartoonbank.com. Todos os direitos reservados.

A sugestionabilidade também pode ocorrer em grande escala. No final de março de 1954, jornais de Seattle relataram danos em parabrisas de carro em uma cidade 80 milhas ao norte. Na manhã de 14 de abril, danos semelhantes em parabrisas foram relatados a 65 milhas de distância e, mais tarde naquele dia, a apenas 45 milhas de distância. Ao cair da noite, o que quer que estava causando esse quebra-quebra de parabrisas tinha chegado a Seattle. Antes do final de 15 de abril, o departamento de polícia de Seattle havia recebido queixas de danos em mais de 3 mil parabrisas (Medalia & Larsen, 1958). Naquela noite, o prefeito de Seattle visitou o presidente Eisenhower para pedir-lhe ajuda.

> "Quando são livres para fazer o que quiserem, as pessoas costumam imitar umas as outras."
> —ERIC HOFFER, *THE PASSIONATE BELIEVER*, 1955

Eu tinha 11 anos e morava em Seattle naquela época. Lembro-me de examinar o nosso parabrisa, assustado com a explicação de que um teste da bomba-H no Pacífico estava causando uma precipitação radioativa sobre Seattle. Em 16 de abril, no entanto, os jornais deram a entender que o verdadeiro culpado poderia ser sugestionabilidade em massa. Depois de 17 abril não houve mais queixas. Uma análise posterior dos parabrisas esburacados concluiu que a causa era danos comuns nas estradas. Por que os moradores locais só perceberam isso depois de 14 de abril? Dada a sugestão, tínhamos olhado atentamente *para* os nossos para-brisas em vez de *através* deles.

Mas a sugestionabilidade nem sempre é tão divertida. Sequestros, avistamentos de OVNIs e até mesmo suicídios tendem a ocorrer em ondas. (Ver "Em Foco: Delírios em massa".) Logo após a publicação de *Os Sofrimentos do Jovem Werther*, primeiro romance de Johann Wolfgang von Goethe, em 1774, jovens europeus começaram a se vestir com calças amarelas e casacos azuis, como fizera o protagonista de Goethe, um jovem chamado Werther. Embora a moda epidêmica desencadeada pelo livro fosse divertida, outro efeito visível era menos divertido e levou à proibição da obra em vários lugares. No romance, Werther se suicida com uma pistola depois de ser rejeitado pela mulher cujo coração não conseguiu conquistar; após a publicação do livro, começaram a se acumular relatos de jovens que imitaram o ato desesperado de Werther.

Dois séculos mais tarde, o sociólogo David Phillips confirmou esse tipo de comportamento suicida imitativo e o descreveu como "o efeito Werther". Phillips e colaboradores (1985, 1989) constataram

EM FOCO Delírios em massa

A sugestionabilidade em massa aparece como delírios coletivos – propagação espontânea de falsas crenças. Às vezes, isso aparece como "histeria em massa", a propagação de queixas corporais dentro de uma escola ou local de trabalho sem base orgânica para os sintomas. Uma escola de ensino médio de 2 mil alunos ficou fechada durante duas semanas quando 170 estudantes e funcionários procuraram tratamento de emergência para doenças do estômago, tonturas, dores de cabeça e sonolência. Depois de procurarem em toda parte vírus, bactérias, pesticidas, herbicidas, qualquer coisa que pudesse fazer as pessoas ficarem doentes, os pesquisadores não acharam nada (Jones et al., 2000).

Nas semanas seguintes a 11 de setembro de 2001, grupos de crianças em escolas espalhadas por todos os Estados Unidos começaram a aparecer com manchas vermelhas que coçavam sem nenhuma causa aparente (Talbot, 2002). Ao contrário de uma condição viral, a disseminação da erupção ocorria por "linha de visão". As pessoas pegavam a erupção quando *viam* outras pegando-a (mesmo sem ter contato próximo). Além disso, problemas de pele cotidianos – eczema, acne, pele seca em salas de aula superaquecidas – foram notados, e talvez ampliados pela ansiedade. Tal como acontece com tantas histerias em massa, os boatos de um problema fizeram as pessoas perceberem seus sintomas cotidianos comuns e atribuí-las à escola.

Os sociólogos Robert Bartholomew e Erich Goode (2000) descrevem outros delírios de massa no último milênio. Durante a Idade Média, consta que surtos de comportamentos imitativos ocorriam nos conventos europeus. Em um grande convento francês, em uma época em que se acreditava que os seres humanos poderiam ser possuídos por animais, uma freira começou a miar como um gato. Com o tempo, "todas as freiras miavam junto todos os dias em um determinado momento". Em um convento alemão, uma freira supostamente começou a morder as outras, e em pouco tempo "todas as freiras daquele convento começaram a morder umas às outras". Com o tempo, a mania de morder se espalhou para outros conventos.

Em 24 de junho de 1947, Kenneth Arnold pilotava seu avião particular perto do Monte Rainier quando avistou nove objetos brilhantes no céu. Preocupado com a possibilidade de ter avistado mísseis estrangeiros guiados, ele tentou avisar o FBI sobre o que viu. Ao saber que o escritório estava fechado, ele foi ao jornal da cidade e descreveu objetos em formato de arco que se moviam "como um disco faria se você o arremessasse pela água". Quando a Associated Press então relatou o avistamento de "discos" em mais de 150 jornais, o termo "discos voadores" foi usado nas manchetes, desencadeando uma onda mundial de avistamentos de discos voadores.

que os suicídios, bem como acidentes de automóvel fatais e acidentes com aviões particulares (que às vezes disfarçam suicídios), aumentam depois de um suicídio altamente divulgado. Por exemplo, após o suicídio de Marilyn Monroe, em 6 de agosto de 1962, houve 200 suicídios a mais em agosto nos Estados Unidos do que o normal. Além disso, o aumento acontece somente nos lugares onde a história de suicídio é divulgada. Quanto mais publicidade, maior o aumento no número de mortes posteriores.

Embora nem todos os estudos tenham constatado o fenômeno de suicídio imitativo, ele apareceu na Alemanha; em uma unidade psiquiátrica de Londres onde ocorreram 14 suicídios de pacientes em um ano; e em uma escola de ensino médio onde, no prazo de 18 dias após um estudante ter cometido suicídio, ocorreram dois suicídios e sete tentativas de suicídio, e 23 estudantes relataram pensamentos suicidas (Joiner, 1999; Jonas, 1992). Na Alemanha e nos Estados Unidos, as taxas de suicídio aumentaram ligeiramente após suicídios ficcionais em novelas, e, ironicamente, mesmo depois de dramas sérios enfocados no problema do suicídio (Gould & Shaffer, 1986; Hafner & Schmidtke, 1989; Phillips, 1982). Phillips relata que os adolescentes são mais suscetíveis, descoberta que ajudou a explicar as ocasionais sucessões de suicídios imitativos entre adolescentes. Nos dias seguintes após o amplamente divulgado enforcamento de Saddam Hussein, meninos em pelo menos cinco países puseram laços em torno de suas próprias cabeças e se enforcaram, aparentemente por acidente (AP, 2007b).

Estudos de Asch sobre pressão do grupo

Os participantes dos experimentos autocinéticos na sala escura de Sherif enfrentaram uma realidade ambígua. Considere um problema perceptual menos ambíguo enfrentado por um jovem rapaz chamado Solomon Asch (1907-1996). Enquanto participava do ritual judaico tradicional de Páscoa, Asch recorda-se:

> Perguntei a meu tio, que estava sentado ao meu lado, por que a porta estava sendo aberta. Ele respondeu: "O profeta Elias visita cada lar judaico esta noite e toma um gole de vinho do cálice reservado para ele".
> Fiquei espantado com isso e repeti: "Será que ele realmente vem? Será que realmente toma um gole?"
> Meu tio disse: "Se você observar bem de perto, quando a porta for aberta, você vai ver – olha o cálice – você vai ver que o vinho vai diminuir um pouco".
> E foi isso que aconteceu. Meus olhos estavam fixos no copo de vinho. Eu estava determinado a ver se haveria uma mudança. E a mim pareceu... que realmente algo estava acontecendo na borda do cálice, e o vinho realmente baixou um pouco. (Aron & Aron, 1989, p. 27)

Anos mais tarde, o psicólogo social Asch recriou sua experiência de infância em seu laboratório. Imagine-se como um dos participantes voluntários de Asch. Você está sentado no sexto lugar de uma fila de sete pessoas. O experimentador explica que você vai participar de um estudo de juízos perceptuais e pede-lhe para dizer qual das três linhas na Figura 6.3 corresponde à linha padrão. Você pode facilmente ver que é a segunda linha. Assim, não é nenhuma surpresa quando as cinco pessoas que respondem antes de você dizem "Linha 2".

A comparação seguinte mostra-se igualmente fácil, e todos se acomodam para o que parece ser um simples teste. Mas o terceiro ensaio o assusta. Embora a resposta correta pareça muito clara, a primeira pessoa dá uma resposta errada. Quando a segunda pessoa dá a mesma resposta errada, você se empertiga na cadeira e olha para os cartões. A terceira pessoa concorda com as duas primeiras. Seu queixo cai, você começa a transpirar. "O que é isso?" você se pergunta. "Eles são cegos? Ou sou eu?" As quarta e quinta pessoas concordam com as outras. Então, o pesquisador olha para você. Agora você está enfrentando um dilema epistemológico: "o que é verdade? É o que meus colegas me dizem ou o que os meus olhos me dizem? "

Dezenas de estudantes universitários experimentaram tal conflito nos experimentos de Asch. Aqueles que estavam na condição de controle respondendo isoladamente deram a resposta correta em mais do que 99% das vezes. Asch perguntou-se: se vários outros aliados (treinados pelo experimentador) dessem respostas erradas idênticas, as pessoas afirmariam o que de outra forma teriam negado? Embora algumas pessoas nunca tenham se conformado, três quartos o fizeram pelo menos uma vez. Ao todo, 37% das respostas foram de conformidade (ou deveríamos dizer "de *confiança* nos outros"). Ou seja, isso significa que 63% das vezes as pessoas *não* se conformaram. Os experimentos mostram que a maioria das pessoas "diz a verdade, mesmo quando outras não", observam Bert Hodges e Anne Geyer (2006). Apesar da independência mostrada por muitos de seus participantes, os sentimentos (1955) de Asch sobre a conformidade eram tão claros quanto as respostas corretas para suas perguntas: "É preocupante que jovens razoavelmente inteligentes e bem-intencionados estejam dispostos a chamar preto de branco. Isso levanta questões sobre nossas formas de educação e sobre os valores que guiam a nossa conduta."

O procedimento de Asch tornou-se modelo para centenas de experimentos posteriores. Essas experiências careciam do que o Capítulo 1 denominou "realismo mundano" de conformidade ao

"Aquele que vê a verdade, deixe-o proclamá-la, sem perguntar quem é a favor ou quem é contra ela."
—HENRY GEORGE, *THE IRISH LAND QUESTION*, 1881

FIGURA 6.3
Exemplo de comparação no procedimento de conformidade de Solomon Asch.
Os participantes julgavam qual das três linhas de comparação correspondia ao padrão.

cotidiano, mas sem dúvida tinham "realismo experimental". As pessoas se envolviam emocionalmente na experiência. Os resultados de Sherif e Asch são surpreendentes porque não envolviam óbvia pressão para conformidade – não havia recompensa pelo "espírito de equipe", nem punições pela individualidade.

Se as pessoas são tão conformes em resposta a uma pressão mínima dessas, em que medida aquiescerão se forem diretamente coagidas? Alguém poderia forçar o norte-americano ou europeu mediano a executar atos cruéis? Meu palpite seria que não: seus valores humanos, democráticos e individualistas fariam com que eles resistissem a essa pressão. Além disso, os pronunciamentos verbais fáceis desses experimentos estão a um passo gigante de distância de ferir alguém de verdade. Você e eu jamais cederíamos à coação a ferir outra pessoa. Ou cederíamos? O psicólogo social Stanley Milgram queria saber.

Em um dos experimentos de conformidade de Asch, o sujeito número 6 sentia inquietação e conflito depois de ouvir cinco pessoas antes dele darem uma resposta errada.

Nota de ética: a ética profissional geralmente recomenda explicar o experimento posteriormente (ver Capítulo 1). Imagine que você é um experimentador que acabou de concluir uma sessão com um participante em conformidade. Você poderia explicar o engano sem fazer a pessoa se sentir ingênua e burra?

Experimentos de obediência de Milgram

Os experimentos de Milgram (1965, 1974) testaram o que acontece quando as exigências da autoridade se chocam com as exigências da consciência. Estes se tornaram os experimentos mais famosos e controversos da psicologia social. "Talvez mais do que quaisquer outras contribuições empíricas da história da ciência social", observa Lee Ross (1988), "eles se tornaram parte do legado intelectual comum de nossa sociedade – aquele pequeno corpo de incidentes históricos, parábolas bíblicas e literatura clássica que os pensadores sérios sentem-se livres para utilizar quando debatem sobre a natureza humana ou contemplam a história humana".

Embora, você possa se lembrar de uma menção a essas pesquisas em um curso anterior, vamos aos bastidores e analisar os estudos em profundidade. Aqui está cena montada por Milgram, um artista criativo que compôs histórias e peças de teatro: dois homens vão ao laboratório de psicologia da Yale University para participar de um estudo de aprendizagem e memória. Um experimentador austero vestindo um jaleco explica que este é um estudo pioneiro sobre o efeito da punição no aprendizado. O experimento requer que um deles ensine uma lista de pares de palavras ao outro e puna os erros aplicando choques de intensidade crescente. Para atribuir os papéis, eles tiram papeizinhos de um chapéu. Um dos homens (um contabilista amável de 47 anos, que na verdade é cúmplice do experimentador) diz que seu papelzinho diz "aprendiz" e é conduzido para uma sala adjacente. O outro homem (um voluntário que veio em resposta a um anúncio de jornal) recebe o papel de "professor". Ele leva um pequeno choque de exemplo e depois vê o experimentador prender o aluno em uma cadeira e afixar um eletrodo sobre seu pulso.

Logo depois o professor e o pesquisador retornam para a sala principal (Fig. 6.4), onde o professor toma o seu lugar à frente de um "gerador de choque" com interruptores que variam de 15 a 450 volts, com incrementos de 15 volts. Os interruptores possuem rótulos de "Choque Suave", "Choque Muito Forte", "Perigo: Choque Severo", e assim por diante. Junto aos interruptores de 435 e 450 volts aparecem as letras "XXX". O pesquisador pede ao professor que "aumente a intensidade do choque em um nível" cada vez que o aluno der uma resposta errada. A cada toque no interruptor, luzes piscam, um relé clica e um alarme elétrico soa.

Se o participante age conforme as solicitações do pesquisador, ele ouve o aluno gemer aos 75, 90 e 105 volts. Aos 120 volts o aprendiz grita que os choques são dolorosos. E em 150 volts, ele grita: "Experimentador, me tire daqui! Eu não quero mais participar do experimento! Eu me recuso a continuar!" Aos 270 volts seus protestos tornam-se gritos de agonia, e ele continua a insistir para ser solto. A 300 e 315 volts, ele grita sua recusa a responder. Depois de 330 volts, ele fica em silêncio. Em resposta às perguntas e apelos do professor para findar o experimento, o pesquisador afirma que a ausência de resposta deve ser tratada como resposta errada. Para fazer o participante continuar, ele usa quatro estímulos verbais:

Estímulo 1: Por favor, continue (ou Por favor, siga).

Estímulo 2: O experimento requer que você continue.

Estímulo 3: É absolutamente essencial que você continue.

Estímulo 4: Você não tem outra opção, você deve continuar.

FIGURA 6.4
Experimento de obediência de Milgram.
Fonte: Milgram, 1974.

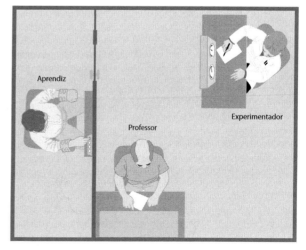

Até onde você iria? Milgram descreveu a experiência para 110 psiquiatras, estudantes universitários e adultos de classe média. Em todos os três grupos, as pessoas conjecturaram que elas mesmas iriam desobedecer por volta dos 135 volts; nenhuma imaginava ir além dos 300 volts. Reconhecendo que as autoavaliações podiam refletir um viés de autosserviço, Milgram perguntou-lhes até onde elas achavam que *outras* pessoas iriam. Praticamente ninguém esperava que alguém chegasse ao XXX no painel de choque. (A conjectura dos psiquiatras foi de cerca de 1 em 1.000.)

Contudo, quando Milgram realizou o experimento com 40 homens – uma mistura de profissionais de 20 a 50 anos –, 26 deles (65%) avançaram até 450 volts. Os que pararam muitas vezes o fizeram aos 150 volts, quando os protestos do aprendiz tornaram-se mais convincentes (Packer, 2008).

Querendo saber se as pessoas de hoje obedeceriam da mesma forma, Jerry Burger (2009) replicou o experimento de Milgram, embora apenas até 150 volts. Neste ponto, 70% dos participantes ainda estava obedecendo, uma ligeira redução em relação ao resultado de Milgram. No experimento de Milgram, a maioria dos que foram obedientes até esse ponto avançava até o fim. Na verdade, todos os que atingiram 450 volts obedeceram a um comando para *continuar o procedimento até que*, depois de duas outras tentativas, o pesquisador pediu a suspensão.

Tendo esperado um baixo índice de obediência, e com planos de replicar a experiência na Alemanha e avaliar a diferença cultural, Milgram ficou perturbado (A. Milgram, 2000). Então, em vez de ir à Alemanha, Milgram tornou os protestos do aprendiz ainda mais convincentes. Enquanto o aprendiz era amarrado à cadeira, o professor ouvia-o mencionar seu "pequeno problema de coração" e ouvia o experimentador tranquilizá-lo de que "embora os choques pudessem ser dolorosos, eles não causavam nenhum dano permanente aos tecidos". Os protestos angustiados do aprendiz não adiantaram muito; dos novos 40 homens nesse experimento, 25 (63%) cumpriram plenamente as exigências do experimentador (Fig. 6.5). Dez estudos posteriores que incluíram mulheres constataram que as taxas conformidade das mulheres eram semelhantes às dos homens (Blass, 1999).

Ética dos experimentos de Milgram

A obediência de seus sujeitos perturbou Milgram. Os procedimentos que ele empregou perturbaram muitos psicólogos sociais (Miller, 1986). Na verdade, o "aprendiz" nesses experimentos não recebeu nenhum choque (ele se soltava da cadeira elétrica e ligava um gravador que emitia os protestos). No entanto, alguns críticos disseram que Milgram fez aos seus participantes o que eles presumiam que estavam fazendo com sua vítimas: ele os pressionava contra a sua vontade. De fato, muitos dos "professores" sentiram aflição. Eles suaram, tremeram, gaguejaram, morderam os lábios, gemeram ou começaram a rir nervosamente sem parar. Um analista do *New York Times* queixou-se de que a crueldade infligida pelos experimentos "sobre seus sujeitos sem que eles percebessem só é superada pela crueldade deles obtida" (Marcus, 1974).

Os críticos também alegaram que os autoconceitos dos participantes podem ter sido alterados. A esposa de um participante lhe disse: "Você pode chamar a si mesmo de Eichmann" (referindo-se a Adolf Eichmann, administrador dos campos de extermínio nazistas). A rede de televisão CBS descreveu os resultados e a polêmica em uma dramatização de duas horas. "Um mundo de maldade tão terrível que ninguém se atreveu a penetrar o seu segredo. Até agora!", declarava um anúncio do guia de TV para o programa (Olmo, 1995).

Em sua própria defesa, Milgram apontou para as importantes lições ensinadas por suas quase duas dúzias de experimentos com uma amostra diversificada de mais de mil participantes. Ele também lembrou os críticos sobre o apoio que recebeu dos participantes após a fraude ser revelada e o experimento explicado. Quando inquiridos posteriormente, 84% disse que se sentia feliz por ter participado, e apenas 1% lamentou ter se apresentado como voluntário. Um ano depois, um psiquiatra entrevistou 40 dos que mais tinham sofrido, e concluiu que, apesar do estresse temporário, ninguém foi prejudicado.

A controvérsia ética foi "muito exagerada", acreditava Milgram:

> Do ponto de vista dos efeitos sobre a autoestima, há menos consequência aos sujeitos nessa experiência do que aos estudantes universitários que fazem provas de curso normais, e que não obtém as notas que querem. ... Parece que [ao aplicar provas] estamos preparados para aceitar o estresse, a tensão e as consequências para a autoestima. Mas em relação ao processo de geração de novo conhecimento, como demonstramos pouca tolerância. (Citado por Blass, 1996)

O que gera obediência?

Milgram fez mais do que revelar em que medida as pessoas vão obedecer a uma autoridade: ele também analisou as condições que geram obediência. Quando ele variou as condições sociais, a aquiescência variou de 0 a 93% de obediência total. Quatro fatores determinavam a obediência: a distância emocional da vítima, a proximidade e legitimidade da autoridade, se a autoridade fazia parte ou não

Em uma recriação da realidade virtual dos experimentos de Milgram, os participantes responderam – quando aplicavam choques a uma mulher virtual na tela – de forma muito semelhante à dos participantes de Milgram, com transpiração e aceleração dos batimentos cardíacos (Slater et al., 2006).

de uma instituição respeitada e os efeitos libertadores de um colega participante desobediente.

DISTÂNCIA DA VÍTIMA

Os participantes de Milgram agiram com a maior obediência e a menor compaixão quando os "aprendizes" não podiam ser vistos (e não podiam vê-los). Quando a vítima estava distante e os "professores" não ouviam queixas, quase todos obedeceram calmamente até o fim. Essa situação minimizou a influência do aprendiz se comparada à do experimentador. Mas e se tornássemos os apelos do aprendiz e as instruções do experimentador mais igualmente visíveis? Quando o aprendiz estava na mesma sala, "apenas" 40% obedeceu até 450 volts. A obediência total caiu para ainda surpreendentes 30% quando os professores precisavam obrigar o aprendiz a tocar sua mão em uma placa de choque.

Na vida cotidiana, também, é mais fácil abusar de alguém que está distante ou despersonalizado. Pessoas que jamais são cruéis com alguém pessoalmente podem ser francamente maldosas ao postar comentários destinados a pessoas anônimas em fóruns de discussão da internet. Ao longo da história, carrascos com frequência despersonalizaram aqueles que estão sendo executados colocando capuzes sobre suas cabeças. A ética de guerra permite bombardear uma aldeia indefesa a 40 mil pés de altitude, mas não alvejar um aldeão igualmente indefeso. Em um combate com um inimigo que podem ver, muitos soldados não disparam ou não apontam. Esse tipo de desobediência é raro entre aqueles que recebem ordens para matar com artilharia mais distante ou armas de aeronaves (Padgett, 1989).

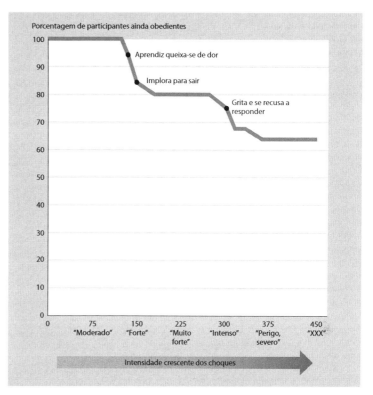

FIGURA 6.5
Experimento de obediência de Milgram.
Porcentagem de participantes que obedecem apesar dos gritos de protesto e da ausência de resposta do aprendiz.
Fonte: Milgram, 1974.

"A distância anula a responsabilidade."
—GUY DAVENPORT

Imagine que você tivesse o poder de evitar que uma tsunami matasse 25 mil pessoas no outro lado do planeta, que um acidente matasse 250 pessoas no aeroporto de sua cidade ou que um acidente de automóvel matasse um amigo próximo. O que você evitaria?

Quando o Holocausto começou, alguns alemães, sob ordens, usaram metralhadoras ou fuzis para matar homens, mulheres e crianças de pé a sua frente. Mas outros não conseguiram fazê-lo, e alguns que o fizeram ficaram abalados pela experiência de matar face a face. Isso levou Heinrich Himmler, o "arquiteto do genocídio" nazista, a elaborar um modo "mais humano" de matar, que separasse visualmente os assassinos e suas vítimas. A solução foi a construção de câmaras de gás de concreto, onde os assassinos não veriam nem ouviriam as consequências humanas de seu horror (Russell & Gregory, 2005).

No aspecto positivo, as pessoas agem com mais compaixão com relação àqueles que são personalizados. É por isso que apelos por um nascituro, pelos famintos ou pelos direitos dos animais quase sempre são personalizados com uma fotografia ou descrição atraente. Talvez ainda mais convincente seja uma imagem de ultrassom de um feto se desenvolvendo no útero. Quando consultadas pelos pesquisadores John Lydon e Christine Dunkel-Schetter (1994), gestantes expressavam maior comprometimento com sua gravidez se tivessem visto imagens de ultrassom de seus fetos que exibissem claramente partes do corpo.

PROXIMIDADE E LEGITIMIDADE DA AUTORIDADE

A presença física do experimentador também afetou a obediência. Quando o experimentador de Milgram deu os comandos por telefone, a obediência total caiu para 21% (embora muitos tenham mentido e dito que estavam obedecendo). Outros estudos confirmam que quando quem está no comando está fisicamente próximo, a conformidade aumenta. Recebendo um leve toque no braço, as pessoas são mais propensas a emprestar dinheiro, assinar uma petição ou experimentar uma *pizza* nova (Kleinke, 1977; Smith et al., 1982; Willis & Hamm, 1980).

No entanto, a autoridade deve ser percebida como legítima. Em outra variante do experimento básico, o pesquisador recebia um telefonema falso que o obrigava a deixar o laboratório. Ele dizia que como o equipamento registra dados automaticamente, o "professor" deve apenas ir em frente. Após a saída do experimentador, outra pessoa, a quem tinha sido atribuída uma função administrativa (na verdade, um segundo cúmplice), assumia o comando. O funcionário "decidia" que o choque deveria ser aumentado um nível para cada resposta errada e encarregava o professor de acordo. Dessa vez, 80% dos professores recusaram-se

Um participante obediente na condição de "toque" de Milgram força a vítima a tocar com a mão em uma placa de choque. Normalmente, contudo, os "professores" eram mais misericordiosos com as vítimas que estavam perto deles.

> ### EM FOCO: Personalizar as vítimas
>
> Vítimas inocentes despertam mais compaixão se personalizadas. Em uma semana na qual um terremoto no Irã mata 3 mil pessoas, mas é logo esquecido, morre um menininho preso na coluna de um poço na Itália e o mundo inteiro se compadece. Preocupado que as projeções estatísticas de óbitos de uma guerra nuclear são impessoais a ponto de serem incompreensíveis, o professor de direito internacional Roger Fisher propôs uma forma de personalizar as vítimas:
>
> > Acontece que um jovem, geralmente um oficial da marinha, acompanha o presidente onde quer que ele vá. Esse jovem tem uma maleta preta que contém os códigos necessários para disparar armas nucleares.
> >
> > Posso ver o presidente em uma reunião da equipe considerando a guerra nuclear como uma questão abstrata. Ele pode concluir: "No Plano SIOP Um, a decisão é afirmativa. Comunique a linha Alfa XYZ". Esse tipo de jargão mantém o que está envolvido a distância.
> >
> > Minha sugestão, então, é bastante simples. Coloque esse código necessário em uma pequena cápsula e implante-a bem ao lado do coração de um voluntário. O voluntário levará consigo uma faca de açougueiro grande e pesada enquanto acompanha o presidente. Se alguma vez o presidente quiser acionar armas nucleares, a única forma de fazer isso será primeiro matar um ser humano com suas próprias mãos.
> >
> > "George", o presidente diria: "Sinto muito, mas dezenas de milhões de pessoas devem morrer". O presidente então teria de olhar para alguém e perceber o que é a morte – o que é a morte de um *inocente*. Sangue no tapete da Casa Branca: é a realidade elucidada.
> >
> > Quando sugeri isso a amigos no Pentágono, eles disseram: "Meu Deus, isso é terrível. Ter que matar alguém iria distorcer o julgamento do presidente. Ele poderia nunca apertar o botão".
>
> *Fonte:* adaptado de "Preventing Nuclear War", de Roger Fisher, *Bulletin of the Atomic Scientists,* Março de 1981, p. 11-17.

a obedecer totalmente. O cúmplice, fingindo repudiar esse desafio, sentava-se à frente do gerador de choque e tentava assumir o papel do professor. Nesse ponto, a maioria dos participantes desafiadores protestou. Alguns tentaram desligar o gerador. Um homem grande levantou o zeloso cúmplice de sua cadeira e jogou-o para o outro lado da sala. Essa rebeldia contra uma autoridade ilegítima contrastou fortemente com a respeitosa polidez que costuma estar presente com relação ao experimentador.

Também contrasta com o comportamento dos enfermeiros de um hospital que em um estudo foram chamados por um médico desconhecido e ordenados a administrar uma evidente *overdose* (Hofling et al., 1966). Os pesquisadores falaram com um grupo de enfermeiros e estudantes de enfermagem sobre a experiência e perguntaram-lhes como eles reagiriam. Quase todos disseram que não teriam cumprido a ordem. Um deles disse que teria respondido: "Me desculpe, senhor, mas eu não estou autorizado a ministrar qualquer medicação sem uma ordem escrita, especialmente em uma dose que esteja tão acima do comum e com a qual estou familiarizado. Se fosse possível, eu o faria com prazer, mas isso é contra a política do hospital e meus próprios padrões éticos". Entretanto, quando outros 22 enfermeiros receberam a ordem por telefone, todos exceto um obedeceram prontamente (até serem interceptados antes de chegarem ao paciente). Embora nem todos os enfermeiros sejam tão complacentes (Krackow & Blass, 1995; Rank & Jacobson, 1977), estes estavam seguindo um roteiro familiar: o médico (uma autoridade legítima) ordena; enfermeiro obedece.

A obediência à autoridade legítima também ficou evidente no estranho caso da "dor de ouvido retal" (Cohen & Davis, 1981). Um médico receitou uma solução otológica para um paciente que estava com uma infecção no ouvido direito. Na prescrição, o médico abreviou "*place in right ear*" (pingar no ouvido direito) como "*place in R ear*" (pingar no traseiro). A enfermeira obediente leu a prescrição e pingou as gotas no reto do paciente obediente.

A enfermeira obediente poderia sentir empatia pelos 70 gerentes de restaurantes de *fast food* em 30 estados que, entre 1995 e 2006, cumpriram as ordens de alguém que se apresentou como uma autoridade, geralmente como oficial de polícia (ABC News, de 2004; Snopes, 2008; Wikipedia, 2008). O suposto policial descrevia genericamente um cliente ou freguês. Quando o gerente conseguia identificar alguém que se encaixava na descrição, a voz ao telefone, que parecia confiável, dava uma ordem para revistar a pessoa para verificar se ela havia roubado alguma coisa. Um gerente da Taco Bell no Arizona empurrou uma cliente de 17 anos que se encaixava na descrição para um lado e, sob o comando da voz ao telefone, realizou uma busca que incluiu cavidades do corpo. Depois de obrigar uma funcionária de 19 anos a se despir contra a sua vontade, um gerente de restaurante de Dakota do Sul explicou que "eu nunca quis fazer isso... eu

Cumprindo ordens, a maioria dos soldados mata e incendeia as casas das pessoas – comportamentos que em outros contextos eles considerariam imorais.

só estava fazendo o que ele estava me mandando fazer". O gerente temia que se desobedecesse poderia perder o emprego ou ir preso, explicou seu advogado de defesa.

Em outro incidente, um gerente do McDonald's recebeu um telefonema de um "Policial Scott", que descreveu uma funcionária suspeita de roubar uma bolsa. A gerente levou uma moça de 18 anos que se encaixava na descrição ao escritório e cumpriu uma série de ordens para fazê-la esvaziar os bolsos e retirar suas peças de roupa sucessivamente. Durante três horas e meia de detenção humilhante, os pedidos tornaram-se cada vez mais bizarros, incluindo contato sexual com um homem. A adolescente traumatizada processou o McDonald's, alegando que não eles não tinham prevenido adequadamente o pessoal sobre o golpe, e recebeu 6,1 milhões de dólares (CNN, 2007).

AUTORIDADE INSTITUCIONAL

Se o prestígio da autoridade é importante assim, então talvez o prestígio institucional da Yale University tenha legitimado os comandos do experimento de Milgram. Em entrevistas após a experiência, muitos participantes disseram que se não fosse pela reputação de Yale, eles não teriam obedecido. Para verificar se isso era verdade, Milgram transferiu o experimento para Bridgeport, Connecticut, menos prestigiada. Ele se instalou em um prédio comercial modesto como o "Associados de Pesquisa de Bridgeport". Quando o experimento do "aluno com problema de coração" foi realizado com o mesmo pessoal, que porcentagem dos homens você acha que obedeceu plenamente? Embora a taxa de obediência (48%) ainda tenha sido consideravelmente alta, ela foi significativamente inferior à taxa de 65% em Yale.

Na vida cotidiana, também, autoridades apoiadas por instituições detêm o poder social. Robert Ornstein (1991) conta de um amigo psiquiatra que foi chamado para a beira de um precipício acima de San Mateo, Califórnia, onde um de seus pacientes, Alfred, estava ameaçando se jogar. Quando os esforços de tranquilização do psiquiatra não conseguiram demover Alfred, o psiquiatra só podia esperar que um policial especialista em crise chegasse logo.

Embora nenhum perito tenha vindo, outro oficial de polícia, sem saber do drama, casualmente entrou em cena, pegou seu poderoso megafone e gritou com o grupo reunido à beira do precipício: "Quem é o burro que deixou um *Pontiac* estacionado lá fora, no meio da estrada? Eu quase bati nele. Seja quem for, retire-o *agora*." Ouvindo a mensagem, Alfred desceu imediatamente, tirou o carro e depois, sem dizer uma palavra, entrou no carro da polícia para ser levado ao hospital mais próximo.

"Se o comandante em chefe disser a esse tenente-coronel para ir à esquina e sentar na própria cabeça, eu o farei."
—OLIVER NORTH, 1987

EFEITOS LIBERTADORES DE INFLUÊNCIA GRUPO

Esses experimentos clássicos nos dão uma visão negativa da conformidade. Mas a conformidade também pode ser construtiva. Os bombeiros heroicos que correram para as torres do World Trade Center em chamas foram "incrivelmente corajosos", observam os psicólogos sociais Susan Fiske, Lasana Harris e Amy Cuddy (2004), mas eles também estavam "em parte obedecendo a seus superiores, em parte conformando-se à extraordinária lealdade de grupo". Considere, também, o ocasional efeito libertador da conformidade. Talvez você se lembre de alguma ocasião em que você se sentiu justificadamente indignado diante de um professor injusto, mas hesitou em se opor. Depois, um ou mais estudantes falaram sobre as práticas injustas, e você seguiu seu exemplo, o que teve um efeito libertador. Milgram capturou esse efeito libertador da conformidade colocando o professor com dois cúmplices que deviam ajudar a conduzir o processo. Durante o experimento, ambos os cúmplices desafiaram o experimentador, que então ordenou que o participante real continuasse sozinho. Ele continuou? Não: 90% se libertaram conformando-se com os aliados desafiadores.

POR DENTRO DA HISTÓRIA | Stanley Milgram sobre a obediência

Enquanto trabalhei para Salomão E. Asch, me perguntava se seria possível tornar seus experimentos de conformidade humanamente mais significativos. Primeiro, imaginei um experimento semelhante ao de Asch, exceto que o grupo induzia a pessoa a aplicar choques sob os protestos da vítima. Mas um controle era necessário para ver que intensidade de choque uma pessoa aplicaria na ausência de pressão do grupo. Alguém, presumivelmente o experimentador, teria de instruir o sujeito a aplicar os choques. Mas então surgiu uma nova questão: até que ponto uma pessoa iria quando ordenada a administrar esses choques? Em minha cabeça, a questão havia se transferido para a disposição das pessoas em cumprir ordens destrutivas. Foi um momento emocionante para mim. Percebi que essa simples pergunta era tanto humanamente importante quanto capaz de ser respondida com precisão.

O procedimento laboratorial deu expressão científica a uma preocupação mais geral sobre a autoridade, uma preocupação que se impôs aos membros da minha geração, em particular aos judeus como eu, pelas atrocidades da Segunda Guerra Mundial. O impacto do Holocausto em minha própria psique energizou meu interesse por obediência e moldou a forma particular em que ela foi examinada.

Fonte: abreviada do original para este livro e de Milgram, 1977, com a permissão de Alexandra Milgram.

Stanley Milgram (1933-1984)

Reflexões sobre os estudos clássicos

A resposta comum aos resultados de Milgram é observar seus equivalentes na história recente: as defesas de "eu estava apenas seguindo ordens" de Adolf Eichmann na Alemanha nazista; do tenente norte-americano William Calley, que em 1968 comandou o massacre espontâneo de centenas de vietnamitas na aldeia de My Lai; e das "limpezas étnicas", que ocorreram no Iraque, Ruanda, Bósnia e Kosovo.

Soldados são treinados para obedecer a superiores. Assim, um participante no massacre de My Lai, recordou:

O exército dos Estados Unidos agora treina os soldados para desobedecer ordens ilegais inadequadas.

> [O Tenente Calley] disse-me para começar a atirar. Então eu comecei a atirar, despejei cerca de quatro pentes de bala no grupo. Eles estavam implorando e dizendo: "Não, não". E as mães estavam abraçando seus filhos e... Bem, continuamos disparando sem parar. Eles agitavam os braços e imploravam. (Wallace, 1969)

Os contextos científicos "seguros" dos experimentos de obediência diferem dos contextos de guerra. Além disso, grande parte do escárnio e da brutalidade da guerra e do genocídio vão além da obediência (Miller, 2004). Alguns dos que implementaram o Holocausto eram "carrascos voluntários" que quase nem precisavam receber ordens para matar (Goldhagen, 1996).

Os experimentos de obediência também diferem dos outros experimentos de conformidade na força da pressão social: a obediência é explicitamente ordenada. Sem coação, as pessoas não agirão com crueldade. No entanto, tanto os experimentos de Asch quanto as de Milgram compartilham certas semelhanças. Eles mostraram como a aquiescência pode ter precedência sobre o senso moral. Eles tiveram sucesso em pressionar as pessoas a irem contra suas próprias consciências. Eles fizeram mais do que ensinar uma lição acadêmica; eles nos sensibilizaram para conflitos morais em nossas próprias vidas. Além disso, eles ilustraram e afirmaram alguns princípios psicológicos sociais familiares: a ligação entre *comportamento e atitudes* e o *poder da situação*.

COMPORTAMENTOS E ATITUDES

No Capítulo 4, observamos que as atitudes não determinam o comportamento quando influências externas prevalecem sobre convicções íntimas. Essas experiências ilustram vividamente esse princípio. Ao responderem sozinhos, os participantes de Asch quase sempre deram a resposta correta. Foi outra história quando eles estavam sozinhos contra um grupo.

Nos experimentos de obediência, uma forte pressão social (os comandos do experimentador) superou outra mais fraca (os apelos remotos da vítima). Dilacerados entre os apelos da vítima e as ordens do experimentador, entre o desejo de evitar fazer o mal e o desejo de ser um bom participante, um número surpreendente de pessoas decidiu obedecer.

"As ações dos homens são demasiado fortes para eles. Mostre-me um homem que agiu e que não tenha sido vítima e escravo de sua ação."
—RALPH WALDO EMERSON, *HOMENS REPRESENTATIVOS: GOETHE*, 1850

Por que os participantes foram incapazes de se desvencilhar? Imagine-se como professor em outra versão do experimento de Milgram (que ele nunca realizou). Suponha que quando o aluno dá a primeira resposta errada, o experimentador pede que você lhe aplique um choque de 330 volts. Depois de golpear o interruptor, você ouve o aprendiz gritar, queixar-se de um problema de coração e implorar misericórdia. Você continuaria?

Eu acho que não. Lembre-se da armadilha gradativa do fenômeno pé na porta (Capítulo 4) enquanto comparamos esse experimento hipotético com o que os participantes de Milgram experimentaram. Seu primeiro compromisso foi leve – 15 volts – e não provocou protesto algum. No momento em que aplicaram 75 volts e ouviram o primeiro gemido do aluno, elas já tinham obedecido 5 vezes, e a próxima solicitação era aplicar apenas um pouco mais. No momento em que aplicaram 330 volts, os participantes já tinham obedecido 22 vezes e reduzido parte de sua dissonância. Estavam, portanto, em um estado psicológico diferente daquele de alguém que começasse a experiência naquele ponto, assim como os gerentes dos restaurantes de *fast food* na fraude de revistar e despir fregueses, depois de terem cumprido ordens que inicialmente pareciam razoáveis de uma suposta autoridade. Como vimos no Capítulo 4, o comportamento externo e a disposição interna podem se alimentar mutuamente, às vezes em uma espiral ascendente. Assim, relatou Milgram (1974, p. 10.):

"Talvez eu tenha sido patriótico demais." Assim disse o ex-torturador Jeffrey Benzien, aqui demonstrando a técnica do "saco molhado" para a Comissão da Verdade e Reconciliação da África do Sul. Ele colocava um pano sobre a cabeça das vítimas, levando-os à beira de uma asfixia terrível repetidas vezes. Essas táticas de terror eram utilizadas pela antiga polícia de segurança para fazer uma pessoa acusada revelar, por exemplo, onde estavam escondidas as armas. "Eu fiz coisas terríveis", admitiu Benzien com desculpas a suas vítimas, embora alegasse estar apenas cumprindo ordens.

> Muitos pacientes desvalorizam severamente a vítima em consequência de agir contra ela. Comentários como "Ele era tão estúpido e teimoso que merecia levar choques" eram comuns. Depois de terem agido contra a vítima, esses sujeitos acharam necessário vê-lo como um indivíduo indigno, cuja punição foi tornada inevitável por suas próprias deficiências de intelecto e caráter.

Durante a década de 1970, a junta militar da Grécia usou esse processo de "culpabilização da vítima" para treinar torturadores (Haritos-Fatouros, 1988, 2002; Staub, 1989, 2003). Lá, como no anterior treinamento de policiais na Alemanha nazista, os militares selecionaram candidatos com base em seu respeito e submissão à autoridade. Mas essas tendências não fazem um torturador. Assim, eles primeiro mandavam o estagiário vigiar prisioneiros, depois participar de esquadrões de detenção, depois bater em prisioneiros, depois observar a tortura e só então praticá-la. Passo a passo, uma pessoa obediente, mas decente, se transformava em um agente da crueldade. A conformidade gerava aceitação.

Como um sobrevivente do Holocausto, o psicólogo social Ervin Staub, da Massachusetts University, conhece muito bem as forças que podem transformar os cidadãos em agentes da morte. De seus estudos sobre o genocídio humano em todo o mundo, Staub (2003) mostra aonde o aumento gradual da agressão pode levar. Muitas vezes, a crítica produz desprezo, o que licencia a crueldade, a qual, quando justificada, leva à brutalidade, depois à matança, depois à matança sistemática. Atitudes em desenvolvimento tanto decorrem quanto justificam ações. Conclusão perturbadora de Staub: "os seres humanos têm a capacidade de vir a sentir o assassinato de outras pessoas como algo que nada tem de extraordinário" (1989, p. 13).

Mas os seres humanos também têm capacidade de heroísmo. Durante o Holocausto nazista, a vila francesa de Le Chambon abrigou 5 mil judeus e outros refugiados destinados à deportação para a Alemanha. Os moradores eram em sua maioria protestantes, cuja própria autoridade, seus pastores, lhes haviam ensinado a "resistir sempre que os nossos adversários exigirem de nós uma obediência contrária às ordens do Evangelho" (Rochat, 1993; Rochat & Modigliani, 1995). Ordenado a revelar os locais de judeus protegidos, o principal pároco foi um exemplo de desobediência: "Eu não sei de judeus, só sei de seres humanos". Sem saber o quanto a guerra seria terrível, os resistentes assumiram, a partir de 1940, um compromisso inicial e depois – apoiados por suas crenças, por suas próprias autoridades e uns nos outros – mantiveram-se rebeldes até a libertação da aldeia em 1944. Aqui e alhures, a resposta final à ocupação nazista chegou cedo. A ajuda inicial aumentou o comprometimento, levando a mais ajuda.

PODER DA SITUAÇÃO

A lição mais importante do Capítulo 5 – de que a cultura é um poderoso modelador de vidas – e a lição mais importante deste capítulo – a de que forças situacionais imediatas são igualmente poderosas – revelam a força do contexto social. Para sentir isso por si mesmo, imagine-se violando algumas normas menores: ficar de pé no meio de uma aula; cantar em voz alta em um restaurante; jogar golfe de terno. Ao tentar romper com as restrições sociais, subitamente percebemos o quanto elas são fortes.

Os estudantes em uma experiência na Pennsylvania State University descobriram que era surpreendentemente difícil violar a norma de ser "simpático" em vez de confrontador. Participantes imaginaram-se discutindo com três outros quem escolher para sobreviver em uma ilha deserta. Eles foram convidados a imaginar que um dos três, um homem, fazia três comentários sexistas, como: "Acho que precisamos de mais mulheres na ilha para manter os homens satisfeitos". Como eles reagiriam a tais observações sexistas? Apenas 5% previu que ignorariam os comentários ou esperaria para ver como os outros reagiriam. Mas quando Janet Swim e Lauri Hyers (1999) incluíram outros estudantes em discussões nas quais tais comentários foram realmente feitos por um cúmplice do sexo masculino, 55% (e não 5%) não disseram nada. Da mesma forma, embora as pessoas prevejam que ficariam chateadas por presenciarem uma pessoa fazendo um insulto racial – e evitariam escolher a pessoa racista como parceiro em um experimento –, as que de fato passam por uma experiência como essa normalmente mostram indiferença (Kawakami et al., 2009). Essas experiências demonstram o poder de pressões normativas e como é difícil prever o comportamento, até mesmo o nosso próprio comportamento.

Os experimentos de Milgram também oferecem uma lição sobre o mal. Nos filmes de terror e nos livros de suspense, o mal é resultado de algumas maçãs podres, uns poucos assassinos depravados. Na vida real, encaramos de maneira semelhante o extermínio de judeus por Hitler, o extermínio dos curdos por Saddam Hussein e o terror conspiratório de Osama bin Laden. Mas o mal também resulta de forças sociais – calor, umidade e doença que ajudam a fazer uma caixa inteira de maçãs apodrecerem. A polícia militar dos Estados Unidos, cujo abuso de prisioneiros iraquianos na prisão de Abu Ghraib horrorizou o mundo, estava sob estresse, hostilizada por muitos daqueles que fora para salvar, enfurecida pelas mortes de camaradas, em atraso para voltar para casa e sob frouxa supervisão – uma situação nociva que produziu mau comportamento (Fiske et al., 2004). Situações podem induzir pessoas comuns a se renderem à crueldade.

Isto é especialmente verdade quando, como acontece com frequência em sociedades complexas, o mal mais terrível evolui a partir de uma sequência de pequenos males. Funcionários públicos alemães surpreenderam os líderes nazistas com a sua disponibilidade para lidar com a papelada do Holocausto. Eles não estavam, evidentemente, matando os judeus; eles estavam apenas cuidando da papelada (Silver & Geller, 1978). Quando fragmentado, o mal se torna mais fácil. Milgram estudou essa compartimentalização do mal envolvendo outros 40 homens de maneira mais indireta. Com outra pessoa disparando o choque, eles só tinham que administrar o teste de aprendizagem. Dessa vez, 37 dos 40 obedeceram plenamente.

"A psicologia social deste século revela uma grande lição: muitas vezes não é tanto o tipo de pessoa que um homem é, mas o tipo de situação em que ele se encontra, que determina como ele vai agir."
—STANLEY MILGRAM, A OBEDIÊNCIA À AUTORIDADE, 1974

"A história, apesar de sua dor lancinante, não pode ser apagada, e se enfrentada com coragem, não precisa ser revivida."
—MAYA ANGELOU, POEMA PRESIDENCIAL INAUGURAL, 20 DE JANEIRO DE 1993

Mesmo em uma cultura individualista, poucos de nós desejam desafiar as normas mais claras de nossa cultura, como fez Stephen Gough ao atravessar a Grã-Bretanha nu (exceto por chapéu, meias, botas e uma mochila). Ele partiu de Lands End, o ponto mais meridional da Inglaterra, em junho de 2003 e andou até John O'Groats, o ponto mais setentrional do continente na Escócia. Durante a sua caminhada de 847 milhas em 7 meses, ele foi preso 15 vezes e passou cerca de cinco meses atrás das grades. "Meu ativismo nudista tem a ver, em primeiro lugar e mais importante, com lutar por mim mesmo, uma declaração de mim mesmo como um ser humano belo", declarou Gough (2003) em seu site.

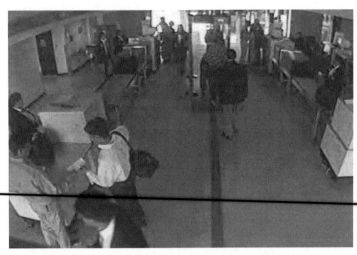

Os terroristas "comuns" de 11 de setembro. Os sequestradores Nawaf al-Hazmi (de camisa azul) e Salem al-Hazmi (de camisa branca) eram passageiros de aparência normal agindo de maneira normal quando passaram pela segurança do Aeroporto de Dulles em 11 de setembro de 2001.

> "Eu diria, com base em minhas observações de cerca de mil pessoas... que se um sistema de campos de extermínio do tipo que tínhamos visto na Alemanha nazista fosse criado nos Estados Unidos, seria possível encontrar pessoal suficiente para esses campos em qualquer cidade de médio porte dos Estados Unidos."
> —STANLEY MILGRAM, *PROGRAMA 60 MINUTOS DA CBS*, 1979

Assim é em nossa vida cotidiana: o desvio para o mal geralmente ocorre aos poucos, sem qualquer intenção consciente de fazer o mal. A procrastinação envolve um desvio não intencional semelhante, em direção ao prejuízo a si mesmo (Sabini & Silver, 1982). Um estudante sabe do prazo para entrega de um trabalho com semanas de antecedência. Cada ocasião em que ele deixa de fazer o trabalho – um *videogame* aqui, um programa de TV ali – parece bastante inofensiva. No entanto, gradualmente, o estudante toma o rumo de não fazer o trabalho sem nunca decidir conscientemente não fazê-lo.

É tentador presumir que Eichmann e os comandantes do campo de extermínio de Auschwitz eram monstros selvagens. Na verdade, seu mal foi alimentado por um virulento antissemitismo. E a situação social por si só não explica por que, no mesmo bairro ou campo de extermínio, algumas personalidades exibiram brutal crueldade e outras heroica bondade. Ainda assim, os comandantes não se destacariam para nós como monstros. Depois de um dia de trabalho duro, eles relaxavam ouvindo Beethoven e Schubert. Dos 14 homens que formularam a Solução Final que levou ao Holocausto nazista, 8 tinham doutorado em universidades europeias (Patterson, 1996). Como a maioria dos outros nazistas, o próprio Eichmann era externamente indistinguível de pessoas comuns com empregos comuns (Arendt, 1963; Zillmer et al., 1995). Consta que Mohamed Atta, o líder dos ataques de 11 de setembro, tinha sido um "bom menino" e excelente aluno de uma família saudável. Zacarias Moussaoui, o pretenso vigésimo invasor de 11 de setembro, tinha sido muito educado ao se candidatar para aulas de voo e compra de facas. Chamou as mulheres de "senhoras". Diz-se que o piloto do segundo avião que atingiu o World Trade Center era um camarada amável, "descontraído", muito parecido com o piloto "inteligente, amigável e 'muito cortês'" do avião que atacou o Pentágono. Se fossem nossos vizinhos, esses homens dificilmente se encaixariam em nossa imagem de monstros cruéis. Eles eram pessoas sem nada de excepcional (McDermott, 2005).

Como observou Milgram (1974, p. 6), "a lição mais fundamental de nosso estudo é que pessoas comuns, simplesmente fazendo o seu trabalho e sem nenhuma hostilidade especial da sua parte, podem se tornar agentes em um terrível processo destrutivo". Como Mister Rogers muitas vezes lembrava ao seu público de televisão pré-escolar, "boas pessoas às vezes fazem coisas más". Sob a influência de forças do mal, até pessoas boas às vezes são corrompidas quando constroem justificativas morais para comportamento imoral (Tsang, 2002). É assim que soldados comuns podem, no fim, seguir ordens para atirar em civis indefesos; líderes políticos admirados podem levar os seus cidadãos a malfadadas guerras; trabalhadores comuns podem seguir as instruções para a produção e distribuição de produtos degradantes prejudiciais; e membros comuns do grupo podem atender comandos para humilhar iniciados brutalmente.

Assim, uma análise situacional do malfeito exonera seus perpetradores? Ela os absolve da responsabilidade? Na mente dos leigos, a resposta é até certo ponto afirmativa, observa Arthur Miller (2006). Mas os psicólogos que estudam as raízes do mal insistem no contrário. Explicar não significa desculpar. Entender não significa perdoar. Você pode perdoar alguém cujo comportamento você não entende, e pode entender alguém que você não perdoa. Além disso, acrescenta James Waller (2002), "quando compreendemos a banalidade do mal extraordinário, seremos menos surpreendidos pelo mal, menos propensos a contribuirmos de forma inconsciente para o mal e talvez melhor equipados para evitar o mal".

Finalmente, um comentário sobre o método experimental utilizado em pesquisas de conformidade (ver resumo, Tab. 6.1): situações de conformidade em laboratório diferem daquelas na vida

TABELA 6.1 Resumo de estudos de obediência clássicos

Tópico	Investigador	Método	Exemplo da vida real
Formação de normas	Sherif	Avaliação da sugestionabilidade sobre aparente movimento da luz	Interpretar fatos de forma diferente depois de ouvir outras pessoas; apreciar uma comida saborosa que outros adoram
Conformidade	Asch	Concordância com juízos perceptuais evidentemente errôneos dos outros	Fazer como os outros fazem; modismos como tatuagens
Obediência	Milgram	Obedecer às ordens de aplicar choques nos outros	Soldados ou funcionários seguindo ordens questionáveis

cotidiana. Com que frequência nos pedem para julgar comprimentos de linha ou aplicar choques? Mas como a combustão é semelhante para um fósforo aceso e para um incêndio na floresta, presumimos que os processos psicológicos no laboratório e na vida cotidiana são semelhantes (Milgram, 1974). Devemos ter cuidado ao generalizar da simplicidade de um fósforo aceso à complexidade de um incêndio florestal. No entanto, experimentos controlados com fósforos acesos podem nos trazer percepções sobre combustão que não podemos obter observando incêndios florestais. Assim, também, os experimentos da psicologia social oferecem percepções sobre o comportamento que não são prontamente reveladas na vida cotidiana. A situação experimental é única, mas toda situação social também o é. Por meio de testes com diversas tarefas exclusivas, e repetindo experiências em diferentes épocas e lugares, os pesquisadores sondam os princípios comuns que se encontram sob a superficial diversidade.

Os experimentos clássicos de conformidade responderam a algumas perguntas, mas levantaram outras: às vezes as pessoas se conformam, às vezes não. (1) *Quando* elas se conformam? (2) *Por que* as pessoas se conformam? Por que elas não ignoram o grupo e "são fiéis a si mesmas"? (3) Existe um tipo de *pessoas* propenso a se conformar? Na próxima seção, vamos abordar essas perguntas uma de cada vez.

Resumo: Quais são os estudos clássicos de conformidade e obediência?

- Três conjuntos clássicos de experimentos ilustram como os pesquisadores têm estudado a conformidade.
- Muzafer Sherif observou que as decisões dos outros influenciam as estimativas que as pessoas fazem do movimento de um ponto de luz que na verdade não se mexeu. As normas para respostas "corretas" surgiram e sobreviveram tanto durante longos períodos de tempo quanto ao longo de sucessivas gerações de participantes de pesquisa.
- Solomon Asch fez as pessoas ouvirem os julgamentos dos outros sobre qual de três linhas de comparação era igual a uma linha padrão e depois julgarem por si mesmas. Quando os outros unanimemente deram a resposta errada, os participantes conformaram-se 37% das vezes.
- Os experimentos de obediência realizados por Stanley Milgram provocaram uma forma extrema de conformidade. Em condições ideais – um comandante legítimo muito próximo, uma vítima remota e ninguém mais para servir de exemplo de desobediência –, 65% de seus participantes adultos do sexo masculino obedeceram totalmente às instruções de aplicar choques elétricos supostamente traumatizantes a uma vítima inocente que grita em uma sala adjacente.
- Essas experiências clássicas demonstram a potência de vários fenômenos. Comportamentos e atitudes reforçam-se mutuamente, permitindo que um pequeno ato de maldade promova uma atitude que leva a um ato de maldade maior. O poder da situação pode ser visto quando pessoas boas, diante de circunstâncias terríveis, cometem atos condenáveis (embora situações terríveis possam produzir heroísmo em outras).

O que prediz conformidade?

Algumas situações desencadeiam muita conformidade, outras pouca. Se você quisesse produzir máxima conformidade, que condições você escolheria?

Os psicólogos sociais se perguntaram: se mesmo a situação não coercitiva inequívoca de Asch foi capaz de provocar uma taxa de conformidade de 37%, será que outros ambientes poderiam produzir ainda mais? Os pesquisadores logo descobriram que a conformidade realmente aumentava se os julgamentos fossem difíceis ou se os participantes se sentissem incompetentes. Quanto mais inseguro estamos de nossos julgamentos, mais somos influenciados pelos outros.

Os atributos do grupo também importam. A conformidade é maior quando o grupo tem três ou mais pessoas e é unânime, coeso e de *status* elevado. A conformidade também é maior quando a resposta é pública e feita sem comprometimento prévio. Vejamos cada uma dessas condições.

Tamanho do grupo

Em experiências de laboratório, um grupo pequeno pode ter um efeito significativo. Asch e outros pesquisadores descobriram que três a cinco pessoas provocarão muito mais conformidade do que apenas uma ou duas. Aumentar o número de pessoas além de cinco produz retornos decrescentes (Gerard et al., 1968; Rosenberg, 1961). Em um experimento de campo, Milgram e colaboradores (1969) fizeram uma, duas, três, cinco, dez ou quinze pessoas pararem em uma calçada movimentada na cidade de Nova York e olhar para cima. Como mostra a Figura 6.6, a porcentagem de transeuntes que também olharam para cima aumentou à medida que o número de pessoas olhando para cima aumentou de uma para cinco pessoas.

A forma como o grupo é "embalado" também faz diferença. O pesquisador David Wilder da Rutgers University (1977) propôs que estudantes julgassem um caso. Antes de emitirem suas próprias sentenças, os alunos assistiram a vídeos de quatro cúmplices declarando suas sentenças. Quando os cúmpli-

FIGURA 6.6
Tamanho do grupo e conformidade.
O percentual de transeuntes que imitaram um grupo que olhava para cima aumentou quando o tamanho do grupo aumentou para cinco pessoas.
Fonte: dados de Milgram, Bickman e Berkowitz, 1969.

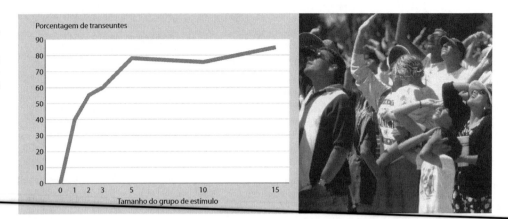

ces foram apresentados como dois grupos independentes de duas pessoas, os participantes conformaram-se mais do que quando os quatro cúmplices apresentaram suas sentenças como um único grupo. Da mesma forma, dois grupos de três pessoas provocaram mais conformidade do que um grupo de seis, e três grupos de duas pessoas provocaram ainda mais. Evidentemente, a concordância de pequenos grupos independentes torna uma posição mais confiável.

Unanimidade

Imagine-se em um experimento de conformidade em que todos exceto uma das pessoas que responde antes de você dão a mesma resposta errada. Será que o exemplo de não conformidade desse aliado seria tão libertador quanto o foi para os indivíduos no experimento de obediência de Milgram? Diversos experimentos revelam que alguém que rompe a unanimidade de um grupo esvazia sua força social (Allen & Levine, 1969; Asch, 1955; Morris & Miller, 1975). Como ilustra a Figura 6.7, as pessoas costumam expressar suas próprias convicções apenas se outra pessoa também discorda da maioria. Muitas vezes, os participantes dessas experiências posteriormente dizem que sentiram carinho e proximidade a seu aliado não conforme. Contudo, eles negam que o aliado os tenha influenciado: "Eu teria respondido a mesma coisa se ele não estivesse ali".

É difícil ser minoria de um; poucos júris chegam a um impasse por causa de um jurado dissidente, e apenas um décimo das decisões da Suprema Corte dos Estados Unidos nos últimos 50 anos teve um dissidente solitário; a maioria foi unânime ou dividida em 5 a 4 (Granberg & Bartels, 2005).

Experimentos de conformidade ensinam a lição prática de que é mais fácil defender alguma coisa se você puder encontrar alguém que a defenda com você. Muitos grupos religiosos reconhecem isso. Seguindo o exemplo de Jesus, que enviou seus discípulos em pares, os mórmons enviam dois missionários a um bairro juntos. O apoio de um companheiro aumenta muito a coragem social de uma pessoa.

"Minha opinião, minha convicção ganha infinitamente em força e sucesso no momento em que uma segunda mente a adota."
—NOVALIS, *FRAGMENTO*

FIGURA 6.7
Efeito da unanimidade na conformidade.
Quando alguém que está dando respostas corretas quebra a unanimidade do grupo, os indivíduos conformam-se apenas um quarto das vezes.
Fonte: Asch, 1955.

Observar a discordância de outra pessoa, mesmo quando ela está errada, pode aumentar a nossa própria independência. Charlan Nemeth e Cynthia Chiles (1988) descobriram isso depois que fizeram pessoas observarem um indivíduo solitário em um grupo de quatro identificar erroneamente estímulos azuis como verdes. Embora o discordante estivesse errado, depois de tê-lo observado os observadores eram mais propensos a exibir sua própria forma de independência: em 76% do tempo eles rotularam corretamente lâminas vermelhas de "vermelho", mesmo quando todo mundo estava incorretamente chamando-as de "laranja". Os participantes que não tiveram oportunidade de observar o discordante "verde" conformaram-se 70% do tempo.

Coesão

A opinião minoritária de alguém de fora dos grupos com os quais nos identificamos – de alguém de outra faculdade ou de uma religião diferente – nos influencia menos do que a opinião minoritária de alguém do nosso grupo (Clark & Maass, 1988). Uma argumentação heterossexual pelos direitos dos homossexuais influenciaria os heterossexuais de forma mais eficaz do que faria a de um homossexual. As pessoas atendem com mais facilidade aos pedidos de pessoas que supostamente compar-

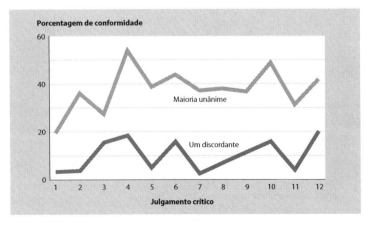

tilham de sua data de aniversário, de seu primeiro nome ou das características de sua impressão digital (Burger et al., 2004; Silvia, 2005).

Quanto mais **coeso** é o grupo, mais poder ele adquire sobre seus membros. Em agremiações universitárias, por exemplo, os amigos tendem a compartilhar tendências de compulsão alimentar, especialmente à medida que se tornam mais próximos (Crandall, 1988). Pessoas dentro de um grupo étnico podem sentir semelhante "pressão de conformidade ao próprio grupo" – falar, agir e se vestir como "nós" fazemos. Negros que "agem como brancos" ou brancos que "agem como negros" podem ser ridicularizados por seus pares (Contrada et al., 2000).

Em experimentos, também, os membros do grupo que se sentem atraídos pelo grupo são mais sensíveis à sua influência (Berkowitz, 1954; Lott & Lott, 1961; Sakurai, 1975). Eles não gostam de discordar dos outros membros do grupo. Temendo a rejeição pelos membros do grupo de quem gostam, eles lhes permitem certo poder (Hogg, 2001). Em seu *Ensaio sobre o entendimento humano*, o filósofo do século XVII John Locke reconheceu o fator coesão: "também não há 1 em cada 10 mil que seja duro e insensível o suficiente para suportar a constante aversão e condenação de seu próprio clube".

É difícil ser minoria de um. Mas às vezes isso cria um herói, como foi o único membro dissidente do júri interpretado por Henry Fonda no clássico do cinema *12 homens e uma sentença*.

coesão
Um "sentimento de nós"; o grau em que membros de um grupo estão unidos, tal como por atração uns pelos outros.

Nossa inclinação para acompanhar nosso grupo – para pensar o que ele pensa e fazer o que ele faz – apareceu em um experimento no qual as pessoas disseram gostar mais de uma música que sabiam que era mais apreciada por pessoas parecidas com elas mesmas (mas gostaram menos da música quando ela era apreciada por alguém *diferente* delas próprias [Hilmert et al., 2006]). A conformidade alimentada pela coesão também aparece em dormitórios universitários, onde as atitudes dos alunos ao longo do tempo se tornam mais parecidas com as dos que vivem perto deles (Cullum & Harton, 2007).

E essa inclinação para acompanhar o grupo tragicamente se revelou em massacres, quando homens não se mostraram dispostos a se separar de seus companheiros mais próximos, mesmo quando matar não era algo que teriam feito fora de seu grupo. O historiador Christopher Browning (1992) lembra o Batalhão 101 da Reserva Policial alemã de quase 500 homens sendo despertado na Polônia em uma manhã de julho de 1942. Seu estimado comandante nervosamente explicou que eles haviam recebido ordens para enviar os homens, dos 1.800 judeus em um vilarejo próximo, para um campo de trabalho e atirar nas mulheres, crianças e idosos. Com o evidente desconforto em relação a essa tarefa, ele declarou que qualquer um dos homens mais velhos que não se sentisse à altura da tarefa poderia sair. Apenas uma dúzia o fez. Os demais participaram, muitos deles adoecendo fisicamente de repulsa depois.

Nos testemunhos de pós-guerra de aproximadamente 125 homens, a maioria deles de meia-idade com família, o antissemitismo não explicava suas ações. Em vez disso, relatou Browning, eles foram coagidos pelo poder de coesão: não deserte. Os homens sentiram um "forte desejo de não se separar do grupo saindo" (p. 71).

Status

Como você poderia suspeitar, pessoas de *status* superior tendem a ter mais impacto (Driskell & Mullen, 1990). Membros de grupos juvenis – inclusive psicólogos juvenis – reconhecem maior conformidade a seu grupo do que membros de grupos mais velhos (Jetten et al., 2006). Ou considere: estudos do comportamento de atravessar a rua imprudentemente, conduzidos com a ajuda involuntária de cerca de 24 mil pedestres, revelam que a taxa inicial de ocorrência desse comportamento diminui de 25 para 17% na presença de um aliado sem esse comportamento, e aumenta para 44% na presença de outro aliado com esse comportamento (Mullen et al., 1990). Uma pessoa bem vestida desencoraja melhor o comportamento de atravessar a rua imprudentemente. Roupas também parecem "fazer a pessoa" na Austrália. Michael Walker, Susan Harriman e Stuart Costello (1980) descobriram que pedestres de Sydney foram mais complacentes quando abordados por um pesquisador bem vestido do que quando abordados por um que estivesse mal vestido.

Milgram (1974) relatou que em seus experimentos de obediência, pessoas de *status* inferior aceitaram os comandos do experimentador mais prontamente do que pessoas de *status* superior. Depois de aplicar 450 volts, um soldado de 37 anos virou-se para o experimentador de *status* mais elevado e respeitosamente perguntou: "Para onde vamos agora, professor?" (p. 46). Outro participante, um

Será que Codex tocou em Genuine Risk? Depois que os árbitros da corrida anunciaram publicamente sua decisão, nenhuma quantidade de evidência foi capaz de fazê-los mudar de opinião.

professor de educação religiosa que desobedeceu a 150 volts, disse: "Eu não compreendo por que a experiência é colocada acima da vida dessa pessoa", e importunou o experimentador com perguntas sobre "a ética desse negócio" (p. 48).

Resposta pública

Uma das primeiras perguntas que os pesquisadores se propuseram a responder foi a seguinte: será que as pessoas se conformariam mais em suas respostas públicas do que em suas opiniões particulares? Ou será que elas oscilariam mais em suas opiniões particulares, mas estariam dispostas a obedecer publicamente, por receio de parecerem não ter personalidade? A resposta agora é clara: nos experimentos, as pessoas se conformam mais quando precisam responder na frente dos outros do que ao escreverem suas respostas privadamente. Depois de ouvirem outros reagirem, os participantes de Asch foram menos influenciados pela pressão do grupo quando puderam escrever respostas que só o experimentador veria. É muito mais fácil defender o que acreditamos na privacidade da cabine de votação do que perante um grupo.

Comprometimento prévio

Em 1980, Genuine Risk tornou-se a segunda potranca a vencer a competição de turfe Kentucky Derby. Em sua corrida seguinte, Preakness, ela completou a segunda volta à frente do líder, Codex, um potro. Enquanto saíam da volta pescoço a pescoço, Codex deslocou-se lateralmente em direção a Genuine Risk, fazendo-a hesitar e conquistando para si uma vitória apertada. Será que Codex tinha roçado Genuine Risk? Será que seu jóquei havia até chicoteado o rosto de Genuine Risk? Os árbitros de corrida se reuniram. Após uma breve deliberação, eles julgaram que nenhuma falta havia ocorrido e confirmaram Codex como o vencedor. A decisão causou um alvoroço. *Replays* imediatos da televisão mostraram que Codex realmente havia roçado Genuine Risk, o favorito sentimental. Um protesto foi registrado. As autoridades reconsideraram sua decisão, mas não a alteraram.

Será que a decisão das autoridades declarada logo após a corrida afetou sua honestidade para chegar a uma possível decisão diferente depois? Nunca saberemos ao certo. Podemos, no entanto, submeter pessoas a uma versão laboratorial desse evento – com e sem o comprometimento imediato – e observar se o comprometimento faz diferença. Mais uma vez, imagine-se em uma experiência do tipo de Asch. O experimentador mostra as linhas e lhe pede para responder em primeiro lugar. Depois que você toma sua decisão e ouve todos os outros discordarem, o experimentador lhe oferece uma oportunidade para reconsiderar. Diante da pressão do grupo, você volta atrás?

"Aqueles que nunca voltam atrás em suas opiniões amam mais a si mesmos do que à verdade."
—JOUBERT, *PENSÉES*

As pessoas quase nunca voltam atrás (Deutsch & Gerard, 1955). Depois de terem assumido um compromisso público, elas aderem a ele. Elas, no máximo, mudarão suas decisões em situações posteriores (Saltzstein & Sandberg, 1979). Podemos esperar, portanto, que os juízes de competições de mergulho ou de ginástica, por exemplo, raramente venham a mudar suas notas depois de verem as notas dos outros juízes, embora possam adaptar suas avaliações de desempenho posteriores.

Comprometimentos anteriores também restringem a persuasão. Quando júris simulados tomam decisões, impasses são mais prováveis nos casos em que os jurados são sondados por voto aberto do que quando o voto é secreto (Kerr & MacCoun, 1985). Assumir um compromisso público faz as pessoas hesitarem mais em recuar.

Persuasores inteligentes sabem disso. Os vendedores fazem perguntas que nos levam a fazer declarações favoráveis, e não contrárias, ao que eles estão vendendo. Ambientalistas pedem às pessoas que se comprometam com a reciclagem, a conservação de energia ou a utilização de ônibus. Isso porque o comportamento assim muda mais do que quando os apelos ambientais são ouvidos sem convite para um comprometimento (Katzev & Wang, 1994). Relata-se que adolescentes de 14 a 17 anos que se comprometem publicamente a manter a virgindade até o casamento são um pouco mais propensas a permanecer sexualmente abstinentes ou adiarem suas relações sexuais do que adolescentes semelhantes que não se comprometem dessa forma (Bearman & Brückner, 2001; Brückner & Bearman, 2005). (No entanto, caso violem o compromisso, elas são um pouco menos propensas a usar preservativo.)

"Tudo bem. Faça como quiser. A bola valeu."

Comprometimento anterior: depois de se comprometerem com uma posição, as pessoas raramente cedem à pressão social. Árbitros e juízes reais raramente revertem seus julgamentos iniciais.
© The New Yorker Collection, 1980, Robert Mankoff, de cartoonbank.com. Todos os direitos reservados.

Resumo: O que prediz conformidade?

- Usando procedimentos para testagem da conformidade, pesquisadores têm explorado as circunstâncias que produzem conformidade. Certas situações parecem ser especialmente poderosas. Por exemplo, a conformidade é afetada pelas características do grupo: as pessoas se conformam mais quando três ou mais pessoas, ou grupos, servem de modelo para o comportamento ou crença.
- A conformidade é reduzida se o comportamento ou crença imitado não é unânime.
- A conformidade é reforçada pela coesão do grupo.
- Quanto mais alto o *status* daqueles que servem de exemplo para um comportamento ou crença, maior a probabilidade de conformidade.
- As pessoas também se conformam mais quando suas respostas são públicas (na presença do grupo).
- Um comprometimento prévio com um determinado comportamento ou crença aumenta a probabilidade de que uma pessoa mantenha-se fiel a esse comprometimento em vez de se conformar.

Por que se conformar?

Quais as duas formas de influência social que explicam por que as pessoas estarão em conformidade com os outros?

"'Estais vendo aquela nuvem em forma de camelo?' pergunta Hamlet, de Shakespeare, a Polônio. 'Parece, de fato, um camelo', responde Polônio. 'Creio que parece mais uma doninha', diz Hamlet um momento depois. 'É certo; o dorso é de doninha', reconhece Polônio. 'Ou uma baleia?' pergunta Hamlet. 'Uma baleia, realmente; muito semelhante', concorda Polônio". Pergunta: por que Polônio concorda tão prontamente cada vez que Hamlet muda de ideia?

Ou considere essa situação real: lá estava eu, um norte-americano assistindo a minha primeira palestra durante uma visita prolongada em uma universidade alemã. Quando o professor terminou, levantei minhas mãos para juntar-me às palmas. Mas em vez de baterem palmas, as outras pessoas começaram a bater nas mesas com os nós dos dedos. O que isso significava? Será que eles desaprovam a fala? Certamente, nem todas as pessoas seriam tão explicitamente rudes com um dignitário visitante. Tampouco seus rostos expressavam desagrado. Não, percebi, esta deve ser uma ovação alemã. Diante disso, adicionei meus dedos ao coro.

O que motivou essa conformidade? Por que não bati palmas enquanto os outros batiam os dedos? Por que Polônio ecoava as palavras de Hamlet com tanta prontidão? Existem duas possibilidades: uma pessoa pode se curvar ao grupo (a) para ser aceita e evitar a rejeição ou (b) para obter informação importante. Morton Deutsch e Harold Gerard (1955) denominaram essas duas possibilidades **influência normativa** e **influência informacional**. A primeira origina-se de nosso desejo de ser *gostado*, e a segunda de nosso desejo de estar *certo*.

Influência normativa é "acompanhar o grupo" para evitar rejeição, manter-se nas boas graças das pessoas ou obter sua aprovação. Talvez o subordinado Polônio estivesse disposto a mudar de ideia e concorda com Hamlet, o príncipe da Dinamarca, de *status* superior, para bajulá-lo.

No laboratório e na vida cotidiana, os grupos muitas vezes rejeitam aqueles que se desviam de forma consistente (Miller & Anderson, 1979; Schachter, 1951). Esta é uma lição aprendida por um professor de estudos de mídia que se tornou um pária enquanto jogava "City of Heroes" na internet (Vargas, 2009). O professor, por quem sinto empatia uma vez que (não estou inventando isso) compartilhamos do mesmo nome – David Myers –, seguia as regras, mas não se conformava com os costumes. Assim como antipatizamos com motoristas que andam a 80 km/h em um trecho onde é permitido andar a 110 km/h por violarem as normas, mas não as regras, Myers foi ridicularizado com mensagens instantâneas: "Espero que sua mãe tenha câncer". "TODOS ODEIAM VOCÊ." "Se você me matar mais uma vez, eu vou aí te matar de verdade e não estou brincando."

Como a maioria de nós sabe, a rejeição social é dolorosa; quando nos desviamos das normas do grupo, muitas vezes pagamos um preço emocional. Exames cerebrais mostram que as decisões grupais que diferem de nossa própria decisão ativam uma área do cérebro que também é ativada quando sentimos a dor de más decisões de aposta (Klucharev et al., 2009). Gerard (1999) lembra que, em um de seus experimentos de conformidade, um participante inicialmente amistoso ficou chateado, pediu para sair da sala e voltou parecendo

> doente e visivelmente abalado. Fiquei preocupado e sugeri que interrompêssemos a sessão. Ele recusou-se terminantemente a parar e completou todos os 36 ensaios, não cedendo aos outros em nenhum deles. Quando o experimento acabou e eu expliquei-lhe o embuste, todo o seu corpo relaxou e ele suspirou aliviado. Seu rosto voltou a ficar corado. Eu perguntei por que ele havia saído da sala. "Para vomitar", disse ele. Ele não cedeu, mas a que preço! Ele queria tanto ser aceito e apreciado pelos outros e estava com medo de que não seria porque se manteve firme contra eles. Aí vemos a pressão normativa atuando violentamente.

---

influência normativa
Conformidade baseada no desejo de uma pessoa de satisfazer as expectativas dos outros, muitas vezes para obter aceitação.

influência informacional
Conformidade que ocorre quando as pessoas aceitam evidências sobre a realidade fornecidas por outras pessoas.

"Se você estiver preocupado com perder o barco, lembre-se do Titanic."
—ANÔNIMO

Às vezes, o alto preço do desvio obriga as pessoas a endossarem o que não acreditam ou pelo menos suprimirem sua discordância. "Eu tinha medo de que Leideritz e outros fossem pensar que eu era covarde", disse um oficial alemão, explicando sua relutância em discordar das execuções em massa (Waller, 2002). Temendo a corte marcial por desobediência, alguns dos soldados em My Lai participaram do massacre. A influência normativa leva à obediência sobretudo no caso de pessoas que recentemente viram outras serem ridicularizadas ou que estejam buscando subir de *status* (Hollander, 1958; Janes & Olson, 2000). Como lembrou John F. Kennedy (1956, p.4): "'a maneira de se dar bem'", disseram-me quando entrei no Congresso, 'é cooperar'".

A influência normativa muitas vezes nos influencia sem nossa consciência. Quando uma equipe de pesquisa liderada por Jessica Nolan (2008) perguntou a 810 californianos o que influenciava sua conservação de energia, as pessoas consideraram que proteção ambiental e economia de dinheiro eram mais influentes do que o fato de outras pessoas fazerem isso. No entanto, eram suas crenças sobre com que frequência os seus vizinhos tentavam conservar que melhor previu sua percepção de sua própria conservação. E em um estudo de seguimento, foram as mensagens normativas penduradas nas portas, tais como "99% das pessoas em sua comunidade disseram que desligam luzes desnecessárias para economizar energia", que produziram a maior queda no uso de eletricidade.

Em contrapartida, a influência informacional leva as pessoas a aceitarem privadamente a influência dos outros. Observando as mudanças no formato de uma nuvem, Polônio pode de fato ver o que Hamlet o ajuda ver. Quando a realidade é ambígua, como era para os participantes da situação autocinética, outras pessoas podem ser uma valiosa fonte de informação. O indivíduo pode pensar: "Eu não sei dizer até onde a luz está se movendo. Mas esse cara parece saber."

Nossos amigos têm influência extra sobre nós por razões informacionais, bem como normativas (Denrell, 2008; Denrell & Le Mens, 2007). Se nosso amigo compra um determinado carro e nos leva a um determinado restaurante, vamos obter informações que podem nos levar a gostar do que nosso amigo gosta, mesmo se não nos importamos com o que ele gosta. Nossos amigos influenciam as experiências que informam as nossas atitudes.

Para descobrir o que o cérebro está fazendo quando as pessoas se submetem a um experimento de conformidade como o de Asch, uma equipe de neurociência da Emory University colocou os participantes em um *scanner* de ressonância magnética funcional (IRMf) e observou sua atividade cerebral enquanto eles respondiam a perguntas de percepção depois de ouvirem as respostas dos outros (Berns et al., 2005). (A tarefa envolvia girar mentalmente uma figura para encontrar sua correspondente entre várias possibilidades.) Quando os participantes se conformaram a uma resposta errada, as regiões cerebrais dedicadas à percepção foram ativadas. Quando eles foram *contra* o grupo, as regiões cerebrais associadas à emoção foram ativadas. Esses resultados sugerem que quando as pessoas se conformam, suas percepções podem ser genuinamente influenciadas.

Então, a preocupação com *a imagem social* produz *influência normativa*. O desejo de estar *certo* produz *influência informacional*. No dia a dia, as influências normativas e informacionais muitas vezes ocorrem em conjunto. Eu não estava prestes a ser a única pessoa a bater palmas naquela sala de palestra alemã (influência normativa). No entanto, o comportamento dos outros também me mostrou a forma adequada de expressar o meu apreço (influência informacional).

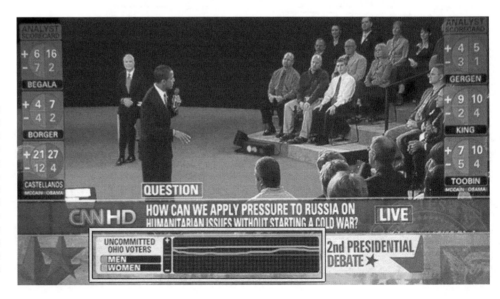

A influência social nas avaliações dos debates políticos: influência normativa ou informacional? Enquanto assistiam aos debates presidenciais norte-americanos de 2008 na CNN, as pessoas também podiam ver em tempo real a pontuação de jornalistas, especialistas e (na parte inferior da tela) de um grupo de foco de eleitores indecisos, cujas respostas aos vários argumentos eram calculadas e exibidas como linhas móveis. A pesquisa sugere que, mais do que supõem, as pessoas podem ser influenciadas por verem as reações positivas ou negativas das outras pessoas a cada candidato (Fein et al., 2007).

Os experimentos de conformidade às vezes isolaram influência normativa ou informacional. A conformidade é maior quando as pessoas respondem publicamente diante de um grupo, o que certamente reflete influência normativa (porque as pessoas recebem a mesma informação quer respondam de forma pública ou privada). Porém, a conformidade é maior quando os participantes se sentem incompetentes, quando a tarefa é difícil e quando os indivíduos se importam com ser correto – todos sinais de influência informacional.

Resumo: Por que se conformar?

- Experimentos revelam duas razões pelas quais as pessoas se conformam. A *influência normativa* resulta de nosso desejo de sermos aceitos: queremos ser amados. A tendência a se conformar mais ao responder publicamente reflete a influência normativa.
- A *influência informacional* resulta de evidências sobre a realidade fornecidas pelos outros. A tendência a se conformar mais em tarefas de tomada de decisão difíceis reflete a influência informacional: queremos estar certos.

Têm-se observado que os chimpanzés, como os seres humanos, imitam seus pares. Ele podem copiar o uso de ferramentas ou hábitos de lavagem de alimentos observados em modelos. E depois de terem observado e adquirido uma forma cultural de fazer alguma coisa – talvez uma técnica para catar formigas saborosas com uma vareta –, eles persistem.

Quem se conforma?

A conformidade varia não só com as situações, mas também com as pessoas. Quanto? E em que contextos sociais os traços de personalidade são mais claramente evidentes?

Algumas pessoas geralmente são mais sensíveis (ou devo dizer, mais abertas) à influência social? Entre seus amigos, você pode identificar alguns que são "conformistas" e outros que são "independentes"? Em sua busca pelo conformador, os pesquisadores se concentraram em três preditores: personalidade, cultura e papéis sociais.

Personalidade

Durante as décadas de 1960 e 1970, os pesquisadores observaram apenas ligações fracas entre características pessoais e comportamentos sociais, tais como a conformidade (Mischel, 1968). Em contraste com o poder incontestável de fatores situacionais, escores de personalidade foram maus preditores do comportamento dos indivíduos. Se você quisesse saber o quanto alguém demonstraria conformidade, agressividade ou prestatividade, parece que você estaria em melhores condições sabendo da situação do que dos escores da pessoa em testes psicológicos. Como Milgram (1974, p. 205) concluiu: "estou certo de que há uma base complexa da obediência e desobediência na personalidade. Mas sei que não a encontramos".

Durante a década de 1980, a ideia de que disposições pessoais fazem pouca diferença motivou os pesquisadores da personalidade a identificar as circunstâncias em que os traços *realmente* predizem o comportamento. Sua pesquisa afirma um princípio que encontramos no Capítulo 4: embora fatores internos (atitudes, traços) raramente prevejam com precisão uma ação específica, eles predizem o comportamento *médio* de uma pessoa em muitas situações (Epstein, 1980; Rushton et al., 1983). Uma analogia pode ajudar: assim como sua resposta a um único item de teste é difícil de prever, também o é seu comportamento em uma única situação. E assim como sua pontuação total nos vários itens de um teste é mais previsível, também o é sua total conformidade (ou extroversão ou agressividade) em muitas situações.

A personalidade também prevê melhor o comportamento quando as influências sociais são fracas. Os experimentos de obediência de Milgram criaram situações

Efeitos de personalidade parecem maiores quando observamos as reações das pessoas à mesma situação, como quando uma pessoa reage com pavor e outra com prazer em uma montanha-russa.

"fortes"; suas claras demandas dificultaram a atuação de diferenças de personalidade. Mesmo assim, os participantes de Milgram diferiram muito em seu grau de obediência, e existem boas razões para suspeitar de que às vezes a hostilidade, o respeito à autoridade e a preocupação dos participantes em corresponder às expectativas afetaram sua obediência (Blass, 1990, 1991). Além disso, em situações "mais fracas" – como quando dois estranhos se sentam em uma sala de espera sem pistas que orientem seus comportamentos –, as personalidades individuais são livres para se manifestar (Ickes et al., 1982; Monson et al., 1982). Até mesmo humores temporários importam. Humores positivos, que induzem a um processamento de informações mais superficial, tendem a aumentar a conformidade, humor negativos a reduzi-la (Tong et al., 2008).

Mas mesmo em situações fortes, os indivíduos diferem. Um relatório do exército sobre o abuso na prisão de Abu Ghraib elogiou três homens que, apesar das ameaças de zombaria e corte marcial, não se uniram a seus companheiros (O'Connor, 2004). O tenente David Sutton pôs fim a um incidente e alertou seus comandantes. "Eu não quero julgar, mas sim, testemunhei algo impróprio e fiz a denúncia", disse Sutton; o adestrador de cães da marinha William Kimbro resistiu à "pressão significativa" para participar de "interrogatórios impróprios", e o especialista Joseph Darby soprou o apito, dando à polícia militar a prova que acionou o alarme. Darby, chamado de "rato" por alguns, recebeu ameaças de morte por sua divergência e recebeu proteção militar. Mas de volta em casa, sua mãe uniu-se aos aplausos: "Querido, estou tão orgulhosa de você, porque você fez uma coisa boa e o bem sempre triunfa sobre o mal, e a verdade sempre o libertará" (ABC News, dezembro de 2004).

O pêndulo da opinião profissional oscila. Sem descurar do poder inegável das forças sociais reconhecidas nas décadas de 1960 e 1970, o pêndulo oscilou de volta para uma apreciação da personalidade individual e suas predisposições genéticas. Como os pesquisadores da atitude que consideramos anteriormente, os pesquisadores da personalidade estão esclarecendo e reafirmando a ligação entre quem somos e o que fazemos. Graças a seus esforços, os psicólogos sociais de hoje concordam com a máxima do pioneiro da teoria Kurt Lewin (1936, p.12): "todo evento psicológico depende do estado da pessoa e ao mesmo tempo do ambiente, embora sua importância relativa seja diferente em casos diferentes".

"Eu não quero me ajustar a este mundo."
—WOODY GUTHRIE

Cultura

Quando pesquisadores na Austrália, Áustria, Alemanha, Itália, Jordânia, África do Sul, Espanha e Estados Unidos repetiram os experimentos de obediência, como você acha que os resultados se compararam com os dos participantes anteriores? As taxas de obediência foram semelhantes ou mesmo superiores – 85% em Munique (Blass, 2000).

O contexto cultural ajuda a prever o grau de conformidade que as pessoas terão? Sem dúvida que sim. James Whittaker e Robert Meade (1967) repetiram o experimento de conformidade de Asch em vários países e obtiveram taxas de conformidade semelhantes na maioria – 31% no Líbano, 32% em Hong Kong, 34% no Brasil –, mas 51% entre os Bantu do Zimbábue, uma tribo com fortes sanções pela não conformidade. Quando Milgram (1961) utilizou um procedimento de conformidade diferente para comparar estudantes noruegueses e franceses, ele constatou invariavelmente que os estudantes franceses eram menos conformes. Uma análise por Rod Bond e Peter Smith (1996) de 133 estudos em 17 países mostrou como os valores culturais influenciam a conformidade. Comparadas a pessoas em países individualistas, aquelas que vivem em países coletivistas (onde a harmonia é valorizada e as conexões ajudam a definir a identidade) são mais sensíveis à influência dos outros. Em países individualistas, estudantes universitários veem-se como menos conformados do que os outros em suas compras de produtos e opiniões políticas – como indivíduos em meio ao rebanho (Pronin et al., 2007).

Também existem diferenças culturais dentro de qualquer país. Por exemplo, em cinco estudos, Nicole Stephens e colaboradores (2007) descobriram que pessoas da classe trabalhadora tendem a preferir a semelhança com os outros, ao passo que pessoas de classe média preferiam mais fortemente verem a si mesmas como indivíduos únicos. Em um experimento, as pessoas escolhem uma caneta dentre cinco canetas verde e laranja (com três ou quatro de uma cor só). De universitários da classe trabalhadora, 72% escolheu uma caneta da cor majoritária, assim como 44% das pessoas de classe média (com um dos pais com ensino superior). Os da classe trabalhadora também passaram a gostar mais da caneta que escolheram depois de verem alguém fazer a mesma escolha. Eles responderam mais positivamente a um amigo que conscientemente comprou o mesmo carro que eles tinham acabado de comprar. Além disso, mostraram-se mais propensos a preferir imagens visuais que sabiam que os outros tinham escolhido.

Além disso, as culturas podem mudar com o tempo. Repetições do experimento de Asch com estudantes universitários na Grã-Bretanha, Canadá e Estados Unidos às vezes provocam menos conformidade do que Asch observou duas ou três décadas antes (Lalancette & Permanente, 1990; Larsen, 1974, 1990; Nicholson et al., 1985; Perrin & Spencer, 1981). Então, conformidade e obediência são fenômenos universais, mas variam entre as culturas e épocas.

Papéis sociais

Todo o mundo é um palco,
E todos os homens e mulheres meros atores:
Eles têm suas saídas e suas entradas;
E um homem em seu tempo desempenha muitos papéis.
—William Shakespeare

A herdeira Patrícia Hearst como a revolucionária "Tanya" e como *socialite* abastada.

Os teoristas dos papéis assumem, como o personagem Jaques, de William Shakespeare, em *Como gostais,* que a vida social é como atuar em um palco de teatro, com todas as suas cenas, máscaras e *scripts*. E esses papéis têm muito a ver com conformidade. Os papéis sociais permitem alguma liberdade de interpretação para aqueles que os representam, mas alguns aspectos de qualquer papel *devem* ser desempenhados. Um aluno deve pelo menos aparecer para os exames, entregar trabalhos e manter alguma média geral mínima.

Quando apenas algumas normas estão associadas a uma categoria social (p. ex., os usuários de uma escada rolante devem ficar de pé à direita e caminhar à esquerda), não consideramos a posição um papel social. É preciso todo um conjunto de normas para definir um papel. Eu poderia facilmente produzir uma longa lista de normas às quais me conformo em meu papel como professor ou como pai. Embora eu possa adquirir minha imagem particular por violar as normas menos importantes (valorizando a eficiência, raramente chego cedo para qualquer coisa), violar as normas mais importantes do meu papel (não comparecendo às aulas, abusando de meus filhos) poderia ter acarretado minha demissão ou perder o direito de cuidar de meus filhos.

Papéis têm efeitos poderosos. No Capítulo 4, observamos que tendemos a absorver nossos papéis. No primeiro encontro ou em um novo emprego, você pode desempenhar o papel de maneira autoconsciente. À medida que você internaliza os papéis, a autoconsciência diminui. O que parecia estranho agora parece genuíno.

Essa é a experiência de muitos imigrantes, trabalhadores da Peace Corps e estudantes internacionais e executivos. Depois de chegar a um novo país, é preciso tempo para aprender a falar e agir adequadamente no novo contexto – conformar-se, como eu fiz com os alemães que batiam os nós dos dedos em suas escrivaninhas. E a experiência quase universal de quem é repatriado é a angústia do reingresso (Sussman, 2000). De modos que talvez não tenhamos percebido, o processo de conformidade terá mudado nosso comportamento, nossos valores e nossa identidade para nos acomodarmos a um lugar diferente. É preciso se "reconformar" aos papéis anteriores para poder voltar a estar em sincronia.

O caso do sequestro de Patrícia Hearst, herdeira de um império jornalístico, ilustra o poder de interpretação de papéis. Em 1974, então com 19 anos, Hearst foi raptada por jovens revolucionários que se declararam como o Exército Simbionês de Libertação (SLA). Pouco depois, Hearst anunciou publicamente que tinha se unido a seus sequestradores e renunciou a sua vida anterior, a seus pais ricos e a seu noivo. Ela pediu que as pessoas "tentassem entender as mudanças pelas quais eu passei". Doze dias depois, uma câmera de segurança registrou sua participação em um assalto armado da SLA.

Dezenove meses depois, Hearst foi detida. Depois de dois anos de reclusão e "desprogramação", ela retomou seu papel como herdeira, casando-se "bem" e tornando-se uma mãe e escritora abastada de Connecticut que dedica boa parte de seu tempo a causas beneficentes (Johnson, 1988; Schiffman, 1999). Se Patricia Hearst tivesse realmente sido uma revolucionária no "armário" o tempo todo, ou se ela apenas tivesse obedecido a seus sequestradores para evitar a punição, as pessoas poderiam ter entendido suas ações. O que elas não conseguiam compreender (e, portanto, o que fez desta uma das maiores histórias jornalísticas da década de 1970) foi que, como escreveu Philip Brickman (1979), "ela pudesse de fato ser uma herdeira, de fato uma revolucionária e então talvez de fato uma herdeira novamente". Certamente, uma mudança de papel nessa escala não poderia acontecer comigo ou com você – ou poderia?

Sim e não. Como vimos anteriormente neste capítulo, nossas ações não dependem apenas do poder da situação, mas também de nossas personalidades. Nem todo mundo responde da mesma forma à pressão para se conformar. Na difícil situação de Patricia Hearst, qualquer um de nós poderia responder de forma diferente. No entanto, vimos que as situações sociais podem fazer a maioria das pessoas "normais" se comportar de maneiras "anormais". Isso fica claro a partir dos experimentos que colocam pessoas bem-intencionadas em situações ruins para ver se prevalece o bem ou o mal. Até certo ponto assustador, vence o mal. Pessoas bacanas muitas vezes não terminam bacanas.

INVERSÃO DE PAPÉIS

"Grande Espírito, ajuda-me a jamais julgar o outro até que eu tenha andado uma lua em seus mocassins".
—PRECE INDÍGENA NORTE-AMERICANA

O desempenho de papéis também pode ser uma força positiva. Ao desempenhar intencionalmente um novo papel e se conformar a suas expectativas, as pessoas às vezes mudam ou sentem empatia por pessoas cujos papéis diferem dos seus.

Papéis muitas vezes vêm em pares definidos por relações – mãe e filho, professor e aluno, médico e paciente, empregador e empregado. Inversões de papéis podem ajudar cada um a entender o outro. Um negociador ou um líder do grupo pode, portanto, criar uma melhor comunicação fazendo os dois lados inverterem os papéis, com cada um defendendo a posição do outro. Ou cada lado pode ser solicitado a reafirmar o argumento da outra parte (até que o outro esteja satisfeito) antes de responder. Na próxima vez que você entrar em uma discussão difícil com um amigo ou um de seus pais, tente reformular as percepções e sentimentos da outra pessoa antes de prosseguir com as suas. Essa conformidade temporária intencional pode reparar seu relacionamento.

Até agora neste capítulo, discutimos os estudos clássicos de conformidade e obediência, identificamos os fatores que predizem a conformidade e consideramos quem se conforma e por quê. Lembre-se de que a nossa missão principal na psicologia social não é catalogar diferenças, mas identificar princípios universais de comportamento.

Os papéis sociais vão sempre variar com a cultura, mas os processos pelos quais esses papéis influenciam o comportamento variam muito menos. Na Nigéria e no Japão, as pessoas definem os papéis de adolescentes de forma diferente das pessoas na Europa e América do Norte, mas em todas as culturas as expectativas dos papéis orientam a conformidade encontrada nas relações sociais.

Resumo: Quem se conforma?

- A pergunta "quem se conforma?" produziu poucas respostas definitivas. Escores de personalidade são maus preditores de atos específicos de conformidade, mas melhores preditores de conformidade média. Efeitos de traços são mais fortes em situações "fracas" em que as forças sociais não sobrecarregam as diferenças individuais.

- Embora a conformidade e a obediência sejam universais, diferentes culturas socializam as pessoas a serem mais ou menos responsivas socialmente.
- Os papéis sociais envolvem certo grau de conformidade, e conformar-se às expectativas é uma tarefa importante ao iniciar um novo papel social.

Algumas vezes queremos ser diferentes?

Será que as pessoas resistirão ativamente à pressão social? Quando obrigadas a fazer A, farão Z em seu lugar? O que poderia motivar essa anticonformidade?

"Fazer exatamente o oposto também é uma forma de imitação."
—LICHTENBERG, APHORISMEN, 1764-1799

Este capítulo enfatiza o poder das forças sociais. É, portanto, apropriado concluí-lo recordando-nos novamente do poder da pessoa. Não somos apenas bolas de bilhar que vão para onde são empurradas. Podemos agir de acordo com nossos próprios valores, independentemente das forças que atuam sobre nós. Saber que alguém está tentando nos coagir pode até mesmo levar-nos a reagir na direção *oposta*.

Reatância

reatância
Um motivo para proteger ou recuperar o senso de liberdade. Surge reatância quando alguém ameaça a nossa liberdade de ação.

As pessoas valorizam o seu sentido de liberdade e de autoeficácia. Quando pressão social flagrante ameaça sua sensação de liberdade, elas muitas vezes se rebelam. Pense em Romeu e Julieta, cujo amor foi intensificado pela oposição de suas famílias. Ou pense em crianças afirmando sua liberdade e independência, fazendo o oposto do que seus pais pedem. Pais experientes, portanto, oferecem escolhas em vez de comandos a seus filhos: "É hora de se lavar: você quer na banheira ou no chuveiro?".

A teoria da **reatância** psicológica – de que as pessoas agem para proteger sua sensação de liberdade – é respaldada por experimentos que mostram que as tentativas de restringir a liberdade de uma pessoa muitas vezes produzem um "efeito bumerangue" de anticonformidade (Brehm & Brehm, 1981; Nail et al., 2000). Em um experimento de campo, muitos estudantes não *nerds* pararam de usar uma determinada pulseira quando estudantes acadêmicos *nerd* próximos começaram a usá-la (Berger & Heath, 2008). Da mesma forma, britânicos ricos se dissociaram de um grupo diferente quando pararam de usar determinados bonés depois que a moda pegou entre *hooligans* (Clevstrom & Passariello, 2006).

Reatância.
NON SEQUITUR © 1997 Wiley Miller. Reproduzida com permissão do Universal Press Syndicate. Todos os direitos reservados.

A reatância pode contribuir para o consumo de bebidas alcoólicas entre menores. Uma pesquisa do Centro Canadense de Abuso de Substâncias (1997) com jovens de 18 a 24 anos revelou que 69% das pessoas acima da idade legalmente permitida para beber (21 anos) haviam bebido no último ano, assim como havia feito 77% dos *menores de* 21 anos. Nos Estados Unidos, uma pesquisa entre estudantes de 56 *campi* revelou uma taxa de 25% de abstinência de álcool entre estudantes acima da idade mínima permitida para beber (21 anos), mas uma taxa de abstinência de apenas 19% entre estudantes menores de 21 anos (Engs & Hanson, 1989).

Afirmando a singularidade

Imagine um mundo de total conformidade, onde não houvesse diferenças entre as pessoas. Será que esse mundo seria um lugar feliz? Se a não conformidade pode criar desconforto, a mesmice pode criar conforto?

As pessoas sentem desconforto quando parecem muito diferente das outras. Mas em culturas ocidentais individualistas, elas também se sentem desconfortáveis quando parecem exatamente iguais a todo mundo. Como mostram os experimentos de C. R. Snyder e Fromkin Howard (1980), as pessoas se sentem melhor quando se veem como moderadamente singulares. Além disso, elas agem de modos que afirmam sua individualidade. Em um experimento, Snyder (1980) levou os estudantes da Purdue University a acreditarem que suas "10 atitudes mais importantes" ou eram distintas ou quase idênticas às atitudes de 10 mil outros alunos. Quando posteriormente participaram de um experimento de conformidade, os que tinham sido privados de sua sensação de exclusividade mostraram-se mais propensos a afirmar sua individualidade por meio de não conformidade. Além disso, indivíduos que têm maior "necessidade de singularidade" tendem a ser os menos sensíveis à influência da maioria (Imhoff & Erb, 2009).

Reatância em ação? Verificou-se que estudantes menores de idade eram abstinentes com menos frequência e bebiam em excesso com mais frequência do que estudantes acima da idade legal para beber.

Tanto a influência social quanto o desejo de singularidade aparecem em nomes populares para bebês. Pessoas que buscam nomes menos comuns muitas vezes acabam escolhendo os mesmos ao mesmo tempo. Nos Estados Unidos, os 10 nomes femininos mais escolhidos em 2007 foram Isabella (2), Madison (5) e Olivia (7). Aqueles que em 1960 quiseram se distanciar do bando chamando seus bebês de Rebecca, pensando que estavam resistindo à convenção, logo descobriram que sua escolha fazia parte de um novo bando, observa Peggy Orenstein (2003). Hillary, um nome popular no final dos anos de 1980 e início dos 1990, passou a parecer menos original e se tornou menos frequente depois que Hillary Clinton tornou-se famosa (mesmo entre seus admiradores). Embora a popularidade desses nomes depois desapareça, observa Orenstein, ela pode ressurgir com uma futura geração. Max, Rose e Sophie soam como a lista de uma clínica geriátrica – ou de uma escola de ensino fundamental.

Quando tatuar o corpo começar a ser percebido como comportamento de bando – como indicação de conformidade e não de individualidade – podemos esperar que sua popularidade irá diminuir.

"Quando estou nos Estados Unidos, não tenho nenhuma dúvida de que sou judeu, mas tenho sérias dúvidas quanto a se realmente sou norte-americano. E quando chego a Israel, eu sei que sou norte-americano, mas tenho sérias dúvidas quanto a se sou judeu."
—LESLIE FIEDLER, *O VIOLINISTA NO TELHADO*, 1991

Ver a si mesmo como único também aparece nos "autoconceitos espontâneos" das pessoas. William McGuire e seus colegas da Yale (McGuire et al., 1979; McGuire & Padawer-Singer, 1978) relatam que quando as crianças são convidadas a "falar sobre si mesmas", elas são mais propensas a mencionar seus atributos distintivos. Crianças nascidas no exterior são mais propensas que outras a mencionar sua terra natal. Ruivas são mais propensas que as crianças de cabelos negros e castanhos a mencionar espontaneamente a cor de seu cabelo. Crianças leves e pesadas são mais propensas a se referirem a seu peso corporal. Crianças de minorias são as mais propensas a mencionar a sua raça.

"A autoconsciência, o reconhecimento de um ser por si mesmo como um *self*, [não pode] existir exceto em contraste com um 'outro', um algo que não seja o si mesmo."
—C.S. LEWIS, *O PROBLEMA DO SOFRIMENTO*, 1940

Da mesma forma, tornamo-nos mais cientes de nosso gênero quando estamos com pessoas do sexo oposto (Cota & Dion, 1986). Quando participei de uma reunião da American Psychological Association junto com 10 outras pessoas – todas elas mulheres, como aconteceu –, imediatamente me conscientizei de meu sexo. Quando fizemos uma pausa no final do segundo dia, fiz uma brincadeira dizendo que a fila para o meu banheiro seria curta, o que fez a mulher sentada ao meu lado perceber algo que não havia lhe ocorrido – a composição de gênero do grupo.

O princípio, diz McGuire e colaboradores (1978), é que "tem-se consciência de si mesmo na medida e nos aspectos em que se é diferente." Assim, "se sou uma mulher negra em um grupo de mulheres brancas, tendo a pensar em mim como uma negra; caso eu me mude para um grupo de homens negros, minha negritude perde a saliência e eu me torno mais consciente de ser uma mulher". Isso nos ajuda a entender por que pessoas brancas que crescem em meio a não brancas tendem a ter uma forte identidade branca, por que homossexuais podem estar mais conscientes de sua identidade sexual do que heterossexuais e por que qualquer grupo minoritário tende a ser consciente de sua especificidade e de como a cultura circundante se relaciona com ele (Knowles & Peng, 2005). O

Afirmando nossa singularidade. Embora não desejemos ser muito desviantes, geralmente expressamos nossa singularidade em nossos estilos e roupas pessoais.

grupo majoritário, sendo menos consciente de raça, pode ver o grupo minoritário como hipersensível. Quando ocasionalmente estou morando na Escócia, onde meu sotaque americano me distingue como estrangeiro, estou consciente da minha identidade nacional e sou sensível à forma como os outros reagem a ela.

Quando as pessoas de duas culturas são praticamente idênticas, eles ainda assim notam as suas diferenças, mesmo que pequenas. Mesmo distinções triviais podem provocar desdém e conflito. Jonathan Swift satiriza o fenômeno em *As viagens de Gulliver* com a história da guerra dos Pequenos Endians contra os Grandes Endians. Sua diferença: os Pequenos Endians preferem quebrar os ovos no lado menor, os Grandes Endians no lado maior. Em escala mundial, as diferenças entre sunitas e xiitas, hutus e *tutsis* ou entre católicos e protestantes da Irlanda do Norte podem não parecer grandes. Mas quem lê os jornais sabe que essas pequenas diferenças significaram grandes conflitos (Rothbart & Taylor, 1992). A rivalidade com frequência é mais intensa quando o outro grupo se assemelha muito com você.

Assim, apesar de não gostarmos de sermos muito desviantes, somos, ironicamente, todos iguais ao querer nos sentir distintos e ao nos perceber como distintos. (Ao pensar que você é diferente, você é como todo mundo.) Mas, como a pesquisa sobre o viés de autosserviço (Capítulo 2) deixa claro, não é apenas qualquer tipo de distinção que procuramos, e sim distinção na direção certa. Nossa busca não é apenas ser diferente da média, mas *melhor* do que a média.

Resumo: Algumas vezes queremos ser diferentes?

- A ênfase da psicologia social no poder da pressão social deve ser acompanhada por uma ênfase complementar no poder da pessoa. Não somos fantoches. Quando a coerção social torna-se flagrante, as pessoas muitas vezes experimentam *reatância* – uma motivação para desafiar a coerção a fim de manter seu senso de liberdade.

- Nós não nos sentimos confortáveis sendo muito diferentes de um grupo, mas tampouco queremos parecer iguais a todos os outros. Assim, agimos de modo a preservar o nosso senso de singularidade e individualidade. Em um grupo, estamos mais conscientes de como somos diferentes dos outros.

PÓS-ESCRITO: Sobre ser um indivíduo dentro da comunidade

Faça o seu próprio negócio. Questione a autoridade. Se parece bom, faça-o. Siga sua felicidade. Não se conforme. Pense por si mesmo. Seja fiel a si mesmo. Você deve isso a si mesmo.

Ouvimos palavras como essas repetidas vezes *se* vivemos em um país ocidental individualista, como os da Europa Ocidental, Austrália, Nova Zelândia, Canadá ou, especialmente, Estados Unidos. A suposição inconteste de que o individualismo é bom e a conformidade é ruim é o que o Capítulo 1 chamou de "representação social", uma ideia coletivamente compartilhada. Nossos heróis culturais míticos – de Sherlock Holmes a Luke Skywalker e Neo, da trilogia *Matrix* – muitas vezes se erguem contra as regras institucionais. Individualistas assumem a preeminência dos direitos individuais e celebram aquele que se coloca contra o grupo.

Em 1831, o escritor francês Alexis de Tocqueville cunhou o termo "individualismo" depois de viajar pelos Estados Unidos. Os individualistas, observou ele, não devem nada a ninguém "e dificilmente esperam alguma coisa de alguém. Eles formam o hábito de pensar em si isoladamente e imaginar que seu destino está inteiramente em suas mãos". Um século e meio depois, o psicoterapeuta Fritz Perls (1972) sintetizou esse individualismo radical na sua "prece da *Gestalt*":

> Eu faço minha parte, e você faz a sua.
> Não estou neste mundo para satisfazer suas expectativas.
> E você não está neste mundo para satisfazer as minhas.

O psicólogo Carl Rogers (1985) concordou: "a única questão que importa é: estou vivendo de uma forma que me é profundamente satisfatória e que me expressa verdadeiramente?".

Como observamos no Capítulo 2, esta dificilmente é a única questão que importa às pessoas em muitas outras culturas, incluindo as da Ásia, da América do Sul e da maior parte da África. Onde a *comunidade* é valorizada, a conformidade é aceita. Os escolares muitas vezes demonstram sua solidariedade com o uso de uniformes; muitos trabalhadores fazem o mesmo. Para manter a harmonia, o confronto e a discordância são silenciados. "A estaca que se destaca é martelada para baixo", dizem os japoneses. Os sul-africanos têm uma palavra que expressa a conexão humana. *Ubuntu*, explicou Desmond Tutu (1999), transmite a ideia de que "minha humanidade está presa e inextricavelmente ligada a sua". *Umuntu ngumuntu ngabantu*, diz uma máxima Zulu: "Uma pessoa é uma pessoa por meio de outras pessoas".

Amitai Etzioni (1993), ex-presidente da American Sociological Association, nos incita a um individualismo "comunitário" que equilibre nosso individualismo não conformista com um espírito de comunidade. O colega sociólogo Robert Bellah (1996) concorda. "O comunitarismo se baseia no valor da sacralidade do indivíduo", explica ele. Mas também "afirma o valor central da solidariedade... que nos tornamos quem somos por meio de nossos relacionamentos".

Como ocidentais em vários países, a maioria dos leitores deste livro desfruta dos benefícios do individualismo não conformista. Os comunitaristas nos lembram de que também somos criaturas sociais que possuem uma necessidade básica de pertencimento. A conformidade não é de todo ruim nem de todo boa. Portanto, fazemos bem em equilibrar o nosso "eu" e o nosso "nós", nossas necessidades de independência e de apego, nossa individualidade e nossa identidade social.

Conexão social

Neste capítulo, analisamos as influências que levam as pessoas a se conformarem, uma das quais sendo a pressão do grupo. Para ver um vídeo de meninas adolescentes discutindo como a pressão do grupo influencia sua imagem corporal, visite o Centro de Aprendizagem *On-line* (www.mhhe.com/myers10e) vinculado a este livro. Este capítulo também descreveu o trabalho de Ervin Staub sobre obediência e crueldade. É a obediência à autoridade um fator-chave no genocídio? Assista ao vídeo de Staub explorando essa questão e veja o que você pensa.

CAPÍTULO 7

Persuasão

> "Engolir e seguir, seja a velha doutrina ou a nova propaganda, é uma fraqueza que ainda domina a mente humana."
> —Charlotte Perkins Gilman, *O trabalho humano,* 1904

> "Lembre-se de que mudar vossa mente e seguir aquele que vos corrige é ser mesmo assim um agente livre."
> Marco Aurélio, *Meditações*, VIII. 16, 121-180

Joseph Goebbels, ministro para a Iluminação Nacional e Propaganda da Alemanha de 1933 a 1945, compreendia o poder da persuasão. Tendo recebido o controle das publicações, dos programas de rádio, dos filmes e das artes, ele se comprometeu a convencer os alemães a aceitarem a ideologia nazista em geral e o antissemitismo em especial. Seu colega Julius Streicher publicava um jornal antissemita semanal, o *Der Stürmer,* o único jornal lido do começo ao fim por Adolf Hitler.

Que caminhos levam à persuasão?

Quais são os elementos da persuasão?

Persuasão extrema: Como os cultos doutrinam?

Como é possível resistir à persuasão?

Pós-escrito: Ser aberto, mas não ingênuo

Streicher também publicava livros antissemitas infantis e, com Goebbels, discursava nos comícios de massa que se tornaram parte da máquina de propaganda nazista.

Que grau de eficácia tiveram Goebbels, Streicher e outros propagandistas nazistas? Será que eles, como alegaram os Aliados no julgamento de Streicher, em Nuremberg, "injetaram veneno nas mentes de muitos milhões" (Bytwerk, 1976)?

A maioria dos alemães não foi persuadida a expressar ódio furioso pelos judeus. Mas muitos foram. Outros se tornaram favoráveis a medidas como demitir professores universitários judeus, boicotar empresas de propriedade judaica e, posteriormente, mandar judeus para campos de concentração. A maioria dos demais alemães se tornou suficientemente insegura ou suficientemente intimidada a tolerar o programa maciço do regime genocida, ou ao menos permitir que ele acontecesse. Sem a cumplicidade de milhões de pessoas, não teria havido nenhum Holocausto (Goldhagen, 1996).

Mais recentemente, os poderes de **persuasão** evidenciaram-se no que uma pesquisa do Instituto Pew (2003) chamou de "racha entre norte-americanos e europeus ocidentais" sobre a guerra do Iraque. Pesquisas pouco antes da guerra revelaram que os norte-americanos eram favoráveis à ação militar contra o Iraque em uma proporção de cerca de dois para um, ao passo que os europeus se opunham a isso pela mesma margem (Burkholder, 2003; Moore, 2003; Pew, 2003). Quando a guerra começou, o apoio dos americanos à guerra aumentou, por algum tempo, para mais de três a um (Newport et al., 2003). Com exceção de Israel, as pessoas pesquisadas em todos os outros países se opuseram ao ataque.

Sem tomar partido sobre a sabedoria da guerra – debate que podemos deixar para a História –, podemos certamente concordar com o seguinte: a enorme discrepância entre a opinião dos norte-americanos e dos cidadãos de outros países refletiu persuasão. O que convenceu a maioria dos estadunidenses a ser a favor da guerra? O que convenceu a maioria das pessoas em outros lugares a se opor a isso?

Atitudes estavam sendo moldadas, ao menos em parte, por mensagens persuasivas na mídia dos Estados Unidos, as quais levaram metade dos norte-americanos a acreditar que Saddam Hussein estava diretamente envolvido nos ataques de 11 de setembro e 4 em cada 5 cidadãos a acreditarem falsamente que armas de destruição em massa seriam encontradas (Duffy, 2003; Gallup, 2003; Newport et al., 2003). O sociólogo James Davison Hunter (2002) destaca que a conformação cultural geralmente ocorre de cima para baixo, pois as elites culturais controlam a disseminação de informações e ideias. Assim, os norte-americanos e as pessoas em outros lugares conheceram e viram duas guerras diferentes (della Cava, 2003; Friedman, 2003; Goldsmith, 2003; Krugman, 2003; *Tomorrow*, 2003). Dependendo do país onde você vivia e dos meios de comunicação de que dispunha, você pode ter ouvido falar da "libertação do Iraque pelos Estados Unidos" ou "da invasão do Iraque pelos Estados Unidos".

Na visão de muitos estadunidenses, os meios de comunicação de outros países combinaram um viés antiamericano generalizado com uma cegueira para a ameaça representada por Saddam. Para muitas pessoas em outros lugares, a mídia americana "incrustada" era tendenciosa em favor dos militares. Independentemente de onde estava o viés ou qual das perspectivas era mais bem informada, parece claro que, dependendo de onde viviam, as pessoas recebiam (e discutiam e acreditavam em) informações diferentes. A persuasão é importante.

Forças de persuasão também foram aproveitadas para promover uma vida mais saudável. Graças também às campanhas de promoção da saúde, os Centros de Controle de Doenças relatam que a taxa de tabagismo nos Estados Unidos despencou para 21%, metade da taxa de 40 anos atrás. A *Statistics Canada* relata um declínio do fumo semelhante no Canadá. E a taxa de novos universitários norte-americanos que se dizem abstinentes de cerveja aumentou – de 25% em 1981 para 41% em 2007 (Pryor et al., 2007).

Como mostram esses exemplos, os esforços para persuadir são às vezes diabólicos, às vezes controversos e às vezes benéficos. A persuasão não é intrinsecamente boa ou ruim. É o propósito e o conteúdo de uma mensagem que provocam julgamentos de bom ou ruim. O ruim chamamos "propaganda". O bom chamamos "educação". A educação é mais baseada em fatos e menos coercitiva que a propaganda. No entanto, em geral chamamos de "educação" quando acreditamos e de "propaganda" quando não acreditamos (Lumsden et al., 1980).

Um caso em questão: há três décadas, Al Gore tem procurado explicar "uma verdade inconveniente", que poucos queriam ouvir. Expelindo quantidades maciças de dióxido de carbono na atmosfera, a humanidade está ameaçando o seu futuro. Um crescente consenso científico, relata ele, prevê o consequente aquecimento global, derretimento das calotas polares, elevação dos mares, clima mais extremo e milhões de mortes resultantes. Com seu *show* itinerante (e resultantes filme, livro e concerto musical Live Earth apresentado em

persuasão
O processo pelo qual uma mensagem induz mudança de crenças, atitudes ou comportamentos.

"A fala tem poder. As palavras não desaparecem. O que começa como um som termina em uma ação."
—RABINO ABRAHAM HESCHEL, 1961

A persuasão está em toda parte. Quando nós a aprovamos, podemos chamá-la de "educação".

> "Um fanático é aquele que não pode mudar de ideia e não vai mudar de assunto."
> —WINSTON CHURCHILL, 1954

sete continentes) e por meio da Aliança para Proteção do Clima, a ambição de Gore é nada menos do que o que James Traub (2007) chama de um "programa de persuasão de massa". "O desafio central", explicou Gore para Traub, "é expandir os limites do que hoje é considerado politicamente possível. O limite externo do que hoje é considerado plausível ainda está muito aquém do limite próximo do que realmente resolveria a crise". Ainda assim, graças às crescentes evidências e consciência pública da mudança climática, ele prevê uma repentina "mudança" não linear na opinião pública.

A missão de persuasão de massa de Al Gore, da Aliança para Proteção do Clima e de outros espíritos afins é a educação? Ou isso é propaganda? Nossas opiniões têm de vir de algum lugar. A persuasão – seja ela educação ou propaganda – é, portanto, inevitável. Na verdade, a persuasão está em toda parte – no coração da política, do *marketing*, do namoro, da paternidade/maternidade, da negociação, do evangelismo e das tomadas de decisão nos tribunais. Os psicólogos sociais, portanto, procuram entender o que leva a uma efetiva mudança de atitude de longa duração. Que fatores influenciam a persuasão? Enquanto persuasores, como podemos "educar" os outros de forma mais eficaz?

Imagine que você é um executivo de *marketing* ou de publicidade. Ou imagine que você é um pregador, tentando aumentar o amor e a caridade entre os seus paroquianos. Ou imagine que você queira promover a conservação de energia, incentivar o aleitamento materno ou fazer campanha para um candidato político. O que você poderia fazer para tornar a si mesmo e sua mensagem persuasivos? E se você está desconfiado de ser influenciado, a quais táticas você deve estar atento?

Para responder a essas questões, os psicólogos sociais geralmente estudam a persuasão do modo como alguns geólogos estudam a erosão, ou seja, observando os efeitos de vários fatores em experimentos breves controlados. Os efeitos são pequenos e são mais potentes em atitudes fracas que não tocam em nossos valores. Contudo, eles nos permitem entender como, com tempo suficiente, tais fatores poderiam produzir grandes efeitos.

Que caminhos levam à persuasão?

Quais as duas vias que levam à influência? Que tipo de processamento cognitivo cada uma envolve – e com que efeitos?

Enquanto servia como psicólogo-chefe do Departamento de Guerra dos Estados Unidos durante a Segunda Guerra Mundial, o professor de Yale Carl Hovland e colaboradores (1949) apoiaram o esforço de guerra estudando a persuasão. Na esperança de aumentar o moral dos soldados, a equipe de Hovland estudou os efeitos de filmes de treinamento e de documentários históricos sobre as atitudes dos novos recrutas em relação à guerra. De volta a Yale depois da guerra, eles continuaram estudando o que torna uma mensagem persuasiva. Sua pesquisa manipulou fatores relacionados ao comunicador, ao conteúdo da mensagem, ao canal de comunicação e ao público.

Pesquisadores da Ohio State University depois sugeriram que os pensamentos das pessoas em resposta a mensagens persuasivas também importam. Se uma mensagem é clara, mas não convincente, você pode facilmente contra-argumentar e não será persuadido. Se a mensagem oferece argumentos convincentes, seus pensamentos serão mais favoráveis e você provavelmente será persuadido. Essa abordagem da "resposta cognitiva" nos ajuda a entender por que a persuasão ocorre mais em algumas situações do que em outras.

Conforme mostra a Figura 7.1, a persuasão envolve a remoção de vários obstáculos. Quaisquer fatores que ajudem as pessoas a remover os obstáculos no processo de persuasão aumentam a probabilidade de persuasão. Por exemplo, se uma fonte atraente aumenta sua atenção para uma mensagem, a mensagem terá mais chance de persuadi-lo.

Rota central

Richard Petty e John Cacioppo (1986; Petty & Briñol, 2008) e Alice Eagly e Shelly Chaiken (1993, 1998) deram esse passo adiante. Eles teorizaram que a persuasão tende a ocorrer em uma de duas

FIGURA 7.1
Os obstáculos do processo de persuasão.

Para provocar ação, uma mensagem persuasiva deve superar vários obstáculos. O que é fundamental, contudo, não é tanto se lembrar da mensagem quanto dos próprios pensamentos em resposta.

Fonte: adaptada de WJ McGuire. "Um modelo de processamento de informação de eficácia da publicidade", em *Behavioral and management sciences in marketing*, Davis HL e Silk AJ, eds. Copyright © 1978. Reproduzida com permissão de John Wiley & Sons.

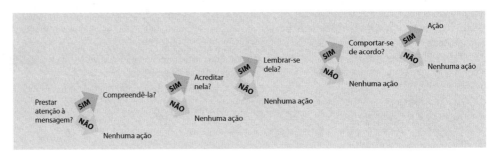

rotas. Quando as pessoas estão motivadas e são capazes de pensar sobre um assunto, estão propensas a tomar a **rota central para a persuasão** – focando nos argumentos. Se esses argumentos são fortes e convincentes, a persuasão é provável. Se a mensagem oferece apenas argumentos fracos, pessoas atentas notarão que os argumentos não são muito convincentes e contra-argumentarão.

rota central à persuasão
Ocorre quando as pessoas interessadas se concentram nos argumentos e respondem com pensamentos favoráveis.

Rota periférica

Contudo, às vezes a força dos argumentos não importa. Às vezes não estamos motivados o suficiente ou pensamos com cuidado. Se estivermos distraídos, sem envolvimento ou simplesmente ocupados, podemos não parar para refletir sobre o conteúdo da mensagem. Em vez de perceber se os argumentos são particularmente convincentes, podemos seguir a **rota periférica à persuasão** – com foco em indicadores que desencadeiam aceitação automática, sem pensar muito. Nessas situações, declarações familiares de fácil compreensão são mais convincentes do que novas declarações com o mesmo significado. Assim, para pessoas não envolvidas ou distraídas, "não ponha todos os ovos na mesma cesta" tem mais impacto do que "não arrisque tudo em um único negócio" (Howard, 1997).

rota periférica à persuasão
Ocorre quando as pessoas são influenciadas por indicadores acessórios, tais como a atratividade de um orador.

Anunciantes inteligentes adaptam os anúncios ao pensamento de seus consumidores. Eles fazem isso por uma boa razão. Grande parte do comportamento do consumidor – tal como uma decisão espontânea, enquanto faz compras, de pegar um pouco de sorvete de uma determinada marca – é feita sem pensar (Dijksterhuis et al., 2005). Algo tão insignificante como música alemã pode levar os fregueses a comprarem vinho alemão, enquanto outros, ouvindo música francesa, pegam vinho francês (North et al., 1997). *Outdoors* e comerciais de televisão – mídias que os consumidores são capazes de absorver apenas por breves quantidades de tempo – utilizam, portanto, a via periférica, com imagens visuais como estímulos periféricos. Em vez de fornecer argumentos a favor do fumo, os anúncios de cigarro associam o produto a imagens de beleza e prazer. Assim como também fazem as propagandas de refrigerantes que promovem "a coisa real" com imagens de juventude, vitalidade e ursos polares felizes. Em contrapartida, anúncios em revistas de informática (sobre os quais consumidores interessados e sensatos podem debruçar-se por algum tempo) raramente apresentam estrelas de Hollywood ou grandes atletas. Em vez disso, eles oferecem aos clientes informações sobre características e preços competitivos.

"Toda propaganda eficaz deve se limitar a uns poucos pontos e deve bater nesses *slogans* até que o último membro do público entenda."
—ADOLF HITLER, *MINHA LUTA*, 1926

Essas duas rotas para a persuasão – uma explícita e reflexiva, outra mais implícita e automática – foram um precursor dos atuais modelos de "duplo processamento" da mente humana. O processamento pela rota central muitas vezes muda rapidamente atitudes explícitas. O processamento pela rota periférica constrói atitudes implícitas mais lentamente, por meio de repetidas associações entre um objeto de atitude e uma emoção (Petty & Brinol, 2008).

Vias diferentes para propósitos diferentes

O objetivo final do anunciante, do pregador e até mesmo do professor não é apenas fazer as pessoas prestarem atenção à mensagem e avançarem. Geralmente, a meta é a mudança de comportamento (comprar um produto, amar ao próximo ou estudar de forma mais eficaz). São as duas rotas para a persuasão igualmente propensas a alcançar esse objetivo? Petty e colaboradores (1995) observam como o processamento de rota central pode levar a uma mudança mais duradoura do que a rota periférica. Quando as pessoas estão pensando com cuidado e elaborando mentalmente as questões, elas não se fiam apenas na força dos apelos persuasivos, mas também em seus próprios pensamentos em resposta. Não são tanto os argumentos que são persuasivos, e sim a forma como eles fazem as pessoas pensarem. E quando as pessoas pensam profundamente em vez de superficialmente, qualquer mudança de atitude terá maior probabilidade de persistir, resistir ao ataque e influenciar o comportamento (Petty et al., 1995; Verplanken, 1991).

A persuasão pela via periférica muitas vezes produz uma mudança de atitude superficial e temporária. Como os educadores sexuais sabem, mudar as atitudes é mais fácil do que mudar o comportamento. Os estudos que avaliam a eficácia da educação para abstinência constatam algum aumento nas atitudes de apoio à abstinência, mas pouco impacto de longo prazo sobre o comportamento sexual (Hauser, 2005). Da mesma forma, a educação para prevenção do HIV tende a ter mais efeito sobre as atitudes em relação ao preservativo do que sobre seu uso (Albarracin et al., 2003). Em ambos os casos, mudar de comportamento e de atitude parece exigir que as pessoas processem e ensaiem ativamente suas próprias convicções. (Fique ligado para um exemplo de como educadores de saúde conseguiram envolver adolescentes no treinamento de prevenção do tabagismo.)

Nenhum de nós tem tempo para analisar cuidadosamente todas as questões. Muitas vezes, tomamos a rota periférica, usando simplesmente heurísticas práticas, como "confiar nos especialistas" ou "mensagens longas são de confiança" (Chaiken & Maheswaran, 1994). Uma vez os moradores de minha comunidade votaram sobre uma questão complicada envolvendo a propriedade legal do nosso hospital local. Eu não tive tempo ou interesse em estudar a questão (tinha este livro para escrever).

Mas notei que os apoiadores do referendo eram todos pessoas de quem eu gostava ou considerava especialistas. Então usei uma heurística simples – pode-se confiar em amigos e especialistas – e votei em conformidade com isso. Todos fazemos julgamentos precipitados usando essas heurísticas: se um orador é articulado e atraente, tem motivos aparentemente bons e tem vários argumentos (ou melhor, se os diferentes argumentos vêm de diferentes fontes), em geral tomamos a via periférica mais fácil e aceitamos a mensagem sem pensar muito (Fig. 7.2).

Resumo: Quais caminhos levam à persuasão?

- Às vezes a persuasão ocorre quando as pessoas se concentram em argumentos e respondem com pensamentos favoráveis. Esse tipo de persuasão sistemática, ou por "rota central", ocorre quando as pessoas são naturalmente analíticas ou estão envolvidas na questão.
- Quando as questões não envolvem pensamento sistemático, a persuasão pode ocorrer por uma "rota periférica" mais rápida quando as pessoas usam heurísticas ou indicadores incidentais para fazer julgamentos precipitados.
- A persuasão pela rota central, sendo mais racional e menos superficial, é mais durável e mais propensa a influenciar o comportamento.

Quais são os elementos da persuasão?

Os ingredientes de persuasão explorados pelos psicólogos sociais incluem (1) o comunicador, (2) a mensagem, (3) como a mensagem é comunicada e (4) o público. Em outras palavras, quem diz o quê, por qual método, para quem? Como esses fatores afetam a probabilidade de que utilizaremos uma rota central ou periférica à persuasão?

Quem diz? O comunicador

Imagine a seguinte cena: I. M. Wright, um norte-americano de meia-idade, está assistindo ao noticiário noturno. No primeiro segmento, um pequeno grupo de radicais é mostrado queimando uma bandeira americana. Enquanto isso, alguém grita em um megafone que sempre que um governo se torna opressivo "é um direito do povo mudá-lo ou aboli-lo... É seu direito, é seu dever abolir tal governo!" Irritado, o Sr. Wright resmunga para sua esposa: "É revoltante ouvi-los recitando essa frase comunista". No segmento seguinte, um candidato à presidência, falando antes de um comício anti-impostos, declara: "A parcimônia deve ser o princípio orientador de nossa despesa pública. Deve ficar claro para todos os funcionários do governo que a corrupção e o desperdício são crimes muito grandes". Evidentemente satisfeito, o Sr. Wright relaxa e sorri: "Este é o tipo de bom senso que precisamos. Esse é o meu tipo de cara".

Agora mude a cena. Imagine o Sr. Wright ouvindo a mesma frase revolucionária sobre "o direito do povo" em um discurso de comemoração da Declaração de Independência em 04 de julho (de onde vem a frase) e ouvindo um orador comunista lendo a frase sobre a parcimônia das *Citações do presi-*

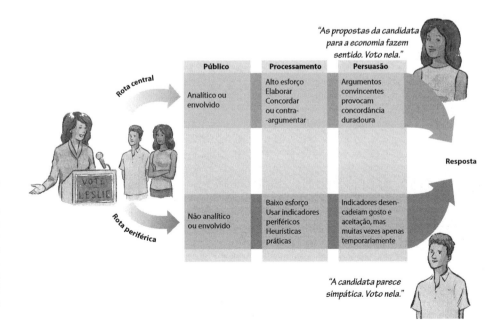

FIGURA 7.2
As rotas central e periférica à persuasão.
Anúncios de informática normalmente tomam a rota central, presumindo que seu público quer sistematicamente comparar funcionalidades e preços. Anúncios de refrigerantes geralmente usam a rota periférica, limitando-se a associar seu produto ao prazer, *glamour* e bom humor. O processamento pela rota central produz mudanças de atitudes duradouras com mais frequência.

dente Mao Tse-Tung (de onde ela foi extraída). Será que dessa vez ele reagiria de maneira diferente?

Os psicólogos sociais constataram que quem está dizendo algo afeta o modo como o público o recebe. Em um experimento, quando os líderes socialistas e liberais no parlamento holandês defenderam posições idênticas usando as mesmas palavras, cada um foi mais eficaz com os membros de seu próprio partido (Wiegman, 1985). Não é apenas a mensagem que importa, mas também quem a diz. O que torna um comunicador mais persuasivo do que outro?

CREDIBILIDADE

Qualquer um de nós poderia considerar uma declaração sobre os benefícios do exercício mais crível se ela viesse da Sociedade Real de Londres ou da Academia Nacional de Ciências, e não de um jornal da imprensa marrom. Mas os efeitos da **credibilidade** da fonte (experiência e confiabilidade percebidas) diminuem depois de um mês ou algo assim. Se a mensagem de uma pessoa confiável é persuasiva, seu impacto pode desaparecer quando sua fonte é esquecida ou dissociada da mensagem. Ademais, o impacto de uma pessoa não confiável pode correspondentemente aumentar no decorrer do tempo se as pessoas lembrarem-se mais da mensagem do que da razão para desconsiderá-la (Cook & Flay, 1978; Gruder et al., 1978; Pratkanis et al., 1988). Essa persuasão retardada, depois que as pessoas esquecem a fonte ou sua ligação com a mensagem, é denominada **efeito dorminhoco.**

"Se eu pareço empolgado, Sr. Bolling, é apenas porque eu sei que posso torná-lo um homem muito rico."

Persuasores eficazes sabem como transmitir uma mensagem de forma eficaz.
© The New Yorker Collection, de 1987, Charles Barsotti, de cartoonbank.com. Todos os direitos reservados.

credibilidade
Confiabilidade. Um comunicador crível é percebido tanto como perito quanto como confiável.

efeito dorminhoco
O impacto retardado de uma mensagem que ocorre quando uma mensagem inicialmente desconsiderada torna-se eficaz, quando nos lembramos da mensagem, mas esquecemos a razão para desconsiderá-la.

PERÍCIA PERCEBIDA Como se tornar um "especialista" respeitado? Uma maneira é começar dizendo coisas com as quais o público concorda, o que nos faz parecer inteligentes. Outra é ser apresentado como alguém que é *conhecedor* do tema. Uma mensagem sobre escovação dos dentes do "Dr. James Rundle da Associação Canadense de Odontologia" é mais convincente do que a mesma mensagem de "Jim Rundle, um estudante de uma escola de ensino médio local que fez um trabalho sobre higiene dental com alguns de seus colegas" (Olson & Cal, 1984). Depois de passar mais de uma década estudando o uso de maconha nas escolas de ensino médio, pesquisadores da University of Michigan concluíram que as mensagens assustadoras de fontes não confiáveis não afetaram o consumo da droga durante as décadas de 1960 e 1970. No entanto, a partir de uma fonte confiável, relatórios científicos dos resultados biológicos e psicológicos do uso de maconha a longo prazo "podem desempenhar um papel importante na redução... do uso de drogas" (Bachman et al., 1988).

Outra maneira de parecer confiável é *falar com confiança*. Bonnie Erickson e colaboradores (1978) fizeram estudantes da North Carolina University avaliarem depoimentos em tribunais dados de uma forma direta ou de maneira mais hesitante. Por exemplo:

PERGUNTA: Aproximadamente quanto tempo você ficou lá antes da chegada da ambulância?

RESPOSTA: *[Sem rodeios]* Vinte minutos. Tempo suficiente para ajudar a Sra. David a se endireitar.
[Hesitando] Oh, parece que foi, hum, uns 20 minutos. Apenas o suficiente para ajudar a minha amiga, a Sra. David, sabe, a se endireitar.

Os alunos acharam as testemunhas que falaram sem hesitação muito mais competentes e confiáveis.

"Acredite em um especialista."
—VIRGÍLIO, *ENEIDA*, XIX A.C.

CONFIABILIDADE PERCEBIDA O estilo da fala também afeta a aparente credibilidade de um orador. Gordon Hemsley e Anthony Doob (1978) descobriram que se as testemunhas filmadas olhavam seu inquiridor *diretamente nos olhos*, em vez de olharem para baixo, elas passavam a impressão de serem mais confiáveis.

A confiabilidade também é maior se as pessoas acreditam que o comunicador *não está tentando persuadi-las*. Em uma versão experimental do que mais tarde se tornou o método da "câmera escondida" de publicidade televisiva, Elaine Hatfield e Leon Festinger (Walster & Festinger, 1962) fizeram alguns estudantes da Stanford University escutarem as conversas de estudantes de pós-graduação às escondidas. (O que eles realmente ouviram foi uma gravação em fita.) Quando o tema de conversação era relevante para os ouvintes (tinha a ver com as regras do *campus*), os oradores tiveram mais influência quando os ouvintes presumiam que os falantes não sabiam da espionagem. Afinal, se as pessoas pensam que ninguém está ouvindo, por que seriam menos do que totalmente honestas?

Também percebemos como sinceros aqueles que *argumentam contra seu próprio interesse*. Eagly Alice, Wood Wendy e Shelly Chaiken (1978) apresentaram a estudantes da Massachusetts University um discurso atacando uma empresa responsável pela poluição de um rio. Quando eles disseram que o discurso foi feito por um candidato político com experiência em negócios ou para uma plateia de apoiadores da empresa, ele pareceu imparcial e foi convincente. Quando o mesmo discurso contra interesses empresariais foi supostamente apresentado a ambientalistas por um político favorável ao meio ambiente, os ouvintes puderam atribuir os argumentos do político a tendenciosidades pessoais ou ao público. Estar disposto a sofrer por nossas crenças – com fizeram Gandhi, Martin Luther King e outros grandes líderes – também ajuda a convencer as pessoas de nossa sinceridade (Knight & Weiss, 1980).

Norman Miller e colaboradores (1976), da University of Southern California, descobriram que as percepções de confiabilidade e credibilidade também aumentam quando as pessoas *falam rápido*. Pessoas que ouviram mensagens gravadas consideraram os falantes rápidos (cerca de 190 palavras por minuto) mais objetivos, inteligentes e conhecedores do que falantes lentos (cerca de 110 palavras por minuto). Eles também constataram que falantes mais rápidos são mais persuasivos. Em seus discursos, John F. Kennedy, um orador excepcionalmente eficaz, às vezes se aproximava de 300 palavras por minuto.

Alguns comerciais de televisão são obviamente construídos para fazer o comunicador parecer tanto perito como digno de confiança. Uma empresa farmacêutica pode vender seu analgésico usando um ator em um jaleco branco, que declara com confiança que a maioria dos médicos recomenda seu princípio ativo (que é apenas ácido acetilsalicílico). Diante de tais estímulos periféricos, pessoas que não se importam o suficiente para analisar as evidências podem automaticamente inferir que o produto é especial. Outros anúncios parecem não utilizar o princípio da credibilidade. Não é principalmente por sua experiência sobre roupas esportivas que a Nike paga cem milhões a Tiger Woods para ele aparecer em seus comerciais.

Sem dúvida, os comunicadores ganham credibilidade quando parecem ser peritos e de confiança (Pornpitakpan, 2004). Quando sabemos de antemão que uma fonte é confiável, temos pensamentos mais favoráveis em resposta à mensagem. Se ficamos sabendo da fonte *depois* de uma mensagem gerar pensamentos favoráveis, a alta credibilidade reforça nossa confiança em nossa maneira de pensar, o que também reforça o impacto persuasivo da mensagem (Brinol et al., 2002, 2004; Tormala et al., 2006).

ATRATIVIDADE E GOSTAR

A maioria de nós nega que endossos de atletas e artistas famosos nos afetam. Sabemos que os artistas raramente conhecem bem os produtos que endossam. Além disso, sabemos que a intenção é nos convencer; não é apenas por acidente que espiamos Jennifer Lopez falar sobre roupas ou perfumes. Esses anúncios são baseados em outra característica de um comunicador eficaz: a **atratividade.**

Podemos pensar que não somos influenciados pela atratividade ou simpatia, mas os pesquisadores descobriram o contrário. Somos mais propensos a responder àqueles de quem gostamos, um fenômeno bem conhecido para quem organiza solicitações de caridade e vendas de doces. Mesmo uma simples conversa fugaz com alguém é o suficiente para aumentar o nosso apreço por essa pessoa, e nossa capacidade de resposta a sua influência (Burger et al., 2001). Nosso gostar pode nos abrir aos argumentos do comunicador (persuasão por via central) ou pode desencadear associações positivas quando vemos o produto posteriormente (persuasão por via periférica). Tal como acontece com a credibilidade, o princípio "gostar gera persuasão" sugere aplicações (Tab. 7.1).

A atratividade ocorre de várias formas. A *atratividade física* é uma delas. Argumentos, especialmente os emotivos, muitas vezes são mais influentes quando vêm de pessoas que consideramos bonitas (Chaiken, 1979; Dion & Stein, 1978; Pallak et al., 1983).

Similaridade é outra. Como o Capítulo 11 vai enfatizar, tendemos a gostar de pessoas parecidas conosco. Também somos influenciados por elas, fato que tem sido aproveitado por uma campanha an-

atratividade
Ter qualidades que atraem o público. Um comunicador atraente (muitas vezes alguém parecido com o público) é mais persuasivo em questões de preferência subjetiva.

TABELA 7.1 Seis princípios de persuasão

Em seu livro *Influência: ciência e prática*, o pesquisador da persuasão Robert Cialdini (2000) ilustra seis princípios que fundamentam as relações humanas e a influência humana. (Este capítulo descreve os dois primeiros.)

Princípio	Aplicação
Autoridade: as pessoas se submetem a especialistas confiáveis.	Firme sua área de conhecimento; identifique problemas que você tenha resolvido e pessoas que você serviu.
Gostar: as pessoas respondem mais positivamente àqueles de quem gostam.	Ganhe amigos e influencie pessoas. Crie laços com base em interesses semelhantes; elogie livremente.
Prova social: as pessoas permitem que o exemplo de outros valide uma forma de pensar, sentir e agir.	Use o "poder dos pares" – faça com que pessoas respeitadas mostrem o caminho.
Reciprocidade: as pessoas se sentem obrigadas a reembolsar em espécie o que receberam.	Seja generoso com seu tempo e recursos. O que vai, volta.
Consistência: as pessoas tendem a honrar seus compromissos públicos.	Faça os outros escreverem ou expressarem suas intenções. Não diga "Por favor, faça isso..." Em vez disso, provoque um "sim" perguntando.
Escassez: as pessoas valorizam o que é escasso.	Destaque informações ou oportunidades genuinamente exclusivas.

titabagista de sucesso que apresenta jovens apelando para outros jovens por meio de anúncios que desafiam a indústria do tabaco sobre a sua destrutividade e suas práticas de *marketing* (Krisberg, 2004). As pessoas que *agem* como nós, sutilmente imitando nossas posturas, são igualmente mais influentes. Assim, os vendedores às vezes são ensinados a "copiar e espelhar": Se o cliente está de braços ou pernas cruzadas, cruze os seus; se ele sorri, sorria de volta. (Consulte "Exame da Pesquisa: Experiências com uma realidade social virtual".)

Outro exemplo: Theodore Dembroski, Thomas Lasater e Albert Ramirez (1978) apresentaram a alunos afro-americanos uma gravação apelando para o correto cuidado dos dentes. Quando um dentista avaliou a limpeza de seus dentes no dia seguinte, os que ouviram o apelo de um dentista afro-americano (cuja rosto eles viram) tinham dentes mais limpos. Como regra geral, as pessoas respondem melhor a uma mensagem que vem de alguém em seu grupo (Van Knippenberg & Wilke, 1992; Wilder, 1990).

A semelhança, como nesse exemplo, é mais importante do que a credibilidade? Às vezes sim, às vezes não. Timothy Brock (1965) constatou que os clientes de uma loja de tintas eram mais influenciados pelo testemunho de uma pessoa comum que recentemente havia comprado a mesma quantidade de tinta que planejavam comprar do que por um especialista que recentemente havia comprado 20 vezes mais. Mas lembre-se que quando se fala de higiene dental, um dentista líder (uma fonte dessemelhante, mas especializada) foi mais persuasivo do que um aluno (uma fonte semelhante, mas não especializada).

Esses resultados aparentemente contraditórios despertam o detetive científico que há em nós. Eles sugerem que um fator encoberto está atuando – que a semelhança é mais importante com a presença de um fator X, e que a credibilidade é mais importante na ausência do fator X. O fator X, como George Goethals e Nelson Erick (1973) descobriram, é se o tema é mais de *preferência subjetiva* ou de *realidade objetiva*. Quando a escolha diz respeito a assuntos de valor, gosto ou modo de vida pessoal, comunicadores *semelhantes* têm a maior influência. Mas em julgamentos factuais – por exemplo, em Sydney chove menos do que em Londres? –, a confirmação da crença por uma pessoa *dessemelhante* contribui mais para aumentar a confiança. Uma pessoa diferente fornece um julgamento mais independente.

EXAME DA PESQUISA | Experiências com uma realidade social virtual

O psicólogo social Jim Blascovich, de Santa Barbara, da University of California, desenvolveu um novo interesse pouco depois de entrar no laboratório de realidade virtual de um colega. Vestindo sobre a cabeça um equipamento audiovisual, Blascovich se viu diante de uma prancha sobre um buraco virtual profundo. Embora soubesse que na sala não havia buraco, ele não conseguiu suprimir o medo e andar sobre a prancha.

A experiência provocou-lhe um pensamento: será que os psicólogos sociais poderiam fazer uso de ambientes virtuais? Poderiam oferecer às pessoas experiências aparentemente reais que o pesquisador pode controlar e manipular? Isso poderia permitir que os psicólogos sociais estudassem a conformidade? Permitir que pessoas fisicamente distantes interagissem em um encontro virtual? Observar as respostas das pessoas à outra pessoa com uma deformidade física? Explorar a persuasão?

O poder experimental da interação humana virtual é demonstrado em uma experiência do ex-associado de Blascovich, Jeremy Bailenson, em colaboração com o estudante Nick Yee. No Laboratório de Interação Humana Virtual Stanford University, 69 estudantes voluntários usando sobre a cabeça um equipamento de realidade virtual 3D encontraram-se diante de um ser humano virtual do outro lado da mesa – um homem ou mulher gerado por computador que apresentou uma argumentação de três minutos para a implantação de um sistema de segurança na universidade, o qual requeria que os estudantes levassem sempre consigo uma carteira de identidade.

A pessoa digital possuía lábios realistas que se moviam, olhos que piscavam e uma cabeça que balançava. Para metade dos participantes, esses movimentos imitavam, com um atraso de quatro segundos, os movimentos do próprio aluno. Se este inclinava a cabeça e olhava para cima, o camaleão digital fazia o mesmo. Experiências anteriores com seres humanos reais haviam constatado que esse mimetismo promove o gostar, sugerindo empatia e entendimento (ver Capítulo 11). De forma semelhante, na experiência de Bailenson e Yee (2005), os alunos gostaram mais de um parceiro digital imitador do que de um não imitador. Eles também consideraram o simulador mais interessante, honesto e persuasivo; prestaram mais atenção a ele (desviando o olhar com menos frequência) e eram um pouco mais propensos a concordar com a mensagem.

Para Blascovich (2002), esses estudos ilustram o potencial das realidades sociais virtuais. Criar estímulos que implicam a presença dos outros "custa menos, requer menos esforço e, muito importante, proporciona um maior grau de controle experimental do que a criação de estímulos com base na presença real de outras pessoas". As pessoas, mesmo aliados treinados, são difíceis de controlar. Pessoas digitais podem ser controladas com perfeição. E repetições exatas se tornam possíveis.

Experiências com uma realidade social virtual. Em um experimento de Jeremy Bailenson e Nick Yee, uma pessoa cujas expressões e movimentos imitavam os da própria pessoa testada era tanto gostada quanto persuasiva.

O que se diz? O conteúdo da mensagem

Importa não apenas quem diz alguma coisa, mas também *o que* a pessoa diz. Se você tivesse de ajudar a organizar um apelo para que as pessoas votem por mais verbas para a educação, parem de fumar ou façam doações para alívio da fome no mundo, talvez você se pergunte qual a melhor forma de promover persuasão pela rota central. O senso comum pode levar você a um dos lados das seguintes questões:

- Uma mensagem lógica é mais persuasiva – ou uma mensagem que desperta emoção?
- Você vai obter mais mudança de opinião defendendo uma posição apenas um pouco discrepante das opiniões já existentes ou defendendo um ponto de vista extremo?
- A mensagem deve expressar apenas o seu lado ou deve reconhecer e refutar opiniões opostas?
- Se as pessoas forem apresentar os dois lados – digamos, em conversas sucessivas em uma reunião da comunidade ou em um debate político –, há alguma vantagem em ser o primeiro ou o último?

Vamos abordar essas questões uma de cada vez.

RAZÃO *VERSUS* EMOÇÃO

"A verdade é sempre o argumento mais forte."
—SÓFOCLES, *FEDRA*, 496-406 A.C

"A opinião é essencialmente determinada pelos sentimentos, e não pelo intelecto."
—HERBERT SPENCER, *ESTÁTICA SOCIAL*, 1851

Vamos supor que você esteja fazendo uma campanha em apoio ao alívio da fome no mundo. Seria melhor enumerar seus argumentos e citar uma série de estatísticas impressionantes? Ou seria mais efetivo empregar uma abordagem emotiva – talvez a história convincente de uma criança morrendo de fome? É claro, um argumento pode ser tanto racional quanto emocional. Você pode casar paixão e lógica. Ainda assim, o que é *mais* influente – a razão ou a emoção? Será que o Lisandro, de Shakespeare, estava certo: "A vontade do homem é inclinada por sua razão"? Ou foi mais sábio o conselho de Lorde Chesterfield: "Dirija-se de modo geral aos sentidos, ao coração e às fraquezas da humanidade, mas raramente a sua razão"?

A resposta: depende do público. Pessoas mais instruídas ou analíticas são sensíveis a um apelo racional (Cacioppo et al., 1983, 1996; Hovland et al., 1949). Públicos ponderados e envolvidos costumam tomar a rota central, pois são mais sensíveis aos argumentos fundamentados. Públicos mais desinteressados costumam tomar a via periférica; são mais afetados por seu apreço pelo comunicador (Chaiken, 1980; Petty et al., 1981).

Julgando-se a partir de entrevistas antes de eleições importantes, muitos eleitores não se envolvem. Portanto, como podemos esperar, as preferências de voto dos norte-americanos têm sido mais previsíveis a partir das reações emocionais aos candidatos do que de suas crenças sobre traços e prováveis comportamentos dos candidatos (Abelson et al., 1982). Na eleição presidencial de 2004 nos Estados Unidos, muitos cidadãos que concordavam mais com o candidato democrata John Kerry, mesmo assim, gostaram mais de George W. Bush (vendo-o como mais decidido e como "alguém que você admira") e votaram nele.

Também importa como se formaram as atitudes das pessoas. Quando as atitudes iniciais das pessoas se formam sobretudo por meio da emoção, posteriormente elas são mais persuadidas por apelos emocionais; quando suas atitudes iniciais se formam sobretudo por meio da razão, elas posteriormente são mais persuadidas por argumentos intelectuais (Edwards, 1990; Fabrigar & Petty, 1999). Novas emoções podem influenciar uma atitude baseada na emoção. Mas, para mudar uma atitude baseada na informação, mais informações podem ser necessárias.

EFEITO DE BONS SENTIMENTOS Mensagens também se tornam mais convincentes pela associação a bons sentimentos. Irving Janis e colaboradores (1965; Dabbs & Janis, 1965) descobriram que os estudantes de Yale foram mais convencidos por mensagens persuasivas caso fossem autorizados a saborear amendoim e Pepsi enquanto liam as mensagens (Fig. 7.3). Da mesma forma, Mark Galizio e Clyde Hendrick (1972) constataram que os alunos da Kent State University foram mais persuadidos por letras de canções folclóricas acompanhadas por agradável música de violão do que apenas pelas letras sem acompanhamento. Ao que parece, há algo a ganhar com a realização de negócios durante almoços suntuosos com música ambiente suave.

Bons sentimentos muitas vezes aumentam a persuasão, em parte por aumentarem o pensamento posi-

Comunicadores atraentes, tais como Serena e Venus Williams endossando a Reebok e a Puma, muitas vezes desencadeiam uma persuasão por via periférica. Associamos a sua mensagem ou produto a nossos bons sentimentos em relação ao comunicador, e aprovamos e acreditamos.

tivo e em parte por ligarem sentimentos bons à mensagem (Petty et al., 1993). Como observamos no Capítulo 3, as pessoas que estão de bom humor veem o mundo através de óculos cor de rosa. Entretanto, elas também tomam decisões mais rápidas e impulsivas, pois dependem mais de estímulos periféricos (Bodenhausen, 1993; Braverman, 2005; Moons & Mackie, 2007). Quando infelizes, as pessoas refletem mais antes de reagir, sendo por isso menos facilmente influenciadas por argumentos fracos. (Elas também *produzem* mensagens de persuasão mais convincentes [Forgas, 2007]). Assim, se você não puder apresentar uma boa argumentação, você pode querer deixar o público de bom humor e esperar que ele se sinta bem a respeito de sua mensagem, sem pensar muito sobre ela.

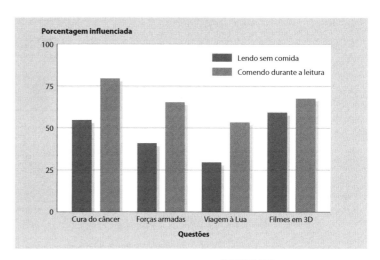

EFEITO DE DESPERTAR MEDO Mensagens também pode ser eficazes por evocarem emoções negativas. Ao persuadir as pessoas a reduzirem o fumo, tomarem a vacina contra o tétano ou dirigirem com cuidado, uma mensagem que provoque medo pode ser potente (de Hoog et al., 2007; Muller & Johnson, 1990). Ao exigir que os fabricantes de cigarro incluam representações visuais dos riscos do tabagismo em cada maço de cigarros, o governo canadense presumiu – corretamente, como se viu – que mostrar aos tabagistas as coisas horríveis que podem acontecer com fumantes – aumenta a capacidade de persuasão (O'Hegarty et al., 2007; Peters et al., 2007; Stark et al., 2008). Mas quanto medo deve ser despertado? Apenas um pouco de medo, para que as pessoas não fiquem tão assustadas que percam a sintonia com sua mensagem dolorosa? Ou você deve tentar assustá-las ao máximo? Experiências de Howard Leventhal (1970), de Ronald Rogers e colaboradores (Robberson & Rogers, 1988) e de Natascha de Hoog e colaboradores (2007) mostram que, com frequência, quanto mais vulneráveis e assustadas as pessoas se sentem, mais elas respondem.

FIGURA 7.3
Pessoas que "beliscaram" enquanto liam foram mais persuadidas do que as que leram sem comer.
Fonte: dados de Janis, Kaye e Kirschner, 1965.

A eficácia de comunicações despertadoras de medo está sendo aplicada em anúncios que desencorajam não apenas o fumo, mas também comportamentos sexuais de risco e dirigir embriagado. Quando Claude Levy-Leboyer (1988) descobriu que as atitudes com relação ao álcool e aos hábitos de consumo de bebidas entre os jovens franceses foram alteradas de forma eficaz por imagens despertadoras de medo, o governo francês incorporou essas imagens em seus espaços na televisão.

Uma campanha publicitária antitabagista eficaz ofereceu anúncios visuais da "verdade". Em um deles, furgões estacionam em frente a um escritório de um fabricante de cigarros não identificado, e adolescentes descem deles rapidamente e descarregam 1.200 sacos de cadáveres que cobrem dois quarteirões da cidade. Quando um funcionário curioso olha de cima por uma das janelas, um adolescente grita em um altofalante: "Você sabe quantas pessoas o fumo mata todos os dias? ...Vamos deixar estes aqui para que você possa entender o que são 1.200 pessoas" (Nicholson, 2007). Jovens que viram um anúncio cerebral simultâneo da Philip Morris (uma palestra, "Pense. Não fume") não se tornaram menos propensos a fumar, mas os que viram o anúncio mais dramático e tenso se tornaram significativamente menos propensos (Farrelly et al., 2002, 2008).

Comunicações que despertam medo também têm sido utilizadas para aumentar o comportamento de detecção das pessoas, tais como fazer mamografias, realizar autoexames das mamas ou dos testículos e verificar a presença de sinais de câncer de pele. Sara Banks, Peter Salovey e colaboradores (1995) fizeram mulheres com idade entre 40 e 66 anos que não fizeram mamografias verem um vídeo educativo sobre o exame. Daquelas que receberam uma mensagem enquadrada positivamente (enfatizando que a realização de uma mamografia pode salvar sua vida devido à detecção precoce), apenas a metade fez o exame dentro de 12 meses. Daquelas que receberam uma mensagem moldada pelo medo (enfatizando que a não realização de uma mamografia pode custar-lhes a vida), dois terços fizeram o exame dentro de 12 meses.

Mensagens de saúde geradoras de ansiedade sobre, digamos, os riscos do colesterol alto podem aumentar as intenções das pessoas de ingirirem uma dieta com baixo teor de gordura e colesterol (Millar & Millar, 1996). Ter os próprios medos despertados significa se tornar mais intensamente interessado em informações sobre uma doença e em maneiras de evitá-la (Das et al.,

"Se o júri tivesse sido isolado em um hotel melhor, isso provavelmente nunca teria acontecido."

Bons sentimentos ajudam a criar atitudes positivas.
© The New Yorker Collection, de 1997, Frank Cotham, de cartoonbank.com. Todos os direitos reservados.

As advertências canadenses nos cigarros, exemplificadas aqui, usam a provocação do medo.

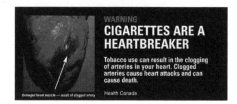

2003; Ruiter et al., 2001). Mensagens enquadradas no medo funcionam melhor ao tentar impedir um mau desfecho (como câncer) do que ao tentar promover um bom desfecho (como boa forma física) (Lee & Aaker, 2004).

Contudo, jogar com o medo nem sempre torna uma mensagem mais potente. Muitas pessoas instigadas a temer a aids *não* estão se abstendo de sexo ou usando preservativos. Muitas pessoas instigadas a temer uma morte precoce por fumar continuam fumando. Quando o medo se refere a uma atividade prazerosa, observa Elliot Aronson (1997), o resultado muitas vezes não é mudança de comportamento, mas negação. As pessoas podem adotar a negação porque, quando não foram informadas sobre como evitar o perigo, mensagens assustadoras podem ser esmagadoras (Leventhal, 1970; Rogers & Mewborn, 1976).

Al Gore para apresentadores de seu filme sobre as alterações climáticas: "Você está dizendo algumas verdades não apenas inconvenientes, mas duras, e isso pode ser muito assustador. Você não vai convencer as pessoas a se unirem a você se usar o medo para assustá-las."
—CITADO POR POOLEY (2007)

Por essa razão, mensagens que despertam medo são mais eficazes quando levam as pessoas não só a temerem a gravidade e a probabilidade de um evento ameaçado, mas também a identificarem uma solução e se sentirem capazes de implementá-la (DeVos-Comby & Salovey, 2002; Maddux & Rogers, 1983; Ruiter et al., 2001). Muitos anúncios destinados a reduzir os riscos do sexo procuram não apenas despertar medo – "aids mata" – como também oferecer uma estratégia de proteção: abstenha-se, use preservativo ou reserve o sexo para uma relação de compromisso.

Propagandas vívidas muitas vezes exploram medos. Ao sentirem-se amedrontadas ou ameaçadas, as pessoas tendem a se tornar mais responsivas a um líder carismático controverso (Gordijn & Stapel, 2008). O jornal nazista *Der Stürmer* despertou o medo com centenas de histórias infundadas sobre os judeus, que se dizia usarem ratos para fazer guisado, seduzirem mulheres não judias e enganarem famílias para se adonarem de suas economias de vida. Os apelos de Streicher, como a maior parte da propaganda nazista, eram emotivos, não lógicos. Os apelos também davam instruções claras e específicas sobre como combater "o perigo": eles listavam os negócios judeus para que os leitores os evitassem, incentivavam os leitores a divulgarem os nomes dos alemães que patrocinavam lojas e profissionais judeus e instruíam os leitores a compilar listas de judeus em sua área (Bytwerk & Brooks, 1980).

DISCREPÂNCIA

Imagine a seguinte cena: Nicole chega em casa nas férias de primavera e espera converter seu corpulento pai de meia-idade para seu novo "estilo de vida de boa forma física". Ela corre cinco quilômetros por dia. Seu pai diz que sua ideia de exercício é "surfar nos canais" da televisão. Nicole pensa: "Eu teria mais chance de conseguir tirar o pai do sofá instando-o a experimentar um programa de exercícios modesto, digamos, uma caminhada diária, ou tentando envolvê-lo em algo extenuante, digamos, um programa de ginástica e corrida? Talvez se eu lhe pedisse para assumir um programa rigoroso de exercícios, ele se comprometeria e ao menos pegaria algo de valor. Em contrapartida, talvez ele me desconsidere e não faça nada".

Como Nicole, os psicólogos sociais podem raciocinar das duas formas. O desacordo produz desconforto, e o desconforto leva as pessoas a mudarem suas opiniões. (Lembre-se dos efeitos da dissonância do Capítulo 4.) Assim, talvez maior discordância venha produzir mais mudança. Porém, um comunicador que faz uma declaração incômoda pode ser desconsiderado. As pessoas que não concordam com as conclusões tiradas por um apresentador o consideram mais tendencioso, impreciso e pouco confiável. As pessoas são mais abertas a conclusões dentro de sua faixa de aceitabilidade (Liberman & Chaiken, 1992; Zanna, 1993). Assim, maior discordância talvez produza menos mudança.

Elliot Aronson, Judith Turner e Merrill Carlsmith (1963) argumentaram que uma *fonte confiável* – ou seja, difícil de desconsiderar – provocaria mais mudança de opinião quando defendesse uma posição *muito discrepante* da do destinatário. Sem dúvida, quando se disse que o confiável T. S. Eliot tinha elogiado muito um poema pouco apreciado, as pessoas mudaram de opinião mais do que quando ele fez poucos elogios. Mas quando "Agnes Stearns, um estudante da Mississippi State Teachers College", avaliou um poema pouco apreciado, altos elogios não foram mais convincentes do que parcos elogios. Assim, como mostra a Figura 7.4, a discrepância e a credibilidade *interagem*: o efeito de uma grande discrepância comparado com o de pequena discrepância depende de o comunicador ser confiável.

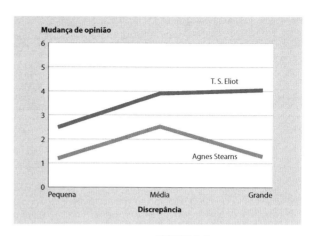

FIGURA 7.4
A discrepância interage com a credibilidade do comunicador.
Somente um comunicador muito confiável mantém eficácia ao defender uma posição extrema.
Fonte: dados da Aronson, Turner e Carlsmith, 1963.

Portanto, a resposta à pergunta de Nicole, "devo defender uma posição extrema?", é: "depende". Aos olhos de seu adorado pai, é Nicole uma fonte de grande prestígio e autoridade? Se assim for, Nicole deve se empenhar por um programa completo de boa forma física. Se não, seria sábio Nicole fazer um apelo mais modesto.

A resposta também depende do envolvimento de seu pai com a questão. Pessoas profundamente envolvidas tendem a aceitar apenas uma estreita faixa de pontos de vista. Para elas, uma mensagem moderadamente discrepante pode parecer estupidamente radical, sobretudo se defende uma visão contrária em vez de ser uma versão mais extrema de sua própria opinião (Pallak et al., 1972; Petty & Cacioppo, 1979; Reno & Severance, 1970). Se o pai de Nicole ainda não tinha pensado nem se importava muito com exercício, ela provavelmente pode assumir uma posição mais extrema do que se ele estivesse fortemente empenhado em não se exercitar. Assim, se você é uma autoridade de prestígio e seu público não está muito preocupado com o problema, vá em frente: defenda uma visão discrepante.

APELOS UNILATERAIS *VERSUS* BILATERAIS

Persuasores enfrentam outro problema prático: como lidar com argumentos opostos. Mais uma vez, o senso comum não oferece nenhuma resposta clara. Reconhecer os argumentos contrários pode confundir o público e enfraquecer a argumentação. Em contrapartida, uma mensagem pode parecer mais justa e ser mais persuasiva se reconhecer os argumentos da oposição.

Carol Werner e colaboradores (2002) mostraram a força de persuasão de uma mensagem bilateral simples em um experimento com reciclagem de latas de alumínio. Sinais adicionados às lixeiras do prédio de salas de aula da University of Utah diziam, por exemplo, "Latas de alumínio não, por favor!!! Use o reciclador localizado no primeiro andar, perto da entrada". Quando uma mensagem final persuasiva reconhecia e respondia ao principal contra-argumento – "Pode ser inconveniente. Mas é importante!!!", a reciclagem atingiu 80% (o dobro da taxa quando não havia nenhuma mensagem, e mais do que em outras condições da mensagem).

Após a derrota da Alemanha na Segunda Guerra Mundial, o exército dos Estados Unidos não queria que os soldados relaxassem e pensassem que a guerra ainda em curso com o Japão seria fácil. Então, Carl Hovland e colaboradores (1949) na Divisão de Informação e Educação do Exército projetaram duas transmissões de rádio. Ambos argumentavam que a guerra no Pacífico iria durar pelo menos mais dois anos. Uma transmissão era unilateral, não reconhecendo argumentos contraditórios, tais como a vantagem de lutar contra apenas um inimigo em vez de dois. A outra transmissão era bilateral, mencionando e respondendo aos argumentos opostos. Como ilustra a Figura 7.5, a eficácia da mensagem depende do ouvinte. O apelo unilateral foi mais eficiente com aqueles que já concordavam. O apelo que reconhecia argumentos contrários funcionou melhor com aqueles que discordavam.

Experimentos também revelam que uma apresentação bilateral é mais persuasiva e duradoura se as pessoas estão (ou se tornarão) cientes dos argumentos opostos (Jones & Brehm, 1970; Lumsdaine & Janis, 1953). Em julgamentos simulados, uma argumentação de defesa torna-

FIGURA 7.5
A interação da opinião inicial com a unilateralidade versus bilateralidade.
Após a derrota da Alemanha na Segunda Guerra Mundial, os soldados norte-americanos que questionavam uma mensagem sugerindo a força do Japão foram mais persuadidos por uma comunicação bilateral. Soldados que inicialmente concordavam com a mensagem foram mais reforçados por uma mensagem unilateral.
Fonte: dados de Hovland, Lumsdaine e Sheffield, 1949.

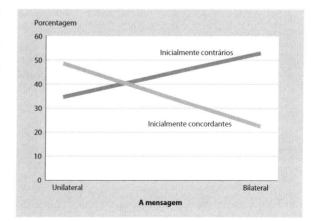

"Os adversários imaginam que nos refutam quando repetem a sua própria opinião e não prestam atenção à nossa."
—GOETHE, *MÁXIMAS E REFLEXÕES*, 1829

-se mais confiável quando a defesa traz indícios de danos antes de a acusação fazê-lo (Williams et al., 1993). Assim, um candidato político falando para um grupo politicamente informado faria bem em responder à oposição. Então, *se o público vai ser exposto a pontos de vista opostos, ofereça um apelo bilateral.*

Esse efeito de interação tipifica a pesquisa de persuasão. Para os otimistas, a persuasão positiva funciona melhor ("O novo plano reduz os custos de educação em troca de serviço universitário de meio expediente"). Para os pessimistas, a persuasão negativa é mais eficaz ("Todos os alunos terão de trabalhar para a universidade em meio expediente, para não terem que arcar com parte dos custos de instrução") (Geers et al., 2003). Podemos desejar que as variáveis de persuasão tenham efeitos simples. (Isso facilitaria o estudo deste capítulo.) Infelizmente, a maioria das variáveis, observam Richard Petty e Duane Wegener (1998), "têm efeitos complexos – aumentando a persuasão em algumas situações e diminuindo-a em outras".

Como estudantes e cientistas, prezamos a "navalha de Occam" – buscando os princípios mais simples possíveis. Mas se a realidade humana é complexa, bem, nossos princípios terão de ter alguma complexidade também.

PRIMAZIA *VERSUS* RECENTIDADE

Imagine que você é um consultor para um político proeminente que em breve vai debater com outro grande político sobre uma proposta de votação sobre educação bilíngue. Três semanas antes da votação, cada político deve aparecer no noticiário noturno e apresentar uma declaração preparada. Por sorteio, o seu lado recebe a opção de ser o primeiro ou o segundo a se apresentar. Sabendo que você é um ex-estudante de psicologia social, todo mundo busca o seu conselho.

Você repassa mentalmente seus antigos livros e anotações de aula. Ser o primeiro seria melhor? Os preconceitos das pessoas controlam suas interpretações. Além disso, uma crença, uma vez formada, é difícil de desacreditar e, portanto, apresentar-se primeiro poderia dar aos eleitores ideias que inclinariam favoravelmente sua forma de perceberem e interpretarem o segundo discurso. Ademais, as pessoas podem prestar mais atenção ao que veem em primeiro lugar. Contudo, as pessoas lembram-se melhor de coisas recentes. Pode ser realmente mais eficaz falar por último?

Sua primeira linha de raciocínio prevê o que é mais comum, um **efeito de primazia**: informações apresentadas no início são mais persuasivas. Primeiras impressões são importantes. Por exemplo, você é capaz de sentir uma diferença entre essas duas descrições?

- João é inteligente, trabalhador, impulsivo, crítico, teimoso e invejoso.
- João é invejoso, teimoso, crítico, impulsivo, trabalhador e inteligente.

efeito de primazia
Outras coisas sendo iguais, as informações apresentadas primeiro geralmente têm maior influência.

Quando Solomon Asch (1946) apresentou essas frases para estudantes universitários em Nova York, os que leram os adjetivos na ordem de inteligente para invejoso classificaram a pessoa mais positivamente do que os que a leram na ordem inversa. A informação anterior pareceu tingir sua interpretação da informação posterior, produzindo o efeito de primazia.

Alguns outros exemplos interessantes do efeito de primazia:

- Em algumas experiências, as pessoas foram bem-sucedidas em uma tarefa 50% do tempo. Aquelas cujos sucessos ocorrem primeiro parecem mais capazes do que aquelas cujos sucessos ocorrem depois de fracassos iniciais (Jones et al., 1968; Langer & Roth, 1975; McAndrew, 1981).
- Em pesquisas políticas e em votações de eleições primárias, os candidatos que aparecem primeiro na cédula são beneficiados (Moore, 2004a).
- Norman Miller e Donald Campbell (1959) apresentaram a estudantes da Northwestern University uma transcrição resumida de um julgamento civil real. Eles colocaram o testemunho e os argumentos do reclamante em um bloco e os da defesa em outro. Os alunos leram ambos os blocos. Quando voltaram uma semana depois para declarar suas opiniões, a maioria colocou-se a favor da informação lida primeiro.

efeito de recentidade
As informações apresentadas por último às vezes têm mais influência. Efeitos de recentidade são menos comuns do que efeitos de primazia.

E quanto à possibilidade inversa? Nossa melhor memória de informações recentes poderia criar um **efeito de recentidade**? Todos experimentamos o que o livro de provérbios observou: "Quem apresenta um caso primeiro parece certo, até que o outro venha e o interrogue". Sabemos de nossa experiência (bem como de experiências de memória) que os eventos de hoje podem sobrepujar temporariamente eventos passados significativos. Para testar isso, Miller e Campbell deram a outro grupo de estudantes um bloco de depoimentos para ler. Uma semana depois, os pesquisadores os fizeram ler o segundo bloco e logo em seguida declarar suas opiniões. Os resultados foram o inverso da outra condição – um efeito de recentidade. Ao que parece, o primeiro bloco de argumentos, tendo uma semana de idade, tinha em grande parte se desvanecido da memória.

O esquecimento cria o efeito de recentidade (1) quando tempo suficiente separa as duas mensagens *e* (2) quando o público se compromete logo após a segunda mensagem. Quando as duas men-

Em 2008 nos Estados Unidos, a convenção do Partido Democrático foi imediatamente seguida pela convenção do Partido Republicano, após a qual houve um intervalo de tempo de dois meses antes da eleição. Se os experimentos com primazia e recentidade são aplicáveis, qual partido mais se beneficiaria com esse tempo?

sagens são apresentadas uma logo após a outra, seguidas por um intervalo de tempo, normalmente ocorre o efeito de primazia (Fig. 7.6). Isso é especialmente verdade quando a primeira mensagem estimula o pensamento (Haugtvedt & Wegener, 1994). Que conselho você agora daria para o debatedor político?

Dana Carney e Mahzarin Banaji (2008) descobriram que a ordem também pode afetar preferências simples. Ao encontrarem duas pessoas ou cavalos ou alimentos ou qualquer coisa, as pessoas tendem a preferir a primeira opção apresentada. Por exemplo, quando lhe são oferecidas duas gomas de mascar parecidas, uma colocada depois da outra sobre uma prancheta branca, 62%, quando solicitados a fazer um julgamento imediato, escolheu a goma apresentada em primeiro lugar. Depois de quatro experimentos, os resultados foram consistentes: "o primeiro é o melhor".

Como se diz? O canal da comunicação

Para haver persuasão, deve haver comunicação. E para a comunicação, deve haver um **canal**: um apelo face a face, um sinal ou documento escrito, uma propaganda na mídia.

A psicologia do senso comum põe fé no poder das palavras escritas. Como tentamos fazer as pessoas participarem de um evento no *campus*? Publicamos avisos. Como podemos fazer os motoristas diminuírem a velocidade e prestarem atenção na estrada? Colocamos mensagens de "dirija com cuidado" em *outdoors*. Como desencorajamos os alunos a jogar lixo no *campus*? Publicamos mensagens contra isso nos murais dos *campi*.

canal de comunicação
O modo como uma mensagem é transmitida – se face a face, por escrito, em filme ou de alguma outra forma.

EXPERIÊNCIA ATIVA OU RECEPÇÃO PASSIVA?

Apelos falados são mais persuasivos? Não necessariamente. Aqueles de nós que falam publicamente, como professores ou persuasores, muitas vezes enamoram-se tanto de suas palavras faladas que superestimam seu poder. Pergunte a universitários qual aspecto de sua experiência universitária tem sido mais valioso ou o que eles se lembram de seu primeiro ano, e poucos, lamento dizer, recordam-se das brilhantes aulas que nós, professores, lembramos de ter dado.

Thomas Crawford e colaboradores (1974) testaram o impacto da palavra falada visitando as casas de pessoas de 12 igrejas pouco antes e depois de elas terem ouvido sermões contra a intolerância e injustiça racial. Quando indagadas durante a segunda entrevista se tinham ouvido ou lido alguma coisa sobre preconceito ou discriminação racial desde a entrevista anterior, apenas 10% se recordou dos sermões espontaneamente. Quando os 90% restantes foram questionados diretamente se o seu padre tinha "falado sobre preconceito ou discriminação nas últimas duas semanas", mais de 30% por cento negou ter ouvido tal sermão. O resultado final: os sermões não afetaram as atitudes raciais.

FIGURA 7.6
Efeito da primazia *versus* efeito de recentidade.
Quando duas mensagens persuasivas são sucessivas e o público responde em algum momento posterior, a primeira mensagem tem a vantagem (efeito de primazia). Quando as duas mensagens são separadas no tempo e o público responde logo após a segunda mensagem, a segunda mensagem tem a vantagem (efeito de recentidade).

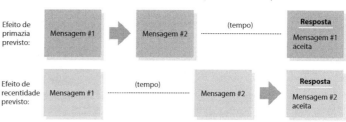

O poder da publicidade. Campanhas publicitárias de cigarros tiveram correlação com o aumento do fumo entre adolescentes do sexo-alvo (Pierce et al., 1994, 1995). Esta foto mostra modelos praticando o biquinho "correto" e a técnica de sopro para um anúncio de TV na década de 1950.

"Ah, esse é sempre o jeito com vocês, homens; vocês não acreditam em nada na primeira vez, e é uma grande tolice permitir que a mera repetição os convença do que vocês consideram essencialmente inacreditável."

—GEORGE MACDONALD, *PHANTASTES*, 1858

Quando você pensa sobre isso, um pregador eficiente tem muitos obstáculos a superar. Como a Figura 7.1 mostrou, um orador persuasivo deve transmitir uma mensagem não apenas que chame atenção, mas também que seja compreensível, convincente, memorável e cativante. Um apelo cuidadosamente elaborado deve considerar cada um desses passos no processo de persuasão.

Considere outro esforço bem-intencionado. Na Scripps College, na Califórnia, uma campanha de uma semana contra o lixo exortava os alunos a "manter o *campus* de Scripps bonito", "vamos limpar nosso lixo", e assim por diante. Esses *slogans* foram colocados nas caixas de correspondência dos alunos todo dia de manhã e exibidos em cartazes bem visíveis. Um dia antes do início da campanha, o psicólogo social Raymond Paloutzian (1979) colocou lixo perto de uma lata de lixo ao longo de uma calçada movimentada. Logo depois ele recuou para registrar o comportamento de 180 transeuntes. Ninguém recolheu nada. No último dia da campanha, ele repetiu o teste com outros 180 transeuntes. Será que os pedestres agora correriam uns contra os outros em seu afã de atender aos apelos? Dificilmente. Apenas 2 dos 180 juntaram o lixo.

Contudo, apelos passivamente recebidos nem sempre são inúteis. Minha farmácia vende duas marcas de ácido acetilsalicílico, uma muito divulgada e outra sem nenhuma divulgação. Além de pequenas diferenças na rapidez com que cada comprimido se desmancha na boca, qualquer farmacêutico irá lhe dizer que as duas marcas são idênticas. Nossos corpos não são capazes de detectar a diferença. Mas nossos bolsos sim. A marca anunciada é vendida a milhões de pessoas pelo triplo do preço da marca não divulgada.

Com esse poder, a mídia pode ajudar um candidato político abastado a comprar uma eleição? Em prévias presidenciais, aqueles que gastam mais geralmente recebem a maioria dos votos (Grush, 1980; Open Secrets, 2005). A exposição publicitária ajuda a tornar conhecido um candidato desconhecido. Como veremos no Capítulo 11, a simples exposição a estímulos desconhecidos gera o gostar. Além disso, a *mera repetição* pode tornar as coisas críveis (Luas et al., 2009). As pessoas julgam declarações triviais como "o mercúrio tem um ponto de ebulição mais elevado do que o cobre" como mais verdadeiras caso as tenham lido e julgado uma semana antes.

O pesquisador Hal Arkes (1990) qualifica tais achados como "assustadores". Como os políticos manipuladores sabem, mentiras críveis podem substituir verdades duras. Clichês repetidos podem encobrir realidades complexas. Mesmo dizendo repetidamente que a reclamação de um consumidor é *falsa* pode, quando a desconsideração é apresentada em meio a outras reivindicações verdadeiras e falsas, levar adultos mais velhos a mais tarde lembrá-la erroneamente como *verdadeira* (Skurnik et al., 2005). À medida que esquecem a desconsideração, sua persistente familiaridade com a alegação pode fazê-la parecer crível. Na esfera política, mesmo informações corretas podem não conseguir desabonar desinformações implantadas (Bullock, 2006; Nyhan & Reifler, 2008). Assim, na eleição presidencial de 2008, nos Estados Unidos, falsos rumores – de que Obama era um muçulmano, de que McCain queria manter as forças dos Estados Unidos no Iraque por cem anos – resistiram aos esforços de refutação, o que às vezes ajudou a fazer a mentira parecer familiar e, portanto, verdadeira.

A simples repetição de uma declaração também serve para aumentar sua fluência – a facilidade com que ela escorrega de nossa língua –, o que aumenta sua credibilidade (McGlone & Tofighbakhsh, 2000). Outros fatores, como a rima, também aumentam a fluência e credibilidade. Tudo que contribui para a fluência (familiaridade, rima) também contribui para a credibilidade.

Uma vez que os apelos recebidos passivamente às vezes são eficazes e às vezes não, podemos especificar antecipadamente os temas em que um apelo persuasivo será bem-sucedido? Existe uma regra simples: a persuasão diminui à medida que o significado e a familiaridade da questão aumentam. Em questões menores, como qual marca de ácido acetilsalicílico comprar, é fácil demonstrar o poder da mídia. Em questões mais conhecidas e importantes, tais como as atitudes sobre uma guerra longa e controversa, persuadir as pessoas é como tentar empurrar um piano morro acima. Não é impossível, mas um empurrão não será suficiente.

Como vimos no Capítulo 4, Comportamento e Atitudes, a experiência ativa também fortalece as atitudes. Quando agimos, ampliamos a ideia por trás do que fizemos, sobretudo quando nos sentimos responsáveis. Além disso, as atitudes mais frequentemente resistem e influenciam nosso comportamento quando enraizadas em nossa própria experiência. Comparadas a atitudes formadas passivamente, as atitudes baseadas na experiência são mais confiantes, mais estáveis e menos vulneráveis a ataques. Esses princípios são evidentes em muitos estudos que mostram que as intervenções mais eficazes de prevenção do HIV não oferecem às pessoas apenas informações, mas também dão-lhes treinamento comportamental, tais como praticar a assertividade ao recusar sexo e usar proteção (Albarracin et al., 2005).

INFLUÊNCIA PESSOAL *VERSUS* DA MÍDIA

Estudos da persuasão demonstram que a maior influência sobre nós não é a mídia, mas nosso contato com as pessoas. As estratégias de venda modernas buscam aproveitar o poder da influência pessoal do boca-a-boca por meio do "*marketing* viral", "criação de um rumor" e "semeadura" de vendas (Walker, 2004). Não se esperava que a série *Harry Potter* fosse se tornar um *best-seller* (*Harry Potter e a pedra filosofal* teve uma tiragem inicial de 500 cópias). Foi o boca-a-boca entre crianças que fez isso.

Dois experimentos clássicos ilustram a força da influência pessoal. Alguns anos atrás, Samuel Eldersveld e Richard Dodge (1954) estudaram a persuasão política em Ann Arbor, Michigan. Eles dividiram os cidadãos que não pretendiam votar para uma revisão do estatuto da cidade em três grupos. Dos expostos apenas ao que viram e ouviram nos meios de comunicação de massa, 19% mudou de opinião e votou a favor da revisão no dia da eleição. De um segundo grupo, que recebeu quatro correspondências em apoio à revisão, 45% votou a favor. Entre as pessoas de um terceiro grupo, que foram visitadas pessoalmente e receberam o apelo face a face, 75% votou para a revisão.

Em outro experimento de campo, uma equipe de pesquisa liderada por John Farquhar e Nathan Maccoby (1977; Maccoby, 1980; Maccoby & Alexander, 1980) tentou reduzir a frequência de doenças cardíacas entre adultos de meia idade em três cidades pequenas da Califórnia. Para verificar a eficácia relativa da influência pessoal e dos meios de comunicação, eles entrevistaram e submeteram 1.200 participantes a exames médicos antes do início do projeto e no final de cada um dos três anos seguintes. Os moradores de Tracy não receberam outros apelos persuasivos além dos que ocorrem normalmente em seus meios de comunicação. Em Gilroy, uma campanha multimídia de dois anos usou TV, rádio, jornais e mala direta para ensinar as pessoas sobre o risco coronariano e o que elas poderiam fazer para reduzi-lo. Em Watsonville, essa campanha midiática foi complementada por contatos pessoais com dois terços dos participantes cuja pressão arterial, peso e idade os colocavam em um grupo de alto risco. Usando princípios de modificação do comportamento, os pesquisadores ajudaram os participantes de Watsonville a definir metas específicas e reforçaram seus sucessos.

Como mostra a Figura 7.7, depois de um, dois e três anos, os participantes em alto risco em Tracy (a cidade-controle) tinham praticamente o mesmo grau de risco que antes. Os participantes em alto risco de Gilroy, que foi inundada com apelos da mídia, melhoraram seus hábitos de saúde e diminuíram um pouco seus riscos. Os participantes de Watsonville, que receberam contatos pessoais, bem como a campanha de mídia, foram os que mais mudaram.

INFLUÊNCIA DA MÍDIA: O FLUXO EM DUAS ETAPAS Embora a influência face a face geralmente seja maior do que a influência da mídia, não se deve subestimar o poder desta. Aqueles que influenciam pessoalmente nossas opiniões devem obter suas ideias de alguma fonte, e muitas vezes suas fontes são os meios de comunicação. Elihu Katz (1957) observou que muitos dos efeitos da mídia operam em um **fluxo de comunicação em duas etapas:** da mídia para os líderes de opinião e destes para as pessoas comuns. Em qualquer grande grupo, são esses *líderes de opinião* e formadores de opinião – "os influentes", que os especialistas em *marketing* e os políticos buscam conquistar (Keller & Berry, 2003). Os líderes de opinião são indivíduos percebidos como especialistas. Eles podem incluir apresentadores de *talk shows* e colunistas editoriais; médicos, professores e cientistas; e pessoas em todas as esferas da vida que se preocuparam em absorver informações e informar seus amigos e familiares. Quando quero avaliar equipamentos de informática, respeito as opiniões dos meus filhos, que obtêm muitas de suas ideias de impressos. Venda-as e você venderá para mim.

O fluxo de informações em duas etapas influencia os medicamentos que o seu médico prescreve, relata uma equipe de pesquisa da Stanford School of Business (Nair et al., 2008). Os médicos confiam nos líderes de opinião em sua rede social – muitas vezes um especialista de um hospital universitário – para decidir a quais fármacos dar a preferência. Para mais de 9 em cada 10 médicos, essa influência se dá por meio de contato pessoal. As maiores empresas farmacêuticas sabem que líderes de opinião dirigem as vendas e, assim, dirigem cerca de um terço de seus recursos de *marketing* a essas pessoas influentes.

"Será que você entende, que você jamais fará uma fortuna escrevendo livros para crianças?"

—AGENTE LITERÁRIO DE J.K. ROWLING ANTES DO LANÇAMENTO DE *HARRY POTTER E A PEDRA FILOSOFAL*

fluxo de comunicação em duas etapas
O processo pelo qual a influência da mídia muitas vezes ocorre por líderes de opinião, que por sua vez influenciam outras pessoas.

FIGURA 7.7
Variação percentual da linha de base (0) no risco coronariano após um, dois ou três anos de educação em saúde.
Fonte: dados de Maccoby, 1980.

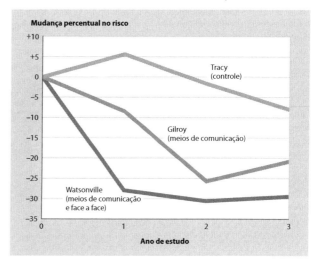

Em diversos estudos, a maioria das pessoas concorda que os meios de comunicação em massa influenciam as atitudes – as atitudes de outras pessoas, mas não as suas próprias (Duck et al., 1995).

O modelo de fluxo em duas etapas nos lembra de que as influências da mídia penetram na cultura de maneiras sutis. Mesmo que a mídia tenha pouco efeito direto sobre as atitudes das pessoas, ela ainda assim pode ter um grande efeito indireto. As raras crianças que crescem sem ver televisão não crescem além da influência da televisão. A menos que vivam como eremitas, elas vão se juntar às brincadeiras que imitam a televisão no pátio da escola. Eles vão pedir aos pais os brinquedos anunciados na TV que seus amigos têm. Elas vão pedir ou exigir assistir aos programas favoritos dos amigos, e farão isso quando visitarem as casas dos amigos. Os pais podem apenas dizer não, mas não podem desativar a influência da televisão.

COMPARANDO A MÍDIA Amontoar todos os meios de comunicação, das correspondências em massa à televisão e ao *podcasting*, é uma simplificação excessiva. Estudos comparando meios diferentes constatam que quanto mais realista é o meio, mais persuasiva é sua mensagem. Assim, a ordem de persuasão parece ser: ao vivo (face a face), gravado em vídeo, gravado em áudio e escrito.

Para aumentar a complexidade, as mensagens são melhor *compreendidas* e *recordadas* quando escritas. A compreensão é um dos primeiros passos no processo de persuasão (ver Fig. 7.1). Assim, Shelly Chaiken e Alice Eagly (1976) argumentaram que, se uma mensagem é difícil de compreender, a persuasão será maior quando o comunicado for escrito, porque os leitores serão capazes de trabalhar com a mensagem em seu próprio ritmo. Os pesquisadores apresentaram a alunos da University of Massachusetts mensagens fáceis ou difíceis por escrito, em fita cassete ou em vídeo. A Figura 7.8 exibe seus resultados: mensagens difíceis foram de fato mais convincentes quando escritas, e as fáceis, quando filmadas. O meio TV afasta dos destinatários o controle do ritmo da mensagem. Ao chamar atenção para o comunicador e para longe da mensagem em si, a televisão também incentiva as pessoas a se concentrarem em estímulos periféricos, tais como a atratividade do comunicador (Chaiken & Eagly, 1983).

Para quem se diz? O público

Como vimos no Capítulo 6, as características das pessoas muitas vezes não preveem suas respostas à influência social. Uma determinada característica pode aumentar uma etapa no processo de persuasão (Fig. 7.1), mas funcionar contra outra. Tomemos a autoestima. Pessoas com baixa autoestima são muitas vezes lentas para compreender uma mensagem e, portanto, difíceis de convencer. Aquelas com alta autoestima podem compreender e, contudo, permanecer confiantes de suas próprias opiniões. Conclusão: pessoas com moderada autoestima são as mais fáceis de influenciar (Rhodes & Wood, 1992).

Vamos considerar também duas outras características do público: idade e capacidade de reflexão.

QUANTOS ANOS ELES TÊM?

Como se evidenciou durante a campanha presidencial dos Estados Unidos de 2008 – com John McCain o claro favorito dos eleitores mais velhos e Barack Obama dos eleitores mais jovens –, as atitudes sociais e políticas das pessoas se correlacionam com sua idade. Os psicólogos sociais oferecem duas explicações possíveis para as diferenças de idade. Uma delas é uma *explicação do ciclo de vida*: atitudes mudam (p. ex., tornam-se mais conservadoras) à medida que as pessoas envelhecem. A outra é uma *explicação geracional*: as atitudes *não* mudam; as pessoas mais velhas costumam se agarrar às atitudes que adotaram quando eram jovens. Uma vez que essas atitudes são diferentes das que estão sendo adotadas pelos jovens de hoje, desenvolve-se um conflito de gerações.

As evidências geralmente apoiam a explicação geracional. Em pesquisas de grupos de jovens e idosos ao longo de vários anos, as atitudes das pessoas mais velhas geralmente apresentam menos alterações do que as dos jovens. Como David Sears (1979, 1986) colocou, os pesquisadores "quase sempre encontram efeitos geracionais e não do ciclo de vida".

A adolescência e início dos 20 anos são um período de formação importante (Koenig et al., 2008; Krosnick & Alwin, 1989). As atitudes são mutáveis nessa época, e as atitudes formadas tendem a se estabilizar ao longo de toda a idade adulta média. Entrevistas de mais de 120 mil pessoas feitas pelo Instituto Gallup sugerem que as atitudes políticas formadas aos 18 anos – relativamente favoráveis aos republicanos durante a época de popularidade de Reagan, e mais favoráveis aos democratas durante a época de impopularidade de George W. Bush – tendem a se manter (Silver, 2009).

Os jovens podem, portanto, ser aconselhados a escolher suas influências – os grupos sociais aos quais aderem, os meios de comunicação que absorvem, os papéis que adotam – com cuidado. Ao analisar os

FIGURA 7.8
Mensagens fáceis de entender são mais persuasivas quando filmadas. Mensagens difíceis são mais persuasivas quando escritas. Assim, a dificuldade da mensagem interage com o meio para determinar seu poder de persuasão.
Fonte: dados da Chaiken e Eagly, 1978.

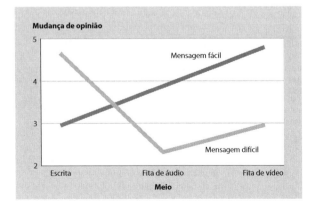

arquivos da National Opinion Research Center, James Davis (2004) descobriu, por exemplo, que os norte-americanos que tinham 16 anos durante a década de 1960 têm desde então sido politicamente mais liberais do que a média. Assim como os anéis nas árvores podem, anos depois, revelar marcas estabelecidas por uma seca, também as atitudes, décadas mais tarde, podem revelar os acontecimentos, como a Guerra do Vietnã e época dos direitos civis da década de 1960, que moldaram a mente dos adolescente e jovens adultos. Para muitas pessoas, esses anos são um período crítico para a formação de atitudes e valores.

O Bennington College de Vermont fornece um exemplo marcante. Durante o final da década de 1930 e início da década de 1940, as alunas de Bennington – mulheres de famílias conservadoras privilegiadas – encontraram um ambiente de espírito livre liderado por um corpo docente de jovens de esquerda. Um desses professores, o psicólogo social Theodore Newcomb, posteriormente negou que a faculdade estivesse tentando fazer de suas alunas "boas pequenas liberais". Contudo, elas se tornaram muito mais liberais do que era comum entre aqueles de suas origens sociais. Além disso, as atitudes formadas em Bennington se mantiveram. Meio século depois, na eleição para presidente de 1984, as mulheres de Bennington, agora nos 70 anos, votaram no candidato democrata por uma margem de 3 a 1, enquanto outras mulheres com formação superior que estavam na mesma faixa etária votaram no candidato republicano pela mesma margem (Alwin et al., 1991). As opiniões adotadas em um momento impressionável tinha sobrevivido a uma vida de maior experiência.

As experiências da adolescência e início da idade adulta são em parte formativas porque produzem impressões profundas e duradouras. Quando Howard Schuman e Jacqueline Scott (1989) pediram às pessoas para citarem um ou dois eventos nacionais ou mundiais mais importantes dos últimos 50 anos, a maioria recordou eventos de sua adolescência ou início dos 20 anos. Para os que passaram pela Grande Depressão ou pela Segunda Guerra Mundial quando estavam com de 16 a 24 anos, esses eventos ofuscaram o movimento dos direitos civis e o assassinato de Kennedy do início dos anos de 1960, a Guerra do Vietnã e o desembarque na Lua do final dos anos de 1960 e o movimento das mulheres da década de 1970, os quais foram impressos na mente dos jovens que os vivenciaram com de 16 a 24 anos. Portanto, podemos esperar que os jovens adultos de hoje incluirão eventos como o 11 de setembro e a Guerra do Iraque como momentos decisivos memoráveis.

Isso não quer dizer que adultos mais velhos sejam inflexíveis. Estudos realizados por Glenn Norval em 1980 e 1981 descobriu que a maioria das pessoas em seus 50 e 60 anos tinham atitudes sexuais e raciais mais liberais do que tinham aos 30 e 40. Dada a "revolução sexual" que começou em 1960 e se tornou dominante na década de 1970, essas pessoas de meia-idade aparentemente mudaram com os tempos. Poucos de nós são totalmente não influenciados pelas mudanças das normas culturais. Além disso, perto do fim de suas vidas, adultos mais velhos podem novamente se tornar mais suscetíveis à mudança de atitude, talvez devido a um declínio na força de suas atitudes (Visser & Krosnick, 1998).

O QUE ELES ESTÃO PENSANDO?

O aspecto crucial da persuasão pela rota central não é a mensagem, mas as respostas que ela evoca na mente de uma pessoa. Nossas mentes não são esponjas que absorvem tudo o que se derrama sobre elas. Se a mensagem provoca pensamentos favoráveis, ela nos convence. Se ela nos faz pensar em argumentos contrários, continuamos não persuadidos.

UM HOMEM PREVENIDO VALE POR DOIS – SE VOCÊ SE IMPORTAR O SUFICIENTE PARA CONTRA-ARGUMENTAR Que circunstâncias semeiam contra-argumentação? Uma é saber que alguém vai tentar persuadi-lo. Se você tivesse que dizer a sua família que quer sair da escola, você provavelmente preveria sua súplica para que você permaneça. Desse modo, você pode elaborar uma lista de argumentos para contrariar todos os argumentos concebíveis que eles poderiam apresentar.

Jonathan Freedman e David Sears (1965) demonstraram a dificuldade de tentar convencer as pessoas sob tais circunstâncias. Eles alertaram um grupo de estudantes do ensino médio da Califórnia que iriam assistir a uma palestra: "Por que os adolescentes não deveriam ter autorização para dirigir". Os que foram avisados não mudaram suas opiniões, mas outros que não foram prevenidos, sim. Também em tribunais, os advogados de defesa às vezes alertam os jurados sobre evidências da promotoria que virão. Com júris simulados, esse tipo de "antecipação" neutraliza o seu impacto (Dolnik et al., 2003).

DISTRAÇÃO DESARMA A CONTRA-ARGUMENTAÇÃO A persuasão também é reforçada por uma distração que inibe a contra-argumentação (Festinger & Maccoby, 1964; Keating & Brock, 1974; Osterhouse & Brock, 1970). As propagandas políticas costumam usar essa técnica. As palavras promovem o candidato, e as imagens visuais nos mantêm ocupados para que não analisemos as palavras. A distração é especialmente eficaz quando a mensagem é simples (Harkins & Petty, 1981; Regan & Cheng, 1973). Às vezes, porém, a distração impede nosso processamento de um anúncio. Isso ajuda a explicar por que anúncios visualizados durante programas de televisão violentos ou sexuais são tantas vezes esquecidos e ineficazes (Bushman, 2005, 2007).

> "Prevenir-se e, portanto, precaver-se... é eminentemente racional se nossa crença é verdadeira, mas se nossa crença é uma ilusão, esse mesmo aviso e preparação seria obviamente o método pelo qual a ilusão em si tornar-se-ia incurável".
>
> —C. S. LEWIS, *SCREWTAPE PROPOSES A TOAST*, 1965

"Você está melhor do que estava há quatro anos?" Ronald Reagan foi impulsionado para a vitória com uma pergunta eloquente memorável que disparou o pensamento dos eleitores.

PÚBLICOS NÃO ENVOLVIDOS USAM SUGESTÕES PERIFÉRICAS Lembre-se das duas rotas da persuasão – a via central do pensamento sistemático e a via periférica das sugestões heurísticas. Como uma estrada que serpenteia através de uma pequena cidade, a via central tem arranques e paradas enquanto a mente analisa argumentos e formula respostas. Como a estrada que contorna a cidade, a via periférica acelera a chegada ao destino. Pessoas analíticas – aquelas que têm alta **necessidade de cognição** – gostam de pensar com cuidado e preferem vias centrais (Cacioppo et al., 1996). Pessoas que gostam de conservar seus recursos mentais – aquelas com baixa necessidade de cognição – são mais rápidas para responder a estímulos periféricos, tais como atratividade do comunicador e aprazibilidade do ambiente.

Essa simples teoria – de *que o que pensamos em resposta a uma mensagem é crucial*, especialmente se estamos motivados e somos capazes de pensar sobre ela – gerou muitas previsões, a maioria das quais confirmadas por Petty, Cacioppo e outros (Axsom et al., 1987; Haddock et al., 2008; Harkins & Petty, 1987). Muitos experimentos exploraram maneiras de estimular o pensamento das pessoas:

- utilizando *perguntas de efeito*;
- apresentando *múltiplos falantes* (p. ex., fazendo cada um de três falantes apresentar um argumento em vez de um falante apresentar os três);
- fazendo as pessoas se *sentirem responsáveis* pela avaliação ou repasse da mensagem;
- *repetindo* a mensagem;
- obtendo a *atenção* das pessoas *sem distrações*.

A descoberta compatível com cada uma dessas técnicas: *estimular o pensamento torna mensagens fortes mais persuasivas e* (por causa da contra-argumentação) *mensagens fracas menos persuasivas*.

A teoria também tem implicações práticas. Comunicadores eficazes se importam não apenas com suas imagens e suas mensagens, mas também sobre como seu público tende a reagir. Os melhores instrutores tendem a fazer os alunos pensarem ativamente. Eles fazem perguntas de efeito, fornecem exemplos intrigantes e desafiam os alunos com problemas difíceis. Todas essas técnicas tendem a favorecer um processo que move informações por meio da rota central à persuasão. Nas aulas em que a instrução é menos envolvente, você pode fornecer seu próprio processamento central. Se você pensar sobre o material e desenvolver os argumentos, você tende a se sair melhor no curso.

Durante os dias finais de uma acirrada campanha presidencial de 1980, nos Estados Unidos, Ronald Reagan utilizou efetivamente perguntas eloquentes para estimular pensamentos desejados na mente dos eleitores. Sua declaração sumária no debate presidencial começou com duas potentes perguntas que ele repetiu muitas vezes durante a última semana da campanha: "Você está melhor do que estava há quatro anos? Está mais fácil para você ir e comprar coisas nas lojas do que estava quatro anos atrás?". A maioria das pessoas respondeu que não, e Reagan, em parte graças à maneira como estimulou as pessoas a tomarem a rota central, venceu por uma margem maior que a esperada.

Resumo: Quais são os elementos da persuasão?

- O que torna a persuasão eficaz? Os pesquisadores exploraram quatro fatores: o *comunicador* (quem diz), a *mensagem* (o que é dito), o *canal* (como se diz) e o *público* (para quem se diz).
- Comunicadores confiáveis tem melhor êxito em persuadir. Pessoas que falam sem hesitação, que falam rápido e que olham os ouvintes diretamente nos olhos parecem mais confiáveis. Assim como pessoas que argumentam contra seus próprios interesses pessoais. Um comunicador atraente também é eficaz em questões de gosto e valores pessoais.
- A própria mensagem persuade; associá-la a bons sentimentos a faz mais convincente. Muitas vezes as pessoas fazem julgamentos mais rápidos e menos reflexivos quando estão de bom humor. Mensagens que despertam medo também podem ser eficazes, especialmente se os destinatários se sentem vulneráveis, mas podem tomar medidas de proteção.
- O grau de discrepância que uma mensagem deve ter das opiniões existentes de um público depende da credibilidade do comunicador. E se uma mensagem unilateral ou bilateral é mais persuasiva depende de se o público já está de acordo com a mensagem, não tem conhecimento de argumentos contrários e é improvável que posteriormente venha a considerar a oposição.
- Quando dois lados de uma questão são incluídos, o efeito de primazia muitas vezes torna a primeira mensagem mais persuasiva. Se um intervalo de tempo separa as apresentações, o resultado mais provável será um efeito de recentidade em que prevalece a segunda.
- Outra consideração importante é a forma como a mensagem é transmitida. Normalmente, apelos face a face funcionam melhor. A mídia de impressão pode ser eficaz para mensagens complexas. Além disso, os meios de comunicação podem ser eficazes quando o assunto é menor ou desconhecido, e quando os meios de comunicação atingem líderes de opinião.
- Por fim, é importante saber quem recebe a mensagem. A idade do público faz diferença; as atitudes dos jovens são mais sujeitas a mudanças. O que as pessoas pensam enquanto recebem uma mensagem? Será que têm pensamentos favoráveis? Será que contra-argumentam? Elas foram avisadas?

Persuasão extrema: Como os cultos doutrinam?

Que princípios de persuasão e de influências de grupo são aproveitados pelos novos movimentos religiosos ("cultos")?

Em 22 de março de 1997, Marshall Herff Applewhite e 37 de seus discípulos decidiram que havia chegado o momento de abandonar seus corpos – meros "recipientes" – e serem levados por um OVNI na trilha do Cometa Hale-Bopp rumo ao portão do céu. Assim, eles puseram-se a dormir misturando Gardenal em pudim ou doce de maçã, seguido de vodka, e depois colocando sacos plásticos em suas cabeças para se sufocarem durante o sono. Naquele mesmo dia, uma casa de campo na aldeia francesa canadense de St. Casimir explodiu em chamas, consumindo 5 pessoas – as últimas de mais de 74 membros da Ordem do Templo Solar que cometeram suicídio no Canadá, na Suíça e na França. Todas estavam esperando serem transportadas para a estrela Sirius, a nove anos-luz de distância.

A pergunta na mente de muitas pessoas: o que convence as pessoas a abandonarem suas antigas crenças e unirem-se a essas gangues de correntes mentais? Devemos atribuir seus estranhos comportamentos a estranhas personalidades? Ou suas experiências ilustram a dinâmica comum da influência e persuasão social?

"Você segue para casa sem mim, Irene. Eu vou me unir ao culto deste homem."

Centenas de milhares de pessoas nos últimos anos têm sido recrutadas por membros de cerca de 2.500 cultos religiosos, mas raramente por meio de uma decisão repentina.
© Charles Addams. Com permissão da Tee e Addams Charles Foundation.

Mantenha duas coisas em mente. Primeiro, esta é uma análise retrospectiva. Ela utiliza princípios de persuasão para explicar, após o fato, um fenômeno social preocupante. Segundo, explicar *por que* as pessoas acreditam em algo não diz nada sobre a *verdade* de suas crenças. Esta é uma questão logicamente separada. A psicologia da religião pode nos dizer *por que* um teísta acredita em Deus e um ateu não, mas ela não pode nos dizer quem está certo. Explicar qualquer crença nada faz para mudar sua validade. Lembre-se que se alguém tentar desconsiderar suas crenças dizendo: "Você só acredita nisso porque...", você poderia se lembrar da resposta do Arcebispo William Temple a alguém que o desafiou: "Bem, é claro, arcebispo, o ponto é que você acredita no que acredita por causa do modo como você foi criado". Ao que o arcebispo respondeu: "Pode ser que seja assim. Mas isso não muda o fato de que você acredita que eu acredito no que acredito porque foi este o jeito que eu fui criado por causa do modo como você foi criado".

Nas últimas décadas, vários **cultos** – que alguns cientistas sociais preferem chamar de novos movimentos religiosos – ganharam muita publicidade: a Igreja da Unificação de Moon Sun Myung, o Templo do Povo de Jim Jones, o Ramo dos Davidianos de David Koresh e o Portão do Céu de Marshall Applewhite.

A mistura de cristianismo e anticomunismo de Sun Myung Moon e sua autoglorificação como um novo messias atraiu seguidores no mundo inteiro. Em resposta à declaração de Moon "O que eu desejo deve ser o seu desejo", muitas pessoas comprometeram a si e a seus rendimentos para a Igreja da Unificação.

Em 1978, na Guiana, 914 discípulos de Jim Jones, que o tinham seguido de São Francisco até lá, chocaram o mundo quando morreram seguindo sua ordem suicida de tomar uma bebida de uva contendo tranquilizantes, analgésicos e uma dose letal de cianeto.

Em 1993, David Koresh, que abandonara a escola durante o ensino médio, usou seu talento para memorizar as Escrituras e hipnotizar as pessoas para tomar o controle de uma facção da seita do Ramo dos Davidianos. Com o tempo, os membros foram gradualmente perdendo seus bens e contas bancárias. Koresh também persuadiu os homens a viverem no celibato enquanto ele dormia com suas esposas e filhas, e convenceu suas 19 "esposas" a terem seus filhos. Sob cerco depois de um tiroteio que matou seis membros e quatro agentes federais, Koresh disse a seus seguidores que em breve eles iriam morrer e ir com ele direto para o céu. Agentes federais cercaram a área com tanques, esperando injetar gás lacrimogêneo. No final do confronto, 86 pessoas foram consumidas em um incêndio que tomou conta do local.

Marshall Applewhite não foi tentado a comandar favores sexuais. Depois de ter sido demitido de dois em-

culto (também chamado novo movimento religioso)
Um grupo caracterizado por (1) ritual distintivo e crenças relacionadas a sua devoção a um deus ou a uma pessoa, (2) isolamento da cultura "maligna" do ambiente e (3) um líder carismático. (Uma seita, ao contrário, é um subproduto de uma grande religião.)

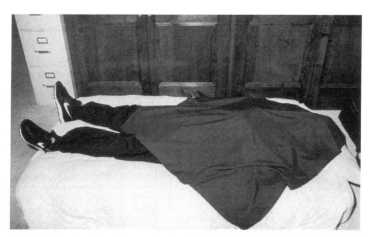

Uma das 37 vítimas de suicídio em busca do portão do céu.

pregos como instrutor de música por conta de casos com alunas, ele procurou devoção sem sexo por castração, assim como 7 dos outros 17 homens do Portão do Céu que morreram com ele (Chua-Eoan, 1997; Gardner, 1997). Enquanto estava internado em um hospital psiquiátrico em 1971, Applewhite ligou-se à enfermeira e astróloga amadora Bonnie Lu Nettles, a qual deu ao intenso e carismático Applewhite uma visão cosmológica de uma rota para o "próximo nível". Pregando com paixão, ele convenceu seus seguidores a renunciar à família, ao sexo, às drogas e ao dinheiro pessoal com promessas de uma viagem espacial para a salvação.

Como essas coisas puderam acontecer? O que convenceu essas pessoas a darem total fidelidade? Devemos oferecer explicações disposicionais – culpando as vítimas? Devemos descartá-las como ingênuas ou desequilibradas? Ou princípios familiares de conformidade, aquiescência, dissonância, persuasão e influência de grupo podem explicar seu comportamento – colocando-as em um terreno comum com o restante de nós, que de nossos próprios modos somos moldados por essas forças?

Atitudes decorrem do comportamento

Como o Capítulo 4 mostrou repetidas vezes, as pessoas geralmente internalizam compromissos assumidos de forma voluntária, pública e repetida. Os líderes de cultos parecem saber disso.

AQUIESCÊNCIA GERA ACEITAÇÃO

Novos convertidos logo aprendem que a adesão não é um assunto trivial. Rapidamente faz-se deles membros ativos da equipe. Rituais comportamentais, recrutamento público e angariação de fundos fortalecem as identidades dos iniciados como membros. Assim como os participantes de experimentos sociopsicológicos passam a acreditar naquilo pelo que prestaram testemunhos (Aronson & Mills, 1959; Gerard & Mathewson, 1966), também noviços em cultos tornam-se dedicados defensores. Quanto maior o compromisso pessoal, maior a necessidade de justificá-lo.

FENÔMENO PÉ NA PORTA

Como as pessoas são induzidas a se comprometerem com uma mudança de vida tão drástica? Raramente por uma decisão consciente abrupta. A gente não simplesmente decide: "Não quero mais saber da religião estabelecida. Vou encontrar um culto". Tampouco os recrutadores dos cultos abordam as pessoas na rua dizendo "Oi. Eu sou uma seguidora de Moon. Quer se juntar a nós?". Em vez disso, a estratégia de recrutamento explora o princípio do pé na porta. Os recrutadores da Igreja da Unificação, por exemplo, convidavam as pessoas para um jantar e depois para um fim de semana de calorosa confraternização e discussões sobre filosofias de vida. No retiro de fim de semana, elas incentivam os visitantes a se juntar a eles em músicas, atividades e discussões. Os potenciais convertidos eram então convidados a se inscrever para retiros de treinamento mais longos. A norma em cultos é que as atividades se tornem gradualmente mais árduas, culminando com recrutas solicitando contribuições e tentando converter outros.

Depois de entrarem no culto, os convertidos descobrem que, inicialmente, as ofertas monetárias são voluntárias, depois obrigatórias. Jim Jones com o tempo instituiu uma contribuição obrigatória de 10% da renda, que logo aumentou para 25%. Por fim, ele ordenou que os membros entregassem a ele tudo o que possuíam. As cargas de trabalho também se tornaram progressivamente mais exigentes. Graça Stoen, ex-membro do culto, recorda o progresso gradual:

> Nada foi feito drasticamente. Foi assim que Jim Jones fugiu com tanto. Você lentamente dava as coisas e aos poucos tinha que aturar mais, mas tudo sempre foi feito muito gradualmente. Foi incrível, pois às vezes você se sentava e dizia, nossa, eu realmente abri mão de muita coisa. Eu realmente estou suportando muita coisa. Mas ele fez isso tão lentamente que você imaginava, se eu cheguei até aqui, qual é mesmo a diferença? (Conway & Siegelman, 1979, p. 236)

Elementos persuasivos

Podemos também analisar a persuasão dos cultos usando os fatores discutidos neste capítulo (e resumidos na Fig. 7.9): *Quem* (o comunicador) disse *o que* (a mensagem) para *quem* (o público)?

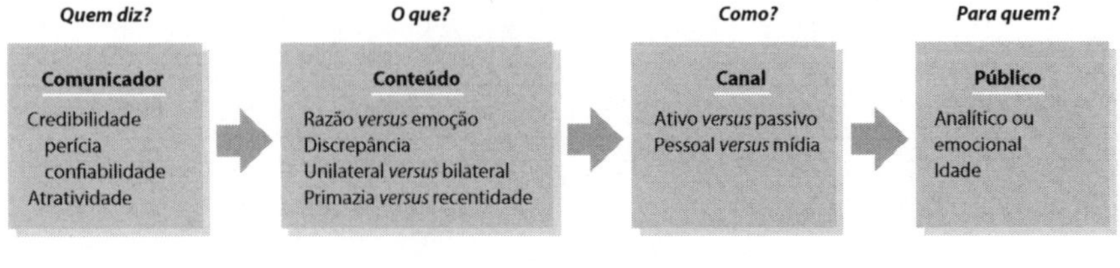

COMUNICADOR

Cultos de sucesso normalmente têm um líder carismático – alguém que atrai e orienta os membros. Como em experimentos sobre persuasão, um comunicador crível é alguém que o público percebe como perito e digno de confiança, como, por exemplo, o Reverendo Moon.

FIGURA 7.9
Variáveis conhecidas por afetar o impacto das comunicações persuasivas.
Na vida real, essas variáveis podem interagir; o efeito de uma pode depender do nível de outra.

Quem diz?	O que?	Como?	Para quem?
Comunicador	**Conteúdo**	**Canal**	**Público**
Credibilidade perícia confiabilidade Atratividade	Razão *versus* emoção Discrepância Unilateral *versus* bilateral Primazia *versus* recentidade	Ativo *versus* passivo Pessoal *versus* mídia	Analítico ou emocional Idade

Jim Jones usou "leituras psíquicas" para firmar sua credibilidade. Os recém-chegados eram convidados a se identificar quando entravam na igreja antes das cerimônias. Então um de seus assessores rapidamente ligava para a casa da pessoa e dizia: "Oi. Estamos fazendo uma pesquisa, e gostaríamos de lhe fazer algumas perguntas". Durante a cerimônia, recorda-se um ex-membro, Jones gritava o nome da pessoa e dizia

> Alguma vez você já me viu antes? Bem, você mora em tal e tal lugar, seu número de telefone é tal e tal e em sua sala de estar que você tem isso, isso e aquilo, e no seu sofá você tem tal e tal almofada.... Mas, você se lembra de alguma vez eu estar em sua casa? (Conway & Siegelman, 1979, p. 234)

A confiança é outro aspecto da credibilidade. A pesquisadora de cultos Margaret Singer (1979) observou que jovens brancos de classe média são mais vulneráveis ao recrutamento porque são mais confiantes. Eles não têm a "esperteza" dos jovens de classe mais baixa (que sabem como resistir a uma abordagem) e a cautela dos jovens de classe alta (que foram avisados sobre sequestradores desde a infância). Muitos membros de cultos foram recrutados por amigos ou parentes, pessoas de confiança (Stark & Bainbridge, 1980).

MENSAGEM

As mensagens vívidas e emotivas e o calor e a aceitação com que o grupo inunda pessoas solitárias ou deprimidas pode ser muito atraente: confie no senhor, junte-se à família; temos a resposta, o "único caminho". A mensagem ecoa pelos mais variados canais, tais como palestras, discussões em pequenos grupos e pressão social direta.

PÚBLICO

Recrutas com frequência são jovens de menos de 25 anos, idade relativamente aberta antes de atitudes e valores se estabilizarem. Alguns, como os seguidores de Jim Jones, são pessoas menos instruídas que gostam de simplicidade da mensagem e acham difícil contra-argumentar. Mas a maioria são pessoas instruídas de classe média que, tomada por ideais, ignoram as contradições daqueles que professam o altruísmo e praticam a ganância, que fingem preocupação e se comportam com indiferença.

Adeptos potenciais muitas vezes se encontram em pontos de virada em suas vidas, enfrentando crises pessoais, em férias ou vivendo longe de casa. Eles têm necessidades, e os cultos lhes oferecem uma resposta (Lofland & Stark, 1965; Singer, 1979). Gail Maeder uniu-se ao Portão do Céu depois que sua loja de camisetas faliu. David Moore ingressou quando tinha 19 anos, tinha concluído o ensino médio e estava em busca de um caminho. Épocas de turbulência social e econômica são especialmente propícias para alguém que dê um aparente sentido simples para sair da confusão (O'Dea, 1968; Sales, 1972).

De modo semelhante, os indivíduos que realizaram ataques suicidas no Oriente Médio (e em outros lugares como Bali, Madri e Londres) foram, em sua maioria, jovens na transição entre a adolescência e a maturidade. Como os adeptos de cultos, eles estão sob a influência de respeitados comunicadores de orientação religiosa. Essas vozes convincentes os doutrinam para que eles se vejam como "mártires vivos", cujo momento fugaz de autodestruição será seu portal para o êxtase e heroísmo. Para superar a vontade de sobreviver, cada candidato se compromete publicamente de várias formas – elaborando um testamento, escrevendo cartas de despedida, fazendo um vídeo de despedida – criando, assim, um ponto psicológico de não retorno (Kruglanski & Golec de Zavala, 2005). Tudo isso normalmente transparece no relativo isolamento de pequenas células, com influências de grupo que inflamam o ódio pelo inimigo.

Efeitos de grupo

Os cultos também ilustram o tema do próximo capítulo: o poder de um grupo de moldar as opiniões e comportamento dos membros. O culto geralmente separa os seus membros de seus sistemas de apoio social anteriores e os isola com outros membros do culto. Pode, então, ocorrer o que Rodney Stark e William Bainbridge (1980) chamam de "implosão social": os laços externos enfraquecem até que ocorra um colapso social interno, de modo que cada pessoa se envolve apenas com outros membros do grupo. Isolados das famílias e dos amigos anteriores, eles perdem o acesso a contra-argumentos. O grupo agora oferece identidade e

O treinamento militar cria coesão e compromisso por meio de algumas das mesmas táticas usadas pelos líderes de novos movimentos religiosos, confrarias e comunidades terapêuticas.

> "Evite *situações totais*, em que você perde o contato com suas redes de apoio social e de informações. Nunca se permita ser emocionalmente isolado de seus grupos de referência conhecidos e de confiança – família, amigos, vizinhos, colegas de trabalho – não aceite recriminações contra eles."
>
> —PHILLIP ZIMBARDO E CINCY X. WANG, *"20 DICAS DO DR. Z. SOBRE COMO RESISTIR ÀS INFLUÊNCIAS INDESEJÁVEIS SOBRE VOCÊ"*, 2007

define a realidade. Uma vez que o culto desaprova e pune as discórdias, o aparente consenso ajuda a eliminar quaisquer dúvidas. Além disso, o estresse e a excitação emocional restringem a atenção, tornando as pessoas "mais suscetíveis a argumentos mal sustentados", à pressão social e à tentação de depreciar os que não pertencem ao grupo (Baron, 2000).

Marshall Applewhite e Bonnie Nettles inicialmente formaram seu próprio grupo de dois, reforçando o pensamento aberrante um do outro, fenômeno que os psiquiatras chamam de *folie à deux* (do francês "insanidade a dois"). Com a adesão de outros, o isolamento social do grupo facilitou o pensamento peculiar. Como ilustram os grupos da teoria da conspiração da internet, grupos virtuais também podem promover a paranoia. O Portão do Céu era hábil no recrutamento pela internet.

Contudo, essas técnicas – aumentar o comprometimento comportamental, a persuasão e o isolamento do grupo – não tem poder ilimitado. A Igreja da Unificação recrutava menos de um décimo das pessoas que participaram de seus *workshops* (Ennis & Verrilli, 1989). A maioria dos que aderiram ao Portão do Céu saíram antes desse dia fatídico. David Koresh governou com uma mistura de persuasão, intimidação e violência. À medida que tornava suas exigências mais radicais, Jim Jones também tinha cada vez mais que controlar as pessoas com intimidações. Ele usou ameaças de danos contra os que fugissem da comunidade, espancamentos por descumprimentos e drogas para neutralizar os membros desagradáveis. Ao final, ele se utilizava tanto de coerção quanto de persuasão.

Algumas dessas técnicas de influência dos cultos têm semelhanças com as técnicas utilizadas por grupos mais inofensivos amplamente aceitos. Mosteiros budistas e católicos, por exemplo, tem adeptos de clausura com espíritos afins. Membros de fraternidades e irmandades relatam que o "bombardeio de amor" inicial dos potenciais adeptos dos cultos não é diferente de seu próprio período de "avaliação". Os membros dão aos possíveis adeptos muita atenção e os fazem se sentirem especiais. Durante o período de garantia, os novos membros são um pouco isolados, separados dos antigos amigos que não fizeram o juramento. Eles passam algum tempo estudando a história e as regras do seu novo grupo. Eles sofrem e dedicam tempo em seu nome. Espera-se que eles cumpram todas as suas exigências. O resultado geralmente é um novo membro empenhado.

O mesmo é verdadeiro em relação a algumas comunidades terapêuticas de recuperação de dependentes de drogas e álcool. Grupos de autoajuda zelosos formam um coeso "casulo social", possuem crenças intensas e exercem profunda influência sobre o comportamento dos membros (Galanter, 1989, 1990).

Outro uso construtivo da persuasão ocore no aconselhamento e na psicoterapia, que o psicólogo de aconselhamento social Stanley Strong vê "como um ramo da psicologia social aplicada" (1978, p. 101). Como Strong, o psiquiatra Jerome Frank (1974, 1982) reconheceu anos atrás que é preciso persuasão para mudar atitudes e comportamentos autodestrutivos. Frank observou que o ambiente de psicoterapia, como os cultos e os grupos de autoajuda, fornecem (1) um relacionamento social de confiança e apoio, (2) uma oferta de perícia e de esperança, (3) uma fundamentação ou mito especial que explica as dificuldades e oferece uma nova perspectiva e (4) um conjunto de rituais e experiências de aprendizagem que promete um novo sentido de paz e felicidade.

Escolho os exemplos de fraternidades, irmandades, grupos de autoajuda e psicoterapia não para depreciá-los, mas para ilustrar duas observações finais. Primeiro, se atribuímos novos movimentos religiosos à força mística do líder ou às fraquezas peculiares dos seguidores, podemos nos iludir pensando que somos imunes às técnicas de controle social. Na verdade, os nossos próprios grupos – e inúmeros líderes políticos, educadores e outros persuasores – usam com êxito muitas dessas mesmas táticas conosco. Entre educação e doutrinação, iluminação e propaganda, conversão e coerção, terapia e controle da mente, há apenas uma linha indistinta.

Segundo, o fato de que Jim Jones e outros líderes de cultos abusaram do poder da persuasão não significa que a persuasão seja intrinsecamente má. A energia nuclear nos permite iluminar casas ou eliminar cidades. A potência sexual nos permite expressar e celebrar o amor comprometido ou explorar pessoas para uma gratificação egoísta. Da mesma forma, o poder de persuasão nos permite iluminar ou enganar, promover a saúde ou vender drogas viciantes, promover a paz ou despertar o ódio. Saber que esses poderes podem ser aproveitados para fins malignos deve nos alertar, como cientistas e cidadãos, para nos protegermos contra o seu uso imoral. Mas os próprios poderes não são inerentemente maus nem intrinsecamente bons; é como nós os usamos que determina se o seu efeito é destrutivo ou construtivo. Condenar a persuasão devido ao engano é como condenar o comer devido à gula.

Resumo: Persuasão extrema: Como os cultos doutrinam?

Os sucessos dos cultos religiosos oferecem uma oportunidade de vermos os poderosos processos de persuasão em ação. Parece que o seu êxito é resultado de três técnicas gerais:
- provocar compromissos comportamentais (como descrito no Capítulo 4);
- aplicar princípios de persuasão eficaz (vistos neste capítulo);
- isolar os membros em grupos de pensamento semelhante (a ser discutido no Capítulo 8).

Como é possível resistir à persuasão?

Tendo examinado as "armas da influência", consideraremos algumas táticas para resistir a ela. Como podemos preparar as pessoas para resistirem à persuasão indesejada?

Instrutores de artes marciais dedicam tanto tempo ensinando bloqueios defensivos, esquivas e aparos quanto ensinando ataques. "No campo de batalha da influência social", observam Brad Sagarin e colaboradores (2002), os pesquisadores se concentraram mais no ataque convincente do que na defesa. Ser persuadido ocorre naturalmente, relata Daniel Gilbert e colaboradores (1990, 1993). É mais fácil aceitar mensagens persuasivas do que duvidar delas. *Entender* uma afirmação (p. ex., que os lápis de chumbo são um perigo para a saúde) é *acreditar* nela – pelo menos temporariamente, até que a aceitação automática inicial se desfaça ativamente. Se um evento de distração impede isso, a aceitação persiste.

Ainda assim, abençoados com lógica, informação e motivação, resistimos às falsidades. Se o uniforme do mecânico e o título do médico de aparência confiável nos intimidaram para uma concordância irrefletida, podemos repensar nossas respostas habituais à autoridade. Podemos buscar mais informações antes de comprometer nosso tempo ou dinheiro. Podemos questionar o que não entendemos.

Fortalecimento do compromisso pessoal

O Capítulo 6 apresenta outra maneira de resistir: antes de se deparar com os julgamentos dos outros, comprometa-se publicamente com sua posição. Tendo defendido suas convicções, você se tornará menos suscetível (ou, deveríamos dizer, menos "aberto") ao que os outros têm a dizer. Em simulações de julgamentos cíveis, votações preliminares dos jurados podem promover um endurecimento das posições expressas, levando a mais impasses (Davis et al., 1993).

CRENÇAS DESAFIADORAS

Como podemos estimular as pessoas a se comprometerem? A partir de seus experimentos, Charles Kiesler (1971) ofereceu uma maneira possível: atacar moderadamente a posição delas. Kiesler descobriu que quando pessoas comprometidas foram atacadas com força suficiente para levá-las a reagir, mas não tão forte ao ponto de subjugá-las, elas se tornaram ainda mais comprometidas. Kiesler explicou: "quando você ataca pessoas comprometidas e seu ataque é de força insuficiente, você as leva a comportamentos mais extremos em defesa de seu comprometimento anterior" (p. 88). Talvez você se recorde disso ter acontecido em uma discussão, quando os envolvidos intensificaram sua retórica, comprometendo-se com posições cada vez mais radicais.

DESENVOLVENDO CONTRA-ARGUMENTOS

Há uma segunda razão pela qual um ataque moderado pode construir resistência. Como vacinas contra uma doença, mesmo argumentos fracos estimularão contra-argumentos, os quais então se tornam disponíveis para um ataque mais forte. William McGuire (1964) documentou isso em uma série de experimentos. McGuire se perguntava: será que podemos vacinar as pessoas contra a persuasão assim como as vacinamos contra um vírus? Existe algo semelhante a uma **inoculação de atitude**? Seria possível tomar pessoas criadas em um "ambiente ideológico livre de germes" – pessoas que possuem alguma crença inquestionável – e estimular suas defesas mentais? E será que submetê-las a uma pequena dose de material ameaçador de crenças as inocularia contra posterior persuasão?

inoculação de atitudes
Expor as pessoas a fracos ataques às suas atitudes para que, quando ataques mais fortes vierem, elas tenham refutações disponíveis.

Isso é o que fez McGuire. Primeiro, ele encontrou alguns truísmos culturais, como "É uma boa ideia escovar os dentes após cada refeição". Ele então demonstrou que as pessoas estavam vulneráveis a um ataque poderoso confiável a essas obviedades (p. ex., as autoridades de prestígio disseram ter descoberto que o excesso de escovação pode danificar as gengivas). Contudo, se antes de ter sua crença atacada elas foram "imunizadas", primeiro recebendo um pequeno desafio à crença *e* se leram ou escreveram um ensaio de refutação a esse leve ataque, então elas eram mais capazes de resistir ao ataque vigoroso.

Lembre-se de que a inoculação eficaz estimula, mas não sobrecarrega nossas defesas. Experimentos mostram que quando as pessoas resistem, mas sentem que se saíram muito mal – com contra-argumentos fracos –, suas atitudes enfraquecem e elas se tornam mais vulneráveis a um posterior apelo (Tormala et al., 2006). A resistência à persuasão também drena a energia de nosso sistema de autocontrole. Assim, logo depois de resistir, ou enquanto enfraquecidos pelo cansaço ou por outros esforços de autocontrole, como fazer uma dieta, podemos ficar desgastados e mais suscetíveis à persuasão (Burkley, 2008).

POR DENTRO DA HISTÓRIA — William McGuire sobre inoculação de atitudes

Confesso ter me sentido como o Sr. Limpeza ao fazer esse trabalho de imunização, pois eu estava estudando como ajudar as pessoas a resistirem à manipulação. Então, depois que nossa pesquisa foi publicada, um executivo de publicidade ligou e me disse: "Muito interessante, Professor. Fiquei encantado ao ler sobre isso". Um pouco justificadamente, respondi: "Muito gentil da sua parte dizer isso, Sr. Executivo, mas realmente estou do outro lado. Você está tentando persuadir as pessoas", e eu estou tentando torná-las mais resistentes. "Ah, não se subestime, professor", disse ele. "Podemos usar o que você está fazendo para diminuir o efeito dos anúncios de nossos concorrentes." E com certeza, tornou-se quase uma norma os anunciantes mencionarem outras marcas e esvaziarem suas alegações.

William McGuire (1925-2007)
University of Yale

Um anúncio com "parasita venenoso".

Robert Cialdini e colaboradores (2003) concordam que contra-argumentos apropriados são uma ótima maneira de resistir à persuasão. Mas eles se perguntavam como trazê-los à mente em resposta aos anúncios de um adversário. A resposta, eles sugerem, é uma defesa com um "parasita venenoso" – um anúncio que alie um veneno (contra-argumentos fortes) a um parasita (indicadores de recuperação que tragam esses argumentos à mente ao ver os anúncios do adversário). Em seus estudos, os participantes que viram um anúncio político familiar foram menos persuadidos por ele quando antes tinham visto argumentos contrários sobrepostos a uma réplica do anúncio. Assim, ver o anúncio novamente também trouxe à mente os contra-argumentos pungentes. Anúncios antitabagistas têm efetivamente feito isso, por exemplo, recriando um comercial do "homem de Marlboro" em um ambiente rústico ao ar livre, mas agora mostrando um vaqueiro decrépito tossindo.

Aplicações na vida real: Programas de inoculação

Será que o trabalho de inoculação de atitudes funcionaria fora do laboratório preparando as pessoas para resistirem à persuasão indesejável? A pesquisa aplicada sobre prevenção do tabagismo e educação do consumidor oferece respostas encorajadoras.

INOCULAÇÃO DE CRIANÇAS CONTRA A PRESSÃO DOS COLEGAS PARA FUMAR

Em uma demonstração de como os resultados de pesquisas de laboratório podem levar a aplicações práticas, uma equipe de pesquisa liderada por Alfred McAlister (1980) fez estudantes do ensino médio "inocularem" alunos de 7ª série contra a pressão dos colegas para fumar. Os alunos de 7ª série foram ensinados a responder a anúncios que implicavam que mulheres independentes fumam dizendo: "ela não é independente se estiver viciada em tabaco". Eles também atuaram em encenações em que, depois de serem chamados de covarde por não fumar, respondiam com declarações como: "eu seria realmente covarde se fumasse só para te impressionar". Depois de várias dessas sessões durante as 7ª e 8ª séries, os alunos inoculados tinham a metade da probabilidade de começarem a fumar quando comparados aos alunos não inoculados de outra escola, que tiveram um índice de tabagismo idêntico aos dos pais (Fig. 7.10).

Outras equipes de pesquisa confirmaram que os procedimentos de inoculação, às vezes complementados por outro treinamento de competência de vida, reduzem o fumo entre adolescentes (Botvin et al., 1995, 2008; Evans et al., 1984; Flay et al., 1985). A maioria dos esforços mais recentes enfatizam estratégias para resistir à pressão social. Um estudo expôs alunos da 6ª a 8ª séries a filmes antitabagistas ou a informações sobre o tabagismo, junto com dramatizações de maneiras de recusar um cigarro criadas por estudantes (Hirschman & Leventhal, 1989). Um ano e meio depois, 31% dos que assistiram aos filmes antitabagistas começaram a fumar. Entre os que desempenharam o papel de recusa, apenas 19% começaram.

FIGURA 7.10
O percentual de fumantes de cigarros em uma escola "inoculada" foi muito menor do que em uma escola controle semelhante em que se utilizou um programa de educação de combate ao fumo mais típico.
Fonte: dados de McAlister et al., 1980; Telch et al., 1981.

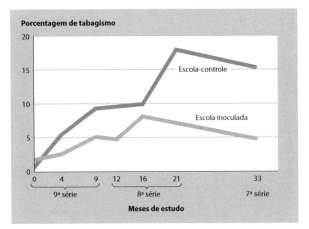

Programas contra o fumo e de educação sobre drogas aplicam também outros os princípios de persuasão. Eles usam pares atraentes para comunicar informações, acionam o processamento cognitivo dos próprios alunos ("eis algo em que talvez você queira pensar"), fazem os alunos assumirem um compromisso público (tomando uma decisão racional em relação ao tabagismo e depois declarando-a, junto com o seu raciocínio, a seus colegas de classe). Alguns desses programas de prevenção ao fumo requerem apenas de 2 a 6 horas de aula, utilizando materiais impressos ou vídeos preparados. Hoje, qualquer distrito escolar ou professor que deseje utilizar a abordagem sociopsicológica para prevenção do tabagismo pode fazê-lo de maneira fácil, barata e com a esperança de reduções significativas nas futuras taxas de tabagismo e custos de saúde associados.

As crianças são o sonho dos anunciantes. Assim, pesquisadores têm estudado maneiras de imunizar as crianças contra os mais de 10 mil comerciais que elas veem a cada ano, muitos dos quais enquanto estão coladas a um aparelho de televisão.

INOCULAÇÃO DAS CRIANÇAS CONTRA A INFLUÊNCIA DA PUBLICIDADE

Bélgica, Dinamarca, Grécia, Irlanda, Itália e Suécia restringem a publicidade dirigida às crianças (McGuire, 2002). Nos Estados Unidos, observa Robert Levine em *O Poder da persuasão: como somos comprados e vendidos*, uma criança mediana vê mais de 10 mil comerciais por ano. "Duas décadas atrás", diz ele, "as crianças bebiam duas vezes mais leite do que refrigerantes. Graças à publicidade, a relação agora é inversa" (2003, p. 16).

"Em geral, meus filhos se recusam a comer qualquer coisa que não tenha aparecido na televisão."
—ERMA BOMBECK

Os fumantes com frequência desenvolvem uma "escolha da marca inicial" na adolescência, segundo um relatório de 1981 de pesquisadores da Philip Morris (FTC, 2003). "O adolescente de hoje é um cliente potencial regular de amanhã, e a esmagadora maioria dos fumantes começa ainda na adolescência" (Lichtblau, 2003). Isso explica por que algumas empresas de cigarro e de tabaco sem fumaça fazem um *marketing* agressivo dirigido a estudantes universitários, com publicidade, patrocínio de festas e oferecendo cigarros de graça (normalmente em situações em que os alunos também estão bebendo), tudo como parte de seu *marketing* de nicotina para fumantes "iniciantes" (Farrell, 2005).

Na esperança de conter a influência da publicidade, pesquisadores estudaram como imunizar as crianças contra os efeitos dos comerciais de televisão. Suas pesquisa foi motivada em parte por estudos que indicam que as crianças, especialmente de 8 anos, (1) têm problemas para distinguir comerciais de programas e não conseguem captar sua intenção persuasiva, (2) confiam na publicidade televisiva de maneira meio indiscriminada e (3) desejam e atormentam seus pais por causa dos produtos anunciados (Adler et al., 1980; Feshbach, 1980; Palmer & Dorr, 1980). Ao que parece, as crianças são o sonho de todo anunciante: ingênuas, vulneráveis e fáceis de vender.

Armadas com esses resultados, grupos de cidadãos deram aos anunciantes de tais produtos uma repreensão (Moody, 1980): "Quando um anunciante sofisticado gasta milhões para vender um produto insalubre a crianças crédulas e simples, isso só pode ser chamado de exploração". Em *Declaração das mães aos anunciantes* (Projeto Maternidade, 2001), uma ampla coalizão de mulheres ecoou essa indignação:

> Para nós, nossos filhos são dádivas preciosas. Para vocês, nossos filhos são fregueses, e a infância é um "segmento de mercado" a ser explorado... O limite entre atender e criar necessidades de consumo e o desejo está sendo cada vez mais desrespeitado, enquanto suas equipes de especialistas altamente treinados e criativos estudam, analisam, persuadem e manipulam nossas crianças... As mensagens motrizes são "Você merece um descanso hoje", "À sua maneira", "Siga seus instintos. Obedeça a sua sede", "Apenas faça", "Sem limites","Sente a compulsão?". Estas [exemplificam] a mensagem dominante da publicidade e do *marketing*: que a vida é egoísmo, gratificação instantânea e materialismo.

"Quando se trata de atingir os consumidores infantis, nós, da General Mills, seguimos o modelo da Procter and Gamble do 'berço ao túmulo'. ... Acreditamos em pegá-los cedo e tê-los para sempre."
—WAYNE CHILICKI, GENERAL MILLS (CITADO PELO PROJETO MATERNIDADE, 2001)

Do outro lado estão os interesses comerciais. Eles afirmam que os anúncios permitem que os pais ensinem a seus filhos habilidades de consumo e, mais importante, financiem os programas de televisão para crianças. Nos Estados Unidos, a Comissão Federal de Comércio tem ficado no meio, pressionada por resultados de pesquisas e pressões políticas enquanto tenta decidir se impõe novas restrições aos comerciais de televisão para alimentos não saudáveis e para filmes impróprios dirigidos a jovens menores de idade.

Enquanto isso, pesquisadores descobriram que estudantes de 7ª série de áreas urbanas centrais que são capazes de pensar criticamente sobre os anúncios – que possuem "habilidades de resistência à mídia" – também resistem melhor à pressão dos colegas na 8ª série e são menos propensos a consumir bebidas alcoólicas na série seguinte (Epstein & Botvin, 2008). Os pesquisadores também se perguntavam se as crianças podem ser ensinadas a se defender dos anúncios enganosos. Em um desses esforços, uma equipe de investigadores liderada por Norma Feshbach (1980; Cohen, 1980) ministrou a pequenos grupos de crianças do ensino fundamental da área de Los Angeles três aulas de meia hora de análise dos comerciais. As crianças foram imunizadas vendo e discutindo anúncios. Por exemplo, depois de ver uma propaganda de um brinquedo, elas foram imediatamente presenteadas com ele e desafiadas a fazê-lo realizar o que tinham acabado de ver no comercial. Essas experiências ajudaram a produzir uma compreensão mais realista dos comerciais.

Os defensores dos consumidores temem que a inoculação possa ser insuficiente. Melhor limpar o ar do que usar máscaras de gás. Não é surpresa, então, que os pais se ressintam quando os anunciantes fazem propaganda dos produtos para crianças, depois os colocam nas prateleiras mais baixas das lojas, onde as crianças os veem, pegam e resmungam e pedem choramingando, às vezes esgotando seus cuidadores. Por esse motivo, o "Código das mães para anunciantes" recomenda que não deve haver publicidade nas escolas, que crianças menores de 8 anos não devem ser alvo de propagandas, que produtos não sejam anunciados em filmes e programas específicos para crianças e adolescentes e que não haja anúncios dirigidos a crianças e adolescentes "que promovam uma ética de egoísmo e um foco na gratificação instantânea" (Projeto Maternidade, 2001).

Implicações da inoculação de atitudes

A melhor forma de construir resistência à lavagem cerebral provavelmente não é apenas uma doutrinação reforçada em suas crenças atuais. Se os pais estão preocupados que seus filhos podem se tornar membros de um culto, eles podem ensinar mais a seus filhos sobre os diversos cultos e prepará-los para combater apelos persuasivos.

Pela mesma razão, os educadores religiosos devem ser cautelosos em relação à criação de um "ambiente ideológico livre de germes" em suas igrejas e escolas. As pessoas que vivem em meio a diversos pontos de vista tornam-se mais exigentes e mais propensas a modificar seus pontos de vista em resposta a argumentos fortes, mas não fracos (Levitan & Visser, 2008). Além disso, o desafio a um ponto de vista, se refutado, é mais propenso a solidificar do que minar nossa posição, especialmente se o material ameaçador puder ser examinado com outras pessoas com ideias semelhantes (Visser & Mirabile, 2004). Os cultos aplicam esse princípio alertando os membros sobre como as famílias e os amigos irão atacar as crenças do culto. Quando o desafio esperado chega, o membro está munido de contra-argumentos.

Outra implicação é que, para o persuasor, um apelo ineficaz pode ser pior do que nenhum. Você sabe por quê? Aqueles que rejeitam um apelo ficam vacinados contra novas apelações. Considere um experimento em que Susan Darley e Joel Cooper (1972) convidaram estudantes a escrever ensaios que defendessem um rígido código de vestuário. Uma vez que isso ia contra as posições dos próprios alunos e os ensaios seriam publicados, todos optaram por *não* escrever o ensaio, mesmo aqueles a quem se ofereceu dinheiro para fazer isso. Depois de recusarem o dinheiro, eles se tornaram ainda mais radicais e confiantes em suas opiniões contra um código de vestuário. Aqueles que rejeitaram apelos iniciais para parar de fumar podem igualmente se tornar imunes a apelos adicionais. Uma persuasão ineficaz, por estimular as defesas do ouvinte, pode ser contraproducente. Ela pode "endurecer o coração" contra apelos posteriores.

Resumo: Como é possível resistir à persuasão?

- Como as pessoas resistem à persuasão? Um *comprometimento público prévio* com a própria posição, talvez estimulado por um ataque moderado a ela, produz resistência à persuasão posterior.
- Um ataque moderado também pode servir como uma *inoculação*, estimulando a desenvolver contra-argumentos que então estarão disponíveis se e quando um ataque forte vier.
- Isto implica, paradoxalmente, que uma forma de fortalecer as atitudes existentes é desafiá-las, embora o desafio não deva ser forte o bastante para subjugá-las.

PÓS-ESCRITO: Ser aberto, mas não ingênuo

Como receptores de persuasão, nossa tarefa humana é viver na terra entre a credulidade e o cinismo. Algumas pessoas dizem que ser persuadível é uma fraqueza. "Pense por si mesmo", somos exortados. Mas estar fechado à influência informacional é uma virtude ou é a marca de um fanático? Como podemos viver com humildade e abertura aos outros sem deixar de ser consumidores críticos de apelos persuasivos?

Para sermos abertos, podemos presumir que cada pessoa que encontramos é, de certa forma, nosso superior. Cada pessoa que encontro tem alguma experiência que excede a minha própria e, portanto, algo a me ensinar. Ao nos conectarmos, espero aprender com essa pessoa e, talvez, retribuir compartilhando meu conhecimento.

Para sermos pensadores críticos, podemos seguir uma sugestão das pesquisas de inoculação. Você quer construir a sua resistência a falsas mensagens sem se fechar para mensagens válidas? Seja um ouvinte ativo. Force-se a contra-argumentar. Não basta ouvir; reaja. Depois de ouvir um discurso político, discuta-o com os outros. Se a mensagem não puder resistir a uma análise cuidadosa, pior para ela. Se puder, seu efeito sobre você será muito mais duradouro.

Conexão social

Este capítulo destaca as ideias Richard Petty acerca da persuasão por meio de sua teoria e pesquisa. Também descreve as ideias de Petty sobre dissonância no Capítulo 4, "Comportamento e Atitudes". Visite o Centro de Aprendizagem *On-line* (www.mhhe.com/myers10e) para ver Richard Petty falar sobre as rotas central e periférica à persuasão.

CAPÍTULO 8

Influência do Grupo

> "Nunca duvide de que um pequeno grupo de cidadãos preocupados e comprometidos possa mudar o mundo."
>
> —Antropóloga Margaret Mead

Tawna está chegando ao fim de sua corrida diária. Sua mente a estimula a continuar; seu corpo implora para caminhar os seis blocos restantes. Ela faz um meio-termo e corre lentamente até chegar em casa. As condições no dia seguinte são idênticas, exceto que dois amigos a acompanham. Tawna percorre sua rota dois minutos mais rápido. Ela se pergunta: "Será que eu corri melhor só porque Gail e Sonja estavam junto? Será que eu sempre correria melhor se estivesse em grupo?".

Em quase todas as ocasiões, estamos envolvidos em grupos. Nosso mundo não contém apenas 6,8 bilhões de indivíduos, mas 193 estados-nações, 4 milhões de comunidades locais, 20 milhões de organizações econômicas e centenas de milhões de outros grupos formais e informais – casais jantando, pessoas dividindo o mesmo teto, soldados armando uma estratégia. Como esses grupos influenciam os indivíduos?

As interações em grupo muitas vezes têm efeitos drásticos. Estudantes universitários intelectuais saem com outros intelectuais e reforçam os interesses intelectuais uns dos outros. Jovens de-

O que é um grupo?

Facilitação social: Como somos afetados pela presença dos outros?

Vadiagem social: Os indivíduos exercem menos esforço em grupo?

Desindividuação: Quando as pessoas perdem seu senso de identidade no grupo?

Polarização de grupo: Os grupos intensificam nossa opinião?

Pensamento de grupo: Os grupos atrapalham ou contribuem para boas decisões?

A influência da minoria: Como os indivíduos influenciam o grupo?

Pós-escrito: Os grupos nos fazem mal?

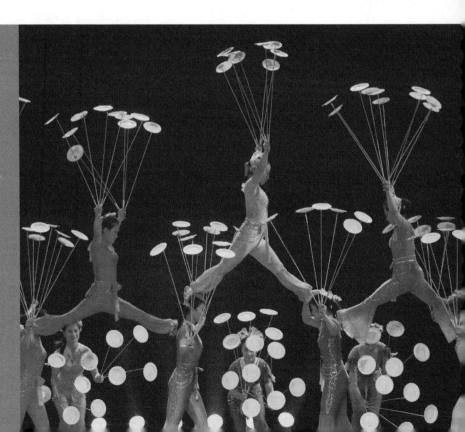

sajustados saem com outros jovens desajustados, amplificando as tendências antissociais uns dos outros. Mas *como* esses grupos afetam as atitudes? E quais influências levam os grupos a tomarem decisões inteligentes e tolas?

Os indivíduos também influenciam seus grupos. Na abertura de *Doze homens e uma sentença*, um clássico do cinema de 1957, 12 cautelosos jurados de um julgamento por assassinato entram em fila na sala do júri. É um dia quente. Cansados, eles estão perto de um acordo e ansiosos por um veredito rápido, condenando um adolescente por esfaquear o pai. Mas um rebelde, interpretado por Henry Fonda, recusa-se a considerá-lo culpado. À medida que a acalorada deliberação avança, os jurados vão, um por um, mudando de ideia, até chegarem a um veredito unânime: "Inocente". Em julgamentos reais, um indivíduo solitário raramente balança todo o grupo. No entanto, a história é feita por minorias que balançam maiorias. O que contribui para tornar uma minoria – ou um líder – persuasiva?

Vamos examinar esses fenômenos intrigantes da influência do grupo um de cada vez. Mas primeiro, o principal: o que é um grupo e por que os grupos existem?

O que é um grupo?

A resposta a essa pergunta parece evidente – até que várias pessoas comparem suas definições. Parceiros de *jogging* são um grupo? Passageiros de avião formam um grupo? Um grupo é um conjunto de pessoas que se identificam umas com as outras, que sentem que estão interligadas? Formam um grupo aqueles que possuem objetivos em comum e dependem uns dos outros? Forma-se um grupo quando os indivíduos se organizam? Quando suas relações um com o outro continuam ao longo do tempo? Estas são algumas das definições de grupo da psicologia social (McGrath, 1984).

O especialista em dinâmica de grupo Marvin Shaw (1981) afirmou que todos os grupos têm uma coisa em comum: seus membros interagem. Por isso, ele define um **grupo** como duas ou mais pessoas que interagem e se influenciam mutuamente. Além disso, observa o psicólogo social John Turner (1987), da Australian National University, os grupos percebem a si mesmos como "nós", em contraste com "eles". Na verdade, então, um par de parceiros de corrida constitui um grupo. Grupos diferentes nos ajudam a atender diferentes necessidades humanas – de *afiliar-se* (pertencer e conectar-se com outros), de *realizar* e de adquirir uma *identidade* social (Johnson et al., 2006).

grupo
Duas ou mais pessoas que, por mais do que alguns instantes, interagem e se influenciam mutuamente e se percebem como "nós".

Pela definição de Shaw, estudantes que trabalham individualmente em uma sala de informática não seriam um grupo. Embora estejam fisicamente juntos, eles são mais uma coleção de indivíduos do que um grupo de interação (embora cada um possa fazer parte de um grupo com outras pessoas dispersas em uma sala de bate-papo *on-line*). A distinção entre coleções de indivíduos independentes em um laboratório de informática e o comportamento de grupo mais influente entre indivíduos que interagem às vezes se confunde. Em alguns casos, pessoas que estão apenas na presença uma da outra de fato se influenciam mutuamente. Em um jogo de futebol, elas podem se perceber como "nós", torcedores, em contraste com "eles", que torcem pelo outro time.

Neste capítulo, consideramos três exemplos dessa influência coletiva: *facilitação social, vadiagem social* e *desindividuação*. Esses três fenômenos podem ocorrer com o mínimo de interação (no que chamamos de "situações de grupo mínimas"). Depois, consideramos três exemplos de influência social em grupos que interagem: *polarização de grupo, pensamento de grupo* e *influência da minoria*.

Resumo: O que é um grupo?
- Um grupo existe quando duas ou mais pessoas interagem por mais do que alguns momentos, afetam uma à outra de alguma forma e pensam em si como "nós".

Facilitação social: Como somos afetados pela presença dos outros?

Vamos explorar a pergunta mais elementar da psicologia social: somos afetados pela simples presença de outra pessoa? "Simples presença" significa que as pessoas não estão competindo, não recompensam ou punem, e de fato não fazem nada além de estar presentes como público passivo ou como **coatores**. *Será que a simples presença de outras pessoas afeta o desempenho de um indivíduo ao correr, comer, digitar ou fazer uma prova? A busca da resposta é uma história de mistério científico.*

coatores
Coparticipantes que trabalham individualmente em uma atividade não competitiva.

Simples presença dos outros

Mais de um século atrás, Norman Triplett (1898), um psicólogo interessado em corridas de bicicleta, percebeu que os tempos dos ciclistas eram mais rápidos quando eles corriam juntos do que quando cada um pedalava sozinho contra o relógio. Antes de espalhar seu palpite (de que a presença dos outros melhora o desempenho), Triplett realizou um dos primeiros experimentos laboratoriais de psicologia social. Crianças solicitadas a enrolar um fio de pesca em um molinete o mais rápido possível o fizeram com mais rapidez quando trabalharam com coatores do que quando trabalharam sozinhas.

Experimentos posteriores constataram que a presença dos outros aumenta a velocidade com a qual as pessoas efetuam problemas de multiplicação simples e tacham letras designadas. Também melhora a precisão com que as pessoas realizam tarefas motoras simples, como manter uma vara de metal em contato com um disco do tamanho de uma moeda em uma plataforma giratória em movimento (FH Allport, 1920; Dashiell, 1930; Travis, 1925). Esse efeito de **facilitação social** também ocorre com os animais. Na presença de outros de sua espécie, as formigas escavam mais areia, as galinhas comem mais grãos e pares de ratos sexualmente ativos acasalam com mais frequência (Bayer, 1929; Chen, 1937; Larsson, 1956).

Mas espere: outros estudos revelaram que, em algumas tarefas, a presença dos outros *prejudica* o desempenho. Na presença de outros, baratas, periquitos e pintassilgos percorrem labirintos mais lentamente (Allee & Masure, 1936; Gates & Allee, 1933; Klopfer, 1958). Esse efeito perturbador também ocorre com as pessoas. A presença dos outros diminui a eficiência ao aprender sílabas sem sentido, completar um labirinto e realizar problemas de multiplicação complexos (Dashiell, 1930; Pessin, 1933; Pessin & Husband, 1933).

Dizer que a presença de outras pessoas às vezes facilita e às vezes prejudica o desempenho é quase tão satisfatório quanto a típica previsão escocesa do tempo – prevendo que o dia pode ser ensolarado, mas, contudo, pode chover. Até 1940, a atividade de pesquisa nessa área tinha empacado, e permaneceu inativa por 25 anos, até ser despertada pelo toque de uma nova ideia.

O psicólogo social Robert Zajonc queria saber se esses resultados aparentemente contraditórios podiam ser conciliados. Como muitas vezes acontece em momentos criativos na ciência, Zajonc (1965) usou um campo de pesquisa para iluminar outro. A iluminação veio de um princípio bem estabelecido em psicologia experimental: a excitação aumenta qualquer tendência de resposta que for dominante. Maior excitação melhora o desempenho em tarefas fáceis para as quais a resposta mais provável – dominante – é correta. As pessoas resolvem anagramas fáceis, como *laih*, com mais rapidez quando estão excitadas. Em tarefas complexas, para as quais a resposta correta não é dominante, a maior excitação promove respostas *incorretas*. Em anagramas mais difíceis, como *theloacco*, as pessoas saem-se pior quando ansiosas.

Esse princípio poderia resolver o mistério da facilitação social? Parecia razoável supor que a presença dos outros desperta ou energiza as pessoas (Mullen et al., 1997); a maioria de nós pode se recordar de sentir tenso ou excitado em frente a uma plateia. Se a excitação social facilita respostas dominantes, ela deve *impulsionar o desempenho em tarefas fáceis* e *prejudicar o desempenho em tarefas difíceis*.

Com essa explicação, os resultados confusos faziam sentido. Enrolar molinetes, resolver problemas de multiplicação simples e comer eram todas tarefas fáceis para as quais respostas eram bem aprendidas ou naturalmente dominantes. Com certeza, ter outras pessoas à volta impulsionou o desempenho. Aprender um novo material, achar a saída de um labirinto e resolver problemas matemáticos complexos eram tarefas mais difíceis para as quais as respostas corretas eram inicialmente menos prováveis. Nesses casos, a presença de outras pessoas aumentou o número de respostas *incorretas*. A mesma regra – a *excitação facilita respostas dominantes* – funcionou em ambos os casos (Fig. 8.1). De repente, resultados que pareciam contraditórios deixaram de parecê-lo.

A solução de Zajonc, tão simples e elegante, deixou outros psicólogos sociais pensando o que Thomas H. Huxley pensou após a primeira leitura de *A origem das espécies*, de Darwin: "Que estupidez não ter pensado nisso!". Parecia óbvio – depois que Zajonc o apontara. Talvez, contudo, as peças se encaixem tão bem somente através dos óculos da retrospectiva. Será que a solução sobreviveria a testes experimentais diretos?

Depois de cerca de 300 estudos, realizados com a ajuda de mais de 25 mil voluntários, a solução sobreviveu (Bond & Titus, 1983; Guerin, 1993, 1999). A excitação social facilita respostas dominantes, quer certas, quer erradas. Por exemplo, Peter Hunt e Joseph Hillery (1973) constataram que, na presença dos outros, os alunos levavam menos tempo para resolver um labirinto simples e mais tempo para resolver um labirinto complexo (exatamente como as baratas!). Além disso, James Michaels e colaboradores (1982) constataram que os bons jogadores de bilhar de uma agremiação estudantil (que

---

facilitação social
(1) Significado original: a tendência das pessoas de executar melhor tarefas simples ou bem aprendidas quando outras pessoas estão presentes. (2) Significado atual: o fortalecimento de respostas dominantes (prevalentes, prováveis) na presença de outras pessoas.

"O simples contato social gera... uma estimulação da vitalidade que aumenta a eficiência de cada trabalhador individual."
—KARL MARX, *O CAPITAL*, 1867

"A descoberta consiste em ver o que todo mundo viu e pensar o que ninguém pensou."
—ALBERT VON SZENT-GYÖRGYI, *THE SCIENTIST SPECULATES*, 1962

Facilitação social: Você pedala mais rápido quando anda de bicicleta com os outros?

acertaram 71% de suas tacadas enquanto eram observados discretamente) saíram-se ainda melhor (80%) quando quatro observadores vieram vê-los jogar. Maus jogadores (que anteriormente obtiveram uma média de 36% de acertos) saíram-se ainda pior (25%) quando observados de perto.

Atletas, atores e músicos exercem habilidades bem praticadas, o que ajuda a explicar porque muitas vezes se saem melhor quando estimulados pelas respostas de uma plateia. Estudos de mais de 80 mil eventos esportivos universitários e profissionais no Canadá, Estados Unidos e Inglaterra revelam que as equipes da casa vencem cerca de 6 de cada 10 jogos (um pouco menos no beisebol e no futebol americano, um pouco mais no basquetebol e no futebol, mas sempre mais de a metade das vezes [Tab. 8.1]). A vantagem de jogar em casa pode, no entanto, também decorrer da familiaridade dos jogadores com o ambiente de casa, menos fadiga de viagem, sentimentos de dominância derivados do controle territorial ou identidade de equipe aumentada quando aplaudidos por torcedores (Zillmann & Paulus, 1993).

FIGURA 8.1
Os efeitos da excitação social.
Robert Zajonc conciliou achados aparentemente conflitantes ao propor que a excitação da presença dos outros fortalece respostas dominantes (as respostas corretas somente em tarefas fáceis ou bem aprendidas).

Aglomeração: A presença de muitos outros

Então, as pessoas reagem à presença dos outros. Mas será que a presença de observadores sempre excita as pessoas? Em tempos de estresse, um amigo pode ser reconfortante. No entanto, na presença de outros, as pessoas transpiram mais, respiram mais rápido, retesam mais seus músculos e têm pressão arterial e frequência cardíaca mais altas (Geen & Gange, 1983; Moore & Baron, 1983). Mesmo um público favorável pode prejudicar o desempenho em tarefas desafiadoras (Butler & Baumeister, 1998). A presença de toda a sua família extensa na plateia em seu primeiro recital de piano provavelmente não irá aumentar o seu desempenho.

O efeito da presença dos outros aumenta com o número de pessoas presentes (Jackson & Latané, 1981; Knowles, 1983). Às vezes, a excitação e a atenção autoconsciente criadas por um grande público interferem até nos comportamentos automáticos bem aprendidos, como falar. Com a pressão *extrema*, estamos vulneráveis à "asfixia". Os gagos tendem a gaguejar mais na frente de plateias maiores do que quando falam com apenas uma ou duas pessoas (Mullen, 1986).

Estar *em* uma multidão também intensifica reações positivas ou negativas. Quando estão sentadas juntas, pessoas simpáticas são ainda mais agradáveis, e pessoas *anti*páticas são ainda mais *des*agradáveis (Schiffenbauer & Schiavo, 1976; Storms & Thomas, 1977). Em experimentos com estudantes da Columbia University e com os visitantes ao Centro de Ciências de Ontário, Jonathan Freedman e colaboradores (1979, 1980) fizeram um cúmplice ouvir uma gravação humorística ou assistir a um filme com os outros participantes. Quando todos se sentaram juntos, o cúmplice teve mais facilidade para induzir as pessoas a rirem e baterem palmas. Como sabem os diretores de teatro e os fãs de esportes, e como os pesquisadores confirmaram, uma "casa boa" é uma casa cheia (Aiello et al., 1983; Worchel & Brown, 1984).

A maior excitação em casas lotadas também tende a aumentar o estresse. Contudo, aglomeração produz menos angústia em lares divididos em vários espaços, permitindo que as pessoas mantenham sua privacidade (Evans et al., 1996, 2000).

Talvez você tenha notado que uma classe de 35 alunos parece mais calorosa e animada em uma sala que acomoda apenas 35 alunos do que quando está espalhada em uma sala que acomoda 100 pessoas. Quando os outros estão perto, somos mais propensos a notar e rir ou bater palmas juntos. Mas a aglomeração também aumenta a excitação, como constatou Gary Evans (1979). Ele testou 10 grupos de estudantes da University of Massachusetts em um ambiente de 6 por 9 metros ou em outro de 2,5 por 3,6 metros. Comparados com os alunos na sala maior, os alunos apinhados na sala menor tiveram maiores taxas de frequência cardíaca e pressão arterial (indicando excitação). Em tarefas difíceis, eles cometeram mais erros, um efeito da aglomeração replicado por Dinesh Nagar e Pandey Janak (1987) com estudantes universitários na Índia. A aglomeração, portanto, tem um efeito semelhante ao de ser observado por uma multidão: ela aumenta a excitação, o que facilita as respostas dominantes.

TABELA 8.1 Vantagem de jogar em casa em importantes esportes de equipe

Esporte	Jogos estudados	Porcentagem de vitórias em casa
Beisebol	135.665	54,3
Futebol americano	2.592	57,3
Hockey sobre gelo	4.322	61,1
Basquetebol	13.596	64,4
Futebol	37.202	69,0

Uma boa casa é uma casa cheia, como experimentaram os alunos de introdução à psicologia de James Maas, da Cornell University, neste auditório de 2 mil lugares. Se a classe tivesse 100 alunos reunidos nesse espaço grande, ela pareceria muito menos animada.

receio de avaliação
A preocupação com a forma como os outros estão nos avaliando.

Por que ficamos excitados na presença dos outros?

O que você faz bem, você será estimulado a fazer melhor na frente dos outros (a menos que você fique hipervigilante e autoconsciente). O que você acha difícil pode parecer impossível nas mesmas circunstâncias. O que há nas outras pessoas que cria excitação? As evidências apontam para três possíveis fatores (Aiello & Douthitt, 2001; Feinberg & Aiello, 2006): receio de avaliação, distração e mera presença.

RECEIO DE AVALIAÇÃO

Nickolas Cottrell conjeturou que observadores nos deixam apreensivos porque queremos saber como eles estão nos avaliando. Para testar se o **receio de avaliação** existe, Cottrell e colaboradores (1968) vendaram os olhos dos observadores, supostamente em preparação para uma experiência de percepção. Em contraste com o efeito da plateia que assiste, a mera presença dessas pessoas vendadas *não* aumentou respostas bem ensaiadas.

Outros experimentos confirmaram a conclusão de Cottrell: o aumento de respostas dominantes é mais forte quando as pessoas pensam que estão sendo avaliadas. Em um experimento, os indivíduos que corriam em um percurso de *jogging* na Universidade da Califórnia, em Santa Barbara, aceleraram quando se depararam com uma mulher sentada na grama – *quando* ela estava de frente para eles e não sentada de costas (Worringham & Messick, 1983).

O receio de avaliação também ajuda a explicar:

- por que as pessoas funcionam melhor quando seu coator é ligeiramente superior (Seta, 1982);
- por que a excitação diminui quando um grupo de *status* elevado é diluído pelo acréscimo de pessoas cujas opiniões não nos importam (Seta & Seta, 1992);
- por que as pessoas que mais se preocupam com o que os outros pensam são as mais afetadas por sua presença (Gastorf et al., 1980; Geen & Gange, 1983);
- por que efeitos de facilitação social são maiores quando os outros não são conhecidos e são difíceis de vigiar (Guerin & Innes, 1982).

A autoconsciência que sentimos quando estamos sendo avaliados também pode interferir em comportamentos que realizamos melhor automaticamente (Mullen & Baumeister, 1987). Quando jogadores de basquete autoconscientes analisam seus movimentos corporais ao fazer arremessos livres, eles são mais propensos a errar.

GUIADOS PELA DISTRAÇÃO

Glenn Sanders, Robert Baron e Danny Moore (1978; Baron, 1986) levaram o receio de avaliação a um passo adiante. Eles teorizaram que, quando nos perguntamos como coatores estão se saindo ou como uma plateia está reagindo, nos distraímos. Esse *conflito* entre prestar atenção nos outros e prestar atenção na tarefa sobrecarrega nosso sistema cognitivo, causando excitação. Somos "guiados pela distração". Essa excitação não se deve apenas à presença de outra pessoa, mas também à de outros tipos de distração, tais como explosões de luz (Sanders, 1981a, 1981b).

FIGURA 8.2
Na "planta de escritório aberto", as pessoas trabalham na presença de outras. Como isso pode afetar a eficiência do funcionário?
Fonte: foto de cortesia da Herman Miller Inc.

MERA PRESENÇA

Zajonc, contudo, acredita que a mera presença de outros produz alguma excitação, mesmo sem receio de avaliação ou distração excitante. Lembre-se que os efeitos de facilitação também ocorrem com animais não humanos. Isso sugere um mecanismo inato de excitação social comum a grande parte do reino animal. (Os animais provavelmente não se preocupam de modo consciente sobre como outros animais os estão avaliando.) Nos humanos, a maioria dos corredores é estimulada a correr com outra pessoa, mesmo que esta não esteja competindo nem avaliando.

Este é um bom momento para lembrar que uma boa teoria é um atalho científico: ela simplifica e sintetiza uma série de observações. A teoria da facilitação social faz isso bem. Ela é um simples resumo dos resultados de muitas investigações. Uma boa teoria também oferece previsões claras que (1) ajudam a confirmar ou modificar a teoria, (2) orientam novas explorações e (3) sugerem aplicações práticas. A teoria da facilitação social definitivamente gerou os dois primeiros tipos de previsão: (1) os fundamentos da teoria (de que a presença de outras pessoas é excitante e que essa excitação social aumenta as respostas sociais dominantes) foram confirmados e (2) a teoria trouxe nova vida a um campo de pesquisa há muito adormecido.

Existem (3) algumas aplicações práticas? Podemos fazer algumas conjeturas. Como mostra a Figura 8.2, muitos edifícios de escritórios novos têm substituído escritórios particulares por grandes áreas abertas, divididas por divisórias baixas. Será que a resultante consciência da presença dos outros pode ajudar a aumentar o desempenho de tarefas bem aprendidas, mas perturbar o pensamento criativo em tarefas complexas? Quais outras possíveis aplicações você é capaz de imaginar?

Resumo: Facilitação social: Como somos afetados pela presença dos outros?

- A questão mais elementar da psicologia social diz respeito à simples presença de outros. Alguns experimentos iniciais sobre essa questão constataram que o desempenho melhorou com observadores ou coatores presentes. Outros constataram que a presença de terceiros pode prejudicar o desempenho. Robert Zajonc conciliou essas conclusões pela aplicação de um princípio bem conhecido da psicologia experimental: a excitação facilita as respostas dominantes. Uma vez que a presença de outras pessoas é excitante, a presença de observadores ou coatores impulsiona o desempenho em tarefas fáceis (para a qual a resposta correta é dominante) e prejudica o desempenho em tarefas difíceis (para as quais respostas incorretas são dominantes).
- Estar em uma multidão, ou em condições de superlotação, é igualmente excitante e facilita as respostas dominantes.
- Mas por que ficamos excitados pela presença dos outros? Experimentos sugerem que a excitação deriva em parte da apreensão de avaliação e em parte da distração – um conflito entre prestar atenção nos outros e se concentrar na tarefa. Outros experimentos, incluindo alguns com animais, sugerem que a presença de terceiros pode ser excitante, mesmo quando não são avaliados ou distraídos.

Vadiagem social: Os indivíduos exercem menos esforço em grupo?

Em um cabo-de-guerra em equipe, oito pessoas em um lado exercerão tanta força quanto a soma de seus melhores esforços em cabos-de-guerra individuais? Em caso negativo, por que não? Que nível de esforço individual pode-se esperar dos membros de grupos de trabalho?

A facilitação social geralmente ocorre quando as pessoas trabalham por objetivos individuais e quando seus esforços, seja enrolando molinetes de pesca ou resolvendo problemas de matemática, podem ser avaliados individualmente. Essas situações são semelhantes a algumas situações de trabalho cotidianas, mas não àquelas em que as pessoas somam seus esforços por uma meta *comum* e nas quais os indivíduos *não* são responsáveis por seus esforços. Um cabo-de-guerra em equipe fornece um exemplo. Outro é a angariação de fundos organizacionais – a reunião das rendas obtidas com vendas de doces para pagar a viagem da classe. Igualmente o é um projeto de grupo da classe em que todos os alunos recebem a mesma nota. Em tais tarefas "aditivas" – tarefas em que a realização do grupo depende da soma de esforços individuais –, o espírito de equipe vai aumentar a produtividade? Pedreiros assentam tijolos com mais rapidez quando trabalham em equipe do que quando trabalham sozinhos? Uma maneira de abordar essas questões é com simulações em laboratório.

Muitas mãos facilitam o trabalho

Quase um século atrás, o engenheiro francês Max Ringelmann (relatado por Kravitz & Martin, 1986) descobriu que o esforço coletivo das equipes em cabos-de-guerra era apenas a metade da soma dos esforços individuais. Contrariando a presunção de que "a união faz a força", isso sugere que os membros de um grupo podem realmente se sentir *menos* motivados ao executar tarefas aditivas. Talvez, no entanto, o mau desempenho resulte da má coordenação das pessoas ao puxarem a corda em sentidos ligeiramente diferentes em momentos ligeiramente diferentes. Um grupo de pesquisadores de Massachusetts, liderado por Alan Ingham (1974), eliminou com habilidade esse problema fazendo os indivíduos acharem que os outros estavam puxando com eles, quando na verdade eles estavam puxando sozinhos. Participantes vendados foram colocados na primeira posição no aparelho mostrado na Figura 8.3, e foi-lhes dito: "Puxem com a máxima força que puderem". Eles puxaram com 18% mais força quando achavam que estavam puxando sozinhos do que quando acreditavam que atrás de si duas a cinco pessoas também estavam puxando.

Os pesquisadores Bibb Latané, Kipling Williams e Stephen Harkins (1979; Harkins et al., 1980) mantiveram-se atentos a outras formas de investigar esse fenômeno, o qual denominaram **vadiagem social**. Eles observaram que o ruído produzido por seis pessoas gritando ou batendo palmas "com a máxima força possível" foi três vezes inferior ao produzido por uma pessoa sozinha. Como a tarefa

vadiagem social
A tendência das pessoas a exercerem menos esforço quando unem seus esforços por um objetivo comum do que quando são individualmente responsáveis.

FIGURA 8.3
O aparelho de puxar corda.
As pessoas na primeira posição puxaram com menos força quando pensavam que pessoas atrás delas também estavam puxando.
Fonte: dados de Ingham, Levinger, Graves e Peckham, 1974. Foto de Alan G. Ingham.

ir de carona
Pessoas que se beneficiam do grupo, mas dão pouco em troca.

FIGURA 8.4
O esforço diminui com o aumento do tamanho do grupo.
Uma compilação estatística de 49 estudos, envolvendo mais de 4 mil participantes, revelou que o esforço diminui (a vadiagem aumenta) à medida que aumenta o tamanho do grupo. Cada ponto representa os dados agregados de um desses estudos.
Fonte: K.D. Williams, J.M. Jackson e S.J. Karau, em Social dilemmas: perspectives on individuals and groups, editado por D.A. Schroeder. Copyright © 1992 pela Publishers Praeger. Reproduzida com a permissão de Greenwood Publishing Group, Inc., Westport, Connecticut.

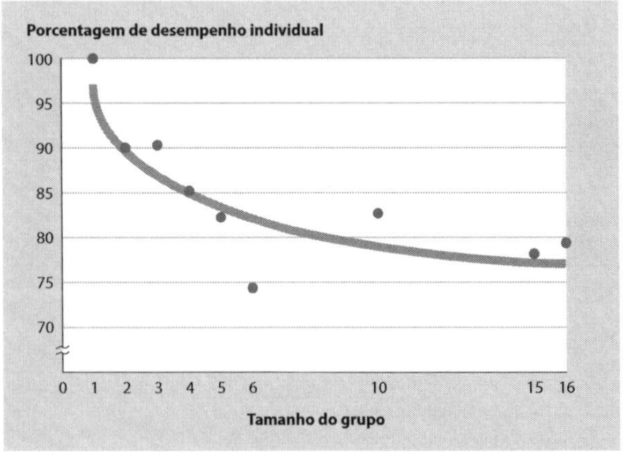

de cabo-de-guerra, no entanto, a produção de barulho é vulnerável à ineficiência grupal. Assim, Latané e colaboradores seguiram o exemplo de Ingham, levando seus participantes da Ohio State University a acreditarem que outros estavam gritando ou batendo palmas com eles, quando na verdade eles estavam fazendo isso sozinhos.

Seu método foi vendar seis pessoas, assentá-las em um semicírculo e fazê-las usar fones de ouvido, pelos quais elas ouviram um som muito alto de pessoas gritando ou batendo palmas. As pessoas não podiam ouvir os próprios gritos ou palmas, muito menos os dos outros. Em muitos testes, elas foram instruídas a gritar ou bater palmas sozinhas ou junto com o grupo. As pessoas que foram informadas sobre essa experiência achavam que os participantes gritariam mais alto quando acompanhados, pois se sentiriam menos inibidos (Harkins, 1981). O resultado real? Vadiagem social: quando os participantes acreditavam que outras cinco pessoas também estavam gritando ou batendo palmas, eles produziram um terço menos ruído do que quando pensavam que estavam sozinhos. A vadiagem social ocorreu mesmo quando os participantes eram líderes de torcida de escolas que acreditavam que estavam torcendo juntos em vez de sozinhos (Hardy & Latané, 1986).

Curiosamente, aqueles que bateram palmas sozinhos e em grupos não se viram como ociosos; eles achavam que estavam aplaudindo igualmente em ambas as situações. Isso se assemelha ao que acontece quando estudantes fazem trabalhos de grupo para receber uma mesma nota. Williams relata que todos concordam que ocorre vadiagem – mas ninguém admite que a pratica.

John Sweeney (1973), um cientista político interessado nas implicações políticas da vadiagem social, observou o fenômeno em um experimento na University of Texas. Estudantes pedalaram bicicletas ergométricas mais energicamente (medida pela produção elétrica) quando sabiam que estavam sendo controlados individualmente do que quando pensavam que sua produção estava sendo combinada com a de outros. Na condição de grupo, as pessoas estavam tentadas a **ir de carona** no esforço do grupo.

Neste e em outros 160 estudos (Karau & Williams, 1993, e Fig. 8.4), vemos uma variação em uma das forças psicológicas que contribui para a facilitação social: receio de avaliação. Nos experimentos de vadiagem social, os indivíduos acreditavam que eram avaliados somente quando agiam sozinhos. A situação de grupo (puxar corda, gritar, e assim por diante) *diminuiu* o receio de avaliação. Quando as pessoas não são responsáveis e não podem avaliar seus próprios esforços, a responsabilidade é difundida em todos os membros do grupo (Harkins & Jackson, 1985; Kerr & Bruun, 1981). Em contrapartida, as experiências de facilitação social *aumentaram* a exposição à avaliação. Quando são o centro das atenções, as pessoas conscientemente controlam o seu comportamento (Mullen e Baumeister, 1987). Então, quando ser observado *aumenta* as preocupações de avaliação, ocorre facilitação social; quando estar perdido no meio da multidão *diminui* as preocupações de avaliação, ocorre vadiagem social (Fig. 8.5).

Para motivar os membros do grupo, uma estratégia é tornar o desempenho individual identificável. Alguns treinadores de futebol fazem isso filmando e avaliando cada jogador em separado. Seja em um grupo ou não, as pessoas esforçam-se mais quando suas produções são individualmente identificáveis: integrantes de equipes universitárias de natação nadam mais rápido em corridas de revezamento quando alguém monitora e anuncia seus tempos individuais (Williams et al., 1989).

Vadiagem social na vida cotidiana

Quão comum é a vadiagem social? No laboratório, o fenômeno não ocorre apenas entre pessoas que estão puxando cordas, pedalando, gritando e batendo palmas, mas também entre aqueles que estão bombeando água ou ar, avaliando poemas ou editoriais, produzindo ideias, escrevendo e detectando sinais. Será que esses resultados consistentes se generalizam para a produtividade cotidiana do trabalhador?

Em uma pequena experiência, operadores de linha de montagem produziram 16% a mais quando sua produção individual foi identificada, mesmo sabendo que o seu salário não seria afetado (Faulkner & Williams, 1996). E considere: uma função fundamental em uma fábrica de picles era selecionar o tamanho certo das metades de picles e tirá-las da correia transportadora para encher os frascos. Infelizmente, os trabalhadores eram tentados a pegar picles de qualquer tamanho, porque sua produção não era identificável (os frascos entravam em um funil comum antes de chegarem à seção de controle de qualidade). Williams, Harkins e Latané (1981) observam que a pesquisa sobre vadiagem social sugere "tornar a produção individual identificável" e levantam a questão: "Quantos picles um empacotador de picles poderia empacotar caso os funcionários só fossem remunerados por picles devidamente embalados?"

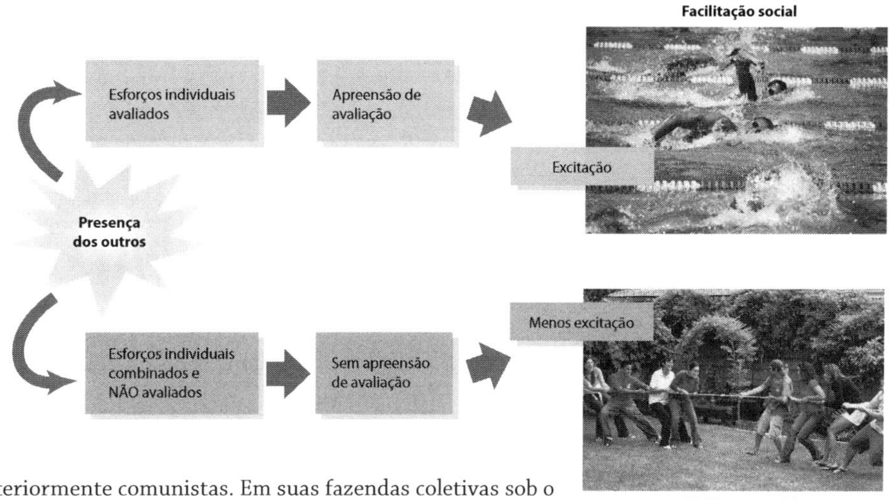

Pesquisadores também encontraram evidências de vadiagem social em diversas culturas, em particular ao avaliar a produção agrícola em países anteriormente comunistas. Em suas fazendas coletivas sob o regime comunista, os camponeses russos trabalhavam um dia em um campo, outro dia em outro, com pouca responsabilidade direta por um determinado lote. Para seu próprio uso, eles recebiam pequenos lotes particulares. Uma análise constatou que os lotes privados ocupavam 1% das terras agrícolas, mas produziam 27% da produção agrícola soviética (H. Smith, 1976). Na Hungria comunista, lotes privados representavam apenas 13% das terras agrícolas, mas eram responsáveis por um terço da produção (Spivak, 1979). Quando a China começou a permitir que os agricultores vendessem alimentos cultivados que excedessem o devido ao Estado, a produção de alimentos saltou para 8% ao ano – 2,5 vezes o aumento anual nos últimos 26 anos (Church, 1986). Em um esforço para atrelar as recompensas ao esforço produtivo, a Rússia de hoje está "descoletivizando" muitas de suas fazendas (Kramer, 2008).

E quanto às culturas coletivistas sob regimes não comunistas? Latané e seus copesquisadores (Gabrenya et al., 1985) repetiram seus consistentes experimentos de produção no Japão, na Tailândia, em Taiwan, na Índia e na Malásia. Suas descobertas? A vadiagem social também se evidenciou em todos os países. Entretanto, 17 estudos posteriores na Ásia revelam que pessoas em culturas coletivistas exibem menos vadiagem social do que aquelas em culturas individualistas (Karau & Williams, 1993; Kugihara, 1999). Como observamos no Capítulo 2, a lealdade à família e aos grupos de trabalho é forte nas culturas coletivistas. De modo semelhante, as mulheres (como o Capítulo 5 explicou) tendem a ser menos individualistas do que os homens — e a exibir menos vadiagem social.

Na América do Norte, os trabalhadores que não pagam dívidas ou fazem trabalho voluntário para seus sindicatos ou associações profissionais geralmente ficam felizes em aceitar os benefícios que essas organizações oferecem, assim como também ficam os espectadores de canais de televisão públicos que não respondem às campanhas de doação de sua estação. Isso sugere outra explicação possível para o esforço mínimo. Quando as recompensas são divididas de forma igual, independentemente da quantidade que se contribui para o grupo, qualquer indivíduo obtém mais recompensa por unidade de esforço por "parasitar" o grupo. Assim, as pessoas podem ser motivadas a "fazer corpo mole" quando seus esforços não são controlados e recompensados individualmente. Situações que acolhem aqueles que vão de carona podem ser, portanto, nas palavras de um membro da comunidade, um "paraíso para os parasitas".

Mas, certamente, o esforço coletivo nem sempre leva ao afrouxamento. Às vezes, o objetivo é tão convincente e a máxima produção de todos é tão essencial que o espírito de equipe mantém ou intensifica o esforço. Em uma corrida olímpica em equipe, será que cada remador de uma equipe de oito pessoas puxa os remos com menos esforço do que em uma equipe de uma ou duas pessoas?

As evidências nos asseguram que não. Pessoas em grupos se esforçam mais quando a tarefa é *desafiadora, atraente* ou *envolvente* (Karau & Williams, 1993). Em tarefas desafiadoras, as pessoas podem perceber seus esforços como indispensáveis (Harkins & Petty, 1982; Kerr, 1983; Kerr et al., 2007). Quando as pessoas veem os outros em seu grupo como não confiáveis ou como incapazes de contribuir muito, elas trabalham mais (Plaks & Higgins, 2000; Williams & Karau, 1991). Contudo, em muitas situações, também o fazem os indivíduos menos capazes porque se esforçam para acompanhar a maior produtividade dos outros (Weber & Hertel, 2007). Agregar incentivos ou desafiar um grupo a lutar por certos padrões também promove o esforço coletivo (Harkins & Szymanski, 1989; Shepperd & Wright, 1989). Os membros de um grupo vão trabalhar arduamente quando convencidos de que um grande esforço trará recompensas (Shepperd & Taylor, 1999).

FIGURA 8.5
Facilitação social ou vadiagem social?
Quando os indivíduos não podem ser avaliados ou responsabilizados, a vadiagem se torna mais provável. Um nadador é individualmente avaliado em sua capacidade de vencer a corrida. No cabo-de-guerra, nenhuma pessoa da equipe é individualmente responsabilizada; assim, qualquer membro pode relaxar ou ficar ocioso.

Trabalho em equipe na regata no Charles River, em Boston. Ocorre vadiagem social quando as pessoas trabalham em grupo, mas não prestam contas individualmente, a menos que a tarefa seja desafiadora, atraente ou envolvente e os membros do grupo sejam amigos.

Os grupos também se esforçam mais quando seus membros são *amigos* ou se sentem identificados ou indispensáveis ao grupo (Davis & Greenlees, 1992; Gockel et al., 2008; Karau & Williams, 1997; Worchel et al., 1998). A simples expectativa de interagir com alguém novamente serve para aumentar o esforço em projetos de equipe (Groenenboom et al., 2001). Colabore em um trabalho de classe com outros com quem você vai se encontrar com frequência e provavelmente você vai se sentir mais motivado do que se sentiria se não esperasse vê-los novamente. Latané observa que as fazendas dos *kibutz* comunais de Israel de fato produziam mais do que as fazendas não coletivas de Israel (Leon, 1969). A coesão intensifica o esforço.

Essas descobertas são comparáveis àquelas de estudos de grupos de trabalho cotidiano. Quando os grupos têm objetivos desafiadores, quando eles são recompensados pelo sucesso do grupo, e quando existe um espírito de compromisso com a "equipe", os membros do grupo se esforçam muito (Hackman, 1986). Manter os grupos de trabalho pequenos também pode ajudar os membros a acreditarem que suas contribuições são indispensáveis (Comer, 1995). Embora a vadiagem social seja comum quando os membros do grupo trabalham sem responsabilidade individual, muitas mãos nem sempre facilitam o trabalho.

Resumo: Vadiagem social: Os indivíduos exercem menos esforço em grupo?

- Pesquisadores da facilitação social estudam o desempenho das pessoas em tarefas nas quais elas podem ser avaliadas individualmente. Contudo, em muitas situações de trabalho, as pessoas combinam seus esforços e trabalham por um objetivo comum, sem responsabilidade individual.
- Os membros de um grupo muitas vezes trabalham menos ao executar tarefas "aditivas". Essa descoberta encontra equivalentes em situações cotidianas nas quais a difusão da responsabilidade seduz os membros do grupo a se aproveitarem do esforço coletivo.
- As pessoas podem, no entanto, se esforçar ainda mais em um grupo quando a meta é importante, as recompensas são significativas e existe um espírito de equipe.

Desindividuação: Quando as pessoas perdem seu senso de identidade no grupo?

Situações de grupo podem levar as pessoas a perderem a consciência de si, com consequente perda de individualidade e autocontenção. Que circunstâncias desencadeiam tal "desindividuação"?

Em abril de 2003, na esteira da entrada das tropas americanas no Iraque, saqueadores – "livres" do controle da polícia de Saddam Hussein – corriam soltos. Hospitais perdiam leitos. A Biblioteca Nacional perdeu dezenas de milhares de manuscritos antigos e ficou em ruínas fumegantes. Universidades perderam computadores, cadeiras e até mesmo lâmpadas. O Museu Nacional, em Bagdá, teve 15 mil objetos roubados – a maioria daqueles que não haviam sido previamente removidos para guarda (Burns, 2003a, 2003b; Lawler, 2003c; Polk & Schuster, 2005). "Nunca, desde que os conquistadores espanhóis devastaram as culturas asteca e inca, perdeu-se tanto com tanta rapidez", relatou a *Science* (Lawler, 2003a). "Eles vinham em bandos: um grupo de 50 vinha e ia, e depois vinha outro", explicou o reitor de uma universidade (Lawler, 2003b). Esses relatos deixaram o resto do mundo se perguntando: o que aconteceu com o "senso de moralidade" dos saqueadores? Por que esse tipo de comportamento irrompeu? E por que ele não foi previsto?

Fazer juntos o que não faríamos sozinhos

Como vimos, os experimentos de facilitação social mostram que os grupos podem excitar as pessoas, e os experimentos de vadiagem social mostram que os grupos podem difundir a responsabilidade. Quando a excitação e responsabilidade difusa se combinam e as inibições normais diminuem, os resultados podem ser surpreendentes. As pessoas podem cometer atos que vão desde uma leve diminuição da restrição (jogar comida no refeitório, rosnar para um árbitro, gritar durante um *show* de *rock*) até um impulso autogratificante (vandalismo em grupo, orgias, furtos) e explosões sociais destrutivas (brutalidade policial, tumultos, linchamentos).

Esses comportamentos sem limites têm algo em comum: eles são de alguma forma provocados pelo poder de um grupo. Os grupos podem gerar um sentimento de excitação, de pertencer a algo maior que si mesmo. É difícil imaginar um fã de *rock* gritando delirantemente sozinho em um *show* de *rock* privado, ou um policial batendo em um

Aparentemente agindo sem sua consciência normal, as pessoas saquearam instituições iraquianas após a queda do regime de Saddam Hussein.

único infrator indefeso ou suspeito. Em situações de grupo, as pessoas são mais propensas a abandonar as restrições normais, a perder seu senso de identidade individual, a tornarem-se sensíveis às normas do grupo ou da multidão – em uma palavra, tornar-se o que Leon Festinger, Albert Pepitone e Theodore Newcomb (1952) rotularam de **desindividuadas**. Que circunstâncias provocam esse estado psicológico?

desindividuação
Perda da autoconsciência e do receio de avaliação; ocorre em situações de grupo que promovem a capacidade de resposta às normas do grupo, boas ou más.

TAMANHO DO GRUPO

Um grupo tem o poder não só de excitar os membros, mas também de torná-los irreconhecíveis. A multidão berrando esconde o fã de basquete gritando. Uma multidão de linchadores permite que seus membros acreditem que não serão punidos, pois percebem a ação como *do grupo*. Saqueadores – sem rosto no meio da multidão, estão livres para *saquear*. Em uma análise de 21 casos em que multidões estavam presentes enquanto alguém ameaçava se jogar de um prédio ou de uma ponte, Leon Mann (1981) descobriu que quando a multidão era pequena e exposta à luz do dia, as pessoas geralmente não tentavam atiçar a pessoa com gritos de "Pula!". Mas quando uma grande multidão ou a escuridão da noite garantia o anonimato, a multidão em geral atiçava e escarnecia.

Brian Mullen (1986) relatou um efeito associado às turbas de linchamento: quanto maior a multidão, mais os seus membros perdem a autoconsciência e se tornam dispostos a cometer atrocidades, como queimar, lacerar ou desmembrar a vítima.

"Uma turba é uma sociedade de corpos que voluntariamente privam-se da razão."
—RALPH WALDO EMERSON, "COMPENSAÇÃO", *ENSAIOS, PRIMEIRA SÉRIE*, 1841

Em cada um desses exemplos, das multidões dos esportes às turbas de linchamento, o receio de avaliação despenca. A atenção das pessoas se concentra na situação, e não em si mesmas. E como "todo mundo está fazendo isso", todos podem atribuir seu comportamento à situação, e não às próprias escolhas.

ANONIMATO FÍSICO

Como podemos ter certeza de que o efeito das multidões significa maior anonimato? Não podemos. Mas podemos fazer experimentos com anonimato para ver se ele realmente diminui as inibições. Philip Zimbardo (1970, 2002) teve uma ideia para esse tipo de experimento com seus alunos de graduação, que questionaram como bons meninos em *O senhor das moscas*, de William Golding, puderam se tornar tão subitamente monstros depois de pintarem seus rostos. Para fazer experimentos com esse tipo de anonimato, ele vestiu mulheres da New York University com jalecos brancos e capuzes idênticos, semelhantes aos utilizados pelos membros da Ku Klux Klan (Fig. 8.6). Solicitadas a aplicar choques elétricos em uma mulher, elas pressionaram o botão de choque duas vezes mais do que as mulheres que não estavam disfarçadas e usavam crachás de grande tamanho.

A internet oferece anonimato semelhante. Milhões de pessoas que ficaram horrorizadas com os saques pelas turbas em Bagdá estavam nessa mesma época anonimamente pirateando faixas de músicas usando *software* de compartilhamento de arquivos. Com tantos fazendo isso, e com tão pouca preocupação em ser pego, baixar material protegido por direitos autorais e depois descarregá-lo em um leitor de MP3 não parecia terrivelmente imoral. Também observou-se que, comparado com conversas frente a frente, o anonimato oferecido por salas de bate-papo, grupos de discussão e listas de discussão na internet promove níveis mais elevados de comportamento hostil desinibido (Douglas & McGarty, 2001).

Em vários casos recentes na internet, espectadores anônimos instigaram pessoas que ameaçavam se suicidar, às vezes com transmissões de vídeo ao vivo da cena para dezenas de pessoas. Comunidades *on-line* "são como a multidão do lado de fora do edifício com o cara no peitoril", observou um analista de efeitos sociais da tecnologia, Jeffrey Cole. Às vezes, uma pessoa carinhosa tentava dissuadir a pessoa, enquanto outras, com efeito, entoavam, "pula, pula". "A natureza anônima dessas comunidades só incentiva a maldade ou a insensibilidade das pessoas nesses locais", acrescenta Cole (citado por Stelter, 2008).

Ao testar a desindividuação nas ruas, Ellison Patricia, John Govern e colaboradores (1995) fizeram um motorista confederado parar em um sinal vermelho e esperar 12 segundos sempre que fosse seguido por um conversível ou um veículo com tração nas quatro rodas. Enquanto suportava a espera, registrava qualquer buzinada (ato levemente agressivo) pelo carro de trás. Comparado com os motoristas de conversíveis e de carros com tração nas quatro rodas com as capotas baixas, aqueles que eram relativamente anônimos (com as capotas fechadas) buzinavam um terço mais cedo, com duas vezes mais frequência e por quase o dobro do tempo.

Uma equipe de pesquisa liderada por Ed Diener (1976) demonstrou de maneira inteligente *tanto* o efeito de estar em um grupo *quanto* o de estar fisicamente anônimo. No Dia das Bruxas, eles observaram 1.352

FIGURA 8.6
Nos estudos de desindividuação de Philip Zimbardo, mulheres anônimas aplicaram mais choques a vítimas indefesas do que mulheres identificáveis.

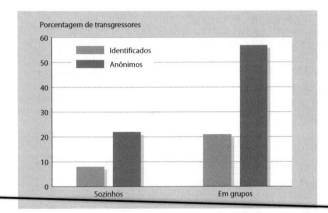

FIGURA 8.7
As crianças eram mais propensas a transgredir, pegando doces extras, quando estavam em um grupo, quando anônimas e, especialmente, quando desindividuadas pela combinação de imersão no grupo e anonimato.
Fonte: dados de Diener et al., 1976.

crianças de Seattle brincando de doces-ou-travessuras. Quando elas, isoladamente ou em grupos, se aproximavam de uma das 27 casas espalhadas por toda a cidade, um experimentador as saudava calorosamente, convidava-as para "pegar *um* dos doces", e então deixava os doces sem atenção. Observadores ocultos observaram que as crianças em grupos eram duas vezes mais propensas a pegar doces extras do que crianças sozinhas. Além disso, aquelas que tinham informado seus nomes e endereços tinham menos da metade da probabilidade de transgredir do que aquelas que ficaram no anonimato. Como mostra a Figura 8.7, a taxa de transgressão variou drasticamente com a situação. Quando foram desindividuadas, tanto por imersão como por anonimato, a maioria das crianças roubou doces extras.

Esses estudos fazem-me pensar sobre o efeito do uso de uniformes. Preparando-se para a batalha, os guerreiros em algumas culturas tribais (como os fãs raivosos de algumas equipes desportivas) despersonalizam-se pintando o corpo e o rosto ou usando máscaras especiais. Após a batalha, algumas culturas matam, torturam ou mutilam todos os inimigos restantes; outras culturas mantêm prisioneiros vivos. Robert Watson (1973) examinou registros antropológicos e descobriu o seguinte: as culturas com guerreiros despersonalizados também eram as culturas que maltratavam seus inimigos. Na Irlanda do Norte, 206 dos 500 ataques violentos estudados por Andrew Silke (2003) foram realizados por atacantes que usavam máscaras, capuzes ou disfarces. Comparados a atacantes sem disfarce, esses atacantes anônimos infligiam danos mais graves, atacavam mais pessoas e cometiam mais vandalismo.

Será que o anonimato físico *sempre* liberta nossos piores impulsos? Felizmente, não. Em todas essas situações, as pessoas estavam respondendo a claros estímulos antissociais. Robert Johnson e Leslie Downing (1979) apontam que os trajes usados pelos participantes do estudo de Zimbardo, semelhantes aos da Ku-Klux-Klan, podem ter sido sugestões de estímulo para hostilidade. Em um experimento da University of Georgia, mulheres vestiram uniformes de enfermeira antes de decidir que intensidade de choque alguém deveria receber. Quando as que vestiam uniformes de enfermeiras foram feitas anônimas, elas tornaram-se *menos* agressivas na administração de choques do que quando seus nomes e identidades pessoais foram enfatizados. A partir de sua análise de 60 estudos de desindividuação, Tom Postmes e Russell Spears (1998; Reicher et al., 1995) concluíram que o anonimato nos torna menos autoconscientes, mais conscientes do grupo e mais sensíveis aos estímulos presentes na situação, sejam negativos (uniformes da Ku-Klux-Klan) ou positivos (uniformes de enfermeiras).

ATIVIDADES QUE EXCITAM E DISTRAEM

Explosões de agressividade por parte de grandes grupos muitas vezes são precedidas por pequenas ações que despertam e desviam a atenção das pessoas. Gritos, cantos, palmas ou danças em grupo servem tanto para agitar as pessoas como para reduzir sua autoconsciência. Um observador de um ritual da Igreja de Unificação recorda como a entoação das sílabas chu-chu ajudava a desindividuar:

> Todos os irmãos e irmãs davam as mãos e cantavam com intensidade crescente chu-chu-chu, chu-chu--chu, chu-chu-chu! SIM! SIM! BUM! O ato fazia de nós um grupo, como se, de alguma forma estranha, todos nós experimentássemos algo importante juntos. O poder do chu-chu me assustava, mas fazia eu me sentir mais confortável e que havia algo muito relaxante em acumular energia e liberá-la. (Zimbardo et al., 1977, p. 186)

Os experimentos de Ed Diener (1976, 1979) demonstraram que atividades como arremessar pedras e cantar em grupo podem preparar o cenário para um comportamento mais desinibido. Há um prazer autorreforçador em agir impulsivamente enquanto se observa os outros fazendo o mesmo. Quando vemos os outros agirem como estamos agindo, pensamos que eles se sentem como nós, o que reforça os nossos próprios sentimentos (Orive, 1984). Além disso, a ação impulsiva do grupo absorve a nossa atenção. Quando gritamos com o árbitro, não estamos pensando em nossos valores; estamos reagindo à situação imediata. Posteriormente, quando paramos para pensar sobre o que fizemos ou dissemos, às vezes nos sentimos desapontados. Às vezes. Em outros momentos, *buscamos* experiências grupais de desindividuação – danças, experiências de adoração, encontros de grupo – em que podemos desfrutar de intensos sentimentos positivos e de proximidade com os outros.

"Ao participar de uma missa na catedral gótica, temos a sensação de estar fechados e mergulhados em um universo integrado e de perder um incomodativo senso de si mesmo na comunidade de adoradores."
—YI-FU TUAN, 1982

Diminuição da autoconsciência

Experiências de grupo que diminuem a autoconsciência tendem a desconectar o comportamento das atitudes. As pesquisas de Ed Diener (1980) e de Steven Prentice-Dunn e Rogers Ronald (1980, 1989) revelaram que pessoas desindividuadas sem autoconsciência são menos contidas, menos autorreguladas, mais propensas a agir sem pensar sobre seus próprios valores e mais sensíveis à situação. Essas descobertas complementam e reforçam os experimentos sobre *autoconsciência* (Capítulo 3).

A autoconsciência é o oposto da desindividuação. Pessoas tornadas autoconscientes, por agirem diante de um espelho ou de uma câmera de TV, apresentam *maior* autocontrole, e suas ações refletem suas atitudes de forma mais clara. Na frente de um espelho, pessoas que degustam tipos de queijo cremoso comem menos da variedade rica em gordura (Sentyrz & Bushman, 1998).

Pessoas tornadas autoconscientes também são menos propensas a enganar (Beaman et al., 1979; Diener & Wallbom, 1976), assim como aquelas que geralmente têm um forte senso de si mesmas como distintas e independentes (Nadler et al., 1982). No Japão, onde as pessoas mais frequentemente imaginam como poderiam se parecer com as outras, as pessoas não são mais propensas a mentir quando não estão na frente de um espelho (Heine et al., 2008). O princípio: pessoas autoconscientes, ou que foram temporariamente tornadas assim, apresentam maior coerência entre suas palavras fora de uma situação e suas ações dentro dela.

Fãs de futebol após um motim de 1985 e da queda de um muro, que matou 39 pessoas em Bruxelas. Como relatou um jornalista inglês que os acompanhou por oito anos, *os hooligans* muitas vezes são afáveis como indivíduos, mas demoníacos em uma multidão (Buford, 1992).

Podemos aplicar essas conclusões a muitas situações na vida cotidiana. Circunstâncias que diminuem a autoconsciência, como o consumo de álcool, fazem aumentar a desindividuação (Hull et al., 1983). A desindividuação diminui em circunstâncias que aumentam a autoconsciência: espelhos e câmeras, cidades pequenas, luzes fortes, crachás grandes, roupas e casas tranquilas individualizadas sem distrações (Ickes et al., 1978). Quando um adolescente sai para uma festa, o conselho de um pai ao se despedir poderia muito bem ser: "Divirta-se e lembre-se de quem você é". Em outras palavras, desfrute estar com o grupo, mas seja autoconsciente; mantenha sua identidade pessoal; cuidado com a desindividuação.

Resumo: Desindividuação: Quando as pessoas perdem seu senso de identidade no grupo?

- Quando elevados níveis de excitação social se aliam à responsabilidade difusa, as pessoas podem abandonar suas restrições normais e perder o senso de individualidade.
- Essa desindividuação é especialmente provável quando as pessoas estão em um grupo grande, são fisicamente anônimas e estão excitadas e distraídas.
- A resultante diminuição da autoconsciência e da autocontenção tende a aumentar a capacidade de resposta das pessoas para a situação imediata, seja ela negativa ou positiva. A desindividuação é menos provável quando a autoconsciência está elevada.

Polarização de grupo: Os grupos intensificam nossa opinião?

Muitos conflitos aumentam à medida que as pessoas conversam, principalmente com aquelas que têm ideias afins. A interação com pessoas que pensam de maneira semelhante amplifica atitudes preexistentes? Em caso afirmativo, por quê?

Que efeito – bom ou mau – a interação do grupo tem com mais frequência? A brutalidade policial e a violência das multidões demonstram seu potencial destrutivo. Contudo, líderes de grupos de apoio, consultores de gestão e teóricos educacionais proclamam benefícios de interação do grupo, e os movimentos sociais e religiosos exortam seus membros a fortalecerem suas identidades pela comunhão com pessoas com ideias semelhantes.

Estudos de pessoas em pequenos grupos produziram um princípio que ajuda a explicar maus e bons resultados: a discussão em grupo muitas vezes fortalece as inclinações iniciais dos membros. O desdobramento da pesquisa sobre **polarização de grupo** ilustra o processo de investigação – como uma descoberta interessante muitas vezes leva os pesquisadores a conclusões precipitadas e errôneas, as quais posteriormente são substituídas por outras mais precisas. Esse é um mistério científico que posso discutir em primeira mão, tendo sido um dos detetives.

polarização de grupo
Aumento das tendências preexistentes dos membros produzido pelo grupo; fortalecimento da tendência média dos membros, não uma divisão dentro do grupo.

Caso da "mudança de risco"

Mais de 300 estudos começaram com uma descoberta surpreendente de James Stoner (1961), na época um estudante de pós-graduação do MIT. Para sua tese de mestrado em gestão, Stoner testou a crença comum de que os grupos são mais cautelosos do que os indivíduos. Ele propôs dilemas de decisão em que a tarefa do participante era aconselhar personagens imaginários sobre quanto risco correr. Coloque-se no lugar do participante: Que conselho você daria ao personagem nesta situação?[1]

> Helen é uma escritora que se diz ter considerável talento criativo, mas que até agora tem ganhado uma vida confortável escrevendo faroestes baratos. Há pouco tempo, ela teve uma ideia para um romance potencialmente significativo. Se pudesse ser escrito e aceito, ele poderia ter considerável impacto literário e ser um grande impulso para sua carreira. Porém, se ela não puder elaborar sua ideia ou se o livro for um fracasso, ela terá gasto muito tempo e energia sem remuneração.
>
> Imagine que você está aconselhando Helen. Por favor, indique a *menor* probabilidade que você consideraria aceitável para que Helen tentasse escrever o romance.
>
> Helen deve tentar escrever o romance se as chances de que o livro será um sucesso forem de pelo menos
>
> ____ 1 em 10
> ____ 2 em 10
> ____ 3 em 10
> ____ 4 em 10
> ____ 5 em 10
> ____ 6 em 10
> ____ 7 em 10
> ____ 8 em 10
> ____ 9 em 10
> ____ 10 em 10 (Marque aqui se você acha que Helen deve tentar o romance se é certo que este será um sucesso.)

Depois de tomar sua decisão, adivinhe o que o leitor mediano deste livro aconselharia.

Tendo marcado seus conselhos sobre uma dúzia de itens, cinco ou mais indivíduos então discutiriam e chegariam a um acordo sobre cada item. Como você acha que as decisões do grupo se comparam com a decisão média antes das discussões? Será que os grupos seriam propensos a correr maiores riscos, serem mais cautelosos ou ficarem na mesma?

Para espanto de todos, as decisões do grupo geralmente eram mais arriscadas. Apelidado de "fenômeno da mudança de risco", essa descoberta desencadeou uma onda de estudos sobre exposição/aceitação de riscos em grupos. Estes revelaram que a mudança de risco ocorre não apenas quando um grupo decide por consenso; depois de uma breve discussão, os indivíduos também alteram suas decisões. Além disso, os pesquisadores repetiram com sucesso o resultado de Stoner com pessoas de diferentes idades e ocupações em uma dúzia de países.

Durante o debate, as opiniões convergiam. Curiosamente, contudo, o ponto para o qual elas convergiam geralmente era um número menor (mais arriscado) do que a média inicial. Aqui havia um enigma delicioso. O pequeno efeito de mudança arriscada era confiável, inesperado e sem qualquer explicação óbvia. Que influências do grupo produziam tal efeito? E quão disseminado ele é? As discussões em júris, comissões de empresas e organizações militares também promovem a exposição/aceitação de riscos? Isso explica porque os casos de condução imprudente por parte de adolescentes, medida pelas taxas de óbito, quase dobram quando um motorista de 16 ou 17 anos tem dois passageiros adolescentes em vez de nenhum (Chen et al., 2000)?

Depois de muitos anos de pesquisa, descobrimos que a mudança de risco não era universal. Poderíamos criar dilemas de decisão em que as pessoas se tornaram mais *cautelosas* depois da discussão. Em um deles havia "Roger", um jovem casado com dois filhos em idade escolar e um emprego seguro, mas de baixa remuneração. Roger tem condições de pagar as necessidades da vida, mas poucos de seus luxos. Ele ouve que as ações de uma empresa relativamente desconhecida em breve poderão triplicar de valor caso seu novo produto seja bem recebido ou diminuir de modo considerável se não vender. Roger não tem economias. Para investir na empresa, ele está pensando em vender seu seguro de vida.

Você é capaz de identificar um princípio geral que prevê a tendência a dar conselhos mais arriscados depois de discutir a situação de Helen e conselhos mais cautelosos após discutir a de Roger? Se você é como a maioria das pessoas, você aconselharia Helen a correr um risco maior do que Roger, mesmo antes de falar com os outros. Acontece que há uma forte tendência de a discussão acentuar essas tendências iniciais; grupos que discutem o dilema de "Roger" tornaram-se mais avessos ao risco do que eram antes da discussão.

Grupos intensificam opiniões?

Percebendo que esse fenômeno de grupo não era uma mudança consistente em direção a um maior risco, repensamos o fenômeno como uma tendência de a discussão em grupo *realçar* as inclinações

---

[1] Este item, construído para minha própria pesquisa, ilustra o tipo de dilema de decisão proposto por Stoner.

iniciais de seus membros. Essa ideia levou os investigadores a proporem o que os pesquisadores franceses Serge Moscovici e Marisa Zavalloni (1969) chamaram de polarização de grupo: *a discussão normalmente fortalece a inclinação média dos membros do grupo.*

EXPERIMENTOS DE POLARIZAÇÃO DE GRUPO

Esta nova visão das mudanças induzidas pela discussão em grupo estimulou experimentadores a fazerem pessoas discutirem declarações de atitude que a maioria delas era a favor ou contra. Falar em grupos realçaria suas inclinações iniciais compartilhadas, como o fez com os dilemas de decisão? Em grupos, os indivíduos que geralmente se arriscam correriam riscos ainda maiores, os fanáticos se tornariam mais hostis e os doadores se tornariam mais generosos? Isso é o que a hipótese de polarização de grupo prevê (Fig. 8.8).

Dezenas de estudos confirmam a polarização de grupo.

- Moscovici e Zavalloni (1969) observaram que a discussão reforçou a atitude inicialmente positiva de estudantes franceses em relação a seu presidente e atitude negativa para com os norte-americanos.
- Mititoshi Isozaki (1984) descobriu que estudantes universitários japoneses deram sentenças de "culpa" mais salientes após discutir um caso de tráfego. Quando membros do júri estão inclinados a conceder indenizações, o valor dado pelo grupo também tende a ultrapassar o preferido por um membro mediano do júri (Sunstein, 2007a).
- Markus Brauer e colaboradores (2001) constataram que a antipatia de estudantes franceses por certas pessoas foi exacerbada após discutirem suas impressões negativas compartilhadas.

Outra estratégia de pesquisa tem sido escolher questões em que as opiniões estão divididas e isolar as pessoas que possuem o mesmo ponto de vista. A discussão com pessoas que pensam da mesma forma fortalece visões compartilhadas? Ela amplia a diferença de atitude que separa os dois lados?

Eu e George Bishop queríamos saber isso. Assim, montamos grupos de estudantes do ensino médio relativamente preconceituosos e sem preconceitos e lhes pedimos que respondessem – antes e depois de discutirem – a questões que envolvem atitudes raciais, tais como direitos de propriedade *versus* moradia aberta (Myers & Bishop, 1970). Descobrimos que as discussões com alunos com ideias afins de fato aumenta a diferença inicial entre os dois grupos (Fig. 8.9).

POLARIZAÇÃO DE GRUPO NA VIDA COTIDIANA

Na vida cotidiana, as pessoas associam-se principalmente com quem tem atitudes semelhantes às suas. (Leia o Capítulo 11, ou apenas considere o seu próprio círculo de amigos.) A interação diária com um grupo de amigos com ideias semelhantes intensifica atitudes compartilhadas? Os nerds ficam ainda mais nerds, e os esportistas, mais esportistas?

Acontece. A autossegregação dos meninos em grupos exclusivamente masculinos e de meninas em grupos exclusivamente femininos acentua ao longo do tempo suas diferenças de gênero a princípio modestas, observa Eleanor Maccoby (2002). Meninos com meninos tornam-se gradualmente mais competitivos e orientados à ação em seus jogos e entretenimento fictional, e as meninas com meninas tornam-se mais orientadas aos relacionamentos. Em processos judiciais federais de segunda instância nos Estados Unidos, "juízes nomeados por republicanos tendem a votar como republicanos e juízes nomeados por democratas tendem a votar como democratas", observaram David Schkade e Cass Sunstein (2003). Mas essas tendências são acentuadas quando entre juízes afins. "Um juiz nomeado por republicanos acompanhado de dois outros republicanos vota de maneira muito mais conservadora do que quando está acompanhado de pelo menos um juiz nomeado por democratas. Ao mesmo tempo, uma pessoa nomeada por democratas mostra a mesma tendência no sentido ideológico oposto."

POLARIZAÇÃO DE GRUPO NAS ESCOLAS Outro paralelo do fenômeno na vida real é o que os pesquisadores do laboratório de educação chamaram de efeito de "acentuação": Com o tempo, as diferenças iniciais entre grupos de estudantes universitários se acentuam. Se os estudantes do primeiro ano na faculdade X são inicialmente mais intelectuais do que os alunos da faculdade Y, essa lacuna tende a aumentar na época da formatura. Da mesma forma, em comparação com membros dos grêmios estudantis, os independentes tendem a ter atitudes políticas mais liberais, uma diferença que cresce com o tempo na faculdade (Pascarella & Terenzini, 1991). Os pesquisadores acreditam que em parte isso resulta do fato de os membros do grupo reforçarem inclinações compartilhadas.

POLARIZAÇÃO DE GRUPO EM COMUNIDADES A polarização também ocorre em comunidades, à medida que as pessoas se autossegregam. "Lugares alternativos... atraem tipos alternativos e tornam-se alternativos", observa David Brooks (2005). "Lugares conservadores... atraem con-

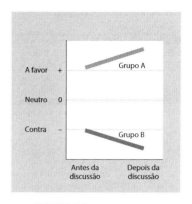

FIGURA 8.8
Polarização de grupo.
A hipótese de polarização de grupo prevê que a discussão reforçará uma atitude compartilhada pelos membros do grupo.

"O que explica a ascensão do fascismo na década de 1930? O surgimento do radicalismo estudantil na década de 1960? O crescimento do terrorismo islâmico na década de 1990? ... O tema unificador é simples: *quando as pessoas se encontram em grupos de tipos congêneres, elas são especialmente propensas a progredir para extremos*. [Esse] é o fenômeno da *polarização de grupo*".
—CASS SUNSTEIN, *GOING TO EXTREMES*, 2009

FIGURA 8.9
A discussão aumentou a polarização entre grupos homogêneos de alunos do ensino médio com alto e baixo preconceito. Falar sobre questões raciais aumentou o preconceito em um grupo altamente preconceituoso e o diminuiu em um grupo com baixo preconceito.
Fonte: dados de Myers e Bishop, 1970.

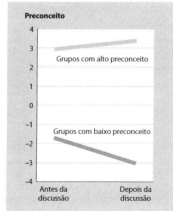

Bandos de animais. A alcateia é mais do que a soma dos lobos.

Em dois julgamentos, tribunais sul-africanos reduziram sentenças depois de aprenderem como fenômenos sociopsicológicos, incluindo desindividuação e polarização de grupo, levaram membros da multidão a cometerem atos homicidas (Colman, 1991). O que você acha: os tribunais deveriam considerar fenômenos sociopsicológicos como possíveis circunstâncias atenuantes?

servadores e tornam-se mais conservadores." Os bairros tornam-se câmaras de eco, com opiniões ricocheteando entre amigos congêneres. Um experimento montou pequenos grupos de moradores do Colorado na liberal Boulder e na conservadora Colorado Springs. As discussões aumentaram a concordância dentro de pequenos grupos sobre aquecimento global, ação afirmativa e casamento entre pessoas do mesmo sexo. No entanto, os moradores de Boulder geralmente convergiram mais à esquerda, e os de Colorado Springs, mais à direita (Schkade et al., 2007).

Nos Estados Unidos, o resultado final foi um país mais dividido. O percentual de municípios com maiorias esmagadoras – de 60% ou mais de votantes para um candidato presidencial – quase duplicou entre 1976 e 2000 (Bishop, 2004). O percentual de calouros universitários que se declarou politicamente "de centro" caiu de 60% em 1983 para 45 em 2005, com aumentos correspondentes nos que se declaram de direita ou de esquerda (Pryor et al., 2005). Nos *campi*, a aglomeração de alunos em irmandades e fraternidades de maioria branca e em organizações estudantis de minorias étnicas tende a fortalecer as identidades sociais e aumentar os antagonismos entre os grupos sociais (Sidanius et al., 2004).

Em estudos laboratoriais, as relações de concorrência e a desconfiança que os indivíduos muitas vezes demonstram ao jogar uns com os outros muitas vezes pioram quando os jogadores são grupos (Winquist & Larson, 2004). Durante conflitos de comunidade reais, pessoas que pensam de modo semelhante associam-se cada vez mais umas com as outras, ampliando suas tendências compartilhadas. A delinquência em grupo emerge de um processo de reforço mútuo dentro de gangues de bairro, cujos membros compartilham atributos e hostilidades (Cartwright, 1975). Se "um segundo adolescente de 15 anos fora de controle se muda [para a sua quadra]", conjetura David Lykken (1997), "as traquinagens que eles praticam em grupo provavelmente serão maiores do que apenas o dobro do que o primeiro faria por conta própria... A quadrilha é mais perigosa do que a soma de suas partes individuais". Na verdade, "grupos de pares sem supervisão" são o "preditor mais forte" da taxa de vitimização de um bairro, relatam Bonita Veysey e Steven Messner (1999). Além disso, as intervenções experimentais que agrupam adolescentes delinquentes com outros delinquentes de fato – nenhuma surpresa para qualquer pesquisador de polarização de grupo – aumentam a taxa de problemas de comportamento (Dishion et al., 1999).

POLARIZAÇÃO DE GRUPO NA INTERNET Correio eletrônico, *blogs* e salas de bate-papo virtual oferecem a possibilidade de um novo meio para que pessoas com ideias afins se encontrem e interajam em grupo. No MySpace, há dezenas de milhares de grupos de afinidades discutindo religião, política, passatempos, carros, música e o que você quiser. Os inúmeros grupos virtuais da internet permitem que pacifistas e neonazistas, *geeks* e góticos, teóricos da conspiração e sobreviventes do câncer se isolem com seus congêneres e encontrem apoio para suas preocupações, interesses e suspeitas compartilhadas (Gerstenfeld et al., 2003; McKenna & Bargh, 1998, 2000; Sunstein, 2001). Sem as nuances não verbais do contato face a face, tais discussões produzirão polarização de grupo? Pacifistas se tornarão mais pacifistas e membros da milícia mais propensos ao terror? Correio eletrônico, Google e salas bate-papo "tornam muito mais fácil que pequenos grupos reúnam pessoas congêneres, cristalizem ódios difusos e mobilizem forças letais", observa Robert Wright (2003). Com a disseminação da banda larga, a polarização gerada via internet vai aumentar, ele especula. "Já viu um dos vídeos de recrutamento de Osama bin Laden? Eles são muito eficazes, e vão chegar ao seu público-alvo de modo muito mais eficiente pela banda larga." De acordo com uma análise da University of Haifa, *sites* terroristas – que aumentaram de uma dúzia em 1997 para cerca de 4.700 no final de 2005 – cresceram mais de quatro vezes mais rápido do que o número total de *sites* (Ariza, 2006).

POLARIZAÇÃO DE GRUPO EM ORGANIZAÇÕES TERRORISTAS A partir de sua análise das organizações terroristas ao redor do mundo, Clark McCauley e Maria Segal (1987; McCauley, 2002) observam que o terrorismo não irrompe subitamente. Pelo contrário, ele surge entre pessoas cujos descontentamentos compartilhados as fez unirem-se. À medida que interagem de forma isolada a partir de influências moderadoras, elas se tornam progressivamente mais extremas. O amplificador social traz o sinal com mais força. O resultado: atos violentos que, fora do grupo, os indivíduos jamais teriam cometido.

Por exemplo, os terroristas de 11 de setembro foram criados por um longo processo que envolveu o efeito de polarização de interação entre pessoas com ideias semelhantes. O processo de se tornar um terrorista, como observou um grupo do Conselho Nacional

"Antes da internet, eu simplesmente presumia que era o único, e por isso ficava mais ou menos na minha."

© The New Yorker Collection, de 2008, Erik Hilgerdt, de cartoonbank.com. Todos os direitos reservados.

> **EM FOCO** — **Polarização de grupo**
>
> Shakespeare retratou o poder polarizador do grupo de mesma opinião nesse diálogo de seguidores de Júlio César:
>
> **Antônio**: Mas chorais tanto, bondosas almas, só de verdes o manto do nosso César, cheio, assim, de furos? Então olhai para isto, o próprio corpo de César, deformado por traidores.
>
> **Primeiro cidadão:** Oh! Espetáculo lamentável!
>
> **Segundo cidadão:** Oh! Nobre César!
>
> **Terceiro cidadão:** Oh! Dia de luto!
>
> **Quarto cidadão:** Oh! Celerados! Oh! Traidores!
>
> **Primeiro cidadão:** Que espetáculo sangrento!
>
> **Segundo cidadão:** Queremos vingança!
>
> **Cidadãos**: Vingança! Vamos procurá-los! Fogo! Morte! Fogo! Matemos os traidores!
>
> *Fonte: de Júlio César, de William Shakespeare, Ato III, Cena II, linhas 199-209.*

de Pesquisa, isola indivíduos de outros sistemas de crença, desumaniza alvos potenciais e não tolera dissidência (Smelser & Mitchell, 2002). Com o tempo, os membros do grupo passam a categorizar o mundo como "nós" e "eles" (Moghaddam, 2005; Qirko, 2004). Ariel Merari (2002), um investigador do terrorismo suicida do Oriente Médio e do Sri Lanka, acredita que a chave para a criação de um terrorista suicida é o processo do grupo. "Pelo que é de meu conhecimento, não houve um único caso de terrorismo suicida que tenha sido cometido por um capricho pessoal."

De acordo com uma análise de terroristas que eram membros da Salafi Jihad – um movimento fundamentalista islâmico, do qual a Al Qaeda faz parte –, 70% aderiu ao viver como estrangeiro. Depois de se mudarem para lugares estrangeiros em busca de empregos ou educação, eles tomaram consciência de sua identidade muçulmana e muitas vezes foram atraídos às mesquitas e passaram a morar com outros muçulmanos expatriados, que às vezes os recrutavam para grupos de células que forneciam "apoio emocional e social mútuo" e "desenvolvimento de uma identidade comum" (Sageman, 2004).

Os massacres são, da mesma forma, fenômenos de grupo. A violência é possibilitada e amplificada por assassinos que incitam uns aos outros (Zajonc, 2000). É difícil influenciar uma pessoa quando ela já está "na panela de pressão do grupo terrorista", observa Jerrold Post (2005), depois de entrevistar muitos terroristas acusados. "A longo prazo, a política antiterrorista mais eficaz é aquela que antes de mais nada inibe a entrada de recrutas potenciais."

Explicações sobre polarização

Por que os grupos adotam posturas que são mais exageradas do que as de seu membro médio individual? Os pesquisadores esperavam que a resolução do mistério da polarização de grupo poderia fornecer alguns *insights* sobre a influência do grupo. Resolver pequenos quebra-cabeças às vezes fornece pistas para resolver os maiores.

Entre as muitas teorias da polarização de grupo propostas, duas sobreviveram ao exame científico. Uma trata dos argumentos apresentados durante uma discussão, a outra de como os membros de um grupo se veem em relação aos outros membros. A primeira ideia é um exemplo do que o Capítulo 6 chamou de *influência informacional* (influência que resulta de aceitar evidências sobre a realidade). O segundo é um exemplo de *influência normativa* (influência baseada no desejo de uma pessoa de ser aceita ou admirada por outros).

INFLUÊNCIA INFORMACIONAL

De acordo com a explicação melhor apoiada, a discussão em grupo provoca uma partilha de ideias, a maioria das quais favorecendo o ponto de vista dominante. Algumas ideias discutidas são de conhecimento comum dos membros do grupo (Gigone & Hastie, 1993; Larson et al., 1994; Stasser, 1991). Outras ideias podem incluir argumentos persuasivos que alguns membros do grupo não haviam considerado anteriormente. Ao discutir a escritora Helen, alguém pode dizer: "Helen deve tentar, pois ela tem pouco a perder. Se seu livro for um fracasso, ela sempre pode voltar a escrever faroestes baratos". Tais declarações muitas vezes enredam informações sobre os *argumentos* da pessoa com sugestões sobre a *posição* da pessoa em relação à questão. Mas quando os sujeitos ouvem argumentos relevantes sem aprender a posição específica que as outras pessoas assumem, eles ainda mudam suas posições (Burnstein & Vinokur, 1977; Hinsz et al., 1997). Os *argumentos* são, em si e por si, importantes.

Mas há mais na mudança de atitude do que simplesmente ouvir os argumentos de outra pessoa. A *participação ativa* na discussão produz mais mudança de atitude do que a escuta passiva. Participantes e observadores ouvem as mesmas ideias, mas quando os participantes as expressam em suas próprias palavras, o compromisso verbal amplia o impacto. Quanto mais os membros do grupo repetem as ideias um do outro, mais eles as ensaiam e validam (Brauer et al., 1995).

> "Se você tem uma maçã e eu tenho uma maçã e nós trocamos as maçãs, então você e eu continuaremos tendo cada um uma maçã. Mas se você tem uma ideia e eu tenho uma ideia e nós trocamos essas ideias, então cada um de nós terá duas ideias."
>
> —ATRIBUÍDO A GEORGE BERNARD SHAW (1856-1950)

Isto ilustra um ponto exposto no Capítulo 7. As mentes das pessoas não são apenas lousas vazias para persuasores escreverem em cima. Com persuasão por via central, o que as pessoas pensam em resposta a uma mensagem é crucial. Na verdade, só o pensar em um problema por alguns minutos já pode reforçar opiniões (Tesser et al., 1995). (Talvez você se lembre de seus sentimentos se tornarem polarizados enquanto você simplesmente ruminava sobre alguém de quem você não gostava ou gostava.) A simples *expectativa* de discutir um problema com uma pessoa igualmente capacitada que sustenta uma visão oposta pode motivar as pessoas a ordenar seus argumentos e, assim, adotar uma posição mais extrema (Fitzpatrick & Eagly, 1981).

INFLUÊNCIA NORMATIVA

Uma segunda explicação da polarização envolve a comparação com os outros. Como Leon Festinger (1954) argumentou em sua influente teoria da **comparação social**, nós, humanos, queremos avaliar nossas opiniões e habilidades comparando nossos pontos de vista com os outros". Somos mais persuadidos por pessoas em nossos "grupos de referência" – grupos com os quais nos identificamos (Abrams et al., 1990; Hogg et al., 1990). Além disso, querendo que as pessoas gostem de nós, podemos expressar opiniões mais fortes depois de descobrirmos que os outros compartilham nossos pontos de vista.

Quando pedimos às pessoas (como eu lhe pedi anteriormente) que prevejam como os outros reagiriam a itens como o dilema de Helen, elas normalmente exibem **ignorância pluralística:** não percebem o vigor com que os outros endossam a tendência socialmente preferida (nesse caso, escrever o livro). Uma pessoa normal aconselhará a escrever o romance mesmo que a chance de sucesso seja de apenas 4 em 10, mas estimará que a maioria das pessoas necessita de 5 ou 6 em 10. (Essa descoberta é uma reminiscência do viés de autosserviço: as pessoas tendem a se ver como melhores do que as personificações médias de traços e atitudes socialmente desejáveis.) Quando a discussão começa, a maioria das pessoas descobre que não está ofuscando as outras como inicialmente supunha. Na verdade, algumas outras estão à frente delas, tendo tomado uma posição ainda mais forte em favor de escrever o romance. Não mais contidas por uma norma do grupo mal-interpretada, elas estão livres para expressar suas preferências com mais vigor.

Talvez você se lembre de um momento em que você e outra pessoa queriam sair juntos, mas cada um temia fazer o primeiro movimento, presumindo que o outro provavelmente não tinha um interesse recíproco. A ignorância pluralística dificulta o arranque das relações (Vorauer & Ratner, 1996).

Ou talvez você se lembre de uma época em que você e outras pessoas eram cautelosos e reservados em um grupo, até que alguém quebrou o gelo e disse: "Bem, para ser honesto, eu acho que...". Logo vocês todos ficaram surpresos ao descobrir um forte apoio para seus pontos de vista comuns. Às vezes, quando um professor pergunta se alguém tem alguma dúvida, ninguém responde, levando cada aluno a inferir que ele ou ela é o único confuso. Todos presumem que o medo de constrangimento explica seu próprio silêncio, mas que o silêncio de todos os outros significa que eles entendem o que foi exposto.

Dale Miller e Cathy McFarland (1987) isolaram esse fenômeno familiar em um experimento de laboratório. Eles pediram às pessoas que lessem um artigo incompreensível e buscassem ajuda se tivessem "sérias dificuldades para compreender o trabalho". Embora nenhum dos indivíduos tenha pedido ajuda, eles presumiram que os *outros* não se conteriam de modo semelhante por medo de constrangimento. Assim, eles inferiram erroneamente que as pessoas que não procuraram ajuda não precisaram de nenhuma. Para superar essa ignorância pluralística, alguém tem de quebrar o gelo e permitir que os outros revelem e reforcem suas reações comuns.

Essa teoria da comparação social estimulou a realização de experimentos que expuseram as pessoas às posições de outras, mas não a seus argumentos. Esta é aproximadamente a experiência que temos ao ler os resultados de uma pesquisa de opinião ou de boca de urna no dia da eleição. Quando as pessoas ficam sabendo das posições dos outros – sem compromisso prévio e sem discussão ou troca de argumentos –, será que elas ajustarão suas respostas para manter uma posição social favorável? Como a ilustra a Figura 8.10, sim. Essa polarização baseada em comparação geralmente é menor do que a produzida por uma animada discussão. Ainda assim, é surpreendente que, em vez de apenas se conformarem à média do grupo, as pessoas muitas vezes a ultrapassam por um.

O simples saber das escolhas dos outros também contribui para o efeito dominó que cria canções, livros e filmes de sucesso. O sociólogo Mateus Salganik e colaboradores (2006) fizeram experimentos com o fenômeno convidando 14.341 participantes da internet para escutar e, se quisessem, baixar músicas desconhecidas. Os pesquisadores escolhe-

---

comparação social
Avaliar nossas próprias opiniões e habilidades comparando-nos com os outros.

ignorância pluralística
Uma falsa impressão do que a maioria das outras pessoas está pensando ou sentindo, ou de como elas estão respondendo.

FIGURA 8.10
Em itens de dilemas "arriscados" (como o caso de Helen), a mera exposição às decisões dos outros reforçou as tendências propensas a riscos dos indivíduos. Em itens de dilemas "cautelosos" (como o caso de Roger), a exposição às decisões dos outros aumentou sua cautela.
Fonte: os dados de Myers, 1978.

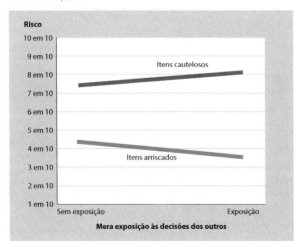

ram aleatoriamente alguns participantes para uma condição que revelava quais músicas os participantes anteriores escolheram para baixar. Entre os que receberam essa informação, canções populares se tornaram mais populares e canções impopulares tornaram-se menos populares.

A pesquisa em polarização de grupo ilustra a complexidade da investigação psicossocial. Ainda que gostemos que nossas explicações para um fenômeno sejam simples, uma explicação raramente dá conta de todos os dados. Como as pessoas são complexas, mais de um fator costuma influenciar um resultado. Em discussões em grupo, argumentos persuasivos predominam em questões que tenham um elemento factual ("Ela é culpada do crime?"). A comparação social inclina as respostas em julgamentos carregados de valores ("De quanto tempo deve ser a pena a cumprir?") (Kaplan, 1989). Nas muitas questões que possuem aspectos tanto factuais como carregados de valor, os dois fatores operam juntos. Descobrir que outros compartilham de nossos sentimentos (comparação social) desencadeia argumentos (influência informacional) que apoiam o que todos secretamente favorecem.

Resumo: Polarização de grupo: Os grupos intensificam nossa opinião?

- Resultados potencialmente positivos e negativos surgem de discussões em grupo. Enquanto tentavam entender o dado curioso de que discussões em grupo aumentam a exposição/aceitação de risco, os pesquisadores descobriram que a discussão na verdade tende a fortalecer o ponto de vista inicialmente dominante, seja de risco ou de cautela.
- Nas situações cotidianas, também, a interação do grupo tende a intensificar opiniões. Esse fenômeno da *polarização de grupo* forneceu uma janela pela qual os pesquisadores puderam observar a influência do grupo.
- Experimentos confirmaram duas influências de grupo: *informacional* e *normativa*. A informação obtida em discussão costuma favorecer a alternativa inicialmente preferida, assim reforçando o apoio a ela.

Pensamento de grupo: Os grupos atrapalham ou contribuem para boas decisões?

Quando é que as influências do grupo impedem boas decisões? Quando os grupos promovem boas decisões e como podemos levar os grupos a tomarem as melhores decisões?

Será que os fenômenos sociopsicológicos que estivemos considerando nestes primeiros oito capítulos ocorrem em grupos sofisticados, tais como os conselhos de administração ou o gabinete do presidente? Há probabilidade de haver autojustificação? Viés de autosserviço? Um coeso "sentimento de nós" promovendo conformidade e sufocando a discordância? Compromisso público produzindo resistência à mudança? Polarização de grupo? O psicólogo social Irving Janis (1971, 1982) queria saber se tais fenômenos poderiam ajudar a explicar as boas e más decisões de grupo feitas por alguns presidentes dos Estados Unidos do século XX e seus assessores. Para descobrir, ele analisou os procedimentos de tomada de decisão que levaram a vários fiascos.

- *Pearl Harbor.* Nas semanas que antecederam o ataque a Pearl Harbor, em dezembro de 1941, os quais colocaram os Estados Unidos na Segunda Guerra Mundial, os comandantes militares no Havaí receberam um fluxo constante de informações sobre os preparativos do Japão para um ataque contra os Estados Unidos em algum lugar do Pacífico. Então, a inteligência militar perdeu o contato de rádio com os porta-aviões japoneses, que tinham começado a se deslocar em linha reta rumo ao Havaí. O reconhecimento aéreo poderia ter localizado os porta-aviões ou ao menos fornecido um aviso de alguns minutos. Mas os comandantes complacentes decidiram contra tais precauções. O resultado: nenhum alerta soou até que ataque a uma base praticamente indefesa estivesse acontecendo. A perda: 18 navios, 170 aviões e 2.400 vidas.
- *Invasão da Baía dos Porcos.* Em 1961, o presidente John Kennedy e seus assessores tentaram derrubar Fidel Castro invadindo Cuba com 1.400 exilados cubanos treinados pela CIA. Quase todos os invasores foram mortos ou capturados, os Estados Unidos foram humilhados e Cuba fortaleceu seus laços com a ex-URSS. Depois de ficar sabendo do resultado, Kennedy perguntou-se em voz alta: "Como podemos ser tão idiotas?".
- *Guerra do Vietnã.* De 1964 a 1967, o presidente Lyndon Johnson e seu "grupo de almoço da terça-feira" de conselheiros políticos expandiram a guerra no Vietnã com base na suposição de que o bombardeio aéreo, o desfolhamento e as missões de busca e destruição dos Estados Unidos levariam o Vietnã do Norte à mesa de paz com o apoio apreciativo da população sul-vietnamita. Eles continuaram a escalada, apesar das advertências dos especialistas de inteligência do governo e de quase todos os aliados dos Estados Unidos. O desastre resultante teve um custo de mais de 58 mil vidas americanas e 1 milhão de vidas vietnamitas, polarizou os norte-americanos, tirou o presidente do cargo e criou enormes déficits orçamentários que ajudaram a alimentar a inflação na década de 1970.

POR DENTRO DA HISTÓRIA — Irving Janis sobre pensamento de grupo

A ideia de *pensamento de grupo* bateu-me enquanto eu lia o relato de Arthur Schlesinger de como a administração Kennedy decidiu invadir a Baía dos Porcos. No início, eu estava confuso: como pessoas astutas e brilhantes, como John F. Kennedy e seus assessores, poderiam ser enganadas pelo plano estúpido e confuso da CIA? Comecei a me perguntar se algum tipo de contágio psicológico teria interferido, tal como conformidade social ou a busca de concordância que eu havia observado em grupos coesos pequenos. Um estudo mais aprofundado (inicialmente auxiliado por um trabalho de escola de minha filha Charlotte) convenceu-me de que sutis processos de grupo tinham impedido uma cuidadosa avaliação de riscos e o debate das questões. Em minha posterior análise de outros fiascos da política externa dos Estados Unidos e o Watergate, encontrei os mesmos processos de grupo prejudiciais em ação.

Irving Janis (1918-1990)

---

pensamento de grupo
"O modo de pensar que as pessoas adotam quando a busca de concordância se torna tão dominante em um grupo coeso que tende a substituir uma avaliação realista dos cursos de ação alternativos." —Irving Janis (1971)

Janis acreditava que esses erros graves foram criados pela tendência dos grupos de tomada de decisão de suprimir a dissidência no interesse da harmonia do grupo, um fenômeno que chama **pensamento de grupo** (Ver "Por Dentro da História: Irving Janis sobre pensamento de grupo). Nos grupos de trabalho, a camaradagem aumenta a produtividade (Mullen & Copper, 1994). Além disso, o espírito de equipe é bom para o moral. Contudo, nas tomadas de decisão, grupos muito unidos podem pagar um preço. Janis acredita que o solo a partir do qual brota o pensamento de grupo inclui

- um grupo afável *coeso;*
- relativo *isolamento* do grupo de pontos de vista dissidentes;
- um *líder diretivo* que sinaliza qual decisão ele ou ela favorece.

Ao planejar a malfadada invasão da Baía dos Porcos, o recém-eleito presidente Kennedy e seus assessores desfrutavam de um forte *esprit de corps*. Os argumentos críticos do plano foram suprimidos ou excluídos, e sem demora o presidente apoiou a invasão.

Sintomas de pensamento de grupo

A partir de registros históricos e das memórias de participantes e observadores, Janis identificou oito sintomas de pensamento de grupo. Esses sintomas são uma forma coletiva de redução de dissonância que emerge enquanto os membros do grupo tentam manter seu sentimento de grupo positivo diante de uma ameaça (Turner et al., 1992, 1994).

Os dois primeiros sintomas de pensamento de grupo levam os membros do grupo a *superestimar a força e o direito de seu grupo*.

- *Ilusão de invulnerabilidade.* Os grupos estudados por Janis desenvolveram todos um otimismo excessivo que os cegou para os avisos de perigo. Ao ser informado de que suas forças haviam perdido contato por rádio com os porta-aviões japoneses, o Almirante Kimmel, o diretor naval de Pearl Harbor, brincou dizendo que talvez os japoneses estivessem prestes a contornar o Diamond Head de Honolulu. Eles estavam mesmo, mas ao rir da ideia Kimmel descartou a própria possibilidade de que isso fosse verdade.
- *Inquestionável crença na moral do grupo.* Os membros do grupo presumem a moralidade inerente de seu grupo e ignoram questões éticas e morais. O grupo de Kennedy sabia que o conselheiro Arthur Schlesinger Jr. e o senador J. William Fulbright tinham reservas morais a respeito de invadir um país vizinho pequeno. Mas o grupo nunca considerou ou discutiu esses escrúpulos morais.

Os membros de grupos também se tornam *fechados a novas ideias*.

- *Racionalização.* Os grupos desconsideram questionamentos justificando coletivamente suas decisões. O grupo de almoço da terça-feira do presidente Johnson passou muito mais tempo racionalizando (explicando e justificando) do que refletindo e repensando decisões anteriores de expandir as ações na guerra. Cada iniciativa tornou-se uma ação a defender e justificar.
- *Visão estereotipada do adversário.* Os participantes desses grupos de pensadores consideram seus inimigos maus demais para negociar ou demasiado fracos e pouco inteligentes para defenderem-se da iniciativa planejada. O grupo de Kennedy convenceu-se de que os militares de Castro eram tão fracos e seu apoio popular tão superficial que uma única brigada poderia facilmente derrubar o seu regime.

Finalmente, o grupo sofre pressões por *uniformidade*.

- *Pressão por conformidade.* Os membros do grupo rejeitaram aqueles que levantaram dúvidas sobre os pressupostos e planos do grupo, às vezes não por argumento, mas por sarcasmo pessoal. Certa vez, quando o assistente do presidente Johnson Bill Moyers chegou em uma reunião, o presidente zombou dele dizendo: "Bem, aí vem o Sr. Pare-o-Bombardeio". Diante desse tipo de ridicularização, a maioria das pessoas se conforma.

- *Autocensura*. Uma vez que divergências muitas vezes eram desconfortáveis e os grupos pareciam em consenso, os membros retinham ou desconsideravam seus receios. Nos meses que seguiram a invasão da Baía dos Porcos, Arthur Schlesinger (1965, p. 255) censurou a si mesmo por ter se "mantido tão silencioso durante as discussões cruciais na Sala do Gabinete, ainda que meus sentimentos de culpa tenham sido amenizados por saber que um curso de objeção teria conseguido pouco exceto passar a ser considerado um incômodo".

- *Ilusão de unanimidade*. A autocensura e pressão para não romper o consenso cria uma ilusão de unanimidade. Além disso, o aparente consenso confirma a decisão do grupo. Essa aparência de consenso foi evidente nos fiascos de Pearl Harbor, Baía dos Porcos e Vietnã e em outros fiascos antes e depois. Albert Speer (1971), assessor de Adolf Hitler, descreveu que na atmosfera em torno de Hitler, a pressão para se conformar suprimia todo desvio. A ausência de dissidência criou uma ilusão de unanimidade:

  > Em circunstâncias normais, as pessoas que viram as costas para a realidade logo são corrigidas pela zombaria e críticas dos que as cercam, o que as torna conscientes de que perderam a credibilidade. No Terceiro Reich, não havia tais corretivos, especialmente para aqueles que pertenciam ao estrato superior. Pelo contrário, cada autoengano foi multiplicado como em uma sala de espelhos que distorcem, tornando-se uma imagem repetidamente confirmada de um mundo fantástico de sonhos que já não tinha qualquer relação com o sombrio mundo exterior. Nesses espelhos, eu não conseguia ver nada, a não ser o meu próprio rosto reproduzido muitas vezes. Nenhum fator externo perturbava a uniformidade de centenas de rostos imutáveis, todos meus. (Speer, 1971, p. 379)

- *Guarda-mentes*. Alguns membros protegem o grupo de informações que poriam em dúvida a eficácia ou a moralidade das suas decisões. Antes da invasão da Baía dos Porcos, Robert Kennedy chamou Schlesinger para o lado e lhe disse: "Não o pressione ainda mais". O secretário de Estado Dean Rusk sonegou advertências de especialistas em diplomacia e inteligência contra a invasão. Eles, assim, serviram como "guarda-mentes" do presidente, protegendo-o de fatos desagradáveis em vez de danos físicos.

Os sintomas de pensamento de grupo podem fazer informações contrárias e possibilidades alternativas não serem buscadas e discutidas (Fig. 8.11). Quando um líder promove uma ideia e quando um grupo se isola de pontos de vista divergentes, o pensamento de grupo pode produzir decisões defeituosas (McCauley, 1989).

Os psicólogos britânicos Ben Newell e David Lagnado (2003) acreditam que os sintomas de pensamento de grupo também podem ter contribuído para a guerra do Iraque. Eles e outros argumentaram que tanto Saddam Hussein como George W. Bush se cercaram de conselheiros de mesma opinião e intimidaram e silenciaram as vozes opositoras. Além disso, eles receberam as informações filtradas que mais respaldavam seus pressupostos – o pressuposto expresso do Iraque de que era possível resistir à força invasora, e o pressuposto dos Estados Unidos de que o Iraque tinha armas de destruição em massa, que o seu povo acolheria os soldados invasores como libertadores e que uma ocupação curta e pacífica em breve levaria a uma democracia próspera.

Crítica ao pensamento de grupo

Embora as ideias e observações de Janis tenham recebido enorme atenção, alguns pesquisadores permanecem céticos (Fuller & Aldag, 1998; t'Hart, 1998). As evidências fo-

A autocensura contribui para a ilusão de unanimidade.
© The New Yorker Collection, de 1979, Henry Martin, de cartoonbank.com. Todos os direitos reservados.

As pessoas "nunca são tão propensas a resolver uma questão corretamente como quando a discutem livremente."
—JOHN STUART MILL, *ON LIBERTY*, 1859

"Houve uma falha grave no processo de tomada de decisão."
—RELATÓRIO DA COMISSÃO PRESIDENCIAL SOBRE O ACIDENTE DO ÔNIBUS ESPACIAL CHALLENGER, 1986

"A história vai lembrar tanto de que o presidente não conseguiu ouvir os sinais de alerta quanto de que muitos outros não conseguiram soá-los alto o suficiente."
—EDITORIAL DO NEW YORK TIMES, 01 DE DEZEMBRO DE 2006

O pensamento de grupo em uma escala titânica. Apesar dos quatro avisos de possíveis *icebergs* à frente, o capitão Edward Smith – um líder diretivo e respeitado – manteve seu navio a toda velocidade durante a noite. Houve uma ilusão de invulnerabilidade (muitos acreditavam que o navio jamais poderia naufragar). Houve uma pressão por conformidade (companheiros de tripulação repreenderam o vigia por não ser capaz de usar seu olho nu e rejeitaram suas dúvidas). E houve guarda-mentes (um telegrafista do *Titanic* não transmitiu o último e mais completo aviso de *iceberg* ao Capitão Smith).

236 DAVID G. MYERS

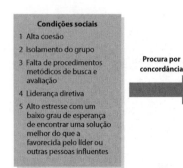

FIGURA 8.11
Análise teórica do pensamento de grupo.
Fonte: Janis e Mann, 1977, p. 132.

"A verdade brota da discussão entre amigos."
—FILÓSOFO DAVID HUME, 1711-1776

"Um dos perigos na Casa Branca, com base em minha leitura da história, é que você é envolvido no pensamento de grupo e todos concordam com tudo e não há discussão nem opiniões divergentes. Então, pretendo acolher positivamente um debate vigoroso dentro da Casa Branca."
—BARACK OBAMA, EM UMA ENTREVISTA COLETIVA EM 1º DE DEZEMBRO DE 2008

ram retrospectivas, de modo que Janis poderia escolher casos de apoio. Experimentos posteriores respaldaram alguns aspectos da teoria de Janis:

- A liderança diretiva está sem dúvida associada a decisões mais pobres, pois subordinados às vezes sentem-se muito fracos ou inseguros para falar (Granström & Stiwne, 1998; McCauley, 1998).
- Grupos preferem apoiar mais informações desafiadoras (Schulz-Hardt et al., 2000).
- Quando os membros contam com um grupo para aceitação, aprovação e identidade social, eles podem suprimir pensamentos desagradáveis (Hogg & Hains, 1998; Turner & Pratkanis, 1997).
- Grupos com perspectivas diversas superam grupos de especialistas congêneres (Nemeth & Ormiston, 2007; Page, 2007). Envolver pessoas que pensam diferente de você pode fazer você se sentir desconfortável. Porém, em comparação com grupos confortavelmente homogêneos, grupos diversos tendem a produzir mais ideias e maior criatividade.
- Na discussão, a informação que é partilhada pelos membros do grupo tende a dominar e expulsar a informação não compartilhada, ou seja, os grupos muitas vezes não se beneficiam de tudo que seus membros sabem (Sunstein & Hastie, 2008).

No entanto, as amizades não precisam gerar pensamento de grupo (Esser, 1998; Mullen et al., 1994). Em um grupo seguro e altamente coeso (digamos, uma família), membros comprometidos muitas vezes se importam o suficiente para expressar discordância (Packer, 2009). As normas de um grupo coeso podem favorecer o consenso, o qual pode levar ao pensamento de grupo ou à análise crítica, a qual o evita (Postmes et al., 2001). Quando colegas acadêmicos em um departamento muito unido redigem manuscritos uns com os outros, eles *querem* crítica: "Faça o que puder para me salvar de meus próprios erros". Em uma atmosfera de espírito livre, a coesão também pode melhorar o trabalho em equipe.

Além disso, quando Philip Tetlock e colaboradores (1992) analisaram uma amostra mais ampla de episódios históricos, ficou claro que mesmo bons procedimentos do grupo às vezes produzem malfadadas decisões. Quando o presidente Carter e seus assessores tramaram sua humilhante tentativa de resgatar reféns americanos no Irã, em 1980, eles acolheram diferentes pontos de vista e consideraram os perigos de forma realista. Se não fosse por um problema no helicóptero, o resgate poderia ter tido êxito. (Carter depois refletiu que se tivesse enviado mais um helicóptero, ele teria sido reeleito presidente.) Reformulando as palavras de Mister Rogers, às vezes bons grupos fazem coisas ruins.

Refletindo sobre as críticas ao pensamento de grupo, Paul Paulus (1998) nos lembra da observação de Leon Festinger (1987) de que só é imutável a teoria que não pode ser testada. "Se uma teoria é de todo testável, ela não permanecerá inalterada. Ela tem de mudar. Todas as teorias estão erradas." Assim, disse Festinger, não devemos perguntar se uma teoria é certa ou errada, mas sim "quanto da esfera empírica ela pode dar conta e como ela deve ser modificada". Irving Janis, tendo testado e modificado a sua própria teoria antes de sua morte, em 1990, certamente teria apreciado que outros continuassem remodelando-a. Na ciência, é assim que tateamos o caminho para a verdade – testando nossas ideias contra a realidade, revisando-as e, depois, testando-as um pouco mais.

Prevenção do pensamento de grupo

Dinâmicas de grupo problemáticas ajudam a explicar muitas decisões fracassadas; às vezes, muitos cozinheiros estragam o caldo. Contudo, com uma liderança aberta, um espírito de equipe coeso pode melhorar as decisões. Às vezes, duas ou mais cabeças pensam melhor do que uma.

Em busca das condições que criam boas decisões, Janis também analisou dois empreendimentos de sucesso: a formulação do Plano Marshall pela administração Truman para levantar a Europa após a Segunda Guerra Mundial e o manejo das tentativas da ex-URSS de instalar bases de mísseis em Cuba, em 1962, pela administração Kennedy. As recomendações de Janis (1982) para prevenir o pensamento de grupo incorporam muitos dos procedimentos de grupo eficazes usados em ambos os casos:

- seja imparcial – não endosse qualquer posição;
- promova a avaliação crítica; designe um "advogado do diabo". Melhor ainda, acolha as informações de um dissidente genuíno, o que ajuda ainda mais a estimular o pensamento original e abrir um grupo para pontos de vista opostos, relatam Charlan Nemeth e colaboradores (2001a, 2001b);
- subdivida o grupo de vez em quando, depois reintegre-o para expressar diferenças;

- acolha críticas de especialistas e associados externos;
- antes de implementar, convoque uma reunião como "segunda oportunidade" para expressão de dúvidas remanescentes.

Quando tais medidas são tomadas, as decisões do grupo podem demorar mais para serem tomadas, mas revelam-se menos defeituosas e mais eficazes.

Resolução de problemas em grupo

Nem toda decisão de grupo é falha pelo pensamento de grupo. Sob algumas condições, duas ou mais cabeças realmente pensam melhor do que uma. Em ambientes de trabalho, tais como salas de cirurgia e salas executivas, as decisões de equipe superam decisões individuais quando a discussão valoriza as habilidades e conhecimento de cada pessoa e extrai suas variadas informações (Mesmer-Magnus & DeChurch, 2009).

Patrick Laughlin e John Adamopoulos (1980; Laughlin, 1996; Laughlin et al., 2003) demonstraram a sabedoria de grupos com várias tarefas intelectuais. Considere um de seus problemas de analogia:

Asserção está para *refutada* assim como *ação* está para
  a. *estorvada*
  b. *contrariada*
  c. *ilegal*
  d. *precipitada*
  e. *impedida*

A maioria dos estudantes universitários erram essa questão quando respondem sozinhos, mas respondem corretamente (impedida) após discussão. Além disso, Laughlin constata que se apenas dois membros de um grupo de seis pessoas estiverem inicialmente certos, dois terços das vezes eles convencem todos os outros. Se apenas uma pessoa estiver certa, essa "minoria de um" quase três quartos das vezes não consegue convencer o grupo. E quando resolvem problemas de lógica complicados, três, quatro ou cinco cabeças pensam melhor do que duas (Laughlin et al., 2006).

Dell Warnick e Glenn Sanders (1980) e Verlin Hinsz (1990) confirmaram que várias cabeças podem ser melhor do que uma quando estudaram a precisão dos relatórios de testemunhas oculares de um crime ou entrevista de emprego filmada. Grupos de testemunhas oculares que interagiram fizeram relatos muito mais precisos do que os fornecidos pelo indivíduo médio isolado. Várias cabeças criticando umas às outras também podem permitir que o grupo evite determinadas formas de viés cognitivo e produza algumas ideias de qualidade superior (McGlynn et al., 1995; Wright et al., 1990). Na ciência, os benefícios de mentes diversas colaboradoras levou cada vez mais à "ciência em equipe" – a uma proporção crescente de publicações científicas, em especial publicações altamente citadas, de múltipla autoria (Cacioppo, 2007).

Mas contrário à ideia popular de que um *brainstorming* face a face gera ideias mais criativas do que o fazem as mesmas pessoas trabalhando sozinhas, os pesquisadores concordam que não é assim (Paulus et al., 1995, 1997, 1998, 2000; Stroebe & Diehl, 1994). E ao contrário da ideia popular de que o *brainstorming* é mais produtivo quando os participantes são incitados a "não criticar", incentivar as pessoas a debaterem ideias parece estimular ideias e ampliar o pensamento criativo para além da sessão de *brainstorming* (Nemeth et al., 2004).

As pessoas se *sentem* mais produtivas quando geram ideias em grupos (em parte porque as pessoas desproporcionalmente creditam a si próprias ideias que vêm de fora). Mas repetidas vezes, os pesquisadores constataram que as pessoas que trabalham sozinhas geralmente produzem *mais* ideias boas do que as mesmas pessoas em um grupo (Nijstad et al., 2006; Rietzschel et al., 2006). Grandes grupos de reflexão são especialmente ineficientes. De acordo com a teoria da vadiagem social, os grandes grupos fazem alguns indivíduos "pegarem carona" nos esforços dos outros. De acordo com a teoria da influência normativa, eles fazem os outros se sentirem apreensivos com respeito à expressão de ideias excêntricas e causam "bloqueio de produção" – perder ideias enquanto aguardam a sua vez de falar (Nijstad & Stroebe, 2006). Como James Watson e Francis Crick demonstraram na descoberta do DNA, conversas questionadoras entre duas pessoas podem engajar o pensamento criativo de forma mais eficaz. Watson recordou posteriormente que ele e Crick beneficiaram-se de *não* serem as pessoas mais brilhantes que estavam tentando decifrar o código genético. A pesquisadora mais brilhante "era tão inteligente que raramente buscava conselhos" (citado por Cialdini, 2005). Se você é (e se considera) a pessoa mais talentosa, para que procurar a opinião dos outros? Como Watson e Crick, os psicólogos Daniel Kahneman e o falecido Amos Tversky também colaboraram em sua exploração da intuição e da sua influência nas tomadas de decisões econômicas. (Ver Capítulo 3 e "Por Dentro da História: Por trás de um Prêmio Nobel")

"Se quiser ir rápido, vá sozinho. Se quiser ir longe, vá junto."

—PROVÉRBIO AFRICANO

POR DENTRO DA HISTÓRIA — Por trás de um Prêmio Nobel: Duas mentes pensam melhor do que uma

Na primavera de 1969, eu e Amos Tversky, meu jovem colega na Hebrew University of Jerusalem, almoçamos juntos e compartilhamos nossos próprios erros de julgamento recorrentes. Dali nasceram nossos estudos sobre a intuição humana.

Eu já tinha desfrutado de trabalhos em colaboração antes, mas esse foi mágico. Amos era muito inteligente, e também muito engraçado. Podíamos passar horas trabalhando solidamente em contínua alegria. Seu trabalho sempre se caracterizou pela confiança e por uma clara elegância, e foi uma alegria encontrar essas características agora também ligadas às minhas ideias. Enquanto estávamos escrevendo o nosso primeiro trabalho, eu estava consciente do quanto ele era melhor do que o trabalho mais hesitante que eu teria escrito sozinho.

Todas as nossas ideias foram de propriedade conjunta. Fizemos quase todo o trabalho de nossos projetos conjuntos fisicamente juntos, inclusive a elaboração de questionários e artigos. Nosso princípio foi discutir cada discordância até que ela tivesse sido resolvida para nossa satisfação mútua.

Algumas das maiores alegrias da nossa colaboração – e provavelmente muito do seu sucesso – vieram de nossa capacidade de desenvolver os pensamentos nascentes um do outro: se eu expressava uma ideia incompleta, eu sabia que Amos estaria ali para entendê-la, provavelmente com mais clareza do que eu, e que se ela tivesse mérito, ele saberia.

Eu e Amos compartilhamos a maravilha de ter um ganso capaz de por ovos de ouro – uma mente conjunta que era melhor do que nossas mentes separadas. Éramos uma equipe, e permanecemos assim por mais de uma década. O Prêmio Nobel foi concedido para o trabalho que produzimos durante aquele período de intensa colaboração.

Daniel Kahneman, Princeton University, Prêmio Nobel de 2002

No entanto, Vincent Brown e Paul Paulus (2002) identificaram três maneiras de melhorar o *brainstorming* em grupo:

- *Combine* brainstorming *em grupo e individual*. O *brainstorming* em grupo é mais produtivo quando *precede* o individual. Com novas categorias condicionadas pelo *brainstorming* em grupo, as ideias dos indivíduos podem continuar fluindo sem serem impedidas pelo contexto de grupo que permite que apenas uma pessoa fale por vez.
- *Os membros do grupo devem interagir por escrito*. Outra forma de tirar proveito da preparação do grupo, sem ser impedido pela regra do "um de cada vez", é fazer os membros do grupo lerem e escreverem, em vez de falarem e ouvirem. Brown e Paulus chamam esse processo de passar anotações e adicionar ideias, que torna todos ativos ao mesmo tempo, de *brainwriting*.
- *Incorpore o* brainstorming *eletrônico*. Há uma maneira potencialmente mais eficaz de evitar os congestionamentos verbais do *brainstorming* tradicional em grupos maiores: fazer os indivíduos produzirem e lerem as ideias em redes de computadores.

Assim, quando os membros do grupo combinam livremente suas ideias criativas e variados *insights*, o resultado frequente não é pensamento de grupo, e sim resolução de problemas em grupo. A sabedoria dos grupos é evidente na vida cotidiana, bem como no laboratório:

- *Previsão do tempo*. "Dois meteorologistas farão uma previsão mais precisa do que qualquer um poderia fazer trabalhando sozinho", relata Joel Myers (1997), presidente do maior serviço de previsão particular.
- *Google*. O Google se tornou o mecanismo de busca dominante aproveitando o que James Surowiecki (2004) chama de *a sabedoria das multidões*. O Google interpreta um *link* para a Página X como um voto para a Página X, e dá mais peso aos *links* oriundos de páginas que têm uma boa classificação. Aproveitando o caráter democrático da rede mundial, o Google muitas vezes leva menos de um décimo de segundo para levá-lo direto aonde você quer.
- *Concursos de televisão*. Para um concorrente confuso em *Quem quer ser um milionário?*, uma tábua de salvação valiosa era "perguntar ao público", que geralmente oferecia sabedoria superior à intuição do competidor. Isto porque o julgamento médio de uma multidão de pessoas normalmente comete menos erros do que a média de julgamento por indivíduos.
- *A "multidão dentro"*. Da mesma forma, a média de diferentes palpites das mesmas pessoas tende a superar os palpites individuais da pessoa (Herzog & Hertwig, 2009). Edward Vul e Harold Pashler (2008) descobriram isso quando pediram às pessoas que adivinhassem as respostas corretas para perguntas factuais, como "Qual porcentagem dos aeroportos do mundo estão nos Estados Unidos?". Depois, os pesquisadores pediram aos participantes que dessem um segundo palpite, imediatamente ou três semanas depois. O resultado? "Você pode ganhar cerca de um décimo tanto fazendo a si mesmo a mesma pergunta duas vezes quanto pedindo uma segunda opinião de outra pessoa, mas se você esperar três semanas, o benefício de repetir a mesma pergunta para si mesmo sobe para 1/3 do valor de uma segunda opinião."
- *Mercados de previsão*. Nas eleições presidenciais dos Estados Unidos, desde 1988, pesquisas finais de opinião pública têm fornecido um bom indicador para o resultado das eleições. Um

indicador ainda melhor, no entanto, tem sido o Iowa Election Market. Levando tudo em conta (inclusive pesquisas), as pessoas compram e vendem ações em candidatos. Outros mercados de previsão têm aproveitado a sabedoria coletiva para avaliar a probabilidade de outros eventos, tais como uma epidemia de gripe aviária (Arrow et al., 2008; Stix, 2008).

Assim, podemos concluir que, quando as informações de muitas pessoas diferentes são combinadas, nós todos juntos podemos nos tornar mais inteligentes do que quase qualquer um de nós sozinho. Somos de certa forma como um bando de gansos, em que nenhum dos quais tem um sentido de navegação perfeito. No entanto, mantendo-se próximos uns dos outros, um grupo de gansos é capaz de navegar com precisão. O bando é mais inteligente do que a ave.

Resumo: Pensamento de grupo: Os grupos atrapalham ou contribuem para boas decisões?

- Análise de vários fiascos internacionais indicam que a coesão do grupo pode substituir uma avaliação realista da situação. Isto é especialmente verdade quando os membros do grupo têm um forte desejo de unidade, quando são isolados de ideias contrárias e quando o líder sinaliza o que espera do grupo.
- Sintomas dessa preocupação primordial com harmonia, rotulada de pensamento de grupo, são (1) uma ilusão de invulnerabilidade, (2), racionalização (3) crença inquestionável na moralidade do grupo, (4) visões estereotipadas da oposição, (5) pressão para se conformar (6), autocensura de dúvidas, (7) uma ilusão de unanimidade e (8) "guarda-mentes" que protegem o grupo de informações desagradáveis. Críticos observaram que alguns aspectos do modelo de pensamento de grupo de Janis (como liderança diretiva) parecem mais envolvidos nas decisões erradas que outros (como a coesão).
- Tanto em experimentos quanto na história real, contudo, os grupos às vezes decidem sabiamente. Esses casos sugerem maneiras de evitar o pensamento de grupo: mantendo a imparcialidade, incentivando posições de "advogado do diabo", subdividindo e depois se reintegrando para discutir uma decisão, buscando informações externas e realizando uma reunião de "segunda chance" antes de implementar uma decisão.
- A pesquisa sobre resolução de problemas em grupo sugere que os grupos podem ser mais precisos do que os indivíduos; eles também geram mais e melhores ideias se forem de tamanho pequeno ou se, em um grande grupo, um *brainstorming* individual for realizado após a sessão de grupo.

A influência da minoria: Como os indivíduos influenciam o grupo?

Os grupos influenciam os indivíduos. Mas quando – e como – os indivíduos influenciam seus grupos? O que torna alguns indivíduos eficazes?

Cada capítulo nesta unidade de influência social conclui com um lembrete do nosso poder como indivíduos. Vimos que

- situações culturais nos moldam, mas nós também ajudamos a criar e escolher essas situações;
- as pressões para nos conformarmos às vezes sobrecarregam nosso melhor juízo, mas a pressão flagrante motiva reatância, afirmando nossa individualidade e liberdade;
- forças persuasivas são poderosas, mas podemos resistir à persuasão assumindo compromissos públicos e antecipando apelos persuasivos.

Este capítulo enfatizou as influências do grupo sobre o indivíduo, e por isso o concluiremos examinando como os indivíduos podem influenciar seus grupos.

No início deste capítulo, consideramos o filme *12 homens e uma sentença*, no qual um jurado solitário prevalece sobre 11 outros. Essa é uma ocorrência rara em uma sala de júri, mas na maioria dos movimentos sociais, uma pequena minoria vai inclinar, e por fim tornar-se, a maioria. "Toda a história", escreveu Ralph Waldo Emerson, "é um registro da força das minorias e das minorias de um". Pense em Copérnico e Galileu, em Martin Luther King Jr., em Susan B. Anthony. O movimento dos direitos civis nos Estados Unidos foi desencadeado pela recusa de uma mulher afro-americana, Rosa Parks, de ceder seu assento em um ônibus em Montgomery, Alabama. A história da tecnologia também tem sido feita por minorias inovadoras. Quando Robert Fulton desenvolveu seu barco a vapor – o "Folly Fulton" – ele suportou constante escárnio: "Nunca uma única observação encorajadora, uma esperança, um desejo caloroso, cruzou o meu caminho" (Cantril & Bumstead, 1960). Na verdade, se pontos de vista minoritários nunca prevalecessem, a história seria estática e nada iria mudar.

O que torna uma minoria persuasiva? O que Arthur Schlesinger poderia ter feito para fazer o grupo de Kennedy considerar suas dúvidas sobre a invasão da Baía dos Porcos? Experiências iniciadas por Serge Moscovici, em Paris, identificaram diversos determinantes da influência minoritária: *consistência, autoconfiança e deserção*.

(Nota: "Influência minoritária" se refere a *opiniões* minoritárias, não a minorias étnicas.)

"Se um homem se apegar resolutamente aos seus instintos, e lá permanecer, o mundo acabará por ceder diante dele."

—RALPH WALDO EMERSON,
NATURE, ADDRESS, AND LECTURES: THE AMERICAN SCHOLAR, 1849

Consistência

Mais influente do que uma minoria que oscila é uma minoria que adere a sua posição. Moscovici e colaboradores (1969; Moscovici, 1985) descobriram que, se uma minoria de participantes julga lâminas azuis como verdes de forma consistente, membros da maioria ocasionalmente concordarão. Mas se a minoria vacila, dizendo "azul" para um terço dos *slides* azuis e "verde" para o restante, praticamente ninguém na maioria irá concordar com "verde".

Experimentos mostram – e a experiência confirma – que a não conformidade, especialmente se persistente, muitas vezes é dolorosa, e que ser minoria em um grupo pode ser desagradável (Levine, 1989; Lücken & Simon, 2005). Isso ajuda a explicar o *efeito de lentidão da minoria* – a tendência de pessoas com pontos de vista minoritários expressá-los menos rapidamente do que pessoas na maioria (Bassili, 2003). Se você pretende ser a minoria de um da qual Emerson fala, prepare-se para a ridicularização, em especial quando discutir um assunto que é pessoalmente relevante para a maioria e quando o grupo quer resolver um problema chegando a um consenso (Kameda & Sugimori, 1993; Kruglanski & Webster, 1991; Trost et al., 1992). As pessoas podem atribuir sua discordância a peculiaridades psicológicas (Papastamou & Mugny, 1990). Quando Charlan Nemeth (1979) plantou uma minoria de dois dentro de um júri simulado e os fez se oporem às opiniões da maioria, a dupla inevitavelmente não foi apreciada.

No entanto, a maioria reconheceu que a persistência dos dois foi o que mais os fez repensarem suas posições. Comparada à influência da maioria, que muitas vezes desencadeia uma concordância impensada, a influência minoritária estimula uma profunda transformação dos argumentos, muitas vezes com aumento da criatividade (Kenworthy et al., 2008; Martin et al., 2007, 2008).

Estudantes universitários que têm amigos racialmente diversos, ou que estão expostos a diversidade racial em grupos de discussão, apresentam um pensamento menos simplista (Antonio et al., 2004). Com dissidência de dentro de seu próprio grupo, as pessoas assimilam mais informações, pensam sobre elas de novas maneiras e muitas vezes tomam melhores decisões (Page, 2007). Acreditando que não é preciso ganhar amigos para influenciar as pessoas, Nemeth cita Oscar Wilde: "Nós não gostamos de argumentos de qualquer tipo; eles são sempre vulgares e, muitas vezes, convincentes".

Algumas empresas de sucesso reconheceram a criatividade e inovação por vezes estimulada por perspectivas minoritárias, que podem contribuir com novas ideias e estimular os colegas a pensar de novas maneiras. A 3M, famosa por valorizar "o respeito pela iniciativa individual", acolhe positivamente funcionários que despendem tempo em ideias malucas. A cola dos adesivos Post-it® foi uma tentativa fracassada de Spencer Silver de desenvolver uma cola super-forte. Art Fry, depois de ter problemas para marcar seu hinário do coro da igreja com pedaços de papel, pensou: "O que eu preciso é de um marcador com adesivo de Spencer junto à borda". Ainda assim, este foi um ponto de vista minoritário que posteriormente convenceu um departamento de *marketing* cético (Nemeth, 1997).

Autoconfiança

Consistência e persistência transmitem autoconfiança. Além disso, Nemeth e Joel Wachtler (1974) relataram que qualquer comportamento de uma minoria que transmite autoconfiança, como, por exemplo, tomar o assento na cabeceira da mesa – tende a levantar autodúvidas entre a maioria. Por ser firme e contundente, a aparente autoconfiança da minoria pode levar a maioria a reconsiderar sua posição. Isso é especialmente verdade em questões de opinião e não de fatos. Com base em sua pesquisa da Universidade de Pádua, na Itália, Anne Maass e colaboradores (1996) relatam que as minorias são menos convincentes quando respondem uma pergunta sobre fatos ("De que país a Itália importa a maior parte de seu petróleo cru?") do que sobre atitudes ("De que país a Itália deve importar a maior parte de seu petróleo cru?").

Deserções da maioria

Uma minoria persistente destrói qualquer ilusão de unanimidade. Quando uma minoria consistente duvida da sabedoria da maioria, os membros da maioria se tornam mais livres para expressar suas próprias dúvidas e podem até mudar para a posição minoritária. Mas o que dizer de um desertor solitário, alguém que inicialmente concordava com a maioria, mas depois reconsiderou e discordou? Em sua pesquisa com alunos da University of Pittsburgh, John Levine (1989) descobriu que uma pessoa minoritária que havia desertado da maioria era ainda mais persuasiva do que uma voz minoritária consistente. Em seus experimentos de júris simulados, Nemeth descobriu que – à semelhança do cenário de *12 homens e uma sentença* –, quando as deserções começam, outras muitas vezes logo se sucedem, dando início a um efeito de bola de neve.

São esses fatores que fortalecem a influência minoritária exclusiva às minorias? Sharon Wolf e Bibb Latané (1985; Wolf, 1987) e Russell Clark (1995) acreditam que não. Eles alegam que as mesmas forças sociais trabalham tanto para as maiorias quanto para as minorias. Influência informacional (por meio de argumentos persuasivos) e influência normativa (por meio de comparação social) abastecem tanto a polarização de grupo quanto a influência da minoria. Além disso, se consistência, autoconfiança e deserções do outro lado fortalecem a minoria, essas variáveis também fortalecem uma maioria. O impacto social de qualquer posição, majoritária ou minoritária, depende da força, da rapidez e do número de pessoas que a apoiam.

Anne Maass e Russell Clark (1984, 1986) concordam com Moscovici, no entanto, que as minorias são mais propensas do que as maiorias em convencer as pessoas a *aceitar* seus pontos de vista. E a partir de suas análises de como os grupos evoluem com o tempo, John Levine e Richard Moreland (1985) concluem que os novos membros de um grupo exercem um tipo diferente de influência minoritária se comparados aos membros mais antigos. Os recém-chegados exercem influência por meio da atenção que recebem e da consciência de grupo que desencadeiam nos veteranos. Os membros estabelecidos se sentem mais livres para discordar e exercer liderança.

Há uma deliciosa ironia nessa nova ênfase no modo como os indivíduos podem influenciar o grupo. Até recentemente, a ideia de que a minoria poderia influenciar a maioria era um ponto de vista minoritário em psicologia social. No entanto, argumentando de forma consistente e com força, Moscovici, Nemeth, Maass, Clark e outros convenceram a maioria dos pesquisadores do assunto de que a influência da minoria é um fenômeno digno de estudo. E o modo como vários desses pesquisadores da influência minoritária desenvolveram seus interesses talvez não devesse nos surpreender. Anne Maass (1998) ficou interessada em como as minorias podem efetuar mudança social depois de crescer na Alemanha do pós-guerra e ouvir relatos pessoais de sua avó sobre o fascismo. Charlan Nemeth (1999) desenvolveu seu interesse enquanto era professora visitante na Europa "trabalhando com Henri Tajfel e Serge Moscovici. Nós éramos 'forasteiros' – eu uma americana católica na Europa, eles tendo sobrevivido à Segunda Guerra Mundial como judeus do Leste Europeu. Sensibilidade ao valor e lutas da perspectiva minoritária vieram a dominar o nosso trabalho".

Liderança é influência da minoria?

Em 1910, os noruegueses e os ingleses iniciaram uma corrida épica ao polo sul. Os noruegueses, efetivamente liderados por Roald Amundsen, conseguiram. Os ingleses, incompetentemente liderados por Robert Falcon Scott, não; Scott e três membros da equipe morreram. Amundsen ilustrou o poder da **liderança**, o processo pelo qual os indivíduos mobilizam e orientam os grupos. A presidência de George W. Bush ilustra "o poder de um", observa Michael Kinsley (2003). "Antes de Bush trazê-la à baila, não havia nenhuma paixão popular" pela ideia "de que Saddam era uma ameaça terrível e tinha que ir... Você pode chamar isso de muitas coisas, mas uma delas é liderança. Se liderança real significa levar as pessoas onde elas não querem ir, George W. Bush tem se revelado um verdadeiro líder".

Alguns líderes são formalmente nomeados ou eleitos; outros surgem de modo informal com a interação do grupo. O que contribui para a boa liderança muitas vezes depende da situação – a melhor pessoa para liderar a equipe de engenharia pode não ser o melhor líder do time de vendas. Algumas pessoas se destacam em **liderança de tarefa** – na organização no trabalho, definição de normas e foco em alcançar a meta. Outras se destacam na **liderança social** – na construção do trabalho em equipe, mediação de conflitos e provisão de apoio.

Os líderes de *tarefa* geralmente têm um estilo diretivo que pode funcionar bem se o líder é inteligente o suficiente para dar boas ordens (Fiedler, 1987). Sendo orientados por objetivos, tais líderes também mantêm a atenção e o esforço do grupo focados em sua missão. Experimentos mostram que a combinação de objetivos específicos e desafiantes e relatórios de progresso periódicos ajuda a motivar grandes realizações (Locke & Latham, 1990).

Líderes *sociais* geralmente têm um estilo democrático que delega autoridade, acolhe as contribuições dos membros da equipe e, como vimos, ajuda a evitar o pensamento de grupo. Muitos experimentos revelam que a liderança social é boa para o moral. Os membros do grupo geralmente se sentem mais satisfeitos quando participam das tomadas de decisão (Spector, 1986; Vanderslice et al., 1987). Tendo controle sobre suas tarefas, os trabalhadores também se tornam mais motivados para realizar (Burger, 1987).

As pessoas tendem a responder mais positivamente a uma decisão se lhes for dada a oportunidade de expressar suas opiniões durante o processo de tomada de decisão (van den Bos & Spruijt, 2002). Portanto, as pessoas que valorizam bons sentimentos de grupo e sentem orgulho pela realização prosperam sob a liderança democrática e gestão participativa, um estilo de gestão comum na Suécia e no Japão (Naylor, 1990; Sundstrom et al., 1990). As mulheres mais frequentemente do que os homens apresentam um estilo de liderança democrático (Eagly & Johnson, 1990).

liderança
O processo pelo qual alguns membros dos grupos motivam e orientam o grupo.

liderança de tarefa
Liderança que organiza o trabalho, estabelece padrões e se concentra em metas.

liderança social
Liderança que constrói o trabalho em equipe, media conflitos e oferece apoio.

A gestão participativa, ilustrada nesse "círculo de qualidade", exige líderes democráticos em vez de autocráticos.

A outrora popular teoria da liderança da "grande pessoa" – de que todos os grandes líderes compartilham certas características – caiu em descrédito. Estilos de liderança eficazes, agora sabemos, variam de acordo com as situações. Subordinados que sabem o que estão fazendo podem se ressentir de trabalhar sob a liderança de tarefa, ao passo que aqueles que não sabem podem acolhê-la de modo positivo. Recentemente, contudo, os psicólogos sociais se perguntaram mais uma vez se poderiam existir qualidades que marcam um bom líder em muitas situações (Hogan et al., 1994). Os psicólogos sociais britânicos Peter Smith e Monir Tayeb (1989) relatam que estudos realizados na Índia, Taiwan e Irã descobriram que os supervisores mais eficazes em minas de carvão, bancos e escritórios do governo obtêm alta pontuação em testes de liderança tanto de tarefa como social. Eles estão ativamente interessados na forma como o trabalho está progredindo *e* são sensíveis às necessidades de seus subordinados.

Estudos também revelam que muitos líderes eficazes de grupos de laboratório, equipes de trabalho e grandes empresas apresentam comportamentos que ajudam a tornar persuasivo um ponto de vista minoritário. Tais líderes engendram confiança por aderirem *consistentemente* a suas metas. Além

EM FOCO Liderança comunitária transformacional

Como um exemplo notável de liderança transformacional (consistente, autoconfiante, inspiradora), considere Walt e Mildred Woodward, os proprietários e editores de um jornal em Bainbridge Island, Washington, durante a Segunda Guerra Mundial e nas duas décadas seguintes. Foi a partir de Bainbridge que, em 30 de março de 1942, as primeiras de quase 120 mil pessoas de descendência japonesa da Costa Oeste foram transferidas para campos de concentração. Com aviso prévio de seis dias e sob guarda armada, elas embarcaram em uma balsa e foram mandadas embora, deixando para trás, nas docas, amigos e vizinhos chorosos (um dos quais era seu agente de seguros, meu pai). "Onde, diante de sua multa recorde desde 7 de dezembro [Dia de Pearl Harbor], diante dos seus direitos de cidadania, diante de seus próprios parentes serem convocados e alistarem-se em nosso Exército, diante da decência dos Estados Unidos, há qualquer desculpa para essa arrogante ordem de evacuação tão apressada?", dizia o editorial dos Woodwards (1942) em sua *Bainbridge Review*. Durante a guerra, os Woodwards, sozinhos entre os editores de jornais da Costa Oeste, continuaram a expressar oposição à internação. Eles também recrutaram seu jovem ex-funcionário Paul Ohtaki para escrever uma coluna semanal trazendo notícias dos habitantes da ilha desalojados. As histórias de Ohtaki e outros de "pneumonia acomete Vovô Koura" e "nascimento do primeiro bebê em Manzanar" lembravam aos que haviam ficado de seus vizinhos ausentes e prepararam o caminho para seu posterior retorno para casa – em contraste com o preconceito que marcou seu retorno para outras comunidades da Costa Oeste onde os jornais apoiavam a internação e fomentavam a hostilidade contra os japoneses.

Depois de sofrerem uma oposição virulenta, os Woodwards viveram para receber muitos prêmios por sua coragem, o que foi dramatizado no livro e filme *Snow falling on cedars*. Em 30 de março de 2004, na cerimônia de inauguração de um memorial nacional no local de partida da embarcação, o ex-interno e presidente da Comunidade Americana Japonesa de Bainbridge Island Frank Kitamoto declarou que "este memorial é também para Walt Woodward e Millie, para Ken Myers, para Genevive Williams .... e para os muitos outros que nos apoiaram", e que desafiaram a remoção forçada sob o risco de serem chamados de antipatriotas. "Walt Woodward disse que se é possível suspender a Declaração de Direitos para os americanos japoneses, ela pode ser suspensa para os americanos gordos ou para os americanos de olhos azuis." Refletindo sobre a liderança transformacional dos Woodwards, o aprendiz de repórter Ohtaki (1999) observou que "em Bainbridge Island não houve a hostilidade que se viu em outros lugares aos japoneses que retornavam, e acho que isso se deve em grande parte aos Woodwards". Quando, posteriormente, ele perguntou aos Woodwards "Por que vocês fizeram isso, já que poderiam ter deixado de lado e não sofrido a ira de alguns de seus leitores?", eles sempre responderam: "Era a coisa certa a fazer".

Em março de 1942, 274 habitantes da ilha de Bainbridge tornaram-se os primeiros de cerca de 120 mil americanos japoneses e imigrantes japoneses internados durante a Segunda Guerra Mundial. Sessenta e dois anos depois foi construído um memorial nacional (*Nidoto Nai Yoni* – Que isso Não se Repita) lembrando os internos e os líderes transformacionais que os apoiaram e prepararam sua acolhida de volta para casa.

disso, eles muitas vezes exalam um carisma *autoconfiante* que desperta a fidelidade de seus seguidores (Bennis, 1984; House & Singh, 1987). Líderes carismáticos normalmente têm uma *visão* convincente de algum estado de coisas desejado, uma capacidade de *comunicar* isso aos outros em linguagem clara e simples e bastante otimismo e fé em seu grupo para *inspirar* outros a seguirem.

Em uma análise de 50 empresas holandesas, o maior moral encontrava-se em empresas com altos executivos que mais inspiravam seus colegas "a transcender seus próprios interesses para o bem da coletividade" (de Hoogh et al., 2004). A liderança desse tipo – **liderança transformacional** – motiva os outros a se identificarem e se comprometerem com a missão do grupo. Líderes transformacionais – muitos dos quais extrovertidos, carismáticos, energéticos e autoconfiantes – articulam padrões elevados, inspiram as pessoas a partilharem sua visão e oferecem atenção pessoal (Bono & Judge, 2004). Nas organizações, o resultado frequente desse tipo de liderança é uma força de trabalho mais engajada, confiante e eficaz (Turner et al., 2002).

Sem dúvida, os grupos também influenciam seus líderes. Às vezes, os que estão à frente do rebanho simplesmente entenderam para onde ele já está se dirigindo. Os candidatos políticos sabem interpretar as pesquisas de opinião. Alguém que tipifica as visões do grupo tem maior probabilidade de ser selecionado como líder; um líder que se distancia muito radicalmente dos padrões do grupo pode ser rejeitado (Hogg et al., 1998). Líderes inteligentes costumam ficar com a maioria e utilizam sua influência de forma prudente. Em raras circunstâncias, os traços certos aliados à situação certa produzem grandeza que faz história, observa Dean Keith Simonton (1994). Para fazer um Winston Churchill ou uma Margaret Thatcher, um Thomas Jefferson ou um Karl Marx, um Napoleão ou um Adolf Hitler, um Abraham Lincoln ou um Martin Luther King Jr., é preciso a pessoa certa, no lugar certo e na hora certa. Quando uma combinação apropriada de habilidade, inteligência, determinação, autoconfiança e carisma social encontra uma rara oportunidade, o resultado às vezes é um campeonato, um Prêmio Nobel ou uma revolução social.

liderança transformacional
Liderança que, capacitada pela visão e inspiração de um líder, exerce influência significativa.

Resumo: Influência da minoria: Como os indivíduos influenciam o grupo?

- Embora a opinião da maioria muitas vezes prevaleça, às vezes uma minoria pode influenciar e até mesmo derrubar uma posição majoritária. Mesmo que a maioria não adote as opiniões da minoria, a manifestação da minoria pode aumentar as autodúvidas da maioria e estimulá-la a considerar outras alternativas, muitas vezes levando a decisões melhores e mais criativas.
- Em experimentos, uma minoria é mais influente quando é consistente e persistente em seus pontos de vista, quando suas ações transmitem autoconfiança, e depois que ela começa a provocar algumas deserções da maioria.
- Por meio de sua liderança de tarefa e social, os líderes de grupos formais e informais exercem influência desproporcional. Aqueles que sempre enfatizam suas metas e exalam um carisma autoconfiante muitas vezes geram confiança e inspiram outros a seguir.

PÓS-ESCRITO: Os grupos nos fazem mal?

A leitura seletiva deste capítulo poderia, devo admitir, deixar os leitores com a impressão de que, em geral, os grupos são ruins. Em grupos ficamos mais excitados, mais estressados, mais tensos, mais propensos a erros em tarefas complexas. Submersos em um grupo que nos garante anonimato, tendemos a vadiar ou a ter nossos piores impulsos liberados pela desindividuação. Brutalidade policial, linchamentos, destruição por quadrilhas e terrorismo são todos fenômenos de grupo. A discussão em grupos muitas vezes polariza nossos pontos de vista, aumentando o racismo ou a hostilidade mútuos. Ela também pode suprimir a discordância, criando uma mentalidade homogeneizada que produz decisões desastrosas. Não é de admirar que celebramos os indivíduos – minorias de um – que, sozinhos contra um grupo, defenderam a verdade e a justiça. Os grupos, ao que parece, são ruins.

Tudo isso é verdade, mas somente a metade da verdade. A outra metade é que, como animais sociais, somos criaturas que vivem em grupo. Como nossos ancestrais distantes, dependemos uns dos outros para nosso sustento, segurança e apoio. Além disso, quando nossas tendências individuais são positivas, a interação do grupo acentua o nosso melhor. Em grupos, corredores correm mais rápido, plateias riem mais alto e doadores tornam-se mais generosos. Em grupos de autoajuda, as pessoas fortalecem sua decisão de parar de beber, perder peso e estudar mais. Em grupos de espírito afim, as pessoas expandem sua consciência espiritual. "Um devoto que comunga sobre coisas espirituais às vezes ajuda muito a saúde da alma", observou clérigo do século XV Thomas Kempis, especialmente quando as pessoas de fé "se encontram e falam e comungam juntas".

Dependendo de qual tendência um grupo está ampliando ou desinibindo, os grupos podem ser muito, muito ruins ou muito, muito bons. Assim, é melhor escolhermos nossos grupos de maneira sábia e intencional.

Conexão social

Neste capítulo, discutimos a polarização de grupo e se os grupos intensificam opiniões. Esse fenômeno também será abordado no Capítulo 15, quando consideramos jurados e como eles tomam decisões. Quais outras situações em que a polarização de grupo poderia estar atuando? Visite o Centro de Aprendizagem *On-line* (www.mhhe.com/myers10e) deste livro para ver um clipe sobre panelinhas e a influência do grupo.

PARTE TRÊS
Relações Sociais

A psicologia social é o estudo científico de como as pessoas pensam umas sobre as outras, influenciam-se e se relacionam entre si. Tendo explorado como *pensamos* uns sobre os outros (Parte Um) e nos *influenciamos* (Parte Dois), examinaremos agora como nos *relacionamos*. Às vezes, nossos sentimentos e ações em relação às pessoas são negativos, outras vezes, positivos. Os capítulos 9 – "Preconceito: desgostar dos outros" – e 10 – "Agressividade: machucar os outros" – examinam os aspectos mais desagradáveis das relações humanas: por que não gostamos uns dos outros, chegando mesmo a nos desprezar? Por que e quando machucamos uns aos outros? Em seguida, nos capítulos 11 – "Atração e intimidade: gostar e amar aos outros" – e 12 – "Ajuda" –, exploraremos os aspectos mais agradáveis: por que gostamos de determinadas pessoas ou as amamos? Quando oferecemos ajuda a amigos ou estranhos? Por último, no Capítulo 13 – "Conflitos e pacificação" –, examinamos como se desenvolvem os conflitos sociais e como eles podem ser resolvidos de forma justa e amigável.

CAPÍTULO

9

Preconceito
DESGOSTAR DOS OUTROS

> "Preconceito. Uma opinião errante, sem meios visíveis de sustentação."
>
> —Ambrose Bierce, *O dicionário do diabo*, 1911

O preconceito aparece em muitas formas – para com o nosso próprio grupo e contra algum outro: os "liberais do nordeste" ou "caipiras brancos do sul" dos Estados Unidos, "terroristas" árabes ou "infiéis" norte-americanos, contra pessoas que são baixas, gordas ou simples.

Examinemos alguns exemplos interessantes:

- *Religião*. Depois do atentado de 11 de setembro de 2001 e da Guerra do Iraque, 4 em cada 10 norte-americanos admitiam ter "alguns sentimentos de preconceito contra muçulmanos", e cerca de metade dos não muçulmanos na Europa Ocidental percebia os muçulmanos negativamente e como "violentos" (Pew, 2008; Saad, 2006; Wike & Grim, 2007). Os muçulmanos

Quais são a natureza e o poder do preconceito?

Quais são as origens sociais do preconceito?

Quais são as origens motivacionais do preconceito?

Quais são as origens cognitivas do preconceito?

Quais são as consequências do preconceito?

Pós-escrito: Pode-se reduzir o preconceito?

retribuíam a negatividade, com a maioria dos que vivem na Jordânia, na Turquia, no Egito e até mesmo na Grã-Bretanha considerando os ocidentais "gananciosos" e "imorais".
- *Obesidade.* Ao procurar amor e emprego, pessoas com excesso de peso – sobretudo mulheres brancas – enfrentam perspectivas magras. Em estudos correlacionais, quem tem excesso de peso se casa com menos frequência, consegue empregos menos desejados e ganha menos (Swami et al., 2008). Em experimentos nos quais algumas pessoas são preparadas para parecer acima do peso, elas são percebidas como menos atraentes, inteligentes, felizes, autodisciplinadas e bem-sucedidas (Gortmaker et al., 1993; Hebl & Heatherton, 1998; Pingitore et al., 1994). A discriminação por peso, na verdade, ultrapassa a discriminação por raça ou gênero e ocorre em cada fase do emprego – contratação, colocação, promoção, pagamento, disciplina e demissão (Roehling, 2000). Pressuposições negativas e discriminação contra as pessoas acima do peso ajudam a explicar por que as mulheres com sobrepeso e os homens obesos raramente (em relação à proporção na população em geral) se tornam diretores-executivos de grandes corporações (Roehling et al., 2008, 2009).
- *Orientação sexual.* Muitos jovens homossexuais – dois terços dos alunos homossexuais do ensino médio em uma pesquisa nacional britânica – informaram ter sofrido *bullying* homofóbico (Hunt & Jensen, 2007), e 1 em cada 5 homossexuais masculinos ou femininos adultos na Grã-Bretanha informa ter sido vítima de assédio agressivo, insultos ou ataques físicos (Dick, 2008). Em uma pesquisa nacional nos Estados Unidos, 20% dos homossexuais e bissexuais de ambos os sexos relataram ter sido vítimas de crime contra a pessoa ou o patrimônio em função de sua orientação sexual, e metade relatou ter passado por assédio verbal (Herek, 2009).
- *Idade.* As percepções das pessoas sobre os idosos – geralmente os considerando gentis, mas frágeis, incompetentes e improdutivos – predispõem a um comportamento condescendente, como fala infantil, que leva os idosos a se sentirem menos competentes e agirem de acordo (Bugental & Hehman, 2007).
- *Imigrantes.* A literatura de um tema de pesquisa documenta o preconceito anti-imigrante, entre os alemães com relação a turcos, entre os franceses em relação aos norte-africanos, entre os ingleses em relação aos caribenhos e paquistaneses, e entre os norte-americanos em relação a imigrantes latino-americanos (Pettigrew, 2006). Como veremos, os mesmos fatores que alimentam o preconceito racial e de gênero também nutrem a antipatia em relação a imigrantes (Pettigrew et al., 2008; Zick et al., 2008).

Qual é a natureza e o poder do preconceito?
Como o "preconceito" se distingue de "estereótipos", "discriminação", "racismo" e "sexismo"? Os estereótipos são necessariamente falsos ou mal-intencionados? Que formas o preconceito assume hoje?

Definição de preconceito
Preconceito, estereótipos, discriminação, racismo, sexismo – os termos muitas vezes se sobrepõem. Esclareçamos: cada uma das situações acima descritas envolve uma avaliação negativa de algum grupo. E esta é a essência do **preconceito**: o julgamento negativo preconcebido de um grupo e seus membros individuais. (Algumas definições de "preconceito" incluem julgamentos *positivos*, mas quase todos os usos do termo se referem aos *negativos* – o que Gordon Allport chamou, em seu livro clássico, *A natureza do preconceito*, de "uma aversão baseada em uma generalização falha e inflexível" [1954, p. 9].)

O preconceito é uma atitude. Como vimos no Capítulo 4, uma atitude é uma combinação distinta de sentimentos, inclinações à ação e crenças, o que pode ser facilmente lembrado como o ABC das atitudes: *a*feto (sentimentos), intenção comportamental (*behavior*) (predisposição para a ação) e *c*ognição (crenças). Uma pessoa preconceituosa pode *não gostar* daqueles que são diferentes dela e se *comportar* de forma discriminatória, *acreditando* que sejam ignorantes e perigosas. Como muitas atitudes, o preconceito é complexo. Por exemplo, pode incluir um componente de afeto condescendente que serve para manter quem é alvo dele em desvantagem.

preconceito
Julgamento negativo preconcebido de um grupo e seus membros individuais.

estereótipo
Crença sobre os atributos pessoais de um grupo de pessoas. Os estereótipos são, por vezes, exageradamente generalizados, imprecisos e resistentes a novas informações.

As avaliações negativas que marcam o preconceito muitas vezes são sustentadas por crenças negativas, chamadas **estereótipos**. Estereotipar é generalizar. Para simplificar o mundo, generalizamos: os britânicos são reservados, os norte-americanos são extrovertidos, os professores são distraídos. A seguir, alguns estereótipos amplamente compartilhados revelados pela pesquisa:

- Nos anos de 1980, as mulheres que assumiam o título de "Ms." (indefinido entre senhora e senhorita) eram consideradas mais afirmativas e ambiciosas do que as que se diziam "Miss" (senhorita) ou "Mrs." (senhora) (Dion, 1987; Dion & Cota, 1991; Dion & Schuller, 1991). Agora que "Ms." é o título feminino padrão, o estereótipo mudou. As mulheres casadas que mantêm seus sobrenomes próprios é que são vistas como afirmativas e ambiciosas (Crawford et al., 1998; Etaugh et al., 1999).
- Pesquisas de opinião pública revelam que os europeus já tiveram ideias concretas sobre outros europeus. Eles consideravam os alemães relativamente esforçados no trabalho, os franceses amantes do prazer, os britânicos frios e impassíveis, os italianos amorosos e os holandeses confiáveis (espera-se que esses resultados sejam confiáveis, considerando-se que vêm de Willem Koomen e Michiel Bähler [1996], da University of Amsterdam).
- Os europeus também consideram as pessoas do sul do continente mais emocionais e menos eficientes do que as do norte (Linssen & Hagendoorn, 1994). O estereótipo do sulista mais expressivo ainda se mantém dentro dos países: James Pennebaker e colaboradores (1996) relatam que, em 20 países do hemisfério norte (mas não em seis do hemisfério sul), os sulistas são considerados mais expressivos do que os nortistas dentro de um mesmo país.

Estereótipos conhecidos: o céu é um lugar com uma casa americana, comida chinesa, polícia britânica, carro alemão e arte francesa; o inferno é um lugar com uma casa japonesa, polícia chinesa, comida britânica, arte alemã e carro francês.
—ANÔNIMO, RELATADO POR YUEH-TING LEE (1996)

Essas generalizações podem ser mais ou menos verdadeiras (e nem sempre são negativas). Os idosos *são* mais frágeis. Os países do sul do hemisfério norte realmente têm índices mais altos de violência. As pessoas que vivem no sul nesses países informam ser mais expressivas do que as das regiões do norte de seus países. Os estereótipos de professores sobre diferenças de desempenho de alunos de sexos, etnias e origens de classe diferentes tendem a refletir a realidade (Madon et al., 1998). "Os estereótipos", observam Lee Jussim, Clark McCauley e Yueh-Ting Lee (1995), "podem ser positivos ou negativos, corretos ou incorretos". Um estereótipo correto pode até ser desejável. Chamamos a isso de "sensibilidade à diversidade" ou "consciência cultural em um mundo multicultural". Estereotipar os britânicos como mais preocupados com a pontualidade do que os mexicanos é entender o que esperar e como se relacionar bem com os outros em cada cultura.

O problema dos estereótipos surge quando eles são *exageradamente generalizados* ou simplesmente equivocados. Presumir que a maioria dos norte-americanos que recebe benefícios da previdência é negra é generalizar, porque não é assim. Os estereótipos dos estudantes universitários sobre membros de determinadas fraternidades (como, por exemplo, preferir língua estrangeira a economia, ou *softball*, uma variante do beisebol, a tênis) contêm um núcleo de verdade, mas são exagerados. Os indivíduos dentro do grupo estereotipado variam mais do que o esperado (Brodt & Ross, 1998).

discriminação
Comportamento negativo injustificado em relação a um grupo ou seus membros.

O *preconceito* é uma *atitude* negativa; a **discriminação** é um *comportamento* negativo. O comportamento discriminatório muitas vezes tem sua fonte em atitudes preconceituosas (Dovidio et al., 1996; Wagner et al., 2008). Isso ficou visível quando os pesquisadores analisaram as respostas a 1.115 *e-mails* redigidos de forma idêntica, enviados aos locatários de imóveis na região de Los Angeles sobre apartamentos vagos. Houve respostas animadoras a 89% dos *e-mails* assinados por "Patrick McDougall" (nome que remete a etnia branca), a 66% dos assinados por "Said Al-Rahman" (remete a árabe) e a 56% de "Tyrell Jackson" (negro) (Carpusor & Loges, 2006).

Porém, como enfatizou o Capítulo 4, atitudes e comportamentos muitas vezes têm uma relação pouco definida. As atitudes preconceituosas não precisam gerar atos hostis, e tampouco toda a opressão surge do preconceito. O **racismo** e o **sexismo** são práticas institucionais que discriminam, mesmo quando não há intenção preconceituosa. Se as práticas de contratação de boca em boca de uma empresa em que todos são brancos têm o efeito de excluir potenciais empregados não brancos, a prática poderia ser chamada de racista – mesmo se o empregador não tiver intenção de discriminar.

racismo
(1) Atitudes preconceituosas e comportamentos discriminatórios de um indivíduo em relação às pessoas de uma determinada raça ou (2) práticas institucionais (mesmo que não motivadas por preconceito) que subordinam pessoas de determinada raça.

sexismo
(1) Atitudes preconceituosas e comportamentos discriminatórios de um indivíduo para com as pessoas de determinado sexo ou (2) práticas institucionais (mesmo que não motivadas por preconceito) que subordinam pessoas de determinado sexo.

Preconceito: sutil e explícito

O preconceito oferece um dos melhores exemplos do nosso sistema de *dupla atitude* (Capítulo 2). Podemos ter atitudes explícitas (conscientes) e implícitas (automáticas) diferentes em relação à mesma pessoa, como demonstrado por 500 estudos utilizando o "Teste de associação implícita" (Carpenter, 2008). Esse teste, apresentado no Capítulo 2 e feito na internet por cerca de 6 milhões de pessoas, avalia "cognição implícita" – aquilo que você sabe sem saber que sabe (Greenwald et al., 2008). Isso é feito medindo-se a velocidade de associação das pessoas. Da mesma forma como associamos um martelo a um prego mais rapidamente do que a um balde, o teste pode medir com que velocidade associamos "branco" a "bom" em comparação à associação entre "negro" e "bom". Assim, podemos preservar, desde a infância, uma aversão ou um medo habitual e automático em relação a pessoas pelas quais agora expressamos respeito e admiração. Embora as atitudes explícitas possam mudar drasticamente com a educação, as implícitas podem permanecer, mudando apenas ao formar novos hábitos por meio da prática (Kawakami et al., 2000).

Vários experimentos – feitos por pesquisadores da Ohio State University e da University of Wisconsin (Devine & Sharp, 2008), de Yale e Harvard (Banaji, 2004), da Indiana University (Fazio, 2007), da University of Colorado (Wittenbrink, 2007; Wittenbrink et al., 1997), da University of Washington (Greenwald et al., 2000), da University of Virginia (Nosek et al., 2007) e da New York University (Bargh & Chartrand, 1999) – confirmaram que avaliações preconceituosas e estereotipadas podem ocorrer fora da consciência das pessoas. Alguns desses estudos fazem piscar brevemente palavras ou expressões que "condicionam" (ativam automaticamente) estereótipos para algum grupo de gênero, raça ou faixa etária. Sem que eles estejam cientes, os estereótipos ativados dos participantes podem, então, condicionar seu comportamento. Tendo sido condicionados com imagens associadas a afro-descendentes, por exemplo, eles podem reagir com mais hostilidade ao pedido (intencionalmente) incômodo de um pesquisador.

Tendo em mente a diferença entre o preconceito consciente e o explícito e entre o inconsciente e o implícito, analisaremos duas formas comuns de preconceito: o racial e o de gênero.

Preconceito racial

No contexto do mundo, todas as raças são minorias. Os brancos não hispânicos, por exemplo, são apenas um quinto da população mundial e serão um oitavo dentro de mais meio século. Graças à mobilidade e à migração nos últimos dois séculos, as raças do mundo agora se misturam, estabelecendo relações que às vezes são hostis, às vezes amigáveis.

Para um biólogo molecular, a cor da pele é uma característica humana trivial, controlada por uma diferença genética minúscula. Além disso, a natureza não agrega as raças em categorias nitidamente definidas. São as pessoas, e não a natureza, que rotulam Barack Obama, filho de uma mulher branca, como "negro" e que, por vezes, rotulam Tiger Woods de "afro-americano" (sua ascendência é 25% africana), "asiático-americano" (ele também é 25% tailandês e 25% chinês), ou mesmo como nativo-americano ou holandês (ele tem um oitavo de cada).

A maioria das pessoas enxerga o preconceito... nas outras. Em uma pesquisa do Instituto Gallup, os norte-americanos brancos estimavam que 44% de seus pares tinha preconceito elevado (5 ou mais, em uma escala de 10 pontos). Quantos deram a si próprios uma pontuação mais alta? Apenas 14% (Whitman, 1998).

O PRECONCEITO RACIAL ESTÁ DESAPARECENDO?

Qual é correta: a percepção das pessoas de elevado preconceito em outras ou suas percepções de preconceito reduzido em si mesmas? E o preconceito racial estaria se tornando coisa do passado?

Atitudes preconceituosas explícitas podem mudar muito rapidamente. Em 1942, a maioria dos norte-americanos concordava: "deve haver setores separados para negros em bondes e ônibus" (Hyman & Sheatsley, 1956). Hoje, a pergunta pareceria bizarra, pois esse preconceito flagrante quase desapareceu. Em 1942, menos de um terço de todos os brancos (apenas 1 em 50, no Sul) apoiava a integração escolar; em 1980, o apoio era de 90%. Considerando a fina fatia da história coberta pelos anos desde 1942 ou mesmo desde os tempos em que a escravidão era praticada, as mudanças são drásticas. Na Grã-Bretanha, também decaiu o preconceito racial explícito, expresso na oposição ao casamento inter-racial ou a ter um chefe de uma minoria étnica, principalmente entre jovens adultos (Ford, 2008).

As atitudes dos afro-americanos também mudaram desde a década de 1940, quando Kenneth Clark e Mamie Clark (1947) demonstraram que muitos tinham preconceitos contra negros. Em sua decisão histórica de 1954, declarando a inconstitucionalidade das escolas segregadas, a Suprema Corte considerou que valia a pena observar que, quando os Clark deram a crianças afro-americanas a possibilidade de escolher entre bonecas negras e brancas, a maioria escolheu as brancas. Em estudos feitos entre a década de 1950 e a de 1970, as crianças negras tinham cada vez mais probabilidades de preferir bonecas negras. Além disso, os negros adultos passaram a considerar negros e brancos como semelhantes em características como inteligência, preguiça e confiabilidade (Jackman & Senter, 1981; Smedley e Bayton, 1978).

Pessoas de diferentes etnias agora também compartilham muitas das mesmas atitudes e aspirações, observa Amitai Etzioni (1999). Mais de 9 em cada 10 negros e brancos dizem que poderiam votar em um candidato presidencial negro. Mais de 8 em 10, em ambos os grupos, concordam que "para completar o ensino médio, os alunos deveriam ser obrigados a entender a história e as ideias comuns que unem todos os norte-americanos". Proporções semelhantes nos dois grupos buscam "um tratamento justo para todos, sem preconceito nem discriminação", e cerca de dois terços de ambos os grupos concordam que os padrões morais e éticos têm decaído. Graças a esses ideais compartilhados, observa Etzioni, a maioria das democracias ocidentais foi poupada do tribalismo étnico que tem dilacerado lugares como Kosovo e Ruanda.

> Eu não posso deixar passar o momento de regozijo sem registrar meu profundo reconhecimento ao seu papel na correção do rumo da história dos Estados Unidos.
>
> —CARTA A KENNETH CLARK, DO PRESIDENTE DO CITY COLLEGE OF NEW YORK, BUELL GALLAGHER, APÓS A DECISÃO DA SUPREMA CORTE DE DESSEGREGAR AS ESCOLAS, EM 1954.

Eu sou um "caneinasiático". Tiger Woods, 1997 (descrevendo sua ascendência *ca*ucasiana, *ne*gra, *ín*dia e *asiá*tica).

Os psicólogos norte-americanos geralmente colocam Negro (Black) e Branco (White) em maiúsculas para enfatizar que são rótulos raciais socialmente aplicados e não rótulos de cor literais para pessoas de ascendência africana e europeia.

Devemos concluir, então, que o preconceito racial está extinto em países como Estados Unidos, Grã-Bretanha e Canadá? Não, se considerarmos os 7.772 autores de crimes de ódio relatados durante 2006 (FBI, 2008). Não, se considerarmos a pequena proporção de brancos que, como mostra a Figura 9.1, não votaria em um candidato presidencial negro. Não, se considerarmos o apoio 6% maior que Obama provavelmente teria recebido em 2008, de acordo com uma análise estatística de atitudes raciais e políticas dos eleitores, se não tivesse havido preconceito racial branco (Fournier & Tompson, 2008).

Então, qual o tamanho do avanço rumo à igualdade racial? Nos Estados Unidos, os brancos tendem a comparar o presente com o passado opressivo e perceber avanço imediato e radical; os negros tendem a comparar o presente com seu mundo ideal, que ainda não se concretizou, e perceber um avanço um pouco inferior (Eibach & Ehrlinger, 2006).

FORMAS SUTIS DE PRECONCEITO

O preconceito em formas sutis é ainda mais generalizado. Alguns experimentos avaliaram o comportamento das pessoas em relação a negros e brancos. Como veremos no Capítulo 12, os brancos são igualmente prestativos para qualquer pessoa em necessidade – exceto quando essa pessoa está distante (p. ex., alguém que telefone para o número errado com um sotaque aparentemente negro, que precise deixar um recado para alguém). Da mesma forma, quando se pediu que usassem choques elétricos para "ensinar" uma tarefa, as pessoas brancas não aplicaram mais (se houve diferença, foi para menos) choques em um negro do que em um branco – exceto quando se irritaram ou quando o destinatário não poderia retaliar nem saber quem tinha feito aquilo (Crosby et al., 1980; Rogers & Prentice-Dunn, 1981).

Assim, atitudes preconceituosas e de comportamento discriminatório surgem quando podem se esconder atrás de algum outro motivo. Na Austrália, Grã-Bretanha, França, Alemanha e Holanda, o preconceito flagrante está sendo substituído pelo preconceito sutil (exagerar diferenças étnicas, sentir menos admiração e afeição por minorias imigrantes, rejeitá-las por razões supostamente não raciais) (Pedersen & Walker, 1997; Tropp & Pettigrew, 2005a). Alguns pesquisadores chamam esse tipo de preconceito sutil de "racismo moderno" ou "racismo cultural". O preconceito moderno muitas vezes aparece sutilmente, em nossas preferências pelo que é conhecido, semelhante e confortável (Dovidio et al., 1992; Esses et al., 1993a; Gaertner & Dovidio, 2005).

Em questionários por escrito, Janet Swim e colaboradores (1995, 1997) encontraram um sexismo sutil ("moderno") que é paralelo ao racismo sutil ("moderno"). Ambas as formas aparecem em negações de discriminação e na contrariedade diante de iniciativas para promover a igualdade (como ao se concordar com uma declaração como "as mulheres estão ficando muito exigentes em sua pressão por igualdade de direitos").

Também se pode detectar viés no comportamento:

Embora o preconceito seja o último a morrer em contatos socialmente íntimos, o casamento inter-racial tem aumentado na maioria dos países, e 77% dos norte-americanos atualmente aprovam o "casamento entre negros e brancos" – um forte aumento dos 4% que o aprovavam em 1958 (Carroll, 2007).

FIGURA 9.1
Mudanças nas atitudes raciais de brancos nos Estados Unidos, de 1958 a 2007.
O abraço fantasmagórico de Abraham Lincoln em Barack Obama tornava visível o mantra de Obama: "A mudança na qual se pode acreditar". Dois dias depois, Obama pisou sobre degraus construídos pelas mãos de escravos, colocou sua mão sobre a Bíblia utilizada pela última vez na posse do próprio Lincoln, e fez "o juramento mais sagrado" – em um lugar onde, refletiu, ele, seu "pai, menos de 60 anos atrás, poderia não ser servido em um restaurante local".
Fonte: dados de pesquisas Gallup (brain.gallup.com).

- Uma equipe de pesquisadores liderada por Ian Ayres (1991) visitou 90 revendas de automóveis na região de Chicago, usando uma estratégia uniforme para negociar o menor preço por um carro novo, que custava ao revendedor cerca de 11 mil dólares. Homens brancos receberam um preço final médio de 11.362 dólares, mulheres brancas receberam um preço médio de 11.504 dólares; o preço médio para homens negros foi de 11.783 dólares e para mulheres negras, de 12.237 dólares – quase 8% maior do que o preço médio para homens brancos.
- Para testar a possível discriminação no mercado de trabalho, pesquisadores do MIT enviaram 5 mil currículos em resposta a 1.300 anúncios de emprego variados (Bertrand & Mullainathan, 2003). Os candidatos a quem foram dados aleatoriamente nomes de brancos (Emily, Greg) receberam um telefonema de retorno para cada 10 currículos enviados. Os que tinham nomes negros (Lakisha, Jamal) receberam um telefonema para cada 15 currículos.

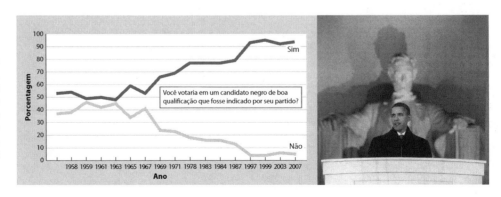

- Em uma análise de *blitz* de tráfego, afro-americanos e latino-americanos tiveram quatro vezes mais probabilidades de serem revistados do que os brancos, duas vezes mais de serem presos e três vezes mais de serem algemados e ter força excessiva usada contra si (Lichtblau, 2005).

O preconceito moderno ainda aparece como uma sensibilidade racial que leva a reações exageradas perante membros de minorias isolados – exagerando no elogio a suas realizações, na crítica a seus erros e não alertando os alunos negros, como fariam com os brancos, sobre potenciais dificuldades acadêmicas (Crosby & Monin, 2007; Fiske, 1989; Hart & Morry, 1997; Hass et al., 1991). Também aparece na forma de condescendência. Por exemplo, Kent Harber (1998) deu um ensaio mal escrito para ser avaliado por estudantes brancos da Stanford University. Quando achavam que o autor era negro, os alunos davam uma nota *mais alta* do que quando eram levados a pensar que o autor era branco, e raramente faziam críticas duras. Os avaliadores, talvez querendo evitar a aparência de viés, eram condescendentes com os autores negros aplicando padrões mais baixos. Esses "elogios exagerados e críticas insuficientes" podem prejudicar o desempenho do aluno de minoria, Harber observou.

Em vários estados norte-americanos, os motoristas negros têm representado a minoria dos motoristas e das pessoas em excesso de velocidade em estradas interestaduais; mesmo assim têm sido parados e revistados com mais frequência pela polícia estadual (Lamberth, 1998; Staples, 1999a, 1999b). Em um estudo sobre a rodovia principal de Nova Jersey, os negros corresponderam a 13,5% dos ocupantes de automóveis, 15% dos infratores e 35% dos motoristas que foram parados.

PRECONCEITO AUTOMÁTICO

Até que ponto as reações preconceituosas automáticas aos afro-americanos são generalizadas? Experimentos mostraram essas reações em contextos variados. Por exemplo, em experimentos inteligentes feitos por Anthony Greenwald e colaboradores (1998, 2000), 9 em cada 10 pessoas brancas levaram mais tempo para identificar como "boas" palavras agradáveis (p. ex., *paz* e *paraíso*) associadas a rostos negros do que a brancos. Os participantes expressaram pouco ou nenhum preconceito conscientemente; seu viés foi inconsciente e involuntário. Além disso, relatam Kurt Hugenberg e Galen Bodenhausen (2003), quanto mais forte as pessoas apresentam esse preconceito implícito, mais prontamente percebem raiva em rostos negros (Fig. 9.2).

Os críticos apontam que as *associações* inconscientes podem apenas indicar pressupostos culturais, talvez sem *preconceito* (o que envolve sentimentos negativos e tendências de ação). Mas alguns estudos constataram que o viés implícito pode vazar para o comportamento:

Algumas pessoas aprendem mais rapidamente associações positivas (e mais lentamente, associações negativas) a estímulos neutros. Essas pessoas tendem a apresentar pouco viés racial implícito (Livingston & Drwecki, 2007).

- Em um estudo sueco, uma medida de vieses implícitos contra árabes e muçulmanos predisse a probabilidade de 193 empregadores de empresas não entrevistarem os candidatos com nomes muçulmanos (Rooth, 2007).
- Em um estudo com 287 médicos, os que apresentam o viés racial mais implícito foram os menos propensos a recomendar drogas anticoagulantes para um paciente negro que se queixava de dor no peito (Green et al., 2007).
- Em um estudo de 44 enfermeiros australianos que trabalham com drogas e álcool, os que exibiam o viés mais implícito contra usuários de drogas também tinham mais probabilidades, ao enfrentar o estresse no trabalho, de querer um emprego diferente (von Hippel et al., 2008).

Não consigo entender totalmente tudo o que eu sou.... Pois essa escuridão é lamentável, no sentido de que as possibilidades em mim são ocultadas de mim mesmo.

—SANTO AGOSTINHO, *CONFISSÕES*, 398 D. C.

Em algumas situações, o preconceito implícito e automático pode ter consequências de vida ou morte. Em experimentos separados, Josué Correll e colaboradores (2002, 2006, 2007) e Anthony Greenwald e colaboradores (2003) convidaram as pessoas a pressionar botões rapidamente para "atirar" ou "não atirar" em homens que apareciam de repente em uma tela segurando uma arma ou um objeto inofensivo, como uma lanterna ou uma garrafa. Os participantes (negros e brancos, em um dos estudos) atiraram erroneamente, com mais frequência, nos alvos inofensivos que eram negros. Após a polícia de Londres atirar e matar um homem que *parecia* muçulmano, pesquisadores concluíram que também os australianos estavam mais dispostos a atirar em alguém que cobrisse a cabeça como

FIGURA 9.2
Encarando o preconceito.
Onde a raiva desaparece? Kurt Hugenberg e Galen Bodenhausen mostraram a estudantes universitários um filme com caras que iam de irritadas a felizes. Os que tiveram resultados mais preconceituosos (em um teste de atitudes raciais implícitas) consideraram a raiva mais persistente em caras negras ambíguas do que nas brancas.

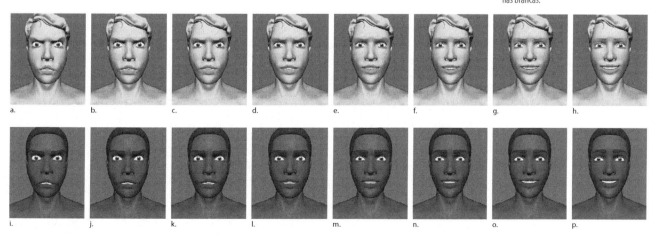

a. b. c. d. e. f. g. h.
i. j. k. l. m. n. o. p.

Preconceito automático. Quando Joshua Correll e colaboradores convidaram pessoas a reagir rapidamente a outras que estavam segurando uma arma ou um objeto inofensivo, a raça influenciou percepções e reações.

muçulmano (Unkelbach et al., 2008). Se associarmos implicitamente um determinado grupo étnico ao perigo, os rostos desse grupo tendem a captar nossa atenção e desencadear excitação (Donders et al., 2008; Dotsch & Wigboldus, 2008; Trawalter et al., 2008).

Em uma série de estudos relacionados, Keith Payne (2001, 2006) e Charles Judd e colaboradores (2004) concluíram que, quando se apresenta às pessoas um rosto negro em vez de um branco, elas pensam em armas. Elas reconhecem uma arma mais rapidamente e confundem mais vezes uma ferramenta, como uma chave inglesa, com uma arma. Mesmo quando a raça não impõe viés à percepção, pode fazê-lo com a reação – à medida que as pessoas exigem mais ou menos provas antes de atirar (Klauer & Voss, 2008).

Jennifer Eberhardt e colaboradores (2004) demonstraram que também pode ocorrer o efeito inverso. Expor pessoas a armas faz prestar mais atenção aos rostos de afro-americanos e até mesmo torna policiais mais propensos a julgar afro-americanos de aparência estereotipada como criminosos. Esses estudos ajudam a explicar por que Amadou Diallo (imigrante negro em Nova York) foi baleado 41 vezes por policiais por tirar a carteira do bolso.

Parece também que diferentes regiões do cérebro estão envolvidas nos estereótipos automáticos e controlados conscientemente (Correll et al., 2006; Cunningham et al., 2004; Eberhardt, 2005). Fotos de exogrupos que causam máxima aversão (como dependentes de drogas e mendigos) provocam atividade cerebral em áreas associadas a desgosto e evitação (Harris & Fiske, 2006). Isso sugere que os preconceitos automáticos envolvem regiões primitivas do cérebro associadas ao medo, como a amígdala, enquanto o processamento controlado está mais associado ao córtex frontal, que possibilita o pensamento consciente. Também usamos pequenas áreas diferentes de nossos lobos frontais ao pensar sobre nós mesmos ou sobre os grupos com os quais nos identificamos, em relação a quando pensamos sobre pessoas que percebemos como diferentes de nós (Jenkins et al., 2008; Mitchell et al., 2006).

Mesmo os cientistas sociais que estudam o preconceito parecem vulneráveis ao preconceito automático, observam Anthony Greenwald e Eric Schuh (1994). Eles analisaram vieses em citações que autores fizeram de artigos de ciências sociais escritos por pessoas com determinados nomes não judeus (Erickson, McBride, etc.) e nomes judeus (Goldstein, Siegel, etc.). Sua análise de quase 30 mil citações, incluindo 17 mil citações de pesquisas sobre preconceito, encontraram algo digno de nota: comparado-se com autores judeus, os autores não judeus tiveram 40% mais probabilidade de citar nomes não judeus. (Greenwald e Schuh não conseguiram determinar se os autores judeus estavam citando mais seus colegas judeus nem se autores não judeus estavam fazendo isso com seus colegas não judeus, ou ambos.)

Preconceito de gênero

Até onde o preconceito contra as mulheres é disseminado? No Capítulo 5, examinamos normas sobre papéis de gênero – as ideias das pessoas sobre como mulheres e homens *deveriam* se comportar. Aqui, analisamos estereótipos de gênero – as crenças das pessoas sobre como mulheres e homens *realmente* se comportam. As normas são *prescr*itivas; os estereótipos são *descr*itivos.

ESTEREÓTIPOS DE GÊNERO

A partir de pesquisas sobre estereótipos, duas conclusões são indiscutíveis: existem fortes estereótipos de gênero e, como acontece com frequência, os membros do grupo estereotipado aceitam os estereótipos. Homens e mulheres concordam que se *pode* julgar o livro pela capa sexual. Em uma pesquisa, Mary Jackman e Mary Senter (1981) concluíram que os estereótipos de gênero eram muito mais fortes do que os raciais. Por exemplo, apenas 22% dos homens consideravam os dois sexos igualmente "emocionais". Dos 78% restantes, aqueles que consideravam as mulheres mais emocionais superavam os que pensavam que eram os homens em 15 a 1. E no que acreditavam as mulheres? Com variação de 1 ponto percentual, suas respostas eram idênticas.

Todas as atividades dos homens são também atividades de mulheres, e em todas elas, uma mulher é apenas um homem inferior.

—PLATÃO, *REPÚBLICA*, 360 A.C.

Lembremo-nos de que os estereótipos são generalizações sobre um grupo de pessoas e podem ser verdadeiros, falsos ou exageradamente generalizados a partir de um núcleo de verdade. No Capítulo 5, observamos que o homem e a mulher médios diferem um pouco em conexão social, empatia, poder social, agressividade e iniciativa sexual (embora não em inteligência). Sendo assim, devemos concluir que os estereótipos de gênero são corretos? Às vezes, os estereótipos exageram diferenças, mas nem sempre, observou Janet Swim (1994). Ela concluiu que os estereótipos dos estudantes da Pennsylvania State University sobre inquietação, sensibilidade não verbal, agressividade e assim por diante, de homens e mulheres, eram aproximações razoáveis de diferenças de gênero verdadeiras. Além disso, esses estereótipos têm persistido ao longo do tempo e da cultura. Fazendo a média de dados de 27 países, de John Williams e colaboradores (1999, 2000) concluíram que as pessoas em todos os lugares percebem as mulheres como mais agradáveis e os homens como mais extrovertidos. A persistência e a onipresença dos estereótipos de gênero levam alguns psicólogos evolutivos a acreditar que eles refletem uma realidade inata e estável (Lueptow et al., 1995).

Estereótipos (crenças) não são preconceitos (atitudes). Os estereótipos podem sustentar o preconceito. Mesmo assim, poder-se-ia acreditar, sem preconceito, que homens e mulheres são "diferentes, mas iguais". Portanto, vejamos como os pesquisadores investigam o preconceito de gênero.

> Pergunta: "Misoginia" é o ódio às mulheres. Qual é a palavra correspondente para o ódio aos homens?
> Resposta: Na maioria dos dicionários, tal palavra não existe.

SEXISMO: BENEVOLENTE E HOSTIL

A julgar pelo que as pessoas dizem aos pesquisadores, as atitudes em relação às mulheres mudaram tão rapidamente quanto as atitudes raciais. Como mostra a Figura 9.3, o percentual de norte-americanos dispostos a votar em uma mulher para presidente tem sido mais ou menos paralelo ao aumento percentual dos dispostos a votar em um candidato negro. Em 1967, 56% dos alunos de primeiro ano de faculdades norte-americanas concordaram que "as atividades de mulheres casadas devem se limitar ao lar e à família"; em 2002, apenas 22% concordaram (Astin et al., 1987; Sax et al., 2002). A partir daí, já não parecia valer a pena fazer essa pergunta e, em 2008, os conservadores aplaudem o que anteriormente teriam questionado: a indicação de uma trabalhadora e mãe de cinco filhos, a governadora Sarah Palin, como candidata republicana à vice-presidência.

Alice Eagly e colaboradores (1991) e Geoffrey Haddock e Mark Zanna (1994) também relatam que as pessoas não respondem às mulheres com emoções negativas viscerais como fazem a certos outros grupos. A maioria das pessoas gosta mais de mulheres do que os homens, percebendo-as como mais compreensivas, gentis e prestativas. Um estereótipo *favorável*, que Eagly (1994) chama de efeito *"mulheres são maravilhosas"*, resulta em uma atitude favorável.

Contudo, as atitudes de gênero muitas vezes são ambivalentes, relatam Peter Glick, Susan Fiske e colaboradores (1996, 2007) a partir de suas pesquisas com 15 mil pessoas em 19 países. Muitas vezes, misturam *sexismo benevolente* ("as mulheres têm uma sensibilidade moral superior") com *sexismo hostil* ("depois que o homem se compromete, ela o traz em rédea curta").

Os estereótipos sobre homens também vêm em pares contrastantes. Glick e colaboradores (2004) descrevem sexismo ambivalente em relação a homens – com atitudes *benevolentes* dos homens, consideradas poderosas, e atitudes *hostis*, que os caracterizam como imorais. As pessoas que endossam o sexismo benevolente para com as mulheres também tendem a endossá-lo em relação aos homens. Essas visões sexistas ambivalentes complementares de homens e mulheres podem servir para justificar o *status quo* nas relações de gênero (Jost & Kay, 2005).

> As mulheres são maravilhosas, principalmente porque são [percebidas como] tão simpáticas. [Os homens são] percebidos como superiores às mulheres em atributos agênticos [competitivos, dominantes] que equiparam as pessoas para o sucesso no trabalho remunerado, sobretudo em empregos predominantemente masculinos.
> —ALICE EAGLY (1994)

DISCRIMINAÇÃO DE GÊNERO

Ser homem não é um mar de rosas. Comparados às mulheres, eles têm três vezes mais probabilidades de cometer suicídio e ser assassinados. Eles representam quase todos os mortos em campos de batalha e no corredor da morte, morrem cinco anos mais cedo e representam a maioria das pessoas com deficiência mental ou autismo, bem como alunos de programas de educação especial (Baumeister, 2007; S. Pinker, 2008).

Segundo, uma conclusão muito divulgada sobre a discriminação contra a mulher veio de um estudo de 1968, em que Philip Goldberg deu vários artigos curtos a alunas do Connecticut College e pediu que avaliassem o valor de cada um. Às vezes, um determinado artigo foi atribuído a um autor masculino (p. ex., John T. McKay) e, outras, a um do sexo feminino (p. ex., Joan T. McKay). Em geral, os artigos receberam classificações mais baixas quando atribuídos a uma mulher. É isso mesmo: mulheres discriminaram mulheres.

FIGURA 9.3
Mudança nas atitudes de gênero de 1958 a 2007.

Fonte: dados de pesquisas Gallup (brain.gallup.com).

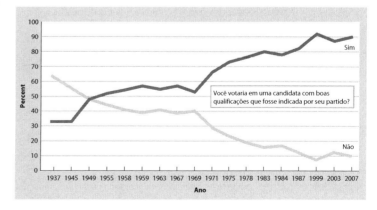

"E por que nós sempre chamamos o meu salário de segunda fonte de renda?"

O viés de gênero se expressa de forma sutil.
© The New Yorker Collection, de 1981, Dean Vietor, de cartoonbank.com. Todos os direitos reservados.

Ansioso para demonstrar a sutil realidade da discriminação de gênero, obtive os materiais de Goldberg em 1980 e repeti a experiência com meus próprios alunos. Eles (mulheres e homens) não demonstraram essa tendência a depreciar o trabalho das mulheres. Sendo assim, Janet Swim, Eugene Borgida, Geoffrey Maruyama e eu (1989) examinamos a literatura e nos correspondemos com pesquisadores para saber tudo o que podíamos sobre estudos de preconceito de gênero na avaliação do trabalho de homens e mulheres. Para nossa surpresa, os vieses que ocasionalmente surgiram tinham a mesma frequência contra homens e mulheres. Mas o resultado mais comum em 104 estudos envolvendo quase 20 mil pessoas foi *nenhuma diferença*. Na maioria das comparações, as avaliações sobre o trabalho de alguém não foram afetadas pelo fato de ter sido atribuído a uma mulher ou a um homem. Resumindo outros estudos sobre avaliação das pessoas sobre mulheres e homens como líderes, professores, etc., Alice Eagly (1994) concluiu: "Os experimentos *não* demonstraram qualquer tendência *global* a desvalorizar o trabalho das mulheres".

O viés de gênero estaria se extinguindo rapidamente em países ocidentais? O movimento de mulheres teria quase terminado seu trabalho? Como acontece com o preconceito racial, o viés de gênero flagrante está morrendo, mas vive de forma sutil.

Esse tipo de viés pode ser visto na análise de anúncios de nascimento (Gonzalez & Koestner, 2005). Pais anunciam o nascimento de seus filhos homens com mais orgulho do que o nascimento de meninas; contudo, anunciam o nascimento de meninas com mais felicidade do que o de seu bebê menino. Parece que, mesmo no nascimento, os pais já estão descrevendo seus meninos em termos de *status* e suas meninas em termos de relacionamentos.

No mundo para além dos países ocidentais democráticos, a discriminação de gênero surge ainda maior. Dois terços das crianças sem escolarização do mundo são meninas (ONU, 1991). Em alguns países, a discriminação chega à violência, incluindo mulheres processadas por adultério depois de serem estupradas ou encharcadas com querosene e incendiadas por maridos insatisfeitos (ONU, 2006).

No entanto, a maior violência contra a mulher pode ocorrer antes do nascimento. Em todo o mundo, as pessoas tendem a preferir filhos homens. Nos Estados Unidos, em 1941, 38% dos futuros pais disseram que preferiam um menino se pudessem ter apenas um filho; 24% preferiam uma menina e 23% disseram não ter preferência. Em 2003, as respostas foram praticamente as mesmas, com 38% ainda preferindo um menino (Lyon, 2003; Simmons, 2000). Com o uso generalizado de ultrassom para verificar o sexo do feto e a disponibilidade cada vez maior do aborto, essas preferências estão afetando o número de meninos e meninas. Um censo recente feito na China revelou 118 meninos recém-nascidos para cada 100 meninas, levando a projeções de um excedente de 40 milhões de homens que não conseguirão encontrar companheiras (AP, 2007a). Historicamente, essas proporções desequilibradas têm tido consequências sociais, com um excesso de homens (como em cidades da fronteira, guetos de imigrantes e alojamentos de mineração) predizendo papéis de gênero mais tradicionais e maiores taxas de violência (Guttentag & Secord, 1983; Hvistendahl, 2008). Há desequilíbrios semelhantes em Taiwan (119 meninos para 100 meninas), Cingapura (118 a 100) e partes da Índia (120 a 100). O resultado líquido é de dezenas de milhões de "mulheres desaparecidas".

Para concluir, o preconceito explícito contra negros e contra mulheres é muito menos comum hoje do que era em meados do século XX, mas técnicas sensíveis ao preconceito sutil ainda detectam viés generalizado, e, em algumas partes do mundo, o preconceito de gênero gera sofrimento. Portanto, precisamos examinar com cuidado e em detalhe as fontes sociais, emocionais e cognitivas do preconceito.

Resumo: Qual é a natureza e o poder do preconceito?

- *Preconceito* é uma *atitude* negativa preconcebida. Os *estereótipos* são *crenças* sobre outro grupo, as quais podem ser corretas, incorretas ou exageradamente generalizadas, mas ter base em um núcleo de verdade. Discriminação é o *comportamento* negativo injustificado. Os termos *racismo* e *sexismo* podem se referir a atitudes preconceituosas ou comportamento discriminatório de indivíduos, ou a práticas institucionais opressivas (mesmo que não sejam intencionalmente preconceituosas).
- O preconceito existe em formas sutis e inconscientes, bem como em formas explícitas e conscientes. Os pesquisadores criaram perguntas sutis de pesquisa e métodos indiretos de avaliar as atitudes e o comportamento das pessoas para detectar preconceito inconsciente.
- O preconceito racial contra os negros nos Estados Unidos era amplamente aceito até à década de 1960; desde então, tornou-se muito menos predominante, mas ainda existe.
- Da mesma forma, o preconceito contra as mulheres tem diminuído nas últimas décadas, mas ainda se encontram fortes estereótipos de gênero e uma boa dose de preconceito de gênero nos Estados Unidos e, em maior grau, no mundo todo.

Quais são as origens sociais do preconceito?

Quais condições sociais geram preconceito? Como a sociedade mantém o preconceito?

O preconceito tem várias fontes. Pode surgir de diferenças de *status* social e dos desejos das pessoas de justificar e manter essas diferenças. Também pode ser aprendido com nossos pais ao aprendermos sobre as diferenças importantes entre as pessoas. Nossas instituições sociais também podem funcionar para manter e sustentar o preconceito. Consideremos, inicialmente, como o preconceito pode funcionar para defender a autoestima e a posição social.

Desigualdades sociais: *status* desigual e preconceito

Um princípio a ser lembrado: *status desigual gera preconceito*. Os senhores consideravam seus escravos preguiçosos, irresponsáveis, sem ambição, como se tivessem apenas as características que justificam a escravidão. Os historiadores debatem as forças que criam *status* desigual. Contudo, uma vez que essas desigualdades existem, o preconceito ajuda a justificar a superioridade econômica e social dos que têm riqueza e poder. Diga-me a relação econômica entre dois grupos e eu prevejo as atitudes intergrupais.

Não faltam exemplos históricos. Onde a escravidão foi praticada, o preconceito era forte. Políticos do século XIX justificavam a expansão imperial descrevendo as pessoas colonizadas e exploradas como "inferiores", "precisando de proteção" e um "fardo" a ser carregado (G. W. Allport, 1958, p. 204-205). Seis décadas atrás, a socióloga Helen Hacker Mayer (1951) observou como os estereótipos de negros e mulheres ajudavam a racionalizar o *status* inferior de cada um deles: muitas pessoas consideravam que os dois grupos eram mentalmente lentos, emotivos e primitivos e estavam "satisfeitos" com seu papel subordinado. Os negros eram "inferiores"; as mulheres, "frágeis". Os negros estavam bem em seu lugar, e o lugar das mulheres era em casa.

> O preconceito nunca é fácil, a menos que possa se fazer passar por razão.
> —WILLIAM HAZLITT (1778-1830), *ON PREJUDICE*

Theresa Vescio e colaboradores (2005) testaram esse raciocínio e concluíram que os homens poderosos que estereotipavam suas subordinadas lhes faziam muitos elogios, mas lhes davam menos recursos, o que lhes prejudicava o desempenho. Esse tipo de condescendência permite que os homens mantenham suas posições de poder. Em laboratório, também, o sexismo benevolente e condescendente (declarações sugerindo que as mulheres, como sexo frágil, precisam de apoio) tem prejudicado o desempenho cognitivo das mulheres ao incutir pensamentos invasivos – dúvidas sobre si mesmas, preocupações e diminuição da autoestima (Dardenne et al., 2007).

A distinção que fazem Peter Glick e Susan Fiske entre sexismo "hostil" e "benevolente" se estende a outros preconceitos. Consideramos outros grupos como competentes ou agradáveis, mas não é comum que consideremos ambos. Essas duas dimensões culturalmente universais de percepção social – "gostabilidade" (potencial para ser gostado) e competência – foram ilustradas pelo comentário de um europeu que disse que "os alemães adoram italianos, mas não os admiram; os italianos admiram os alemães, mas não os adoram" (Cuddy et al., 2009). Geralmente, *respeitamos* a competência de quem tem *status* elevado e *gostamos* daqueles que aceitam de bom grado um *status* inferior. Nos Estados Unidos, informam Fiske e colaboradores (1999), asiáticos, judeus, alemães, mulheres não tradicionais e homens afro-americanos e homossexuais com uma postura assertiva tendem a ser respeitados, mas não tão bem quistos. Afro-americanos e hispânicos tradicionalmente subordinados, mulheres tradicionais, homens homossexuais menos masculinos e pessoas com deficiências tendem a ser considerados menos competentes, mas as pessoas gostam deles por suas qualidades emocionais, espirituais, artísticas ou atléticas.

Alguns notam e justificam as diferenças de *status*. Quem tem elevada **orientação à dominação social** tende a ver as pessoas em termos de hierarquias. Gosta que seu próprio grupo social tenha *status* elevado – prefere estar no topo. Estar em uma posição dominante, de alto *status*, também tende a promover essa orientação (Guimond et al., 2003).

orientação à dominação social
Motivação para que o próprio grupo domine outros grupos sociais.

Jim Sidanius, Felicia Pratto e colaboradores (Pratto et al., 1994; Sidanius et al., 2004; Sidanius & Pratto, 1999) argumentam que esse desejo de estar no topo leva as pessoas que têm alto domínio social a assumir o preconceito e apoiar posições políticas que o justifiquem. Na verdade, as pessoas que têm elevada orientação ao domínio social muitas vezes apoiam políticas que sustentam hierarquias, como cortes de impostos para os ricos, e se opõem a políticas que contrariam a hierarquia, como a ação afirmativa. Essas pessoas também preferem profissões que aumentem seu *status* e mantenham as hierarquias, como política e negócios, e evitam empregos, como o trabalho social, que contrariem as hierarquias. O *status* pode gerar preconceito, mas algumas pessoas buscam e tentam mantê-lo mais do que outras.

Socialização

O preconceito vem do *status* desigual e de outras fontes sociais, incluindo nossos valores e atitudes adquiridos. A influência da socialização familiar aparece nos preconceitos das crianças, que, muitas vezes, espelham os que percebem em suas mães (Castelli et al., 2007). Até mesmo as atitudes raciais implícitas das crianças refletem o preconceito explícito de seus pais (Sinclair et al., 2004). Nossas famílias e culturas transmitem todos os tipos de informação – como encontrar cônjuges, dirigir carros, como dividir os trabalhos domésticos e de quem desconfiar e desgostar.

PERSONALIDADE AUTORITÁRIA

Na década de 1940, pesquisadores da University of California, em Berkeley – dois dos quais haviam fugido da Alemanha nazista –, partiram em uma missão urgente de investigação: revelar as raízes psicológicas de um antissemitismo tão venenoso que causara o massacre de milhões de judeus e transformou muitos milhões de europeus em espectadores indiferentes. Em estudos feitos com adultos norte-americanos, Theodor Adorno e colaboradores (1950) descobriram que a hostilidade contra os judeus muitas vezes coexistia com a hostilidade para com outras minorias. Quem era muito preconceituoso parecia não ter preconceito específico em relação a um grupo, e sim a todo um modo de pensar sobre aqueles que são "diferentes". Além disso, essas pessoas discriminadoras e **etnocêntricas** compartilhavam certas tendências: intolerância diante da fraqueza, atitude punitiva e respeito submisso às autoridades de seu endogrupo, que se refletia em sua concordância com afirmações como "obediência e respeito pela autoridade são as virtudes mais importantes que as crianças devem aprender". A partir dessas conclusões, Adorno e colaboradores (1950) formularam sua teoria sobre uma **personalidade autoritária** que é particularmente propensa a preconceitos e estereótipos.

etnocentrismo
Crença na superioridade de seu próprio grupo étnico e cultural e desdém correspondente em relação a todos os outros grupos.

personalidade autoritária
Uma personalidade que tende a favorecer a obediência à autoridade e a intolerância com exogrupos e grupos de *status* inferior.

A investigação sobre o início da vida de pessoas autoritárias revelou que elas muitas vezes enfrentaram disciplina severa na infância, o que supostamente as levou a reprimir suas hostilidades e impulsos e a "projetá-los" em exogrupos. A insegurança das crianças autoritárias pareceu predispô-las a uma preocupação excessiva com poder e *status* e a uma forma de pensar inflexível, baseada em certo/errado, que tornava difícil tolerar a ambiguidade. Essas pessoas, portanto, tendiam a ser submissas a quem tem poder sobre elas e agressivas ou punitivas em relação àqueles que consideravam inferiores a si.

Estudiosos criticaram a pesquisa por se concentrar no autoritarismo de direita e não dar atenção ao autoritarismo dogmático da esquerda. Ainda assim, sua principal conclusão sobreviveu: as tendências autoritárias, às vezes refletidas em tensões étnicas, crescem em tempos de ameaça de recessão econômica e agitação social (Doty et al., 1991; Sales, 1973). Na Rússia contemporânea, os indivíduos com altos índices de autoritarismo tenderam a apoiar um retorno à ideologia marxista-leninista e se opor à reforma democrática (McFarland et al., 1992, 1996).

Além disso, estudos contemporâneos com autoritários de direita feitos pelo psicólogo Bob Altemeyer, da Universidade de Manitoba (1988, 1992), confirmam que há indivíduos cujos medos e hostilidades vêm à tona na forma de preconceito. Seus sentimentos de superioridade moral podem andar de mãos dadas com a brutalidade em relação aos que percebem como inferiores.

Diferentes formas de preconceito – dirigido a negros, homossexuais e lésbicas, mulheres, muçulmanos, imigrantes, moradores de rua – *tendem* a coexistir nos mesmos indivíduos (Zick et al., 2008). Como conclui Altemeyer, os autoritários de direita tendem a ser "fanáticos da igualdade de oportunidades".

Particularmente impressionantes são as pessoas com elevada orientação à dominação social e à personalidade autoritária. Altemeyer (2004) relata que esses "duplos elevados" estão, previsivelmente, "entre as pessoas mais preconceituosas em nossa sociedade". O que talvez seja mais surpreendente e mais preocupante é que elas parecem apresentar as piores qualidades de cada tipo de personalidade, esforçando-se para conquistar *status*, muitas vezes de formas manipuladoras, enquanto são dogmáticas e etnocêntricas. Altemeyer argumenta que, embora sejam relativamente raras, essas pessoas estão predispostas a ser líderes de grupos de ódio.

Apesar de poderem coexistir, o autoritarismo e a orientação à dominação social parecem ter diferentes bases ideológicas. O autoritarismo parece mais relacionado à preocupação com segurança e controle, enquanto a orientação à dominação social parece mais relacionada ao *status* de grupo da pessoa (Cohrs et al., 2005). Por exemplo, uma análise comparou a relação entre esses dois construtos e o apoio à guerra no Iraque. O autoritarismo levou a apoiar a guerra ao intensificar a percepção da ameaça representada pelo Iraque aos Estados Unidos. A orientação à dominação social aumentou o apoio ao reduzir a preocupação com a possível perda de vidas. Ambos os construtos geraram maior apoio ao impulsionar o preconceito (McFarland, 2005).

RELIGIOSIDADE E PRECONCEITO

Aqueles que se beneficiam das desigualdades sociais enquanto afirmam que "todos são criados iguais" precisam justificar a manutenção das coisas como elas são. Que justificação mais poderosa do que acreditar que Deus ordenou a atual ordem social? Para todos os tipos de atos cruéis, observou William James, "a piedade é a máscara" (1902, p. 264).

Em quase todos os países, os líderes invocam a religião para santificar a ordem vigente. O uso da religião para sustentar a injustiça ajuda a explicar duas conclusões coerentes sobre o cristianismo na América do Norte: (1) membros de igrejas expressam mais preconceito racial do que não membros e (2) quem professa crenças cristãs tradicionais ou fundamentalistas expressa mais preconceito do que quem professa crenças mais progressistas (Altemeyer & Hunsberger, 1992; Batson et al., 1993; Woodberry & Smith, 1998).

Conhecer a correlação entre duas variáveis – religiosidade e preconceito – nada diz sobre sua conexão causal. Examinemos três possibilidades:

- Pode *não haver qualquer ligação*. Talvez as pessoas com menor escolaridade sejam mais fundamentalistas e mais preconceituosas. (Em um estudo com 7.070 britânicos, os que tiveram alta pontuação em testes de QI aos 10 anos expressaram mais opiniões não tradicionais e antirracistas aos 30 [Deary et al., 2008].)
- Talvez *o preconceito cause a religiosidade*, levando as pessoas a criar ideias religiosas para sustentar seus preconceitos.
- Ou talvez *a religiosidade cause o preconceito*, ao levar as pessoas a acreditar que, como todos os indivíduos possuem livre arbítrio, as minorias pobres têm culpa por sua situação.

Se a religiosidade realmente causa o preconceito, os membros mais fervorosos de religiões também deveriam ser mais preconceituosos, mas três outras constatações dão indicações coerentes do contrário.

Entre os membros de religiões, os frequentadores fiéis de igrejas foram, em 24 das 26 comparações, menos preconceituosos do que os frequentadores ocasionais (Batson & Ventis, 1982).

- Gordon Allport e Michael Ross (1967) descobriram que aqueles para quem a religião é um fim em si (os que concordam, por exemplo, com a declaração "minhas crenças religiosas são o que realmente está por trás de toda a minha postura diante da vida") expressam *menos* preconceito do que aqueles para quem a religião é mais um meio para outros fins (que concordam com "a principal razão para o meu interesse em religião é que a minha igreja é uma atividade social agradável"). Além disso, aqueles com maior pontuação no índice Gallup de "compromisso espiritual" são mais acolhedores em relação a uma pessoa de outra raça que se mude para a casa ao lado (Gallup & Jones, 1992).
- Ministros protestantes e padres católicos deram mais apoio ao movimento pelos direitos civis do que os leigos (Fichter, 1968; Hadden, 1969). Na Alemanha, 45% do clero em 1934 tinha se alinhado com a Igreja Confessional, organizada para se opor ao regime nazista (Reed, 1989).

Sendo assim, qual é a relação entre religiosidade e preconceito? A resposta que obtemos depende de *como* fazemos a pergunta. Se definirmos religiosidade como participação em uma igreja ou disposição para concordar, pelo menos superficialmente, com as crenças tradicionais, as pessoas mais religiosas são as mais preconceituosas em termos raciais. Os intolerantes muitas vezes racionalizam a intolerância com a religião, mas se avaliarmos a profundidade do compromisso religioso em qualquer de várias outras maneiras, os muito devotos são menos preconceituosos – donde as raízes religiosas do movimento moderno dos direitos civil, cujos líderes incluíam muitos ministros e padres. Foram os valores de inspiração religiosa de Thomas Clarkson e William Wilberforce ("Ama o próximo como a ti mesmo") que, há dois séculos, motivaram sua bem-sucedida campanha para acabar com o comércio de escravos e a prática da escravidão pelo Império Britânico. Como concluiu Gordon Allport, "o papel da religião é paradoxal. Ela faz e desfaz o preconceito" (1958, p. 413).

Nós temos religião suficiente para nos fazer odiar, mas não o suficiente para nos fazer amar uns aos outros.

—JONATHAN SWIFT, *THOUGHTS ON VARIOUS SUBJECTS*, 1706

CONFORMIDADE

Uma vez estabelecido, o preconceito é mantido em grande parte pela inércia. Se ele for socialmente aceito, muitas pessoas vão seguir o caminho de menor resistência e se adequar à moda. Elas vão agir não tanto a partir de uma necessidade de odiar, mas de uma necessidade de agradar e ser aceitas. Assim, as pessoas se tornam mais suscetíveis a favorecer (ou se opor) à discriminação depois de ouvir alguém fazer isso e dão menos apoio a mulheres depois de ouvir humor sexista (Ford et al., 2008; Zitek & Hebl, 2007).

Os estudos de Thomas Pettigrew (1958) sobre brancos na África do Sul e na América do Sul revelaram que, durante a década de 1950, aqueles que mais cumpriam outras normas sociais também eram mais preconceituosos; os menos conformados refletiam menos o preconceito à sua volta. O preço da não conformidade ficou dolorosamente claro para os ministros de Little Rock, no Arkansas, onde foi implementada a decisão da Suprema Corte dos Estados Unidos que acabou com a segregação nas escolas, em 1954. A maioria dos ministros era favorável à integração em privado, mas temia que defendê-la abertamente os fizesse perder membros de suas congregações e contribuições financeiras (Campbell &

Copyright © 1997 Chris Suddick Neiburger. Reproduzida com permissão.

Pettigrew, 1959). Consideremos, também, os metalúrgicos de Indiana e os mineiros de carvão de Virginia Ocidental na mesma época. Nas fábricas e nas minas, os trabalhadores aceitavam a integração; já nos bairros, a norma era segregação rígida (Minard, 1952; Reitzes, 1953). Estava claro que o preconceito não era uma manifestação de personalidades "doentes", mas simplesmente das normas sociais.

A conformidade também sustenta o preconceito de gênero. "Se pensarmos que o quarto das crianças e a cozinha são a esfera natural de uma mulher," escreveu George Bernard Shaw em um ensaio de 1891, "faremos exatamente como as crianças inglesas, que vieram a pensar que uma gaiola é a esfera natural de um papagaio – porque nunca viram um papagaio em outro lugar". As crianças que *viram* mulheres em outros lugares – filhos de mulheres que têm empregos – têm opiniões menos estereotipadas sobre homens e mulheres (Hoffman, 1977).

Em tudo isso, há uma mensagem de esperança. Se o preconceito não está profundamente arraigado na personalidade, então, à medida que a moda muda e novas normas evoluem, ele pode diminuir. E assim tem acontecido.

Apoios institucionais

As instituições sociais (escolas, governo, meios de comunicação) podem reforçar o preconceito com políticas explícitas como a segregação, ou passivamente, reforçando o *status quo*. Até a década de 1970, muitos bancos negavam rotineiramente hipotecas a mulheres solteiras e a candidatos que fossem membros de minorias, fazendo a maioria dos proprietários de imóveis ser de casais brancos. Da mesma forma, os líderes políticos podem refletir e reforçar atitudes predominantes.

Quando o governador de Arkansas, Orville Faubus, em 1957, trancou as portas da Central High School, em Little Rock, para impedir a integração, estava representando seus eleitores e legitimando as opiniões deles.

As escolas são uma das instituições mais propensas a reforçar as atitudes culturais dominantes. Uma análise das histórias em 134 livros de leitura infantis escritos antes de 1970 concluiu que as personagens masculinas eram três vezes mais numerosas do que as femininas (Women on Words and Images, 1972). Quem era retratado demonstrando iniciativa, coragem e competência? Observe a resposta neste trecho do clássico livro infantil *Dick e Jane*: Jane, esparramada na calçada, seus patins ao lado dela, ouve Mark explicar para sua mãe:

"Ela não sabe andar de patins", Mark disse.
"Eu posso ajudá-la.
Eu quero ajudá-la. Olhe para ela, mãe.
Só olhe para ela.
Ela é apenas uma garota.
Ela desiste."

As sustentações institucionais ao preconceito, como esse livro, muitas vezes são involuntárias e despercebidas. Foi só na década de 1970, quando as mudanças nas ideias sobre homens e mulheres trouxeram novas percepções desses retratos, que esses estereótipos flagrantes (para nós) foram amplamente notados e modificados.

Que exemplos contemporâneos de preconceitos institucionalizados ainda passam despercebidos? Aqui está um que a maioria de nós não percebe, embora estivesse bem diante de nossos olhos: examinando 1.750 fotografias de pessoas em revistas e jornais, Dane Archer e colaboradores (1983) descobriram que cerca de dois terços das fotos masculinas médias, mas menos da metade das fotos femininas médias, eram dedicadas a faces. Ao ampliar sua pesquisa, Archer constatou que esse "faceismo" é comum. Ele o encontrou em publicações de outros 11 países, em 920 retratos recolhidos a partir de ilustrações de seis séculos e nos desenhos amadores de estudantes da University of California, em Santa Cruz. Georgia Nigro e colaboradores (1988) confirmaram o fenômeno do faceismo em revistas, incluindo a *Ms.*

Preconceito involuntário: a pele mais clara é "normal"?

Faceismo: fotos masculinas na mídia com mais frequência mostram apenas o rosto.

Os pesquisadores suspeitam que o destaque visual dado a rostos de homens e corpos de mulheres tanto reflete quanto perpetua o preconceito de gênero. Em pesquisa realizada na Alemanha, Norbert Schwarz e Eva Kurz (1989) confirmaram que as pessoas cujos rostos têm destaque nas fotos parecem mais inteligentes e ambiciosas. Mas é melhor uma representação de corpo inteiro do que nenhuma. Ao analisar os últimos 42 anos de charges da revista *New Yorker*, Ruth Thibodeau (1989) só encontrou um exemplo em que um afro-americano aparecia em uma charge não relacionada à raça. (Mesmo hoje, por tão poucos desenhos distribuídos em rede nacional mostrarem a diversidade, é mais fácil retratá-la nas fotos deste livro do que em suas charges.)

Filmes e programas de televisão também incorporam e reforçam as atitudes culturais vigentes. Os mordomos e as empregadas afro-americanos de atitude confusa e olhos arregalados dos filmes dos anos de 1930 ajudaram a perpetuar os estereótipos que refletiam. Hoje, muitas pessoas acham essas imagens ofensivas, mas mesmo um esquete de comédia de TV moderna sobre um afro-americano propenso ao crime pode fazer, mais tarde, com que outro afro-americano, acusado de assalto, pareça mais culpado (Ford, 1997). O *rap* violento de artistas negros leva ouvintes negros e brancos a estereotipar os negros como se tivessem disposições violentas (Johnson et al., 2000). Além disso, representações sexuais de mulheres negras promíscuas no *rap* diminuem o apoio dos ouvintes a negras grávidas carentes (Johnson et al., 2009).

Resumo: Quais são as origens sociais do preconceito?

- A situação social gera e mantém preconceito de várias maneiras. Um grupo que goza de superioridade social e econômica muitas vezes utilizará as crenças preconceituosas para justificar sua posição privilegiada.
- As crianças também são criadas de maneiras que promovem ou reduzem o preconceito. A família, as comunidades religiosas e a sociedade em geral podem sustentar ou reduzir preconceitos.
- As instituições sociais (governos, escolas, meios de comunicação) também sustentam o preconceito, às vezes, por meio de políticas explícitas e outras vezes, por inércia involuntária.

Quais são as origens motivacionais do preconceito?

O preconceito pode ser gerado por situações sociais, mas a motivação é subjacente tanto às hostilidades do preconceito quanto ao desejo de não ser tendencioso. A frustração, bem como o desejo de ver seu grupo como superior, pode alimentar o preconceito. Mas, às vezes, as pessoas também têm motivação para evitá-lo.

Frustração e agressividade: a teoria do bode expiatório

Como veremos no Capítulo 10, sofrimento e frustração (o impedimento de um objetivo) muitas vezes evocam hostilidade. Quando a causa da nossa frustração é intimidante ou desconhecida, muitas vezes redirecionamos nossa hostilidade. Esse fenômeno de "agressão deslocada" pode ter contribuído para os linchamentos de afro-descendentes no Sul dos Estados Unidos após a Guerra Civil. Entre 1882 e 1930, ocorreram mais linchamentos nos anos em que os preços do algodão estavam baixos e a frustração econômica era, portanto, presumivelmente alta (Hepworth & West, 1988; Hovland & Sears, 1940). Os crimes de ódio parecem não ter flutuado com o desemprego em décadas recentes (Green et al., 1998), mas quando o padrão de vida está aumentando, as sociedades tendem a ser mais abertas à diversidade, bem como a aprovar e aplicar leis contrárias à discriminação (Frank, 1999). É mais fácil manter a paz étnica em tempos de prosperidade.

"E agora, a essa altura da reunião, eu gostaria de afastar a culpa de mim e colocá-la em outra pessoa."

Os bodes expiatórios oferecem uma saída para frustrações e hostilidades.
© The New Yorker Collection, de 1985, Michael Maslin, de cartoonbank.com. Todos os direitos reservados.

Os alvos da agressividade deslocada variam. Após a derrota na Primeira Guerra Mundial e o caos econômico que se seguiu em seu país, muitos alemães consideravam os judeus vilões. Muito antes de Hitler chegar ao poder, um líder alemão explicou: "o judeu é conveniente... Se não houvesse judeus, os antissemitas teriam que inventá-los" (citado por G. W. Allport, 1958, p. 325). Nos séculos anteriores, as pessoas descarregavam seu medo e sua hostilidade nas bruxas, as quais, por vezes, queimavam ou afogavam em público. Na nossa época, os norte-americanos que sentiram mais raiva do que medo depois do ataque de 11 de setembro de 2001 foram os que manifestaram maior intolerância aos imigrantes e pessoas do Oriente Médio (Skitka et al., 2004). As paixões provocam preconceito.

A competição é uma importante fonte de frustração que pode alimentar o preconceito. Quando dois grupos competem por empregos, habitação ou prestígio social, a realização do objetivo de um grupo pode se tornar a frustração do outro. Assim, a **teoria do conflito grupal realista** sugere que o preconceito aparece quando os grupos competem por recursos escassos (Maddux et al., 2008; Riek et al., 2006; Sassenberg et al., 2007). Um princípio ecológico correspondente, a lei de Gause, afirma que haverá competição máxima entre espécies com necessidades idênticas.

Na Europa Ocidental, por exemplo, algumas pessoas concordam, "nos últimos cinco anos, pessoas como você têm estado em situação economicamente pior do que a maioria dos [nome do grupo minoritário do país]". Essas pessoas frustradas também expressam níveis relativamente altos de preconceito ostensivo (Pettigrew & Meertens, 1995; Pettigrew et al., 2008). No Canadá, desde 1975, a oposição à imigração subiu e baixou junto com a taxa de desemprego (Palmer, 1996). Nos Estados Unidos, as preocupações com os imigrantes que tiram empregos são maiores entre quem tem renda mais baixa (AP/Ipsos, 2006; Pew, 2006). Da mesma forma, o mais forte preconceito contra os negros ocorreu entre os brancos que estão mais próximos daqueles na escada socioeconômica (Greeley & Sheatsley, 1971; Pettigrew, 1978; Tumin, 1958). Quando há choque de interesses, o resultado pode ser preconceito.

Teoria da identidade social: sentir-se superior aos outros

Os seres humanos são uma espécie que tende a estar em grupo. Nossa história ancestral nos prepara para nos alimentarmos e nos protegermos – ou seja, para viver – em grupos. Os seres humanos torcem, matam, morrem por seus grupos. Não surpreendentemente, também nos definimos de acordo com nossos grupos, observam os psicólogos sociais australianos John Turner (1981, 2001, 2004), Michael Hogg (1992, 2006, 2008) e seus colegas.

O autoconceito – nossa ideia sobre quem somos – contém não apenas uma *identidade pessoal* (nossa ideia sobre nossos próprios atributos e atitudes pessoais), mas também uma **identidade social** (Chen et al., 2006). Fiona se identifica como mulher, australiana, simpatizante do partido trabalhista, estudante da University of New South Wales, membro da família MacDonald. Carregamos essas identidades sociais como cartas de baralho, jogando-as quando necessário. Condicione estudantes norte-americanos a pensar sobre si mesmos como "norte-americanos" e eles vão apresentar mais raiva e desrespeito em relação aos muçulmanos; condicione sua identidade de "estudantes" e, diferentemente, eles sentirão mais raiva da polícia (Ray et al., 2008).

Trabalhando com o falecido psicólogo social britânico Henri Tajfel, polonês de origem que perdeu parentes e amigos no Holocausto e depois dedicou grande parte de sua carreira ao estudo do ódio étnico, Turner propôs a *teoria da identidade social*. Turner e Tajfel observaram o seguinte:

- *Nós categorizamos*: achamos que é útil colocar as pessoas, inclusive nós mesmos, em categorias. Rotular alguém como hindu, escocês ou motorista de ônibus é uma forma abreviada de dizer algumas outras coisas sobre essa pessoa.
- *Nós nos identificamos*: associamo-nos a determinados grupos (os nossos **endogrupos**) e ganhamos autoestima ao fazer isso.
- *Nós comparamos*: contrastamos nossos grupos com outros grupos (**exogrupos**), com um viés favorável ao nosso.

Avaliamos a nós mesmos, em parte, segundo nossa participação em grupos. Ter um "sentido de nós" fortalece nossos autoconceitos, nos faz *sentir* bem. Buscamos não apenas o *respeito* por nós mesmos, mas também o *orgulho* de nossos grupos (Smith & Tyler, 1997). Além disso, considerar nossos grupos como superiores nos ajuda a nos sentirmos ainda melhor. É como se todos pensássemos: "Eu sou um X [nome do seu grupo]. X é bom. Portanto, eu sou bom".

Na falta de uma identidade pessoal positiva, as pessoas muitas vezes buscam autoestima identificando-se com um grupo. Assim, muitos jovens desfavorecidos encontram orgulho, poder, segurança e identidade participando de gangues. Quando as identidades pessoais e sociais das pessoas se fundem, quando a fronteira entre o eu e o grupo se confunde, elas se tornam mais dispostas a lutar ou morrer pelo grupo (Swann et al., 2009). Muitos superpatriotas, por exemplo, definem-se segundo suas iden-

---

teoria do conflito grupal realista
Teoria de que o preconceito surge da competição entre os grupos por recursos escassos.

Quem quer que esteja insatisfeito consigo está continuamente pronto para a vingança.
—NIETZSCHE, *A GAIA CIÊNCIA*, 1882-1887

identidade social
Aspecto do autoconceito relacionado a "nós"; a parte de nossa resposta à pergunta "quem sou eu?" que vem de nosso pertencimento a grupos.

endogrupo
"Nós" – grupo de pessoas que compartilham um sentimento de pertencimento, um sentimento de identidade comum.

exogrupo
"Eles" – grupo que as pessoas percebem como distintamente diferentes ou afastadas do seu endogrupo.

tidades nacionais (Staub, 1997, 2005), e muitas pessoas em situações problemáticas encontram identidade associando-se a novos movimentos religiosos, grupos de autoajuda ou associações (Fig. 9.4).

Por causa de nossas identificações sociais, seguimos as normas do nosso grupo, sacrificando-nos pela equipe, pela família, pela nação. Quanto mais importante for a nossa identidade social e mais fortemente nos sentirmos ligados a um grupo, mais reagimos de modo preconceituoso a ameaças de outro grupo (Crocker & Luhtanen, 1990; Hinkle et al., 1992). O historiador israelense e ex-vice-prefeito de Jerusalém, Meron Benvenisti (1988), disse que, entre os judeus e os árabes de Jerusalém, a identidade social tem sido um autoconceito tão central que constantemente os lembra do que eles não são. Assim, na rua integrada onde ele morava, seus próprios filhos – para seu desânimo – "não fizeram um único amigo árabe".

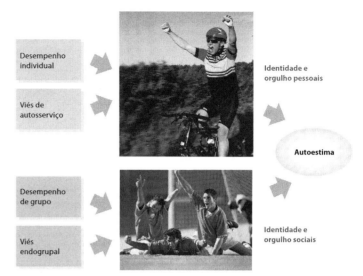

FIGURA 9.4
A identidade pessoal e a identidade social, juntas, alimentam a autoestima.

VIÉS ENDOGRUPAL

A definição de grupo sobre quem você é – gênero, raça, religião, estado civil, curso superior – implica uma definição de quem você não é. O círculo que inclui a "nós" (o endogrupo) exclui a "eles" (o exogrupo). Quanto mais se veem como turcos ou muçulmanos, menos os turcos étnicos na Holanda se veem como holandeses (Verkuyten & Yildiz, 2007).

A simples experiência de formar grupos pode promover **viés endogrupal**. Pergunte às crianças, "quem são as melhores, as crianças da sua escola ou as da [outra escola próxima]?". Praticamente todas vão dizer que a sua própria escola tem as melhores crianças. Também para os adultos, quanto mais familiares forem as coisas, melhor elas parecerão. Mais de 80% de brancos e negros dizem que as relações raciais são geralmente de boa qualidade em seus próprios bairros, mas menos de 60% as consideram boas no país como um todo (Sack & Elder, 2000). Compartilhar o aniversário com alguém já cria um vínculo suficiente para evocar cooperação reforçada em um experimento de laboratório (Miller et al., 1998).

viés endogrupal
A tendência a favorecer seu próprio grupo.

"Há uma tendência a definir o próprio grupo de forma positiva, a avaliar a si mesmo positivamente."
—JOHN C. TURNER (1984)

VIÉS ENDOGRUPAL SUSTENTA UM AUTOCONCEITO POSITIVO O viés endogrupal é mais um exemplo da busca humana por um autoconceito positivo (Capítulo 2). Quando o nosso grupo tem sucesso, podemos nos sentir melhor nos identificando mais com ele. Estudantes universitários cuja equipe acaba de vencer costumam dizer "*nós* vencemos", mas após a derrota de sua equipe, são mais propensos a dizer "*eles* perderam". O deleite com a glória alheia de um endogrupo bem-sucedido é mais forte entre aqueles que acabam de experimentar um golpe no ego, como saber que se saíram mal em um "teste de criatividade" (Cialdini et al., 1976). Também podemos nos deleitar com a glória alheia da realização de um amigo – exceto quando o amigo nos supera em algo pertinente à nossa identidade (Tesser et al., 1988). Se você se considera um excelente estudante de psicologia, provavelmente vai ter mais prazer no sucesso de um amigo em matemática.

VIÉS ENDOGRUPAL ALIMENTA O FAVORECIMENTO Somos tão conscientes de nosso pertencimento a grupos que, se tivermos qualquer desculpa para pensar sobre nós mesmos como grupo, isso vai acontecer e, assim, apresentaremos viés endogrupal. Até mesmo a formação de grupos visíveis sem qualquer base lógica, digamos, formando os grupos X e Y com o lançamento de uma moeda – produzirá algum viés endogrupal (Billig & Tajfel, 1973; Brewer & Silver, 1978; Locksley et al., 1980). No romance de Kurt Vonnegut, *Slapstick*, os computadores davam a todos um novo nome do meio; a seguir, todos os chamados "Narciso-11" sentiam unidade entre si e distância dos que se chamavam "Framboesa-13". O viés de autosserviço (Capítulo 2) entra em cena novamente, permitindo às pessoas alcançar uma identidade social mais positiva: "nós" somos melhores do que "eles", mesmo quando "nós" e "eles" são definidos aleatoriamente!

Em uma série de experimentos, Tajfel e Michael Billig (1974; Tajfel, 1970, 1981, 1982) investigaram mais a fundo quão pouco é necessário para provocar favorecimento em relação a *nós* e injustiça em relação a *eles*. Em um estudo, Tajfel e Billig fizeram adolescentes britânicos avaliar pinturas abstratas modernas e depois lhes disseram que eles e alguns outros adolescentes tinham preferido a arte de Paul Klee em relação à de Wassily Kandinsky.

Por fim, sem jamais ter encontrado os outros membros de seu grupo que preferiu Klee, cada adolescente dividiu algum dinheiro entre os membros dos grupos de Klee e Kandinsky. Neste e em outros experimentos, a definição de grupos, mesmo dessa maneira trivial, gerou favore-

Deleitando-se na glória alheia. Após o velocista jamaicano-canadense Ben Johnson vencer a corrida olímpica de 100 metros, a mídia do Canadá descreveu a vitória como de um "canadense". Depois que a medalha de ouro de Johnson lhe foi tirada por uso de esteroides, a mesma mídia sublinhou a sua identidade "jamaicana" (Stelzl et al., 2008).

"Humpf, parece que eles gostaram!"

Algo favorecido por um "exogrupo" pode ser visto por um prisma negativo.
© The New Yorker Collection, 1987, Ed Fisher, de cartoonbank.com. Todos os direitos reservados.

A nacionalidade é um sentido de pertencimento e um sentido de lugar – um prazer com a própria história, as peculiaridades do comportamento do seu povo, a música e os sons familiares do mundo ao seu redor. Eu não acho que uma determinada cultura seja melhor, apenas que é uma cultura com a qual você se sente mais à vontade.
—BILL WILSON, ATIVISTA DO PARTIDO NACIONALISTA ESCOCÊS, 2003

Pai, mãe e eu,
 irmã e tia dizemos
Todos como a gente são
 Nós, e todos os outros
 são eles
Eles moram no
 mar, enquanto nós
 moramos no chão
Mas, quem poderia acreditar?
 Eles veem a nós
Apenas como uma espécie de eles!
—RUDYARD KIPLING, 1926
(CITADO POR MULLEN, 1991)

Por meio de emocionante rivalidade e comparações de superioridade, você lança as bases da injustiça duradoura; faz com que irmãos e irmãs se odeiem.
—SAMUEL JOHNSON, CITADO EM *LIFE OF SAMUEL JOHNSON*, DE JAMES BOSWELL, 1791

administração do terror
Segundo a "teoria da administração do terror", existem respostas emocionais e cognitivas de autoproteção das pessoas diante de elementos que as lembram de sua mortalidade (incluindo aderir mais fortemente a suas visões de mundo e seus preconceitos culturais).

cimento endogrupal. David Wilder (1981) resumiu o resultado típico: "quando tiveram a oportunidade de dividir 15 pontos [valendo dinheiro], os sujeitos em geral deram 9 ou 10 pontos a seu próprio grupo e 5 ou 6 pontos ao outro".

Somos mais propensos ao viés endogrupal quando o nosso grupo é pequeno e de *status* inferior em relação ao exogrupo (Ellemers et al., 1997; Mullen et al., 1992). Quando fazemos parte de um grupo pequeno cercado por um grupo maior, somos mais conscientes de nossa participação no primeiro; quando o nosso endogrupo é a maioria, pensamos menos sobre isso. Ser estudante estrangeiro, ser homossexual ou ser de uma raça ou de gênero minoritário em algum evento social é sentir a própria identidade social mais profundamente e reagir de acordo com isso.

GOSTAR DO ENDOGRUPO INCENTIVA NECESSARIAMENTE DESGOSTAR DO EXOGRUPO? O viés endogrupal reflete (1) gostar do endogrupo, (2) não gostar do exogrupo ou ambos? Orgulho étnico causa preconceito? Uma forte identidade feminista leva as feministas a não gostar de não feministas? A lealdade a uma fraternidade universitária específica leva seus membros a depreciar membros independentes e de outras fraternidades? Ou a opção (1) é verdadeira e as pessoas simplesmente favorecem seu próprio grupo, sem qualquer animosidade pelos outros?

Há experimentos que sustentam as opções (1) e (2). Os estereótipos exogrupais prosperam quando as pessoas sentem intensamente sua identidade endogrupal, como quando estão com outros membros do endogrupo (Wilder & Shapiro, 1991). Em uma reunião de clube, sentimos mais fortemente nossas diferenças em relação a membros do outro clube. Ao prever o preconceito contra nosso grupo, depreciamos mais fortemente o outro (Vivian & Berkowitz, 1993).

Também atribuímos emoções exclusivamente humanas (amor, esperança, desprezo, ressentimento) aos membros do endogrupo e somos mais relutantes em ver essas emoções humanas nos membros de exogrupos (Demoulin et al., 2008; Leyens et al., 2003, 2007). Há um longo histórico de negação de atributos humanos a grupos externos – um processo chamado de "infra-humanização". Os exploradores europeus consideravam muitos dos povos que encontraram como selvagens governados pelo instinto animal. "Os africanos já foram comparados a macacos, os judeus, a vermes, e os imigrantes, a parasitas", observam os psicólogos sociais australianos Stephen Loughman e Nick Haslam (2007).

No entanto, o viés endogrupal resulta pelo menos igualmente da percepção de que seu próprio grupo é bom (Brewer, 2007) e de um sentimento de que os outros grupos são ruins (Rosenbaum & Holtz, 1985). Mesmo quando não há "eles" (imagine-se estabelecendo um vínculo com um punhado de companheiros sobreviventes em uma ilha deserta), pode-se vir a adorar o "nós" (Gaertner et al., 2006). Assim, parece que os sentimentos positivos para com os nossos próprios grupos não precisam se refletir em sentimentos negativos igualmente fortes para com exogrupos.

NECESSIDADE DE *STATUS*, AUTORRESPEITO E PERTENCIMENTO

O *status* é relativo: para nos percebermos como possuidores de *status*, precisamos de pessoas abaixo de nós. Assim, um benefício psicológico do preconceito, ou de qualquer sistema de *status*, é o sentimento de superioridade. A maioria de nós consegue se lembrar de uma época em que sentia satisfação secreta pelo fracasso de outro, talvez ver um irmão ou irmã punido ou um colega de classe reprovado em um teste. Na Europa e na América do Norte, o preconceito muitas vezes é maior entre quem está em um patamar baixo ou escorregando na escada socioeconômica e entre aqueles cuja autoimagem positiva está sendo ameaçada (Lemyre & Smith, 1985; Pettigrew et al., 1998; Thompson & Crocker, 1985). Em um estudo, as mulheres que eram membros de fraternidades universitárias de *status* inferior eram mais depreciativas em relação a outras fraternidades do que as que eram de fraternidades de maior *status* (Crocker et al., 1987). Talvez as pessoas cujo *status* é seguro tenham menos necessidade de se sentir superiores.

Em estudo após estudo, pensar na própria mortalidade – escrevendo um pequeno ensaio sobre morrer e as emoções despertadas por pensar sobre a morte – provoca insegurança suficiente para intensificar o favorecimento endogrupal e o preconceito exogrupal (Greenberg et al., 1990, 1994; Harmon-Jones et al., 1996; Schimel et al., 1999, Solomon et al., 2000). Um estudo concluiu que, entre os brancos, pensar na morte pode até mesmo promover simpatia por racistas que defendem a superioridade do seu grupo (Greenberg et al., 2001, 2008). Com a morte em mente, as pessoas fazem **gerenciamento do terror**. Elas se protegem da ameaça de sua própria morte depreciando aquelas que mais lhes despertam ansiedade ao questionar suas visões de mundo. Quando as pessoas já estão se sentindo vulneráveis em relação à mortalidade, o preconceito ajuda a reforçar um sistema de crenças ameaçado, mas pensar sobre a morte também pode levar as pessoas a buscar sentimentos comuns, como união e altruísmo (McGregor et al., 2001).

Lembrar as pessoas de sua morte também pode afetar o apoio a importantes políticas públicas. Antes da eleição presidencial de 2004, apresentar às pessoas sugestões relacionadas à morte, inclusive pedir-lhes para recordar suas emoções relacionadas ao ataque de 11 de setembro de 2001, ou subliminarmente expô-las a imagens relacionadas aumentava o apoio ao presidente George W. Bush e suas políticas antiterrorismo (Landau et al., 2004). No Irã, lembranças de morte aumentaram o apoio de universitários a ataques suicidas contra os Estados Unidos (Pyszczynski et al., 2006).

Tudo isso sugere que um homem que duvide de sua própria força e independência pode, proclamando que as mulheres sejam lamentavelmente fracas e dependentes, impulsionar sua imagem masculina. Na verdade, quando Joel Grube, Randy Kleinhesselink e Kathleen Kearney (1982) fizeram homens da Washington State University assistirem a vídeos de entrevistas de emprego de mulheres jovens, aqueles com autoaceitação reduzida não gostaram de mulheres fortes e não tradicionais, ao passo que os de autoaceitação elevada as preferiram. Experimentos confirmam a ligação entre autoimagem e preconceito:

A maldição das panelinhas? Será que a tendência dos estudantes do ensino médio a formar endogrupos e menosprezar exogrupos – atletas, mauricinhos, góticos, intelectuais – contribuiu para um ambiente tribal que ajudou a formar o contexto dos massacres escolares, como o da Columbine High School, no Colorado, lembrada aqui, ou em outro lugar?

afirme as pessoas e elas vão avaliar um exogrupo de forma mais positiva; ameace sua autoestima e elas vão restaurá-la denegrindo-o (Fein & Spencer, 1997; Spencer et al., 1998).

Uma equipe de pesquisa da Arizona State University afirma que a natureza de uma ameaça exogrupal influencia as percepções sobre o exogrupo (Cottrell & Neuberg, 2005; Maner et al., 2005). Por exemplo, quando a segurança do endogrupo está ameaçada, a pessoa vai ficar atenta a sinais de raiva no exogrupo. Ativando preocupações com autoproteção (p. ex., fazendo os participantes assistirem a clipes de filmes de terror), os pesquisadores descobriram que as pessoas brancas percebiam mais raiva no rosto de afro-americanos do sexo masculino e árabes.

Exogrupos desprezados também podem servir para fortalecer o endogrupo. Como exploraremos em mais profundidade no Capítulo 13, a percepção de um inimigo comum une um grupo. O espírito escolar raramente é tão forte como quando o jogo é contra o arquirrival. O sentido de companheirismo entre trabalhadores costuma ser maior quando todos sentem um antagonismo comum em relação à empresa. Para consolidar o domínio nazista sobre a Alemanha, Hitler usou a "ameaça judia". Porém, quando a necessidade de pertencimento é satisfeita, as pessoas passam a aceitar mais os exogrupos, informam Mario Mikulincer e Phillip Shaver (2001). Eles subliminarmente condicionaram alguns estudantes israelenses com palavras que promoviam um sentido de pertencimento (*amor*, *apoio*, *abraço*) e outros, com palavras neutras. A seguir, os estudantes leram um ensaio supostamente escrito por um colega judeu e outro por um estudante árabe. Quando condicionados com palavras neutras, os estudantes israelenses consideravam o ensaio do suposto estudante israelense superior ao do aluno supostamente árabe; quando os participantes foram condicionados com um sentido de pertencimento, o preconceito desapareceu.

Motivação para evitar o preconceito

As motivações não só fazem as pessoas serem preconceituosas; elas também as levam a evitar o preconceito. Por mais que tentemos suprimir pensamentos indesejados – sobre comida, sobre romance com o parceiro de um amigo, pensamentos críticos sobre outro grupo –, às vezes eles se recusam a desaparecer (Macrae et al., 1994; Wegner & Erber, 1992). Isso se aplica principalmente aos adultos mais velhos e a pessoas sob influência do álcool, que perdem parte de sua capacidade de inibir pensamentos indesejados e, portanto, de suprimir os velhos estereótipos (Bartholow et al., 2006; von Hippel et al., 2000).

Patricia Devine e colaboradores (1989, 2000, 2005) relatam que pessoas com índices altos e baixos de preconceito, por vezes, têm as mesmas respostas automáticas preconceituosas. O resultado: os pensamentos e sentimentos indesejáveis (fora de harmonia) costumam persistir. Romper com o hábito do preconceito não é fácil.

Na vida real, encontrar uma pessoa de uma minoria pode desencadear um estereótipo automático. Tanto as pessoas que aceitam quanto as que rejeitam homossexuais podem se sentir desconfortáveis sentadas ao lado de um *gay* em um ônibus (Monteith,

Não basta a gente ter sucesso; os gatos também têm que fracassar.

© The New Yorker Collection, 1997, de Leo Cullum, de cartoonbank.com. Todos os direitos reservados.

1993). Encontrando um homem negro desconhecido, as pessoas – mesmo as que se orgulham de não ser preconceituosas, podem reagir com cautela; buscando não parecer preconceituosas, podem desviar sua atenção da pessoa (Richeson & Trawalter, 2008).

Em um experimento realizado por Vanman e colaboradores (1990), as pessoas brancas assistiram a *slides* de brancos e negros, imaginaram-se interagindo com eles e avaliaram o quanto provavelmente gostariam da pessoa. Embora os participantes tenham se visto gostando mais de negros do que de brancos, seus músculos faciais contaram uma história diferente. Instrumentos revelaram que, quando aparecia um rosto negro, tendia a haver mais atividade dos músculos usados para franzir a testa do que para sorrir. Um centro de processamento de emoções no cérebro também se torna mais ativo à medida que a pessoa vê uma outra, desconhecida, de outra raça (Hart et al., 2000).

Os pesquisadores que estudam estereótipos afirmam, no entanto, que as reações preconceituosas podem ser evitadas (Crandall & Eshelman, 2003; Kunda & Spencer, 2003). A motivação para evitar o preconceito pode levar as pessoas a modificar seus pensamentos e ações. Conscientes da diferença entre a forma como *deveriam* se sentir e como *realmente se sentem*, pessoas constrangidas vão sentir culpa e tentar inibir sua resposta preconceituosa (Bodenhausen & Macrae, 1998; Dasgupta & Rivera, 2006; Zuwerink et al., 1996). Até os preconceitos automáticos diminuem, observam Devine e colaboradores (2005), quando a motivação das pessoas para evitar o preconceito é interna (porque o preconceito é errado) em vez de externa (porque elas não querem que os outros pensem mal delas).

Moral da história: não é fácil superar o que Devine chama de "hábito do preconceito". Se você está reagindo com pressuposições ou sentimentos automáticos, não se desespere, isso não é incomum. O que importa é o que você faz ao saber disso: deixa que esses sentimentos sequestrem seu comportamento ou os compensa monitorando e corrigindo o comportamento em situações futuras?

Resumo: Quais são as origens motivacionais do preconceito?

- As motivações das pessoas afetam o preconceito. A frustração gera hostilidade, que as pessoas, às vezes, descarregam em bodes expiatórios e outras vezes expressam mais diretamente contra grupos concorrentes.
- As pessoas também são motivadas a considerar a si e a seus grupos como superiores aos demais. Mesmo a participação em grupos triviais leva as pessoas a favorecerem seu grupo em detrimento dos outros. Uma ameaça à autoimagem aumenta esse favoritismo endogrupal, assim como a necessidade de pertencer.
- Um aspecto mais positivo é que, se estiverem motivadas a evitar o preconceito, as pessoas podem romper o hábito do preconceito.

Quais são as origens cognitivas do preconceito?

Lembrar como a nossa mente funciona também ajuda a entender os estereótipos e o preconceito. Como a nossa maneira de pensar sobre o mundo e de simplificá-lo influencia nossos estereótipos? E como os nossos estereótipos afetam nossas decisões?

Um olhar renovado sobre o preconceito, alimentado por um aumento nos estudos acerca dos estereótipos (Fig. 9.5) aplica novas pesquisas ao pensamento social. A questão básica é: crenças estereotipadas e atitudes preconceituosas existem não apenas por causa do condicionamento social e por permitirem que as pessoas desloquem hostilidades, mas também como subprodutos de processos normais de pensamento. Muitos estereótipos são oriundos menos de más intenções do que do funcionamento da mente. Como ilusões perceptivas, que são subprodutos de nossa habilidade de interpretação do mundo, os estereótipos podem ser subprodutos da forma como simplificamos nossos mundos complexos.

FIGURA 9.5
Número de artigos em psicologia mencionando "estereótipos" (ou uma palavra derivada) por década.
Fonte: PsycINFO.

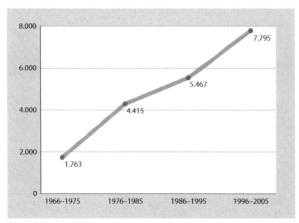

Categorização: classificar as pessoas em grupos

Uma forma de simplificar nosso ambiente é *categorizar* – organizar o mundo, juntando objetos em grupos (Macrae & Bodenhausen, 2000, 2001). Um biólogo classifica plantas e animais; um ser humano classifica pessoas. Tendo feito isso, pensamos sobre elas com mais facilidade. Se as pessoas de um grupo compartilham algumas semelhanças – se a maioria dos membros da MENSA (sociedade de pessoas com alto QI) é inteligente, a maioria dos jogadores de basquete é alta – conhecer os membros do grupo pode fornecer informação útil com um mínimo de esforço (Macrae et al., 1994). Os estereótipos, por vezes, oferecem "uma boa proporção de informações obtidas por esforço despendido" (Sherman et al., 1998). Os estereótipos representam eficiência cognitiva. Eles são sistemas de economia de energia para fazer julgamentos rápidos e prever como os outros vão pensar e agir.

CATEGORIZAÇÃO ESPONTÂNEA

Consideramos especialmente fácil e eficiente confiar em estereótipos quando estamos:

- sob pressão do tempo (Kaplan et al., 1993);
- preocupados (Gilbert & Hixon, 1991);
- cansados (Bodenhausen, 1990);
- emocionalmente excitados (Esses et al., 1993b; Stroessner & Mackie, 1993);
- muito jovens para apreciar a diversidade (Biernat, 1991).

Etnicidade e sexo são formas poderosas de categorizar pessoas. Imagine Tom, um corretor de imóveis afro-americano de 45 anos, morador de Atlanta. Suspeito que a imagem que você tem de "homem negro" predomine sobre as categorias de "meia-idade", "empresário" e "sulista norte-americano".

Experimentos expõem nossa categorização espontânea das pessoas por raça. Da mesma forma com que organizamos o que, na verdade, é um *continuum* de cor naquilo que percebemos como cores distintas, como vermelho, azul e verde, não conseguimos resistir a categorizar as pessoas em grupos. Rotulamos gente de ascendências muito diferentes simplesmente como "negros" ou "brancos", como se tais categorias existissem em preto e branco. Quando vemos pessoas diferentes fazendo declarações, muitas vezes nos esquecemos de quem disse o quê, mas nos lembramos da raça da pessoa que fez cada declaração (Hewstone et al., 1991; Stroessner et al., 1990; Taylor et al., 1978). Por si só, essa categorização não é preconceito, mas fornece uma base para ele.

Na verdade, ela é necessária para o preconceito. A teoria da identidade social sugere que aqueles que sentem intensamente a sua identidade social vão se preocupar com categorizar pessoas corretamente como *nós* ou *eles*. Para testar essa previsão, Jim Blascovich e colaboradores (1997) compararam pessoas racialmente preconceituosas (que sentem com intensidade sua identidade racial) a indivíduos não preconceituosos. Ambos os grupos foram igualmente rápidos na classificação de figuras geométricas brancas, negras e cinzas. Mas quanto tempo cada grupo levou para classificar as *pessoas* por raça? Sobretudo diante de rostos cuja raça era bastante ambígua (Fig. 9.6), as pessoas preconceituosas levaram mais tempo, com mais preocupação aparente com classificar as pessoas como "nós" (a própria raça) ou "eles" (outra raça). O preconceito requer categorização racial.

SEMELHANÇAS E DIFERENÇAS PERCEBIDAS

Imagine os seguintes objetos: maçãs, cadeiras, lápis.

Há uma forte tendência a considerar objetos que estejam inseridos dentro de um grupo como mais uniformes do que realmente são. Todas as suas maçãs eram vermelhas? Todas as cadeiras tinham encosto reto? Todos os lápis eram amarelos? Uma vez que classifiquemos dois dias no mesmo mês, eles parecem mais iguais em termos de temperatura do que o mesmo intervalo ao longo de meses. As pessoas adivinham que a diferença de temperatura média de oito dias entre, digamos, 15 e 23 de Novembro, seja menor do que a diferença de oito dias entre 30 de novembro e 8 de dezembro (Krueger & Clement, 1994).

O mesmo acontece com as pessoas. Uma vez que são inseridas em grupos – atletas, estudantes de artes cênicas, professores de matemática –, é provável que exageremos suas semelhanças internas e as diferenças entre eles (Taylor, 1981; Wilder, 1978). A mera divisão em grupos pode criar um **efeito de homogeneidade exogrupal** – a sensação de que *eles* são "todos iguais" e diferentes de "nós" e do "nosso" grupo (Ostrom & Sedikides, 1992). Como geralmente gostamos de pessoas que percebemos como semelhantes a nós e não gostamos das que percebemos como diferentes, o resultado é uma tendência ao viés endogrupal (Byrne & Wong, 1962; Rokeach & Mezei, 1966; Stein et al., 1965).

Uma simples decisão coletiva também pode levar pessoas de fora a superestimar a unanimidade de um grupo. Se um conservador ganha uma eleição nacional por uma pequena maioria, os observadores inferem que "as pessoas viraram conservadoras". Se um liberal vencesse por uma margem igualmente pequena, as atitudes dos eleitores pouco difeririam, mas os observadores atribuiriam um "clima liberal" ao país. Independentemente de uma decisão ser tomada por maioria ou por um executivo escolhido para o grupo, as pessoas tendem a presumir que ela reflete atitudes do grupo como um todo (Allison et al., 1985 a 1996). Nas eleições de 1994, nos Estados Unidos, os republicanos conquistaram maioria no Congresso, com 53% dos votos (em uma eleição em que a maior parte dos adultos não votou), gerando o que os comentaristas descreveram como uma "revolução," uma "vitória esmagadora", uma "mudança radical" na política norte-americana. Até mesmo a eleição presidencial de 2000, nos Estados Unidos, praticamente um empate, foi interpretada como um repúdio ao candidato derrotado, Al Gore, que, na verdade, teve mais votos.

Quando se trata do nosso grupo, temos mais probabilidades de enxergar diversidade:

- Muitos não europeus consideram os suíços um povo bastante homogêneo, mas, para o povo da Suíça, os suíços são diversos, abrangendo grupos falantes de francês, alemão, italiano e romanche.

efeito de homogeneidade exogrupal
Percepção sobre membros do exogrupo como mais semelhantes entre si do que os membros do endogrupo. Assim, "eles são iguais, nós somos variados".

FIGURA 9.6
Categorização racial.
Rápido: de que raça é esta pessoa? Pessoas menos preconceituosas respondem mais rapidamente, com menos preocupação aparente com a possibilidade de classificar erroneamente alguém (como se pensassem: "Quem se importa?").

As mulheres são mais parecidas entre si do que os homens.

—LORDE (E NÃO LADY) CHESTERFIELD

- Muitos anglo-americanos põem os "latinos" no mesmo grupo. Mexicano-americanos, cubano-americanos e porto-riquenhos – entre muitos outros – veem diferenças importantes (Huddy & Virtanen, 1995).
- Mulheres que participam de fraternidades universitárias percebem os membros de qualquer outra fraternidade como menos diversificados do que os membros da sua própria (Park & Rothbart, 1982).

Em geral, quanto maior a nossa familiaridade com um grupo social, mais enxergamos sua diversidade (Brown & Wootton-Millward, 1993; Linville et al., 1989). Quanto menor for a nossa familiaridade, mais estereotipamos. Além disso, quanto menor e menos poderoso for o grupo, menos lhe prestamos atenção e mais o estereotipamos (Fiske, 1993; Hancock & Rhodes, 2008; Mullen & Hu, 1989).

Talvez você tenha notado: *eles* – os membros de qualquer grupo racial diferente do seu – são até mesmo *parecidos*. Muitos de nós se envergonharão ao confundir duas pessoas de outro grupo racial e levar a pessoa cujo nome erramos a dizer: "Você acha que nós todos somos iguais". Experimentos realizados por John Brigham, June Chance, Alvin Goldstein e Roy Malpass, nos Estados Unidos, e de Hayden Ellis, na Escócia, revelaram que as pessoas de outras raças de fato *parecem* ser mais parecidas do que da raça do próprio observador (Chance & Goldstein, 1981, 1996; Ellis, 1981; Meissner & Brigham, 2001). Quando se mostram a estudantes brancos rostos de alguns indivíduos brancos e alguns negros, e se pede que identifiquem esses indivíduos em uma série de fotografias, eles apresentam um **viés da própria raça**: reconhecem com mais precisão os rostos brancos do que os negros, e muitas vezes reconhecem falsamente rostos negros que nunca viram.

viés da própria raça
A tendência das pessoas a reconhecer de forma mais precisa os rostos da sua própria raça. (Também chamado de *efeito inter-racial* ou *efeito de outra raça*.)

Como ilustra a Figura 9.7, os negros têm mais facilidade para reconhecer outro negro do que um branco (Bothwell et al., 1989). Da mesma forma, os hispânicos reconhecem mais prontamente outro latino-americano a quem viram algumas horas antes do que alguém de origem anglo-saxônica igualmente pouco conhecido (Platz & Hosch, 1988). Da mesma forma, os britânicos de origem sul-asiática são mais rápidos do que os britânicos brancos para reconhecer rostos do sul da Ásia (Walker & Hewstone, 2008), e crianças turcas de 10 a 15 anos são mais rápidas do que as austríacas no reconhecimento de rostos turcos (Sporer et al., 2007). Mesmo crianças com não mais do que 9 meses exibem um melhor reconhecimento de rostos da própria raça (Kelly et al., 2005, 2007).

Isso também acontece fora do laboratório, como concluíram Daniel Wright e colaboradores (2001) após pesquisadores negros e brancos abordarem pessoas negras e brancas em *shopping centers* sul-africanos e ingleses. Mais tarde, ao ter que identificar os pesquisadores entre várias pessoas, as pessoas reconheceram mais os de sua própria raça. Pesquisas de acompanhamento também revelam um "viés da própria idade": as pessoas reconhecem com mais precisão a outra de idade semelhante à sua (Wright & Stroud, 2002). Não é que não percebamos diferenças entre rostos de outro grupo; quando se olha um rosto de outro grupo racial, muitas vezes prestamos atenção inicialmente a feições de grupo ("aquele homem é negro") do que às individuais. Ao visualizar alguém do nosso grupo, somos menos atentos à categoria racial e aos detalhes individuais (Bernstein et al., 2007; Hugenberg et al., 2007; Shriver et al., 2008). Na verdade, nossa atenção à categoria social diferente de uma pessoa também pode estar contribuindo para um *viés da própria idade* paralelo – a tendência de crianças e idosos mais velhos a identificar com mais precisão rostos de seus próprios grupos etários (Anastasi & Rhodes, 2005, 2006). (Talvez você tenha notado que os idosos parecem mais semelhantes entre si do que os colegas que você tem na escola?)

Diferenciação: percebendo pessoas que se destacam

Outras formas de percebermos nossos mundos também geram estereótipos. Pessoas diferenciadas e ocorrências vividas ou extremas muitas vezes captam atenção e distorcem julgamentos.

FIGURA 9.7
O viés da própria raça.
Sujeitos brancos reconhecem os rostos de brancos com mais precisão do que os de negros; sujeitos da raça negra reconhecem rostos de negros com mais precisão do que os de brancos.
Fonte: a partir de P. G. Devine e R. S. Malpass, 1985.

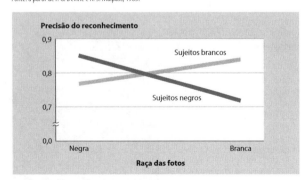

PESSOAS DIFERENCIADAS

Alguma vez você já se viu em uma situação em que fosse a única pessoa de seu gênero, raça ou nacionalidade? Se assim for, sua diferença em relação aos outros provavelmente o tornou mais perceptível e objeto de mais atenção. Um negro em um grupo em que os outros são brancos, um homem em um grupo de mulheres ou uma mulher em um grupo masculino parecem ser mais proeminentes e influentes e ter boas e más qualidades exageradas (Crocker & McGraw, 1984; Taylor et al., 1979). Quando alguém em um grupo se torna visível, tendemos a ver essa pessoa como a causa de tudo o que acontece (Taylor & Fiske, 1978). Se estamos posicionados para olhar para Joe, mesmo que seja apenas um membro médio do grupo, ele parecerá ter mais influência sobre o grupo do que a média.

Você já reparou que as pessoas também o definem por seus traços e comportamentos mais diferenciados? Informe às pessoas sobre alguém que é paraquedista e jogador de tênis, relatam Lori Nelson e Dale Miller (1995), e elas vão pensar na pessoa como paraquedista. Tendo que escolher um livro de presente para essa pessoa, vão optar por um livro sobre paraquedismo em detrimento de um livro de tênis. Uma pessoa que tem uma cobra de estimação e um cão de estimação é mais lembrada como dona da cobra do que do cão.

As pessoas também observam aquelas que contradizem expectativas (Bettencourt et al., 1997). "Como uma flor que floresce no inverno, o intelecto é mais facilmente notado onde não se espera", refletiu Stephen Carter (1993, p. 54) sobre sua própria experiência como intelectual afro-americano. Essa diferenciação percebida torna mais fácil para os candidatos a emprego altamente capazes, pertencentes a grupos de baixo *status*, serem notados, embora eles também devam se esforçar mais para provar que suas habilidades são verdadeiras (Biernat & Kobrynowicz, 1997).

Pessoas diferenciadas, como o jogador Yao Ming, do Houston Rockets, de 2,30 metros, chamam atenção.

Ellen Langer e Lois Imber (1980) habilmente demonstraram a atenção dada a pessoas diferenciadas, pedindo a estudantes de Harvard para assistirem ao vídeo de um homem lendo. Os estudantes prestaram mais atenção quando foram levados a pensar que ele era fora do comum – um paciente de câncer, homossexual ou milionário. Eles perceberam características que outros espectadores ignoraram, e sua avaliação dele foi mais extrema. Quem pensava que o homem era paciente com câncer notou características faciais e movimentos corporais diferenciados e assim o percebeu muito mais "diferente da maioria das pessoas" do que os outros espectadores. A atenção extra que prestamos a pessoas diferenciadas cria uma ilusão de que elas são mais diferentes das outras do que de fato o são. Se as pessoas achassem que você tem QI de gênio, provavelmente perceberiam coisas sobre você que, de outra forma, passariam despercebidas.

DIFERENCIAÇÃO ALIMENTA O DESCONFORTO CONSIGO MESMO Quando cercado por brancos, os negros, por vezes, detectam as pessoas reagindo a sua característica diferenciada. Muitos relatam estar sendo observados ou encarados, ser objeto de comentários insensíveis e receber maus serviços (Swim et al., 1998). Às vezes, no entanto, percebemos erroneamente os outros reagindo à nossa diferenciação. No Dartmouth College, os pesquisadores Robert Kleck e Angelo Strenta (1980) descobriram isso quando fizeram mulheres da faculdade se sentirem desfiguradas. As mulheres pensavam que o objetivo do experimento fosse avaliar como alguém reagiria a uma cicatriz no rosto, criada com maquiagem teatral; a cicatriz era na bochecha direita, do ouvido à boca. Na verdade, o objetivo era ver como as próprias mulheres, quando se fazia que se sentissem diferenciadas, perceberiam o comportamento dos outros em relação a si. Depois de aplicar a maquiagem, o pesquisador deu a cada uma um pequeno espelho de mão para que ela pudesse ver a cicatriz, que parecia verdadeira. Quando ela largava o espelho, ele aplicava algum "hidratante" para "impedir que a maquiagem rachasse." O que o "hidratante" realmente fazia era remover a cicatriz.

A cena que se seguiu foi intensa. Uma mulher jovem, sentindo-se terrivelmente desconfortável com relação ao seu rosto supostamente desfigurado, falava com outra mulher que não via essa desfiguração e nada sabia sobre o que tinha acontecido antes. Se você já se sentiu desconfortável consigo mesmo dessa forma – talvez em relação a uma deficiência física, uma acne, até mesmo um simples dia em que acorda com o cabelo desalinhado e não consegue arrumá-lo –, então talvez você possa se compadecer da mulher que se sentia desconfortável. Em comparação com mulheres que foram levadas a acreditar que seus parceiros de conversa apenas pensavam que elas tinham uma alergia, as mulheres "desfiguradas" se tornaram extremamente sensíveis à forma como os seus parceiros as estavam olhando. Elas avaliaram os parceiros como mais tensos, distantes e condescendentes. Observadores que mais tarde analisaram os vídeos sobre como os parceiros trataram as pessoas "desfiguradas" não conseguiram encontrar essas diferenças de tratamento. Desconfortáveis por se sentirem diferentes, as mulheres "desfiguradas" tinham interpretado equivocadamente gestos e comentários que não teriam notado em outras circunstâncias.

Interações intermediadas por esse desconforto, entre uma pessoa de maioria e uma de minoria podem, portanto, dar uma sensação de tensão, mesmo quando ambas são bem intencionadas (Devine et al., 1996). Tom, sabidamente homossexual, encontra Bill, tolerante, que é heterossexual e quer responder sem preconceito, mas, sentindo-se inseguro, Bill se contém um pouco. Tom, esperando atitudes negativas da maioria das pessoas, interpreta equivocadamente a hesitação de Bill como hostilidade e, por sua vez, responde com uma atitude aparentemente hostil.

Qualquer um pode experimentar esse fenômeno. Membros de grupos majoritários (em um estudo, moradores brancos de Manitoba) costumam ter crenças – "metaestereótipos" – sobre como as minorias os estereotipam (Vorauer et al., 1998). Mesmo brancos canadenses, judeus israelenses ou cristãos dos Estados Unidos relativamente sem preconceitos podem sentir que minorias exogrupais os estereotipam como preconceituosos, arrogantes ou condescendentes. Se George teme que Gamal o perceba como "o típico racista culto", ele pode se colocar na defensiva ao falar com Gamal.

DESCONFORTO POR CONSCIÊNCIA DE ESTIGMA As pessoas variam em termos de **consciência de estigma** – até onde esperam que as outras os estereotipem. Os homossexuais, por exemplo, diferem no quanto supõem que os outros "interpretem todos os meus comportamentos", em termos de sua homossexualidade (Lewis et al., 2006; Pinel, 1999, 2004).

Ver-se como vítima de preconceito generalizado tem seus altos e baixos (Branscombe et al., 1999; Dion, 1998). A desvantagem é que aqueles que se percebem como vítimas frequentes vivem com o estresse de estereótipos e antagonismo presumidos e, portanto, sentem menos bem-estar. Enquanto moraram na Europa, norte-americanos com consciência de estigma – estadunidenses que têm uma percepção de que os europeus não gostam deles – vivem mais inquietos do que aqueles que se sentem aceitos.

A vantagem é que as percepções do preconceito protegem a autoestima individual. Se alguém é desagradável, "bom, não é comigo, pessoalmente". Além disso, o preconceito e a discriminação percebidos potencializam nossos sentimentos de identidade social e nos preparam para participar da ação social coletiva.

consciência de estigma
Expectativa que uma pessoa tem de ser vítima de preconceito ou discriminação.

CASOS VÍVIDOS

Nossas mentes também usam casos diferenciados como atalho para julgar grupos. Os japoneses são bons jogadores de beisebol? "Bom, tem o Ichiro Suzuki, o Hideki Matsui e Kosuke Fukudome. Sim, eu diria que sim." Observe os processos de pensamento que atuam nesse caso: tendo experiência limitada com um determinado grupo social, lembramos de exemplos dele e generalizamos a partir desses casos (Sherman, 1996). Além disso, encontrar um exemplo de um estereótipo negativo (p. ex., um negro hostil) pode nos condicionar para o estereótipo, levando-nos a minimizar o contato com o grupo (Henderson-King & Nisbett, 1996).

Essa generalização a partir de um único caso pode causar problemas. Casos vívidos, embora mais disponíveis na memória, raramente representam o grupo mais amplo. Atletas excepcionais, embora diferenciados e destacados, não são a melhor base para se julgar a distribuição de talento atlético entre um grupo inteiro.

Os que estão em uma minoria numérica, sendo mais diferenciados, também podem ser numericamente superestimados pela maioria. Que proporção da população do seu país você diria que é muçulmana? As pessoas de países não muçulmanos costumam superestimar essa proporção. (Nos Estados Unidos, um estudo do Pew Research Center [2007a] relatou que 0,6% da população era muçulmana.)

Ou observe o relatório de uma pesquisa Gallup de 1990, de que o norte-americano médio superestimava em muito a população negra e a população hispânica dos Estados Unidos (Fig. 9.8). Uma pesquisa mais recente do instituto Gallup concluiu que o norte-americano médio achava que 21% dos homens e 22% das mulheres era homossexual (Robinson, 2002). Pesquisas repetidas sugerem que, na verdade, cerca de 3% ou 4% dos homens e 1% ou 2% das mulheres têm essa orientação (National Center for Health Statistics, 1991, Smith, 1998; Tarmann, 2002).

Myron Rothbart e colaboradores (1978) mostraram como casos diferenciados também alimentam estereótipos. Eles apresentaram a estudantes da University of Oregon 50 *slides*, cada um dos quais indicava a altura de um homem. Para um grupo de estudantes, 10 dos homens tinham pouco mais de 1,80m (até 1,85m). Para outros, esses 10 homens tinham bem mais de 1,80m (até 2,10m). Ao se perguntar, mais tarde, quantos homens tinham mais de 1,80m, quem havia visto os exemplos moderadamente altos se lembrou de 5% a mais; quem vira os exemplos extremamente altos recordou de 50% a mais. Em um experimento de acompanhamento, os alunos leram as descrições das ações de 50 homens, 10 dos

O desconforto por ser diferente afeta a forma como interpretamos o comportamento dos outros.
© Knight-Ridder/Tribune Media Information Services. Todos os direitos reservados. Reproduzida com permissão.

quais tinham cometido crimes não violentos, como falsificação, ou crimes violentos, como estupro. Dos que viram a lista com crimes violentos, a maioria superestimou o número de atos criminosos.

EVENTOS DIFERENCIADOS

Os estereótipos pressupõem uma correlação entre a participação em grupos e as características presumidas dos indivíduos ("os italianos são emotivos", "os judeus são astutos", "os contabilistas são perfeccionistas"). Mesmo sob as melhores condições, nossa atenção a ocorrências anormais pode criar correlações ilusórias. Como somos sensíveis a eventos distintos, a coocorrência de dois desses eventos é especialmente visível – mais visível do que cada uma das vezes em que os eventos incomuns *não* ocorrem juntos.

FIGURA 9.8
Superestimando populações minoritárias.
Fonte: Pesquisa Gallup 1990 (Gates, 1993).

Em um experimento clássico, David Hamilton e Robert Gifford (1976) demonstraram a correlação ilusória. Eles mostraram a estudantes *slides* em que várias pessoas, membros do "Grupo A" ou do "Grupo B," teriam feito algo desejável ou indesejável. Por exemplo, "John, membro do Grupo A, visitou um amigo doente no hospital". Duas vezes mais declarações descreviam membros do Grupo A do que do Grupo B, mas ambos os grupos tiveram nove atos desejáveis para cada quatro comportamentos indesejáveis. Uma vez que tanto o Grupo B quanto os atos indesejáveis foram menos frequentes, sua coocorrência – por exemplo, "Allen, membro do Grupo B, amassou o parachoque de um carro estacionado e não deixou seu nome" – era uma combinação incomum, que chamava a atenção das pessoas. Os estudantes, portanto, superestimaram a frequência com que o grupo (B), "minoritário", agiu indesejavelmente, e julgaram o Grupo B com mais rigor.

Lembre-se de que os membros do Grupo A eram duas vezes mais numerosos do que membros do Grupo B, e os membros do Grupo B cometeram atos indesejáveis na mesma *proporção* dos membros do grupo A (portanto, cometeram apenas metade em número). Além disso, os estudantes não tinham preconceitos anteriores a favor nem contra o Grupo B e receberam a informação de forma mais sistemática do que a experiência diária jamais a oferece. Embora debatam por que isso acontece, os pesquisadores concordam que a correlação ilusória ocorre e oferece mais uma fonte para a formação de estereótipos raciais (Berndsen et al., 2002). Assim, as características que mais distinguem uma minoria de uma maioria são aquelas que se associam a ela (Sherman et al., 2009). Seu grupo étnico ou social pode ser como outros grupos na maioria dos aspectos, mas as pessoas vão perceber aquilo em que ele difere.

Em experimentos, mesmo coocorrências únicas de um ato incomum por alguém de um grupo atípico – "Ben, testemunha de Jeová, tem um bicho-preguiça de estimação" – podem incorporar correlações ilusórias na mente das pessoas (Risen et al., 2007). Isso possibilita que os meios de comunicação alimentem correlações ilusórias. Quando alguém autodescrito como homossexual assassina ou abusa sexualmente de alguém, a homossexualidade costuma ser mencionada; quando um heterossexual faz o mesmo, a orientação sexual da pessoa raramente é citada. Da mesma forma, quando os ex-pacientes mentais Mark Chapman e John Hinckley Jr. atiraram em John Lennon e no presidente Reagan, respectivamente, as histórias mentais dos autores dos ataques ganharam atenção. Assassinos e internação mental têm, ambos, uma frequência relativamente baixa, tornando a combinação especialmente interessante. Esse tipo de descrição contribui para a ilusão de uma grande correlação entre (1) tendências violentas e (2) homossexualidade ou hospitalização mental.

Ao contrário dos estudantes que julgaram os Grupos A e B, muitas vezes temos vieses preexistentes. Outras pesquisas de David Hamilton com Terrence Rose (1980) revelaram que nossos estereótipos preexistentes podem nos levar a "ver" correlações que não existem. Os pesquisadores pediram que estudantes da Universidade da Califórnia, em Santa Barbara, lessem frases nas quais vários adjetivos descreviam membros de diferentes grupos profissionais ("Juan, contador, é tímido e pensativo"). Na realidade, cada ocupação foi descrita com a mesma frequência com cada adjetivo; contadores, médicos e vendedores foram igualmente tímidos, ricos e falantes. Os estudantes, no entanto, *pensavam* ter lido mais vezes descrições de contabilistas tímidos, médicos ricos e vendedores falantes. Seus estereótipos os levaram a perceber correlações que não existiam, ajudando a perpetuar os estereótipos.

Atribuição: O mundo é justo?

Ao explicar as ações de outras pessoas, frequentemente cometemos o erro fundamental de atribuição que foi discutido no Capítulo 3: atribuímos com tanta intensidade o comportamento dos outros a suas disposições interiores que deixamos de levar em conta importantes forças situacionais. O erro ocorre, em parte, porque nossa atenção se concentra na pessoa, e não na situação. A raça ou o sexo de uma pessoa é algo que se destaca e recebe atenção; as forças situacionais que incidem sobre aquela pessoa em geral são menos visíveis. A escravidão muitas vezes foi ignorada como explicação para o comportamento dos escravos, que era atribuído à sua própria natureza. Até recentemente, o mesmo acontecia com a forma como explicávamos as diferenças percebidas entre homens e mulheres. Como as restrições de gênero eram difíceis de ver, atribuíamos o comportamento de homens e mulheres unicamente a suas disposições inatas. Quanto mais as pessoas pressupõem que as características humanas sejam disposições fixas, mais fortes são seus estereótipos e maior sua aceitação das desigualdades raciais (Levy et al., 1998; Williams & Eberhardt, 2008).

VIÉS DE FAVORECIMENTO GRUPAL

Thomas Pettigrew (1979, 1980) mostrou como os erros de atribuição condicionam as explicações que as pessoas têm de comportamentos dos membros do grupo. Damos aos membros do nosso grupo o benefício da dúvida: "Ela fez uma doação porque tem bom coração; ele não fez porque está usando cada centavo para ajudar a mãe dele". Ao explicar atos de membros de outros grupos, é mais comum pressupormos o pior: "Ela doou para obter privilégios; ele não doou porque é egoísta". Em um estudo clássico, o empurrãozinho que os brancos percebiam como simples "brincadeira" quando dado por outro branco se tornava um "gesto violento" quando feito por um negro (Duncan, 1976).

Comportamentos positivos por parte de membros do exogrupo são mais desconsiderados, podendo ser vistos como um "caso especial" ("Ele certamente é brilhante e trabalhador, nem um pouco como outros..."), devido à sorte ou a alguma vantagem especial ("Ela provavelmente só foi admitida porque a faculdade de medicina tinha de preencher sua cota de candidatas mulheres"), como exigido pela situação ("Nessas circunstâncias, o que o escocês pão-duro poderia fazer além de pagar a conta toda?") ou como atribuído a esforço extra ("Os estudantes asiáticos tiram notas melhores porque são muito compulsivos"). Grupos desfavorecidos e grupos que enfatizam a modéstia (como os chineses) apresentam menor desse **viés de favorecimento grupal** (Fletcher & Ward, 1989; Heine & Lehman, 1997; Jackson et al., 1993).

viés de favorecimento grupal
Anular, por meio de explicações, os comportamentos positivos de membros do exogrupo; também atribuir comportamentos negativos a suas disposições (ao mesmo tempo em que se desculpam esses comportamentos de seu próprio grupo).

O viés de favorecimento grupal pode influenciar sutilmente nossa linguagem. Uma equipe de pesquisadores da Universidade de Pádua (Itália) liderada por Anne Maass (1995, 1999) descobriu que os comportamentos positivos de outro membro do endogrupo são frequentemente descritos como disposições gerais (p. ex., "Karen é prestativa"). Quando realizado por um membro do exogrupo, o mesmo comportamento costuma ser descrito como um ato específico e isolado ("Carmen abriu a porta para o homem com a bengala"). Com o comportamento negativo, a especificidade se inverte: "Eric a empurrou" (um ato isolado por um membro do endogrupo), mas "Enrique era agressivo" (uma disposição geral de um membro do exogrupo). Maass chama esse viés de favorecimento grupal de *viés linguístico intergrupal*.

Anteriormente, observamos que culpar a vítima pode justificar o *status* superior do próprio acusador (Tab. 9.1). A culpa ocorre quando as pessoas atribuem as falhas de um exogrupo a disposições dos seus membros falhos, observa Miles Hewstone (1990): "Eles falham porque são burros; nós falhamos porque não tentamos". Se mulheres, negros ou judeus foram abusados, devem ter causado isso a si de alguma forma. Quando os britânicos fizeram com que um grupo de civis alemães andassem pelo campo de concentração de Bergen-Belsen no fim da Segunda Guerra Mundial, um alemão respondeu: "Que criminosos terríveis esses prisioneiros devem ter sido para receber esse tipo de tratamento". (Esse viés de favorecimento grupal ilustra as motivações que fundamentam o preconceito, bem como a cognição. Motivação e cognição, emoção e pensamento, são inseparáveis.)

FENÔMENO DO MUNDO JUSTO

Em uma série de experimentos realizados nas universidades de Waterloo e Kentucky, Melvin Lerner e colaboradores (Lerner, 1980; Lerner & Miller, 1978) descobriram que basta *observar* uma pessoa inocente ser vitimada para fazer a vítima parecer menos digna.

Lerner (1980) observou que essa depreciação de vítimas infelizes resulta da necessidade humana de acreditar que "eu sou apenas uma pessoa vivendo em um mundo justo, um mundo onde as pessoas têm o que merecem". Desde os primórdios da infância, ele argumenta, somos ensinados que o bem é recompensado, e o mal, punido.

Pensamento baseado em um mundo justo? Algumas pessoas argumentaram contra dar direitos legais a prisioneiros norte-americanos na prisão de Guantanamo, que abrigava supostos combatentes do Afeganistão e do Iraque. Um argumento era de que essas pessoas não estariam confinadas ali se não tivessem feito coisas horríveis, então por que permitir que defendessem sua inocência nos tribunais dos Estados Unidos?

Esforço e virtude rendem dividendos; preguiça e imoralidade, não. A partir disso, falta pouco para se pressupor que aqueles que prosperam devem ser bons e aqueles que sofrem devem merecer o destino que têm.

Numerosos estudos confirmaram esse **fenômeno do mundo justo** (Hafer & Bègue, 2005). Imagine que você, junto com outras pessoas, esteja participando de um dos estudos de Lerner, supostamente sobre a percepção de estímulos emocionais (Lerner & Simmons, 1966). Um dos participantes, um membro da equipe do experimento, é selecionado por sorteio para realizar uma tarefa de memória. Essa pessoa recebe choques dolorosos sempre que dá uma resposta errada. Você e os outros observam suas reações emocionais.

Depois de assistir à vítima receber esses choques aparentemente dolorosos, o experimentador pede que você a avalie. Como você responderia? Com solidariedade compassiva? Poderíamos esperar isso. Como escreveu Ralph Waldo Emerson:

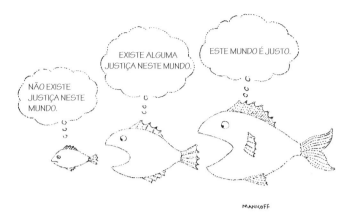

O fenômeno do mundo justo.
© The New Yorker Collection, 1981, Robert Mankoff, de cartoonbank.com. Todos os direitos reservados.

"O mártir não pode ser desonrado". Pelo contrário, nesses experimentos, os mártires *foram* desonrados. Quando os observadores estavam impotentes para alterar o destino da vítima, muitas vezes a rejeitavam e a desvalorizavam. Juvenal, o satirista romano, previu estes resultados: "A multidão romana segue a bem-aventurança... e odeia aqueles que foram condenados".

Linda Carli e colaboradores (1989, 1999) relatam que o fenômeno do mundo justo condiciona nossas impressões das vítimas de estupro. Carli fez as pessoas lerem descrições detalhadas das interações entre um homem e uma mulher. Em um cenário, uma mulher e seu chefe se encontram para jantar, vão para a casa dele e cada um toma um copo de vinho. Algumas interpretam esse cenário com um final feliz: "Aí ele me levou para o sofá, segurou minha mão e me pediu para casar com ele". Em retrospectiva, as pessoas consideram o final surpreendente e admiram os traços de caráter do homem e da mulher. Outras interpretam o mesmo cenário com um final terrível: "Mas aí, ele ficou muito grosseiro e me empurrou para o sofá. Ele me segurou no sofá e me estuprou". Com esse final, as pessoas consideram o estupro inevitável e culpam a mulher pelo comportamento provocativo, que parece irrepreensível no primeiro cenário.

Essa linha de pesquisa sugere que as pessoas são indiferentes à injustiça social não porque não tenham qualquer preocupação com a justiça, mas porque não veem a injustiça. As que pressupõem um mundo justo acreditam que as vítimas de estupro devem ter se comportado de forma sedutora (Borgida & Brekke, 1985), que os cônjuges agredidos devem ter provocado seus espancamentos (Summers & Feldman, 1984), que as pessoas pobres não merecem coisa melhor (Furnham & Gunter, 1984) e que os doentes são responsáveis por suas doenças (Gruman & Sloan, 1983). Essas crenças permitem às pessoas de sucesso se tranquilizar de que elas, também, merecem o que têm. Os ricos e saudáveis podem considerar sua própria sorte, e o azar dos outros, justamente merecidos. Ligar a boa sorte à virtude e a infelicidade a falhas morais permite aos afortunados sentir orgulho e evitar responsabilidades pelos infelizes.

As pessoas detestam um perdedor, mesmo quando é óbvio que a desgraça do perdedor decorre substancialmente de má sorte. As crianças, por exemplo, tendem a ver a outra que têm sorte – como alguém que encontrou dinheiro na rua – com mais probabilidade de fazer coisas boas e ser uma boa pessoa se comparada a uma criança sem sorte (Olson et al., 2008). Os adultos *sabem* que os resultados de jogos de azar são apenas boa ou má sorte e não deveriam afetar suas avaliações sobre o jogador. Ainda assim, não conseguem resistir ao papel de esportistas de dia seguinte e julgar as pessoas por seus resultados. Ignorando o fato de que as decisões razoáveis podem trazer resultados ruins, julgam os perdedores como menos competentes (Baron & Hershey, 1988). Os advogados e os investidores do mercado de ações podem igualmente se julgar por seus resultados, tornando-se presunçosos após sucessos e se censurando após fracassos. O talento e a iniciativa são importantes, mas a suposição do mundo justo desconsidera os fatores incontroláveis que podem descarrilar os bons esforços até mesmo de pessoas talentosas.

fenômeno do mundo justo
Tendência das pessoas a acreditar que o mundo é justo e que, portanto, cada um recebe o que merece e merece o que recebe.

A ilustração clássica do "pensamento do mundo justo" vem da história do Antigo Testamento, de Jó, uma pessoa boa que sofre terrível infortúnio. Os amigos de Jó supõem que, sendo este um mundo justo, Jó deve ter feito algo de ruim para provocar sofrimento tão terrível.

TABELA 9.1 Como as identidades sociais autopotencializantes sustentam os estereótipos

	Endogrupo	Exogrupo
Atitude	Favorecer	Denegrir
Percepções	Heterogeneidade (nós somos diferentes)	Homogeneidade (eles são parecidos)
Comportamento negativo atribuído a	Situações	Disposições

Resumo: Quais são as origens cognitivas do preconceito?

- Pesquisas recentes mostram como os estereótipos que estão na base do preconceito são um subproduto do nosso pensamento – nossas maneiras de simplificar o mundo. Agrupar pessoas em categorias exagera a uniformidade interna de um grupo e as diferenças entre grupos.
- Um indivíduo diferenciado, como uma pessoa solitária, membro de uma minoria, tem uma qualidade atrativa que nos torna cientes de diferenças que poderiam passar despercebidas. A ocorrência de dois eventos diferenciados (p. ex., uma pessoa de minoria cometer um crime incomum) ajuda a criar uma *correlação ilusória* entre pessoas e comportamentos. Atribuir o comportamento dos outros a suas disposições pode levar ao *viés de favorecimento grupal*: comportamento negativo dos membros do exogrupo atribuído a seu caráter natural enquanto se desconsideram, por meio de explicações, seus comportamentos positivos.
- Culpar a vítima resulta da presunção comum de que, como o mundo é justo, as pessoas têm o que merecem.

Quais são as consequências do preconceito?

Para além das causas do preconceito, é importante analisar suas consequências. Os estereótipos podem ser autoperpetuantes – sua existência pode impedir sua mudança. Os estereótipos também podem criar sua própria realidade. Mesmo que sejam inicialmente falsos, sua existência pode torná-los realidade. As alegações negativas do preconceito também podem prejudicar o desempenho das pessoas e afetar a maneira como elas interpretam a discriminação.

Estereótipos autoperpetuantes

O preconceito é um juízo preconcebido. Os prejulgamentos são inevitáveis: nenhum de nós é um contabilizador desapaixonado dos acontecimentos sociais, registrando evidências a favor e contra nossos vieses.

Os preconceitos orientam a nossa atenção e as nossas memórias. As pessoas que aceitam os estereótipos de gênero, muitas vezes, têm lembranças equivocadas de suas próprias notas escolares, de formas coerentes com os estereótipos. Por exemplo, as mulheres costumam se lembrar de tirar notas piores em matemática e melhores em artes do que realmente aconteceu (Chatard et al., 2007).

Além disso, uma vez que julguemos um item como pertencente a uma categoria, por exemplo, uma determinada raça ou sexo, nossa memória em relação a ele se desloca posteriormente às características que associamos a esta. Johanne Huart e colaboradores (2005) demonstraram isso apresentando a estudantes universitários belgas um rosto que era uma mistura de 70% das feições de um homem típico e 30% de uma mulher (ou vice-versa). Mais tarde, os que haviam visto o rosto que era 70% masculino se lembraram de ter visto um homem (como seria de esperar), mas também se enganaram dizendo que o rosto era ainda mais prototipicamente masculino (como, por exemplo, o rosto 80% masculino mostrado na Fig. 9.9).

> Os rótulos funcionam como sirenes gritando, ensurdecendo-nos a todas as discriminações mais refinadas que poderíamos perceber.
> —GORDON ALLPORT, A *NATUREZA DO PRECONCEITO*, 1954

Os preconceitos são autoperpetuantes. Sempre que um membro de um grupo se comporta como esperado, nós devidamente notamos o fato; nossa crença anterior é confirmada. Quando um membro de um grupo se comporta de forma incoerente com nossa expectativa, podemos interpretar ou desconsiderar, por meio de explicações, o comportamento como devido a circunstâncias especiais (Crocker et al., 1983). O contraste com um estereótipo também pode fazer alguém parecer excepcional. Dizer a algumas pessoas que "Maria jogava basquete" e a outras que "Mark jogava basquete" pode fazer Maria parecer mais atlética do que Mark (Biernat, 2003). Os estereótipos, portanto, influenciam a forma como interpretamos o comportamento de alguém (Kunda & Sherman-Williams, 1993; Sanbonmatsu et al., 1994; Stangor & McMillan, 1992). Apresente a pessoas brancas estímulos com imagens negativas de pessoas negras na mídia (p. ex., saques após o furacão Katrina) e o estereótipo ativado pode ser venenoso. Em um experimento, esse tipo de imagem produziu redução da empatia em relação a outras pessoas negras necessitadas (Johnson et al., 2008).

Talvez você também possa se lembrar de uma época em que, mesmo tentando, não conseguia superar a opinião que alguém tinha a seu respeito, uma época em que, não importando o que você fizesse, era mal interpretado. As más interpretações são prováveis quando alguém *espera* uma interação desagradável com você (Wilder & Shapiro, 1989). William Ickes e colaboradores (1982) demonstraram isso em um experimento com pares de homens em idade universitária. Quando eles chegaram, os pesquisadores falsamente disseram a um membro de cada par de que a outra pessoa era "uma das pessoas mais indelicadas com quem falei ultimamente". A seguir, os dois eram apresentados e deixados a sós por cinco minutos. Estudantes em outra condição do experimento eram levados a pensar que o outro participante era excepcionalmente delicado.

Quando as pessoas rompem seus estereótipos, nós os salvamos dividindo e separando um novo estereótipo de subgrupo, como "atletas olímpicos seniores".

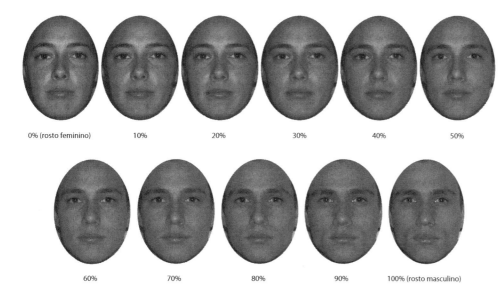

FIGURA 9.9
A categorização influencia as memórias.
Vendo um rosto que era de 70% masculino, as pessoas geralmente classificaram a pessoa como homem e, em seguida, recordavam o rosto como mais típico de homem do que ele era (Huart et al., 2005).

Pessoas em ambas as condições foram amigáveis com o novo conhecido. Na verdade, as que esperavam que ele fosse *in*delicado se esforçaram para ser delicadas, e seus sorrisos e outros comportamentos amigáveis provocaram uma resposta cordial. Mas, diferentemente dos estudantes positivamente condicionados, os que esperavam uma pessoa indelicada atribuíram essa delicadeza recíproca ao tratamento "com luvas de pelica" que lhes deram. Posteriormente, expressaram mais desconfiança e antipatia pela pessoa e avaliaram seu comportamento como menos delicado. Apesar da simpatia real de seu parceiro, o viés negativo induziu esses estudantes a "ver" hostilidades que se ocultavam sob seus "sorrisos forçados". Eles nunca teriam visto isso se não tivessem acreditado.

Nós observamos informações extremamente incoerentes com um estereótipo, mas até mesmo essas informações têm menos impacto do que se poderia esperar. Quando nos concentramos em um exemplo atípico, podemos salvar o estereótipo separando uma nova categoria (Brewer & Gaertner, 2004; Hewstone, 1994; Kunda & Oleson, 1995, 1997). A imagem positiva que as crianças britânicas em idade escolar formam dos simpáticos policiais que trabalham nas escolas (que elas percebem como uma categoria especial) não melhora a imagem que têm dos policiais em geral (Hewstone et al., 1992). Essa **subclassificação** – considerar pessoas que se desviam como exceções – ajuda a manter o estereótipo de que os policiais são hostis e perigosos. Uma maneira diferente para acomodar a informação incoerente é formar um novo estereótipo para aqueles que não se encaixam. Reconhecendo que o estereótipo não se aplica a todos da categoria, os proprietários de casas que têm vizinhos negros "desejáveis" podem formar um estereótipo novo e diferente sobre "negros profissionais de classe média". Este **subagrupamento** – a formação de um estereótipo de subgrupo – tende a levar a mudanças modestas no estereótipo à medida que ele se torna mais diferenciado (Richards & Hewstone, 2001). Os subtipos são exceções ao grupo; os subgrupos são reconhecidos como uma parte do grupo geral.

subclassificação
Acomodar os indivíduos que se desviam de um estereótipo ao pensar neles como "exceções à regra".

subagrupamento
Acomodar os indivíduos que se desviam de um estereótipo ao formar um novo estereótipo sobre esse subconjunto do grupo.

Impacto da discriminação: a profecia autorrealizável

As atitudes podem coincidir com a hierarquia social, não só como uma racionalização para ela, mas também porque a discriminação afeta suas vítimas. Gordon Allport escreveu: "Não há como martelar, martelar, martelar a reputação de alguém na cabeça da pessoa sem causar algum efeito em seu caráter" (1958, p. 139). Se pudéssemos estalar os dedos e acabar com toda a discriminação, seria ingênuo para a maioria branca dizer aos negros: "Os tempos de crise acabaram, pessoal! Agora todos vocês podem ser executivos e profissionais carregando suas pastas". Quando a opressão termina, seus efeitos perduram, como uma ressaca social.

Em *A natureza do preconceito*, Allport catalogou 15 possíveis efeitos da vitimização. Ele acreditava que essas reações eram redutíveis a dois tipos básicos: aquelas que envolvem culpar a si mesmo (retraimento, ódio de si, agressão contra seu próprio grupo) e as que envolvem culpar causas externas (reagir, desconfiar, sentir maior orgulho de grupo). Se a vitimização tem um preço, digamos, maiores índices de criminalidade, as pessoas podem usar o resultado para justificar a discriminação: "Se deixarmos as pessoas entrarem no nosso bairro tão bonito, o valor das propriedades vai despencar".

A discriminação, de fato, afeta suas vítimas? Devemos ter cuidado para não exagerar a questão. A alma e o estilo da cultura negra são, para muitos, um legado de orgulho, e não apenas uma resposta à vitimização (Jones, 2003). No entanto, as crenças sociais podem ser autoconfirmadoras, como demonstrado em um par de experimentos inteligentes de Carl Word, Zanna Marcos e Joel Cooper

É compreensível que pessoas reprimidas desenvolvam uma intensa hostilidade para com uma cultura cuja existência elas tornam possível com seu trabalho, mas em cuja riqueza têm muito pouca participação.

—SIGMUND FREUD, *O FUTURO DE UMA ILUSÃO*, 1927

(1974). No primeiro deles, voluntários brancos do sexo masculino da Universidade de Princeton entrevistaram assistentes de pesquisa brancos e negros que se apresentavam como candidatos a emprego. Quando o candidato era negro, os entrevistadores se sentavam mais distantes, terminavam a entrevista 25% mais cedo e cometiam 50% mais erros de fala do que quando o candidato era branco. Imagine ser entrevistado por alguém que se sentasse distante, gaguejasse e terminasse a entrevista rapidamente. Isso afetaria seu desempenho ou os seus sentimentos sobre o entrevistador?

Para descobrir isso, os pesquisadores realizaram um segundo experimento no qual entrevistadores treinados tratavam as pessoas como os entrevistadores do primeiro experimento tinham tratado os candidatos brancos ou negros. Ao se avaliarem posteriormente as fitas de vídeo das entrevistas, aqueles que foram tratados como os negros no primeiro experimento pareciam mais nervosos e menos eficazes. Além disso, os próprios entrevistados sentiam uma diferença; os que foram tratados como os negros consideraram seus entrevistadores menos adequados e menos delicados. Os pesquisadores concluíram que parte "do 'problema' de desempenho dos negros reside... dentro do cenário de interação, em si." Como acontece com outras profecias autorrealizadoras (lembre-se do Capítulo 3), o preconceito afeta seus alvos.

> Se prevemos o mal em nossos semelhantes, tendemos a provocá-lo; no caso do bem, o elicitamos.
> —GORDON ALLPORT, *A NATUREZA DO PRECONCEITO*, 1958

Ameaça do estereótipo

Basta sermos sensíveis ao preconceito para que nos sintamos desconfortáveis conosco mesmos ao viver como minoria numérica – talvez como um negro em uma comunidade branca ou como branco em uma comunidade negra. E, como em outras circunstâncias que drenam a nossa energia mental e nossa atenção, o resultado pode ser menos força física e mental (Inzlicht et al., 2006). Colocado em uma situação em que os outros esperam que você tenha um mau desempenho, sua ansiedade também pode fazer você confirmar a crença. Sou um cara baixinho na faixa dos 60 anos. Quando eu entro em um jogo de basquete no parque com jogadores maiores e mais jovens, presumo que eles esperem que eu seja um problema para o time, e isso tende a minar minha confiança e meu desempenho. Claude Steele e colaboradores chamam esse fenômeno de **ameaça do estereótipo** – uma apreensão autoconfirmadora de que se vai ser avaliado com base em um estereótipo negativo (Steele, 1997; Steele et al., 2002; ver também reducingstereotypethreat.org).

ameaça do estereótipo
Preocupação perturbadora, diante de um estereótipo negativo, de que se vai ser avaliado com base nesse estereótipo. Ao contrário de profecias autorrealizadoras que martelam a reputação da pessoa em seu autoconceito, as situações de ameaças do estereótipo têm efeitos imediatos.

> Aula de matemática é difícil!
> —BONECA BARBIE QUE "FALA COMO ADOLESCENTE" (POSTERIORMENTE RETIRADA DO MERCADO)

Em vários experimentos, Steven Spencer, Claude Steele e Diane Quinn (1999) deram uma prova de matemática muito difícil a estudantes dos sexos masculino e feminino que tinham históricos parecidos em matemática. Quando lhes disseram que *não* havia diferenças de gênero no teste nem qualquer avaliação de estereótipo de grupo, o desempenho das mulheres foi igual ao dos homens. Quando lhes disseram que *havia* uma diferença de gênero, as mulheres confirmaram intensamente o estereótipo (Fig. 9.10). Frustradas pelas perguntas extremamente difíceis do teste, elas pareceram sentir mais apreensão, o que prejudicou seu desempenho.

Os meios de comunicação podem provocar ameaças de estereótipo. Paul Davies e colaboradores (2002, 2005) fizeram mulheres e homens assistirem a uma série de comerciais, na expectativa de serem testados quanto à sua memória para detalhes. Para metade dos participantes, os comerciais continham apenas estímulos neutros; para a outra metade, alguns dos comerciais continham imagens de mulheres do tipo "cabeça oca."

Depois de ver as imagens estereotipadas, as mulheres não só tiveram um desempenho pior do que os homens em uma prova de matemática, mas também relataram menos interesse em obter um diploma de matemática ou ciências ou desenvolver uma carreira nessas áreas.

Os estereótipos raciais poderiam ser igualmente autorrealizantes? Steele e Joshua Aronson (1995) deram testes difíceis de habilidades verbais a brancos e negros. Os negros só tiveram desempenho inferior aos brancos quando fizeram os testes sob condições de elevada ameaça de estereótipo. Jeff Stone e colaboradores (1999) relatam que a ameaça do estereótipo também afeta o desempenho atlético. Os negros só tiveram resultados piores do que o habitual quando uma tarefa de golfe foi apresentada como um teste de "inteligência esportiva", e os brancos, quando era um teste de "capacidade atlética natural". "Quando as pessoas estão lembradas de um estereótipo negativo sobre si mesmas – 'brancos não sabem jogar basquete' ou 'negros não sabem pensar' –, isso pode afetar negativamente o desempenho", conjecturou Stone (2000).

Se você diz a estudantes que eles estão em risco de fracassar (como muitas vezes é sugerido por programas de apoio a minorias), o estereótipo pode corroer o desempenho deles, diz Steele (1997), pode levá-los a se "desidentificar" com a escola e buscar a autoestima em outro lugar (Fig. 9.11). Na verdade, à medida que estudantes afro-americanos pas-

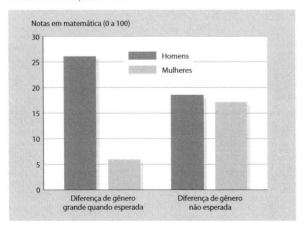

FIGURA 9.10
Vulnerabilidade ao estereótipo e desempenho de mulheres em matemática.
Steven Spencer, Claude Steele e Diane Quinn (1999) deram uma prova de matemática difícil a homens e mulheres igualmente capazes. Quando os participantes foram levados a acreditar que havia diferenças de gênero no teste, as mulheres tiveram pontuações mais baixas do que os homens. Quando a ameaça de confirmar o estereótipo foi cancelada (quando as diferenças de gênero não eram esperadas), as mulheres se saíram tão bem quanto os homens.

sam da 8ª à 10ª série, a conexão entre seu desempenho escolar e sua autoestima se fragiliza (Osborne, 1995).

Além disso, estudantes que são levados a pensar que se beneficiam de preferências de gênero ou raça ao ser admitidos em uma faculdade ou grupo acadêmico tendem a ficar aquém daqueles que são levados a se sentir competentes (Brown et al., 2000).

Portanto, é melhor desafiar os estudantes a acreditar em seu potencial, observa Steele. Em outro experimento de sua equipe de pesquisa, estudantes negros responderam bem à crítica a seus textos quando se lhes disse: "Eu não me daria o trabalho de lhe dar esse retorno se não achasse, com base no que eu li em sua carta, que você é capaz de atingir o padrão mais alto que eu mencionei" (Cohen et al., 1999).

Como a ameaça estereótipo prejudica o desempenho? De três formas, afirmam Topni Schmader, Michael Johns e Chad Forbes (2008):

- *Estresse*. Exames cerebrais com ressonância magnética sugerem que o estresse da ameaça do estereótipo prejudica a atividade cerebral associada ao processamento matemático e aumenta a atividade nas áreas associadas ao processamento de emoções (Derks et al., 2008; Krendl et al., 2008; Wraga et al., 2007).
- *Automonitoramento*. A preocupação com cometer erros perturba a atenção concentrada (Keller & Dauenheimer, 2003; Seibt & Forster, 2004).
- *Supressão de pensamentos e emoções indesejados*. O esforço necessário para que a pessoa regule o pensamento drena energia e perturba a memória de trabalho (Bonnot & Croizet, 2007).

Se as ameaças do estereótipo podem atrapalhar o desempenho, os estereótipos positivos poderiam melhorá-lo? Margaret Shih, Todd Pittinsky e Nalini Ambady (1999) confirmaram essa possibilidade. Quando foram feitas, a mulheres asiático-americanas, perguntas biográficas que as lembravam de sua identidade de gênero antes de fazer um teste de matemática, seu desempenho caiu (em comparação a um grupo-controle). Ao serem lembradas igualmente de sua identidade asiática, seu desempenho melhorou. Estereótipos negativos atrapalham o desempenho, e os estereótipos positivos, ao que parece, facilitam-no (Rydell et al., 2009).

FIGURA 9.11
Ameaça de estereótipo.
A ameaça de enfrentar um estereótipo negativo pode gerar déficits de desempenho e desindentificação.

Os estereótipos condicionam os julgamentos dos indivíduos?

Sim, os estereótipos condicionam os julgamentos, mas há uma boa notícia: *as pessoas costumam avaliar os indivíduos de forma mais positiva do que os grupos que eles compõem* (Miller & Felício, 1990). Anne Locksley, Eugene Borgida e Nancy Brekke concluíram que, quando alguém conhece uma pessoa, "os estereótipos podem ter mínimo ou nenhum impacto sobre os julgamentos acerca dessa pessoa" (Borgida et al., 1981; Locksley et al., 1980, 1982). Eles descobriram isso dando a estudantes da University of Minnesota informações que descreviam incidentes recentes na vida de "Nancy". Em uma suposta transcrição de uma conversa telefônica, Nancy contou a um amigo como respondera a três situações

POR DENTRO DA HISTÓRIA | Claude Steele sobre a ameaça do estereótipo

Durante uma reunião do comitê sobre diversidade no *campus*, na University of Michigan, no final da década de 1980, observei um fato interessante: a cada nível de resultado do SAT (teste de aptidão escolar) passível de admissão na universidade, estudantes de minorias estavam tirando notas mais baixas do que seus colegas que não eram de minorias. Logo, Steven Spencer, Joshua Aronson e eu constatamos que o fenômeno era nacional, que acontecia na maioria das faculdades e com outros grupos cujas habilidades eram negativamente estereotipadas, como mulheres em aulas de matemática avançada. Esse baixo desempenho não era causado por diferenças de preparação nos grupos. Acontece em todos os níveis de preparação (segundo medido por SATs).

Posteriormente, geramos esse baixo desempenho em laboratório simplesmente fazendo pessoas motivadas executarem uma tarefa difícil em um domínio no qual seu grupo fosse negativamente estereotipado. Também concluímos que poderíamos eliminar esse mau desempenho tornando a mesma tarefa irrelevante ao estereótipo, eliminando a "ameaça do estereótipo", como passamos a chamá-la. Esta última descoberta gerou mais pesquisas: descobrir como reduzir a ameaça do estereótipo e seus efeitos nocivos. Por meio deste trabalho, entendemos duas coisas importantes: primeira, a importância do contexto de vida na formação do funcionamento psicológico; segunda, a importância das identidades sociais como idade, raça e gênero na formação desse contexto.

Claude Steele

As pessoas às vezes mantêm preconceitos gerais (p. ex., contra homossexuais), sem aplicá-los a determinadas pessoas a quem conhecem e respeitam, como Ellen DeGeneres.

diferentes (p. ex., ser assediada por um tipo decrépito enquanto fazia compras). Alguns dos estudantes leram transcrições que mostravam Nancy respondendo assertivamente (dizendo ao tipo decrépito que fosse embora); outros leram uma descrição de respostas passivas (simplesmente ignorando a pessoa até que ela se afastasse). Outros estudantes, por sua vez, receberam a mesma informação, só que a pessoa foi chamada de "Paul" em vez de Nancy. Um dia depois, os alunos previram como Nancy (ou Paul) responderia a outras situações.

Saber o sexo da pessoa tem qualquer efeito sobre essas previsões? Nenhum. As expectativas sobre a assertividade só foram influenciadas pelo que os alunos tinham ficado sabendo sobre o indivíduo no dia anterior. Nem mesmo suas avaliações de masculinidade e feminilidade foram afetadas por saber o sexo da pessoa. Os estereótipos de gênero haviam sido deixados de lado, e os alunos avaliaram Nancy e Paul como indivíduos.

Um princípio importante discutido no Capítulo 3 explica essa conclusão. Considerando-se (1) informação geral (básica) sobre um grupo e (2) informação trivial, mas vívida, sobre um determinado membro do grupo, a segunda geralmente supera o efeito da primeira. Isso se aplica especialmente quando a pessoa não se encaixa em nossa imagem do membro típico do grupo (Fein & Hilton, 1992; Lord et al., 1991). Por exemplo, imagine-se ouvindo uma descrição de como a maioria das pessoas realmente se comportou em um experimento sobre conformidade e depois assistindo a uma breve entrevista com um dos supostos participantes. Você reagiria como o típico espectador – adivinhando o comportamento da pessoa a partir da entrevista, ignorando a informação básica sobre como a maioria das pessoas realmente se comportou?

Muitas vezes, as pessoas acreditam nesses estereótipos, mas os ignoram quando recebem informações personalizadas e curiosas. Assim, muitas pessoas acreditam que "os políticos são ladrões", mas "o nosso senador Jones é honesto". Não é de admirar que muitas pessoas tenham uma má opinião dos políticos, mas votem para reeleger seus próprios representantes, e que alguns norte-americanos brancos que sentiam desconfiança geral com relação a negros tenham passado a confiar e apoiar um candidato presidencial negro ao conhecê-lo.

Essas descobertas resolvem um conjunto intrigante de constatações examinadas no início deste capítulo. Sabemos que os estereótipos de gênero (1) são fortes, mas (2) têm pouco efeito nos julgamentos das pessoas sobre trabalhos atribuídos a um homem ou a uma mulher. Agora vejamos por quê. As pessoas podem ter fortes estereótipos de gênero, mas os ignoram ao julgar um indivíduo em particular.

ESTEREÓTIPOS FORTES SÃO IMPORTANTES

No entanto, estereótipos *fortes* e aparentemente relevantes influenciam nossos julgamentos sobre indivíduos (Krueger & Rothbart, 1988). Quando Thomas Nelson, Monica Biernat e Melvin Manis (1990) fizeram que estudantes estimassem as alturas de homens e mulheres retratados individualmente, os estudantes consideraram os homens individuais mais altos do que as mulheres – mesmo quando suas alturas eram iguais, mesmo quando foram informados de que sexo não indica altura nessa amostra e mesmo quando receberam oferta de recompensas em dinheiro se fossem precisos.

Em um estudo de acompanhamento, Nelson, Michele Acker e Manis (1996) mostraram a estudantes da University of Michigan fotos de outros estudantes das faculdades de engenharia e enfermagem da universidade, junto com descrições dos interesses de cada aluno. Mesmo quando foram informados de que a amostra continha um número igual de homens e mulheres de cada faculdade, à mesma descrição se atribuíram mais probabilidades de que viesse de uma estudante de enfermagem quando estava relacionada a um rosto feminino. Assim, mesmo quando se sabe que é irrelevante, um forte estereótipo de gênero tem uma força irresistível.

ESTEREÓTIPOS CONDICIONAM AS INTERPRETAÇÕES

Os estereótipos também influenciam a forma como interpretamos os acontecimentos, observam David Dunning e David Sherman (1997). Quando se diz às pessoas "alguns acharam que as declarações do político eram falsas", elas irão inferir que o político estava mentindo; quando se diz "alguns acharam que as declarações do físico eram falsas", elas apenas inferem que o físico se enganou. Ao ouvir que dois indivíduos tiveram uma briga, as pessoas percebem como uma briga de socos se souberem que envolveu dois lenhadores, mas como uma briga verbal se envolveu dois terapeutas de casal. Uma pessoa preocupada com sua condição física parece vaidosa se for modelo, mas preocupada com a saúde se for triatleta. Assim como uma prisão guia e restringe seus detentos, concluem Dunning e Sherman, a "prisão cognitiva" de nossos estereótipos guia e restringe nossas impressões.

Às vezes, fazemos julgamentos ou começamos a interagir com alguém, com pouco mais do que nosso estereótipo. Nesses casos, os estereótipos podem condicionar fortemente nossas interpretações e memórias sobre as pessoas. Por exemplo, Charles Bond e colaboradores (1988) constataram que, depois de conhecer seus pacientes, enfermeiros psiquiátricos brancos colocam os pacientes negros e brancos em restrição física com a mesma frequência, mas colocaram pacientes negros *recém-chegados* em restrição com mais frequência do que os colegas. Quando se tem pouco mais, os estereótipos importam.

Esse viés também pode operar de forma mais sutil. Em um experimento de John Darley e Gross Paget (1983), estudantes da Universidade de Princeton assistiram a um vídeo de uma menina da 4ª série, Hannah. A fita a retratava em um bairro urbano empobrecido, supostamente filha de pais de classe baixa, ou em um ambiente abastado de subúrbio, filha de profissionais liberais. Diante da tarefa de adivinhar o nível de capacidade de Hannah em vários assuntos, os dois grupos de espectadores se recusaram a usar o histórico de Hannah em sala de aula para antecipar o seu nível de habilidade, e cada grupo avaliou seu nível de habilidade segundo a série em que estava.

Outros estudantes também viram uma segunda gravação, que mostrava Hannah fazendo um teste de desempenho oral no qual acertava algumas perguntas e errava outras. Os que já haviam sido apresentados à Hannah de classe mais elevada avaliaram que suas respostas mostravam grande habilidade e, mais tarde, recordavam seus acertos na maioria das perguntas; quem tinha conhecido a Hannah de classe mais baixa avaliou sua habilidade como abaixo do nível da série e recordou seus erros em quase metade das questões. Mas lembre-se: a segunda fita de vídeo era *idêntica* para os dois grupos. Assim, vemos que, quando os estereótipos são fortes e as informações sobre alguém são ambíguas (diferentemente dos casos de Nancy e Paul), os estereótipos podem *sutilmente* condicionar nossas avaliações de indivíduos.

Por fim, avaliamos as pessoas de forma mais extrema quando seu comportamento contraria nossos estereótipos (Bettencourt et al., 1997). Uma mulher que repreende alguém que fura a fila do cinema ("Você não deveria ir para o fim da fila?") pode parecer mais assertiva do que um homem que reage de forma semelhante (Manis et al., 1988). Ajudada pelo depoimento da psicóloga social Susan Fiske e colaboradores (1991), a Suprema Corte dos Estados Unidos viu estereótipos funcionando quando a Price Waterhouse, uma das principais empresas de contabilidade do país, negou a promoção de Ann Hopkins a sócia com participação.

Hopkins, a única mulher entre os 88 candidatos à promoção, era a número um em termos de quantidade de negócios que trazia para a empresa e, de acordo com testemunhos, era esforçada e exigente. Mas outros testemunharam que Hopkins precisava fazer um "curso na escola de charme", onde poderia aprender a "andar de forma mais feminina, falar de forma mais feminina, vestir-se de forma mais feminina...". Depois de refletir sobre o caso e sobre a pesquisa de estereótipos, a Suprema Corte, em 1989, decidiu que incentivar os homens, mas não as mulheres, a ser agressivos, é agir "com base em gênero":

> Não estamos reunidos aqui para determinar se a Sra. Hopkins é simpática, mas para decidir se os sócios reagiram negativamente à personalidade dela porque ela é mulher... O empregador que se opõe à agressividade em mulheres cujos cargos exigem essa característica as coloca em um dilema intolerável: desempregadas caso se comportem de forma agressiva e desempregadas se não o fizerem.

Resumo: Quais são as consequências do preconceito?

- O preconceito e os estereótipos têm consequências importantes, principalmente quando muito arraigados, ao se avaliarem indivíduos desconhecidos, e quando se decidem políticas relativas a grupos inteiros.
- Uma vez formados, os estereótipos tendem a se perpetuar e resistir à mudança. Eles também criam suas próprias realidades por meio de profecias autorrealizadoras.
- O preconceito também pode prejudicar o desempenho das pessoas por meio de ameaça do estereótipo, gerando apreensão de que os outros venham a vê-las de forma estereotipada.
- Os estereótipos, principalmente quando são fortes, podem predispor a forma como percebemos as pessoas e interpretamos os acontecimentos.

PÓS-ESCRITO: Pode-se reduzir o preconceito?

Os psicólogos sociais têm tido mais sucesso em explicar o preconceito do que em aliviá-lo. Como o preconceito resulta de muitos fatores inter-relacionados, não há solução simples. No entanto, agora podemos antecipar técnicas para reduzir o preconceito (discutido em capítulos seguintes): se o *status* desigual gera preconceitos, podemos procurar relações de cooperação e *status* igual. Se o preconceito racionaliza o comportamento discriminatório, então podemos tornar a não discriminação obrigatória. Se as instituições sociais sustentam o preconceito, podemos retirar essas sustentações (p. ex., persuadir os meios de comunicação a apresentar modelos de harmonia inter-

-racial). Se os exogrupos parecem mais diferentes do nosso grupo do que realmente são, podemos nos esforçar para personalizar seus membros. Se preconceitos automáticos nos levam a comportamentos que nos fazem sentir culpados, podemos usar essa culpa como motivação para romper com o hábito do preconceito.

Desde o fim da Segunda Guerra Mundial, em 1945, uma série desses antídotos foi aplicada, e os preconceitos raciais e de gênero de fato diminuíram. A pesquisa psicossocial também ajudou a romper barreiras discriminatórias. "Nós arriscamos muito ao testemunhar em favor de Ann Hopkins, não há dúvida sobre isso", Susan Fiske (1999) escreveu mais tarde.

> Que eu saiba, nunca se tinha introduzido a psicologia social dos estereótipos em um caso de gênero antes... Se tivéssemos êxito, tiraríamos as mais recentes pesquisas sobre estereótipos das revistas empoeiradas e as colocaríamos nas trincheiras lamacentas do debate jurídico, onde poderiam ser úteis. Se não, poderíamos prejudicar a cliente, difamar a psicologia social e prejudicar a minha reputação como cientista. Na época, eu não tinha ideia de que o testemunho seria bem-sucedido na Suprema Corte.

Resta agora saber se, durante este século, o progresso vai continuar... ou se, como poderia facilmente acontecer em um momento de aumento de população e diminuição de recursos, os antagonismos voltarão a irromper em hostilidade aberta.

Conexão social

Neste capítulo, exploramos como o preconceito pode ser sutil e aberto. O Centro de Aprendizagem *On-line* (www.mhhe.com/myers10e) deste livro apresenta um vídeo sobre o casamento inter-racial que trata desse fenômeno. Outra questão do capítulo é o conceito de Claude Steele sobre ameaça de estereótipo. Você alguma vez se preocupou com estar sendo estereotipado? Assista ao vídeo de Steele explicando sua teoria para saber mais. Por fim, observe o terceiro vídeo para entender o impacto do preconceito sobre quem é alvo dele.

Agressividade

MACHUCAR OS OUTROS

CAPÍTULO

10

Nosso comportamento em relação uns aos outros é o mais estranho, mais imprevisível e mais inexplicável de todos os fenômenos com os quais somos obrigados a conviver. Em toda a natureza, não há nada tão ameaçador para a humanidade quanto a própria humanidade.
—Lewis Thomas (1981)

Embora a previsão irônica de Woody Allen de que, "em 1990, o sequestro será o modo dominante de interação social" não tenha se cumprido, os anos desde então não foram muito serenos. O horror do 11 de setembro de 2001 pode ter sido a mais dramática violência recente, mas, em termos de vidas humanas, não foi a mais catastrófica. Mais ou menos na mesma época, estima-se que a carnificina humana da guerra tribal no Congo estava tirando 3 milhões vidas, com algumas das vítimas sendo agredidas até a morte com facões e muitas outras morrendo de fome e doenças depois

O que é agressividade?

Quais são algumas das teorias da agressividade?

Quais são algumas influências sobre a agressividade?

Como a agressividade pode ser reduzida?

Pós-escrito: Reformar uma cultura violenta

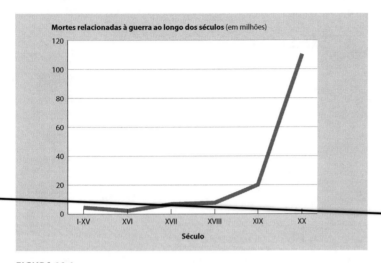

FIGURA 10.1
O século mais sangrento.
A humanidade do século XX foi a mais educada – e a mais homicida – da história (dados de Renner, 1999). Somando-se genocídios e fome causados pelos seres humanos, houve cerca de 182 milhões de mortes em massa (White, 2000). No final do século, essas mortes estavam em declínio (Human Security Centre, 2005).

Cada arma que é fabricada, cada navio de guerra lançado, cada foguete disparado significa, em última análise, um roubo que se comete aos que têm fome e não são alimentados, aos que têm frio e não são vestidos.

—PRESIDENTE DOS ESTADOS UNIDOS, DWIGHT EISENHOWER; DISCURSO À SOCIEDADE AMERICANA DE EDITORES DE JORNAIS, EM 1953

Existe alguma maneira de livrar a humanidade da ameaça de guerra?

—ALBERT EINSTEIN, *CARTA PARA SIGMUND FREUD*, 1932

agressividade
Comportamento físico ou verbal com intenção de machucar alguém.

de fugir do terror em suas aldeias (Sengupta, 2003). Na vizinha Ruanda, onde cerca de 750 mil pessoas – incluindo mais de metade da população Tutsi – foram massacradas no verão genocida de 1994, os moradores estão muito familiarizados com essa capacidade humana para a carnificina (Dutton et al., 2005; Staub, 1999). O mesmo se pode dizer do Congo, onde 5 milhões tiveram mortes relacionadas à guerra na última década, e do Sudão, onde guerra e genocídio mataram 2,5 milhões de pessoas (Clooney et al., 2008). A guerra do Iraque, segundo estimativa de uma importante revista médica, matou cerca de 650 mil civis (Burnham et al., 2006).

No mundo todo, gasta-se mais de 3 bilhões de dólares por dia em armas e exércitos – 3 bilhões que poderiam alimentar, educar e proteger o meio ambiente de milhões de pobres do mundo. Durante o século passado, cerca de 250 guerras mataram 110 milhões de pessoas, o suficiente para preencher uma "nação dos mortos" com mais do que a população combinada de França, Bélgica, Holanda, Dinamarca, Finlândia, Noruega e Suécia (Fig. 10.1). Esses números vieram não só de guerras mundiais, mas também de genocídios, incluindo o de 1915-1923, de 1 milhão de armênios pelo Império Otomano; o massacre de cerca de 250 mil chineses em Nanking, depois de terem se rendido às tropas japonesas, em 1937; o genocídio paquistanês de 1971, de 3 milhões de bangladeshianos; e o assassinato de 1,5 milhão de cambojanos em um reinado de terror que começou em 1975 (Dutton et al., 2005; Sternberg, 2003). Como deixam claro o genocídio de milhões de judeus por Hitler, o de milhões de russos por Stalin, o de milhões de chineses por Mao e o de milhões de índios americanos desde a época de Colombo e durante todo o século XIX, o potencial humano para a crueldade extraordinária atravessa culturas e raças.

Seríamos como o Minotauro mítico, metade humanos, metade bestas? O que explica aquele dia de verão em 1941, quando a metade não judaica da cidade polonesa de Jebwabne assassinou a outra metade, em um macabro frenesi de violência, deixando apenas uma dúzia de sobreviventes entre os 1.600 judeus (Gross, 2001)? O que explica um comportamento tão monstruoso? Neste capítulo, fazemos quatro outras perguntas específicas:

- A agressividade é biologicamente predisposta ou a aprendemos?
- Que circunstâncias levam a explosões hostis?
- A mídia influencia a agressividade?
- Como poderíamos reduzir a agressividade?

Antes, porém, é preciso esclarecer o termo "agressividade".

O que é agressividade?

Os *thugs* originais, membros de uma seita no norte da Índia (que deram origem à palavra inglesa *thug*, bandido), estavam sendo agressivos quando, entre 1550 e 1850, estrangularam mais de 2 milhões de pessoas e afirmaram fazê-lo a serviço da deusa Kali. Mas as pessoas também usam a palavra "agressivo" para descrever um vendedor dinâmico. Os psicólogos sociais distinguem esse comportamento autoconfiante, enérgico, "fazedor" de um comportamento que fere, prejudica ou destrói. O primeiro é assertividade, o segundo, agressividade.

Para nossa discussão deste capítulo, definiremos **agressividade** como um comportamento físico ou verbal com intenção de causar danos. Essa definição exclui danos involuntários, como acidentes de carro ou colisões na calçada, e também exclui ações que envolvam o sofrimento como um efeito colateral inevitável de se ajudar alguém, p. ex., tratamentos dentários ou – no extremo – suicídio assistido. Inclui chutes e tapas, ameaças e insultos, até mesmo fofocas ou observações sarcásticas.

Inclui decisões tomadas durante experimentos sobre o quanto machucar alguém, tais como quanto aplicar de choque elétrico. Também inclui destruir propriedade, mentir e outros comportamentos cujo objetivo é machucar.

A definição abrange dois tipos distintos de agressividade. Os animais exibem agressividade *social*, caracterizada por manifestações de raiva, e agressividade *silenciosa*, como quando um predador persegue sua presa. As agressividades social e silenciosa envolvem regiões cerebrais distintas. Nos seres humanos, os psicólogos chamam os dois tipos de agressividade de "hostil" e "instrumental". A **agressividade hostil** vem da raiva; seu objetivo é ferir. A **agressividade instrumental** também visa ferir, mas apenas como um meio para outro fim.

A maior parte do terrorismo é agressividade instrumental. "O que quase todas as campanhas terroristas suicidas têm em comum é um objetivo específico secular e estratégico", conclui Robert Pape (2003), depois de estudar todos os atentados suicidas de 1980 a 2001. Esse objetivo é o de "obrigar as democracias liberais a retirar as forças militares do território que os terroristas consideram sua pátria". O terrorismo raramente é cometido por alguém com uma patologia psicológica, observam Arie Kruglanski e Shira Fishman (2006). Pelo contrário, é uma ferramenta estratégica utilizada durante o conflito. Ao explicar o objetivo dos ataques de 11 de setembro de 2001, Osama bin Laden observou que, com um custo de apenas 500 mil dólares, eles causaram 500 bilhões de dólares em danos à economia dos Estados Unidos (Zakaria, 008).

A maioria das guerras representa agressividade instrumental. Em 2003, os líderes norte-americanos e britânicos justificaram atacar o Iraque não como um esforço hostil de matar iraquianos, mas como um ato instrumental de libertação e de autodefesa contra as supostas armas de destruição em massa. A agressividade hostil é "quente e furiosa"; a agressividade instrumental é "fria e ponderada".

A maioria dos assassinatos, no entanto, é agressividade hostil. Aproximadamente metade resulta de discussões e outros, de triângulos amorosos ou brigas sob a influência de álcool ou drogas (Ash, 1999). Esses assassinatos são explosões impulsivas e emocionais, o que ajuda a explicar por que dados de 110 países mostram que a pena de morte não resultou em menos homicídios (Costanzo, 1998; Wilkes, 1987). Alguns assassinatos e muitos outros atos violentos de vingança e coerção sexual, no entanto, são instrumentais (Felson, 2000). A maioria dos mais de mil assassinatos realizados pelo crime organizado em Chicago durante a época da lei seca e nos seguintes anos foi fria e calculada.

agressividade hostil
Agressividade impulsionada pela raiva e levada a cabo como um fim em si mesmo (Também chamada de *agressividade emocional*.)

agressividade instrumental
Agressividade que é meio para outro fim.

Quais são algumas das teorias da agressividade?

Ao analisar as causas de agressividade hostil e instrumental, os psicólogos sociais têm se concentrado em três grandes ideias: (1) há um impulso agressivo de raiz biológica, (2) a agressividade é uma resposta natural à frustração e (3) o comportamento agressivo é aprendido.

Agressividade como fenômeno biológico

Os filósofos têm debatido se a natureza humana é fundamentalmente a de um "nobre selvagem" benigno e satisfeito ou a de um animal irracional. A primeira visão, proposta pelo filósofo francês do século XVIII Jean-Jacques Rousseau (1712-1778), culpa a sociedade, e não a natureza humana, pelos males sociais. A segunda ideia, associada ao filósofo inglês Thomas Hobbes (1588-1679), credita à sociedade a restrição do animal irracional humano. No século XX, a visão irracional – de que a atitude agressiva é inata e, portanto, inevitável – foi proposta por Sigmund Freud, em Viena, e Konrad Lorenz, na Alemanha.

comportamento instintivo
Padrão de comportamento não aprendido e inato, exibido por todos os membros de uma espécie.

TEORIA DO INSTINTO E PSICOLOGIA EVOLUTIVA

Freud especulou que a agressividade humana surge a partir de um impulso autodestrutivo, redirecionando a outros a energia de uma pulsão de morte primitiva (o "instinto de morte"). Lorenz, especialista em comportamento animal, considerava a agressividade adaptativa e não autodestrutiva. Os dois concordaram que a energia agressiva é **instintiva** (não aprendida nem universal). Se não for descarregada, supostamente vai se acumulando até explodir ou até que um estímulo apropriado a "acione", como um rato que aciona uma ratoeira.

A ideia de que a agressividade é um instinto veio abaixo quando a lista de supostos instintos humanos cresceu até incluir quase todos os comportamentos concebíveis. Cerca de 6 mil supostos instintos foram listados em um levantamento feito em 1924 em livros de ciências sociais (Barash, 1979). Os cientistas sociais tentaram *explicar* o

"É claro que nunca vamos de fato usar contra um inimigo em potencial, mas vai permitir que negociemos a partir de uma posição de força."

A humanidade armou sua capacidade de destruição sem armar comparavelmente sua capacidade de inibir o comportamento agressivo.
Reproduzida com a permissão de General Media Magazines.

comportamento social dando-lhe *nomes*. É tentador jogar esse jogo de explicar nomeando: "Por que as ovelhas ficam juntas? Por causa do seu instinto de rebanho". "Como você sabe que elas têm um instinto de rebanho? Basta olhar para elas, elas estão sempre juntas!"

A teoria do instinto também não leva em conta as variações da agressividade de pessoa para pessoa e culturais. Como um instinto humano compartilhado para a agressividade explicaria a diferença entre os iroqueses pacíficos antes da chegada dos invasores brancos e os iroqueses hostis após a invasão (Hornstein, 1976)? Embora a agressividade seja biologicamente influenciada, a propensão humana para agredir não se constitui em comportamento instintivo.

No entanto, nossos ancestrais distantes às vezes consideravam a agressividade adaptativa, observaram os psicólogos evolutivos David Buss e Todd Shackelford (1997). O comportamento agressivo foi uma estratégia para obter recursos, defender-se contra ataques, intimidar ou eliminar concorrentes masculinos por mulheres e dissuadir os companheiros de infidelidade sexual. Em algumas sociedades pré-industriais, ser um bom guerreiro dava mais *status* e oportunidades reprodutivas (Roach, 1998). O valor adaptativo da agressividade, acreditam Buss e Shackelford, ajuda a explicar seus níveis relativamente altos entre machos ao longo da história humana. "Isso não implica.... que os homens tenham um 'instinto agressivo', no sentido de alguma energia reprimida que precise ser liberada. Em vez disso, os homens herdaram de seus antepassados bem-sucedidos mecanismos psicológicos" que melhoram suas chances de contribuir com seus genes para as gerações futuras.

INFLUÊNCIAS NEURAIS

Como a agressividade é um comportamento complexo, não há um lugar único no cérebro que a controle, mas os pesquisadores descobriram sistemas neurais em animais e seres humanos que facilitam a agressividade. Quando os cientistas ativam essas áreas do cérebro, aumenta a hostilidade; quando as desativam, a hostilidade diminui. Animais dóceis podem, assim, ser provocados à fúria, e animais furiosos, à submissão.

Em um experimento, os pesquisadores colocaram um eletrodo em uma área que inibe a agressividade no cérebro de um macaco dominador. Um pequeno macaco, tendo recebido um botão que ativava o eletrodo, aprendeu a empurrá-lo cada vez que o macaco despótico tinha atitude intimidante. A ativação do cérebro também funciona com seres humanos. Depois de receber estimulação elétrica indolor em sua amígdala (uma parte do núcleo do cérebro), uma mulher ficou furiosa e quebrou seu violão contra a parede, por pouco não acertando a cabeça de seu psiquiatra (Moyer, 1976, 1983).

Isso significa que o cérebro das pessoas violentas é, de alguma forma, anormal? Para descobrir, Adrian Raine e colaboradores (1998, 2000, 2005, 2008) usaram tomografias para medir a atividade cerebral de assassinos e a quantidade de matéria cinzenta em homens com transtorno de conduta antissocial. Eles constataram que o córtex pré-frontal, que funciona como freio de emergência em áreas mais profundas do cérebro envolvidas no comportamento agressivo, era 14% menos ativo do que o normal nos assassinos (excluindo aqueles que tinham sido abusados por seus pais) e 15% menor nos homens antissociais. Como confirmam outros estudos de assassinos e detentos no corredor a morte, os cérebros anormais podem contribuir para o comportamento agressivo anormal (Davidson et al., 2000; Lewis, 1998; Pincus, 2001).

INFLUÊNCIAS GENÉTICAS

A hereditariedade influencia a sensibilidade do sistema neural a estímulos agressivos. Há muito se sabe que os animais podem ser criados para a agressividade. Às vezes, isso é feito com fins práticos (criação de galos de briga); às vezes, essa criação é feita para pesquisa. A psicóloga finlandesa Kirsti Lagerspetz (1979) criou camundongos brancos normais junto com camundongos mais agressivos e fez o mesmo com os menos agressivos. Depois de repetir o procedimento durante 26 gerações, ela tinha um conjunto de camundongos ferozes e outro de calmos.

A agressividade também varia entre primatas e humanos (Asher, 1987; Bettencourt et al., 2006; Denson et al., 2006; Olweus, 1979). Nossos temperamentos – o quanto somos intensos e reativos – são trazidos ao mundo por nós, em parte, influenciados pela reatividade de nosso sistema nervoso simpático (Kagan, 1989; Wilkowski & Robinson, 2008). O temperamento de uma pessoa, observado na primeira infância, normalmente perdura (Larsen & Diener, 1987; Wilson & Matheny, 1986). Uma criança que não é agressiva aos 8 anos muito provavelmente será uma pessoa não agressiva aos 48 (Huesmann et al., 2003). Assim, gêmeos idênticos, quando questionados separadamente, têm mais probabilidades do que os gêmeos fraternos de concordar sobre se têm "temperamento violento" ou entraram em brigas (Rowe et al., 1999; Rushton et al., 1986). A metade dos gêmeos idênticos de criminosos condenados (mas apenas 1 em cada 5 gêmeos fraternos) também tem registros criminais (Raine, 1993, 2008).

Os genes predispõem a agressividade do *pit bull*.

Estudos de longo prazo que acompanharam várias centenas de crianças da Nova Zelândia revelam que uma receita para o comportamento agressivo combina um gene que altera o equilíbrio neurotransmissor com maus tratos na infância (Caspi et al., 2002; Moffitt et al., 2003).

Nem genes "ruins" nem um ambiente "ruim", por si sós, predispõem a agressividade e comportamento antissocial posteriores; os genes predispõem algumas crianças a serem mais sensíveis a maus tratos. Natureza e criação interagem.

INFLUÊNCIAS BIOQUÍMICAS

A química do sangue também influencia a sensibilidade neural à estimulação agressiva.

ÁLCOOL Dados de experiências laboratoriais e da polícia indicam que o álcool desencadeia agressividade quando as pessoas são provocadas (Bushman, 1993; Taylor & Chermack, 1993; Testa, 2002). Reflita sobre os seguintes dados:

Álcool e agressão sexual. "Homens comuns que beberam demais", foi a descrição do *New York Times* sobre a multidão que abertamente atacou cerca de 50 mulheres que assistiam a um desfile, em junho de 2000, em Nova York. "Atiçados pela bebida, foram passando de vaiar as mulheres a agarrá-las, encharcá-las com água até retirar seus *tops* e calças." (Staples, 2000)

- Em experimentos, ao se pedir que pensassem em conflitos de relacionamento no passado, pessoas intoxicadas administraram choques mais fortes e sentiram mais raiva do que pessoas sóbrias (MacDonald et al., 2000).
- Em 65% dos homicídios e 55% das brigas e agressões em casa, o agressor e/ou a vítima estava bebendo (American Psychological Association, 1993).
- Se os alcoolistas que espancam seu cônjuge abandonam o problema com a bebida após o tratamento, seu comportamento violento normalmente cessa (Murphy & O'Farrell, 1996).

O álcool aumenta a agressividade ao reduzir a autoconsciência das pessoas, ao centrar sua atenção em uma provocação e à medida que as pessoas o associam com a agressividade (Bartholow & Heinz, 2006; Giancola & Corman, 2007; Ito et al., 1996). O álcool desindividualiza, além de desinibir.

TESTOSTERONA As influências hormonais parecem ser muito mais fortes nos animais inferiores do que em seres humanos, mas a agressividade humana está correlacionada ao hormônio sexual masculino, a testosterona. Examinemos:

- As drogas que diminuem os níveis de testosterona em homens violentos reduzem suas tendências agressivas.
- Depois de as pessoas atingirem a idade de 25 anos, seus níveis de testosterona e os índices de crimes violentos diminuem juntos.
- Os níveis de testosterona tendem a ser maiores entre presos condenados por crimes violentos planejados e não provocados do que por crimes não violentos (Dabbs, 1992; Dabbs et al., 1995, 1997, 2001).
- Entre a faixa normal de adolescentes e adultos do sexo masculino, os que têm níveis elevados de testosterona são mais propensos a delinquência, uso de drogas pesadas e respostas agressivas a provocações (Archer, 1991; Dabbs & Morris, 1990; Olweus et al., 1988).
- Ao receber uma dose de testosterona, as mulheres ficam menos sintonizadas com o sinal de outra pessoa para conter a agressividade (van Honk & Schutter, 2007).
- Depois de manusear uma arma, os níveis de testosterona das pessoas sobem e, quanto mais sua testosterona aumenta, mais agressividade elas vão impor à outra (Klinesmith et al., 2006).
- Em homens, a testosterona aumenta a proporção entre largura e altura faciais. Além disso, em laboratório, homens com rostos relativamente mais largos apresentam mais agressividade. O mesmo acontece na pista de hóquei, onde os jogadores universitários e profissionais com rostos relativamente amplos passam mais tempo na área de punição (Carré & McCormick, 2008).

> Poderíamos evitar dois terços de todos os crimes simplesmente colocando todos os homens jovens com corpos sãos em sono criogênico dos 12 aos 28 anos.
> —DAVID LYKKEN, *AS PERSONALIDADES ANTISSOCIAIS*, 1995

A testosterona, disse James Dabbs (2000), "é uma molécula pequena com grandes efeitos". Injetar testosterona em um homem não irá torná-lo automaticamente agressivo, mas os homens com baixos níveis de testosterona são um pouco menos propensos a reagir de modo agressivo quando provocados (Geen, 1998). A testosterona é mais ou menos como a energia da bateria: só se os níveis estiverem muito baixos é que as coisas ficarão visivelmente mais lentas.

BAIXOS NÍVEIS DE SEROTONINA Outro culpado encontrado com frequência na cena de violência é um baixo nível do neurotransmissor serotonina, para o qual os lobos frontais controladores de impulsos têm muitos receptores. Em primatas e humanos, costumam-se encontrar baixos níveis de serotonina entre crianças e adultos propensos à violência (Bernhardt, 1997; Mehlman et al., 1994; Wright, 1995). Além disso, a redução dos níveis de serotonina das pessoas em laboratório aumenta sua resposta a eventos adversos e sua disposição a aplicar supostos choques elétricos ou retaliar contra a injustiça (Crockett et al., 2008).

Alguns criminosos sexuais violentos, que desejam se libertar de impulsos prejudiciais persistentes e reduzir suas penas de prisão, solicitaram a castração. Seus pedidos devem ser concedidos? Caso sejam, e se eles não forem mais considerados em risco de cometer violência sexual, suas penas de prisão devem ser reduzidas ou eliminadas?

BIOLOGIA E COMPORTAMENTO INTERAGEM É importante ter em mente que o tráfego entre testosterona, serotonina e comportamento flui nos dois sentidos. A testosterona, p. ex., pode facilitar a dominação e a agressividade, mas o comportamento voltado a dominar ou derrotar também aumenta os níveis de testosterona (Mazur & Booth, 1998). Depois de uma partida de Copa do Mundo de futebol ou um importante jogo de basquete entre arquirrivais, os níveis de testosterona sobem nos torcedores vitoriosos e caem nos derrotados (Bernhardt et al., 1998). O fenômeno também ocorreu em laboratório, onde homens socialmente ansiosos apresentaram uma queda acentuada no nível de testosterona depois de perder uma competição cara a cara fraudada (Maner et al., 2008). Elevações da testosterona além de bebida relacionada à celebração, provavelmente explicam a descoberta de pesquisadores da Cardiff University de que os torcedores de equipes de futebol e *rugby* vencedoras, e não os das perdedoras, cometem mais agressões depois dos jogos (Sivarajasingam et al., 2005).

Assim, as influências neurais, genéticas e bioquímicas predispõem algumas pessoas a reagir agressivamente ao conflito e à provocação. Mas agressividade é uma parte tão importante da natureza humana a ponto de tornar a paz inatingível? A American Psychological Association e o Conselho Internacional de Psicólogos se juntaram a outras organizações ao endossar uma declaração elaborada por cientistas de uma dúzia de países sobre a violência (Adams, 1991): "É cientificamente incorreto [dizer que] a guerra ou qualquer outro comportamento violento está geneticamente programado na natureza humana [ou que] a guerra é causada por 'instinto' ou qualquer motivação única". Assim, como vamos ver, há maneiras de reduzir a agressividade humana.

Agressividade como resposta à frustração

É uma noite quente. Cansado e com sede depois de duas horas estudando, você pede algum troco a um amigo e vai até a máquina de refrigerantes mais próxima. Quando a máquina devora a moeda, você consegue quase sentir o gosto da bebida gelada e refrescante, mas quando aperta o botão, nada acontece. Você o aperta novamente. Então, gira o botão de retorno da moeda. Nada, ainda. Mais uma vez, você aperta os botões. Bate na máquina. Infelizmente, sem dinheiro e sem bebida. Você volta aos estudos com passos pesados, de mãos vazias e defraudado. Será que seu colega sabia? Você agora tem mais probabilidade de dizer ou fazer algo que machuque?

Uma das primeiras teorias psicológicas sobre a agressividade, a **teoria da frustração-agressividade**, de muita popularidade, respondeu que sim. "A frustração sempre leva a alguma forma de agressividade", disseram John Dollard e colaboradores (1939, p. 1). A **frustração** é qualquer coisa (como a máquina de venda automática com defeito) que bloqueie a realização de um objetivo. Ela cresce quando nossa motivação para alcançar um objetivo é muito forte, quando esperávamos gratificação e quando o bloqueio é completo. Quando Rupert Brown e colaboradores (2001) pesquisaram os passageiros de *ferry boats* britânicos em direção à França, encontraram atitudes agressivas muito maiores do que as normais em um dia em que os barcos de pesca franceses bloquearam o porto, impedindo a viagem. Impedidos de alcançar seu objetivo, os passageiros se tornaram mais propensos (respondendo a vários estímulos) a concordar com um insulto a um francês que tinha derramado café.

Como sugere a Figura 10.2, a energia agressiva não precisa explodir diretamente contra a fonte. Aprendemos a inibir a retaliação direta, sobretudo quando outros podem desaprová-la ou puni-la; em vez de reagir, *redirecionados* nossas hostilidades a metas mais seguras. O **redirecionamento** ocorre em uma antiga história sobre um homem que, humilhado por seu chefe, repreende a mulher, que grita com o filho, que chuta o cão, que morde o carteiro (que vai para casa e repreende a própria esposa...). Em experimentos e na vida real, a agressividade redirecionada é mais provável quando o alvo compartilha alguma semelhança com o instigador e comete algum ato irritante menor, que desencadeia esse tipo de agressividade (Marcus-Newhall et al., 2000; Miller et al., 2003; Pedersen et al., 2000). Quando uma pessoa está abrigando a raiva a partir de uma provocação prévia, até mesmo uma ofensa trivial – que normalmente não geraria qualquer reação – pode provocar uma reação explosiva exagerada (como você pode perceber se já gritou com um colega depois de ter perdido dinheiro em uma máquina de venda automática com defeito).

Em um experimento, Eduardo Vasquez e colaboradores (2005) provocaram alguns estudantes da University of Southern California (mas não outros) fazendo um experimentador insultar seu desempenho em um teste de solução de anagramas. Pouco depois, os alunos tinham de decidir quanto tempo outro suposto estudante deveria ser obrigado a mergulhar a mão em uma água dolorosamente fria ao realizar uma tarefa. Quando o suposto estudante cometeu uma infração trivial – fazendo um leve insulto – os participantes provocados anteriormente responde-

teoria da frustração-agressividade
Teoria de que a frustração desencadeia uma disposição a agredir.

frustração
Bloqueio de comportamentos direcionados a objetivos.

redirecionamento
Redirecionamento de agressividade a um alvo que não seja a fonte da frustração. Em geral, o novo alvo é um mais seguro ou socialmente mais aceitável.

FIGURA 10.2
A clássica teoria da frustração-agressividade.
A frustração cria um motivo para agredir. O medo de punição ou desaprovação por agredir a fonte da frustração pode fazer o impulso agressivo ser redirecionado contra algum outro alvo ou contra si mesmo.
Fonte: baseada em Dollard et al., 1939, e Miller, 1941.

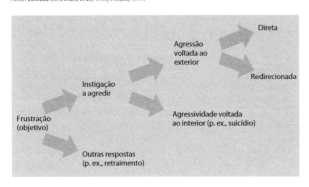

ram de forma punitiva, recomendando um tratamento com água fria mais longo do que os participantes não provocados. Esse fenômeno de agressividade deslocada nos ajuda a entender, observa Vasquez, por que uma pessoa provocada anteriormente e ainda com raiva pode responder a pequenas ofensas no trânsito com raiva ou reagir com ataques a críticas de seus cônjuges. Também ajuda a explicar por que frustrados arremessadores de beisebol na liga principal, em uma análise de quase 5 milhões de vezes em que estiveram na posição do bastão, em 74.197 jogos desde 1960, tiveram maior probabilidade de agredir batedores depois de estes fazerem um *home run* na última vez no bastão ou após o batedor anterior tê-lo feito (Timmerman, 2007).

Vários comentaristas observaram que a raiva nos Estados Unidos em relação ao 11 de setembro de 2001, compreensivelmente intensa, contribuiu para uma avidez por atacar o Iraque. Os norte-americanos estavam em busca de uma forma de descarregar sua raiva e a encontraram em um tirano, Saddam Hussein, que fora seu aliado. "O 'verdadeiro motivo' para essa guerra", observou Thomas Friedman (2003), "foi que, depois do 11 de setembro, os Estados Unidos precisavam bater em alguém no mundo árabe-muçulmano... Nós batemos em Saddam por uma simples razão: porque podíamos e porque ele merecia, e porque ele estava bem no meio daquele mundo". Um dos defensores da guerra, o vice-presidente Richard Cheney (2003), pareceu concordar. Quando lhe perguntaram por que a maioria dos outros no mundo discordava da guerra lançada pelos Estados Unidos, ele respondeu: "Eles não passaram pelo 11 de setembro".

A agressividade desencadeada por frustração às vezes se manifesta na forma de ataques de raiva no trânsito. Esse tipo de ataque de raiva é alimentado pela percepção de intenções hostis por parte de outros motoristas, como quando se é cortado no trânsito (Britt & Garrity, 2006).

TEORIA DA FRUSTRAÇÃO-AGRESSIVIDADE REVISADA

Testes de laboratório sobre a teoria da frustração-agressividade produziram resultados contraditórios: às vezes, a frustração aumenta a agressividade, outras vezes, não. P. ex., se a frustração era compreensível – se, como em um experimento, um pesquisador se fazendo passar por participante atrapalhasse a solução de problemas de um grupo porque o seu aparelho auditivo não funciona (e não apenas porque não estava prestando atenção) – a frustração levava à irritação, e não à agressividade (Burnstein & Worchel, 1962).

Leonard Berkowitz (1978, 1989) percebeu que a teoria original exagerava a conexão entre frustração e agressividade, de modo que a revisou. Berkowitz teorizou que a frustração produz *raiva*, uma disponibilidade emocional para agredir. A raiva surge quando alguém que nos frustra poderia ter escolhido agir de outra forma (Averill, 1983; Weiner, 1981).

Uma pessoa frustrada tem mais probabilidades de atacar quando as características agressivas puxam a tampa, liberando a raiva contida (Fig. 10.3). Às vezes, a tampa estoura sem estímulos desse tipo. Porém, como veremos, estímulos associados à agressividade a amplificam (Carlson et al., 1990).

Os terroristas entendem o efeito provocador de raiva de suas ações. Os psicólogos sociais Clark McCauley (2004) e Richard Wagner (2006) observam que, por vezes, eles pretendem cometer um ato que irá induzir um inimigo forte e com raiva a reagir exageradamente, produzindo efeitos que acabam servindo aos interesses dos próprios terroristas.

A frustração pode estar relacionada à privação. É provável que as pessoas mais frustradas sexualmente não sejam celibatárias. As pessoas mais frustradas economicamente podem não ser os moradores pobres de favelas africanas. Durante a depressão dos anos de 1930 nos Estados Unidos, quando a miséria econômica era generalizada, a criminalidade violenta não era muito alta. Da mesma forma, homens-bomba palestinos não têm sido os mais desfavorecidos desse povo. Como o IRA na Irlanda do Norte, as Brigadas Vermelhas da Itália e o grupo Baader-Meinhof da Alemanha, em sua maioria, eles são de classe média (Krueger, 2007a, 2007b; Pettigrew, 2003), assim como os terroristas do 11 de setembro de 2001, que tinham formação superior e conheciam o mundo. Contrariando o mito de que os terroristas atacam em resposta à desesperada pobreza, o terrorismo se alimenta muito mais de humilhação coletiva e falta de liberdades civis do que de privação absoluta.

A questão não é que a privação e a injustiça social são irrelevantes para a agitação social, mas que a *frustração decorre da diferença entre expectativas e realizações*. Quando suas expectativas são atendidas por suas realizações e quando seus desejos são acessíveis com sua renda, você se sente satisfeito em vez de frustrado (Solberg et al., 2002).

PRIVAÇÃO RELATIVA

A frustração muitas vezes é agravada quando nos comparamos aos outros. Os sentimentos de bem-estar dos trabalhadores dependem de sua remuneração ser maior do que a de outros no mesmo tipo de trabalho (Yuchtman, 1976). Um aumento de salário para policiais de uma cidade, embora levante temporariamente sua moral, pode rebaixar a dos bombeiros.

FIGURA 10.3
Sinopse simplificada de teoria da frustração-agressividade revisada, de Leonard Berkowitz.

Observe que a teoria da frustração-agressividade é formulada para explicar a agressividade hostil, não a agressividade instrumental.

A guerra contra o terrorismo não será ganha enquanto não enfrentarmos o problema da pobreza e, assim, as fontes de descontentamento.
—EX-PRESIDENTE DO BANCO MUNDIAL JAMES WOLFENSOHN

Males que são suportados com paciência quando parecem inevitáveis se tornam intoleráveis quando a ideia de escapar deles é sugerida.
—ALEXIS DE TOCQUEVILLE, 1856

privação relativa
Percepção de que se está em situação pior do que a de outros com quem nos comparamos.

Uma casa pode ser grande ou pequena; desde que as casas vizinhas sejam igualmente pequenas, ela satisfaz todas as exigências sociais de uma habitação. Mas deixe que surja um palácio ao lado da casa pequena e ela encolhe, deixando de ser uma casinha para se transformar em uma cabana.
—KARL MARX

O descontentamento da mulher aumenta na exata proporção de seu desenvolvimento.
—ELIZABETH CADY STANTON, 1815-1902, SUFRAGISTA NORTE-AMERICANA

Esses sentimentos, chamados de **privação relativa**, explicam por que a felicidade tende a ser menor, e as taxas de criminalidade maiores, em comunidades e nações com grande desigualdade de renda (Hagerty, 2000; Kawachi et al., 1999). Além disso, explica por que os habitantes da antiga Alemanha Oriental se revoltaram contra seu regime comunista: eles tinham um padrão de vida mais alto do que o de alguns países da Europa Ocidental, mas frustrantemente abaixo de seus vizinhos da Alemanha Ocidental (Baron et al., 1992).

A expressão *privação relativa* foi inventada por pesquisadores que estudavam a satisfação sentida por soldados americanos na Segunda Guerra Mundial (Merton & Kitt, 1950; Stouffer et al., 1949). Ironicamente, os da aeronáutica se sentiam *mais* frustrados com sua própria taxa de promoção do que os da polícia do exército, para quem as promoções tardavam mais em vir. O ritmo de promoção da aeronáutica era rápido, e a maioria do pessoal provavelmente se considerava melhor do que o membro médio (o viés de autosserviço). Assim, suas aspirações subiam acima de suas realizações. O resultado? Frustração.

Uma possível fonte desse tipo de frustração hoje é a riqueza mostrada em programas e comerciais de televisão. Em culturas nas quais é um eletrodoméstico universal, a televisão ajuda a transformar a privação absoluta (falta do que os outros têm) em privação relativa (sentir-se privado). Karen Hennigan e colaboradores (1982) analisaram os índices de criminalidade nas cidades dos Estados Unidos em torno da época em que a televisão foi introduzida. Em 34 cidades onde se tornou comum ter televisão em 1951, a taxa de roubos de 1951 (para crimes como furtos em lojas e roubo de bicicletas) aumentou consideravelmente. Em outras 34 cidades, onde um congelamento do governo postergou a introdução da televisão até 1955, ocorreu um aumento semelhante na taxa de roubo em 1955.

Agressividade como comportamento social aprendido

As teorias de agressividade com base em instinto e frustração pressupõem que os instintos hostis surgem de emoções interiores que, naturalmente, "empurram" a agressividade de dentro. Os psicólogos sociais afirmam que a aprendizagem também "puxa" a agressividade para fora de nós.

RECOMPENSAS DA AGRESSIVIDADE

Por experiência e observando outras pessoas, aprendemos que a agressividade muitas vezes compensa. Experimentos já transformaram animais que eram criaturas dóceis em ferozes lutadores. Derrotas graves, em contrapartida, criam submissão (Ginsburg & Allee, 1942; Kahn, 1951; Scott & Marston, 1953).

As pessoas também podem aprender as recompensas de agressividade. Uma criança cujos atos agressivos conseguem intimidar outras crianças provavelmente vai se tornar cada vez mais agressiva (Patterson et al., 1967). Jogadores de hóquei agressivos – os que são enviados mais frequentemente à área de punição por jogadas duras – fazem mais gols do que os não agressivos (McCarthy & Kelly, 1978a, 1978b). Jogadores de hóquei canadenses adolescentes, cujos pais aplaudem o jogo fisicamente agressivo, apresentam atitudes e estilo de jogo mais agressivos (Ennis & Zanna, 1991). Nas águas ao largo da Somália, o pagamento de resgates a sequestradores de navios – supostamente de 150 milhões de dólares em 2008 (BBC, 2008) – recompensou os piratas, alimentando mais sequestros. Nesses casos, a agressividade é útil para alcançar determinadas recompensas.

O mesmo se aplica a atos terroristas, que permitem que pessoas impotentes ganhem atenção generalizada. "Os principais alvos dos atentados suicidas não são aqueles que acabam feridos, mas os que têm que testemunhá-los pela mídia," observam Paulo Marsden e Sharon Attia (2005). O objetivo do terrorismo é, com a ajuda da amplificação da mídia, aterrorizar. "Mate um, assuste 10 mil", afirma um antigo provérbio chinês. Privado do que Margaret Thatcher chamou de "oxigênio da notoriedade", o terrorismo certamente diminuiria, concluiu Jeffrey Rubin (1986). É como os incidentes dos anos de 1970, em que espectadores nus corriam em campos de futebol em busca de alguns segundos de exposição na televisão. Uma vez que as redes de TV decidiram ignorar os incidentes, o fenômeno terminou.

APRENDIZAGEM POR OBSERVAÇÃO

teoria da aprendizagem social
Teoria de que aprendemos o comportamento social observando e imitando, bem como sendo recompensados e punidos.

Albert Bandura (1997) propôs uma **teoria da aprendizagem social** sobre a agressividade. Ele acredita que aprendemos a agressividade não só experimentando suas recompensas, mas também observando os outros. Como acontece com a maioria dos comportamentos sociais, adquirimos agressividade assistindo à ação de outros e observando as consequências.

Imagine esta cena de um dos experimentos de Bandura (Bandura et al., 1961). Uma criança em idade pré-escolar é colocada a fazer uma interessante atividade de artes. Um adulto está em outra parte da sala, onde há brinquedos de montar, uma marreta e um "joão-bobo" grande e inflado. Depois de um minuto com os brinquedos, o adulto se levanta e, por quase 10 minutos, ataca o boneco inflável. Bate com a marreta, chuta e o derruba, enquanto grita: "Bate no nariz... Derruba... Chuta".

Depois de observar essa explosão, a criança é levada a outra sala, com muitos brinquedos bastante atrativos, mas, dois minutos mais tarde, o experimentador interrompe, dizendo que são os seus melhores brinquedos e que tem que "guardá-los para as outras crianças". A criança frustrada, agora, vai para mais uma sala com vários brinquedos projetados para atividades agressivas e não agressivas, dois dos quais são um joão-bobo e uma marreta.

Raramente as crianças que não foram expostas ao modelo do adulto agressivo exibiram qualquer atividade ou fala agressiva. Apesar de frustradas, elas brincaram calmamente. As que tinham observado o adulto agressivo tiveram muito mais probabilidade de pegar a marreta e investir contra o boneco. Observar o comportamento agressivo do adulto reduziu as inibições da criança. Além disso, as crianças muitas vezes reproduziram atos específicos do modelo e disseram as mesmas palavras. A observação do comportamento agressivo tinha reduzido suas inibições e lhes ensinado maneiras de agredir.

No famoso experimento de Bandura, as crianças expostas à agressividade de um adulto contra um joão-bobo se tornavam inclinadas a reproduzir a agressividade observada.

Bandura (1979) acredita que a vida cotidiana nos expõe a modelos agressivos na família, em nossa própria subcultura e, como veremos, nos meios de comunicação de massa.

A FAMÍLIA Filhos fisicamente agressivos tendem a ter pais fisicamente punitivos, que os disciplinaram segundo modelos de agressividade ao gritar, dar tapas e surrar (Patterson et al., 1982). É comum que esses pais tenham tido, eles próprios, pais fisicamente punitivos (Bandura & Walters, 1959; Straus e Gelles, 1980). Esse comportamento punitivo pode crescer até se transformar em abuso e, embora a maioria das crianças abusadas não se transforme em criminosos nem em pais abusivos, 30% abusam de seus próprios filhos mais tarde – quatro vezes o índice da população geral (Kaufman & Zigler, 1987; Widom, 1989). Violência, muitas vezes, gera violência.

A influência familiar também aparece em índices de violência maiores nas culturas e famílias com pais ausentes (Triandis, 1994). David Lykken (2000) calculou que as crianças norte-americanas criadas sem o pai têm cerca de sete vezes mais chances de ser abusadas, abandonar a escola, tornar-se fugitivas, ser pais solteiros adolescentes e cometer crimes violentos. A correlação entre ausência dos pais (geralmente do pai) e violência se mantém em todos os níveis de renda, raças, educação e locais (Staub, 1996; Zill, 1988). Além disso, em um estudo britânico que acompanhou mais de 10 mil pessoas durante 33 anos desde o seu nascimento, em 1958, o risco de problemas como comportamento agressivo aumentou após uma separação dos pais durante a segunda infância (Cherlin et al., 1998).

A questão não é que as crianças de lares com pai ausente estejam condenadas a se tornar delinquentes ou violentas; na verdade, criada por uma mãe e uma família ampliada carinhosas, a maioria dessas crianças prospera. A questão tampouco é que a ausência do pai provoque violência; não sabemos se isso acontece. A questão é simplesmente que há uma correlação: onde e quando o pai é ausente, aumenta o risco de violência.

A CULTURA O ambiente social fora de casa também oferece modelos. Nas comunidades onde as imagens do "machão" são admiradas, a agressividade é facilmente transmitida às novas gerações (Cartwright, 1975; Short, 1969). A violenta subcultura das gangues de adolescentes, p. ex., oferece modelos agressivos a seus membros mais jovens. Entre os adolescentes de Chicago que estão igualmente em risco de violência em outros aspectos, aqueles que observaram violência armada têm duas vezes mais risco de comportamento violento (Bingenheimer et al., 2005).

A cultura mais ampla também é importante. Mostre aos psicólogos sociais um homem de uma cultura não democrática, que tem grande desigualdade econômica, que prepara os homens para ser guerreiros e que tenha se envolvido em guerra, e eles lhe mostrarão alguém predisposto a comportamentos agressivos (Bond, 2004).

Richard Nisbett (1990, 1993) e Dov Cohen (1996, 1998) exploraram o efeito da subcultura. Nos Estados Unidos, relatam, os sóbrios e cooperativos colonos

Um reino de paz. Em 2008, um homem foi condenado por homicídio nas Ilhas Orkney, na Escócia – a segunda condenação por homicídio desde 1800.

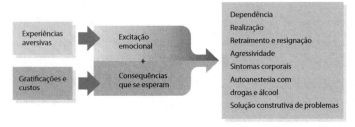

FIGURA 10.4
A visão da agressividade com base em aprendizagem social.
A excitação emocional decorrente de uma experiência aversiva motiva agressividade. A ocorrência ou não de agressividade ou de alguma outra resposta depende das consequências que aprendemos a esperar.
Fonte: baseada em Bandura, 1979, 1997.

brancos que se estabeleceram na Nova Inglaterra e na região do Médio Atlântico produziram uma cultura diferente da do branco fanfarrão, que defende a honra (muitos deles são meus próprios primos ancestrais escoceses-irlandeses) que colonizaram a maior parte do sul. Os primeiros eram agricultores-artesãos; os outros, caçadores e pastores mais agressivos. Até hoje, as cidades e áreas dos Estados Unidos povoadas por sulistas têm índices de homicídios de brancos maiores do que a média. Não surpreendentemente, os homens do sul também são mais propensos do que os do norte a perceber seus pares como favoráveis a respostas agressivas (Vandello et al., 2008).

As pessoas aprendem respostas agressivas tanto pela experiência quanto pela observação de modelos agressivos, mas quando realmente ocorrem respostas agressivas? Bandura (1979) sustentou que os atos agressivos são motivados por uma série de experiências aversivas, como frustração, dor, insultos (Fig. 10.4). Essas experiências nos excitam emocionalmente, mas, se agirmos de forma agressiva ou não depende das consequências que previmos. A agressividade é mais provável quando somos excitados e agredir parece seguro e gratificante.

Resumo: Quais são algumas das teorias da agressividade?

- A agressividade (definida como um comportamento verbal ou físico voltado à intenção de causar danos) se manifesta de duas formas: *agressividade hostil*, que nasce de emoções como raiva, e *agressividade instrumental*, que pretende causar danos como meio para chegar a outro fim.
- Existem três teorias gerais sobre agressividade. A visão do *instinto*, mais comumente associada a Sigmund Freud e Konrad Lorenz, sustentou que a energia agressiva irá se acumular a partir de dentro, como água atrás de uma represa. Embora as evidências disponíveis ofereçam pouca sustentação a essa visão, a agressividade é biologicamente influenciada pela hereditariedade, a química do sangue e o cérebro.
- De acordo com a segunda opinião, a *frustração* provoca raiva e hostilidade. Diante de estímulos agressivos, essa raiva pode provocar agressividade. A frustração não advém de privação, mas da diferença entre expectativas e realizações.
- O ponto de vista da *aprendizagem social* apresenta a agressividade como um comportamento aprendido. Pela experiência e pela observação do sucesso dos outros, às vezes aprendemos que a agressividade compensa. A aprendizagem social permite influências familiares e subculturais sobre a agressividade, assim como influências da mídia (que discutiremos na próxima seção).

Quais são algumas influências sobre a agressividade?

Em que condições agredimos? Na seção anterior, examinamos algumas teorias sobre a agressividade. Agora, aprofundaremos o debate e analisaremos algumas influências específicas: incidentes aversivos, excitação, mídia e contexto de grupo.

Incidentes aversivos

As receitas para agressividade geralmente incluem algum tipo de experiência aversiva: dor, calor desconfortável, um ataque ou superlotação.

DOR

O pesquisador Nathan Azrin (1967) estava fazendo experimentos com ratos de laboratório em uma gaiola preparada para aplicar choques elétricos aos pés dos animais. Azrin queria saber se desligar os choques reforçaria as interações positivas entre os dois ratos. Ele planejava ligar o choque e, em seguida, quando os ratos se aproximassem um do outro, interromper a dor. Para sua grande surpresa, a experiência se revelou impossível. Assim que sentiam dor, os ratos atacavam um ao outro, antes de o experimentador poder desligar o choque. Quanto maior o choque (e a dor), mais violento era o ataque.

As diretrizes éticas atuais restringem o uso de estímulos dolorosos pelos pesquisadores.

Isso se aplica apenas aos ratos? Os pesquisadores descobriram que, com uma grande variedade de espécies, a crueldade que os animais impunham entre si era equivalente à crueldade que lhes era imposta. Como explicou Azrin (1967), a resposta ao ataque/dor ocorreu

> em muitas linhagens de ratos diferentes. A seguir, descobrimos que o choque produzia ataque quando os pares das seguintes espécies eram confinados juntos: alguns tipos de camundongos, *hamsters*, gambás, guaxinins, saguis, raposas, nutrias, gatos, tartarugas mordedoras, macacos-esquilo, furões, esquilos vermelhos, bantãs, jacarés, lagostas, anfíúma (um anfíbio) e várias espécies de cobras, incluindo jiboia, cascavel, cobra-rato marrom, cobra d'água, cabeça-de-cobre e cobra negra. A reação de ataque depois de choque foi visível em muitos tipos diferentes de criaturas. Em todas as espécies em que o choque produziu ataque, ele foi rápido e repetido, da mesma forma reativa dos ratos.

Os animais não eram exigentes com relação a seus alvos, atacando os de sua própria espécie e também os de uma espécie diferente, bonecos de pelúcia ou, até mesmo, bolas de tênis.

Os pesquisadores também variaram a fonte da dor. Eles descobriram que não apenas os choques induziam ataques; calor intenso e "dor psicológica" – p. ex., subitamente deixar de gratificar pombos famintos que foram treinados para esperar uma recompensa em grãos após bicar um disco – gerou a mesma reação dos choques. Essa "dor psicológica" é, obviamente, frustração.

A dor também aumenta a agressividade em seres humanos. Muitos de nós se lembram de uma reação desse tipo depois de bater o dedo do pé ou ter dor de cabeça. Leonard Berkowitz e colaboradores demonstraram isso fazendo alunos da University of Wisconsin manterem uma mão em água morna ou dolorosamente fria. Aqueles cujas mãos estavam submersas em água fria relataram se sentir mais irritados e mais incomodados, e estavam mais dispostos a atormentar outra pessoa com um ruído súbito desagradável. Em vista desses resultados, Berkowitz (1983, 1989, 1998) propôs que a estimulação aversiva, e não a frustração, é o gatilho básico da agressividade hostil. A frustração certamente é um importante tipo de dissabor, mas qualquer evento aversivo, seja uma expectativa não cumprida, um insulto pessoal ou dor física, pode incitar uma explosão emocional. Até mesmo o tormento de um estado depressivo aumenta a probabilidade de comportamento agressivo hostil.

Ataque de dor. Frustrado depois de perder os dois primeiros *rounds* de sua luta pelo campeonato dos pesos-pesados de 1997 contra Evander Holyfield, e sentindo a dor de uma cabeçada acidental, Mike Tyson reage arrancando parte da orelha de Holyfield com uma mordida.

CALOR

As pessoas têm teorizado por séculos acerca do efeito que o clima tem sobre a ação humana. Hipócrates (cerca de 460-377 a.C.) comparou a Grécia civilizada do seu tempo à selvageria na região mais ao norte (onde hoje são a Alemanha e a Suíça) e decidiu que o clima severo do norte da Europa era o culpado. Mais de um milênio depois, os ingleses atribuíram sua cultura "superior" ao clima ideal da Inglaterra. Pensadores franceses proclamaram o mesmo para a França. Como o clima permanece relativamente estável enquanto os traços culturais mudam ao longo do tempo, a teoria climática da cultura, obviamente, tem validade limitada.

No entanto, variações climáticas temporárias podem afetar o comportamento. Odores desagradáveis, fumaça de cigarro e poluição do ar já foram relacionados ao comportamento agressivo (Rotton & Frey, 1985), mas o fator ambiental de irritação mais estudado é o calor. William Griffitt (1970; Griffitt & Veitch, 1971) concluiu que, comparados a alunos que responderam a questionários em uma sala com temperatura normal, os que o fizeram em uma sala muito quente (mais de 32°C) informaram se sentir mais cansados e agressivos, e manifestaram mais hostilidade em relação a um estranho. Experimentos de acompanhamento revelaram que o calor também desencadeia ações de retaliação (Bell, 1980; Rule et al., 1987).

> Eu te peço, meu bom Mercúcio: retiremo-nos.
> É um dia quente; e os Capuletos por aí. Caso os encontremos, não teremos como escapar de uma briga.
> Pois nestes dias quentes, o sangue ferve.
> —SHAKESPEARE, *ROMEU E JULIETA*

O calor desconfortável aumenta a agressividade no mundo real, assim como em laboratório? Examine:

- Na cidade de Phoenix, Arizona, assolada pelo calor, motoristas sem ar-condicionado foram mais propensos a buzinar para um carro estragado (Kenrick & MacFarlane, 1986).
- Durante as temporadas de 1986 a 1988 da primeira divisão de beisebol dos Estados Unidos, o número de batedores atingidos por um arremesso foi dois terços maior em jogos disputados acima de 32,2° C do que em jogos abaixo de 26,6° C (Reifman et al., 1991). Os arremessadores não erraram mais em dias quentes – não tiveram mais bases por bola ou arremessos ruins. Simplesmente atacavam mais os batedores.
- Os motins que eclodiram em 79 cidades dos Estados Unidos entre 1967 e 1971 ocorreram mais em dias quentes dos que frios, e nenhum deles aconteceu no inverno.
- Estudos feitos em seis cidades concluíram que, quando o tempo está quente, há mais probabilidades de crimes violentos (Anderson & Anderson, 1984; Cohn, 1993; Cotton, 1981, 1986; Harries & Stadler, 1988; Rotton & Frey, 1985).
- Em todo o hemisfério norte, não é apenas nos dias mais quentes que há mais crimes violentos, mas também em estações mais quentes do ano, verões mais quentes, anos mais quentes, cidades mais quentes e regiões mais quentes (Anderson & Anderson, 1998; Anderson et al., 2000). Anderson e colaboradores projetam que, se ocorresse um aque-

Los Angeles, maio de 1993. Tumultos são mais prováveis no clima quente do verão.

cimento global de cerca de 2ºC, só nos Estados Unidos haveria anualmente pelo menos 50 mil agressões graves a mais.

Será que essas descobertas sobre a vida real mostram que o desconforto do calor alimenta diretamente a agressividade? Embora a conclusão pareça plausível, essas *correlações* entre temperatura e agressividade não a provam. As pessoas certamente poderiam estar mais irritáveis em um clima quente e pegajoso. E em laboratório, as temperaturas quentes realmente aumentam a excitação e os pensamentos e sentimentos hostis (Anderson et al., 1999). Mas outros fatores podem contribuir. Talvez as noites quentes de verão façam as pessoas saírem às ruas, onde outros fatores de influência do grupo podem muito bem assumir importância. Ademais (os pesquisadores estão debatendo isso), talvez chegue um ponto em que o calor sufocante estanque a violência (Bell, 2005; Bushman et al., 2005a, 2005b; Cohn & Rotton, 2005).

ATAQUES

Ser atacado ou ofendido por outra pessoa é uma situação especialmente propícia à agressividade. Vários experimentos, incluindo um feito por Kennichi Ohbuchi e Kambara Toshihiro (1985) na Universidade de Osaka, confirmam que ataques intencionais produzem ataques de retaliação. Na maioria desses experimentos, uma pessoa compete com outra em uma disputa de tempo de reação. Depois de cada teste experimental, o vencedor escolhe quanto choque aplicar ao perdedor. Na verdade, cada pessoa está jogando contra um adversário programado, que constantemente aumenta a quantidade de choque. Será que os participantes reais respondem de forma generosa? Dificilmente. "Olho por olho" é a resposta mais provável.

Excitação

Até agora, vimos que vários estímulos aversivos podem provocar raiva. Outros tipos de excitação, tais como os que acompanham o exercício ou a excitação sexual, têm efeito semelhante? Imagine que Lourdes, tendo acabado uma curta corrida estimulante, chegue em casa e descubra que a pessoa com quem tinha um encontro à noite telefonou e disse que tem outros planos. Lourdes tem mais probabilidade de explodir em fúria depois de sua corrida do que se descobrisse a mesma mensagem depois de acordar de um cochilo? Ou, por ter acabado de fazer exercícios, sua agressividade vai ser exorcizada? Para descobrir a resposta, examine como interpretamos e rotulamos nossos estados corporais.

Em um experimento famoso, Stanley Schachter e Jerome Singer (1962) constataram que podemos experimentar um estado corporal excitado de diferentes maneiras. Eles excitaram homens da University of Minnesota injetando adrenalina. A droga produziu rubor no corpo, palpitação cardíaca e respiração acelerada. Avisados de que a substância produziria esses efeitos, os homens sentiram pouca emoção, mesmo quando esperavam com uma pessoa hostil ou com uma eufórica. É claro que eles poderiam facilmente atribuir suas sensações corporais à droga. Schachter e Singer levaram outro grupo de homens a acreditar que a substância não produzia esses efeitos secundários. A seguir, eles também foram colocados na companhia de uma pessoa hostil ou de uma eufórica. Como se sentiram e agiram? Eles se irritaram quando estavam com a pessoa hostil e se divertiram quando estavam com a pessoa eufórica. O princípio parecia ser: *um determinado estado de excitação corporal alimenta uma emoção ou outra, dependendo de como a pessoa interpreta e rotula a excitação.*

Outros experimentos indicam que a excitação não é tão emocionalmente indiferenciada como Schachter acreditava. No entanto, ser provocado fisicamente intensifica quase qualquer emoção (Reisenzein, 1983). P. ex., Paulo Biner (1991) relata que as pessoas consideram desagradável a estática do rádio, *principalmente* quando são estimuladas por uma iluminação brilhante. Além disso, Dolf Zillmann (1988), Jennings Bryant e colaboradores descobriram que as pessoas que acabam de se exercitar em uma bicicleta ergométrica ou assistir ao filme de um concerto de rock dos Beatles acham fácil atribuir equivocadamente sua excitação a uma provocação. Em seguida, retaliam com mais agressividade. Embora o senso comum pudesse nos levar a supor que a corrida de Lourdes teria drenado suas tensões agressivas, permitindo-lhe aceitar uma má notícia com calma, esses estudos mostram que *a excitação alimenta as emoções*.

A excitação sexual e outras formas de excitação, como a raiva, podem, portanto, amplificar uma à outra (Zillmann, 1989). O sexo nunca é tão intenso como depois de uma briga ou um susto. Em laboratório, os estímulos eróticos são mais excitantes para as pessoas que acabaram de se assustar; da mesma forma, a excitação de um passeio de montanha-russa pode transbordar em sentimentos românticos pelo parceiro.

Uma situação frustrante, quente ou insultante aumenta a excitação. Quando isso acontece, a excitação, combinada com pensamentos e sentimentos hostis, pode formar uma receita para o comportamento agressivo (Fig. 10.5).

Estímulos à agressividade

Como observamos, quando se considera a hipótese da frustração-agressividade, a violência é mais provável quando estímulos agressivos liberam raiva reprimida. Leonard Berkowitz (1968, 1981, 1995) e outros concluíram que a visão de uma arma é um desses estímulos.

Em um experimento, crianças que acabavam de brincar com armas de brinquedo ficaram mais dispostas a derrubar os blocos de outra criança. Em outro, homens da University of Wisconsin, irritados, deram mais choques elétricos em seu algoz quando havia um rifle ou um revólver próximos (supostamente deixados ali de um experimento anterior) do que quando o que havia ficado ali eram raquetes de *badminton* (Berkowitz & LePage, 1967). As armas vinculam pensamentos hostis e julgamentos punitivos (Anderson et al., 1998; Dienstbier et al., 1998). O que os olhos veem o coração sente. Isso se aplica principalmente quando uma arma é percebida como um instrumento de violência, e não com um objeto de lazer. Para os caçadores, ver um rifle de caça não vincula pensamentos agressivos, embora o faça para não caçadores (Bartholow et al., 2004).

Berkowitz não ficou surpreso ao saber que, nos Estados Unidos, um país com cerca de 200 milhões de armas de propriedade privada, metade de todos os assassinatos é cometida com revólveres ou que as armas em casas tendem muito mais a matar membros da família do que intrusos. "As armas não apenas permitem a violência", relatou, "elas também podem estimulá-la. O dedo puxa o gatilho, mas o gatilho também pode estar puxando o dedo".

Berkowitz ficou ainda menos surpreso com o fato de que os países que proíbem armas têm menores taxas de homicídio. Em comparação com os Estados Unidos, a Grã-Bretanha tem um quarto das pessoas e um sexto dos assassinatos. Os Estados Unidos têm 10 mil homicídios com revólveres por ano; a Austrália tem cerca de uma dúzia; a Grã-Bretanha, duas dúzias; e o Canadá, 100 homicídios. Quando a cidade de Washington adotou uma lei que restringe a posse de armas, os índices de assassinatos e suicídios relacionados a armas caíram abruptamente, cerca de 25% cada um. Não ocorreram alterações em outros métodos de assassinato e suicídio, e tampouco as áreas adjacentes, fora do alcance dessa lei, experimentaram qualquer queda desse tipo.(Loftin et al., 1991).

Os pesquisadores também examinaram os riscos de violência em domicílios com e sem armas. A pesquisa é controversa, porque essas casas podem variar de muitas maneiras. Um estudo patrocinado pelo Centers for Disease Control comparou proprietários de armas e não proprietários de sexo, raça, idade e bairro iguais. O resultado irônico e trágico foi que aqueles que tinham arma em casa (muitas vezes por proteção) tiveram 2,7 vezes mais chances de ser assassinados – quase sempre por um membro da família ou um conhecido próximo (Kellermann, 1997; Kellermann et al., 1993). Outro estudo constatou que o risco de suicídio em casas com armas era cinco vezes maior do que em casas sem elas (Taubes, 1992). Um novo estudo nacional encontrou uma ligação um pouco mais tênue, mas ainda significativa, entre armas e homicídio ou suicídio. Comparadas com outras de sexo, idade e raça iguais, pessoas com armas em casa eram 41% mais propensas a ser vítimas de homicídios e tinham 3,4 vezes mais chances de se suicidar (Wiebe, 2003). Uma arma em casa muitas vezes significa a diferença entre uma luta e um enterro ou entre sofrimento e suicídio.

As armas não só servem como estímulos para a agressividade, mas também colocam distância psicológica entre agressor e vítima. Como nos ensinaram os estudos de Milgram sobre obediência, o distanciamento em relação à vítima facilita a crueldade. Uma faca pode matar alguém, mas um ataque de faca exige muito mais contato pessoal do que puxar um gatilho a distância (Fig. 10.6).

Influências da mídia: Pornografia e violência sexual

A taxa de detenção juvenil por crimes violentos cinco vezes maior, entre 1960 e início dos anos de 1990, relatada pelo FBI, levou os psicólogos sociais a se perguntar: por que essa mudança? Que forças sociais causaram um aumento tão grande na violência?

O álcool contribui para a agressividade, mas o uso do álcool não se alterou radicalmente desde 1960. Da mesma forma, outras influências biológicas (testosterona, genes, neurotransmissores) não sofreram qualquer mudança importante. Poderia a violência crescente ter sido alimentada pelo aumento do individualismo e do materialismo? Pelo fosso cada vez maior entre ricos poderosos e pobres impotentes? Pelo declínio das famílias biparentais e o aumento dos pais ausentes? Pela crescente apresentação de modelos de sexualidade e violência desenfreadas nos meios de comunicação?

FIGURA 10.5
Elementos de agressividade hostil. Uma situação aversiva pode desencadear agressividade ao provocar cognições hostis, sentimentos hostis e excitação. Essas reações aumentam a probabilidade de percebermos uma intenção prejudicial e reagirmos de forma agressiva.

Fonte: simplificada a partir de Anderson, Deuser e Deneve, 1995.

Pesquisa Gallup com norte-americanos, de 2006: "Você acha que ter uma arma em casa torna um lugar mais seguro ou mais perigoso para se estar?"
Mais seguro: 47%
Mais perigoso: 43%
Depende ou não opinou: 10%

FIGURA 10.6
Armas usadas para cometer assassinatos nos Estados Unidos em 2002.
Fonte: FBI Uniform Crime Reports.

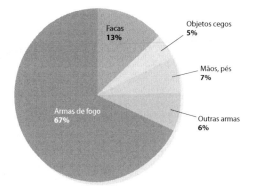

A última pergunta surge porque o aumento das taxas de violência criminal, incluindo a coerção sexual, coincidiu com o aumento da disponibilidade de material violento e sexual na mídia, que teve início durante a "revolução sexual" dos anos de 1960. A correlação histórica é coincidência? Para descobrir isso, os pesquisadores exploraram as consequências sociais da pornografia (que o dicionário *Webster's* define como representações eróticas para gerar excitação sexual) e os efeitos da apresentação de modelos de violência no cinema e na televisão.

Nos Estados Unidos, a pornografia tornou-se um negócio maior do que futebol, basquete e beisebol profissionais combinados, graças a cerca de 13 bilhões de dólares gastos por ano em redes de cabo e satélites do setor, em filmes nos cinemas, *pay-per-view*, filmes em quartos de hotel, sexo por telefone, revistas de sexo e páginas na internet (National Research Council, 2002; Richtel, 2007). Pesquisas com adolescentes e estudantes universitários australianos e norte-americanos revelam que homens assistem várias vezes mais filmes de classificação X (pornográficos) e pornografia na internet do que mulheres (Carroll et al., 2008; Flood, 2007; Wolak et al., 2007).

A pesquisa de psicologia social sobre pornografia tem se concentrado principalmente em representações de violência sexual, que é comum nos vídeos adultos mais alugados no século XXI (Sun et al., 2008). O episódio sexual violento típico mostra um homem forçando a relação com uma mulher. Inicialmente, ela resiste e tenta lutar contra seu agressor; aos poucos, vai ficando sexualmente excitada e sua resistência se desfaz. No final, ela está em êxtase, pedindo mais. Todos já vimos ou lemos versões não pornográficas dessa sequência: ela resiste, ele persiste. Homem enérgico agarra e beija mulher que protesta. Dentro de instantes, os braços que o estavam afastando o agarram com força, e a resistência da mulher é esmagada pela paixão que foi desencadeada. Em *E o vento levou*, Scarlett O'Hara é carregada para a cama protestando e chutando, e acorda cantando.

Os psicólogos sociais relatam que ver essas cenas fictícias de um homem dominando e excitando uma mulher pode (a) distorcer as percepções de uma pessoa sobre como as mulheres realmente respondem à coerção sexual e (b) aumentar a agressividade contra as mulheres.

PERCEPÇÕES DISTORCIDAS DA REALIDADE SEXUAL

Assistir a violência sexual reforça o "mito do estupro" – segundo o qual algumas mulheres gostariam de receber um ataque sexual e que "um '*não*' não significa realmente 'não'"? Os pesquisadores observaram uma correlação entre a quantidade de TV que se assiste e aceitação do mito do estupro (Kahlor & Morrison, 2007). Para explorar a relação experimentalmente, Neil Malamuth e James Check (1981) mostraram a homens da University of Manitoba dois filmes não sexuais ou dois filmes retratando um homem dominando sexualmente uma mulher. Uma semana mais tarde, quando questionados por um experimentador diferente, os que viram os filmes com violência sexual leve aceitaram mais a violência contra as mulheres.

Outros estudos confirmam que a exposição à pornografia aumenta a aceitação do mito do estupro (Oddone-Paolucci et al., 2000). P. ex., ao passar três noites assistindo a filmes sexualmente violentos, os espectadores do sexo masculino em um experimento de Charles Mullin e Daniel Linz (1995) foram ficando menos incomodados com estupro e agressões. Comparados, três dias depois, a outros que não foram expostos aos filmes, eles expressaram menos simpatia para com vítimas de violência doméstica e consideraram as lesões delas menos graves. Na verdade, disseram os pesquisadores Edward Donnerstein, Daniel Linz e Steven Penrod (1987), que maneira melhor teria um personagem mau de levar as pessoas a reagir com calma diante de tortura e mutilação de mulheres do que mostrar uma série desses filmes que vai aumentando gradualmente?

Observe que a mensagem sexual (de que muitas mulheres gostam de ser "pegas") foi sutil e com poucas probabilidades de gerar contra-argumentos. Dadas as imagens frequentes de mídia sobre a resistência de mulheres se desfazendo nos braços de um homem poderoso, não devemos nos surpreender de que mesmo as mulheres muitas vezes acreditem que alguma *outra* mulher possa gostar de ser sexualmente dominada – embora praticamente nenhuma pense isso de si mesma (Malamuth et al., 1980).

AGRESSIVIDADE CONTRA A MULHER

ESTUDOS CORRELACIONAIS As evidências também sugerem que a pornografia contribui para a agressividade real de homens em relação a mulheres (Kingston et al., 2009). Estudos correlacionais levantam essa possibilidade. John Court (1985) observou que, em todo o mundo, à medida que a pornografia ficou mais disponível, durante os anos de 1960 e 1970, o índice de estupros aumentou de modo significativo, exceto em países e regiões onde a pornografia era controlada. No Havaí, o número de estupros relatados cresceu nove vezes entre 1960 e 1974, depois caiu quando foram temporariamente impostas restrições à pornografia e su-

A pornografia que retrata agressividade sexual como algo prazeroso para a vítima aumenta a aceitação do uso da coerção nas relações sexuais.

—CONSENSO NAS CIÊNCIAS SOCIAIS EM OFICINA DO MINISTÉRIO DA SAÚDE DOS ESTADOS UNIDOS SOBRE PORNOGRAFIA E SAÚDE PÚBLICA (KOOP, 1987)

Os comentários de Ted Bundy (1989), às vésperas de sua execução por uma série de assassinatos com estupro, reconheciam o preço da pornografia ou a usavam como uma desculpa à mão? "Os tipos mais prejudiciais de pornografia [envolvem] violência sexual. Como um vício, você fica querendo algo que seja cada vez mais intenso, algo que lhe dê uma sensação maior de excitação. Até chegar a um ponto em que a pornografia já não chega, e você está nesse limite, onde começa a se perguntar se talvez fazer isso de verdade lhe daria aquilo que vai além de apenas ler ou olhar."

biu de novo quando as restrições foram suspensas. Mas há exemplos contrários. O Japão teve pornografia violenta amplamente disponível e um índice de estupros baixo. Nos Estados Unidos, o índice de estupros relatados não aumenta desde 1995, apesar da proliferação de pornografia na internet.

Em outro estudo correlacional, Larry Baron e Murray Straus (1984) descobriram que as vendas de revistas de conteúdo sexual explícito (como *Hustler* e *Playboy*) nos 50 estados tinham correlação com as taxas de estupro estaduais, mesmo após o controle de outros fatores, como a porcentagem de jovens do sexo masculino em cada estado. O Alasca ficou em primeiro lugar em vendas de revistas de sexo e em primeiro em estupro. Em ambos os indicadores, o estado de Nevada foi segundo.

Ao serem entrevistados, agressores sexuais canadenses e norte-americanos geralmente reconhecem usar pornografia. William Marshall (1989) relatou que estupradores e molestadores de crianças de Ontário usavam muito mais pornografia do que homens que não eram criminosos sexuais. Um estudo de acompanhamento com 341 molestadores de crianças canadenses concluiu que isso era verdade, mesmo após o controle de outros indicadores de abuso sexual (Kingston et al., 2008). Estudos com assassinos em série (feitos pelo FBI) e abusadores sexuais de crianças (feitos pela polícia de Los Angeles) também relataram considerável exposição à pornografia (Bennett, 1991; Ressler et al., 1988). Entre os homens universitários, o consumo elevado de pornografia indicou agressividade sexual, mesmo após o controle de outros preditores de comportamento antissocial, como a hostilidade geral (Vega & Malamuth, 2007).

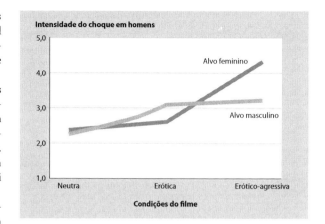

FIGURA 10.7
Depois de ver um filme erótico-agressivo, universitários do sexo masculino infligiram choques mais fortes do que antes, principalmente a uma mulher.
Fonte: dados de Donnerstein, 1980.

ESTUDOS EXPERIMENTAIS Embora limitados a certos tipos de comportamento de curto prazo que podem ser estudados em laboratório, os experimentos controlados revelam o que os estudos correlacionais não conseguem: causa e efeito. Uma declaração consensual de 21 importantes cientistas sociais resumiu os resultados: "a exposição à pornografia violenta aumenta o comportamento punitivo em relação às mulheres" (Koop, 1987). Um desses cientistas sociais, Edward Donnerstein (1980), havia mostrado a 120 homens da University of Wisconsin um filme neutro, um erótico ou um erótico-agressivo (estupro). Em seguida, os homens, supostamente como parte de outro experimento, "ensinavam" a um homem ou mulher, membro da equipe de pesquisa atuando como participante, algumas sílabas sem sentido, escolhendo a quantidade de choque a ser administrado em função de respostas incorretas. Os homens que tinham assistido ao filme de estupro administraram choques visivelmente mais fortes (Fig. 10.7), sobretudo quando estavam irritados e a vítima era do sexo feminino.

Se a ética desses experimentos incomoda você, tenha certeza de que esses pesquisadores entendem a experiência controversa e poderosa que estão proporcionando aos participantes. Só depois de dar seu consentimento é que as pessoas participam. Além disso, após o experimento, os pesquisadores efetivamente derrubam os mitos que os filmes transmitem (Check & Malamuth, 1984).

A justificativa para essa experimentação não é apenas científica, mas também humanitária. Em uma pesquisa nacional representativa com 9.684 norte-americanos adultos, 11% das mulheres relataram ter vivenciado sexo forçado em algum momento de suas vidas (Basile et al., 2007; CDC, 2008).

Pesquisas em outros países industrializados oferecem resultados semelhantes (Tab. 10.1). Três em cada quatro estupros por estranhos e quase todos os estupros por conhecidos não foram comunicados à polícia. Assim, o índice de estupros oficial subestima em muito o real.

As mulheres correm mais risco quando se deparam com homens que exibem comportamento promíscuo e aquelas atitudes hostis que a pornografia cultiva (Fig. 10.8).

A exposição repetida a filmes eróticos apresentando sexo rápido e descompromissado também tende a
- *diminuir a atração pelo próprio parceiro*
- *aumentar a aceitação de relações sexuais extraconjugais e da submissão sexual das mulheres aos homens*
- *aumentar as percepções dos homens sobre as mulheres em termos sexuais.*

(Fonte: ver Myers, 2000a)

TABELA 10.1 Porcentagem de mulheres que relatam experiências de estupro em cinco países

País	Amostra de mulheres	Estupro completado e tentativa
Canadá	Amostra de estudantes de 95 faculdades e universidades	23% de estupro ou agressão sexual
Alemanha	Adolescentes tardios de Berlim	17% de violência sexual criminosa
Nova Zelândia	Amostra de estudantes de psicologia	25%
Reino Unido	Amostra de estudantes de 22 universidades	19%
Estados Unidos	Amostra representativa de 32 faculdades e universidades	28%
Seul, Coreia	Mulheres adultas	22%

Fonte: estudos relatados por Koss, Heise e Russo (1994) e Krahe (1998).

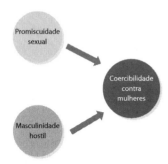

FIGURA 10.8
Homens sexualmente agressivos. Os homens que coagem sexualmente as mulheres muitas vezes combinam história de sexo impessoal com masculinidade hostil, relata Neil Malamuth (1996, 2003, Jacques-Tiura et al., 2007).

O que estamos tentando fazer é elevar o nível de consciência sobre a violência contra as mulheres e a pornografia para pelo menos o nível de consciência sobre a literatura racista e da Ku Klux Klan.
—GLORIA STEINEM (1988)

O domicílio médio nos Estados Unidos tem mais televisores (2,73) do que pessoas (2,6).
—TIME, 2007

EDUCAÇÃO PARA A CONSCIÊNCIA DA MÍDIA

Assim como a maioria dos alemães tolerou calmamente as degradantes imagens antissemitas que alimentaram o Holocausto, a maioria das pessoas hoje tolera imagens que a mídia apresenta de mulheres, que alimentam assédio sexual, abuso e estupro. Essas representações que humilham ou violam as mulheres deveriam ser restringidas por lei?

Na disputa entre direitos individuais e coletivos, a maioria das pessoas dos países ocidentais fica do lado dos primeiros. Como alternativa à censura, muitos psicólogos são favoráveis a uma "educação para a consciência da mídia". Pesquisadores que estudam a pornografia conseguiram ressenssibilizar e educar participantes de experimentos para as verdadeiras reações das mulheres à violência sexual. Os educadores conseguiriam igualmente promover competências críticas para assistir à mídia? Sensibilizando as pessoas à representação das mulheres que predomina na pornografia e a questões de assédio e violência sexual, deve ser possível desmascarar o mito de que as mulheres gostam de ser coagidas. "Nossa esperança utópica e, talvez, ingênua", escreveram Edward Donnerstein, Daniel Linz e Steven Penrod (1987, p. 196), "é de que, no final, a verdade revelada por meio de boa ciência prevaleça, e o público se convença de que essas imagens não apenas humilham quem é retratado, mas também quem as assiste".

Essa esperança é ingênua? Reflita: sem proibição dos cigarros, o número de fumantes nos Estados Unidos caiu de 42% em 1965 para 21% em 2004 (CDC, 2005). Sem censura ao racismo, imagens comuns na mídia que mostravam os afro-americanos como bufões infantis e supersticiosos quase desapareceram. Ao mudar a consciência pública, roteiristas, produtores e executivos da mídia passaram a evitar imagens de exploração das minorias. Será que um dia olharemos com constrangimento ao tempo em que os filmes entretinham as pessoas com cenas de agressão, mutilação e coerção sexual?

Influências da mídia: televisão

Já vimos que assistir a um modelo agressivo atacando um joão-bobo pode desencadear impulsos agressivos em crianças e lhes ensinar novas maneiras de agredir. Também vimos que depois de assistir a filmes que retratam violência sexual, muitos homens furiosos agem com mais violência em relação às mulheres. Será que assistirá televisão todos os dias tem qualquer efeito semelhante?

Embora haja poucos dados muito recentes (o financiamento para o monitoramento da mídia diminuiu após o início dos anos 1990), esses dados sobre assistir televisão se mantêm: hoje, em grande parte do mundo industrializado, quase todas as famílias (99,2% na Austrália, por exemplo) têm um aparelho de TV, mais do que as que têm telefones (Trewin, 2001). A maioria das casas tem mais de um aparelho, o que ajuda a explicar por que pais e filhos muitas vezes dão informações diferentes sobre o que estão assistindo (Donnerstein, 1998).

No lar médio dos Estados Unidos, a TV fica ligada oito horas por dia, com cada membro da família assistindo, em média, cerca de três horas. Graças aos gravadores digitais de vídeo, que permitem às pessoas assistirem a seus programas de TV em horários escolhidos, os norte-americanos assistiram mais televisão do que nunca em 2008 (Nielsen, 2008a, 2008b). As mulheres assistem mais do que os homens; os não brancos, mais do que os brancos; aposentados, mais do que quem estuda ou trabalha; e quem tem grau de instrução mais reduzido, mais do que quem o tem mais elevado (Comstock & Scharrer, 1999, Nielsen, 2008a). Em sua maioria, esses dados sobre os hábitos televisivos dos norte-americanos também caracterizam europeus, australianos e japoneses (Murray & Kippax, 1979).

Durante todas essas horas, quais comportamentos sociais são modelados? De 1994 a 1997, funcionários do National Television Violence Study (1997), com os olhos cansados, analisaram cerca de 10 mil programas de grandes redes e canais de cabo. Suas conclusões? Seis em cada 10 programas continham violência ("ação que incluía constrangimento físico, com risco de ferir ou matar, ou que realmente fere ou mata"). Durante brigas físicas, as pessoas que caíam normalmente se recuperavam e voltavam mais fortes, ao contrário das brigas mais reais que duram um soco (muitas vezes resultando em uma mandíbula ou mão quebrada). Em 73% das cenas de violência exibida, os agressores não foram punidos. Em 58%, a vítima não parecia sentir dor. Em programas infantis, foram mostradas quaisquer consequências de longo prazo de apenas 5% da violência exibida e dois terços da violência foram retratados como engraçados. Para os adultos, a violência parece ser menos violenta quando é engraçada (Kirsh, 2006).

O que se conclui disso tudo? No geral, a televisão irradia suas ondas eletromagnéticas aos olhos das crianças por mais horas, durante seu crescimento, do que elas passam na escola – na verdade, mais do que em qualquer outra atividade em vigília. No final do ensino fundamental, a criança média assistiu a cerca de 8 mil assassinatos e 100 mil outros atos violentos na TV (Huston et al., 1992). De acordo com uma análise de conteúdo, a violência em horário nobre nos Estados Unidos aumentou 75% entre 1998 e a temporada de 2005-2006, que teve uma média de 4,41 eventos violentos por hora (PTC, 2007). Refletindo sobre seus 22 anos contabilizando crueldade, o pesquisador de mídia George Gerbner (1994) lamentou: "A humanidade teve épocas mais sanguinárias, mas nenhuma tão cheia de *imagens* de violência como a atual. Estamos nadando em uma maré de representações violentas que o mundo nunca viu... encharcando todas as casas com cenas vívidas de brutalidade habilmente coreografada".

A criminalidade em horário nobre estimula o comportamento que mostra? Ou, à medida que os espectadores participam indiretamente de atos agressivos, os programas drenam a energia agressiva? Esta última ideia, uma variação sobre a hipótese da **catarse**, sustenta que assistir a programas violentos permite que as pessoas liberem suas hostilidades contidas. Os defensores da mídia citam essa teoria com frequência e nos lembram de que a violência é anterior à televisão.

Em um debate imaginário com um dos críticos da televisão, o defensor dos meios de comunicação poderia argumentar: "A televisão não desempenhou qualquer papel nos genocídios de judeus e índios americanos. A televisão apenas reflete e atende a nossos gostos". "Concordo", respondera o crítico, "mas também é verdade que durante a era da TV, nos Estados Unidos, os índices de crimes violentos relatados aumentaram muito mais rapidamente do que a taxa populacional. Certamente, você não quer dizer que as artes populares são meros reflexos passivos, sem qualquer poder de influenciar a consciência do público, ou que a crença no poder dos anunciantes da mídia seja uma ilusão". O defensor respondera: "A epidemia de violência resulta de muitos fatores. A TV pode inclusive reduzir a agressividade ao manter as pessoas fora das ruas e lhes dar uma oportunidade inofensiva de descarregar sua agressividade".

Estudos relacionando assistir à televisão e agressividade visam identificar os efeitos mais sutis e capilares do que os ocasionais assassinatos praticados por "copiadores", que captam a atenção do público. Eles perguntam: Como a televisão afeta o *comportamento* e o *pensamento* dos telespectadores?

catarse
Liberação emocional. A visão da agressividade baseada na catarse é a de que o impulso agressivo é reduzido quando se "libera" a energia agressiva, seja agindo de forma agressiva, seja fantasiando agressividade.

EFEITOS DA TELEVISÃO SOBRE O COMPORTAMENTO

Os espectadores imitam modelos violentos? Há muitos exemplos de verdadeiros criminosos reencenando crimes de televisão. Em uma pesquisa com 208 condenados a prisão, 9 entre 10 admitiram aprender novos truques assistindo programas sobre criminalidade. Quatro em cada 10 disseram que tinham experimentado crimes específicos vistos na televisão (TV Guide, 1977).

Uma das grandes contribuições da televisão é ter trazido o assassinato de volta à casa, onde é o seu lugar. Ver um assassinato na televisão pode ser uma boa terapia. Pode ajudar a processar os antagonismos da pessoa.

—ALFRED HITCHCOCK

CORRELAÇÃO ENTRE ASSISTIR À TV E COMPORTAMENTO Histórias de crimes não são evidências científicas. Os pesquisadores, portanto, usam estudos correlacionais e experimentais para examinar os efeitos de se assistir à violência. Uma técnica comumente usada com crianças em idade escolar correlaciona a TV a que assistem com sua agressividade. O resultado frequente: quanto mais violento for o conteúdo do que a criança assiste na TV, mais agressiva a criança é (Eron, 1987; Turner et al., 1986). A relação é modesta, mas encontrada de forma constante na América do Norte, na Europa e na Austrália, e se estende à "agressividade indireta" desviante. Meninas britânicas que assistem com mais frequência a programas que apresentam modelos de fofoca, calúnia e exclusão social também apresentam mais desse tipo de comportamento (Coyne & Archer, 2005).

Sendo assim, pode-se concluir que um repertório de TV violento alimenta a agressividade? Talvez você já esteja pensando que, como esse é um estudo correlacional, a relação de causa e efeito também poderia funcionar no sentido oposto. Talvez as crianças agressivas prefiram programas agressivos. Ou talvez algum terceiro fator subjacente, como inteligência inferior, predisponha algumas crianças a preferir programas e comportamento agressivos.

Pesquisadores desenvolveram duas maneiras de testar essas explicações diferentes. Eles testam a explicação do "terceiro fator oculto" retirando estatisticamente a influência de alguns desses fatores possíveis. P. ex., William Belson (1978; Muson, 1978) estudou 1.565 meninos de Londres. Em comparação com aqueles que assistiam a pouca violência, os que assistiam a muita (principalmente violência realista, e não em desenhos animados) admitiram 50% mais atos de violência durante os seis meses anteriores (p. ex., depredar um telefone público). Belson também examinou 22 prováveis terceiros fatores, como o tamanho das famílias. Os expectadores de "violência pesada" e "violência leve" ainda difeririam depois que os pesquisadores os equiparam com relação a potenciais terceiros fatores. Então, Belson concluiu que os telespectadores de violência pesada eram realmente mais violentos *por causa* de sua exposição à TV.

Da mesma forma, Leonard Eron e Rowell Huesmann (1980, 1985) concluíram que a violência assistida por 875 crianças de 8 anos tinha correlação com agressividade, mesmo depois de suprimir estatisticamente vários possíveis terceiros fatores óbvios. Além disso, ao reestudar os mesmos indivíduos aos 19 anos, eles descobriram que assistir à violência aos 8 era um preditor modesto de agressividade aos 19, mas

FIGURA 10.9
Crianças assistindo à televisão e atividade criminal posterior.
Assistir violência aos 8 anos foi preditor de crime grave aos 30.
Fonte: dados de Eron e Huesmann (1984).

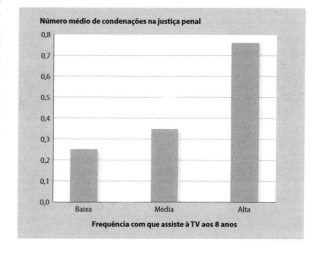

que a agressividade aos 8 anos *não* prediz assistir à violência aos 19. A agressividade era consequência de assistir à TV, e não o inverso. Além disso, aos 30 anos, os que tinham assistido a mais violência na infância tinham maior probabilidade do que outros de ser condenado por um crime (Fig. 10.9).

Estudos de acompanhamento confirmaram essas conclusões de várias formas, incluindo as seguintes:

- Correlacionando a violência assistida por crianças de 8 anos com sua probabilidade posterior de abusar de cônjuge adulto (Huesmann et al., 1984, 2003).
- Correlacionando a violência assistida por adolescentes com sua probabilidade posterior de cometer assalto, roubo e ameaças de lesão (Johnson et al., 2002)
- Correlacionando a exposição de crianças de escola fundamental a mídia violenta com a frequência com que se envolviam em brigas quando reestudados, dois a seis meses mais tarde (Gentile et al., 2004)

Em todos esses estudos, os pesquisadores tiveram o cuidado de fazer os ajustes relativos a prováveis "terceiros fatores", como inteligência inferior ou hostilidade preexistentes.

Outro fato a ponderar: onde a televisão vai, segue um aumento da violência. Até os índices de assassinato aumentam quando e onde chega a televisão. No Canadá e nos Estados Unidos, a taxa de homicídios dobrou entre 1957 e 1974 com a propagação da televisão violenta. Em regiões do censo onde a televisão chegou mais tarde, o índice de homicídios também aumentou mais tarde. Na África do Sul, onde a televisão só foi introduzida em 1975, uma quase duplicação semelhante da taxa de homicídios de brancos começou apenas depois desse ano (Centerwall, 1989) e, em uma remota cidadezinha canadense cuidadosamente estudada, onde a televisão chegou mais tarde, a agressividade em brinquedos infantis dobrou logo depois (Williams, 1986).

Repare que esses estudos ilustram como os pesquisadores estão usando conclusões correlacionais para *sugerir* causa e efeito. No entanto, um número infinito de possíveis terceiros fatores pode estar criando uma relação de mera coincidência entre assistir a violência e praticar agressividade. Felizmente, o método experimental consegue controlar esses fatores externos. Se designarmos aleatoriamente algumas crianças para assistir a um filme violento e outras a um filme não violento, qualquer diferença posterior em agressividade entre os dois grupos será devida ao único fator que as distingue: aquilo a que assistiram.

EXPERIMENTOS COM TV Os pioneiros experimentos com joão-bobo de Albert Bandura e Walters Richard (1963), por vezes, faziam crianças assistirem ao adulto batendo no boneco inflável em um filme, em vez de observar ao vivo – com o mesmo efeito. Então, Leonard Berkowitz e Geen Russell (1966) concluíram que estudantes universitários irritados que haviam assistido a um filme violento agiram de forma mais agressiva do que aqueles igualmente irritados, mas que haviam assistido a filmes não agressivos. Esses experimentos de laboratório, junto com a crescente preocupação pública, foram suficientes para levar o ministério da saúde dos Estados Unidos a encomendar 50 novas pesquisas nos anos de 1970. Em geral, esses estudos e mais de 100 outros feitos mais tarde confirmaram que assistir à violência aumenta a agressividade (Anderson et al., 2003).

P. ex., equipes de pesquisa lideradas por Ross Parke (1977), nos Estados Unidos, e Leyens Jacques (1975), na Bélgica, mostraram a meninos delinquentes institucionalizados nos dois países uma série de filmes comerciais agressivos ou não agressivos. A conclusão constante: "a exposição à violência dos filmes... levou a um aumento na agressividade dos espectadores". Em comparação à semana anterior à série de filmes, os ataques físicos aumentaram acentuadamente nas casas onde os meninos assistiram a filmes violentos. Dolf Zillmann e James Weaver (1999) expuseram homens e mulheres, de forma semelhante, em quatro dias consecutivos, a filmes violentos ou não violentos. Ao participar de uma atividade diferente no quinto dia, as pessoas expostas aos filmes violentos foram mais hostis com a assistente de pesquisa.

A agressividade provocada nesses experimentos não diz respeito a lesões físicas, e se dá mais em nível de empurrões na fila do almoço, um comentário cruel ou um gesto ameaçador. No entanto, a convergência de evidências é impressionante. "A conclusão irrefutável", disse em 1993 uma comissão sobre violência juvenil da American Psychological Association, é que "assistir à violência aumenta a violência". Isso acontece especialmente entre pessoas com tendências agressivas, e quando uma pessoa atraente comete violência justificada e realista, e fica impune, sem demonstrar qualquer sofrimento ou dano (Comstock, 2008; Gentile et al., 2007; Zillmann & Weaver, 2007).

Ao todo, concluem os pesquisadores Brad Bushman e Craig Anderson (2001), o efeito que assistir à violência tem sobre a agressividade ultrapassa o efeito do tabagismo passivo sobre o câncer de pulmão, da ingestão de cálcio sobre a massa óssea e do dever de casa sobre o desempenho acadêmico. Tal como acontece com o fumo e o câncer, nem todos demonstram o efeito, o qual, em alguns estudos recentes, é bastante modesto, observam Christopher Ferguson e John Kilburn (2009). Além disso, como

---

Então, devemos simplesmente permitir que nossas crianças ouçam qualquer história que qualquer um resolva inventar e, assim, receber em suas mentes ideias muitas vezes opostas àquelas que consideramos que devam ter quando crescerem?

—PLATÃO, *A REPÚBLICA*, 360 A.C.

A alta exposição à violência na mídia é uma das principais causas que contribuem para o alto índice de violência na moderna sociedade dos Estados Unidos.

—PSICÓLOGO SOCIAL CRAIG A. ANDERSON, DEPONDO À COMISSÃO DE COMÉRCIO, CIÊNCIA E TRANSPORTES DO SENADO DOS ESTADOS UNIDOS, 21 DE MARÇO DE 2000

nos lembram os executivos de mídia e alguns pesquisadores, outros fatores também são importantes (Gunter, 2008). Mas as evidências atuais são "esmagadoras", disseram Bushman e Anderson: "a exposição à violência na mídia gera aumentos significativos na agressividade". A base de pesquisa é grande, os métodos, diversificados, e as conclusões gerais, constantes, ecoa uma força-tarefa de importantes pesquisadores de violência na mídia do National Institute of Mental Health (Anderson et al., 2003). "Nossa revisão aprofundada... revela evidências inequívocas de que a exposição à violência na mídia pode aumentar a probabilidade de comportamento agressivo e violento em contextos imediatos e de longo prazo."

POR QUE ASSISTIR À TV AFETA O COMPORTAMENTO? Dada a convergência de evidências correlacionais e experimentais, os pesquisadores têm investigado *por que* assistir à violência tem esse efeito. Consideremos três possibilidades (Geen e Thomas, 1986). Uma é a *excitação* que produz (Mueller et al., 1983; Zillmann, 1989). Como vimos anteriormente, a excitação tende a transbordar: um tipo de excitação energiza outros comportamentos.

Outras pesquisas mostram que assistir à violência *desinibe*. No experimento de Bandura, o adulto no joão-bobo parecia tornar as explosões legítimas e reduzir as inibições das crianças. Assistir à violência leva o espectador ao comportamento agressivo ao ativar pensamentos relacionados à violência (Berkowitz, 1984; Bushman & Geen, 1990; Josephson, 1987). Ouvir música com letras sexualmente violentas parece ter um efeito semelhante (Barongan & Hall, 1995; Johnson et al., 1995; Pritchard, 1998).

Representações na mídia também evocam *imitação*. As crianças nos experimentos de Bandura repetiram os comportamentos específicos que haviam testemunhado. A indústria da televisão comercial está sob forte pressão para questionar a ideia de que assistir à TV leva os telespectadores a imitarem o que viram: o modelo de consumo dos seus anunciantes. Os executivos da mídia estariam certos, no entanto, ao afirmar que a TV simplesmente oferece um espelho para uma sociedade violenta? Que a arte imita a vida? E que o mundo "*reel*",* portanto, mostra-nos o mundo real? Na verdade, em programas de TV, os atos agressivos têm superado os afetivos por quatro a um. Também em outros aspectos, a televisão apresenta modelos de um mundo irreal.

Porém, também há boas notícias. Se as formas de se relacionar e resolver problemas mostradas na televisão realmente geram imitação, sobretudo entre espectadores jovens, a apresentação de modelos de **comportamento pró-social** pela TV deveria ser socialmente benéfica. No Capítulo 12, exploraremos como as influências sutis da televisão podem de fato dar lições positivas de comportamento às crianças.

comportamento pró-social
Comportamento social positivo, construtivo e útil; oposto do comportamento antissocial.

EFEITOS DA TELEVISÃO SOBRE O PENSAMENTO

Até aqui tratamos do efeito da televisão sobre o comportamento, mas os pesquisadores também examinaram os efeitos cognitivos de se assistir à violência: assisti-la prolongadamente nos *dessensibiliza* para a crueldade? Fornece *roteiros* mentais para a ação? Distorce nossa *percepção* da realidade? *Condiciona* pensamentos agressivos?

DESSENSIBILIZAÇÃO Repita um estímulo que desencadeie uma emoção, como uma palavra obscena, várias vezes. O que acontece? A resposta emocional vai se "extinguir". Depois de assistir a milhares de atos de crueldade, há boas razões para se esperar um entorpecimento emocional semelhante. A resposta mais comum pode muito bem se tornar "não me incomoda nem um pouco". Tal resposta é precisamente o que Victor Cline e colaboradores (1973) observaram quando mediram a excitação fisiológica de 121 meninos do estado norte-americano de Utah, que assistiram a uma brutal luta de boxe. Comparadas às de meninos que assistiam a pouca televisão, as respostas de quem assistia habitualmente foram mais um encolher de ombros do que uma preocupação.

Naturalmente, esses meninos podem diferir em outros aspectos além de assistir à televisão, mas em experimentos sobre os efeitos de se assistir à violência sexual ocorre uma dessensibilização semelhante, uma espécie de entorpecimento psíquico, quando jovens assistem a filmes agressivos. Além disso, experimentos de Ronald Drabman e Margaret Thomas (1974, 1975, 1976) confirmaram que assistir a esse tipo de filme gera uma reação mais indiferente quando, mais tarde, testemunha-se uma briga ou se observam duas crianças brigando. Em uma pesquisa com 5.456 estudantes do ensino médio, a exposição a filmes com brutalidade era generalizada (Sargent et al., 2002). Dois terços já tinham assistido ao filme *Pânico*. Tais padrões ajudam a explicar por que, apesar das representações de violência extrema (ou, deveríamos dizer, *por causa* delas), as pesquisas Gallup mostram que o percentual de jovens entre 13 e 17 anos que consideravam haver demasiada violência em filmes diminuiu muito, de 42%, em 1977, para 27%, em 2003.

Cinquenta anos de pesquisa sobre o efeito da violência na TV sobre as crianças levam à conclusão inevitável de que assistir à violência na mídia está relacionado ao aumento de atitudes, valores e comportamentos agressivos.
—JOHN P. MURRAY, 2008

---
* N. de T.: Carretel de filme, formando um trocadilho com o som semelhante de "*real*", em inglês.

298 DAVID G. MYERS

À medida que a televisão e o cinema se tornaram sexualmente mais explícitos – o número de cenas contendo falas ou comportamentos sexuais em horário nobre nos Estados Unidos quase duplicou entre 1998 e 2005 (Kaiser, 2005) –, a preocupação dos adolescentes com representações de sexo na mídia também diminuiu. Os adolescentes de hoje "parecem ter ficado consideravelmente mais dessensibilizados em relação a representações vívidas de violência e sexo do que os seus pais eram quando tinham a idade deles", conclui a pesquisadora do Gallup Josephine Mazzuca (2002). As representações na mídia dessensibilizam.

ROTEIROS SOCIAIS Quando nos encontramos em situações novas, sem saber exatamente como agir, contamos com os **roteiros sociais** – instruções mentais fornecidas culturalmente para a ação. Depois de tantos filmes de ação, os jovens podem adquirir um roteiro que é encenado quando eles enfrentam conflitos reais. Desafiados, podem "agir como homem", intimidando ou eliminando a ameaça. Da mesma forma, depois de testemunhar inúmeras alusões e atos sexuais na TV e em letras de música – a maioria envolvendo relacionamentos impulsivos ou de curto prazo – os jovens podem adquirir roteiros sexuais que mais tarde serão aplicados a relacionamentos reais (Escobar-Chaves & Anderson, 2008; Fischer & Greitemeyer, 2006; Kunkel, 2001). Assim, quanto mais conteúdo sexual os adolescentes assistirem (mesmo quando se faz controle de outros preditores de atividade sexual precoce), mais provável será que percebam seus pares como sexualmente ativos, desenvolvam atitudes sexualmente permissivas e tenham relações sexuais precoces (Escobar-Chaves et al., 2005; Martino et al., 2005). As representações na mídia implantam roteiros sociais.

PERCEPÇÕES ALTERADAS O mundo ficcional da televisão também molda nossas concepções do mundo real? George Gerbner e colaboradores da University of Pennsylvania (1979, 1994) suspeitam que esse é o efeito mais potente da televisão. Suas pesquisas com adolescentes e adultos mostraram que os telespectadores intensos (quatro horas por dia ou mais) são mais propensos do que os leves (duas horas ou menos) a exagerar a frequência da violência no mundo ao seu redor e temer ser pessoalmente agredidos.

Sentimentos de vulnerabilidade semelhantes foram expressos por mulheres sul-africanas depois de assistir à violência contra mulheres (Reid & Finchilescu, 1995). Uma pesquisa nacional com crianças norte-americanas de 7 a 11 anos concluiu que quem assistia muito à TV tinha maior tendência do que quem assistia pouco a admitir medo de "que alguém mau possa entrar em sua casa" ou que "quando você sai à rua, alguém possa lhe machucar" (Peterson & Zill, 1981). Para quem vê muita televisão, o mundo se torna um lugar assustador. Representações na mídia formam percepções da realidade.

CONDICIONAMENTO COGNITIVO Novas evidências também revelam que assistir a vídeos violentos condiciona redes de ideias relacionadas à agressão (Bushman, 1998). Depois de assistir à violência, as pessoas oferecem explicações mais hostis para o comportamento das outras (o empurrão foi intencional?). Elas interpretam homônimos falados com o sentido mais agressivo (em inglês, interpretação de "*punch*," como um golpe, em vez de uma bebida) e reconhecem palavras agressivas mais rapidamente. As representações da mídia condicionam o pensamento.

Talvez o maior efeito da televisão não esteja relacionado à sua qualidade, mas à quantidade. Comparado com recreação mais ativa, assistir à TV suga a energia das pessoas e as desanima (Kubey & Csikszentmihalyi, 2002). Além disso, a TV substitui mais de mil horas de outras atividades na vida das pessoas todos os anos. Se, como a maioria dos outros, você passou mais de mil horas por ano assistindo à TV, pense em como poderia ter usado esse tempo se não houvesse televisão. Que diferença isso teria feito para quem você é hoje? Na tentativa de explicar o declínio nas atividades cívicas e participações em organizações depois de 1960, Robert Putnam (2000) disse que cada hora gasta por dia assistindo à TV compete com a participação cívica. A televisão rouba o tempo de reuniões de clubes, voluntariado, atividades religiosas e engajamento político.

Influências da mídia: *Videogames*

O debate científico sobre os efeitos da violência na mídia "basicamente acabou", afirmam Douglas Gentile e Craig Anderson (2003; Anderson & Gentile, 2008). Os pesquisadores estão agora redirecionando sua atenção aos *videogames*, cuja popularidade explodiu e cuja crescente brutalidade está explodindo. A pesquisa educacional mostra que "os *videogames* são excelentes ferramentas de ensino", observam Gentile e Anderson. "Se jogos relacionados a saúde conseguem ensi-

---

roteiros sociais
Instruções mentais fornecidas culturalmente sobre como agir em diversas situações.

Não ensinamos nossos filhos que relacionamentos saudáveis envolvem festas com embriaguez e nudez, em uma banheira de hidromassagem com estranhos, mas é isso que eles veem quando ligam *The Real World*. Quando eles recebem uma dieta constante dessas representações, repetidas vezes, desde muito jovens, esse comportamento torna-se aceitável, até mesmo normal.
—SENADOR BARACK OBAMA, 2005

Quanto mais uma determinada geração for exposta à televisão em seus anos de formação, menor será o seu engajamento cívico [seus índices de participação eleitoral, agrupamento, reunião, doação e voluntariado].
—ROBERT PUTNAM, BOWLING ALONE, 2000

Pessoas que assistem muitas horas à televisão veem o mundo como um lugar perigoso.
© 2009 Tom Tomorrow. Reproduzida com a permissão de Dan Perkins.

nar comportamentos saudáveis e os simuladores de voo conseguem ensinar as pessoas a voar, o que devemos esperar que os jogos que simulam assassinatos violentos ensinem?"

JOGOS COM QUE AS CRIANÇAS BRINCAM

Em 2010, o setor de *videogames* celebrou o seu 38^0 aniversário. Desde o primeiro jogo, em 1972, passamos do pingue-pongue eletrônico aos jogos com temas pesados (Anderson et al., 2007). Na virada do século XXI, os norte-americanos estavam comprando cerca de 200 milhões de *videogames* por ano, com a menina média jogando seis horas por semana e o menino médio, 12 horas (Gentile et al., 2004).

Hoje, os simuladores de extermínio em massa não são jogos obscuros. Em uma pesquisa com alunos da 4ª série, 59% das meninas e 73% dos meninos disseram que seus jogos favoritos eram os violentos (Anderson, 2003, 2004). Jogos com classificação "M" (Maduro) supostamente são destinados à venda apenas para quem tem 17 anos ou mais, mas costumam ser comercializados aos mais jovens. A Federal Trade Commission constatou que, em 4 de cada 5 tentativas, menores de idade poderiam facilmente comprá-los (Pereira, 2003).

No popular jogo *Grand Theft Auto: San Andreas*, jovens são convidados a fazer o papel de um psicopata, observa Gentile (2004). "Você pode atropelar pedestres, pode roubar carros e fazer assaltos, passar de carro atirando em alguém, ir à zona de prostituição, pegar uma prostituta, fazer sexo com ela em seu veículo e depois matá-la para pegar o dinheiro de volta." Em eficazes gráficos em 3D, você pode derrubar pessoas, pisar nelas até que cuspam sangue e vê-las morrer. Além disso, como demonstra a pesquisa de Susan Persky e James Blascovich (2005), os jogos de realidade virtual prometem ainda mais realismo, envolvimento e impacto.

> Tínhamos uma regra interna que não permitia violência contra as pessoas.
> —NOLAN BUSHNELL, FUNDADOR DA ATARI

EFEITOS DOS JOGOS COM QUE AS CRIANÇAS BRINCAM

As preocupações com os *videogames* violentos aumentaram depois que assassinos adolescentes em incidentes separados em Kentucky, Arkansas e Colorado colocaram em prática a violência horrível que tantas vezes tinham praticado na tela. As pessoas se perguntavam: o que os jovens aprendem nas infinitas horas que passam dramatizando ataques e desmembramentos de pessoas?

A maioria dos fumantes não morre de câncer de pulmão, a maioria das crianças que sofreram abuso não se torna abusiva e a maioria das pessoas que passam centenas de horas ensaiando abater seres humanos leva vidas brandas. Isso permite que os defensores dos *videogames*, assim como os interesses das indústrias de tabaco e TV, digam que seus produtos são inofensivos. "Não há absolutamente nenhuma evidência, de que jogar um jogo violento leve a um comportamento agressivo", sustentou Doug Lowenstein (2000), presidente da Interactive Digital Software Association. Gentile e Anderson, no entanto, apresentam algumas razões pelas quais um jogo violento *pode* ter um efeito mais nocivo do que assistir à televisão violenta. Ao jogar, os jogadores

- identificam-se com um personagem violento e desempenham seu papel;
- ensaiam ativamente a violência, não apenas a assistem passivamente;
- envolvem-se em toda a sequência de prática da violência: escolher as vítimas, adquirir armas e munições, perseguir a vítima, mirar a arma, puxar o gatilho;
- estão envolvidos com violência e ameaças de ataque contínuas;
- repetem os comportamentos violentos muitas vezes;
- são recompensados por uma agressão eficaz.

Por essas razões, as organizações militares muitas vezes preparam soldados para disparar em combate (o que muitos na Segunda Guerra Mundial supostamente hesitavam em fazer) envolvendo-os com jogos que simulam ataques.

Mas o que a pesquisa disponível realmente constata? Craig Anderson (2003, 2004, Anderson et al., 2004, 2007) apresenta compilações estatísticas de três dúzias de estudos disponíveis que revelam cinco efeitos persistentes. Jogar *videogames* violentos, mais do que os não violentos,

- *aumenta a excitação*: a frequência cardíaca e a pressão arterial sobem.
- *aumenta o pensamento agressivo*: p. ex., Brad Bushman e Ander-

FIGURA 10.10
Videogames violentos influenciam as tendências agressivas.
Fonte: adaptada de Craig A. Anderson e J. Brad Bushman (2001).

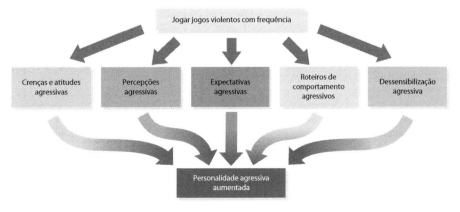

son (2002) descobriram que, depois de jogar jogos como *Duke Nukem* e *Mortal Kombat*, estudantes universitários tiveram maior probabilidade de adivinhar que um homem cujo carro foi apenas tocado de leve atrás iria responder de forma agressiva, usando linguagem agressiva, chutando um parabrisas ou começando uma briga.

- *aumenta sentimentos agressivos*: os níveis de frustração sobem, assim como a hostilidade expressa, embora os sentimentos hostis diminuam poucos minutos após o término do jogo (Barlett et al., 2009).
- *aumenta comportamentos agressivos*: após um jogo violento, crianças e jovens brincam de forma mais agressiva com seus pares, entram em mais discussões com seus professores e participam de mais brigas. O efeito ocorre dentro e fora do laboratório, em autoavaliações, em relatos de professores, pais e por razões ilustradas na Figura 10.10. Seria apenas porque as crianças naturalmente hostis se sentem atraídas por esses jogos? Não, pois mesmo quando se faz controle para fatores de personalidade e temperamento, a exposição à violência dos videogames aumenta o comportamento agressivo (Bartholow et al., 2005). Além disso, observaram Douglas Gentile e colaboradores (2004) a partir de um estudo de jovens adolescentes, mesmo entre aqueles que tiveram um baixo escore em hostilidade, o percentual de usuários intensos de jogos violentos que entraram em brigas era 10 vezes maior do que os 4% envolvidos em brigas entre os seus equivalentes que não jogam. Além disso, depois de começar a usar os jogos violentos, crianças que anteriormente não eram hostis se tornam mais propensas a brigar. No Japão, jogar *videogames* violentos no início de um ano letivo também está relacionado a agressividade física no final do ano, mesmo após o controle para fatores de gênero e agressividade anterior (Anderson et al., 2008).
- *diminui comportamentos pró-sociais*: depois de jogar um *videogame* violento, as pessoas demoram mais a ajudar uma pessoa choramingando no corredor ao lado e a oferecer ajuda a colegas. Em uma tarefa posterior envolvendo a tomada de uma decisão monetária, elas ficaram mais propensas a explorar um parceiro, em vez de confiar e cooperar com ele (Sheese & Graziano, 2005). Como revelado pela diminuição da atividade cerebral associada à emoção, elas também se tornam *dessensibilizadas* à violência (Bartholow et al., 2006; Carnagey et al., 2007).

Além disso, quanto mais violentos forem os jogos, maiores serão os efeitos de jogá-los. Quanto mais sangrento for o jogo (p. ex., quanto maior a definição do nível de sangue em um experimento com jogadores de *Mortal Combat*), maior a hostilidade e a excitação do jogador após a partida (Barlett et al., 2008). Os *videogames se tornaram* mais violentos, o que ajuda a explicar por que estudos mais recentes encontram efeitos maiores. Embora ainda haja muito a ser aprendido, esses estudos indicam que, ao contrário da hipótese da catarse – como exemplificado por um autor de textos sobre liberdades civis que especula que os jogos violentos podem ter um "efeito calmante" sobre tendências violentas (Heins, 2004) –, praticar violência gera violência, em vez de aliviá-la.

Como cientista preocupado, Anderson (2003, 2004) incentiva os pais a descobrir o que seus filhos estão ingerindo e garantir que a sua dieta de mídia, pelo menos em sua própria casa, seja saudável. Os pais podem não ser capazes de controlar o que seus filhos assistem, brincam e comem na casa de outra pessoa, tampouco podem controlar o efeito da mídia sobre a cultura de seus filhos entre seus pares (é por isso que aconselhar os pais a "simplesmente dizer não" é ingênuo), mas podem supervisionar o

> É difícil medir a crescente aceitação da brutalidade da vida norte-americana, mas as evidências disso estão em toda parte, a começar pelos *videogames* em que se mata, que são um entretenimento central dos meninos.
>
> —SUSAN SONTAG, SOBRE A TORTURA DOS OUTROS, 2004

POR DENTRO DA HISTÓRIA | Craig Anderson sobre violência nos *videogames*

Compreendendo os efeitos claramente prejudiciais que estão sendo documentados por pesquisadores da violência na TV e no cinema, fiquei perturbado ao notar o aumento da violência nos *videogames*. Portanto, com uma de minhas alunas de pós-graduação, Karen Dill, dei início a pesquisas correlacionais e experimentais que cruzaram com a crescente preocupação do público e me levaram a testemunhar perante uma subcomissão do Senado dos Estados Unidos e a fazer consultoria para uma ampla gama de grupos de governo e de políticas públicas, incluindo organizações de defesa de pais e filhos.

Embora seja gratificante ver a própria pesquisa ter um impacto positivo, a indústria do *videogame* tem feito grandes esforços para desconsiderar os estudos, assim como, há 30 anos, os fabricantes de cigarros ridicularizaram pesquisas médicas básicas perguntando quantos Marlboros um rato de laboratório teve que fumar antes de contrair câncer. Também recebo correspondências bastante desagradáveis de jogadores, e o volume de pedidos de informação me levou a oferecer recursos e respostas na página www.psychology.iastate.edu/faculdade/caa.

Muitas pessoas acreditam que a melhor maneira de aprimorar a compreensão sobre um tema complicado é encontrar pessoas que apresentem opiniões opostas e dar tempo igual a cada "lado". Reportagens sobre violência na mídia normalmente dão tempo igual a representantes da indústria e seus "especialistas" preferidos, além de palavras tranquilizadoras de uma despreocupada criança de 4 anos, o que pode deixar a impressão de que nós sabemos menos do que realmente sabemos. Se todos os especialistas em uma determinada área concordam, essa ideia de "justiça" e "equilíbrio" faz sentido? Ou devemos esperar que os especialistas legítimos tenham publicado artigos originais de pesquisa, revisados por pares, sobre o assunto em questão?

Craig A. Anderson,
Iowa State University

consumo em sua própria casa e proporcionar mais tempo para atividades alternativas. Estabelecer redes com outros pais pode construir um bairro propício para crianças, e as escolas podem ajudar fornecendo educação sobre consciência da mídia.

Influências do grupo

Já examinamos o que leva os *indivíduos* a agredir. Se frustrações, insultos e modelos agressivos aumentam as tendências agressivas de pessoas isoladas, esses fatores tendem a gerar a mesma reação em grupos. Quando uma pessoa dá início a um tumulto, os atos agressivos costumam se espalhar rapidamente, seguindo o exemplo desencadeante de uma pessoa antagônica. Ao assistir a saqueadores levando livremente aparelhos de TV, espectadores que normalmente respeitam a lei podem abandonar suas inibições morais e imitar.

Contágio social. Ao serem relocados para um parque sul-africano em meados dos anos 1990, 17 elefantes órfãos jovens do sexo masculino formaram uma descontrolada gangue adolescente e mataram 40 rinocerontes brancos. Em 1998, funcionários do parque, preocupados, levaram seus elefantes machos mais velhos e fortes para o meio deles. O resultado: o alvoroço logo se acalmou (Slotow et al., 2000). Um desses machos dominantes, à esquerda, encara vários dos jovens.

Os grupos podem amplificar reações agressivas, em parte, por difusão de responsabilidades. As decisões de atacar em guerras normalmente são tomadas por estrategistas distantes das linhas de frente, que dão as ordens, mas outros as implementam. Esse distanciamento torna mais fácil recomendar agressividade?

Jacquelyn Gaebelein e Anthony Mander (1978) simularam essa situação em laboratório. Eles pediram a alunos da University of North Carolina, em Greensboro, para *dar choques* em alguém ou *aconselhar* alguém sobre quanto choque administrar. Quando o destinatário era inocente de qualquer provocação, como é a maioria das vítimas de agressão em massa, os aconselhadores recomendavam mais choque do que o dado pelos participantes da linha de frente, que se sentiam mais diretamente responsáveis por qualquer dor.

A difusão de responsabilidades aumenta não só com a distância, mas também com os números. (Lembre-se, do Capítulo 8, do fenômeno da desindividuação.) Brian Mullen (1986) analisou informações sobre 60 linchamentos ocorridos entre 1899 e 1946 e fez uma descoberta interessante: quanto maior o número de pessoas em uma multidão de linchadores, mais cruéis são o assassinato e a mutilação.

Por meio do "contágio" social, os grupos ampliam tendências agressivas, da mesma forma como polarizam outras tendências. Entre os exemplos estão gangues de jovens, torcedores de futebol, soldados gananciosos, manifestantes urbanos e o que os escandinavos chamam de *mobbing* – escolares em grupos que assediam ou atacam repetidamente um colega de escola inseguro e fraco (Lagerspetz et al., 1982). O *mobbing* é uma atividade de grupo.

> A pior barbárie da guerra é que ela obriga os homens coletivamente a cometerem em atos contra os quais eles individualmente se revoltariam com todo o seu ser.
>
> —ELLEN KEY, *WAR, PEACE, AND THE FUTURE*, 1916

Jovens que compartilham tendências antissociais e carecem de laços familiares próximos e expectativas de sucesso escolar podem encontrar identidade social em uma gangue. À medida que a identidade do grupo se desenvolve, aumentam as pressões da conformidade e a desindividuação (Staub, 1996). A identidade própria diminui à medida que os membros se entregam ao grupo, muitas vezes sentindo uma unidade satisfatória com os outros. O resultado frequente é o contágio social – excitação, desinibição e polarização alimentadas pelo grupo. Como observou o especialista em gangues Arnold Goldstein (1994), até saírem da gangue por terem se casado, ficado mais velhos ou morrido, os membros se mantêm nelas. Elas definem seu território, exibem suas cores, desafiam rivais e, às vezes, cometem atos delinquentes e lutam por drogas, território, honra, mulheres ou insultos.

Os massacres que tiraram mais de 150 milhões de vidas no século XX "não eram a soma de ações individuais", observa Robert Zajonc (2000). "*Genocídio não é o plural de homicídio.*" Os massacres são fenômenos *sociais* alimentados por "imperativos morais" – uma mentalidade coletiva (incluindo imagens, retórica e ideologia), que mobiliza um grupo ou uma cultura para ações extraordinárias. Os massacres dos *tutsis* de Ruanda, dos judeus da Europa e da população indígena da América foram fenômenos coletivos que exigem muito apoio, organização e participação. Antes de lançar a iniciativa genocida, os líderes governamentais e empresariais *hutus* de Ruanda compraram e distribuíram 2 milhões de facões chineses. Durante três meses, os atacantes *hutus* supostamente se levantavam, tomavam um bom café da manhã, reuniam-se e iam caçar seus antigos vizinhos que haviam fugido. Eles golpeavam até a morte qualquer um que encontrassem, voltavam para casa, lavavam-se e tomavam umas cervejas juntos (Dalrymple, 2007; Hatzfeld, 2007).

Experimentos feitos em Israel por Yoram Jaffe e Yoel Yinon (1983) confirmam que grupos podem amplificar tendências agressivas. Em um deles, homens universitários irritados por um suposto colega participante retaliavam com decisões de dar choques muito mais fortes quando estavam em grupo do que quando estavam sozinhos. Em outro experimento (Jaffe et al., 1981), as pessoas decidiam, individualmente

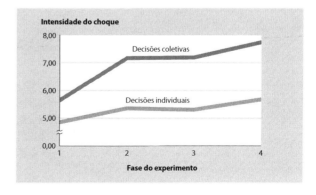

FIGURA 10.11
Agressividade aumentada pelo grupo.
Ao escolher quanto choque administrar como punição por respostas erradas, os indivíduos aumentaram o nível de choque à medida que o experimento prosseguia. Decisões tomadas em grupo polarizaram ainda mais essa tendência.
Fonte: dados de Jaffe et al., 1981.

EXAME DA PESQUISA — Ao serem provocados, os grupos são mais agressivos do que os indivíduos?

Os pesquisadores da agressividade são conhecidos por seus métodos criativos para avaliá-la, os quais, em vários experimentos, envolveram táticas como administrar choques, sons estridentes e ferir os sentimentos das pessoas. Holly McGregor e colaboradores (1998) usaram o estímulo encontrado na prisão de um cozinheiro por agressão depois de colocar molho Tabasco na comida de dois policiais e de casos de abuso de crianças em que os pais forçaram os filhos a comer molho apimentado. Isso inspirou a ideia de medir a agressividade fazendo as pessoas decidirem quanto mais alguém deve consumir de molho picante.

Isso é o que os psicólogos Bruce Méier, do Gettysburg College, e Verlin Hinsz, da North Dakota State University (2004), fizeram ao comparar o comportamento agressivo por parte de grupos e indivíduos. Eles disseram aos participantes, como indivíduos ou como grupos de três, que estavam estudando a relação entre personalidade e preferências alimentares, e que iriam degustar e classificar molho picante. O experimentador explicou que precisava permanecer sem saber a quantidade de molho que cada indivíduo ou grupo consumiria e, portanto, era necessário que os participantes escolhessem a porção. Depois de os participantes provarem o molho forte usando uma colher de pau, o experimentador saiu para recolher o molho que outro indivíduo ou grupo supostamente havia selecionado. Ele voltou com um copo com 48 g do molho, que cada participante esperava consumir depois. Os participantes, por sua vez, deveriam agora colocar a quantidade de molho picante que quisessem em um copo, para que supostamente outras pessoas consumissem. (Na realidade, nenhum participante era obrigado a consumir qualquer quantidade.)

O resultado surpreendente, visto na Tabela 10.2, foi que os grupos retaliaram servindo 24% mais molho do que os indivíduos, e que os alvos coletivos receberam 24% mais do que os indivíduos. Assim, dadas circunstâncias nocivas, a interação com um grupo (como fonte ou alvo) potencializa tendências agressivas individuais. Essa conclusão ficou especialmente evidente na condição intergrupal. Os membros dos grupos, depois de receber desagradáveis 48 g de molho picante, retaliaram aplicando 93 g para cada membro do grupo que lhes tinha dado o molho. Aparentemente, supõem Meier e Hinsz, os grupos não apenas respondem de forma mais agressiva a uma provocação, mas também percebem mais hostilidade de parte de outros grupos do que de indivíduos.

---

ou em grupos, quanto choque punitivo aplicar em alguém depois de respostas incorretas em uma tarefa. Como mostra a Figura 10.11, os indivíduos deram cada vez mais do suposto choque à medida que o experimento prosseguia, e as decisões coletivas ampliaram essa tendência individual. Quando as circunstâncias provocam reação agressiva de um indivíduo, acrescentar interação com o grupo muitas vezes a amplifica. (Veja "Exame da pesquisa: ao serem provocados, os grupos são mais agressivos do que os indivíduos?")

Estudos sobre agressividade oferecem uma boa oportunidade para se perguntar até onde as conclusões da psicologia social tiradas em laboratório podem ser generalizadas para a vida cotidiana. As circunstâncias que levam alguém a aplicar choques elétricos ou a dar molho picante a outra pessoa realmente nos dizem alguma coisa sobre as circunstâncias que desencadeiam abuso verbal ou um soco na cara? Craig Anderson e Brad Bushman (1997; Bushman & Anderson, 1998) observam que os psicólogos sociais estudaram a agressividade em laboratório e em situações cotidianas, e os resultados são muito coerentes. Em *ambos* os contextos, o aumento da agressividade é indicado pelo seguinte:

- Atores masculinos
- Personalidades agressivas ou propensas à raiva
- Uso de álcool
- Assistir violência
- Anonimato
- Provocação
- Presença de armas
- Interação grupal

O laboratório nos permite testar e rever teorias em condições controladas. Eventos do mundo real inspiram ideias e fornecem o contexto onde aplicar nossas teorias. A pesquisa sobre agressividade ilustra como a interação entre estudos no laboratório controlado e o mundo real complexo faz avançar a contribuição da psicologia para o bem-estar humano. Palpites adquiridos com a experiência cotidiana inspiram teorias, que estimulam a pesquisa de laboratório, a qual, por sua vez, aprofunda nossa compreensão e nossa capacidade de aplicar a psicologia a problemas reais.

TABELA 10.2 Quantidade média de molho de pimenta aplicada (em gramas)

	FONTE	ALVO
	Indivíduo	Grupo
Indivíduo	58,2	71,0
Grupo	71,1	92,9

Fonte: Meier e Hinsz, 2004.

Resumo: O que influencia a agressividade?

- Muitos fatores exercem influência sobre a agressividade. Um deles é o das experiências aversivas, que incluem não apenas frustrações, mas também desconforto, dor e ataques pessoais, tanto físicos como verbais.
- A excitação vinda de quase qualquer fonte, até mesmo exercício físico ou estimulação sexual, pode ser transformada em outras emoções, como a raiva.
- Estímulos à agressividade, tais como a presença de uma arma, aumentam a probabilidade de um comportamento agressivo.
- Assistir à violência (1) gera um aumento modesto no *comportamento agressivo*, principalmente em pessoas que são provocadas, (2) *dessensibiliza* espectadores à agressividade e (3) altera suas *percepções* da realidade. Essas descobertas vão ao encontro de resultados de pesquisas sobre os efeitos de assistir à pornografia violenta, que pode aumentar a agressividade de homens contra mulheres e distorcer suas percepções sobre as respostas delas à coerção sexual.
- A televisão permeia a vida cotidiana de milhões de pessoas e retrata uma violência considerável. Estudos correlacionais e experimentais convergem na conclusão de que a exposição à violência pesada na televisão tem correlação com o comportamento agressivo.
- Jogar *videogames* violentos repetidamente pode aumentar pensamentos, sentimentos e comportamentos agressivos ainda mais do que a televisão ou filmes, já que a experiência envolve muito mais participação ativa do que os outros meios de comunicação.
- Muitas agressões são cometidas por grupos. Circunstâncias que provocam indivíduos também podem provocar grupos. Por meio de difusão de responsabilidades e ações de polarização, situações de grupo amplificam reações agressivas.

Como a agressividade pode ser reduzida?

Examinamos as teorias do instinto, da frustração-agressividade e a teoria social da aprendizagem sobre a agressividade, e bem como analisamos influências biológicas e sociais. Como, então, podemos reduzir a agressividade? A teoria e a pesquisa sugerem maneiras de controlá-la?

Catarse?

"Os jovens devem ser ensinados a descarregar sua raiva." Assim aconselhou Ann Landers (1969). Se uma pessoa "contém sua raiva, temos de encontrar uma válvula de escape, temos de lhe dar uma oportunidade de liberar a pressão". Assim afirmou o outrora destacado psiquiatra Fritz Perls (1973).

"Algumas expressões de preconceito... liberam a pressão... podem desviar o conflito por meio de palavras, em vez de ações", argumentou Andrew Sullivan (1999) em um artigo do *New York Times Magazine* sobre crimes de ódio. Essas declarações partem do "modelo hidráulico", que sugere que a energia agressiva acumulada, como água represada, precisa de uma liberação.

O conceito de catarse geralmente é creditado a Aristóteles. Embora nunca tenha dito coisa alguma sobre agressividade, ele afirmou que podemos purgar as emoções vivenciando-as e, portanto, assistir às tragédias clássicas permitiria uma catarse (purgação) da compaixão e do medo. Uma emoção excitada, ele acreditava, é uma emoção liberada (Butcher, 1951). A hipótese da catarse foi ampliada para incluir a liberação emocional supostamente obtida não só observando-se o drama, mas também recordando e revivendo eventos passados e expressando emoções, bem como por meio de nossas ações.

Supondo que a ação ou fantasia agressiva drene agressividade reprimida, alguns terapeutas e líderes de grupo têm incentivado as pessoas a liberar a agressividade reprimida, encenando-a – batendo em alguém com bastões de espuma ou em uma cama com uma raquete de tênis enquanto gritam. Levadas a acreditar que a catarse efetivamente libera as emoções, as pessoas vão reagir de forma mais agressiva a um insulto como forma de melhorar o seu humor (Bushman et al., 2001). Alguns psicólogos, acreditando que a catarse é terapêutica, aconselham os pais a incentivar a liberação de tensão emocional infantil por meio de brinquedos agressivos.

Muitos leigos também compraram a ideia de catarse, refletida em sua concordância na proporção de quase dois para um com a declaração "materiais sexuais proporcionam uma válvula de escape para impulsos contidos" (Niemi et al., 1989). Mas outras pesquisas norte-americanas revelam que a maioria dos estadunidenses também concorda que "os materiais sexuais levam as pessoas a cometer estupro". Então, a abordagem da catarse é válida ou não?

Considere o seguinte: se assistir a material erótico proporciona uma válvula de escape para os impulsos sexuais, lugares com elevado consumo de revistas de sexo devem ter baixos índices de estupro. Depois de ver materiais eróticos, as pessoas deveriam experimentar diminuição do desejo sexual, e os homens deveriam estar menos propensos a ver e tratar as mulheres como objetos sexuais, mas estudos (Kelley et al., 1989; McKenzie-Mohr & Zanna, 1990) mostram que acontece o oposto: vídeos de sexo explícito são afrodisíacos e alimentam fantasias sexuais que estimulam uma variedade de comportamentos sexuais.

> É hora de dar um tiro, de uma vez por todas, no coração da hipótese da catarse. A crença de que observar violência (ou "liberá-la") elimina as hostilidades praticamente nunca foi sustentada pela pesquisa.
>
> —CAROL TRAVIS (1988, P. 194)

O quase consenso entre os psicólogos sociais é de que, ao contrário do que supunham Freud, Lorenz e seus seguidores, ver ou participar de violência não produz catarse (Geen & Quanty, 1977). Na verdade, observa o pesquisador Brad Bushman (2002), "liberar a raiva para reduzi-la é como usar gasolina para apagar um incêndio". P. ex., Robert Arms e colaboradores relatam que torcedores canadenses e norte-americanos de futebol americano, luta livre e hóquei exibiram *mais* hostilidade depois de assistir ao evento do que antes (Arms et al., 1979; Goldstein & Arms, 1971; Russell, 1983). Nem a guerra parece expurgar os sentimentos agressivos. Depois de uma guerra, o índice de homicídios de um país tende a aumentar muito (Archer & Gartner, 1976).

Em testes de laboratório sobre catarse, Brad Bushman (2002) convidou os participantes irritados a bater em um saco de pancadas, enquanto ruminavam sobre a pessoa que os irritou ou pensavam em ficar em boa forma. Um terceiro grupo não bateu no saco de pancadas. Tendo a chance de administrar explosões de ruído à pessoa que os irritou, as pessoas na condição do saco de pancadas e ruminação sentiram mais raiva e foram mais agressivas. Além disso, não fazer nada foi mais eficaz para reduzir a agressividade do que "aliviar a pressão" ao bater no saco.

> Quem permite gestos violentos aumenta sua raiva.
>
> —CHARLES DARWIN, *A EXPRESSÃO DA EMOÇÃO EM HOMENS E ANIMAIS*, 1872

Em algumas experiências da vida real, agredir também levou a mais agressividade. Ebbe Ebbesen e colaboradores (1975) entrevistaram 100 engenheiros e técnicos logo depois que se irritaram com avisos de demissão. A alguns foram feitas perguntas que lhes deram a oportunidade de expressar hostilidade contra seu empregador ou seus supervisores, por exemplo: "Você consegue pensar em casos nos quais a empresa não foi justa com você? Quais?" Depois, eles responderam a um questionário avaliando atitudes em relação à empresa e aos supervisores. A oportunidade anterior para "desabafar" ou "drenar" sua hostilidade a reduziu?

Pelo contrário, a hostilidade aumentou. Expressar hostilidade gerou mais hostilidade.

Soa familiar? Lembre-se, como visto no Capítulo 4, que atos cruéis geram atitudes cruéis. Além disso, como observamos na análise dos experimentos de Stanley Milgram com obediência, pequenos atos agressivos podem produzir sua própria justificação. As pessoas depreciam suas vítimas, racionalizando novas agressões.

No curto prazo, a retaliação pode reduzir a tensão e até mesmo proporcionar prazer (Ramirez et al., 2005), mas, no longo prazo, alimenta mais sentimentos negativos. Quando pessoas que foram provocadas batem em um saco de pancadas, mesmo quando acreditam que será catártico, o efeito é o oposto, levando-as a demonstrar *mais* crueldade, relatam Bushman e colaboradores (1999, 2000, 2001). "É como aquela velha piada", refletiu Bushman (1999), "que diz: 'como eu faço para chegar ao Carnegie Hall? Praticando muito'. Como você se torna uma pessoa muito zangada? A resposta é a mesma: praticando muito".

Portanto, devemos conter a raiva e os impulsos agressivos? Ficar zangado em silêncio dificilmente é mais eficaz, porque nos permite continuar a recitar nossas queixas em conversas dentro de nossas cabeças. Bushman e colaboradores (2005) fizeram experimentos com o efeito tóxico dessa ruminação. Depois de ter sido provocada por um experimentador desagradável com insultos como "Você não consegue seguir instruções? Fale mais alto!", metade recebeu uma distração (sendo convidada a escrever um ensaio sobre a paisagem no *campus*) e a outra metade foi induzida a ruminar (escrevendo um ensaio sobre suas experiências como participante da pesquisa). A seguir, eles foram levemente insultados por outro suposto participante (na verdade, um membro da equipe de pesquisa), a quem responderam prescrevendo uma dose de molho picante que essa pessoa teria que consumir. Os participantes que receberam a distração, com a raiva agora reduzida, prescreveram apenas uma dose moderada. Os ruminadores, ainda fervendo, deslocaram seu impulso agressivo e prescreveram o dobro.

Felizmente, existem maneiras não agressivas de expressar nossos sentimentos e informar aos outros como seu comportamento nos afeta. Em diferentes culturas, aqueles que reformulam mensagens acusatórias baseadas em "você", transformando-as em mensagens baseadas em "eu" – "eu sinto raiva pelo que você disse" ou "eu fico irritado quando você deixa os pratos sujos" –, comunicam seus sentimentos de uma forma melhor para que a outra pessoa dê uma resposta positiva (Kubany et al., 1995). Podemos ser assertivos sem ser agressivos.

Uma abordagem de aprendizagem social

Se o comportamento agressivo é aprendido, há esperança de controlá-lo. Vamos rever brevemente os fatores que influenciam a agressividade e especular como neutralizá-los.

Experiências adversas, como expectativas frustradas e ataques pessoais, predispõem para a agressividade hostil. Por isso, é aconselhável abster-se de plantar expectativas falsas e inalcançáveis na mente das pessoas. As recompensas e custos esperados influenciam a agressividade instrumental, o que sugere que devemos recompensar o comportamento cooperativo e não agressivo.

Em experimentos, as crianças se tornam menos agressivas quando os cuidadores ignoram o comportamento agressivo delas e reforçam seu comportamento não agressivo (Hamblin et al., 1969). Punir o agressor mostrou-se repetidamente menos eficaz. Ameaças de punição só impedem agressividade em condições ideais: quando a punição é forte, rápida e certa, quando é combinada com recompensa pelo comportamento desejado e quando quem recebe não está com raiva (R. A. Baron, 1977).

Além disso, há limites à eficácia da punição. A maioria dos homicídios é agressão impulsiva e quente – resultado de uma discussão, um insulto ou um ataque. Se a agressividade mortal fosse fria e instrumental, poderíamos ter esperanças de que aguardar até que aconteça e punir de modo severo o criminoso posteriormente o dissuadisse de tais atos. Em tal mundo, os estados norte-americanos que impõem a pena de morte poderiam ter um índice de homicídio menor do que os que não a têm, mas em nosso mundo de homicídios quentes, não é assim (Costanzo, 1998). Como apontam John Darley e Adam Alter (2009), "uma quantidade notável de crimes é cometida por indivíduos impulsivos, frequentemente jovens do sexo masculino, bêbados ou sob efeito de drogas, e que muitas vezes estão em grupos de homens jovens semelhantes e igualmente sem preocupações". Não é de admirar, dizem, que a tentativa de reduzir a criminalidade aumentando as penas tenha se mostrado tão inútil, enquanto o policiamento ostensivo que produz mais prisões gerou resultados animadores, como uma queda de 50% nos crimes relacionados a armas em algumas cidades.

Assim, devemos *prevenir* a agressividade antes que ela aconteça. Devemos ensinar estratégias não agressivas de solução de conflitos. Ao reunir dados de 249 estudos sobre programas de prevenção da violência escolar, os psicólogos Sandra Jo Wilson e Mark Lipsey (2005) encontraram resultados animadores, principalmente para programas voltados a determinados "alunos-problema". Após lhes ensinarem habilidades para resolver problemas, estratégias de controle de emoções e técnicas de solução de conflitos, os típicos 20% de alunos envolvidos em algum comportamento violento ou perturbador em um ano típico da escola foram reduzidos para 13%.

O castigo físico também pode ter efeitos colaterais negativos. A punição é estimulação aversiva, a qual mostra modelos do comportamento que visa prevenir, e é coercitiva (lembre-se que raramente interiorizamos ações coagidas com fortes justificativas externas). É por essas razões que adolescentes violentos e pais que abusam dos filhos muitas vezes vêm de casas onde a disciplina tomou a forma de punição física severa.

Para promover um mundo mais suave, poderíamos modelar e recompensar a sensibilidade e a cooperação desde cedo, talvez ensinando os pais a disciplinarem sem violência. Programas educativos incentivam os pais a reforçar comportamentos desejáveis e apresentar as afirmações de forma positiva ("Quando você terminar de limpar o seu quarto, pode ir jogar", em vez de, "Se você não limpar o seu quarto, vai ficar de castigo"). Um "programa de substituição da agressividade" reduziu as taxas de novas detenções de menores infratores e membros de gangues ao ensinar habilidades de comunicação aos jovens e a seus pais, educando-os para controlar a raiva e elevando seu nível de raciocínio moral (Goldstein et al., 1998).

Se a observação de modelos agressivos reduz inibições e provoca imitação, também podemos reduzir as representações brutais e desumanas no cinema e na televisão – passos comparáveis aos já dados para reduzir as representações racistas e sexistas. Também podemos inocular crianças contra os efeitos da violência na mídia. Querendo saber se as redes de TV jamais "encarariam os fatos e mudariam sua programação", Eron e Huesmann (1984) ensinaram 170 crianças de Oak Park, em Illinois, que a televisão retrata o mundo de forma irreal, que a agressividade é menos comum e menos eficaz do que a TV sugere e que o comportamento agressivo é indesejável. (Com base em pesquisas de atitude, Eron e Huesmann incentivaram as crianças a fazer, elas próprias, essas inferências e atribuir suas críticas expressas à televisão a suas próprias convicções.) Quando reestudadas dois anos depois, essas crianças eram menos influenciadas pela violência na TV do que as não treinadas. Em um estudo mais recente, a Stanford University usou 18 períodos em sala de aula para convencer as crianças a simplesmente reduzir a quantidade de TV que assistiam e de *videogames* que jogavam (Robinson et al., 2001). Elas reduziram o tempo de TV em um terço, e o comportamento agressivo na escola caiu 25% em comparação com crianças em uma escola-controle.

Estímulos agressivos também desencadeiam agressividade, o que sugere a redução da disponibilidade de armamentos, tais como armas de fogo. Em 1974, a Jamaica implementou um amplo programa anticrime que incluía o controle rigoroso de armas e censura a cenas de armas em cinema e televisão (Diener & Crandall, 1979).

Sugestões como essas podem nos ajudar a minimizar a agressividade, mas, dada a complexidade das causas de agressividade e a dificuldade de controlá-las, quem consegue sentir o otimismo expresso pela previsão de Andrew Carnegie, de que, no século XX, "matar um homem será considerado tão repulsivo como hoje consideramos repulsivo comer um. Desde que Carnegie proferiu essas palavras, em 1900, cerca de 200 milhões de seres humanos foram mortos. É uma triste ironia que, embora hoje entendamos a agressividade humana melhor do que nunca, a desumanidade da humanidade se mantém. No entanto, as culturas podem mudar. "Os *vikings* matavam e saqueavam", observa a autora de obras de ciência Natalie Angier. "Seus descendentes na Suécia não lutaram uma única guerra em quase 200 anos."

Resumo: Como a agressividade pode ser reduzida?

- Como podemos minimizar a agressividade? Contrariamente à hipótese da catarse, expressar agressividade por meio de catarse tende a gerar mais agressividade, e não a reduzi-la.
- A abordagem da aprendizagem social sugere controlar a agressividade contrariando os fatores que a provocam: reduzindo estímulos adversos, premiando e apresentando modelos de não agressividade e provocando reações incompatíveis com a agressividade.

PÓS-ESCRITO: Reformar uma cultura violenta

Em 1960, os Estados Unidos (me desculpem aos leitores de outros lugares, mas nós, norte-americanos, temos, sim um problema especial com violência) tinham 3,3 policiais para cada crime violento relatado. Em 1993, tínhamos 3,5 crimes para cada policial (Walinsky, 1995). Desde então, a taxa de criminalidade tem diminuído, graças, em parte, ao encarceramento de um número seis vezes maior de pessoas hoje do que em 1960. Ainda assim, no meu pequeno *campus*, que não precisava de polícia universitária em 1960, hoje empregamos seis policiais em tempo integral e sete em meio-expediente, e oferecemos um serviço de transporte noturno para estudantes dentro do *campus*.

A nós, norte-americanos, não faltam ideias para nos protegermos:

- Compre uma arma para se proteger. (Nós temos... 211 milhões de armas... o que triplica o risco de uma pessoa ser assassinada, geralmente por um membro da família, e quintuplica o risco de suicídio [Taubes, 1992]. Nações mais seguras, como Canadá e Grã-Bretanha, obrigam o desarmamento doméstico.)
- Construir mais prisões. (Temos feito isso, mas, até recentemente, o crime continua a crescer. Além disso, os custos sociais e fiscais de encarcerar mais de 2 milhões de pessoas, na maioria homens, são enormes.)
- Impor uma exigência de prisão perpétua para condenados por três crimes violentos. (Mas será que estamos realmente dispostos a pagar por todos os novos presídios – e hospitais-prisões e casas de repouso – necessários para hospedar e cuidar de ex-assaltantes idosos?)
- Dissuadir o crime brutal e eliminar os piores criminosos, como fazem alguns países – executando os infratores. Para mostrar que matar pessoas é errado, matam-se pessoas que matam pessoas. (Mas, nos Estados Unidos, quase todas as cidades e estados com os 12 maiores índices de crimes violentos já têm pena de morte. Como a maioria dos homicídios acontece de forma impulsiva ou sob a influência de drogas ou álcool, os assassinos raramente calculam as consequências.)

O que importa mais do que a severidade de um castigo é a sua certeza. O National Research Council (1993) relata que aumentar em 50% a probabilidade de apreensão e encarceramento reduz os crimes posteriores duas vezes mais do que duplicar a duração do encarceramento. Mesmo assim, o ex-diretor do FBI, Louis Freeh (1993), foi cético em relação à ideia de que punição mais dura ou mais rápida seja a melhor resposta: "O nível assustador de ilegalidade que se abateu como uma praga sobre nós é mais do que um problema de aplicação da lei. O crime e a desordem que fluem da pobreza desesperada, de crianças não amadas e do abuso de drogas não podem ser resolvidos apenas com prisões intermináveis, penas obrigatórias e mais policiais". Reagir ao crime depois que ele acontece é o equivalente social de se colocarem *band-aids* em ferimentos de bala.

Outra visão é sugerida por uma história sobre o resgate de uma pessoa que está se afogando em um rio agitado. Tendo realizado com êxito os primeiros socorros, o socorrista vê outra pessoa se afogando e também a puxa para fora. Depois de uma meia dúzia de repetições, o socorrista subitamente se vira e começa a fugir enquanto o rio arrasta outra pessoa se debatendo sob sua vista. "Você não vai resgatar esse sujeito?", pergunta um espectador. "Claro que não", grita o socorrista. "Eu vou subir o rio para descobrir o que está jogando todas essas pessoas para dentro d'água."

É claro que precisamos de polícia, prisões e assistência social, que nos ajudam a lidar com as patologias sociais que nos afligem. Está bem bater nos mosquitos, mas é melhor drenar os pântanos, se for possível – inserindo ideais de não violência em nossa cultura, questionando as toxinas sociais que corrompem os jovens e renovando as raízes morais do caráter.

Conexão social

A agressividade, como ilustra este capítulo, inclui comportamentos verbais e físicos variados que pretendem causar danos a outras pessoas. No Centro de Aprendizagem *On-line* (www.mhhe.com/myers10e) relacionado a este livro, a psicóloga Dorothy Espelage, da University of Illinois, ilustra comportamentos ao discutir "características de crianças que praticam *bullying*". O *bullying* inclui provocações verbais e xingamentos, empurrões e agressões físicas, bem como rejeição e exclusão social. Ela descreve as crianças que têm esses comportamentos e como os professores podem preveni-los.

CAPÍTULO 11
Atração e Intimidade
GOSTAR E AMAR OS OUTROS

Eu consigo com uma pequena ajuda dos meus amigos.
—John Lennon e Paul McCartney, Sgt. Pepper Lonely Hearts Club Band, 1967

Nossa dependência uns dos outros, que dura a vida toda, coloca as relações no centro de nossa existência. No início da sua existência, muito provavelmente houve uma atração – a atração entre um determinado homem e uma determinada mulher. Aristóteles chamou os seres humanos de "animais sociais". Na verdade, temos o que os psicólogos sociais de hoje chamam de uma **necessidade de pertencimento** – de se conectar com os outros em relacionamentos próximos e duradouros.

Os psicólogos sociais Roy Baumeister e Mark Leary (1995) ilustram o poder dos vínculos sociais:

- Para os nossos antepassados, os vínculos mútuos permitiram a sobrevivência do grupo. Ao caçar ou construir abrigos, 10 mãos eram melhores do que duas.

O que leva à amizade e à atração?

O que é o amor?

O que possibilita os relacionamentos íntimos?

Como os relacionamentos terminam?

Pós-escrito: Fazer amor

- Para mulheres e homens heterossexuais, os vínculos amorosos podem levar a filhos, cujas chances de sobrevivência são impulsionadas pelo cuidado de dois pais ligados entre si e que se apoiam.
- Para crianças e seus cuidadores, os vínculos sociais melhoraram a sobrevivência. Inexplicavelmente separados, pais e filhos pequenos podem entrar em pânico até voltar a estar juntos em um abraço apertado. Criados em extrema negligência ou em instituições sem pertencer a ninguém, as crianças se tornam criaturas patéticas e ansiosas.
- Para os estudantes universitários, os relacionamentos consomem grande parte da vida. Quanto de sua existência em vigília é gasta conversando com pessoas? Em uma amostragem de 10 mil gravações de meia hora, com períodos de meio minuto do tempo de vigília, os estudantes (usando gravadores presos a um cinturão) foram encontrados conversando com alguém 28% do tempo – não contando o tempo que passaram ouvindo alguém (Mehl & Pennebaker, 2003). Em 2008, o norte-americano entre 13 e 17 anos enviou ou recebeu 1.742 mensagens de texto por mês (Steinhauer & Holson, 2008).
- Para pessoas de todos os lugares (não importa sua orientação sexual), relacionamentos próximos reais e esperados podem dominar o pensamento e as emoções. Encontrando uma pessoa que nos apoie e em quem possamos confiar, nós nos sentimos aceitos e valorizados. Apaixonando-nos, sentimos alegria irreprimível. Quando os relacionamentos com parceiros, parentes e amigos são saudáveis, a autoestima – um barômetro de nossos relacionamentos – se eleva (Denissen et al., 2008). Ansiosos por aceitação e amor, gastamos bilhões em cosméticos, roupas e dietas. Mesmo as pessoas aparentemente indiferentes gostam de ser aceitas (Carvallo & Gabriel, 2006).
- Exiladas, presas ou em confinamento solitário, as pessoas sofrem com saudades de seu próprio povo e sua terra. Rejeitados, corremos o risco de depressão (Nolan et al., 2003). O tempo passa mais devagar e a vida parece ter menos sentido (Twenge et al., 2003). Consultados três meses depois de chegar ao *campus* de uma grande universidade, muitos estudantes internacionais, assim como alguns estudantes nacionais com saudades de sua cidade, relatam reduções em seus sentimentos de bem-estar (Cemalcilar & Falbo, 2008).
- Para o abandonado, o viúvo e quem está de passagem por um lugar estranho, a perda de vínculos sociais desencadeia dor, solidão ou retraimento. Perdendo um relacionamento íntimo, os adultos sentem ciúmes, perturbação ou privação, além de ficar mais conscientes da morte e da fragilidade da vida. Depois de se mudar, as pessoas, sobretudo aquelas as que têm maior necessidade de pertencer, geralmente sentem saudades (Watt & Badger, 2009).
- Aquilo que lembra a morte, por sua vez, aumenta nossa necessidade de pertencer, de estar com os outros e de nos mantermos perto daqueles a quem amamos (Mikulincer et al., 2003; Wisman & Koole, 2003). Diante do terror dos atentados de 11 de setembro de 2001, milhões de norte-americanos entraram em contato e se conectaram com entes queridos. Da mesma forma, a morte chocante de um colega de escola, um colega de trabalho ou um membro da família une as pessoas, não mais importando suas diferenças.

necessidade de pertencimento
Motivação para estabelecer vínculos com outras pessoas em relacionamentos que proporcionem interações positivas constantes.

Não tenho dúvida sobre qual é o cerne da revolução das comunicações – o desejo humano de se conectar.
—JOSH SILVERMAN, PRESIDENTE DA SKYPE, 2009

Somos, de fato, animais sociais. Precisamos pertencer. Tal como acontece com outras motivações, frustrar a necessidade de pertencer a intensifica; satisfazer a essa necessidade reduz a motivação (DeWall et al., 2009). Além disso, como confirma o Capítulo 14, quando de fato pertencemos – quando nos sentimos apoiados por relações próximas e íntimas –, tendemos a ser mais saudáveis e felizes. Satisfaça a necessidade de pertencer em equilíbrio com outras duas necessidades humanas – de sentir *autonomia* e *competência* –, e o resultado típico é uma profunda sensação de bem-estar (Deci & Ryan, 2002; Patrick et al., 2007; Sheldon & Niemiec, 2006). A felicidade é se sentir conectado, livre e capaz.

O psicólogo social Kipling Williams (2002, 2007) tem explorado o que acontece quando nossa necessidade de pertencer é frustrada pelo *ostracismo* (atos de excluir ou ignorar). Seres humanos de todas as culturas, seja em escolas, locais de trabalho ou casas, usam o ostracismo para regular o comportamento social. Alguns de nós sabem o que é ser excluído – ser evitado –, ser alvo de olhares desviados

Receita para a violência: disposição instável mais ostracismo. Mark Leary, Robin Kowalski e colaboradores (2003) informaram que, com exceção de dois, em todos os 15 tiroteios em escolas entre 1995 e 2001, como o de Eric Harris e Dylan Klebold na Columbine High School, os assaltantes tinham vivenciado ostracismo.

Considerando os efeitos intensos da rejeição em experimentos, quais você espera que sejam os efeitos da rejeição crônica no longo prazo?

FIGURA 11.1
Dor da rejeição.
Naomi Eisenberger, Matthew Lieberman e Kipling Williams (2003) relataram que o ostracismo social evoca uma resposta cerebral semelhante à provocada pela dor física.

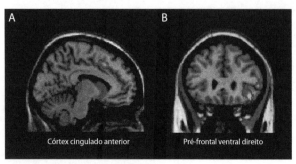

ou tratamento silencioso. As pessoas (principalmente as mulheres) respondem ao ostracismo com humor depressivo, ansiedade, sentimentos feridos, esforços para restabelecer relações e, por fim, retraimento. O tratamento silencioso é "abuso emocional" e "uma arma horrível de se usar", dizem aqueles que o vivenciaram, de parte de um membro da família ou um colega de trabalho. Em experimentos, as pessoas que são deixadas de fora de um simples jogo de bola se sentem esvaziadas e estressadas.

Às vezes, o encolhimento acaba mal. Em vários estudos, Jean Twenge e colaboradores (2001, 2002, 2007; DeWall et al., 2009; Leary et al., 2006) submeteram algumas pessoas à experiência de ser socialmente incluídas. Outras experimentaram exclusão temporária: foi-lhes dito (com base em um teste de personalidade), que elas "provavelmente acabariam sozinhas na vida", ou que outras a quem tinham conhecido não as queriam em seu grupo. As que foram levadas a se sentir excluídas se tornaram não apenas mais propensas a desenvolver comportamentos autossabotadores, como ter baixo desempenho em um teste de aptidão, mas também menos capazes de regular seu comportamento (bebiam menos de uma bebida saudável, mas de gosto ruim, e comiam biscoitos que faziam mal para a saúde, mas de gosto bom). Além disso, tinham mais probabilidades de depreciar ou aplicar um ruído alto a alguém que as tivesse insultado. Se uma pequena experiência de laboratório em que se é "eleito para sair da ilha" pode gerar essa agressividade, observaram os pesquisadores, é de se questionar quais tendências agressivas "poderiam surgir de uma série de rejeições importantes ou da exclusão crônica".

Williams e colaboradores (2000) ficaram surpresos ao descobrir que, mesmo o "ciberostracismo", por parte de gente sem rosto que a pessoa nunca chegará a conhecer, tem um preço. (Talvez você tenha experimentado isso ao se sentir ignorado em uma sala de bate-papo ou quando o seu *e-mail* não é respondido.) Os investigadores fizeram que 1.486 participantes de 62 países jogassem um jogo na internet, no qual se lançava um *frisbee* com outros dois (na verdade, outros jogadores gerados por computador). Aqueles que foram segregados pelos outros jogadores se sentiram piores e foram mais propensos a seguir decisões equivocadas de outras pessoas em uma tarefa perceptual posterior. Pessoas ansiosas se sentem piores com exclusão, mesmo quando vêm de um exogrupo de quem não gostam – membros da KKK australiana em um experimento (Gonsalkorale & Williams, 2006; Zadro et al., 2006).

Williams e quatro de seus colegas (2000) consideraram o ostracismo estressante mesmo quando cada um deles foi ignorado durante um dia previamente acordado com os outros quatro, que não responderam. Contrariamente às suas expectativas de que seria uma dramatização cheia de risadas, o ostracismo simulado prejudicou o trabalho, interferiu no funcionamento social agradável e "causou temporariamente preocupação, ansiedade, paranoia e fragilidade geral do espírito". Frustrar nossa profunda necessidade de pertencer é perturbar nossa vida.

Pessoas segregadas apresentam mais atividade em uma região do córtex cerebral que também é ativada em resposta à dor física (Fig. 11.1). Outras evidências confirmam a convergência das dores física e social em seres humanos e outros animais (MacDonald & Leary, 2005).

Convidados a recordar um momento em que foram excluídas socialmente – talvez deixadas sozinhas no alojamento da faculdade quando as outras saíram –, pessoas que participavam de um experimento chegaram a perceber a temperatura ambiente cinco graus abaixo do que as convidadas a recordar uma experiência de aceitação social (Zhong & Leonardelli, 2008). Essas lembranças vêm facilmente: as pessoas se lembram e revivem a dor social passada com mais facilidade do que a dor física passada (Chen et al., 2008). O ostracismo, ao que parece, é uma dor real.

Roy Baumeister (2005) encontra uma esperança na pesquisa sobre rejeição. Quando pessoas recentemente excluídas têm uma oportunidade segura para fazer um novo amigo, elas "parecem dispostas e até mesmo ansiosas para aproveitá-la", tornando-se mais atentas a rostos sorridentes e receptivos (DeWall et al., 2009). Uma experiência de exclusão também desencadeia um aumento na imitação do comportamento dos outros como um esforço inconsciente para estabelecer uma sintonia (Lakin et al., 2008). Em nível social, observa Baumeister, suprir a necessidade de pertencer deve render dividendos.

Meus colegas do campo da sociologia apontaram que grupos minoritários que se sentem excluídos mostram muitos dos mesmos padrões provocados por nossas manipulações em laboratório: altas taxas de agressividade e comportamento antissocial, diminuição da vontade de cooperar e obedecer regras, desempenho intelectual inferior, mais atos autodestrutivos, foco no curto prazo e coisas do tipo. Possivelmente, se pudermos promover uma sociedade mais includente, na qual mais pessoas se sintam aceitas como membros valiosos, alguns desses padrões trágicos poderiam ser reduzidos.

O que leva à amizade e à atração?

Quais fatores alimentam o gostar e o amar? Comecemos com os que ajudam a desencadear a atração: proximidade, atração física, semelhança e sentir-se gostado.

O que predispõe uma pessoa a gostar ou amar a outra? Poucas perguntas sobre a natureza humana despertam maior interesse. As formas com que a afeição floresce e desaparece são a matéria-prima de telenovelas, música popular, romances e grande parte de nossas conversas diárias. Muito antes de eu saber que havia um campo como a psicologia social, eu havia memorizado a receita de Dale Carnegie de *Como fazer amigos e influenciar pessoas*.

Relações próximas com amigos e familiares contribuem para a saúde e a felicidade.

Não sei dizer como dobram meus tornozelos, nem qual é causa de meu mais tímido desejo, nem a causa da amizade que exprimo, nem a causa da amizade que volto a receber.
—WALT WHITMAN, *CANÇÃO DE MIM MESMO*, 1855

Tanto se tem escrito sobre gostar e amar que já foram propostas quase todas as explicações concebíveis – e seus opostos. Para a maioria das pessoas – e para você –, quais fatores alimentam o gostar e o amar?

- Longe dos olhos, perto do coração? Ou o que os olhos não veem, o coração não sente?
- São os semelhantes que se atraem? Ou os opostos?
- Até que ponto a aparência é importante?
- O que estimula seus relacionamentos íntimos?

Comecemos pelos fatores que ajudam a começar uma amizade e depois examinaremos os que sustentam e aprofundam um relacionamento, satisfazendo, assim, nossa necessidade de pertencer.

Proximidade

Um poderoso preditor de amizade entre duas pessoas quaisquer é a simples **proximidade**. A proximidade também pode gerar hostilidade; a maioria dos assaltos e assassinatos envolve pessoas que moram juntas, mas, com muito mais frequência, a proximidade faz gostar. Mitja Back e colaboradores, da Universität Leipzig (2008), confirmaram isso atribuindo alunos aleatoriamente a lugares em sala de aula em sua primeira aula e depois pedindo que cada um se apresentasse brevemente para a turma como um todo. Um ano após esta única atribuição de lugares, os estudantes informaram ter mais amizade com aqueles que, casualmente, nessa primeira aula, sentaram-se ao lado ou perto deles. Relações íntimas com amigos e familiares contribuem para a saúde e a felicidade.

proximidade
Aproximação geográfica. A proximidade (mais precisamente, a "distância funcional") é um poderoso preditor do gostar.

Embora possa parecer trivial para quem está refletindo sobre as misteriosas origens do amor romântico, os sociólogos há muito tempo descobriram que a maioria das pessoas se casa com alguém que mora no mesmo bairro, trabalha na mesma empresa ou profissão, está na mesma aula ou visita o mesmo lugar favorito (Bossard, 1932; Burr, 1973; Clarke, 1952; McPherson et al., 2001). Em uma pesquisa da Pew (2006) com pessoas casadas ou em relacionamentos de longo prazo, 38% delas se conheceram no trabalho ou na escola, e algumas das outras se conheceram quando os seus caminhos se cruzaram no bairro, na igreja ou na academia, ou enquanto eram jovens. Olhe ao redor. Se você se casar, pode muito bem ser com alguém que viveu, trabalhou ou estudou próximo a você.

Eu não acredito que os amigos sejam necessariamente as pessoas de quem você mais gosta; são apenas as que chegaram primeiro.
—SIR PETER USTINOV, *DEAR ME*, 1979

INTERAÇÃO

Ainda mais importante do que a distância geográfica é a "distância funcional", ou seja, a forma como muitas vezes os caminhos das pessoas se cruzam. Frequentemente nos tornamos amigos de quem usa as mesmas entradas, estacionamentos e áreas de recreação. Colegas da faculdade atribuídos de modo aleatório, que interagem com frequência, têm muito mais probabilidades de se tornarem bons amigos do que inimigos (Newcomb, 1961). Na faculdade onde leciono, homens e mulheres costumavam morar em lados opostos do *campus*. Compreensivelmente, lamentavam a falta do sexo oposto. Agora que moram em dormitórios

"Às vezes eu acho que você só se casou comigo porque eu morava ao lado."

© The New Yorker Collection, de 2005, Carolita Johnson, de cartoonbank.com. Todos os direitos reservados.

Sentir-se próximo a quem está próximo: as pessoas muitas vezes se apegam e, por vezes, se apaixonam, por colegas de trabalho conhecidos.

Quando eu não estou perto de quem amo, eu amo quem está perto.
— E. Y. HARBURG, *FINIAN'S RAINBOW*, LONDRES: CHAPPELL MUSIC, 1947

efeito da mera exposição
Tendência a se gostar mais dos novos estímulos ou avaliá-los de forma mais positiva após se ter sido repetidamente exposto a eles.

Se eu não fosse tão apaixonado por você quanto eu sou, eu provavelmente seria tão apaixonado por outra pessoa tanto quanto eu sou por você.

© The New Yorker Collection, de 2006, Victoria Roberts, de cartoonbank.com. Todos os direitos reservados.

onde há pessoas de ambos os sexos e usam as mesmas calçadas, saguões e lavanderias, as amizades entre homens e mulheres são muito mais frequentes. A interação permite que as pessoas explorem suas semelhanças, sintam o gostar do outro e se percebam como parte de uma unidade social (Arkin & Burger, 1980).

Então, se você é novo na cidade e quer fazer amigos, tente obter um apartamento perto das caixas de correio, uma mesa perto da cafeteira, uma vaga de estacionamento perto dos prédios centrais. Assim é a arquitetura da amizade.

A natureza fortuita desses contatos ajuda a explicar uma constatação surpreendente. Pense no seguinte: se você tivesse um gêmeo idêntico que noivasse com alguém, não esperaria, sendo semelhante ao seu irmão em muitos aspectos, compartilhar a atração dele por essa pessoa? Mas não, relataram os pesquisadores David Lykken e Auke Tellegen (1993); apenas metade dos gêmeos idênticos se lembram de realmente gostar da escolha do irmão, e só 5% disseram "eu poderia ter me apaixonado pelo(a) noivo(a) da(o) minha(meu) irmã(o) gêmea(o). O amor romântico é muitas vezes um pouco como o condicionamento (*imprinting*) de patinhos, concluíram Lykken e Tellegen. Expostos repetidamente e interagindo com alguém, nossa paixão pode se fixar em quase qualquer um que tenha características mais ou menos semelhantes e que retribua o nosso afeto. (Pesquisas posteriores mostraram que os cônjuges de gêmeos idênticos, no entanto, tendem a ter personalidades bastante semelhantes [Rushton & Bons, 2005].)

Por que a proximidade alimenta o gostar? Um fator é a disponibilidade; obviamente, há menos oportunidades para conhecer alguém que frequenta uma escola diferente ou mora em outra cidade. Mas há mais do que isso: a maioria das pessoas gosta daquelas com quem divide a casa ou do vizinho da porta ao lado mais do que do vizinho de duas portas de distância. Quem mora a apenas algumas portas de distância ou mesmo um andar abaixo dificilmente está a uma distância inconveniente. Além disso, quem está por perto é inimigo, bem como amigo, em potencial. Então, por que a proximidade incentiva o afeto mais frequentemente do que a animosidade?

EXPECTATIVA DE INTERAÇÃO

A proximidade permite que as pessoas descubram semelhanças e intercambiem recompensas, mas a simples *expectativa* da interação também estimula o gostar. John Darley e Ellen Berscheid (1967) descobriram isso ao dar a mulheres da University of Minnesota informações ambíguas sobre outras duas mulheres, sendo que elas esperavam conversar intimamente com uma delas. Perguntando-se quanto gostavam de cada uma, as mulheres preferiram a pessoa com quem esperavam se encontrar. A expectativa de namorar alguém também estimula o gostar (Berscheid et al., 1976). Mesmo os eleitores do lado derrotado em uma eleição vão constatar que suas opiniões sobre o candidato vencedor – ao qual agora estão ligados – melhoram (Gilbert et al., 1998).

O fenômeno é adaptativo. A expectativa de gostar – esperar que alguém vá ser agradável e compatível – aumenta as chances de formação de uma relação gratificante (Klein & Kunda, 1992; Knight & Vallacher, 1981; Miller & Marks, 1982). É bom que sejamos inclinados a gostar de quem vemos com frequência, pois nossas vidas estão cheias de relações com pessoas que podemos não ter escolhido, mas com as quais precisamos ter interações permanentes – colegas de quarto, irmãos, avós, professores, colegas de aula e de trabalho. Gostar dessas pessoas, sem dúvida, leva a um melhor relacionamento com elas, o que, por sua vez, proporciona uma vida mais feliz e mais produtiva.

MERA EXPOSIÇÃO

A proximidade leva ao gostar não só porque permite a interação e a expectativa de gostar, mas também por outra razão: mais de 200 experimentos revelam que, ao contrário de um velho provérbio, a familiaridade não gera desprezo. Pelo contrário, promove afeição (Bornstein, 1989, 1999). A **mera exposição** a todos os tipos de novos estímulos – sílabas sem sentido, personagens, caligrafia chinesa, seleções musicais, rostos – faz as pessoas os classificarem. As palavras supostamente turcas *nansoma*, *saricik* e *afworbu* significam algo melhor ou algo pior do que as palavras *iktitaf*, *biwojni* e *kadirga*? Estudantes da University of Michigan testados por Robert Zajonc (1968, 1970) preferiram qualquer palavra, entre essas, que tivessem visto com mais frequência. Quanto mais vezes tivessem visto uma palavra sem sentido ou um ideograma chinês, mais era provável que dissessem que ela significava algo de bom (Fig. 11.2). Eu testei essa ideia com os meus próprios alunos. Faça piscar periodicamente algumas palavras sem sentido em uma tela. Até o final do semestre, os alunos irão avaliar essas "palavras" de forma mais positiva do que outras palavras sem sentido que nunca tinham visto antes.

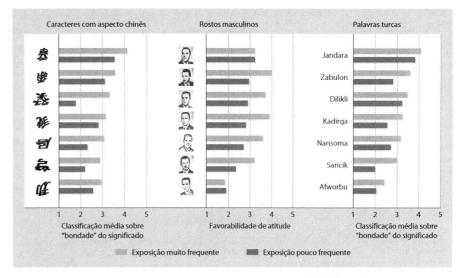

FIGURA 11.2
Efeito da mera exposição.
Estudantes classificaram estímulos – uma amostra é mostrada aqui – de forma mais positiva após vê-los repetidamente.
Fonte: Zajonc, 1968.

Ou considere o seguinte: quais são as suas letras favoritas do alfabeto? Pessoas de diferentes nacionalidades, idiomas e idades preferem as letras que aparecem em seus próprios nomes e as que aparecem frequentemente em seus próprios idiomas (Hoorens et al., 1990, 1993; Kitayama & Karasawa, 1997; Nuttin, 1987). Os estudantes franceses classificam o W maiúsculo, menos frequente em francês, como sua letra menos favorita. Estudantes japoneses preferem não somente as letras de seus nomes, mas também números correspondentes a sua data de nascimento. No entanto, esse "efeito da letra do nome" reflete mais do que a mera exposição – ver "Em Foco: Gostar de coisas associadas a nós mesmos."

O efeito de mera exposição contradiz a previsão, de senso comum, sobre tédio – *redução* no interesse – em relação a músicas ouvidas ou alimentos provados repetidamente (Kahneman & Snell, 1992). A menos que as repetições sejam incessantes ("mesmo a melhor canção se torna cansativa se

EM FOCO Gostar de coisas associadas a nós mesmos

Nós, seres humanos, gostamos de nos sentir bem conosco, e geralmente nos sentimos. Não apenas somos propensos a viés de autosserviço (Capítulo 2), como também exibimos o que Brett Pelham, Matthew Mirenberg e John Jones (2002) chamam *egoísmo implícito*: gostamos do que associamos a nós mesmos.

Isso inclui as letras do nosso nome, mas também pessoas, lugares e coisas que inconscientemente conectamos conosco (Jones et al., 2002; Koole et al., 2001). Se o rosto de um estranho ou de um político for transformado para incluir feições de nosso próprio rosto, nós gostaremos mais do novo rosto (Bailenson et al., 2009; DeBruine, 2004). Também somos mais atraídos por pessoas cujo código numérico experimental arbitrário se assemelha a nossa data de nascimento, e inclusive somos desproporcionalmente propensos a casar com alguém cujo nome ou sobrenome se assemelhe ao nosso, p. ex., que comece pela mesma letra (Jones et al., 2004).

Essas preferências também parecem influenciar sutilmente outras decisões importantes da vida, incluindo nossos locais de moradia e carreiras, relatam Pelham e colaboradores. Filadélfia, sendo maior do que Jacksonville, tem 2,2 vezes mais homens chamados Jack, mas tem 10,4 vezes mais pessoas de nome Philip. Da mesma forma, Virginia Beach tem um número desproporcional de pessoas chamadas Virginia.

Será que isso reflete apenas a influência do local de moradia ao se escolher o nome de um bebê? As pessoas que moram na Georgia, p. ex., têm mais probabilidades de dar a seus bebês os nomes de George ou Georgia? Isso pode ser verdade, mas não explica por que os estados norte-americanos tendem a ter um excesso relativo de pessoas cujos *sobrenomes* são semelhantes ao nome do estado. A Califórnia, p. ex., tem um número desproporcional de pessoas cujos nomes começam com Cali (como em Califano). Da mesma forma, as grandes cidades canadenses tendem a ter um número maior do que o esperado de pessoas cujos sobrenomes coincidem com os nomes da cidade. Toronto tem um excesso significativo de pessoas cujos nomes começam com Tor.

Além disso, mulheres chamadas "Georgia" têm uma probabilidade desproporcional de se mudar para a Georgia, assim como as Virginias, para a Virginia. Essa mobilidade pode ajudar a explicar por que St. Louis tem um excesso de 49% (em relação à proporção nacional) de homens chamados Louis, e por que pessoas de nome Hill, Park, Beach, Lake ou Rock são desproporcionalmente propensas a morar em cidades com nomes que incluam os seus (tais como Park City). "As pessoas são atraídas a lugares que lembrem seus nomes", supõem Pelham, Mirenberg e Jones.

Mais estranho ainda – não estou inventando isso – as pessoas parecem preferir carreiras relacionadas a seus nomes. Em todos os Estados Unidos, Jerry, Dennis e Walter são nomes igualmente comuns (0,42% das pessoas tem cada um desses nomes). No entanto, os dentistas do país têm quase duas vezes mais probabilidade de se chamar Dennis do que Jerry ou Walter. Também há 2,5 vezes mais dentistas chamadas Denise do que com os nomes igualmente comuns Beverly ou Tammy. Pessoas com o nome de George ou Geoffrey estão super-representadas entre os geocientistas (geólogos, geofísicos e geoquímicos). E, na campanha presidencial de 2000, as pessoas com sobrenomes que começam com B e G tinham chances desproporcionalmente maiores de contribuir para as campanhas de Bush e Gore, respectivamente.

Lendo sobre preferências implícitas baseadas em si próprio me faz pensar: será que isso tem alguma coisa a ver com eu ter gostado daquela viagem a Fort Myers? Com eu ter escrito sobre mídia e matrimônio? Ter colaborado com o professor Murdoch? Se assim for, isso também explica por que foi o vovô quem viu a uva?

Você gosta do seu nome? Em seis estudos, Jochen Gebauer e colaboradores (2008) informam que gostar do próprio nome é um indicador confiável de autoestima implícita e explícita.

for ouvida muitas vezes", diz um provérbio coreano), a familiaridade geralmente não cria desprezo, e sim aumenta o gostar. Quando concluída, em 1889, a Torre Eiffel, em Paris, foi ridicularizada como grotesca (Harrison, 1977); hoje é o símbolo amado da cidade.

Então, os visitantes do Louvre, em Paris, realmente adoram a *Mona Lisa* pelo talento artístico que exibe ou simplesmente têm prazer de encontrar um rosto conhecido? Podem ser ambos: conhecê-la e gostar dela. Eddie Harmon-Jones e John Allen (2001) exploraram esse fenômeno experimentalmente. Quando mostraram a pessoas o rosto de uma mulher, seus músculos da bochecha (que sorriem) em geral se tornaram mais ativos depois de ver repetidas vezes. A mera exposição gera sentimentos agradáveis.

Zajonc e seus colegas William Kunst-Wilson & Richard Moreland relataram que até mesmo a exposição *sem consciência* leva a gostar (Kunst-Wilson & Zajonc, 1980; Moreland & Zajonc, 1977; Wilson, 1979). Na verdade, a mera exposição tem um efeito ainda mais forte quando as pessoas recebem estímulos sem estar cientes (Bornstein & D'Agostino, 1992). Em um experimento, alunas usando fones de ouvido ouviram, em um ouvido, uma passagem em prosa. Elas também repetiam as palavras em voz alta e as comparavam com uma versão escrita em busca de erros. Enquanto isso, melodias novas e breves tocavam no outro ouvido. Esse procedimento direcionava a atenção para o material verbal e a afastava das músicas. Mais tarde, quando ouviram as músicas intercaladas entre similares não reproduzidas anteriormente, elas não as reconheciam, mas *gostavam mais* das músicas que já tinham ouvido.

Note-se que julgamentos conscientes sobre os estímulos nesses experimentos oferecem menos pistas sobre o que as pessoas tinham ouvido ou visto do que seus sentimentos imediatos. Você provavelmente consegue se lembrar, de modo imediato e intuitivo, de gostar ou não de algo ou alguém, sem saber conscientemente qual era a razão. Zajonc (1980) argumenta que *as emoções costumam ser mais instantâneas do que o pensamento*. A ideia um tanto surpreendente do autor – de que as emoções são semi-independentes do pensamento ("o afeto pode preceder a cognição") – tem encontrado sustentação em recentes pesquisas cerebrais. A emoção e a cognição são possibilitadas por regiões distintas do cérebro. Lesione a amígdala (estrutura do cérebro relacionada à emoção) de um macaco, e suas respostas emocionais serão prejudicadas, mas suas funções cognitivas vão ficar intactas. Lesione seu hipocampo (estrutura relacionada à memória) e sua cognição será prejudicada, mas as suas respostas emocionais permanecerão intactas (Zola-Morgan et al., 1991).

O efeito da mera exposição tem enorme "importância adaptativa", observa Zajonc (1998). É um fenômeno "instalado", que predispõe nossas atrações e apegos. Ajudou nossos ancestrais a categorizar as coisas e as pessoas como familiares e seguras ou desconhecidas e possivelmente perigosas. O efeito de mera exposição condiciona nossas avaliações de outros: gostamos de pessoas conhecidas (Swap, 1977). E também funciona ao contrário: pessoas das quais gostamos (p. ex., estranhos que sorriem em vez dos que não sorriem) parecem mais conhecidas (Garcia-Marques et al., 2004).

O lado negativo do fenômeno, como vimos no Capítulo 9, é a nossa desconfiança em relação ao desconhecido, que pode explicar o preconceito automático e inconsciente que as pessoas muitas vezes sentem quando se deparam com quem é diferente. Sentimentos de medo ou preconceito nem sempre são expressões de crenças estereotipadas; às vezes, as crenças surgem depois, como justificativas para sentimentos intuitivos. Crianças com até 3 meses apresentam uma preferência pela própria raça: cercadas por outras, preferem olhar para rostos da sua própria raça conhecida (Bar-Haim et al., 2006; Kelly et al., 2005, 2007).

Nós inclusive gostamos mais de nós mesmos quando estamos do jeito que estamos acostumados a nos ver. Em uma experiência agradável, Theodore Mita, Marshall Dermer e Jeffrey Knight (1977) fotografaram estudantes da University of Wisconsin, Milwaukee, e mais tarde mostraram a cada uma delas sua fotografia real, junto com uma imagem invertida. Diante da pergunta sobre de qual imagem elas gostaram mais, a maioria preferiu a imagem invertida, ou seja, a que estava acostumada a ver. (Não é de admirar que nossas fotografias nunca pareçam muito boas.) Quando as mesmas duas fotografias foram mostradas a amigos íntimos das mulheres, eles preferiram a imagem verdadeira, a qual *eles* estavam acostumados a ver.

Anunciantes e políticos exploram esse fenômeno. Quando as pessoas não sentem muita coisa em relação a um produto ou candidato, a simples repetição pode aumentar as vendas ou os votos (McCullough & Ostrom, 1974; Winter, 1973). Após a repetição sem fim de um comercial, os clientes muitas vezes têm uma resposta favorável ao produto, automática e impensada. Se os candi-

O efeito da mera exposição. Se for como a maioria de nós, a chanceler alemã Angela Merkel pode preferir a imagem invertida conhecida (à esquerda), que ela vê a cada manhã enquanto escova os dentes, do que sua imagem real (direita).

datos são relativamente desconhecidos, os que têm mais exposição na mídia em geral ganham (Patterson, 1980; Schaffner et al., 1981). Estrategistas políticos que entendem o efeito da mera exposição substituíram argumento fundamentado por anúncios breves que martelam o nome do candidato e sua mensagem em sons curtos.

O respeitado presidente da Suprema Corte Estadual de Washington, Keith Callow, aprendeu essa lição quando, em 1990, perdeu para um adversário aparentemente sem chances, Charles Johnson. Johnson, um advogado desconhecido que trabalhava com casos criminais menores e divórcios, candidatou-se à vaga com base no princípio de que os juízes "têm de ser desafiados". Nenhum deles fez campanha, e os meios de comunicação ignoraram a disputa. No dia da eleição, os nomes dos dois candidatos apareciam sem qualquer identificação, apenas um nome ao lado do outro. O resultado: uma vitória de Johnson por 53 a 47%. "Tem muito mais Johnsons por aí do que Callows", disse posteriormente o juiz que perdera o cargo, a uma comunidade jurídica atordoada. Na verdade, o maior jornal do estado contou 27 Charles Johnsons no guia telefônico local, e lá estava Charles Johnson, o juiz local. Além disso, em uma cidade próxima, havia um âncora de televisão chamado Charles Johnson, cujas transmissões eram vistas na TV a cabo em todo o estado. Forçados a escolher entre dois nomes desconhecidos, muitos eleitores preferiram o nome confortável e conhecido de Charles Johnson.

Atratividade física

O que você procura (ou procurou) em um namorado potencial? Sinceridade? Caráter? Humor? Boa aparência? Pessoas sofisticadas e inteligentes não se preocupam com qualidades superficiais como boa aparência, pois sabem que "a beleza é apenas superficial" e "não se pode julgar um livro pela capa". Pelo menos, sabem que é assim que deveriam se sentir. Como aconselhou Cícero: "Resista à aparência".

A crença de que a aparência não é importante pode ser outro exemplo de como podemos negar influências reais que sentimos, porque agora existe um armário cheio de pesquisas que mostram que a aparência *importa*, sim. A constância e abrangência desse efeito é impressionante. A boa aparência é um grande trunfo.

> Devemos olhar para a mente, e não para as aparências externas.
> —ESOPO, *FÁBULAS*

ATRATIVIDADE E NAMORO

Goste-se ou não, a atratividade física de uma mulher jovem é um preditor razoavelmente bom da frequência com que ela namora, e a atratividade de um jovem é um preditor modestamente bom da frequência com que ele namora (Berscheid et al., 1971; Krebs & Adinolfi, 1975; Reis et al., 1980, 1982; Walster et al., 1966). Além disso, mais mulheres do que homens dizem que preferem um companheiro comum e carinhoso em detrimento de um que seja atraente e frio (Fletcher et al., 2004). Em uma pesquisa mundial feita pela BBC na internet com cerca de 220 mil pessoas, os homens, mais do que as mulheres, classificaram a atratividade como importante em um companheiro, enquanto as mulheres, mais que os homens, atribuíram importância a honestidade, humor, confiança e bondade (Lippa, 2007).

Essas autoavaliações implicam, como muitos já apontaram, que as mulheres sejam melhores em seguir o conselho de Cícero? Ou será que nada mudou desde 1930, quando o filósofo inglês Bertrand Russell (1930, p. 139) escreveu: "No geral, as mulheres tendem a amar os homens por seu caráter, enquanto os homens tendem a amar as mulheres por sua aparência"? Ou simplesmente reflete o fato de que os homens é que fazem os convites com mais frequência? Se as mulheres fossem indicar suas preferências entre vários homens, as aparências seriam tão importantes para elas como são para eles?

> A beleza pessoal é uma recomendação maior que qualquer carta de apresentação.
> —ARISTÓTELES, *DIÓGENES LAÉRCIO*

Para ver se os homens são realmente mais influenciados pela aparência, os pesquisadores deram a estudantes heterossexuais do sexo masculino e feminino informações sobre alguém do outro sexo, incluindo uma foto, ou fizeram uma breve apresentação de um homem e uma mulher, e depois perguntaram a cada um sobre seu interesse em sair com o outro. Nessas experiências, os homens dão um pouco mais de valor à atratividade física do sexo oposto, como fazem nas pesquisas de opinião (Fig. 11.3) (Feingold, 1990, 1991; Sprecher et al., 1994). Talvez percebendo isso, as mulheres se preocupam mais com sua aparência e constituem cerca de 90% dos pacientes de cirurgias plásticas (ASAPS, 2005). As mulheres também se lembram mais da aparência de outros, como quando responderam à pergunta "a pessoa à direita estava usando sapatos pretos?" ou quando se pediu que se lembrassem da roupa ou do cabelo de alguém (Mast & Hall, 2006).

As mulheres respondem à aparência dos homens. Em um estudo ambicioso, Elaine Hatfield e colaboradores (1966) formaram casais com 752 alunos do primeiro ano para um baile de recepção da University of Minnesota. Os pesquisadores deram a cada estudante testes de personalidade e aptidão, mas depois formaram os casais de modo aleatório. Na noite do baile, os casais dançaram e conversaram por duas horas e meia e, em seguida, fizeram um breve inter-

Atratividade e namoro. Para clientes de *sites* de encontros, a aparência é parte do que é oferecido e procurado.

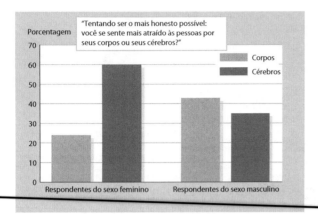

FIGURA 11.3
O que mulheres e homens dizem considerar mais atraente.
Fonte: Fox News/Opinion Dynamics Poll com eleitores registrados, 1999.

valo para avaliar seus pares. Até que ponto os testes de personalidade e aptidão predisseram a atração? As pessoas gostaram mais de alguém com autoestima elevada, baixa ansiedade ou diferente de si mesmos em extroversão? Os pesquisadores examinaram uma longa lista de possibilidades, mas até onde conseguiram determinar, só uma coisa importou: o quanto a pessoa era fisicamente atraente (segundo avaliação prévia dos pesquisadores). Quanto mais atraente fosse a mulher, mais o homem gostava dela e queria sair com ela novamente. E quanto mais o homem fosse atraente, mais a mulher gostava dele e queria sair com ele de novo. O bonito agrada.

Estudos mais recentes coletaram dados de "encontros-relâmpagos" (*speed dating*), durante os quais as pessoas interagem com uma sucessão de parceiros possíveis por apenas alguns minutos cada um, e depois indicam quais gostariam de ver novamente (os que dizem "sim" mútuo recebem informações de contato). O procedimento está enraizado em uma pesquisa mostrando que podemos formar impressões duradouras sobre outras pessoas com base em pequenas amostras de seu comportamento social com duração de segundos (Ambady et al., 2000). Em pesquisas sobre encontros desse tipo, de Paul Eastwick e Eli Finkel (2008a, 2008b), mais homens do que mulheres presumiram a importância da atratividade física de um parceiro potencial, mas, na realidade, a atratividade foi igualmente importante para ambos os sexos.

A aparência influencia até o voto, ou assim parece em um estudo de Alexander Todorov e colaboradores (2005). Eles mostraram a estudantes da Princeton University fotografias dos dois principais candidatos em 95 eleições para o Senado dos Estados Unidos desde 2000 e em 600 disputas pela Câmara de Representantes. Com base apenas em aparência, os estudantes (preferindo candidatos com aparência de competentes em detrimento dos que tinham rosto de bebê) adivinharam os vencedores de 72% das eleições para o Senado e 67% das vagas na Câmara. Em um estudo de acompanhamento, Joan Chiao e colaboradores (2008) confirmaram a descoberta de que os eleitores preferem candidatos com aparência de competentes. Mas o gênero também foi importante: os homens eram mais propensos a votar em candidatas fisicamente atraentes, e as mulheres, em candidatos de aparência acessível.

FENÔMENO DA COMBINAÇÃO

Nem todo mundo pode acabar se unindo a alguém incrivelmente atraente. Então, como as pessoas se unem a outras? A julgar pelas pesquisas de Bernard Murstein (1986) e outros, elas caem na realidade e se unem a pessoas que sejam tão atraentes quanto elas. Vários estudos já encontraram uma forte correspondência entre a avaliação de atratividade de maridos e esposas, de namorados e namoradas, e até mesmo de pessoas dentro de determinadas fraternidades universitárias (Feingold, 1988; Montoya, 2008). As pessoas tendem a escolher como amigos e, principalmente, para se casar, quem "combine" não só com seu nível de inteligência, mas também com seu nível de atratividade.

> Se você quer se casar com sabedoria, case-se com seu igual.
> —OVÍDIO, 43 A.C. – 17 D.C.

fenômeno da combinação
Tendência de homens e mulheres a escolher como parceiros quem "combinem" em termos de atratividade e outras características.

Experimentos confirmam esse **fenômeno da combinação**. Ao escolher quem vão abordar, sabendo que o outro é livre para dizer sim ou não, as pessoas costumam se aproximar de alguém cuja atratividade mais ou menos combine com a sua (ou não a exceda demais) (Berscheid et al., 1971; Huston, 1973; Stroebe et al., 1971). Elas procuram alguém que pareça desejável, mas estão cientes dos limites de sua própria desejabilidade. Boas combinações físicas podem levar a boas relações, relatou Gregory White (1980) a partir de um estudo com casais de namorados da UCLA. Aqueles que eram mais semelhantes em atratividade física tiveram maior probabilidade, nove meses depois, de ter se apaixonado mais intensamente.

Talvez essa pesquisa faça você pensar em casais felizes que diferem na percepção do quanto são "sensuais". Nesses casos, a pessoa menos atraente muitas vezes tem qualidades que compensam. Cada parceiro traz "ativos" ao mercado social, e o valor dos respectivos ativos cria uma combinação justa. Anúncios pessoais e autoapresentações para serviços de encontros na internet exibem essa troca de ativos (Cicerello & Sheehan, 1995;

DILBERT © Scott Adams/Distribuído por United Features Syndicate, Inc.

Hitsch et al., 2006; Koestner & Wheeler, 1988; Rajecki et al., 1991). Os homens normalmente oferecem riqueza ou *status* e buscam juventude e atratividade; as mulheres mais frequentemente fazem o inverso: "mulher atraente, brilhante, 26 anos, magra, procura homem carinhoso e com boa situação profissional". Homens que anunciam renda e formação e mulheres que anunciam juventude e aparência recebem mais respostas a seus anúncios (Baize & Schroeder, 1995). O processo de combinação de ativos ajuda a explicar por que mulheres jovens e bonitas muitas vezes se casam com homens mais velhos e de *status* social mais elevado (Elder, 1969; Kanazawa & Kovar, 2004).

É claro que, dada a combinação de viés de autosserviço (Capítulo 2), exposição repetida ao rosto de uma pessoa e autoapresentação estratégica, podemos esperar que a maioria das pessoas descreva autoimagens positivas. E assim aconteceu com os participantes de um estudo com cerca de 22 mil pessoas que preencheram autodescrições para um serviço de encontros pela internet (Hitsch et al., 2006). Sessenta e sete por cento dos homens e 72% das mulheres classificaram sua aparência como "acima da média" ou "muito boa". Apenas 1% estimou sua aparência como "abaixo da média". Quase todo o resto disse que se parecia "com qualquer outra pessoa que se vê na rua".

Combinação de ativos. O guitarrista dos Rolling Stones, Keith Richards, de *status* elevado, casado com a *top model* Patti Hansen, 19 anos mais jovem, desde 1983.

ESTEREÓTIPO DA ATRATIVIDADE FÍSICA

O efeito da atração resulta inteiramente de atração sexual? Claro que não, como Vicky Houston e Ray Bull (1994) descobriram ao usar um maquiador para dar a uma pesquisadora atraente um rosto com supostas cicatrizes, feridas ou marcas de nascença. Em um trem urbano de Glasgow, pessoas de ambos os sexos evitaram sentar ao lado da mulher, quando ela parecia ter o rosto desfigurado. Além disso, assim como os adultos são inclinados a adultos atraentes, as crianças são inclinadas a crianças atraentes (Dion, 1973; Dion & Berscheid, 1974; Langlois et al., 2000). A julgar por quanto tempo olham para alguém, até as crianças de 3 meses de idade preferem rostos atraentes (Langlois et al., 1987).

Os adultos apresentam um viés semelhante ao avaliar crianças. Margaret Clifford e Elaine Hatfield (Clifford & Walster, 1973) deram a professores de 5ª série do Missouri informações idênticas sobre um menino ou uma menina, mas com a fotografia de uma criança atraente ou não atraente anexada. Segundo a percepção dos professores, a criança atraente seria mais inteligente e bem-sucedida na escola. Imagine-se na posição de supervisionar o recreio da escola, tendo que disciplinar uma criança rebelde. Será que você, como as mulheres estudadas por Karen Dion (1972), mostraria menos simpatia e tato em relação a uma criança pouco atraente? A triste verdade é que a maioria de nós pressupõe o que se poderia chamar de "efeito Bart Simpson" – que as crianças comuns são menos capazes e socialmente menos competentes do que as bonitas.

Além disso, pressupomos que pessoas bonitas possuam certas características desejáveis. Mantidos os outros fatores, achamos que as pessoas bonitas são mais felizes, sexualmente mais ardentes e mais extrovertidas, inteligentes e bem-sucedidas, embora não mais honestas nem mais preocupadas com as outras (Eagly et al., 1991; Feingold, 1992b; Jackson et al., 1995).

Somados, os resultados definem um **estereótipo da atratividade física**: o que é bonito é bom. As crianças aprendem o estereótipo muito cedo – e uma das maneiras de aprendê-lo é por meio de histórias contadas a elas por adultos. Branca de Neve e Cinderela são lindas – e gentis. A bruxa e as meias-irmãs são feias – e más. "Se você quiser ser amado por alguém que ainda não esteja em sua família, ser bonito não atrapalha", disse uma menina de 8 anos. Ou como disse uma menina no jardim de infância quando lhe perguntaram o que significa ser bonita: "É como ser uma princesa. Todo mundo ama você" (Dion, 1979). Pense na admiração generalizada do público pela princesa Diana e na crítica à segunda esposa do príncipe Charles, a ex-Camilla Parker-Bowles.

Se a atração física é tão importante, uma mudança permanente na atratividade das pessoas deveria alterar a forma como as outras reagem a elas. Mas é ético alterar a aparência de alguém? Essas manipulações são realizadas milhões de vezes por ano por cirurgiões plásticos e ortodontistas. Com dentes arrumados e branqueados, o cabelo substituído e tingido, rosto levantado, gordura lipoaspirada e seios aumentados, levantados ou reduzidos, a maioria das pessoas insatisfeitas consigo mesmas expressa satisfação com os resultados de seus procedimentos, apesar de alguns pacientes insatisfeitos procurarem repeti-los (Honigman et al., 2004).

> O amor muitas vezes nada mais é do que um intercâmbio favorável entre duas pessoas que recebem o máximo do que poderiam esperar, considerando seu valor no mercado da personalidade.
>
> —ERICH FROMM, *THE SANE SOCIETY*, 1955

estereótipo da atratividade física
Presunção de que as pessoas fisicamente atraentes também possuam outras características socialmente desejáveis: o que é bonito é bom.

Para examinar o efeito dessas alterações sobre os outros, Michael Kalick (1977) fez alunos de Harvard classificarem suas impressões acerca de oito mulheres com base em fotografias de perfil tiradas antes ou depois de cirurgias plásticas. Eles consideraram as mulheres não apenas fisicamente mais atraentes após a cirurgia, mas também mais bondosas, mais sensíveis, sexualmente mais ardentes e receptivas, mais agradáveis e assim por diante.

> Até a virtude é mais formosa em um corpo formoso.
> —VIRGÍLIO, *ENEIDA*, SÉCULO I A.C.

PRIMEIRAS IMPRESSÕES Dizer que a atração é importante, sendo iguais os outros fatores, não quer dizer que a aparência física sempre supere outras qualidades. Algumas pessoas, mais do que outras, julgam os outros pela aparência (Livingston, 2001). Além disso, a atratividade afeta mais as primeiras impressões. Mas essas primeiras impressões são importantes, e ainda mais à medida que as sociedades se tornam cada vez mais móveis e urbanizadas e os contatos com as pessoas ficam mais fugazes (Berscheid, 1981). Sua apresentação no Facebook começa com... sua face.

Embora os entrevistadores possam negar, atratividade e boa aparência afetam as primeiras impressões em entrevistas para emprego (Cash & Janda, 1984; Mack & Rainey, 1990; Marvelle & Green, 1980). As pessoas classificam novos produtos de forma mais favorável quando estão associados a inventores atraentes (Baron et al., 2006). Essas impressões ajudam a explicar por que as pessoas atraentes e as altas têm trabalhos mais prestigiados e ganham mais dinheiro (Engemann & Owyang, 2003; Persico et al., 2004).

Patricia Roszell e colaboradores (1990) analisaram os rendimentos de uma amostra nacional de canadenses que os entrevistadores tinham classificado em uma escala de 1 (comum) a 5 (muito atraente). Eles descobriram que, para cada unidade adicional da escala de atratividade avaliada, as pessoas recebiam, em média, 1.988 dólares a mais por ano. Irene Hanson Frieze e colaboradores (1991) fizeram a mesma análise com 737 mestres em administração depois de classificá-los em uma escala semelhante, de 1 a 5, usando fotos do anuário dos alunos. Para cada unidade adicional de escala de atratividade, os homens ganhavam 2.600 dólares a mais, e as mulheres, 2.150 dólares extras.

A velocidade com que formam as primeiras impressões e sua influência sobre o pensamento ajuda a explicar por que o bonito prospera. Uma exposição de 0,013 segundo, breve demais para discernir um rosto, já é suficiente para permitir que as pessoas adivinhem sua atratividade (Olson & Marshuetz, 2005). Além disso, ao categorizar palavras subsequentes como boas ou más, um rosto atraente predispõe as pessoas a categorizar as boas mais rapidamente. O bonito é percebido imediatamente e condiciona o processamento positivo.

O ESTEREÓTIPO DO "BONITO É BOM" É CORRETO? As pessoas bonitas realmente têm características desejáveis? Durante séculos, aqueles que se consideravam cientistas sérios pensavam assim quando tentavam identificar características físicas (olhos esquivos, pouco queixo) que prediziam comportamento criminoso. Ou, em contrapartida, Leon Tolstói estaria certo ao escrever que é "uma estranha ilusão... supor que beleza é bondade"? Há alguma verdade no estereótipo. Crianças e adultos jovens atraentes são um pouco mais descontraídos, extrovertidos e socialmente refinados (Feingold, 1992b; Langlois et al., 2000). William Goldman e Philip Lewis (1977) demonstraram isso fazendo 60 homens da University of Georgia telefonarem e falarem durante cinco minutos com cada uma de três estudantes mulheres. Depois, homens e mulheres avaliaram que o mais atraente de seus parceiros de telefone, que não haviam visto, tinha um pouco mais de habilidades sociais e simpatia. Indivíduos fisicamente atraentes tendem também a ser mais gostados, mais extrovertidos e mais típicos do seu gênero, ou seja, mais tradicionalmente masculinos se forem do sexo masculino, e mais femininos se forem do sexo feminino (Langlois et al., 1996).

POR DENTRO DA HISTÓRIA | Ellen Berscheid sobre atratividade

Lembro-me claramente da tarde em que comecei a apreciar as abrangentes implicações da atratividade física. A estudante de graduação Karen Dion (hoje professora da University of Toronto) soube que alguns pesquisadores do nosso Instituto para o Desenvolvimento Infantil tinham coletado índices de popularidade de crianças em creches e tirado uma foto de cada uma delas. Embora os professores e cuidadores nos tivessem convencido de que "todas as crianças são bonitas" e não poderia ser feita qualquer discriminação por atratividade física, Dion sugeriu que instruíssemos algumas pessoas a classificar a aparência de cada criança e a correlacionássemos à popularidade. Após fazer isso, percebemos que nosso tiro no escuro tinha acertado: as crianças atrativas eram preferidas. Na verdade, o efeito foi muito mais potente do que nós e outros tínhamos pressuposto, com uma série de implicações que os investigadores ainda estão observando.

Ellen Berscheid,
University of Minnesota

Essas pequenas diferenças médias entre pessoas atraentes e não atraentes provavelmente resultam de profecias autor-realizadoras. Pessoas atraentes são valorizadas e favorecidas, de modo que muitas delas desenvolvem mais autoconfiança social. (Lembre-se do Capítulo 2, de um experimento em que os homens evocaram uma resposta receptiva de mulheres que não viam, mas *pensavam* ser atraentes.) Segundo essa análise, o crucial para sua habilidade social não é como você olha, mas como as pessoas o tratam e como você se sente consigo mesmo – se você se aceita, gosta de si e se sente confortável com você mesmo.

Os padrões de beleza diferem de cultura para cultura, mas algumas pessoas são consideradas atraentes na maior parte do mundo.

QUEM É ATRAENTE?

Descrevi a atratividade como se fosse uma qualidade objetiva, como a altura, que algumas pessoas têm a mais e outras, a menos. Estritamente falando, atração é aquilo que as pessoas de qualquer tempo e lugar acham atraente. É claro que isso varia. Os padrões de beleza pelo qual a Miss Universo é avaliada não se aplicam nem mesmo a todo o planeta. As pessoas, em vários lugares e épocas, têm *piercing* no nariz, pescoço alongado, cabelo tingido, dentes clareados, pele pintada, fartaram-se de comer para se tornar voluptuosas, passaram fome para emagrecer e se amarraram com espartilhos de couro para fazer seus peitos parecerem pequenos – ou usaram silicone e sutiãs acolchoados para fazer que parecessem grandes. Para culturas com recursos escassos e para pessoas pobres ou com fome, a gordura parece atraente; para culturas e indivíduos com recursos abundantes, a beleza equivale com mais frequência à magreza (Nelson & Morrison, 2005). Além disso, a atratividade influencia menos os resultados da vida em culturas nas quais as relações são baseadas mais em parentesco ou arranjo social do que em opção pessoal (Anderson et al., 2008). Apesar dessas variações, ainda há "um forte acordo, tanto dentro de uma determinada cultura quanto entre culturas diferentes, sobre quem é e quem não é atraente", observam Judith Langlois e colaboradores (2000).

Ironicamente, ser atraente de verdade é ser perfeitamente médio (Rhodes, 2006). Equipes de pesquisa lideradas por Langlois e Lorri Roggman (1990, 1994), na University of Texas e Anthony Little e David Perrett (2002), trabalhando com Ian Penton-Voak, na University of St. Andrews, digitalizaram vários rostos e produziram uma média deles usando um computador. Inevitavelmente, as pessoas acham os rostos compostos mais atraentes do que quase todos os reais (Fig. 11.4). Como isso sugere, os rostos atraentes também são percebidos como mais parecidos entre si do que os pouco atraentes (Potter et al., 2006). Há mais maneiras de ser comum do que de ser bonito. Com seres humanos e com animais, a aparência média encarna melhor os protótipos (de seu típico homem, mulher, cachorro ou o que quer que seja) e, portanto, é fácil para o cérebro processar e classificar, observa Jamin Halberstadt (2006). O perfeitamente médio é fácil aos olhos (e ao cérebro).

Rostos e corpos médios elaborados por computador também tendem a ser perfeitamente simétricos – outra característica de pessoas muito atraentes – e reprodutivamente bem-sucedidas (Brown et al., 2008; Gangestad e Thornhill, 1997). As equipes de pesquisa lideradas por Gillian Rhodes (1999, 2006) e por Ian Penton-Voak (2001) demonstraram que, se pudesse mesclar uma das metades de seu rosto com sua imagem de espelho, formando um novo rosto perfeitamente simétrico, você melhoraria sua aparência. Fazendo a média de uma série desses rostos atrativos e simétricos, produz-se um rosto ainda mais bonito.

EVOLUÇÃO E ATRAÇÃO Psicólogos que trabalham a partir da perspectiva evolutiva explicam a preferência humana por parceiros atraentes como uma estratégia reprodutiva (Capítulo 5). Eles presumem que a beleza sinaliza informações biologicamente importantes: saúde, juventude e fertilidade. Com o tempo, os homens que preferiam mulheres de aparência fértil se reproduziram mais do que aqueles que gostavam igualmente de mulheres na pós-menopausa. Isso, acredita David Buss (1989), explica por que os homens estudados por ele em 37 culturas, da Austrália à Zâmbia, preferem características femininas joviais que indicam capacidade reprodutiva.

Os psicólogos evolutivos também presumem que a evolução predispõe as mulheres a favorecer traços masculinos que indiquem uma capacidade de prover e proteger recursos. Não admira que mulheres fisicamente atraentes tendem a se casar com homens de *status* elevado e que os homens competem

Em 2007, os cirurgiões plásticos norte-americanos realizaram quase 12 milhões de procedimentos estéticos, 91% dos quais foram feitos em mulheres (surgery.org, 2008).

O poder é o maior afrodisíaco.

—HENRY KISSINGER, 1971

FIGURA 11.4
Quem é a mais formosa de todas?
A escolha da "Miss Alemanha" a cada ano nos dá uma resposta relacionada a esse país. Uma equipe de pesquisa com estudantes da Universität Regensburg, trabalhando com um canal de televisão alemão, ofereceu uma alternativa. Christof Braun e seus compatriotas (Gruendl, 2005) fotografaram as 22 finalistas do "Rainha da Beleza" de 2002 sem maquiagem e com o cabelo amarrado para trás e criaram uma "Miss Alemanha virtual", que era a mistura de todas elas. Ao se mostrar a adultos em um *shopping center local* as finalistas e a Miss Alemanha virtual, eles facilmente indicaram a virtual como a mais atraente de todas. Embora possa ter ficado decepcionada com a notícia de que todos preferiram sua concorrente virtual, a verdadeira vencedora do Miss Alemanha pode ficar tranquila, pois nunca vai encontrar essa concorrente.

As mulheres dos anos de 1950 aspiravam. As mulheres dos anos 2000 são aspiradas. Os nossos aspiradores se voltaram contra em nós!

—MAUREEN DOWD, COLUNISTA DO NEW YORK TIMES, SOBRE LIPOASPIRAÇÃO (19 DE JANEIRO DE 2000)

com tanta determinação para exibir seu *status* ao alcançar a fama e fortuna. Na triagem de potenciais companheiros, informam Norman Li e colaboradores (2002), os homens necessitam de um mínimo de atratividade física, enquanto as mulheres precisam de *status* e recursos, e ambos gostam de bondade e inteligência.

Os psicólogos evolutivos também exploraram as respostas de homens e mulheres a outros sinais de sucesso reprodutivo. Avaliando a partir de modelos fotográficas sensuais e vencedoras do concursos de beleza, homens de todos os lugares se sentiram mais atraídos por mulheres cuja cintura é 30% mais estreita do que o quadril, uma forma associada ao pico de fertilidade sexual (Singh, 1993, 1995; Singh & Randall, 2007; Streeter & McBurney, 2003). Circunstâncias que reduzem a fertilidade de uma mulher – desnutrição, gravidez e menopausa – também mudam sua forma.

Ao avaliar homens como potenciais cônjuges, as mulheres também preferem uma relação cintura-quadril masculina que sugira saúde e vigor. Elas classificam como mais sensuais os homens musculosos, e eles realmente se sentem mais sensuais e relatam mais parceiras sexuais ao longo da vida (Frederick & Haselton, 2007). Isso faz sentido em termos evolutivos, observa Jared Diamond (1996): um fortão musculoso tem mais probabilidades do que um magrelo de coletar alimentos, construir casas e derrotar rivais. Mas as mulheres de hoje preferem ainda mais homens com alta renda (Singh, 1995).

Durante a ovulação, as mulheres apresentam maior preferência por homens com traços masculinizados (Gangestad et al., 2004; Macrae et al., 2002). Um estudo descobriu que, quando estão ovulando, as mulheres jovens tendem a vestir e preferir roupas mais reveladoras do que quando não estão férteis (Fig. 11.5). Em outro estudo, dançarinas de *lap dance* ovulando ganharam dos clientes uma média de 70 dólares por hora – o dobro dos 35 dólares que ganharam aquelas que estavam menstruadas (Miller et al., 2007).

Assim, em todas as culturas, o negócio da beleza é grande e está crescendo. Asiáticos, britânicos, alemães e norte-americanos estão todos procurando cirurgia plástica, em números cada vez maiores (Wall, 2002). Beverly Hills tem atualmente o dobro de cirurgiões plásticos do que de pediatras (*People*, 2003). Pessoas modernas e ricas com dentes rachados ou descoloridos os corrigem e, cada vez mais, quem tem rugas e flacidez faz o mesmo.

Os psicólogos evolutivos sugerem que somos impulsionados por atrações primitivas. Como comer e respirar, a atração e o acasalamento são demasiado importantes para que os deixemos aos caprichos da cultura.

FIGURA 11.5
Fertilidade e vestimenta.
Em um estudo da University of Texas feito por Kristina Durante e colaboradores (2008), as mulheres sexualmente desinibidas tenderam a usar roupas mais reveladoras nos dias de alta fertilidade de seu ciclo e se imaginar (por meio de esboços em uma boneca de papel) vestindo roupas mais reveladoras para uma festa. Aqui, exemplos de roupa desenhada pela mesma participante em baixa fertilidade (à esquerda) e alta fertilidade (à direita).

COMPARAÇÃO SOCIAL Apesar de nossa psicologia de acasalamento ter sabedoria biológica, a atração não é algo completamente instalado em nós. O que é atraente para você também depende de seus padrões de comparação.

Douglas Kenrick e Sara Gutierres (1980) fizeram que pesquisadores não identificados fossem até homens da Montana State University em seus quartos no alojamento e explicassem: "Nós temos um amigo que vem para a cidade esta semana e queremos arrumar um encontro para ele com uma mulher, mas não conseguimos decidir se fazemos isso ou não, por isso resolvemos fazer uma enquete... Queremos que vocês digam o quanto a consideram atraente... em uma escala de 1 a 7". Olhando uma foto de mulher jovem de aparência média, aqueles que tinham acabado de assistir a *As panteras* (um programa de televisão com três belas mulheres) a classificaram como menos atraente do que os que não tinham assistido.

Experimentos de laboratório confirmam esse "efeito de contraste". Para homens que recentemente olharam para mulheres em páginas centrais de revistas, as mulheres médias ou mesmo suas próprias esposas tendem a parecer menos atraentes (Kenrick et al., 1989). Assistir a filmes pornográficos simulando sexo intenso diminui igualmente a satisfação com o próprio parceiro (Zillmann, 1989). Ser excitado sexualmente pode fazer que uma pessoa do outro sexo parecer *temporariamente* mais atraente. Mas a exposição prolongada a pessoas "nota 10" ou a representações sexuais fora da realidade fez um próprio parceiro parecer menos atraente – mais próximo de um "6" do que de um "8".

Extreme Makeover, a reforma completa (ilustrada por essas fotos antes (1997) e depois (2005) da atriz e comediante Kathy Griffin. Se você não atende perfeitamente a norma de beleza da sua cultura, pode aceitar a si mesmo com imperfeições e tudo. Ou pode paralisar os músculos que causam rugas, sugar a gordura e remodelar o seu nariz com uma cirurgia. Pergunta: onde você traça a linha entre autoaperfeiçoamento apropriado e vaidade autoindulgente? Até que ponto devemos nos aceitar, em vez de mudar nosso eu (inaceitável)? Você aceitaria entrar em forma perdendo peso? Tratamentos para acne? Aparelho para alinhar dentes tortos? Uma correção no queixo? Uma plástica no nariz? Aumento dos seios? Uma reforma completa?

A mesma coisa acontece com a nossa autopercepção. Depois de ver uma pessoa superatraente do mesmo sexo, as pessoas se classificariam como *menos* atraentes do que depois de ver uma pessoa comum (Brown et al., 1992; Thornton & Maurice, 1997). Isso parece especialmente verdadeiro em relação às mulheres. Um homem vendo homens de corpos musculosos esculpidos em revistas masculinas pode aumentar um sentimento de inadequação (Aubrey & Taylor, 2009), mas o efeito da comparação social aparece mais para as mulheres. Ver outras mulheres atraentes e em forma tende a diminuir a satisfação com o próprio corpo, e estar insatisfeita com o corpo torna a pessoa especialmente sensível e diminuída pela exposição a mulheres superatraentes (Trampe et al., 2007).

A desejabilidade autoavaliada dos homens também é diminuída pela exposição a homens mais dominantes e bem-sucedidos. Graças aos modernos meios de comunicação, podemos ver, em uma hora, "dezenas de indivíduos que são mais atraentes e mais bem-sucedidos do que qualquer um dos nossos antepassados teria visto em um ano, ou até mesmo em uma vida inteira", observam Sara Gutierres e colaboradores (1999). Esses padrões de comparação extraordinários nos enganam e nos fazem desvalorizar nossos companheiros potenciais e nós mesmos, e gastar bilhões em cosméticos, produtos dietéticos e cirurgias plásticas. No entanto, mesmo depois de outros 12 milhões de procedimentos estéticos anuais, pode não haver nenhum ganho líquido em termos de satisfação humana. Se os outros arrumam e branqueiam os dentes e você não, a comparação social pode deixá-lo mais insatisfeito com seus dentes naturais e normais do que você estaria se estivesse cercado por colegas cujos dentes também fossem naturais.

> O amor é apenas um truque sujo aplicado a nós para conseguir a continuação da espécie.
> —ROMANCISTA W. SOMERSET MAUGHAM, 1874-1965

> Eu amo você porque você é linda ou você é linda porque eu te amo?
> —PRÍNCIPE ENCANTADO, EM *CINDERELA*, DE RODGERS E HAMMERSTEIN

ATRATIVIDADE DAQUELES A QUEM AMAMOS Vamos concluir nossa discussão de atratividade com uma observação otimista. Primeiro, a atratividade facial de uma menina de 17 anos é um preditor surpreendentemente fraco de sua atratividade nas idades de 30 e 50. Às vezes, um adolescente de aparência média, principalmente alguém que tenha uma personalidade simpática e atraente, torna-se um adulto bastante atraente de meia-idade (Zebrowitz et al., 1993, 1998).

Em segundo lugar, não apenas percebemos pessoas atraentes como agradáveis, mas também percebemos pessoas agradáveis como atraentes. Talvez você se lembre de pessoas que se tornaram mais atraentes depois que você co-

Maxine! Comix © Marian Henley. Reproduzida com permissão da artista.

Pessoas simpáticas e agradáveis parecem mais atraentes.
BIZZARO (New) © Dan Piraro, King Features Syndicate.

meçou a gostar delas. Suas imperfeições físicas já não eram tão perceptíveis. Alan Gross e Christine Crofton (1977, ver também Lewandowski et al., 2007) mostraram a alunos a fotografia de alguém depois de ler uma descrição favorável ou desfavorável de sua personalidade. As pessoas que foram retratadas como simpáticas, prestativas e atenciosas também *pareceram* mais atraentes. Então, pode ser verdade que "ser bonito é fazer bonito". Descobrir as semelhanças de alguém para conosco também faz a pessoa parecer mais atraente (Beaman & Klentz, 1983; Klentz et al., 1987).

Além disso, o amor vê amabilidade: quanto mais uma mulher estiver apaixonada por um homem, mais fisicamente atraente ela o considerará (Price et al., 1974), e quanto mais as pessoas estiverem apaixonadas, menos atraentes elas considerarão todas as outras do sexo oposto (Johnson & Rusbult, 1989; Simpson et al., 1990). "A grama pode ser mais verde do outro lado", observam Rowland Miller e Jeffry Simpson (1990), "mas os jardineiros felizes são menos propensos a notar isso". Em certa medida, a beleza está realmente nos olhos de quem vê.

Semelhança e complementaridade

A partir de nossa discussão até agora, pode-se concluir que Leon Tolstói estava totalmente correto: "O amor depende... de encontros frequentes, do jeito que o cabelo está arrumado e da cor e do corte do vestido". Conforme as pessoas vão se conhecendo, no entanto, outros fatores influenciam a transformação de conhecidos e amigos.

CADA OVELHA COM A SUA PARELHA?

Disso podemos estar certos: cada ovelha vai mesmo com sua parelha. Amigos, noivos e cônjuges têm muito mais probabilidades de compartilhar atitudes, crenças e valores do que pessoas colocadas juntas aleatoriamente. Além disso, quanto maior a semelhança entre marido e mulher, mais felizes eles são e menos provável é o divórcio (Byrne, 1971; Caspi & Herbener, 1990). Essas descobertas correlacionais são intrigantes, mas causa e efeito continuam sendo um enigma. A semelhança faz gostar? Ou gostar faz a semelhança?

SEMELHANÇA FAZ GOSTAR Para discernir causa e efeito, fazemos experimentos. Imagine que, em uma festa no *campus*, Lakesha se envolve em uma longa discussão sobre política, religião e preferências pessoais com dois rapazes, Les e Lon. Ela e Les descobrem que concordam em quase tudo; ela e Lon, em pouca coisa. Depois disso, ela reflete: "Les é bem inteligente... e tão agradável. Tomara que a gente se encontre de novo". Em experimentos, Donn Byrne e colaboradores (1971) captaram a essência da experiência de Lakesha. Repetidamente, constataram que quanto mais as atitudes de alguém se parecem com as nossas, mais vamos considerar a pessoa simpática. A ideia de que a semelhança faz gostar não se aplica apenas a estudantes universitários, mas também a crianças e idosos, a pessoas de diversas profissões e de várias culturas. Quando os outros pensam como nós, não apenas apreciamos suas atitudes, mas também fazemos inferências positivas sobre seu caráter (Montoya & Horton, 2004).

O efeito "semelhança faz gostar" foi testado em situações reais, observando-se quem vem a gostar de quem.

- Na University of Michigan, Theodore Newcomb (1961) estudou dois grupos de 17 alunos do sexo masculino, transferidos, que não se conheciam. Depois de 13 semanas de alojamento, aqueles cuja concordância fora inicialmente mais elevada tiveram maior probabilidade de ter formado amizades íntimas. Um grupo de amigos era composto por cinco alunos de ciências humanas, todos liberais em termos políticos, com fortes interesses intelectuais. Outro era formado por três veteranos conservadores, todos matriculados na faculdade de engenharia.
- Em duas das universidades de Hong Kong, Royce Lee e Michael Bond (1996) concluíram que as amizades entre companheiros de quarto cresciam ao longo de um período de seis meses quando eles compartilhavam valores e traços de personalidade, mas ainda mais quando consideravam seus companheiros de quarto semelhantes a si próprios. Como acontece tantas vezes, a realidade é importante, mas a percepção é mais.
- As pessoas gostam não só daquelas que pensam como elas, mas também das que agem como elas. Um mimetismo sutil promove afeição. Você já reparou que quando alguém move a cabeça em concordância e faz eco a seus pensamentos, você sente uma certa sintonia e gosta dessa pessoa? Essa é uma experiência comum, informam Rick van Baaren e colaboradores (2003a, 2003b), e um dos resultados é gorjetas maiores para garçons de restaurante holandeses que imitam seus clientes, apenas repetindo o pedido que fizeram. O mimetismo natural aumenta a sintonia, observam Jessica Lakin e Tanya Chartrand (2003), e o desejo de sintonia aumenta o mimetismo.

> Andarão dois juntos, se não estiverem de acordo?
> —AMÓS 3:3

A descrição de Henry James sobre a escritora George Eliot (pseudônimo de Mary Ann Evans): "Ela é magnificamente feia – deliciosamente hedionda. Ela tem a testa baixa, olhos cinza fosco, um nariz grande e pendular, a boca enorme, cheia de dentes irregulares e um queixo e maxilar *qui n'en finissent pas*... Mas nessa imensa feiura reside uma beleza mais poderosa que, em poucos minutos, captura e encanta a mente, de modo que você termina como eu terminei, apaixonando-se por ela".

- Ao pesquisar cerca de mil pessoas em idade universitária, Peter Buston e Stephen Emlen (2003) descobriram que o desejo de ter parceiros semelhantes superava em muito o desejo de parceiros atraentes. Pessoas atraentes procuravam parceiros atraentes; pessoas ricas queriam parceiros com dinheiro; pessoas voltadas à família desejavam parceiros voltados à família.
- Estudos com recém-casados revelam que atitudes, características e valores semelhantes ajudam a juntar os casais e predizem sua satisfação (Gaunt, 2006; Gonzaga et al., 2007; Luo & Klohnen, 2005). Essa é a base de uma página de namoro na internet fundada por um psicólogo, que afirma combinar solteiros usando as semelhanças que caracterizam casais felizes (Carter & Snow, 2004; Warren, 2005).

Sendo assim, a semelhança gera contentamento. Cada ovelha vai, sim, com sua parelha. Certamente, você já percebeu isso ao descobrir uma pessoa especial que compartilha seus valores, ideias e desejos, uma alma gêmea que gosta da mesma música, das mesmas atividades, até mesmo das mesmas comidas que você.

DESSEMELHANÇA FAZ DESGOSTAR Temos um viés – o efeito do falso consenso – que leva a presumir que outros compartilham nossas atitudes. Conhecer alguém e descobrir que a pessoa é realmente diferente tende a nos fazer gostar menos (Norton et al., 2007). Se essas atitudes diferentes dizem respeito a nossas fortes convicções morais, gostamos ainda menos e nos distanciamos ainda mais delas (Skitka et al., 2005). Pessoas de um partido político muitas vezes não gostam tanto de gente do mesmo partido quanto desgostam das do partido oposto (Hoyle, 1993; Rosenbaum, 1986). Homens heterossexuais muitas vezes desdenham de homens homossexuais, que são duplamente diferentes deles – em traços de gênero percebidos e sexualidade (Lehavot & Lambert, 2007).

Em geral, as atitudes diferentes reduzem mais o gostar do que as atitudes semelhantes o aumentam (Singh & Ho, 2000; Singh & Teob, 1999). Dentro de seus próprios grupos, onde esperam semelhança, as pessoas têm mais dificuldades de gostar de alguém com visões diferentes (Chen & Kenrick, 2002). Isso talvez explique por que, ao longo do tempo, namorados e pessoas que dividem a casa vão ficando mais semelhantes em suas respostas emocionais aos eventos e em suas atitudes (Anderson et al., 2003; Davis & Rusbult, 2001). O "alinhamento de atitude" ajuda a promover e manter relacionamentos íntimos, um fenômeno que pode levar os parceiros a superestimar suas semelhanças de atitude (Kenny & Acitelli, 2001; Murray et al., 2002).

A percepção das pessoas sobre as de outra raça – como semelhantes ou diferentes – influencia suas atitudes raciais. Sempre que um grupo de pessoas considera o outro como "outro" – como criaturas que falam de maneira diferente, vivem de forma diferente, pensam diferente –, o potencial de conflito é alto. Na verdade, exceto nos relacionamentos íntimos, como o namoro, a percepção de mentes semelhantes parece ser mais importante para a atração do que peles semelhantes. A maioria dos brancos expressou gostar mais e ter mais vontade de trabalhar com um negro de visões semelhantes do que com um branco de ideias diferentes (Insko et al., 1983; Rokeach, 1968). Quanto mais os brancos presumem que os negros apoiam os seus valores, mais positivas são suas atitudes raciais (Biernat et al., 1996).

O "racismo cultural" persiste, afirma o psicólogo social James Jones (1988, 2003, 2004), porque as diferenças culturais são uma realidade. A cultura negra tende a ser orientada para o presente, espontaneamente expressiva, espiritual e movida por emoções. A cultura branca tende a ser mais orientada para o futuro, materialista e movida por realizações. Em vez de tentar eliminar essas disparidades, diz Jones, poderíamos valorizar mais suas "contribuições ao tecido cultural de uma sociedade multicultural". Há situações em que a expressividade é vantajosa e outras em que a orientação ao futuro é melhor. Cada cultura tem muito a aprender com a outra. Em países como Canadá, Grã-Bretanha e Estados Unidos, onde a migração e taxas de natalidade diferentes geram uma crescente diversidade, educar as pessoas para respeitar e apreciar as que diferem é um grande desafio. Considerando-se a crescente diversidade cultural e nossa desconfiança natural em relação a diferenças, esse pode realmente ser o maior desafio social do nosso tempo. (Ver "Por dentro da história: James Jones sobre diversidade cultural".)

"Na verdade, Lou, acho que foi mais do que simplesmente eu estar no lugar certo na hora certa. Foi eu ser da raça certa, da religião certa, do sexo certo, do grupo socioeconômico certo, ter o sotaque certo, as roupas certas, frequentar as escolas certas..."

As pessoas mais atraentes são aquelas que se parecem mais conosco.

© The New Yorker Collection, 1992, Warren Miller, de cartoonbank.com. Todos os direitos reservados.

> E eles são amigos que passaram a considerar as mesmas coisas como boas e as mesmas coisas como más, que são amigos das mesmas pessoas e que são inimigos das mesmas pessoas... Nós gostamos de quem é parecido conosco e está envolvido nas mesmas atividades.
>
> —ARISTÓTELES, *RETÓRICA*, SÉCULO IV A.C.

Já aprendemos tanto um com o outro que você me faz lembrar de mim.

© The New Yorker Collection, 2006, Victoria Roberts, de cartoonbank.com. Todos os direitos reservados.

POR DENTRO DA HISTÓRIA — James Jones sobre diversidade cultural

Quando era estudante de pós-graduação em Yale, fui convidado a escrever um livro sobre preconceito. Querendo levar os leitores além do aspecto do preconceito relacionado à culpa individual, chamei o volume de *Preconceito e racismo* e expliquei como os problemas raciais estão embutidos na sociedade. Em última análise, o preconceito não é um problema de raça, mas de cultura. As culturas de origem europeia e africana são diferentes, e suas diferenças são o solo de onde brota o racismo cultural – a intolerância em relação àqueles cuja cultura é diferente. No mundo de mistura étnica dos dias de hoje, temos de aprender a aceitar nossa diversidade cultural, mesmo quando buscamos ideais unificadores.

James Jones,
University of Delaware

OPOSTOS SE ATRAEM?

Não somos atraídos, também, por pessoas que diferem de nós em alguns aspectos, de maneiras que complementam nossas próprias características? Somos atraídos por pessoas cujo perfume sugere genes diferentes o suficiente para evitar a endogamia e descendentes com sistema imune debilitado (Garver-Apgar et al., 2006). Mas o que dizer de atitudes e características comportamentais? Os pesquisadores exploraram essa questão comparando não apenas as atitudes e crenças de amigos e cônjuges, mas também suas idades, religiões, raças, hábitos sobre tabagismo, níveis econômicos, formação, altura, inteligência e aparência. Em todos esses e em outros aspectos, a semelhança ainda prevalece (Buss, 1985; Kandel, 1978). Ovelhas inteligentes andam juntas. E também as ricas, as protestantes, as altas, as bonitas.

Ainda assim, resistimos: não somos atraídos por pessoas cujas necessidades e personalidades complementam a nossa? Será que um sádico e um masoquista encontram amor verdadeiro? Até o *Reader's Digest* nos disse "os opostos se atraem... sociáveis se juntam a solitários, adoradores de novidades àqueles que não gostam de mudanças, gastadores com pão-duros, aqueles que se arriscam aos cuidadosos" (Jacoby, 1986). O sociólogo Robert Winch (1958) argumentou que as necessidades de uma pessoa extrovertida e dominadora complementam naturalmente as de alguém que é tímido e submisso. A lógica parece convincente, e a maioria de nós consegue pensar em casais que consideram diferenças como complementares: "Meu marido e eu somos perfeitos um para o outro. Eu sou de aquário, uma pessoa decisiva; ele é de libra, e não consegue tomar decisões, mas sempre fica feliz de seguir os planos que eu faço".

Sendo a ideia tão convincente, a incapacidade que os pesquisadores têm de confirmá-la é espantosa. P. ex., a maioria das pessoas se sente atraída por pessoas expressivas e extrovertidas (Friedman et al., 1988). Será que isso acontece principalmente quando se está no fundo do poço? As pessoas deprimidas procuram aquelas cuja alegria vai animá-las? Pelo contrário, são as não deprimidas que preferem a companhia de pessoas felizes (Locke & Horowitz, 1990; Rosenblatt & Greenberg, 1988, 1991; Wenzlaff & Prohaska, 1989). Quando você está se sentindo triste, outra personalidade efervescente pode ser incômoda. O efeito de contraste que faz pessoas médias se sentirem sem graça na companhia de indivíduos bonitos também torna as pessoas tristes mais conscientes de sua tristeza na companhia de sujeitos alegres.

À medida que a relação avança, pode se desenvolver alguma **complementaridade** (mesmo em uma relação entre gêmeos idênticos). No entanto, as pessoas parecem um pouco mais propensas a gostar e se casar com aquelas cujas necessidades e personalidades são *semelhantes* (Botwin et al., 1997; Buss, 1984; Fishbein & Thelen, 1981a, 1981b; Nias, 1979). Talvez um dia descubramos algumas maneiras (que não a heterossexualidade) em que as diferenças normalmente façam gostar. A dominação/submissão pode ser uma dessas maneiras (Dryer & Horowitz, 1997; Markey & Kurtz, 2006). Além disso, tendemos a nos sentir atraídos por quem demonstra nossas piores características (Schimel et al., 2000). Mas o pesquisador David Buss (1985) duvida da complementaridade: "A tendência de opostos a se casar ou se juntar... nunca foi demonstrada com confiabilidade, com a única exceção do sexo".

Gostar de quem gosta de nós

Gostar geralmente é algo mútuo. A proximidade e a atratividade influenciam nossa atração inicial por alguém, e a similaridade também influencia a atração de longo prazo. Se temos uma profunda necessidade de pertencer e de nos sentirmos amados e aceitos, também não gostaríamos de quem gosta de nós? As melhores amizades são sociedades de admiração mútua? Na verdade, o fato de uma pessoa gostar de outra faz prever que esta também gostará daquela (Kenny & Nasby, 1980; Montoya & Insko, 2008).

---

complementaridade
Tendência amplamente suposta, em uma relação entre duas pessoas, de que cada uma completa o que está faltando na outra.

O homem médio está mais interessado em uma mulher que está interessada nele do que em uma mulher com belas pernas.
—ATRIZ MARLENE DIETRICH (1901-1992)

EM FOCO: O que é ruim é mais forte do que o que é bom

Observamos que atitudes diferentes nos afastam dos outros mais do que as atitudes semelhantes nos aproximam. Do mesmo modo, a crítica dos outros capta nossa atenção e afeta nossas emoções mais do que seus elogios. Roy Baumeister, Ellen-Bratslavsky, Catrin Finkenauer e Kathleen Vohs (2001) dizem que esta é apenas a ponta de um *iceberg*: "Na vida cotidiana, os eventos ruins têm consequências mais fortes e mais duradouras do que eventos bons comparáveis". Por exemplo:

- Atos destrutivos prejudicam relacionamentos íntimos mais do que os atos construtivos os constroem. (As palavras cruéis permanecem após as amáveis terem sido esquecidas.)
- O mau humor afeta nosso pensamento e nossa memória mais do que o bom humor. (Apesar de nosso otimismo natural, é mais fácil nos lembrarmos dos maus eventos emocionais do passado do que dos bons.)
- Há mais palavras para emoções negativas do que para positivas, e as pessoas a quem se pede para pensar em palavras para emoções apresentam principalmente palavras negativas (*tristeza, raiva* e *medo* são as três mais comuns.)
- Eventos simples ruins (traumas) têm efeitos mais duradouros do que eventos simples muito bons. (Uma morte desencadeia mais busca de sentido do que um nascimento.)
- Eventos ruins rotineiros recebem mais atenção e provocam mais ruminação do que bons eventos rotineiros. (Perder dinheiro incomoda mais as pessoas do que ganhar a mesma quantia as agrada.)
- Ambientes familiares muito ruins superam a influência genética sobre a inteligência, mais do que ambientes familiares muito bons. (Pais ruins podem transformar filhos geneticamente brilhantes em filhos menos inteligentes; bons pais são menos capazes de tornar mais inteligentes seus filhos que nasceram sem inteligência.)
- Uma má reputação é mais fácil de adquirir e mais difícil de esconder do que uma boa. (Uma única mentira pode destruir uma reputação de integridade.)
- A falta de saúde reduz a felicidade mais do que a boa saúde a aumenta. (A dor produz muito mais sofrimento do que o conforto produz alegria.)

O poder do que é ruim nos prepara para lidar com as ameaças e nos protege da morte e da incapacidade. Para a sobrevivência, o ruim pode ser pior do que o bom é bom. A importância do que é ruim é uma provável razão para que o primeiro século da psicologia tenha se concentrado muito mais no ruim do que no bom. Desde o seu início até 2009, a *PsycINFO* (um guia para a literatura em psicologia) teve, na minha última contagem, 15.818 artigos mencionando *anger* (raiva), 98.268 mencionando *anxiety* (ansiedade) e 127.876 mencionando *depression* (depressão). Houve 17 artigos sobre esses tópicos para cada um que tratava de emoções positivas como *joy* (alegria, 1.950), *life satisfaction* (satisfação com a vida, 6.664) ou *happines* (felicidade, 6.401). Da mesma forma, *fear* (medo, 32.686 artigos) triunfou sobre *courage* (coragem, 1.623). A força do que é ruim "talvez seja a melhor razão para um movimento de psicologia positiva", concluem Baumeister e colaboradores. Para superar a força dos acontecimentos ruins, "a vida humana precisa de muito mais coisas boas do que ruins".

Mas será que uma pessoa gostar de outra faz esta retribuir a apreciação? Os relatos das pessoas sobre como se apaixonaram sugerem que sim (Aron et al., 1989). Descobrir que alguém atraente realmente gosta de você parece despertar sentimentos românticos. Experimentos confirmam isso: uma pessoa que fica sabendo que uma outra gosta dela ou a admira geralmente sente afeição recíproca (Berscheid & Walster, 1978), e mais ainda, sugere um experimento com encontros-relâmpagos, quando alguém gosta especialmente de você, mais do que outros (Eastwick et al., 2007).

Ademais, observe essa conclusão de Ellen Berscheid e colaboradores (1969): os estudantes gostam mais de outro estudante que diz oito coisas positivas sobre eles do que daquele que diz sete coisas positivas e uma coisa negativa. Somos sensíveis ao menor sinal de crítica. O escritor Larry L. King fala por muitos ao observar: "Descobri, ao longo dos anos, que as críticas boas, por mais estranho que pareça, não conseguem fazer o autor se sentir tão bem quanto as críticas ruins o fazem se sentir mal".

Estejamos julgando a nós mesmos ou aos outros, a informação negativa tem mais peso porque, sendo menos comum, chama mais atenção (Yzerbyt & Leyens, 1991). Os votos das pessoas são mais influenciados por suas impressões sobre as fragilidades dos candidatos presidenciais do que por suas impressões sobre os pontos fortes deles (Klein, 1991), um fenômeno do qual não descuidam aqueles que criam campanhas negativas. É uma regra geral da vida, observam Roy Baumeister e colaboradores (2001): o ruim é mais forte do que o bom. (Ver "Em Foco: O que é ruim é mais forte do que o que é bom".)

O fato de gostarmos daqueles que percebemos que gostam de nós foi reconhecido há muito tempo. Os observadores previram essas conclusões, desde o antigo filósofo Hecato ("Se deseja ser amado, ame"), passando por Ralph Waldo Emerson ("A única maneira de ter um amigo é ser amigo"), até Dale Carnegie ("Distribua elogios prodigamente"). O que eles não previram foram as condições exatas em que o princípio funciona.

> Se 60 mil pessoas me dizem que adoraram um *show*, e em seguida passa uma e me diz que foi péssimo, este é o comentário que eu vou ouvir.
> —DAVE MATTHEWS, MÚSICO, 2000

ATRIBUIÇÃO

Como vimos, fazer elogios *vai* levar você a algum lugar. Mas não a todos os lugares. Se o elogio claramente viola o que sabemos ser verdade – se alguém diz: "Seu cabelo parece ótimo," quando não o lavamos há três dias – podemos perder o respeito pelo adulador e nos perguntar se o elogio tem segundas intenções (Shrauger, 1975). Assim, muitas vezes percebemos a crítica como mais sincera do que o elogio (Coleman

Olha – e eu não estou dizendo isso só porque você é meu marido – está horrível.

© The New Yorker Collection, de 1994, Robert Mankoff, de cartoonbank.com. Todos os direitos reservados.

et al., 1987). Na verdade, quando alguém inicia uma declaração dizendo "para ser honesto", sabemos que estamos prestes a ouvir uma crítica.

Experimentos de laboratório revelam algo que apontamos nos capítulos anteriores: nossas reações dependem de nossas atribuições. Atribuímos a lisonja à **adulação** – a uma estratégia de interesse próprio? A pessoa está tentando nos fazer comprar algo, ceder sexualmente, fazer um favor? Se assim for, tanto quem elogia quanto o elogio perdem apelo (Gordon, 1996; Jones, 1964). Mas, se não parece haver segunda intenção, recebemos de bom grado os elogios e quem os faz.

> **adulação**
> Uso de estratégias, tais como elogios excessivos, pelas quais as pessoas procuram ganhar a preferência de outras.

AUTOESTIMA E ATRAÇÃO

Elaine Hatfield (Walster, 1965) se perguntou se a aprovação de outra pessoa é especialmente gratificante depois de termos sido privados de aprovação, como comer é mais gratificante quando estamos com fome. Para testar essa ideia, ela deu a algumas mulheres da Stanford University análises muito favoráveis ou muito desfavoráveis de suas personalidades, elogiando algumas pessoas e criticando outras. A seguir, pediu-lhes para avaliarem várias pessoas, incluindo um homem atraente (parte da equipe de pesquisa), que pouco antes do experimento iniciara uma conversa simpática com cada mulher e a convidara para sair (nenhuma recusou). Quais mulheres você acha que gostaram mais do homem? Foram aquelas cuja autoestima tinha sido temporariamente destruída e que estavam, supostamente, com fome de aprovação social. (Após essa experiência, Hatfield passou quase uma hora conversando com cada mulher e explicando a experiência. Ela relata que, no final, nenhuma permaneceu perturbada pelo golpe temporário no ego nem pelo encontro desfeito.)

Isso ajuda a explicar por que as pessoas às vezes se apaixonam perdidamente logo depois de uma rejeição que atinge o ego. Infelizmente, porém, indivíduos de baixa autoestima tendem a subestimar o quanto seu parceiro os aprecia. Eles também têm pontos de vista menos generosos sobre o parceiro e, portanto, sentem-se menos felizes com o relacionamento (Murray et al., 2000). Se você se sente inferior, provavelmente vai ser pessimista sobre seus relacionamentos. Sinta-se bem consigo mesmo e terá mais chances de se sentir confiante sobre a opinião que seu namorado ou cônjuge tem de você.

CONQUISTA DA ESTIMA DE OUTRA PESSOA

Se a aprovação que vem depois da desaprovação é mais gratificante, isso significa que gostaríamos mais de alguém que gostou de nós depois de inicialmente não ter gostado? Ou gostamos mais de alguém que gostou de nós desde o início (e, portanto, deu-nos mais aprovação total)? Ray está em uma pequena discussão em sala de aula com a prima de seu companheiro de apartamento, Sophia. Após a primeira semana de aula, Ray descobre de suas "fontes" que Sophia o considera bastante superficial. No decorrer do semestre, ele descobre que a opinião de Sophia sobre ele vai melhorando constantemente; aos poucos, ela passa a considerá-lo brilhante, atencioso e charmoso. Ray gostaria mais de Sophia se esta tivesse tido uma boa opinião acerca dele desde o início? Se Ray está apenas contando o número de comentários de aprovação que recebe, a resposta será *sim*, mas se, depois de sua desaprovação inicial, a gratificação de Sophia ficar mais intensa, Ray poderá gostar dela mais do que se ela o tivesse elogiado constantemente.

Para ver qual é o caso mais frequente, Elliot Aronson e Darwyn Linder (1965) captaram a essência da experiência de Ray em um experimento inteligente. Eles permitiram que 80 mulheres da University of Minnesota ouvissem "por acaso" uma sequência de avaliações sobre elas próprias, feitas por outra mulher. Algumas mulheres ouviram coisas constantemente positivas sobre si mesmas, e outras, constantemente negativas. Outras ouviram avaliações que mudaram de negativas para positivas (como as avaliações de Sophia sobre Ray) ou de positivas para negativas. Neste e em outros experimentos, a pessoa-alvo era bem quista sobretudo quando conquistava a estima da outra, em especial quando isso ocorreu gradualmente e reverteu a crítica anterior (Aronson & Mettee, 1974; Clore et al., 1975). Talvez as palavras simpáticas de Sophia tenham mais credibilidade vindo depois de suas palavras não tão agradáveis. Ou, talvez, depois de ser contidas, elas sejam especialmente gratificantes.

> O ódio que é inteiramente conquistado pelo amor se transforma em amor, e o amor desse tipo é maior do que se não tivesse sido precedido por ódio.
> —BENEDICT SPINOZA, *ÉTICA*, 1677

Aronson especulou que a aprovação constante pode perder valor. Quando o marido diz "nossa, querida, você está linda" pela 500ª vez, as palavras têm um impacto muito menor do que se ele dissesse "puxa, querida, você está horrível com esse vestido". Alguém que você adorava é difícil de recompensar, mas fácil de magoar. Isso sugere que um relacionamento aberto e honesto – no qual as pessoas têm a estima e aceitação uma da outra, mas ainda assim, são honestas – tem mais chances de oferecer recompensas contínuas do que um que seja entorpecido pela supressão de emoções desagradáveis, no qual as pessoas só tentem, como aconselhou Dale Carnegie, a "esbanjar elogios". Aronson (1988, p. 323) expressou isso da seguinte forma:

> À medida que um relacionamento amadurece e evolui para uma maior intimidade, o que se torna cada vez mais importante é a autenticidade, nossa capacidade de deixar de tentar causar uma boa impressão e começar a revelar coisas sobre nós mesmos que são honestas, mesmo que desagradáveis... Se duas pessoas

gostam verdadeiramente uma da outra, terão uma relação mais satisfatória e empolgante durante um tempo mais longo, se conseguirem expressar os sentimentos negativos e positivos, do que se forem totalmente "agradáveis" uma com a outra, em todos os momentos.

Na maioria das interações sociais, autocensuramos nossos sentimentos negativos. Assim, observam William Swann e colaboradores (1991), algumas pessoas não recebem opiniões corretivas das outras. Vivendo em um mundo de ilusões agradáveis, elas continuam a agir de maneiras que alienam seus amigos potenciais. Um verdadeiro amigo é aquele que consegue nos dar as más notícias.

Alguém que realmente nos ame vai ser honesto conosco, mas também tenderá a nos ver através de um prisma cor-de-rosa. Quando Sandra Murray e colaboradores (1996a, 1996b, 1997) estudaram casais de namorados e cônjuges, descobriram que os mais felizes (e os que ficaram mais felizes com o tempo) eram os que idealizaram um ao outro, que chegavam a ver seus parceiros de forma mais positiva do que os próprios parceiros se viam. Quando estamos apaixonados, tendemos a considerar a quem amamos não só fisicamente atraente, mas socialmente atraente, e a ter gostamos que nossos parceiros nos vejam com um viés positivo semelhante (Boyes & Fletcher, 2007). Além disso, os casais mais satisfeitos tendem a ter idealizado um ao outro quando eram recém-casados e a ter abordado os problemas sem criticar os parceiros e encontrar a culpa imediatamente (Karney & Bradbury, 1997; Miller et al., 2006). A honestidade tem seu lugar em um bom relacionamento, mas o mesmo acontece com a presunção de bondade fundamental do outro.

> É preciso um inimigo e um amigo, trabalhando em conjunto, para magoá-lo; o inimigo para falar mal de você e o amigo para lhe contar.
> —MARK TWAIN, *PUDD'NHEAD WILSON'S NEW CALENDAR*, 1897

> Ninguém é perfeito até você se apaixonar por essa pessoa.
> —ANDY ROONEY

Gratificações de relacionamento

Diante da pergunta de por que são amigas de alguém ou por que foram atraídas por seus parceiros, a maioria das pessoas pode facilmente responder: "Eu gosto da Carol porque ela é carinhosa, inteligente e culta". O que essa explicação deixa de fora – e que os psicólogos sociais acreditam ser o mais importante – é nós mesmos. A atração envolve aquele que é atraído, bem como quem atrai. Assim, uma resposta psicologicamente mais precisa poderia ser: "Eu gosto da Carol por causa do modo como eu me sinto quando estou com ela". Somos atraídos por aqueles cuja companhia consideramos satisfatória e gratificante. A atração está nos olhos (e no cérebro) de quem vê.

O argumento pode ser expresso como **teoria da atração baseada na gratificação**: nós gostamos de quem nos gratifica ou que associamos a gratificações. Se um relacionamento nos dá mais gratificações do que custos, gostamos dele e queremos que continue. Isso será especialmente verdadeiro se o relacionamento for mais proveitoso do que outras possibilidades (Rusbult, 1980). A atração mútua floresce quando cada um atende às necessidades não satisfeitas do outro (Byers & Wang, 2004). Em seu livro de 1665, *Máximas*, La Rochefoucauld conjecturou: "A amizade é um esquema para a troca mútua de vantagens e favores pessoais, do qual a autoestima pode se beneficiar".

Não apenas gostamos de pessoas cuja companhia é gratificante, mas também, de acordo com a segunda versão do princípio da gratificação, gostamos daquelas que associamos a bons sentimentos. Segundo os teóricos Donn Byrne e Gerald Clore (1970), Albert Lott e Berenice Lott (1974) e Jan DeHouwer e colaboradores (2001), o condicionamento gera sentimentos positivos em relação a coisas e pessoas ligadas a eventos gratificantes. Quando, depois de uma semana extenuante, relaxamos em frente a uma lareira, desfrutando de boa comida, bebida e música, provavelmente vamos sentir um carinho especial para com aqueles que nos rodeiam. Somos menos propensos a gostar de alguém que conhecemos enquanto sentimos dor de cabeça.

Pawel Lewicki (1985) testou esse princípio do gostar por associação. Em um experimento, estudantes da Universidade de Varsóvia se dividiram praticamente pela metade na escolha de qual das duas mulheres retratadas (A ou B na Fig. 11.6) parecia mais simpática. Outros estudantes, tendo interagido com uma experimentadora simpática e acolhedora, que se assemelhava à mulher A, optaram por ela em uma proporção de 6 para 1. Em um estudo de acompanhamento, a experimentadora agiu de forma *não* amigável para com metade dos participantes. Mais tarde, ao ter de entregar seus dados a uma das duas mulheres, esses indivíduos quase sempre *evitaram* aquela que se

teoria da atração baseada na gratificação
Teoria segundo a qual gostamos daqueles cujo comportamento nos é gratificante ou que associamos a eventos gratificantes.

FIGURA 11.6
Gostar por associação.
Após interagir com uma pesquisadora simpática, as pessoas preferiram alguém que se parecia com ela (Pessoa A) a quem não se parecia (Pessoa B). Após a interação com uma pesquisadora hostil, as pessoas evitaram a mulher que se parecia com ela (Lewicki, 1985).

Pesquisadora

Pessoa A

Pessoa B

Nosso gostar e desgostar das pessoas é influenciado pelos acontecimentos com os quais elas são associadas.
Copyright © Mell Lazarus. Com permissão de Mell Lazarus e Creators Syndicate, Inc.

parecia com a pesquisadora. (Talvez você se lembre de um momento em que reagiu positiva ou negativamente a alguém que o fazia lembrar de outra pessoa.)

Outros experimentos confirmam esse fenômeno de gostar – e não gostar – por associação. Em um deles, estudantes universitários que avaliaram estranhos em uma sala agradável gostaram mais deles do que aqueles que os avaliaram em uma sala desconfortavelmente quente (Griffitt, 1970). Em outro, as pessoas avaliaram fotografias de outras pessoas em uma sala elegante e suntuosamente mobiliada e em uma outra, mal cuidada e suja (Maslow & Mintz, 1956). Mais uma vez, os bons sentimentos evocados pelo entorno elegante foram transferidos às pessoas que estavam sendo avaliadas. Elaine Hatfield e William Walster (1978) encontraram uma dica prática nesses estudos: "Jantares românticos, idas ao teatro, noites em casa juntos e férias nunca deixam de ser importantes.... Para que o relacionamento sobreviva, é importante que vocês *dois* continuem a associar a relação a coisas boas".

Essa simples teoria da atração – gostamos daqueles que nos recompensam e que associamos a recompensas – nos ajuda a entender por que as pessoas em todos os lugares se sentem atraídas por pessoas carinhosas, confiáveis e sensíveis (Fletcher et al., 1999; Regan, 1998; Wojciszke et al., 1998). A teoria da recompensa também ajuda a explicar algumas das influências sobre a atração:

- A *proximidade* é gratificante. Custa menos tempo e esforço receber benefícios de uma amizade com alguém que more ou trabalhe por perto.
- Gostamos de pessoas *atraentes* porque percebemos que elas oferecem outras características desejáveis e porque nos beneficiamos da associação com elas.
- Se outros têm opiniões *semelhantes*, sentimo-nos recompensados porque supomos que eles também gostam de nós. Além disso, aqueles que compartilham nossos pontos de vista ajudam a validá-los. Gostamos especialmente das pessoas se conseguimos convertê-las ao nosso modo de pensar (Lombardo et al., 1972; Riordan, 1980; Sigall, 1970).
- Gostamos de ser gostados e amamos ser amados. Assim, o gostar geralmente é *mútuo*. Gostamos de quem gosta de nós.

Resumo: O que leva à amizade e à atração?

- O melhor preditor de amizade entre duas pessoas é a simples proximidade entre elas. A proximidade leva a exposição e interação repetidas, que nos permitem descobrir semelhanças e sentir o gostar do outro.
- Um segundo determinante da atração inicial é a atração física. Tanto em estudos de laboratório quanto em experimentos de campo envolvendo encontros às cegas, estudantes universitários tendem a preferir pessoas atraentes. Na vida cotidiana, no entanto, as pessoas tendem a escolher alguém cuja atratividade corresponda aproximadamente à sua própria (ou que, sendo menos atraentes, tenha outras qualidades que compensem). As atribuições positivas sobre pessoas atraentes definem um estereótipo de atratividade física – um pressuposto de que o que é bonito é bom.
- Gostar é muito mais fácil quando há semelhança de atitudes, crenças e valores. A semelhança faz gostar; os opostos raramente se atraem.
- Também tendemos a desenvolver amizades com pessoas que *gostam de nós*.
- De acordo com a teoria da atração baseada na gratificação, gostamos de pessoas cujo comportamento consideramos gratificante ou que associamos a eventos gratificantes.

O que é amor?

O que é isso a que chamamos de "amor"? A paixão pode durar? Se não, o que pode substituí-la?

Amar é mais complexo do que gostar e, portanto, mais difícil de medir, mais perplexo de estudar. As pessoas anseiam por ele, vivem por ele, morrem por ele. Mesmo assim, apenas nas últimas décadas, amar se tornou um tema sério em psicologia social.

A maioria dos pesquisadores da atração estudou aquilo que é mais fácil de estudar – respostas durante breves encontros entre estranhos. As influências sobre o nosso gostar inicial de outra pessoa – proximidade, atratividade, semelhança, ser gostado e outros traços gratificantes – também influenciam nossos relacionamentos próximos de longo prazo. As impressões que casais de namorados formam rapidamente um do outro, portanto, fornecem uma pista para o seu futuro no longo prazo (Berg, 1984; Berg & McQuinn, 1986). De fato, se os romances na América do Norte florescessem de forma *aleatória*, sem levar em conta proximidade e similaridade, a maioria dos católicos (sendo uma minoria) se casaria com protestantes, a maioria dos negros se casaria com brancos e pessoas com curso superior teriam as mesmas probabilidades de se casar com alguém que parou no meio do ensino médio do que com outras pessoas com curso superior.

> O amor é a maneira de a natureza dar uma razão para viver.
> —PAUL WEBSTER, *LOVE IS A MANY SPLENDORED THING*, 1955

Sendo assim, as primeiras impressões são importantes, mas, amar no longo prazo não é simplesmente uma intensificação de um gostar inicial. Psicólogos sociais, portanto, redirecionaram sua atenção ao estudo de relacionamentos próximos duradouros.

Amor apaixonado

O primeiro passo para estudar cientificamente o amor romântico, como no estudo de qualquer variável, é decidir como defini-lo e medi-lo. Temos maneiras de medir a agressividade, o altruísmo, o preconceito e o gostar, mas como vamos medir o amor?

"Como eu te amo? Deixe-me enumerar as maneiras", escreveu Elizabeth Barrett Browning. Os cientistas sociais têm enumerado várias maneiras. O psicólogo Robert Sternberg (1998) viu o amor como um triângulo constituído por três componentes: paixão, intimidade e compromisso (Fig. 11.7).

FIGURA 11.7
A concepção de Robert Sternberg (1988) sobre tipos de amar como combinações de três componentes básicos do amor

Alguns elementos de amor são comuns a todos os relacionamentos amorosos: compreensão mútua, dar e receber apoio, desfrutar da companhia da pessoa amada. Alguns elementos são distintivos. Se experimentamos o amor romântico, expressamos isso fisicamente, esperamos que seja exclusivo e somos intensamente fascinados por nosso parceiro. Pode-se ver em nossos olhos.

Zick Rubin (1973) confirmou isso, administrando uma escala do amor a centenas de casais de namorados da University of Michigan. Mais tarde, por trás de um espelho unidirecional na sala de espera de um laboratório, cronometrou o contato visual entre casais de "amor fraco" e "amor forte". O resultado não será surpresa: os casais de amor forte se revelaram olhando-se nos olhos por muito tempo. Ao falar, também balançavam a cabeça positivamente, sorriam naturalmente e se inclinavam para frente, observaram Gian Gonzaga e colaboradores (2001).

A **paixão** é emocional, empolgante, intensa. Elaine Hatfield (1988) a definiu como "um estado em que há desejo intenso de união com o outro" (p. 193). Se correspondida, a pessoa se sente realizada e feliz; se não, sente-se vazia ou desesperada. Como outras formas de excitação emocional, a paixão envolve uma montanha russa de júbilo e trevas, de alegria latejante e sofrimento abatido. "Nunca estamos tão indefesos contra o sofrimento como quando amamos", observou Freud. A paixão preocupa a quem ama com pensamentos sobre o outro, como disse Robert Graves em seu poema "Sintomas do amor". "Atento a uma batida na porta; esperando por um sinal."

Paixão é o que você sente quando não só ama alguém, mas também "está apaixonado" por essa pessoa. Como apontam Sarah Meyers e Berscheid Ellen (1997), entendemos que alguém que diz "eu tenho amor por você, mas não estou apaixonado" quer dizer "eu gosto de você, eu me importo com você, eu acho você maravilhoso, mas eu não me sinto sexualmente atraído por você". Eu sinto amizade, mas não paixão.

amor apaixonado
Estado de intenso desejo pela união com o outro. Os amantes apaixonados são absorvidos um no outro, sentem-se êxtase ao conquistar o amor do parceiro e ficam inconsoláveis ao perdê-lo.

UMA TEORIA DA PAIXÃO

Para explicar a paixão, Hatfield observa que um determinado estado de excitação pode ser direcionado a qualquer uma de várias emoções, dependendo de como atribuímos a causa da excitação. Uma emoção envolve corpo e mente – a excitação e a forma como a interpretamos e rotulamos. Imagine-se com o coração batendo e as mãos trêmulas: você está sentindo medo, ansiedade, alegria? Fisiologicamente, uma emoção é muito semelhante à outra, de modo que você pode sentir excitação de alegria se estiver em uma situação eufórica; raiva, se o ambiente for hostil; e amor romântico, se a situação for romântica. Segundo essa visão, a paixão é a experiência psicológica de ser biologicamente excitado por alguém que consideramos atraente.

Se, de fato, a paixão é um estado acelerado que é rotulado de "amor", o que quer que acelere a pessoa deve intensificar os sentimentos de amor. Em vários experimentos, universitários do sexo masculino excitados sexualmente ao ler ou ver materiais eróticos tiveram uma resposta mais intensa a uma mulher – p. ex., com um resultado muito maior em uma escala de amor ao descrever sua namorada (Carducci et al., 1978; Dermer & Pyszczynski, 1978; Stephan et al., 1971). Os defensores da **teoria dos dois fatores para a emoção**, desenvolvida por Stanley Schachter e Jerome Singer (1962), argumentam que, ao responder a uma mulher, homens acelerados facilmente fizeram atribuições equivocadas das causas de parte de sua própria excitação em relação a ela.

Segundo essa teoria, ser excitado por *qualquer* fonte deveria intensificar os sentimentos românticos, desde que a mente esteja livre para atribuir parte da excitação a um estímulo romântico. Em uma demonstração dramática desse fenômeno, Donald Dutton e Arthur Aron (1974) fizeram que uma jovem atraente abordasse rapazes que cruzavam uma passarela suspensa estreita, oscilante, de 450 metros de comprimento, pendurada 70 metros acima do rochoso rio

teoria da emoção baseada em dois fatores
Excitação × seu rótulo = emoção.

Pesquisadores relatam que contato visual, acenos com a cabeça e sorrisos sustentados são indicadores de amor romântico.

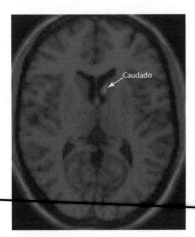

FIGURA 11.8
Este é o seu cérebro, apaixonado.
Exames de ressonância magnética de jovens adultos intensamente apaixonados revelaram áreas, como o núcleo caudado, que se tornaram mais ativas quando olhavam a foto de alguém amado (mas não ao olhar para a foto de outro conhecido).
Fonte: Aron et al., 2005.

A "adrenalina" associada a uma grande variedade de excitações pode transbordar e tornar a paixão mais apaixonada. (Uma espécie de fenômeno de "amor melhor com química".)
—ELAINE HATFIELD E RICHARD RAPSON (1987)

amor companheiro
Carinho que sentimos por aqueles com os quais nossas vidas estão profundamente entrelaçadas.

© The New Yorker Collection, de 2003, Roz Chast, de cartoonbank.com. Todos os direitos reservados.

Capilano, na Columbia Britânica. A mulher pedia que cada homem a ajudasse a preencher um questionário de classe. Quando terminavam, ela rabiscava seu nome e número de telefone e convidava a telefonar se quisessem saber mais sobre o trabalho. A maioria aceitou o número do telefone, e a metade dos que o fizeram, telefonou. Em contraste, os homens dos quais a mulher se aproximou em uma ponte baixa e firme raramente telefonaram. Mais uma vez, a excitação física acentuou as respostas românticas.

Filmes de terror, montanha-russa e exercício físico têm o mesmo efeito, principalmente em relação àqueles que achamos atraentes (Foster et al., 1998; White & Kight, 1984). O efeito também se aplica a casais. Aqueles que fazem atividades excitantes juntos informam ter as melhores relações. E depois de fazer uma tarefa de laboratório excitante, em vez de uma comum (mais ou menos o equivalente a uma corrida a três pés, com as mãos no chão), os casais também relataram maior satisfação com o relacionamento em termos gerais (Aron et al., 2000). A adrenalina traz a outra pessoa mais para perto do coração.

Como isso sugere, a paixão é um fenômeno biológico, além de psicológico. A pesquisa do psicólogo social Arthur Aron e colaboradores (2005) indica que ela envolve áreas do cérebro ricas em dopamina, associadas a gratificação (Fig. 11.8).

VARIAÇÕES NO AMOR: CULTURA E GÊNERO

Há sempre a tentação de se supor que a maioria dos outros compartilha nossos sentimentos e ideias. Presumimos, p. ex., que o amor é uma precondição para o casamento. A maioria das culturas – 89% em uma análise de 166 – tem um conceito de amor romântico que se reflete em flerte ou casais fugindo juntos (Jankowiak & Fischer, 1992), mas, em algumas culturas, notadamente as que praticam casamentos arranjados, o amor tende a vir depois do casamento, em vez de precedê-lo. Mesmo nos individualistas Estados Unidos, recentemente, ainda em 1960, apenas 24% das mulheres e 65% dos homens com nível de instrução universitário consideravam (como fazem quase todos os universitários hoje) o amor como a base do casamento (Reis & Aron, 2008).

Homens e mulheres diferem na forma como vivenciam o amor romântico? Estudos de homens e mulheres se apaixonando e desapaixonando revelam algumas surpresas. A maioria das pessoas, incluindo o autor da seguinte carta ao titular da coluna de aconselhamento de um jornal, acha que as mulheres se apaixonam mais facilmente:

Caro Dr. Brothers:
Você acha afeminado que um cara de 19 anos se apaixone tanto que seja como se o mundo inteiro estivesse do avesso? Eu acho que realmente enlouqueci, porque isso já aconteceu várias vezes, e parece que o amor simplesmente me atinge na cabeça, do nada... Meu pai diz que é assim que as meninas se apaixonam e que isso não acontece dessa maneira com os caras, pelo menos não deveria. Eu não posso mudar como eu sou nesse aspecto, mas meio que me preocupa. – P. T. (Citado por Dion & Dion, 1985)

P. T. seria tranquilizado pela conclusão reiterada de que, na verdade, são os homens que tendem a se apaixonar mais facilmente (Dion & Dion, 1985; Peplau & Gordon, 1985). Os homens também parecem se desapaixonar de modo mais lento e têm menos probabilidades do que as mulheres de romper um romance antes do casamento. Uma vez apaixonadas, no entanto, as mulheres costumam se envolver emocionalmente tanto quanto seus parceiros, ou até mais. Elas têm maior probabilidade de relatar sensações de euforia e se sentir "leves e despreocupadas", como se estivessem "flutuando em uma nuvem". As mulheres também são um pouco mais propensas do que os homens a se concentrar na intimidade da amizade e em sua preocupação com seu parceiro. Os homens são mais propensos que as mulheres a pensar sobre os aspectos lúdicos e físicos do relacionamento (Hendrick & Hendrick, 1995).

Amor companheiro

Embora a paixão seja efervescente, a fervura acaba baixando. Quanto mais tempo um relacionamento durar, menos terá seus altos e baixos emocionais (Berscheid et al., 1989). A excitação do romance pode se sustentar por alguns meses, até mesmo alguns anos, mas nenhuma dura para sempre. "Quando você se apaixona, são os dois dias e meio mais gloriosos da sua vida", brinca o comediante Richard Lewis. A novidade, a absorção intensa no outro, a emoção do romance, o sentimento vertiginoso de "flutuar em uma nuvem", desvanece. Depois de dois anos de casamento, os cônjuges expressam afeto cerca de metade das vezes de quando eram recém-casados (Huston & Chorost, 1994). Em torno de quatro anos depois do casamento, a taxa de divórcios tem um pico em culturas de todo o mundo (Fisher, 1994). Para durar, uma relação próxima se contenta com um brilho residual, mas ainda assim, quente, que Hatfield chama de **amor companheiro**.

Ao contrário das emoções selvagens da paixão, o amor companheiro é mais discreto, é um vínculo profundo e afetivo. Ele ativa diferentes partes do cérebro (Aron et al., 2005). E é igualmente real. Nisa, uma mulher !kung san do deserto africano de Kalahari, explica: "Quando duas pessoas se juntam, o coração está em chamas e a paixão é muito grande. Depois de um tempo, o fogo se resfria e é assim que fica. Elas continuam a se amar, mas é de uma forma diferente, acolhedora e confiável" (Shostak, 1981).

Quem conhece a música *Addicted to love* não vai se surpreender ao descobrir que o fluxo e o refluxo da paixão segue o padrão de dependência de álcool, café e outras drogas. No início, uma droga dá um grande estímulo, talvez uma excitação intensa. Com a repetição, emoções opostas ganham força e se desenvolve tolerância. Uma quantidade que antes era muito estimulante já não causa emoção. Interromper a substância, no entanto, não faz você retornar para onde começou. Em vez disso, desencadeia síndrome de abstinência – mal-estar, depressão, letargia. A mesma coisa costuma acontecer no amor. O pico de excitação da paixão está destinado a se tornar morno. A relação, já não romântica, torna-se natural, até terminar. A seguir, o amante abandonado, o viúvo, o divorciado ficam surpresos com o quão vazia a vida parece agora, sem a pessoa pela qual há muito tempo deixaram de sentir apaixonadamente apegados. Tendo se concentrado no que não estava funcionando, pararam de perceber o que estava (Carlson & Hatfield, 1992).

Na dúvida, irmãzinha, escute o seu coração. Se estiver fazendo tum-tum-tum, devagar e estável, você está com o cara errado.

© Tribune Media Services, Inc. Todos os direitos reservados. Reproduzido com permissão.

O arrefecimento da paixão ao longo do tempo e a crescente importância de outros fatores, como valores compartilhados, podem ser vistos nos sentimentos de quem entra em casamentos arranjados ou por amor, na Índia. Usha Gupta e Pushpa Singh (1982) pediram a 50 casais em Jaipur, na Índia, para completarem um questionário sobre amor. Eles concluíram que os que se casaram por amor descreveram sentimentos de amor reduzidos depois de um período de cinco anos. Por sua vez, os que estavam em casamentos arranjados relataram sentir *mais* amor se o casamento tinha cinco ou mais anos (Fig. 11.9, para outros dados sobre o aparente sucesso dos casamentos arranjados, ver J. E. Myers et al., 2005 e Yelsma & Athappilly, 1988).

O arrefecimento do amor romântico intenso muitas vezes desencadeia um período de desilusão, principalmente entre pessoas que acreditam que ele é essencial tanto para um casamento acontecer quanto para sua continuidade. Jeffry Simpson, Bruce Campbell e Ellen Berscheid (1986) desconfiaram que o "forte aumento da taxa de divórcio nas últimas duas décadas está ligado, pelo menos em parte, à crescente importância de intensas experiências emocionais positivas (p. ex., o amor romântico) na vida das pessoas, experiências estas que podem ser particularmente difíceis de sustentar ao longo do tempo". Em comparação aos norte-americanos, os asiáticos tendem a se concentrar menos em sentimentos pessoais e muito mais nos aspectos práticos dos vínculos sociais (Dion & Dion, 1988; Sprecher et al., 1994, 2002). Assim, são menos vulneráveis à desilusão. Os asiáticos também são menos propensos ao individualismo autocentrado que, no longo prazo, pode minar um relacionamento e levar ao divórcio (Dion & Dion, 1991, 1996; Triandis et al., 1988).

Ao contrário da paixão, o amor companheiro pode durar uma vida.

O declínio no fascínio mútuo intenso pode ser natural e adaptativo para a sobrevivência das espécies. O amor romântico com frequência resulta em filhos, cuja sobrevivência é ajudada pela diminuição da obsessão dos pais um com o outro (Kenrick & Trost, 1987). No entanto, para os casados há mais de 20 anos, parte do sentimento romântico perdido costuma ser renovada quando se esvazia o ninho familiar e os pais ficam mais uma vez livres para dar atenção um ao outro (Hatfield & Sprecher, 1986; White & Edwards, 1990). "Nenhum homem ou mulher sabe realmente o que é o amor até ter sido casado por um quarto de século", disse Mark Twain. Se a relação foi íntima, mutuamente gratificante e enraizada em uma história de vida compartilhada, o amor companheiro se aprofunda.

Não parece que a gente/ não sabe o que tem/até acabar
—JONI MITCHELL, *BIG YELLOW TAXI*, 1970

Envelheça junto comigo! O melhor ainda está para acontecer.
—ROBERT BROWNING

Resumo: O que é amor?

- Os pesquisadores caracterizaram o amor como tendo componentes de intimidade, paixão e compromisso. O amor romântico é vivenciado como uma confusão desconcertante de êxtase e ansiedade, euforia e dor. A teoria dos dois fatores sobre a emoção sugere que, em um contexto romântico, a excitação oriunda de qualquer fonte, até mesmo de experiências dolorosas, pode ser direcionada à paixão.
- Na melhor das relações, a excitação apaixonada inicial se acomoda em uma relação mais estável, mais afetiva, chamada de amor companheiro.

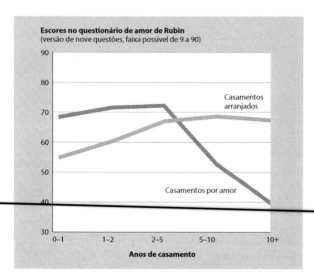

FIGURA 11.9
Amor romântico entre parceiros em casamentos arranjados ou por amor, em Jaipur, Índia.
Fonte: dados de Gupta e Singh, 1982.

O que possibilita os relacionamentos íntimos?

Quais fatores influenciam os altos e baixos de nossas relações íntimas? Consideremos três fatores: estilos de apego, equidade e abertura.

Apego

O amor é um imperativo biológico. Somos criaturas sociais, destinadas a nos ligar a outras. Nossa necessidade de pertencer é adaptativa. A cooperação promove a sobrevivência. No combate individual, nossos antepassados não eram os predadores mais durões, mas como caçadores-coletores, e rechaçando predadores, ganharam força em função dos números. Como quem vivia em grupos sobreviveu e se reproduziu, hoje nós temos genes que nos predispõem a formar esses elos.

Pesquisadores descobriram que as diferentes formas de um determinado gene predizem ligação dos mamíferos em pares. No rato-da-pradaria, semelhante a um camundongo, e nos seres humanos, injeções de hormônios como a oxitocina (que é liberada nas fêmeas durante a amamentação e durante o acasalamento) e a vasopressina produzem bons sentimentos que provocam a ligação macho-fêmea (Donaldson & Young, 2008; Young, 2009). Nos seres humanos, os genes associados à atividade da vasopressina predizem estabilidade conjugal (Hasse et al., 2008). Assim é a biologia do amor duradouro.

A dependência quando bebês fortalece nossos laços humanos. Logo após o nascimento, apresentamos várias respostas sociais – amor, medo, raiva –, mas a primeira e maior delas é o amor. Como bebês, preferimos quase que imediatamente rostos e vozes conhecidos. Balbuciamos e sorrimos quando nossos pais nos dão atenção. Por volta dos 8 meses, rastejamos em direção à mãe ou ao pai e, em geral, soltamos um gemido quando nos separamos deles. Juntos novamente, agarramo-nos. Ao manter os bebês perto de seus cuidadores, o vínculo social forte serve como poderoso impulso de sobrevivência.

Privadas de vínculos familiares, às vezes sob condições de extrema negligência, as crianças podem se tornar retraídas, assustadas, caladas. Depois de estudar a saúde mental de crianças de rua para a Organização Mundial da Saúde, o psiquiatra John Bowlby (1980, p. 442) refletiu: "Vínculos íntimos com outros seres humanos são o eixo em torno do qual gira a vida de uma pessoa... Desses vínculos íntimos, [as pessoas tiram] força e alegria de viver".

Os pesquisadores compararam a natureza do apego e do amor em várias relações íntimas – entre pais e filhos, entre amigos e entre cônjuges ou namorados (Davis, 1985; Maxwell, 1985; Sternberg & Grajek, 1984). Alguns elementos são comuns a todos os vínculos amorosos: compreender-se reciprocamente, dar e receber apoio, valorizar a pessoa amada e gostar de estar com ela. A paixão, no entanto, é temperada com algumas características adicionais: afeto físico, expectativa de exclusividade e um fascínio intenso com a pessoa amada.

A paixão não é apenas para quem se ama. O intenso amor de pai e filho para o outro se qualifica como uma forma de paixão, mesmo ao ponto de envolver áreas cerebrais semelhantes às que possibilitam o amor romântico apaixonado. Phillip Shaver e colaboradores (1988) observam que bebês de 1 ano, assim como os amantes adultos jovens, gostam de afeto físico, sentem desconforto quando separados, expressam afeto intenso quando juntos novamente e têm grande prazer em receber atenção e aprovação de outros que lhes são importantes. Sabendo que as crianças variam em seus estilos de se relacionar com os cuidadores, Shaver e Cindy Hazan (1993, 1994) se perguntaram se os estilos de apego dos bebês poderiam transitar para relacionamentos adultos.

apego seguro
Vínculos enraizados na confiança e marcados pela intimidade.

ESTILOS DE APEGO

Cerca de 7 em cada 10 bebês, e quase a mesma proporção de adultos, apresentam um **apego seguro** (Baldwin et al., 1996; Jones e Cunningham, 1996; Mickelson et al., 1997). Quando colocados como bebês em uma situação estranha (geralmente, a sala de brinquedos de um labo-

O apego, principalmente com cuidadores, é um poderoso impulso de sobrevivência.

TABELA 11.1 Estilos de apego
Kim Bartholomew e Leonard Horowitz (1991) propuseram quatro estilos distintos de apego com base em ideias que a pessoa tem de si e das outras.

	Modelo sobre si	
Modelo sobre os outros	Positivo	Negativo
Positivo	Seguro	Preocupado
Negativo	Indiferente	Temeroso

ratório), brincam confortavelmente na presença da mãe, explorando, felizes, esse ambiente estranho. Se ela sai, ficam angustiados e, quando ela volta, correm para ela, abraçam-na, e em seguida relaxam e voltar a explorar e brincar (Ainsworth, 1973, 1979). Esse estilo de apego baseado em confiança, muitos pesquisadores acreditam, forma um modelo de trabalho de intimidade – um mapa que vai orientar as relações íntimas do adulto, no qual a confiança subjacente sustenta relacionamentos em tempos de conflito (Miller & Rempel, 2004). Adultos seguros têm mais facilidade de se aproximar de outros e não se preocupar com ser demasiado dependentes ou ser abandonados. Como amantes, gostam da sexualidade no contexto de um relacionamento seguro e comprometido, e suas relações tendem a ser satisfatórias e duradouras (Feeney, 1996; Feeney & Noller, 1990; Simpson et al., 1992).

Kim Bartholomew e Leonard Horowitz (1991) propuseram um modelo influente que classifica os estilos de apego das pessoas de acordo com as próprias imagens (positiva ou negativa) e de outras (positiva ou negativa). Pessoas seguras têm uma imagem positiva de si e dos outros (Tab. 11.1). Elas percebem seu próprio valor e seu merecimento de amor, e esperam que as outras as aceitem e respondam ao seu amor.

As pessoas com o estilo de **apego preocupado** (também chamado de *ansioso-ambivalente*) têm expectativas positivas sobre as outras, mas uma sensação do próprio desmerecimento. Na situação do estranho, bebês ansiosos-ambivalentes são mais propensos a se agarrar firmemente à mãe. Se ela sai, eles choram; quando ela volta, podem ser indiferentes ou hostis. Como adultos, os indivíduos ansiosos-ambivalentes são menos confiantes e, portanto, mais possessivos e ciumentos. Podem romper repetidas vezes com a mesma pessoa. Ao discutir os conflitos, ficam emocionados e, com frequência, irritados (Cassidy, 2000; Simpson et al., 1996). Em contrapartida, amigos que apoiam a liberdade uns dos outros e reconhecem suas perspectivas normalmente têm uma relação satisfatória (Deci et al., 2006).

Pessoas com visões negativas dos outros exibem tanto o estilo de apego **rejeitador** quanto o **temeroso**; os dois estilos compartilham a característica de *evitação*. Embora internamente excitadas, as crianças que evitam também revelam pouca angústia durante a separação ou pouco apego no reencontro. Quando adultas, as pessoas que evitam tendem a ser menos envolvidas em relacionamentos e mais propensas a deixá-los. Também são mais propensas a se envolver em aventuras amorosas de uma noite ou fazer sexo sem amor. Exemplos dos dois estilos podem ser "eu quero manter minhas opções abertas" (rejeitador) e "fico desconfortável me aproximando dos outros"(temeroso).

Alguns pesquisadores atribuem esses estilos de apego variados, que foram estudados em 62 culturas (Schmitt et al., 2004), à capacidade de resposta dos pais. Cindy Hazan (2004) resume a ideia: "as primeiras experiências de apego formam a base de *modelos internos de trabalho* ou formas características de pensar sobre relacionamentos". Assim, mães sensíveis e atenciosas – mães que engendram uma sensação básica de crença na confiabilidade do mundo – normalmente têm bebês com apegos seguros, observaram Mary Ainsworth (1979) e Erik Erikson (1963). Na verdade, um estudo de 100 trios formados por avós, netas e filhas israelenses encontrou uma constância intergeracional de estilos de apego (Besser & Priel, 2005). Além disso, os jovens que experimentaram pais amorosos e envolvidos tendem a ter relacionamentos posteriores baseados em carinho e apoio com os seus parceiros românticos (Conger et al., 2000).

Outros pesquisadores acreditam que os estilos de apego podem refletir temperamento herdado (Gillath et al., 2008; Harris, 1998). O gene que predispõe ratos-da-pradaria a ficarem juntos e acasalarem para toda a vida (e tem o mesmo efeito em ratos de laboratório geneticamente modificados para ter o gene) tem diferentes formas humanas. Uma delas é mais comumente encontrada em homens fiéis, casados; outra, naqueles que são solteiros ou infiéis (Caldwell et al., 2008; Hasse et al., 2008). Além disso, os adolescentes que são propensos a sentir raiva e ansiedade tendem a ter, como jovens adultos, relacionamentos mais frágeis (Donnellan et al., 2005). Para o bem ou para o mal, os estilos de apego iniciais parecem estabelecer um alicerce para futuros relacionamentos.

apego preocupado
Vínculos marcados por uma sensação de seu próprio desmerecimento e ansiedade, ambivalência e possessividade.

apego rejeitador
Estilo de relacionamento evitativo, marcado por desconfiança em relação aos outros.

apego temeroso
Estilo de relacionamento evitativo, marcado por medo de rejeição.

"A minha preferência é por alguém que tenha medo de proximidade, como eu."

© The New Yorker Collection, de 1989, Robert Weber, da cartoonbank.com. Todos os direitos reservados.

equidade
Condição em que os resultados que as pessoas obtêm de um relacionamento são proporcionais à sua contribuição a esse relacionamento. Observação: resultados equitativos não precisam ser sempre resultados iguais.

Equidade

Se cada parceiro exercer necessariamente os seus desejos pessoais, a relação morre. Portanto, a nossa sociedade nos ensina a intercambiar gratificações pelo que Elaine Hatfield, William Walster e Ellen Berscheid (1978) chamaram de princípio da atração pela **equidade**: o que você e seu parceiro recebem em uma relação deve ser proporcional ao que cada um dá. Se duas pessoas recebem resultados iguais, devem contribuir igualmente, caso contrário, um ou outro vai achar que é injusto. Se ambos acham que seus resultados correspondem aos bens e esforços com que cada um contribui, ambos têm uma percepção de equidade.

Estranhos e conhecidos casuais mantêm a equidade por meio da troca de benefícios: você me empresta suas anotações de classe; mais tarde, eu lhe empresto as minhas. Eu convido você para a minha festa e você me convida para a sua. Quem está em um relacionamento duradouro, incluindo pessoas que dividem a moradia e quem está apaixonado, não se sente obrigado a negociar esse tipo de benefício – anotações por anotações, festas por festas (Berg, 1984). Essas pessoas se sentem mais livres para manter a equidade intercambiando uma série de benefícios ("Quando você passar para me emprestar suas anotações, por que você não fica para jantar?") e com o tempo, deixam de manter controle de quem deve a quem.

EQUIDADE DE LONGO PRAZO

O amor é o tipo mais sutil de interesse próprio.
—HOLBROOK JOHNSON

É um erro crasso supor que amizade e amor estão enraizados em um intercâmbio equitativo de gratificações? Não damos, às vezes, em resposta à necessidade de alguém a quem amamos, sem esperar nada em troca? Na verdade, quem está envolvido em uma relação equitativa, de longo prazo, não se preocupa com equidade de curto prazo. Margaret Clark e Judson Mills (1979, 1993; Clark, 1984, 1986) argumentaram que as pessoas ainda se esforçam para *evitar* o cálculo de quaisquer benefícios do intercâmbio. Quando ajudamos um bom amigo, não queremos pagamento imediato. Se alguém nos convida para jantar, vamos esperar antes de retribuir, senão a pessoa atribui o motivo de nosso convite apenas a pagar uma dívida social. Os verdadeiros amigos sintonizam com as necessidades uns dos outros, mesmo quando a reciprocidade é impossível (Clark et al., 1986, 1989). Da mesma forma, pessoas felizes no casamento tendem a não manter uma contagem de quanto estão dando e recebendo (Buunk & Van Yperen, 1991). À medida que observam seus parceiros sendo altruístas, o sentido de confiança das pessoas cresce (Wieselquist et al., 1999).

Em experimentos com estudantes da University of Maryland, Clark e Mills confirmaram que não ser calculista é uma marca da amizade. Intercâmbios na base do "toma lá, dá cá" impulsionaram o gostar das pessoas quando o relacionamento era relativamente formal, mas diminuíram quando ambos procuravam amizade. Clark e Mills cogitam que contratos de casamento, em que cada parceiro especifica o que espera do outro, teriam mais probabilidades de prejudicar o amor do que melhorá-lo. Somente quando o comportamento positivo do outro é voluntário é que podemos atribuí-lo ao amor.

Anteriormente, observamos um princípio que funciona no fenômeno de acasalamento: as pessoas costumam trazer ativos iguais aos relacionamentos românticos. Muitas vezes, elas se combinam por atração, *status* e assim por diante. Se são incompatíveis em uma área, como atratividade, tendem a sê-lo em alguma outra, como o *status*. Mas, em total de ativos, formam uma combinação equitativa. Ninguém diz, e poucos chegam a pensar: "Eu troco minha boa aparência pela sua renda alta". Mas, principalmente nas relações que duram, a equidade é a regra.

EQUIDADE PERCEBIDA E SATISFAÇÃO

Em uma pesquisa do Pew Research Center (2007b), "dividir tarefas domésticas" ficou em terceiro lugar (depois de "fidelidade" e "relacionamento sexual feliz") entre nove coisas que as pessoas consideravam marcas de casamentos bem-sucedidos. De fato, aqueles que estão em uma relação equitativa geralmente estão contentes (Fletcher et al., 1987; Hatfield et al., 1985; Van Yperen & Buunk, 1990). Quem percebe sua relação como desigual sente desconforto: a pessoa que leva mais pode se sentir culpada e quem acha que está fazendo mau negócio pode ficar irritada. (Considerando-se o viés de autosserviço – a maioria dos maridos tem uma percepção de que contribui com mais trabalho doméstico do que suas esposas reconhecem – a pessoa "sobrebeneficiada" é menos sensível à desigualdade.)

Robert Schafer e Patricia Keith (1980) pesquisaram centenas de casais de todas as idades, observando aqueles que consideravam seus casamentos um pouco injustos, porque um dos cônjuges contribuía muito pouco com cozinha, limpeza, cuidado dos filhos ou renda. O desequilíbrio teve seu preço: aqueles que o percebiam também se sentiam mais angustiados e deprimidos. Durante os anos de criação dos filhos, quando as esposas muitas vezes se sentem sub-beneficiadas e os maridos sobrebeneficiados, a satisfação conjugal tende a decair. Durante as fases de lua de mel e do ninho vazio, os cônjuges são mais propensos a perceber equidade e se sentir satisfeitos com seus casamentos (Feeney et al., 1994). Quando ambos os parceiros dão e recebem livremente e tomam decisões em conjunto, as chances de haver amor duradouro e satisfatório são boas.

O desequilíbrio percebido desencadeia descontentamento conjugal, concordam Nancy Grote e Margaret Clark (2001) a partir de seu acompanhamento de casais ao longo do tempo. Contudo, elas também relatam que o tráfego entre desequilíbrio e descontentamento é bidirecional: o descontentamento conjugal agrava a percepção de injustiça (Fig. 11.10).

Abertura

As relações profundas e de companheirismo são íntimas. Elas nos permitem ser conhecidos como realmente somos e nos sentir aceitos. Descobrimos essa deliciosa experiência em um bom casamento ou uma amizade íntima – uma relação em que a confiança substitui a ansiedade e na qual somos livres para nos abrir sem medo de perder o afeto do outro (Holmes & Rempel, 1989). Esse tipo de relação é caracterizada pelo que o falecido Sidney Jourard chamou de **abertura (*self-disclosure*)** (Derlega et al., 1993). À medida que um relacionamento cresce, parceiros que se abrem revelam cada vez mais de si ao outro; seu conhecimento um do outro penetra em níveis cada vez mais profundos. Em relacionamentos que florescem, muito dessa abertura compartilha sucessos e triunfos, e um prazer mútuo em relação a acontecimentos bons (Gable et al., 2006).

Estudos concluem que a maioria de nós gosta dessa intimidade. Sentimos prazer quando uma pessoa normalmente reservada diz que algo sobre nós "faz ela querer se abrir" e conta coisas confidenciais (Archer & Cook, 1986; D. Taylor et al., 1981). É gratificante quando outra pessoa nos escolhe para se abrir. Não apenas gostamos de quem se abre, como também nos abrimos com aqueles de quem gostamos, e depois de nos abrirmos com essas pessoas, gostamos ainda mais delas (Collins & Miller, 1994). Carecendo de oportunidades para a abertura íntima, sentimos a dor da solidão (Berg & Peplau, 1982; Solano et al., 1982).

Experimentos têm investigado as *causas* e os *efeitos* da abertura. Quando as pessoas estão mais dispostas a abrir informações íntimas sobre "o que você gosta e não gosta em si mesmo" ou "do que tem mais vergonha e mais orgulho em você mesmo"? E quais os efeitos que essas revelações têm sobre quem que as faz e recebe?

A conclusão mais confiável é o efeito de **reciprocidade de abertura**: abertura gera abertura (Berg, 1987; Miller, 1990; Reis & Shaver, 1988). Nós revelamos mais para aqueles que se abriram conosco. Mas a abertura íntima raramente é instantânea. (Se for, a pessoa pode parecer indiscreta e instável). A intimidade adequada progride como uma dança: eu revelo um pouco, você revela um pouco – mas não demais. A seguir, você revela mais, e eu retribuo.

Para os apaixonados, aprofundar a intimidade é excitante. "A intimidade crescente irá criar um forte sentimento de paixão", observam Roy Baumeister e Ellen Bratslavsky (1999). Isso ajuda a explicar por que aqueles que se casam novamente após a perda de um cônjuge tendem a começar o novo casamento com um aumento da frequência de sexo, e por que a paixão atinge o pico quando a intimidade é restaurada após um conflito grave.

Algumas pessoas – a maioria, mulheres – são especialmente habilidosas nessas aberturas; elas extraem facilmente revelações íntimas das outras, mesmo daquelas que normalmente não revelam muito de si mesmas (Miller et al., 1983; Pegalis et al., 1994; Shaffer et al., 1996). Essas pessoas tendem a ser boas ouvintes. Durante a conversa, mantêm expressões faciais atentas e parecem estar confortavelmente se divertindo (Purvis et al., 1984). Também podem manifestar interesse por expressar apoio, enquanto seu parceiro de conversa está falando. São o que o psicólogo Carl Rogers (1980) chamou de "ouvintes que promovem o crescimento", pessoas que são genuínas ao revelar seus próprios sentimentos, que aceitam os sentimentos das outras e que são ouvintes empáticos, sensíveis e reflexivos.

Quais são os efeitos da abertura? O psicólogo humanista Sidney Jourard (1964) argumentou que deixar cair nossas máscaras, deixar-nos conhecer como somos, alimenta o amor. Ele presume que seja gratificante se abrir com outro e, em seguida, receber a confiança que este sugere ao se abrir conosco. As pessoas se sentem melhor nos dias em que abrem algo importante sobre si mesmas, como ser homossexual, e se sentem pior quando ocultam sua identidade (Beals et al., 2009). Ter um amigo íntimo com quem possamos discutir ameaças à nossa autoimagem parece nos ajudar a sobreviver ao estresse (Swann & Predmore, 1985). Uma amizade verdadeira é uma relação especial que nos ajuda a lidar com os nossos outros relacionamentos. "Quando estou com o meu amigo", refletiu o dramaturgo romano Sêneca, "acho que estou sozinho e sou tão livre para falar qualquer coisa quanto para pensá-la". Em sua melhor versão, o casamento é uma amizade selada pelo compromisso.

A abertura íntima também é uma das delícias do amor companheiro. Casados e namorados que se abrem mais tendem a ter os relacionamentos mais satisfatórios e duradouros (Berg & McQuinn, 1986;

FIGURA 11.10
Desequilíbrios percebidos desencadeiam descontentamento conjugal, que promove a percepção de desigualdades.
Fonte: adaptada de Grote e Clark, 2001.

abertura
Revelar aspectos íntimos de si aos outros.

reciprocidade na abertura
Tendência que a intimidade da abertura de uma pessoa tem de ser equilibrada com a de um parceiro de conversação.

O que é um amigo? Eu lhe digo: é uma pessoa com quem você ousa ser você mesmo.
—FRANK CRANE, *A DEFINIÇÃO DE AMIZADE*

FIGURA 11.11
Amor: uma sobreposição de *"selves"* – você se torna parte de mim e eu parte de você.

Fonte: De A. L. Weber e J. Harvey, *Perspective on Close Relationships*. Publicado por Allyn e Bacon, Boston, MA. Copyright © 1994 da Pearson Education. Reproduzida com permissão dos editores.

Hendrick et al., 1988; Sprecher, 1987). P. ex., em um estudo de recém-casados, todos igualmente apaixonados, os que se conheciam mais profunda e precisamente tinham maior probabilidade de desfrutar de amor duradouro (Neff & Karney, 2005). Parceiros casados que mais concordam com a afirmação "eu tento compartilhar os meus pensamentos e sentimentos mais íntimos com meu parceiro" tendem a ter os casamentos mais satisfatórios (Sanderson & Cantor, 2001).

Em uma pesquisa nacional Gallup sobre casamento, 75% das pessoas que rezavam com seus cônjuges (e 57% das que não faziam isso) descreveram seus casamentos como muito felizes (Greeley, 1991). Entre os que tinham religião, a oração conjunta sincera é uma exposição profunda, íntima e geradora de humildade. Quem reza junto também diz que conversa sobre seu casamento com mais frequência, respeita seu cônjuge e o classifica como amante habilidoso.

Os pesquisadores também concluíram que as mulheres são mais dispostas a abrir seus medos e fragilidades do que os homens (Cunningham, 1981). Como disse a escritora feminista Kate Millett (1975), "as mulheres expressam, os homens reprimem". No entanto, os homens de hoje, sobretudo os que têm atitudes igualitárias em relação aos papéis de gênero, parecem cada vez mais dispostos a revelar sentimentos íntimos e desfrutar das satisfações que acompanham uma relação de confiança mútua e abertura. E isso, dizem Arthur Aron e Elaine Aron (1994), é a essência do amor – dois *"selves"* se conectando, abrindo-se e se identificando um com o outro, dois *"selves"*, cada um mantendo sua individualidade, mas compartilhando atividades, deliciando-se com semelhanças e se apoiando mutuamente. Para muitos parceiros românticos, o resultado é "integração entre eu e outro": autoconceitos entrelaçados (Slotter & Gardner, 2009; Fig. 11.11).

Sendo assim, poderíamos cultivar a proximidade por meio de experiências que reflitam a proximidade crescente das amizades que estão florescendo? Aron e colaboradores (1997) fizeram essa pergunta. Eles colocaram juntos estudantes voluntários estranhos um ao outro por 45 minutos. Durante os primeiros 15 minutos, os estudantes compartilharam ideias sobre uma lista de assuntos pessoais, mas de baixa intimidade, como "quando foi a última vez que você cantou sozinho?". Os próximos 15 minutos foram gastos em temas mais íntimos, como "qual é a sua memória mais preciosa?". Os últimos 15 minutos convidavam a ainda mais abertura, com questões como: "Complete esta frase: "eu gostaria de ter alguém com quem eu pudesse compartilhar _____" e "Quando você chorou pela última na frente de outra pessoa? E sozinho?".

Comparados aos participantes do grupo-controle que passaram os 45 minutos em conversas leves ("Como era sua escola do ensino médio?" "Qual é o seu feriado favorito?"), aqueles que experimentaram crescente abertura terminaram a hora se sentindo muito próximos de seus parceiros de conversação – na verdade, "mais próximos do que a relação mais próxima na vida de 30% dos estudantes

EM FOCO A internet cria intimidade ou isolamento?

Como leitor deste livro-texto universitário, é quase certo que você é um dos 1,5 bilhão de usuários da internet no mundo (em 2008). O telefone levou sete décadas para passar de 1 a 75% de penetração nos lares norte-americanos. O acesso à internet chegou a 75% em cerca de sete anos (Putnam, 2000). Você e metade dos cidadãos da União Europeia, 3 em 4 norte-americanos e mais de 4 em 5 canadenses e australianos desfrutam de correio eletrônico, navegação na rede e talvez participem de listas de discussão, grupos de notícias ou salas de bate-papo (Internetworldstats.com).

O que você acha: a comunicação mediada por computador dentro de comunidades virtuais é um mau substituto para relações ao vivo? Ou é uma maneira maravilhosa de ampliar nossos círculos sociais? Será que a internet faz mais para conectar as pessoas ou para tirar tempo de relacionamentos cara a cara? Reflitamos sobre o debate que surge.

Argumento: a internet, como a imprensa e o telefone, expande a comunicação, e esta possibilita os relacionamentos. A imprensa reduziu as histórias contadas pessoalmente e o telefone, as conversas pessoais, mas ambos nos permitem alcançar e ser alcançados por pessoas, sem limitações de tempo e distância. As relações sociais envolvem o funcionamento em rede, e a internet é a rede em seu sentido máximo. Ela permite um funcionamento em rede eficiente com familiares, amigos e quem têm visões semelhantes – incluindo pessoas que, de outra maneira, nunca teríamos encontrado, sejam elas portadoras da mesma doença, colecionadores ou fãs de Harry Potter.

"Na internet, ninguém sabe que a gente é cachorro."

A internet permite que as pessoas finjam ser quem não são.

© The New Yorker Collection, de 1993, Peter Steiner, de cartoonbank.com. Todos os direitos reservados.

> **Contra-argumento**: é verdade, mas a comunicação por computador é empobrecida. Ela não tem as nuances do contato "olho no olho", pontuado com sinais não verbais e toques físicos. Com exceção de simples *emoticons*, como um :-) para um sorriso sem nuanças, as mensagens eletrônicas são desprovidas de gestos, expressões faciais e tons de voz. Não é à toa que é tão fácil interpretá-las mal. A ausência de *e-moção* expressiva permite a emoção ambígua.
>
> P. ex., nuanças vocais podem sinalizar se uma declaração é séria, jocosa ou sarcástica. Uma pesquisa de Justin Kruger e colaboradores (2006) mostra que os comunicadores muitas vezes pensam que a sua intenção de estar "apenas brincando" é igualmente clara, seja por *e-mail* ou falada. Na verdade, muitas vezes, isso não acontece por *e-mail*. Graças também ao anonimato em discussões virtuais, o resultado, por vezes, é uma guerra hostil.
>
> A internet, como a televisão, desvia tempo dos relacionamentos reais. Romances pela internet não são o equivalente evolutivo do namoro real. O cibersexo é intimidade artificial. O entretenimento individualizado na internet troca o encontro pessoal por um intermediário. Essa artificialidade e esse isolamento são lamentáveis, porque nossa história ancestral predispõe nossos relacionamentos, que necessitam de tempo real, repletos de caretas e sorrisos. Não é de admirar que um estudo da University of Stanford concluiu que 25% dos mais de 4 mil adultos pesquisados relataram que o tempo em que estão conectados na internet reduziu o tempo que passam com a família e amigos, pessoalmente e ao telefone (Nie & Erbring, 2000).
>
> **Argumento:** mas a maioria das pessoas não percebe a internet como algo que isola. Outra pesquisa norte-americana constatou que "os usuários da internet em geral – e as mulheres conectadas em particular – acreditam que o uso do correio eletrônico fortaleceu suas relações e aumentou seu contato com parentes e amigos" (Pew, 2000). A utilização da internet pode substituir a intimidade pessoal, mas também substitui o tempo que se passa assistindo televisão. Comprar por meio de um clique pode ser ruim para a sua livraria local, mas libera tempo para relacionamentos. O trabalho pela internet faz o mesmo, permitindo que as pessoas trabalhem em casa e, assim, passem mais tempo com suas famílias.
>
> E por que dizer que as relações estabelecidas pelo computador são irreais? Na internet, sua aparência e sua localização deixarão de ter importância. Sua aparência, idade e raça não impedem as pessoas de se relacionar com você com base no que é mais verdadeiramente importante, seus interesses e valores em comum. Em redes de locais de trabalho e profissões, as discussões por computador são menos influenciadas pelo *status* e, portanto, mais sinceras e igualmente participativas. A comunicação por computador promove mais abertura espontânea do que a conversa cara a cara (Joinson, 2001).
>
> A maioria dos flertes pela internet não leva a lugar algum. "Todo mundo que eu conheço que tentou namorar pela internet... concorda que detestamos passar (desperdiçar?) horas tagarelando para alguém e depois de conhecê-lo e perceber que é um canalha", observou uma mulher de Toronto (Dicum, 2003). No entanto, amizades e relacionamentos românticos que se formam na internet têm maior probabilidade do que relacionamentos em pessoa de durar pelo menos dois anos, relatam Katelyn McKenna & John Bargh e colaboradores (Bargh et al., 2002, 2004; McKenna & Bargh, 1998, 2000; McKenna et al., 2002). Em um experimento, eles constataram que as pessoas se abriram mais, com maior honestidade e menos pose, ao conhecer pessoas na internet. Elas também gostaram mais de pessoas com quem conversaram pela internet por 20 minutos do que daquelas encontradas durante um tempo igual, pessoalmente. Isso aconteceu mesmo quando elas conheceram a mesma pessoa, sem saber, em ambos os contextos. Pessoas pesquisadas da mesma forma disseram que as amizades da internet são tão reais, importantes e próximas quanto relacionamentos fora dela.
>
> Não admira que uma pesquisa do Pew (2006) com usuários da internet que são solteiros e estão procurando romance descobriu que 74% usaram a rede para ir em busca de seus interesses românticos e que 37% tinham ido a uma página de namoro. Uma página que promove encontros afirmou, em 2008, ter 17 milhões de participantes e 200 milhões de dólares em receitas anuais (Cullen & Masters, 2008). Embora os dados publicados sobre a eficácia dos encontros pela internet sejam escassos, há iniciativas em curso para coletar dados de centenas de perguntas feitas a milhares de casais para ver quais combinações de respostas podem ajudar a predizer parcerias duradouras (Epstein, 2007; Tierney, 2008).
>
> **Contra-argumento:** a internet permite que as pessoas sejam quem realmente são, mas também que finjam ser quem não são, às vezes, com interesses de exploração sexual. A mídia sexual na internet, como outras formas de pornografia, provavelmente serve para distorcer a percepção das pessoas sobre a realidade sexual, diminui a atratividade de seu parceiro na vida real, condiciona os homens para perceber as mulheres em termos sexuais, faz a coerção sexual parecer mais trivial, fornece roteiros mentais para como agir em situações sexuais, aumenta a excitação e leva a desinibição e imitação de comportamentos sexuais sem amor.
>
> Por fim, sugere Robert Putnam (2000), os benefícios sociais da comunicação por computador são limitados por duas outras realidades: o "fosso digital" acentua as desigualdades sociais e educacionais entre os que têm e os que não têm. Embora a "ciberbalcanização" permita a quem tem perda auditiva usar a rede, também permite que os supremacistas brancos se encontrem. O fosso digital pode ser remediado com a redução de preços de computadores e aumento de locais de acesso público. A balcanização é intrínseca ao meio.
>
> À medida que continua o debate sobre as consequências sociais da internet, "a questão mais importante", diz Putnam (p. 180), será "não o que a internet vai fazer conosco, mas o que faremos com ela... Como podemos aproveitar essa tecnologia promissora para fortalecer os laços comunitários? Como podemos desenvolver a tecnologia para aumentar a presença social, o retorno e os sinais que as pessoas recebem das outras? Como podemos usar a perspectiva de comunicação rápida e barata para melhorar o tecido atualmente desgastado de nossas comunidades reais?".

semelhantes", relataram os pesquisadores. Essas relações certamente ainda não estavam marcadas pela lealdade e o compromisso da verdadeira amizade, mas o experimento dá uma demonstração impressionante de quão prontamente uma sensação de proximidade com os outros pode crescer se houver abertura – o que também pode ocorrer pela internet. (Ver "Em Foco: A internet cria intimidade ou isolamento?".)

Para promover a abertura nas relações entre namorados, Richard Slatcher e James Pennebaker (2006) convidaram um membro de 86 casais a passar 20 minutos em cada um de três dias escrevendo sobre seus mais profundos pensamentos e sentimentos sobre a relação (ou, em uma condição de controle, escrevendo apenas sobre suas atividades cotidianas). Aqueles que refletiram e fizeram um diário de seus sentimentos expressaram mais emoção em relação a seus parceiros nos dias seguintes. Três meses depois, 77% ainda estavam namorando (em comparação com 52% no grupo-controle).

Resumo: O que possibilita os relacionamentos íntimos?

- Da primeira infância à velhice, os apegos são fundamentais para a vida humana. Apegos seguros, como em um casamento duradouro, marcam uma vida feliz.
- O amor companheiro tem mais probabilidades de durar quando ambos os parceiros sentem que a parceria é equitativa e ambos percebem que o que recebem da relação é proporcional à sua contribuição.
- Uma gratificação do amor companheiro é a oportunidade de abertura íntima, um estado atingido à medida que cada um dos parceiros retribui a crescente abertura do outro.

Como os relacionamentos terminam?

Muitas vezes, o amor morre. Quais fatores predizem a dissolução conjugal? Como os casais costumam se afastar ou renovar seus relacionamentos?

Em 1971, um homem escreveu um poema de amor para sua noiva, colocou-o em uma garrafa e a jogou no Oceano Pacífico, entre Seattle e o Havaí. Uma década depois, um corredor a encontrou em uma praia de Guam:

Se, no momento em que esta carta chegar até você, eu estiver velho e grisalho, eu saberei que o nosso amor estará tão renovado quanto hoje.

Pode levar uma semana ou pode demorar anos para esta nota encontrá-la.... Se ela nunca chegar a você, ainda estará escrito no meu coração que eu vou usar meios extremos para provar o meu amor por você. Seu marido, Bob.

A mulher a quem o bilhete de amor era endereçado foi encontrada por telefone. Ao ouvir a nota, ela começou a rir, e quanto mais ouvia, mais ela ria. "Nós nos divorciamos", ela disse finalmente e bateu o telefone.

Assim acontece muitas vezes. Cérebros inteligentes podem tomar decisões burras. Comparando seu relacionamento insatisfatório com o apoio e carinho que imaginam estar disponíveis em outros lugares, as pessoas estão se divorciando com mais frequência – quase o dobro do índice de 1960. A cada ano, o Canadá e os Estados Unidos registram um divórcio para cada dois casamentos. Quando as barreiras econômicas e sociais para se divorciar diminuíram nos anos de 1960 e 1970, em parte, graças ao aumento do emprego das mulheres, os índices de divórcio aumentaram. "Estamos vivendo mais, mas amando mais brevemente", brincou Os Guiness (1993, p. 309).

A Real Casa de Windsor da Grã-Bretanha conhece bem os perigos do matrimônio moderno. Os casamentos de contos de fadas da Princesa Margaret, da Princesa Anne, do Príncipe Charles e do Príncipe Andrew se esfacelaram, os sorrisos foram substituídos por olhares duros. Pouco depois de seu casamento de 1986 com o Príncipe Andrew, Sarah Ferguson declarou com emoção: "Eu amo a inteligência dele, o charme, a aparência. Eu o adoro". Andrew retribuiu a euforia: "Ela é a melhor coisa da minha vida". Seis anos mais tarde, Andrew, tendo decidido que os amigos dela eram "filisteus", e Sarah, tendo ridicularizado o comportamento grosseiro de Andrew como "terrivelmente indelicado", separaram-se (Time, 1992).

Divórcio

> Quando eu era jovem, jurei nunca casar até encontrar a mulher ideal. Bom, eu encontrei, mas, infelizmente, ela estava à espera do homem ideal.
> —ESTADISTA FRANCÊS ROBERT SCHUMAN (1886-1963)

Os índices de divórcio têm variado muito por país, indo de 0,01% da população anualmente na Bolívia, nas Filipinas e na Espanha até 0,54% no país mais propenso ao divórcio do mundo, os Estados Unidos. Para predizer os índices de divórcio de uma cultura, pode ser útil conhecer os seus valores (Triandis, 1994). Culturas individualistas (em que o amor é um sentimento e as pessoas se perguntam: "O que diz meu coração?") têm mais divórcios do que culturas coletivistas (em que o amor implica obrigação e as pessoas perguntam: "O que os outros vão dizer?"). Os individualistas se casam "pelo tempo que nós dois amarmos"; os coletivistas, mais frequentemente, para a vida toda. Os individualistas esperam mais paixão e realização pessoal em um casamento, o que exerce uma pressão maior sobre a relação (Dion & Dion, 1993). "Manter o romance vivo" foi classificado como importante para um bom casamento por 78% das mulheres norte-americanas pesquisadas e para 29% das japonesas (*American Enterprise*, 1992).

Mesmo na sociedade ocidental, porém, quem entra em relações com uma orientação de longo prazo e uma intenção de persistir experimenta parcerias mais saudáveis, menos turbulentas e mais duradouras (Arriaga, 2001; Arriaga & Agnew, 2001). Relacionamentos duradouros estão enraizados no amor e na satisfação duradouros, mas também no medo do custo de terminar, um sentimento de obrigação moral e falta de atenção a possíveis parceiros alternativos (Adams & Jones, 1997; Maner et al., 2009; Miller, 1997).

Aqueles cujo compromisso com uma união dura mais do que os desejos que deram origem a ele resistirão a tempos de conflito e infelicidade. Uma pesquisa norte-americana constatou que 86% das pessoas que foram infelizes no casamento, mas que se mantiveram nele, ao serem reentrevistadas cinco anos depois, estavam, na maior parte, "muito" ou "bastante" satisfeitas com seus casamentos (Popenoe, 2002). Em contraste, os "narcisistas" – os mais voltados a seus próprios desejos e imagem – entram em relacionamentos com menos compromisso e menos probabilidade de sucesso relacional no longo prazo (Campbell & Foster, 2002)

O risco de divórcio também depende de quem se casa com quem (Fergusson et al., 1984; Myers, 2000a; Tzeng, 1992). As pessoas costumam ficar casadas se

- casaram-se depois dos 20 anos.
- cresceram, ambas, em lares estáveis, com a presença dos dois pais.
- namoraram por um tempo longo antes do casamento.
- tiveram formação boa e semelhante.
- têm uma renda estável, em um trabalho bom.
- moram em uma cidade pequena ou em uma fazenda.
- não coabitam nem engravidam antes do casamento.
- são religiosamente comprometidas.
- têm a mesma idade, religião e educação.

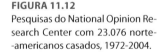

"Você não entende? Eu amo você! Eu preciso de você! Eu quero passar o resto das minhas férias com você!"

© The New Yorker Collection, de 1997, Mike Twohy, de cartoonbank.com. Todos os direitos reservados.

Nenhum desses preditores, por si só, é essencial para um casamento estável. Além disso, eles são correlatos de casamentos duradouros, não necessariamente suas causas. Mas se alguém carecer de todas essas coisas, a separação conjugal é uma aposta quase certa. Se todas existirem, as pessoas têm muitas probabilidades de ficar juntas até a morte. Os ingleses talvez tivessem razão quando, há vários séculos, presumiam que a intoxicação temporária da paixão era uma base tola para decisões conjugais permanentes. Era melhor, eles achavam, escolher um companheiro baseado em uma amizade estável e em origens, interesses, hábitos e valores compatíveis (Stone, 1977).

> A paixão é, em muitos aspectos, um estado alterado de consciência... Em muitos estados [dos Estados Unidos], hoje, existem leis segundo as quais a pessoa não deve estar em condição intoxicada ao se casar. Mas a paixão é um tipo de intoxicação.
>
> —ROY BAUMEISTER, *SENTIDOS DA VIDA*, 1991

Processo de separação

Cortar laços produz uma sequência previsível de preocupação agitada com o parceiro perdido, seguida de profunda tristeza e, finalmente, o início de distanciamento emocional, um retorno à vida normal e um renovado sentido de *self* (Hazan & Shaver, 1994; Lewandowski & Bizzoco, 2007). Mesmo os casais recém-separados, que há muito deixaram se sentir afeto, muitas vezes são surpreendidos por seu desejo de estar perto do ex-parceiro. Vínculos profundos e antigos raramente se rompem em pouco tempo; o distanciamento é um processo, não um evento.

Entre casais de namorados, quanto mais próxima e mais longa a relação e menos alternativas estiverem disponíveis, mais dolorosa é a separação (Simpson, 1987). Surpreendentemente, Roy Baumeister e Sara Wotman (1992) relatam que, meses ou anos depois, as pessoas se lembram de sentir mais dor por ter rejeitado o amor de alguém do que por ter sido rejeitadas. Seu desconforto surge da culpa de magoar alguém, do incômodo pela persistência do amante inconsolável ou da incerteza sobre como reagir. Entre casados, a separação tem custos adicionais: pais e amigos chocados, culpa por votos rompidos, angústia pela renda familiar reduzida e, possivelmente, restrição de direitos parentais. Ainda assim, a cada ano, milhões de casais estão dispostos a pagar pelos custos de se livrar do que consideram os custos maiores de manter uma relação sofrida e não gratificante. Esses custos incluem, em um estudo de 328 casais, um aumento de 10 vezes nos sintomas de depressão quando um casamento é marcado pela discórdia, em vez de satisfação (O'Leary et al., 1994). Quando, porém, um casamento é "muito feliz", a vida como um todo geralmente parece "muito feliz" (Fig. 11.12).

Quando os relacionamentos têm problemas, quem não tem alternativas melhores ou se sente envolvido (com tempo, energia, amigos em comum, posses e, talvez, filhos) vai procurar alternativas que não a saída. Caryl Rusbult e colaboradores (1986, 1987, 1998) exploraram três maneiras de lidar com um relacionamento que não dá certo (Tab. 11.2). Algumas pessoas apresentam *lealdade* – esperando que as condições melhorem. Os problemas são muito dolorosos para enfrentar e os riscos de separação, muito grandes, de modo que o parceiro leal persevera, com esperança de que os bons tempos voltem. Outros (principalmente os homens) exibem *descaso*; eles ignoram o parceiro e permitem que a relação se deteriore. Com insatisfações dolorosas ig-

FIGURA 11.12
Pesquisas do National Opinion Research Center com 23.076 norte-americanos casados, 1972-2004.

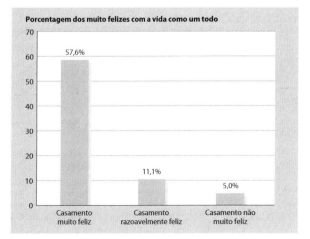

TABELA 11.2 Respostas à angústia do relacionamento

	Passiva	Ativa
Construtiva	*Lealdade*: aguardar melhoria	*Expressão*: procurar melhorar as relações
Destrutivo	*Descaso*: ignorar o parceiro	*Saída*: terminar o relacionamento

Fonte: Rusbult et al., 1986, 1987, 1998, 2001.

noradas, segue um desacoplamento emocional insidioso à medida que os parceiros conversam menos e começam a redefinir suas vidas um sem o outro. Outros, ainda, vão *expressar* suas preocupações e tomar providências para melhorar o relacionamento, discutindo problemas, buscando conselhos e tentando mudar.

Estudo após estudo – na verdade, 115 pesquisas com 45 mil casais – revela que casais infelizes discordam, impõem-se, criticam e rebaixam um ao outro; casais felizes concordam, aprovam, consentem e riem com mais frequência (Karney & Bradbury, 1995; Noller & Fitzpatrick, 1990). Depois de observar 2 mil casais, John Gottman (1994, 1998) observou que os casamentos saudáveis não estavam necessariamente desprovidos de conflito. Em vez disso, eram marcados por uma capacidade de reconciliar as diferenças e superar as críticas com afeto. Em casamentos bem-sucedidos, as interações positivas (sorriso, toque, elogio, riso) superam em número as negativas (sarcasmo, desaprovação, insultos) em uma proporção de, pelo menos, cinco para um.

Não são o descontentamento e as discussões que predizem o divórcio, acrescentam Ted Huston e colaboradores (2001) a partir de seu acompanhamento de recém-casados no tempo (a maioria dos recém-casados vivencia conflitos). Na verdade, são a frieza, a desilusão e a desesperança que predizem um futuro conjugal sombrio, principalmente, observaram William Swann e colaboradores (2003, 2006), quando homens inibidos se juntam a mulheres críticas.

Casais bem-sucedidos aprenderam, às vezes auxiliados por treinamento em comunicação, a coibir as críticas venenosas e as reações viscerais. Eles brigam de forma justa (afirmando sentimentos sem insultar), despersonalizam o conflito com comentários como "eu sei que não é sua culpa" (Markman et al., 1988; Notarius & Markman, 1993; Yovetich & Rusbult, 1994). Será que relacionamentos infelizes ficariam melhores se os parceiros concordassem em *agir* mais como casais felizes – reclamando e criticando menos? Afirmando e concordando mais? Reservando momentos para expressar suas preocupações? Orando ou se divertindo juntos diariamente? Assim como as atitudes geram comportamentos, os afetos geram ações?

Joan Kellerman, James Lewis e James Laird (1989) refletiram sobre isso. Eles sabiam que entre os casais apaixonados, o olhar no olho normalmente é prolongado e mútuo (Rubin, 1973). O olhar íntimo também geraria sentimentos entre aqueles que não estão apaixonados (da mesma forma com que 45 minutos de abertura crescente evocaram proximidade entre alunos que não se conheciam)? Para descobrir, eles pediram que pares homem-mulher que não se conheciam olhassem atentamente, por dois minutos cada um, as mãos ou nos olhos um do outro. Quando se separaram, os que olharam nos olhos informaram uma certa sensação de atração e afeto entre si. A simulação do amor tinha começado a provocá-lo.

Encenando e expressando o amor, o pesquisador Robert Sternberg (1988) acredita que a paixão do romance inicial pode evoluir para amor duradouro:

> "Viveram felizes para sempre" não precisa ser um mito, mas, para que seja realidade, a felicidade deve ser baseada em diferentes configurações de sentimentos mútuos em vários momentos de um relacionamento. Casais que esperam que sua paixão dure para sempre ou que sua intimidade permaneça inconteste são candidatos à decepção... Temos de trabalhar constantemente na compreensão, construção e reconstrução de nossas relações amorosas. Relacionamentos são construções e decaem ao longo do tempo, se não forem mantidos e melhorados. Não podemos esperar que um relacionamento simplesmente cuide de si mesmo, não mais do que podemos esperar isso de um prédio. Em vez disso, devemos assumir a responsabilidade por fazer de nossas relações o melhor que elas podem ser.

Resumo: Como os relacionamentos terminam?

- Muitas vezes, o amor não dura. À medida que os índices de divórcio cresceram no século XX, os pesquisadores discerniram preditores da dissolução conjugal. Um deles é uma cultura individualista que valoriza sentimentos em detrimento do compromisso; outros fatores incluem idade, educação, valores e semelhança do casal.

- Os investigadores também estão identificando o processo pelo qual os casais se separam ou reconstroem suas relações. Além disso, estão identificando os estilos de comunicação positivos e não defensivos que marcam casamentos saudáveis e estáveis.

PÓS-ESCRITO: Fazer amor

Dois fatos da vida contemporânea parecem indiscutíveis: primeiro, *relações próximas e duradouras são as marcas de uma vida feliz*. Em pesquisas do National Opinion Research Center com 43.295 norte-americanos desde 1972, 40% dos adultos casados, 23% das pessoas que nunca se casaram, 20% dos divorciados e 16% dos separados declararam que suas vidas eram "muito felizes". Resultados semelhantes vêm de pesquisas nacionais feitas no Canadá e na Europa (Inglehart, 1990).

Segundo, *as relações próximas e duradouras estão em declínio*. Comparando a meio século atrás, hoje as pessoas com mais frequência se mudam, moram sozinhas, se divorciam e têm uma sucessão de relacionamentos.

Considerando-se os ingredientes psicológicos da felicidade conjugal – mentes afins, intimidade social e sexual, dar e receber equitativamente recursos emocionais e materiais – torna-se possível contestar o ditado francês de que "o amor faz passar o tempo e o tempo faz passar o amor". Mas é preciso esforço para conter a decadência do amor. É preciso esforço para cavar tempo diariamente e falar sobre os acontecimentos do dia. É preciso esforço para renunciar a resmungos e implicâncias e, em vez disso, abrir-se e ouvir as dores, as preocupações e os sonhos um do outro. É preciso esforço para fazer de uma relação "uma utopia sem classes de igualdade social" (Sarnoff & Sarnoff, 1989), em que ambos os parceiros livremente dão e recebem, tomam decisões, compartilham e desfrutam da vida juntos.

Cuidando de nossos relacionamentos próximos, a satisfação sustentada é possível, observam John Harvey e Julia Omarzu (1997). A pesquisadora australiana de relações Patrícia Noller (1996) concorda: "O amor maduro... o amor que sustenta o casamento e a família ao criar um ambiente em que cada membro da família pode crescer... é sustentado pela crença de que o amor envolve reconhecer e aceitar diferenças e fraquezas, de que o amor envolve uma decisão interna de amar outra pessoa e um compromisso de longo prazo com manter o amor e, finalmente, que o amor é controlável e precisa ser cuidado e alimentado por quem ama".

Para aqueles que se comprometem a criar uma relação equitativa, íntima e de apoio mútuo, a segurança e a alegria do amor companheiro e duradouro podem chegar. Quando alguém "ama você por um tempo muito longo", explicou o sábio e velho Cavalo de Pele ao Coelho de Pelúcia, "não apenas para brincar, mas ama você DE VERDADE, aí você se torna Real...".

"Será que isso acontece de uma vez, como quando dão corda na gente", [o coelho] perguntou, "ou pouco a pouco?".

"Não acontece de uma só vez" disse Cavalo de Pele. "Você se torna. Leva muito tempo. É por isso que não costuma acontecer com as pessoas que se rompem facilmente ou têm bordas afiadas ou que têm de ser guardadas com cuidado. Geralmente, quando você fica Real, a maior parte de seu cabelo já foi arrancada de tanto amor, seus olhos caem e você fica frouxo nas juntas e muito esfarrapado. Mas essas coisas não importam nem um pouco, porque uma vez que você seja Real, você não pode ser feio, exceto para quem não entende".

Conexão social

O Centro de Aprendizagem *On-line* (www.mhhe.com/myers10e) deste livro inclui um vídeo sobre cada um dos três tópicos importantes deste capítulo. O primeiro vídeo apresenta David Buss discutindo suas ideias sobre a psicologia evolutiva da atratividade física. Há também um vídeo sobre o amor na idade adulta tardia: como a atração e a intimidade podem ser diferentes em um casal maduro em relação a um casal de adolescentes ou jovens adultos? Por fim, lembre-se da discussão deste capítulo sobre o fim dos relacionamentos. No terceiro vídeo do capítulo, Robert Emery relata pesquisas para identificar tendências ao divórcio.

CAPÍTULO 12

Ajuda

> "O amor cura as pessoas – tanto as que dão quanto as que recebem."
> —Psiquiatra Karl Meninger, 1893-1990

Em uma colina de Jerusalém, centenas de árvores formam o Jardim dos Justos entre as Nações. Abaixo de cada uma delas, há uma placa com o nome de um cristão europeu que deu refúgio a um ou mais judeus durante o Holocausto nazista. Esses "gentios justos" sabiam que, se os refugiados fossem descobertos, a política nazista ditava que acolhedor e refugiados tivessem destino comum. Muitos tiveram (Hellman, 1980; Wiesel, 1985). Inúmeros outros permanecem anônimos. Para cada judeu que sobreviveu à guerra em território nazista, dezenas de pessoas frequentemente atuaram de forma heroica. O maestro Konrad Latte, um dos 2 mil judeus que passaram a guerra em Berlim, foi salvo pelo heroísmo de 50 alemães que serviram como seus protetores (Schneider, 2000).

Por que ajudamos?

Quando ajudamos?

Quem ajudamos?

Como podemos aumentar a ajuda?

Pós-escrito: Levar a psicologia social para a vida

Uma heroína que não sobreviveu foi Jane Haining, missionária da Igreja da Escócia que era supervisora de uma escola para 400 meninas, em sua maioria, judias. Às vésperas da guerra, a igreja, temendo por sua segurança, ordenou-lhe que voltasse para casa. Ela se recusou, dizendo: "Se essas crianças precisam de mim em dias de sol, mais ainda precisarão em dias de escuridão". (Barnes, 2008; Brown, 2008). Ela teria chegado a cortar suas malas de couro para fazer solas para os sapatos das suas meninas. Em abril de 1944, Haining acusou o cozinheiro de comer a escassa comida destinada a suas meninas. Membro do partido nazista, ele a denunciou à Gestapo, que a prendeu por ter trabalhado entre os judeus e ter chorado ao ver suas meninas obrigadas a usar estrelas amarelas.

O Muro de Honra no Jardim dos Justos, em Jerusalém, homenageia mais de 16 mil resgatadores como "Justos entre as Nações". A maioria era composta de pessoas humildes que consideravam seu próprio comportamento como mera decência comum (Rochat & Modigliani, 1995).

Algumas semanas depois, ela foi enviada para Auschwitz, onde sofreu o mesmo destino de milhões de judeus.

Em 11 de setembro de 2001 e nos dias que se seguiram, um único ato articulado de maldade desencadeou incontáveis atos de bondade. Multidões de doadores abarrotaram bancos de sangue, alimentos e roupas. Alguns fizeram sacrifícios altruístas durante a crise. Após a Torre Norte do World Trade Center ser atingida, Ed Emery juntou cinco colegas que trabalhavam com ele na Fiduciary Trust, no 90º andar da Torre Sul, acompanhou-os descendo 12 andares, colocou-os em um elevador expresso lotado de gente, deixou que a porta se fechasse à sua frente e voltou ao 97º andar, com esperanças de evacuar outros seis colegas que foram fazer o *backup* dos computadores. Infelizmente, seu destino foi selado quando, momentos depois, seu próprio edifício foi atingido abaixo dele.

Perto dali, seu colega Edward McNally estava pensando em como, em seus últimos momentos, poderia ajudar seus entes queridos. Quando o chão começou a se curvar, ele ligou para a esposa, Liz, e listou apólices de seguro de vida e bônus. "Ele disse que eu significava o mundo para ele e que ele me amava", Liz recordou mais tarde enquanto dava seu último adeus (*New York Times*, 2002). Mas o telefone tocou mais uma vez. Era o marido de novo, dizendo que tinha reservado para eles em uma viagem a Roma, para seu quadragésimo aniversário de casamento. "Liz, você tem que cancelar."

altruísmo
Motivo para aumentar o bem-estar de outras pessoas sem considerar conscientemente o interesse próprio.

Ações menos dramáticas de conforto, cuidado e compaixão abundam por aí: sem pedir nada em troca, as pessoas oferecem informações, dão seu dinheiro, doam sangue, oferecem seu tempo.

- Por que e quando as pessoas ajudam?
- Quem ajuda?
- O que pode ser feito para diminuir a indiferença e aumentar a ajuda?

Essas são as perguntas básicas deste capítulo.

O **altruísmo** é o egoísmo no sentido inverso. Uma pessoa altruísta é interessada e prestativa mesmo quando não são oferecidos ou não se esperam benefícios em troca. A parábola de Jesus sobre o Bom Samaritano oferece um exemplo clássico:

Um homem vinha de Jerusalém para Jericó e caiu nas mãos de ladrões, que o despojaram e espancaram, depois foram embora, deixando-o quase morto. Por acaso, um sacerdote estava indo por esse caminho e, quando o viu, passou pelo outro lado. O mesmo aconteceu com um levita que, ao passar pelo lugar e vê-lo, foi pelo lado oposto. Mas um samaritano, enquanto viaja, aproximou-se dele, e quando o viu, ficou comovido e com dó. Foi até ele e fez curativos em suas feridas, depois de

O Bom Samaritano, de *Fernand Schultz-Wettel*.

ter colocado óleo e vinho sobre elas. A seguir, colocou-o em seu próprio animal, levou-o a uma estalagem e cuidou dele. No dia seguinte, tirando dois denários, deu-os ao estalajadeiro e disse: "cuide dele, e quando eu voltar, eu pagarei o que mais você gastar". (Lucas 10:30-35, NVI)

A história do Samaritano exemplifica o altruísmo. Cheio de compaixão, ele está motivado a doar tempo, energia e dinheiro a um estranho, sem esperar devolução nem apreciação.

Por que ajudamos?

Para estudar atos de ajuda, os psicólogos sociais identificam as circunstâncias em que pessoas realizam esses atos. Antes de examinar o que os experimentos revelam, vejamos o que pode motivar a ajuda.

Intercâmbio social e normas sociais

Várias teorias sobre a ajuda concordam em que, no longo prazo, o comportamento de ajuda beneficia a quem dá, bem como a quem recebe. Uma explicação pressupõe que as interações humanas sejam guiadas pela "economia social". Trocamos não só bens materiais e dinheiro, mas também bens sociais – amor, serviços, informações, *status* (Foa & Foa, 1975). Ao fazê-lo, nosso objetivo é minimizar custos e maximizar as recompensas. A **teoria das trocas sociais** não afirma que monitoramos conscientemente os custos e os benefícios, apenas que essas considerações predizem nosso comportamento.

Suponha que seu *campus* esteja fazendo uma campanha de doação de sangue e alguém pede para você participar. Será que você não pesaria implicitamente os *custos* de doar (picada de agulha, tempo, fadiga) em relação aos de não doar (culpa, reprovação)? Será que você também não pesaria os *benefícios* de doar (sentir-se bem por ajudar alguém, lanche grátis) em relação aos de não doar (poupar tempo, desconforto e ansiedade)? De acordo com a teoria das trocas sociais – sustentada por estudos com doadores de sangue de Wisconsin, feitos por Jane Allyn Piliavin e sua equipe de pesquisa (1982, 2003) –, esses cálculos sutis precedem as decisões de ajudar ou não.

teoria das trocas sociais
Teoria segundo a qual as interações humanas são transações que visam maximizar as recompensas e minimizar os custos que incidem sobre a pessoa.

GRATIFICAÇÕES

As recompensas que motivam a ajuda podem ser externas ou internas. Quando as empresas doam dinheiro para melhorar sua imagem corporativa ou quando alguém oferece uma carona com a esperança de receber apreciação ou amizade, a gratificação é externa. Nós damos para receber. Assim, estamos mais ansiosos para ajudar alguém que nos seja atrativo, alguém cuja aprovação queremos (Krebs, 1970; Unger, 1979). Em experimentos, bem como na vida cotidiana, a generosidade pública potencializa o *status* da pessoa, enquanto o comportamento egoísta pode levar à punição (Hardy & Van Vugt, 2006; Henrich et al., 2006).

As recompensas também podem ser internas. Ajudar também eleva a nossa autoestima. Quase todos os doadores de sangue na pesquisa de Jane Piliavin concordaram que doar sangue "faz você se sentir bem consigo mesmo" e "lhe dá um sentimento de autossatisfação". Realmente, "doe sangue", aconselha um velho cartaz da Cruz Vermelha, "tudo o que você vai sentir é bom." Sentir-se bem ajuda a explicar por que pessoas distantes de casa fazem boas ações a estranhos a quem nunca vão ver de novo.

"Olha lá a Sara, recheando seu currículo para a faculdade."

© The New Yorker Collection, de 2001, Edward Koren, de cartoonbank.com. Todos os direitos reservados.

O impulso que o ato de ajudar dá à autoestima explica por que tantas pessoas se sentem bem depois de fazer o bem. Um estudo de um mês de duração, com 85 casais, concluiu que dar apoio emocional ao parceiro era positivo para *quem dá*; dar apoio melhorou o humor de quem dá (Gleason et al., 2003). Piliavin (2003) e Susan Andersen (1998) apontam para dezenas de estudos mostrando que jovens engajados em projetos de serviço à comunidade, projetos escolares de "aprendizagem em serviço" ou atuando como tutores de crianças desenvolvem habilidades sociais e valores sociais positivos. Eles correm bem menos risco de delinquência, gravidez e abandono escolar, e têm mais probabilidades de se tornar cidadãos engajados. O voluntariado também beneficia o moral e a saúde. Cônjuges enlutados se recuperam de seus sentimentos depressivos mais rapidamente quando estão empenhados em ajudar os outros (Brown et al., 2008). Quem faz o bem tende a se sair bem.

O mesmo se aplica a dar dinheiro. Fazer doações ativa áreas cerebrais ligadas à gratificação (Harbaugh et al., 2007). Pessoas generosas são mais felizes do que aquelas cujas despesas são autocentradas. Em

POR DENTRO DA HISTÓRIA | Dennis Krebs sobre experiências de vida e interesses profissionais

Aos 14 anos, fiquei traumatizado quando minha família se mudou de Vancouver para a Califórnia. Eu deixei de ser líder da minha escola e me tornei um objeto de ridicularização social por causa da minha roupa, meu sotaque e meu comportamento. As habilidades de luta que eu tinha adquirido no boxe logo geraram uma reputação bem diferente da que eu tinha no Canadá. Fui afundando mais e mais, até que, depois de várias visitas a casas de detenção juvenil, fui preso e condenado por dirigir sob a influência de drogas. Fugi da prisão, fui de carona até um campo de lenhadores no Oregon, e finalmente voltei à Colúmbia Britânica. Fui admitido na universidade em liberdade condicional, me formei como primeiro da turma, ganhei uma bolsa Woodrow Wilson, e fui aceito para um programa de doutorado em psicologia em Harvard.

Para estudar em Harvard, era necessário me mudar novamente para os Estados Unidos. Preocupado com o meu registro de fugitivo na Califórnia, eu me entreguei e sofri com a publicidade que se seguiu. Fui perdoado, em grande parte, por causa do enorme apoio que recebi de muitas pessoas. Depois de três anos em Harvard, fui contratado como professor assistente. Com o tempo, voltei à Colúmbia Britânica para presidir o Departamento de Psicologia da Simon Fraser University.

Embora me sinta um pouco desconfortável, divulgo essa história como forma de incentivar as pessoas que já levaram dois golpes a continuar no jogo. Grande parte da energia que investi para entender a moralidade veio de uma necessidade de entender por que eu tomei o caminho errado, e meu interesse no altruísmo tem sido alimentado pela generosidade daqueles que me ajudaram a superar meu passado.

Dennis Krebs,
Simon Fraser University

---

um experimento, as pessoas receberam um envelope com dinheiro, o qual algumas foram instruídas a gastar consigo mesmas, enquanto outras foram orientadas a gastar com outras pessoas. Posteriormente, as pessoas mais felizes foram aquelas atribuídas à condição de "gastar com outras" (Dunn et al., 2008).

Essa análise da relação entre custo e benefício pode parecer degradante. Em defesa da teoria, no entanto, o fato de que ajudar possa ser inerentemente gratificante não é algo que dá crédito à humanidade? O fato de muito do nosso comportamento não ser antissocial, mas "pró-social"? De que possamos nos sentir realizados dando amor? De que pior seria se obtivéssemos prazer apenas servindo a nós mesmos.

"É verdade", podem respondem alguns leitores. "Ainda assim, as teorias da gratificação sugerem que um ato prestativo nunca é verdadeiramente altruísta, que apenas o chamamos de 'altruísta' quando suas recompensas são imperceptíveis. Se ajudamos uma mulher que está gritando para obter aprovação social aliviamos nosso desconforto, evitamos a culpa ou melhoramos nossa autoimagem, isso é realmente altruísta?" Esse argumento é uma reminiscência da análise de B. F. Skinner (1971) sobre a ajuda. Só damos crédito às pessoas por suas boas ações, Skinner disse, quando não podemos explicá-las. Só atribuímos o comportamento delas a suas disposições interiores quando não temos explicações externas. Quando as causas externas são óbvias, damos crédito às causas, não à pessoa.

Há, no entanto, uma fraqueza na teoria da gratificação: ela degenera facilmente para explicar *a posteriori*. Se alguém se oferece como voluntário para o programa de mentores Big Sister, é tentador "explicar" a ação compassiva pela satisfação que isso traz à pessoa. Mas esse tipo de denominação *a posteriori* cria uma explicação circular: "Por que ela foi voluntária?". "Por causa das recompensas internas." "Como você sabe que há recompensas internas?" "Por que outra razão ela se ofereceria como voluntária?" Devido a esse raciocínio circular, o **egoísmo** – a ideia de que o interesse próprio motiva todo o comportamento – caiu em descrédito.

Para escapar da circularidade, devemos definir as recompensas e os custos independentemente do comportamento de ajuda. Se a aprovação social motiva a ajuda, descobriríamos em experimentos que, quando a aprovação segue à ajuda, esta aumenta. E isso acontece (Staub, 1978).

RECOMPENSAS INTERNAS

Até agora, examinamos principalmente as recompensas externas à ajuda. Também precisamos examinar fatores internos, como o estado emocional de quem ajuda ou suas características pessoais.

Os benefícios de ajudar incluem autogratificações internas. Perto de alguém incomodado, podemos nos sentir incomodados. Um grito de mulher fora de sua janela o excita e o incomoda. Se você não puder reduzir a excitação interpretando o grito como um berro brincalhão, pode ser que vá investigar ou ajudar, reduzindo seu incômodo (Piliavin & Piliavin, 1973). O pesquisador do altruísmo Dennis Krebs (1975) concluiu que homens da Harvard University cujas respostas fisiológicas e autoavaliações revelaram a maior excitação em resposta ao incômodo de outras pessoas também deram mais ajuda a essa pessoa.

> Os homens não valorizam uma boa ação a menos que ela traga uma recompensa.
> —OVÍDIO, *EPISTULAE EX PONTO*, 10 D. C.

> Pois é dando que se recebe.
> —SÃO FRANCISCO DE ASSIS, 1181-1226

egoísmo
Motivação (supostamente subjacente a todo o comportamento) para aumentar seu próprio bem-estar. É o posto do altruísmo, que visa aumentar o bem-estar de outro.

CULPA O incômodo não é a única emoção negativa que nossa ação visa reduzir. Ao longo da história registrada, a culpa tem sido uma emoção dolorosa, tão dolorosa que agimos de forma a evitar sentimentos de culpa. Como Everett Sanderson comentou, após salvar heroicamente uma criança que tinha caído sobre trilhos do metrô na frente de um trem que se aproximava: "Se eu não tivesse tentado salvar aquela menina, se eu tivesse ficado ali como os outros, eu teria morrido por dentro. Eu não teria servido para nada para mim mesmo dali em diante".

As culturas institucionalizaram maneiras de aliviar a culpa: sacrifícios animais e humanos, ofertas de grãos e dinheiro, comportamento penitente, confissão, negação. Na antiga Israel, os pecados das pessoas eram periodicamente transferidos a um animal que servia de "bode expiatório", o qual era levado para o deserto para afastar a culpa das pessoas.

Para analisar as consequências da culpa, os psicólogos sociais induziram pessoas a transgredir: mentir, aplicar choques, derrubar uma mesa cheia de cartões em ordem alfabética, quebrar uma máquina, enganar. Depois, os participantes carregados de culpa podem receber a oferta de uma maneira de aliviar sua culpa: confessando, denegrindo o prejudicado ou fazendo uma boa ação para compensar a má. Os resultados são visivelmente constantes: as pessoas farão o que puderem para eliminar a culpa, aliviar sentimentos ruins e restaurar sua autoimagem.

Imagine-se como participante de um desses experimentos, realizado com estudantes da Mississippi State University por David McMillen e Austin James (1971). Você e outro aluno, cada um procurando ganhar créditos que são prerrequisito para seguir o curso, chegam para o experimento. Logo depois, um membro da equipe de pesquisa entra, dizendo ser um participante anterior à procura de um livro perdido. Ele inicia uma conversa em que menciona que o experimento envolve fazer um teste de múltipla escolha, no qual a maioria das respostas corretas é "B". Depois da saída do membro da equipe, o pesquisador chega, explica o experimento e depois pergunta: "Algum de vocês já participou deste experimento antes ou ouviu alguma coisa a respeito?".

Você mentiria? O comportamento daqueles que vieram antes de você neste experimento – 100% dos quais contaram a mentirinha – sugere que sim. Depois de você fazer o teste (sem receber qualquer retorno sobre ele), o pesquisador diz: "Você já pode ir, mas, se tiver algum tempo livre, poderia me ajudar na correção de alguns questionários". Pressupondo-se que você mentiu, você acha que agora estaria mais disposto a oferecer seu tempo? A resposta novamente é sim. Em média, aqueles que não tinham sido induzidos a mentir ofereceram apenas dois minutos de seu tempo. Quem aparentemente tinha mentido estava ansioso para resgatar sua autoimagem e ofereceu, em média, impressionantes 63 minutos. Uma moral desse experimento foi bem expressa por uma menina de 7 anos, que, em um de nossos próprios experimentos, escreveu: "não minta, senão você vai viver com culpa" (e vai sentir necessidade de aliviá-la).

Nossa ânsia de fazer o bem depois de fazer o mal reflete a nossa necessidade de reduzir a culpa *privada* e restaurar uma autoimagem abalada. Também reflete nosso desejo de recuperar uma imagem *pública* positiva. Temos mais probabilidades de nos redimir com comportamento prestativo quando as pessoas sabem sobre nossos erros (Carlsmith & Gross, 1969).

Resumindo, a culpa gera muitas coisas boas. Ao motivar as pessoas a confessar, pedir desculpas, ajudar e evitar danos repetidos, ela reforça a sensibilidade e sustenta as relações próximas.

Entre adultos, as recompensas internas do altruísmo – sentir-se bem consigo mesmo depois de doar sangue ou ajudar a recolher o que alguém deixou cair – também podem compensar outros humores negativos (Cialdini, Kenrick & Baumann, 1981; Williamson & Clark, 1989). Assim, quando um adulto está se sentindo triste, culpado ou negativo de alguma outra forma, uma ação prestativa (ou qualquer outra experiência que melhore o humor) ajuda a neutralizar os sentimentos ruins.

EXCEÇÕES AO CENÁRIO "SENTIR-SE MAL, FAZER O BEM" Entre adultos bem socializados, devemos sempre esperar encontrar o fenômeno "sentir-se mal, fazer o bem"? Não. No Capítulo 10, vimos que um humor negativo, a raiva, nada produz além de compaixão. Outra exceção é o luto. As pessoas que sofrem a perda de um cônjuge ou um filho, por morte ou separação, muitas vezes passam por um período de intensa preocupação consigo mesmas, que restringe sua doação a outros (Aderman & Berkowitz, 1983; Gibbons & Wicklund, 1982).

Em uma poderosa simulação em laboratório sobre luto autodirecionado, William Thompson, Claudia Cowan e David Rosenhan (1980) fizeram estudantes da University of Stanford ouvirem, em privado, a descrição gravada de uma pessoa morrendo de câncer (que deviam imaginar ser seu melhor amigo do outro sexo). O experimento concentrou a atenção de alguns alunos em sua própria preocupação e seu próprio luto:

> Ele (ela) poderia morrer e você o perderia, nunca mais conseguiria falar com ele de novo. Ou pior, ele poderia morrer lentamente. Você saberia que cada minuto poderia ser sua última vez juntos. Durante meses, você teria que ser alegre com ele enquanto se sentia triste. Você teria que vê-lo morrer em pedaços, até que o último pedaço finalmente se fosse, e você ficaria sozinho.

Para outros, a atenção foi direcionada ao amigo:

> Ele passa o tempo deitado na cama, esperando aquelas horas intermináveis, simplesmente esperando, e com esperanças de que algo aconteça. Qualquer coisa. Ele diz que não sabe o que é mais difícil.

Os pesquisadores informam que, independentemente de qual gravação ouviram, os participantes ficaram profundamente comovidos e abalados pela experiência, mas não se arrependeram nem um pouco de participar (embora alguns participantes que, em condição controlada, ouviram uma fita tediosa, estivessem arrependidos). Seus humores afetaram sua prestatividade? Quando lhes foi dada, imediatamente após, uma chance de ajudar um estudante de pós-graduação com sua pesquisa, de forma anônima, 25% daqueles cuja atenção havia sido autodirecionada ajudaram. Daqueles cuja atenção foi direcionada a outros, 83% ajudaram. Os dois grupos foram igualmente tocados, mas apenas participantes com foco em outros consideraram especialmente gratificante ajudar alguém. Em suma, o efeito "sentir-se mal, fazer o bem" ocorre com pessoas cuja atenção está em outras – pessoa, portanto, para quem o altruísmo é gratificante (Barnett et al., 1980; McMillen et al., 1977). Se não estão com o interesse voltado a si mesmas pela depressão ou tristeza, as pessoas tristes são sensíveis e prestativas.

SENTIR-SE BEM, FAZER O BEM As pessoas felizes não são prestativas? Muito pelo contrário. Há poucos resultados mais constantes do que esse em psicologia: pessoas felizes são prestativas. Esse efeito ocorre com crianças e adultos, independentemente de o bom humor vir de um sucesso, de ter pensamentos felizes ou de qualquer uma entre várias outras experiências positivas (Salovey et al., 1991). Uma mulher registrou sua experiência, depois de se apaixonar:

Escolares embalando doações de brinquedos para os necessitados. À medida que amadurecem, as crianças geralmente passam a ter prazer em ser úteis aos outros.

> No escritório, eu mal conseguia me conter e não gritar o quanto eu me sentia delirantemente feliz. O trabalho era fácil, coisas que tinham me incomodado em ocasiões anteriores eram recebidas com leveza. E eu tinha impulsos fortes de ajudar os outros, eu queria compartilhar a minha alegria. Quando a máquina de escrever da Mary estragou, eu praticamente pulei para ajudar. Logo a Mary! A minha antiga "inimiga"! (Tennov, 1979, p 22.)

Em experimentos sobre felicidade e prestatividade, a pessoa que é ajudada pode ser alguém que procura uma doação, um experimentador procurando ajuda com a papelada ou uma mulher que derruba papéis. Aqui estão três exemplos.

Em Sydney, na Austrália, Joseph Forgas e colaboradores (2008) fizeram um membro de sua equipe fazer a um vendedor da loja de departamentos Target um elogio intenso, que levantava o humor, ou um comentário neutro ou que rebaixava o humor. Momentos depois, um segundo membro da equipe, que não tinha conhecimento da condição de indução do humor, procurou a ajuda do empregado para localizar um item inexistente. Entre funcionários menos experientes (que não tinham uma rotina ensaiada para responder a esses pedidos), os que receberam o impulso ao humor fizeram mais esforço para ajudar.

Em Opole, na Polônia, Dariusz Dolinski e Richard Nawrat (1998) concluíram que um humor positivo pode aumentar em muito a ajuda. Imagine-se como um dos seus sujeitos involuntários. Depois de estacionar o carro ilegalmente por alguns momentos, você retorna para encontrar o que parece uma multa debaixo do seu limpador de para-brisa (onde são colocadas as multas por estacionamento irregular). Reclamando para si mesmo, você pega a suposta multa e fica muito aliviado ao descobrir que é apenas um anúncio (ou um apelo à doação de sangue). Momentos depois, um estudante universitário se aproxima de você e lhe pede para passar 15 minutos respondendo a perguntas – para "me ajudar a completar a minha dissertação de mestrado". Será que o seu humor positivo e aliviado aumenta sua probabilidade de ajudar? De fato, 62% das pessoas cujo medo acabara de se transformar em alívio aceitaram de bom grado. Isso era quase o dobro do número de pessoas que aceitaram quando não havia papel imitando multa ou quando ele foi deixado na porta do carro (que não é um lugar de multas).

Nos Estados Unidos, Alice Isen, Margaret Clark e Mark Schwartz (1976) fizeram uma mulher, membro da equipe, telefonar a pessoas que haviam recebido uma amostra grátis de artigos de papelaria entre 0 e 20 minutos antes. Ela disse que tinha usado sua última moeda para fazer essa ligação (supostamente errada) e pediu a cada pessoa que transmitisse um recado por telefone. Como mostra a Figura 12.1, a disposição dos indivíduos para dar o recado aumentou durante os 5 minutos seguintes. Então, à medida que o bom humor passou, a prestatividade decaiu.

Se as pessoas tristes, às vezes, são muito prestativas, como pode ser que as pessoas felizes também o sejam? Experimentos revelam vários fatores que influenciam (Carlson et al., 1988). Ajudar suaviza um

> É curioso como, quando está apaixonado, você anseia por sair por aí fazendo atos de bondade a todos.
>
> —P. G. WODEHOUSE, *THE MATING SEASON*, 1949

FIGURA 12.1
Porcentagem daqueles dispostos a retransmitir um recado telefônico entre 0 e 20 minutos depois de receber uma amostra grátis.
Do grupo-controle que não recebeu o presente, apenas 10% ajudou.
Fonte: dados de Isen et al., 1976.

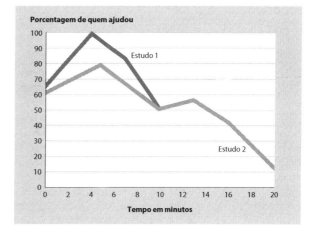

humor ruim e preserva um humor bom. (Talvez você se lembre de se sentir bem depois de dar informações a alguém) Um humor positivo, por sua vez, conduz a pensamentos positivos e autoestima positiva, o que nos predispõe ao comportamento positivo (Berkowitz, 1987; Cunningham et al., 1990; Isen et al., 1978). De bom humor, após receber um presente ou ao sentir o brilho agradável do sucesso, as pessoas estão mais propensas a ter pensamentos positivos e associações com atitudes prestativas. Quem pensa de modo positivo tem mais probabilidade de agir positivamente.

NORMAS SOCIAIS

Muitas vezes, ajudamos os outros não por ter calculado conscientemente que esse comportamento é do nosso interesse, mas como uma forma mais sutil de interesse próprio: porque algo nos diz que *devemos*. Devemos ajudar um vizinho novo que está se mudando para o edifício; temos de devolver a carteira que encontramos; devemos proteger nossos companheiros de combate do mal. As normas, os *deveres* de nossas vidas, são expectativas sociais. Elas *prescrevem* o comportamento adequado. Pesquisadores que estudam o comportamento de ajuda identificaram duas normas sociais que motivam o altruísmo: a norma da reciprocidade e a norma da responsabilidade social.

NORMA DA RECIPROCIDADE O sociólogo Alvin Gouldner (1960) sustentou que um código moral universal é a **norma da reciprocidade**: *a quem nos ajudou, devemos devolver ajuda, e não prejudicar*. Gouldner acredita que essa norma é tão universal quanto o tabu do incesto. Nós "investimos" nos outros e esperamos dividendos. Os políticos sabem que quem faz um favor pode esperar um favor posteriormente. Pesquisas e solicitações por correio às vezes incluem um pequeno presente em dinheiro ou etiquetas de endereço personalizadas, pressupondo que algumas pessoas vão retribuir o favor. A norma da reciprocidade se aplica até mesmo no casamento. Às vezes, pode-se dar mais do que se recebe, mas, no longo prazo, o intercâmbio deve se equilibrar. Em todas essas interações, receber sem dar em troca viola a norma da reciprocidade.

A reciprocidade dentro de redes sociais da sociedade ajuda a definir o **capital social** – as conexões de apoio, o fluxo de informações, confiança e ações de cooperação – que mantém a comunidade saudável. Vizinhos cuidando das casas uns dos outros é o capital social em ação.

A norma funciona com mais eficácia à medida que as pessoas respondem publicamente a atos que lhes foram feitos anteriormente. Em jogos de laboratório, assim como na vida cotidiana, encontros únicos e fugazes produzem mais egoísmo do que relações contínuas. Mas, mesmo quando respondem de forma anônima, às vezes as pessoas fazem a coisa certa e retribuem o bem que lhes foi feito (Burger et al., 2009). Em um experimento, Mark Whatley e colaboradores (1999) constataram que estudantes universitários fizeram uma contribuição a uma entidade beneficente com mais disposição quando a entidade era de alguém que tinha comprado doces deles antes (Fig. 12.2).

Quando não têm como retribuir, as pessoas podem se sentir ameaçadas e humilhadas por aceitar ajuda. Portanto, pessoas orgulhosas, de elevada autoestima, costumam relutar em procurar ajuda (Nadler & Fisher, 1986). Receber ajuda não solicitada pode rebaixar a autoestima de alguém (Schneider et al., 1996; Shell & Eisenberg, 1992). Estudos descobriram que isso pode acontecer aos beneficiários da ação afirmativa, principalmente quando esta não consegue afirmar a competência da pessoa e suas chances de sucesso no futuro (Pratkanis & Turner, 1996).

NORMA DA RESPONSABILIDADE SOCIAL A norma da reciprocidade nos lembra de equilibrar o dar e o receber nas relações sociais. Se a única norma fosse a reciprocidade, no entanto, o samaritano não teria sido o Bom Samaritano. Na parábola, está claro que Jesus tinha em mente algo mais humanitário, algo explicitado em outro de seus ensinamentos: "Se amais aos que vos amam [a norma da reciprocidade], que direito tendes de reclamar qualquer crédito?... Eu vos digo, amai os vossos inimigos" (Mateus 5:46, 44).

Com pessoas que são claramente dependentes e incapazes de retribuir, como crianças, gente muito pobre e pessoas com deficiência, outra norma social motiva a nossa ajuda. A **norma da responsabilidade social** é a crença de que as pessoas devem ajudar a quem precisa de ajuda, sem levar em conta interações futuras (Berkowitz, 1972; Schwartz, 1975). A norma motiva as pessoas a juntar um livro que caiu para alcançá-lo a uma pessoa de muletas, por exemplo. Na Índia, uma cultura relativamente coletivista, as pessoas apoiam muito mais a norma da responsabilidade social do que no ocidente individualista (Baron & Miller, 2000). Elas expressam a obrigação de ajudar mesmo quando a necessidade não representa risco de vida ou a pessoa necessitada – talvez um estranho precisando de um transplante de medula óssea – está fora do seu círculo familiar.

Mesmo quando permanecem anônimas e não têm qualquer expectativa de recompensa, as pessoas em países ocidentais muitas vezes ajudam os necessitados (Shotland & Stebbins, 1983), mas geralmente aplicam a norma da responsabilidade social de forma seletiva, ajudando àqueles cuja necessidade não parece ser devida a sua própria negligência. Sobretudo entre conservadores

---

norma da reciprocidade
Expectativa de que as pessoas vão ajudar, e não prejudicar, àquelas que as ajudaram.

Se você não for ao funeral de uma pessoa, ela não vai ao seu.
—YOGI BERRA

capital social
Apoio mútuo e cooperação possibilitados por uma rede social.

norma da responsabilidade social
Expectativa de que as pessoas vão ajudar a quem precisa de ajuda.

FIGURA 12.2
Reciprocidade pública e privada de um favor.
As pessoas tiveram mais disposição de contribuir para a instituição de caridade de um membro da equipe do experimento disfarçado de participante se este lhes tivesse feito antes um pequeno favor, principalmente quando sua reciprocidade era dada a conhecer ao membro da equipe.
Fonte: Whatley et al., 1999.

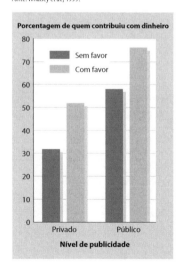

políticos (Skitka & Tetlock, 1993) a norma parece ser: dê às pessoas o que elas merecem, então, se são vítimas das circunstâncias, como desastres naturais, certamente você deve ser generoso; se parecem ter criado seus próprios problemas (por preguiça, imoralidade ou falta de previsão, por exemplo), elas não merecem ajuda, segundo a norma.

As respostas estão intimamente ligadas a *atribuições*. Se atribuímos a necessidade a uma situação incontrolável, ajudamos; se atribuímos a necessidade às escolhas da pessoa, a justiça não nos obriga a ajudar, e dizemos que é culpa da própria pessoa (Weiner, 1980). As atribuições afetam as políticas públicas, bem como decisões individuais de ajudar. Em 2008, muitos norte-americanos se opuseram à ajuda do governo às montadoras de carros falidas do país, que eram responsabilizadas por suas próprias decisões míopes.

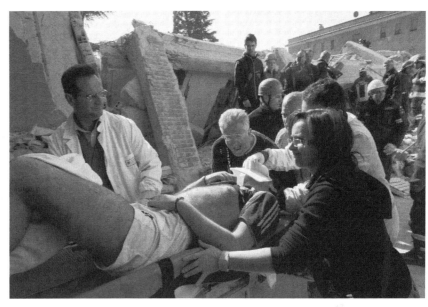

Após o devastador terremoto de 2005 no Paquistão, a norma da responsabilidade social mobilizou comportamentos de ajuda.

A questão fundamental, dizem Udo Rudolph e colaboradores (2004) a partir de sua revisão de mais de três dezenas de estudos pertinentes, é se suas atribuições evocam simpatia, o que, por sua vez, motiva a ajudar (Fig. 12.3).

Imagine-se como um dos estudantes da University of Wisconsin, em um estudo realizado por Richard Barnes, Ickes William e Robert Kidd (1979). Você recebe um telefonema de "Tony Freeman", que explica que é seu colega na cadeira de introdução à psicologia. Ele diz que precisa de ajuda para a próxima prova e que pegou seu nome na lista de chamada. "Eu não entendo, eu simplesmente não faço anotações boas em sala de aula", explica Tony. "Eu sei que eu posso, mas às vezes eu não tenho vontade, por isso, a maioria das anotações que eu faço não são muito boas para estudar." Até que ponto você se sentiria solidário com Tony? Até onde seria um grande sacrifício lhe emprestar as suas anotações? Se você é como os alunos nessa experiência, provavelmente estaria muito menos inclinado a ajudá-lo se ele tivesse explicado que seus problemas estão além de seu controle. Assim, a norma da responsabilidade social nos obriga a ajudar os mais necessitados e os mais merecedores.

GÊNERO E RECEBER AJUDA Se, de fato, a percepção sobre a necessidade do outro determina fortemente a disposição que alguém tem de ajudar, será que as mulheres, se percebidas como menos competentes e mais dependentes, recebem mais ajuda do que os homens? É isso que acontece. Alice Eagly e Maureen Crowley (1986) localizaram 35 estudos comparando a ajuda recebida por vítimas do sexo masculino ou feminino. (Praticamente todos os estudos envolveram interações breves com estranhos em necessidade – exatamente as situações em que as pessoas esperam que os homens sejam cavalheirescos, observam Eagly e Crowley.)

As mulheres ofereceram ajuda igualmente a homens e mulheres, ao passo que os homens a ofereceram mais quando as pessoas em necessidade eram mulheres. Vários experimentos na década de 1970 descobriram que as mulheres com problemas no carro (p. ex., um pneu furado) recebiam muito mais ofertas de ajuda do que os homens (Penner et al., 1973; Pomazal & Clore, 1973; West et al., 1975). Da mesma forma, mulheres pedindo carona sozinhas receberam muito mais ofertas de ajuda do que homens sozinhos ou casais (Pomazal & Clore, 1973; M. Snyder et al., 1974). Claro, o cavalheirismo dos homens em relação às mulheres solteiras pode ter sido motivado por outra coisa que não o altruísmo. Motivações baseadas em acasalamento não só aumentam os gastos dos homens em luxos visíveis, mas também levam a demonstrações de heroísmo (Griskevicius et al., 2007). Não surpreendentemente, os homens ajudam com mais frequência às mulheres mais atraentes do que às desinteressantes (Mims et al., 1975; Stroufe et al., 1977; West & Brown, 1975).

As mulheres não só recebem mais ofertas de ajuda em determinadas situações, mas também buscam mais ajuda (Addis & Mahalik, 2003). Elas têm duas vezes mais probabilidades de procurar ajuda médica e psiquiátrica. São a maioria das pessoas que telefonam para programas

FIGURA 12.3
Atribuições e ajuda.
Neste modelo, proposto pelo pesquisador alemão Udo Rudolph e colaboradores (2004), o ato de ajudar é mediado por explicações das pessoas sobre a situação negativa e o grau de simpatia resultante.

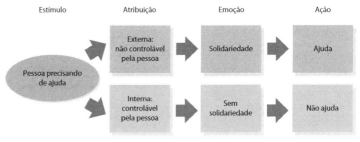

Quando o *Titanic* afundou, 70% das mulheres e 20% dos homens sobreviveram. As chances de sobrevivência eram 2,5 vezes maiores para um passageiro de primeira classe do que para um da terceira. No entanto, graças a normas de gênero para o altruísmo, as chances de sobrevivência eram melhores para mulheres da terceira classe (47%) do que para homens da primeira (31%).

Heróis caídos não têm filhos. Se o autossacrifício resulta em menos descendentes, pode-se esperar que os genes que permitem que os heróis sejam criados desapareçam da população gradualmente.

—E. O. WILSON, *SOBRE A NATUREZA HUMANA*, 1978

seleção por parentesco
Ideia de que a evolução selecionou o altruísmo para com os parentes próximos com vistas a aumentar a sobrevivência dos genes mutuamente compartilhados.

de rádio sobre aconselhamento e dos clientes de centros de aconselhamento da faculdade. Também costumam receber mais ajuda de amigos. Arie Nadler (1991), especialista na busca de ajuda da Tel Aviv University, atribui isso a diferenças de gênero em termos de independência e interdependência (Capítulo 5).

Psicologia evolucionista

Outra explicação para a ajuda vem da teoria evolucionista. Como talvez você se lembre dos capítulos 5 e 11, a psicologia evolucionista afirma que a essência da vida é a sobrevivência dos genes. Nossos genes nos conduzem de formas adaptativas que maximizaram suas chances de sobrevivência. Quando os nossos antepassados morreram, seus genes continuaram a viver, predispondo-nos a nos comportar de maneiras que os espalhassem no futuro.

Como sugere o título do conhecido livro de Richard Dawkins, *O gene egoísta* (1976), a psicologia evolutiva oferece uma imagem humana que nos mostra humildes, a qual o psicólogo Donald Campbell (1975a, 1975b) chamou de reafirmação biológica de um "pecado original" profundo e de interesse próprio. Os genes que predispõem indivíduos a se sacrificarem no interesse do bem-estar de estranhos não sobreviveriam na competição evolutiva. O egoísmo genético, no entanto, deveria até nos predispor a dois tipos específicos de ajuda altruísta ou mesmo autossacrificadora: a proteção de familiares e a reciprocidade.

PROTEÇÃO POR PARENTESCO

Nossos genes nos predispõem a cuidar de parentes. Assim, uma forma de autossacrifício que *aumentaria* a sobrevivência dos genes é a devoção aos próprios filhos. Comparados com pais negligentes, os que colocam o bem-estar dos filhos à frente do seu têm mais probabilidades de transmitir seus genes. Como escreveu o psicólogo evolutivo David Barash (1979, p. 153): "os genes se ajudam sendo bacanas consigo próprios, mesmo se estão contidos em corpos diferentes". O egoísmo genético (em nível biológico) promove o altruísmo parental (em nível psicológico). Embora a evolução favoreça o autossacrifício pelos próprios filhos, estes têm menos em jogo na sobrevivência dos genes de seus pais. Assim, de acordo com a teoria, os pais geralmente serão mais devotados a seus filhos do que estes a eles.

Outros parentes compartilham genes em proporção à sua proximidade biológica. Você compartilha metade de seus genes com seus irmãos e irmãs, e um oitavo com seus primos. A **seleção por parentesco** – o favoritismo em relação àqueles que compartilham nossos genes – levou o biólogo evolutivo J. B. S. Haldane a brincar dizendo que, embora não desse a vida por seu irmão, sacrificaria a si próprio por *três* irmãos ou *nove* primos. Haldane não teria se surpreendido ao saber que o parentesco prediz a ajuda e que gêmeos idênticos são geneticamente bem mais solidários do que gêmeos fraternos (Segal, 1984, Stewart-Williams, 2007). Em um jogo experimental de laboratório, os gêmeos idênticos tiveram mais da metade da probabilidade de cooperar entre si para um ganho compartilhado ao jogar por dinheiro do que os fraternos (Segal & Hershberger, 1999).

A questão não é que nós calculamos parentesco genético antes de ajudar, mas que a natureza (assim como a cultura) nos programa para cuidar de parentes próximos. Quando Carlos Rogers, do time de basquete da NBA Toronto Raptors, ofereceu-se para encerrar sua carreira e doar um rim para a irmã (que morreu antes de poder recebê-lo), as pessoas aplaudiram o seu amor de autossacrifício. Mas esses atos para com parentes próximos não são totalmente inesperados; o que não esperamos (e, portanto, honramos) é o altruísmo daqueles que se arriscam para salvar um desconhecido.

Nós temos genes em comum com muitos além de nossos parentes. Pessoas de olhos azuis compartilham genes específicos com outras pessoas de olhos azuis. Como podemos detectar as pessoas em que ocorrem cópias de nossos genes mais abundantemente? Como sugere o exemplo dos olhos azuis, uma pista está nas semelhanças físicas. Além disso, na história evolutiva, os genes foram mais compartilhados com vizinhos do que com estrangeiros. Estaremos, portanto, biologicamente inclinados a ser mais úteis àqueles que se parecem conosco e que moram perto de nós? Após desastres naturais e outras situações de vida e morte, a ordem de quem será ajudado não surpreenderia um psicólogo evolucionista: crianças antes dos velhos, parentes antes de amigos, vizinhos antes de estranhos (Burnstein et al., 1994; Form & Nosow, 1958). A ajuda fica perto de casa.

Alguns psicólogos evolutivos observam que a seleção por parentesco predispõe o favorecimento do endogrupo étnico, que está na raiz de inúmeros conflitos históricos e contemporâneos (Rushton, 1991). E. O. Wilson (1978) observou que a seleção por parentesco é "o inimigo da civilização. Se os seres humanos são guiados, em grande medida... para favorecer seus próprios parentes e sua tribo, só é possível uma quantidade limitada de harmonia global" (p. 167).

RECIPROCIDADE

O interesse próprio genético também prediz a reciprocidade. Um organismo ajuda o outro, argumentou o biólogo Robert Trivers, porque espera ajuda em troca (Bingham, 1980). O doador espera ser quem recebe depois; a não retribuição é punida; o engano, a traição e o traidor são desprezados universalmente.

A reciprocidade funciona melhor em pequenos grupos isolados, grupos em que se encontram com frequência as pessoas a quem se faz favores. Sociáveis fêmeas de babuíno – as que cuidam do pelo e ficam em contato próximo com seus pares – obtêm vantagem reprodutiva: seus bebês completam 1 ano de vida com mais frequência (Silk et al., 2003). Se um morcego vampiro passou um ou dois dias sem comida, pede para um companheiro de ninho bem alimentado regurgitar alimento para que ele faça uma refeição (Wilkinson, 1990). O morcego doador faz de bom grado, perdendo menos horas até sentir fome do que as horas ganhas pelo que recebe. Mas esses favores só ocorrem entre companheiros de ninho conhecidos, que compartilham o dar e o receber. Os que sempre recebem e nunca dão, bem como aqueles que não têm qualquer relação com o morcego doador, passam fome. Ter amigos compensa.

Por razões semelhantes, a reciprocidade entre os seres humanos é mais forte nas comunidades rurais do que nas grandes cidades. Pequenas escolas, cidades, igrejas, equipes de trabalho e alojamentos são favoráveis a um espírito de comunidade em que as pessoas cuidam umas das outras. Comparadas com as pessoas em ambientes rurais ou cidadezinhas, as das grandes cidades estão menos dispostas a transmitir um recado pelo telefone, têm menos probabilidade de colocar no correio cartas "perdidas", colaboram menos com entrevistadores de pesquisas, são menos prestativas para ajudar uma criança perdida e menos dispostas a fazer pequenos favores (Hedge & Yousif, 1992; Steblay, 1987).

Se o interesse próprio individual inevitavelmente vence na competição genética, por que vamos ajudar a estranhos? Por que vamos ajudar àqueles cujos recursos ou habilidades limitadas impedem sua retribuição? E o que faz os soldados se atirarem sobre granadas? Uma resposta, inicialmente apontada por Darwin (e depois desconsiderada pelos teóricos do gene egoísta, mas agora retomada), é a *seleção de grupo*: quando os grupos estão em competição, grupos de altruístas que se apoiam mutuamente duram mais do que os dos não altruístas (Krebs, 1998; McAndrew, 2002; Wilson & Wilson, 2008). Isso fica mais drasticamente evidente com os insetos sociais, que funcionam como células de um corpo. Abelhas e formigas trabalham com muito sacrifício para a sobrevivência da colônia. Em um grau muito menor, os seres humanos apresentam lealdade endogrupal sacrificando-se para apoiar a "nós", às vezes contra "eles". Portanto, a seleção natural se dá em "vários níveis", dizem alguns pesquisadores (Mirsky, 2009). Ela opera em níveis individuais *e* de grupo.

Donald Campbell (1975a, 1975b) apresentou outra base para o altruísmo não retribuído: as sociedades humanas desenvolveram regras éticas e religiosas que servem como freios ao viés biológico que favorece o interesse próprio. Mandamentos como "amar o próximo como a si mesmo" nos advertem que devemos equilibrar a preocupação conosco com a preocupação com o grupo e, assim, contribuir para sua sobrevivência. Richard Dawkins (1976) chegou à mesma conclusão: "Tentemos *ensinar* generosidade e altruísmo, pois nascemos egoístas. Entendamos o que nossos genes egoístas pretendem, pois assim podemos, pelo menos, ter a chance de atrapalhar seus projetos, algo a que nenhuma outra espécie jamais aspirou" (p. 3).

> Digamos que você esteja passando por um lago e tem um bebê se afogando. Se dissesse, "eu acabo de pagar 200 dólares por esses sapatos e a água vai destruí-los, por isso eu não vou salvar o bebê", você seria uma pessoa horrível, péssima. Mas há milhões de crianças em todo o mundo na mesma situação, na qual apenas um pouco de dinheiro para remédio ou comida poderia salvar suas vidas. Mesmo assim, não nos consideramos monstros por comer o jantar em vez de dar o dinheiro para a Oxfam. Por que isso?
> —FILÓSOFO-PSICÓLOGO JOSHUA GREENE (CITADO POR ZIMMER, 2004).

> Assim como se diz que a natureza abomina o vácuo, ela abomina o altruísmo verdadeiro. A sociedade, por sua vez, adora.
> —PSICÓLOGO EVOLUTIVO DAVID BARASH, *THE CONFLICTING PRESSURES OF SELFISHNESS AND ALTRUISM*, 2003

TABELA 12.1 Comparando teorias sobre o altruísmo
Como se explica o altruísmo?

Teoria	Nível da explicação	Ajuda externamente gratificante	Ajuda intrínseca
Trocas sociais	Psicológico	Gratificações externas por ajudar	Desconforto → gratificações internas por ajudar
Normas Sociais		Norma da reciprocidade	Norma da responsabilidade social
Evolutiva	Biológica	Reciprocidade	Seleção de parentesco

Comparação e avaliação das teorias da ajuda

A esta altura, talvez você já tenha notado semelhanças entre as visões do altruísmo baseadas em trocas sociais, norma social e evolução. Como mostra a Tabela 12.1, cada uma propõe dois tipos de comportamento pró-social: uma troca recíproca "toma lá dá cá" e uma prestatividade mais incondicional. Elas o fazem em três níveis complementares de explicação. Se a visão evolutiva estiver correta, nossas predisposições genéticas *devem* se manifestar em fenômenos psicológicos e sociológicos.

Cada teoria tem sua lógica, mas todas estão vulneráveis a acusações de ser especulativas e *a posteriori*. Quando começamos com um efeito conhecido (as compensações da vida cotidiana) e o explicamos conjecturando um processo de trocas sociais, uma "norma de reciprocidade" ou uma origem evolutiva, podemos estar apenas explicando *a posteriori*. O argumento de que um comportamento ocorre por causa de sua função de sobrevivência é difícil de refutar. Em retrospectiva, é fácil pensar que tinha que ser assim. Se pudermos explicar *qualquer* comportamento concebível *a posteriori*, como resultado de uma troca social, uma norma ou da seleção natural, então não podemos refutar as teorias. A tarefa de cada teoria é gerar previsões que nos permitam testá-la.

Uma teoria eficaz também fornece um esquema coerente para resumir uma série de observações. Com esse critério, nossas três teorias sobre o altruísmo recebem notas mais altas. Cada uma nos oferece uma perspectiva ampla que esclarece os compromissos duradouros e a ajuda espontânea.

Altruísmo genuíno

A minha cidade, Holland, em Michigan, tem uma empresa com milhares de funcionários que, durante a maior parte do último meio século, doou todos os anos 10% de seus lucros antes de descontados os impostos, com uma condição: a doação foi sempre anônima. Em uma cidade próxima, doadores anônimos, em 2005, fizeram doações para custear a universidade pública ou a faculdade comunitária de Michigan – variando de 65 a 100%, dependendo do tempo de residência – a *todos* os alunos que terminassem as escolas públicas em Kalamazoo. Esses benfeitores anônimos – junto com heróis que salvam vidas, doadores cotidianos de sangue e voluntários do programa Peace Corps – são motivados por um objetivo maior de preocupação altruísta pelos outros? Ou seu objetivo maior é alguma forma de benefício próprio, como obter uma gratificação, evitar punição e culpa ou aliviar o sofrimento?

Abraham Lincoln ilustrou a questão filosófica em uma conversa com outro passageiro em uma carruagem. Depois de argumentar que o egoísmo é o que motiva todas as boas ações, Lincoln notou uma porca fazendo um barulho terrível. Seus leitões tinham entrado um lago pantanoso e estavam em perigo de se afogar. Lincoln pediu que o veículo parasse, pulou, voltou correndo e retirou os porquinhos, colocando-os em segurança. Após seu retorno, seu companheiro comentou: "E agora, Abe, onde é que o egoísmo entra nesse pequeno episódio?". "Deus nos livre, Ed, isso foi a própria essência do egoísmo. Eu não teria paz de espírito durante todo o dia se tivesse ido embora e deixado a porca velha sofrendo, preocupada com aqueles leitões. Eu fiz isso para ter paz de espírito, você não vê?" (Sharp, citado por Batson et al., 1986). Até recentemente, os psicólogos teriam concordado com Lincoln.

É tão certo que ser prestativo faz quem o é se sentir melhor que Daniel Batson (2006; Batson et al., 2008) dedicou grande parte de sua carreira a discernir se a prestatividade também contém um traço de altruísmo genuíno. Batson teoriza que nossa disposição de ajudar é influenciada por considerações de interesse próprio e desinteressadas (Fig. 12.4). O incômodo pelo sofrimento de alguém nos motiva a aliviar essa sensação, seja escapando à situação desconfortável (como o sacerdote e o levita) ou ajudando (como o samaritano). Mas, principalmente quando nos sentimos com um vínculo seguro em relação a alguém, relatam Batson e uma equipe de pesquisadores liderados por Mario Mikulincer (2005), também sentimos **empatia**. Pais que amam seus filhos sofrem quando estes sofrem e se alegram quando sua prole está alegre – uma empatia que falta em abusadores de crianças e outros autores de crueldades (Miller & Eisenberg, 1988). Também sentimos empatia por aqueles com os quais nos identificamos. Em setembro de 1997, milhões de pessoas que nunca chegaram perto

empatia
Experiência indireta com os sentimentos de outros; colocar-se no lugar dos outros.

Quando as pessoas me perguntam como eu vou, eu digo: vou tão bem quanto minha filha mais triste.
—MICHELLE OBAMA, 24 DE OUTUBRO DE 2008

"O senhor está bem? Posso ajudar em alguma coisa?"

"Meu jovem, você foi o único que se deu o trabalho de parar. Eu sou milionário e vou lhe dar 5 mil dólares."

Nunca se sabe quais benefícios podem vir de se ajudar alguém em perigo.
© The New Yorker Collection, de 1972, Barney Tobey, de cartoonbank.com. Todos os direitos reservados.

da princesa da Inglaterra, Diana (mas que sentiam como se a conhecessem depois de centenas de histórias sensacionalistas e de 44 artigos capa da revista *People*), choraram por ela e seus filhos sem mãe – mas não derramaram uma lágrima pelos quase um milhão de ruandeses sem rosto que foram assassinados ou morreram em miseráveis campos de refugiados desde 1994.

Quando sentimos empatia, não nos concentramos tanto em nosso próprio sofrimento, mas no do sofredor. A solidariedade e a compaixão verdadeiras nos motivam a ajudar os outros por seu próprio bem. Quando valorizamos o bem-estar de outra pessoa, percebemos que ela está necessitada e assumimos sua perspectiva, sentimos interesse empático (Batson et al., 2007).

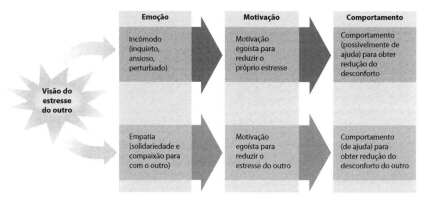

FIGURA 12.4
Rotas egoísta e altruísta à ajuda.
Assistir ao incômodo de outra pessoa pode evocar uma mistura de incômodo autodirecionado e empatia direcionada ao outro. Os pesquisadores concordam que o incômodo desencadeia motivações egoístas, mas discutem se a empatia pode desencadear uma motivação altruísta pura.

Fonte: adaptada de Batson, Fultz e Schoenrade, 1987.

Nos seres humanos, a empatia vem naturalmente. Mesmo bebês com dias de vida choram mais quando ouvem o choro de outro bebê (Hoffman, 1981). Em berçários de hospitais, o choro de um bebê às vezes evoca um coro de choros. A maioria dos bebês de 18 meses, depois de observar um adulto desconhecido deixar cair acidentalmente um marcador ou prendedor de roupa e ter dificuldade de alcançá-lo, ajuda prontamente (Warneken & Tomasello, 2006). Para alguns, isso sugere que os seres humanos são programados para a empatia. Os primatas e até mesmo os camundongos exibem empatia, o que indica que as peças que compõem o altruísmo precedem a humanidade (de Waal, 2005, 2007, 2008; Langford et al., 2006). Em um experimento clássico, a maioria dos macacos *rhesus* se recusou a operar um dispositivo que dava comida se isso fizesse com que outro macaco recebesse um choque elétrico (Masserman et al., 1964).

Muitas vezes, o desconforto e a empatia, juntos, motivam reações a uma crise. Em 1983, as pessoas assistiram na televisão um incêndio florestal australiano que arrasou centenas de casas perto de Melbourne. Depois, Paulo Amato (1986) estudou as doações de dinheiro e bens, e concluiu as pessoas que sentiam raiva ou indiferença doaram menos do que as que se sentiam incomodadas (chocadas e enojadas) ou empáticas (solidárias e preocupadas com as vítimas).

Para separar redução de desconforto egoísta da empatia baseada em altruísmo, o grupo de pesquisa de Batson conduziu estudos que provocaram sentimentos de empatia. Depois, os pesquisadores observaram se as pessoas provocadas reduziriam seu próprio incômodo escapando da situação ou se fariam algum esforço para ajudar a pessoa. Os resultados foram constantes: com sua empatia provocada, as pessoas geralmente ajudaram.

Em um desses experimentos, Batson e colaboradores (1981) fizeram mulheres da University of Kansas observarem uma jovem sofrendo enquanto supostamente recebia choques elétricos. Durante uma pausa no experimento, a vítima, obviamente incomodada, explicava a quem aplicava o experimento que uma queda contra uma cerca elétrica na infância a deixara muito sensível a choques. O pesquisador sugeria que talvez a observadora (a participante real do experimento) pudesse trocar de lugar e levar os choques restantes por ela. Anteriormente, metade dessas participantes reais foi levada a acreditar que a pessoa em sofrimento tinha valores e interesses semelhantes aos seus (provocando, assim, a empatia). Alguns também foram levados a acreditar que a sua parte no experimento fora concluída, de modo que, de qualquer forma, já tinham encerrado a observação do sofrimento da mulher. No entanto, com sua empatia provocada, praticamente todas se ofereceram voluntariamente para substituir a vítima.

Esse altruísmo é genuíno? Mark Schaller e Robert Cialdini (1988) duvidaram. Sentir empatia por alguém que sofre nos torna tristes, eles observaram. Em um de seus experimentos, levaram pessoas a acreditar que sua tristeza seria aliviada por um tipo diferente de experiência que melhorasse o humor: ouvir uma gravação de

O altruísmo genuíno pode motivar um educador internacional da saúde a fazer exercícios com crianças em Uganda? Daniel Batson considera que sim.

comédia. Nessas condições, as pessoas que sentiram empatia não foram especialmente prestativas. Schaller e Cialdini concluíram que, se sentimos empatia, mas sabemos que outra coisa vai nos fazer sentir melhor, não temos as mesmas probabilidades de ajudar.

Todos concordam que alguns atos prestativos são obviamente egoístas (feitos para obter gratificações externas ou evitar punição) ou sutilmente egoístas (para obter gratificações internas ou aliviar o incômodo interior). Existe um terceiro tipo de prestatividade – um verdadeiro altruísmo voltado apenas a melhorar o bem-estar dos outros (produzindo felicidade para si simplesmente como um subproduto)? A ajuda baseada em empatia é fonte desse altruísmo? Cialdini (1991) e colaboradores Mark Schaller e Jim Fultz colocaram isso em dúvida. Eles observam que nenhum experimento descarta todas as explicações egoístas possíveis para a prestatividade.

> A medida de nosso caráter é o que faríamos se nós nunca fossemos descobertos.
> —PARAFRASEADO DE THOMAS MACAULAY

Mas outras conclusões sugerem que o altruísmo verdadeiro existe: com sua empatia provocada, as pessoas ajudam mesmo quando acreditam que ninguém vai saber sobre essa ajuda. Sua preocupação continua até que alguém *tenha sido* ajudado (Fultz et al., 1986). Se os seus esforços para ajudar fracassam, elas se sentem mal, mesmo que o fracasso não seja culpa delas (Batson & Weeks, 1996). E, às vezes, as pessoas persistem em querer ajudar uma pessoa que sofre, mesmo quando acreditam que seu incômodo surge de uma droga que interfere no humor (Schroeder et al., 1988).

Depois de 25 experimentos desse tipo testando o egoísmo em relação à empatia altruísta, Batson (2001, 2006) e outros pesquisadores (Dovidio, 1991; Staub, 1991) acreditam que as pessoas, às vezes, têm seu foco no bem-estar dos outros e não no seu próprio. Batson, ex-estudante de filosofia e teologia, começou sua pesquisa se sentindo "animado de pensar que, se pudéssemos confirmar se as reações interessadas das pessoas são verdadeiras, e não simplesmente uma forma sutil de egoísmo, poderíamos lançar nova luz sobre uma questão básica relacionada à natureza humana" (1999a). Duas décadas depois, ele acredita que tem sua resposta. O verdadeiro "altruísmo induzido pela empatia faz parte da natureza humana" (1999b), e isso, diz Batson, aumenta a esperança – confirmada pela pesquisa – de que induzir a empatia pode melhorar as atitudes em relação a pessoas estigmatizadas: pacientes com AIDS, sem-teto, minorias, presidiários e outros. (Ver "Em Foco: Os benefícios – e os custos – do altruísmo induzido por empatia".)

EM FOCO | Os benefícios – e os custos – do altruísmo induzido por empatia

As pessoas fazem a maior parte do quem fazem, incluindo muito do que fazem pelas outras, para seu próprio benefício, reconhecem o pesquisador do altruísmo da University of Kansas Daniel Batson e colaboradores (2004). Mas o egoísmo não resume toda a história da ajuda, eles acreditam; há também um verdadeiro altruísmo enraizado na empatia, em sentimentos de solidariedade e compaixão pelo bem-estar dos outros. Somos criaturas extremamente sociais. Considere:

O altruísmo induzido por empatia
- *produz ajuda sensível*. Onde há empatia, não é apenas o pensamento que conta – é aliviar o sofrimento do outro.
- *inibe a agressão*. Mostre a Batson alguém que sente empatia por um alvo potencial de agressão e ele lhe mostrará alguém com pouca probabilidade de favorecer ataques – alguém que tem as mesmas probabilidades de perdoar e de conter a raiva. Em geral, as mulheres relatam mais sentimentos de empatia do que os homens e têm menor probabilidade de apoiar guerras e outras formas de agressão (Jones, 2003).
- *aumenta a cooperação*. Em experimentos de laboratório, Batson e Nadia Ahmad concluíram que pessoas em conflito potencial confiam e cooperam mais quando sentem empatia pelo outro. Personalizar um exogrupo, conhecer quem faz parte dele, ajuda as pessoas a entenderem sua perspectiva.
- *melhora atitudes em relação a grupos estigmatizados*. Assuma a perspectiva de outras pessoas, permita-se sentir o que elas sentem, e você poderá se tornar mais favorável a outras como elas (os sem-teto, pessoas com aids ou mesmo criminosos condenados).

Mas o altruísmo induzido por empatia vem com responsabilidades, observa o grupo de Batson
- *pode ser prejudicial*. As pessoas que arriscam a vida em nome de outras às vezes a perdem. As pessoas que procuram fazer o bem também podem fazer mal, às vezes humilhando ou desmotivando involuntariamente o receptor.
- *não tem como suprir todas as necessidades*. É mais fácil sentir empatia por um indivíduo necessitado do que, digamos, pela Mãe Terra, cujo meio ambiente está sendo despojado e aquecido, à custa de nossos descendentes.
- *pode gerar esgotamento*. Sentir a dor dos outros é doloroso, o que pode nos levar a evitar situações que evoquem nossa empatia ou a *burnout* ou "fadiga da compaixão".
- *Pode alimentar o favorecimento, a injustiça e a indiferença em relação ao bem comum maior*. A empatia, sendo particular, gera parcialidade – em relação a um filho único ou animal de estimação. Os princípios morais, sendo universais, também geram interesse por outro a quem não se vê. O planejamento de propriedades baseado em empatia lega a herança a quem é especialmente amado; o planejamento baseado em moralidade é mais inclusivo. Quando a empatia por alguém é provocada, as pessoas violam os padrões de sua própria imparcialidade e justiça, dando tratamento privilegiado a essa pessoa (Batson et al., 1997; Oceja, 2008). Ironicamente, observam Batson e colaboradores (1999), o altruísmo induzido por empatia pode, portanto, "representar uma ameaça poderosa ao bem comum [ao me levar] a estreitar meu foco de interesse àqueles de quem gosto especialmente – o amigo em necessidade – e, ao fazê-lo, perder de vista o grupo que está morrendo". Não é de estranhar que a caridade fique perto de casa com tanta frequência.

Durante a Guerra do Vietnã, 63 soldados receberam Medalhas de Honra por usar seus corpos para proteger amigos de explosivos (Hunt, 1990). A maioria estava em grupos de combate coesos. A maioria se jogou em granadas de mão ativadas. Ao fazê-lo, 59 sacrificaram suas vidas. O mesmo fizeram vários soldados da guerra do Iraque, como o cabo Jason Dunham, cuja família, em 2007, recebeu sua medalha de honra depois de ele se jogar sobre uma granada para salvar sua unidade. Ao contrário de outros altruístas, como os 50 mil gentios que, agora, se acredita terem resgatado 200 mil judeus dos nazistas, esses soldados não tiveram tempo para refletir sobre a vergonha da covardia ou as gratificações eternas do autossacrifício, mas algo os levou a agir.

> A meu ver, existem duas grandes forças da natureza humana: interesse próprio e interesse pelos outros.
> —BILL GATES, *UMA NOVA ABORDAGEM AO CAPITALISMO NO SÉCULO XXI*, 2008

Resumo: Por que ajudamos?

- Três teorias explicam o comportamento prestativo. A teoria das trocas sociais pressupõe que ajudar, assim como outros comportamentos sociais, é motivado por um desejo de maximizar gratificações, que podem ser externas ou internas. Portanto, depois de fazer algo errado, muitas vezes as pessoas ficam mais dispostas a oferecer ajuda. Pessoas tristes também tendem a ser prestativas. Finalmente, há um impressionante efeito de "sentir-se bem, fazer o bem": as pessoas felizes são prestativas. As normas sociais também ordenam que se ajude. A norma da reciprocidade nos estimula a ajudar àqueles que nos ajudaram. A norma da responsabilidade social nos conclama a ajudar as pessoas em necessidade, mesmo que elas não possam retribuir, desde que sejam merecedoras. Mulheres em crise, em parte porque podem ser consideradas mais necessitadas, recebem mais ofertas de ajuda do que os homens, principalmente de homens.
- A psicologia evolutiva pressupõe dois tipos de ajuda: a devoção a familiares e a reciprocidade. A maioria dos psicólogos evolutivos, no entanto, acredita que os genes de indivíduos egoístas têm maior probabilidade de sobreviver do que os genes de indivíduos abnegados. Sendo assim, o egoísmo é a nossa tendência natural e, portanto, a sociedade deve ensinar a ajudar.
- Podemos avaliar essas três teorias de acordo com as formas como elas caracterizam o comportamento pró-social com base em trocas "toma lá, dá cá" e/ou em prestatividade incondicional. Todas podem ser criticadas por usar o raciocínio especulativo ou *a posteriori*, mas fornecem um esquema coerente para resumir as observações do comportamento pró-social.
- Além da ajuda motivada por gratificações externas e internas, e por escapar de punição ou sofrimento, também parece haver um altruísmo verdadeiro, baseado em empatia. Com sua empatia provocada, muitas pessoas são motivadas a ajudar outras em necessidade ou desconforto, mesmo quando a ajuda é anônima ou seu próprio humor não será afetado.

Quando ajudamos?

Quais circunstâncias levam as pessoas a ajudar ou a não ajudar? Como e por que a ajuda é influenciada pelo número e pelo comportamento de outros espectadores? Por estados de humor? Por traços e valores?

Em 13 de março de 1964, a gerente de bar Kitty Genovese, de 28 anos, foi atacada por um homem armado de faca quando voltava do trabalho para seu apartamento no Queens, em Nova York, às 3h da manhã. Seus gritos de terror e pedidos de ajuda – "Meu Deus, ele me esfaqueou! Socorro! Socorro!" – despertaram alguns vizinhos (38 deles, de acordo com uma primeira reportagem do *New York Times*). Alguns supostamente vieram à janela de suas casas e viram vultos fugazes quando o atacante foi embora e voltou para atacar novamente. Só quando ele finalmente partiu foi que alguém chamou a polícia. Logo depois, Kitty Genovese morreu.

Uma análise posterior questionou a informação inicial de que 38 testemunhas do assassinato observaram, mas, ainda assim, permaneceram inativas (Manning et al., 2007). No entanto, a história ajudou a inspirar a pesquisa sobre a inação de espectador, a qual foi ilustrada em outros incidentes:

- Andrew Mormille, de 17 anos, foi esfaqueado no estômago enquanto ia para casa de metrô. Depois que seus atacantes saíram do vagão, 11 outros passageiros assistiram o jovem sangrar até a morte.
- Eleanor Bradley tropeçou e quebrou a perna enquanto fazia compras. Aturdida e sentindo dores, ela implorou por ajuda. Por 40 minutos, o fluxo de pedestres na calçada simplesmente se dividia e desviava em torno dela. Por fim, um motorista de táxi a ajudou a chegar ao médico (Darley & Latané, 1968).
- À medida que mais de 1 milhão de moradores e turistas se misturavam ao sol quente durante e após um desfile, em junho de 2000, ao lado do Central Park, em Nova York, um grupo de jovens cheios de álcool foi ficando sexualmente agressivo – apalpando e, em alguns casos, despindo, 60 mulheres. Nos dias que se seguiram, a atenção da mídia tratou da psicologia de massas por trás dessa agressão sexual e da inação policial (pelo menos duas vítimas haviam abordado policiais nas proximidades, que não responderam). Mas o que dizer dos milhares de passantes? Por que toleraram isso? Entre os muitos espectadores que tinham telefones celulares, por que nenhum fez uma chamada ao número de emergência (Dateline, 2000)?

O que é chocante, nesses casos, não é que algumas pessoas não ajudem, mas que em cada um desses grupos (de 11, de centenas, de milhares), quase 100% das pessoas que observavam não

Inação de espectador. O que influencia nossas interpretações de uma cena como esta e nossa decisão de ajudar ou não?

tenham reagido. Por quê? Em situações iguais ou parecidas, você ou eu teríamos a mesma reação delas?

Os psicólogos sociais ficaram curiosos e preocupados com a falta de envolvimento dos espectadores e fizeram experimentos para identificar quando as pessoas ajudam em uma emergência. A seguir, ampliaram a questão para "quem tem probabilidade de ajudar em situações de não emergência – com ações como dar dinheiro, doar sangue ou contribuir com seu tempo". Examinemos essas experiências observando, inicialmente, as *circunstâncias* que aumentam a prestatividade e, em seguida, as *pessoas* que ajudam.

Número de espectadores

A passividade dos espectadores em emergências levou estudiosos sociais a lamentar a "alienação", a "apatia", a "indiferença" e os "impulsos sádicos das pessoas". Ao atribuir a não intervenção às disposições dos espectadores, podemos nos assegurar de que, como pessoas generosas, teríamos ajudado. Mas esses espectadores eram pessoas tão desumanas?

Os psicólogos sociais Bibb Latané e John Darley (1970) não estavam convencidos disso, de forma que encenaram engenhosas situações de emergência e concluíram que um único fator – a presença de outros espectadores na situação – reduziu consideravelmente a intervenção. Em 1980, eles já haviam realizado quatro dúzias de experimentos que comparavam a ajuda prestada por espectadores que pensavam estar sós ou com outros. Com possibilidade irrestrita de comunicação entre os espectadores, uma pessoa tinha a mesma probabilidade de ser ajudada por um espectador solitário e quando era observada por vários espectadores (Latané & Nida, 1981; Stalder, 2008). Também na comunicação pela internet, as pessoas são mais propensas a responder de forma prestativa a um pedido de ajuda (p. ex., de alguém que procura o *link* da biblioteca da faculdade) se acreditam que só elas receberam o pedido (e não várias outras) (Blair et al., 2005).

Às vezes, a vítima tinha inclusive menor probabilidade de obter ajuda quando havia muitas pessoas ao redor. Quando Latané, James Dabbs (1975) e 145 colaboradores "acidentalmente" deixaram cair moedas ou lápis em 1.497 deslocamentos de elevador, eles foram ajudados em 40% das vezes quando havia outra pessoa no elevador, e menos de 20% quando havia seis passageiros.

Por que a presença de outros espectadores às vezes inibe a ajuda? Latané e Darley supuseram que, à medida que aumenta o número de espectadores, qualquer um deles tem menor probabilidade de *observar* o incidente, de *interpretá-lo* como um problema ou uma situação de emergência e de *assumir a responsabilidade* de agir (Fig. 12.5).

OBSERVAÇÃO

Vinte minutos depois de Eleanor Bradley cair e quebrar a perna em uma calçada lotada da cidade, você chega. Seu olhar está sobre as costas dos pedestres à sua frente (já que é falta de educação olhar fixo a quem passa), e seus pensamentos privados estão nos acontecimentos do dia. Sendo assim, você teria menor probabilidade de notar a mulher machucada do que se a calçada estivesse praticamente deserta?

FIGURA 12.5
Árvore de decisão de Latané e Darley.
Apenas um caminho ascendente na árvore leva a ajudar. Em cada bifurcação, a presença de outros espectadores pode desviar uma pessoa para um ramo inferior, em direção à não ajuda.
Fonte: adaptada de Darley e Latané, 1968.

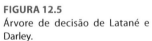

Para descobrir, Latané e Darley (1968) pediram que homens da Columbia University preenchessem um questionário em uma sala, sozinhos ou com dois estranhos. Enquanto eles faziam isso (e eram observados através de um espelho unidirecional), houve uma encenação de emergência: uma fumaça saiu de um respiradouro na parede da sala. Estudantes solitários, que muitas vezes olhavam para a sala enquanto trabalhavam, sem nada fazer, perceberam a fumaça quase que imediatamente – em geral em menos de cinco segundos. Os que estavam em grupo mantiveram os olhos na tarefa. Geralmente, eles levaram 20 segundos para notar a fumaça.

INTERPRETAÇÃO

Quando notamos um evento ambíguo, devemos interpretá-lo. Coloque-se na sala que se enche de fumaça. Apesar de preocupado, você não quer se envergonhar ao aparecer afobado. Você olha para os outros. Eles parecem calmos, indiferentes. Pressupondo que tudo deve estar bem, você dá de ombros e volta a trabalhar. Então, um dos outros percebe a fumaça e, notando sua aparente despreocupação, reage de forma semelhante. Este é mais um exemplo da influência informacional (Capítulo 6). Cada pessoa usa o comportamento dos outros como sinal para a realidade. Essas interpretações equivocadas podem contribuir para uma reação tardia a incêndios reais em escritórios,

restaurantes e outros ambientes de ocupação coletiva (Canter et al., 1980).

As interpretações equivocadas são alimentadas pelo que Thomas Gilovich, Kenneth Savitsky e Victoria Husted Medvec (1998) chamam de *ilusão de transparência* – uma tendência a superestimar a capacidade dos outros de "ler" nossos estados internos. (Veja Exame da Pesquisa no Capítulo 2.) Nos experimentos deles, pessoas que enfrentavam uma suposta emergência pressupunham que sua preocupação era mais visível do que realmente era. Mais do que costumamos supor, nossa preocupação ou nosso alarme são opacos. Tendo plena consciência de nossas emoções, presumimos que elas vazam para fora e que os outros enxergam nosso interior. Às vezes, os outros leem as nossas emoções, mas, com frequência, mantemos a calma com muita eficácia. O resultado é o que o Capítulo 8 chamou de "ignorância pluralística" – a ignorância de que os outros estão pensando e sentindo o mesmo que nós. Em caso de emergência, cada pessoa pode pensar "eu estou muito preocupada", mas, ao enxergar os outros calmos, "então pode ser que não seja uma emergência".

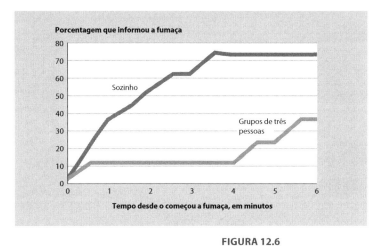

FIGURA 12.6
O experimento da sala cheia de fumaça.

A fumaça que entrava na sala de testes tinha probabilidade muito maior de ser relatada por indivíduos que trabalhavam sozinhos do que por grupos de três pessoas.

Fonte: dados de Darley e Latané, 1968.

Assim aconteceu no experimento de Latané e Darley. Quando perceberam a fumaça, os que trabalhavam sozinhos geralmente hesitaram um momento. Depois se levantavam, caminhavam até a abertura, tocavam, cheiravam e abanavam a fumaça, vacilavam de novo e depois a denunciavam. Em visível contraste, os que estavam em grupos de três não se mexiam. Entre 24 homens de oito grupos, apenas uma pessoa informou a fumaça nos primeiros quatro minutos (Fig. 12.6). Ao final do experimento de seis minutos, a fumaça era tão densa que obscurecia a visão dos homens e eles esfregavam os olhos e tossiam. Ainda assim, em apenas três dos oito grupos, uma pessoa informou o problema.

Igualmente interessante, a passividade do grupo afetou as interpretações dos seus membros. O que causou a fumaça? "Um vazamento no ar condicionado", "laboratórios de química no prédio", "encanamentos de vapor", "gás da verdade". Ninguém disse "fogo". Os membros do grupo, ao servirem como modelos não reativos, influenciaram as interpretações uns dos outros sobre a situação.

Esse dilema experimental faz um paralelo aos dilemas que todos enfrentamos na vida real. Os gritos que ouvimos lá fora são apenas brincadeiras ou são os gritos desesperados de alguém sendo atacado? Os meninos estão brincando de lutar ou estão brigando de verdade? A pessoa caída na porta está dormindo, sob efeito de drogas ou muito doente, talvez em coma diabético? Essa certamente foi a pergunta com que se depararam os que passaram por Sidney Brookins (AP, 1993). Brookins, que tinha sofrido uma concussão ao ser espancado, morreu depois ficar deitado perto da porta de um edifício de apartamentos de Minneapolis por dois dias. Isso também pode ter sido o que aconteceu aos membros da sala de bate-papo na internet que, em 2003, assistiram via *webcam* enquanto Brandon Vedas, de 21 anos, tomava uma *overdose* de drogas e morria. Enquanto sua vida se esgotava, seu público, que ficou se perguntando se ele estava fazendo uma encenação, não conseguiu decifrar as pistas disponíveis de seu paradeiro e entrar em contato com a polícia (Nichols, 2003).

Ao contrário do experimento da sala cheia de fumaça, cada uma dessas situações cotidianas envolve outra pessoa em desesperada necessidade. Para ver se o mesmo **efeito do espectador** ocorre nessas situações, Latané e Judith Rodin (1969) fizeram um experimento em torno de uma mulher com problemas. Uma pesquisadora colocou homens da Columbia University para preencher um questionário e saiu por uma porta com cortinas para trabalhar em um escritório adjacente. Quatro minu-

efeito do espectador
Conclusão de que uma pessoa tem menor probabilidade de ajudar quando há outras presentes.

POR DENTRO DA HISTÓRIA | John M. Darley sobre reações dos espectadores

Chocados com o assassinato de Kitty Genovese, Bibb Latané e eu nos reunimos em um jantar e começamos a analisar as reações dos espectadores. Sendo psicólogos sociais, não pensamos sobre as falhas de personalidade dos "apáticos" indivíduos, mas sobre como qualquer pessoa naquela situação poderia reagir da mesma forma. No momento em que terminamos nosso jantar, tínhamos formulado vários fatores que, juntos, poderiam levar a um resultado surpreendente: ninguém ajudar. Em seguida, partimos para a realização de experimentos que isolavam cada fator e demonstravam sua importância em uma situação de emergência.

John M. Darley,
Princeton University

As interpretações são importantes. Aquele homem bateu a porta do carro com a chave dentro ou é um ladrão? Nossa interpretação afeta a nossa reação.

tos depois, era possível ouvi-la (a partir de um gravador) subindo em uma cadeira para alcançar alguns papéis. Isso foi seguido de um grito e um estrondo quando a cadeira virou e ela caiu no chão. "Ai, meu Deus, o meu pé... eu... eu... não consigo me mexer", ela gritou. "Ai... meu tornozelo... eu... não consigo tirar... isso... de mim." Só depois de dois minutos de gemidos ela conseguiu sair pela porta do escritório.

Setenta por cento das pessoas que estavam sozinhas quando casualmente ouviram o "acidente" entraram na sala ou gritaram oferecendo ajuda. Entre os pares de estranhos confrontando a situação de emergência, apenas 40% das pessoas ofereceu ajuda. Aqueles que nada fizeram aparentemente interpretaram a situação como uma não emergência.

"Um entorse leve", disseram alguns. "Eu não queria constrangê-la", explicaram outros. Isso, mais uma vez, demonstra o efeito do espectador. À medida que aumenta o número de pessoas cientes de uma emergência, qualquer uma delas tem menor probabilidade de ajudar. Para a vítima, não há qualquer segurança na quantidade.

As interpretações das pessoas também afetam suas reações a crimes de rua. Encenando brigas físicas entre um homem e uma mulher, Lance Shotland e Margaret Straw (1976) concluíram que espectadores intervieram em 65% das vezes quando a mulher gritou: "Fique longe de mim, eu não conheço você", mas apenas 19% das vezes quando ela gritou: "Fique longe de mim, eu não sei por que eu me casei com você". O suposto abuso pelo cônjuge, ao que parece, simplesmente não provoca tanta intervenção quanto o abuso por estranho.

ASSUNÇÃO DA RESPONSABILIDADE

Não notar e interpretar mal não são as únicas causas do efeito de espectador. Às vezes, uma emergência é óbvia. De acordo com relatos iniciais, aqueles que viram e ouviram os pedidos de socorro de Kitty Genovese interpretaram corretamente o que estava acontecendo, mas as luzes e silhuetas nas janelas vizinhas lhes diziam que outros também estavam assistindo, o que tornou difusa a responsabilidade de ação.

Em Thirty-Eight Witnesses, A. M. Rosenthal reflete sobre o assassinato de Kitty Genovese e pergunta a qual distância de um assassinato conhecido é preciso estar para ser absolvido de responsabilidade. Uma quadra? Um quilômetro? Milhares de quilômetros?

Poucos de nós já assistiram a um assassinato, mas todos, por vezes, demoramos a reagir a uma necessidade quando há outros presentes. Passando por um motorista com problemas em uma rodovia movimentada, é menos provável que ofereçamos ajuda do que em uma estrada secundária. Para explorar a inação do espectador em emergências claras, Darley e Latané (1968) simularam o drama de Genovese. Eles colocaram as pessoas em salas separadas, das quais os participantes iriam ouvir uma vítima gritando por socorro. Para criar essa situação, Darley e Latané pediram a alguns alunos da New York University para discutirem problemas da vida universitária por um interfone de laboratório. Os pesquisadores disseram aos estudantes que, para garantir seu anonimato, ninguém estaria visível, nem o experimentador ficaria escutando. Durante a discussão que se seguiu, Quando o pesquisador ligava seu microfone, os participantes ouviram uma pessoa ter uma convulsão. Com intensidade e dificuldade de fala cada vez maiores, ele implorava para que alguém ajudasse.

Dos que foram levados a acreditar que não havia outros ouvintes, 85% saíram da sala onde estavam para procurar ajuda. Dos que acreditavam que outros quatro também ouviram a vítima, apenas 31% foram em busca de ajuda. Quem não respondeu foi apático e indiferente? Quando o pesquisador chegou para encerrar o experimento, a maioria expressou preocupação imediata. Muitos tinham as mãos trêmulas e as palmas suadas. Eles acreditavam que havia ocorrido uma emergência, mas ficaram indecisos sobre agir.

Após os experimentos da sala cheia de fumaça, da mulher com problemas e das convulsões, Latané e Darley perguntaram aos participantes se a presença de outros os havia influenciado. Sabemos que os outros tiveram um efeito muito forte, mas os participantes quase sempre negaram essa influência. Normalmente, eles responderam: "Eu estava ciente dos outros, mas eu teria reagido da mesma forma se eles não estivessem presentes". Essa resposta reforça uma questão conhecida: *muitas vezes, não sabemos por que fazemos o que fazemos*. É por isso que as experiências são reveladoras. Uma pesquisa com espectadores não envolvidos depois de uma emergência real teria deixado oculto o efeito do espectador.

Os moradores de zonas urbanas raramente estão sozinhos em locais públicos, o que ajuda a explicar por que as pessoas da cidade muitas vezes são menos prestativas do que as do interior. A "fadiga da compaixão" e a "sobrecarga sensorial" por encontrar tantas pessoas necessitadas restringem ainda mais a ajuda nas grandes cidades de todo o mundo (Levine et al., 1994; Yousif & Korte, 1995). Nessas cidades, os espectadores também são estranhos com mais frequência – cuja quantidade cada vez maior reduz a atitude de ajuda. Quando os espectadores são amigos ou pessoas que

Difusão de responsabilidades. Todos os nove *paparazzi* que estavam na cena imediatamente após o acidente de carro da princesa Diana tinham telefones celulares. Com uma exceção, nenhum pediu ajuda. Sua explicação quase unânime foi que pressupuseram que "outra pessoa" já havia telefonado (Sancton, 1997).

compartilham uma identidade de grupo, uma quantidade maior pode até aumentar a ajuda (Levine & Crowther, 2008).

Os países também têm sido frequentes espectadores de catástrofes, até mesmo de genocídio. Todos ficamos assistindo enquanto 800 mil pessoas eram assassinadas em Ruanda e, neste novo século, mais uma vez ficamos assistindo ao massacre humano na região sudanesa de Darfur. "Com muitos atores em potencial, cada um se sente menos responsável", observa Ervin Staub (1997). "Não é nossa responsabilidade", dizem os líderes dos países não afetados. O psicólogo Peter Suedfeld (2000) – assim como Staub, um sobrevivente do Holocausto – observa que a difusão de responsabilidades também ajuda a explicar "por que a maioria dos cidadãos europeus ficou de braços cruzados durante a perseguição, a remoção e a morte de seus compatriotas judeus".

ÉTICA EM PESQUISA REVISITADA

Essas experiências levantam uma questão ética. É certo forçar pessoas a ouvir involuntariamente a suposta queda de alguém? Os pesquisadores no experimento das convulsões foram éticos ao forçar as pessoas a escolher se interrompiam sua discussão para relatar o problema? Você se oporia a participar de um estudo desse tipo? Observe que teria sido impossível obter o seu "consentimento informado", pois isso teria destruído o disfarce do experimento.

Os pesquisadores sempre tiveram o cuidado de informar posteriormente os participantes do experimento de laboratório. Depois de explicar o experimento das convulsões, provavelmente o mais estressante, o pesquisador deu um questionário aos participantes. Cem por cento disse que o engano era justificado e que eles estariam dispostos a participar desse tipo de experiência no futuro, e nenhum disse estar zangado com o experimentador. Outros pesquisadores confirmam que a maioria esmagadora dos participantes desses experimentos disse que sua participação havia sido instrutiva e eticamente justificada (Schwartz & Gottlieb, 1981). Em experimentos de campo, um membro da equipe disfarçado ajudava a vítima caso ninguém mais o fizesse, garantindo aos espectadores que o problema estava sendo tratado.

Lembre-se de que o psicólogo social tem uma dupla obrigação ética: proteger os participantes e melhorar o bem-estar humano, descobrindo influências sobre o comportamento das pessoas. Essas descobertas podem nos alertar para influências indesejáveis e nos mostrar como podemos exercer as positivas. O princípio ético parece ser: após proteger o bem-estar dos participantes, os psicólogos sociais cumprem sua responsabilidade para com a sociedade ao nos ajudar a entender nosso comportamento.

Ajudar quando alguém mais o faz

Se a observação de modelos agressivos pode aumentar a agressividade (Capítulo 10) e se os modelos podem aumentar a ausência de resposta, os modelos prestativos promoverão a ajuda? Imagine ouvir uma batida de carro seguida de soluços e gemidos. Se outro espectador dissesse "É uma emergência! Temos que fazer alguma coisa", isso estimularia outros a ajudar?

A evidência é clara: os modelos pró-sociais promovem o altruísmo. Alguns exemplos:

- James Bryan e Mary Ann Test (1967) concluíram que motoristas de Los Angeles eram mais propensos a oferecer ajuda a uma motorista com um pneu furado se tivessem visto alguém ajudando outra mulher a trocar um pneu 400 metros antes.
- Em outro experimento, Bryan e Test observaram que pessoas fazendo compras de Natal em Nova Jersey tinham maior probabilidade de colocar dinheiro em uma cestinha do Exército da Salvação se tivessem acabado de ver alguém fazer o mesmo.
- Philippe Rushton e Anne Campbell (1977) encontraram adultos britânicos mais dispostos a doar sangue se fossem abordados depois de observar um membro da equipe de pesquisa disfarçado dando seu consentimento para a doação.
- Uma visão da extraordinária bondade e da caridade humanas – como lhes apresentei nos exemplos de altruísmo heroico no início deste capítulo – muitas vezes desencadeia o que Jonathan Haidt (2003) chama de *elevação*, ou seja, "um sentimento diferenciado no peito, de calor e ampliação" que pode provocar arrepios, lágrimas e aperto na garganta. Muitas vezes, essa elevação inspira as pessoas a darem mais de si mesmas.

Mas, às vezes, na prática, os modelos contradizem aquilo que pregam. Os pais podem dizer a seus filhos: "Faça o que eu digo, mas não faça o que eu faço". Experimentos mostram que as crianças aprendem julgamentos morais de ouvirem alguém pregar e daquilo do que veem praticado (Rice & Grusec, 1975; Rushton, 1975). Quando são expostas a hipócritas, imitam, ou seja, dizem o que o modelo diz e fazem o que o modelo faz.

> Na verdade, somos mais da metade daquilo que somos por imitação. A grande questão é escolher bons modelos e estudá-los com cuidado.
>
> —LORDE CHESTERFIELD, *CARTAS*, 18 DE JANEIRO DE 1750

Pressões do tempo

Darley e Batson (1973) discerniram outro fator determinante da ajuda na parábola do Bom Samaritano. O sacerdote e o levita eram pessoas ocupadas e importantes, e provavelmente estavam com pressa para dar conta de seus afazeres. O samaritano humilde certamente estava menos pressionado pelo tempo. Para ver se as pessoas com pressa se comportam como o sacerdote e o levita, Darley e Batson habilmente encenaram a situação descrita na parábola.

Depois de refletir antes de gravar uma breve conversa extemporânea (que, para metade dos participantes, era realmente a parábola do Bom Samaritano), alunos do Seminário Teológico de Princeton foram encaminhados a um estúdio de gravação em um prédio adjacente. No caminho, passaram por um homem caído em uma porta, a cabeça baixa, tossindo e gemendo. Alguns dos alunos tinham sido enviados sem pressa: "Precisamos de alguns minutos antes que eles estejam prontos para vocês, mas vocês também podem ir diretamente". Destes, quase dois terços pararam para oferecer ajuda. A outros foi dito: "Você está atrasado. Eles já estão esperando há alguns minutos... então é melhor você se apressar". Destes, apenas 10% ofereceram ajuda.

Refletindo sobre tais resultados, Darley e Batson comentaram:

> Uma pessoa que não tem pressa pode parar e oferecer ajuda a uma pessoa com problemas; alguém com pressa provavelmente seguirá adiante. Ironicamente, é provável que ela siga em frente mesmo se estiver apressada para falar sobre a parábola do Bom Samaritano, confirmando inadvertidamente o argumento da parábola. (De fato, em várias ocasiões, seminaristas que estavam indo fazer uma apresentação sobre a parábola do Bom Samaritano passaram literalmente por cima da vítima, tentando chegar com pressa!)

Será que estamos sendo injustos com os seminaristas, que estavam, afinal de contas, correndo para *ajudar* o pesquisador? Talvez eles sentissem com muita intensidade a norma da responsabilidade social, mas achavam que ela os pressionava para dois lados: o do pesquisador e o da vítima. Em outra encenação da situação do Bom Samaritano, Batson e colaboradores (1978) instruíram 40 estudantes da University of Kansas em uma experiência em outro prédio. Metade ouviu que estava atrasada; a outra metade que tinha tempo de sobra. Metade de cada um desses grupos pensava que sua participação era de vital importância para o experimentador; metade achava que não era essencial. Os resultados: aqueles que estavam indo tranquilamente a um compromisso sem importância normalmente paravam para ajudar, mas as pessoas raramente paravam para ajudar se, como o Coelho Branco de *Alice no país das maravilhas*, estivessem atrasadas para um compromisso muito importante.

Podemos concluir que os apressados eram insensíveis? Os seminaristas perceberam o sofrimento da vítima e depois, conscientemente, escolheram ignorá-lo? Não. Com pressa, preocupados, correndo para ajudar o pesquisador, eles simplesmente não tiraram um tempo para sintonizar com a pessoa em necessidade. Como observaram com tanta frequência os psicólogos sociais, o comportamento deles foi mais influenciado pelo contexto do que pela convicção.

Semelhança

Como a semelhança faz gostar (Capítulo 11), e gostar faz ajudar, somos mais empático e prestativos com quem é *semelhante* a nós (Miller et al., 2001). O viés da semelhança se aplica tanto a roupas quanto a crenças. Tim Emswiller e seus colegas pesquisadores (1971) fizeram membros da equipe de pesquisa, vestidos de forma conservadora ou em vestimentas típicas da contracultura, abordarem estudantes "conservadores" e "na moda" da Purdue University pedindo uma moeda para um telefonema. Menos da metade dos estudantes fez o favor aos que se vestiam diferentemente deles, e dois terços o fez aos vestidos de modo semelhante. Da mesma forma, clientes escoceses em uma época mais anti-homossexuais foram menos dispostos a dar troco a alguém se essa pessoa usasse uma camiseta com um *slogan* pró-homossexuais (Gray et al., 1991). Ver, também, Figura 12.7 e "Exame da pesquisa: Semelhança endogrupal e ajuda".

Nenhum rosto é mais familiar do que o da própria pessoa. Isso explica por que, quando Lisa DeBruine (2002) fez estudantes da McMaster University jogarem um jogo interativo com um suposto outro jogador, eles confiaram mais e foram mais generosos quando o rosto retratado da outra pessoa tinha mescladas algumas características de seu próprio rosto (Fig. 12.10). Eu confio em

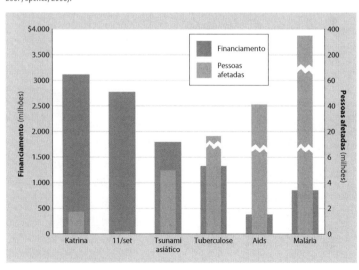

FIGURA 12.7
Necessidades e doações incompatíveis.

A semelhança, junto com a proximidade e as representações vívidas das vítimas, ajuda a explicar por que algumas vítimas de calamidades (como as do furacão Katrina e dos atentados de 11 de setembro de 2001) geram enorme onda de doações, enquanto outros problemas bem maiores, como a malária, recebem muito menos atenção e resposta (Loewenstein e Small, 2007; Spence, 2006).

EXAME DA PESQUISA: Semelhança endogrupal e ajuda

A semelhança faz gostar e gostar faz ajudar. Então, as pessoas oferecem mais ajuda a outras que apresentam semelhanças com elas mesmas? Para explorar a relação entre semelhança e ajuda, Mark Levine, Amy Prosser e David Evans, da Lancaster University, juntaram-se a Stephen Reicher, da St. Andrews University (2005), para estudar o comportamento de alguns alunos da Lancaster que, anteriormente, tinham se identificado como torcedores do time de futebol vizinho, o Manchester United. Usando o estímulo do famoso experimento do Bom Samaritano, de John Darley e Daniel Batson (1973), eles levaram cada participante recém-chegado ao laboratório de um edifício adjacente. No caminho, um corredor (membro da equipe de pesquisa) – vestindo uma camisa do Manchester United ou do rival Liverpool – aparentemente escorregava em um desnível na grama à frente deles, prendia o tornozelo e gemia de dor. Como mostra a Figura 8.12, os torcedores do Manchester geralmente pararam para oferecer ajuda ao torcedor do seu Manchester, mas não a um suposto torcedor do Liverpool.

Porém, os pesquisadores se perguntaram, e se lembrássemos os torcedores do Manchester da identidade que eles compartilham com os torcedores do Liverpool – como fãs do futebol, em vez de detratores que desprezam os torcedores como arruaceiros violentos? Então, repetiram o experimento, mas com uma diferença: antes de os participantes assistirem à queda do atleta, o pesquisador explicava que o estudo dizia respeito aos aspectos positivos de ser torcedor de futebol. Considerando-se que apenas uma minoria dos torcedores é arruaceira, a pesquisa tinha como objetivo explorar o que eles obtêm do seu amor pelo "esporte mais popular". Agora, um atleta vestindo uma camisa de clube de futebol, do Manchester ou Liverpool, tornava-se um de "nós, torcedores". E, como mostra a Figura 12.9, o corredor que fazia caretas de dor foi ajudado independentemente da equipe para a qual torcia – e mais do que se vestisse uma camisa comum.

O princípio nos dois casos é o mesmo, observa a equipe de pesquisa de Lancaster: as pessoas são predispostas a ajudar os membros do seu grupo, sejam eles definidos mais estreitamente (como "nós, torcedores do Manchester") ou de forma mais abrangente (como "nós, torcedores de futebol"). Se até mesmo torcedores rivais podem ser persuadidos a ajudar um ao outro se pensarem naquilo que os une, certamente outros antagonistas também podem. Uma maneira de aumentar a disposição das pessoas de ajudar os outros é promover identidades sociais que sejam inclusivas e não excludentes.

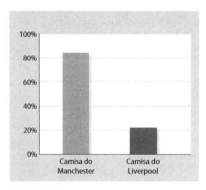

FIGURA 12.8
Porcentagem dos torcedores do Manchester United que ajudaram a vítima que vestia a camisa do Manchester ou do Liverpool.

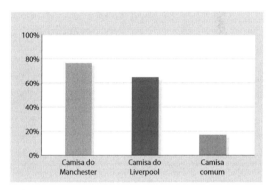

FIGURA 12.9
Condição de identidade comum de torcedor: porcentagem de torcedores do Manchester United que ajudaram a vítima vestindo camisa do Manchester, do Liverpool ou camisa comum.

---

mim. Um simples dia de aniversário, primeiro nome ou padrão de impressão digital em comum leva mais pessoas a responder a um pedido de ajuda (Burger et al., 2004).

O viés da semelhança se estende à raça? Durante a década de 1970, pesquisadores exploraram essa pergunta com resultados contraditórios:

- Alguns estudos encontraram viés de mesma raça (Benson et al., 1976; Clark, 1974; Franklin, 1974; Gaertner, 1973; Gaertner & Bickman, 1971; Sissons, 1981).
- Outros não encontraram qualquer viés (Gaertner, 1975, Lerner & Frank, 1974; Wilson & Donnerstein, 1979; Wispe & Freshley, 1971).
- Outros, ainda – principalmente os que envolviam situações cara a cara – encontraram um viés de ajuda a pessoas de uma raça diferente (Dutton, 1971, 1973; Dutton & Lake, 1973; Katz et al., 1975).

Existe uma regra geral que resolva essas conclusões aparentemente contraditórias?

Poucos querem parecer preconceituosos. Talvez, então, as pessoas favoreçam sua própria raça, mas mantenham isso em segredo para preservar uma imagem positiva. Se assim for, o viés da mesma raça deve aparecer somente quando as pessoas podem atribuir a não ajuda a fatores não relacionados à raça. Foi o que aconteceu em experimentos realizados por Samuel Gaertner e John Dovidio (1977, 1986). P. ex., mulheres brancas da University of Delaware tiveram menos disposição de ajudar uma mulher negra em perigo do que uma branca, *se* a sua responsabilidade pudesse ser difundida entre os espectadores ("Eu não ajudei a mulher negra porque havia outros que podiam ajudar"). Quando

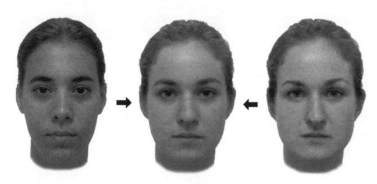

FIGURA 12.10
Semelhança gera cooperação
Lisa DeBruine (2002) mesclou rostos de participantes (à esquerda) com os de estranhos (direita) para formar o rosto composto do meio – com os quais os participantes foram mais generosos do que com o estranho.

não havia outros espectadores, as mulheres foram igualmente prestativas para com mulheres brancas e negras. A regra parece ser: quando as normas de comportamento apropriado são bem definidas, os brancos não discriminam; quando as normas são ambíguas ou contraditórias, a semelhança racial pode impor viés às respostas (Saucier et al., 2005).

Para mim, o laboratório ganhou vida uma noite, enquanto voltava caminhando para o hotel depois de uma reunião-jantar em Washington. Em uma calçada deserta, um homem bem-vestido, de aparência perturbada, mais ou menos da minha idade, aproximou-se e me pediu um dólar. Ele explicou que tinha acabado de chegar de Londres e, depois de visitar o Museu do Holocausto, tinha deixado acidentalmente a carteira em um táxi. Então, lá estava ele, perdido e precisando de 24 dólares para pagar uma corrida de táxi até a casa de um amigo em um bairro de Washington.

"Então, como é que um dólar vai lhe ajudar a chegar lá?", perguntei.

"Eu pedi mais às pessoas, mas ninguém me ajudou", ele disse, quase soluçando, "então eu pensei que se eu pedisse menos, talvez conseguisse juntar o valor da corrida".

"Mas por que você não pega o metrô?", questionei.

"Ele para a cerca de oito quilômetros de Greenbriar, onde eu preciso ir", explicou. "Meu Deus, como é que eu vou conseguir chegar lá? Se você puder me ajudar, eu lhe mando o dinheiro pelo correio na segunda-feira".

Lá estava eu, como se fosse o participante de um experimento na rua sobre altruísmo. Tendo crescido em uma cidade grande, e como visitante frequente de Nova York e Chicago, estou acostumado à mendicância e nunca a recompensei, mas também me considero uma pessoa generosa. Além disso, aquele homem era diferente de qualquer outro mendigo que eu já conhecera. Ele estava bem vestido, era inteligente, tinha uma história convincente. E era parecido comigo! Se estiver mentindo, ele é desprezível, eu disse para mim mesmo, e lhe dar dinheiro seria estúpido, ingênuo e gratificaria a atitude desprezível. Se estiver dizendo a verdade e eu lhe der as costas, *eu* é que sou desprezível.

Ele pediu um dólar; eu lhe dei 30 dólares, junto com o meu nome e endereço, que ele aceitou com gratidão, e desapareceu na noite.

Enquanto caminhava, comecei a suspeitar – como se viu, corretamente – que eu tinha feito papel de otário. Tendo morado na Grã-Bretanha, por que eu não testara seu conhecimento sobre a Inglaterra? Por eu não o levara a uma cabine telefônica para ligar para o seu amigo? Por que não tinha, pelo menos, oferecido pagar um motorista de táxi e mandá-lo até onde tinha que ir, em vez de lhe dar o dinheiro? E por que, depois de uma vida de resistência a golpes, eu sucumbira a este?

Timidamente, porque eu gosto de pensar que não sou influenciado por estereótipos étnicos, tive que admitir que foi não apenas uma abordagem pessoal socialmente habilidosa, mas também o simples fato de ele ser semelhante a mim.

Resumo: Quando ajudamos?

- Várias influências situacionais operam para inibir ou incentivar o altruísmo. À medida que aumenta o número de espectadores em uma emergência, qualquer espectador tem menor probabilidade de (1) notar o incidente, (2) interpretá-lo como emergência e (3) assumir a responsabilidade. Experimentos sobre comportamento de ajuda colocam um dilema ético, mas atendem à necessidade de um pesquisador de melhorar a vida humana descobrindo importantes influências sobre o comportamento.
- Quando as pessoas têm maior probabilidade de ajudar? Uma dessas circunstâncias é quando elas acabam de observar outra pessoa ajudando alguém.
- Outra circunstância que promove a ajuda é ter pelo menos um pouco de tempo livre; quem tem pressa tem menos chances de ajudar.
- Tendemos a ajudar àqueles que percebemos como semelhantes a nós.

Quem ajudamos?

Analisamos influências internas sobre a decisão de ajudar (como culpa e humor) e também influências externas (como normas sociais, número de espectadores, pressões do tempo e semelhança). Também precisamos analisar as disposições de quem ajuda, incluindo, p. ex., seus traços de personalidade e valores religiosos.

Traços de personalidade

Alguns traços certamente devem distinguir tipos como a Madre Teresa de outros. Diante de situações idênticas, algumas pessoas vão responder de forma prestativa, enquanto outras nem vão se importar. Quem são os que provavelmente ajudam?

Durante muitos anos, os psicólogos sociais não conseguiram descobrir um único traço de personalidade que predissesse a ajuda em um nível próximo do poder preditivo da culpa, da situação e dos fatores relacionados a humor. Foram encontradas relações modestas entre ajuda e certas variáveis de personalidade, como a necessidade de aprovação social, mas, em geral, os testes de personalidade foram incapazes de identificar quem ajuda. Estudos sobre pessoas que salvaram judeus na Europa nazista revelam uma conclusão semelhante: embora o contexto social tenha influenciado claramente a disposição de ajudar, não havia um conjunto definido de traços de personalidade altruístas (Darley, 1995).

Se soa familiar, essa constatação poderia vir de uma conclusão semelhante a que chegaram os pesquisadores da conformidade (Capítulo 6): a conformidade também pareceu mais influenciada pela situação do que por traços de personalidade mensuráveis. Talvez, porém, você se lembre, do Capítulo 2, de que quem somos afeta o que fazemos. Medições de atitude e de traços raramente predizem um ato *específico*, que é o que a maioria dos experimentos sobre altruísmo mede (em contraste com o altruísmo que dura a vida toda, como o de uma Madre Teresa), mas predizem o comportamento médio em muitas situações com mais precisão.

Os pesquisadores de personalidade responderam ao desafio. Primeiro, encontraram *diferenças individuais* na prestatividade e mostraram que essas diferenças persistem ao longo do tempo e são percebidas pelos pares da pessoa (Hampson, 1984; Penner, 2002; Rushton et al., 1981). De algumas pessoas, pode-se esperar mais que sejam prestativas.

Segundo, os pesquisadores estão coletando sinais da *rede de traços* que predispõem uma pessoa à prestatividade. Quem tem emocionalidade positiva, empatia e autoeficácia elevadas tem mais chances de ser interessado nos outros e prestativo (Eisenberg et al., 1991; Krueger et al., 2001; Walker & Frimer, 2007).

Terceiro, a personalidade influencia a forma como determinadas pessoas reagem a *situações individuais específicas* (Carlo et al., 1991; Romer et al., 1986; Wilson & Petruska, 1984). Quem tem elevado automonitoramento está sintonizado com as expectativas dos outros e, portanto, é prestativo *se* achar que vai ser socialmente gratificado (White & Gerstein, 1987). A opinião dos outros importa menos a pessoas voltadas para si, de baixo automonitoramento.

Gênero

A interação entre pessoa e situação também aparece em 172 estudos que compararam a prestatividade de cerca de 50 mil indivíduos dos sexos masculino e feminino. Depois de analisar esses resultados, Alice Eagly e Maureen Crowley (1986) relataram que, diante de situações potencialmente perigosas em que estranhos precisam de ajuda (como um pneu furado ou uma queda no metrô), mais homens ajudam. (Eagly e Crowley também relatam que, entre 6.767 indivíduos que receberam a medalha Carnegie de heroísmo por salvar vidas humanas, 90% eram homens.)

Em situações mais seguras, como oferecer ajuda com um experimento ou passar um tempo com crianças que têm problemas de desenvolvimento, as mulheres são ligeiramente mais propensas a ajudar. Em uma pesquisa da UCLA com 272.036 calouros, 63% dos homens – e 75% das mulheres – classificaram "ajudar outros em dificuldade" como "muito importante" ou "essencial" (Pryor et al., 2007). As mulheres também tiveram a mesma probabilidade, ou mais, de colocar a vida em risco resgatando perseguidos pelo Holocausto, doando um rim e sendo voluntárias das organizações Peace Corps e Médicos do Mundo se comparadas aos homens (Becker & Eagly, 2004). Assim sendo, a diferença de gênero interage com a situação (depende dela). Diante de problemas de um amigo, as mulheres respondem com maior empatia e passam mais tempo ajudando (George et al., 1998).

Fé religiosa

Em 1943, com os submarinos nazistas afundando navios mais rapidamente do que as forças Aliadas conseguiam substituí-los, o navio de transporte de tropas *SS Dorchester* saiu do porto de Nova York com 902 homens rumo à Groenlândia (Elliott, 1989; Kurzman, 2004; Parachin, 1992). Entre os que deixavam para trás famílias ansiosas, estavam quatro capelães: o pregador metodista George Fox, o rabino Alexander Goode, o padre católico John Washington e o ministro Clark Poling, da Igreja Refor-

> Há... razões pelas quais a personalidade deve ser pouco importante na determinação das reações das pessoas à emergência. Para começo de conversa, as forças situacionais que afetam a decisão de uma pessoa são muito fortes.
>
> —BIBB LATANÉ E JOHN DARLEY (1970, P. 115)

A abnegação maior dos quatro capelães inspirou essa pintura, que fica na Capela dos Quatro Capelães, em Valley Forge, Pensilvânia.

mada. A cerca de 250 km do destino, em uma noite sem lua, o submarino alemão *U-boat 456* pegou o *Dorchester* em posição vulnerável. Instantes depois do impacto do torpedo, homens atordoados saíam de seus beliches enquanto o navio começava a inclinar. Com a eletricidade cortada, o rádio do navio era inútil; os navios de escolta, sem saber da tragédia que se desenrolava, seguiram em frente na escuridão. A bordo, o caos reinava à medida que homens em pânico vinham do porão sem coletes salva-vidas e pulavam em botes superlotados.

Ao chegar ao convés íngreme, os quatro capelães começaram a orientar os homens a suas posições nos botes. Abriam um armário, distribuíam coletes salva-vidas e mandavam os homens para o lado. Quando o suboficial John Mahoney se virou para recuperar as luvas, o rabino Goode respondeu: "Deixe para lá, eu tenho dois pares". Só mais tarde Mahoney percebeu que o rabino não tinha convenientemente um par a mais, e sim abrira mão do seu.

Na água gelada e manchada de óleo, ao ouvir os capelães pregando coragem, o soldado William Bednar encontrou forças para sair debaixo do navio nadando até chegar a um bote salva-vidas. Ainda a bordo, Grady Clark assistia admirado aos capelães entregarem o último colete salva-vidas e, em seguida, com abnegação final, darem os seus próprios. Ao cair na água, Clark olhou para trás e viu algo inesquecível: os quatro capelães estavam de pé – braços dados, orando, em latim, hebraico e inglês. Outros homens se juntaram a eles em um amontoado enquanto o *Dorchester* deslizava para dentro do mar. "Foi a coisa mais bonita que eu já vi ou espero ver deste lado do mundo", disse John Ladd, outro dos 230 sobreviventes.

O exemplo heroico dos capelães implica necessariamente que a fé promove coragem e generosidade? As quatro maiores religiões do mundo – cristianismo, islamismo, hinduísmo e budismo – ensinam compaixão e caridade (Steffen & Masters, 2005), mas seus seguidores fazem o que pregam?

Reflita, em primeiro lugar, sobre o que acontece quando as pessoas são sutilmente "condicionadas" com pensamentos materialistas ou espirituais. Com o dinheiro em mente – depois de um exercício de caça-palavras que incluía termos como *salário* ou depois de ver um cartaz mostrando dinheiro –, as pessoas foram menos prestativas para com uma pessoa confusa e menos generosas quando convidadas a fazer doações a alunos carentes (Vohs et al., 2006, 2008). Com Deus em suas mentes, depois de um exercício com palavras como *espírito*, *divino*, *Deus* e *sagrado* – as pessoas se tornaram muito mais generosas em suas doações (Pichon et al., 2007; Shariff & Norenzayan, 2007).

Observe, também, os muitos estudos sobre ajuda espontânea. Diante de uma emergência menor, pessoas intrinsecamente religiosas têm apenas um pouco mais de resposta (Trimble, 1993). Mais recentemente, os pesquisadores também estão explorando a ajuda planejada – o tipo de ajuda permanente prestada por voluntários que trabalham com aids, programas *Big Brother* e *Big Sister* e apoiadores de organizações de assistência em universidades. É ao fazer escolhas intencionais relacionadas à ajuda de longo prazo que a fé religiosa melhor prediz o altruísmo.

A partir de suas análises sobre por que as pessoas são voluntárias, como quando convivem com pacientes de aids, Mark Snyder, Allen Omoto e Gil Clary (Clary & Snyder, 1993, 1995, 1999, Clary et al., 1998) discerniram várias motivações. Algumas estão enraizadas em gratificações – tentativa de se juntar a um grupo, obter aprovação, melhorar as perspectivas de emprego, reduzir a culpa, aprender habilidades ou aumentar a autoestima. Outras ajudam para agir de acordo com seus valores religiosos ou humanitários e seu interesse pelos outros.

Em estudos com estudantes universitários e o público em geral, os que estavam religiosamente comprometidos informaram contribuir com mais horas de voluntariado – como tutores, trabalhando em emergências e em campanhas por justiça social – do que os que não tinham compromisso religioso (Benson et al., 1980; Hansen et al., 1995; Penner, 2002). Entre os norte-americanos a quem a pesquisa Gallup classifica como "envolvidos" com uma comunidade religiosa, a pessoa média informa fazer voluntariado duas horas por semana; a pessoa média não envolvida informa zero hora por semana de voluntariado (Winseman, 2005). Pesquisas em todo o mundo confirmam a correlação entre envolvimento religioso e voluntariado. Uma análise de 117.007 pessoas que responderam a World Values Surveys em 53 países informou que os que frequentam a religião duas vezes por semana "têm probabilidade maior do que cinco vezes de ser voluntários" do que os que não frequentam (Ruiter & De Graaf, 2006).

Além disso, a brincadeira de Sam Levenson – "Quando se trata de doar, algumas pessoas vão até o nada" raramente se aplica a membros de igrejas e sinagogas. Em uma pesquisa Gallup, os norte-americanos que disseram nunca frequentar igrejas ou sinagogas informaram doar 1,1% dos seus rendimentos (Hodgkinson et al., 1990); frequentadores semanais foram duas vezes e meia mais generosos. Esses 24% da população fizeram 48% de todas as contribuições à caridade; os outros três quartos dos norte-americanos doaram a outra metade. Pesquisas de acompanhamento, incluindo uma grande pesquisa mundial Gallup com 2 mil ou mais pessoas em 140 países, confirmam a correlação entre fé e filantropia. Apesar de ter renda mais baixa, as pessoas altamente religiosas (que informaram que a religião é importante em suas vidas cotidianas e frequentaram um serviço religioso na semana anterior) informaram índices bastante superiores à média de doações, voluntariado e ajuda a um estranho no mês anterior (Fig. 12.11).

As ligações religiosas com a ajuda planejada se estendem de forma semelhante a outras organizações comunitárias? Robert Putnam (2000) analisou dados de pesquisa nacional sobre 22 tipos de organizações, incluindo clubes de *hobbies*, associações profissionais, grupos de autoajuda e clubes de serviço. "A participação em grupos religiosos", informa, "foi mais associada a outras formas de participação cívica, como votar, participar de júri, projetos comunitários, conversar com vizinhos e doar para a caridade" (p. 67).

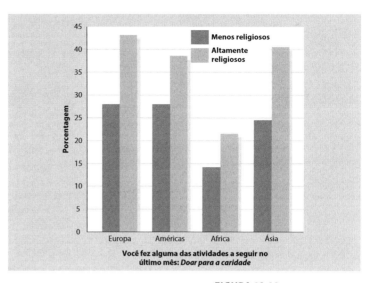

FIGURA 12.11
Ajuda e envolvimento religioso.
No mundo todo, informam os pesquisadores da Gallup Brett Pelham e Steve Crabtree (2008), pessoas altamente religiosas são mais propensas a informar que doaram dinheiro no mês passado e também que atuaram como voluntárias e ajudaram um estranho. As muito religiosas são as que disseram que a religião é importante em sua vida cotidiana e frequentaram um serviço religioso na semana anterior. As menos religiosas são todas as outras.

Resumo: quem ajudamos?

- Em contraste com os potentes determinantes situacionais e de humor do altruísmo, os resultados dos testes de personalidade têm servido como preditores apenas modestos da ajuda. No entanto, novas evidências indicam que algumas pessoas são sempre mais prestativas do que outras.
- O efeito da personalidade ou do gênero pode depender da situação. Têm-se observado que os homens, por exemplo, ajudam mais em situações perigosas, e as mulheres, como voluntárias.
- A fé religiosa prediz o altruísmo de longo prazo, refletido no voluntariado e nas contribuições à caridade.

Como podemos aumentar a ajuda?

Para aumentar a ajuda, podemos reverter os fatores que a inibem? Ou podemos ensinar normas e socializar as pessoas para que se vejam como prestativas?

A religião é a mãe da filantropia.
—FRANK EMERSON ANDREWS,
ATTITUDES TOWARD GIVING, 1953

Como cientistas sociais, nosso objetivo é entender o comportamento humano, sugerindo, assim, formas de melhorá-lo. Então, como podemos aplicar o entendimento baseado em pesquisas para aumentar a ajuda? Uma maneira de promover o altruísmo é inverter os fatores que a inibem. Considerando-se que as pessoas apressadas e preocupadas tendem a ajudar menos, pode-se pensar em formas de desacelerar as pessoas e direcionar sua atenção para fora de si mesmas? Se a presença de outros diminui o sentido de responsabilidade de cada espectador, como podemos intensificar a responsabilidade?

Reduzir a ambiguidade, aumentar a responsabilidade

Se a árvore de decisão de Latané e Darley (ver Fig. 12.5) descreve os dilemas enfrentados pelos espectadores, a ajuda deveria aumentar se conseguirmos levar as pessoas a *interpretar um incidente* corretamente e *assumir a responsabilidade*. Leonard Bickman e colaboradores (1975, 1977, 1979) testaram essa presunção em uma série de experimentos sobre denunciar crimes. Em cada um, eles encenaram um furto em um supermercado ou livraria. Em algumas das lojas, colocaram placas visando sensibilizar os espectadores para furtos e os informando sobre como denunciar. Os pesquisadores constataram que as placas tinham pouco efeito. Em outros casos, testemunhas ouviram um espectador interpretar o incidente: "Olha só para ela, ela está roubando. Ela colocou na bolsa". (A seguir, o espectador saía para procurar um filho perdido.) Outros ainda ouviam essa pessoa acrescentar: "Nós vimos. Deveríamos denunciar. É nossa responsabilidade". Ambos os comentários aumentaram em muito as denúncias do crime.

Não há mais dúvida do poder da influência pessoal. Robert Foss (1978) pesquisou várias centenas de doadores de sangue e descobriu que os iniciantes, ao contrário dos veteranos, geralmente estavam lá a convite de alguém. Leonard Jason e colaboradores (1984) confirmaram que os apelos pessoais à doação de sangue são muito mais eficazes do que cartazes e anúncios na mídia – se os apelos pessoais vierem de amigos. Mas até mesmo apelos diretos de estranhos podem ser surpreendentemente eficazes. Isso é o que Francis Flynn e Vanessa Lake (2008) concluíram quando fizeram que estudantes da Columbia University pedissem que estranhos reservassem 5 a 10 minutos para preencher um questionário. Eles calculavam que teriam de pedir a quatro pessoas para cada uma que concordaria. Na realidade, metade das pessoas concordou quando se perguntou diretamente. Da mesma forma, estranhos foram mais receptivos do que o esperado quando se perguntou: "Posso usar seu telefone celular para fazer uma ligação?", "Você pode me mostrar onde o fica o ginásio [do *campus*]?" e "Você me acompanha até lá?".

Apelos não verbais personalizados também podem ser eficazes. Mark Snyder e colaboradores (1974; Omoto & Snyder, 2002) constataram que caroneiros dobravam o número de caronas que lhes eram oferecidas olhando os motoristas diretamente nos olhos, e que a maioria dos voluntários que trabalham com aids se envolveu por meio da influência pessoal de alguém. Uma abordagem pessoal, como sabia o meu pedinte, faz a pessoa se sentir menos anônima, mais responsável.

Henry Solomon e Linda Solomon (1978, Solomon et al., 1981) exploraram formas de reduzir o anonimato e concluíram que os espectadores que tinham se identificado um com o outro – por nome, idade e assim por diante – tinham mais chances de oferecer ajuda a uma pessoa doente do que os espectadores anônimos. Da mesma forma, quando uma experimentadora captava o olhar de outro cliente e lhe dava um sorriso antes de entrar no elevador da loja, aquele cliente tinha probabilidade muito maior que outros consumidores de oferecer ajuda quando o pesquisador dizia, mais tarde: "Droga, esqueci os meus óculos. Alguém sabe me dizer em que andar estão os guarda-chuvas?" Mesmo uma conversa momentânea trivial com alguém ("Desculpe, você não é a irmã da Suzie Spear?" "Não, não sou.") aumentou drasticamente a prestatividade posterior da pessoa.

A prestatividade também aumenta quando se esperam encontrar novamente a vítima e outras testemunhas. Usando um sistema de interfone do laboratório, Jody Gottlieb e Charles Carver (1980) levaram estudantes da University of Miami a acreditar que estavam discutindo problemas da vida universitária com outros estudantes. (Na verdade, os outros debatedores estavam gravados.)

Quando uma das supostas colegas de debate teve um ataque de asfixia e pediu socorro, ela foi ajudada mais rapidamente por quem acreditava que logo conheceria os debatedores cara a cara. Em suma, qualquer coisa que personalize os espectadores – pedido pessoal, contato visual, dizer o nome da pessoa, expectativa de interação – aumenta a disposição para ajudar. Em experimentos, clientes de restaurantes deram mais gorjeta quando quem os atendia se apresentava pelo nome, escrevia mensagens simpáticas na conta, tocava os clientes no braço ou no ombro e se sentava ou se agachava à mesa durante o atendimento (Leodoro & Lynn, 2007).

O tratamento pessoal torna os espectadores mais autoconscientes e, portanto, mais sintonizados com seus próprios ideais altruístas. Lembre-se, de capítulos anteriores, que pessoas que eram tornadas autoconscientes ao atuar na frente de um espelho ou uma câmera de TV apresentavam maior coerência entre atitudes e ações. Já as pessoas "desindividuadas" têm menos capacidade de resposta. Assim, as circunstâncias que promovem a autoconsciência – crachás, ser observado e avaliado, silêncio sem distrações – também devem aumentar a ajuda.

Shelley Duval, Virginia Duval e Robert Neely (1979) confirmaram isso. Eles mostraram a algumas mulheres da University of Southern California suas próprias imagens em uma tela de TV ou fizeram elas preencherem questionários biográficos pouco antes de lhes dar uma oportunidade de contribuir com tempo e dinheiro para pessoas necessitadas. As que tinham sido tornadas autoconscientes deram mais contribuições. Da mesma forma, os pedestres que acabavam de ser fotografados por alguém ficaram mais propensos a ajudar um pedestre a pegar envelopes caídos (Hoover et al., 1983). Entre os que tinham acabado de se ver no espelho, 70% dos pedestres italianos ajudou um estranho colocando no correio um cartão postal, assim como 13% de outros abordados (Abbate et al., 2006). Pessoas autoconscientes colocam em prática seus ideais com mais frequência.

Culpa e preocupação com autoimagem

Anteriormente, observamos que as pessoas que se sentem culpadas agem para reduzir a culpa e restaurar a autoestima. Portanto, a consciência elevada das pessoas sobre suas transgressões aumenta seu desejo de ajudar? Faça estudantes universitários pensarem sobre suas transgressões passadas e eles se tornarão mais propensos a aceitar ser voluntários para ajudar com um trabalho da escola – embora o impulso do voluntariado diminua se também tiverem a oportunidade de lavar as mãos, um ato que aparentemente limpa alguns dos sentimentos de culpa evocados (Zhong & Liljenquist, 2006).

Técnica da porta na cara.
HI e LOIS © King Features Syndicate.

Uma equipe de pesquisa do Reed College liderada por Richard Katzev (1978) fez experimentos com ajuda induzida por culpa em situações cotidianas. Quando visitantes do Museu de Arte de Portland desobedeceram um aviso que dizia "por favor, não toque", os experimentadores repreenderam alguns deles: "Por favor, não toque nos objetos. Se todos tocarem, eles vão se deteriorar". Da mesma forma, quando os visitantes do Zoológico de Portland deram alimentos não autorizados aos ursos, alguns deles foram admoestados com a frase "Ei, não dê alimento não autorizado aos animais. Você não sabe que isso pode prejudicá-los?". Em ambos os casos, 58% dos indivíduos, agora se sentindo culpados, ofereceram ajuda a outro experimentador, logo depois que este "acidentalmente" deixou cair algo. Dos não repreendidos, apenas um terço ajudou. Pessoas que se sentem culpadas são pessoas prestativas.

Essa foi a minha experiência recente, depois de passar por um homem que se esforçava para se levantar de uma calçada movimentada da cidade, enquanto eu corria para pegar um trem. Seus olhos vidrados lembravam muitas pessoas bêbadas que eu tinha ajudado nos tempos de faculdade, como atendente de emergência. Ou... eu me perguntei depois de passar... ele estaria realmente com problemas de saúde? Atormentado pela culpa, juntei lixo da calçada, ofereci meu assento no trem a um casal de idosos que procurava lugares juntos e prometi que na próxima vez que me deparar com a incerteza em uma cidade estranha, vou pensar em telefonar para o atendimento de emergência.

As pessoas também se preocupam com sua imagem pública. Quando Robert Cialdini e colaboradores (1975) pediram a alguns de seus alunos da Arizona State University para acompanhar crianças delinquentes em um passeio ao jardim zoológico, apenas 32% aceitou. Com outros estudantes, quem fez a pergunta apresentou antes um pedido grande, de que os alunos comprometessem dois anos como conselheiros voluntários para crianças delinquentes. Depois de receber a resposta da **porta na cara** a esse pedido (todos recusaram), o autor da pergunta fez a contraoferta do pedido do acompanhamento, dizendo, na verdade, "certo, se vocês não vão fazer isso, fariam apenas isto?" Com essa técnica, quase o dobro – 56% – concordou em ajudar.

Cialdini e Davi Schroeder (1976) oferecem outra forma prática de desencadear a preocupação com a autoimagem: peça uma contribuição tão pequena que seja difícil dizer não sem se sentir um canalha. Cialdini (1995) descobriu isso quando uma arrecadadora de fundos da rede beneficente United Way chegou à sua porta. Enquanto ela solicitava a contribuição dele, ele ia preparando mentalmente a recusa, até que ela disse palavras mágicas que demoliram sua desculpa financeira: "Até uma moeda ajuda". "Eu tinha sido sutilmente levado a aceitar", lembrou Cialdini. "E também houve uma outra característica interessante da nossa interação. Quando parei de tossir (eu realmente tinha me engasgado com a minha tentativa de rejeição), dei-lhe, não a moeda que ela tinha mencionado, mas o valor que eu normalmente reservo para solicitantes de caridade legítima. Com isso, ela me agradeceu, sorriu inocentemente e seguiu em frente."

A reação de Cialdini foi atípica? Para descobrir, ele e Schroeder pediram que um solicitante abordasse moradores de bairros de classe média. Quando o solicitante disse: "Eu estou arrecadando dinheiro para a American Cancer Society", 29% contribuiu com uma média de 1,44 dólar cada; quando ele acrescentou "até uma moeda ajuda", 50% contribuiu com uma média de 1,54 dólares cada. Quando James Weyant (1984) repetiu esse experimento, encontrou resultados semelhantes: a frase "até uma moeda ajuda" aumentou o número dos que contribuíram, de 39 para 57%. E quando 6 mil pessoas receberam solicitações por correio para a American Cancer Society, os que receberam pedidos de quantidades pequenas foram mais propensos a doar – e não doaram menos, em média – do que os que receberam pedidos de quantidades maiores (Weyant & Smith, 1987). Quando os doadores anteriores são abordados, pedidos maiores (dentro do razoável) geram doações maiores (Doob & McLaughlin, 1989). Mas com a solicitação porta a porta, há mais sucesso com pedidos de contribuições pequenas, que são difíceis de recusar e ainda permitem à pessoa manter uma autoimagem altruísta.

Rotular as pessoas de prestativas também pode fortalecer uma autoimagem de prestatividade. Robert Kraut (1973) disse a algumas mulheres de Connecticut, depois de elas terem feito contribuições à caridade: "Você é uma pessoa generosa". Duas semanas depois, essas mulheres estavam mais dispostas do que as que não foram rotuladas a contribuir para uma instituição de caridade diferente.

técnica da porta na cara
Estratégia para obter uma concessão. Depois que alguém recusar inicialmente um pedido grande (porta na cara), o mesmo solicitante faz a contraoferta de um pedido mais razoável.

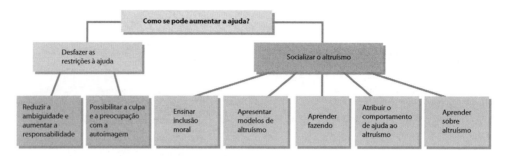

FIGURA 12.12
Maneiras práticas de aumentar a ajuda.

Socialização do altruísmo

Se podemos aprender altruísmo, como podemos socializá-lo? Aqui estão cinco maneiras (Fig. 12.12).

ENSINAR INCLUSÃO MORAL

Resgatadores de judeus na Europa nazista, líderes do movimento antiescravista e missionários da saúde compartilhavam pelo menos um traço: eram *moralmente includentes*. Sua preocupação moral englobava pessoas que diferiam deles. Uma resgatadora falsificou uma gravidez em nome de uma judia que estava escondida, incluindo a criança a nascer no círculo de identidades de seus próprios filhos (Fogelman, 1994)

A **exclusão moral** – excluir certas pessoas do próprio círculo de preocupações morais – tem o efeito oposto, justificando todos os tipos de danos, desde a discriminação até o genocídio (Opotow, 1990; Staub, 2005a; Tyler & Lind, 1990). A exploração ou a crueldade se tornam aceitáveis, mesmo apropriadas, para aqueles que consideramos indignos ou não pessoas (e também animais fora do nosso círculo de preocupações). Os nazistas excluíam os judeus de sua comunidade moral. Qualquer pessoa que participe de escravidão, esquadrões da morte ou tortura pratica uma exclusão semelhante. Em menor grau, a exclusão moral descreve aqueles de nós que concentram preocupações, favores e herança financeira sobre "nossa gente" (p. ex., nossos filhos) e exclui os outros.

Também descreve restrições na empatia do público em relação aos custos humanos da guerra. As mortes de guerra informadas costumam ser as "nossas mortes". Muitos norte-americanos, p. ex., sabem que cerca de 58 mil compatriotas seus morreram na Guerra do Vietnã (os 58.248 nomes estão inscritos no Memorial da Guerra do Vietnã), mas poucos sabem que a guerra também deixou cerca de 2 milhões de vietnamitas mortos. Durante a recente guerra do Iraque, a notícia de mortes norte-americanas – mais de 4 mil no início de 2009 – causava muito mais preocupação do que o número pouco conhecido de mortes de iraquianos, para os quais estimativas modestas publicadas pelas principais revistas médicas eram mais de 150 mil (Alkhuzai et al., 2008).

Facilmente nos tornamos insensíveis em relação a grandes números impessoais de mortes no exogrupo, observam Paul Slovic (2007) e Elizabeth Dunn e Claire Ashton-James (2008). As pessoas presumem que ficariam mais incomodadas com um furacão que matasse 5 mil em vez de 50. Mas independentemente de Dunn e Ashton-James dizerem às pessoas que o furacão Katrina tirou 50, 500, mil ou 5 mil vidas, sua tristeza não era afetada pelo número. O mesmo vale para a escala de outras tragédias, incluindo um incêndio florestal na Espanha e a guerra no Iraque. "Se eu olhar para a massa, nunca vou agir", disse Madre Teresa. "Se olhar para o indivíduo, eu vou."

Um primeiro passo para a socialização do altruísmo, portanto, é contrariar o viés endogrupal natural que favorece a família e a tribo, personalizando e ampliando o leque de pessoas cujo bem-estar deve nos preocupar. Daniel Batson (1983) observa como os ensinamentos religiosos fazem isso. Eles ampliam o alcance do altruísmo ligado a familiares ao exortar o amor "fraterno" para com todos os "filhos de Deus" em toda a "família" humana. Se todos fazem parte da nossa família, todo mundo tem um direito moral sobre nós, e as fronteiras entre "nós" e "eles" desaparecem. Convidar pessoas favorecidas a se colocar no lugar dos outros, a imaginar como se sentem, também ajuda (Batson et al., 2003). Para "fazer aos outros o que gostaríamos que nos fizessem", devemos assumir o ponto de vista dos outros.

MODELOS DE ALTRUÍSMO

Anteriormente, observamos que ver espectadores indiferentes nos torna menos propensos a ajudar. Pessoas criadas por pais extremamente punitivos, como foram muitos delinquentes e criminosos crônicos, também demonstram muito menos da empatia e da generosidade de princípios que tipifica os altruístas.

Se vemos ou lemos sobre alguém ajudando, temos maior probabilidade de oferecer ajuda. É melhor, concluem Robert Cialdini e colaboradores (2003), *não* divulgar sonegação fiscal desenfreada, lixo jogado e adolescentes bebendo e, em vez disso, enfatizar – definir uma norma para – honestidade,

---

exclusão moral
Percepção de certos indivíduos ou grupos como se estivessem fora do limite no qual a pessoa aplica valores morais e regras relacionadas ao que é justo. Inclusão moral é considerar os outros dentro do próprio círculo de preocupação moral.

Consideramos a humanidade como nossa família.
—PARLAMENTO DAS RELIGIÕES DO MUNDO, *RUMO A UMA ÉTICA GLOBAL*, 1993

limpeza e abstinência generalizada das pessoas. Em um experimento, pediu-se a visitantes para que não removessem madeira petrificada das trilhas do Parque Nacional da Floresta Petrificada. Também se disse a alguns deles que "visitantes anteriores tinham removido a madeira petrificada". Outras pessoas que foram informadas de que "visitantes anteriores deixaram a madeira petrificada" para preservar o parque tiveram tendência muito menor a pegar amostras colocadas ao longo de uma trilha.

Os efeitos dos modelos também ficaram visíveis dentro das famílias de cristãos europeus que arriscaram a vida para salvar judeus e em ativistas norte-americanos dos direitos civis. Esses altruístas excepcionais geralmente informaram ter relações estreitas e carinhosas com pelo menos um dos pais que era, igualmente, um forte "moralista" ou comprometido com causas humanitárias (London, 1970; Oliner & Oliner, 1988; Rosenhan, 1970). Suas famílias – e, muitas vezes, seus amigos e igrejas – lhes haviam ensinado a norma de ajudar e cuidar dos outros. Essa "orientação aos valores pró-sociais" os levou a incluir pessoas de outros grupos em seu círculo de preocupação moral e a se sentir responsáveis pelo bem-estar dos outros, observou o renomado pesquisador do altruísmo Ervin Staub (1989, 1991, 1992).

Staub (1999) sabe do que fala: "Como uma criança pequena judia em Budapeste, eu sobrevivi ao Holocausto, à destruição da maioria dos judeus europeus pela Alemanha nazista e seus aliados. Minha vida foi salva por uma mulher cristã que colocou sua vida em perigo várias vezes para ajudar a mim e a minha família, e por Raoul Wallenberg, o sueco que veio a Budapeste, e com coragem, inteligência e compromisso total, salvou a vida de dezenas de milhares de judeus, cujo destino era as câmaras de gás. Esses dois heróis não eram espectadores passivos, e meu trabalho é uma das maneiras que tenho de não sê-lo". (Ver "Em Foco: Comportamentos e atitudes entre resgatadores de judeus")

A TV ajuda a promover modelos positivos, tanto quanto suas representações agressivas promovem a agressividade? Na verdade, os modelos pró-sociais da TV já tiveram efeitos até mais intensos do que os modelos antissociais. Susan Hearold (1986) combinou estatisticamente 108 comparações de programas pró-sociais com programas neutros ou nenhum programa. Ela concluiu que, em média, "se o telespectador assistiu a programas pró-sociais, em vez de programas neutros, ele [pelo menos temporariamente] seria elevado do 50^0 ao 74^0 percentil de comportamento pró-social – geralmente, altruísmo".

Em um desses estudos, as pesquisadoras Lynette Friedrich e Aletha Stein (1973, Stein & Friedrich, 1972) mostraram a crianças de pré-escola episódios de *Mister Rogers' Neighborhood* todos os dias, durante quatro semanas, como parte de seu programa na creche. (A série *Mister Rogers's Neighborhood* visa melhorar o desenvolvimento social e emocional de crianças pequenas.) Durante o período de exibição, as crianças de lares menos educados se tornaram mais cooperativas, prestativas e mais propensas a declarar seus sentimentos. Em um estudo de acompanhamento, quatro alunos de jardim de infância que assistiram a *Mister Rogers* conseguiram declarar o conteúdo pró-social do programa, tanto em um teste quanto em teatro de fantoches (Friedrich & Stein, 1975; também Coates et al., 1976).

EM FOCO — Comportamento e atitudes entre resgatadores de judeus

A bondade, assim como o mal, muitas vezes evolui em pequenos passos. Os gentios que salvaram judeus começaram, muitas vezes, com um pequeno compromisso – escondendo alguém por um dia ou dois. Tendo dado esse passo, eles começaram a se ver de outra forma, como pessoas que ajudam. Em seguida, envolveram-se mais intensamente. Tendo recebido o controle de uma fábrica de propriedade de judeus que fora confiscada, Oskar Schindler começou fazendo pequenos favores para seus trabalhadores judeus, que estavam lhe rendendo lucros consideráveis. Aos poucos, passou a correr riscos cada vez maiores para protegê-los. Recebeu permissão para criar um alojamento para os trabalhadores ao lado da fábrica. Salvou indivíduos separados de suas famílias e reuniu entes queridos. Por fim, com o avanço dos russos, salvou cerca de 1.200 judeus criando uma fábrica falsa em sua cidade natal e levando todo o seu grupo de "trabalhadores qualificados" para trabalhar nela.

Outros, como Raoul Wallenberg, começaram aceitando um pedido de ajuda pessoal e acabaram arriscando repetidamente suas vidas. Wallenberg se tornou embaixador sueco na Hungria, onde salvou dezenas de milhares de judeus húngaros do extermínio em Auschwitz. Um dos que recebeu documentos de identidade para sua proteção foi Ervin Staub, de 6 anos, hoje psicólogo social na University of Massachusetts. A experiência o colocou em uma missão de vida para entender por que algumas pessoas cometem o mal, algumas assistem sem fazer nada e outras ajudam.

Munique, 1948. Oskar Schindler com alguns dos judeus que salvou dos nazistas durante a Segunda Guerra Mundial.
Fonte: Rappoport e Kren, 1993.

As crianças podem aprender a ser altruístas, solidárias e autocontroladas olhando programas de televisão que retratem esses padrões de comportamento.

—NATIONAL INSTITUTE OF MENTAL HEALTH, TELEVISION AND BEHAVIOR, 1982

Outras mídias também modelam com eficácia o comportamento pró-social. Estudos recentes mostram efeitos positivos sobre atitudes ou comportamentos como resultado de jogar *videogames* pró-sociais e ouvir letras de músicas pró-sociais (Gentile et al., 2009; Greitemeyer, 2009).

APRENDER FAZENDO

Ervin Staub (2005b) mostrou que, assim como o comportamento imoral alimenta atitudes imorais, a ajuda aumenta ajudas futuras. Crianças e adultos aprendem fazendo. Em uma série de estudos com crianças em torno dos 12 anos, Staub e seus alunos constataram que, após serem induzidas a fazer brinquedos para crianças hospitalizadas ou para um professor de arte, as crianças se tornavam mais prestativas. O mesmo aconteceu com crianças depois de ensinar crianças mais novas a montar quebra-cabeças ou usar os primeiros socorros.

Quando agem de forma prestativa, as crianças desenvolvem valores, crenças e habilidades relacionados a ajudar, observa Staub. Ajudar também ajuda a satisfazer suas necessidades de um autoconceito positivo. Em uma escala maior, programas de "aprendizagem em serviço" e de voluntariado inseridos em currículos escolares demonstraram aumentar envolvimento, responsabilidade social, cooperação e liderança posteriores dos cidadãos (Andersen, 1998; Putnam, 2000). As atitudes seguem o comportamento. Ações prestativas, portanto, promovem a autopercepção de que se é generoso e prestativo, o que, por sua vez, promove mais ajuda.

ATRIBUIÇÃO DO COMPORTAMENTO PRESTATIVO A MOTIVOS ALTRUÍSTAS

Outra pista para a socialização do altruísmo vem da pesquisa sobre o que o Capítulo 4 chamou de **efeito de justificativa insuficiente**: quando a justificativa para um ato é mais do que suficiente, a pessoa pode atribuir esse ato à justificação extrínseca, em vez de a um motivo interior. Portanto, gratificar as pessoas por fazerem o que fariam de qualquer forma prejudica a motivação intrínseca. Podemos enunciar o princípio positivamente: dando às pessoas uma justificação apenas suficiente para gerar uma boa ação (anulando a necessidade de subornos e ameaças), podemos aumentar o prazer que elas têm de fazer essas ações por conta própria.

Daniel Batson e colaboradores (1978, 1979) colocaram em prática o fenômeno da justificativa insuficiente. Em vários experimentos, constataram que alunos da University of Kansas se sentiram mais altruístas depois de concordar em ajudar alguém sem pagamento nem pressão social implícita. Quando havia sido oferecido pagamento ou existiam pressões sociais, as pessoas se sentiam menos altruístas depois de ajudar.

Em outro experimento, os pesquisadores levaram os estudantes a atribuir um ato prestativo à complacência ("Eu acho que nós não temos outra opção") ou à compaixão ("O cara realmente precisa de ajuda"). Mais tarde, quando se pediu que os estudantes oferecessem seu tempo como voluntários a uma organização local de assistência, 25% daqueles que tinham sido levados a perceber sua prestatividade anterior como mera complacência foram voluntários; daqueles levados a se ver como compassivos, 60% foram voluntários. Moral da história? Quando as pessoas se perguntam "por que estou ajudando?", é melhor se as circunstâncias lhes permitirem responder "porque a ajuda era necessária, e eu sou uma pessoa generosa, solidária e prestativa".

Embora as gratificações prejudiquem a motivação intrínseca quando funcionam como subornos controladores, um elogio inesperado pode fazer as pessoas se sentirem competentes e dignas. Quando Joel é coagido com a frase "se você deixar de ser medroso e doar sangue, vamos ganhar o prêmio da fraternidade para mais doações", é provável que ele não atribua sua doação ao altruísmo. Quando Jocelyn é recompensada com "é fantástico que você escolha tirar uma hora em uma semana tão cheia de compromissos para doar sangue", é mais provável que ela saia com uma autoimagem altruísta e contribua novamente (Piliavin et al., 1982; Thomas & Batson, 1981; Thomas et al., 1981).

Para predispor mais pessoas a ajudar em situações nas quais a maioria não o faz, também pode valer a pena induzir uma tentativa de compromisso positivo, do qual as pessoas podem inferir sua própria prestatividade. Delia Cioffi e Randy Garner (1998) observaram que apenas cerca de 5% dos alunos responderam a uma campanha de doação de sangue no *campus* depois de ter recebido um aviso por *e-mail* uma semana antes. Eles pediram a outros alunos para responder ao anúncio com um sim "se você acha que provavelmente vai doar". Destes, 29% realmente respondeu, e o índice de doação real foi de 8%. Eles pediram para um terceiro grupo responder com um não se achasse que *não* doaria. Desta vez, 71% indicou que poderia doar (não respondendo). Imagine-se neste terceiro grupo. Você poderia ter decidido não dizer não porque, afinal de contas, você *é* uma pessoa generosa, de modo que há uma chance que você doe? E será que esse pensamento o terá aberto à persuasão quando encontrar cartazes e panfletos no *campus*, na semana seguinte? Aparentemente, foi isso que aconteceu, porque 12% desses alunos – mais do que o dobro da porcentagem habitual – apareceu para oferecer seu sangue.

A inferência de que se é uma pessoa prestativa também parece ter acontecido quando Dariusz Dolinski (2000) parou pedestres nas ruas de Wroclaw, na Polônia, e pediu informações sobre como

---

efeito de justificativa insuficiente
Resultado de subornar as pessoas para fazer o que elas já gostam de fazer; a seguir, elas podem considerar suas ações externamente controladas em vez de intrinsecamente atraentes.

chegar a uma inexistente "rua Zubrzyckiego" ou a um endereço ilegível. Todos tentaram, sem sucesso, ajudar. Após fazer isso, cerca de dois terços (o dobro daqueles que não receberam a oportunidade de tentar ajudar) concordaram quando alguém 100 metros mais abaixo na rua lhes pediu que cuidassem de sua sacola pesada ou de sua bicicleta por cinco minutos.

APRENDER SOBRE ALTRUÍSMO

Pesquisadores descobriram outra maneira de aumentar o altruísmo, que proporciona uma conclusão feliz para este capítulo. Alguns psicólogos sociais se preocupam que, à medida que as pessoas se tornam mais conscientes das conclusões da psicologia social, seu comportamento pode mudar, invalidando os resultados (Gergen, 1982). A aprendizagem sobre os fatores que inibem o altruísmo reduzirá sua influência? Às vezes, essa "instrução" não é nosso problema, mas um de nossos objetivos.

Experimentos com estudantes da University of Montana, feitos por Arthur Beaman e colaboradores (1978) revelaram que quando as pessoas entendem por que a presença de espectadores inibe a ajuda, elas se tornam mais propensas a ajudar em situações de grupo. Os pesquisadores usaram uma palestra para informar os estudantes sobre como a inação dos espectadores pode afetar a interpretação de uma situação de emergência e os sentimentos de responsabilidade. Outros estudantes ouviram uma palestra diferente ou nenhuma palestra. Duas semanas mais tarde, como parte de um experimento diferente em um local diferente, os participantes passaram caminhando (com um membro da equipe de pesquisa disfarçado, que não reagiu) por alguém caído ou uma pessoa esparramada debaixo de uma bicicleta. Daqueles que não tinham ouvido a palestra sobre prestatividade, um quarto parou para oferecer ajuda; o dobro dos "instruídos" o fez.

Tendo lido este capítulo, talvez você também tenha mudado. Ao entender o que influencia as respostas das pessoas, suas atitudes e seu comportamento serão os mesmos?

Resumo: Como podemos aumentar a ajuda?

- A pesquisa sugere que podemos melhorar a prestatividade de três maneiras.
- Primeiro, podemos reverter os fatores que inibem a ajuda. Podemos tomar medidas para reduzir a ambiguidade de uma situação de emergência, fazer um apelo pessoal e aumentar o sentimento de responsabilidade.
- Em segundo lugar, podemos até usar reprimendas ou a técnica da "porta na cara" para evocar sentimentos de culpa ou uma preocupação com a autoimagem.
- Em terceiro, podemos ensinar o altruísmo. Pesquisas sobre representações de modelos pró-sociais na TV mostram o poder desse meio de comunicação para ensinar comportamento positivo. Crianças que veem comportamento prestativo tendem a agir de forma prestativa. Se quisermos promover o comportamento altruísta, devemos lembrar o efeito da justificativa insuficiente: quando coagimos para que se façam boas ações, o amor intrínseco à atividade costuma diminuir. Se damos às pessoas justificativa suficiente para que elas decidam fazer o bem, mas não muito mais, elas atribuirão seu comportamento a sua motivação altruísta e, assim, estarão mais dispostas a ajudar. Aprender sobre altruísmo, como você acabou de fazer, também pode preparar as pessoas para perceber e responder às necessidades das outras.

PÓS-ESCRITO: Levar a psicologia social para a vida

Aqueles de nós que pesquisam, lecionam e escrevem sobre psicologia social o fazem acreditando que nosso trabalho é importante. Ele envolve fenômenos humanamente significativos. Portanto, estudar psicologia social pode expandir nosso pensamento e nos preparar para viver e agir com maior consciência e compaixão, pelo menos assim presumimos.

Como é bom, então, quando alunos e ex-alunos confirmam nossas presunções com histórias de como relacionaram a psicologia social a suas vidas! Pouco antes de eu escrever o último parágrafo, uma ex-aluna, que agora mora em Washington, passou por aqui. Ela mencionou que recentemente se viu como parte de um fluxo de pedestres que passava por um homem deitado inconsciente na calçada. "Aquilo levou meu pensamento de volta à nossa aula de psicologia social e às histórias sobre por que as pessoas não conseguem ajudar nessas situações. Aí eu pensei, 'bom, se eu simplesmente passar, também, quem vai ajudá-lo?'" Então, ela telefonou para um número de emergência e esperou com a vítima – e outros espectadores que se juntaram a ela – até que a ajuda chegasse.

Conexão social

Como parte da exploração da ajuda neste capítulo, trabalhamos com a pesquisa clássica de John Darley sobre o efeito do espectador. O capítulo sobre preconceito (Capítulo 9) introduziu o trabalho de Darley sobre como os estereótipos podem condicionar sutilmente nossos julgamentos sobre os indivíduos. Por que a presença de outros inibe a atitude prestativa das pessoas? Acesse o Centro de Aprendizagem *On-line* (www.mhhe.com/myers10e) deste livro para assistir a Darley descrevendo sua pesquisa.

CAPÍTULO 13

Conflitos e Pacificação

"Se queres a paz, trabalha pela justiça."

—Papa Paulo VI

Há um discurso que tem sido feito em muitas línguas pelos líderes de muitos países. É assim: "As intenções do nosso país são totalmente pacíficas. No entanto, também estamos cientes de que outras nações, com suas novas armas, nos ameaçam. Portanto, devemos nos defender contra ataques. Ao fazer isso, protegeremos nosso modo de vida e preservaremos a paz" (Richardson, 1960). Quase todas as nações dizem só estar preocupadas com a paz, mas, desconfiando de outras, armam-se em autodefesa. O resultado é um mundo que tem gasto 2 bilhões de dólares por dia em armas e exércitos, enquanto centenas de milhões de pessoas morrem de desnutrição e doenças não tratadas.

Os elementos desse conflito (incompatibilidade percebida de ações ou objetivos) são semelhantes em muitos níveis: o conflito entre as nações em uma corrida armamentista, entre facções religiosas disputando questões de doutrina, entre executivos e trabalhadores disputando salários e entre cônjuges briguentos. As pessoas em conflito percebem que o ganho de um lado é a perda do outro:

- "Queremos paz e segurança." "Nós também, mas vocês nos ameaçam."
- "Eu quero a música desligada." "Eu quero ouvir."
- "Nós queremos receber mais." "Nós não podemos nos dar ao luxo de pagar mais a vocês."

O que gera o conflito?

Como a paz pode ser alcançada?

Pós-escrito: O conflito entre os direitos individuais e comunitários

Às vezes, o resultado é que todo mundo perde, como quando um impasse pelo teto salarial entre proprietários e jogadores de times da Liga Nacional de Hóquei dos Estados Unidos fez a temporada de 2005 ser cancelada.

Uma relação ou uma organização sem conflitos é provavelmente apática. O conflito significa envolvimento, compromisso e interesse. Compreendido e reconhecido, o conflito pode acabar com a opressão e estimular relações humanas renovadas e melhoradas; sem ele, as pessoas raramente enfrentam e resolvem seus problemas.

A verdadeira **paz** é mais do que a supressão do conflito aberto, mais do que uma calma frágil e superficial. A paz é o resultado de um conflito gerenciado criativamente. A paz são as partes conciliando suas diferenças percebidas e chegando a um acordo verdadeiro. "Nós conseguimos o aumento de salário, você conseguiu aumentar seu lucro; agora cada um de nós está ajudando o outro alcançar os objetivos da organização." Paz, diz Royce Anderson (2004), que pesquisa o tema, "é uma condição na qual indivíduos, famílias, grupos, comunidades e/ou nações têm baixos níveis de violência e desenvolvem relações mutuamente harmoniosas".

Neste capítulo, exploramos conflitos e pacificação perguntando quais fatores criam ou agravam os conflitos e quais contribuem para a paz:

- Quais situações sociais alimentam o conflito?
- Como as percepções equivocadas alimentam o conflito?
- O contato com o outro lado reduz o conflito?
- Quando a cooperação, a comunicação e a mediação possibilitam a reconciliação?

Como sabem os líderes de direitos civis, os conflitos gerenciados de forma criativa podem ter resultados construtivos.

conflito
Incompatibilidade percebida de ações ou objetivos.

paz
Condição marcada por baixos níveis de hostilidade e agressão e por relacionamentos mutuamente benéficos.

O que gera o conflito?

Estudos de psicologia social já identificaram vários ingredientes do conflito. O que é impressionante (e que simplifica nossa tarefa) é que esses ingredientes são comuns a todos os níveis de conflito social, seja internacional, intergrupal ou interpessoal.

Dilemas sociais

Vários dos problemas que mais ameaçam nosso futuro humano – armas nucleares, mudança climática, superpopulação, esgotamento de recursos naturais – surgem à medida que várias partes perseguem seus próprios interesses, ironicamente, em prejuízo de seu próprio coletivo. Um indivíduo pode pensar: "Custaria muito eu comprar controles caros de emissão de gases do efeito estufa. Além disso, os gases que eu gero pessoalmente são triviais". Muitos outros raciocinam da mesma forma, e o resultado é um clima mais quente, elevação dos mares e condições climáticas extremas.

Em algumas sociedades, os pais se beneficiam por ter muitos filhos, que podem ajudar nas tarefas familiares e proporcionar segurança em sua velhice. Porém, quando a maioria das famílias tem muitos filhos, geração após geração, o resultado é a devastação coletiva causada pela superpopulação. Escolhas que são individualmente gratificantes acabam sendo punitivas do ponto de vista coletivo. Portanto, temos um dilema: como podemos conciliar interesse próprio individual com bem-estar comum?

Para isolar e estudar esse dilema, os psicólogos sociais têm utilizado jogos de laboratório que expõem o núcleo de muitos conflitos sociais reais. "Os psicólogos sociais que estudam o conflito estão em uma posição muito parecida à dos astrônomos", observou o pesquisador do conflito Morton Deutsch (1999). "Não podemos realizar experimentos reais com grandes eventos sociais, mas podemos identificar as semelhanças conceituais entre o grande e o pequeno, como os astrônomos já fizeram entre os planetas e a maçã de Newton. É por isso que os jogos dos quais as pessoas participam como sujeitos em nosso laboratório podem fazer avançar a nossa compreensão sobre guerra, paz e justiça social."

Examinemos dois jogos de laboratório que são, cada um, um exemplo de uma **armadilha social**: o *Dilema do prisioneiro* e a *Tragédia dos comuns*.

DILEMA DO PRISIONEIRO

Esse dilema decorre de uma história sobre dois suspeitos sendo interrogados em separado pelo promotor (Rapoport, 1960). O promotor sabe que eles são culpados conjuntamente, mas só tem provas

armadilha social
Situação em que as partes em conflito, ao racionalmente ir em busca, cada uma, de seu interesse próprio, acabam presas a um comportamento mutuamente destrutivo. Entre os exemplos estão o *Dilema do prisioneiro* e a *Tragédia dos comuns*.

suficientes para condená-los por um delito menor. Portanto, cria um incentivo para que cada um confesse em particular:

- Se o prisioneiro A confessar e o prisioneiro B não, o promotor irá conceder imunidade a A e usar a confissão de A para condenar B por um crime máximo (e vice-versa, se B confessar e A não).
- Se ambos confessarem, cada um vai receber uma pena moderada.
- Se nenhum prisioneiro confessar, cada um será condenado por um crime menor e receberá uma sentença leve.

A matriz da Figura 13.1 resume as opções. Se você fosse um prisioneiro diante de tal dilema, sem chance de conversar com o outro prisioneiro, confessaria?

Muitas pessoas dizem que confessariam para receber imunidade, embora a *não* confissão mútua resultasse em sentenças mais leves do que a confissão mútua. Talvez porque (como mostrado na matriz da Fig. 13.1), não importando o que o outro prisioneiro decida, cada um fica melhor confessando do que sendo condenado individualmente. Se o outro também confessar, a sentença será moderada em vez de grave; se o outro não confessar, o primeiro fica livre.

Em cerca de 2 mil estudos (Dawes, 1991), estudantes universitários enfrentaram variações do *Dilema do prisioneiro* com opções de abandonar ou cooperar, e o resultado não era prisão, mas fichas, dinheiro ou pontos na disciplina. Como ilustra a Figura 13.2, em qualquer decisão, a pessoa fica melhor abandonando (porque esse comportamento explora a cooperação do outro ou protege contra a exploração do outro). No entanto – e aqui está o nó da questão –, ao não cooperarem, ambas as partes acabam em situação muito pior do que se tivessem confiado uma na outra e, assim, ganhado conjuntamente. Esse dilema muitas vezes prende cada parte em uma situação enlouquecedora em que ambas percebem que poderiam ganhar mutuamente, mas, sem poder se comunicar e desconfiando uma da outra, muitas vezes ficam "presas" à não cooperação.

Punir a falta de cooperação do outro pode parecer uma estratégia inteligente, mas, em laboratório, pode ter efeitos contraproducentes (Dreber et al., 2008). A punição geralmente desencadeia retaliação, ou seja, aqueles que punem tendem a potencializar o conflito, agravando seus resultados, enquanto os bonzinhos terminam primeiro. O que os punidores veem como uma reação defensiva, os receptores consideram um aumento da agressividade (Anderson et al., 2008). Quando reagem, estes podem bater mais forte ao considerar que estão apenas devolvendo olho por olho. Em um experimento, voluntários de Londres usaram um dispositivo mecânico para apertar o dedo de outro depois de o seu próprio ter sido apertado. Embora procurassem retribuir com o mesmo grau de pressão, eles normalmente responderam com 40% mais de força. Assim, toques se transformaram em apertões em pouco tempo, como uma criança que diz: "Eu só toquei nele, e ele me bateu!" (Shergill et al., 2003).

TRAGÉDIA DOS COMUNS

Muitos dilemas sociais envolvem mais de duas partes. O aquecimento global vem do desmatamento e do dióxido de carbono emitido por carros, fornos e usinas termoelétricas a carvão. Cada SUV ávido por gasolina contribui de modo infinitesimal para o problema, e o dano que cada um causa é difundido por muitas pessoas. Para modelar essas situações sociais, os pesquisadores desenvolveram dilemas de laboratório que envolvem várias pessoas.

Uma metáfora para a natureza insidiosa dos dilemas sociais é o que o ecologista Garrett Hardin (1968) chamou de **Tragédia dos comuns**, nome que ele derivou do pasto localizado no centro de antigas cidades inglesas, conhecidos como *commons*.

No mundo de hoje, os "comuns" podem ser ar, água, peixes, biscoitos ou qualquer recurso compartilhado e limitado. Se todos usarem o recurso com moderação, ele poderá se recompor tão rapidamente quanto é usado. A grama vai crescer, o peixe vai se reproduzir e o pote de biscoitos será reabastecido. Se não, ocorre uma tragédia dos comuns. Imagine 100 agricultores em torno de um pasto de uso comum, capaz de sustentar 100 vacas. Quando cada um deles leva uma vaca para pastar, a área de alimentação comum é utilizada de forma ideal. Mas, então, um agricultor pensa: "Se eu colocar uma segunda vaca no pasto, vou dobrar a minha produção, menos um mero 1% de excesso de uso do pasto". Então ele acrescenta uma segunda vaca, e cada um dos outros agricultores faz o mesmo. O resultado inevitável? A *Tragédia dos comuns* – um campo lamacento.

Da mesma forma, a poluição ambiental é a soma de muitas poluições menores, cada uma das quais beneficia os poluidores individuais muito mais do que eles poderiam se beneficiar (e beneficiar o ambiente), se parassem de poluir. Jogamos lixo em locais públicos – *campi* universitários, parques, zoológicos –

Tragédia dos comuns
Neste caso, os "comuns" representam qualquer recurso compartilhado, incluindo ar, água, fontes de energia e estoques de alimentos. A tragédia ocorre quando os indivíduos consomem mais do que a sua parte, com o custo de que o que fazem se dispersa entre todos, causando o colapso maior – a tragédia – dos comuns.

FIGURA 13.1
O clássico dilema do prisioneiro.
Em cada quadro, o número acima da diagonal é resultado do prisioneiro A. Assim, se os dois confessarem, ambos serão condenados a cinco anos de prisão. Se nenhum confessar, cada um pegará um ano. Se um prisioneiro confessar, será libertado em troca de evidências usadas para condenar o outro por um crime que implica uma pena de 10 anos. Se você fosse um dos prisioneiros, sem poder se comunicar com seu companheiro, confessaria?

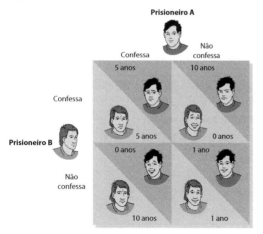

mantendo nossos espaços pessoais limpos. Esgotamos os recursos naturais porque os benefícios pessoais imediatos de, digamos, tomar um longo banho quente superam os custos aparentemente inconsequentes. Os baleeiros sabiam que outros iriam explorar as baleias se eles não o fizessem, e que matar algumas delas dificilmente prejudicaria a espécie. É aí que reside a tragédia. O que era problema de todos (conservação) se torna de ninguém.

Esse individualismo é exclusividade dos Estados Unidos? Kaori Sato (1987) deu a estudantes de uma cultura mais coletiva, o Japão, oportunidades de colher as árvores em uma floresta simulada – para ganhar dinheiro de verdade. Os estudantes dividiram igualmente os custos de plantar a floresta, e o resultado foi semelhante aos das culturas ocidentais. Mais da metade das árvores foi colhida antes de crescer até o tamanho mais rentável.

A floresta de Sato me faz lembrar do pote de biscoitos da nossa casa, que era reabastecido uma vez por semana. O que nós *deveríamos* ter feito era conservar os biscoitos para que pudéssemos comer dois ou três por dia. Mas, sem regulamentação e temendo que outros membros da família esgotassem o recurso em pouco tempo, o que realmente fazíamos era aumentar o nosso consumo de biscoito individual, comendo um atrás do outro. O resultado: muitas vezes, a fartura de biscoitos acabava em 24 horas, e o frasco ficava vazio pelo resto da semana.

Quando os recursos não são divididos, as pessoas costumam consumir mais do que imaginam (Herlocker et al., 1997). Quando uma tigela de purê de batatas é passada de mão em mão em uma mesa com 10 pessoas, as primeiras a se servir têm probabilidades de pegar uma parte desproporcional em relação ao que serviriam se se tratasse de um prato de 10 coxinhas de frango.

Os jogos do *Dilema do prisioneiro* e da *Tragédia dos comuns* têm várias características semelhantes.

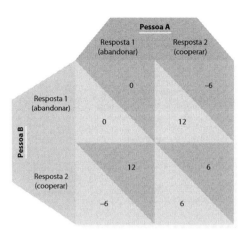

FIGURA 13.2
Versão de laboratório para o *Dilema do prisioneiro*.
Os números representam alguma gratificação, como dinheiro. Em cada quadro, o número acima das linhas diagonais é o resultado da pessoa A. Ao contrário do *Dilema do prisioneiro* clássico (uma decisão única), a maioria das versões de laboratório envolve repetições.

ERRO FUNDAMENTAL DE ATRIBUIÇÃO

Inicialmente, ambos os jogos impulsionam as pessoas a *explicar seu próprio comportamento pela situação* ("Eu tinha que me proteger contra a exploração de meu adversário") e a explicar o comportamento do seu parceiro pela disposição ("Ela foi gananciosa", "Ele não mereceu a confiança"). A maioria nunca percebe que seus colegas a está vendo com o mesmo erro fundamental de atribuição (Gifford & Hine, 1997; Hine & Gifford, 1996). Pessoas narcisistas, que tendem a se mostrar como mais do que realmente são, têm probabilidade particularmente pequena de ter empatia com as perspectivas dos outros (Campbell et al., 2005).

MOTIVOS EM EVOLUÇÃO

Em segundo lugar, *as motivações mudam com frequência*. Inicialmente, as pessoas estão ansiosas para ganhar algum dinheiro fácil, em seguida, para minimizar suas perdas e, por fim, para livrar a cara e evitar a derrota (Brockner et al., 1982; Teger, 1980).

jogos de soma diferente de zero
Jogos em que a soma dos resultados não precisa ser zero. Trabalhando conjuntamente, ambos podem ganhar; competindo, ambos podem perder. (Também chamadas de *situações de motivações contraditórias*.)

Essas mudanças de motivação são muito semelhantes às que ocorreram durante a escalada à Guerra do Vietnã na década de 1960. No princípio, os discursos do presidente Johnson expressavam preocupação com democracia, liberdade e justiça. À medida que o conflito crescia, sua preocupação passou a ser proteger a honra dos Estados Unidos e evitar a humilhação nacional de perder uma guerra. Uma mudança semelhante ocorreu durante a guerra do Iraque, inicialmente proposta como uma reação a supostas armas de destruição em massa.

SOMA DOS RESULTADOS NÃO PRECISA SER ZERO

Terceiro, a maioria dos conflitos da vida real, como o *Dilema do prisioneiro* e a *Tragédia dos comuns*, são **jogos de soma diferente de zero**. A soma dos ganhos e das perdas dos dois lados não precisa ser zero. Ambos podem ganhar, ambos podem perder. Cada jogo coloca os interesses imediatos dos indivíduos contra o bem-estar do grupo. Cada um é uma armadilha social diabólica que mostra como, mesmo quando cada indivíduo se comporta "racionalmente", o resultado pode ser prejuízo.

Quando, após a guerra de 1980-1988, com mais de 1 milhão de vítimas e as economias arruinadas, o Irã e o Iraque finalmente depuseram as armas, a fronteira pela qual haviam lutado era exatamente a mesma de quando haviam começado.

© Steve Benson. Usado com permissão de Steve Benson e Creators Syndicate, Inc.

Nenhuma pessoa maldosa planejou o aquecimento da atmosfera da Terra por uma manta de dióxido de carbono.

Nem todos os comportamentos de interesse próprio levam à desgraça coletiva. Em um recurso comum – como no mundo do economista capitalista do século XVIII Adam Smith (1776, p. 18) –, os indivíduos que buscam maximizar seus próprios lucros também podem dar à comunidade o que ela precisa: "não é da benevolência do açougueiro, do cervejeiro ou do padeiro que esperamos nosso jantar", observou, "mas de sua consideração com seu próprio interesse."

RESOLVER DILEMAS SOCIAIS

Diante de armadilhas sociais, como podemos induzir as pessoas a colaborar para sua melhoria mútua? A pesquisa sobre os dilemas de laboratório revela várias formas (Gifford & Hine, 1997).

> Como os velhos caçadores de búfalos, os pescadores têm um incentivo pessoal para fazer o máximo que puderem este ano, mesmo que estejam destruindo sua própria profissão nesse processo.
> —JOHN TIERNEY, "WHERE THE TUNA ROAM", 2006

REGULAMENTAÇÃO Se o pagamento de impostos fosse totalmente voluntário, quantos arcariam com toda a sua cota? As sociedades modernas não dependem de caridade para pagar escolas, parques e segurança social e militar. Também desenvolvemos regras para proteger o bem comum. A pesca e a caça há muito são regulamentadas por estações e limites locais; em nível mundial, uma Comissão Baleeira Internacional define "safras" consensuais que permitem que as baleias se regenerem. Da mesma forma, onde as indústrias pesqueiras implementaram "cotas de captura", como na pesca de alabote do Alasca – as quais garantem a cada pescador um percentual da captura de permitida em cada ano –, a competição e a sobrepesca foram muito reduzidas (Costello et al., 2008).

Na vida cotidiana, no entanto, a regulamentação tem custos – custos de administrar e aplicar os regulamentos, custos de redução da liberdade pessoal. Sendo assim, surge uma questão política volátil: em que ponto o custo de um regulamento supera seus benefícios?

O PEQUENO É BONITO Há outra maneira de resolver dilemas sociais: tornar o grupo pequeno. Com um espaço comum pequeno, cada pessoa se sente mais responsável e eficaz (Kerr, 1989). À medida que o grupo cresce, as pessoas tendem mais a pensar: "Eu não poderia ter feito diferença de qualquer maneira" – uma desculpa comum para não cooperar (Kerr & Kaufman-Gilliland, 1997).

Em pequenos grupos, as pessoas também se sentem mais identificadas com o sucesso do grupo. Qualquer outra coisa que aumente a identidade grupal também aumenta a cooperação. Até mesmo alguns minutos de discussão ou simplesmente acreditar que se compartilham semelhanças com outros do grupo podem aumentar a "sensação de nós" e a cooperação (Brewer, 1987; Orbell et al., 1988). A estabilidade residencial também reforça a identidade comunitária e o comportamento pró-comunidade, incluindo, até mesmo, a presença em jogos de beisebol, não importando o desempenho da equipe (Oishi et al., 2007).

Em grupos pequenos – diferentemente dos grandes –, os indivíduos são menos propensos a tomar mais do que sua parte equitativa dos recursos disponíveis (Allison et al., 1992). Na ilha do Pacífico Noroeste onde eu cresci, nosso pequeno bairro compartilhava um suprimento comunitário de água. Em dias quentes de verão, quando o reservatório ficava baixo, uma luz se acendia, sinalizando às nossas 15 famílias para que conservassem. Reconhecendo nossa responsabilidade uns para com os outros e considerando que nossa conservação era realmente importante, cada um de nós conservava. O reservatório nunca secou.

> Porque aquilo que é comum ao maior número recebe o menor cuidado.
> —ARISTÓTELES

Em um espaço comum muito maior – digamos, uma cidade –, a conservação voluntária não funciona tão bem. Como o dano que alguém causa se difunde em muitos outros, cada indivíduo pode racionalizar e afastar a responsabilidade pessoal. Por isso, alguns teóricos políticos e psicólogos sociais argumentam que, sempre que possível, os espaços comuns devem ser divididos em territórios menores (Edney, 1980). Em sua obra *Ajuda mútua*, de 1902, o revolucionário russo Piotr Kropotkin estabeleceu uma visão de pequenas comunidades, em vez de um governo central, que tomariam decisões de consenso para o benefício de todos (Gould, 1988).

O psicólogo evolutivo Robin Dunbar (1996) observa que sociedades caçadoras-coletoras costumam viajar juntas, em grupos de 30 a 35 pessoas, e que as aldeias e clãs tribais costumavam ter, em média, cerca de 150 indivíduos – o suficiente para obter apoio e proteção mútuos, mas não mais pessoas do que é possível monitorar. Esse tamanho aparentemente natural do grupo também é, ele acredita, o ideal para organizações empresariais, congregações religiosas e unidades militares de combate.

O que é pequeno é cooperativo. Na ilha de Muck, perto da costa oeste da Escócia, o policial Lawrence MacEwan tem tido facilidade de policiar os moradores da ilha, que ultimamente são 33. Ao longo de seus 40 anos de trabalho, nunca houve um crime (*Scottish Life*, 2001).

COMUNICAÇÃO Para resolver um dilema social, as pessoas devem se comunicar. Em laboratório, bem como na vida real, a comunicação grupal às vezes degenera para ameaças e xingamentos (Deutsch & Krauss, 1960). Com maior frequência, a comunicação permite que as pessoas cooperem (Bornstein et al., 1988, 1989). Discutir o dilema forja uma identidade de grupo, o que aumenta a preocupação com o bem-estar de todos. Também formula normas de grupo e expectativas de consenso, e pressiona os membros a segui-las. Principalmente quando as pessoas estão cara a cara, permite que elas se comprometam com a cooperação (Bouas & Komorita, 1996; Drolet & Morris, 2000; Kerr et al., 1994, 1997; Pruitt, 1998).

Um experimento engenhoso realizado por Robyn Dawes (1980, 1994) ilustra a importância da comunicação. Imagine que um pesquisador dê a você e a seis estranhos uma possibilidade de escolha: cada um pode ganhar 6 dólares ou doar seus 6 dólares aos outros. Se você doar seu dinheiro, o pesquisador irá duplicar o seu ganho. Ninguém será informado se você escolheu ficar com seus 6 dólares ou doá-los. Assim, se todos os sete doarem, todos ganham 12 dólares. Se só você fica com seus 6 dólares e todos os outros doarem os deles, você embolsa 18 dólares. Se você doar e os outros não, você não ganha nada. Nesse experimento, a cooperação é mutuamente vantajosa, mas exige risco. Dawes constatou que, sem discussão, cerca de 30% das pessoas doou; com uma discussão, na qual puderam estabelecer confiança e cooperação, cerca de 80% doou.

A comunicação aberta, clara e franca entre duas partes reduz a desconfiança. Sem comunicação, aqueles que esperam que os outros não cooperem geralmente se recusarão a cooperar, eles próprios (Messé & Sivacek, 1979; Pruitt & Kimmel, 1977). Quem desconfia quase certamente não coopera (para se proteger contra a exploração). A não cooperação, por sua vez, alimenta mais desconfiança ("O que mais eu poderia fazer? É um mundo de salve-se quem puder"). Em experimentos, a comunicação reduz a desconfiança, possibilitando às pessoas chegarem a acordos que levam a sua melhoria comum.

ALTERANDO AS COMPENSAÇÕES A cooperação em laboratório aumenta quando pesquisadores mudam a matriz de compensação por cooperar e punem a exploração (Komorita & Barth, 1985; Pruitt & Rubin, 1986). Mudar as compensações também ajuda a resolver dilemas reais. Em algumas cidades, as vias entopem e os céus se cobrem de fumaça porque as pessoas preferem a comodidade de ir em seus próprios carros ao trabalho. Cada uma delas sabe que um carro a mais não contribui muito para os congestionamentos e a poluição. Para alterar os cálculos pessoais de custo-benefício, muitas cidades agora dão incentivos a quem compartilha o carro, como faixas de rodovia específicas ou pedágios reduzidos.

APELOS ÀS NORMAS ALTRUÍSTAS No Capítulo 12, vimos como aumentar os sentimentos de responsabilidade das pessoas para com as outras estimula o altruísmo. Então, os apelos a motivações altruístas levam as pessoas a agir pelo bem comum?

As evidências são contraditórias. Por um lado, apenas *saber* das terríveis consequências da falta de cooperação tem pouco efeito. Em jogos de laboratório, as pessoas percebem que suas escolhas feitas por interesse próprio são mutuamente destrutivas, mas continuam a fazê-las. Fora do laboratório, alertas de graves problemas e apelos à conservação geraram pouca resposta. Pouco depois de assumir o cargo, em 1976, o presidente dos Estados Unidos Jimmy Carter declarou que a resposta do país à crise de energia deveria ser "o equivalente moral da guerra" e pediu conservação. No verão seguinte, os norte-americanos consumiram mais gasolina do que nunca. No início deste novo século, as pessoas sabiam que o aquecimento global estava em andamento e estavam comprando caminhonetes que consomem muita gasolina em números recordes. Como já vimos muitas vezes neste livro, as atitudes às vezes não conseguem influenciar o comportamento. *Saber* o que é bom não leva necessariamente a *fazer* o que é bom.

Ainda assim, a maioria das pessoas adere às normas de responsabilidade social, reciprocidade e equidade e ao cumprimento de seus compromissos (Kerr, 1992). O problema é como explorar esses sentimentos. Uma maneira é pela influência de um líder carismático que inspire os outros a cooperar (De Cremer, 2002); outra é definindo situações de maneiras que sugiram normas cooperativas. Lee Ross e Andrew Ward (1996) convidaram os conselheiros de alojamento da Stanford University a indicarem estudantes do sexo masculino que julgassem ter maior probabilidade de cooperar e outros que provavelmente abandonariam um jogo do *Dilema do prisioneiro*. Na realidade, os dois grupos de estudantes tiveram a mesma probabilidade de cooperar. O que afetou drasticamente a cooperação – nessa pesquisa e no acompanhamento (Liberman et al., 2004) – foi se os pesquisadores chamaram a simulação de "Jogo de Wall Street" (caso em que um terço dos participantes cooperou) ou o "Jogo da comunidade" (em que dois terços cooperaram).

A comunicação também pode ativar normas altruístas. Quando se lhes permite que se comuniquem, os participantes de jogos de laboratório apelam muitas vezes à norma da responsabilidade social: "Se você abandona o resto de nós, vai ter que viver com isso pelo resto da vida" (Dawes et al., 1977). Observando isso, o pesquisador Robyn Dawes

> Minha própria crença é de que o comportamento dos russos e dos chineses é tão influenciado por suspeitas de nossas intenções quanto o nosso é influenciado por suspeitas em relação ao deles. Isso significa que temos grande influência sobre seu comportamento – que, tratando-os como hostis, garantimos sua hostilidade.
>
> —J. WILLIAM FULBRIGHT, SENADOR DOS ESTADOS UNIDOS (1971)

Para mudar o comportamento, muitas cidades mudaram a matriz de compensação. Pistas rápidas exclusivas para carros compartilhados aumentam os benefícios desse compartilhamento e os custos de ir de carro sozinho.

> Nunca, no campo do conflito humano, tantos deveram tanto a tão poucos.
> —SIR WINSTON CHURCHILL, CÂMARA DOS COMUNS, 20 DE AGOSTO DE 1940

(1980) e seus colegas deram aos participantes um breve sermão acerca de benefícios coletivos, exploração e ética. Posteriormente, eles participaram de um jogo de dilema. O sermão funcionou: as pessoas escolheram renunciar ao ganho pessoal imediato pelo bem comum. (Lembre-se, também, do Capítulo 12, do voluntariado e das contribuições desproporcionais à caridade por parte de pessoas que regularmente ouviam sermões em igrejas e sinagogas.)

Esses apelos poderiam funcionar em dilemas de grande porte? Jeffery Scott Mio e colaboradores (1993) descobriram que, depois de ler sobre o dilema dos comuns (como você leu), frequentadores de cinema sujam menos do que os que leram sobre eleições. Além disso, quando a cooperação obviamente serve ao bem público, pode ser útil recorrer à norma da responsabilidade social (Lynn & Oldenquist, 1986). Por exemplo, se acreditarem que o transporte público economiza tempo, as pessoas serão mais propensas a usá-lo se também acreditarem que ele reduz a poluição (Van Vugt et al., 1996). Na luta pelos direitos civis dos anos de 1960, muitos manifestantes aceitavam voluntariamente, pelo bem do grupo mais amplo, sofrer assédio, espancamentos e prisão. Em tempos de guerra, as pessoas fazem grandes sacrifícios pessoais pelo bem de seu grupo. Como disse Winston Churchill sobre a Batalha da Grã-Bretanha, as ações dos pilotos da Royal Air Force foram genuinamente altruístas: um grande número de pessoas devia muito aos que voaram para a batalha sabendo que havia uma probabilidade – 70% para aqueles em um tempo de serviço médio – de que não voltassem (Levinson, 1950).

Para resumir, podemos minimizar o aprisionamento destrutivo em dilemas sociais estabelecendo regras que regulam o comportamento de interesse próprio, mantendo os grupos pequenos, permitindo que as pessoas se comuniquem, alterando as compensações para tornar a cooperação mais gratificante e invocando normas altruístas convincentes.

Competição

As hostilidades muitas vezes surgem quando grupos competem por empregos, habitação ou recursos escassos. Quando há choque de interesses, irrompe o conflito – um fenômeno que o Capítulo 9 identificou como *conflito grupal realista*. Como explicou um imigrante argelino na França, depois que jovens muçulmanos se rebelaram em dezenas de cidades daquele país no outono de 2005, "não há saída, não há fábricas, não há empregos para eles. Eles veem injustiça demais" (Sciolino, 2005).

Para fazer experimentos sobre o efeito da competição, poderíamos dividir aleatoriamente as pessoas em dois grupos, fazê-los competirem por um recurso escasso e observar o que acontece. Foi precisamente isso que fizeram Muzafer Sherif (1966) e seus colegas, em uma série dramática de experimentos com meninos de 11 e 12 anos típicos. A inspiração para esses experimentos teve origem no testemunho de Sherif, quando era adolescente, das tropas gregas invadindo sua província turca em 1919.

> Eles começaram a matar pessoas a torto e a direito. [Aquilo] me impressionou muito. E foi ali que eu me interessei em entender por que essas coisas estavam acontecendo entre seres humanos.... Eu queria aprender qual ciência ou especialização era necessária para entender essa selvageria intergrupal. (Citado por Aron & Aron, 1989, p. 131)

Depois de estudar as raízes sociais da selvageria, Sherif introduziu os fundamentos aparentes em várias experiências de acampamento de verão de três semanas. Em um desses estudos, ele dividiu em dois grupos 22 meninos de Oklahoma que não se conheciam e os levou para um acampamento de escoteiros em ônibus separados, instalando-os em casas rústicas a cerca de 1 km de distância uma da outra, no Parque Estadual de Robber's Cave, em Oklahoma. Durante a maior parte da primeira semana, cada grupo não tinha conhecimento da existência do outro. Por meio da cooperação em várias atividades – preparar refeições, acampar, preparar um lugar para nadar, construir uma ponte de corda – cada grupo logo se tornou muito unido. Eles escolheram nomes: "Cascavéis" e "Águias". Tipificando o sentimento bom, uma placa apareceu em uma das casas: "Lar, doce lar".

Estabelecida a identidade de grupo, estava montado o cenário para o conflito. Perto do fim da primeira semana, os Cascavéis descobriram os Águias "no 'nosso' campo de beisebol". Quando os funcionários do acampamento propuseram um torneio de atividades competitivas entre os dois grupos (jogos de beisebol, cabo de guerra, inspeções nas casas, caça ao tesouro e assim por diante), ambos os grupos responderam com entusiasmo. Seria uma competição para ganhar ou perder. Os espólios (medalhas, facas) iriam, todos, para o vencedor do torneio.

A competição desencadeia o conflito. Aqui, no experimento de Sherif em Robberes Cave, um grupo de meninos ataca o barracão de outro.

O resultado? O acampamento degenerou gradualmente para uma guerra aberta. Foi como uma cena do romance *O senhor das moscas*, de William Golding, que retrata a desintegração social de meninos abandonados em uma ilha. No estudo de Sherif, o conflito começou com cada lado xingando o outro durante as atividades competitivas. Em pouco tempo, surgiram "guerras de lixo" no refeitório, bandeiras queimadas, saques nas casas e até mesmo brigas de socos. Ao se pedir para descreverem os membros do outro grupo, os meninos disseram que eram "sorrateiros", "metidos a espertinhos", "sacanas", mas se referiram a seu próprio grupo como "corajoso", "durão" e "amigo".

A competição para ganhar ou perder havia produzido conflitos intensos, imagens negativas do exogrupo e forte coesão e orgulho no endogrupo. A polarização grupal, sem dúvida, exacerbou o conflito. Em situações que fomentam a competição, os grupos se comportam de forma mais competitiva do que os indivíduos (Wildschut et al., 2003, 2007). Os homens, principalmente, são envolvidos na competição intergrupal (Van Vugt et al., 2007).

Tudo isso ocorreu sem quaisquer diferenças culturais, físicas ou econômicas entre os dois grupos, e com meninos que eram a "nata" de suas comunidades. Sherif observou que, se tivéssemos visitado o acampamento naquele momento, teríamos concluído que eles "eram um monte de meninos maus, perturbados e cruéis" (1966, p. 85). Na verdade, o comportamento malévolo deles foi desencadeado por uma situação malévola.

A competição gera esse conflito, demonstraram pesquisas posteriores, principalmente quando (a) as pessoas percebem que recursos como dinheiro, emprego ou poder são limitados e estão disponíveis em uma base de soma zero (o ganho dos outros é a minha perda) e (b) um exogrupo distinto se destaca como concorrente potencial (Esses et al., 2005). Assim, aqueles que veem nos imigrantes competidores por seus próprios empregos tendem a expressar atitudes negativas para com imigrantes e imigração.

Felizmente, como veremos, Sherif não só transforma estranhos em inimigos; depois, ele também transforma os inimigos em amigos.

Fato pouco conhecido: como Sherif observou discretamente os meninos sem inibir seu comportamento? Tornando-se o funcionário de manutenção do acampamento (Williams, 2002).

Injustiça percebida

"Não é justo!" "Que sacanagem!" "Nós merecemos mais do que isso!" Esse tipo de comentário caracteriza os conflitos criados pela injustiça. Mas o que é "justiça"? De acordo com alguns teóricos da psicologia social, as pessoas percebem a justiça como equidade – a distribuição de recompensas na proporção das contribuições dos indivíduos (Walster et al., 1978). Se você e eu temos uma relação (empregador-empregado, professor-aluno, marido-esposa, colega-colega), seria justo se

$$\frac{\text{Resultados que você obtém}}{\text{Suas contribuições}} = \frac{\text{Resultados que eu obtenho}}{\text{Minhas contribuições}}$$

Se você contribuir com mais e se beneficiar menos do que eu, vai se sentir explorado e irritado; eu posso me sentir explorador e culpado. Mas o provável é que você seja mais sensível à desigualdade do que eu (Greenberg, 1986; Messick & Sentis, 1979).

Podemos concordar com a definição de justiça do princípio da equidade, mas discordar sobre se nossa relação é equitativa. Se duas pessoas são colegas, o que cada uma vai considerar uma contribuição relevante? A mais velha pode preferir pagamento segundo a idade; a outra, segundo a produtividade atual. Dada essa discordância, qual definição tem probabilidade de prevalecer? O mais frequente é que quem tem poder social convença a si mesmo e a outros de que merece o que está recebendo (Mikula, 1984), o que tem sido chamado de "regra do ouro": quem tem o ouro faz as regras.

E como reage quem é explorado? Elaine Hatfield, William Walster e Ellen Berscheid (1978) detectaram três possibilidades. Eles podem *aceitar* e justificar sua posição inferior ("Nós somos pobres, mas somos felizes"); podem *exigir compensação*, talvez assediando, constrangendo, até mesmo traindo seu explorador; se tudo o mais falhar, podem tentar restaurar a equidade por meio de *retaliação*.

Os críticos argumentam que a equidade não é a única definição concebível de justiça. (Pausa: você consegue imaginar outra?) Edward Sampson (1975) argumentou que os teóricos da equidade pressupõem erroneamente que os princípios econômicos que guiam nações capitalistas ocidentais sejam universais. Algumas culturas não capitalistas definem justiça não como equidade, mas como *igualdade* ou mesmo o atendimento das necessidades: "de cada um segundo suas capacidades, a cada um segundo suas necessidades" (Karl Marx). Comparadas aos norte-americanos individualistas, as pessoas socializadas sob a influência de culturas coletivistas, como China e Índia, definem justiça mais como igualdade ou atendimento das necessidades (Hui et al., 1991; Leung & Bond, 1984; Murphy-Berman et al., 1984).

Com base no quê deveriam ser distribuídas as recompensas? Mérito? Igualdade? Necessidade? Alguma combinação desses fatores? O filósofo político John Rawls (1971) nos convidou a refletir sobre um futuro no qual nosso lugar na escada econômica seja desconhecido. Qual padrão de justiça

Faça aos outros 20% melhor do que espera que eles lhe façam, para corrigir o erro subjetivo.
—LINUS PAULING (1962)

As soluções para o problema da distribuição são não simples. Crianças lutam, colegas se queixam, membros de grupos se demitem, os ânimos se acirram e as nações batalham sobre o que é justo. Como sabem pais, empregadores, professores e presidentes, a resposta mais frequente a uma decisão de alocação é "não é justo".
—ARNOLD-KAHN & WILLIAM GAEDDERT (1985)

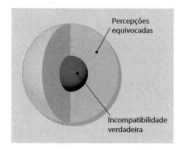

FIGURA 13.3
Muitos conflitos contêm um núcleo de objetivos verdadeiramente incompatíveis, rodeado por um grande exterior de percepções equivocadas.

preferiríamos? Gregory Mitchell e colaboradores (1993) relatam que os alunos querem alguma recompensa por produtividade, mas também, caso se encontrem abaixo na escala, prioridade suficiente dada à igualdade para satisfazer as suas próprias necessidades.

Erro de percepção

Lembre-se de que o conflito é uma incompatibilidade *percebida* de ações ou objetivos. Muitos conflitos contêm pouco mais do que um pequeno núcleo de objetivos verdadeiramente incompatíveis; o maior problema está nas percepções equivocadas dos motivos e objetivos dos outros. Os Cascavéis e os Águias de fato tinham alguns objetivos verdadeiramente incompatíveis, mas suas percepções ampliaram subjetivamente suas diferenças (Fig. 13.3).

Em capítulos anteriores, examinamos as sementes dessas percepções. O viés de autosserviço leva indivíduos e grupos a aceitar o crédito por suas boas ações e fugir da responsabilidade pelas más, sem dar aos outros o mesmo benefício da dúvida. A tendência à *autojustificação* inclina as pessoas a negar o erro de suas más ações ("Você chama isso de bater? Eu quase nem toquei nele!"). Graças ao *erro de atribuição fundamental*, cada lado vê a hostilidade do outro como reflexo de uma disposição negativa. A seguir, filtra as informações e as interpreta para que caibam em suas *preconcepções*. Os grupos frequentemente *polarizam* essas inclinações de interesse próprio, autojustificadoras e tendenciosas. Um sintoma do *pensamento grupal* é a tendência a perceber seu próprio grupo como moral e forte e a oposição como má e fraca. Atos de terrorismo que, aos olhos da maioria das pessoas, são brutalidade desprezível, são vistos pelos outros como "guerra santa". Na verdade, o simples fato de se estar em um grupo desencadeia um *viés endogrupal*. Além disso, os *estereótipos* negativos do exogrupo, uma vez formados, costumam ser resistentes a evidências contraditórias.

Portanto, não devemos nos surpreender, embora deva suavizar as paixões, ao descobrir que as pessoas em conflito – de todos os lugares – formam imagens distorcidas umas das outras. Onde quer que você viva no mundo, não é verdade que, na última vez que lutou uma guerra, seu país se vestiu de virtude moral? Que se preparou para a guerra demonizando o inimigo? Que a maioria do povo aceitou o argumento do governo para a guerra e se reuniu em torno da bandeira? Mostre aos psicólogos sociais Ervin Staub e Daniel Bar-Tal (2003) um grupo em conflito intratável e eles lhe mostrarão um grupo que

- considera seus próprios objetivos como extremamente importantes;
- tem orgulho de "nós" e desvaloriza "eles";
- acredita-se vitimado;
- promove o patriotismo, a solidariedade e a lealdade para com as necessidades do grupo;
- celebra o autossacrifício e suprime críticas.

> A agressão gera patriotismo e o patriotismo modera o dissenso.
> —MAUREEN DOWD, 2003

Apesar de um lado de um conflito poder realmente estar agindo com maior virtude moral, a questão é que as imagens dos inimigos são bastante previsíveis. Mesmo os tipos de percepção equivocada são curiosamente previsíveis.

PERCEPÇÕES DO TIPO IMAGEM ESPELHADA

Para um nível impressionante, as percepções equivocadas de quem está em conflito são mútuas. Pessoas em conflito atribuem virtudes semelhantes a si próprias e vícios semelhantes às outras. Quando o psicólogo norte-americano Urie Bronfenbrenner (1961) visitou a União Soviética, em 1960, e conversou com muitos cidadãos comuns em russo, ficou surpreso ao ouvi-los dizer as mesmas coisas sobre os Estados Unidos que os norte-americanos estavam falando sobre a Rússia. Os russos diziam que o governo dos Estados Unidos era militarmente agressivo, que explorava e iludia o povo norte-americano, que, na diplomacia, não era confiável. "Devagar e dolorosamente, era forçoso reconhecer que a imagem distorcida que os russos tinham de nós era curiosamente semelhante à nossa visão deles, uma imagem espelhada."

Análises de percepções norte-americanas e russas feitas por psicólogos (Tobin & Eagles, 1992; White, 1984) e cientistas políticos (Jervis, 1985) revelaram que percepções do tipo imagem espelhada persistiram até a década de 1980. A mesma ação (patrulhar a costa do outro com submarinos, vender armas a nações menores) parecia mais hostil quando *eles* a faziam.

Quando dois lados têm percepções conflitantes, pelo menos um dos dois está percebendo o outro de forma equivocada. E quando esses equívocos existem, observou Bronfenbrenner, "são um fenômeno psicológico sem paralelo em termos de gravidade de suas consequências... porque *é característico dessas imagens serem autoconfirmadoras*". Se A espera que B seja hostil, A pode tratar B de tal modo a que B cumpra as expectativas de A, iniciando, assim, um círculo vicioso (Kennedy & Pronin, 2008). Morton Deutsch (1986) explicou:

Você ouve o falso boato de que um amigo está dizendo coisas desagradáveis sobre você; você o esnoba; então ele fala mal de você, confirmando sua expectativa. Da mesma forma, se quem define as políticas no Oriente e no Ocidente acredita que a guerra é provável e ambos tentam aumentar sua segurança militar em relação ao outro, a reação do outro vai justificar a ação inicial.

As **percepções do tipo imagem espelhada** negativas têm sido um obstáculo para a paz em muitos lugares:

- Ambos os lados do conflito árabe-israelense insistiram que "nós" somos motivados por nossa necessidade de proteger nossa segurança e nosso território, enquanto "eles" querem nos destruir e devorar nossa terra. "Nós" somos o povo autóctone aqui; "eles" são os invasores. "Nós" somos as vítimas; "eles" são os agressores "(Bar-Tal, 2004; Heradstveit, 1979; Kelmom, 2007). Com uma desconfiança tão intensa, a negociação é difícil.
- Na University of Ulster, na Irlanda do Norte, J. A. Hunter e colaboradores (1991) mostraram a estudantes católicos e protestantes vídeos de um ataque protestante a um funeral católico e um ataque católico a um funeral protestante. A maioria dos alunos atribuiu o ataque do outro lado a motivações "sanguinárias", mas o ataque do seu próprio lado foi associado a retaliação ou autodefesa.
- O terrorismo está nos olhos de quem vê. No Oriente Médio, uma pesquisa de opinião pública constatou que 98% dos palestinos concordaram que a morte de 29 de seus compatriotas por um israelense portando um fuzil de assalto em uma mesquita constituía terrorismo, e 82% *discordaram* da afirmação de que o assassinato de 21 jovens israelenses por um suicida palestino constituía terrorismo (Kruglanski & Fishman, 2006). Da mesma forma, israelenses responderam à violência com percepções mais intensas de má intenção palestina (Bar-Tal, 2004)

Percepções do tipo imagem refletida, autoconfirmadoras, são a marca registrada do conflito intenso, como na antiga-Iugoslávia.

percepções do tipo imagem espelhada
Pontos de vista recíprocos um sobre o outro, muitas vezes de partes em conflito; por exemplo, cada um pode se considerar como moral e amante da paz e o outro, como mau e agressivo.

Esses conflitos, observa Philip Zimbardo (2004a), lidam com "um mundo de duas categorias – o das pessoas boas, como NÓS, e o das más, como ELES". "Na verdade", observam Daniel Kahneman e Jonathan Renshon (2007), todos os vieses descobertos em 40 anos de pesquisa psicológica levam à guerra. Elas "inclinam líderes nacionais a exagerar as más intenções dos adversários, a julgar erroneamente a forma como os adversários os percebem, a ser excessivamente confiantes quando as hostilidades começam e muito relutantes em fazer as concessões necessárias nas negociações."

Lados opostos de um conflito tendem a exagerar suas diferenças. Em questões como imigração e ação afirmativa, os defensores não são tão liberais e os oponentes não são tão conservadores quanto supõem seus adversários (Sherman et al., 2003). Lados opostos também tendem a ter um "ponto cego do viés", observa Cynthia McPherson Frantz (2006). Eles consideram que suas próprias visões não são influenciadas por gostarem ou não dos outros, enquanto pensam naqueles que não concordam com eles como injustos e tendenciosos. Além disso, os partidários de uma posição tendem a perceber no rival um desacordo especial para com seus valores fundamentais (Chambers & Melnyk, 2006).

John Chambers, Robert Baron e Maria Inman (2006) confirmaram percepções equivocadas sobre questões relacionadas a aborto e política. Membros de partidos perceberam diferenças exageradas em relação a seus adversários, os quais, na verdade, concordavam com eles com mais frequência do que se supõe. Dessas percepções exageradas sobre a posição do outro surgem as guerras culturais. Ralph White (1996, 1998) relata que os sérvios iniciaram a guerra na Bósnia, em parte, com base em um medo exagerado de muçulmanos bósnios relativamente secularizados, cujas crenças equivocadamente associavam ao fundamentalismo islâmico e ao terrorismo fanático do Oriente Médio. Resolver conflitos implica abandonar essas percepções exageradas e começar a entender a mente do outro. Mas isso não é fácil, observa Robert Wright (2003): "Colocar-se na pele de pessoas que fazem coisas que você acha abomináveis pode ser o exercício moral mais difícil que existe".

Uma guerra bem-sucedida contra o terrorismo exige uma compreensão de como uma parte tão grande do mundo passou a não gostar dos Estados Unidos. Quando as pessoas que nascem com a mesma natureza humana que você e eu crescem e passam a cometer atentados suicidas – ou aplaudi-los – tem de haver uma razão.

ROBERT WRIGHT, *"TWO YEARS LATER, A THOUSAND YEARS AGO,"* 2003

As percepções de imagem refletida alimentam o conflito. Na recontagem de votos da eleição presidencial nos Estados Unidos em 2000, na Flórida, os defensores de cada lado diziam: "Nós só queremos uma contagem de votos justa e precisa. O outro lado está tentando roubar a eleição".

Percepções destrutivas de imagem refletida também operam nos conflitos entre pequenos grupos e entre indivíduos. Como vimos nos jogos de dilemas, ambas as partes podem dizer: "Nós queremos cooperar, mas a recusa *deles* a cooperar *nos* obriga a reagir defensivamente". Em um estudo com executivos, Kenneth Thomas e Louis Pondy (1977) descobriram essas atribuições. Instados a descrever um conflito significativo recente, apenas 12% considerou que a outra parte tinha uma atitude de cooperação; 74% percebeu essa atitude em si mesmo. O executivo típico explicou que tinha "sugerido", "informado" e "recomendado", enquanto o antagonista tinha "exigido", "discordado de tudo o que eu disse" e "se recusado".

O povo americano é bom, mas seus líderes são maus.
—ADUL GESAN, DONO DE MERCEARIA EM BAGDÁ, APÓS O BOMBARDEIO NORTE-AMERICANO DO IRAQUE, EM 1998

Conflitos grupais muitas vezes são alimentados por uma ilusão de que os principais líderes do inimigo são maus, mas seu povo, apesar de controlado e manipulado, é pró-nós. Essa percepção de "líder mau, mas povo bom" caracterizou os pontos de vista de norte-americanos e russos uns sobre os outros durante a Guerra Fria. Os Estados Unidos entraram na Guerra do Vietnã acreditando que, em áreas dominadas pelos "terroristas" comunistas vietcongues, muitas das pessoas eram aliados silenciosos, esperando para se juntar aos norte-americanos. Como informações suprimidas revelaram mais tarde, essas crenças eram meras ilusões. Em 2003, os Estados Unidos começaram a guerra do Iraque presumindo a existência de "uma vasta rede subterrânea que se levantaria em apoio às forças da coalização para auxiliar na segurança e na aplicação da lei" (Phillips, 2003). Infelizmente, a rede não se concretizou, e o vácuo de segurança resultante do pós-guerra possibilitou saques, sabotagens, ataques persistentes contra as forças norte-americanas e crescentes ataques de uma insurgência determinada a expulsar os interesses ocidentais do país.

PENSAMENTO SIMPLISTA

Quando a tensão aumenta, como acontece durante uma crise internacional, o pensamento racional se torna mais difícil (Janis, 1989). As visões sobre o inimigo ficam mais simplistas e estereotipadas, e os julgamentos puramente intuitivos se tornam mais prováveis. Até a mera expectativa de conflito já pode servir para congelar o pensamento e impedir a solução criativa de problemas (Carnevale & Probst, 1998). O psicólogo social Philip Tetlock (1988) observou o pensamento inflexível quando analisou a complexidade da retórica russa e norte-americana desde 1945. Durante o bloqueio de Berlim, a Guerra da Coreia e a invasão russa do Afeganistão, as declarações políticas foram simplificadas em termos inflexíveis, de bem contra o mal. Em outras épocas, principalmente após Mikhail Gorbachev se tornar secretário-geral soviético (Fig. 13.4), as declarações políticas reconheceram que os motivos de cada país eram complexos.

Os pesquisadores também analisaram a retórica política que precede o início de grandes guerras, ataques militares de surpresa, conflitos no Oriente Médio e revoluções (Conway et al., 2001). Em quase todos os casos, os líderes que estavam atacando exibiram um pensamento do tipo "nós somos bons, eles são maus", cada vez mais simplista, imediatamente antes da ação agressiva, mas os novos acordos Estados Unidos-Rússia em geral foram precedidos por *afastamentos* em relação à retórica simplista, informou Tetlock. Seu otimismo foi confirmado quando o presidente Reagan, em 1988, viajou a Moscou para assinar o Tratado de Forças Nucleares de Alcance Intermediário (conhecido como INF) entre os dois países e depois Gorbachev visitou Nova York e disse à Organização das Nações Unidas que retiraria 500 mil soldados soviéticos da Europa Oriental:

FIGURA 13.4
A complexidade das políticas oficiais de Estados Unidos e União Soviética, 1977-1986.
Fonte: De Tetlock, 1988.

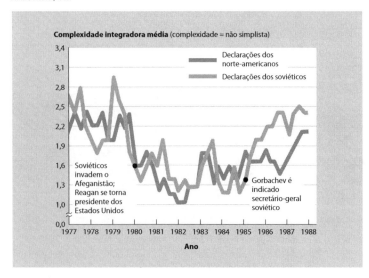

Eu gostaria de acreditar que nossas esperanças serão acompanhadas por um esforço conjunto para por fim a uma era de guerras, confronto e conflitos regionais, agressões contra a natureza, ao terror da fome e à pobreza, bem como ao terrorismo político. Este é o nosso objetivo comum e só podemos alcançá-lo juntos.

MUDANÇAS DE PERCEPÇÃO

Se acompanham o conflito, a percepções equivocadas deveriam aparecer e desaparecer à medida que os conflitos vão e vêm – o que acontece, com surpreendente regularidade. Os mesmos processos que criam a imagem do inimigo podem reverter essa imagem quando o inimigo se torna um aliado. Assim, os "japonesinhos sanguinários, cruéis, traiçoeiros e dentuços" da Segunda Guerra Mundial em pouco tempo se tornaram – nas mentes (Gallup, 1972) e na mídia norte-americanas – nossos "aliados inteligentes, trabalhadores, autodisciplinados, engenhosos".

EXAME DA PESQUISA — Erro de percepção e guerra

A maioria das pesquisas que relato neste livro oferece dados numéricos a partir de observações do comportamento, das cognições e das atitudes das pessoas, da forma exposta em experimentos de laboratório ou em pesquisas. Mas há outras maneiras de fazer pesquisa. Alguns psicólogos sociais, principalmente na Europa, analisam o discurso humano natural; eles estudam textos escritos ou conversas faladas para vislumbrar como as pessoas interpretam e constroem os eventos de suas vidas (Edwards & Potter, 2005). Outros analisaram o comportamento humano em contextos históricos, como fez Irving Janis (1972) ao explorar o pensamento de grupo em fiascos históricos e Philip Tetlock (2005) ao explorar as falhas de julgamento de supostos especialistas políticos.

No que provavelmente foi a mais longa carreira da psicologia social, Ralph K. White, famoso por seus estudos comparando liderança democrática e autocrática, no final da década de 1930 (com os pioneiros da psicologia social Kurt Lewin e Ronald Lippitt), publicou, em 2004 – aos 97 anos –, um artigo fundamental resumindo suas análises anteriores (1968, 1984, 1986) sobre como as percepções equivocadas alimentam a guerra. Analisando 10 guerras do século passado, White apontou que cada uma foi marcada por pelo menos uma de três percepções equivocadas: *subestimar* a força de um inimigo, *racionalizar* os próprios motivos e comportamentos e, principalmente, *demonizar* o adversário.

Segundo sua observação, a subestimação em relação ao adversário encorajou Hitler a atacar a Rússia, o Japão a atacar os Estados Unidos, e os Estados Unidos a entrar nas guerras da Coreia e do Vietnã. Além disso, a racionalização das próprias ações e a demonização do adversário são a marca da guerra. No início do século XXI, quando os Estados Unidos e o Iraque falavam em guerra, cada um dizia que o outro era "mau". Para George W. Bush, Saddam Hussein era um "tirano assassino" e um "louco" que ameaçava o mundo civilizado com armas de destruição em massa. Para o governo do Iraque, o governo Bush era uma "gangue do mal", que "ameaçava o mundo com os seus esquemas malignos e desejos de petróleo do Oriente Médio" (Zajonc, 2003).

A verdade não precisa estar a meio caminho entre essas percepções conflitantes. No entanto, "a percepção válida é um antídoto ao ódio", concluiu White ao refletir sobre sua vida como psicólogo que estuda a paz. A empatia – perceber corretamente os pensamentos e sentimentos do outro – é "um dos fatores mais importantes para evitar a guerra... A empatia pode ajudar duas ou mais nações a evitar os perigos da percepção equivocada geradora de guerras que a maioria preferiria não lutar".

Os alemães, que depois de duas guerras mundiais foram odiados, depois admirados, e depois odiados novamente, voltaram a ser admirados – aparentemente, não mais contaminados pelo que antes se presumia ser crueldade em seu caráter nacional. Enquanto o Iraque estava atacando o impopular Irã, muitas nações o apoiaram, mesmo quando o país usou armas químicas para massacrar seus próprios curdos. O inimigo do nosso inimigo é nosso amigo. Quando o Iraque encerrou sua guerra com o Irã e invadiu o Kuwait, rico em petróleo, o comportamento do Iraque de repente se tornou "bárbaro". As imagens dos nossos inimigos mudam com uma facilidade incrível.

A extensão das percepções equivocadas durante conflitos é um lembrete assustador de que as pessoas não precisam ser loucas ou inusitadamente maliciosas para formar essas imagens distorcidas de seus antagonistas. Quando vivenciamos conflito com outra nação, outro grupo ou apenas um colega ou um dos nossos pais, prontamente percebemos de forma equivocada nossos próprios motivos e ações como bons e os do outro como maus – e, com a mesma prontidão, nossos antagonistas formam uma percepção espelhada sobre nós.

Assim, com os antagonistas presos a um dilema social, competindo por recursos escassos ou percebendo injustiça, o conflito continua até algo permitir que ambas as partes se desfaçam de seus equívocos e trabalhem para conciliar suas diferenças reais. Um bom conselho, então, é: em conflito, não pressuponha que o outro não compartilha seus valores e sua moralidade; em vez disso, compare as percepções, pressupondo que o outro provavelmente percebe a situação de forma diferente.

Resumo: O que gera o conflito?

- Sempre que duas ou mais pessoas, grupos ou nações interagem, suas necessidades e objetivos percebidos podem entrar em conflito. Muitos dilemas sociais surgem à medida que as pessoas buscam o interesse próprio individual em detrimento do coletivo. Dois jogos de laboratório, o *Dilema do prisioneiro* e a *Tragédia dos comuns*, exemplificam esses dilemas. Na vida real, podemos evitar tais armadilhas estabelecendo regras que regulamentem o comportamento de interesse próprio; mantendo os grupos sociais pequenos para que as pessoas sintam responsabilidade uma pela outra; possibilitando a comunicação, de modo a reduzir a desconfiança; mudando as compensações para tornar a cooperação mais gratificante; e invocando normas altruístas.

- Quando as pessoas competem por recursos escassos, as relações humanas muitas vezes afundam para o preconceito e a hostilidade. Em seus famosos experimentos, Muzafer Sherif descobriu que a competição de soma zero rapidamente transformou estranhos em inimigos, desencadeando uma guerra total, mesmo entre meninos de comportamento normal.

- Os conflitos também surgem quando as pessoas se sentem tratadas injustamente. De acordo com a teoria da equidade, as pessoas definem a justiça como a distribuição de gratificações na proporção das contribuições de cada uma. Os conflitos ocorrem quando as pessoas discordam sobre o tamanho de suas contribuições e, portanto, sobre a equidade dos resultados que obtêm.

- Os conflitos costumam conter um pequeno núcleo de objetivos verdadeiramente compatíveis, cercados por uma espessa camada de percepções equivocadas sobre as motivações e os objetivos do adversário. Muitas vezes, as partes em conflito têm percepções do tipo "imagem espelhada". Quando ambos os lados acreditam que "nós somos pacíficos, eles são hostis", cada um pode tratar o outro de formas que provoquem a confirmação de suas expectativas. Os conflitos internacionais, por vezes, também são alimentados por uma ilusão a respeito do líder mau e do povo bom.

Como a paz pode ser alcançada?

Embora forças nocivas possam gerar conflitos destrutivos, podemos aproveitar outras forças para levar o conflito a uma solução construtiva. Quais são esses ingredientes de paz e harmonia?

> "Sabemos mais sobre a guerra do que sobre a paz, mais sobre matar do que sabemos sobre viver."
> —GENERAL OMAR BRADLEY, 1893-1981, EX-CHEFE DO ESTADO MAIOR DOS ESTADOS UNIDOS

Já vimos como os conflitos são desencadeados por armadilhas sociais, competição, injustiças e percepções equivocadas. Embora o quadro seja triste, há esperanças. Às vezes, punhos fechados se transformam em braços abertos à medida que as hostilidades evoluem para amizade. Os psicólogos sociais têm se concentrado em quatro estratégias para ajudar a transformar inimigos em companheiros. Podemos lembrar delas como os quatro Cs da pacificação: contato, cooperação, comunicação e conciliação.

Contato

Colocar em contato próximo dois indivíduos ou grupos que estejam em conflito pode possibilitar que eles se conheçam e gostem um do outro? Já vimos por que pode ser que não: no Capítulo 3, vimos como expectativas negativas podem condicionar julgamentos e criar profecias autorrealizadoras. Quando as tensões são altas, o contato pode alimentar uma briga.

Porém, também vimos, no Capítulo 11, que a proximidade – e a interação que a acompanha, a expectativa de interação e a mera exposição – fazem gostar mais. No Capítulo 4, observamos como o preconceito racial flagrante diminuiu depois da dessegregação, mostrando que *as atitudes seguem o comportamento*. Se esse princípio psicossocial agora parece óbvio, lembre-se: é assim que as coisas costumam parecer quando você as conhece. Para a Suprema Corte dos Estados Unidos, em 1896, a ideia de que o comportamento dessegregado poderia reduzir as atitudes preconceituosas não era nem um pouco óbvia. O que parecia óbvio naquela época era "que a legislação é impotente para erradicar os instintos raciais" (*Plessy v. Ferguson*).

Uma recente metanálise sustenta o argumento de que, em geral, o contato prediz a tolerância. Em uma análise minuciosamente completa, Linda Tropp e Thomas Pettigrew (2005a; Pettigrew & Tropp, 2006, 2008) reuniram dados de 516 estudos com 250.555 pessoas em 38 países. Em 94% desses estudos, *o contato maior foi um preditor de menor preconceito*.

Isso se aplica principalmente às atitudes da maioria do grupo em relação às minorias (Tropp & Pettigrew, 2005b).

Estudos mais recentes confirmam a correlação entre contato e atitudes positivas. Por exemplo, quanto mais contato inter-racial os negros e brancos da África do Sul têm, mais simpáticas ficam suas atitudes políticas para com os do outro grupo (Dixon et al., 2007). Até mesmo o contato indireto, pela leitura de histórias ou um amigo que tem um amigo no exogrupo, tende a reduzir o preconceito (Cameron & Rutland, 2006; Pettigrew et al., 2007; Turner et al., 2007a, 2007b, 2008). Esse efeito do contato indireto, também chamado de "efeito do contato ampliado", pode ajudar a difundir atitudes mais positivas em um grupo de pares.

Também se pode observar que, nos Estados Unidos, a segregação e o preconceito expresso têm diminuído juntos desde 1960. Mas o contato inter-racial foi a *causa* dessas atitudes melhores? Aqueles que experimentaram a dessegregação foram realmente afetados por ela?

DESSEGREGAÇÃO MELHORA AS ATITUDES RACIAIS?

A dessegregação das escolas produziu benefícios mensuráveis, como levar mais negros a frequentar e ter sucesso na faculdade (Stephan, 1988), mas a dessegregação de escolas, bairros e locais de trabalho também produziu bons resultados sociais? As evidências são contraditórias.

Por um lado, muitos estudos realizados durante e logo após a dessegregação encontraram uma melhoria acentuada nas atitudes dos brancos em relação aos negros. Independentemente de as pessoas serem funcionários ou clientes de lojas de departamentos, marinheiros mercantes, funcionários públicos, policiais, vizinhos ou estudantes, o contato racial levou à diminuição do preconceito (Amir, 1969; Pettigrew, 1969). Por exemplo, perto do final da Segunda Guerra Mundial, o exército dos Estados Unidos dessegregou parcialmente algumas das suas companhias de artilharia (Stouffer et al., 1949). Quando perguntadas sobre suas opiniões acerca dessa dessegregação, 11% dos soldados brancos das companhias segregadas a aprovaram. Entre os das companhias dessegregadas, 60% a aprovaram.

Ao aproveitar um experimento natural feito por encomenda, Morton Deutsch e Mary Collins (1951) observaram resultados similares. De acordo com a lei estadual, a cidade de Nova York dessegregou suas unidades habitacionais públicas, alocando famílias a apartamentos sem distinção de raça. Em um conjunto habitacional semelhante do outro lado do rio, em Newark, Nova Jersey, negros e brancos foram alocados a prédios separados. Quando lhes foi perguntado, as mulheres brancas no conjunto dessegregado foram muito mais suscetíveis a favorecer a moradia inter-racial e a dizer que suas atitudes para com os negros tinham melhorado. Os estereótipos exagerados tinham definhado diante da realidade. Como disse uma mulher, "eu realmente passei a gostar. Eu vejo que eles são tão humanos quanto nós".

Conclusões desse tipo influenciaram a decisão da Suprema Corte, de 1954, de dessegregar as escolas norte-americanas e ajudaram a estimular o movimento dos direitos civis da década de 1960 (Pettigrew, 1986, 2004). No entanto, os primeiros estudos sobre os efeitos do fim da segregação escolar foram menos animadores. Depois de analisar todos os estudos disponíveis, Walter Stephan (1986) concluiu que as atitudes raciais tinham sido pouco afetadas pela dessegregação. Para os negros, a consequência visível do ensino dessegregado se deu menos em termos de atitudes do que em sua maior probabilidade de frequentar faculdades integradas (ou predominantemente brancas), morar em bairros integrados e trabalhar em ambientes integrados.

Da mesma forma, muitos programas de intercâmbio estudantil tiveram efeitos menos positivos do que o esperado sobre as atitudes dos alunos em relação aos países que os receberam. Por exemplo, quando estudantes norte-americanos impetuosos estudam na França, muitas vezes morando com outros norte-americanos durante a estada, seus estereótipos sobre os franceses tenderam a não melhorar (Stroebe et al., 1988). O contato tampouco conseguiu aplacar o ódio dos *tutsis* ruandeses em relação a seus vizinhos *hutus* nem eliminar o sexismo de muitos homens que moram e trabalham em constante contato com mulheres. Quando as interações são negativas, o contato *aumenta* o preconceito (Pettigrew, 2008).

Assim, podemos ver que, às vezes, a dessegregação melhora as atitudes raciais e, outras vezes, principalmente quando há ansiedade ou ameaça percebida (Pettigrew, 2004), isso não acontece. Essas divergências excitam o espírito de detetive do cientista. O que explica a diferença? Até agora, juntamos todos os tipos de dessegregação, mas a dessegregação real ocorre de muitas maneiras e sob condições muito diferentes.

FIGURA 13.5
Dessegregação não necessariamente significa contato.
Após a praia sul-africana de Scottburgh se tornar "aberta" e dessegregada, na nova África do Sul, os negros (representados por triângulos), os brancos (círculos brancos) e os indianos (quadrados) tendiam a se agrupar com sua própria raça.
Fonte: Dixon e Durrheim, 2003.

QUANDO A DESSEGREGAÇÃO MELHORA AS ATITUDES RACIAIS?

A frequência do contato inter-racial seria um fator? Com efeito, parece ser. Os pesquisadores entraram em dezenas de escolas dessegregadas e observaram com quem as crianças de uma determinada raça comiam, conversavam e andavam. A raça influencia o contato: brancos se associam desproporcionalmente a brancos, e negros a negros (Schofield, 1982, 1986). Em um estudo sobre trocas de *e-mails* na Dartmouth University, os estudantes negros, embora fossem apenas 7%, enviaram 44% dos seus *e-mails* a outros estudantes negros (Sacerdote & Marmaros, 2005).

A mesma segregação autoimposta ficou evidente em uma praia sul-africana dessegregada, como descobriram John Dixon e Kevin Durrheim (2003) ao registrar a localização de frequentadores negros, brancos e indianos em uma tarde de verão (30 de dezembro) (Fig. 13.5). Bairros, lanchonetes e restaurantes dessegregados também podem não produzir interações integradas (Clack et al., 2005; Dixon et al., 2005a, 2005b).

Em um estudo que acompanhou as atitudes de mais de 1.600 estudantes europeus ao longo do tempo, o contato serviu para reduzir o preconceito, mas o preconceito também minimizou o contato (Binder, 2009). A ansiedade, assim como preconceito, ajuda a explicar por que os participantes de relações inter-raciais (quando os alunos são colocados em pares, como colegas de quarto ou como parceiros em um experimento) podem se envolver em menos abertura íntima do que os que estão em relações com pessoas da mesma raça (Johnson et al., 2009; Trail et al., 2009).

Os esforços para facilitar o contato às vezes ajudam, mas às vezes caem por terra. "Um dia, algumas das escolas protestantes surgiram", explicou uma jovem católica depois de um intercâmbio escolar na Irlanda do Norte (Cairns & Hewstone, 2002). "Era para ser como... uma mistura, mas houve muito pouca mistura. Não foi porque nós não quisemos, só que era muito estranho." A falta de mistura deriva em parte de "ignorância pluralística": muitos brancos e negros dizem que gostariam de ter mais contato, mas percebem equivocadamente que o outro não retribui seus sentimentos. (Ver "Exame da pesquisa: Relacionamentos que poderiam ter existido.")

EXAME DA PESQUISA: Relacionamentos que poderiam ter existido

Talvez você se lembre de alguma época em que realmente teria gostado de tomar a iniciativa de se aproximar a alguém. Talvez fosse alguém por quem você se sentia atraído. Mas, duvidando de que seus sentimentos fossem correspondidos, não arriscou a rejeição. Ou talvez fosse alguém de outra raça que você quisesse receber na cadeira ao seu lado no refeitório ou à mesa da biblioteca. Mas você se preocupou com que a pessoa pudesse ter receio de se sentar com você. É provável que, em alguma dessas ocasiões, a outra pessoa realmente retribuísse a sua abertura ao contato, mas tenha pressuposto que a sua distância significava indiferença ou mesmo preconceito. Infelizmente, graças ao que o Capítulo 8 chamou de "ignorância pluralística" – falsas impressões compartilhadas sobre os sentimentos de outros –, você deixou passar em branco.

Estudos realizados pela psicóloga Jacquie Vorauer, da University of Manitoba (2001, 2005; Vorauer & Sakamoto, 2006), iluminam esse fenômeno. Em suas relações novas, as pessoas costumam superestimar a transparência de seus sentimentos, relata Vorauer. Presumindo que seus sentimentos estão ficando visíveis, elas experimentam a "ilusão de transparência" que discutimos no Capítulo 2. Assim, podem presumir que sua linguagem corporal transmite seu interesse romântico, quando, na verdade, o destinatário pretendido nunca entende a mensagem. Se a outra pessoa, na verdade, compartilha os sentimentos positivos e está igualmente superestimando a própria transparência, a possibilidade de uma relação é extinta.

O mesmo fenômeno, relata Vorauer, ocorre muitas vezes com pessoas de baixo preconceito, que realmente gostariam de ter mais amizades com pessoas de fora do seu grupo racial ou social. Se os brancos presumem que os negros pensam que eles são preconceituosos, e se os negros presumem que os brancos os estereotipam, ambos vão sentir ansiedade diante de uma iniciativa. Essa ansiedade é "um fator central" na "segregação informal continuada" da África do Sul, relata Gillian Finchilescu (2005).

Buscando replicar e ampliar o trabalho de Vorauer, Nicole Shelton e Jennifer Richeson (2005; Richeson & Shelton, 2008) realizaram uma série coordenada de pesquisas e testes comportamentais.

Em seu primeiro estudo, alunos brancos da University of Massachusetts consideraram ter mais interesse do que a média em contatos e amizades inter-raciais, e perceberam os alunos brancos, em geral, como mais ansiosos para isso do que os negros. Os estudantes negros tinham visões de imagem refletida – considerando-se mais ansiosos para isso do que os brancos. "Eu quero ter amizades de diferentes raças", pensava o estudante típico, "mas as pessoas do outro grupo racial não compartilham o meu desejo".

Será que essa ignorância pluralística se generaliza para um contexto mais específico? Para descobrir, o segundo estudo de Shelton e Richeson pediu que estudantes brancos de Princeton imaginassem como reagiriam ao entrar em sua sala de jantar e perceber vários "alunos [negros (ou brancos) que moram perto de você sentados juntos". Até onde você estaria interessado em se juntar a eles? E qual seria a probabilidade de que um deles fizesse um sinal para que você se juntasse a eles? Mais uma vez, os brancos acreditavam que eles, mais do que os de outra raça, estariam interessados no contato.

E como as pessoas explicam quando não conseguem fazer contato inter-racial? Em seu terceiro estudo, Shelton e Richeson convidaram estudantes brancos e negros de Princeton a contemplar uma situação de sala de jantar em que eles notam uma mesa com alunos conhecidos de outra raça, mas nem eles nem os alunos sentados tentam fazer contato. Os participantes do estudo, independentemente de raça, atribuíram sua própria inação em tal situação sobretudo ao medo da rejeição e, mais frequentemente, atribuíram a inação dos alunos sentados à falta de interesse. Em um quarto estudo feito na University of Dartmouth, Shelton e Richeson replicaram essa pesquisa com instruções diferentes, mas resultados semelhantes.

Será que esse fenômeno de ignorância pluralística se estende a outras situações reais e ao contato com uma única outra pessoa? No quinto estudo, Shelton e Richeson convidaram alunos de Princeton, negros e brancos, para uma pesquisa sobre "formação de amizade". Depois que os participantes preencheram algumas informações gerais, o experimentador tirou sua foto, anexou-a à informação de fundo, levou ostensivamente para a sala de outro suposto participante, e depois voltou com a folha e a foto da outra pessoa, que mostrava alguém do mesmo sexo, mas de outra raça. A seguir, perguntou-se aos participantes: "Até que ponto você está preocupado em ser aceito pelo outro participante" e "qual é a probabilidade de que a outra pessoa não queira você como amigo". Independentemente da raça, os participantes supuseram que eles, mais do que o companheiro participante da outra raça, estavam interessados em amizade, mas se preocuparam com a rejeição.

Será que essas percepções sociais equivocadas restringem o contato inter-racial real? Em um sexto estudo, Shelton e Richeson confirmaram que estudantes brancos de Princeton mais propensos à ignorância pluralística – a presumir que temiam a rejeição inter-racial mais do que os alunos negros – também foram os mais propensos a ter contatos inter-raciais reduzidos nas sete semanas seguintes.

Vorauer, Shelton e Richeson não estão alegando que as percepções equivocadas, por si sós, impedem romances e amizades inter-raciais, mas sim que evitam que as pessoas arrisquem uma iniciativa. A compreensão desse fenômeno – reconhecer que a frieza dos outros pode realmente refletir motivações e sentimentos semelhantes aos nossos – pode nos ajudar a nos aproximarmos deles e, às vezes, transformar amizades potenciais em reais.

AMIZADE Em contraste, os estudos anteriores mais animadores sobre balconistas, soldados e vizinhos de conjuntos habitacionais envolveram contato inter-racial considerável, e mais do que suficiente para reduzir a ansiedade que marca o contato intergrupal inicial. Outros estudos envolvendo contato pessoal prolongado – entre presidiários negros e brancos, entre meninas negras e brancas em um acampamento de verão inter-racial, entre colegas universitários negros e brancos, e entre sul-africanos negros e brancos, mostram benefícios semelhantes (Clore et al., 1978; Foley, 1976; Holtman et al., 2005; Van Laar et al., 2005). Entre os estudantes norte-americanos que estudaram na Alemanha ou na Grã-Bretanha, quanto maior era o contato com o povo do país anfitrião, mais positivas eram suas atitudes (Stangor et al., 1996). Em experimentos, os que formam *amizades* com membros do exogrupo desenvolvem atitudes mais positivas para com esse grupo (Pettigrew & Tropp, 2000; Wright et al., 1997). Não é apenas o conhecimento racional de outras pessoas que importa, mas também os laços *emocionais* que se formam com as amizades íntimas e combinações inter-raciais de colegas de quarto que servem para reduzir a ansiedade e aumentar a empatia (Pettigrew & Tropp, 2000, 2008; Shook & Fazio, 2008).

POR DENTRO DA HISTÓRIA — Nicole Shelton e Jennifer Richeson sobre amizades inter-raciais

Durante as fases iniciais de nosso trabalho conjunto, passamos mais tempo simplesmente ouvindo uma à outra falando sobre o estresse associado com ser professores-assistentes do que realmente pensando em ideias de pesquisa, embora em geral surgissem ideias dessas conversas. Durante uma dessas conversas telefônicas de apoio, começamos a falar sobre as aulas que estávamos dando e ideias que poderíamos usar em apresentações em sala de aula. (Nicole estava trabalhando com estigma social e Jennifer, com relações intergrupais.) Logo percebemos que havíamos observado tanto os alunos brancos quanto os das minorias étnicas em nossas turmas muitas vezes indicando que realmente queriam interagir com as pessoas de fora de seu grupo étnico, mas tinham medo de não ser aceitos. No entanto, eles não achavam que as pessoas de outros grupos étnicos tivessem os mesmos receios, e pressupunham que os membros de outros grupos simplesmente não queriam estabelecer contato. Isso soava muito parecido com o trabalho de Dale Miller sobre ignorância pluralista. Ao longo de algumas semanas, projetamos uma série de estudos para explorar a ignorância pluralista no contexto das interações inter-raciais.

Desde a publicação do nosso artigo, ouvimos pesquisadores dizerem que devemos usar o nosso trabalho em sessões de orientação para novos estudantes, a fim de reduzir os temores dos estudantes sobre atravessar as fronteiras raciais. Estamos muito satisfeitas porque, quando apresentamos este trabalho em nossas cadeiras, alunos de todas as origens raciais nos dizem que ele realmente abriu seus olhos sobre como tomar a iniciativa para fazer amizades inter-raciais.

Nicole Shelton
Princeton University

Jennifer Richeson
Northwestern University

A ansiedade reduzida que acompanha as interações com exogrupos amigáveis é um evento biológico: é mensurável na forma de diminuição da reatividade do estresse hormonal em contextos interétnicos (Page-Gould et al., 2008).

A "saliência de grupo" (visibilidade) também ajuda a reduzir a lacuna entre as pessoas. Se você sempre pensar naquele amigo apenas como indivíduo, seus laços afetivos podem não se generalizar para outros membros do grupo do amigo (Miller, 2002). O ideal, então, é que formemos amizades baseadas na confiança em todos os grupos, mas também reconheçamos que o amigo representa pessoas de outro grupo – com quem temos muito em comum (Brown et al., 2007)

Teremos mais probabilidades de ser amigos de pessoas que diferem de nós se sua identidade de exogrupo for inicialmente minimizada – se as enxergarmos essencialmente como nós, em vez de nos sentirmos ameaçados pelo fato de elas serem diferentes. Para que o sentimento bom que temos por nossos novos amigos se generalize a outros, sua identidade de grupo deve, em algum ponto, tornar-se visível. Portanto, para reduzir o preconceito e os conflitos, o melhor é que a princípio minimizemos a diversidade do grupo, depois a reconheçamos e, por fim, consigamos transcendê-la.

Pesquisas com cerca de 4 mil europeus revelam que a amizade é fundamental para o sucesso do contato: com um amigo de um grupo minoritário, você terá probabilidade muito maior de expressar simpatia e apoio pelo grupo do amigo e, até mesmo, um pouco mais de apoio à imigração desse grupo. Isso se aplica às atitudes dos alemães ocidentais em relação aos turcos, dos franceses com os asiáticos e norte-africanos, dos holandeses com surinameses e turcos, dos britânicos com relação a caribenhos e asiáticos e de protestantes e católicos da Irlanda do Norte entre si (Brown et al., 1999; Hamberger & Hewstone, 1997; Paolini et al., 2004; Pettigrew, 1997). Da mesma forma, o sentimento anti-homossexuais é menor entre pessoas que conhecem homossexuais pessoalmente (Herek, 1993; Hodson et al., 2009; Vonofakou et al., 2007). Em uma pesquisa feita nos Estados Unidos, 55% daqueles que sabiam ter um membro da família ou amigo próximo homossexual apoiavam o casamento entre pessoas do mesmo sexo – o dobro dos 25% de apoio entre aqueles que não tinham (Neidorf & Morin, 2007).

CONTATO ENTRE *STATUS* IGUAIS Os psicólogos sociais que defenderam a dessegregação nunca alegaram que todo o contato iria melhorar as atitudes. Eles esperavam maus resultados quando os contatos eram competitivos, sem apoio das autoridades e desiguais (Pettigrew, 1988; Stephan, 1987). Antes de 1954, muitos brancos preconceituosos tinham contatos frequentes com negros – como engraxates e empregados domésticos. Como vimos no Capítulo 9, esses contatos desiguais geram atitudes que apenas justificam a continuação da desigualdade. Assim, é importante que o contato se dê entre pessoas de igual *status*, como o que aconteceu entre balconistas, soldados, vizinhos, detentos e participantes de colônias de férias.

Em faculdades e universidades, interações informais possibilitadas por diversidade étnica em sala de aula foram compensadoras para todos os alunos, segundo relatam a pesquisadora Patricia Gurin e colaboradores (2002), da University of Michigan, a partir de pesquisas universitárias nacionais. Essas interações tendem a promover crescimento intelectual e maior aceitação da diferença. As conclusões informaram uma decisão tomada pela Suprema Corte dos Estados Unidos em 2003, segundo a qual a diversidade racial é um interesse importante do ensino superior e pode ser um critério para admissões.

---

contato entre *status* iguais
Contato em base de igualdade. Assim como uma relação entre pessoas de *status* desiguais gera atitudes coerentes com a relação entre elas, o mesmo acontece com as relações entre as de *status* iguais. Assim, para reduzir o preconceito, o contato inter-racial deve se dar entre pessoas de mesmo *status*.

Cooperação

Embora possa ajudar, por vezes, o contato de igual *status* não basta. Não ajudou quando Muzafer Sherif interrompeu a competição de Águias contra Cascavéis e reuniu os grupos para atividades não competitivas, como assistir filmes, soltar fogos de artifício e comer. Àquela altura, a hostilidade era tão forte que o mero contato apenas proporcionou oportunidades para insultos e ataques. Quando um Cascavel encostou em um Águia, seus colegas Águias lhe disseram que "limpasse a sujeira". A dessegregação dos dois grupos quase não promoveu sua integração social.

Diante de hostilidade arraigada, o que pode fazer um pacificador? Voltemos aos esforços de dessegregação bem-sucedidos e malsucedidos. A mistura racial das companhias de artilharia do exército não apenas colocou negros e brancos em contato de *status* igual, mas também os tornou interdependentes. Juntos, eles estavam lutando contra um inimigo comum, trabalhando pelo mesmo objetivo.

Isso sugere um segundo fator que prediz se o efeito de dessegregação será favorável? O contato competitivo divide e o contato *cooperativo* une? Examinemos o que acontece com pessoas que enfrentam juntas uma dificuldade comum. Em conflitos em todos os níveis, de casais a nações, passando por equipes rivais, as ameaças compartilhadas e os objetivos em comum geram unidade.

AMEAÇAS EXTERNAS EM COMUM CONSTROEM COESÃO

Você já foi pego em uma tempestade de neve, punido por um professor ou perseguido e ridicularizado por causa de sua identidade social, racial ou religiosa junto com outros? Se assim for, talvez se lembre de se sentir próximo de pessoas com quem compartilhava a situação. É possível que barreiras sociais anteriores tenham sido derrubadas à medida que vocês ajudavam uns aos outros a desatolar da neve ou a enfrentar o inimigo comum.

Essa solidariedade é comum entre aqueles que experimentam uma ameaça compartilhada. John Lanzetta (1955) observou isso quando colocou grupos de quatro militares da reserva para trabalhar em tarefas de solução de problemas e, em seguida, passou a informá-los por um alto-falante que suas respostas estavam erradas, sua produtividade era indesculpavelmente baixa, seu raciocínio, burro. Outros grupos não receberam esses ataques. Lanzetta observou que os membros do grupo sob pressão desenvolveram solidariedade entre si, ficaram mais cooperativos, menos conflituosos, menos competitivos. Eles estavam juntos naquilo, e o resultado foi um espírito coeso.

Ter um inimigo comum unificou os grupos de meninos competidores no experimento do acampamento de Sherif – e em muitos experimentos subsequentes (Dion, 1979). A simples lembrança de um exogrupo (p. ex., uma escola rival) aumenta a capacidade de resposta das pessoas a seu próprio grupo (Wilder & Shapiro, 1984). Quando estamos profundamente conscientes de quem "eles" são, também sabemos quem somos "nós".

Diante de uma ameaça externa bem definida durante a guerra, os "sentimentos de nós" aumentam muito. A participação em organizações cívicas dá um salto (Putnam, 2000). Os cidadãos se unem sob seu líder e apoiam suas tropas. Isso ficou muito claro após a catástrofe de 11 de setembro de 2001 e as ameaças de novos ataques terroristas. Em Nova York, "velhos antagonismos raciais foram dissolvidos", informou o *New York Times* (Sengupta, 2001). "Eu só pensava em mim mesmo como negro", disse Louis Johnson, de 18 anos, refletindo sobre a vida antes dos atentados. "Mas agora eu me sinto americano, mais do que nunca". Uma amostragem de conversas naquele mesmo dia, e outra de entrevistas coletivas do prefeito de Nova York, Rudy Giuliani, antes e depois, mostrou que a incidência da palavra "nós" dobrou (Liehr et al., 2004; Pennebaker & Lay, 2002).

As avaliações do desempenho de George W. Bush no cargo refletiram esse espírito de unidade gerado pela ameaça. Pouco antes do 11 de setembro, meros 51% dos norte-americanos aprovaram o desempenho do presidente; logo após, excepcionais 90% o aprovaram. Aos olhos do público, o presidente medíocre do dia 10 de setembro se tornara o presidente elogiado do dia 12 – "nosso líder" na luta contra "os que nos odeiam". Depois disso, suas avaliações decaíram gradualmente, mas voltaram a subir quando começou a guerra contra o Iraque (Fig. 13.6). Quando Florette Cohen e colaboradores (2005) pediram a estudantes norte-americanos para refletir sobre os acontecimentos de 11 de setembro de 2011 (em vez de pensar sobre uma prova próxima), os estudantes tiveram maior probabilidade de concordar com a frase "eu apoio as ações do presidente Bush e dos membros de seu governo que tomaram medidas duras no Iraque".

Os líderes podem até mesmo criar um inimigo externo ameaçador como técnica para construir coesão de grupo. O romance *1984*, de George Orwell, ilustra a tática: o líder da nação protagonista usa conflitos fronteiriços com as outras duas grandes potências para reduzir conflitos internos. De tempos em tempos, o inimigo muda, mas sempre há um inimigo. Na verdade, a nação parece *precisar* de um inimigo. Para o mundo, para uma nação, para um grupo, um inimigo comum é poderosamente unificador. Assim, podemos

---

Eu não poderia deixar de dizer [a Gorbachev]: apenas pense como a sua tarefa e a minha nessas reuniões que realizamos poderiam ser fáceis se subitamente este mundo sofresse uma ameaça de alguma outra espécie, de outro planeta. [Nós descobriríamos] de uma vez por todas que realmente somos todos seres humanos, juntos aqui na terra.

—RONALD REAGAN, DISCURSO EM 4 DE DEZEMBRO DE 1985

Tem um inimigo lá fora.

—GEORGE W. BUSH, 2005

Dificuldades compartilhadas geram cooperação, como demonstram esses trabalhadores do Wal-Mart em greve na Alemanha.

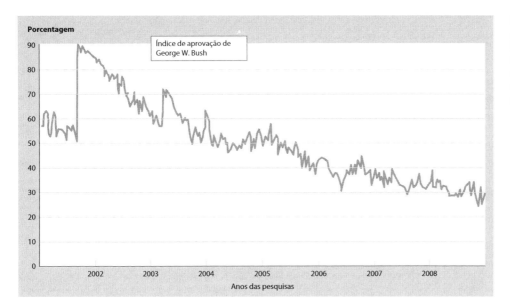

FIGURA 13.6
Ameaças externas geram unidade interna.
Como ilustram os altos e baixos dos índices de aprovação do presidente George W. Bush, conflitos nacionais moldam atitudes públicas (Gallup, 2006).

esperar que as diferenças religiosas entre protestantes e católicos, que parecem grandes na Irlanda do Norte ou na América do Sul, pareçam mais insignificantes para quem vive sob regimes islâmicos. Da mesma forma, diferenças islâmicas entre sunitas e xiitas, que parecem grandes no Iraque, não parecerão tão grandes para muçulmanos em países onde ambos devem lidar com atitudes antimuçulmanas.

Ameaças externas simultâneas também estavam gerando unidade em outras partes do mundo. Terroristas suicidas palestinos em Israel unificaram judeus de diferentes grupos em apoio ao primeiro-ministro Ariel Sharon e seu governo, enquanto a matança de palestinos e a destruição de suas propriedades pelo exército de Israel uniu facções muçulmanas em sua animosidade contra Sharon (Pettigrew, 2003). Além disso, depois que os Estados Unidos atacaram o Iraque, pesquisas de opinião do Pew Research Center (2003) com muçulmanos na Indonésia e na Jordânia encontraram um crescente

EM FOCO   Por que nos importamos com quem ganha?

Por que, para torcedores de todos os lugares, importa quem ganha? Por que importa para os nova-iorquinos se duas dúzias de empregados temporários multimilionários de George Steinbrenner (dono do time de beisebol New York Yankees), a maioria nascida em outros estados ou países, vencem a World Series? Durante a anual "Loucura de março" do basquete da NCAA, por que adultos perfeitamente normais apoiam enlouquecidamente seu time e se deprimem quando ele perde? E por que, com relação ao evento esportivo maior, a Copa do Mundo de Futebol, torcedores de todo o mundo sonham com a vitória de seu país?

Teorias e evidências indicam que as raízes da rivalidade são profundas. Há algo primitivo em ação quando a multidão irrompe no momento em que dois rivais entram em quadra para um jogo de basquete. Há algo tribal operando durante as duas horas de paixão que se seguem, tudo em resposta às subidas e descidas de uma simples esfera laranja. Nossos antepassados, vivendo em um mundo onde tribos vizinhas ocasionalmente invadiam e pilhavam os acampamentos uma da outra, sabiam que havia segurança na solidariedade. Quem não se juntou em bandos deixou menos descendentes.) Caçando, defendendo ou atacando, mais mãos eram melhores do que duas. A divisão do mundo entre "nós" e "eles" tem custos altos, como o racismo e a guerra, mas também proporciona os benefícios da solidariedade comunitária. Para identificar nós e eles, nossos antepassados – não tão distantes dos raivosos torcedores de hoje – se vestiam ou se pintavam com trajes e cores específicos do grupo.

Como animais sociais, vivemos em grupos, torcemos por nossos grupos, matamos por nossos grupos, morremos por nossos grupos. Também nos definimos segundo nossos grupos. Nosso autoconceito – nossa visão sobre quem somos – consiste não apenas em nossos atributos e atitudes pessoais, mas também em nossa identidade social. Nossas identidades sociais –o saber quem "nós" somos – reforçam o autoconceito e o orgulho, principalmente quando percebemos que "nós" somos superiores. Carecendo de uma identidade individual positiva, muitos jovens encontram orgulho, poder e identidade em gangues. Muitos patriotas se definem por suas identidades nacionais.

A definição que o grupo faz de quem *nós* somos também sugere quem *não* somos. Muitos experimentos da psicologia social revelam que formar grupos – até mesmo grupos arbitrários – promove "viés endogrupal". Junte pessoas em grupos definidos por nada mais do que sua data de nascimento ou até o último dígito de sua carteira de motorista e elas vão sentir uma certa afinidade com seus companheiros e lhes darão privilégios. A consciência de grupo é tão forte que "nós" parecemos melhor do que "eles", mesmo quando as definições de "nós" e "eles" são aleatórias.

Como ilustram os Estados Unidos após 11 de setembro de 2001, a solidariedade de grupo aumenta muito quando as pessoas enfrentam um inimigo comum. Segundo demonstrou vividamente a experiência do acampamento de Robber Muzafer Sherif, a competição cria inimigos. Alimentadas pela competição e desencadeadas pelo anonimato de uma multidão, as paixões podem culminar nos piores momentos do esporte – torcedores provocando adversários, gritando com os árbitros, até mesmo atirando neles suas garrafas de cerveja.

A identificação de grupo aumenta ainda mais com o sucesso. Os torcedores encontram autoestima em suas realizações pessoais, mas também, pelo menos um pouco, em sua associação com os atletas vitoriosos quando seu time ganha. Consultados depois de uma importante vitória no futebol americano, estudantes universitários costumam dizer que "nós vencemos" (Cialdini et al., 1976). Como observamos no Capítulo 9, eles se deleitam com a glória alheia. Indagados sobre o resultado depois de uma derrota, os alunos se distanciam da equipe com maior frequência, dizendo: "*eles* perderam".

Ironicamente, muitas vezes reservamos nossas paixões mais intensas para os rivais que mais se parecem conosco. Freud, há muito tempo, reconheceu que as animosidades se formavam em torno de diferenças pequenas: "de duas cidades vizinhas, cada uma é rival mais ciumenta da outra, cada pequeno distrito olha os outros com desprezo. Raças estreitamente relacionadas mantêm uma certa distância uma da outra, o alemão do sul não suporta o alemão do norte, o inglês lança todo tipo de calúnia sobre o escocês, o espanhol despreza o português".

Como residente ocasional da Escócia, testemunhei muitos exemplos da observação do *Xenophobe's guide to the scots* (Guia do xenófobo para os escoceses) – de que os escoceses dividem os não escoceses "em dois grupos principais: (1) os ingleses e (2) o resto". Assim como os fanáticos torcedores do Chicago Cubs ficam felizes se o Cubs vence ou se o White Sox perde, os ardentes torcedores de futebol da Nova Zelândia torcem para a Nova Zelândia e para quem quer que esteja jogando contra a Austrália (Halberstadt et al., 2006). Fanáticos torcedores escoceses se deleitam igualmente com uma vitória da Escócia ou uma derrota da Inglaterra. "Ufa! Eles perderam", regozijava-se a manchete de primeira página de um tabloide escocês depois da derrota da Inglaterra na Eurocopa de 1996 – para ninguém menos do que a Alemanha.

A identidade de grupo alimenta a competição e é alimentada por ela.

antiamericanismo. 53% dos jordanianos que expressou uma visão positiva dos norte-americanos no verão de 2002 desabou para 18% logo após a guerra. "Antes da guerra, eu teria dito que, se Osama (bin Laden) fosse responsável pelas duas torres, não seria motivo de orgulho", disse um estudante de direito islâmico sírio de 21 anos, "mas se ele fizesse isso agora, teria orgulho dele" (Rubin, 2003).

Também o mundo poderia encontrar unidade enfrentando um inimigo comum? Em 21 de setembro de 1987, o presidente Ronald Reagan observou: "Em nossa obsessão com os antagonismos do momento, muitas vezes nos esquecemos de quanta coisa une todos os membros da humanidade. Talvez precisássemos de alguma ameaça de fora, universal, para reconhecermos esse laço comum". Duas décadas depois, Al Gore (2007) concordava, sugerindo que, com o fantasma da mudança climática, "nós – todos nós – agora enfrentamos uma ameaça universal. Embora não seja de fora deste mundo, ela ainda é cósmica em escala".

OBJETIVOS DE ORDEM SUPERIOR INCENTIVAM A COOPERAÇÃO

Intimamente relacionado com o poder unificador de uma ameaça externa é o poder unificador dos **objetivos de ordem superior**, aqueles que unem todos os participantes de um grupo e exigem um esforço cooperativo. Para promover a harmonia entre os participantes de sua colônia de férias em guerra, Sherif introduziu esses objetivos. Ele criou um problema com o abastecimento de água da colônia, necessitando da cooperação de ambos os grupos para restaurar a água. Diante da oportunidade de alugar um filme, caro o bastante para exigir os recursos conjuntos dos dois grupos, eles cooperaram entre si mais uma vez. Quando um caminhão "estragou" em um passeio, um membro da equipe deixou casualmente a corda do cabo de guerra nas proximidades, levando um menino a sugerir que todos eles puxassem o caminhão para que o motor pegasse. Quando isso aconteceu, teve início uma celebração com tapinhas nas costas pelo vitorioso "cabo de guerra deles contra o caminhão".

Depois de trabalhar em conjunto para atingir esses objetivos superiores, os meninos comeram juntos e se divertiram ao redor de uma fogueira. Amizades brotaram entre membros dos dois lados do grupo. As hostilidades despencaram (Fig. 13.7). No último dia, os meninos decidiram viajar juntos para casa no mesmo ônibus. Durante a viagem, já não se sentaram em grupos. Quando o ônibus se aproximou da cidade de Oklahoma e de suas casas, eles, juntos, cantaram "Oklahoma" espontaneamente e depois se despediram dos amigos. Com isolamento e competição, Sherif transformou estranhos em inimigos ferrenhos; com objetivos superiores, fez de inimigos, amigos.

Os experimentos de Sherif são simples brincadeiras de criança? Ou a reunião para alcançar objetivos superiores pode ser igualmente benéfica com adultos em conflito? Robert Blake e Jane Mouton (1979) se fizeram essa pergunta. Assim, em uma série de experimentos de duas semanas, envolvendo mais de mil executivos em 150 diferentes grupos, eles recriaram as características essenciais da situação vivida

objetivo de ordem superior
Objetivo comum que exige esforço cooperativo; objetivo que supera as diferenças que as pessoas têm umas com as outras.

FIGURA 13.7
Após a competição, os Águias e os Cascavéis avaliaram uns aos outros de modo desfavorável. Depois de terem trabalhado cooperativamente para atingir objetivos de ordem superior, a hostilidade caiu drasticamente.
Fonte: Dados de Sherif, 1966, p. 84.

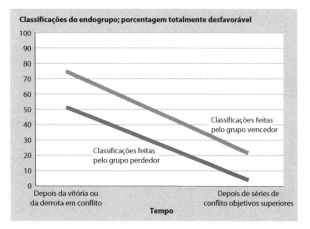

por Cascavéis e Águias. A princípio, cada grupo realizou primeiramente atividades próprias, depois competiu com outro grupo e, por fim, cooperou com o outro grupo para trabalhar por objetivos superiores escolhidos conjuntamente. Os resultados forneceram "evidências inequívocas de que as reações dos adultos são semelhantes às dos sujeitos mais jovens de Sherif".

Ampliando essas conclusões, John Dovidio, Samuel Gaertner e colaboradores (2005) relatam que o trabalho cooperativo tem efeitos especialmente favoráveis em condições que levam as pessoas a definir um grupo novo e includente, que dissolve seus subgrupos anteriores. Velhos sentimentos de preconceito contra outro grupo diminuem quando os membros dos dois grupos se sentam alternadamente em torno de uma mesa (em vez de em lados opostos), dão ao novo grupo um nome único e trabalham juntos sob condições que promovam um bom clima. "Nós" e "eles" se transformam em "todos nós". Para combater a Alemanha, a Itália e o Japão durante a Segunda Guerra Mundial, os Estados Unidos e a antiga União Soviética, junto com outras nações, formaram um grupo unido chamado de Aliados. Enquanto durou o objetivo de ordem superior de derrotar um inimigo em comum, também duraram as atitudes de apoio nos Estados Unidos em relação aos russos. A interdependência econômica por meio do comércio internacional também motiva a paz. "Onde as mercadorias cruzam fronteiras, os exércitos não cruzam", observa Michael Shermer (2006). Com tanto da economia da China agora entrelaçada com as economias ocidentais, a interdependência econômica diminui a probabilidade de uma guerra entre a China e o Ocidente.

Promovendo a "identidade endogrupal comum". A proibição de cores de gangues e a prática europeia comum dos uniformes escolares – uma tendência crescente também nos Estados Unidos – visa transformar "nós" e "eles" em "todos nós".

Os esforços de cooperação por parte dos Cascavéis e dos Águias terminaram bem. A mesma harmonia surgiria se a água tivesse permanecido cortada, o filme não pudesse ser alugado, o caminhão ainda estivesse parado? Provavelmente não. Em experimentos com estudantes da University of Virginia, Stephen Worchel e colaboradores (1977, 1978, 1980) confirmaram que a cooperação *bem-sucedida* entre dois grupos aumenta a sua atração um ao outro, mas se os grupos anteriormente conflitantes *fracassam* no esforço conjunto e as condições permitem que cada um atribua sua incapacidade ao outro, o conflito pode piorar. Os grupos de Sherif já estavam se sentindo hostis um para com o outro. Assim, se não tivessem conseguido juntar dinheiro suficiente para o filme, isso poderia ter sido atribuído à "mesquinhez" e ao "egoísmo" de um grupo, o que teria agravado o conflito, em vez de aliviá-lo.

APRENDIZAGEM COOPERATIVA MELHORA ATITUDES RACIAIS

Até agora, apontamos os benefícios sociais aparentemente escassos da dessegregação escolar típica (sobretudo se não acompanhada por laços afetivos de amizade e por relações de *status* igual). E apontamos os benefícios sociais aparentemente profundos dos contatos de cooperação bem-sucedidos entre membros de grupos rivais. A junção dessas duas conclusões poderia sugerir uma alternativa construtiva a práticas tradicionais de dessegregação? Várias equipes de pesquisa independentes especulam que sim. Cada uma perguntou se, sem comprometer o rendimento escolar, poderíamos promover amizades inter-raciais substituindo situações competitivas de aprendizagem por situações cooperativas. Dada a diversidade de seus métodos – todos envolvendo estudantes em equipes de estudos integrados, por vezes em competição com outras equipes –, os resultados são surpreendentes e animadores.

Os estudantes que participam de atividades de cooperação existentes, como equipes esportivas e trabalhos em sala de aula inter-raciais, são menos preconceituosos? Em um experimento recente, jovens brancos em expedições de duas a três semanas do programa Outward Bound (envolvendo contato íntimo e cooperação) expressaram melhores atitudes em relação aos negros um mês depois da expedição *quando* foram aleatoriamente atribuídos a um grupo de expedição inter-racial (Green & Wong, 2008).

Robert Slavin e Nancy Madden (1979) analisaram dados da pesquisa de 2.400 alunos em 71 escolas norte-americanas e encontraram resultados igualmente animadores. Os de raças diferentes que brincam e trabalham juntos são mais propensos a relatar ter amigos de outra raça e expressar atitudes raciais positivas. Charles Green e colaboradores (1988) confirmaram isso em um estudo com 3.200 estudantes do ensino médio da Flórida. Comparados com alunos competitivos de escolas tradicionais, os das escolas com "equipes" inter-raciais de aprendizagem tiveram atitudes raciais mais positivas.

A partir dessa constatação correlacional, pode-se concluir que a atividade inter-racial cooperativa melhora as atitudes raciais? A maneira de descobrir é experimentar, designando aleatoriamente alguns alunos, mas não outros, a trabalhar juntos em grupos racialmente mistos. Slavin (1985; Slavin et al., 2003) e seus colegas dividiram turmas escolares em equipes inter-raciais, cada uma composta por quatro ou cinco estudantes de todos os níveis de escolaridade. Os membros da equipe se sentaram juntos, estudaram uma série de assuntos conjuntamente e, no final de cada semana, competiram com as outras equipes em um torneio de classe. Todos os membros contribuíram para a pontuação de sua equipe tendo bom desempenho, às vezes competindo com outros estudantes cujo desempenho recente foi semelhante ao seu, outras competindo com suas próprias pontuações anteriores. Todos tiveram

A cooperação inter-racial – em equipes esportivas, em trabalhos de sala de aula e em atividades extracurriculares – desfaz diferenças e melhora atitudes raciais. Atletas adolescentes brancos que praticam esportes coletivos cooperativos (como basquete) com colegas de equipe negros expressam mais apreço e apoio a negros do que seus colegas envolvidos em esportes individuais (como luta livre) (Brown et al., 2003).

chance de sucesso. Além disso, os membros das equipes foram motivados a ajudar uns aos outros a se preparar para o torneio semanal – fazendo-se perguntas sobre frações, ortografia ou eventos históricos – qualquer que fosse o evento seguinte. Em vez de isolar os estudantes entre si, a concorrência por equipes os aproximou mais e gerou apoio mútuo.

Outra equipe de pesquisadores, liderada por Elliot Aronson (2004; Aronson & Gonzalez, 1988), provocou cooperação de grupo semelhante, usando uma técnica de "quebra-cabeça". Em experiências em escolas básicas do Texas e da Califórnia, os pesquisadores distribuíram as crianças em grupos racial e academicamente diversos, de seis membros cada. A seguir, o tema foi dividido em seis partes, com cada aluno se especializando em sua parte. Em uma unidade no Chile, um aluno pode ser especialista em história do Chile, outro, em sua geografia, outro, em sua cultura. Primeiramente, os vários "historiadores", "geógrafos" e assim por diante se reuniram para estudar seu material, depois, voltaram aos grupos originais para ensiná-lo aos colegas de aula. Cada membro do grupo tinha, por assim dizer, uma peça do quebra-cabeça.

Portanto, estudantes seguros de si tinham de ouvir alunos reticentes e aprender com eles, os quais, por sua vez, logo perceberam que tinham algo importante a oferecer a seus pares. Outras equipes de pesquisa – lideradas por David Johnson e Roger Johnson (1987, 2003, 2004) na University of Minnesota, Elizabeth Cohen (1980) Stanford University, Shlomo Sharan e Yael Sharan (1976, 1994) na Tel Aviv University e Stuart Cook (1985) na University of Colorado – criaram outros métodos de aprendizagem cooperativa. Estudos (148, em 11 países) mostram que os adolescentes também têm relacionamentos mais positivos com seus pares e podem até ter melhor desempenho quando trabalham de forma cooperativa e não competitiva (Roseth et al., 2008).

> Foi realmente um evento emocionante. Meus alunos e eu tínhamos encontrado uma maneira de fazer a dessegregação funcionar como ela havia sido concebida para funcionar!
>
> —ELLIOT ARONSON, *"DRIFTING MY OWN WAY,"* 2003

O que se pode concluir de toda essa pesquisa? Com a aprendizagem cooperativa, os alunos aprendem não apenas o material, mas também outras lições. A aprendizagem cooperativa, dizem Slavin e Cooper (1999), promove "o bom desempenho escolar de todos os alunos, ao mesmo tempo em que melhora as relações intergrupais". Aronson informou que "as crianças das salas de aula interdependentes, do tipo quebra-cabeça, passaram a gostar mais umas das outras, desenvolver mais gosto pela escola e uma maior autoestima do que as crianças das salas de aula tradicionais" (1980, p. 232).

As amizades inter-raciais também começam a florescer. As notas das provas dos alunos de minorias melhoram (talvez porque agora o desempenho acadêmico tenha o apoio dos pares). Após o fim dos experimentos, muitos professores continuam usando a aprendizagem cooperativa (D. W. Johnson et al., 1981; Slavin, 1990). "Está claro", escreveu o especialista em relações raciais John McConahay (1981), que a aprendizagem cooperativa "é a prática mais eficaz que conhecemos até hoje para melhorar as relações raciais nas escolas dessegregadas".

Deveríamos saber disso o tempo todo? Na época da decisão da Suprema Corte de 1954, Gordon Allport falou por muitos psicólogos sociais ao prever que o "preconceito... pode ser reduzido pelo contato de igual *status* entre a maioria e as minorias, na busca de objetivos comuns" (1954, p. 281). Experiências de aprendizagem cooperativa confirmaram a visão de Allport, fazendo que Robert Slavin e colaboradores (1985, 2003) se sentissem otimistas: "30 anos depois de Allport estabelecer os princípios básicos operacionalizados em métodos cooperativos de aprendizagem, finalmente temos métodos práticos e comprovados para implementar a teoria do contato na sala de aula dessegregada... A pesquisa sobre aprendizagem cooperativa é um dos maiores exemplos de sucesso na história da pesquisa sobre educação".

Cooperação e paz. Pesquisadores identificaram mais de 40 sociedades pacíficas – nas quais as pessoas vivem sem nenhum, ou quase nenhum, exemplo registrado de violência. Uma análise de 25 dessas sociedades, incluindo os *amish* mostrados aqui, revela que a maioria baseia suas visões de mundo em cooperação em vez de competição (Bonta, 1997).

EM FOCO — Branch Rickey, Jackie Robinson e a integração do beisebol

Em 10 de abril de 1947, dezenove palavras que mudaram para sempre a cara do beisebol também poriam à prova princípios da psicologia social. Na sexta rodada de um jogo de exibição do Brooklyn Dodgers com seu principal clube da categoria juvenil, o locutor de rádio do Montreal Royals leu uma declaração do presidente do Dodgers, Branch Rickey: "o Brooklyn Dodgers comprou hoje o contrato de Jackie Roosevelt Robinson, do Royals Montreal, e ele se apresentará imediatamente". Cinco dias mais tarde, Robinson se tornou o primeiro afrodescendente a jogar na primeira divisão do beisebol dos Estados Unidos desde 1887. Na temporada de outono, os torcedores do Dodgers realizaram seus sonhos de ir a *World Series*. Robinson, depois de sofrer insultos raciais, levar boladas e chutes, foi eleito pela *Sporting News* como estreante do ano e em uma votação em que ele terminou apenas atrás de Bing Crosby como o homem mais popular dos Estados Unidos. A barreira racial do beisebol fora rompida para sempre.

Motivado tanto por sua moralidade metodista quanto por um impulso para o sucesso do beisebol, Rickey vinha planejando a ação há algum tempo, relatam os psicólogos sociais Anthony Pratkanis e Marlene Turner (1994a, 1994b). Três anos antes, o sociólogo e presidente do Comitê Municipal de Unidade tinha pedido que Rickey dessegregasse seu time. Sua resposta foi pedir tempo (para que a contratação não fosse atribuída à pressão) e buscar orientação sobre a melhor forma de fazê-lo. Em 1945, Rickey foi o único proprietário a votar contra manter os negros fora de beisebol. Em 1947, ele tomou sua iniciativa usando os princípios identificados por Pratkanis e Turner:

- *Criar uma percepção de que a mudança é inevitável.* Deixe poucas possibilidades de que o protesto ou a resistência possam reverter a situação. O locutor Red Barber, um sulista tradicional, recordou que, em 1945, Rickey o levou para almoçar e explicou de forma muito lenta e forte que seus olheiros estavam em busca do "primeiro jogador negro que eu possa colocar no White Dodgers. Eu não sei quem é nem onde está, mas, ele está chegando". Barber, irritado, inicialmente pensou em se demitir, mas com o tempo decidiu aceitar o inevitável e manter "o melhor emprego de anúncio de esportes do mundo". Rickey foi igualmente direto com os jogadores em 1947, oferecendo-se para negociar qualquer um deles que não quisesse jogar com Robinson.
- *Estabelecer contato de igual* status, *com um objetivo superior.* Um sociólogo explicou a Rickey que quando as relações se concentram em um objetivo maior, como ganhar o campeonato, "as pessoas envolvidas se ajustam de forma adequada". Um dos jogadores que inicialmente tinha se oposto, depois ajudou Robinson com sua batida, explicou: "quando você está em um time, tem que unir forças para vencer".
- *Romper a norma do preconceito.* Rickey assumiu a frente, mas outros ajudaram. O líder da equipe e interbases Pee Wee Reese, sulista, estabeleceu o hábito de se sentar e comer com Robinson. Um dia, em Cincinnati, enquanto a multidão estava lançando insultos – "tira esse negrão do campo" –, Reese deixou a sua posição de interbases, caminhou até Robinson na primeira base, sorriu e falou com ele, e depois – com uma multidão silenciosa observando – colocou o braço em torno do ombro de Robinson.
- *Interromper a espiral de violência, praticando a não violência.* Rickey, querendo "um jogador com coragem suficiente para não reagir", encenou para Robinson o tipo de insultos e jogo sujo que ele experimentaria e obteve o compromisso de Robinson de não reagir à violência com violência. Ao ser insultado e golpeado, Robinson deixou as respostas para seus companheiros. A coesão da equipe, assim, aumentou.

Robinson e Bob Feller se tornaram, mais tarde, os primeiros jogadores da história do beisebol eleitos para o *Hall of Fame* em seu primeiro ano de elegibilidade. Ao receber o prêmio, Robinson pediu a três pessoas para ficarem ao lado dele: sua mãe, Mallie, sua esposa Rachel, e seu amigo, Branch Rickey.

Jackie Robinson e Branch Rickey.

Portanto, contatos cooperativos e de *status* igual exercem uma influência positiva sobre meninos em colônias de férias, executivos industriais, estudantes universitários e crianças em idade escolar. O princípio se estende a todos os níveis das relações humanas? As famílias ficam mais unidas ao se juntar para cultivar a terra, reformar uma casa velha ou viajar em um veleiro? As identidades comunitárias são forjadas ao se erguer um celeiro, cantar em grupo ou torcer pelo time de futebol? Cria-se compreensão internacional por meio da colaboração internacional na ciência e no espaço, de esforços conjuntos para alimentar o mundo e preservar os recursos, em contatos pessoais amigáveis entre pessoas de países diferentes? Tudo indica que a resposta para todas essas perguntas seja sim (Brewer & Miller, 1988; Desforges et al., 1991, 1997; Deutsch, 1985, 1994). Portanto, um importante desafio ao nosso mundo dividido é identificar e chegar a um consenso sobre nossos objetivos superiores e estruturar esforços cooperativos para alcançá-los.

GRUPO E IDENTIDADES DE ORDEM SUPERIOR

Na vida cotidiana, muitas vezes conciliamos múltiplas identidades (Gaertner et al., 2000, 2001; Hewstone & Greenland, 2000; Huo et al., 1996). Reconhecemos nossa identidade de subgrupo (como pais ou filhos) e depois a transcendemos (sentindo nossa identidade superior como família). O orgulho de nossa herança étnica pode complementar a nossa identidade comunitária ou nacional mais ampla. Estar consciente das *múltiplas* identidades sociais que parcialmente compartilhamos com qualquer outra pessoa permite a coesão social (Brewer & Pierce, 2005; Crisp & Hewstone, 1999, 2000). "Eu sou muitas coisas, algumas das quais você também é."

> A maioria de nós tem identidades sobrepostas que nos unem a grupos muito diferentes. Podemos amar o que somos, sem odiar o que – e quem – somos. Podemos prosperar em nossa própria tradição, mesmo aprendendo com os outros, e passar a respeitar os ensinamentos deles.
> —KOFI ANNAN, DISCURSO DE RECEBIMENTO DO PRÊMIO NOBEL DA PAZ, 2001

Mas, em culturas etnicamente diversas, como as pessoas equilibram suas identidades étnicas com suas identidades nacionais? Elas podem ter o que o pesquisador da identidade Jean Phinney (1990) chama de uma identidade "bicultural", que se identifica tanto com a cultura étnica quanto com a cultura mais ampla. Os asiáticos etnicamente conscientes que moram na Inglaterra também podem se sentir fortemente britânicos (Hutnik, 1985). Os francocanadenses que se identificam com suas raízes étnicas podem ou não também se sentir fortemente canadenses (Driedger, 1975). Os hispano-americanos que mantêm um forte sentido de sua "cubanidade" (ou de sua herança mexicana ou porto-riquenha) podem se sentir fortemente norte-americanos (Roger et al., 1991). Como explicou W. E. B. DuBois (1903, p. 17) em *The souls of black folk*, "o negro norte-americano [quer]... ser tanto negro quanto americano". Em 2008, nas prévias presidenciais nos Estados Unidos, latinos e asiáticos em grande parte preferiram Hillary Clinton em detrimento do candidato negro, Barack Obama, mas, se a sua identidade étnica fosse mudada – se fossem induzidos, em experimentos, a pensar em si mesmos como "não brancos", eles se tornariam mais propensos a votar no não branco Obama (Zhong et al., 2008).

Ao longo do tempo, a identificação com uma nova cultura costuma crescer. Os antigos alemães orientais e ocidentais passaram a se ver como "alemães" (Kessler & Mummendey, 2001). Os filhos de imigrantes chineses na Austrália e nos Estados Unidos sentem sua identidade chinesa um pouco menos intensamente, e sua nova identidade nacional com mais força do que os imigrantes que nasceram na China (Rosenthal & Feldman, 1992). Muitas vezes, porém, os *netos* dos imigrantes se sentem mais confortáveis se identificando com sua etnia (Triandis, 1994).

Os pesquisadores se perguntaram se o orgulho do próprio grupo compete com a identificação com a cultura mais ampla. Como observamos no Capítulo 9, avaliamos a nós mesmos, em parte, em termos de nossas identidades sociais. Ver nosso próprio grupo (nossa escola, nosso empregador, nossa família, nossa raça, nosso país) como bom nos ajuda a nos sentir bem conosco. Portanto, uma identidade étnica positiva pode contribuir para a autoestima positiva, assim como uma identidade cultural principal também pode. Pessoas "marginais", que não têm uma forte identidade cultural étnica nem principal (Tab. 13.1) costumam ter baixa autoestima; pessoas biculturais, que afirmam ambas as identidades, normalmente têm um forte autoconceito positivo (Phinney, 1990). Muitas vezes, elas alternam entre suas duas culturas, adaptando a linguagem e o comportamento a qualquer grupo em que estejam (LaFromboise et al., 1993).

O debate continua sobre os ideais do multiculturalismo (celebrar as diferenças) *versus* a assimilação (mesclar os próprios valores e hábitos com a cultura predominante). De um lado estão aqueles que acreditam, como declarou o Departamento Canadense de Patrimônio (2006), que "o multiculturalismo assegura que todos os cidadãos possam manter suas identidades, orgulhar-se de sua ascendência e ter um sentido de pertencimento. A aceitação dá aos canadenses um sentimento de segurança e autoconfiança, o que os faz estar abertos e aceitar diversas culturas". Do outro, estão aqueles que concordam com o presidente da Comissão para a Igualdade Racial da Grã-Bretanha, Trevor Phillips (2004), ao se preocupar com a possibilidade de o multiculturalismo separar pessoas em vez de incentivar valores comuns, uma visão que inspirou o governo de Ruanda a adotar o ponto de vista oficial de que "não há etnia aqui, somos todos ruandeses". No rescaldo do massacre étnico de Ruanda, documentos do governo e rádios e jornais controlados por ele deixaram de mencionar *hutus* e *tutsis* (Lacey, 2004).

No espaço entre multiculturalismo e assimilação reside "a diversidade dentro da unidade", uma perspectiva defendida pelo sociólogo Amitai Etzioni e colaboradores (2005). "Ela pressupõe que todos os membros de uma dada sociedade vão respeitar e aderir a esses valores e instituições básicos que são considerados parte da estrutura básica comum da sociedade. Ao mesmo tempo, cada grupo em sociedade é livre para manter sua subcultura distinta – políticas, hábitos e instituições que não entrem em conflito com o núcleo comum."

Ao forjar ideais unificadores, países de imigração, como Estados Unidos, Canadá e Austrália, têm evitado guerras étnicas. Nessas nações, irlandeses e italianos, suecos e escoceses, asiáticos e africanos raramente matam em defesa de suas identidades étnicas. No entanto, mesmo os países imigrantes se debatem entre separação e integralidade, entre o orgulho das pessoas por sua herança diferenciada e a união como nação, entre reconhecer a realidade da diversidade e a busca de valores compartilhados. O ideal da diversidade dentro da unidade constitui o lema dos Estados Unidos: *e pluribus unum*. De muitos, um.

TABELA 13.1 Identidade étnica e cultural

	Identificação com o grupo étnico	
Identificação com grupo majoritário	Forte	Fraca
Forte	Biculturais	Assimilados
Fraca	Separados	Marginais

Comunicação

Partes em conflito têm outras maneiras para resolver suas diferenças. Quando marido e mulher, trabalhadores e direção da empresa ou país X e país Y discordam, eles podem **negociar** entre si diretamente; pedir a um terceiro para **mediar**, fazendo sugestões e facilitando as negociações; ou **arbitrar**, submetendo sua divergência a alguém que vai estudar os problemas e impor um acordo.

NEGOCIAÇÃO

Se você quer comprar ou vender um carro novo, é melhor adotar uma postura de negociação mais forte – começar com uma oferta tão extrema que dividir a diferença vá produzir um resultado favorável? Ou é melhor começar com uma oferta sincera e de "boa-fé"?

Os experimentos não sugerem qualquer resposta simples. Por um lado, aqueles que exigem mais, muitas vezes, conseguem mais. Robert Cialdini, Leonard Bickman e John Cacioppo (1979) apresentam um resultado típico: em uma condição de controle, eles foram a vários revendedores Chevrolet e perguntaram o preço de um novo cupê esportivo Monte Carlo com determinadas opções. Em uma condição experimental, foram a outras concessionárias e inicialmente assumiram uma postura de negociação mais dura, pedindo e rejeitando um preço em um carro *diferente* ("Eu preciso de um preço mais baixo do que isso. Isso é muito"). Quando, então, perguntaram o preço do Monte Carlo, exatamente como na condição de controle, receberam ofertas 200 dólares mais baixas, em média.

Equilíbrio difícil. Estes francocanadenses etnicamente conscientes – apoiando o projeto de lei 101, "francês que vive no Quebec" – podem ou não também se sentir fortemente canadenses. À medida que os países se tornam etnicamente mais diversos, as pessoas debatem sobre como se pode construir sociedades que sejam plurais e unificadas.

negociação
Busca de um acordo para um conflito por meio do diálogo direto entre as partes.

mediação
Tentativa, por um terceiro neutro, de resolver um conflito, facilitando a comunicação e oferecendo sugestões.

arbitragem
Solução de um conflito por um terceiro neutro que estuda ambos os lados e impõe um acordo.

A negociação rígida pode rebaixar as expectativas da outra parte, fazendo que ela aceite se contentar com menos (Yukl, 1974), mas esse tipo de postura pode ser um tiro pela culatra. Muitos conflitos não se dão por algo de tamanho fixo, mas por algo que encolhe se o conflito continua. Negociadores muitas vezes não conseguem realizar seus interesses comuns; na verdade, cerca de 20% das vezes, eles negociam acordos do tipo em que todos perdem, mutuamente onerosos (Thompson & Hrebec, 1996).

Uma prolongação muitas vezes é um cenário em que todos perdem. Quando uma greve se prolonga, trabalhadores e empresa perdem. Ser duro é outro potencial cenário de perdas mútuas. Se a outra parte responde com uma postura igualmente dura, ambas podem ficar presas em posições das quais ninguém pode recuar sem se rebaixar. Nas semanas que antecederam a Guerra do Golfo de 1991, o primeiro presidente Bush ameaçou, em meio a muita publicidade, "chutar o traseiro de Saddam". Saddam Hussein, não menos machão, ameaçou fazer que os "infiéis" norte-americanos nadassem "em seu próprio sangue". Depois dessas declarações beligerantes, era difícil para cada lado evitar a guerra sem sair humilhado.

MEDIAÇÃO

Um terceiro na posição de mediador pode oferecer sugestões que permitam às partes em conflito fazer concessões sem se humilhar (Pruitt, 1998). Se a minha concessão pode ser atribuída a um mediador, que está recebendo uma concessão igual do meu antagonista, nenhum de nós será visto como fraco por ceder às demandas do outro.

TRANSFORMANDO A SOMA ZERO EM GANHOS MÚTUOS Os mediadores também ajudam a resolver conflitos facilitando a comunicação construtiva. Sua primeira tarefa é ajudar as partes a repensar o conflito e obter informações sobre os interesses uma da outra (Thompson, 1998). Normalmente, as pessoas de ambos os lados têm uma orientação competitiva, do tipo "um ganha e outro perde": elas são bem-sucedidas se o adversário estiver descontente com o resultado e malsucedidas se ele estiver satisfeito (Thompson et al., 1995). O mediador visa substituir essa orientação por outra, cooperativa, em que ambos ganham, insistindo em que as duas partes deixem de lado suas demandas conflitantes e, em vez disso, cada uma pense nas necessidades, nos interesses e nos objetivos subjacentes da outra. Em experimentos, Leigh Thompson (1990a, 1990b) constatou que, com a experiência, os negociadores se tornam mais capazes de fazer compensações mutuamente benéficas e, assim, alcançam soluções que tragam ganhos mútuos.

A história clássica desse tipo de solução diz respeito a duas irmãs que brigavam por uma laranja (Follett, 1940). Por fim, chegaram a um meio-termo e dividiram a laranja em duas, e uma irmã espremeu sua metade para fazer suco, enquanto a outra usou a casca para fazer um bolo. Em experimentos da State University of New York, em Buffalo, Dean Pruitt e seus colegas induziram negociadores a procurar **acordos integradores** (Johnson & Johnson, 2003; Pruitt & Lewis, 1975, 1977). Se cada

acordos integradores
Acordos em que todos têm a ganhar, que conciliam os interesses de ambas as partes para benefício mútuo.

irmã tivesse explicado *para que* queria a laranja, é muito provável que tivessem concordado em compartilhá-la, ficando uma com todo o suco e outra com toda a casca. Este é um exemplo de um acordo integrador. Comparado com os meios-termos, em que cada parte sacrifica algo importante, os acordos integradores são mais duradouros. Por serem mutuamente compensadores, também levam a melhores relações de longo prazo (Pruitt, 1986).

ESCLARECIMENTO DE PERCEPÇÕES EQUIVOCADAS COM COMUNICAÇÕES CONTROLADAS A comunicação muitas vezes ajuda a reduzir as percepções equivocadas autorrealizáveis. Talvez você se lembre de experiências semelhantes à desta estudante universitária:

> Muitas vezes, depois de um período prolongado de pouca comunicação, percebo o silêncio de Martha como um sinal de sua antipatia por mim. Ela, por sua vez, acha que o meu silêncio é resultado da minha incomodação com ela. Meu silêncio induz o dela, o que me deixa ainda mais silenciosa... até esse efeito "bola de neve" ser rompido por alguma ocorrência que torne necessária a nossa interação. E aí a comunicação esclarece todas as interpretações errôneas que fizemos uma da outra.

O resultado desses conflitos muitas vezes depende de *como* as pessoas comunicam seus sentimentos uma à outra. Roger Knudson e colaboradores (1980) convidaram casais para virem ao laboratório de psicologia da University of Illinois e reviver, por meio de dramatização, um de seus conflitos passados. Antes, durante e depois de sua conversa (que muitas vezes gerou tanta emoção quanto o conflito real anterior), os casais foram observados de perto e questionados. Casais que fugiram da questão – não deixando a própria posição clara ou não reconhecendo a de seu cônjuge – saíram com a ilusão de que tinham mais harmonia e concordância do que realmente tinham. Muitas vezes, eles passaram a acreditar que agora concordavam mais, quando, na verdade, concordaram menos. Em contraste, aqueles que trataram da questão, deixando suas posições claras e levando em conta os pontos de vista do outro, alcançaram mais concordância real e obtiveram informações mais precisas sobre as percepções um do outro. Isso ajuda a explicar por que os casais que comunicam suas preocupações direta e abertamente costumam ter casamentos felizes (Grush & Glidden, 1987).

Essas conclusões desencadearam programas que treinam casais e filhos em como administrar conflitos de forma construtiva (Horowitz & Boardman, 1994). Administrado construtivamente, o conflito fornece oportunidades para a reconciliação e harmonia mais verdadeira. Os psicólogos Ian Gotlib e Catherine Colby (1988) oferecem orientação sobre como evitar disputas destrutivas e como ter disputas boas (Tab. 13.2). As crianças, por exemplo, aprendem que o conflito é normal, que as pessoas podem aprender a conviver com aqueles que são diferentes, que a maioria das disputas pode ser resolvida com dois vencedores e que as estratégias não violentas de comunicação são uma alternativa para um mundo de provocadores e vítimas. Este "currículo de prevenção da violência... não está relacionado à passividade", observa Deborah Prothrow-Stith (1991, p. 183). "É uma questão de usar a raiva não para ferir a si mesmo ou seus pares, mas para mudar o mundo."

David Johnson e Roger Johnson (1995, 2000, 2003) colocaram crianças de 1ª a 9ª séries em cerca de uma dúzia de horas de treinamento para solução de conflitos em seis escolas, com resultados muito animadores. Antes do treinamento, a maioria dos alunos estava envolvida em conflitos diários – humilhações e provocações, conflitos por brinquedos, conflitos por posses – que quase sempre também resultaram em um vencedor e um perdedor. Após o treinamento, as crianças mais frequentemente encontraram soluções com ganhos mútuos, mediaram melhor conflitos de amigos e retiveram e aplicaram suas novas habilidades dentro e fora da escola, durante todo o ano letivo. Quando implementado

TABELA 13.2 Como os casais podem brigar construtivamente

Não faça	Faça
• evadir a discussão, dar tratamento silencioso ou dar as costas	• definir claramente o problema e repetir os argumentos do outro com suas próprias palavras
• utilizar o conhecimento íntimo sobre a outra pessoa para dar golpes baixos e humilhar	• expressar seus sentimentos positivos e negativos
• trazer questões não relacionadas	• receber bem opiniões sobre o seu próprio comportamento
• fingir concordância enquanto abriga ressentimento	• esclarecer onde vocês concordam e onde discordam, e bem como o que mais importa para cada um de vocês
• informar a outra parte como ela está se sentindo	• fazer perguntas que ajudem o outro a encontrar palavras para expressar a preocupação
• atacar indiretamente criticando alguém ou algo que a outra pessoa valoriza	• esperar que explosões espontâneas se acalmem, sem retaliar
• atingir o outro, intensificando a sua insegurança ou ameaçando com um desastre	• oferecer sugestões positivas para o aperfeiçoamento mútuo

com todo um corpo discente, o resultado é uma comunidade estudantil mais pacífica e com melhor desempenho escolar.

Pesquisadores do conflito relatam que um fator fundamental é a *confiança* (Noor et al., 2008; Ross & Ward, 1995). Se acreditar que a outra pessoa é bem intencionada, é mais provável que você expresse suas necessidades e preocupações. Sem confiança, pode temer que uma postura aberta dê à outra parte informações que podem ser usadas contra você. Mesmo os comportamentos simples podem aumentar a confiança. Em experimentos, negociadores que foram instruídos a imitar os maneirismos do outro, como fazem as pessoas naturalmente empáticas em relações íntimas, provocaram mais confiança e maior descoberta de interesses compatíveis e acordos mutuamente satisfatórios (Maddux et al., 2008).

Quando as duas partes desconfiam uma da outra e se comunicam de forma não produtiva, um terceiro mediador – um terapeuta de casal, um mediador trabalhista, um diplomata – às vezes ajuda. Com frequência, o mediador é alguém confiável para ambos os lados. Na década de 1980, foi necessário um muçulmano argelino para mediar o conflito entre Irã e Iraque, e o papa, para resolver uma disputa geográfica entre Argentina e Chile (Carnevale & Choi, 2000).

Os facilitadores de comunicação trabalham para derrubar barreiras, como neste exercício de treinamento para a diversidade com adolescentes.

Depois de persuadir as partes em conflito a repensar o conflito em que o ganho de um era percebido como a perda do outro, o mediador costuma fazer que cada parte identifique e classifique seus objetivos. Quando os objetivos são compatíveis, o procedimento de classificação torna mais fácil para cada uma delas ceder em objetivos menos importantes para que ambas alcancem seus objetivos principais (Erickson et al., 1974; Schulz & Pruitt, 1978). A África do Sul alcançou a paz interna quando sul-africanos negros e brancos cederam uns aos outros em prioridades centrais – substituindo o *apartheid* pelo governo da maioria e garantindo a segurança, o bem-estar e os direitos dos brancos (Kelman, 1998).

Desde que trabalhadores e a direção da empresa acreditem que o objetivo da empresa, de maior produtividade e lucro, é compatível com o objetivo deles, de melhores salários e condições de trabalho, ambos podem começar a trabalhar para uma solução integradora de ganhos mútuos. Se os trabalhadores vão abrir mão de benefícios que lhes são moderadamente benéficos, mas muito caros à empresa (talvez o atendimento odontológico fornecido pela empresa) e se esta irá renunciar a sistemas moderadamente valiosos que não agradam aos trabalhadores (talvez a inflexibilidade do horário de trabalho), ambos os lados podem ganhar (Ross & Ward, 1995). Em vez de se considerar fazer uma concessão, cada lado pode ver a negociação como um esforço para trocar coisas menos importantes por outras, mais valorizadas.

Quando as partes se reúnem depois para se comunicar diretamente, em geral estão mais contidas, na esperança de que, olho no olho, o conflito se resolva por si só. Em meio a um conflito ameaçador e estressante, as emoções costumam perturbar a capacidade de entender o ponto de vista da outra parte. Embora a felicidade e a gratidão possam aumentar a confiança, a raiva a reduz (Dunn & Schweitzer, 2005), e a comunicação pode se tornar mais difícil justamente quando é mais necessária (Tetlock, 1985).

O mediador, muitas vezes, estrutura o encontro para ajudar cada parte a entender e se sentir entendida pela outra. O mediador pode solicitar às partes em conflito que limitem seus argumentos a declarações de fatos, incluindo declarações de como se sentem e como respondem quando a outra age de uma determinada maneira: "Eu gosto de música, mas quando você toca muito alto, eu tenho dificuldade de me concentrar, e isso me deixa de mau humor". O mediador também pode pedir às pessoas para inverter os papéis e argumentar em favor da posição da outra ou imaginar e explicar o que a outra pessoa está sentindo. (Experimentos mostram que a indução da empatia reduz os estereótipos e aumenta a cooperação [Batson & Moran, 1999; Galinsky & Moskowitz, 2000].) Ou o mediador pode pedir que repitam as posições uma da outra antes de responder com a sua própria: "Quando eu ouço a minha música e você está tentando estudar, isso incomoda".

Terceiros neutros também podem sugerir propostas mutuamente aceitáveis que seriam desconsideradas – "reativamente desvalorizadas" – se fossem oferecidas por qualquer dos lados. Constance Stillinger e colaboradores (1991) descobriram que uma proposta de desarmamento nuclear que os norte-americanos desconsideraram quando atribuída à ex-União Soviética parecia mais aceitável

[Há] uma barreira psicológica entre nós, uma barreira de desconfiança, uma barreira de rejeição, uma barreira de medo, de engano, uma barreira de alucinação...

—PRESIDENTE EGÍPCIO ANWAR AL-SADAT, AO KNESSET ISRAELENSE, 1977

quando atribuída a uma terceira parte neutra. Da mesma forma, as pessoas costumam desvalorizar de forma reativa uma concessão oferecida por um adversário ("eles não devem valorizá-la"); a mesma concessão pode parecer mais do que um gesto simbólico quando sugerida por terceiros.

Esses princípios de pacificação – baseados, em parte, em experimentos de laboratório, em parte, em experiência prática – ajudaram a mediar conflitos internacionais e econômicos (Blake & Mouton, 1962, 1979; Fisher, 1994; Wehr, 1979). Uma pequena equipe de norte-americanos árabes e judeus, liderada pelo psicólogo social Herbert Kelman (1997, 2007, 2008), realizou oficinas reunindo árabes e israelenses influentes. Outra equipe de psicólogos sociais, liderada por Ervin Staub e Laurie Ann Pearlman (2005a, 2005b, 2009), trabalhou em Ruanda, entre 1999 e 2003, treinando facilitadores e jornalistas para entender e escrever sobre os traumas de Ruanda de maneiras que promovam a cura e a reconciliação. Usando métodos como os que examinamos, Kelman e colegas se opuseram às percepções equivocadas e fizeram os participantes buscar soluções criativas para o seu bem comum. Isolados, os participantes são livres para falar diretamente com seus adversários, sem medo de que aqueles que os apoiam enxerguem intenções por trás do que eles estão dizendo. O resultado? Pessoas de ambos os lados normalmente entendem a perspectiva da outra e como esta responde as ações do seu próprio grupo.

ARBITRAGEM

Alguns conflitos são tão intratáveis e os interesses subjacentes, tão divergentes, que uma solução mutuamente satisfatória é inatingível. Na Bósnia e no Kosovo, sérvios e muçulmanos não poderiam ter jurisdição sobre as mesmas terras. Em uma disputa de divórcio sobre a custódia de uma criança, não há como os dois pais terem custódia total. Nesses e em muitos outros casos (disputas sobre faturas de consertos de inquilinos, salários de atletas e territórios nacionais), um terceiro mediador pode – ou não – ajudar a resolver o conflito.

Se não, as partes podem recorrer à *arbitragem*, com o mediador ou um terceiro *impondo* uma solução. Partes em conflito geralmente preferem resolver suas diferenças sem arbitragem para manter o controle sobre o resultado. Neil McGillicuddy e colaboradores (1987) observaram essa preferência em um experimento envolvendo partes em conflito que compareciam a um centro de solução de disputas. Ao saber que teriam de enfrentar um acordo arbitrado se a mediação não funcionasse, as pessoas se esforçavam mais para resolver o problema, apresentavam menos hostilidade e, portanto, tinham mais chances de chegar a um acordo.

Nos casos em que as diferenças parecem grandes e irreconciliáveis, a perspectiva de arbitragem pode fazer as partes congelar suas posições, esperando obter vantagem quando o árbitro escolher um acordo. Para combater essa tendência, algumas disputas, como as que envolvem salários de jogadores de beisebol individuais, são resolvidas com "arbitragem de última oferta", na qual o terceiro escolhe uma das duas ofertas finais. A arbitragem de última oferta motiva cada parte a apresentar uma proposta razoável.

Normalmente, no entanto, a proposta final não é tão razoável quanto seria se cada uma, livre do viés de interesse próprio, visse sua própria proposta pelos olhos da outra. Pesquisadores da negociação relatam que a maioria das partes em conflito fica teimosa em função de "excesso de confiança otimista" (Kahneman & Tversky, 1995). A mediação bem-sucedida é dificultada quando, como acontece muitas vezes, ambas as partes acreditam que têm dois terços de chances de vencer uma arbitragem de última oferta (Bazerman, 1986, 1990).

Conciliação

Às vezes, a tensão e a desconfiança são tão grandes que até mesmo a comunicação se torna quase impossível, e muito mais a solução. Cada parte pode ameaçar, coagir ou retaliar contra a outra. Infelizmente, esses atos tendem a ser correspondidos, fazendo crescer o conflito. Então, uma estratégia de apaziguar a outra parte sendo incondicionalmente cooperativa produziria um resultado satisfatório? Muitas vezes, não. Em jogos de laboratório, aqueles que são 100% cooperativos com frequência são explorados. Politicamente, um pacifismo unilateral em geral está fora de questão.

GRIT

O psicólogo social Charles Osgood (1962, 1980) defendeu uma terceira alternativa, que é conciliatória, mas forte o suficiente para desencorajar a exploração. Osgood a chamou de "iniciativas graduais e retribuídas de redução da tensão". Ele apelidou de **GRIT**, um nome que sugere a determinação que ela requer. O GRIT visa inverter a "espiral de conflitos", desencadeando a redução recíproca. Para fazer isso, baseia-se em conceitos da psicologia social, tais como a norma da reciprocidade e a atribuição de motivações.

Na pesquisa sobre os efeitos da mediação, uma conclusão se destaca: quanto pior for o estado da relação das partes uma com a outra, menores serão as perspectivas de que a mediação tenha êxito.
—KENNETH KRESSEL E DEAN PRUITT (1985)

GRIT
Sigla para *graduated and reciprocated initiatives in tension reduction* – uma estratégia para reduzir tensões internacionais.

O GRIT requer que um lado inicie algumas pequenas ações de redução, depois de *anunciar uma intenção conciliadora*. O iniciador afirma seu desejo de reduzir a tensão, declara cada ato conciliatório antes de fazê-lo e convida o adversário a retribuir. Esses anúncios criam uma estrutura que ajuda o adversário a interpretar corretamente o que, de outra forma, poderia ser considerado ações fracas ou truques. Eles também fazem a pressão pública incidir sobre o adversário para que siga a norma da reciprocidade.

A seguir, o iniciador estabelece credibilidade e autenticidade ao realizar, exatamente como foi anunciado, vários *atos conciliatórios* verificáveis. Isso intensifica a pressão pela retribuição. Tornando os atos conciliatórios diversificados – talvez oferecendo ajuda médica, fechando uma base militar e cancelando uma proibição do comércio –, impede-se o iniciador de fazer um sacrifício significativo em qualquer área, o que o deixa mais livre para escolher seus próprios meios de retribuição. Se o adversário retribui voluntariamente, seu próprio comportamento conciliador pode suavizar suas atitudes.

O GRIT *é* conciliador. Mas não significa "render-se em prestações". Os demais aspectos do plano protegem o interesse próprio de cada lado ao *manter a capacidade de retaliação*. Os passos conciliatórios iniciais implicam riscos pequenos, mas não comprometem a segurança de qualquer lado; em vez disso, são calculados para começar a empurrar ambos os lados para baixo na escada de tensão. Se um lado comete uma ação agressiva, o outro retribui na mesma moeda, deixando claro que não vai tolerar a exploração. No entanto, o ato de retribuição não é uma reação exagerada que potencializaria novamente o conflito. Se o adversário oferece seus próprios atos conciliatórios, também estes são correspondidos ou mesmo ligeiramente superados. Morton Deutsch (1993) captou o espírito do GRIT ao aconselhar negociadores a serem "'firmes, justos e amigáveis': *firmes*, resistindo a intimidação, exploração e truques sujos, *justos*, mantendo-se fiéis a seus princípios morais e não retribuindo o comportamento imoral do outro apesar de suas provocações, e *amigáveis* ao se dispor a iniciar e retribuir a cooperação".

O GRIT realmente funciona? Em uma longa série de experimentos na Ohio University, Svenn Lindskold e colaboradores (1976 a 1988) encontraram "forte sustentação para as várias etapas da proposta do GRIT". Em jogos de laboratório, anunciar a intenção cooperativa *aumenta* a cooperação. Atos conciliatórios ou generosos repetidos *geram* confiança (Klapwijk & Van Lange, 2009). Manter uma igualdade de poder *protege* contra a exploração.

Lindskold não estava afirmando que o mundo dos experimentos de laboratório espelha o mundo mais complexo da vida cotidiana, e sim que os experimentos nos permitem formular e verificar poderosos princípios teóricos, tais como a norma da reciprocidade e o viés de autosserviço. Como Lindskold (1981) observou, "o que se usa para interpretar o mundo são as teorias, e não as experiências individuais".

APLICAÇÕES À VIDA REAL

Estratégias do tipo GRIT têm sido ocasionalmente experimentadas fora do laboratório, com resultados promissores. Durante a crise de Berlim de início dos anos de 1960, tanques norte-americanos e russos se encararam. A crise foi neutralizada quando os norte-americanos retiraram seus tanques passo a passo. A cada passo, os russos correspondiam. Da mesma forma, na década de 1970, pequenas concessões por parte de Israel e do Egito (p. ex., Israel permitindo que o Egito abrisse o canal de Suez, e o Egito, que os navios com destino a Israel passassem por ele) ajudaram a reduzir a tensão até um ponto em que as negociações se tornassem possíveis (Rubin, 1981).

Para muitos, a tentativa mais significativa de implementar o GRIT foi o chamado experimento Kennedy (Etzioni, 1967). Em 10 de junho de 1963, o presidente Kennedy fez um discurso importante, "Uma estratégia para a paz". Ele observou que "nossos problemas são criados pelo homem... e podem ser resolvidos pelo homem", e depois anunciou seu primeiro ato conciliatório: os Estados Unidos estavam interrompendo todos os testes nucleares atmosféricos e não os retomariam a menos que outro país o fizesse. O discurso de Kennedy foi publicado, na íntegra, pela imprensa soviética. Cinco dias depois, o premier Khrushchev correspondia, anunciando que tinha interrompido a produção de bombardeiros estratégicos. Em seguida, houve mais gestos recíprocos: os Estados Unidos concordaram em vender trigo à Rússia, os russos concordaram com uma linha telefônica para emergências entre os dois países e ambos logo chegaram a um tratado de proibição de testes. Por um tempo, essas iniciativas conciliatórias distenderam as relações entre os dois países.

Os esforços conciliatórios também poderiam ajudar a reduzir a tensão entre os indivíduos? Temos todas as razões para esperar isso. Quando uma relação está tensa e a comunicação é inexistente, às vezes só é necessário um gesto conciliatório – uma resposta suave, um sorriso, um toque delicado – para que ambas as partes comecem a aliviar e descer a escada da tensão, até um degrau onde contato, cooperação e comunicação se tornem novamente possíveis.

"Não se preocupe, querida, é só uma ofensiva de paz."

As pessoas têm a percepção de que elas respondem mais favoravelmente à conciliação, mas que os outros podem responder à coerção.

Baloo. Copyright © 2007 de Rex F. May. Todos os direitos reservados. Reproduzida com permissão de baloocartoons.com.

Não estou sugerindo que os princípios de comportamento individual possam ser aplicados ao comportamento das nações de qualquer forma direta e simplória. O que estou tentando sugerir é que esses princípios podem nos fornecer palpites sobre o comportamento internacional, que podem ser testados em relação à experiência na arena mais ampla.

—CHARLES E. OSGOOD (1966)

Resumo: Como a paz pode ser alcançada?

- Embora os conflitos sejam facilmente desencadeados e alimentados por dilemas sociais, competição e percepções equivocadas, algumas forças igualmente poderosas, como *contato*, *cooperação*, *comunicação* e *conciliação*, podem transformar hostilidade em harmonia. Apesar de haver alguns estudos iniciais animadores, outros mostram que o mero contato (como a simples dessegregação das escolas) tem pouco efeito sobre as atitudes raciais. Mas quando o contato incentiva laços emocionais com pessoas identificadas com um exogrupo e quando está estruturado para transmitir *status igual*, as hostilidades costumam diminuir.
- Os contatos são especialmente benéficos quando as pessoas trabalham em conjunto para superar uma ameaça comum ou para alcançar um objetivo superior. Usando o estímulo de experimentos com *contato cooperativo*, várias equipes de investigação têm substituído situações de aprendizagem competitiva em sala de aula por oportunidades de aprendizagem cooperativa, com resultados animadores.
- Partes em conflito muitas vezes têm dificuldades de comunicação. Um *terceiro mediador* pode promover a comunicação ao provocar os antagonistas para que substituam sua visão competitiva de conflito, em que um ganha e outro perde, por uma orientação mais cooperativa, de ganhos mútuos. Os mediadores também podem estruturar a comunicação que vai afastar aos poucos percepções equivocadas e aumentar a compreensão e a confiança mútuas. Quando não se alcançar uma solução negociada, as partes em conflito podem encaminhar o resultado a um *árbitro*, que dita um acordo ou escolhe uma das duas ofertas finais.
- Às vezes, as tensões são tão altas que a comunicação verdadeira é impossível. Nesses casos, pequenos gestos conciliatórios de uma das partes podem provocar atos conciliatórios recíprocos da outra. Uma dessas estratégias conciliatórias, o GRIT (iniciativas graduais e retribuídas de redução da tensão) tem como objetivo aliviar situações internacionais tensas. Aqueles que fazem a mediação de tensos conflitos entre trabalhadores e empresas e internacionais, por vezes, usam outra estratégia de pacificação. Eles instruem os participantes, como este capítulo instruiu você, na dinâmica do conflito e da paz, na esperança de que o conhecimento possa ajudar a fazer antigos adversários se entenderem e ter relações pacíficas e gratificantes.

PÓS-ESCRITO: O conflito entre os direitos individuais e comunitários

Muitos conflitos sociais são uma competição entre direitos individuais e coletivos. O direito de uma pessoa possuir armas está em conflito com o direito de um bairro de ter ruas seguras. O direito de uma pessoa fumar está em conflito com os direitos dos outros de ter um ambiente livre de fumaça. O direito de um empresário fazer negócios sem regulamentação entra em conflito com o direito de uma comunidade de ter ar limpo.

> Esta é a era do indivíduo.
> —PRESIDENTE RONALD REAGAN, FALANDO EM WALL STREET, 1982

Na esperança de misturar o melhor de valores individualistas e coletivistas, alguns cientistas sociais – eu incluído – têm defendido uma síntese comunitarista que visa equilibrar os direitos individuais com o direito coletivo de bem-estar comum. Os comunitaristas apoiam incentivos à iniciativa individual e entendem por que as economias marxistas desmoronaram. "Se eu estivesse, digamos, na Albânia, neste momento", disse o sociólogo comunitário Amitai Etzioni (1991), "eu provavelmente diria que há comunidade demais e direitos individuais insuficientes". Mas os comunitaristas também questionam o outro extremo, o individualismo e autoindulgência dos anos de 1960 (faça o seu próprio caminho), de 1970 (a década do eu), de 1980 (a ganância é boa) e de 1990 (siga o que lhe faz feliz). A liberdade pessoal irrestrita, dizem eles, destrói o tecido social de uma cultura; a liberdade comercial não regulamentada, acrescentam, tem saqueado o nosso ambiente comum e produziu o colapso econômico de 2008. Ecoando os revolucionários franceses, seu lema bem que poderia ser "liberdade, igualdade *e* fraternidade".

> Não existe sociedade, apenas indivíduos e suas famílias.
> —PRIMEIRA-MINISTRA MARGARET THATCHER, DEPOIS DE SUA TERCEIRA ELEIÇÃO

Durante o último meio século, o individualismo ocidental tem se intensificado. Os pais se tornaram mais propensos a valorizar a independência e a autoconfiança em seus filhos e estão menos preocupados com a obediência (Alwin, 1990; Remley, 1988). Estilos de roupas e apresentação se tornaram mais diversificados, as liberdades pessoais aumentaram e os valores comuns têm diminuído (Putnam, 2000; Schlesinger, 1991).

Os comunitaristas não estão defendendo uma viagem nostálgica – um retorno, por exemplo, aos papéis de gênero mais restritivos e desiguais da década de 1950. Em vez disso, propõem um meio-termo entre o individualismo do Ocidente e o coletivismo do Oriente, entre a independência machista tradicionalmente associada aos homens e a conexão de cuidado tradicionalmente associada às mulheres, entre preocupações com direitos individuais e bem-estar comum, entre liberdade e fraternidade, entre o pensamento do eu e o pensamento do nós.

Tal como acontece com a revista de bagagem nos aeroportos, a proibição do fumo nos aviões e os controles de álcool e limites de velocidade nas estradas, as sociedades estão aceitando alguns ajustes nos direitos individuais a fim de proteger o bem público. Restrições ambientais sobre as liberdades individuais (poluir, caçar baleias, desmatar) igualmente trocam certas liberdades de curto prazo por ganhos comuns de longo prazo. Alguns individualistas alertam que tais restrições às liberdades individuais podem nos jogar em uma situação escorregadia, levando à perda de liberdades mais importantes. Se hoje deixamos que revistem nossa bagagem, amanhã estarão derrubando as portas de nossas casas. Se hoje censuramos anúncios de cigarro ou pornografia na televisão, amanhã estarão retirando livros de nossas bibliotecas. Se hoje proibimos armas, amanhã eles vão tomar nossas espingardas de caça. Ao proteger os interesses da maioria, não corremos o risco de suprimir os direitos básicos das minorias? Os comunitaristas respondem que se não equilibrarmos preocupação com os direitos individuais e a preocupação com nosso bem-estar coletivo, corremos o risco de uma desordem cívica pior que, por sua vez, *vai* alimentar exigências de repressão autocrática.

Uma coisa é certa: à medida que o conflito entre direitos individuais e coletivos continua, os estudos interculturais e de gênero podem iluminar valores culturais alternativos e tornar visíveis os nossos próprios valores.

Conexão social

Como vimos neste capítulo, a percepção de injustiça pode ser uma fonte de conflito. Vá ao Centro de Aprendizagem *On-line* (www.mhhe.com/myers10e) deste livro para assistir a um vídeo em que um casal de lésbicas discute como elas se sentiram em conflito com relação a uma injustiça percebida e resolveram o problema. O segundo vídeo deste capítulo apresenta Elliot Aronson descrevendo a técnica do quebra-cabeça que ele usa em sala de aula para obter aprendizagem e integração social eficazes.

PARTE QUATRO

Psicologia Social Aplicada

Ao longo deste livro, associei o laboratório à vida real relacionando os princípios e os achados da psicologia aos acontecimentos do cotidiano. Agora, nos três capítulos finais, recordarei alguns desses princípios e os aplicarei em diferentes contextos práticos. O Capítulo 14, "Psicologia Social na Clínica", aplica a psicologia social à avaliação e promoção da saúde mental e física. O Capítulo 15, "Psicologia Social nos Tribunais", explora o pensamento social de jurados e júris e as influências sociais sobre eles. O Capítulo 16, "Psicologia Social e o Futuro Sustentável", explora como os princípios psicossociais poderiam ajudar a evitar a crise ecológica que ameaça nos engolir como resultado do aumento da população, do consumo e das mudanças climáticas.

CAPÍTULO

14

Psicologia Social na Clínica

> "A vida não consiste, principalmente, ou até mesmo em grande parte, de fatos e acontecimentos. Consiste sobretudo da tempestade de pensamentos que está sempre soprando em nossas mentes."
> —Mark Twain, 1835–1910

Se você é um estudante universitário típico, pode se sentir levemente deprimido de vez em quando. Talvez você já tenha se sentido insatisfeito com a vida, desencorajado em relação ao futuro, triste, sem apetite e energia, incapaz de se concentrar, talvez mesmo se perguntando se vale a pena viver. Talvez notas decepcionantes tenham parecido por em risco suas metas de carreira. Talvez o rompimento de um relacionamento o tenha deixado desesperado. Nesses momentos, você pode se deixar cair em uma ruminação autocentrada que apenas piora seus sentimentos. Em um levantamento de 90 mil estudantes norte-americanos, 44% relatou que durante o último ano de escola tinha se sentido em determinado momento "tão deprimido que era difícil funcionar" (ACHA, 2006). Para cerca de 10% dos homens e quase duas vezes mais mulheres, os momentos de desânimo da vida não são apenas humores melancólicos temporários em resposta a eventos ruins; antes, eles definem um episódio depressivo maior que dura semanas sem nenhuma causa óbvia.

O que influencia a precisão dos julgamentos clínicos?

Quais processos cognitivos acompanham os problemas de comportamento?

Quais são algumas abordagens psicossociais ao tratamento?

Como os relacionamentos sociais apoiam a saúde e o bem-estar?

Pós-escrito: Aumentar a felicidade

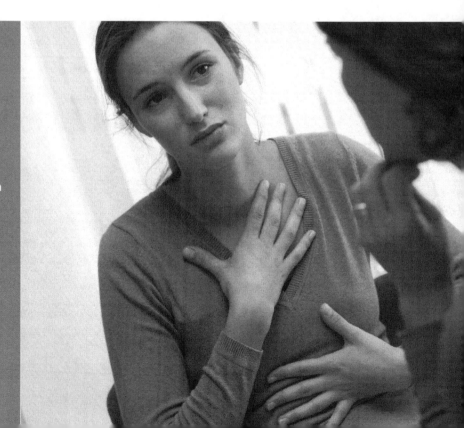

Entre as muitas áreas florescentes da psicologia social aplicada, há uma que relaciona os conceitos da psicologia social à depressão; a outros problemas como solidão, ansiedade e doença física; e à felicidade e ao bem-estar. Essa pesquisa que estabelece pontes entre psicologia social e **psicologia clínica** busca respostas para quatro questões importantes:

- Como pessoas leigas ou como psicólogos profissionais, de que forma podemos melhorar nossos julgamentos e previsões sobre os outros?
- Como nossa forma de pensar sobre nós mesmos e os outros alimenta problemas como depressão, solidão, ansiedade e problemas de saúde?
- Como as pessoas poderiam reverter esses padrões de pensamento mal-adaptativos?
- Que papel os relacionamentos íntimos e sustentadores desempenham na saúde e na felicidade?

psicologia clínica
O estudo, a avaliação e o tratamento de pessoas com dificuldades psicológicas.

O que influencia a precisão dos julgamentos clínicos?

As influências sobre nosso julgamento social (discutido nos Capítulos 2 a 4) também afetam os julgamentos dos clientes pelos médicos? Nesse caso, a que vieses os médicos e seus clientes devem estar atentos?

Os membros de um conselho de condicional conversam com um estuprador condenado e ponderam se devem libertá-lo. Um psicólogo clínico considera se sua paciente corre um sério risco de suicídio. Um médico observa os sintomas de um paciente e decide se o recomenda para um teste invasivo. Uma assistente social escolar pondera se a ameaça ouvida de uma criança foi uma piada machista, um acesso isolado ou um sinal indicando um assassino em potencial.

Todos esses profissionais devem decidir se fazem seus julgamentos de forma subjetiva ou objetiva. Devem eles ouvir seus instintos viscerais, suas intuições, sua sabedoria interior? Ou devem confiar na sabedoria incorporada em fórmulas, análises estatísticas e previsões computadorizadas?

Na disputa entre coração e razão, a maioria dos psicólogos clínicos vota com seus corações. Eles escutam os sussurros de sua experiência, uma voz ainda mansa que lhes dá pistas. Eles preferem não deixar que cálculos frios decidam os futuros de seres humanos ardentes. Como indica a Figura 14.1, eles são muito mais propensos do que psicólogos não clínicos (e mais orientados à pesquisa) a acolher "formas de conhecimento" não científicas. Os sentimentos triunfam sobre as fórmulas.

Julgamentos clínicos também são julgamentos *sociais*, observa o psicólogo social clínico James Maddux (2008). A construção social de doença mental funciona assim, diz ele: alguém observa um padrão de pensamento e ação atípico ou indesejado. Um grupo poderoso considera a conveniência ou rentabilidade de diagnosticar e tratar esse problema e, portanto, lhe dá um nome. Notícias sobre essa doença se espalham, e as pessoas começam a vê-la em si ou em membros da família. Desse modo, nascem o transtorno dismórfico corporal (para aqueles preocupados com um defeito na aparência), o transtorno desafiador de oposição (para crianças pequenas fazendo birras), o transtorno do desejo sexual hipoativo (para aqueles que não desejam sexo com frequência suficiente) ou o transtorno orgásmico (para aqueles que apresentam orgasmos muito tarde ou muito cedo). "A ciência da medicina não é diminuída por reconhecer que as noções de *saúde* e *doença* são socialmente construídas", observa Maddux, "nem a ciência da economia é diminuída por reconhecer que as noções de *pobreza* e *riqueza* são socialmente construídas".

Como fenômenos sociais, os julgamentos clínicos são vulneráveis a correlações ilusórias, excesso de confiança gerado por retrospectiva e diagnósticos autoconfirmatórios (Garb, 2005; Maddux, 1993). Vejamos por que alertar os profissionais da saúde mental sobre como as pessoas formam impressões corretas e equivocadas poderia ajudar a evitar julgamentos errôneos sérios (McFall, 1991, 2000).

> Para libertar um homem do erro é preciso dar e não tirar. O conhecimento de que uma coisa é falsa é uma verdade.
> —ARTHUR SCHOPENHAUER, 1788-1860

FIGURA 14.1
Intuição clínica.
Quando Narina Nunez, Debra Ann Poole e Amina Memon (2003) pesquisaram uma amostra nacional de psicólogos clínicos e não clínicos, descobriram "duas culturas" – uma principalmente cética de "formas de conhecimento alternativas" e outra mais receptiva.
Fonte: Nunez, Poole e Memon, 2003.

Correlações ilusórias

Como vimos no Capítulo 1, uma determinada correlação pode ser ou não significativa; depende do quanto a correlação é estatisticamente comum. Por exemplo, se dois de nossos amigos têm olhos azuis e são *gays*, isso significa que todas as pessoas *gays* têm olhos azuis? Obviamente não. Mas alguém que não tem conhecimento das correlações ilusórias poderia pensar que sim.

Como observamos no Capítulo 3, é tentador ver correlações onde não existem. Se esperamos que duas coisas sejam associadas – se, por

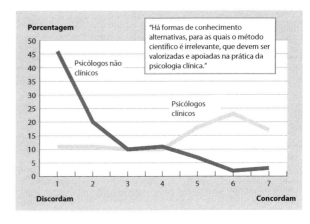

exemplo, acreditamos que premonições predizem acontecimentos – é fácil perceber correlações ilusórias. Mesmo quando mostrados dados aleatórios, podemos perceber e lembrar de casos em que premonições e acontecimentos estão coincidentemente relacionados, e logo esquecemos todos os casos em que as premonições não são confirmadas e em que os eventos acontecem sem uma premonição anterior.

Os médicos, como todos nós, podem perceber correlações ilusórias. Se é esperado que determinadas respostas a borrões de tinta de Rorschach sejam mais comuns entre pessoas com um transtorno sexual, eles podem, ao refletir sobre sua experiência, acreditar que testemunharam tais associações. Para descobrir quando tal percepção é uma correlação ilusória, a ciência da psicologia oferece um método simples: um médico administra e interpreta o teste. Outro médico avalia os traços ou sintomas da mesma pessoa. Esse processo é repetido com muitas pessoas. A prova do pudim está em comê-lo: os resultados do teste estão de fato correlacionados com os sintomas relatados? Alguns testes são realmente preditivos. Outros, como os borrões de tinta de Rorschach e o teste do desenho da figura humana, têm correlações muito mais fracas do que seus usuários supõem (Lilienfeld et al., 2000, 2005).

Por que, então, os médicos continuam a expressar confiança em testes que não são informativos ou que são ambíguos? Experimentos pioneiros realizados por Loren Chapman e Jean Chapman (1969, 1971) nos ajudaram a ver a razão. Eles convidaram estudantes universitários e médicos para estudar alguns desempenhos e diagnósticos de testes. Se os estudantes ou os médicos *esperavam* uma determinada associação, eles em geral a *percebiam*, independentemente de os dados a apoiarem. Por exemplo, médicos que acreditavam que apenas pessoas desconfiadas desenham olhos peculiares no teste do desenho da figura humana percebiam tal relação — mesmo quando eram mostrados casos nos quais pessoas desconfiadas desenharam olhos peculiares menos frequentemente do que aquelas não desconfiadas. Se eles acreditavam em uma associação, eram mais propensos a notar casos confirmatórios.

Com justiça aos médicos, o pensamento ilusório também ocorre entre analistas políticos, historiadores, narradores esportivos, diretores de pessoal, corretores de ações e muitos outros profissionais, incluindo psicólogos de pesquisa. Como pesquisador, frequentemente não tive consciência das falhas de minhas análises teóricas. Durante os últimos 40 anos, li dezenas de revisões de meus próprios manuscritos e tive um revisor para dezenas de outros. Minha experiência mostra que é muito mais fácil identificar o pensamento descuidado de outra pessoa do que perceber o seu próprio.

> Quem pode discernir os próprios erros?
> —SALMOS 19:12

Retrospectiva e excesso de confiança

Se alguém que conhecemos comete suicídio, como reagimos? Uma reação comum é pensar que nós, ou aqueles próximos à pessoa, devíamos ter sido capazes de prever e, portanto, de prevenir o ato: "Devíamos ter sabido!". Em retrospectiva, podemos ver os sinais suicidas e os pedidos de ajuda. Um experimento dava aos participantes uma descrição de uma pessoa deprimida. Alguns participantes eram informados de que a pessoa subsequentemente cometera suicídio; outros participantes não eram informados disso. Comparados àqueles não informados do ato, os indivíduos que tinham sido informados tornavam-se mais propensos a dizer que "teriam esperado" isso (Goggin & Range, 1985). Além disso, aqueles informados do suicídio viam a família da vítima mais negativamente. Após uma tragédia, um fenômeno "eu deveria ter percebido" pode deixar família, amigos e terapeutas se sentindo culpados.

David Rosenham (1973) e sete associados forneceram um exemplo notável de erro potencial em explicações pós-fato. Para testar os *insights* clínicos de profissionais da saúde mental, cada um deles marcou uma consulta em um setor de internação de um hospital mental diferente e queixou-se de "ouvir vozes". Afora dar nomes e profissões falsas, eles relataram suas histórias de vida e estados emocionais honestamente e não exibiram outros sintomas. A maioria foi diagnosticada como esquizofrênica e permaneceu hospitalizada por duas a três semanas. Os médicos do hospital então procuraram incidentes anteriores nas histórias de vida e comportamento no hospital dos pseudopacientes que "confirmassem" e "explicassem" o diagnóstico. Rosenhan conta sobre um pseudopaciente que explicou sinceramente ao entrevistador que tinha tido um relacionamento íntimo com sua mãe na infância, mas que era bastante afastado de seu pai. Durante a adolescência e após, entretanto, seu pai se tornou um amigo íntimo enquanto seu relacionamento com sua mãe esfriou. Seu relacionamento atual com sua esposa era caracteristicamente íntimo e apaixonado. Afora ocasionais discussões, o atrito era mínimo. Os filhos raramente tinham apanhado.

O entrevistador, "sabendo" que a pessoa sofria de esquizofrenia, explicou o problema desta forma:

Retrospecção 20/20. Kurt Cobain, membro do grupo de *rock* Nirvana, cujas canções frequentemente expressavam pensamento deprimido e suicida. Os outros deveriam ter usado esses sinais para prever ou prevenir seu suicídio?

Este homem branco de 39 anos... manifesta uma longa história de considerável ambivalência em relacionamentos íntimos, que se inicia na primeira infância. Um relacionamento afetuoso com sua mãe esfria durante sua adolescência. Um relacionamento distante com seu pai é descrito como se tornando muito intenso. A estabilidade afetiva está ausente. Suas tentativas de controlar a emotividade com sua esposa e filhos são pontuadas por acessos de raiva e, no caso dos filhos, palmadas. Embora ele diga que tem diversos bons amigos, sente-se uma considerável ambivalência incorporada naqueles relacionamentos também.

Rosenhan posteriormente contou a alguns membros da equipe (que tinham ouvido falar de seu experimento controverso, mas duvidavam que esses erros pudessem ocorrer em seu hospital) que durante os três meses seguintes um ou mais pseudopacientes procuraram internação em seu hospital. Após os três meses, ele pediu que a equipe adivinhasse quais dos 193 pacientes internados durante aquele período eram realmente pseudopacientes. Dos 193 novos pacientes, pelo menos um membro da equipe acreditava que 41 fossem pseudopacientes. Na verdade, não havia nenhum.

Diagnósticos autoconfirmatórios

Um terceiro problema com o julgamento clínico é que os pacientes também podem fornecer informação que satisfaz as expectativas dos médicos. Para ter uma ideia de como esse fenômeno poderia ser testado experimentalmente, imagine-se em um encontro às escuras com alguém que foi informado que você é uma pessoa desinibida e extrovertida. Para ver se isso é verdade, seu par insere perguntas na conversa, como "Você já fez alguma coisa louca na frente de outras pessoas?". Quando responder a essas perguntas, você revelará um "você" diferente do que se seu par tivesse sido informado que você era uma pessoa tímida e reservada?

Em uma série de experimentos inteligentes na University of Minnesota, Mark Snyder (1984), em colaboração com William Swann e outros, deu a entrevistadores algumas hipóteses para testar traços de indivíduos. Snyder e Swann verificaram que as pessoas frequentemente testam um traço procurando informações que o confirmem. Como no exemplo do encontro às escuras, se as pessoas estão tentando descobrir se alguém é extrovertido, elas com frequência pedem exemplos de extroversão ("O que você faria se quisesse animar as coisas em uma festa?"). Testando para introversão, elas são mais propensas a perguntar "Que fatores tornam difícil para você realmente se abrir para as pessoas?". Em resposta, aqueles testados para extroversão parecem mais sociáveis, e aqueles testados para introversão parecem mais tímidos. Nossas suposições e expectativas sobre o outro ajudam a criar o tipo de pessoa que vemos.

Em outros experimentos, Snyder e colaboradores (1982) tentaram levar as pessoas a procurar comportamentos que *desconfirmassem* o traço que eles estavam testando. Em um deles, disseram aos entrevistadores: "é relevante e informativo descobrir as formas pelas quais a pessoa... pode não ser como o estereótipo". Em outro experimento, Snyder (1981) ofereceu "25 dólares para a pessoa que desenvolvesse o conjunto de perguntas que dissesse mais sobre... o entrevistado". Contudo, o viés de confirmação persistiu: as pessoas resistiam a escolher perguntas "introvertidas" quando testando para extroversão.

Com base nos experimentos de Snyder, você é capaz de ver por que os comportamentos das pessoas que estão em psicoterapia vêm a se ajustar às teorias de seus terapeutas (Whitman et al., 1963)? Quando Harold Renaud e Floyd Estess (1961) conduziram entrevistas de histórias de vida de 100 homens adultos saudáveis e bem-sucedidos, eles ficaram surpresos ao descobrir que as experiências da infância de seus sujeitos eram carregadas de "eventos traumáticos", relações tensas com certas pessoas e más decisões de seus pais – os próprios fatores geralmente usados para explicar problemas psiquiátricos. Se os terapeutas forem à caça de traumas nas experiências da primeira infância, eles com frequência os encontrarão. Portanto, supôs Snyder (1981):

> O psiquiatra que acredita (erroneamente) que homens adultos *gays* tiveram relacionamentos ruins com suas mães na infância pode meticulosamente testar para sinais de tensão recordados (ou fabricados) entre seus clientes *gays* e suas mães, mas deixar de interrogar cuidadosamente seus clientes heterossexuais sobre seus relacionamentos com suas mães. Sem dúvida, qualquer indivíduo poderia recordar algum atrito com sua mãe, por mais insignificantes ou isolados que tenham sido os incidentes.

Predição clínica *versus* estatística

Não será nenhuma surpresa saber que, dadas essas tendências de retrospectiva e diagnóstico confirmatório, a maioria dos médicos e entrevistadores expressam mais confiança em suas avaliações intuitivas do que em dados estatísticos (tal como usar notas passadas e escores de aptidão para prever sucesso na universidade ou na profissão). Contudo, quando os pesquisadores contrapõem a previsão

> Se este é o teu tipo de mente, este será teu tipo de busca; encontrarás o que desejas.
> —ROBERT BROWNING, 1812–1889

estatística com a previsão intuitiva, a estatística geralmente vence. As previsões estatísticas são na verdade falíveis, mas a intuição humana – mesmo a intuição especialista – é ainda mais duvidosa (Faust & Ziskin, 1988; Meehl, 1954; Swets et al., 2000).

Três décadas após demonstrar a superioridade da previsão estatística sobre a previsão intuitiva, Paul Meehl (1986) encontrou a evidência mais forte do que nunca:

> Não há controvérsia na ciência social que mostre [tantos] estudos indo tão uniformemente na mesma direção quanto esta... Quando você está conduzindo 90 investigações, prevendo tudo de resultados de jogos de futebol ao diagnóstico de doença hepática e quando você dificilmente consegue encontrar meia dúzia de estudos mostrando mesmo uma tendência fraca em favor do médico, é hora de tirar uma conclusão prática.

Uma equipe de pesquisa da University of Minnesota conduziu uma compilação abrangente (metanálise) de 134 estudos prevendo comportamento humano ou fazendo diagnósticos e prognósticos psicológicos ou médicos (Grove et al., 2000). Em apenas oito dos estudos, que foram conduzidos principalmente em contextos médicos, de saúde mental ou de educação, a previsão clínica superou a previsão "mecânica" (estatística). Em oito vezes mais (63 estudos), a previsão estatística se saiu melhor (de resto, houve empate virtual). Ah, mas os médicos se sairiam diferente se tivessem a oportunidade de uma entrevista clínica em primeira mão? Sim, relatam os pesquisadores: permitidas entrevistas, os médicos se saíram substancialmente *pior*. "É justo dizer que 'a bola está no campo dos médicos'", concluíram os pesquisadores. "Dado o déficit global na exatidão dos médicos em relação a previsão mecânica, cabe aos defensores da previsão clínica demonstrar que as previsões dos médicos são mais [exatas ou eficazes em termos de custos]."

E se combinássemos a previsão estatística com a intuição clínica? E se déssemos aos médicos a previsão estatística do futuro desempenho acadêmico ou do risco de violação da liberdade condicional ou de suicídio de uma pessoa e lhes pedíssemos para refinar ou melhorar a previsão? Lamentavelmente, nos poucos estudos que foram realizados, a previsão era melhor se as "melhorias" fossem ignoradas (Dawes, 1994).

Por que então tantos médicos continuam a interpretar os testes de borrões de tinta de Rorschach e a oferecer previsões intuitivas sobre pessoas em liberdade condicional, sobre suicídio e sobre probabilidade de abuso de crianças? Em parte por pura ignorância, disse Meehl, mas em parte também por "concepções equivocadas sobre ética":

> Se eu tentar prever alguma coisa importante sobre um estudante universitário, um criminoso ou um paciente deprimido por meios mais ineficientes do que eficientes, entrementes cobrando dessa pessoa ou do seu seguro 10 vezes mais do que eu necessitaria para alcançar uma maior exatidão preditiva, isso não é uma prática ética. Que para mim como prognosticador isso parece melhor, mais generoso e mais carinhoso é certamente uma desculpa esfarrapada.

Essas palavras são chocantes. Meehl (que não rejeitou completamente a *expertise* clínica) subestimou as intuições dos especialistas? Para ver por que seus achados são aparentemente válidos, considere a avaliação do potencial humano por entrevistadores de cursos de pós-graduação. Dawes (1976) explicou por que a previsão estatística é tão frequentemente superior à intuição de um entrevistador para prever certos resultados como o sucesso no curso de pós-graduação:

> O que nos faz pensar que podemos fazer um melhor trabalho de seleção entrevistando (estudantes) por meia hora, do que podemos fazer somando variáveis relevantes (padronizadas), tais como os escores GPA, GRE e talvez avaliações de cartas de recomendações? A explicação mais razoável para mim está em nossa superavaliação de nossa capacidade cognitiva. E é realmente presunção cognitiva.

O ponto de partida, afirma Dawes (2005) após três décadas insistindo sobre essa questão, é que, na falta de evidências, usar a intuição clínica em vez da previsão estatística "é simplesmente antiético".

Implicações para uma melhor prática clínica

Os médicos são seres humanos; eles são "vulneráveis a erros e vieses insidiosos". concluiu James Maddux (1993). Eles são, como vimos,

- frequentemente vítimas de correlação ilusória;
- muito facilmente convencidos de suas próprias análises pós-fato;
- inconscientes de que diagnósticos errôneos podem ser autoconfirmatórios;
- propensos a superestimar sua intuição clínica.

Um jovem muito brilhante que tem probabilidade de êxito na vida. Ele é suficientemente inteligente para alcançar metas grandiosas contanto que se atenha à tarefa e permaneça motivado.

—INTUIÇÃO CLÍNICA DO OFICIAL DE CONDICIONAL EM RESPOSTA AOS "PENSAMENTOS HOMICIDAS" DE ERIC HARRIS – 2½ MESES ANTES DE ELE COMETER O MASSACRE DA ESCOLA COLUMBINE

O efeito do trabalho de Meehl sobre a prática clínica na área da saúde mental pode ser resumido em uma única palavra: Zilch. Ele foi homenageado, eleito presidente [da American Psychological Association] em uma idade muito precoce, em 1962, recentemente eleito para a Academia Nacional de Ciências e ignorado.

—ROBYN M. DAWES (1989)

Ao avaliar os clientes, os profissionais da saúde mental, como todos nós, são vulneráveis a ilusões cognitivas.

As implicações para os profissionais da saúde mental são facilmente afirmadas: tenha em mente que a concordância verbal dos clientes com o que você diz não prova sua validade. Cuidado com a tendência a ver relações que você espera ver ou que são apoiadas por exemplos marcantes facilmente disponíveis em sua memória. Confie mais em suas anotações do que em sua memória. Reconheça que a retrospectiva é sedutora: ela pode levá-lo a se sentir superconfiante e, às vezes, a se julgar muito severamente por não ter previsto os desfechos. Proteja-se contra a tendência a fazer perguntas que suponham que suas pré-concepções são corretas; considere ideias contrárias e as teste também (Garb, 1994).

"Eu rogo-vos, em nome de Cristo, que aceiteis como provável a vossa capacidade de errar." Eu gostaria de tê-lo escrito sobre os portais de cada igreja, de cada escola e de cada tribunal, e, posso dizer, de todo o corpo legislativo dos Estados Unidos.

—JUIZ LEARNED HAND, 1951, ECOANDO O APELO DE 1650 DE OLIVER CROMWELL À IGREJA DA ESCÓCIA

Resumo: O que influencia a precisão dos julgamentos clínicos?

- Quando psiquiatras e psicólogos clínicos diagnosticam e tratam seus clientes, eles podem perceber *correlações ilusórias*.
- Explicações *retrospectivas* das dificuldades das pessoas são às vezes muito fáceis. De fato, a explicação pós-fato pode gerar excesso de confiança no julgamento clínico.
- Quando interagindo com os clientes, diagnósticos errôneos são às vezes *autoconfirmatórios*, porque os entrevistadores tendem a buscar e lembrar informações que confirmem o que estão procurando.
- A pesquisa sobre os erros que tão facilmente influenciam os julgamentos intuitivos ilustra a necessidade de testagem rigorosa de conclusões intuitivas e o uso de estatística para fazer previsões.
- O método científico não pode responder a todas as perguntas e é ele próprio vulnerável a viés. Felizmente, entretanto, ele pode nos ajudar a filtrar verdade de falsidade se estivermos conscientes dos vieses que tendem a embotar os julgamentos que são feitos "com o coração".

Quais processos cognitivos acompanham os problemas de comportamento?

Uma das fronteiras de pesquisa mais intrigantes diz respeito aos processos cognitivos que acompanham os transtornos psicológicos. Quais são as memórias, atribuições e expectativas de pessoas deprimidas, solitárias, tímidas ou propensas à doença?

Depressão

Pessoas que se sentem deprimidas tendem a pensar em termos negativos. Elas veem a vida através de óculos escuros. Com pessoas seriamente deprimidas – aquelas que estão se sentindo inúteis, letárgicas, desinteressadas dos amigos e da família e incapazes de dormir ou comer normalmente – o pensamento negativo é autoderrotista. A perspectiva intensamente pessimista as leva a exagerar todas as experiência ruins e a minimizar todas as boas. Elas podem ouvir o conselho para "considerar suas bênçãos" ou "ver o lado bom das coisas" como irremediavelmente irreal. Como relatou uma mulher jovem deprimida, "o meu eu real é inútil e inadequado. Não posso seguir em frente com meu trabalho porque me torno congelada pelas dúvidas" (Burns, 1980, p. 29).

DISTORÇÃO OU REALISMO?

Todas as pessoas deprimidas são irrealisticamente negativas? Para descobrir, Lauren Alloy e Lyn Abramson (1979; Alloy et al., 2004) acompanharam estudantes universitários que eram levemente deprimidos ou não deprimidos. Elas os instruíram a pressionar um botão e observar se este controlava uma luz que aparecia. Surpreendentemente, os estudantes deprimidos foram bastante precisos em estimar seu grau de controle. Foram os não depressivos que apresentaram julgamentos distorcidos; eles exageraram a extensão de seu controle. Apesar da preocupação consigo mesmas, as pessoas levemente deprimidas também estão mais sintonizadas com os sentimentos dos outros (Harkness et al., 2005)

Esse fenômeno surpreendente de **realismo depressivo**, apelidado de "efeito mais triste, mas mais sábio", aparece em vários julgamentos sobre controle ou habilidade (Ackerman & DeRubeis, 1991; Alloy et al., 1990). Shelley Taylor (1989, p. 214) explica:

realismo depressivo
Tendência de pessoas levemente deprimidas a fazer julgamentos, atribuições e previsões mais corretos do que egoístas.

> Pessoas normais exageram o quanto são competentes ou apreciadas. Pessoas deprimidas não. Pessoas normais recordam seu comportamento passado com um brilho rosado. Pessoas deprimidas [a menos que gravemente deprimidas] são mais imparciais ao recordar seus sucessos ou fracassos. Pessoas normais se descrevem principalmente de forma positiva. Pessoas deprimidas descrevem suas qualidades positivas e negativas. Pessoas normais tomam o crédito por desfechos bem-sucedidos e tendem a negar a responsabilidade por fracassos. Pessoas deprimidas aceitam a responsabilidade tanto pelo sucesso como pelo fracasso. Pessoas normais exageram o controle que têm sobre o que acontece ao seu redor. Pessoas deprimidas são menos vulneráveis à ilusão de controle. Pessoas normais acreditam em um grau irreal que o futuro lhes reserva muitas coisas boas e poucas coisas ruins. Pessoas deprimidas são mais realistas em suas per-

410 DAVID G. MYERS

A vida é a arte de ser bem enganado.
—WILLIAM HAZLITT, 1778–1830

estilo explicativo
Forma habitual de explicar os eventos de vida. Um estilo explanatório negativo, pessimista, depressivo atribui o fracasso a causas estáveis, globais e internas.

cepções do futuro. De fato, em praticamente todos os pontos em que pessoas normais apresentam autoestima aumentada, ilusões de controle e visões irreais do futuro, as pessoas deprimidas não apresentam os mesmos vieses. "Mais tristes, mas mais sábios" na verdade parece se aplicar à depressão.

Subjacente ao pensamento das pessoas deprimidas estão suas atribuições de responsabilidade. Considere: Se você é reprovado em um exame e se culpa, pode concluir que é estúpido ou preguiçoso; consequentemente, você pode se sentir deprimido. Se atribuir o fracasso a um exame injusto ou a outras circunstâncias fora de seu controle, você pode se sentir irritado. Em mais de 100 estudos envolvendo 15 mil indivíduos, as pessoas deprimidas se mostraram mais propensas que as não deprimidas a exibir um **estilo explicativo** negativo (Haeffel et al., 2008; Peterson & Steen, 2002; Sweeney et al., 1986). Como mostrado na Figura 14.2, esse estilo explicativo atribui fracassos e reveses a causas *estáveis* ("Vai durar para sempre"), *globais* ("Vai afetar tudo que eu faço") e *internas* ("É tudo minha culpa"). O resultado desse pensamento pessimista, exageradamente generalizado, autocondenatório, diz Abramson e colaboradores (1989), é um sentido deprimente de desesperança.

PENSAMENTO NEGATIVO É UMA CAUSA OU UM RESULTADO DA DEPRESSÃO?

Os acompanhamentos cognitivos da depressão levantam uma questão do tipo "o ovo ou a galinha": o humor deprimido produz pensamento negativo ou o pensamento negativo causa depressão?

HUMORES DEPRIMIDOS CAUSAM PENSAMENTO NEGATIVO Como vimos no Capítulo 3, nosso humor colore nosso pensamento. Quando nos sentimos felizes, pensamos feliz. Vemos e lembramos um mundo bom. Mas deixe nosso humor virar sombrio, e nossos pensamentos se desviam para um caminho diferente. Dos óculos cor-de-rosa para os óculos escuros. Agora o mau humor inicia nossas recordações de eventos negativos (Bower, 1987; Johnson & Magaro, 1987). Nossos relacionamentos parecem azedar, nossas autoimagens se embaçam, nossas esperanças para o futuro se turvam, o comportamento das pessoas parece mais sinistro (Brown & Taylor, 1986; Mayer & Salovey, 1987). À medida que a depressão aumenta, as memórias e as expectativas desabam; quando a depressão se dissipa, o pensamento clareia (Barnett & Gotlib, 1988; Kuiper & Higgins, 1985). Como exemplo, pessoas atualmente deprimidas se lembram de seus pais como tendo sido rejeitadores e punitivos. Mas pessoas anteriormente deprimidas se lembram de seus pais nos mesmos termos positivos que pessoas nunca deprimidas (Lewinson & Rosembaum, 1987). Portanto, quando você ouvir pessoas deprimidas desprezando seus pais, lembre-se: o humor modifica as memórias.

Estudando fãs de basquete da University of Indiana, Edward Hirt e colaboradores (1992) demonstraram que mesmo um mau humor temporário pode toldar nosso pensamento. Após os fãs ficarem deprimidos por ver seu time perder ou exultantes por uma vitória, os pesquisadores lhes pediram para prever o desempenho futuro do time, e o deles próprios. Após uma derrota, as pessoas oferecem avaliações mais sombrias não apenas do futuro do time, mas também de seu próprio provável desempenho em arremesso de dardos, solução de anagramas e namoro. Quando as coisas não saem do jeito que desejamos, pode parecer que elas nunca sairão.

Para o homem que é entusiasmado e otimista, se o que está por vir deve ser agradável, parece tanto provável de acontecer e tanto provável de ser bom, enquanto para o homem indiferente ou deprimido parece o oposto.
—ARISTÓTELES, *A ARTE RETÓRICA*, SÉCULO 4 A.C.

Um humor deprimido também afeta o comportamento. Quando deprimidos, tendemos a ficar retraídos, mal-humorados e queixosos. Stephen Strack e James Coyne (1983) verificaram que pessoas deprimidas eram realistas em pensar que os outros não apreciavam seu comportamento; seu pessimismo e seu mau humor podem mesmo provocar rejeição social (Carver et al., 1994). O comportamento deprimido também pode desencadear depressão recíproca nos outros. Estudantes universitários que têm colegas de quarto deprimidos tendem a se tornar eles próprios um pouco deprimidos (Burchill & Stiles, 1988; Joiner, 1994; Sanislow et al., 1989). Em casais de namorados, também, a depressão é frequentemente contagiosa (Katz et al., 1999). (Melhores notícias vêm de um estudo que acompanhou quase 5 mil residentes de uma cidade de Massachussetts por 20 anos. A felicidade também é contagiosa. Quando cercadas por pessoas felizes, as pessoas se tornam mais propensas a ser felizes no futuro [Fowler & Christakis, 2008].)

FIGURA 14.2
Estilo explicativo depressivo.
A depressão está associada a uma forma negativa e pessimista de explicar e interpretar fracassos.

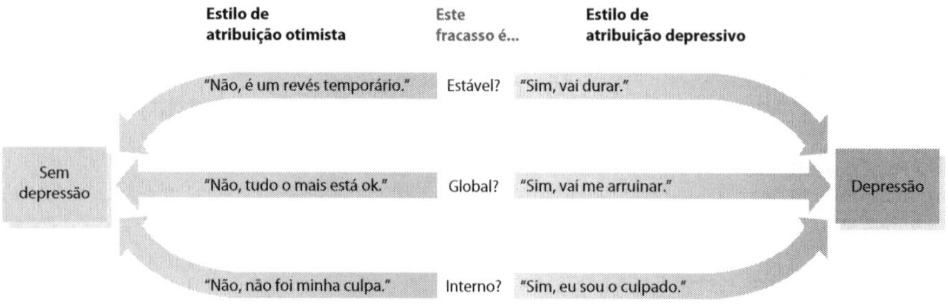

Podemos ver, então, que ser deprimido tem efeitos cognitivos e comportamentais. Isso também funciona ao contrário: a depressão tem origens cognitivas?

PENSAMENTO NEGATIVO CAUSA HUMOR DEPRIMIDO A depressão é natural quando se vivencia estresse grave – a perda de um emprego, divórcio ou rejeição ou sofrer qualquer

Estilo de atribuição otimista	Este fracasso é...	Estilo de atribuição depressivo
"Não, é um revés temporário."	Estável?	"Sim, vai durar."
"Não, tudo o mais está ok."	Global?	"Sim, vai me arruinar."
"Não, não foi minha culpa."	Interno?	"Sim, eu sou o culpado."

Sem depressão → ← Depressão

POR DENTRO DA HISTÓRIA — Shelley Taylor sobre ilusões positivas

Há alguns anos, eu estava conduzindo entrevistas com pessoas que tinham câncer para um estudo sobre ajustamento a eventos intensamente estressantes. Fiquei surpresa ao saber que, para algumas pessoas, a experiência do câncer na verdade parecia ter trazido benefícios, bem como os riscos esperados. Muitas pessoas me disseram que pensavam que eram as melhores pessoas para a experiência, sentiam que estavam melhor ajustados ao câncer do que outras, acreditavam que podiam exercer controle sobre seu câncer no futuro e que seus futuros seriam livres de câncer, mesmo quando sabíamos por suas histórias médicas que seus cânceres tinham probabilidade de voltar.

Como resultado, fiquei fascinada por como as pessoas podem interpretar mesmo a pior das situações como boa, e desde então tenho estudado essas "ilusões positivas". Por meio de nossa pesquisa, aprendemos rapidamente que você não tem que experimentar um trauma para demonstrar ilusões positivas. Muitas pessoas, incluindo a maioria dos estudantes universitários, pensam em si mesmas como um pouco melhores que a média, como tendo mais controle das circunstâncias em torno delas do que realmente pode ser verdade e como propensos a experimentar mais desfechos futuros positivos na vida do que pode ser a realidade. Essas ilusões não são um sinal de desajustamento – muito pelo contrário. A boa saúde mental pode depender da capacidade de ver as coisas como um pouco melhores do que elas são e encontrar benefícios mesmo quando as coisas parecem mais sombrias.

Shelley Taylor
UCLA

---

experiência que desintegre nosso sentido de quem somos e por que somos seres humanos dignos (Hamilton et al., 1993; Kendler et al., 1993). A ruminação que acompanha essa depressão de curto prazo pode ser adaptativa. Tanto quanto a náusea e a dor protegem o corpo de toxinas, a depressão nos protege, nos desacelerando, nos fazendo reavaliar e, então, direcionando nossa energia de novas formas (Watkins, 2008). Os *insights* obtidos durante momentos de inatividade deprimida podem mais tarde resultar em melhores estratégias para interagir com o mundo. Mas pessoas propensas à depressão respondem a eventos ruins com intensa ruminação e sentimentos de culpa (Mor & Winquist, 2002; Pyszczynski et al., 1991). A autoestima delas oscila muito rapidamente, para cima com encorajamentos e para baixo com ameaças (Butler et al., 1994).

Por que algumas pessoas são tão afetadas por estresses menores? A evidência sugere que quando a ruminação induzida por estresse é filtrada através de um estilo explanatório negativo, o desfecho frequente é a depressão (Robinson & Alloy, 2003). Colin Sacks e Daphne Bugenal (1987) pediram a algumas mulheres jovens para que travassem conhecimento com um estranho que às vezes agia com frieza e hostilidade, criando uma situação social embaraçosa. Ao contrário das mulheres otimistas, aquelas com um estilo explicativo pessimista – que caracteristicamente oferecem atribuições estáveis, globais e internas para eventos ruins – reagiram ao fracasso social sentindo-se deprimidas. Além disso, elas então se comportaram com mais antagonismo em relação às próximas pessoas que conheceram. O pensamento negativo delas levou a um humor negativo, que então levou a comportamento negativo.

Os estresses desafiam algumas pessoas e derrotam outras. Os pesquisadores buscaram entender o "estilo explicativo", que torna algumas pessoas mais vulneráveis à depressão.

Esse tipo de ruminação depressiva é mais comum entre as mulheres, relata Susan Nolen-Hoeksema (2003). Quando ocorrem problemas, os homens tendem a agir, as mulheres tendem a pensar – e frequentemente a "pensar demais", relata ela. E isso ajuda a explicar por que, a partir da adolescência, as mulheres, comparadas aos homens, têm um risco duplicado de depressão (Hyde et al., 2008).

Fora do laboratório, estudos de crianças, adolescentes e adultos confirmam que aquelas pessoas com o estilo explanatório pessimista são mais propensas a se tornar deprimidas quando coisas ruins acontecem. Um estudo monitorou estudantes universitários a cada seis semanas durante dois anos e meio (Alloy et al., 1999). Apenas 1% daqueles que iniciaram a faculdade com estilos de pensamento otimistas tiveram um primeiro episódio depressivo, mas isso ocorreu com 17% daqueles com estilos de pensamento pessimistas. "Uma receita para depressão grave é um pessimismo preexistente que se depara com um fracasso", observa Martin Seligman (1991, p. 78). Além disso, pacientes que terminam a terapia não se sentindo mais deprimidos, mas mantendo um estilo explicativo negativo tendem a recair quando eventos ruins ocorrem (Seligman, 1992). Se aqueles com um estilo explicativo otimista sofrem uma recaída, eles frequentemente se recuperam com rapidez (Metalsky et al., 1993; Needles & Abramson, 1990).

O pesquisador Peter Lewinsohn e colaboradores (1985) reuniram esses achados em um entendimento psicológico coerente da depressão. A autoimagem, as atribuições e as expectativas negativas de uma pessoa deprimida são, relatam eles, uma ligação essencial em um círculo vicioso que é desencadeado por experiências negativas – talvez fracasso acadêmico ou vocacional, conflito familiar ou rejeição social (Fig. 14.3). Essas ruminações criam um humor deprimido que altera drasticamente a maneira de pensar e agir de uma pessoa, que então serve de combustível para novas experiências negativas, sentimentos de culpa e humor deprimido. Em experimentos reali-

FIGURA 14.3
O círculo vicioso da depressão.

zados, o humor de pessoas deprimidas clareia quando uma tarefa distrai a atenção delas para alguma coisa externa (Nix et al., 1995). A depressão, portanto, é tanto a causa como o resultado de cognições negativas.

Martin Seligman (1991, 1998, 2002) acredita que o autofoco e o sentimento de culpa ajudam a explicar os níveis de depressão quase epidêmicos no mundo ocidental atualmente. Na América do Norte, por exemplo, adultos jovens hoje têm probabilidade três vezes maior que seus avós de ter sofrido de depressão – a despeito de seus avós ter um padrão de vida mais baixo e mais privações (Cross-National Collaborative Group, 1992; Swindle et al., 2000). Seligman acredita que o declínio da religião e da família, mais o aumento do individualismo, cria desesperança e sentimentos de culpa quando as coisas não vão bem. Cursos, carreiras e casamentos fracassados produzem desespero quando ficamos sozinhos, sem nada nem ninguém com quem contar. Se, como declarou um anúncio machista da revista *Fortune*, você puder "fazer sozinho", com "seu próprio esforço, sua própria coragem, sua própria energia, sua própria ambição", então de quem é a culpa se você não conseguir? Nas culturas não ocidentais, onde os relacionamentos e a cooperação coesos são a norma, a depressão maior é menos comum e menos ligada à culpa e à autocensura pela percepção de fracasso pessoal. No Japão, por exemplo, as pessoas deprimidas em vez disso tendem a relatar sentimento de vergonha por desapontar sua família ou colegas (Draguns, 1990).

Esses *insights* no estilo de pensamento associado com depressão levaram os psicólogos sociais a estudar os padrões de pensamento associados a outros problemas. Como aqueles que são assolados por excessiva solidão, timidez ou abuso de substância veem a si mesmos? Em que medida eles lembram seus sucessos e seus fracassos? A que eles atribuem seus altos e baixos?

Solidão

Se a depressão é o resfriado comum dos transtornos psicológicos, então a solidão é a dor de cabeça. A solidão, seja crônica ou temporária, é uma consciência dolorosa de que nossos relacionamentos sociais são menos numerosos ou significativos do que desejamos. Nas culturas modernas, os relacionamentos sociais íntimos são menos numerosos. Um levantamento nacional revelou uma queda de um terço, ao longo de duas décadas, no número de pessoas com quem os norte-americanos podem discutir "assuntos importantes". Refletindo sobre o achado, Robert-Putnam (2006) relatou que seus dados igualmente revelam "diferenças de geração nítidas – os *baby boomers* são mais socialmente abandonados que seus pais, e os filhos deles são ainda mais solitários. Seria devido às famílias com duas carreiras? À diversidade étnica? À internet? À expansão suburbana? Todo mundo tem um culpado favorito. O meu é a TV, mas o júri ainda está deliberando".

Outros pesquisadores ofereceram diferentes explicações. Em um estudo de adultos holandeses, Jenny de Jong-Gierveld (1987) documentou a solidão que pessoas solteiras e independentes são propensas a vivenciar. Ela especulou que a ênfase moderna na satisfação individual e a depreciação do casamento e da vida familiar podem ser "provocadoras de solidão" (bem como provocadoras de depressão). A mobilidade relacionada ao trabalho também cria menos laços familiares e sociais de longo prazo e aumenta a solidão (Dill & Anderson, 1999).

SENTIMENTOS DE SOLIDÃO E EXCLUSÃO

Entretanto, solidão não precisa coincidir com isolamento. É possível se sentir sozinho no meio de uma festa. "Na América, há solidão, mas não isolamento", lamentou Mary Pipher (2002). "Há multidões, mas não há comunidades." Em Los Angeles, observou sua filha, "há 10 milhões de pessoas à minha volta, mas nenhuma sabe o meu nome". Na ausência de ligações sociais e se sentindo sozinhas (ou quando induzidas a se sentirem assim em um experimento), as pessoas podem compensar vendo qualidades humanas nas coisas, nos animais e em seres sobrenaturais, nos quais elas encontram companhia (Epley et al., 2008).

Uma pessoa pode estar completamente sozinha – como eu enquanto escrevo essas palavras na solidão de uma torre de escritórios isolada em uma universidade britânica há 5 mil quilômetros de casa – sem se sentir solitária. Sentir-se solitário é se sentir excluído de um grupo, pouco querido pelas pessoas à sua volta, incapaz de compartilhar suas preocupações privadas, diferente e alienado daqueles em seu ambiente (Beck & Young, 1978; Davis & Franzoi, 1986). Também é ter um risco aumentado para hipertensão arterial e doença cardíaca e, portanto, do declínio físico acelerado com a idade (Hawkley & Cacioppo, 2007). Em *Loneliness: human nature and the need for social connection*, John Cacioppo e William Patrick (2008) explicam outros efeitos físicos e emocionais da solidão, que afetam os hormônios do estresse

"Os inimigos, sim, mas o seu fosso também não afasta o amor?"

T© The New Yorker Collection, 2000, Charles Barsotti, de cartoonbank.com. Todos os direitos reservados.

e a atividade imunológica. A solidão – que pode ser evocada por um olhar gelado ou pela indiferença – parece mesmo, muito literalmente, fria. Ao lembrar uma experiência de exclusão, as pessoas estimam uma temperatura mais baixa do ambiente do que quando pensam sobre ser incluídos. Por exemplo, após serem excluídas em um jogo de bola, as pessoas mostram uma maior preferência por alimentos e bebidas quentes (Zhong & Leonardelli, 2008).

Os adolescentes mais do que os adultos experimentam solidão (Heinrich & Gullone, 2006). Quando bipados por um dispositivo eletrônico várias vezes durante uma semana e instruídos a registrar o que estavam fazendo e como se sentiam, os adolescentes relataram sentir-se solitários quando estavam sozinhos com mais frequência que os adultos (Larsen et al., 1982). Homens e mulheres se sentem solitários sob circunstâncias um pouco diferentes – os homens quando isolados de interação grupal, as mulheres quando privadas de relacionamentos pessoais íntimos (Berg & McQuinn, 1988; Stokes & Levin, 1986). Diz-se que os relacionamentos dos homens tendem a ser lado a lado; os relacionamentos das mulheres tendem a ser frente a frente. Uma exceção: após o divórcio, os homens tendem a se sentir mais solitários do que as mulheres (Dykstra & Fokkema, 2007). Mas para todas as pessoas, incluindo aquelas recentemente viúvas, a perda de uma pessoa a quem se foi ligado pode produzir sentimentos de solidão inevitáveis (Stroebe et al., 1996).

Esses sentimentos podem ser adaptativos. O caminho da solidão sinaliza às pessoas para buscar conexões sociais, que facilitam a sobrevivência. Mesmo quando a solidão desencadeia nostalgia – uma saudade do passado –, ela serve para lembrar as pessoas de suas conexões sociais (Zhou et al., 2008).

PERCEPÇÃO NEGATIVA DOS OUTROS

Assim como as pessoas deprimidas, as pessoas cronicamente solitárias parecem presas em um círculo vicioso de pensamento social e comportamentos sociais autoderrotistas. Elas têm algo do estilo explicativo negativo do deprimido; elas percebem suas interações como dando uma má impressão, culpam-se por seus relacionamentos sociais pobres e consideram a maioria das coisas como além de seu controle (Anderson et al.; Christensen & Kashy, 1998; Snodgrass, 1987). Além disso, elas percebem os outros de formas negativas. Quando apresentados a um estranho do mesmo gênero ou a um colega de quarto no primeiro ano da faculdade, estudantes solitários são mais propensos a perceber a outra pessoa negativamente (Jones et al., 1981; Wittenberg & Reis, 1986). Como ilustra a Figura 14.4, solidão, depressão e timidez às vezes alimentam uma à outra.

Essas visões negativas podem refletir bem como colorir a experiência da pessoa solitária. Acreditar em sua indignidade social e se sentir pessimista sobre os outros inibem pessoas solitárias de agir para diminuir sua solidão. Pessoas solitárias frequentemente acham difícil se apresentar, dar telefonemas e participar de grupos (Nurmi et al., 1996, 1997; Rook, 1984; Spitzberg & Hurt, 1987). Contudo, como as pessoas levemente deprimidas, elas estão sintonizadas com os outros e são capazes de reconhecer expressões emocionais (Gardner et al., 2005). Como a depressão, a solidão tem influência genética; gêmeos idênticos são muito mais propensos do que gêmeos fraternos a compartilhar solidão moderada a extrema (Boomsma et al., 2006).

Ansiedade e timidez

A timidez é uma forma de ansiedade social caracterizada por inibição e preocupação com o que os outros pensam (Anderson & Harvey, 1988; Asendorpf, 1987; Carver & Scheier, 1986). Ser entrevistado para um emprego muito desejado, sair com alguém pela primeira vez, entrar em uma sala cheia de estranhos, representar diante de uma plateia importante ou fazer um discurso (uma das fobias mais comuns) pode fazer quase qualquer um se sentir ansioso. Mas algumas pessoas se sentem ansiosas em quase todas as situações nas quais podem sentir que estão sendo avaliadas, como em um almoço casual com um colega. Para essas pessoas, a ansiedade é mais um traço de personalidade do que um estado temporário.

DÚVIDAS SOBRE NOSSA CAPACIDADE EM SITUAÇÕES SOCIAIS

O que nos leva a sentir ansiedade em situações sociais? Por que algumas pessoas ficam algemadas na prisão de sua própria ansiedade social? Barry Schlenker e Mark Leary (1982, 1985; Larry & Kowalski, 1995) respondem essas perguntas aplicando a teoria da autoapresentação. Como você pode se lembrar dos Capítulos 2 e 4, a teoria da autoapresentação pressupõe que somos ávidos por nos apresentar de formas que deem uma boa impressão. As implicações para a ansiedade social são diretas. Nos sentimos ansiosos quando somos motivados a impressionar os outros, mas temos dúvidas. Esse princípio simples ajuda a explicar uma variedade de achados de pesquisa,

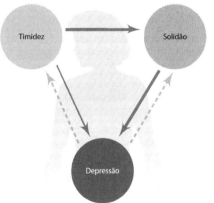

FIGURA 14.4
A interação entre timidez crônica, solidão e depressão.

As setas sólidas indicam a direção primária de causa-efeito, como resumido por Jody Dill e Craig Anderson (1999). As linhas tracejadas indicam os efeitos adicionais.

A autorrevelação nos relacionamentos e estilo explicativo positivo ajudam a proteger as pessoas de sentimentos de solidão.

cada um dos quais pode soar verdadeiro em nossa própria experiência. Nos sentimos mais ansiosos quando estamos:

- com pessoas poderosas, de alta posição – pessoas cujas impressões são importantes para nós;
- em um contexto de avaliação, tal como tentando dar uma boa primeira impressão aos pais de um(a) noivo(a);
- inibidos (como as pessoas tímidas frequentemente estão), com nossa atenção focada em nós mesmos e em como estamos nos saindo;
- focados em alguma coisa central à nossa autoimagem, como quando um professor apresenta ideias perante seus pares em uma convenção profissional;
- em situações novas ou não estruturadas, tal como um primeiro baile ou um primeiro jantar formal, em que estamos inseguros das regras sociais.

Para a maioria das pessoas, a tendência em todas essas situações é ser cautelosamente autoprotetor: falar menos; evitar temas que revelem a própria ignorância; ser reservado sobre si mesmo; ser modesto, agradável e sorridente. Ironicamente, esse tipo de preocupação ansiosa em dar uma boa impressão com frequência dá uma má impressão (Broome & Wegner, 1994; Meleshko & Alden, 1993). Com o tempo, entretanto, pessoas tímidas frequentemente se tornam queridas. A falta de egotismo delas, sua modéstia, sensibilidade e discrição são apreciadas (Gough & Thorne, 1986; Paulhus & Morgan, 1997; Shepperd et al., 1995).

SITUAÇÕES EXCESSIVAMENTE PERSONALIZANTES

Comparadas com pessoas não tímidas, as pessoas tímidas, inibidas (cujos números incluem muitos adolescentes) veem eventos casuais como de algum modo relevantes a elas próprias (Fenigstein, 1984; Fenigstein & Vanable, 1992). Pessoas tímidas e ansiosas personalizam excessivamente as situações, uma tendência que gera preocupação ansiosa e, em casos extremos, paranoia. Elas também superestimam o grau com que os outros as estão observando e avaliando. Se o cabelo não está bem penteado ou se elas têm um defeito facial, supõem que consequentemente todos percebem e julgam. Pessoas tímidas podem até ter consciência de sua inibição. Elas desejariam poder parar de se preocupar com seu rubor, com o que os outros estão pensando ou com o que dizer em seguida.

Para reduzir a ansiedade social, algumas pessoas apelam para o álcool. O álcool diminui a ansiedade e reduz a inibição (Hull & Young, 1983). Portanto, pessoas cronicamente inibidas são especialmente propensas a beber após um fracasso. Se se recuperam do alcoolismo, elas são mais propensas que pessoas com baixa inibição de reincidir quando experimentam novamente estresse ou fracasso.

Sintomas tão diversos como ansiedade e abuso de álcool também podem exercer uma função autoincapacitante. Rotular-se como ansioso, tímido, deprimido ou sob a influência de álcool pode fornecer uma desculpa para o fracasso (Snyder & Smith, 1986). Por trás de uma barricada de sintomas, o ego da pessoa se sente protegido. "Por que eu não namoro? Porque sou tímido(a), portanto não é fácil para as pessoas conhecer o meu eu verdadeiro." O sintoma é uma manobra estratégica inconsciente para explicar desfechos negativos.

E se pudéssemos remover a necessidade de tal manobra fornecendo às pessoas uma explicação alternativa prática para sua ansiedade e, portanto, para um possível fracasso? Uma pessoa tímida não necessitaria mais ser tímida? É precisamente isso que Susan Brodt e Philip Zimbardo (1981) verificaram quando trouxeram mulheres universitárias tímidas e não tímidas para o laboratório e as fizeram conversar com homens bonitos que fingiam ser outros participantes. Antes da conversa, as mulheres foram confinadas em uma pequena câmara com um ruído alto. Algumas das mulheres tímidas (mas não outras) foram informadas de que o ruído as deixaria com o coração acelerado, um sintoma comum da ansiedade social. Portanto, quando essas mulheres posteriormente conversaram com o homem, elas puderam atribuir seus corações acelerados e quaisquer dificuldades de conversação ao ruído, não a sua timidez ou inadequação social. Comparadas com as tímidas que não receberam essa explicação prática para seus corações acelerados, essas mulheres não eram mais tão tímidas. Elas falaram fluentemente durante a conversa e fizeram perguntas para os homens. De fato, ao contrário das outras mulheres tímidas (a quem o homem pode facilmente identificar como tímidas), estas eram para ele indistinguíveis das mulheres não tímidas.

Saúde, doença e morte

No mundo industrializado, pelo menos metade de todas as mortes estão associadas a comportamento – com consumo de cigarro, álcool, drogas e alimentos prejudiciais; com reações

Quando uma pessoa está ansiosa para impressionar pessoas importantes, a ansiedade social é natural.

a estresse; com falta de exercício e não seguir o conselho de um médico. As tentativas de estudar e mudar essas contribuições comportamentais para a doença ajudaram a criar um novo campo interdisciplinar denominado **medicina comportamental.** A contribuição da psicologia para essa ciência interdisciplinar é seu subcampo, **psicologia da saúde.** Os psicólogos da saúde estudam o modo como as pessoas respondem a sintomas de doença e como emoções e explicações influenciam a saúde.

medicina comportamental
Um campo interdisciplinar que integra e aplica conhecimento comportamental e médico sobre saúde e doença.

psicologia da saúde
O estudo das raízes psicológicas da saúde e da doença. Oferece contribuições da psicologia à medicina comportamental.

REAÇÕES A DOENÇA

Como as pessoas decidem se estão doentes? Como elas explicam seus sintomas? O que influencia sua disposição em buscar e seguir um tratamento?

PERCEBENDO OS SINTOMAS Provavelmente você experimentou recentemente pelo menos uma dessas queixas físicas: dor de cabeça, dor de estômago, congestão nasal, músculos doloridos, campainha nos ouvidos, perspiração excessiva, mãos frias, coração acelerado, tontura, articulações rígidas e diarreia ou constipação (Pennebaker, 1982). Esses sintomas requerem interpretação. Eles não têm significado? Ou você tem alguma coisa que requer atenção médica? Dificilmente uma semana se passa sem que tenhamos brincado de médico autodiagnosticando algum sintoma.

Perceber e interpretar os sinais de nosso corpo é como perceber e interpretar como nosso carro está funcionando. A menos que os sinais sejam altos e claros, frequentemente não os percebemos. A maioria de nós não pode dizer se um carro necessita uma troca de óleo apenas escutando o barulho do motor. Similarmente, a maioria de nós não é juiz astuto de nossa taxa cardíaca, nível de açúcar sanguíneo ou pressão arterial. As pessoas julgam sua pressão arterial baseadas em como se sentem, o que com frequência não tem relação com sua pressão arterial real (Baumann & Leventhal, 1985). Além disso, os primeiros sinais de muitas doenças, incluindo câncer e doença cardíaca, são sutis e fáceis de passar despercebidos.

EXPLICAÇÃO DOS SINTOMAS Estou doente? Com dores mais sérias, as questões se tornam mais específicas – e mais críticas. O pequeno cisto coincide com nossa ideia de um nódulo maligno? A dor de estômago é suficientemente forte para ser apendicite? A dor na área do tórax é meramente – como muitas vítimas de ataque cardíaco supõem – um espasmo muscular? De fato, relata o National Institutes of Health, a maioria das vítimas de ataque cardíaco espera muito tempo antes de procurar ajuda médica. Que fatores influenciam o modo como explicamos os sintomas?

Uma vez que percebemos os sintomas, os interpretamos usando esquemas de doença familiares (Bishop, 1991). Nas faculdades de medicina, isso pode ter resultados engraçados. Como parte do treinamento, os estudantes de medicina aprendem os sintomas associados com várias doenças. Visto que eles também experimentam vários sintomas, eles às vezes atribuem seus sintomas a esquemas de doença recentemente aprendidos. (Talvez esse chiado seja o início de uma pneumonia.) Como você pode ter descoberto, os estudantes de psicologia são propensos a esse efeito à medida que leem sobre transtornos psicológicos.

NECESSIDADE DE TRATAMENTO? Uma vez que as pessoas percebem um sintoma e o interpretam como possivelmente sério, diversos fatores influenciam sua decisão de procurar tratamento médico. As pessoas procuram tratamento com mais frequência se acreditam que seus sintomas têm uma causa física e não psicológica (Bishop, 1987). Elas podem adiar a busca de ajuda, entretanto, se se sentirem constrangidas, se acharem que os prováveis benefícios do tratamento médico não justificarão o custo e a inconveniência ou se quiserem evitar um possível diagnóstico devastador.

O U.S. National Center for Health Statistics (NCHS) relata uma diferença de gênero nas decisões de procurar tratamento médico: comparadas com os homens, as mulheres relatam mais sintomas, usam mais medicamentos prescritos e não prescritos e visitam médicos duas vezes mais para tratamento preventivo (NCHS, 2008). Elas também visitam psicoterapeutas com uma frequência 50% maior (Olfson & Pincus, 1994). Talvez as mulheres sejam mais atentas a seus estados internos. Talvez elas sejam menos relutantes em admitir "fraqueza" e procurar ajuda (Bishop, 1984).

Então, as mulheres ficam doentes com mais frequência? Aparentemente não. Na verdade, os homens podem ser mais propensos a doença. Entre outros problemas, os homens têm taxas mais altas de hipertensão, úlceras e câncer, bem como expectativa de vida mais curta. Portanto, por que as mulheres são mais propensas a procurar um médico?

Os pacientes são mais dispostos a seguir instruções de tratamento quando têm relações calorosas com seus médicos, quando ajudam a planejar o tratamento e quando as opções são configuradas de forma atrativa. As pessoas são mais propensas a se decidir por uma operação quando dado "40% de chance de sobreviver" do que quando dado "60% de chance de não sobreviver" (Rothman & Salovey, 1997; Wilson et al., 1987). Essas mensagens de "ganhos configurados" também convencem mais pessoas a usar protetor solar, a evitar o cigarro e a fazer testes de HIV (Detweiler et al., 1999; Slovey et al.,

2003; Schneider et al., 2000). É melhor dizer às pessoas que "o protetor solar mantém a pele saudável e com aparência jovem" do que lhes dizer que "não usar protetor solar diminui suas chances de uma pele saudável e com aparência jovem".

EMOÇÕES E DOENÇA

As nossas emoções predizem nossa suscetibilidade a doença cardíaca, AVC, câncer e outras doenças (Fig. 14.5)? Considere o seguinte.

A doença cardíaca foi associada a uma personalidade competitiva, impaciente e – o aspecto mais importante – propensa à raiva (Kupper & Denollet, 2007; Williams, 1993). Sob estresse, pessoas "Tipo A" reativas, propensas a raiva, secretam mais dos hormônios do estresse que se acredita acelerar o acúmulo de placas nas paredes das artérias cardíacas.

A depressão também aumenta o risco de várias doenças. Pessoas levemente deprimidas são mais vulneráveis a doença cardíaca, mesmo após controlar para diferenças nos fatores de tabagismo e outros relacionados à doença (Anda et al., 1993). No ano após um ataque cardíaco, pessoas deprimidas têm um risco duplicado de outros problemas cardíacos (Frasuressmith et al., 1995, 1999, 2005). A toxicidade das emoções negativas contribui para a alta taxa de depressão e ansiedade entre pessoas com doenças crônicas (Cohen & Rodriguez, 1995). A associação entre depressão e doença cardíaca pode resultar de inflamação das artérias relacionada a estresse (Matthews, 2005; Miller & Blackwell, 2006). Os hormônios do estresse aumentam a produção da proteína que contribui para a inflamação, que ajuda a combater infecções. Mas a inflamação também pode exacerbar a asma, o entupimento das artérias e a depressão.

George Vaillant (1997) testemunhou o efeito do sofrimento quando acompanhou um grupo de alunos de Harvard da meia-idade até a velhice. Daqueles que aos 52 anos foram classificados como "quadrados" (nunca tendo abusado de álcool, usado tranquilizantes ou consultado um psiquiatra), apenas 5% tinha morrido aos 75 anos. Daqueles classificados como "angustiados" (que tinham abusado de álcool e usado tranquilizantes ou consultado um psiquiatra), 38% tinha morrido.

OTIMISMO E SAÚDE

Há muitas histórias de pessoas que dão uma virada súbita para pior quando alguma coisa os faz perder a esperança ou que subitamente melhoram quando a esperança é renovada. Quando um câncer ataca o fígado de Jeff, um menino de 9 anos, seu médico teme o pior. Mas Jeff permanece otimista. Ele está determinado a crescer para ser um cientista pesquisador do câncer. Um dia Jeff está exultante. Um especialista que tinha um interesse por seu caso a longa distância está planejando parar para visitá-lo durante uma viagem pelo país. Há muito Jeff deseja falar com o médico e lhe mostrar o diário que manteve desde que ficou doente. No dia previsto, a neblina cobre sua cidade. O avião do médico é desviado para outra cidade, de onde o médico decola para seu destino final. Ao ouvir as novidades, Jeff chora silenciosamente. Na manhã seguinte, pneumonia e febre tinham se desenvolvido, e Jeff fica apático. À noite está em coma. Na tarde seguinte, ele morre (Visintainer & Seligman, 1983).

O entendimento das ligações entre atitudes e doença requer mais do que histórias verdadeiras dramáticas. Se a desesperança coincidir com o câncer, ficamos nos perguntando: o câncer produziu desesperança ou a desesperança também impede a resistência ao câncer? Para resolver esse enigma "do ovo ou a galinha", os pesquisadores (1) criaram experimentalmente desesperança submetendo organismos a estresses incontroláveis e (2) correlacionaram o estilo explicativo desesperançado com doenças futuras.

FIGURA 14.5
Emoções negativas causadas por estresse podem ter vários efeitos sobre a saúde. Isso é especialmente verdadeiro para pessoas deprimidas ou propensas a raiva.

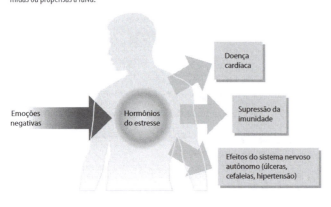

ESTRESSE E DOENÇA A indicação mais clara dos efeitos da desesperança – que o Capítulo 2 rotula de desamparo aprendido – vem de experimentos que submetem animais a choques elétricos leves, ruídos altos ou superlotação. Essas experiências não causam doenças como câncer, mas baixam a resistência do corpo. Ratos injetados com células cancerosas vivas mais frequentemente desenvolvem e morrem de tumores se também receberem choques inevitáveis do que se receberem choques evitáveis ou não receberem choques. Além disso, comparados com ratos jovens que recebem choques evitáveis, aqueles que recebem choques inevitáveis são duas vezes mais propensos a desenvolver tumores na idade adulta se receberem células cancerosas e outra rodada de choques (Visintainer & Seligman, 1985). Animais que aprenderam o desamparo reagem mais passivamente, e testes sanguíneos revelam uma resposta imune enfraquecida.

É um grande salto de ratos para seres humanos. Um número crescente de evidências revela que pessoas que passam por experiências altamente estressantes se tornam mais vulneráveis à doença (Segerstrom & Miller, 2004). O estresse não nos torna doentes, mas desvia a energia de nosso sistema imune que combate a doença, nos deixando vulneráveis a infeccções (Cohen, 2002, 2004). A morte de um cônjuge, o estresse de um voo espacial, mesmo a tensão de uma semana de provas foram associados com defesas imunes deprimidas (Jemmott & Locke, 1984).

Considere:

- O estresse amplia a gravidade dos sintomas experimentados por voluntários que são intencionalmente infectados com um vírus de gripe (Cohen et al., 2003, 2006; Dixon, 1986).
- Casais recém-casados que ficaram irritados enquanto discutiam problemas sofreram mais supressão do sistema imune no dia seguinte (Kiecolt-Glaser et al., 1993). Quando as pessoas estão estressadas por conflito conjugal, a lesão de uma punção laboratorial leva um ou dois dias mais para curar (Kiecolt-Glaser et al., 2005).
- Comparados com estudantes não procrastinadores, os procrastinadores despreocupados relataram menos estresse e doença no início de um semestre, mas mais estresse e doença no final do período. (Qual desses estudantes se parece com você?) De modo geral, os procrastinadores autoderrotistas também ficavam mais doentes e tiravam notas mais baixas (Tice & Baumeister, 1997).

ESTILO EXPLICATIVO E DOENÇA Se o estresse incontrolável afeta a saúde, deprime o funcionamento imunológico e gera uma resignação passiva e desesperançada, então as pessoas que exibem tal pessimismo serão mais vulneráveis à doença? Diversos estudos confirmaram que um estilo pessimista de explicar eventos ruins (dizendo, "Vai durar, vai destruir tudo, e é minha culpa") torna a doença mais provável. Christopher Peterson e Martin Seligman (1987) estudaram as citações da imprensa de 94 membros do Hall da Fama do beisebol e calcularam com que frequência eles ofereciam explicações pessimistas (estáveis, globais, internas) para eventos ruins, tal como perder jogos importantes. Aqueles que rotineiramente o faziam tendiam a morrer em idades um pouco mais jovens. Os otimistas que ofereciam explicações estáveis, globais e internas para eventos bons geralmente sobreviviam aos pessimistas.

Outros estudos acompanharam vidas ao longo do tempo:

- Formados de Harvard que expressaram mais otimismo em 1946 eram os mais saudáveis quando reestudados 34 anos mais tarde (Peterson et al., 1988).
- Uma equipe de pesquisa holandesa acompanhou 941 adultos mais velhos por quase uma década (Giltay et al., 2004, 2007). Entre aqueles no quartil de otimismo superior, apenas 30% morreu, o que aconteceu com 57% daqueles no quartil de otimismo inferior.
- Freiras católicas que expressaram os sentimentos mais positivos quando tinham cerca de 22 anos sobreviveram a suas contrapartes mais severas por uma média de 7 anos durante e após o meio século que se seguiu (Danner et al., 2001).

É importante notar, entretanto, que comportamentos saudáveis – exercício, boa nutrição, não fumar, não beber em excesso – são contribuições essenciais à longevidade de muitos otimistas (Peterson & Bossio, 2000; Whooley et al., 2008).

A partir de seus próprios estudos, os pesquisadores Howard Tennen e Glenn Affleck (1987) concordam que um estilo explicativo positivo e esperançoso é geralmente um bom remédio. O poder curativo da crença positiva é evidente no bem conhecido efeito placebo, referindo-se ao poder curativo de acreditar que se está recebendo um tratamento eficaz. (Se você acha que um tratamento está sendo eficaz, ele até pode ser – ainda que seja, na verdade, inerte.) Tennen e Affleck também nos lembram de que sempre há uma luz no fim do túnel. Os otimistas podem se ver como invulneráveis e portanto deixar de tomar precauções sensíveis; por exemplo, aqueles que fumam subestimam com otimismo os riscos envolvidos (Segerstrom et al., 1993). E quando as coisas dão muito errado – quando o otimista se depara com uma doença devastadora –, a adversidade pode ser destruidora. O otimismo é bom para a saúde. Mas lembre-se: mesmo os otimistas têm uma taxa de mortalidade de 100%.

As irmãs Delany, ambas com mais de 100 anos, atribuíram sua longevidade a uma perspectiva positiva da vida.

Resumo: Quais processos cognitivos acompanham os problemas de comportamento?

- Os psicólogos sociais estão explorando ativamente as atribuições e expectativas de pessoas deprimidas, solitárias, socialmente ansiosas e fisicamente doentes. Pessoas deprimidas têm um estilo explicativo negativo, interpretando eventos negativos como estáveis, globais e de uma causa interna. A despeito de seus julgamentos mais negativos, pessoas pouco deprimidas em testes laboratoriais tendem a ser surpreendentemente realistas. A depressão pode ser um círculo vicioso no qual pensamentos negativos evocam comportamentos autoderrotistas e vice-versa.
- A solidão envolve sentimentos de isolamento ou de falta de ajuste, e é comum em sociedades individualistas. Como a depressão, ela pode ser um círculo vicioso no qual sentimentos de indiferença levam a comportamentos socialmente indesejáveis.
- A maioria das pessoas experimenta ansiedade em situações nas quais estão sendo avaliadas, mas indivíduos tímidos são extremamente propensos à ansiedade mesmo em situações amigáveis, casuais. Este pode ser um outro círculo vicioso no qual sentimentos de ansiedade evocam comportamento inadequado, desmotivador.
- O campo em expansão da psicologia da saúde está explorando como as pessoas decidem que estão doentes, como elas explicam seus sintomas e quando elas buscam e seguem tratamento, bem como explora os efeitos das emoções negativas e as ligações entre doença, estresse e um estilo explicativo pessimista.

Quais são algumas abordagens psicossociais ao tratamento

Consideramos os padrões de pensamento que estão associados com problemas na vida, variando de depressão séria a timidez extrema a doença física. Esses padrões de pensamento mal-adaptativos sugerem quaisquer tratamentos?

Não existe terapia psicossocial. Entretanto, a terapia é um encontro social, e os psicólogos sociais sugeriram como seus princípios poderiam ser integrados a técnicas de tratamento existentes (Forsyth & Leary, 1997; Strong et al., 1992). Considere três abordagens, discutidas abaixo.

Induzindo mudança interna por meio de comportamento externo

No Capítulo 4, revisamos uma ampla série de evidências de um princípio simples, mas poderoso: nossas ações afetam nossas atitudes. Os papéis que desempenhamos, as coisas que dizemos e fazemos e as decisões que tomamos influenciam quem somos.

De acordo com esse princípio de que as atitudes acompanham os comportamentos, diversas técnicas de psicoterapia prescrevem ação.

- Terapeutas do comportamento tentam moldar o comportamento com base na teoria de que a disposição interna do cliente também mudará após as mudanças de comportamento.
- No treinamento da assertividade, o indivíduo pode primeiro dramatizar a assertividade em um contexto sustentador, então gradualmente implementar comportamentos assertivos na vida diária.
- A terapia racional-emotiva pressupõe que geramos nossas próprias emoções; os clientes recebem "lição de casa" para falar e agir de novas formas que gerarão novas emoções: enfrentar aquele parente arrogante; parar de dizer a si mesmo que você não é uma pessoa atraente e convidar alguém para sair.
- Os grupos de autoajuda sutilmente induzem os participantes a se comportar de novas formas na frente do grupo – expressar raiva, chorar, agir com autoestima alta, expressar sentimentos positivos.

Todas essas técnicas compartilham uma suposição comum: se não podemos controlar diretamente nossos sentimentos por pura força de vontade, podemos influenciá-los indiretamente por meio de nosso comportamento.

Experimentos confirmam que o que dizemos sobre nós mesmos pode afetar como nos sentimos. Em um experimento, estudantes foram induzidos a escrever ensaios autoelogiosos (Mirels e McPeek, 1977). Esses estudantes, mais do que outros que escreveram ensaios sobre um tema social atual, posteriormente expressaram autoestima mais alta quando se autoavaliaram e privadamente para um experimentador diferente. Em vários outros experimentos, Edward Jones e colaboradores (1981; Rhodewalt & Agustsdottir, 1986) influenciaram estudantes a se apresentar a um entrevistador de formas autoengrandecedoras ou autodepreciativas. Novamente, as demonstrações públicas – quer otimistas ou pessimistas – se transferiram depois para a autoestima. Dizer é acreditar, mesmo quando falamos sobre nós mesmos.

Nesse experimento e em muitos outros, as pessoas internalizam mais seu comportamento quando percebem alguma escolha. Por exemplo, Pamela Mendonca e Sharon Brehm (1983) convidaram um grupo de crianças que estavam para iniciar um programa de perda de peso para escolher o tratamento que preferiam. Então as lembravam periodicamente de que tinham escolhido seu tratamento. Outras crianças que simultaneamente se submeteram ao mesmo programa de oito semanas não tiveram uma escolha. Aquelas que se sentiam responsáveis por seu tratamento tinham perdido mais peso tanto no final do programa de oito semanas como três meses mais tarde.

Ruptura de círculos viciosos

Se depressão, solidão e ansiedade social se mantêm por meio de um círculo vicioso de experiências negativas, pensamento negativo e comportamento autoderrotista, deveria ser possível romper o círculo em qualquer um de diversos pontos – mudando o ambiente, treinando a pessoa para se comportar mais construtivamente, revertendo o pensamento negativo. E é. Diversos métodos de terapia ajudam a libertar as pessoas do círculo vicioso da depressão.

TREINAMENTO DE HABILIDADES SOCIAIS

Depressão, solidão e timidez não são simplesmente problemas na mente de alguém. Ficar perto de uma pessoa deprimida por qualquer período de tempo pode ser irritante e depressivo. Como as pessoas solitárias e tímidas suspeitam, elas podem de fato dar uma má impressão em situações sociais. Nesses casos, o treinamento de habilidades sociais pode ajudar. Observando e então praticando novos comportamentos em situações seguras, a pessoa pode desenvolver a confiança para se comportar de modo mais efetivo em outras situações.

À medida que a pessoa começa a desfrutar das recompensas e comportar-se mais habilmente, uma autopercepção mais positiva se desenvolve. Frances Haemmerlie e Robert Montgomery (1982, 1984, 1986) demonstraram isso em diversos estudos gratificantes com estudantes universitários tímidos e ansiosos. Aqueles que são inexperientes e nervosos perto de pessoas do sexo oposto podem dizer para si mesmos: "Eu não namoro muito, então devo ser socialmente inadequado, portanto não deveria tentar chegar perto de ninguém". Para reverter essa sequência negativa, Haemmerlie e Montgomery convenceram esses estudantes a terem interações agradáveis com pessoas do sexo oposto.

Em um experimento, homens universitários preencheram questionários de ansiedade social e então vieram ao laboratório em dois dias diferentes. Cada dia eles mantiveram conversas de 12 minutos com cada uma de seis mulheres jovens. Os homens pensavam que as mulheres também eram participantes. Na verdade, as mulheres eram cúmplices que tinham sido instruídas a manter uma conversação natural, positiva e amigável com cada um dos homens.

O efeito dessas duas horas e meia de conversa era notável. Como um dos participantes escreveu posteriormente, "Eu nunca tinha conhecido tantas garotas com que eu pudesse ter uma boa conversa. Após conversar com algumas, minha confiança aumentou a ponto de eu nem perceber se estava nervoso como costumo ficar". Esses comentários foram apoiados por uma variedade de medidas. Ao contrário dos homens em uma condição de controle, aqueles que experimentaram as conversações relataram consideravelmente menos ansiedade relacionada a mulheres quando testados novamente uma semana e seis meses mais tarde. Colocados sozinhos em uma sala com uma mulher estranha atraente, eles também se tornaram muito mais propensos a iniciar uma conversa. Fora do laboratório, eles de fato começaram a namorar ocasionalmente.

Haemmerlie e Montgomery observam que não apenas tudo isso ocorreu sem qualquer aconselhamento, mas também pode ter muito bem ocorrido porque não houve aconselhamento. Tendo se comportado com sucesso sozinhos, os homens podiam agora perceber a si mesmos como socialmente competentes. "Nada tem tanto sucesso como o próprio sucesso", concluiu Haemmerlie (1987) – "contanto que não haja fatores externos presentes que o cliente possa usar como uma desculpa para aquele sucesso!".

Treinamento de habilidades sociais: quando pessoas tímidas e ansiosas observam, depois ensaiam e, então, tentam comportamentos mais assertivos em situações reais, suas habilidades sociais frequentemente melhoram.

TERAPIA DO ESTILO EXPLICATIVO

Os círculos viciosos que mantêm a depressão, a solidão e a timidez podem ser rompidos pelo treinamento de habilidades sociais, por experiências positivas que alterem as autopercepções e pela mudança dos padrões de pensamento negativos. Algumas pessoas têm boas habilidades sociais, mas suas experiências com família e amigos hipercríticos os convenceram do contrário. Para essas pessoas pode ser suficiente ajudá-las a reverter suas crenças negativas sobre si mesmas e seus futuros. Entre as terapias cognitivas com esse objetivo está uma terapia do estilo explanatório proposta por psicólogos sociais (Abramson, 1988; Gillham et al., 2000; Greenberg et al., 1992).

Um desses programas ensinou estudantes universitários deprimidos a mudar suas atribuições típicas. Mary Anne Layden (1982) primeiro explicou as vantagens de fazer atribuições mais como aquelas da pessoa não deprimida típica (aceitar o crédito pelo sucesso e ver como as circunstâncias podem fazer as coisas dar errado). Após atribuir uma variedade de tarefas, ela ajudou os estudantes a ver como eles tipicamente interpretavam sucesso e fracasso. Então veio a fase de tratamento: Layden instruiu-os a manter um diário de sucessos e fracassos diários, anotando como eles contribuíram para seus próprios sucessos e anotando as razões externas para seus fracassos. Quando testados novamente após um mês desse treinamento da atribuição e comparados a um grupo controle não tratado, sua autoestima tinha aumentado e seu estilo de atribuição tinha se tornado mais positivo. Quanto mais o estilo explicativo melhorava, mais a depressão diminuía. Ao mudar suas atribuições, eles tinham mudado suas emoções.

Manutenção da mudança por meio de atribuições internas para o sucesso

Dois dos princípios considerados até agora – que a mudança interna pode acompanhar mudança de comportamento e que mudar as autopercepções e as autoatribuições pode ajudar a romper um círculo vicioso – convergem para um princípio corolário: uma vez alcançada a melhora, ela perdura se as pessoas a atribuírem a fatores sob seu próprio controle em vez de a um programa de tratamento.

Via de regra, as técnicas coercivas desencadeiam as mudanças de comportamento mais drásticas e imediatas (Brehm & Smith, 1986). Tornando o comportamento indesejado extremamente oneroso ou embaraçoso e o comportamento mais saudável extremamente recompensador, um terapeuta pode alcançar resultados impressionantes. O problema, como 40 anos de pesquisa psicossocial nos lembram, é que mudanças forçadas no comportamento logo regridem.

Considere a experiência de Marta, que está preocupada com sua obesidade leve e frustrada por sua incapacidade de fazer algo a respeito. Marta está considerando diversos programas comerciais de controle do peso. Cada um deles alega que alcança os melhores resultados. Ela escolhe um, que determina uma dieta de 1.200 calorias por dia. Além disso, o programa requer que ela registre e relate sua ingestão de calorias todos os dias e, uma vez por semana, seja pesada, de modo que ela e seu instrutor possam saber precisamente como ela está indo. Confiante no valor do programa e não querendo se constranger, Marta adere ao proposto e fica encantada ao ver os quilos indesejados gradualmente desaparecendo.

Infelizmente, entretanto, após o término do programa, Marta experimenta o destino da maioria dos graduados no controle do peso (Jeffery et al., 2000): recupera o peso perdido. Na rua, ela vê seu instrutor se aproximando. Constrangida, atravessa a calçada e olha para o outro lado. Ai, ai! Ela é reconhecida pelo instrutor, que calorosamente a convida para voltar ao "programa". Admitindo que este alcançou bons resultados para ela da primeira vez, Marta reconhece sua necessidade dele e concorda em retornar, iniciando uma segunda rodada de dieta iô-iô.

A experiência de Marta exemplifica a dos participantes de diversas experiências de controle do peso, incluindo uma por Janet Sonne e Dean Janoff (1979). Metade dos participantes foi levada, como Marta, a atribuir sua mudança de comportamento alimentar ao programa. Os outros foram levados a creditar a seus próprios esforços. Ambos os grupos perderam peso durante o programa. Mas quando repesados 11 semanas mais tarde, aqueles na condição de autocontrole tinham mantido uma melhor perda de peso. Essas pessoas, como aquelas no estudo sobre homem tímido que encontra mulheres descrito anteriormente, ilustram os benefícios da autoeficácia. Tendo aprendido a enfrentar com sucesso e acreditado que conseguiram, elas se sentiram mais confiantes e foram mais efetivas.

Tendo enfatizado o que uma mudança de padrões de comportamento e pensamento pode realizar, é bom nos lembrarmos de seus limites. O treinamento de habilidades sociais e o pensamento positivo não podem nos transformar em vencedores consistentes que são amados e admirados por todos. Além disso, depressão, solidão e timidez temporárias são respostas perfeitamente adequadas a eventos profundamente ruins. É quando esses sentimentos existem de forma crônica e sem qualquer causa perceptível que há razão para preocupação e uma necessidade de mudar pensamentos e comportamentos autoderrotistas.

Uso da terapia como influência social

Cada vez mais os psicólogos aceitam a ideia de que a influência social – uma pessoa afetando outra – é a essência da terapia. Stanley Strong (1991) oferece um exemplo prototípico: uma mulher de seus 30 anos procura um terapeuta se queixando de depressão. O terapeuta gentilmente sonda seus sentimentos e sua situação. Ela explica sua desesperança e as exigências de seu marido. Embora admirando sua devoção, o terapeuta a ajuda a ver como ela assume a responsabilidade pelos problemas de seu marido. Ela protesta, mas o terapeuta persiste. Com o tempo, a paciente percebe que seu marido pode não ser tão frágil quanto ela presumia. Começa a ver como pode respeitar tanto seu marido quanto a si mesma. Junto com o terapeuta, planeja estratégias para cada nova semana. Ao final de uma longa corrente de influências recíprocas entre terapeuta e cliente, ela surge não mais deprimida e equipada com novas formas de comportamento.

As primeiras análises da influência da psicoterapia se focalizaram em como os terapeutas estabelecem uma expertise verossímil e digna de confiança e como sua credibilidade aumenta sua influência (Strong, 1968). Análises posteriores se focalizaram menos no terapeuta do que em como a interação afeta o pensamento do cliente (Cacioppo et al., 1991; McNeill & Stoltenbergm 1988; Neimeyer et al., 1991). Sinais periféricos, tal como a credibilidade do terapeuta, podem abrir as portas para ideias de que o terapeuta pode agora fazer o cliente pensar a respeito. Mas a via central ponderada para a persuasão fornece a mudança de atitude e comportamento mais duradoura. Os terapeutas, portanto, devem visar não extrair a concordância superficial de um cliente com seu parecer de especialista, mas mudar o próprio pensamento do cliente.

Martin Heesacker (1989) ilustra com o caso de Dave, um estudante de pós-graduação de 35 anos. Tendo percebido o que Dave negava – um problema de abuso de substância subjacente –, o conselheiro se baseou em seu conhecimento do paciente, uma pessoa intelectual que gostava de provas concretas, para persuadi-lo a aceitar o diagnóstico e a se juntar a um tratamento de grupo de apoio. O conselheiro disse: "Ok, se meu diagnóstico estiver errado, ficarei satisfeito em mudá-lo. Mas vamos repassar uma lista de características de um abusador de substância para verificar se estou correto". O conselheiro então repassou cada critério lentamente, dando a Dave tempo para pensar sobre cada ponto. Quando terminou, o estudante se recostou na cadeira e exclamou: "Eu não acredito: sou um maldito alcoolista".

Em seu Pensées de 1620, o filósofo Pascal previu este princípio: "as pessoas geralmente são mais convencidas por razões que elas mesmas descobrem do que por aquelas descobertas pelos outros". É um princípio que vale a pena lembrar.

Resumo: Quais são algumas abordagens psicossociais ao tratamento?

- Mudanças no comportamento externo podem desencadear mudança interna.
- Um ciclo autoderrotista de atitudes e comportamentos negativos pode ser rompido pelo treinamento do comportamento mais hábil, por experiências positivas que alteram as autopercepções e mudando padrões de pensamento negativos.
- A melhora dos estados são mantidas após o tratamento se as pessoas atribuírem sua melhora a fatores internos sob seu controle contínuo do que ao programa de tratamento em si.

- Os profissionais da saúde mental também estão reconhecendo que a mudança de atitudes e comportamentos dos clientes requer persuasão. Os terapeutas, auxiliados por sua imagem de comunicadores experientes, dignos de confiança, visam estimular o pensamento mais saudável oferecendo argumentos convincentes e levantando questões.

Como os relacionamentos sociais apoiam a saúde e o bem-estar?

Há outro tema importante na psicologia social do bem-estar mental e físico. Relacionamentos íntimos sustentadores – sentir-se amado, apoiado e encorajado por amigos íntimos e pela família – predizem tanto saúde como felicidade.

Nossos relacionamentos são carregados de estresse. "O inferno são os outros", escreveu Jean-Paul Sartre. Quando Peter Warr e Roy Payne (1982) perguntaram a uma amostra representativa de adultos britânicos o que, se houvesse, os tinha deixado emocionalmente tensos no dia anterior, "a família" foi a resposta mais frequente. Além disso, o estresse, como vimos, agrava problemas de saúde como doença cardíaca coronariana, hipertensão e supressão de nosso sistema imune.

Contudo, no cômputo geral, os relacionamentos íntimos contribuem menos para doença do que para saúde e felicidade. Perguntada sobre o que tinha proporcionado momentos de prazer no dia anterior, a mesma amostra britânica, por uma margem ainda maior, novamente respondeu "a família". Os relacionamentos íntimos provocam nossas maiores angústias, mas também nossas maiores alegrias.

Relacionamentos íntimos e saúde

Oito investigações extensivas, cada uma entrevistando milhares de pessoas durante vários anos, chegaram a uma conclusão comum: os relacionamentos íntimos predizem saúde (Berkman, 1995; Ryff & Singer, 2000). Os riscos para a saúde são maiores entre pessoas solitárias, que frequentemente experimentam mais estresse, dormem menos bem e cometem suicídio com maior frequência (Cacioppo & Patrick, 2008). Comparados àqueles que têm menos vínculos sociais, aqueles que têm relacionamentos íntimos com amigos, parentes ou outros membros de organizações religiosas ou comunitárias coesas são menos propensos a morrer prematuramente. Pessoas extrovertidas, afetuosas, orientadas ao relacionamento não apenas têm mais amigos, mas também são menos suscetíveis ao vírus da gripe que um experimentador injeta nelas (Fig. 14.6) (Cohen et al., 1997, 2003).

Pessoas casadas também tendem a ter vidas mais saudáveis e mais longas do que suas contrapartes não casadas. O National Center for Health Statistics (2004) relata que as pessoas, independentemente de idade, sexo, raça e renda, tendem a ser mais saudáveis se forem casadas. Os casados experimentam menos dor de cabeça e dor nas costas, sofrem menos estresse e bebem e fumam menos. Um experimento submeteu mulheres casadas à ameaça de choques elétricos no tornozelo enquanto deitadas em uma máquina de varredura cerebral por IRMf (Coan et al., 2006). Enquanto isso, algumas das mulheres seguravam a mão de seus maridos, algumas seguravam a mão de uma pessoa anônima e outras não seguravam nenhuma. Enquanto aguardavam os choques, as áreas de resposta à ameaça dos cérebros das mulheres eram menos ativas se elas segurassem a mão de seus maridos. Consistente com os achados de que são os casamentos felizes e sustentadores que conduzem à saúde (De Vogli et al., 2007), o benefício calmante de segurar a mão foi maior para aquelas que relatavam os casamentos mais felizes.

Dar apoio social também é importante. Em um estudo de cinco anos de 423 casais casados idosos, aqueles que davam mais apoio social (de caronas e recados para amigos e vizinhos a apoio emocional de seu cônjuge) desfrutavam de maior longevidade, mesmo após controle para idade, sexo, saúde inicial e situação econômica (Brown et al., 2003). Especialmente entre as mulheres, sugere um estudo finlandês que acompanhou as doenças de mais de 700 pessoas, é melhor dar do que apenas receber (Väänänen et al., 2005).

Além disso, perder os vínculos sociais aumenta o risco de doença.

- Um estudo finlandês de 96 mil pessoas recentemente viúvas relatou um risco de morte duplicado na semana após a morte de seu cônjuge (Kaprio et al., 1987).
- Um estudo da National Academy of Sciences revelou que pessoas recentemente viúvas se tornam mais vulneráveis a doença e morte (Dohrenwend et al., 1982).
- Um estudo de 30 mil homens revelou que, quando um casamento termina, os homens bebem e fumam mais e comem menos vegetais e mais frituras (Eng et al., 2001).

CONFIDÊNCIAS E SAÚDE

Portanto, há uma ligação entre apoio social e saúde. Por quê? Talvez aqueles que têm relacionamentos íntimos comam melhor, se exercitem mais e fumem e bebam menos. Talvez os amigos e a família ajudem a aumentar nossa autoestima. Talvez uma rede de apoio nos ajude a avaliar e superar eventos estressantes (Taylor et al., 1997). Em mais de 80 estudos, o apoio social foi associado com melhor funcionamento cardiovascular e dos sistemas imunes (Uchino et al., 1996). Portanto, quando sofremos com o desprezo de alguém ou pela perda de um emprego, o conselho, a ajuda e a reafirmação de um amigo podem na verdade ser um bom remédio (Cutrona, 1986; Rook, 1987). Mesmo quando o problema não é mencionado, os amigos nos proporcionam distração e um senso de que, aconteça o que acontecer, somos aceitos, amados e respeitados.

A alguém que consideramos um amigo íntimo, também podemos confiar sentimentos dolorosos. Em um estudo, James Pennebaker e Robin O'Heeron (1984) entraram em contato com os cônjuges sobrevi-

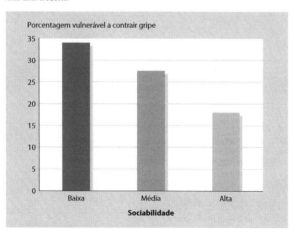

FIGURA 14.6
Taxa de resfriado por sociabilidade.
Após uma injeção de vírus da gripe, pessoas altamente sociáveis foram menos vulneráveis a contraí-la.
Fonte: Cohen et al., 2003.

ventes de vítimas de suicídio ou de acidentes de automóvel. Aqueles que suportaram sua dor sozinhos tinham mais problemas de saúde do que aqueles que a expressaram abertamente. Quando Pennebaker (1990) entrevistou mais de 700 mulheres universitárias, ele encontrou 1 em 12 relatando uma experiência sexual traumática na infância. Comparadas a mulheres que tinham experimentado traumas não sexuais, tais como morte ou divórcio dos pais, aquelas que sofreram abuso sexual relataram mais dores de cabeça, enfermidades do estômago e outros problemas de saúde, especialmente se tivessem mantido sua história de abuso em segredo.

> A amizade é um antídoto poderoso contra todas as calamidades.
> —SÊNECA, 5 A.C – 65 D.C.

Para isolar o lado confidente e confessional dos relacionamentos íntimos, Pennebaker pediu aos cônjuges enlutados para relatar os eventos perturbadores que tinham atormentado suas mentes. Aqueles a quem ele pediu primeiro para descrever um evento trivial ficaram fisicamente tensos. Eles permaneceram tensos até terem confidenciado seus problemas. Então relaxaram. Escrever sobre traumas pessoais em um diário também parece ajudar. Quando voluntários em outro experimento o fizeram, tiveram menos problemas de saúde durante os seis meses seguintes. Um participante explicou, "Embora eu não tenha conversado com ninguém sobre o que escrevi, finalmente fui capaz de lidar com o problema, de elaborar a dor em vez de tentar bloqueá-la. Agora não dói mais pensar nele". Mesmo se for apenas "conversar com meu diário", e mesmo se os escritos forem sobre os sonhos e as metas de vida futuros da pessoa, ele ajuda a ser capaz de confiar (Burton & King, 2008; King, 2001; Lyubomirsky et al., 2006).

Outros experimentos confirmam os benefícios de envolver-se com os outros em vez de reprimir experiências estressantes. Em um deles, Stephen Lepore e seus colegas (2000) apresentaram a estudantes uma série de fotos e um vídeo estressantes sobre o Holocausto e os fizeram falar sobre ele imediatamente após ou não. Dois dias depois, aqueles que tinham falado estavam experimentando menos estresse e menos pensamentos intrusivos.

POBREZA, DESIGUALDADE E SAÚDE

Vimos as conexões entre saúde e os sentimentos de controle que acompanham um estilo explicativo positivo e vimos as conexões entre saúde e apoio social. Os sentimentos de controle e apoio, junto com tratamento de saúde e fatores nutricionais, explicam por que a situação econômica está correlacionada à longevidade. Lembre-se do Capítulo 1 sobre o estudo de antigas sepulturas em Glasgow, Escócia: aquelas com os pilares mais caros e mais altos (indicando riqueza) tendiam a pertencer a pessoas que tinham vivido mais tempo (Carroll et al., 1994). Contudo, hoje, na Escócia, nos Estados Unidos e no Canadá, pessoas mais pobres correm um risco maior de morte prematura. Pobreza prediz morte. Riqueza prediz saúde.

A correlação entre pobreza e saúde precária pode ocorrer de qualquer forma. Saúde precária não é bom para a renda da pessoa. Mas as evidências indicam que a seta aponta da pobreza em direção a saúde precária (Sapolsky, 2005). Portanto, de que forma a pobreza afeta a saúde? A resposta inclui (a) acesso reduzido a tratamento de saúde de qualidade, (b) estilos de vida mais insalubres (o tabagismo é muito mais comum entre pessoas com menos educação e renda mais baixa) e, em um grau impressionante, (c) estresse aumentado. Ser pobre é estar em risco para estresse aumentado, emoções negativas e um ambiente tóxico (Adler & Snibbe, 2003; Chen, 2004; Gallo & Matthews, 2003). Ser pobre é ser com maior frequência privado do sono após trabalhar em um segundo emprego, receber contracheques que não cobrem as contas, viajar em transporte público lotado, viver em uma área de alta poluição e fazer trabalho pesado controlado por outra pessoa. Mesmo entre primatas, aqueles com o menor controle – na parte inferior da hierarquia social – são mais vulneráveis quando expostos a um vírus do tipo da gripe (Cohen et al., 1997).

A pobreza e seus estresses associados ajudam a explicar a expectativa de vida mais baixa das minorias menos favorecidas. Nos Estados Unidos, por exemplo, no nascimento, a pessoa branca média tem expectativa de vida de 78 anos; a pessoa negra média, 73 anos (CDC, 2005). A pobreza também ajuda a explicar uma correlação curiosa, mas frequentemente relatada entre inteligência e saúde. O pesquisador da Edimburgo University Ian Deary (2005) e seus colegas observaram essa correlação após se deparar com dados de um teste de inteligência administrado, em 1 de junho de 1932, a praticamente todos os escoceses nascidos em 1921. Quando pesquisaram os registros de óbitos da Escócia, eles verificaram, da mesma forma que pesquisadores em outros países a partir de então, que "você estar vivo para receber sua pensão de idoso depende em parte de seu QI aos 11 anos. Você simplesmente não pode manter um bom indicador baixo". Em parte, o fator de risco de inteligência baixa – que é aproximadamente equivalente ao de obesidade ou de pressão arterial alta, ele relata – deve-se ao fato de que pessoas com QI baixo têm menor probabilidade de parar de fumar após seus riscos se tornarem conhecidos e, portanto, maior probabilidade de morrer de câncer de pulmão. Estresses e falta de controle relacionados à pobreza também contribuem, observa.

Rico e saudável. Um artigo de 2008 da revista Scotsman ilustrou a impressionante disparidade na expectativa de vida no distrito de renda mais baixa de Calton, no extremo leste de Glasgow, e na rica Lenzie, distantes 8 Km.

As pessoas também morrem mais jovens em regiões com grande desigualdade de renda (Kawachi et al., 1999; Lynch et al., 1998; Marmot & Wilkinson, 1999). As pessoas na Grã-Bretanha e nos Estados Unidos têm disparidades de renda maiores e expectativas de vida mais baixas do que as pessoas no Japão e na Suécia. Nos lugares onde a desigualdade aumentou durante a década passada, como no Leste Europeu e na Rússia, a expectativa de vida tem ficado na extremidade baixa da gangorra.

Será a desigualdade meramente um indicador de pobreza? Evidências mistas indicam que a pobreza importa, mas a desigualdade também. John Lynch e colaboradores (1998, 2000) relatam que pessoas em cada nível de renda têm um risco maior de morte prematura se viverem em uma comunidade com grande desigualdade de renda. Não é simplesmente ser pobre, é também sentir-se pobre, em relação ao próprio ambiente, que se revela tóxico – e isso, sugere Robert Sapolsky (2005), ajuda a explicar por que os Estados Unidos, que têm a maior desigualdade de renda das nações ocidentalizadas, ao mesmo tempo ocupa o primeiro lugar no mundo em gastos com a saúde e está em 29º lugar em expectativa de vida.

Relacionamentos íntimos e felicidade

Confidenciar sentimentos dolorosos é bom não apenas para o corpo, mas também para a alma. Esta é a conclusão de estudos mostrando que as pessoas são mais felizes quando apoiadas por uma rede de amigos e familiares.

Alguns estudos, resumidos no Capítulo 2, comparam pessoas em uma cultura competitiva e individualista, tal como Estados Unidos, Canadá e Austrália, àquelas em culturas coletivistas, como Japão e muitos países em desenvolvimento. As culturas individualistas oferecem independência, privacidade e orgulho das realizações pessoais. As culturas coletivistas, com seus vínculos sociais mais estreitos, oferecem proteção contra solidão, alienação, divórcio e doenças relacionadas ao estresse.

AMIZADES E FELICIDADE

Outros estudos comparam indivíduos com poucos ou muitos relacionamentos íntimos. Estar ligado a amigos com quem podemos compartilhar pensamentos íntimos tem dois efeitos, observou o filósofo do século XVII Francis Bacon: "a amizade redobra as alegrias e reparte as penas em duas metades". É o que parece pelas respostas a uma pergunta feita a norte-americanos pelo National Opinion Research Center: "Recordando os últimos seis meses, quem são as pessoas com quem você discutiu assuntos importantes para você?". Comparados àqueles que puderam nomear cinco ou seis amigos íntimos, aqueles que não puderam nomear nenhum foram duas vezes mais propensos a relatar que "não eram muito felizes".

Outros achados confirmam a importância das redes sociais. Ao longo da vida, as amizades alimentam a autoestima e o bem-estar (Hartup & Stevens, 1997). Por exemplo,

- Os estudantes universitários mais felizes são aqueles que se sentem satisfeitos com sua vida amorosa (Emmons et al., 1983).
- Aqueles que têm relacionamentos íntimos lidam melhor com uma variedade de estresses, incluindo luto, estupro, perda de emprego e doença (Abbey & Andrews, 1985; Perlman & Rook, 1987).
- Entre 800 ex-alunos das faculdades Hobart e William Smith pesquisados por Wesley Perkins, aqueles que preferiam ter amigos muito próximos e um casamento fechado a ter uma renda alta e sucesso e prestígio profissional eram duas vezes mais propensos que seus ex-colegas a se descrever como "relativamente" ou "muito" felizes (Perkins, 1991). Diante das perguntas "O que é necessário para sua felicidade?" ou "O que torna sua vida significativa?", a maioria das pessoas mencionou – antes de qualquer outra coisa – relacionamentos íntimos satisfatórios com a família, os amigos ou os parceiros românticos (Berscheid, 1985; Berscheid & Peplau, 1983). A felicidade nos contempla de perto.

Ai do que estiver só; pois, caindo, não haverá outro que o levante.
—ECLESIASTES 4:10B

Nada há melhor debaixo do sol do que uma família que ri à volta da mesa.
—C. S. LEWIS, "PESO DE GLÓRIA," 1949

UNIÃO CONJUGAL E FELICIDADE

Para mais de 9 em 10 pessoas no mundo inteiro, um exemplo eventual de um relacionamento íntimo tem sido o casamento. O casamento se correlaciona positivamente com felicidade? Ou há mais felicidade na busca constante do prazer da vida de solteiro do que na "escravidão", nas "amarras" e no "jugo" do casamento?

Uma montanha de dados revela que a maioria das pessoas é mais feliz comprometida do que disponível. Diversas pesquisas com dezenas de milhares de europeus e norte-americanos produziram um resultado consistente: comparadas a solteiras ou viúvas, e especialmente comparadas a divorciadas ou separadas, as pessoas casadas relatam ser mais felizes e mais satisfeitas com a vida (Gove et al., 1990; Inglehart, 1990). Em levantamentos representativos de 46 mil norte-americanos a partir de 1972, por exemplo, 23% de adultos que nunca se casaram, mas 40% de adultos casados, relataram estar "muito felizes". Essa ligação casamento-felicidade ocorre em todos os grupos étnicos (Parker et al., 1995). Casais de lésbicas, também, relatam maior bem-estar do que pessoas que estão sozinhas (Peplau & Fingerhut, 2007). Esta é apenas uma ilustração do que a psicóloga social Bella DePaulo (2006) documenta: há múltiplas formas de satisfazer a necessidade humana de pertencer. Contudo, há poucos preditores mais fortes de felicidade do que a companhia íntima, carinhosa, imparcial e duradoura de um melhor amigo.

O casamento, como tão frequentemente se supõe, está mais fortemente associado com a felicidade dos homens do que com a das mulheres? Dada a maior contribuição das mulheres para o trabalho doméstico e a criação dos filhos, podemos esperar que sim. A diferença de felicidade de casados *versus* nunca casados, entretanto, é apenas ligeiramente maior entre homens do que entre mulheres. Em pesquisas europeias e em uma compilação estatística de 93 outros estudos, a lacuna de felicidade conjugal é praticamente idêntica para homens e mulheres (Inglehart, 1990; Wood et al., 1989). Embora um casamento ruim seja frequentemente mais depressivo para uma mulher do que para um homem, o mito de que mulheres solteiras são mais felizes do que mulheres casadas pode ser desmentido. Em todo o mundo ocidental, as pessoas casadas de ambos os sexos relatam mais felicidade do que aquelas que nunca casaram, que são divorciadas ou são separadas.

Mais importante do que ser casado, entretanto, é a qualidade do matrimônio. Pessoas que dizem que seus casamentos são satisfatórios – que ainda se acham apaixonadas por seus(suas) companheiros(as) – raramente relatam ser infelizes, descontentes com a vida ou deprimidas. Felizmente, a maioria das pessoas casadas declaram que seus casamentos são felizes. Nos levantamentos do National Opinion Research Center, quase dois terços dizem que seus casamentos são "muito felizes". Três em cada quatro dizem que seus cônjuges são seus melhores amigos. Quatro em cada cinco pessoas dizem que casariam com a mesma pessoa de novo. Consequentemente, a maioria dessas pessoas se sente bastante feliz com a vida em geral.

Por que as pessoas casadas em geral são mais felizes? O casamento promove a felicidade ou é o contrário – a felicidade promove o casamento? As pessoas felizes são mais atraentes como parceiras de casamento? As pessoas deprimidas mais frequentemente permanecem solteiras ou se divorciam (Fig. 14.7)? Certamente, é mais agradável estar com pessoas felizes. Elas são mais extrovertidas, confiáveis, compassivas e focadas nos outros (Myers, 1993). Pessoas infelizes, como observamos, são mais frequentemente rejeitadas do ponto de vista social. A depressão com frequência desencadeia estresse conjugal, que aprofunda a depressão (Davila et al., 1997). Portanto, pessoas positivas e felizes formam mais facilmente relacionamentos felizes.

O casamento aumenta a felicidade por pelo menos duas razões. Primeiro, pessoas casadas são mais propensas a ter um relacionamento duradouro, apoiador, íntimo e menos propensas a sofrer de solidão. Não admira que estudantes de medicina do sexo masculino em um estudo do Robert Coombs da UCLA concluíam o curso com menos estresse e ansiedade se fossem casados (Coombs, 1991). Um bom casamento dá a cada um dos parceiros uma companhia segura, um amante, um amigo.

Há uma segunda razão, mais prosaica, de por que o casamento promove a felicidade ou pelo menos alivia o nosso sofrimento. O casamento oferece os papéis de cônjuge e pais, que podem proporcionar fontes adicionais de autoestima (Crosby, 1987). É verdade que múltiplos papéis podem multiplicar o estresse. Nossos circuitos podem e se sobrecarregam. Contudo, cada papel também oferece recompensas, posição, caminhos de enriqueci-

FIGURA 14.7
Estado civil e depressão.
Um levantamento de transtornos psicológicos pelo National Institute of Mental Health encontrou taxas de depressão duas a quatro vezes maior para adultos não casados.
Fonte: dados de Robins e Regier, 1991, p. 72.

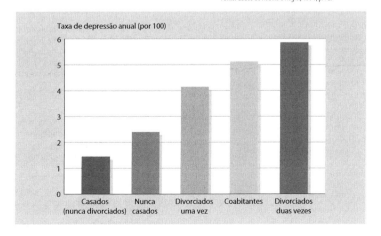

mento e fuga do estresse enfrentado em outras partes de nossa vida. Um *self* com muitas identidades é como uma mansão com muitos aposentos. Quando o fogo tomou conta de uma ala do Castelo de Windsor, restou ainda a maior parte do castelo para a família real e os turistas desfrutarem. Quando nossa identidade pessoal se apoia em diversas pernas, ela, também, mantém-se de pé sob a perda de qualquer uma. Se eu fizer besteira no trabalho, bem, posso dizer a mim mesmo que ainda sou um bom marido e pai e, no final das contas, essas partes de mim são o que mais importa.

Resumo: Como os relacionamentos sociais apoiam a saúde e o bem-estar?

- A saúde e a felicidade são influenciadas não apenas pela cognição social, mas também por relações sociais. Pessoas que têm relacionamentos íntimos e apoiadores correm menos risco de doença e morte prematura. Esses relacionamentos ajudam as pessoas a lidar com o estresse, especialmente permitindo que confidenciem suas emoções íntimas.
- Os relacionamentos íntimos também promovem a felicidade. Pessoas que têm vínculos estreitos, de longo prazo, com amigos e membros da família lidam melhor com a perda e relatam maior felicidade. Comparados a adultos não casados, aqueles que são casados, por exemplo, são muito mais propensos a relatar serem muito felizes e correm menos risco de depressão. Isso parece se dever tanto ao maior sucesso social das pessoas felizes como ao bem-estar gerado por uma companhia de vida apoiadora.

PÓS-ESCRITO: Aumentar a felicidade

Há vários anos escrevi um livro, *The pursue of happiness*, que relatou achados fundamentais de novos estudos de pesquisa sobre felicidade. Quando os editores decidiram dar ao livro o subtítulo de "O que faz as pessoas felizes?", eu os adverti: essa não é uma pergunta que este ou qualquer outro livro possa responder. O que aprendemos é simplesmente o que se correlaciona com – e portanto prediz – felicidade. Portanto, o subtítulo revisado do livro foi "Quem é feliz – e por quê?".

Não obstante, em 400 entrevistas subsequentes para a mídia sobre a felicidade, a pergunta mais frequente foi "O que as pessoas podem fazer para ser felizes?". Sem reivindicar qualquer fórmula fácil para saúde e felicidade, reuni 10 questões baseadas na pesquisa para considerar:

1. *Compreenda que a felicidade duradoura não vem do sucesso*. As pessoas se adaptam às mudanças da vida – mesmo à riqueza ou a uma inabilidade física. Portanto, a riqueza é como a saúde: sua total ausência gera sofrimento, mas tê-la (ou a qualquer circunstância que desejemos) não garante felicidade.
2. *Tenha controle sobre seu tempo*. Pessoas felizes se sentem no controle de suas vidas, assim como têm domínio de seu uso do tempo. Um bom começo é definir seus objetivos e dividi-los em pequenas metas diárias. Embora frequentemente superestimemos o quanto somos capazes de realizar em um dia (o que nos deixa frustrados), nós em geral subestimamos o quanto podemos realizar em um ano, se considerarmos apenas um pequeno progresso por dia.
3. *Aja de maneira feliz*. Podemos às vezes nos conduzir a um estado de consciência desejado. Quando fazem uma expressão sorridente, as pessoas costumam se sentir melhor. Quando elas agem com felicidade para o mundo, o mundo parece retribuir. Então faça uma cara feliz. Fale com os outros como se sua autoestima estivesse ótima, como se você fosse otimista e extrovertido. Fingir estar sentindo emoções pode provocar essas emoções de verdade.
4. *Procure um trabalho e passatempos que aproveitem suas habilidades*. Pessoas felizes frequentemente estão em um estado de consciência chamado "fluxo" – absorvidas em uma tarefa que as desafie sem oprimi-las. As formas mais caras de lazer (passear em um iate) em geral produzem menos experiência de fluxo do que fazer jardinagem, socializar ou fazer artesanato.
5. *Junte-se ao movimento "Movimento"*. Cada vez mais pesquisas revelam que o exercício aeróbico não produz apenas saúde e energia, ele também é um antídoto para depressão e ansiedade. A mente é um reflexo do corpo.
6. *Dê ao seu corpo o descanso que ele deseja*. Pessoas felizes vivem de maneira ativa e vigorosa, contudo reservam tempo para ficar consigo mesmas e para um sono renovador. Muitas pessoas sofrem de déficit de sono e, como resultado, se sentem fatigadas, menos atentas e com mau humor.
7. *Dê prioridade às relações mais próximas*. Amizades íntimas com aqueles que se preocupam realmente conosco pode nos ajudar a lidar com tempos difíceis. Fazer confidências é bom para o corpo e para a alma. Cuide de seus relacionamentos íntimos: seja gentil, afirme seu carinho, façam atividades juntos, compartilhe sua vida. Para rejuvenescer seus afetos, você pode começar *agindo* amorosamente.

8. *Enxergue além de si mesmo*. Ajude quem está precisando. A felicidade aumenta a disposição para ajudar os outros. (Quem se sente bem tem vontade de fazer o bem). Mas fazer o bem também ajuda a nos sentirmos bem.
9. *Crie um "diário de gratidão"*. Aqueles que fazem uma pausa diariamente para refletir sobre algum aspecto positivo de suas vidas (sua saúde, amigos, família, liberdade, educação, sentidos, ambiente natural) experimentam um aumento no bem-estar.
10. *Desenvolva seu lado espiritual*. Para muitas pessoas, a fé proporciona suporte comunitário, uma razão para enxergar além de si e um sentido de propósito e esperança. Estudos demonstram que pessoas que participam de atividades religiosas são mais felizes e lidam melhor com as crises.

Conexão social

Neste capítulo discutimos o humor e os transtornos do humor. De que forma passar o tempo sozinho afeta nosso humor? E o pensamento negativo é que causa uma depressão ou ele é um de seus efeitos? Assista aos vídeos para este livro no Centro de Aprendizagem *On-line* (www.mhhe.com/myers10e) e considere essas questões.

CAPÍTULO 15

Psicologia Social no Tribunal

> "Um tribunal é um campo de batalha onde advogados competem pelas mentes dos jurados."
>
> —James Randi, 1999

Foi o caso criminal com maior divulgação na história da humanidade: o herói do futebol, ator e comentarista O. J. Simpson fora acusado de assassinar brutalmente sua ex-mulher e seu companheiro. As evidências eram convincentes, argumentou a acusação. O comportamento de Simpson se ajustava a um antigo padrão de abuso da esposa e ameaças de violência. Os testes sanguíneos confirmaram que seu sangue estava na cena do crime e o sangue de sua vítima estava em sua luva, em seu carro e mesmo em uma meia encontrada em seu quarto. Sua viagem na noite do crime e a forma como ele fugiu quando a prisão era iminente constituiam, segundo os promotores, indicadores adicionais de sua culpa.

Quão confiável é o testemunho ocular?

Quais outros fatores influenciam a decisão dos jurados?

O que influencia o jurado individualmente?

Como as influências do grupo afetam os júris?

Pós-escrito: Pensar de forma inteligente com a ciência psicológica

Os advogados de defesa de Simpson responderam que o preconceito racial pode ter motivado o policial que supostamente encontrou a luva ensanguentada na propriedade do réu. Além disso, disseram eles, Simpson poderia não receber um julgamento justo. Seriam os jurados – 10 dos quais eram mulheres – simpáticos a um homem acusado de ter abusado de uma mulher e a assassinado? E qual era a probabilidade de que os jurados atendessem às instruções do juiz para ignorar a publicidade preconceituosa antecedendo o julgamento?

O caso levantou outras questões que foram examinadas em experimentos psicossociais:

- Não havia testemunhas oculares desse crime. Qual é a influência do depoimento da testemunha ocular? O quão confiáveis são as recordações de uma testemunha ocular? O que torna uma testemunha digna de confiança?
- Simpson era bonito, rico, famoso e amplamente admirado. Os jurados podem ignorar, como deveriam, a atratividade e a posição social de um réu?
- O quanto os jurados compreendem informações importantes, como probabilidades estatísticas envolvidas em testes sanguíneos de DNA?
- O júri no caso criminal era composto principalmente de mulheres e negros, mas também incluía dois homens, um hispânico e dois brancos não hispânicos. No seguimento do processo civil, no qual Simpson foi processado por danos, o júri tinha nove brancos. As características dos jurados influenciam seus veredictos? Nesse caso, os advogados podem usar o processo de seleção do júri para montar um júri a seu favor?
- Em casos como esse, um júri de 12 membros delibera antes de dar um veredicto? Durante a deliberação, como os jurados influenciam uns aos outros? Uma minoria pode convencer a maioria? Júris de 12 membros chegam à mesma decisão que júris de 6 membros?

Essas questões fascinam advogados, juízes e réus e são perguntas para as quais a psicologia social pode sugerir respostas, como as faculdades de direito reconheceram ao contratar professores de "lei e ciência social" e como os advogados reconheceram quando contrataram consultores psicológicos.

Podemos pensar em um tribunal como um mundo social em miniatura, um mundo que amplia os processos sociais cotidianos com consequências importantes para os envolvidos. Em casos criminais, os fatores psicológicos podem influenciar decisões envolvendo prisão, interrogatório, acusação, acordos, sentença e liberdade condicional. Quer um caso receba ou não um veredicto do júri, as dinâmicas sociais do tribunal importam. Consideremos, portanto, dois conjuntos de fatores que foram muito pesquisados: (1) *depoimento de testemunha ocular* e sua influência sobre os julgamentos de um réu; e (2) características dos *jurados* como indivíduos e como um grupo.

Quão confiável é o testemunho ocular?

Enquanto o drama do tribunal se desenrola, os jurados ouvem depoimentos, formam impressões do réu, escutam as instruções do juiz e apresentam um veredicto. Examinemos esses passos um de cada vez, começando com o depoimento da testemunha ocular.

Embora sem nunca ter tido problemas com a lei, Kirk Bloodsworth foi condenado pelo ataque sexual e assassinato de uma menina de 9 anos após cinco testemunhas oculares o terem identificado em seu julgamento. Durante seus dois anos no corredor da morte e sete anos mais sob uma sentença de prisão perpétua, ele sustentou sua inocência. O teste de DNA provou que não era seu o sêmen encontrado na roupa íntima da menina. Libertado da prisão, ele ainda viveu sob uma nuvem de dúvidas até 2003, 19 anos após sua sentença de morte, quando o teste de DNA identificou o verdadeiro assassino (Wells et al., 2006).

Poder de persuasão das testemunhas oculares

No Capítulo 3, observamos que histórias vívidas e testemunhos pessoais podem ser poderosamente persuasivos, com frequência mais do que informações convincentes, mas abstratas. Não há melhor maneira de terminar uma discussão do que dizer: "Eu vi com meus próprios olhos!".

"O que você é—algum tipo de aberração da justiça?"

©The New Yorker Collection, 1996, Danny Shanahan, do cartoonbank.com. Todos os direitos reservados.

"O resultado foi que minha bateria de advogados não foi páreo para a bateria de testemunhas oculares deles."

© The New Yorker Collection, 1984, Joseph Mirachi, de cartoonbank.com. Todos os direitos reservados.

A pesquisadora da memória Elizabeth Loftus (1974, 1979) verificou que aqueles que "viram" eram de fato acreditados, mesmo quando seu testemunho era comprovadamente inútil. Quando foi apresentado a estudantes um caso hipotético de latrocínio com evidência circunstancial, mas sem testemunha ocular, apenas 18% votou pela condenação. Outros estudantes receberam a mesma informação, mas com o acréscimo de uma única testemunha ocular. Agora, sabendo que alguém tinha declarado "Foi ele!", 72% votou pela condenação. Para um terceiro grupo, o advogado de defesa desacreditou o depoimento (a testemunha tinha 20/400 de visão e não estava usando óculos). Aquele descrédito reduziu o efeito do testemunho? Neste caso, não muito: 68% ainda votou pela condenação.

Experimentos posteriores revelaram que o descrédito pode reduzir um pouco o número de votos de culpado (Whitley, 1987). Mas, a menos que contestado por outra testemunha ocular, o relato vívido de uma testemunha ocular é difícil de apagar das mentes dos jurados (Leippe, 1985). Isso ajuda a explicar por que, comparados a casos criminais sem testemunha ocular (como o caso de O.J.), aqueles que têm uma testemunha ocular (como o caso de Bloodsworth) têm maior probabilidade de produzir condenações (Visher, 1987).

Os jurados não podem identificar testemunho equivocado? Para descobrir, Gary Wells, R. C. L. Lindsay e seus colegas encenaram centenas de roubos de uma calculadora com testemunhas oculares na University of Alberta. Posteriormente, eles pediram a cada testemunha ocular para identificar o culpado a partir de uma fileira de fotos. Outras pessoas, atuando como jurados, observavam as testemunhas oculares sendo interrogadas e então avaliavam seu testemunho. Os jurados acreditaram com menos frequência nas testemunhas oculares incorretas do que naquelas que estavam corretas? Por coincidência, os jurados acreditaram tanto nas testemunhas oculares corretas quanto nas incorretas 80% das vezes (Wells et al., 1979). Isso levou os pesquisadores a especular que "observadores humanos não têm absolutamente nenhuma capacidade de diferenciar testemunhas oculares que identificaram por engano uma pessoa inocente" (Wells et al., 1980).

Em um experimento de acompanhamento, Lindsay, Wells e Carolyn Rumpel (1981) encenaram o roubo sob condições que às vezes permitiam às testemunhas um boa olhada do ladrão e às vezes não. Os jurados acreditaram nas testemunhas mais quando as condições eram boas. Mas mesmo quando as condições eram tão precárias que dois terços das testemunhas tinham na verdade identificado erroneamente uma pessoa inocente, em geral 62% dos jurados ainda acreditava nas testemunhas.

Wells e Michael Leippe (1981) verificaram que os jurados são mais céticos em relação às testemunhas testemunhas oculares cuja memória de detalhes triviais é fraca – embora essas tendam a ser as testemunhas mais *precisas*. Os jurados acreditam que uma testemunha que pode lembrar que havia três quadros pendurados na parede deve ter "realmente prestado atenção" (Bell & Loftus, 1988, 1989). Na verdade, aqueles que prestam atenção a detalhes do ambiente são *menos* propensos a prestar atenção ao rosto do culpado.

O poder de persuasão de três testemunhas oculares mandaram para a prisão o morador de Chicago James Newsome, que nunca tinha sido preso, com uma sentença perpétua por supostamente matar a tiros o dono de uma mercearia. Quinze anos mais tarde ele foi libertado, após a tecnologia de impressão digital revelar que o verdadeiro culpado era Dennis Emerson, um criminoso de carreira que era 7cm mais alto e tinha cabelos mais longos (*Chicago Tribune*, 2002).

Quando os olhos enganam

O depoimento de uma testemunha ocular é frequentemente incorreto? Há muitas histórias de pessoas inocentes que passaram anos na prisão devido ao depoimento de testemunhas oculares que estavam sinceramente erradas (Brandon & Davies, 1973; Doyle, 2005; Wells et al., 2006). Setenta anos atrás, o professor de direito de Yale Edwin Borchard (1932) documentou 65 condenações de pessoas cuja inocência foi posteriormente comprovada (e que foram libertados após receber clemência ou ser absolvidas após um novo julgamento). A maioria resultou de identificações equivocadas, e algumas foram salvas da execução em cima da hora. Nos tempos modernos, entre as primeiras 130 condenações revogadas por evidência do DNA, 78% era condenações injustas influenciadas por testemunhas oculares equivocadas (Stambor, 2006). Outra análise estimou que 0,5% das 1,5 milhões de condenações criminais a cada ano nos Estados Unidos estão erradas, sendo aproximadamente 4.500 dessas 7.500 condenações injustas baseadas em identificação errônea (Cutler & Penrod, 1995).

Para avaliar a precisão das lembranças da testemunha ocular, precisamos conhecer suas taxas globais de erros e acertos. Uma forma de os pesquisadores obterem tal informação é encenar crimes comparáveis a delitos reais e então solicitar os relatos de testemunhas oculares.

O inocente James Newsom (esquerda), identificado por engano por testemunhas oculares, e o verdadeiro culpado (direita).

Durante o século passado, isso foi feito muitas vezes na Europa e em outros países, às vezes com resultados desconcertantes (Sporer, 2008). P. ex., na California State University, em Hayward, 141 estudantes testemunharam um "assalto" a um professor. Sete semanas mais tarde, quando Robert Buckhout (1974) pediu-lhes para identificarem o assaltante de um grupo de seis fotografias, 60% escolheu uma pessoa inocente. Não admira que testemunhas oculares de crimes reais às vezes discordem sobre o que viram. Estudos posteriores confirmaram que testemunhas oculares frequentemente são mais confiantes do que corretas. P. ex., Brian Bornstein e Douglas Zickafoose (1999) verificaram que estudantes se sentiam, em média, 74% seguros de suas lembranças posteriores de um visitante à sala de aula, mas eram apenas 55% corretos.

Três estudos de reconhecimento ao vivo na Inglaterra e no País de Gales mostram extraordinária consistência. Aproximadamente 40% das testemunhas identificaram o suspeito. Outros 40% não fizeram uma identificação. Ademais, a despeito de terem sido advertidas de que a pessoa que elas testemunharam poderia não estar na fila de suspeitos, 20% fez uma identificação errônea (Valentine et al., 2003).

Naturalmente, algumas testemunhas são mais confiantes do que outras. Wells e colaboradores (2002, 2006) relatam que são as testemunhas confiantes que os jurados consideram mais acreditáveis. A menos que sua credibilidade seja arruinada por um erro óbvio, as testemunhas confiantes parecem mais verossímeis (Tenney et al., 2007). Nas condenações revogadas por evidência de DNA, as testemunhas oculares se revelaram persuasivas devido a sua grande, mas equivocada, confiança em suas identificações do perpetrador. Portanto, é desconcertante que a menos que as condições sejam muito favoráveis, como quando o culpado tem uma aparência muito característica, a certeza da testemunha frequentemente tem apenas uma modesta relação com sua exatidão. Contudo, algumas pessoas – estejam certas ou erradas – se expressam habitualmente de forma mais afirmativa. E isso, diz Michael Leippe (1994), explica por que testemunhas oculares equivocadas são persuasivas com tanta frequência.

Esse achado certamente seria uma surpresa para os membros da Suprema Corte dos Estados Unidos de 1972. Em um julgamento que estabeleceu a posição do sistema judiciário dos norte-americano em relação a identificações de testemunhas oculares, a Corte, percebemos agora, cometeu um erro crasso. Ela declarou que entre os fatores a serem considerados na determinação da exatidão está "o nível de certeza demonstrado pela testemunha" (Wells & Murray, 1983).

Os erros se esgueiram em nossas percepções e em nossas memórias porque nossas mentes não são máquinas fotográficas. Muitos erros são bastante compreensíveis, como revelado por experimentos de "cegueira para mudança" nos quais as pessoas não conseguem detectar que uma pessoa inocente entrando em uma cena difere de outra pessoa saindo da cena (Davis et al., 2008). As pessoas são muito boas em reconhecer um rosto retratado quando mais tarde é mostrado o mesmo retrato ao lado de um novo rosto. Mas Vicki Bruce (1998), pesquisadora de rostos da University of Stirling, ficou surpresa ao descobrir que "a visão humana tem dificuldade para lidar com diferenças sutis nas perspectivas, nas expressões ou na iluminação". Construímos nossas memórias baseados em parte no que percebemos no momento e em parte em nossas expectativas, crenças e conhecimento atual (Figs. 15.1 e 15.2).

As fortes emoções que acompanham o testemunho de crimes e traumas podem corromper ainda mais as memórias de testemunhas oculares. Em um experimento, visitantes usaram monitores de batimentos cardíacos enquanto estavam dentro do Labirinto dos Horrores do Calabouço de Londres. Aqueles exibindo a maior emoção posteriormente cometeram mais erros na identificação de alguém que eles tinham encontrado (Valentine & Mesout, 2009).

Charles Morgan e sua equipe de colegas de Yale e psicólogos militares (2004) documentaram o efeito do estresse sobre a memória com mais de 500 soldados em cursos de sobrevivência – falsos prisioneiros de campos de guerra que estavam treinando os soldados a suportar a privação de alimento e sono, combinado com interrogatório intenso e confrontativo, resultando em uma alta taxa cardíaca e um fluxo de hormônios do estresse. Um dia após a libertação do campo, quando solicitou-se que os participantes identificassem seus interrogadores intimidantes de uma fileira de 15 pessoas, apenas 30% pode fazê-lo, embora 62% pude lembrar um interrogador de baixo estresse. Portanto, concluíram os pesquisadores, "contrário à concepção popular de que a maioria das pessoas nunca esquecerá o rosto visto com clareza de um indivíduo que as confrontou fisicamente e as ameaçou por mais de 30 minutos, [muitas] foram incapazes de identificar de modo correto seu perpetrador". Como ilustrado em "Em Foco: Testemunho ocular", corremos maior risco de falsa lembrança feita com alta confiança com rostos de outra raça (Brigham et al., 2006; Meissner et al., 2005).

> Certeza não é o teste de segurança.
> —OLIVER WENDELL HOLMES, COLLECTED LEGAL PAPERS

A lembrança de detalhes de testemunhas oculares é às vezes impressionante. Quando John Yuille e Judith Cutshall (1986) estudaram os relatos de um assassinato no meio da tarde em uma rua movimentada de Burnaby, Columbia Britânica, verificaram que a lembrança das testemunhas oculares para detalhes era 80% correta.

Lembre-se do Capítulo 9 o "viés da própria raça" – a tendência a reconhecer mais precisamente rostos de nossa própria raça.

FIGURA 15.1
Às vezes é crer para ver.
As expectativas culturais afetam a percepção, a lembrança e o relato. Em um experimento de 1947 sobre transmissão de boatos, Gordon Allport e Leo Postman mostraram a pessoas essa figura de um homem branco segurando uma navalha e então os instruíram a contar para uma segunda pessoa sobre ela, que então contou para uma terceira pessoa, e assim por diante. Após seis relatos, a navalha na mão do homem branco geralmente mudava para a do homem negro.
Fonte: Allport, G. W. e L. Postman, figura de *The Psychology of Rumor* por Gordon W. Allport e Leo Postman, *copyright* © 1947 e renovado em 1975 pelo Espólio de Gordon Allport. Ilustração *copyright* © Graphic Presentation Services. Reimpressa com permissão de Robert Allport.

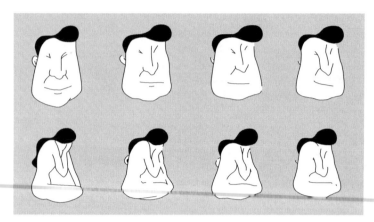

FIGURA 15.2
As expectativas afetam a percepção.
O desenho na extrema direita é um rosto ou uma figura?
Fonte: Fisher, 1968, adaptada por Loftus, 1979b. Desenho por Anne Canevari Green.

efeito de informação errada
Incorporar "informação errada" à memória do evento após testemunhar um evento e receber informação enganadora sobre ele.

Efeito da informação errada

Elizabeth Loftus e colaboradores (1978) forneceram uma demonstração dramática da construção da memória. Eles mostraram a estudantes da University of Washington 30 *slides* descrevendo estágios sucessivos de um acidente entre automóvel e pedestre. Um *slide* crítico mostrava um Datsun vermelho parado em um sinal de pare ou em um sinal de preferencial. Posteriormente, eles perguntaram a metade dos estudantes, entre outras coisas, se outro carro havia ultrapassado o Datsun vermelho enquanto ele estava parado no sinal de pare. Eles fizeram à outra metade a mesma pergunta, mas com as palavras "sinal de pare" substituídas por "sinal de preferencial". Mais tarde, todos viram ambos os *slides* da Figura 15.3 e se lembraram qual tinham visto anteriormente. Aqueles a quem foi feita a pergunta consistente com o que tinham visto foram 75% corretos. Daqueles a quem foi feita previamente a pergunta enganadora, apenas 41% foram corretos; com mais frequência, eles negaram ter visto o que realmente tinham observado e, em vez disso, "lembravam" da figura que nunca tinham visto!

Em outros estudos desse **efeito da informação errada**, Loftus (1979a, 2001) verificou que após perguntas sugestivas, as testemunhas podem acreditar que um farol vermelho estava na verdade verde ou que um ladrão tinha um bigode quando não tinha. Ao interrogar testemunhas, a polícia e os advogados comumente fazem perguntas estruturadas por seu próprio entendimento do que aconteceu. Portanto, é perturbador descobrir com que facilidade as testemunhas incorporam informação enganadora em suas memórias, especialmente quando elas acreditam que o interrogador está bem informado e quando perguntas sugestivas são repetidas (Smith & Ellsworth, 1987; Zaragoza & Mitchell, 1996).

Também é perturbador perceber que memórias falsas dão impressão e parecem memórias reais. Elas podem ser tão persuasivas quanto memórias reais – convincentemente sinceras, contudo sinceramente erradas. Isso é verdadeiro em crianças pequenas (que são especialmente suscetíveis a informação errada), bem como em adultos. Stephen Ceci e Maggie Bruck (1993a, 1993b, 1995) demonstraram a sugestionabilidade das crianças dizendo a elas, uma vez por semana, durante 10 semanas, "reflita profundamente e me diga se isso já aconteceu a você". P. ex., "Você se lembra de ter ido ao hospital com uma ratoeira presa em seu dedo?". Notavelmente, quando entrevistada posteriormente por um novo adulto e feita a mesma pergunta, 58% das crianças em idade pré-escolar produziram histórias falsas e frequentemente detalhadas sobre o evento fictício. Um menino explicou que seu irmão o tinha empurrado sobre uma pilha de lenha no porão, onde seu dedo ficou preso na ratoeira. "E então nós fomos para o hospital, e minha mãe, meu pai e Colin me levaram lá, para o hospital, em nossa caminhonete, porque era muito longe. E o médico colocou um curativo neste dedo."

Dadas essas histórias vívidas, os psicólogos foram muitas vezes enganados. Eles não podiam separar com segurança memórias reais de memórias falsas – nem poderiam as crianças. Informadas de que o incidente na verdade nunca havia ocorrido, algumas protestaram. "Mas realmente aconteceu. Eu me lembro!" Para Bruck e Ceci (1999, 2004), esses achados levantam a possibilidade de acusações falsas, como nos alegados casos de abuso sexual da criança em que as memórias das crianças podem ter sido contaminadas por interrogatório sugestivo repetido e em que não há evidência confirmatória. Dadas perguntas de entrevista sugestivas, Bruck e Ceci relatam, a maioria das crianças em idade pré-escolar e muitas crianças mais velhas produzirão relatos falsos, tais como ver um ladrão roubar comida em sua creche.

Mesmo entre estudantes universitários norte-americanos e britânicos, imaginar acontecimentos da infância, tal como quebrar uma janela com a mão ou uma enfermeira retirar uma amostra de pele, levou um quarto a acreditar que o acontecimento imaginado realmente aconteceu (Garry et al., 1996; Mazzoni & Memom, 2003). Esse "exagero de imaginação" acontece em parte porque visualizar alguma coisa ativa áreas semelhantes no cérebro como se a pessoa na verdade a estivesse vivenciando (Gonsalves et al., 2004).

Recontar

Recontar acontecimentos compromete as pessoas com suas recordações, corretas ou não. Uma repetição precisa da história as ajuda mais tarde a resistir a sugestões enganadoras (Bregman & McAllister, 1982). Outras vezes, quanto mais repetimos uma história, mais nos convencemos de uma mentira. Wells, Ferguson e Lindsay (1981) demonstraram isso fazendo testemunhas oculares de um roubo encenado repetirem suas respostas a perguntas antes de assumir o papel de testemunha. Isso aumentou a confiança daquelas que estavam erradas e, portanto, torna os jurados que ouviram seu falso testemunho mais propensos a condenar a pessoa inocente.

EM FOCO: Testemunho ocular

Em 1984, eu era uma estudante universitário de 22 anos com um GPA perfeito e um futuro brilhante. Em uma noite escura, alguém invadiu meu apartamento, colocou uma faca no meu pescoço e me estuprou.

Durante minha provação, eu estava determinada que se, pela graça de Deus, eu sobrevivesse, eu iria garantir que meu estuprador fosse capturado e punido. Minha mente rapidamente se separou do meu corpo e começou a registrar cada detalhe do meu agressor. Estudei cuidadosamente seu rosto: anotando seu tipo de cabelo, sua sobrancelha, seu queixo. Escutei com atenção sua voz, sua maneira de falar, suas palavras. Procurei cicatrizes, tatuagens, qualquer coisa que me ajudasse a identificá-lo. Então, após o que me pareceu uma eternidade, e em um breve momento em que meu estuprador baixou a guarda, eu fugi do meu apartamento de madrugada enrolada apenas em um cobertor. Eu tinha sobrevivido.

Mais tarde naquele dia eu iniciei o meticuloso processo de tentar levar meu agressor à justiça. Durante horas me sentei com um artista da polícia e olhei meticulosamente arquivos repletos de centenas de narizes, olhos, sobrancelhas, tipo de cabelo, narinas e lábios – revivendo o ataque repetidamente nos mínimos detalhes que juntos compuseram seu retrato falado. No dia seguinte o jornal publicou a imagem do meu estuprador na primeira página. Houve uma denúncia. O caso tinha seu primeiro suspeito. Vários dias depois me sentei diante de uma série de fotografias e apontei meu agressor. Eu o reconheci. Eu sabia que era aquele homem. Eu estava absolutamente confiante. Eu tinha certeza.

Quando o caso foi a julgamento seis meses mais tarde, eu subi ao banco de testemunhas, coloquei minha mão sobre a Bíblia, e jurei "dizer a verdade e nada além da verdade". Com base em meu testemunho ocular, Ronald Junior Cotton foi condenado à prisão perpétua. Ronald Cotton nunca mais veria a luz do dia. Ronald Cotton nunca mais estupraria outra mulher.

Jennifer Thompson conversa com Ronald Cotton após sua libertação.

Durante a audiência de um novo julgamento, em 1987, a defesa apresentou outro prisioneiro, Bobby Poole, que tinha se gabado de ter me estuprado. No tribunal, ele negou o fato. Quando perguntada se havia visto este homem algum dia, eu enfaticamente respondi que nunca o tinha visto antes em minha vida. Uma outra vítima concordou. Ronald Cotton foi condenado novamente a duas sentenças de prisão perpétua sem chance de liberdade condicional.

Em 1995, 11 anos após eu ter identificado Ronald Cotton como meu estuprador, me perguntaram se eu consentiria em dar uma amostra sanguínea, de modo que testes de DNA pudessem ser feitos como evidência do estupro. Eu concordei porque sabia que Ronald Cotton tinha me estuprado e que o DNA apenas iria confirmar. Aquele teste colocaria um fim a quaisquer futuros recursos em favor de Cotton.

Nunca esquecerei o dia que fiquei sabendo os resultados do teste de DNA. Eu estava de pé em minha cozinha quando o detetive e o promotor me disseram: "Ronald Cotton não a estuprou. Foi Bobby Poole". As palavras deles me atingiram como um raio. O homem que eu estava convencida que nunca havia visto antes em minha vida era o homem que segurou uma faca na minha garganta, que me feriu, que me estuprou, que esmagou o meu espírito, que roubou minha alma. O homem que eu reconhecera como tendo feito todas aquelas coisas e cujo rosto continuava a me assombrar à noite era inocente.

Ronald Cotton foi libertado da prisão após cumprir 11 anos, tornando-se o primeiro criminoso condenado na Carolina do Norte a ser inocentado por meio do teste de DNA. Bobby Poole, cumprindo uma sentença de prisão perpétua por outros crimes e morrendo de câncer, confessou os estupros sem remorso.

Ronald Cotton e eu agora compartilhamos alguma coisa no crime brutal que nos colocou um contra o outro durante anos – éramos ambos vítimas. Meu papel em sua condenação, contudo, me encheu de culpa e vergonha. Nós tínhamos a mesma idade, portanto eu sabia o que ele tinha perdido durante aqueles 11 anos na prisão. Eu tinha tido a oportunidade de me mudar e esquecer. De me formar na universidade. De encontrar confiança e amor no casamento. De encontrar autoconfiança no trabalho. De encontrar a esperança de um futuro brilhante na dádiva de meus lindos filhos. Ronald Cotton, por sua vez, passou aqueles anos sozinho defendendo-se da violência que pontuou sua vida na prisão.

Algum tempo depois da libertação de Ronald Cotton, solicitei um encontro por meio de nossos advogados, de modo que eu pudesse dizer que sentia muito e pedir seu perdão. No final, Ron e eu finalmente encontramos total liberdade no perdão. Sempre olharei para trás agora por meio de nossa improvável amizade, agradecendo a Deus que no caso da confusão de identidade de Ron, eu não tenha morrido em erro.

Jennifer Thompson,
Carolina do Norte, EUA

No Capítulo 4 observamos que frequentemente ajustamos o que dizemos para agradar nossos interlocutores. Além disso, ao fazê-lo, passamos a acreditar na mensagem alterada. Imagine testemunhar uma discussão que irrompe em uma briga na qual uma pessoa fere a outra. Posteriormente, a parte lesada abre um processo. Antes do julgamento, um advogado insinuante de uma das duas partes o entrevista. Você poderia ajustar ligeiramente seu testemunho, dando uma versão da briga que apoie o cliente desse advogado? Se você o fez, suas lembranças posteriores no tribunal poderiam ter a mesma inclinação?

Blair Sheppard e Neil Vidmar (1980) relatam que a resposta a ambas as perguntas é sim. Na University of Western Ontario, eles fizeram alguns estudantes servirem de testemunhas de uma briga e outros de advogados e juízes. Quando entrevistadas pelos advogados do réu, as testemunhas posteriormente deram o depoimento que era mais favorável ao réu. Em um experimento de acompanhamento, Vidmar e Nancy Laird (1983) observaram que as testemunhas não omitiram fatos importantes de seu depoimento; elas apenas mudaram seu tom de voz e a escolha das palavras dependendo de se elas pensassem que eram testemunhas de defesa ou de acusação. Mesmo isso foi suficiente para

FIGURA 15.3
O efeito da informação errada.
Quando mostrada uma dessas duas figuras e então feita uma pergunta sugerindo o sinal da outra foto, a maioria das pessoas posteriormente "lembrou" ter visto o sinal que na verdade nunca tinha visto.
Fonte: De Loftus, Miller e Burns, 1978. Fotos cortesia de Elizabeth Loftus.

As testemunhas deveriam fazer um juramento mais realista: "'Jura dizer a verdade, somente a verdade, ou tudo o que você acha que se lembra?"
—ELIZABETH F. LOFTUS, "MEMORY IN CANADIAN COURTS OF LAW", 2003

influenciar as impressões daqueles que ouviam o depoimento. Portanto, não são apenas perguntas sugestivas que podem distorcer as lembranças de testemunhas oculares, mas também suas próprias recontagens da história, que podem ser ajustadas sutilmente para agradar sua plateia.

Reduzir o erro

Dadas essas tendências de propensão a erros, quais passos construtivos podem ser dados para aumentar a precisão de testemunhas oculares e de jurados? A ex-procuradora geral dos Estados Unidos, Janet Reno, se fez essa pergunta, como tinha feito a Comissão de Reforma da Lei do Canadá uma década antes, e convidou Gary Wells para compartilhar sugestões. Posteriormente, o Departamento de Justiça convocou um painel de pesquisadores, advogados e policiais para implementar *Eyewitness evidence: a guide for law enforcement* (Technical Working Group, 1999; Wells et al., 2000). Suas sugestões correspondem a muitas daquelas de uma recente revisão canadense de procedimentos de identificação de testemunhas oculares (Yarmey, 2003a). Elas incluem formas de (a) treinar policiais entrevistadores e (b) administrar filas de suspeitos. Isso apoia uma "ciência forense da mente". Ela busca preservar mais do que contaminar o aspecto da memória da testemunha ocular da cena do crime.

TREINAR POLICIAIS ENTREVISTADORES

Quando Ronald Fisher e colaboradores (1987, 1989) examinaram entrevistas gravadas de testemunhas oculares conduzidas por detetives da polícia da Flórida experientes, eles encontraram um padrão típico. Após um início em aberto ("Conte-me o que você lembra"), os detetives ocasionalmente interrompiam com perguntas complementares, incluindo perguntas induzindo respostas diretas ("Qual era a altura dele?").

O guia *Eyewitness evidence* instrui os entrevistadores a iniciar permitindo que as testemunhas oculares ofereçam suas próprias lembranças não estimuladas. As lembranças serão mais completas se o entrevistador estimular a memória primeiro orientando a pessoa a reconstruir o cenário. Fazendo-as visualizar a cena e o que estavam pensando e sentindo no momento. Mesmo mostrar figuras do cenário – de, digamos, a caixa da loja com uma balconista de pé onde foi assaltada – pode promover uma lembrança precisa (Cutler & Penrod, 1988). Após dar às testemunhas oculares tempo suficiente sem interrupção para relatarem tudo o que vem à mente, o entrevistador então estimula a memória delas com perguntas evocativas ("Havia alguma coisa peculiar na voz da pessoa? Havia alguma coisa peculiar na aparência ou nas roupas da pessoa?").

Quando Fisher e colaboradores (1989, 1994) treinaram detetives para interrogar dessa forma, a informação que eles extraíram das testemunhas aumentou 50% sem aumentar a taxa de falsa memória. Um resumo estatístico posterior de 42 estudos confirmou que essa "entrevista cognitiva" aumenta substancialmente os detalhes lembrados, sem perda na precisão (Kohnken et al., 1999). Em resposta a esses resultados, mais agências policiais na América do Norte e todas elas na Inglaterra e País de Gales adotaram o procedimento de entrevista cognitiva (Geiselman, 1996; Kebbell et al., 1999). O FBI inclui agora o procedimento em seu programa de treinamento (Bower, 1997). (O procedimento também é promissor para aumentar a taxa de informações obtida em histórias orais e pesquisas médicas.)

Os entrevistadores em missões de reconhecimento de memória devem ter o cuidado de manter suas perguntas livres de premissas ocultas. Loftus e Guido Zanni (1975) verificaram que perguntas como "Você viu o farol quebrado"? ativou duas vezes mais "memórias" de eventos inexistentes do que perguntas sem a premissa oculta: "Você viu um farol quebrado?".

Inundar testemunhas com uma quantidade de retratos de rostos também reduz a precisão na posterior identificação do culpado (Brigham & Cairns, 1988). Erros são especialmente prováveis quando a testemunha tem de parar, pensar e comparar rostos de modo analítico. Testemunhas que ajudam a fazer um retrato falado posteriormente têm mais dificuldade para identificar o rosto verdadeiro em uma fileira de suspeitos (Wells et al., 2005). Descrever verbalmente o rosto de um ladrão também pre-

EXAME DA PESQUISA: *Feedback* para as testemunhas

Testemunha ocular de um crime diante de uma fileira de suspeitos: "Oh, meu Deus... Eu não sei... É um daqueles dois... mas eu não sei..., Oh, meu... o cara é um pouco mais alto que o número dois... É um daqueles dois, mas eu não sei...".

Meses depois no julgamento: "Você teve certeza de que era o número dois? Não foi o um talvez?"

Resposta da testemunha: "Não houve nenhum talvez... Eu fui absolutamente positiva."

(Missouri vs. Hutching, 1994, relatado por Wells & Bradfield, 1998)

O que explica a testemunha ter esquecido sua incerteza original? Gary Wells e Amy Bradfield (1998, 1999) se perguntaram isso. As pesquisas demonstraram que a confiança da pessoa ganha um impulso de (a) saber que outra testemunha apontou a mesma pessoa, (b) ser feita a mesma pergunta repetidamente e (c) preparar-se para o interrogatório (Lüüs & Wells, 1994; Shaw, 1996; Wells et al., 1981). Poderia o *feedback* do entrevistador sobre a fileira de suspeitos influenciar não apenas a confiança, mas também as lembranças de confiança prévia ("Eu sabia o tempo todo")?

Para descobrir, Wells e Bradfield conduziram dois experimentos nos quais 352 estudantes da Iowa State University assistiram a um vídeo desfocado de uma câmera de segurança de um homem entrando em uma loja. Momentos mais tarde, longe da câmera, ele mata um guarda de segurança. Os estudantes então viram a foto distribuída do caso criminal real, mas não a foto do atirador, e foram solicitados a identificá-lo. Todos os 352 estudantes fizeram uma falsa identificação, após a qual o experimentador ofereceu um *feedback* confirmatório ("Muito bem. Você identificou o verdadeiro suspeito"), um *feedback* desconfirmatório ("Na verdade, o suspeito era o número ___") ou nenhum *feedback*. Finalmente, foi feita a todos a pergunta: "No momento em que você identificou a pessoa na foto distribuída, quanta certeza você tinha de que a pessoa que você identificou pelas fotos era o atirador que você viu no vídeo?" (de 1, nenhuma certeza, a 7, certeza absoluta).

O experimento produziu dois resultados surpreendentes: primeiro, o efeito do comentário casual do experimentador foi enorme. Na condição de *feedback* confirmatório, 58% das testemunhas oculares avaliaram sua certeza como 6 ou 7 quando fazendo seus julgamentos iniciais – 4 vezes mais que os 14% que disseram o mesmo na condição sem *feedback* e 11 vezes mais que os 5% na condição desconfirmatória. Não deveríamos ficar surpresos que a confiança pós-*feedback* das testemunhas aumentasse com o *feedback* confirmatório, mas aquelas eram suas lembranças do quanto elas se sentiam confiantes *antes* de receberem qualquer *feedback*.

Não era óbvio para os participantes que seus julgamentos tinham sido afetados, visto que o segundo achado bastante surpreendente é que quando perguntados se o *feedback* tinha influenciado suas respostas, 58% disseram que não. Além disso, enquanto grupo, aqueles que não se sentiram influenciados foram influenciados tanto quanto aqueles que disseram que foram (Fig. 15.4).

Esse fenômeno – confiança aumentada da testemunha após *feedback* de apoio – é suficientemente grande e sólido, entre muitos estudos, para ganhar nome: o *efeito de feedback pós-identificação* (Douglass & Steblay, 2006; Jones et al., 2008; Wright & Skagerberg, 2007). É compreensível que testemunhas oculares sejam curiosas sobre a precisão de suas lembranças e que os interrogadores quisessem satisfazer suas curiosidades ("você identificou o verdadeiro suspeito"). Mas o possível efeito posterior da confiança exagerada da testemunha ocular aponta a necessidade de manter os interrogadores cegos (ignorantes) de qual pessoa é a suspeita.

A incapacidade das testemunhas oculares de avaliar o efeito de *feedback* pós-identificação indica uma lição que é mais profunda que a pesquisa do júri. Mais uma vez vemos por que necessitamos da pesquisa psicossocial. Conforme os psicólogos sociais verificaram com tanta frequência – lembre-se dos experimentos de obediência de Milgram –, simplesmente perguntar às pessoas como elas agiriam, ou perguntar o que explica suas ações, às vezes nos dá respostas erradas. Benjamin Franklin estava certo: "Há três coisas extremamente duras, o aço, o diamante e o conhecimento de nós próprios". É por essa razão que necessitamos não apenas fazer pesquisas que peçam às pessoas para explicar a si mesmas, mas também experimentos nos quais vejamos o que elas realmente fazem.

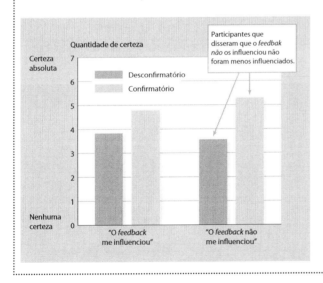

FIGURA 15.4
Certeza lembrada de identificação falsa de testemunhas oculares após receber *feedback* confirmatório ou desconfirmatório (Experimento 2).
Note que os participantes que disseram que o *feedback* não os influenciou não foram menos influenciados.
Fonte: dados de Wells e Bradfield, 1998.

---

judica o posterior reconhecimento dele a partir de fotografias. Alguns pesquisadores acham que esse "ofuscamento verbal" ocorre porque a nossa memória para rostos concilia a descrição verbal; outros acreditam que a descrição baseada na palavra substitui a percepção inconsciente ou a torna inacessível (Fallshore & Schooler, 1995; Meissner et al., 2001; Schooler, 2002).

A identificação precisa tende a ser automática e sem esforço. O rosto certo simplesmente aparece (Dunning & Stern, 1994). Em estudos realizados por David Dunning e Scott Perretta (2002), testemunhas oculares que fazem suas identificações em menos de 10 a 12 segundos estavam quase 90% corretas; aquelas que levavam mais tempo estavam apenas aproximadamente 50% corretas. Embora outros estudos contestem uma regra pura de 10 a 12 segundos, eles confirmam que identificações mais rápidas são geralmente mais precisas (Weber et al., 2004). P. ex., quando Tim Valentine e colaboradores (2003) analisaram 640 visualizações de testemunhas de fileiras de suspeitos da polícia de Londres, eles também verificaram que quase 9 em 10 identificações "rápidas" eram do verdadeiro

"É ele! Aquele é o cara!... Eu reconheceria aquele chapeuzinho idiota em qualquer lugar!"

Justiça na fileira? Do ponto de vista do suspeito, uma fileira é justa, observam John Brigham, David Ready e Stacy Spier (1990), quando "os demais são razoavelmente semelhantes ao suspeito na aparência geral".

suspeito, contra com menos de 4 em 10 identificações mais lentas. Testemunhas mais jovens, e aquelas que tinham visto o culpado por mais de 1 minuto, também foram mais precisas do que testemunhas mais velhas e aquelas que tiveram uma exposição de menos de 1 minuto.

MINIMIZAR IDENTIFICAÇÕES FALSAS DE SUSPEITOS

O caso de Ron Shatford ilustra como a composição de uma fileira de suspeitos pode promover identificações erradas (Doob & Kirshenbaum, 1973). Após um roubo a uma loja de departamentos no subúrbio de Toronto, o caixa envolvido podia lembrar apenas que o culpado não estava usando gravata e estava "vestido com muito bom gosto e era bastante bonito". Quando a polícia colocou o bonito Shatford em um alinhamento de suspeitos com 11 homens pouco atraentes, todos os quais usavam gravatas, o caixa facilmente identificou-o como o culpado. Apenas após ele ter cumprido 15 meses de uma longa sentença é que outra pessoa confessou o crime, permitindo que Shatford fosse libertado e considerado inocente.

Gary Wells (1984, 2005, 2008) e o guia *Eyewitness evidence* relatam que uma forma de reduzir as identificações erradas é lembrar às testemunhas que a pessoa que eles viram pode ou não estar na fileira de suspeitos. Alternativamente, dar às testemunhas uma fileira de suspeitos "em branco" que não contenha suspeitos e filtrar aqueles que fazem identificações falsas. Aqueles que não cometem tais erros acabam sendo mais precisos quando posteriormente ficam diante da fileira de suspeitos real.

Dezenas de estudos na Europa, América do Norte, Austrália e África do Sul mostram que os erros também diminuem quando as testemunhas simplesmente fazem julgamentos individuais de sim ou não em resposta a uma *sequência* de pessoas (Lindsay & Wells, 1985; Meissner et al., 2005; Steblay et al., 2001). Uma fileira de suspeitos simultânea instiga as pessoas a escolher o indivíduo que, entre os membros do alinhamento, mais lembre o culpado. (Quando os suspeitos não são da mesma raça, as testemunhas podem escolher alguém da raça do culpado, especialmente quando é uma raça diferente da sua própria [Wells & Olson, 2001]). Com uma "fileira de suspeitos sequencial", as testemunhas comparam cada pessoa com sua memória do culpado e tomam uma decisão absoluta – corresponde ou não corresponde (Gronlund, 2004a, 2004b).

Embora procedimentos como o teste duplo-cego sejam comuns na ciência da psicologia, eles ainda são pouco comuns em procedimentos criminais (Wells & Olson, 2003). Mas a vez deles pode estar chegando. O promotor geral de Nova Jersey determinou testes cegos em todo o estado (para evitar influência de testemunhas a suspeitos) e fileiras sequenciais (para minimizar a simples comparação de pessoas e a escolha da pessoa que mais se parece com a que elas viram cometer um crime) (Kolata & Peterson, 2001; Wells et al., 2002). A polícia também poderia usar um novo procedimento testado por Sean Pryke, Rod Lindsay e colaboradores (2004). Eles convidaram estudantes a identificar um visitante anterior à sala de aula em fileiras múltiplas que apresentavam separadamente amostras de rosto, corpo e voz. Seus achados: uma testemunha que identificou consistentemente o mesmo suspeito – pelo rosto, pelo corpo e pela voz – foi quase sempre uma testemunha ocular precisa.

EDUCAR OS JURADOS

Os jurados avaliam o depoimento de testemunhas oculares racionalmente? Eles entendem como as circunstâncias de uma fileira determinam sua confiabilidade? Eles sabem se devem ou não levar em consideração a autoconfiança de uma testemunha ocular? Eles entendem como a memória pode ser influenciada – por perguntas enganadoras anteriores, por estresse no momento do incidente, pelo intervalo entre o evento e o interrogatório, por se o suspeito é da mesma raça ou de uma raça diferente, por se a lembrança de outros detalhes é nítida ou nebulosa? Estudos realizados no Canadá, na Grã-Bretanha e nos Estados Unidos revelam que os jurados não avaliam totalmente a maioria desses fatores, todos os quais são conhecidos por influenciar o depoimento da testemunha ocular (Cutler et al., 1988; Devenport et al., 2002; Noon & Hollin, 1987; Wells & Turtle, 1987; Yarmey, 2003a, 2003b).

Para educar os jurados, os especialistas são agora frequentemente solicitados (via de regra por advogados de defesa) a testemunhar sobre o depoimento de uma testemunha ocular. O objetivo é oferecer aos jurados o tipo de informação sobre a qual você está lendo para ajudá-los a avaliar o depoimento de testemunhas de acusação, bem como de defesa. A Tabela 15.1, baseada em um levantamen-

TABELA 15.1 Influências no depoimento da testemunha ocular

Fenômeno	Concordância dos especialistas em testemunha ocular*	Concordância dos jurados*
Formulação da pergunta. O depoimento de uma testemunha ocular sobre um evento pode ser afetado pela forma como as perguntas são formuladas.	98%	85%
Instruções da fileira. As instruções da polícia podem afetar a disposição de uma testemunha de fazer uma identificação.	98%	41%
Maleabilidade da confiança. A confiança de uma testemunha ocular pode ser influenciada por fatores que não estão relacionados com a precisão da identificação.	95%	50%
Viés induzido por retratos. A exposição a retratos de um suspeito aumenta a probabilidade de que a testemunha posteriormente escolha aquele suspeito em uma fileira.	95%	59%
Informação pós-evento. O depoimento de testemunhas oculares sobre um evento frequentemente reflete não apenas o que elas de fato viram, mas também a informação que elas obtiveram posteriormente.	94%	60%
Atitudes e expectativas. A percepção e a memória de uma testemunha ocular de um evento podem ser afetadas por suas atitudes e expectativas.	92%	81%
Viés de cruzamento de raça. Testemunhas oculares são mais precisas quando estão identificando membros de sua própria raça do que de outras.	90%	47%
Precisão versus *confiança.* A confiança de uma testemunha ocular não é um bom prognosticador da precisão de sua identificação.	87%	38%

* Este fenômeno é suficientemente confiável para os psicólogos apresentarem-no no depoimento no tribunal.

Fonte: especialistas de S. M. Kassin, V. A. Tubb, H. M. Hosch e A. Memon (2001). Jurados de T. R. Benton, D. F. Ross, E. Bradshaw, W. N. Thomas e G. S. Bradshaw (2006).

to de 64 pesquisadores sobre o depoimento de testemunhas oculares, lista alguns dos fenômenos com os quais a maioria concorda. Uma pesquisa de acompanhamento comparou as percepções deles com as de 11 jurados pesquisados no Tennessee.

Quando informados das condições sob as quais os relatos das testemunhas são de confiança, os jurados se tornam mais exigentes (Cutler et al., 1989; Devenport et al., 2002; Wells, 1986). Além disso, advogados e juízes estão reconhecendo a importância de alguns desses fatores ao decidir quando solicitar ou permitir supressão de evidência obtida da fileira (Stinson et al., 1997).

Resumo: Quão confiável é o testemunho ocular

- Em centenas de experimentos, os psicólogos sociais verificaram que a precisão do depoimento da testemunha ocular pode ser prejudicada por uma série de fatores envolvendo as formas como as pessoas constroem julgamentos e memórias.
- Algumas testemunhas oculares se expressam de forma mais positiva do que outras. A testemunha positiva tem maior probabilidade de ser acreditada, embora a positividade seja na verdade um traço da testemunha que não reflete a certeza da informação.
- O olho humano não é uma câmera de vídeo; ele é vulnerável a variações na luz e no ângulo, bem como a outras mudanças que prejudicam o reconhecimento de um rosto.
- Quando informações falsas são dadas para uma testemunha, o efeito da informação errada pode resultar na crença de que a informação falsa é verdadeira.
- Quando a sequência de eventos em um crime é relatada repetidamente, erros podem surgir e ser adotados pela testemunha como parte do relato verdadeiro.
- Para reduzir esses erros, os entrevistadores são aconselhados a deixar a testemunha contar o que lembra sem interrupção e a encorajar a testemunha a visualizar a cena do incidente e o estado emocional em que a testemunha estava quando o incidente ocorreu.
- Educar os jurados sobre as armadilhas do depoimento da testemunha ocular pode melhorar a forma como o depoimento é recebido e, em última análise, a precisão do veredicto.

Quais outros fatores influenciam a decisão dos jurados?

A atratividade do réu e sua semelhança com os jurados tendem a influenciá-los? Com que fidelidade os jurados seguem as instruções dos juízes?

Características do réu

De acordo com o famoso advogado Clarence Darrow (1933), os jurados raramente condenam uma pessoa de quem eles gostam ou absolvem uma de quem não gostam. Ele afirmou que a principal tarefa do advogado de defesa é fazer um júri gostar do réu. Ele estava certo? E é verdade, como também disse Darrow, que "os fatos relativos ao crime são relativamente insignificantes"?

"E então eu pergunto ao júri – aquele é o rosto de um assassino em massa?"

Outras coisas sendo iguais, as pessoas com frequência julgam réus fisicamente atraentes com mais clemência.

Darrow superestimava o caso. Um estudo clássico de mais de 3.500 casos criminais e 4 mil casos civis revelou que quatro em cinco vezes o juiz concordava com a decisão do júri (Kalven & Zeisel, 1966). Embora ambos possam estar errados, a evidência geralmente é tão clara que os jurados podem deixar de lado seus preconceitos, concentrar-se nos fatos e concordar com um veredicto (Saks & Hastie, 1978; Visher, 1987). Os fatos importam.

Contudo, quando os jurados são solicitados a fazer julgamentos sociais – no caso de esse réu ter cometido *esse* crime intencionalmente – os fatos não são tudo o que importa. Como observamos no Capítulo 7, os comunicadores são mais persuasivos se parecerem verossímeis e atraentes. Os jurados não podem ajudar a formar impressões do réu. Eles conseguem deixar de lado essas impressões e decidir o caso baseado apenas nos fatos?

A julgar pelo tratamento mais clemente muitas vezes recebido por réus de alta posição (McGillis, 1979), o preconceito persiste. Mas os casos reais variam em tantos aspectos – no tipo de crime, na posição, idade, gênero e raça do réu – que é difícil isolar os fatores que influenciam os jurados. Portanto, os experimentadores têm controlado esses fatores dando a jurados simulados os mesmos fatos básicos de um caso enquanto variam, digamos, a atratividade do réu ou sua semelhança com os jurados.

ATRATIVIDADE FÍSICA

No Capítulo 11, observamos um estereótipo de atratividade física: pessoas bonitas parecem pessoas boas. Michael Efran (1974) imaginou se aquele estereótipo influenciaria os julgamentos de estudantes de alguém acusado de fraude. Ele perguntou a alguns de seus alunos da University of Toronto se a atratividade deve afetar a presunção de culpa. Eles responderam: "Não, não deve". Mas afetou? Sim. Quando Efran deu a outros estudantes uma descrição do caso com uma fotografia de um réu atraente ou não atraente, eles julgaram o mais atraente menos culpado e condenaram aquela pessoa a uma pena menor.

Outros experimentadores confirmaram que quando a evidência é escassa ou ambígua, a justiça não é cega para a aparência de um réu (Mazzella & Feingold, 1994). Como uma provável jurada colocou o fato de O. J. Simpson ser "um gato" provavelmente não prejudicou o seu caso. Diane Berry e Leslie Zebrowitz-McArthur (1988) descobriram isso quando pediram que pessoas julgassem a culpa de réus com rostos de bebês e com rostos maduros. Os adultos com rosto de bebê (pessoas com olhos grandes e redondos e queixos pequenos) pareciam mais inocentes e foram considerados culpados com mais frequência por crimes de mera negligência, mas com menor frequência por atos criminosos intencionais. Se condenadas, as pessoas pouco atraentes também são consideradas mais perigosas, especialmente se forem criminosos sexuais (Esses & Webster, 1988).

Em um experimento gigantesco conduzido com a Televisão BBC, Richard Wiseman (1988) mostrou a espectadores evidências sobre um assalto, com apenas uma variação. Alguns espectadores viram o réu interpretado por um ator que se encaixava em um painel de 100 pessoas consideradas um estereótipo do criminoso – pouco atraente, nariz arqueado, olhos pequenos. Entre 64 mil pessoas que telefonaram e deram seu veredicto, 41% julgaram o réu culpado. Os espectadores britânicos em outro local viram um réu atraente, com rosto de bebê e grandes olhos azuis. Apenas 31% o consideraram culpado.

Para ver se esses achados se estendem para o mundo real, Chris Downs e Phillip Lyons (1992) pediram a policiais que avaliassem a atratividade física de 1.742 réus que compareceram perante 40 juízes do Texas em casos de contravenção. Se a contravenção fosse séria (como falsificação), moderada (como assédio) ou menor (como intoxicação em público), os juízes estabeleciam fianças e multas mais altas para réus menos atraentes (Fig. 15.5). O que explica esse efeito dramático? Uma pessoa pouco atraente também tem um *status* mais baixo? Elas são de fato mais propensas a fugir ou a cometer outro crime, como os juízes talvez suponham? Ou os juízes simplesmente ignoram o conselho do estadista romano Cícero: "o dever supremo do sábio e seu interesse maior é resistir às aparências".

SEMELHANÇA COM OS JURADOS

Se Clarence Darrow estava parcialmente certo em sua declaração de que gostar ou não gostar de um réu colore os julgamentos, então outros

FIGURA 15.5
Atratividade e julgamentos legais.
Juízes da Costa do Golfo do Texas estabelecem fianças e multas mais altas para réus menos atraentes.
Fonte: dados de Downs e Lyons, 1991.

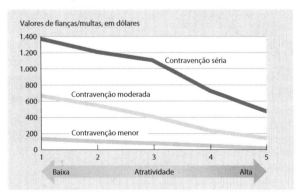

fatores que influenciam a simpatia também devem importar. Entre essas influências está o princípio, observado no Capítulo 11, de que a semelhança leva à simpatia. Quando pessoas fingem ser jurados, elas são de fato mais simpáticas a um réu que compartilha de suas atitudes, religião, raça ou (em casos de agressão sexual) gênero (Selby et al., 1977; Towson & Zanna, 1983; Ugwuegbu, 1979). O viés racial do jurado é geralmente pequeno, mas os jurados exibem alguma tendência a tratar grupos raciais diferentes do seu de modo menos favorável (Mitchell et al., 2005).

Alguns exemplos:

- Paul Amato (1979) fez estudantes Australianos lerem evidências relativas a uma pessoa de direita ou de esquerda acusada de um assalto motivado por questões políticas. Os estudantes julgaram menos culpado quando as visões políticas do réu eram semelhantes as suas.
- Quando Cookie Stephan e Walter Stephan (1986) pediram a pessoas de língua inglesa para julgar alguém acusado de agressão, elas foram mais propensas a considerar a pessoa inocente se o testemunho do réu fosse em inglês, do que se fosse traduzido do espanhol ou do chinês.
- Quando a raça de um réu se encaixa em um estereótipo de crime – digamos, um réu branco acusado de desfalque ou um réu negro acusado de furto de automóvel –, jurados simulados oferecem mais veredictos negativos e punições (Jones & Kaplan, 2003; Mazzella & Feingold, 1994). Brancos que defendem visões não preconceituosas são mais propensos a demonstrar viés racial em julgamentos nos quais questões raciais não são gritantes (Sommers & Ellsworth, 2000, 2001).

"Você se parece com este desenho de alguém que está pensando em cometer um crime."

© The New Yorker Collection, 2000, Danny Shanahan, de cartoonbank.com. Todos os direitos reservados.

Em casos capitais reais, relata Craig Haney (1991), dados "mostram que os negros são excessivamente punidos enquanto réus ou desvalorizados enquanto vítimas ou ambos". Uma análise de 80 mil condenações criminais durante 1992 e 1993 revelou que os juízes federais dos Estados Unidos – apenas 5% dos quais são negros – condenaram negros a penas 10% mais longas do que as de brancos em casos com a mesma gravidade e história criminal (Associated Press, 1995). Do mesmo modo, negros que matam brancos são condenados à morte com maior frequência do que brancos que matam negros (Butterfield, 2001).

Houve diferenças dentro de cada raça nas percepções de culpa ou inocência de Simpson. As mulheres brancas cujas identidades se focalizavam no gênero eram especialmente propensas a considerá-lo culpado. As mulheres afro-americanas para as quais a raça era central em suas identidades eram especialmente propensas a considerá-lo inocente (Fairchild & Cowan, 1997; Newman et al., 1997).

Em dois estudos recentes penas mais severas também são dadas àqueles que parecem mais estereotipicamente negros. Irene Blair e colaboradores (2004) verificaram que, dadas histórias criminais semelhantes, prisioneiros negros e brancos na Flórida recebem penas semelhantes –, mas que dentro de cada raça, aqueles com aspectos faciais mais "africanos" recebem as penas mais longas. E Jennifer Eberhardt e pesquisadores associados (2006) relatam que durante o período de duas décadas, homens negros condenados por assassinar uma pessoa branca tinham duas vezes maior probabilidade de ser condenados à morte se tivessem aspectos mais estereotipicamente africanos (58 *vs* 24% para negros com aspectos menos africanos do que a média).

Portanto, parece que somos mais simpáticos para com um réu com o qual podemos nos identificar. Se pensarmos que não cometeríamos aquele ato criminoso, podemos supor que é improvável que alguém como nós também o fizesse. Isso ajuda a explicar por que, em julgamentos de estupro por conhecido, os homens com maior frequência do que as mulheres julgam o réu inocente (Fischer, 1997). Também ajuda a explicar por que um levantamento nacional antes do julgamento de O. J. Simpson ter início verificou que 77% de brancos, mas apenas 45% de negros, considerava o caso contra ele pelo menos "razoavelmente forte" (Smolowe, 1994).

De maneira ideal, os jurados deixariam seus vieses do lado de fora do tribunal e iniciariam um julgamento com mentes abertas. Assim sugere a Sexta Emenda da Constituição dos Estados Unidos: "O acusado tem o direito a um julgamento rápido e público por um júri imparcial". Em sua preocupação com a objetividade, o sistema judicial é semelhante à ciência. Supõe-se que tanto os cientistas como os jurados peneirem e pesem a evidência. Os tribunais e a ciência têm regras sobre qual evidência é relevante. Ambos mantêm registros meticulosos e supõem que outros obtendo as mesmas evidências decidirão da mesma forma.

Quando a evidência é clara e os indivíduos focam nela (como quando eles releem e discutem o significado do depoimento), seus vieses são de fato mínimos (Kaplan & Scherching, 1980). A qualidade da evidência importa mais do que os preconceitos dos jurados individuais.

"Eu vou ter que me desqualificar."

© The New Yorker Collection, 1997, Mike Twohy, de cartoonbank.com. Todos os direitos reservados.

"O júri desconsiderará os últimos comentários da testemunha."
Não é fácil para os jurados apagar um depoimento inadmissível da memória.
© The New Yorker Collection, 1977, Lee Lorenz, de cartoonbank.com. Todos os direitos reservados.

Instruções do juiz

Todos podemos lembrar de dramas em tribunais nos quais um advogado exclama: "Meritíssimo, eu protesto!", então o juiz mantém o protesto e instrui o júri a ignorar a pergunta sugestiva do outro advogado ou o comentário da testemunha. O quanto essas instruções são eficazes?

Quase todos os estados nos Estados Unidos agora têm leis de "privacidade do estupro" que proíbem ou limitam o depoimento relativo à atividade sexual anterior da vítima. Tal depoimento, embora irrelevante para o caso em questão, tende a tornar os jurados mais simpáticos à alegação do estuprador acusado de que a mulher consentiu com o sexo (Borgida, 1981; Cann et al., 1979). Se tal depoimento fidedigno, ilegal ou preconceituoso, contudo, é deixado escapar pelo advogado de defesa ou por uma testemunha, os jurados seguirão a instrução do juiz para ignorá-lo? E é suficiente o juiz lembrar os jurados de que "a questão não é se vocês gostam ou não do réu, mas se ele cometeu o crime?".

Muito possivelmente não. Diversos experimentadores relatam que os jurados demonstram preocupação pelo devido processo (Fleming et al., 1999), mas que eles acham difícil ignorar uma evidência inadmissível, tal como as condenações anteriores do réu. Em um estudo, Stanley Sue, Ronald Smith e Cathy Caldwell (1973) deram a estudantes da University of Washington uma descrição de um roubo com morte em uma mercearia e um resumo do caso da acusação e do caso da defesa. Quando o caso da acusação era fraco, ninguém julgou o réu culpado. Quando uma gravação de um telefonema incriminador feito pelo réu foi acrescentada ao caso fraco, aproximadamente um terço julgou a pessoa culpada. As instruções do juiz de que a gravação não era evidência legal e deveria ser ignorada não conseguiram apagar o efeito do testemunho prejudicial.

De fato, Sharon Wolf e David Montgomery (1977) verificaram que a ordem do juiz para ignorar um depoimento – "Ele não deve ter nenhum papel em sua consideração do caso. Vocês não têm escolha a não ser desconsiderá-lo" – pode ter mesmo um efeito bumerangue, aumentando o impacto do depoimento. Talvez essas declarações criem **reatância** nos jurados. Ou talvez elas sensibilizem os jurados ao depoimento inadmissível. Os juízes podem mais facilmente retirar depoimentos inadmissíveis dos registros do que das mentes dos jurados. Como os advogados às vezes dizem, "Você não pode 'destocar' uma campainha".

Isso ocorre sobretudo com a informação emocional (Edwards & Bryan, 1997). Quando os jurados são informados vividamente sobre a ficha de um réu ("retalhou uma mulher"), as instruções do juiz para ignorar são mais propensas ao efeito bumerangue do que quando a informação inadmissível é menos emocional ("atacou com uma arma mortal"). Mesmos se os jurados posteriormente alegem ter ignorado a informação inadmissível, ela pode alterar a forma que eles interpretam outras informações.

Também é difícil para os jurados ignorar a publicidade pré-julgamento, especialmente em estudos com jurados reais e crimes sérios (Steblay et al., 1999). Em um experimento de larga escala, Geoffrey Kramer e colaboradores (1990) expuseram quase 800 jurados simulados (a maioria de listas de júris reais) a novos relatos incriminadores sobre as condenações passadas de um homem acusado de assaltar um supermercado. Após jurados assistirem a uma reencenação filmada do julgamento, eles ouviram ou não ouviram as instruções do juiz para desconsiderar a publicidade pré-julgamento. O efeito da advertência judicial foi nulo.

Os juízes podem esperar, com algum apoio da pesquisa disponível, que durante a deliberação, jurados que apresentem evidência inadmissível sejam punidos por fazê-lo, e que os veredictos do júri como um grupo podem, portanto, ser menos influenciados por tal evidência (London & Nunez, 2000). Para minimizar os efeitos de um testemunho inadmissível, os juízes também podem prevenir os jurados de que certos tipos de evidências, tal como a história sexual de uma vítima de estupro, são irrelevantes. Uma vez que os jurados formem impressões baseadas nessa evidência, as advertências de um juiz têm muito menos efeito (Borgida & White, 1980; Kassin & Wrightsman, 1979). Portanto, relata Vicki Smith (1991), uma sessão de treinamento pré-julgamento vale a pena. Ensinar aos jurados procedimentos legais e padrões de provas melhora seu entendimento do procedimento pré-julgamento e sua disposição de se abster de julgamentos até após terem ouvido todas as informações.

reatância
Um motivo para proteger ou restaurar nosso sentido de liberdade. A reatância surge quando alguém ameaça nossa liberdade de ação.

Os jurados apagarão de suas mentes a publicidade pré-julgamento que poderia influenciar suas avaliações das evidências? Embora os jurados neguem influências, experimentos demonstraram o contrário.

Outros fatores

Consideramos três fatores relativos à sala do tribunal – depoimento da testemunha ocular, as características do réu e as instruções do juiz. Os pesquisadores também estão estudando a influência de outros fatores. P. ex., na Michigan State University, Norbert Kerr e colaboradores (1978, 1981, 1982) estudaram essas questões: uma possível punição severa (p. ex., uma pena de morte) tornam os jurados menos dispostos a condenar – e, portanto, isso foi estratégico para os promotores de Los Angeles não pedirem a pena de morte para O. J. Simpson? Julgamentos de jurados experientes diferem dos de jurados novatos? Os réus são julgados com mais severidade quando a *vítima* é atraente ou sofreu muito? A pesquisa de Kerr sugere que a resposta a todas as três perguntas é sim.

Experimentos realizados por Mark Alicke e Teresa Davis (1989) e por Michael Enzle e Wendy Hawkins (1992) confirmam que os julgamentos dos jurados de culpa e punição podem ser afetados pelas características da vítima – mesmo quando o réu não tem conhecimento disso. Considere o caso de 1984 do "justiceiro do metrô", Bernard Goetz. Quando quatro adolescentes se aproximaram de Goetz pedindo US$5 em um metrô de Nova York, Goetz apavorado sacou uma arma carregada e atirou em cada um deles, deixando um parcialmente paralisado. Quando foi acusado de tentativa de homicídio, houve um clamor de apoio público para ele baseado em parte na revelação de que os jovens tinham fichas criminais extensas e que três deles estavam carregando secretamente chaves de fenda afiadas. Embora Goetz não soubesse nada disso, ele foi inocentado da acusação de tentativa de homicídio e condenado apenas por porte ilegal de arma de fogo.

Resumo: Quais outros fatores influenciam a decisão dos jurados?

- Os fatos de um caso são geralmente tão convincentes que os jurados podem deixar de lado seus preconceitos e fazer um bom julgamento. Quando a evidência é ambígua, entretanto, os jurados são mais propensos a interpretá-la com seus vieses preconcebidos e a ter simpatia por um réu que é atraente ou parecido com eles próprios.
- Quando os jurados são expostos a publicidade pré-julgamento prejudicial ou a evidência inadmissível, eles seguirão as instruções do juiz ou a ignorarão? Em julgamentos simulados, as ordens do juiz foram às vezes seguidas, mas frequentemente, em especial quando a advertência do juiz veio *após* uma impressão ter sido formada, não foram.
- Os pesquisadores também exploraram a influência de outros fatores, tal como a gravidade da possível sentença e várias características da vítima.

O que influencia o jurado individualmente?

Os veredictos dependem do que acontece na sala do tribunal – os depoimentos da testemunha ocular, as características do réu, as instruções do juiz. Mas os veredictos também dependem de como os jurados individualmente processam a informação.

As influências da sala do tribunal sobre "o jurado médio" merecem ser consideradas. Mas não existe o jurado médio; cada um deles traz para a sala do tribunal atitudes e personalidades individuais. Ademais, quando deliberam, os jurados influenciam uns aos outros. Portanto duas questões-chave são: (1) como os veredictos são influenciados pelos caracteres de jurados individuais?; e (2) como os veredictos são influenciados pela deliberação dos jurados como grupo?

Compreensão do jurado

Para ter uma visão sobre a compreensão dos jurados, Nancy Pennington e Reid Hastie (1993) fizeram jurados simulados, selecionados de grupos de júris do tribunal, assistir a reencenações

"Meritíssimo, nós vamos ficar com a versão do promotor."
Promotores eficazes oferecem aos jurados histórias plausíveis.
© The New Yorker Collection, 1997, Mike Twohy, de cartoonbank.com. Todos os direitos reservados.

de julgamentos reais. Ao tomar suas decisões, os jurados primeiro construíram uma história que fizesse sentido a partir das evidências. Após observar um julgamento de assassinato, p. ex., alguns jurados concluíram que uma discussão deixou o réu irritado, levando-o a pegar uma faca, procurar pela vítima e esfaqueá-la até a morte. Outros presumiram que o réu apavorado pegou uma faca que usou para se defender quando posteriormente encontrou a vítima. Quando os jurados começam a deliberar, frequentemente descobrem que os outros construíram histórias diferentes. Isso sugere – e a pesquisa confirma – que os jurados são mais persuadidos quando os advogados apresentam evidências de forma narrativa – uma história. Em casos de homicídio, nos quais a taxa de condenação nos Estados Unidos é de 80%, o caso da acusação mais que o caso da defesa segue uma estrutura narrativa.

ENTENDER INSTRUÇÕES

Em seguida, os jurados devem entender as instruções do juiz relativas às categorias de veredicto disponíveis. Para que as instruções sejam eficazes, os jurados devem primeiro entendê-las. Diversos estudos revelaram que muitas pessoas não entendem o padrão "juridiquês" das instruções judiciais. Dependendo do tipo de caso, um júri pode ser informado de que o padrão da prova é uma "preponderância da evidência", "evidência clara e convincente" ou "sem margem para dúvidas". Essas afirmações podem ter um significado para a comunidade legal e outro para as mentes dos jurados (Kagehiro, 1990; Wright & Hall, 2007).

Um juiz também pode lembrar aos jurados para evitar conclusões prematuras enquanto avaliam cada novo item de evidência apresentado. Mas a pesquisa tanto com estudantes universitários como com jurados simulados escolhidos de grupos de prováveis jurados reais mostra que seres humanos de sangue quente formam opiniões prematuras, e estas inclinações influenciam sua forma de interpretar informações novas (Carlson & Russo, 2001).

Após observar casos reais e posteriormente entrevistar os jurados, Stephen Adler (1994) encontrou "muitas pessoas sinceras e sérias que – por uma variedade de razões – estavam deixando escapar pontos fundamentais, focalizando-se em questões irrelevantes, sucumbindo a preconceitos mal reconhecidos, não percebendo os apelos mais baratos à simpatia ou ao ódio e, geralmente, fazendo um serviço mal feito."

Em 1990 Imelda Marcos, viúva do ditador das Filipinas Ferdinand Marcos, foi julgada por transferir centenas de milhões de dólares de dinheiro das Filipinas para bancos norte-americanos para uso próprio. Durante a seleção do júri, os advogados eliminaram qualquer um que tivesse conhecimento do papel dela na ditadura de seu marido. Mal preparados para acompanhar as complexas transações financeiras, aqueles escolhidos para o júri caíram de simpatia pela Sra. Marcos, uma ex-rainha da beleza que apareceu no tribunal vestida de preto, segurando seus rosários e enxugando as lágrimas (Adler, 1994).

Diante de um relato incompreensivelmente complexo dos supostos roubos de dinheiro público de Imelda Marcos, os jurados recorreram a suas avaliações intuitivas da mulher aparentemente devota e sincera e a consideraram inocente.

ENTENDER INFORMAÇÕES ESTATÍSTICAS

Testes do sangue encontrado na cena onde a ex-esposa de O. J. Simpson e seu companheiro foram assassinados revelaram que as manchas de sangue correspondiam à mistura de proteínas sanguíneas de Simpson, mas não à das vítimas. Sabendo que apenas 1 em 200 pessoas compartilham desse tipo sanguíneo, algumas pessoas supuseram que as chances eram de 99,5% de que Simpson fosse o culpado. Mas 1 em 200 significa que o culpado poderia ser qualquer uma de pelo menos 40 mil pessoas na área de Los Angeles, observou a defesa. Diante desses argumentos, 3 em 5 pessoas refutaram a relevância da evidência do tipo sanguíneo, relata William Thompson e Edward Schumann (1987). Na verdade, ambos os advogados estavam errados. A evidência é relevante porque poucas das outras 40 mil pessoas podem ser consideradas suspeitas. Mas o argumento de 99,5% ignora o fato de que o réu foi acusado em parte porque seu tipo sanguíneo combinava.

Gary Wells (1992) e Keith Niedermeier e colaboradores (1999) relatam que mesmo quando as pessoas (incluindo juízes experientes) entendem probabilidades estatísticas puras, eles podem ser persuadidos. Informado de que 80% dos pneus da Cia. de Ônibus Azul, e apenas 20% dos da alternativa Cia. de Ônibus Cinza correspondiam às marcas de pneus de um ônibus que matou um cachorro, as pessoas raramente condenam a Cia. Azul. Os números puros permitem um cenário alternativo plausível – que o acidente foi causado por um dos 20% de ônibus da

Cia. Cinza. Informados de que uma testemunha ocular identificou o ônibus como azul, as pessoas geralmente a condenarão, mesmo se for demonstrado que a testemunha ocular teve apenas 80% de precisão ao fazer as identificações. O cenário alternativo plausível no primeiro caso cria uma diferença psicológica entre dizer que há uma chance de 80% de que alguma coisa seja verdadeira e dizer que alguma coisa é verdadeira com base em evidência 80% confiável.

Os números puros, parece, devem ser apoiados por uma história convincente. Ademais, relata Wells, uma mãe de Toronto perdeu uma ação de paternidade que buscava sustento para o filho do suposto pai, apesar de um teste sanguíneo mostrar uma probabilidade de 99,8% de que o homem fosse o pai da criança. Ela perdeu após o homem firmar posição e negar persuasivamente a alegação. Mas uma história persuasiva sem evidência forense também pode parecer pouco convincente. Alguns psicólogos acreditam que isso é especialmente verdadeiro para os telespectadores do programa de televisão *CSI*, muitos dos quais têm expectativas despropositadas da quantidade e da qualidade da evidência física (Houck, 2006; Winter & Your, 2007).

Alan Dershowitz, um dos advogados de defesa de O. J. Simpson, afirmou para a mídia que apenas 1 em 1.000 homens que abusam de suas esposas posteriormente as matam. Mais relevante, responderam os críticos, é a probabilidade de que um marido seja culpado visto que (a) ele abusava de sua esposa e (b) sua esposa foi assassinada. A partir dos dados disponíveis, Jon Merz e Jonathan Caulkins (1995) calcularam aquela probabilidade como 0,81.

AUMENTAR O ENTENDIMENTO DOS JURADOS

Entender como os jurados interpretam erradamente as instruções judiciais e as informações estatísticas é um primeiro passo para tomar decisões melhores. Um próximo passo poderia ser dar aos jurados acesso a transcrições em vez de forçá-los a contar com suas memórias para processar informações complexas (Bourgeois et al., 1993). Outro passo seria criar e testar formas mais claras e mais eficazes de apresentar a informação – uma tarefa na qual diversos psicólogos sociais têm trabalhado. P. ex., quando um juiz quantifica o padrão da prova requerido (como, digamos, 51, 71 ou 91% de certeza), os jurados entendem e respondem adequadamente (Kagehiro, 1990).

E obviamente deve haver uma forma mais simples de dizer aos jurados, como requerido pela Lei da Pena de Morte de Illinois, para não impor a sentença de morte em casos de homicídio nos quais há circunstâncias justificativas: "Se vocês não considerarem por unanimidade, a partir de suas considerações de todas as provas, que não existem circunstâncias atenuantes suficientes para impedir a imposição de uma sentença de morte, então vocês devem assinar o veredicto requerendo que o tribunal imponha outra sentença que não seja a morte" (Diamond, 1993). Quando os jurados recebem instruções reescritas em linguagem simples, eles são menos suscetíveis aos vieses do juiz (Halverson et al., 1997).

Phoebe Ellsworth e Robert Mauro (1998) resumem as conclusões sombrias dos pesquisadores de júris: "as instruções legais são em geral fornecidas de uma maneira que provavelmente frustrará as tentativas mais conscienciosas de entender... A linguagem é técnica e... nenhuma tentativa é feita para avaliar as preconcepções equivocadas dos jurados sobre a lei ou para fornecer algum tipo de educação útil".

Seleção do júri

Dadas as variações entre jurados individuais, os advogados podem usar o processo de seleção do júri para montar júris a seu favor? O folclore legal sugere que, às vezes, eles podem. Um presidente da Associação dos Advogados da América proclamou audaciosamente: "os advogados estão agudamente sintonizados às nuanças do comportamento humano, que lhes permite detectar os mínimos detalhes de viés ou incapacidade de chegar a uma decisão apropriada" (Bigam, 1977).

Conscientes de que as avaliações das pessoas sobre os outros são propensas a erro, os psicólogos sociais duvidam que os advogados venham equipados com contadores Geiger sociais perfeitamente ajustados. Em cerca de 6 mil julgamentos por ano nos Estados Unidos, consultores – alguns deles cientistas sociais da Sociedade Americana de Consultores Legais – ajudam os advogados a escolher júris e a montar estratégias (Gavzer, 1997; Hutson, 2007; Miller, 2001). Em diversos julgamentos célebres, pesquisadores usaram a "seleção científica do júri" para ajudar advogados a eliminar aqueles propensos a não serem simpáticos. Um famoso julgamento envolveu dois membros do gabinete do ex-Presidente Nixon, os conservadores John Mitchell e Maurice Stans. Uma pesquisa revelou que, do ponto de vista da defesa, o pior jurado possível era "um liberal, judeu, democrata que lê o *New York Times* ou o *Post*, escuta a Walter Cronkite, é interessado em questões políticas e é bem informado sobre Watergate" (Zeisel & Diamond, 1976). Dos nove primeiros julgamentos, baseada em métodos de seleção "científicos", a defesa ganhou sete (Hans & Vidmar, 1981; Wrightsman, 1978). (Entretanto, não podemos saber quantos daqueles nove teriam sido vencidos sem a seleção científica de jurados.)

Muitos advogados têm usado agora a seleção de júri científica para identificar as perguntas que podem usar para excluir aqueles com tendência a ser contra seus clientes, e a maioria relata satisfação com os resultados (Gayoso et al., 1991; Moran et al., 1994). A maioria dos jurados, quando instruída por um juiz a "levantar sua mão se você leu alguma coisa sobre esse caso que o possa influenciar", não reconhece diretamente suas preconcepções. É necessário mais questionamento para revelá-las. P. ex., se o juiz permitir que um advogado verifique as atitudes de um provável jurado em relação a drogas, o advogado pode frequentemente adivinhar seu veredicto em um caso de tráfico de drogas (Moran

Cuidado com os luteranos, especialmente os escandinavos, que são quase sempre certeza de condenação.
—CLARENCE DARROW, "COMO ESCOLHER UM JURI", 1936

Os advogados de O. J. Simpson no julgamento criminal também usaram um consultor de seleção de júri – e ganharam (Lafferty, 1994). Ao encontrar a imprensa após o veredicto de inocência, o advogado de Simpson imediatamente agradeceu ao consultor de seleção de júri.

et al., 1990). Da mesma forma, pessoas que reconhecem que "não colocam muita fé no testemunho de psiquiatras" são menos propensas a aceitar uma defesa de insanidade (Cutler et al., 1992).

Os indivíduos reagem de forma diferente a aspectos específicos de um caso. O preconceito racial se torna relevante em casos de acusação de racismo; o gênero parece estar associado com veredictos apenas em casos de estupro e espancamento de mulheres; a crença na responsabilidade social *versus* a responsabilidade corporativa está relacionada com indenização por lesões corporais em processos contra empresas (Ellsworth & Mauro, 1998).

Apesar do entusiasmo – e preocupação ética – sobre a seleção de júri científica, experimentos revelam que as atitudes e características pessoais nem sempre predizem veredictos. Não há "perguntas mágicas a serem feitas de prováveis jurados, nem mesmo uma garantia de que uma determinada pesquisa detectará relações de atitude-comportamento ou personalidade-comportamento úteis", advertiram Steven Penrod e Brian Cutler (1987). Os pesquisadores Michael Saks e Reid Hastie (1978, p.68) concordaram: "Os estudos são unânimes em demonstrar que a evidência é um determinante substancialmente mais potente dos veredictos dos jurados do que as características individuais dos jurados". "A melhor conclusão é que há casos onde os consultores de seleção de júri podem fazer uma diferença, mas esses casos são poucos e espaçados", acrescenta Neil Kressel e Dorit Kressel (2002). Nos tribunais, a promessa pública de justiça dos jurados e a instrução do juiz para "ser justo" comprometem fortemente a maioria dos jurados com a norma de justiça.

Idem para os juízes. Em sua audiência de confirmação no Senado, a primeira juíza hispano-americana a chegar à Suprema Corte dos Estados Unidos, Sonia Sotomayor, assegurou a seus interrogadores céticos que seguiria a lei sem influência de sua origem e identidade. Mas a neutralidade completa é um ideal que mesmo os juízes raramente alcançam (como ilustrado pela votação de 5 a 4 da Suprema Corte que decidiu a contestada eleição presidencial dos Estados Unidos em 2000 a favor do Republicano George W. Bush, com os juízes conservadores e liberais votando contra).

Jurados qualificados para a pena de morte

Entretanto, um caso fechado pode ser decidido por quem é selecionado para o júri. Em casos criminais, as pessoas que não se opõem à pena de morte – e que, portanto, são elegíveis para servir quando uma sentença de morte é possível – são mais propensas a favorecer a acusação, a sentir que os tribunais protegem os criminosos e a se opor a proteger os direitos constitucionais dos réus (Bersoff, 1987). Simplesmente falando, esses jurados "qualificados para a pena de morte" estão mais preocupados com o controle do crime e menos preocupados com o devido processo da lei. Quando um tribunal recusa possíveis jurados que têm escrúpulos morais em relação à pena de morte – algo que os promotores preferiram não fazer no julgamento de O. J. Simpson –, ele compõe um júri que tem maior probabilidade de condenar.

Sobre essa questão, os cientistas sociais são uma "quase unanimidade... sobre a influência da qualificação da morte", relata Craig Haney (1993). Os registros de pesquisas são "unificados", relata Phoebe Ellsworth (1985, p.46): "os réus em casos de pena capital presumem a desvantagem extra de júris predispostos a considerá-los culpados". Pior ainda, jurados propensos à condenação também tendem a ser mais autoritários – mais rígidos, punitivos, fechados a circunstâncias atenuantes e desdenhosos de pessoas de posição inferior (Gerbasi et al., 1977; Luginbuhl & Middendorf, 1988; Moran & Comfort, 1982; Werner et al., 1982).

Visto que o sistema legal opera na tradição e no precedente, esses achados de pesquisa alteram apenas lentamente a prática judicial. Em 1986, a Suprema Corte dos Estados Unidos, em uma decisão dividida, revogou uma decisão de instância inferior de que jurados qualificados para a pena de morte são, na verdade, uma amostra tendenciosa. Ellsworth (1989) acredita que o tribunal, nesse caso, desconsiderou a evidência convincente e consistente em parte devido a seu "compromisso ideológico com a pena capital" e em parte devido ao prejuízo que resultaria se as condenações de milhares de pessoas no corredor da morte tivessem que ser reconsideradas. A solução, caso o tribunal desejasse um dia adotá-la para casos futuros, é convocar júris separados para (a) decidir a culpa em casos de homicídio e, no caso de um veredicto de culpado, (b) ouvir outras evidências sobre os fatores motivadores do homicídio e decidir entre morte e prisão perpétua.

Na luta com a punição, os tribunais norte-americanos consideraram se os tribunais impõem a pena arbitrariamente, se eles a aplicam com viés racial e se o assassinato legal desencoraja o assassinato ilegal. As respostas da ciência social a essas questões são claras, observe aos psicólogos sociais Mark Costanzo (1997) e Craig Haney e Deana Logan (1994). Considere a questão da dissuasão. Os estados com pena de morte não têm as taxas de homicídio mais baixas. As taxas de homicídio não caíram quan-

O tipo de jurado que não seria perturbado pela perspectiva de mandar um homem para a morte... é o tipo de jurado que muito facilmente ignoraria o pressuposto de inocência do réu, aceitaria a versão dos fatos da promotoria e daria um veredicto de culpado.
—WITHERSPOON VS ILLINOIS, 1968

Noventa por cento de todas as execuções são realizadas em apenas quatro países: China, Irã, Arábia Saudita e Estados Unidos.
—JIMMY CARTER, *NOSSOS VALORES EM RISCO*, 2005

Taxa média de homicídio por 100 mil
- *para todos os Estados Unidos: 9*
- *para estados com pena de morte: 9,3*

(Fonte: Scientific American, Fevereiro de 2001)

do os estados instituíram a pena de morte e não subiram quando eles a aboliram. Ao cometer um crime passional, a pessoa não para para calcular as consequências (que incluem passar a vida na prisão sem direito a liberdade condicional como outra possível dissuasão). Além disso, a pena de morte é aplicada de forma inconsistente (no Texas 40 vezes mais do que em Nova York) e atribuída com mais frequência a réus pobres, que com frequência recebem uma defesa fraca (*Economist*, 2000). Contudo, a Suprema Corte determinou que admitir apenas jurados qualificados para a pena de morte fornece um júri representativo de seus pares e que "a pena de morte é sem dúvida um fator de dissuasão significativo".

Considerações humanitárias à parte, dizem os cientistas sociais indignados, qual é a razão para se apegar a suposições acalentadas e intuições em face de evidências contraditórias? Por não colocar à prova nossas ideias culturais? Se encontrarem apoio, melhor para elas; se elas se espatifarem contra uma parede de evidências contraditórias, pior para elas. Esses são os ideais do pensamento crítico que alimentam a ciência psicológica e a democracia civil.

Culpado. Os critérios de seleção do júri podem produzir jurados propensos à condenação.
© The New Yorker Collection, 2002, Nick Downes, de cartoonbank.com. Todos os direitos reservados.

Resumo: O que influencia o jurado individualmente?

- Os psicólogos sociais estão interessados não apenas nas interações entre testemunhas, juízes e júris, mas também no que acontece dentro e entre jurados individuais. Uma preocupação maior é a capacidade dos jurados de compreender a evidência, especialmente quando ela envolve estatísticas indicando a probabilidade de que uma determinada pessoa tenha cometido o crime.
- Os advogados frequentemente usam consultores de júri para ajudá-los a selecionar os jurados mais simpáticos à sua causa. Pessoas que têm conhecimento da publicidade pré-julgamento, p. ex., podem ser desqualificadas para o júri.
- Em casos nos quais a pena de morte pode ser aplicada, os advogados podem desqualificar qualquer possível jurado que se oponha à pena capital por princípio. A pesquisa da psicologia social afirma que isso produz um júri tendencioso, mas a Suprema Corte decidiu de outra forma.

Como as influências do grupo afetam os júris?

O que influencia a forma como os pré-julgamentos de jurados individuais se aglutinam dentro de uma decisão do grupo?

Imagine um corpo de jurados que acabou de terminar um julgamento e entrou na sala do júri para iniciar suas deliberações. Os pesquisadores Harry Kalven e Hans Zeisel (1966) relataram que as chances de que os jurados *não* concordarão inicialmente com um veredicto são em torno de duas em três. Contudo, após discussão, 95% emerge com um consenso. Obviamente, ocorreu uma influência do grupo.

Nos Estados Unidos, 300 mil vezes por ano amostras de grupos pequenos das 3 milhões de pessoas convocadas para júris se reúnem para chegar a uma decisão em grupo (Kagehiro, 1990). Eles e júris em outras partes estão sujeitos a influências sociais que moldam outros grupos de decisão – para padrões de influência da maioria e da minoria? Para polarização do grupo? Para pensamento em grupo? Comecemos com uma pergunta simples: se soubéssemos as inclinações iniciais dos jurados, poderíamos prever seu veredicto?

A lei proíbe a observação de júris reais, portanto os pesquisadores simulam o processo de júri apresentando um caso a júris simulados e fazendo-os deliberar como um júri real faria. Em uma série desses estudos na University of Illinois, James Davis, Robert Holt, Norbert Kerr e Garold Stasser testaram vários esquemas matemáticos para prever decisões em grupo, incluindo decisões por júris simulados (Davis et al., 1975, 1977, 1989; Kerr et al., 1976). Alguma combinação matemática de decisões iniciais prognosticará a decisão final do grupo? Davis e colaboradores verificaram que o esquema com melhor previsão varia de acordo com a natureza do caso. Mas em diversos experimentos, um esquema de "maioria de dois terços" se saiu melhor: o veredicto do grupo era geralmente a alternativa preferida por pelo menos dois terços dos jurados no início. Sem essa maioria, um júri suspenso era provável.

Da mesma forma, na pesquisa de júris de Kalven e Zeisel, 9 em cada 10 chegaram ao veredicto preferido pela maioria na primeira votação. Embora você e eu possamos fantasiar sobre algum dia sermos o jurado solitário corajoso a fazer a maioria balançar, o fato é que isso raramente acontece.

Influência da minoria

Raramente, ainda que aconteça, o que era inicialmente opinião de uma minoria prevalece. Um júri típico de 12 pessoas é como uma típica classe pequena de faculdade: as três pessoas mais caladas raramente falam e as três pessoas mais falantes contribuem com mais da metade da conversa (Hastie et al., 1983). No julgamento de Mitchell-Stans, os quatro jurados que eram a favor da absolvição persistiram, verbalizaram mais e finalmente prevaleceram. Baseados na pesquisa sobre a influência da minoria, sabemos que os jurados em minoria serão os mais persuasivos quando são consistentes, persistentes e autoconfiantes. Isso ocorre especialmente se eles puderam começar a provocar algumas deserções da maioria (Gordijn et al., 2002; Kerr, 1981b).

Polarização do grupo

A deliberação do júri muda as opiniões das pessoas também de outras formas intrigantes. Em experimentos, a deliberação frequentemente amplia os sentimentos iniciais. P. ex., Robert Bray e Audrey Noble (1978) fizeram estudantes da University of Kentucky escutarem uma gravação de 30 minutos de um julgamento de homicídio. Então, supondo que o réu fosse considerado culpado, eles recomendaram uma sentença de prisão. Os grupos mais autoritários recomendaram inicialmente punições fortes (56 anos) e, após a deliberação, foram ainda mais punitivos (68 anos). Os grupos menos autoritários foram inicialmente mais clementes (38 anos) e, após a deliberação, tornaram-se ainda mais (29 anos). Em contrapartida, a diversidade do grupo frequentemente modera os julgamentos. Em comparação a brancos que julgam réus negros em todos os júris simulados com todos os membros brancos, aqueles membros de júris simulados com uma mistura de raças entram na deliberação expressando mais clemência e, durante a deliberação, exibem abertura a uma variedade mais ampla de informação (Sommers, 2006).

A confirmação de que a polarização do grupo pode ocorrer nos júris vem de um estudo ambicioso no qual Reid Hastie, Steven Penrod e Nancy Pennington (1983) reuniram 69 juris de 12 cidadãos de Massachusetts. Cada júri assistiu a uma encenação de um caso real de homicídio, com papéis desempenhados por um juiz experiente e um procurador real. Então eles tiveram um tempo ilimitado para deliberar o caso em uma sala de júri. Como mostra a Figura 15.6, a evidência era incriminadora: quatro de cinco jurados votaram culpado antes da deliberação, mas se sentiram bastante inseguros de um veredicto fraco de homicídio involuntário ser sua preferência mais popular. Após a deliberação, quase todos concordaram que o acusado era culpado, e agora a maioria preferia um veredicto mais forte – homicídio em segundo grau. Por meio da deliberação, suas inclinações iniciais se tornaram mais fortes.

Indulgência

Em muitos experimentos, outro efeito curioso da deliberação veio à tona: sobretudo quando a evidência não é altamente incriminadora, os jurados em deliberação com frequência se tornam mais indulgentes (MacCoun & Kerr, 1988). Isso qualifica o achado da "regra da maioria de dois terços", pois se mesmo uma maioria simples inicialmente favorece a *absolvição*, ela em geral prevalecerá (Stasser et al., 1981). Além disso, uma minoria que prefere a *absolvição* mantém uma melhor chance de prevalecer do que uma que prefere a condenação (Tindale et al., 1990).

Mais uma vez, uma pesquisa de júris reais confirma os resultados laboratoriais. Kalven e Zeisel (1966) relatam que naqueles casos em que a maioria não prevaleceu, ela em geral muda para absolvição (como no julgamento de Mitchell-Stans). Quando um juiz discorda da decisão do júri, geralmente é porque o júri absolve alguém que o juiz teria condenado.

A "influência informal" (derivando de argumentos persuasivos de outros) poderia responder pelo aumento na indulgência? As regras "inocente até que se prove o contrário" e "prova além da dúvida razoável" coloca o ônus da prova sobre aqueles que favorecem a condenação. Talvez isso torne a evidência da inocência do réu mais persuasiva. Ou talvez a "influência normativa" crie o efeito de clemência, pois jurados que se consideram imparciais confrontam outros jurados que estão ainda mais preocupados em proteger um réu possivelmente inocente.

Doze cabeças pensam melhor do que uma?

No Capítulo 8 vimos que, em problemas com o pensamento nos quais há uma resposta certa objetiva, os julgamentos em grupo superam aqueles pela maioria dos indivíduos. O mesmo se mantém verdadeiro em relação a júris? Ao deliberar, os jurados exercem pressão normativa tentando mudar os julgamentos dos outros pelo peso ab-

É melhor que 10 culpados escapem do que um inocente sofra.
—WILLIAM BLACKSTONE, 1769

FIGURA 15.6
Polarização do Grupo nos Júris.
Em simulações altamente realistas de um julgamento de homicídio, 828 jurados de Massachusetts declararam suas preferências de veredicto iniciais, então deliberaram o caso por períodos variando de três horas a cinco dias. A deliberação fortaleceu as tendências iniciais que favoreciam a condenação.
Fonte: Hastie et al., 1983.

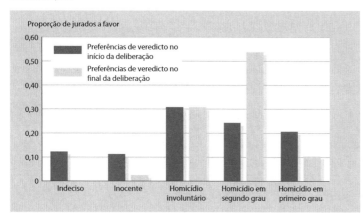

EXAME DA PESQUISA: Polarização de grupo em um ambiente de tribunal natural

Em júris simulados, a deliberação frequentemente amplifica as inclinações individuais dos jurados. Essa polarização do grupo ocorre em tribunais reais? Cass Sunstein, David Schkade e Lisa Ellman (2004) nos mostram como os pesquisadores podem colher dados de cenários naturais quando exploram fenômenos psicossociais. Seu dados eram 14.874 votos por juízes em 4.958 painéis do tribunal de recursos de três juízes. (Nesses "tribunais de recursos" federais, um recurso é quase sempre ouvido por três dos juízes do tribunal.)

Sunstein, professor de direito com orientação à ciência comportamental, e seus colegas indagaram primeiro se os votos de um juiz tendiam a refletir a ideologia do presidente republicano ou democrata que os nomeou. De fato, ao votar sobre casos com matizes ideológicas envolvendo ação afirmativa, regulação ambiental, financiamentos de campanha e aborto, os juízes nomeados por democratas mais frequentemente apoiavam a posição liberal do que os juízes nomeados por republicanos. Nenhuma surpresa. Isso é o que presidentes e os membros de seu partido supõem quando buscam a aprovação do congresso de seus candidatos "almas gêmeas".

Essas tendências seriam amplificadas quando a painel tivesse três juízes nomeados pelo mesmo partido? Três juízes nomeados por um presidente republicano seriam mesmo mais frequentemente conservadores do que a média nomeada por um Republicando? E três juízes nomeados por um presidente democrata seriam mais liberais do que a média nomeada por um presidente democrata? Ou os juízes votariam suas convicções sem serem influenciados por seus colegas de painel? A Tabela 15.2 apresenta os achados desses pesquisadores.

Note que quando três nomeados do mesmo partido formaram um painel (RRR ou DDD), eles se tornaram mais propensos a votar a preferência ideológica de seu partido do que o juiz individual médio. A polarização exibida por trios que pensam da mesma forma foi, relatou a equipe de Sunstein, "confirmada em muitas áreas, incluindo ação afirmativa, financiamentos de campanha, discriminação sexual, assédio sexual, desconsideração da personalidade jurídica, discriminação de incapacidade, discriminação racial e revisão de leis ambientais" (embora não nos casos politicamente voláteis de aborto e pena capital, nos quais os juízes votaram suas convicções bem formadas).

Sunstein e colaboradores oferecem um exemplo: se todos os três juízes "acreditam que um programa de ação afirmativa é inconstitucional e nenhum outro juiz está disponível para argumentar a seu favor, então a argumentação na sala sugerirá que o programa é genuinamente inconstitucional". Isso é a polarização de grupo em ação, eles concluem – um exemplo de "um dos achados mais notáveis na ciência social moderna: grupos de pessoas que pensam da mesma forma tendem a ir aos extremos".

TABELA 15.2 Proporção de votação "liberal" por juízes individuais e por painéis de três juízes

	Votos individuais dos juízes		Votos individuais dos juízes, por composição do painel			
	Partido*					
Exemplos de tipo de caso	R	D	RRR	RRD	RDD	DDD
Financiamento de campanha	0,28	0,46	0,23	0,30	0,35	0,80
Ação afirmativa	0,48	0,74	0,37	0,50	0,83	0,85
Ambiental	0,46	0,64	0,27	0,55	0,62	0,72
Discriminação sexual	0,35	0,51	0,31	0,38	0,49	0,75
Média entre 13 tipos de caso	0,38	0,51	0,34	0,39	0,50	0,61

* R = nomeado por rRepublicano; D = nomeado por democrata.

---

soluto do seu próprio. Mas eles também trocam informações, desse modo aumentando o entendimento uns dos outros. Portanto, a influência informal produz julgamento coletivo superior?

A evidência, embora escassa, é em parte encorajadora. Os grupos lembram informações de um julgamento melhor do que seus membros individuais (Vollrath et al., 1989). A deliberação também tende a anular certos vieses e a desviar a atenção dos jurados de seus próprios pré-julgamentos e para a evidência. Dozes cabeças podem ser, parece, melhor do que uma.

Seis cabeças pensam tão bem quanto doze?

De acordo com sua herança britânica, os júris nos Estados Unidos e no Canadá têm sido compostos tradicionalmente de 12 pessoas cuja tarefa é chegar a um consenso – um veredicto unânime. Entretanto, em diversos casos apelados durante o início da década de 1970, a Suprema Corte dos Estados Unidos modificou aquele requisito. Ela declarou que em casos civis e casos criminais estaduais não envolvendo possivelmente uma pena de morte, os tribunais poderiam usar júris de 6 pessoas. Além disso, a Corte afirmou um direito do estado de permitir menos que veredictos unânimes, até apoiando uma condenação no Estado da Louisiana baseada em uma votação de 9 a 3 (Tanke & Tanke, 1979). Não há razão para supor, argumentou a Corte, que júris menores, ou júris não obrigados a chegar a um consenso, deliberarão ou decidirão diferentemente do júri tradicional.

As suposições da Corte desencadearam uma avalanche de críticas tanto de estudiosos do direito como de psicólogos sociais (Saks, 1974, 1996). Algumas críticas eram questões de simples estatística. P. ex., se 10% de um grupo total de jurados de uma comunidade são negros, então pode-se esperar que 72% dos júris de 12 membros, mas apenas 47% de júris de 6 membros, tenham pelo menos uma pessoa negra. Portanto, júris menores podem ter menor probabilidade de refletir a diversidade de uma comunidade.

Júris suspensos raramente são um problema. Dentre 59.511 julgamentos criminais pela corte federal dos Estados Unidos durante um período de 13 anos, 2,5% termina em um júri suspenso, assim como meros 0,6% de 67.992 julgamentos civis pela corte federal (Saks, 1998).

Consideramos [os estudos de ciência social] cuidadosamente porque eles fornecem a única base, além do palpite judicial, para uma decisão sobre se júris cada vez menores serão capazes de atender aos propósitos e funções da Sexta Emenda.

—JUIZ DA SUPREMA CORTE DOS ESTADOS UNIDOS HARRY BLACKMUN, BALLEW VS GEORGIA, 1978

E se, em um determinado caso, um sexto dos jurados inicialmente prefere a absolvição, aquele seria o único indivíduo em um júri de 6 membros e 2 pessoas em um júri de 12 membros. A Corte supõe que, do ponto de vista psicológico, as duas situações seriam idênticas. Mas como você pode se lembrar de nossa discussão sobre conformidade, resistir à pressão do grupo é muito mais difícil para uma minoria de um do que para uma minoria de dois. Psicologicamente falando, um júri dividido em 10 a 2 não é equivalente a um júri dividido em 5 a 1. Não surpreende, então, que júris de 12 pessoas são duas vezes mais propensos do que os de 6 pessoas a ter veredictos suspensos (Ellsworth & Mauro, 1998; Saks & Marti, 1997).

O pesquisador de júris Michael Saks (1998) resume os achados da pesquisa: "júris maiores são mais propensos que juris menores a conter membros de grupos de minoria, a lembrar com precisão de depoimentos do julgamento, a dar mais tempo para deliberação, a não chegar a um consenso mais vezes e parecem mais propensos a chegar a veredictos 'corretos'".

Em 1978, após alguns desses estudos que foram relatados, a Suprema Corte rejeitou júris de cinco membros da Geórgia (embora ainda mantenha o júri de 6 membros). Ao anunciar a decisão da Corte, o Juiz da Suprema Corte Harry Blackmun baseou-se tanto em dados lógicos como em dados experimentais para afirmar que júris de cinco pessoas seriam menos representativos, menos confiáveis e menos precisos (Grofman, 1980). Ironicamente, muitos desses dados na verdade envolviam comparações de júris de 6 com júris de 12 membros e, portanto, também eram contrários ao júri de 6 membros. Mas tendo feito e defendido um compromisso público com o júri de 6 membros, a Corte não estava convencida de que os mesmos argumentos se aplicavam (Tanke & Tanke, 1979).

Do laboratório para a vida: júris simulados e reais

Enquanto lia este capítulo, talvez você tenha se perguntado o que alguns críticos (Tapp, 1980; Vidmar, 1979) se perguntaram: não há um abismo imenso entre estudantes universitários discutindo um caso hipotético e jurados reais deliberando o destino de uma pessoa real? De fato, há. Uma coisa é debater uma decisão simulada, dado o mínimo de informação, e outra bem diferente é torturar-se sobre as complexidades e as profundas consequências de um caso real. Portanto, Reid Hastie, Martin Kaplan, James Davis, Eugene Borgida e outros pediram que seus participantes, que às vezes são extraídos de grupos de jurados reais, assistissem representações de julgamentos reais. As representações são tão realistas que às vezes os participantes esquecem que o julgamento que estão assistindo na televisão é encenado (Thompson et al., 1981).

Estudantes simulando júris também ficam envolvidos. "Enquanto eu escutava escondido os júris simulados", recorda o pesquisador Norbert Kerr (1999), "fiquei fascinado pelos argumentos perspicazes, seu misto de lembranças surpreendentes e fabricações de memórias, seus preconceitos, suas tentativas de persuadir ou coagir e sua coragem ocasional em lutar sozinho. Aqui na minha frente estavam muitos dos processos psicológicos que eu vinha estudando! Embora nossos jurados estudantes entendessem que estavam apenas simulando um julgamento real, eles realmente se preocupavam em chegar a um veredicto justo."

A Suprema Corte dos Estados Unidos (1986) debateu a utilidade da pesquisa do júri em sua decisão relativa ao uso de jurados "qualificados para a pena de morte" em casos de pena capital. Os réus têm um "direito constitucional a um julgamento justo e um júri imparcial cuja composição não seja inclinada à condenação". Os juízes dissidentes argumentaram que esse direito é violado quando os jurados incluem apenas pessoas que aceitam a pena de morte. Segundo eles, esse argumento foi baseado principalmente na "unanimidade essencial dos resultados obtidos por pesquisadores usando indivíduos diferentes e metodologias variadas". A maioria dos juízes, entretanto, declarou suas "sérias dúvidas sobre o valor desses estudos para prever o comportamento de jurados reais". Os juízes dissidentes responderam que os tribunais não permitiram experimentos com júris reais; portanto, "aos réus que alegam preconceito da qualificação para a pena de morte não deveria ser negado recurso para o único meio disponível de provar sua alegação".

Os pesquisadores também defendem as simulações em laboratório observando que o laboratório oferece um método prático e barato de estudar questões importantes sob condições controladas (Dillehay & Nietzel, 1980; Kerr & Bray, 2005). Quando os pesquisadores começaram a testá-las em situações mais realistas, os achados dos estudos laboratoriais

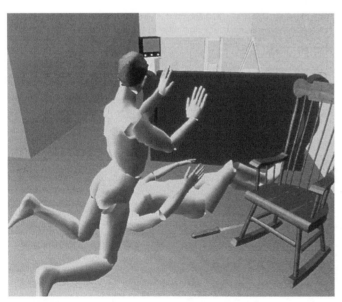

Os advogados estão usando novas tecnologias para apresentar histórias de crimes de forma que os jurados possam entender facilmente, como nessa simulação por computador de um homicídio produzida com base em provas forenses.

frequentemente resistiram bastante bem. Ninguém discute que o mundo simplificado da experiência de júri espelha o mundo complexo do tribunal real. Antes, os experimentos nos ajudam a formular teorias com as quais interpretamos o mundo complexo.

Pensando no assunto, essas simulações de júri são diferentes de outros experimentos da psicologia social, todos os quais criam versões simplificadas de realidades complexas? Ao variar apenas um ou dois fatores de cada vez nessa realidade simulada, o experimentador identifica como as mudanças em um ou dois aspectos de uma situação podem nos afetar. E essa é a essência do método experimental da psicologia social.

Resumo: Como as influências do grupo afetam os júris?

- Os júris são grupos e são afetados pelas mesmas influências que recaem sobre outros tipos de grupos. P. ex., os membros mais falantes de um júri tendem a ser os que mais conversam, e os membros mais calados dizem pouco.
- Enquanto um júri delibera, visões opostas podem se tornar mais arraigadas e polarizadas.
- Sobretudo quando a evidência não é altamente incriminadora, a deliberação pode tornar os jurados mais indulgentes do que eles eram originalmente.
- O júri de 12 membros é uma tradição derivada do sistema legal inglês. Os pesquisadores acreditam que um júri desse tamanho permite razoável diversidade entre os jurados, mistura de opiniões e orientações e melhor lembrança de informações.
- Os pesquisadores também examinaram e questionaram as suposições subjacentes a diversas decisões recentes da Suprema Corte dos Estados Unidos permitindo júris menores e júris não unânimes.
- Os júris simulados não são júris reais, portanto devemos ser cautelosos ao generalizar os achados de pesquisa para tribunais reais. Contudo, como todos os experimentos na psicologia social, os experimentos de júri em laboratório nos ajudam a formular teorias e princípios que podemos usar para interpretar o mundo mais complexo da vida cotidiana.

PÓS-ESCRITO: Pensar de forma inteligente com a ciência psicológica

Uma ideia intelectualmente elegante, às vezes denominada "pós-modernismo", afirma que a verdade é construída socialmente; o conhecimento sempre reflete as culturas que o formam. De fato, como muitas vezes observamos neste livro, com frequência nos deixamos levar por nossos palpites, por nossos preconceitos, por nossas inclinações culturais. Os cientistas sociais não são imunes ao viés de confirmação, à perseverança da crença, ao excesso de confiança e à influência de preconcepções. Nossas ideias e nossos valores pré-concebidos orientam o desenvolvimento de nossa teoria, nossas interpretações, nossos tópicos de escolha e nossa linguagem.

Estarmos atentos aos valores ocultos dentro da ciência psicológica deve nos motivar a limparmos as lentes embaçadas através das quais enxergamos o mundo. Conscientes de nossa vulnerabilidade ao viés e ao erro, podemos nos conduzir entre os dois extremos – de sermos ingênuos sobre uma psicologia carregada de valores que finge ser imparcial ou de sermos tentados a um subjetivismo desenfreado que descarta a evidência como nada além de vieses acumulados. No espírito da humildade, podemos pôr à prova ideias testáveis. Se achamos que a pena capital desencoraja (ou não desencoraja) o crime mais do que outras penas disponíveis, podemos expressar nossas opiniões pessoais, como fez a Suprema Corte dos Estados Unidos. Ou podemos questionar se estados com pena de morte têm taxas de homicídio mais baixas, se suas taxas caíram após a instituição da pena de morte, e se elas subiram quando a pena capital foi abolida.

Como vimos, a Corte considerou pertinente a evidência da ciência social quando proibiu júris de cinco membros e terminou com a dessegregação das escolas. Mas dispensou a pesquisa quando esta oferecia opiniões quanto a se a pena de morte desencoraja o crime, se a sociedade vê a execução como o que a Constituição norte-americanos proíbe (punição cruel e rara), se os tribunais impõem a pena arbitrariamente, se eles a aplicam com viés racial e se possíveis jurados selecionados em virtude de sua aceitação da pena capital são inclinados à condenação.

Crenças e valores guiam as percepções dos juízes, bem como dos cientistas e das pessoas leigas. Por essa razão é que precisamos pensar com mais inteligência – refrear nossos palpites e vieses testando-os contra a evidência disponível. Se nossas crenças encontrarem apoio, tanto melhor para elas. Se não, tanto pior para elas. Esse é o espírito de humildade que sustenta a ciência psicológica e o pensamento crítico cotidiano.

Conexão social

Este capítulo discutiu a exatidão de nossas memórias, especificamente as memórias de testemunhas oculares de um crime. Quando uma criança é testemunha ocular, ela deve ser chamada para testemunhar no tribunal? E o quanto se pode confiar nas memórias das crianças ao relatarem o que viram? Aliás, o quanto se pode confiar nas memórias dos adultos? Considere essas questões enquanto assiste aos vídeos *Children's eyewitness testimony* (testemuho ocular de crianças) e *When eyes deceive* (quando os olhos enganam) no Centro de Aprendizagem *On-line* (www.mhhe.com/myers10e) deste livro.

CAPÍTULO 16
Psicologia Social e o Futuro Sustentável

"Podemos guiar as nações e as pessoas na direção da sustentabilidade? Esse movimento seria uma modificação da sociedade em escala comparável a apenas duas outras mudanças: a Revolução Agrícola e a Revolução Industrial dos últimos dois séculos. Aquelas revoluções foram graduais, espontâneas e largamente inconscientes. Esta terá de ser uma operação totalmente consciente... Se nós realmente a realizarmos, o empreendimento será absolutamente único na vida da humanidade na Terra."

—William D. Ruckelshaus, Ex-diretor da Agência de Proteção Ambiental "Toward a Sustainable World", 1989

A despeito da recente recessão econômica norte-americana, a vida para a maioria das pessoas nos países ocidentais é boa. Hoje, o norte-americano médio desfruta de luxos desconhecidos até da realeza em séculos passados: chuveiros quentes, vasos sanitários, ar condicionado central, fornos de micro-ondas, aviões a jato, frutas frescas no inverno, televisão digital de tela grande, *e-mail*

- Um chamado ambiental à ação
- Possibilidade de vida sustentável
- Psicologia social do materialismo e da riqueza
- Pós-escrito: Como se vive com responsabilidade no mundo moderno?

e etiquetas adesivas. Mas no horizonte, além dos céus ensolarados do conforto e da conveniência, nuvens escuras de um desastre ambiental estão se reunindo. Em encontros científicos organizados pelas Nações Unidas, pela Sociedade Real Britânica e pela Academia Nacional de Ciências dos Estados Unidos surgiu um consenso: o aumento da população e do consumo combinaram-se para ultrapassar a capacidade ecológica sustentada da Terra (Fig. 16.1).

Um chamado ambiental à ação

Embora este seja, no sentido material, o melhor dos tempos para muitas pessoas na Terra, a humanidade está criando uma mudança climática que, se o comportamento humano não mudar, pode se tornar uma arma de destruição em massa.

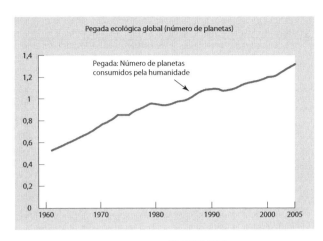

FIGURA 16.1
O descompasso ecológico.
A demanda humana por coisas como terra, madeira, peixe e combustíveis está cada vez mais excedendo a capacidade regenerativa da Terra.
Fonte: Fundo Mundial para a Vida Selvagem *Relatório Planeta Vivo 2008.*

Em 1950, a Terra tinha 2,5 bilhões de pessoas e 50 milhões de carros (N. Myers, 2000). Hoje, relata as Nações Unidas e o Banco Mundial, ela tem quase 7 bilhões de pessoas e 600 milhões de carros. Os gases de efeito estufa emitidos por veículos motores, junto com a queima de carvão e óleo para gerar eletricidade e aquecer casas e edifícios, estão mudando o clima da Terra. O último relatório do Painel Intergovernamental sobre Mudanças Climáticas (2007) – uma declaração de consenso de cientistas de 40 países – expressa mais confiança do que qualquer um de seus relatórios anteriores de que a atividade humana está aquecendo o planeta perigosamente (Kerr, 2007a).

Em declarações que se seguiram, muitos cientistas afirmaram que o alerta de consenso é muito cauteloso. Dadas as décadas necessárias para implementar novas tecnologias de energia, e dadas as defasagens de tempo inerentes entre nossas ações e as consequências futuras, a necessidade de ação é urgente, dizem eles (Kerr, 2007b). O derretimento acelerado das grandes calotas de gelo do planeta causou preocupação no cientista climático da NASA James Hansen de que o nível dos mares possa subir vários metros até o final deste século (Kerr, 2007d). Em 2008, a União Americana de Geofísica (a maior associação científica do mundo de cientistas da Terra e do espaço) fortaleceu sua declaração de preocupação advertindo que "o clima da terra está hoje claramente fora de equilíbrio e está esquentando", como é evidente pelas temperaturas aumentadas da atmosfera, da terra e dos oceanos – os nove anos mais quentes registrados ocorreram a partir de 1998 (Revkin, 2008) – e pelo resultante derretimento de geleiras e do gelo marinho do Ártico, bem como pela mudança na distribuição de chuvas e na duração das estações.

> Seremos torrados se não pegarmos um caminho muito diferente.
> —CIENTISTA CLIMÁTICO DA NASA JAMES HANSEN PARA ASSOCIATED PRESS, 2008

É uma questão de segurança nacional, dizem alguns: bombas de terroristas e aquecimento global são ambos armas de destruição em massa. "Se tivéssemos conhecimento de que a Al Qaeda desenvolvia secretamente uma nova técnica terrorista que poderia interromper os suprimentos de água ao redor do globo, expulsar dezenas de milhões de pessoas de suas casas e por em risco o planeta inteiro, despertaríamos em *frenesi* e mobilizaríamos todos os recursos possíveis para neutralizar a ameaça" observou o ensaísta Nicholas Kristof (2007). "E é precisamente essa ameaça que nós mesmos estamos criando, com nossos gases de efeito estufa."

O aquecimento global também está causando destruição ambiental. Árvores e arbustos estão invadindo a tundra da América do Norte, aniquilando espécies dessa vegetação. Plantas e animais estão gradualmente migrando para os polos e para lugares mais altos, interferindo nos ecossistemas polares e alpinos. As terras agrícolas e de pastoreio da África subsaariana estão gradualmente se

Derretimento do gelo do Mar Ártico. De 1979, quando o gelo do Mar Ártico foi medido pela primeira vez, a 2007, o bloco de gelo diminuiu 43% (Kerr, 2007c).

452 DAVID G. MYERS

FIGURA 16.2
Crescimento da população mundial.
Fonte: Population Reference Bureau, 2006.

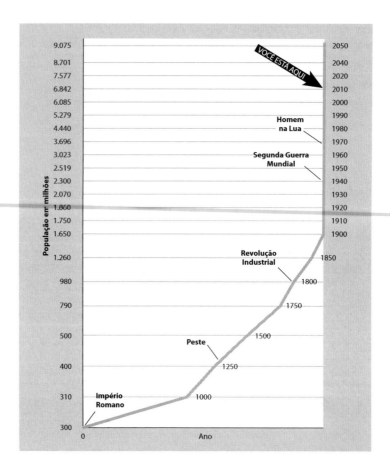

Entre agora e 2050, o aumento populacional projetado de 2,6 bilhões excede a população mundial inteira em 1950, e quase todo este aumento é esperado nos países mais pobres do mundo. Cinquenta e um países, incluindo Alemanha, Itália e Japão, esperam perder população (Cohen, 2005).

Um dia muito em breve vamos todos acabar de barriga para cima como peixes em um aquário abandonado. Sugiro um epitáfio para todo o planeta:..."Podíamos tê-lo salvo, mas éramos desleixados e preguiçosos demais".
—KURT VONNEGUT, "NOTES FROM MY BED OF GLOOM", 1990

transformando em desertos. Essas mudanças ecológicas podem provocar conflito e guerras, observa Jeffrey Sachs (2006): a carnificina mortal em Darfur, no Sudão, tem raízes na diminuição das chuvas. O clima importa.

Com consumo e população destinados a aumentar (a despeito da queda nas taxas de nascimento – ver Fig. 16.2), mais poluição, aquecimento global e destruição ambiental parecem inevitáveis. O fato simples e inflexível é que a terra não pode suportar indefinidamente a taxa atual de consumo dos países desenvolvidos, muito menos o aumento projetado no consumo à medida que países menos desenvolvidos como a China e a Índia alcançam padrões de vida mais altos. Para a espécie humana sobreviver e prosperar, algumas coisas devem mudar.

Então, por que o aquecimento global não é um tema mais quente? Por que os norte-americanos têm se preocupado menos com o aquecimento global do que os canadenses e os europeus (Ipsos, 2007; Pew, 2006)? Por que apenas um terço dos norte-americanos está "muito preocupado" que os níveis dos oceanos subam e que inundações e secas se tornem mais comuns (Saad, 2007)? Será porque, como acredita a pesquisadora do Instituto Gallup Lydia Saad (2003), em um dia frio de inverno "'aquecimento global' pode parecer bem atraente?". As pessoas ficariam mais preocupadas se fosse dito "incêndio global"? Lembre-se de capítulos anteriores: os rótulos importam; a linguagem molda o pensamento. Descrever alguém que responde aos outros como "obediente" ou como "sensível" molda nossas percepções e nossas atitudes.

Resumo: Um chamado ambiental à ação
- Os residentes das nações desenvolvidas do mundo desfrutam do conforto e das conveniências das inovações tecnológicas não sonhadas há um século.
- Contudo, os cientistas relatam que somos ameaçados por uma crise global. Juntos, a explosão populacional e o aumento do consumo excederam a capacidade sustentada da Terra e produziram os sérios problemas inter-relacionados de poluição, aquecimento global e destruição ambiental.

Possibilidade de vida sustentável

Embora o aumento da população e do consumo tenha excedido a capacidade ecológica sustentada da Terra, novas tecnologias, junto com a redução do consumo, podem possibilitar a vida sustentável.

O que devemos fazer? Comer, beber e ser feliz, porque o amanhã está condenado? Comportar-se como tantos participantes dos jogos de dilema do prisioneiro, buscando o interesse próprio em detrimento do coletivo? (Que diabos, em uma escala global, meu consumo é infinitesimal; ele torna minha vida confortável e custa praticamente nada ao mundo.) Torcer as mãos, com medo que fertilidade mais prosperidade seja igual a calamidade, e jurar nunca trazer um filho a esse mundo condenado?

Os mais otimistas em relação ao futuro veem dois caminhos para estilos de vida sustentáveis: (a) aumentar a eficiência tecnológica e a produtividade agrícola e (b) moderar o consumo e diminuir a população.

Novas tecnologias

Um componente em um futuro sustentável é melhorar as tecnologias. Os refrigeradores de hoje consomem metade da energia daqueles vendidos há uma década (Heap & Comim, 2005). Substituímos muitas lâmpadas incandescentes por outras mais econômicas, substituímos cartas e catálogos impressos por *e-mail* e comércio eletrônico e substituímos as viagens a trabalho por teleconferências.

A conveniência de uma bebida pronta justifica os recursos consumidos na marcha lenta da fila de espera?

Também há boas notícias em relação aos carros. Hoje, os adultos de meia-idade dirigem carros que fazem o dobro de quilometragem e produzem um décimo da poluição dos carros que dirigiam quando eram adolescentes. Para o futuro, temos projetos de carros híbridos, que economizam gasolina usando uma bateria elétrica.

As possíveis tecnologias futuras incluem diodos que emitem luz por 20 anos sem lâmpadas; máquinas de lavar roupas por ultrassom que não consomem água, energia ou sabão; plásticos reutilizáveis e compostáveis; carros movidos a combustíveis que combinam hidrogênio e oxigênio e produzem descarga de água; materiais leves mais fortes que aço; telhados e estradas que funcionam como coletores de energia solar; e cadeiras aquecidas e resfriadas que oferecem conforto pessoal com menos aquecimento e resfriamento das salas (N. Myers, 2000; Zhang et al., 2007).

Dada a velocidade das inovações (quem poderia ter imaginado o mundo de hoje há um século?), o futuro com certeza trará soluções que ainda nem estamos imaginando. Certamente, dizem os otimistas, o futuro trará mais bem-estar material para mais pessoas exigindo muito menos matéria-prima e criando muito menos resíduos poluentes.

Reduzir o consumo

O segundo componente de um futuro sustentável é controlar o consumo. Embora responda por apenas 5% da população do mundo, os Estados Unidos consomem 26% da energia mundial (USGS, 2006). A menos que argumentemos que hoje os países menos desenvolvidos são de algum modo menos merecedores de um padrão de vida melhor, devemos esperar que seu consumo aumente. E como isso acontecerá, os Estados Unidos e outros países desenvolvidos devem consumir menos. Se o crescimento econômico mundial permitisse que todos os países possuíssem a mesma quantidade de carros que os norte-americanos têm hoje, o número de veículos se multiplicaria mais de 10 vezes – para mais de 6 bilhões de automóveis (N. Myers, 2000).

Graças aos esforços de planejamento familiar, a taxa de crescimento da população mundial desacelerou, especialmente em nações desenvolvidas. Mesmo em países menos desenvolvidos, quando a segurança alimentar melhorou e as mulheres se tornaram mais educadas e habilitadas, as taxas de nascimentos caíram. Mas se as taxas de nascimentos em todos os lugares caíssem instantaneamente para um nível de reposição de 2,1 filhos por mulher, o impulso persistente de crescimento populacional, alimentado pelo excesso de seres humanos mais jovens, continuaria nos próximos anos.

Visto que os seres humanos já excederam a capacidade sustentada da Terra, o consumo também deve moderar. Com nossos apetites materiais aumentando continuamente – à medida que mais pessoas buscam computadores pessoais, ar condicionado, viagens de avião – o que pode ser feito para moderar o consumo daqueles que podem se dar o luxo do excesso?

Uma forma é por meio de políticas públicas que aproveitam a força motivadora dos incentivos. Via de regra, recebemos menos do que pagamos de impostos e mais do que damos em troca. Muitas cidades estão usando o dinheiro de impostos para construir ciclovias e subsidiar transportes de massa melhorados, desse modo encorajando alternativas aos carros. Em estradas congestionadas, muitas regiões dos Estados Unidos criaram pistas para veículos com alta ocupação que recompensam as viagens em grupo e penalizam carros com apenas um ocupante. Os consumidores norte-americanos que compram carros híbridos são passíveis de abatimentos de impostos, e alguns Estados permitem que os motoristas de carros híbridos usem pistas para vários ocupantes no carro sem a presença de passageiros. Gregg Easterbrook (2004) observa que se os Estados Unidos tivessem aumentado seu

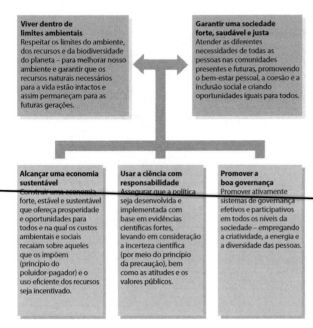

FIGURA 16.3
Os "princípios compartilhados de desenvolvimento sustentável do Reino Unido".

O governo britânico define desenvolvimento sustentável como o desenvolvimento que atenda às necessidades do presente sem comprometer as necessidades de gerações futuras. "Queremos viver dentro de limites ambientais e alcançar uma sociedade justa, e o faremos por meio da economia sustentável, da boa governança e da ciência." A contribuição da psicologia social será ajudar a influenciar comportamentos que possibilitem que as pessoas vivam dentro de limites ambientais e desfrutem do bem-estar pessoal e social.

Fonte: www.sustainable-development.gov.uk, 2005.

imposto sobre a gasolina em 50 centavos uma década atrás, como foi proposto, o país teria agora carros menores, com menos consumo de combustível (como fazem os europeus, com seus impostos mais altos sobre a gasolina) e, portanto, importariam menos petróleo. Isto, por sua vez, teria levado a consumo mais baixo de petróleo, menos aquecimento global, preços mais baixos do gás e menor déficit comercial onerando a economia.

Outra forma de encorajar residências e prédios comerciais mais "verdes" é aproveitar o poder do *feedback* imediato instalando "medidores inteligentes" que fornecem uma leitura contínua do uso de eletricidade e seu custo. Desligue o monitor de um computador ou as luzes em um cômodo vazio, e o medidor exibe a diminuição na potência elétrica. Ligue o ar condicionado e o uso e o custo são imediatamente conhecidos. Na Grã-Bretanha, onde medidores inteligentes estão sendo instalados em prédios comerciais, o líder do Partido Conservador, David Cameron, apoiou um plano para instalá-los em todas as residências. "Os medidores inteligentes têm o poder de revolucionar o relacionamento das pessoas com a energia que elas usam", discursou Cameron no Parlamento (Rosenthal, 2008).

O apoio para novas políticas energéticas exigirá uma mudança de consciência do público não muito diferente daquela que ocorreu durante o movimento pelos direitos civis da década de 1960 e o movimento feminista da década de 1970. O que é necessário, afirmou Al Gore e a Aliança para a Proteção do Clima, é a persuasão de massa. O decano de ciência ambiental da Universidade de Yale, James Gustave Speth (2008), apela por uma "nova consciência" na qual as pessoas:

- vejam a humanidade como parte da natureza;
- vejam a natureza como tendo um valor intrínseco que devemos administrar;
- valorizem o futuro e seus habitantes, bem como nosso presente;
- prezem nossa interdependência humana, pensando "nós", e não apenas "eu";
- definam a qualidade de vida em termos relacionais e espirituais, em vez de em termos materialistas; e
- valorizem a equidade, a justiça e a comunidade humana.

À medida que a atmosfera da terra aquece e o petróleo e outros combustíveis fósseis se tornam escassos, tal mudança é inevitável. Há alguma esperança de que as prioridades humanas possam mudar da acumulação de dinheiro para o encontro de significado, e do consumo agressivo para relações harmônicas e afetuosas? O plano do governo britânico para alcançar o desenvolvimento sustentável inclui uma ênfase na promoção do bem-estar pessoal e da saúde social (Fig. 16.3). Talvez a psicologia social possa ajudar a indicar o caminho para o maior bem-estar, documentando o *materialismo*, informando as pessoas de que *o crescimento econômico não melhora automaticamente a moral humana* e ajudando as pessoas a entender *por que o materialismo e o dinheiro não satisfazem*.

Resumo: Possibilidade de vida sustentável
- A humanidade pode se preparar para um futuro sustentável aumentando a eficiência tecnológica.
- Também podemos criar incentivos e mudar ações e atitudes para controlar a população e moderar o consumo. A atenção aos conceitos na psicologia social que tratam de nossas atitudes e nossos comportamentos pode ajudar a realização daqueles objetivos. Uma mudança cultural rápida aconteceu nos últimos 40 anos, e há esperança de que em resposta à crise global ela possa acontecer novamente.

"Eu ainda digo que isso levará a aquecimento global."

© 2007 Shapiro. Reimpressa com permissão de Mike Shapiro.

Psicologia social do materialismo e da riqueza

Qual poderia ser a contribuição da psicologia social para o nosso entendimento da mudança do materialismo? Em que grau o dinheiro e o consumo compram a felicidade? E por que o materialismo e o crescimento econômico não trazem consistentemente maior satisfação?

O dinheiro compra a felicidade? Poucos de nós responderíamos sim. Mas faça uma pergunta diferente – "*Um pouco* mais de dinheiro o faria *um pouco* mais feliz?" – e a maioria de nós diria que sim. Há, acreditamos, uma associação entre riqueza e bem-estar. Aquela crença alimenta o que Juliet Schor (1998) chama de o "ciclo de trabalhar e gastar" – trabalhar mais para comprar mais.

Crescimento do materialismo

Embora a Terra peça que vivamos de maneira mais leve sobre ela, o materialismo surgiu mais claramente nos Estados Unidos. De acordo com uma pesquisa do Gallup (1990), 1 em cada 2 mulheres, 2 em cada 3 homens e 4 em cada 5 pessoas que ganham mais de $75 mil dólares por ano gostariam de ser ricos – embora, considerando que metade das pessoas do mundo vivem com menos de $2 dólares por dia, uma renda de $75 mil signifique que eles já são fabulosamente ricos (Shah, 2005). Pense nisso como o sonho americano hoje: vida, liberdade e a compra da felicidade.

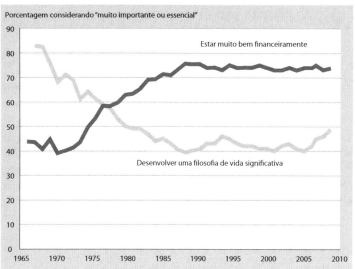

FIGURA 16.4
A mudança do materialismo, de levantamentos anuais de mais de 200 mil ingressando em universidades dos Estados Unidos (amostra total de 23 milhões de estudantes).

Fonte: dados de Dey, Astin e Korn, 1991, e relatórios anuais subsequentes.

Esse materialismo surgiu durante as décadas de 1970 e 1980. A evidência mais drástica vem do levantamento anual do Conselho Americano de Educação/UCLA dos quase um quarto de milhão de estudantes que entra nas universidades. A proporção que considerava "muito importante ou essencial" que eles se tornassem "muito bem financeiramente" subiu de 30% em 1970 para 74% em 2007 (Fig. 16.4). Aquelas proporções praticamente se inverteram com aqueles que consideravam muito importante "desenvolver uma filosofia de vida significativa". O materialismo estava em alta; a espiritualidade, em baixa.

Que mudança de valores! Entre 19 objetivos listados, os novos universitários norte-americanos em anos mais recentes classificaram em primeiro lugar ficar "muito bem financeiramente". Isto se sobrepõe não apenas a desenvolver uma filosofia de vida, mas também a "tornar-se uma autoridade em minha área", "ajudar outras pessoas em dificuldades" e "criar uma família".

Riqueza e bem-estar

O consumo sustentável de fato possibilita "a boa vida"? Ser rico produz – ou pelo menos está correlacionado com – bem-estar psicológico?

Podemos observar o movimento entre riqueza e bem-estar perguntando, primeiro, se *nações ricas são mais felizes*. Há, na verdade, alguma correlação entre riqueza nacional e bem-estar (medida como autorrelatos de felicidade e satisfação com a vida). Os escandinavos têm sido em sua maioria prósperos e satisfeitos; os búlgaros, nem um nem outro (Fig. 16.5). Mas quando as nações alcançam um PIB em torno de $10 mil dólares por pessoa, que era aproximadamente o nível econômico da Irlanda antes de seu recente surto econômico, níveis mais altos de riqueza nacional não são preditivos de maior bem-estar. Melhor para a Irlanda do que para a Bulgária. Mas a felicidade é quase a mesma seja a pessoa um irlandês médio ou um norueguês médio (com mais que o dobro do poder de compra irlandês) (Inglehart, 1990, 1997, 2009).

Podemos perguntar, em segundo lugar, se dentro de qualquer nação, *pessoas ricas são mais felizes*. Em países pobres – onde a baixa renda ameaça as necessidades básicas – ser relativamente rico prediz maior bem-estar (Howell & Howell, 2008). Em países ricos, onde a maioria pode prover as necessidades da vida, a riqueza ainda importa – em parte por que as pessoas com mais dinheiro têm mais controle sobre suas vidas (Johnson & Krueger, 2006). Mas em comparação com países pobres, a renda importa. Uma vez que um nível de renda confortável seja alcançado, cada vez mais dinheiro produz diminuição de retornos de longo prazo. O pesquisador de valores mundiais Ronald Inglehart (1990, p.242) considerou a correlação renda-felicidade "surpreendentemente fraca".

Mesmo os super-ricos – os cem norte-americanos mais ricos da *Forbes* – relataram felicidade apenas ligeiramente maior do que a média (Diener et al., 1985). E mesmo ganhar na loteria parece não elevar permanentemente o bem-estar (Brickman et al., 1978). Esses solavancos de alegria têm uma "meia-vida curta", observa Richard Ryan (1999).

Podemos perguntar, em terceiro lugar, se, com o passar do tempo, a *felicidade* de uma cultura *aumenta com sua riqueza*. Nosso bem-estar coletivo aumenta com uma maré econômica crescente (montante)?

No fundo da minha mente eu sempre imaginei que muito dinheiro compraria um pouco mais de felicidade. Mas realmente não é verdade.

—SERGEY BRIN, BILIONÁRIO COFUNDADOR DO GOOGLE, 2006

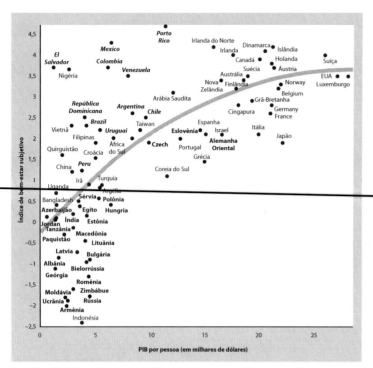

FIGURA 16.5
Riqueza e bem-estar nacional, de dados de 1995 do banco mundial e da pesquisa mundial de valores de 2000.

O índice de bem-estar subjetivo combina felicidade e satisfação com a vida (média da porcentagem avaliando-se como [a] "muito feliz" ou "feliz" menos a porcentagem "infeliz" e como [b] 7 ou acima em uma escala de satisfação com a vida de 10 pontos menos a porcentagem avaliando-se em 4 ou abaixo).

Fonte: Ronald Inglehart, 2006.

Em 1957, enquanto o economista John Kenneth Galbraith descrevia os Estados Unidos como *a sociedade afluente*, a renda per capita dos norte-americanos era de (em dólares de 2000) aproximadamente $9 mil. Hoje, como a Figura 16.6 indica, os Estados Unidos são uma sociedade duplamente afluente. Embora essa maré crescente (montante) tenha alçado os iates mais rápido que os botes, quase todos os barcos subiram. Com o dobro do poder de compra, graças em parte ao aumento no emprego das mulheres casadas, os norte-americanos possuem hoje duas vezes mais carros por pessoa, comem com duas vezes mais frequência e são apoiados por um novo mundo de tecnologia. A partir de 1960, também viram a proporção de famílias com lava-louças aumentar de 7 para 60%, com secadoras de roupa de 20 para 74% e com ar-condicionado de 15 para 86% (Bureau of the Census, 2009).

Portanto, acreditando que é "muito importante" estar "muito bem financeiramente", e tendo ficado bem financeiramente, os norte-americanos hoje são mais felizes? Eles são mais felizes com café expresso, identificador de chamadas, telefones celulares com câmera e malas com rodinhas do que antes?

Não são. A partir de 1957, o número de norte-americanos que dizem que são "mais felizes" diminuiu levemente: de 35 para 32%. Duas vezes mais ricos e aparentemente não mais felizes. Enquanto isso, a taxa de divórcio duplicou, a taxa de suicídio de adolescentes mais que duplicou e mais pessoas do que nunca (especialmente adolescentes e adultos jovens) são deprimidas.

Poderíamos chamar esse aumento da riqueza e diminuição do espírito de "o paradoxo americano". Mais do que nunca, temos casas grandes e lares desfeitos, altas rendas e baixa moral, carros mais confortáveis e mais violência no trânsito. Priorizamos ganhar a vida, mas frequentemente falhamos em construir uma vida. Celebramos nossa prosperidade, mas ansiamos por um propósito. Prezamos nossas liberdades, mas desejamos conexão. Em uma época de abundância, sentimos fome espiritual (Myers, 2000a).

É difícil evitar uma conclusão surpreendente: aumentar muito o padrão de vida durante as cinco últimas décadas não foi acompanhado por uma parcela mínima de aumento no bem-estar subjetivo. O mesmo tem ocorrido em países europeus e no Japão, relata Richard Easterlin (1995). Na Grã-Bretanha, p. ex., grandes aumentos na porcentagem de famílias com carros, aquecimento central e telefones não foram acompanhados por aumento da felicidade. Após uma década de crescimento econômico extraordinário na China – de poucos possuindo um telefone e 40% possuindo uma televisão a cores para a maioria das pessoas agora tendo essas coisas –, pesquisas do Instituto Gallup revelaram uma *diminuição* na proporção de pessoas satisfeitas "com a forma como as coisas estão indo em sua vida hoje" (Burkholder, 2005). Os achados são surpreendentes porque contestam o materialismo moderno: *o crescimento econômico não proporcionou um aumento aparente na moral humana*.

Materialismo não satisfaz

É impressionante que o crescimento econômico em países ricos não tenha trazido satisfação. É mais impressionante ainda que os indivíduos que se esforçam mais pela riqueza tendam a viver com menos bem-estar. Esse achado "aparece muito fortemente em todas as culturas que examinei", relata Richard Ryan (1999). Busque objetivos extrínsecos – riqueza, beleza, popularidade – e você poderá encontrar ansiedade, depressão e doenças psicossomáticas (Eckersleym, 2005; Sheldon et al., 2004). Aqueles que em vez disso se esforçam por objetivos intrínsecos, como "intimidade, crescimento pessoal e contribuição para a comunidade", experimentam uma qualidade de vida mais alta, conclui Tim Kasser (2000, 2002).

Pare um momento e pense: qual é o acontecimento mais pessoalmente gratificante que você vivenciou no mês passado? Kennon Sheldon e colaboradores (2001) fizeram essa pergunta (e perguntas semelhantes sobre a semana e o semestre passados) a amostras de estudantes universitários. Então eles lhes pediram para avaliar o grau com que 10 necessidades diferentes foram satisfeitas pelo acontecimento gratificante. Os estudantes avaliaram autoestima, relacionamento (sentir-se conectado com os outros) e autonomia (sentir-se no controle) como as necessidades emocionais que acompanharam

Por que gastais o dinheiro naquilo que não é pão? E o produto do vosso trabalho naquilo que não pode satisfazer?
—*ISAÍAS 55:2*

mais fortemente o evento gratificante. No final da lista de fatores prevendo satisfação estavam dinheiro e luxo.

Pessoas que se identificam com posses caras experimentam menos humores positivos, relatam Emily Solberg, Ed Diener e Michael Robinson (2003). Esses materialistas tendem a relatar uma separação relativamente grande entre o que eles querem e o que eles têm, e a desfrutar de menos relacionamentos íntimos e gratificantes. O desafio para as nações ricas, então, é promover uma melhora nos padrões de vida sem encorajar um materialismo e um consumismo que substituam a profunda necessidade de pertencer.

Mas por que os luxos de ontem, como ar condicionado e televisão, tornam-se tão rapidamente as necessidades de hoje? Dois princípios norteiam essa psicologia do consumo.

NOSSA CAPACIDADE HUMANA DE ADAPTAÇÃO

O **fenômeno do nível de adaptação** é nossa tendência a julgar nossa experiência (p. ex., de sons, temperaturas ou renda) em relação a um nível neutro definido por nossa experiência anterior. Ajustamos nossos níveis neutros – os pontos nos quais os sons não são nem fortes nem suaves, as temperaturas nem quentes nem frias, os eventos nem prazerosos nem desprazerosos – com base em nossa experiência. Então, percebemos e reagimos a mudanças para cima ou para baixo a partir desses níveis.

Seria, então, possível criar um paraíso social? Donald Campbell (1975b) respondeu que não: se você acordasse amanhã em sua utopia – talvez um mundo sem contas a pagar, sem doenças, com alguém que o ame incondicionalmente – você se sentiria eufórico, por um tempo. Contudo, logo depois, você recalibraria seu nível de adaptação e novamente às vezes se sentiria gratificado (quando as realizações superassem as expectativas), às vezes carente (quando elas fossem baixas) e às vezes neutro.

De fato, a adaptação a alguns acontecimentos, como a morte de um cônjuge, pode ser incompleta, uma vez que o sentido de perda perdura (Diener et al., 2006). Contudo, como explicado no Capítulo 2, geralmente subestimamos nossa capacidade de adaptação. As pessoas têm dificuldade para prever a intensidade e duração de suas emoções positivas e negativas futuras (Wilson & Gilbert, 2003) (Fig. 16.7). A alegria por conseguir o que desejamos – riquezas, notas altas nas provas, a vitória do seu time no Campeonato Mundial – se evapora mais rapidamente do que o esperado. Às vezes, também "queremos errado". Quando estudantes universitários do primeiro ano previram sua satisfação com várias possibilidades de alojamento pouco antes do início do sorteio dos alojamentos, eles se focalizaram em aspectos materiais. "Eu serei mais feliz em um dormitório bonito e bem localizado", muitos estudantes pareciam pensar. Mas eles estavam errados. Quando contatados um ano depois, foram os aspectos sociais, como um senso de comunidade, que prognosticaram felicidade, relata Elizabeth Dunn e colaboradores (2003). Igualmente, Leaf Van Boven e Thomas Gilovich (2003) relatam a partir de suas pesquisas e experimentos que as *experiências* positivas (frequentemente experiências sociais) nos deixam mais felizes. As melhores coisas na vida não são coisas.

NOSSA NECESSIDADE DE COMPARAR

Grande parte da vida gira em torno da **comparação social**, um aspecto ressaltado pela velha piada sobre dois andarilhos que encontram um urso. Um deles abre a mochila e retira um par de tênis. "Por que você vai se dar o trabalho de calçá-los?" pergunta o outro. "Você não pode correr mais que um urso". "Eu não tenho que correr mais que o urso", responde o primeiro, "Eu só tenho que correr mais que você".

De maneira semelhante, a felicidade é relativa a nossas comparações com os outros, especialmente com aqueles dentro de nossos próprios grupos (Lyubomirsky, 2001; Zagefka & Brown, 2005). Sentir-se bem ou

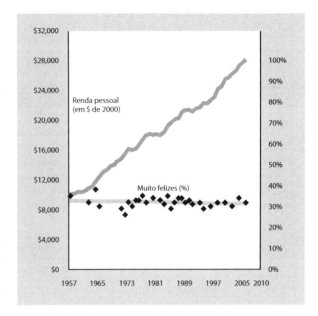

FIGURA 16.6
O crescimento econômico promoveu a moral humana?
Enquanto a renda ajustada à inflação aumentou, o autorrelato de felicidade permaneceu estável.

Fonte: dados sobre felicidade do General Social Surveys, Centro Nacional de Pesquisa de Opinião, Universidade de Chicago. Dados sobre renda do Bureau of Census (1975) e *Indicadores Econômicos*.

fenômeno do nível de adaptação
A tendência a se adaptar a um determinado nível de estimulação e, portanto, de perceber e reagir a mudanças a partir daquele nível.

comparação social
Avaliação de nossas capacidades e opiniões comparando-nos com os outros.

Os confortos materiais de hoje na China: pessoas comprando *laptops* e outras mercadorias cada vez mais valorizadas. A despeito do aumento das rendas, a porcentagem de chineses que se sentem satisfeitos com suas vidas diminuiu.

Lucy poderia algum dia experimentar apenas "altos"? Não de acordo com o fenômeno do nível de adaptação.
PEANUTS © United Features Syndicate, Inc.

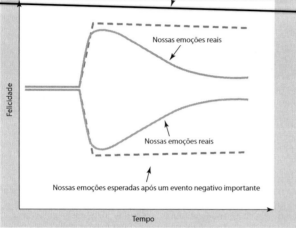

FIGURA 16.7
O viés de impacto.
Como explicado no Capítulo 2, as pessoas geralmente superestimam a duração ou a intensidade do impacto de eventos de vida positivos e negativos significativos.
Fonte: Figura inspirada por de Botton, 2004.

mal depende de com quem estamos nos comparando. Somos menos espertos ou desajeitados apenas quando outros são mais espertos ou ágeis. Deixe um atleta profissional assinar um novo contrato de $15 milhões por ano e um colega de $8 milhões por ano pode agora se sentir menos satisfeito. "Nossa pobreza se tornou uma realidade. Não porque temos menos, mas porque nossos vizinhos têm mais", lembrou Will Campbell em *Brother to a dragonfly (Irmão de uma libélula)*. (Ver "Em Foco: Comparação social, pertencimento e felicidade.")

Alimentando ainda mais nossa febre por luxo está a tendência a nos compararmos para cima: à medida que subimos a escada do sucesso ou da riqueza, nos comparamos principalmente com pares que estão no mesmo ou acima de nosso nível atual, não com aqueles que têm menos. As pessoas que vivem em comunidades onde poucos residentes são muito ricos tendem a se sentir menos satisfeitas quando se comparam para cima.

Os fenômenos do nível de adaptação e da comparação social nos dão uma pausa. Eles sugerem que a busca da felicidade por meio da realização material requer o aumento contínuo da riqueza. Mas a boa notícia é que a adaptação a vidas mais simples também pode acontecer. Se diminuirmos nosso consumo por escolha ou por necessidade, inicialmente sentiremos uma opressão, mas passará. "O choro pode demorar a noite inteira, mas a alegria vem com a manhã", refletiu o Salmista. De fato, graças a nossa capacidade de nos adaptar e de ajustar comparações, o impacto de eventos de vida significativos – perder um emprego ou mesmo um acidente incapacitante – se dissipa mais cedo do que a maioria das pessoas supõe (Gilbert et al., 1998).

Em direção à sustentabilidade e à sobrevivência

Como indivíduos e como uma sociedade global, enfrentamos questões sociais e políticas difíceis. Como poderia uma sociedade democrática induzir as pessoas a adotar valores que enfatizam a felicidade sobre o materialismo? Como poderia uma economia de mercado mesclar incentivos à prosperidade com restrições que preservem um planeta habitável? Em que medida podemos depender de inovações tecnológicas, tais como fontes de energia alternativa, para reduzir nossas pegadas ecológicas? E enquanto isso, em que medida a meta superordenada de preservar a terra para nossos netos apela a cada um de nós para limitarmos nossas próprias liberdades – de dirigir, de queimar, de despejar tudo o que quisermos?

Uma mudança para os valores pós-materialistas vai ganhar impulso quando as pessoas, os governos e as corporações derem esses passos:

- encarar as implicações do crescimento populacional e de consumo para a poluição, a mudança climática e a destruição ambiental;
- perceber que os valores materialistas contribuem para *menos* vidas felizes;
- identificar e promover as coisas na vida que importam mais do que o crescimento econômico.

"Se quisermos mudar o mundo para melhor, deve haver uma mudança na consciência humana", disse o poeta-presidente da Tchecoslováquia Václav Havel (1990). Devemos descobrir "um sentido de responsabilidade mais profundo para com o mundo, que significa responsabilidade por alguma coisa maior do que nós mesmos". Se as pessoas passarem a acreditar que pilhas de CDs não tocados, armários cheios de roupas raramente usadas e garagens com carros de luxo não definem a boa vida, então uma mudança na consciência poderia ser possível? Em vez de ser um indicador de posição social, o consumo notório poderia se tornar deselegante?

A contribuição da psicologia social para um futuro sustentável e permanente virá em parte de percepções sobre adaptação e comparação capazes de transformar a consciência

"Tudo bem, se você não vê um jeito de me dar um aumento de salário, que tal dar a Parkerson um corte de salário?"

A comparação social alimenta sentimentos.
© The New Yorker Collection, 2001, Barbara Smaller, de cartoonbank.com. Todos os direitos reservados.

EM FOCO Comparação social, pertencimento e felicidade

Mfezy nasceu em um vilarejo da África do Sul. Ela cresceu em uma família que não tinha dinheiro para luxos, contudo nunca sentiu que era pobre. O que ela sabia, desde a infância, era a verdade do ditado Xhosa – Umntu ngumtu ngaabantu", que traduzido significa "uma pessoa é feita por outras pessoas".

Quando Mfezy quis iniciar um mestrado em psicologia na Universidade Rhodes, lhe perguntaram em uma entrevista como, vinda de uma família tão pobre, ela poderia compreender as pessoas em melhor situação. Ela respondeu que não vinha de uma família "pobre". A palavra "pobre" era, ela achava, somente atribuída como um rótulo por pessoas em melhor situação. Ela disse a seus entrevistadores que a comunidade de onde ela vinha era toda familiar. Cada mulher na comunidade era uma mãe para ela. Cada uma delas tinha a responsabilidade por seu bem-estar. Ela se sentia contida em um amplo amor. Nessa situação, como poderia ser "pobre"? Mfezy não buscava de forma alguma romantizar a pobreza, tampouco ela havia se sentido "pobre" – mesmo em tempos de dificuldades.

Fonte: Do *Guguletu Journal* de Peter Millar, Comunidade Iona

---

humana. Essas percepções também vêm de experimentos que reduzem os padrões de comparação das pessoas e, desse modo, baixam a febre do luxo e renovam a satisfação com a vida. Em dois desses experimentos, Marshall Dermer e colaboradores (1979) colocaram mulheres universitárias em privação por meio de exercícios de imaginação. Após verem representações da rigidez da vida em Milwaukee em 1900, ou após imaginar e escrever sobre ser queimada e desfigurada, as mulheres expressaram maior satisfação com suas próprias vidas.

Em outro experimento, Jennifer Crocker e Lisa Gallo (1985) verificaram que pessoas que cinco vezes completaram a frase "sou feliz por não ser..." posteriormente se sentiram menos deprimidas e mais satisfeitas com suas vidas do que aquelas que completaram as frases "eu gostaria de ser...". Perceber que outras pessoas têm vidas piores nos ajuda a apreciar o que temos. "Eu chorava porque não tinha sapatos", diz um provérbio Persa, "até que encontrei um homem que não tinha pés". A comparação social *para baixo* facilita a satisfação com a própria vida.

A psicologia social também contribui para um futuro sustentável e permanente pela exploração da boa vida. Se o materialismo não melhora a qualidade de vida, o que melhora?

> Todas as nossas necessidades além daquelas que uma renda muito moderada supriria são puramente imaginárias.
> —HENRY ST. JOHN, *CARTA A SWIFT*, 1719

- *Relacionamentos sustentadores e íntimos*. Como vimos no Capítulo 11, nossa profunda necessidade de pertencer é satisfeita por relacionamentos íntimos e sustentadores. As pessoas que encontram apoio em amizades íntimas ou em um casamento comprometido são muito mais propensas a se declarar "muito felizes".
- *Comunidades de fé* e organizações voluntárias são com frequência uma fonte desse tipo de conexão, bem como de sentido e esperança. Isso ajuda a explicar um achado de levantamentos do Centro Nacional de Pesquisa de Opinião de 46 mil norte-americanos a partir de 1972: 27% daqueles que raramente ou nunca frequentam serviços religiosos se declararam muito felizes, como fizeram 48% daqueles que os frequentam semanalmente.
- *Hábitos de pensar positivo*. Otimismo, autoestima, percepção de controle e extroversão também marcam experiências felizes e vidas felizes.
- *Fluxo*. Trabalho e experiências de lazer que utilizam as habilidades da pessoa marcam vidas felizes. Entre a ansiedade de estar sobrecarregado e estressado e a apatia de estar sobrecarregado e entediado, observa Mihaly Csikszentmihalyi (1990, 1999), encontra-se uma zona na qual as pessoas experimentam o *fluxo*, um estado ideal no qual, absorvidos em uma atividade, perdemos a consciência de nós mesmos e do tempo. Quando a experiência é examinada com o uso de *pagers* eletrônicos, as pessoas relatam maior alegria não quando negligentemente passivas, mas quando absortas inconscientemente em um desafio consciente. De fato, quanto menos cara (e geralmente mais envolvente) a atividade de lazer, *mais felizes* as pessoas ficam ao realizá-la. A maioria das pessoas é mais feliz praticando jardinagem do que andando de lancha, conversando com amigos do que assistindo à TV. As atividades recreativas de baixo consumo se revelam mais gratificantes.

Relacionamentos íntimos, sustentadores são um elemento fundamental no bem-estar.

Nós falhamos em ver como nossa economia, o nosso ambiente e a nossa sociedade são uma coisa só. E que oferecer a melhor qualidade de vida possível para todos nós significa mais do que se concentrar apenas no crescimento econômico.

—PRIMEIRO MINISTRO TONY BLAIR, *PREFÁCIO A UMA MELHOR QUALIDADE DE VIDA*, 1999

Isso é de fato uma boa notícia. Aquelas coisas que contribuem para a vida genuinamente boa – relacionamentos íntimos, redes sociais baseadas na crença, hábitos de pensar positivo, atividade envolvente – são permanentemente sustentáveis. E essa é uma ideia cara a Jigme Singye Wangchuk, Rei do Butão. "A felicidade nacional bruta é mais importante do que o produto interno bruto", acredita ele. Escrevendo do Centro de Estudos do Butão, Sander Tideman (2003) explica: "A felicidade nacional bruta... visa promover o progresso e a sustentabilidade reais medindo a qualidade de vida, em vez da mera soma de produção e consumo". Agora, outras nações também estão avaliando a qualidade de vida nacional. (Ver Exame da Pesquisa: Bem-estar nacional.)

Resumo: Psicologia social do materialismo e da riqueza

- A julgar pelos valores expressados por estudantes universitários e pela "febre do luxo" que marcou o século XX na América, os norte-americanos de hoje – e em menor escala as pessoas em outros países ocidentais – vivem em uma era altamente materialista.
- As pessoas em nações ricas relatam maior felicidade e satisfação com a vida do que aquelas de nações pobres (embora com menos retornos decrescentes à medida que a pessoa se muda de países moderadamente ricos para países muito ricos). As pessoas ricas dentro de um país são um pouco mais felizes do que pessoas da classe trabalhadora, embora novamente mais e mais dinheiro forneça retornos decrescentes (como é evidente em estudos dos super-ricos e de ganhadores de loterias). O crescimento econômico ao longo do tempo torna as pessoas mais felizes? De modo nenhum, parece pelo leve declínio no autorrelato de felicidade e a taxa crescente de depressão durante os anos de crescente afluência pós-década de 1960.
- Dois princípios ajudam a explicar por que o materialismo não consegue trazer satisfação: o fenômeno do nível de adaptação e a comparação social. Quando a renda e o consumo sobem, logo nos adaptamos. Além disso, comparando-nos aos outros, podemos achar nossa posição relativa inalterada.
- Para construir um futuro sustentável e gratificante, podemos individualmente e, como uma sociedade, buscar promover relacionamentos íntimos, redes sociais baseadas na crença, hábitos de pensamento positivo e atividades envolventes.

EXAME DA PESQUISA | Bem-estar nacional

"Uma cidade é bem-sucedida não quando é rica, mas quando seu povo é feliz." Igualmente acredita o ex-prefeito de Bogotá, Colômbia, Enrique Peñalosa, ao explicar sua campanha para melhorar a qualidade de vida de sua cidade – construindo escolas e aumentando as matrículas escolares em 34%, construindo ou reconstruindo mais de 1.200 parques, criando um sistema de tráfego eficaz e reduzindo a taxa de homicídios drasticamente (Gardner & Assadourian, 2004).

A ideia de sucesso nacional de Peñalosa é compartilhada por um número cada vez maior de cientistas sociais e planejadores do governo. Na Grã-Bretanha, a Fundação New Economic desenvolveu uma "medida de progresso doméstico" que acompanha a saúde social nacional e publicou um *Well-being manifest for a flourishing society (Manifesto do bem-estar para uma sociedade próspera)*. O lema da fundação: "Acreditamos na economia como se as pessoas e o planeta importassem". Para avaliar o progresso nacional, eles insistem, devemos medir não apenas o progresso financeiro, mas também os tipos de crescimento que aumentam a satisfação com a vida e a felicidade das pessoas.

O economista britânico Andrew Oswald (2006), da nova geração de economistas que estudam os relacionamentos entre bem-estar econômico e bem-estar psicológico, observa que "a fé dos 'economistas' no valor do crescimento está diminuindo. É uma coisa boa que lentamente se imporá nas mentes dos políticos de amanhã".

Abrindo o caminho para novas formas de avaliar o progresso humano estão as recentes "diretrizes para os indicadores nacionais de bem-estar e mal-estar subjetivo" desenvolvidas pelo psicólogo da Universidade de Illinois Ed Diener (2005; Diener et al., 2008, 2009) e assinadas por dezenas dos principais pesquisadores do mundo (Fig. 16.8). Elas observam que "as medidas globais de bem-estar subjetivo, tais como as avaliações de satisfação com a vida e felicidade, podem ser úteis para o debate político", por exemplo, detectando os efeitos humanos de quaisquer intervenções políticas. Mais especificamente, já estão disponíveis questões para avaliar esses indicadores:

- *Emoções positivas,* incluindo aquelas envolvendo excitação baixa (satisfação), excitação moderada (prazer) e excitação alta (euforia) e aquelas envolvendo respostas positivas aos outros (afeição) e a atividades (interesse e envolvimento).
- *Emoções negativas,* incluindo raiva, tristeza, ansiedade, estresse, frustração, inveja, culpa e vergonha, solidão e desamparo. As medidas podem pedir que as pessoas lembrem ou gravem a frequência de suas experiências de emoções positivas e negativas.
- *Felicidade,* que frequentemente é tomada como significando um humor positivo geral, tal como indicado pelas respostas das pessoas a uma pergunta de pesquisa amplamente utilizada: "Considerando todas as coisas juntas, como você diria que está a sua vida atualmente – você diria que é muito feliz, razoavelmente feliz ou não muito feliz?".
- *Satisfação com a vida,* que envolve as pessoas na avaliação de sua vida como um todo.
- *Áreas de satisfação,* que convida as pessoas a indicar sua satisfação com sua saúde física, trabalho, lazer, relacionamentos, família e comunidade.
- *Qualidade de vida,* um conceito mais amplo que inclui o ambiente e a saúde e as percepções da pessoa destes.

Muitos desses indicadores fazem parte de pesquisas mundiais de bem-estar do Instituto Gallup, realizadas em mais de 130 países e envolvendo mais de 95% das pessoas do mundo (Gallup News, 2007; Harter & Gurley, 2008). As pesquisas comparam países (revelando, p. ex., que as pessoas em alguns países de renda alta, como Israel e Arábia Saudita, relatam níveis mais baixos de emoções positivas do que pessoas em alguns países de renda baixa, como o Quênia e a Índia). O Instituto Gallup também está conduzindo uma pesquisa em grande escala de 25 anos sobre a saúde e o bem-estar de residentes dos Estados Unidos, com 250 entrevistadores realizando mil entrevistas por dia, sete dias por semana. O resultado é um retrato diário do bem-estar dos norte-americanos – da felicidade, do estresse, da raiva, do sono, das preocupações financeiras, das alegrias, da socialização, do trabalho e muito mais. Embora o projeto tenha sido lançado recentemente, os pesquisadores já identificaram os melhores dias do ano (basicamente os fins de semana e os feriados) e monitoraram o impacto emocional de curto prazo das oscilações econômicas. E com mais de 300 mil entrevistados por ano, qualquer subgrupo de 1% da população terá cerca de 3 mil entrevistados incluídos, desse modo permitindo que os pesquisadores comparem pessoas em ocupações, locais, religiões e grupos étnicos muito específicos.

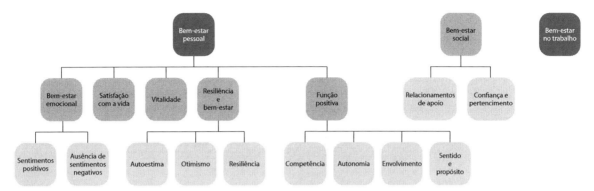

FIGURA 16.8
Componentes do bem-estar.
Em seu relatório *National accounts of well-being (Relatos nacionais de bem-estar)*, a fundação britânica New Economic exorta os governos a "medir diretamente o bem-estar subjetivo das pessoas: suas experiências, sentimentos e percepções de como suas vidas estão indo". O que importa, afirma esse grupo de reflexão, não é tanto o nível econômico das pessoas em relação à percepção delas de sua qualidade de vida. As categorias para avaliar o bem-estar nacional incluem bem-estar pessoal, bem-estar social e bem-estar relacionado ao trabalho.

PÓS-ESCRITO: Como se vive com responsabilidade no mundo moderno?

Devemos reconhecer que... somos uma família humana e uma comunidade terrestre com um destino comum. Devemos somar forças para gerar uma sociedade sustentável global baseada no respeito pela natureza, nos direitos humanos universais, na justiça econômica e em uma cultura da paz. Para chegar a esse propósito, é imperativo que nós, os povos da terra, declaremos nossa responsabilidade uns em relação aos outros, à grande comunidade da vida e às futuras gerações.

– Preâmbulo, A Carta da Terra, www.earthcharter.org

Ler e escrever sobre crescimento populacional, aquecimento global, materialismo, consumo, adaptação, comparação e sustentabilidade provoca minha reflexão: eu sou parte da resposta ou parte do problema? Eu posso ter um bom discurso. Mas eu sigo o que eu prego?

Para ser sincero, minha ficha é mista.

Eu vou de bicicleta para o trabalho o ano inteiro. Mas eu também viajei 80 mil milhas no ano passado em aviões de alto consumo de combustível.

Eu isolei minha casa de 108 anos, instalei uma caldeira eficiente e girei o termostato durante os dias de inverno para 19°C. Mas tendo crescido em um clima de verão ameno, não consigo me imaginar vivendo sem ar-condicionado nos dias sufocantes de verão.

Para controlar a produção de gases de efeito estufa, rotineiramente desligo as luzes e o monitor do computador quando saio do meu escritório e plantei árvores em torno da minha casa. Mas ajudei a financiar o desmatamento da América do Sul com a carne importada que tenho jantado e o café que tenho bebido.

Em 1973, aplaudi quando os Estados Unidos estabeleceram um limite de velocidade máxima nacional de 90 km/h para economizar energia e fiquei desapontado quando isso foi abandonado em 1995. Mas agora que os motoristas nas estradas em torno de minha cidade voltaram aos 110 km/h, eu não dirijo a menos de 110 km/h – mesmo sem (rubor) outros carros à vista.

Em minha casa, reciclamos todas embalagens de papel, latas e garrafas. Mas toda semana recebemos correspondência, jornais e revistas suficientes para encher uma caixa de reciclagem de papel de 84 litros.

Nada mal, digo para mim mesmo. Porém não é uma resposta ousada para a crise iminente. Nossos bisnetos não prosperarão neste planeta se todos os 7 bilhões de humanos de hoje (muito menos todos os 9 bilhões de amanhã) exigissem uma pegada ecológica de tamanho semelhante.

Como, então, se participa do mundo moderno, acolhendo suas belezas e conveniências, porém permanecendo consciente de nosso legado ambiental? Mesmo os líderes do movimento para uma vida mais simples – que também viajaram em aviões de alto consumo de combustível para as três conferências a que comparecemos juntos em ambientes luxuosos – se debatem com a forma de viver com responsabilidade no mundo moderno.

E você, o que pensa? Que regras apoia ou a quais se opõe? Os requisitos de combustíveis mais eficientes para carros e caminhões? Autoverificações de poluição? Proibição de queimadas para reduzir o nevoeiro de fumaça? Se você vivesse em um país onde impostos altos sobre os combustíveis motivam as pessoas a dirigir carros pequenos econômicos, você gostaria de poder ter os impostos sobre combustíveis mais baixos e o petróleo mais barato que permitiram aos norte-americanos dirigir carros grandes? Se você fosse norte-americano, seria a favor de impostos sobre a gasolina e o petróleo mais altos para ajudar a conservar os recursos naturais e conter o aquecimento global?

Qual é a probabilidade de que a humanidade seja capaz de refrear o aquecimento global e a sangria de recursos naturais? Se o biólogo E. O. Wilson (2002) estiver certo ao especular que os seres humanos evoluíram para se comprometer apenas com seu pequeno pedaço de geografia, sua própria família e seu próprio tempo, podemos esperar que nossa espécie exiba "altruísmo prolongado" cuidando de nossos descendentes distantes? Os hoje invejados "estilos de vida dos ricos e famosos" se tornarão deselegantes em um futuro no qual a sustentabilidade se torne uma necessidade? Ou a preocupação das pessoas consigo e com exibir os símbolos de sucesso sempre triunfará sobre suas preocupações com seus invisíveis bisnetos?

> O grande dilema do raciocínio ambiental deriva desse conflito entre valores de curso prazo e valores de longo prazo.
> —E. O. WILSON, O FUTURO DA VIDA, 2002

Conexão social

Neste capítulo, discutimos as formas pelas quais a psicologia social pode encorajar o desenvolvimento de novas tecnologias e reduzir o consumo entre os residentes de países desenvolvidos. Também vimos a evidência psicossocial de que a riqueza material não compra a felicidade e o bem-estar.

Um fator que aumenta o bem-estar das pessoas é experimentar o "fluxo" à medida que elas se focalizam em um desafio que utilize suas habilidades. O Centro de Aprendizagem *On-line* (www.mhhe.com/myers10e) para este livro oferece um exemplo: um grupo de corredores de aventura percebendo seu potencial enquanto pratica corrida, canoagem, rapel, natação e escalada em um trajeto de 400 km através de um terreno traiçoeiro.

Glossário

abertura Revelar aspectos íntimos de si aos outros.

aceitação Conformidade que envolve tanto agir quanto acreditar de acordo com a pressão social.

acordos integradores Acordos em que todos têm a ganhar, que conciliam os interesses de ambas as partes para benefício mútuo.

administração do terror Segundo a "teoria da administração do terror", existem respostas emocionais e cognitivas de autoproteção das pessoas diante de elementos que as lembram de sua mortalidade (incluindo aderir mais fortemente a suas visões de mundo e seus preconceitos culturais).

adulação Uso de estratégias, tais como elogios excessivos, pelas quais as pessoas procuram ganhar a preferência de outras.

agressão Comportamento físico ou verbal com intenção de ferir alguém. Em experimentos de laboratório, isso pode significar aplicar choques elétricos ou dizer algo que provavelmente irá ferir os sentimentos de outra pessoa.

agressividade Comportamento físico ou verbal com intenção de machucar alguém.

agressividade hostil Agressividade impulsionada pela raiva e levada a cabo como um fim em si mesmo (Também chamada de *agressividade emocional*.)

agressividade instrumental Agressividade que é meio para outro fim.

altruísmo Motivo para aumentar o bem-estar de outras pessoas sem considerar conscientemente o interesse próprio.

ameaça do estereótipo Preocupação perturbadora, diante de um estereótipo negativo, de que se vai ser avaliado com base nesse estereótipo. Ao contrário de profecias autorrealizadoras que martelam a reputação da pessoa em seu autoconceito, as situações de ameaças do estereótipo têm efeitos imediatos.

amor apaixonado Estado de intenso desejo pela união com o outro. Os amantes apaixonados são absorvidos um no outro, sentem-se êxtase ao conquistar o amor do parceiro e ficam inconsoláveis ao perdê-lo.

amor companheiro Carinho que sentimos por aqueles com os quais nossas vidas estão profundamente entrelaçadas.

amostra aleatória Procedimento em um levantamento no qual toda pessoa na população que está sendo estudada tem a mesma chance de ser incluída.

andrógino De *andro* (homem) + *gyn* (mulher) – portanto, que mistura tanto características masculinas quanto femininas.

apego preocupado Vínculos marcados por uma sensação de seu próprio desmerecimento e ansiedade, ambivalência e possessividade.

apego rejeitador Estilo de relacionamento evitativo, marcado por desconfiança em relação aos outros.

apego seguro Vínculos enraizados na confiança e marcados pela intimidade.

apego temeroso Estilo de relacionamento evitativo, marcado por medo de rejeição.

aquiescência Conformidade que envolve publicamente agir de acordo com um pedido implícito ou explícito, mas privadamente discordar.

arbitragem Solução de um conflito por um terceiro neutro que estuda ambos os lados e impõe um acordo.

armadilha social Situação em que as partes em conflito, ao racionalmente ir em busca, cada uma, de seu interesse próprio, acabam presas a um comportamento mutuamente destrutivo. Entre os exemplos estão o *Dilema do prisioneiro* e a *Tragédia dos comuns*.

atitude Uma reação favorável ou desfavorável em relação a algo ou alguém (com frequência enraizada em nossas crenças e exibida em nossos sentimentos e comportamento pretendido).

atitudes duais Atitudes implícitas (automáticas) e explícitas (conscientemente controladas) diferentes ante o mesmo objeto. Atitudes explícitas verbalizadas podem mudar com educação e persuasão; atitudes implícitas mudam lentamente, com prática que forma novos hábitos.

atratividade Ter qualidades que atraem o público. Um comunicador atraente (muitas vezes alguém parecido com o público) é mais persuasivo em questões de preferência subjetiva.

atribuição disposicional Atribuir o comportamento à disposição e aos traços de uma pessoa.

atribuição situacional Atribuir o comportamento ao ambiente.

atribuições autofavoráveis Uma forma de viés de autosserviço; a tendência a atribuir desfechos positivos a si mesmo e desfechos negativos a outros fatores.

autoapresentação O ato de se expressar e se comportar de modos destinados a criar uma impressão favorável ou uma impressão que corresponda a nossos ideais.

autoconceito Respostas de uma pessoa à pergunta: "Quem sou eu?".

autoconsciência Um estado de consciência de si próprio em que a atenção se concentra sobre nós mesmos. Ela torna as pessoas mais sensíveis às próprias atitudes e disposições.

autoeficácia O senso de que somos competentes e eficazes, distinguido da autoestima, que é nosso senso de valor próprio. Um bombardeiro poderia sentir alta autoeficácia e baixa autoestima.

autoesquema Crenças sobre si mesmo que organizam e guiam o processamento de informações relacionadas ao *self*.

autoestima Autoavaliação global ou senso de valor próprio de uma pessoa.

autoimpedimento Proteger nossa autoimagem com comportamentos que criam uma desculpa cômoda para o posterior fracasso.

automonitoramento Estar sintonizado com o modo como nos apresentamos em situações sociais e ajustamos nosso desempenho para criar a impressão desejada.

canal de comunicação O modo como uma mensagem é transmitida – se face a face, por escrito, em filme ou de alguma outra forma.

capital social Apoio mútuo e cooperação possibilitados por uma rede social.

características de demanda Sugestões em um experimento que indicam ao participante qual comportamento é esperado.

catarse Liberação emocional. A visão da agressividade baseada na catarse é de que o impulso agressivo é reduzido quando se "libera" a energia agressiva, seja agindo de forma agressiva, seja fantasiando agressividade.

coatores Coparticipantes que trabalham individualmente em uma atividade não competitiva.

coesão Um "sentimento de nós"; o grau em que membros de um grupo estão unidos, tal como por atração uns pelos outros.

coletivismo Dar prioridade às metas de nossos grupos (com frequência nossa família extensa ou grupo de trabalho) e definir nossa identidade de acordo.

comparação social Avaliação de nossas capacidades e opiniões comparando-nos com os outros.

comparação social Avaliar as próprias capacidades e opiniões comparando-se com os outros.

comparação social Avaliar nossas próprias opiniões e habilidades comparando-nos com os outros.

complementaridade Tendência amplamente suposta, em uma relação entre duas pessoas, de que cada uma completa o que está faltando na outra.

comportamento instintivo Padrão de comportamento não aprendido e inato, exibido por todos os membros de uma espécie.

comportamento pró-social Comportamento social positivo, construtivo e útil; oposto do comportamento antissocial.

confirmação comportamental Um tipo de profecia autorrealizadora na qual as expectativas sociais das pessoas as levam a se comportar de modos que fazem os outros confirmarem suas expectativas.

conflito Incompatibilidade percebida de ações ou objetivos.

conformidade Uma mudança de comportamento ou de crença como resultado da pressão do grupo real ou imaginária.

consciência de estigma Expectativa que uma pessoa tem de ser vítima de preconceito ou discriminação.

consentimento informado Princípio ético que exige que os participantes sejam informados o suficiente para permitir-lhes decidir se querem participar.

contato entre *status* iguais Contato em base de igualdade. Assim como uma relação entre pessoas de *status* desiguais gera atitudes coerentes com a relação entre elas, o mesmo acontece com as relações entre as de *status* iguais. Assim, para reduzir o preconceito, o contato inter-racial deve se dar entre pessoas de mesmo *status*.

correlação ilusória Percepção de uma relação onde não existe nenhuma, ou percepção de uma relação mais forte do que realmente existe.

credibilidade Confiabilidade. Um comunicador crível é percebido tanto como perito quanto como confiável.

culto (também chamado novo movimento religioso) Um grupo caracterizado por (1) ritual distintivo e crenças relacionadas a sua devoção a um deus ou a uma pessoa, (2) isolamento da cultura "maligna" do ambiente e (3) um líder carismático. (Uma seita, ao contrário, é um subproduto de uma grande religião.)

cultura Os comportamentos, ideias, atitudes e tradições duradouros compartilhados por um grande grupo de pessoas e transmitido de geração em geração.

debriefing Em psicologia social, a explicação de um estudo para seus participantes. O *debriefing* geralmente revela algum engano, e muitas vezes interroga os participantes sobre sua compreensão e seus sentimentos.

desamparo aprendido Senso de desesperança e resignação adquirido quando um ser humano ou um animal percebe que não tem controle sobre maus eventos repetidos.

designação aleatória O processo de designar participantes para as condições de um experimento de modo que todas as pessoas tenham a mesma chance de estar em uma dada condição. (Observe a distinção entre *designação* aleatória em experimentos e *amostragem* aleatória em levantamentos. A designação aleatória nos ajuda a inferir causa e efeito. A amostragem aleatória nos ajuda a generalizar para uma população.)

desindividuação Perda da autoconsciência e do receio de avaliação; ocorre em situações de grupo que promovem a capacidade de resposta às normas do grupo, boas ou más.

discriminação Comportamento negativo injustificado em relação a um grupo ou seus membros.

dissonância cognitiva Tensão que surge quando se está simultaneamente consciente de duas cognições incompatíveis. Por exemplo, pode ocorrer dissonância quando percebemos que, com pouca justificativa, agimos contra nossas atitudes ou tomamos uma decisão que favorece uma alternativa a despeito de razões que favorecem outra.

efeito da desinformação A incorporação de informações errôneas à lembrança do evento, depois de testemunhar um evento e receber informações enganosas sobre ele.

efeito da mera exposição Tendência a se gostar mais dos novos estímulos ou avaliá-los de forma mais positiva após ter sido repetidamente exposto a eles.

efeito de falsa unicidade A tendência de subestimar a semelhança de nossas habilidades e de nossos comportamentos desejáveis ou bem-sucedidos.

efeito de homogeneidade exogrupal Percepção sobre membros do exogrupo como mais semelhantes entre si do que os membros do endogrupo. Assim, "eles são iguais, nós somos variados".

efeito de informação errada Incorporar "informação errada" à memória do evento após testemunhar um evento e receber informação enganadora sobre ele.

efeito de justificação excessiva O resultado de subornar as pessoas para que elas façam o que já gostam de fazer; elas podem então ver suas ações como controladas externamente e não como intrinsecamente atraentes.

efeito de justificativa insuficiente Resultado de subornar as pessoas para fazer o que elas já gostam de fazer; a seguir, elas podem considerar suas ações externamente controladas em vez de intrinsecamente atraentes.

efeito de primazia Outras coisas sendo iguais, as informações apresentadas primeiro geralmente têm maior influência.

efeito de recentidade As informações apresentadas por último às vezes têm mais influência. Efeitos de recentidade são menos comuns do que efeitos de primazia.

efeito do espectador Conclusão de que uma pessoa tem menor probabilidade de ajudar quando há outras presentes.

efeito do falso consenso A tendência de superestimar a semelhança de nossas opiniões e de nossos comportamentos indesejáveis ou malsucedidos.

efeito dorminhoco O impacto retardado de uma mensagem que ocorre quando uma mensagem inicialmente desconsiderada torna-se eficaz, quando nos lembramos da mensagem, mas esquecemos a razão para desconsiderá-la.

efeito holofote A crença de que os outros estão prestando mais atenção em nossa aparência e comportamento do que realmente estão.

egoísmo Motivação (supostamente subjacente a todo o comportamento) para aumentar seu próprio bem-estar. É o oposto do altruísmo, que visa aumentar o bem-estar de outro.

empatia Experiência indireta com os sentimentos de outros; colocar-se no lugar dos outros.

endogrupo "Nós" – grupo de pessoas que compartilham um sentimento de pertencimento, um sentimento de identidade comum.

engano Em pesquisa, um efeito pelo qual os participantes são enganosamente informados ou iludidos sobre os métodos e as finalidades do estudo.

enquadramento O modo como uma pergunta ou questão é posta; o enquadramento pode influenciar as decisões e opiniões expressas das pessoas.

equidade Condição em que os resultados que as pessoas obtêm de um relacionamento são proporcionais à sua contribuição a esse relacionamento. Observação: resultados equitativos não precisam ser sempre resultados iguais.

erro de atribuição Atribuir um comportamento à fonte errada.

erro fundamental de atribuição A tendência do observador de subestimar influências situacionais e superestimar influências disposicionais no comportamento dos outros. (Também denominado *viés de correspondência*, porque com muita frequência vemos o comportamento como correspondente a uma disposição.)

espaço pessoal A zona de amortecimento que gostamos de manter em torno de nossos corpos. Seu tamanho depende de nossa familiaridade com quem está perto de nós.

estereótipo Crença sobre os atributos pessoais de um grupo de pessoas. Os estereótipos são, por vezes, exageradamente generalizados, imprecisos e resistentes a novas informações.

estereótipo da atratividade física Presunção de que as pessoas fisicamente atraentes também possuam outras características socialmente desejáveis: o que é bonito é bom.

estilo explicativo Forma habitual de explicar os eventos de vida. Um estilo explanatório negativo, pessimista, depressivo atribui o fracasso a causas estáveis, globais e internas.

etnocentrismo Crença na superioridade de seu próprio grupo étnico e cultural e desdém correspondente em relação a todos os outros grupos.

exclusão moral Percepção de certos indivíduos ou grupos como se estivessem fora do limite no qual a pessoa aplica valores morais e regras relacionadas ao que é justo. Inclusão moral é considerar os outros dentro do próprio círculo de preocupação moral.

exogrupo "Eles" – grupo que as pessoas percebem como distintamente diferentes ou afastados do seu endogrupo.

facilitação social (1) Significado original: a tendência das pessoas de executar melhor tarefas simples ou bem aprendidas quando outras pessoas estão presentes. (2) Significado atual: o fortalecimento de respostas dominantes (prevalentes, prováveis) na presença de outras pessoas.

falácia do planejamento A tendência de subestimar quanto tempo vai levar para concluir uma tarefa.

fenômeno autocinético Movimento (*cinético*) próprio (*auto*). O aparente movimento de um ponto fixo de luz no escuro.

fenômeno da combinação Tendência de homens e mulheres a escolher como parceiros quem "combinem" em termos de atratividade e outras características.

fenômeno da confiança excessiva A tendência de ser mais confiante do que correto – de superestimar a precisão de suas crenças.

fenômeno do mundo justo Tendência das pessoas a acreditar que o mundo é justo e que, portanto, cada um recebe o que merece e merece o que recebe.

GLOSSÁRIO

fenômeno do nível de adaptação A tendência a se adaptar a um determinado nível de estimulação e, portanto, de perceber e reagir a mudanças a partir daquele nível.

fenômeno pé na porta A tendência de que as pessoas que primeiro concordaram com um pequeno favor concordarão posteriormente com um pedido maior.

fluxo de comunicação em duas etapas O processo pelo qual a influência da mídia muitas vezes ocorre por líderes de opinião, que por sua vez influenciam outras pessoas.

frustração Bloqueio de comportamentos direcionados a objetivos.

gênero Em psicologia, as características, quer biológicas ou socialmente influenciadas, pelas quais as pessoas definem-se masculinas e femininas.

GRIT Sigla para *graduated and reciprocated initiatives in tension reduction* – uma estratégia para reduzir tensões internacionais.

grupo Duas ou mais pessoas que, por mais do que alguns instantes, interagem e se influenciam mutuamente e se percebem como "nós".

heurística Uma estratégia de pensamento que nos permite julgar de maneira rápida e eficiente.

heurística da disponibilidade Uma regra cognitiva que julga a probabilidade das coisas em termos de sua disponibilidade na memória. Se exemplos de alguma coisa não demoram para vir à cabeça, presumimos que eles são comuns.

heurística da representatividade A tendência de presumir, às vezes a despeito de probabilidades contrárias, que alguém ou alguma coisa pertence a um determinado grupo caso pareça (represente) um membro típico.

hipótese Uma proposição testável que descreve uma relação que pode existir entre dois eventos.

identidade social Aspecto do autoconceito relacionado a "nós"; a parte de nossa resposta à pergunta "quem sou eu?" que vem de nosso pertencimento a grupos.

ignorância pluralística Uma falsa impressão do que a maioria das outras pessoas está pensando ou sentindo, ou de como elas estão respondendo.

ilusão de controle Percepção de eventos incontroláveis como sujeitos a nosso controle ou como mais controláveis do que são.

ilusão de transparência A ilusão de que nossas emoções escondidas transparecem e podem ser facilmente identificadas pelos outros.

individualismo O conceito de dar prioridade aos seus próprios objetivos e não aos objetivos do grupo e definir sua identidade em termos de atributos pessoais mais do que de identificações de grupo.

inferência espontânea de traços Uma inferência automática espontânea de um traço após exposição ao comportamento de alguém.

influência informacional Conformidade que ocorre quando as pessoas aceitam evidências sobre a realidade fornecidas por outras pessoas.

influência normativa Conformidade baseada no desejo de uma pessoa de satisfazer as expectativas dos outros, muitas vezes para obter aceitação.

inoculação de atitudes Expor as pessoas a fracos ataques às suas atitudes para que, quando ataques mais fortes vierem, elas tenham refutações disponíveis.

interação Uma relação em que o efeito de um fator (como a biologia) depende de outro fator (como o ambiente).

ir de carona Pessoas que se beneficiam do grupo, mas dão pouco em troca.

jogos de soma diferente de zero Jogos em que a soma dos resultados não precisa ser zero. Trabalhando conjuntamente, ambos podem ganhar; competindo, ambos podem perder. (Também chamadas de *situações de motivações contraditórias*.)

justificação insuficiente Redução da dissonância justificando internamente o próprio comportamento quando justificação externa é "insuficiente".

liderança O processo pelo qual alguns membros dos grupos motivam e orientam o grupo.

liderança de tarefa Liderança que organiza o trabalho, estabelece padrões e se concentra em metas.

liderança social Liderança que constrói o trabalho em equipe, media conflitos e oferece apoio.

liderança transformacional Liderança que, capacitada pela visão e inspiração de um líder, exerce influência legitimadora.

***locus* de controle** O grau em que as pessoas percebem os resultados como internamente controláveis por seus próprios esforços ou como externamente controlados pelo acaso ou por forças externas.

mediação Tentativa, por um terceiro neutro, de resolver um conflito, facilitando a comunicação e oferecendo sugestões.

medicina comportamental Um campo interdisciplinar que integra e aplica conhecimento comportamental e médico sobre saúde e doença.

necessidade de pertencimento Motivação para estabelecer vínculos com outras pessoas em relacionamentos que proporcionem interações positivas constantes.

negligência da imunidade A tendência humana de subestimar a rapidez e a força do "sistema imune psicológico", o qual permite recuperação e resiliência emocional depois que coisas ruins acontecem.

negociação Busca de um acordo para um conflito por meio do diálogo direto entre as partes.

neurociência social Uma integração de perspectivas biológicas e sociais que explora as bases neurais e psicológicas dos comportamentos sociais e emocionais.

norma da reciprocidade Expectativa de que as pessoas vão ajudar, e não prejudicar, àquelas que as ajudaram.

norma da responsabilidade social Expectativa de que as pessoas vão ajudar a quem precisa de ajuda.

normas Padrões para comportamento aceito e esperado. As normas prescrevem o comportamento "correto". (Em outra acepção da palavra, as normas também descrevem o que faz a maioria das outras pessoas – o que é *normal*.)

obediência Agir de acordo com uma ordem ou comando direto.

objetivo de ordem superior Objetivo comum que exige esforço cooperativo; objetivo que supera as diferenças que as pessoas têm umas com as outras.

orientação à dominação social Motivação para que o próprio grupo domine outros grupos sociais.

papéis de gênero Um conjunto de expectativas (normas) para homens e mulheres.

papel Um conjunto de normas que define como as pessoas em uma dada posição social devem se comportar.

paz Condição marcada por baixos níveis de hostilidade e agressão e por relacionamentos mutuamente benéficos.

pensamento contrafatual Imaginar cenários e desfechos alternativos que poderiam ter acontecido, mas não aconteceram.

pensamento de grupo "O modo de pensar que as pessoas adotam quando a busca de concordância se torna tão dominante em um grupo coeso que tende a substituir uma avaliação realista dos cursos de ação alternativos." —Irving Janis (1971)

percepções do tipo imagem espelhada Pontos de vista recíprocos um sobre o outro, muitas vezes de partes em conflito; por exemplo, cada um pode se considerar como moral e amante da paz e o outro, como mau e agressivo.

perseverança da crença Persistência de nossas concepções iniciais, como quando a base para nossa crença é desacreditada, mas uma explicação de por que a crença poderia ser verdadeira sobrevive.

personalidade autoritária Uma personalidade que tende a favorecer a obediência à autoridade e a intolerância com exogrupos e grupos de *status* inferior.

persuasão O processo pelo qual uma mensagem induz mudança de crenças, atitudes ou comportamentos.

pesquisa correlacional O estudo de relações que ocorrem naturalmente entre variáveis.

pesquisa de campo Pesquisa feita em ambientes naturais da vida real, fora do laboratório.

pesquisa experimental Estudos que buscam pistas para relações de causa e efeito manipulando um ou mais fatores (variáveis independentes) enquanto controlam outros (mantendo-os constantes).

pessimismo defensivo O valor adaptativo de antever problemas e aproveitar a ansiedade para motivar uma ação efetiva.

polarização de grupo Aumento das tendências preexistentes dos membros produzido pelo grupo; fortalecimento da tendência média dos membros, não uma divisão dentro do grupo.

preconceito Julgamento negativo preconcebido de um grupo e seus membros individuais.

priming Ativar determinadas associações na memória.

privação relativa Percepção de que se está em situação pior do que a de outros com quem nos comparamos.

processamento automático Pensamento "implícito" que não requer esforço, habitual e sem consciência, e que corresponde aproximadamente à "intuição".

processamento controlado Pensamento "explícito" que é deliberado, reflexivo e consciente.

profecia autorrealizadora Uma crença que leva à própria concretização.

proximidade Aproximação geográfica. A proximidade (mais precisamente, a "distância funcional") é um poderoso preditor do gostar.

psicologia clínica O estudo, a avaliação e o tratamento de pessoas com dificuldades psicológicas.

psicologia da saúde O estudo das raízes psicológicas da saúde e da doença. Oferece contribuições da psicologia à medicina comportamental.

psicologia evolucionista O estudo da evolução da cognição e do comportamento usando princípios da seleção natural.

psicologia social O estudo científico de como as pessoas pensam, influenciam e se relacionam umas com as outras.

racismo (1) Atitudes preconceituosas e comportamentos discriminatórios de um indivíduo em relação às pessoas de uma determinada raça ou (2) práticas institucionais (mesmo que não motivadas por preconceito) que subordinam pessoas de determinada raça.

realismo depressivo Tendência de pessoas levemente deprimidas a fazer julgamentos, atribuições e previsões mais corretos do que egoístas.

realismo experimental Grau em que um experimento absorve e envolve seus participantes.

realismo mundano Grau em que um experimento é superficialmente semelhante a situações cotidianas.

reatância Um motivo para proteger ou recuperar o senso de liberdade. Surge reatância quando alguém ameaça a nossa liberdade de ação.

reatância Um motivo para proteger ou restaurar nosso sentido de liberdade. A reatância surge quando alguém ameaça nossa liberdade de ação.

receio de avaliação A preocupação com a forma como os outros estão nos avaliando.

reciprocidade na abertura Tendência que a intimidade da abertura de uma pessoa tem de ser equilibrada com a de um parceiro de conversação.

redirecionamento Redirecionamento de agressividade a um alvo que não seja a fonte da frustração. Em geral, o novo alvo é um mais seguro ou socialmente mais aceitável.

regressão para a média A tendência estatística de escores extremos ou de comportamento radical retornarem à média.

representações sociais Crenças socialmente compartilhadas – ideias e valores amplamente disseminados, inclusive nossas suposições e ideologias culturais. Nossas representações sociais nos ajudam a entender nosso mundo.

rota central à persuasão Ocorre quando as pessoas interessadas se concentram nos argumentos e respondem com pensamentos favoráveis.

rota periférica à persuasão Ocorre quando as pessoas são influenciadas por indicadores acessórios, tais como a atratividade de um orador.

roteiros sociais Instruções mentais fornecidas culturalmente sobre como agir em diversas situações.

seleção natural O processo evolutivo pelo qual traços hereditários que melhor capacitam os organismos para sobreviver e se reproduzir em determinados ambientes são transmitidos para as gerações seguintes.

seleção por parentesco Ideia de que a evolução selecionou o altruísmo para com os parentes próximos com vistas a aumentar a sobrevivência dos genes mutuamente compartilhados.

self **interdependente** Interpretar nossa identidade em relação aos outros.

selves **possíveis** Imagens do que sonhamos ou tememos nos tornar no futuro.

sexismo (1) Atitudes preconceituosas e comportamentos discriminatórios de um indivíduo para com as pessoas de determinado sexo ou (2) práticas institucionais (mesmo que não motivadas por preconceito) que subordinam pessoas de determinado sexo.

subagrupamento Acomodar os indivíduos que se desviam de um estereótipo ao formar um novo estereótipo sobre esse subconjunto do grupo.

subclassificação Acomodar os indivíduos que se desviam de um estereótipo ao pensar neles como "exceções à regra".

técnica da bola baixa Uma tática para fazer as pessoas concordarem com alguma coisa. As pessoas que concordam com um pedido inicial com frequência ainda aquiescerão quando o solicitante aumenta o valor cobrado. As pessoas que recebem apenas o valor mais alto são menos propensas a aceitar.

técnica da porta na cara Estratégia para obter uma concessão. Depois que alguém recusar inicialmente um pedido grande (porta na cara), o mesmo solicitante faz a contraoferta de um pedido mais razoável.

teoria Um conjunto integrado de princípios que explicam e preveem eventos observados.

teoria da aprendizagem social Teoria de que aprendemos o comportamento social observando e imitando, bem como sendo recompensados e punidos.

teoria da atração baseada na gratificação Teoria segundo a qual gostamos daqueles cujo comportamento nos é gratificante ou que associamos a eventos gratificantes.

teoria da atribuição A teoria sobre como as pessoas explicam o comportamento dos outros – por exemplo, atribuindo-o a disposições internas (traços, motivos e atitudes permanentes) ou a situações externas.

teoria da autoafirmação Uma teoria de que (a) as pessoas muitas vezes experimentam uma ameaça à autoimagem depois de terem um comportamento indesejável; e (b) elas podem compensar afirmando outro aspecto de seu *self*. Ameace o autoconceito das pessoas em um domínio, e elas compensarão retomando o foco ou fazendo boas ações em algum outro domínio.

teoria da autopercepção A teoria de que quando não temos certeza de nossas atitudes, nós as inferimos como faria alguém que nos observa, observando nosso comportamento e as circunstâncias nas quais ele acontece.

teoria da emoção baseada em dois fatores Excitação × seu rótulo = emoção.

teoria da frustração-agressividade Teoria de que a frustração desencadeia uma disposição a agredir.

teoria das trocas sociais Teoria segundo a qual as interações humanas são transações que visam maximizar as recompensas e minimizar os custos que incidem sobre a pessoa.

teoria do conflito grupal realista Teoria de que o preconceito surge da competição entre os grupos por recursos escassos.

teste de associação implícita (IAT) Uma avaliação computadorizada das atitudes implícitas. O teste usa os tempos de reação para medir as associações automáticas das pessoas entre objetos de atitude e palavras avaliativas. Pareamentos mais fáceis (e respostas mais rápidas) são interpretados como indicativos de associações inconscientes mais fortes.

Tragédia dos comuns Neste caso, os "comuns" representam qualquer recurso compartilhado, incluindo ar, água, fontes de energia e estoques de alimentos. A tragédia ocorre quando os indivíduos consomem mais do que a sua parte, com o custo de que o que fazem se dispersa entre todos, causando o colapso maior – a tragédia – dos comuns.

vadiagem social A tendência das pessoas a exercerem menos esforço quando unem seus esforços por um objetivo comum do que quando são individualmente responsáveis.

variável dependente A variável que está sendo medida, assim chamada porque pode depender das manipulações da variável independente.

variável independente O fator experimental que um pesquisador manipula.

viés da própria raça A tendência das pessoas a reconhecer de forma mais precisa os rostos da sua própria raça. (Também chamado de *efeito inter-racial* ou *efeito de outra raça*.)

viés de autosserviço Tendência de perceber a si mesmo de modo favorável.

viés de confirmação Tendência de buscar informações que confirmem nossas pressuposições.

viés de favorecimento grupal Anular, por meio de explicações, os comportamentos positivos de membros do exogrupo; também atribuir comportamentos negativos a suas disposições (ao mesmo tempo em que se desculpam esses comportamentos de seu próprio grupo).

viés de impacto Superestimar o impacto duradouro de eventos causadores de emoção.

viés de retrospectiva A tendência a exagerar, depois de saber de um desfecho, nossa capacidade de ter previsto como algo aconteceria. Também conhecido como *fenômeno do "eu sabia o tempo todo"*.

viés endogrupal A tendência a favorecer seu próprio grupo.

viés favorável ao grupo Invalidar (por meio de explicação) os comportamentos positivos dos integrantes de outros grupos; também, atribuir comportamentos negativos a suas disposições (ao mesmo tempo se desculpando tal comportamento por parte de seu próprio grupo).

Epílogo

Se você leu este livro inteiro, sua introdução à psicologia social está completa. No prefácio expressei minha esperança de que este "fosse ao mesmo tempo solidamente científico e calorosamente humano, realistamente rigoroso e intelectualmente provocativo". Você, não eu, é quem vai julgar se o objetivo foi alcançado. Mas posso lhe dizer que divulgar a disciplina foi uma alegria para mim como autor. Se receber meu presente lhe trouxe alguma medida de prazer, estimulação e enriquecimento, então minha alegria é redobrada.

Um conhecimento de psicologia social, acredito, tem o poder de moderar a intuição com pensamento crítico, a ilusão com entendimento e o juízo de valor com compaixão. Nesses 16 capítulos, reunimos os *insights* da psicologia social sobre crença e persuasão, amor e ódio, conformismo e independência. Vislumbramos respostas incompletas a questões intrigantes: como nossas atitudes alimentam e são alimentadas por nossas ações? O que leva as pessoas às vezes a prejudicar e às vezes a ajudar umas às outras? O que estimula o conflito social, e como podemos transformar punhos cerrados em mãos caridosas? A resposta a essas perguntas expande nossas mentes, e, "uma vez expandida para as dimensões de uma ideia maior", observou Oliver Wendell Holmes, a mente "nunca retorna ao seu tamanho original". Esta tem sido minha experiência, e talvez a sua, à medida que você, por meio deste e de outros cursos, se torna uma pessoa instruída.

David G. Myers
davidmyers.org

Referências

Abbate, C. S., Isgro, A., Wicklund, R. A., & Boca, S. (2006). A field experiment on perspective-taking, helping, and self-awareness. *Basic and Applied Social Psychology*, **28,** 283–287.

Abbey, A. (1987). Misperceptions of friendly behavior as sexual interest: A survey of naturally occurring incidents. *Psychology of Women Quarterly*, **11,** 173–194.

Abbey, A. (1991). Misperception as an antecedent of acquaintance rape: A consequence of ambiguity in communication between women and men. In A. Parrot (Ed.), *Acquaintance rape*. New York: John Wiley.

Abbey, A., & Andrews, F. M. (1985). Modeling the psychological determinants of life quality. *Social Indicators Research*, **16,** 1–34.

Abbey, A., McAuslan, P., & Ross, L. T. (1998). Sexual assault perpetration by college men: The role of alcohol, misperception of sexual intent, and sexual beliefs and experiences. *Journal of Social and Clinical Psychology*, **17,** 167–195.

ABC News. (2004, December 28). Whistle-blower revealed abuse at Abu Ghraib prison (abcnews.go.com).

ABC News. (2004, March 31). Bizarre hoax leads to strip searches (abcnews.go.com).

Abelson, R. (1972). Are attitudes necessary? In B. T. King & E. McGinnies (Eds.), *Attitudes, conflict and social change*. New York: Academic Press.

Abelson, R. P., Kinder, D. R., Peters, M. D., & Fiske, S. T. (1982). Affective and semantic components in political person perception. *Journal of Personality and Social Psychology*, **42,** 619–630.

Abrams, D., Wetherell, M., Cochrane, S., Hogg, M. A., & Turner, J. C. (1990). Knowing what to think by knowing who you are: Self-categorization and the nature of norm formation, conformity and group polarization. *British Journal of Social Psychology*, **29,** 97–119.

Abramson, L. Y. (Ed.). (1988). *Social cognition and clinical psychology: A synthesis*. New York: Guilford.

Abramson, L. Y., Metalsky, G. I., & Alloy, L. B. (1989). Hopelessness depression: A theory-based subtype. *Psychological Review*, **96,** 358–372.

Acitelli, L. K., & Antonucci, T. C. (1994). Gender differences in the link between marital support and satisfaction in older couples. *Journal of Personality and Social Psychology*, **67,** 688–698.

Ackermann, R., & DeRubeis, R. J. (1991). Is depressive realism real? *Clinical Psychology Review*, **11,** 565–584.

Adair, J. G., Dushenko, T. W., & Lindsay, R. C. L. (1985). Ethical regulations and their impact on research practice. *American Psychologist*, **40,** 59–72.

Adams, D. (Ed.). (1991). *The Seville statement on violence: Preparing the ground for the constructing of peace*. UNESCO.

Adams, G., Garcia, D. M., Purdie-Vaughns, V., & Steele, C. M. (2006). The detrimental effects of a suggestion of sexism in an instruction situation. *Journal of Experimental Social Psychology*, **42,** 602–615.

Adams, J. M., & Jones, W. H. (1997). The conceptualization of marital commitment: An integrative analysis. *Journal of Personality and Social Psychology*, **72,** 1177–1196.

Addis, M. E., & Mahalik, J. R. (2003). Men, masculinity, and the contexts of help seeking. *American Psychologist*, **58,** 5–14.

Aderman, D., & Berkowitz, L. (1983). Self-concern and the unwillingness to be helpful. *Social Psychology Quarterly*, **46,** 293–301.

Adler, N. E., & Snibbe, A. C. (2003). The role of psychosocial processes in explaining the gradient between socioeconomic status and health. *Current Directions in Psychological Science*, **12,** 119–123.

Adler, N. E., Boyce, T., Chesney, M. A., Cohen, S., Folkman, S., Kahn, R. L., & Syme, S. L. (1993). Socioeconomic inequalities in health: No easy solution. *Journal of the American Medical Association*, **269,** 3140–3145.

Adler, N. E., Boyce, T., Chesney, M. A., Cohen, S., Folkman, S., Kahn, R. L., & Syme, S. L. (1994). Socioeconomic status and health: The challenge of the gradient. *American Psychologist*, **49,** 15–24.

Adler, R. P., Lesser, G. S., Meringoff, L. K., Robertson, T. S., & Ward, S. (1980). *The effects of television advertising on children*. Lexington, MA: Lexington Books.

Adler, S. J. (1994). *The jury*. New York: Times Books.

Adorno, T., Frenkel-Brunswik, E., Levinson, D., & Sanford, R. N. (1950). *The authoritarian personality*. New York: Harper.

Agthe, M., Spörrle, M., & Försterling, F. (2008). Success attributions and more: Multidimensional extensions of the sexual attribution bias to failure attributions, social emotions, and the desire for social interaction. *Personality and Social Psychology Bulletin*, **34,** 1627–1638.

Aiello, J. R., & Douthitt, E. Z. (2001). Social facilitation from Triplett to electronic performance monitoring. *Group Dynamics: Theory, Research, and Practice*, **5,** 163–180.

Aiello, J. R., Thompson, D. E., & Brodzinsky, D. M. (1983). How funny is crowding anyway? Effects of room size, group size, and the introduction of humor. *Basic and Applied Social Psychology*, **4,** 193–207.

Ainsworth, M. D. S. (1973). The development of infant-mother attachment. In B. Caldwell & H. Ricciuti (Eds.), *Review of child development research* (Vol. 3). Chicago: University of Chicago Press.

Ainsworth, M. D. S. (1979). Infant-mother attachment. *American Psychologist*, **34,** 932–937.

Ajzen, I., & Fishbein, M. (1977). Attitude-behavior relations: A theoretical analysis and review of empirical research. *Psychological Bulletin*, **84,** 888–918.

Ajzen, I., & Fishbein, M. (2005). The influence of attitudes on behavior. In D. Albarracin, B. T. Johnson, & M. P. Zanna (Eds.), *The handbook of attitudes*. Mahwah, NJ: Erlbaum.

Albarracin, D., Gillette, J. C., Ho, M-H., Earl, A. N., Glasman, L. R., & Durantini, M. R. (2005). A test of major assumptions about behavior change: A comprehensive look at the effects of passive and active HIV-prevention interventions since the beginning of the epidemic. *Psychological Bulletin*, **131,** 856–897.

Albarracin, D., Johnson, B. T., Fishbein, M., & Muellerleile, P. A. (2001). Theories of reasoned action and planned behavior as models of condom use: A meta-analysis. *Psychological Bulletin*, **127,** 142–161.

Albarracin, D., McNatt, P. S., Klein, C. T. F., Ho, R. M., Mitchell, A. L., & Kumkale, G. T. (2003). Persuasive communications to change actions: An analysis of behavioral and cognitive impact in HIV prevention. *Health Psychology*, **22,** 166–177.

Alicke, M. D., & Davis, T. L. (1989). The role of *a posteriori* victim information in judgments of blame and sanction. *Journal of Experimental Social Psychology*, **25,** 362–377.

Alkhuzai, A. H., & 18 others. (2008). Violence-related mortality in Iraq from 2002 to 2006. *New England Journal of Medicine*, **358,** 484–493.

Allee, W. C., & Masure, R. M. (1936). A comparison of maze behavior in paired and isolated shell-parakeets (*Melopsittacus undulatus* Shaw) in a two-alley problem box. *Journal of Comparative Psychology*, **22,** 131–155.

Allen, V. L., & Levine, J. M. (1969). Consensus and conformity. *Journal of Experimental Social Psychology*, **5,** 389–399.

Allison, S. T., Beggan, J. K., McDonald, R. A., & Rettew, M. L. (1995). The belief in majority determination of group decision outcomes. *Basic and Applied Social Psychology*, **16,** 367–382.

Allison, S. T., Jordan, M. R., & Yeatts, C. E. (1992). A cluster-analytic approach toward identifying the structure and content of human decision making. *Human Relations*, **45,** 49–72.

Allison, S. T., Mackie, D. M., & Messick, D. M. (1996). Outcome biases in social perception: Implications for dispositional inference, attitude change, stereotyping, and social behavior. *Advances in Experimental Social Psychology*, **28,** 53–93.

Allison, S. T., Mackie, D. M., Muller, M. M., & Worth, L. T. (1993). Sequential correspondence biases and perceptions of change: The Castro studies revisited. *Personality and Social Psychology Bulletin*, **19**, 151–157.

Allison, S. T., McQueen, L. R., & Schaerfl, L. M. (1992). Social decision making processes and the equal partitionment of shared resources. *Journal of Experimental Social Psychology*, **28**, 23–42.

Allison, S. T., & Messick, D. M. (1985). The group attribution error. *Journal of Experimental Social Psychology*, **21**, 563–579.

Allison, S. T., & Messick, D. M. (1987). From individual inputs to group outputs, and back again: Group processes and inferences about members. In C. Hendrick (Ed.), *Group processes: Review of personality and social psychology* (Vol. 8). Newbury Park, CA: Sage.

Allison, S. T., Messick, D. M., & Goethals, G. R. (1989). On being better but not smarter than others: The Muhammad Ali effect. *Social Cognition*, **7**, 275–296.

Allison, S. T., Worth, L. T., & King, M. W. C. (1990). Group decisions as social inference heuristics. *Journal of Personality and Social Psychology*, **58**, 801–811.

Alloy, L. B., & Abramson, L. Y. (1979). Judgment of contingency in depressed and nondepressed students: Sadder but wiser? *Journal of Experimental Psychology: General*, **108**, 441–485.

Alloy, L., Abramson, L. Y., Gibb, B. E., Crossfield, A. G., Pieracci, A. M., Spasojevic, J., & Steinberg, J. A. (2004). Developmental antecedents of cognitive vulnerability to depression: Review of findings from the cognitive vulnerability to depression project. *Journal of Cognitive Psychotherapy*, **18**, 115–133.

Alloy, L. B., Abramson, L. Y., Whitehouse, W. G., Hogan, M. E., Tashman, N. A., Steinberg, D. L., Rose, D. T., & Donovan, P. (1999). Depressogenic cognitive styles: Predictive validity, information processing and personality characteristics, and developmental origins. *Behaviour Research and Therapy*, **37**, 503–531.

Alloy, L. B., Albright, J. S., Abramson, L. Y., & Dykman, B. M. (1990). Depressive realism and nondepressive optimistic illusions: The role of the self. In R. E. Ingram (Ed.), *Contemporary psychological approaches to depression: Theory, research and treatment*. New York: Plenum.

Allport, F. H. (1920). The influence of the group upon association and thought. *Journal of Experimental Psychology*, **3**, 159–182.

Allport, G. (1954). *The nature of prejudice*. Cambridge, MA: Addison-Wesley.

Allport, G. W. (1958). *The nature of prejudice* (abridged). Garden City, NY: Anchor Books.

Allport, G. W., & Ross, J. M. (1967). Personal religious orientation and prejudice. *Journal of Personality and Social Psychology*, **5**, 432–443.

Altemeyer, R. (1988). *Enemies of freedom: Understanding right-wing authoritarianism*. San Francisco: Jossey-Bass.

Altemeyer, R. (1992). Six studies of right-wing authoritarianism among American state legislators. Unpublished manuscript, University of Manitoba.

Altemeyer, R. (2004). Highly dominating, highly authoritarian personalities. *Journal of Social Psychology*, **144**, 421–447.

Altemeyer, R., & Hunsberger, B. (1992). Authoritarianism, religious fundamentalism, quest, and prejudice. *International Journal for the Psychology of Religion*, **2**, 113–133.

Altman, I., & Vinsel, A. M. (1978). Personal space: An analysis of E. T. Hall's proxemics framework. In I. Altman & J. Wohlwill (Eds.), *Human behavior and the environment*. New York: Plenum.

Alwin, D. F. (1990). Historical changes in parental orientations to children. In N. Mandell (Ed.), *Sociological studies of child development* (Vol. 3). Greenwich, CT: JAI Press.

Alwin, D. F., Cohen, R. L., & Newcomb, T. M. (1991). *Political attitudes over the life span: The Bennington women after fifty years*. Madison:: University of Wisconsin Press.

Amato, P. R. (1979). Juror-defendant similarity and the assessment of guilt in politically motivated crimes. *Australian Journal of Psychology*, **31**, 79–88.

Amato, P. R. (1986). Emotional arousal and helping behavior in a real-life emergency. *Journal of Applied Social Psychology*, **16**, 633–641.

Ambady, N., Bernieri, F. J., & Richeson, J. A. (2000). Toward a histology of social behavior: Judgmental accuracy from thin slices of the behavioral stream. In M. P. Zanna (Ed.), *Advances in Experimental Social Psychology*, **32**, 201–271.

Ambady, N., & Rosenthal, R. (1992). Thin slices of expressive behavior as predictors of interpersonal consequences: A meta-analysis. *Psychological Bulletin*, **111**, 256–274.

Ambady, N., & Rosenthal, R. (1993). Half a minute: Predicting teacher evaluations from thin slices of nonverbal behavior and physical attractiveness. *Journal of Personality and Social Psychology*, **64**, 431–441.

American Enterprises. (1992, January/February). Women, men, marriages and ministers, p. 106.

American Medical Association (AMA). (2004, November 11). Women lead in number of medical school applications. *Voice* (ama-assn.org).

American Psychological Association. (1993). *Violence and youth: Psychology's response. Volume I: Summary report of the American Psychological Assocation Commission on Violence and Youth*. Washington DC: Public Interest Directorate, American Psychological Association.

American Psychological Association. (2002). *Ethical principles of psychologists and code of conduct 2002*. Washington, DC: APA (www.apa.org/ethics/code2002.html).

Amir, Y. (1969). Contact hypothesis in ethnic relations. *Psychological Bulletin*, **71**, 319–342.

Anastasi, J. S., & Rhodes, M. G. (2005). An own-age bias in face recognition for children and older adults. *Psychonomic Bulletin & Review*, **12**, 1043–1047.

Anastasi, J. S., & Rhodes, M. G. (2006). Evidence for an own-age bias in face recognition. *North American Journal of Psychology*, **8**, 237–252.

Anda, R., Williamson, D., Jones, D., Macera, C., Eaker, E., Glassman, A., & Marks, J. (1993). Depressed affect, hopelessness, and the risk of ischemic heart disease in a cohort of U.S. adults. *Epidemiology*, **4**, 285–294.

Andersen, S. M. (1998). Service Learning: A National Strategy for Youth Development. A Position Paper issued by the Task Force on Education Policy. Washington, DC: Institute for Communitarian Policy Studies, George Washington University.

Andersen, S. M., & Chen, S. (2002). The relational self: An interpersonal social-cognitive theory. *Psychological Review*, **109**, 619–645.

Anderson, C., Keltner, D., & John, O. P. (2003). Emotional convergence between people over time. *Journal of Personality and Social Psychology*, **84**, 1054–1068.

Anderson, C., Srivastava, S., Beer, J. S., Spataro, S. E., & Chatman, J. A. (2006). Knowing your place: Self-perceptions of status in face-to-face groups. *Journal of Personality and Social Psychology*, **91**, 1094–1110.

Anderson, C. A. (1982). Inoculation and counter-explanation: Debiasing techniques in the perseverance of social theories. *Social Cognition*, **1**, 126–139.

Anderson, C. A. (2003). Video games and aggressive behavior. In D. Ravitch and J. P. Viteritti (Eds.), *Kids stuff: Marking violence and vulgarity in the popular culture*. Baltimore, MD: Johns Hopkins University Press.

Anderson, C. A. (2004). An update on the effects of violent video games. *Journal of Adolescence*, **27**, 113–122.

Anderson, C. A., & Anderson, D. C. (1984). Ambient temperature and violent crime: Tests of the linear and curvilinear hypotheses. *Journal of Personality and Social Psychology*, **46**, 91–97.

Anderson, C. A., & Anderson, K. B. (1998). Temperature and aggression: Paradox, controversy, and a (fairly) clear picture. In R. G. Geen & E. Donnerstein (Eds.), *Human aggression: Theories, research, and implications for social policy*. San Diego: Academic Press.

Anderson, C. A., Anderson, K. B., Dorr, N., DeNeve, K. M., & Flanagan, M. (2000). Temperature and aggression. In M. P. Zanna (Ed.), *Advances in Experimental Social Psychology*. San Diego: Academic Press.

Anderson, C. A., Benjamin, A. J., Jr., & Bartholow, B. D. (1998). Does the gun pull the trigger? Automatic priming effects of weapon pictures and weapon names. *Psychological Science*, **9**, 308–314.

Anderson, C. A., Berkowitz, L., Donnerstein, E., Huesmann, L. R., Johnson, J. D., Linz, D., Malamuth, N. M., & Wartella, E. (2003). The influence of media violence on youth. *Psychological Science in the Public Interest*, **4**(3), 81–110.

Anderson, C. A., Buckley, K. E., & Carnagey, N. L. (2008). Creating your own hostile environment: A laboratory examination of trait aggressiveness and the violence escalation cycle. *Personality and Social Psychology Bulletin*, **34**, 462–473.

Anderson, C. A., & Bushman, B. J. (1997). External validity of "trivial" experiments: The case of laboratory aggression. *Review of General Psychology*, **1**, 19–41.

Anderson, C. A., & Bushman, B. J. (2001). Effects of violent video games on aggressive behavior, aggressive cognition, aggressive affect, physiological arousal, and prosocial behavior: A meta-analytic review of the scientific literature. *Psychological Science*, **12**, 353–359.

Anderson, C. A., Carnagey, N. L., Flanagan, M., Benjamin, A. J., Jr., Eubanks, J., & Valentine, J. C. (2004). Violent video games: Specific effects of violent content on aggressive thoughts and behavior. *Advances in Experimental Social Psychology*, **36**, 199–249.

Anderson, C. A., Deuser, W. E., & DeNeve, K. M. (1995). Hot temperatures, hostile affect, hostile cognition, and arousal: Tests of a general model of affective aggression. *Personality and Social Psychology Bulletin*, **21**, 434–448.

Anderson, C. A., & Gentile, D. A. (2008). Media violence, aggression, and public policy. In E. Borgida & S. Fiske (Eds.), *Beyond common sense: Psychological science in the courtroom.* Malden, MA: Blackwell.

Anderson, C. A., Gentile, D. A., & Buckley, K. E. (2007). *Violent video game effects on children and adolescents: Theory, research, and public policy.* New York: Oxford University Press.

Anderson, C. A., & Harvey, R. J. (1988). Discriminating between problems in living: An examination of measures of depression, loneliness, shyness, and social anxiety. *Journal of Social and Clinical Psychology,* **6,** 482–491.

Anderson, C. A., Horowitz, L. M., & French, R. D. (1983). Attributional style of lonely and depressed people. *Journal of Personality and Social Psychology,* **45,** 127–136.

Anderson, C. A., Lepper, M. R., & Ross, L. (1980). Perseverance of social theories: The role of explanation in the persistence of discredited information. *Journal of Personality and Social Psychology,* **39,** 1037–1049.

Anderson, C. A., Lindsay, J. J., & Bushman, B. J. (1999). Research in the psychological laboratory: Truth or triviality? *Current Directions in Psychological Science,* **8,** 3–9.

Anderson, C. A., Miller, R. S., Riger, A. L., Dill, J. C., & Sedikides, C. (1994). Behavioral and characterological attributional styles as predictors of depression and loneliness: Review, refinement, and test. *Journal of Personality and Social Psychology,* **66,** 549–558.

Anderson, C. A., Sakamoto, A., Gentile, D. A., Ihori, N., Shibuya, A., Yukawa, S., Naito, M., & Kobayashi, K. (2008). Longitudinal effects of violent video games on aggression in Japan and the United States. *Pediatrics,* **122,** e1067–e1072.

Anderson, C. A., & Sechler, E. S. (1986). Effects of explanation and counterexplanation on the development and use of social theories. *Journal of Personality and Social Psychology,* **50,** 24–34.

Anderson, R. (2004). A definition of peace. *Peace and Conflict,* **10,** 101–116.

Anderson, S. L., Adams, G., & Plaut, V. C. (2008). The cultural grounding of personal relationship: The importance of attractiveness in everyday life. *Journal of Personality and Social Psychology,* **95,** 352–368.

Antonio, A. L., Chang, M. J., Hakuta, K., Kenny, D. A., Levin, S., & Milem, J. F. (2004). Effects of racial diversity on complex thinking in college students. *Psychological Science,* **15,** 507–510.

AP/Ipsos. (2006, May 4). Associated Press/Ipsos Poll data reported by personal correspondence with Michael Gross.

Archer, D., & Gartner, R. (1976). Violent acts and violent times: A comparative approach to postwar homicide rates. *American Sociological Review,* **41,** 937–963.

Archer, D., Iritani, B., Kimes, D. B., & Barrios, M. (1983). Face-ism: Five studies of sex differences in facial prominence. *Journal of Personality and Social Psychology,* **45,** 725–735.

Archer, J. (1991). The influence of testosterone on human aggression. *British Journal of Psychology,* **82,** 1–28.

Archer, J. (2000). Sex differences in aggression between heterosexual partners: A meta-analytic review. *Psychological Bulletin,* **126,** 651–680.

Archer, J. (2004). Sex differences in aggression in real-world settings: A meta-analytic review. *Review of General Psychology,* **8,** 291–322.

Archer, J. (2007). A cross-cultural perspective on physical aggression between partners. *Issues in Forensic Psychology,* No. 6, 125–131.

Archer, R. L., & Cook, C. E. (1986). Personalistic self-disclosure and attraction: Basis for relationship or scarce resource. *Social Psychology Quarterly,* **49,** 268–272.

Arendt, H. (1963). *Eichmann in Jerusalem: A report on the banality of evil.* New York: Viking.

Argyle, M., & Henderson M. (1985). *The anatomy of relationships.* London: Heinemann.

Argyle, M., Shimoda, K., & Little, B. (1978). Variance due to persons and situations in England and Japan. *British Journal of Social and Clinical Psychology,* **17,** 335–337.

Ariza, L. M. (2006, January). Virtual Jihad: The Internet as the ideal terrorism recruiting tool. *Scientific American,* pp. 18–21.

Arkes, H. R. (1990). Some practical judgment/decision making research. Paper presented at the American Psychological Association convention.

Arkes, H. R., & Tewtlock, P. E. (2004). Attributions of implicit prejudice, or "would Jesse Jackson 'fail' the implicit association test?" *Psychological Inquiry,* **15,** 257–278.

Arkin, R. M., Appleman, A., & Burger, J. M. (1980). Social anxiety, self-presentation, and the self-serving bias in causal attribution. *Journal of Personality and Social Psychology,* **38,** 23–35.

Arkin, R. M., & Burger, J. M. (1980). Effects of unit relation tendencies on interpersonal attraction. *Social Psychology Quarterly,* **43,** 380–391.

Arkin, R. M., Lake, E. A., & Baumgardner, A. H. (1986). Shyness and self-presentation. In W. H. Jones, J. M. Cheek, & S. R. Briggs (Eds.), *Shyness: Perspectives on research and treatment.* New York: Plenum.

Armitage, C. J., & Conner, M. (2001). Efficacy of the theory of planned behaviour: A meta-analytic review. *British Journal of Social Psychology,* **40,** 471–499.

Armor, D. A., & Sackett, A. M. (2006). Accuracy, error, and bias in predictions for real versus hypothetical events. *Journal of Personality and Social Psychology,* **91,** 583–600.

Armor, D. A., & Taylor, S. E. (1996). Situated optimism: Specific outcome expectancies and self-regulation. In M. P. Zanna (Ed.), *Advances in experimental social psychology* (Vol. 30). San Diego: Academic Press.

Arms, R. L., Russell, G. W., & Sandilands, M. L. (1979). Effects on the hostility of spectators of viewing aggressive sports. *Social Psychology Quarterly,* **42,** 275–279.

Aron, A., & Aron, E. (1989). *The heart of social psychology,* 2nd ed. Lexington, MA: Lexington Books.

Aron, A., & Aron, E. N. (1994). Love. In A. L. Weber & J. H. Harvey (Eds.), *Perspective on close relationships.* Boston: Allyn & Bacon.

Aron, A., Dutton, D. G., Aron, E. N., & Iverson, A. (1989). Experiences of falling in love. *Journal of Social and Personal Relationships,* **6,** 243–257.

Aron, A., Fisher, H., Mashek, D. J., Strong, G., Li, H., & Brown, L. L. (2005). Reward, motivation, and emotion systems associated with early-stage intense romantic love. *Journal of Neurophysiology,* **94,** 327–337.

Aron, A., Melinat, E., Aron, E. N., Vallone, R. D., & Bator, R. J. (1997). The experimental generation of interpersonal closeness: A procedure and some preliminary findings. *Personality and Social Psychology Bulletin,* **23,** 363–377.

Aron, A., Norman, C. C., Aron, E. N., McKenna, C., & Heyman, R. E. (2000). Couples' shared participation in novel and arousing activities and experienced relationship quality. *Journal of Personality and Social Psychology,* **78,** 273–284.

Aronson, E. (1980). *The social animal.* 3rd edition. New York: Freeman.

Aronson, E. (1988). *The social animal.* 5th edition. New York: Freeman.

Aronson, E. (1997). Bring the family address to American Psychological Society annual convention, reported in *APS Observer,* July/August, pp. 17, 34, 35.

Aronson, E. (2004). Reducing hostility and building compassion: Lessons from the jigsaw classroom. In A. G. Miller (Ed.), *The social psychology of good and evil.* New York: Guilford.

Aronson, E., Brewer, M., & Carlsmith, J. M. (1985). Experimentation in social psychology. In G. Lindzey & E. Aronson (Eds.), *Handbook of social psychology* (Vol. 1). Hillsdale, NJ: Erlbaum.

Aronson, E., & Gonzalez, A. (1988). Desegregation, jigsaw, and the Mexican-American experience. In P. A. Katz & D. Taylor (Eds.), *Towards the elimination of racism: Profiles in controversy.* New York: Plenum.

Aronson, E., & Linder, D. (1965). Gain and loss of esteem as determinants of interpersonal attractiveness. *Journal of Experimental Social Psychology,* **1,** 156–171.

Aronson, E., & Mettee, D. R. (1974). Affective reactions to appraisal from others. *Foundations of interpersonal attraction.* New York: Academic Press.

Aronson, E., & Mills, J. (1959). The effect of severity of initiation on liking for a group. *Journal of Abnormal and Social Psychology,* **59,** 177–181.

Aronson, E., Turner, J. A., & Carlsmith, J. M. (1963). Communicator credibility and communicator discrepancy as determinants of opinion change. *Journal of Abnormal and Social Psychology,* **67,** 31–36.

Arora, R. (2005). China's "Gen Y" bucks tradition. Gallup Poll, http://www.gallup.com/poll/15934/Chinas-Gen-Bucks-Tradition.aspx. Viewed online 1/22/09.

Arriaga, X. B. (2001). The ups and downs of dating: Fluctuations in satisfaction in newly formed romantic relationships. *Journal of Personality and Social Psychology,* **80,** 754–765.

Arriaga, X. B., & Agnew, C. R. (2001). Being committed: Affective, cognitive, and conative components of relationship commitment. *Personality and Social Psychology Bulletin,* **27,** 1190–1203.

Arrow, K. J., & 21 others. (2008). The promise of prediction markets. *Science,* **320,** 877–878.

ASAPS. (2005). Cosmetic surgery quick facts: 2004 ASAPS statistics. The American Society for Aesthetic Plastic Surgery (www.surgery.org).

Asch, S. E. (1946). Forming impressions of personality. *Journal of Abnormal and Social Psychology,* **41,** 258–290.

Asch, S. E. (1955, November). Opinions and social pressure. *Scientific American,* pp. 31–35.

Asendorpf, J. B. (1987). Videotape reconstruction of emotions and cognitions related to shyness. *Journal of Personality and Social Psychology,* **53,** 541–549.

Ash, R. (1999). *The top 10 of everything 2000*. New York: DK Publishing.

Asher, J. (1987, April). Born to be shy? *Psychology Today*, pp. 56–64.

Associated Press (AP). (1993, June 10). Walking past a dying man. *New York Times* (via Associated Press).

Associated Press (AP). (1995, September 25). Blacks are given tougher sentences, analysis shows. *Grand Rapids Press*, p. A3.

Associated Press (AP). (2007a, January 12). China facing major gender imbalance. Associated Press release.

Associated Press (AP). (2007b, January 15). Kids copying execution accidentally hang selves. *Grand Rapids Press*, p. A3.

Astin, A. W., Green, K. C., Korn, W. S., & Schalit, M. (1987). *The American freshman: National norms for Fall 1987*. Los Angeles: Higher Education Research Institute, UCLA.

Aubrey, J. S., & Taylor, L. D. (2009). The role of lad magazines in priming men's chronic and temporary appearance-related schemata: An investigation of longitudinal and experimental findings. *Human Communication Research*, **35**, 28–58.

Augoustinos, M., & Innes, J. M. (1990). Towards an integration of social representations and social schema theory. *British Journal of Social Psychology*, **29**, 213–231.

Averill, J. R. (1983). Studies on anger and aggression: Implications for theories of emotion. *American Psychologist*, **38**, 1145–1160.

Axsom, D., Yates, S., & Chaiken, S. (1987). Audience response as a heuristic cue in persuasion. *Journal of Personality and Social Psychology*, **53**, 30–40.

Ayres, I. (1991). Fair driving: Gender and race discrimination in retail car negotiations. *Harvard Law Review*, **104**, 817–872.

Azrin, N. H. (1967, May). Pain and aggression. *Psychology Today*, pp. 27–33.

Baars, B. J., & McGovern, K. A. (1994). Consciousness. In V. Ramachandran (Ed.), *Encyclopedia of Human Behavior*. Orlando, FL: Academic Press.

Babad, E., Bernieri, F., & Rosenthal, R. (1991). Students as judges of teachers' verbal and nonverbal behavior. *American Educational Research Journal*, **28**, 211–234.

Babad, E., Hills, M., & O'Driscoll, M. (1992). Factors influencing wishful thinking and predictions of election outcomes. *Basic and Applied Social Psychology*, **13**, 461–476.

Bachman, J. G., Johnston, L. D., O'Malley, P. M., & Humphrey, R. N. (1988). Explaining the recent decline in marijuana use: Differentiating the effects of perceived risks, disapproval, and general lifestyle factors. *Journal of Health and Social Behavior*, **29**, 92–112.

Bachman, J. G., & O'Malley, P. M. (1977). Self-esteem in young men: A longitudinal analysis of the impact of educational and occupational attainment. *Journal of Personality and Social Psychology*, **35**, 365–380.

Back, M. D., Schmukle, S. C., & Egloff, B. (2008). Becoming friends by chance. *Psychological Science*, **19**, 439–440.

Bailenson, J. N., Iyengar, S., Yee, N., & Collins, N. (2009). Facial similarity between voters and candidates causes influence. *Public Opinion Quarterly*.

Bailenson, J. N., & Yee, N. (2005). Digital chameleons: Automatic assimilation of nonverbal gestures in immersive virtual environments. *Psychological Science*, **16**, 814–819.

Bailey, J. M., Gaulin, S., Agyei, Y., & Gladue, B. A. (1994). Effects of gender and sexual orientation on evolutionary relevant aspects of human mating psychology. *Journal of Personality and Social Psychology*, **66**, 1081–1093.

Bailey, J. M., Kirk, K. M., Zhu, G., Dunne, M. P., & Martin, N. G. (2000). Do individual differences in sociosexuality represent genetic or environmentally contingent strategies? Evidence from the Australian Twin Registry. *Journal of Personality and Social Psychology*, **78**, 537–545.

Baize, H. R., Jr., & Schroeder, J. E. (1995). Personality and mate selection in personal ads: Evolutionary preferences in a public mate selection process. *Journal of Social Behavior and Personality*, **10**, 517–536.

Baldwin, M. W., Keelan, J. P. R., Fehr, B., Enns, V., & Koh-Rangarajoo, E. (1996). Social-cognitive conceptualization of attachment working models: Availability and accessibility effects. *Journal of Personality and Social Psychology*, **71**, 94–109.

Banaji, M. R. (2004). The opposite of a great truth is also true: Homage of Koan #7. In J. T. Jost, M. R. Banaji, & D. A. Prentice (Eds.), *Perspectivism in social psychology: The yin and yang of scientific progress*. Washington, DC: American Psychological Association.

Bandura, A. (1979). The social learning perspective: Mechanisms of aggression. In H. Toch (Ed.), *Psychology of crime and criminal justice*. New York: Holt, Rinehart & Winston.

Bandura, A. (1997). *Self-efficacy: The exercise of control*. New York: Freeman.

Bandura, A. (2000). Social cognitive theory: An agentic perspective. *Annual Review of Psychology*, **52**, 1–26.

Bandura, A. (2004). Swimming against the mainstream: The early years from chilly tributary to transformative mainstream. *Behaviour Research and Therapy*, **42**, 613–630.

Bandura, A. (2008). Reconstrual of "free will" from the agentic perspective of social cognitive theory. In J. Baer, J. C. Kaufman, & R. F. Baumeister (Eds.), *Are we free? Psychology and free will*. New York: Oxford University Press.

Bandura, A., Pastorelli, C., Barbaranelli, C., & Caprara, G. V. (1999). Self-efficacy pathways to childhood depression. *Journal of Personality and Social Psychology*, **76**, 258–269.

Bandura, A., Ross, D., & Ross, S. A. (1961). Transmission of aggression through imitation of aggressive models. *Journal of Abnormal and Social Psychology*, **63**, 575–582.

Bandura, A., & Walters, R. H. (1959). *Adolescent aggression*. New York: Ronald Press.

Bandura, A., & Walters, R. H. (1963). *Social learning and personality development*. New York: Holt, Rinehart & Winston.

Banks, S. M., Salovey, P., Greener, S., Rothman, A. J., Moyer, A., Beauvais, J., & Epel, E. (1995). The effects of message framing on mammography utilization. *Health Psychology*, **14**, 178–184.

Barash, D. (1979). *The whisperings within*. New York: Harper & Row.

Barash, D. P. (2003, November 7). Unreason's seductive charms. *Chronicle of Higher Education* (www.chronicle.com/free/v50/i11/11b00601.htm).

Barber, B. M., & Odean, T. (2001a). Boys will be boys: Gender, overconfidence and common stock investment. *Quarterly Journal of Economics*, **116**, 261–292.

Barber, B. M., & Odean, T. (2001b). The Internet and the investor. *Journal of Economic Perspectives*, **15**, 41–54.

Barber, N. (2000). On the relationship between country sex ratios and teen pregnancy rates: A replication. *Cross-Cultural Research*, **34**, 327–333.

Bargh, J. A. (2006). What have we been priming all these years? On the development, mechanisms, and ecology of nonconscious social behavior. *European Journal of Social Psychology*, **36**, 147–168.

Bargh, J. A., & Chartrand, T. L. (1999). The unbearable automaticity of being. *American Psychologist*, **54**, 462–479.

Bargh, J. A., Chen, M., & Burrows, L. (1996). Automaticity and social behavior: Direct effects of trait construct and stereotype activation. *Journal of Personality and Social Psychology*, **43**, 437–449.

Bargh, J. A., & Ferguson, M. J. (2000). Beyond behaviorism: On the automaticity of higher mental processes. *Psychological Bulletin*, **126**, 925–945.

Bargh, J. A., & McKenna, K. Y. A. (2004). The Internet and social life. *Annual Review of Psychology*, **55**, 573–590.

Bargh, J. A., McKenna, K. Y. A., & Fitzsimons, G. M. (2002). Can you see the real me? Activation and expression of the "true self" on the Internet. *Journal of Social Issues*, **58**, 33–48.

Bargh, J. A., & Raymond, P. (1995). The naive misuse of power: Nonconscious sources of sexual harassment. *Journal of Social Issues*, **51**, 85–96.

Bar-Haim, Y., Ziv, T., Lamy, D., & Hodes, R. M. (2006). Nature and nurture in own-race face processing. *Psychological Science*, **17**, 159–163.

Barlett, C., Branch, O., Rodeheffer, C., & Harris, R. (2009). How long do the short-term violent video game effects last? *Aggressive Behavior*, **35**, 225–236.

Barlett, C. P., Harris, R. J., & Bruey, C. (2008). The effect of the amount of blood in a violence video game on aggression, hostility, and arousal. *Journal of Experimental Social Psychology*, **44**, 539–546.

Barnes, E. (2008, August 24). Scots heroine of Auschwitz who gave her life for young Jews. *Scotland on Sunday*, p. 3.

Barnes, R. D., Ickes, W., & Kidd, R. F. (1979). Effects of the perceived intentionality and stability of another's dependency on helping behavior. *Personality and Social Psychology Bulletin*, **5**, 367–372.

Barnett, M. A., King, L. M., Howard, J. A., & Melton, E. M. (1980). Experiencing negative affect about self or other: Effects on helping behavior in children and adults. Paper presented at the Midwestern Psychological Association convention.

Barnett, P. A., & Gotlib, I. H. (1988). Psychosocial functioning and depression: Distinguishing among antecedents, concomitants, and consequences. *Psychological Bulletin*, **104**, 97–126.

Baron, J., & Hershey, J. C. (1988). Outcome bias in decision evaluation. *Journal of Personality and Social Psychology*, **54**, 569–579.

Baron, J., & Miller, J. G. (2000). Limiting the scope of moral obligations to help: A cross-cultural investigation. *Journal of Cross-Cultural Psychology,* **31,** 703–725.

Baron, L., & Straus, M. A. (1984). Sexual stratification, pornography, and rape in the United States. In N. M. Malamuth & E. Donnerstein (Eds.), *Pornography and sexual aggression.* New York: Academic Press.

Baron, R. A. (1977). *Human aggression.* New York: Plenum.

Baron, R. A., Markman, G. D., & Bollinger, M. (2006). Exporting social psychology: Effects of attractiveness on perceptions of entrepreneurs, their ideas for new products, and their financial success. *Journal of Applied Social Psychology,* **36,** 467–492.

Baron, R. S. (1986). Distraction-conflict theory: Progress and problems. In L. Berkowitz (Ed.), *Advances in experimental social psychology,* Orlando, FL: Academic Press.

Baron, R. S. (2000). Arousal, capacity, and intense indoctrination. *Personality and Social Psychology Review,* **4,** 238–254.

Baron, R. S., Kerr, N. L., & Miller, N. (1992). *Group process, group decision, group action.* Pacific Grove, CA: Brooks/Cole.

Baron-Cohen, S. (2004). *The essential difference: Men, women, and the extreme male brain.* London: Penguin Books.

Baron-Cohen, S. (2005). Sex differences in the brain: Implications for explaining autism. *Science,* **310,** 819–823.

Barongan, C., & Hall, G. C. N. (1995). The influence of misogynous rap music on sexual aggression against women. *Psychology of Women Quarterly,* **19,** 195–207.

Barry, D. (1995, January). Bored stiff. *Funny Times,* p. 5.

Barry, D. (1998). *Dave Barry turns 50.* New York: Crown.

Bar-Tal, D. (2004). The necessity of observing real life situations: Palestinian-Israeli violence as a laboratory for learning about social behaviour. *European Journal of Social Psychology,* **34,** 677–701.

Bartholomew, K., & Horowitz, L. (1991). Attachment styles among young adults: A test of a four-category model. *Journal of Personality and Social Psychology,* **61,** 226–244.

Bartholomew, R. E., & Goode, E. (2000, May/June). Mass delusions and hysterias: Highlights from the past millennium. *Skeptical Inquirer,* pp. 20–28.

Bartholow, B. C., Anderson, C. A., Carnagey, N. L., & Benjamin, A.J., Jr. (2004). Interactive effects of life experience and situational cues on aggression: The weapons priming effect in hunters and nonhunters. *Journal of Experimental Social Psychology,* **41,** 48–60.

Bartholow, B. C., & Heinz, A. (2006). Alcohol and aggression without consumption: Alcohol cues, aggressive thoughts, and hostile perception bias. *Psychological Science,* **17,** 30–37.

Bartholow, B. C., Sestir, M. A., & Davis, E. B. (2005). Correlates and consequences of exposure to video game violence: Hostile personality, empathy, and aggressive behavior. *Personality and Social Psychology Bulletin,* **31,** 1573–1586.

Bartholow, B. D., Bushman, B. J., & Sestir, M. A. (2006). Chronic violent video game exposure and desensitization: Behavioral and event-related brain potential data. *Journal of Experimental Social Psychology,* **42**(4), 532–539.

Barzun, J. (1975). *Simple and direct.* New York: Harper & Row, pp. 173–174.

Basile, K. C., Chen, J., Lynberg, M. C., & Saltzman, L. E. (2007). Prevalence and characteristics of sexual violence victimization. *Violence and Victims,* **22,** 437–448.

Bassili, J. N. (2003). The minority slowness effect: Subtle inhibitions in the expression of views not shared by others. *Journal of Personality and Social Psychology,* **84,** 261–276.

Bastian, B., & Haslam, N. (2006). Psychological essentialism and stereotype endorsement. *Journal of Experimental Social Psychology,* **42,** 228–235.

Batson, C. D. (1983). Sociobiology and the role of religion in promoting prosocial behavior: An alternative view. *Journal of Personality and Social Psychology,* **45,** 1380–1385.

Batson, C. D. (1999a). Behind the scenes. In D. G. Myers, *Social psychology,* 6th edition. New York: McGraw-Hill.

Batson, C. D. (1999b). Addressing the altruism question experimentally. Paper presented at a Templeton Foundation/Fetzer Institute Symposium on Empathy, Altruism, and Agape, Cambridge, MA.

Batson, C. D. (2001). Addressing the altruism question experimentally. In S. G. Post, L. B. Underwood, J. P. Schloss, & W. B. Hurlbut (Eds.), *Altruism and altruistic love: Science, philosophy, and religion in dialogue.* New York: Oxford University Press.

Batson, C. D. (2006). "Not all self-interest after all": Economics of empathy-induced altruism. In D. De Cremer, M. Zeelenberg, & J. K. Murnighan (Eds.), *Social psychology and economics.* Mahwah, NJ: Erlbaum.

Batson, C. D., Ahmad, N., Powell, A. A., & Stocks, E. L. (2008). Prosocial motivation. In J. Y. Shah & W. L. Gardner (Eds.), *Handbook of motivation science.* New York: Guilford.

Batson, C. D., Ahmad, N., & Stocks, E. L. (2004). Benefits and liabilities of empathy-induced altruism. In A. G. Miller (Ed.), *The social psychology of good and evil.* New York: Guilford.

Batson, C. D., Ahmad, N., Yin, J., Bedell, S. J., Johnson, J. W., Templin, C. M., & Whiteside, A. (1999). Two threats to the common good: Self-interested egoism and empathy-induced altruism. *Personality and Social Psychology Bulletin,* **25,** 3–16.

Batson, C. D., Bolen, M. H., Cross, J. A., & Neuringer-Benefiel, H. E. (1986). Where is the altruism in the altruistic personality? *Journal of Personality and Social Psychology,* **50,** 212–220.

Batson, C. D., Coke, J. S., Jasnoski, M. L., & Hanson, M. (1978). Buying kindness: Effect of an extrinsic incentive for helping on perceived altruism. *Personality and Social Psychology Bulletin,* **4,** 86–91.

Batson, C. D., Duncan, B. D., Ackerman, P., Buckley, T., & Birch, K. (1981). Is empathic emotion a source of altruistic motivation? *Journal of Personality and Social Psychology,* **40,** 290–302.

Batson, C. D., Eklund, J. H., Chermok, V. L., Hoyt, J. L., & Ortiz, B. G. (2007). An additional antecedent of empathic concern: Valuing the welfare of the person in need. *Journal of Personality and Social Psychology,* **93,** 65–74.

Batson, C. D., Fultz, J., & Schoenrade, P. A. (1987). Distress and empathy: Two qualitatively distinct vicarious emotions with different motivational consequences. *Journal of Personality,* **55,** 19–40.

Batson, C. D., Harris, A. C., McCaul, K. D., Davis, M., & Schmidt, T. (1979). Compassion or compliance: Alternative dispositional attributions for one's helping behavior. *Social Psychology Quarterly,* **42,** 405–409.

Batson, C. D., Kobrynowicz, D., Dinnerstein, J. L., Kampf, H. C., & Wilson, A. D. (1997). In a very different voice: Unmasking moral hypocrisy. *Journal of Personality and Social Psychology,* **72,** 1335–1348.

Batson, C. D., Lishner, D. A., Carpenter, A., Dulin, L., Harjusola-Webb, S., Stocks, E. L., Gale, S., Hassan, O., & Sampat, B. (2003). ". . . As you would have them do unto you": Does imagining yourself in the other's place stimulate moral action? *Personality and Social Psychology Bulletin,* **29,** 1190–1201.

Batson, C. D., & Moran, T. (1999). Empathy-induced altruism in a prisoner's dilemma. *European Journal of Social Psychology,* **29,** 909–924.

Batson, C. D., Sager, K., Garst, E., Kang, M., Rubchinsky, K., & Dawson, K. (1997). Is empathy-induced helping due to self-other merging? *Journal of Personality and Social Psychology,* **73,** 495–509.

Batson, C. D., Schoenrade, P., & Ventis, W. L. (1993). *Religion and the individual: A social-psychological perspective.* New York: Oxford University Press.

Batson, C. D., Sympson, S. C., Hindman, J. L., Decruz, P., Todd, R. M., Jennings, G., & Burris, C. T. (1996). "I've been there, too": Effect on empathy of prior experience with a need. *Personality and Social Psychology Bulletin,* **22,** 474–482.

Batson, C. D., & Thompson, E. R. (2001). Why don't moral people act morally? Motivational considerations. *Current Directions in Psychological Science,* **10,** 54–57.

Batson, C. D., Thompson, E. R., & Chen, H. (2002). Moral hypocrisy: Addressing some alternatives. *Journal of Personality and Social Psychology,* **83,** 330–339.

Batson, C. D., Thompson, E. R., Seuferling, G., Whitney, H., & Strongman, J. A. (1999). Moral hypocrisy: Appearing moral to oneself without being so. *Journal of Personality and Social Psychology,* **77,** 525–537.

Batson, C. D., & Ventis, W. L. (1982). *The religious experience: A social psychological perspective.* New York: Oxford University Press.

Batson, C. D., & Weeks, J. L. (1996). Mood effects of unsuccessful helping: Another test of the empathy-altruism hypothesis. *Personality and Social Psychology Bulletin,* **22,** 148–157.

Baumann, L. J., & Leventhal, H. (1985). "I can tell when my blood pressure is up, can't I?" *Health Psychology,* **4,** 203–218.

Baumeister, R. (1996). Should schools try to boost self-esteem? Beware the dark side. *American Educator,* **20,** 14–19, 43.

Baumeister, R. (2005). Rejected and alone. *The Psychologist,* **18,** 732–735.

Baumeister, R. (2007). Is there anything good about men? Address to the American Psychological Association convention.

Baumeister, R. F. (2005). *The cultural animal: Human nature, meaning, and social life.* New York: Oxford University Press.

Baumeister, R. F., & Bratslavsky, E. (1999). Passion, intimacy, and time: Passionate love as a function of change in intimacy. *Personality and Social Psychology Review,* **3,** 49–67.

Baumeister, R. F., Bratslavsky, E., Finkenauer, C., & Vohs, D. K. (2001). Bad is stronger than good. *Review of General Psychology,* **5,** 323–370.

Baumeister, R. F., Bratslavsky, E., Muraven, M., & Tice, D. M. (1998). Ego depletion: Is the active self a limited resource? *Journal of Personality and Social Psychology,* **74,** 1252–1265.

Baumeister, R. F., Campbell, J. D., Krueger, J. I., & Vohs, K. D. (2003). Does high self-esteem cause better performance, interpersonal success, happiness, or healthier lifestyles? *Psychological Science in the Public Interest,* **4**(1), 1–44.

Baumeister, R. F., Catanese, K. R., & Vohs, K. D. (2001). Is there a gender difference in strength of sex drive? Theoretical views, conceptual distinctions, and a review of relevant evidence. *Personality and Social Psychology Review,* **5,** 242–273.

Baumeister, R. F., Chesner, S. P., Senders, P. S., & Tice, D. M. (1988). Who's in charge here? Group leaders do lend help in emergencies. *Personality and Social Psychology Bulletin,* **14,** 17–22.

Baumeister, R. F., & Exline, J. J. (2000). Self-control, morality, and human strength. *Journal of Social and Clinical Psychology,* **19,** 29–42.

Baumeister, R. F., & Leary, M. R. (1995). The need to belong: Desire for interpersonal attachment as a fundamental human motivation. *Psychological Bulletin,* **117,** 497–529.

Baumeister, R. F., Muraven, M., & Tice, D. M. (2000). Ego depletion: A resource model of volition, self-regulation, and controlled processing. *Social Cognition,* **18,** 130–150.

Baumeister, R. F., & Scher, S. J. (1988). Self-defeating behavior patterns among normal individuals: Review and analysis of common self-destructive tendencies. *Psychological Bulletin,* **104,** 3–22.

Baumeister, R. F., & Vohs, K. (2004). Sexual economics: Sex as female resource for social exchange in heterosexual interactions. *Personality and Social Psychology Bulletin,* **8,** 339–363.

Baumeister, R. F., & Wotman, S. R. (1992). *Breaking hearts: The two sides of unrequited love.* New York: Guilford.

Baumgardner, A. H., & Brownlee, E. A. (1987). Strategic failure in social interaction: Evidence for expectancy disconfirmation process. *Journal of Personality and Social Psychology,* **52,** 525–535.

Baumhart, R. (1968). *An honest profit.* New York: Holt, Rinehart & Winston.

Baxter, T. L., & Goldberg, L. R. (1987). Perceived behavioral consistency underlying trait attributions to oneself and another: An extension of the actor-observer effect. *Personality and Social Psychology Bulletin,* **13,** 437–447.

Bayer, E. (1929). Beitrage zur zeikomponenten theorie des hungers. *Zeitschrift fur Psychologie,* **112,** 1–54.

Bazerman, M. H. (1986, June). Why negotiations go wrong. *Psychology Today,* pp. 54–58.

Bazerman, M. H. (1990). *Judgment in managerial decision making,* 2nd edition. New York: John Wiley.

BBC (2008, November 21). Pirates "gained $150m this year" (news.bbc.co.uk).

Beals, K. P., Peplau, L. A., & Gable, S. L. (2009). Stigma management and well-being: The role of perceived social support, emotional processing, and suppression. *Personality and Social Psychology Bulletin,* **35,** 867–879.

Beaman, A. L., Barnes, P. J., Klentz, B., & McQuirk, B. (1978). Increasing helping rates through information dissemination: Teaching pays. *Personality and Social Psychology Bulletin,* **4,** 406–411.

Beaman, A. L., & Klentz, B. (1983). The supposed physical attractiveness bias against supporters of the women's movement: A meta-analysis. *Personality and Social Psychology Bulletin,* **9,** 544–550.

Beaman, A. L., Klentz, B., Diener, E., & Svanum, S. (1979). Self-awareness and transgression in children: Two field studies. *Journal of Personality and Social Psychology,* **37,** 1835–1846.

Bearman, P. S., & Brueckner, H. (2001). Promising the future: Virginity pledges and first intercourse. *American Journal of Sociology,* **106,** 859–912.

Beaulieu, C. M. J. (2004). Intercultural study of personal space: A case study. *Journal of Applied Social Psychology,* **34,** 794–805.

Beck, A. T., & Young, J. E. (1978, September). College blues. *Psychology Today,* pp. 80–92.

Becker, S. W., & Eagly, A. H. (2004). The heroism of women and men. *American Psychologist,* **59,** 163–178.

Bell, B. E., & Loftus, E. F. (1988). Degree of detail of eyewitness testimony and mock juror judgments. *Journal of Applied Social Psychology,* **18,** 1171–1192.

Bell, B. E., & Loftus, E. F. (1989). Trivial persuasion in the courtroom: The power of (a few) minor details. *Journal of Personality and Social Psychology,* **56,** 669–679.

Bell, P. A. (1980). Effects of heat, noise, and provocation on retaliatory evaluative behavior. *Journal of Social Psychology,* **110,** 97–100.

Bell, P. A. (2005). Reanalysis and perspective in the heat-aggression debate. *Journal of Personality and Social Psychology,* **89,** 71–73.

Bellah, R. N. (1995/1996, Winter). Community properly understood: A defense of "democratic communitarianism." *The Responsive Community,* pp. 49–54.

Belluck, P. (2008, June 15). Gay couples find marriage is a mixed bag. *New York Times* (www.nytimes.com).

Belson, W. A. (1978). *Television violence and the adolescent boy.* Westmead, England: Saxon House, Teakfield Ltd.

Bem, D. J. (1972). Self-perception theory. In L. Berkowitz (Ed.), *Advances in experimental social psychology* (Vol. 6). New York: Academic Press.

Bem, D. J., & McConnell, H. K. (1970). Testing the self-perception explanation of dissonance phenomena: On the salience of premanipulation attitudes. *Journal of Personality and Social Psychology,* **14,** 23–31.

Bennett, R. (1991, February). Pornography and extrafamilial child sexual abuse: Examining the relationship. Unpublished manuscript, Los Angeles Police Department Sexually Exploited Child Unit.

Bennis, W. (1984). Transformative power and leadership. In T. J. Sergiovani & J. E. Corbally (Eds.), *Leadership and organizational culture.* Urbana: University of Illinois Press.

Benson, P. L., Dehority, J., Garman, L., Hanson, E., Hochschwender, M., Lebold, C., Rohr, R., & Sullivan, J. (1980). Intrapersonal correlates of nonspontaneous helping behavior. *Journal of Social Psychology,* **110,** 87–95.

Benson, P. L., Karabenick, S. A., & Lerner, R. M. (1976). Pretty pleases: The effects of physical attractiveness, race, and sex on receiving help. *Journal of Experimental Social Psychology,* **12,** 409–415.

Benton, T. R., Ross, D. F., Bradshaw, E., Thomas, W. N., & Bradshaw, G. S. (2006). Eyewitness memory is still not common sense: Comparing jurors, judges and law enforcement to eyewitness experts. *Applied Cognitive Psychology,* **20,** 115–129.

Benvenisti, M. (1988, October 16). Growing up in Jerusalem. *New York Times Magazine,* pp. 34–37.

Berg, J. H. (1984). Development of friendship between roommates. *Journal of Personality and Social Psychology,* **46,** 346–356.

Berg, J. H. (1987). Responsiveness and self-disclosure. In V. J. Derlega & J. H. Berg (Eds.), *Self-disclosure: Theory, research, and therapy.* New York: Plenum.

Berg, J. H., & McQuinn, R. D. (1986). Attraction and exchange in continuing and noncontinuing dating relationships. *Journal of Personality and Social Psychology,* **50,** 942–952.

Berg, J. H., & McQuinn, R. D. (1988). Loneliness and aspects of social support networks. Unpublished manuscript, University of Mississippi.

Berg, J. H., & Peplau, L. A. (1982). Loneliness: The relationship of self-disclosure and androgyny. *Personality and Social Psychology Bulletin,* **8,** 624–630.

Berger, J., & Heath, C. (2008). Who drives divergence? Identity signaling, outgroup dissimilarity, and the abandonment of cultural tastes. *Journal of Personality and Social Psychology,* **95,** 593–607.

Berglas, S., & Jones, E. E. (1978). Drug choice as a self-handicapping strategy in response to noncontingent success. *Journal of Personality and Social Psychology,* **36,** 405–417.

Berkman, L. F. (1995). The role of social relations in health promotion. *Psychosomatic Medicine,* **57,** 245–254.

Berkowitz, L. (1954). Group standards, cohesiveness, and productivity. *Human Relations,* **7,** 509–519.

Berkowitz, L. (1968, September). Impulse, aggression and the gun. *Psychology Today,* pp. 18–22.

Berkowitz, L. (1972). Social norms, feelings, and other factors affecting helping and altruism. In L. Berkowitz (Ed.), *Advances in experimental social psychology* (Vol. 6). New York: Academic Press.

Berkowitz, L. (1978). Whatever happened to the frustration-aggression hypothesis? *American Behavioral Scientists,* **21,** 691–708.

Berkowitz, L. (1981, June). How guns control us. *Psychology Today,* pp. 11–12.

Berkowitz, L. (1983). Aversively stimulated aggression: Some parallels and differences in research with animals and humans. *American Psychologist,* **38,** 1135–1144.

Berkowitz, L. (1984). Some effects of thoughts on anti- and prosocial influences of media events: A cognitive-neoassociation analysis. *Psychological Bulletin,* **95,** 410–427.

Berkowitz, L. (1987). Mood, self-awareness, and willingness to help. *Journal of Personality and Social Psychology,* **52,** 721–729.

Berkowitz, L. (1989). Frustration-aggression hypothesis: Examination and reformulation. *Psychological Bulletin,* **106,** 59–73.

Berkowitz, L. (1995). A career on aggression. In G. G. Brannigan & M. R. Merrens (Eds.), *The social psychologists: Research adventures.* New York: McGraw-Hill.

Berkowitz, L. (1998). Affective aggression: The role of stress, pain, and negative affect. In R. G. Geen & E. Donnerstein (Eds.), *Human aggression: Theories, research, and implications for social policy.* San Diego: Academic Press.

Berkowitz, L., & Geen, R. G. (1966). Film violence and the cue properties of available targets. *Journal of Personality and Social Psychology,* **3,** 525–530.

Berkowitz, L., & LePage, A. (1967). Weapons as aggression-eliciting stimuli. *Journal of Personality and Social Psychology,* **7,** 202–207.

Berndsen, M., Spears, R., van der Plight, J., & McGarty, C. (2002). Illusory correlation and stereotype formation: Making sense of group differences and cognitive biases. In C. McGarty, V. Y. Yzerbyt, & R. Spears (Eds.), *Stereotypes as explanations: The formation of meaningful beliefs about social groups.* New York: Cambridge University Press.

Bernhardt, P. C. (1997). Influences of serotonin and testosterone in aggression and dominance: Convergence with social psychology. *Current Directions in Psychology,* **6,** 44–48.

Bernhardt, P. C., Dabbs, J. M., Jr., Fielden, J. A., & Lutter, C. D. (1998). Testosterone changes during vicarious experiences of winning and losing among fans at sporting events. *Physiology and Behavior,* **65,** 59–62.

Berns, G. S., Chappelow, J., Zink, C. F., Pagnoni, G., Martin-Skurski, M. E., & Richards, J. (2005). Neurobiological correlates of social conformity and independence during mental rotation. *Biological Psychiatry,* **58,** 245–253.

Bernstein, M. J., Young, S. G., & Hugenberg, K. (2007). The cross-category effect. Mere social categorization is sufficient to elicit an own-group bias in face recognition. *Psychological Science,* **18,** 706–712.

Berry, D. S., & Zebrowitz-McArthur, L. (1988). What's in a face: Facial maturity and the attribution of legal responsibility. *Personality and Social Psychology Bulletin,* **14,** 23–33.

Berscheid, E. (1981). An overview of the psychological effects of physical attractiveness and some comments upon the psychological effects of knowledge of the effects of physical attractiveness. In W. Lucker, K. Ribbens, & J. A. McNamera (Eds.), *Logical aspects of facial form (craniofacial growth series).* Ann Arbor: University of Michigan Press.

Berscheid, E. (1985). Interpersonal attraction. In G. Lindzey & E. Aronson (Eds.), *The handbook of social psychology.* New York: Random House.

Berscheid, E. (1999). The greening of relationship science. *American Psychologist,* **54,** 260–266.

Berscheid, E., Boye, D., & Walster (Hatfield), E. (1968). Retaliation as a means of restoring equity. *Journal of Personality and Social Psychology,* **10,** 370–376.

Berscheid, E., Dion, K., Walster (Hatfield), E., & Walster, G. W. (1971). Physical attractiveness and dating choice: A test of the matching hypothesis. *Journal of Experimental Social Psychology,* **7,** 173–189.

Berscheid, E., Graziano, W., Monson, T., & Dermer, M. (1976). Outcome dependency: Attention, attribution, and attraction. *Journal of Personality and Social Psychology,* **34,** 978–989.

Berscheid, E., & Peplau, L. A. (1983). The emerging science of relationships. In H. H. Kelley, E. Berscheid, A. Christensen, J. H. Harvey, T. L. Huston, G. Levinger, E. McClintock, L. A. Peplau, & D. R. Peterson (Eds.), *Close relationships.* New York: Freeman.

Berscheid, E., Snyder, M., & Omoto, A. M. (1989). Issues in studying close relationships: Conceptualizing and measuring closeness. In C. Hendrick (Ed.), *Review of personality and social psychology* (Vol. 10). Newbury Park, CA: Sage.

Berscheid, E., & Walster (Hatfield), E. (1978). *Interpersonal attraction.* Reading, MA: Addison-Wesley.

Berscheid, E., Walster, G. W., & Hatfield (was Walster), E. (1969). Effects of accuracy and positivity of evaluation on liking for the evaluator. Unpublished manuscript. Summarized by E. Berscheid and E. Walster (Hatfield) (1978), *Interpersonal attraction.* Reading, MA: Addison-Wesley.

Bersoff, D. N. (1987). Social science data and the Supreme Court: Lockhart as a case in point. *American Psychologist,* **42,** 52–58.

Bertrand, M., & Mullainathan, S. (2003). Are Emily and Greg more employable than Lakisha and Jamal? A field experiment on labor market discrimination. Massachusetts Institute of Technology, Department of Economics, Working Paper 03-22.

Besser, A., & Priel, B. (2005). The apple does not fall far from the tree: Attachment styles and personality vulnerabilities to depression in three generations of women. *Personality and Social Psychology Bulletin,* **31,** 1052–1073.

Bettencourt, B. A., Dill, K. E., Greathouse, S. A., Charlton, K., & Mulholland, A. (1997). Evaluations of ingroup and outgroup members: The role of category-based expectancy violation. *Journal of Experimental Social Psychology,* **33,** 244–275.

Bettencourt, B. A., & Kernahan, C. (1997). A meta-analysis of aggression in the presence of violent cues: Effects of gender differences and aversive provocation. *Aggressive Behavior,* **23,** 447–456.

Bettencourt, B. A., Talley, A., Benjamin, A. J., & Valentine, J. (2006). Personality and aggressive behavior under provoking and neutral conditions: A meta-analytic review. *Psychological Bulletin,* **132,** 751–777.

Bianchi, S. M., Milkie, M. A., Sayer, L. C., & Robinson, J. P. (2000). Is anyone doing the housework? Trends in the gender division of household labor. *Social Forces,* **79,** 191–228.

Bickman, L. (1975). Bystander intervention in a crime: The effect of a mass-media campaign. *Journal of Applied Social Psychology,* **5,** 296–302.

Bickman, L. (1979). Interpersonal influence and the reporting of a crime. *Personality and Social Psychology Bulletin,* **5,** 32–35.

Bickman, L., & Green, S. K. (1977). Situational cues and crime reporting: Do signs make a difference? *Journal of Applied Social Psychology,* **7,** 1–18.

Biernat, M. (1991). Gender stereotypes and the relationship between masculinity and femininity: A developmental analysis. *Journal of Personality and Social Psychology,* **61,** 351–365.

Biernat, M. (2003). Toward a broader view of social stereotyping. *American Psychologist,* **58,** 1019–1027.

Biernat, M., & Kobrynowicz, D. (1997). Gender- and race-based standards of competence: Lower minimum standards but higher ability standards for devalued groups. *Journal of Personality and Social Psychology,* **72,** 544–557.

Biernat, M., Vescio, T. K., & Green, M. L. (1996). Selective self-stereotyping. *Journal of Personality and Social Psychology,* **71,** 1194–1209.

Bigam, R. G. (1977, March). Voir dire: The attorney's job. *Trial 13,* p. 3. Cited by G. Bermant & J. Shepard in "The voir dire examination, juror challenges, and adversary advocacy." In B. D. Sales (Ed.), *Perspectives in law and psychology, Vol. II: The trial process.* New York: Plenum Press, 1981.

Billig, M., & Tajfel, H. (1973). Social categorization and similarity in intergroup behaviour. *European Journal of Social Psychology,* **3,** 27–52.

Binder, J., Zagefka, H., Brown, R., Funke, F., Kessler, T., Mummendey, A., Maquil, A., Demoulin, S., & Leyens, J-P. (2009). Does contact reduce prejudice or does prejudice reduce contact? A longitudinal test of the contact hypothesis among majority and minority groups in three European countries. *Journal of Personality and Social Psychology,* **96,** 843–856.

Biner, P. M. (1991). Effects of lighting-induced arousal on the magnitude of goal valence. *Personality and Social Psychology Bulletin,* **17,** 219–226.

Bingenheimer, J. B., Brennan, R. T., & Earls, F. J. (2005). Firearm violence exposure and serious violent behavior. *Science,* **308,** 1323–1326.

Binham, R. (1980, March–April). Trivers in Jamaica. *Science,* **80,** 57–67.

Bishop, B. (2004, April 4). The schism in U.S. politics begins at home: Growing gaps found from county to county in presidential race. *American-Statesman* (and personal correspondence, November 22, 2004).

Bishop, G. D. (1984). Gender, role, and illness behavior in a military population. *Health Psychology,* **3,** 519–534.

Bishop, G. D. (1987). Lay conceptions of physical symptoms. *Journal of Applied Social Psychology,* **17,** 127–146.

Bishop, G. D. (1991). Understanding the understanding of illness: Lay disease representations. In J. A. Skelton & R. T. Croyle (Eds.), *Mental representation in health and illness.* New York: Springer-Verlag.

Björkqvist, K. (1994). Sex differences in physical, verbal, and indirect aggression: A review of recent research. *Sex Roles,* **30,** 177–188.

Blackburn, R. T., Pellino, G. R., Boberg, A., & O'Connell, C. (1980). Are instructional improvement programs off target? *Current Issues in Higher Education,* **1,** 31–48.

Blair, C. A., Thompson, L. F., & Wuensch, K. L. (2005). Electronic helping behavior: The virtual presence of others makes a difference. *Basic and Applied Social Psychology,* **27,** 171–178.

Blair, I. V., Judd, C. M., & Chapleau, K. M. (2004). The influence of Afrocentric facial features in criminal sentencing. *Psychological Science,* **15,** 674–679.

Blake, R. R., & Mouton, J. S. (1962). The intergroup dynamics of win-lose conflict and problem-solving collaboration in unionmanagement relations. In M. Sherif (Ed.), *Intergroup relations and leadership*. New York: Wiley.

Blake, R. R., & Mouton, J. S. (1979). Intergroup problem solving in organizations: From theory to practice. In W. G. Austin and S. Worchel (Eds.), *The social psychology of intergroup relations*. Monterey, CA: Brooks/Cole.

Blanchard, F. A., & Cook, S. W. (1976). Effects of helping a less competent member of a cooperating interracial group on the development of interpersonal attraction. *Journal of Personality and Social Psychology, 34,* 1245–1255.

Blank, H., Fischer, V., & Erdfelder, E. (2003). Hindsight bias in political elections. *Memory, 11,* 491–504.

Blank, H., Nestler, S., von Collani, G., & Fischer, V. (2008). How many hindsight biases are there? *Cognition, 106,* 1408–1440.

Blanton, H., Jaccard, J., Christie, C., & Gonzales, P. M. (2007). Plausible assumptions, questionable assumptions and post hoc rationalizations: Will the real IAT please stand up? *Journal of Experimental Social Psychology, 43,* 399–409.

Blanton, H., Jaccard, J., Gonzales, P. M., & Christie, C. (2006). Decoding the implicit association test: Implications for criterion prediction. *Journal of Experimental Social Psychology, 42,* 192–212.

Blanton, H., Pelham, B. W., DeHart, T., & Carvallo, M. (2001). Overconfidence as dissonance reduction. *Journal of Experimental Social Psychology, 37,* 373–385.

Blascovich, J. (2002). Social influence within immersive virtual environments. In R. Schroeder (Ed.), *The social life of avatars*. New York: Springer-Verlag.

Blascovich, J., Wyer, N. A., Swart, L. A., & Kibler, J. L. (1997). Racism and racial categorization. *Journal of Personality and Social Psychology, 72,* 1364–1372.

Blass, T. (1990). Psychological approaches to the Holocaust: Review and evaluation. Paper presented to the American Psychological Association convention.

Blass, T. (1991). Understanding behavior in the Milgram obedience experiment: The role of personality, situations, and their interactions. *Journal of Personality and Social Psychology, 60,* 398–413.

Blass, T. (1996). Stanley Milgram: A life of inventiveness and controversy. In G. A. Kimble, C. A. Boneau, & M. Wertheimer (Eds.), *Portraits of pioneers in psychology* (Vol. II). Washington, DC: American Psychological Association.

Blass, T. (1999). The Milgram paradigm after 35 years: Some things we now know about obedience to authority. *Journal of Applied Social Psychology, 29,* 955–978.

Blass, T. (2000). The Milgram paradigm after 35 years: Some things we now know about obedience to authority. In T. Blass (Ed.), *Obedience to authority: Current perspectives on the Milgram paradigm*. Mahwah, NJ: Erlbaum.

Block, J., & Funder, D. C. (1986). Social roles and social perception: Individual differences in attribution and error. *Journal of Personality and Social Psychology, 51,* 1200–1207.

Blundell, W. E. (1986). *Storyteller step by step: A guide to better feature writing*. New York: Dow Jones. Cited by S. H. Stocking & P. H. Gross (1989), *How do journalists think? A proposal for the study of cognitive bias in newsmaking*. Bloomington, IN: ERIC Clearinghouse on Reading and Communication Skills, Smith Research Center, Indiana University.

Boden, J. M., Fergusson, D. M., & Horwood, L. J. (2007). Self-esteem and violence: Testing links between adolescent self-esteem and later hostility and violent behavior. *Social Psychiatry and Psychiatric Empidemiology, 42,* 881–891.

Boden, J. M., Fergusson, D. M., & Horwood, L. J. (2008). Does adolescent self-esteem predict later life outcomes? A test of the causal role of self-esteem. *Development and Psychopathology, 20,* 319–339.

Bodenhausen, G. V. (1990). Stereotypes as judgmental heuristics: Evidence of circadian variations in discrimination. *Psychological Science, 1,* 319–322.

Bodenhausen, G. V. (1993). Emotions, arousal, and stereotypic judgments: A heuristic model of affect and stereotyping. In D. M. Mackie & D. L. Hamilton (Eds.), *Affect, cognition, and stereotyping: Interactive processes in group perception*. San Diego: Academic Press.

Bodenhausen, G. V., & Macrae, C. N. (1998). Stereotype activation and inhibition. In R. S. Wyer, Jr., *Stereotype activation and inhibition: Advances in social cognition* (Vol. 11). Mahwah, NJ: Erlbaum.

Bodenhausen, G. V., Sheppard, L. A., & Kramer, G. F. (1994). Negative affect and social judgment: The differential impact of anger and sadness. *European Journal of Social Psychology, 24,* 45–62.

Boggiano, A. K., Barrett, M., Weiher, A. W., McClelland, G. H., & Lusk, C. M. (1987). Use of the maximal-operant principle to motivate children's intrinsic interest. *Journal of Personality and Social Psychology, 53,* 866–879.

Boggiano, A. K., Harackiewicz, J. M., Bessette, J. M., & Main, D. S. (1985). Increasing children's interest through performance-contingent reward. *Social Cognition, 3,* 400–411.

Boggiano, A. K., & Pittman, T. S. (Eds.) (1992). *Achievement and motivation: A social-developmental perspective. Cambridge studies in social and emotional development* (pp. 37–53). New York: Cambridge University Press.

Boggiano, A. K., & Ruble, D. N. (1985). Children's responses to evaluative feedback. In R. Schwarzer (Ed.), *Self-related cognitions in anxiety and motivation*. Hillsdale, NJ: Erlbaum.

Bohner, G., Bless, H., Schwarz, N., & Strack, F. (1988). What triggers causal attributions? The impact of valence and subjective probability. *European Journal of Social Psychology, 18,* 335–345.

Bonanno, G. A., Rennicke, C., & Dekel, S. (2005). Self-enhancement among high-exposure survivors of the September 11th terrorist attack: Resilience or social maladjustment? *Journal of Personality and Social Psychology, 88,* 984–998.

Bond, C. F., Jr., DiCandia, C. G., & MacKinnon, J. R. (1988). Responses to violence in a psychiatric setting: The role of patient's race. *Personality and Social Psychology Bulletin, 14,* 448–458.

Bond, C. F., Jr., & Titus, L. J. (1983). Social facilitation: A meta-analysis of 241 studies. *Psychological Bulletin, 94,* 265–292.

Bond, M. H. (2004). Culture and aggression: From context to coercion. *Personality and Social Psychology Review, 8,* 62–78.

Bond, R., & Smith, P. B. (1996). Culture and conformity: A meta-analysis of studies using Asch's (1952b, 1956) line judgment task. *Psychological Bulletin, 119,* 111–137.

Bonnot, V., & Croizet, J-C. (2007). Stereotype internalization and women's math performance: The role of interference in working memory. *Journal of Experimental Social Psychology, 43,* 857–866.

Bono, J. E., & Judge, T. A. (2004). Personality and transformational and transactional leadership: A meta-analysis. *Journal of Applied Psychology, 89,* 901–910.

Bonta, B. D. (1997). Cooperation and competition in peaceful societies. *Psychological Bulletin, 121,* 299–320.

Boomsma, D. I., Cacioppo, J. T., Slagboom, P. E., & Posthuma, D. (2006). Genetic linkage and association analysis for loneliness in Dutch twin and sibling pairs points to a region on chromosome 12q23-24. *Behavior Genetics, 36,* 137–146.

Borchard, E. M. (1932). *Convicting the innocent: Errors of criminal justice*. New Haven: Yale University Press. Cited by E. R. Hilgard & E. F. Loftus (1979), Effective interrogation of the eyewitness. *International Journal of Clinical and Experimental Hypnosis, 17,* 342–359.

Borgida, E. (1981). Legal reform of rape laws. In L. Bickman (Ed.), *Applied social psychology annual* (Vol. 2, pp. 211–241). Beverly Hills, CA: Sage.

Borgida, E., & Brekke, N. (1985). Psycholegal research on rape trials. In A. W. Burgess (Ed.), *Rape and sexual assault: A research handbook*. New York: Garland.

Borgida, E., Locksley, A., & Brekke, N. (1981). Social stereotypes and social judgment. In N. Cantor & J. Kihlstrom (Eds.), *Cognition, social interaction, and personality*. Hillsdale, NJ: Erlbaum.

Borgida, E., & White, P. (1980). Judgmental bias and legal reform. Unpublished manuscript, University of Minnesota.

Borkenau, P., & Liebler, A. (1993). Convergence of stranger ratings of personality and intelligence with self-ratings, partner ratings, and measured intelligence. *Journal of Personality and Social Psychology, 65,* 546–553.

Bornstein, B. H., & Zicafoose, D. J. (1999). "I know I know it, I know I saw it": The stability of the confidence-accuracy relationship across domains. *Journal of Experimental Psychology: Applied, 5,* 76–88.

Bornstein, G., & Rapoport, A. (1988). Intergroup competition for the provision of step-level public goods: Effects of preplay communication. *European Journal of Social Psychology, 18,* 125–142.

Bornstein, G., Rapoport, A., Kerpel, L., & Katz, T. (1989). Within- and between-group communication in intergroup competition for public goods. *Journal of Experimental Social Psychology, 25,* 422–436.

Bornstein, R. F. (1989). Exposure and affect: Overview and meta-analysis of research, 1968–1987. *Psychological Bulletin, 106,* 265–289.

Bornstein, R. F. (1999). Source amnesia, misattribution, and the power of unconscious perceptions and memories. *Psychoanalytic Psychology, 16,* 155–178.

Bornstein, R. F., & D'Agostino, P. R. (1992). Stimulus recognition and the mere exposure effect. *Journal of Personality and Social Psychology, 63,* 545–552.

Bornstein, R. F., Galley, D. J., Leone, D. R., & Kale, A. R. (1991). The temporal stability of ratings of parents: Test-retest reliability and influence of parental contact. *Journal of Social Behavior and Personality,* **6,** 641–649.

Bossard, J. H. S. (1932). Residential propinquity as a factor in marriage selection. *American Journal of Sociology,* **38,** 219–224.

Bothwell, R. K., Brigham, J. C., & Malpass, R. S. (1989). Cross-racial identification. *Personality and Social Psychology Bulletin,* **15,** 19–25.

Botvin, G. J., Epstein, J. A., & Griffin, K. W. (2008). A social influence model of alcohol use for inner-city adolescents: Family drinking, perceived drinking norms, and perceived social benefits of drinking. *Journal of Studies on Alcohol and Drugs,* **69,** 397–405.

Botvin, G. J., Schinke, S., & Orlandi, M. A. (1995). School-based health promotion: Substance abuse and sexual behavior. *Applied & Preventive Psychology,* **4,** 167–184.

Botwin, M. D., Buss, D. M., & Shackelford, T. K. (1997). Personality and mate preferences: Five factors in mate selection and marital satisfaction. *Journal of Personality,* **65,** 107–136.

Bouas, K. S., & Komorita, S. S. (1996). Group discussion and cooperation in social dilemmas. *Personality and Social Psychology Bulletin,* **22,** 1144–1150.

Bourgeois, M. J., Horowitz, I. A., & Lee, L. F. (1993). Effects of technicality and access to trial transcripts on verdicts and information processing in a civil trial. *Personality and Social Psychology Bulletin,* **19,** 219–226.

Bowen, E. (1988, April 4). Whatever became of Honest Abe? *Time.*

Bower, B. (1997). Thanks for the memories: Scientists evaluate interviewing tactics for boosting eyewitness recall. *Science,* **151,** 246–247.

Bower, G. H. (1987). Commentary on mood and memory. *Behavioral Research and Therapy,* **25,** 443–455.

Bowlby, J. (1980). *Loss, sadness and depression, Vol. III of Attachment and loss.* London: Basic Books.

Boyatzis, C. J., Matillo, G. M., & Nesbitt, K. M. (1995). Effects of the "Mighty Morphin Power Rangers" on children's aggression with peers. *Child Study Journal,* **25,** 45–55.

Boyes, A. D., & Fletcher, G. J. O. (2007). Metaperceptions of bias in intimate relationships. *Journal of Personality and Social Psychology,* **92,** 286–306.

Bradley, W., & Mannell, R. C. (1984). Sensitivity of intrinsic motivation to reward procedure instructions. *Personality and Social Psychology Bulletin,* **10,** 426–431.

Brandon, R., & Davies, C. (1973). *Wrongful imprisonment: Mistaken convictions and their consequences.* Hamden, CT: Archon Books.

Branscombe, N. R., Schmitt, M. T., & Harvey, R. D. (1999). Perceiving pervasive discrimination among African Americans: Implications for group identification and well-being. *Journal of Personality and Social Psychology,* **77,** 135–149.

Brauer, M., Judd, C. M., & Gliner, M. D. (1995). The effects of repeated expressions on attitude polarization during group discussions. *Journal of Personality and Social Psychology,* **68,** 1014–1029.

Brauer, M., Judd, C. M., & Jacquelin, V. (2001). The communication of social stereotypes: The effects of group discussion and information distribution on stereotypic appraisals. *Journal of Personality and Social Psychology,* **81,** 463–475.

Braverman, J. (2005). The effect of mood on detection of covariation. *Personality and Social Psychology Bulletin,* **31,** 1487–1497.

Bray, R. M., & Noble, A. M. (1978). Authoritarianism and decisions of mock juries: Evidence of jury bias and group polarization. *Journal of Personality and Social Psychology,* **36,** 1424–1430.

Bregman, N. J., & McAllister, H. A. (1982). Eyewitness testimony: The role of commitment in increasing reliability. *Social Psychology Quarterly,* **45,** 181–184.

Brehm, J. W. (1956). Post-decision changes in desirability of alternatives. *Journal of Abnormal Social Psychology,* **52,** 384–389.

Brehm, J. W. (1999). Would the real dissonance theory please stand up? Paper presented to the American Psychological Society convention.

Brehm, S., & Brehm, J. W. (1981). *Psychological reactance: A theory of freedom and control.* New York: Academic Press.

Brehm, S. S., & Smith, T. W. (1986). Social psychological approaches to psychotherapy and behavior change. In S. L. Garfield & A. E. Bergin (Eds.), *Handbook of psychotherapy and behavior change,* 3rd edition. New York: Wiley.

Brenner, S. N., & Molander, E. A. (1977, January–February). Is the ethics of business changing? *Harvard Business Review,* pp. 57–71.

Brewer, M. B. (1987). Collective decisions. *Social Science,* **72,** 140–143.

Brewer, M. B. (2007). The importance of being we: Human nature and intergroup relations. *American Psychologist,* **62,** 726–738.

Brewer, M. B., & Gaertner, S. L. (2004). Toward reduction of prejudice: Intergroup contact and social categorization. In M. B. Brewer & M. Hewstone (Eds.), *Self and social identity.* Malden, MA: Blackwell.

Brewer, M. B., & Miller, N. (1988). Contact and cooperation: When do they work? In P. A. Katz & D. Taylor (Eds.), *Towards the elimination of racism: Profiles in controversy.* New York: Plenum.

Brewer, M. B., & Pierce, K. P. (2005). Social identity complexity and outgroup tolerance. *Personality and Social Psychology Bulletin,* **31,** 428–437.

Brewer, M. B., & Silver, M. (1978). In-group bias as a function of task characteristics. *European Journal of Social Psychology,* **8,** 393–400.

Brickman, P. (1978). Is it real? In J. Harvey, W. Ickes, & R. Kidd (Eds.), *New directions in attribution research* (Vol. 2). Hillsdale, NJ: Erlbaum.

Brickman, P., Coates, D. & Janoff-Bulman, R. J. (1978). Lottery winners and accident victims: Is happiness relative? *Journal of Personality and Social Psychology,* **36,** 917–927.

Brigham, J. C., Bennett, L. B., Meissner, C. A., & Mitchell, T. L. (2006). The influence of race on eyewitness testimony. In R. Lindsay, M. Toglia, D. Ross, & J. D. Read (Eds.), *Handbook of eyewitness psychology.* Mahwah, NJ: Erlbaum.

Brigham, J. C., & Cairns, D. L. (1988). The effect of mugshot inspections on eyewitness identification accuracy. *Journal of Applied Social Psychology,* **18,** 1394–1410.

Brigham, J. C., Ready, D. J., & Spier, S. A. (1990). Standards for evaluating the fairness of photograph lineups. *Basic and Applied Social Psychology,* **11,** 149–163.

Bri˜nol, P., Petty, R. E., & Tormala, Z. L. (2004). Self-validation of cognitive responses to advertisements. *Journal of Consumer Research,* **30,** 559–573.

Bri˜nol, P., Tormala, Z. L., & Petty, R. E. (2002). Source credibility as a determinant of self-validation effects in persuasion. Poster presented at the European Association of Experimental Social Psychology, San Sebastian, Spain.

British Psychological Society (2000). *Code of conduct, ethical principles and guidelines.* Leicester, UK: British Psychological Society (www.bps.org.uk/documents/Code.pdf).

Britt, T. W., & Garrity, M. J. (2006). Attributions and personality as predictors of the road rage response. *British Journal of Social Psychology,* **45,** 127–147.

Brock, T. C. (1965). Communicator-recipient similarity and decision change. *Journal of Personality and Social Psychology,* **1,** 650–654.

Brockner, J., & Hulton, A. J. B. (1978). How to reverse the vicious cycle of low self-esteem: The importance of attentional focus. *Journal of Experimental Social Psychology,* **14,** 564–578.

Brockner, J., Rubin, J. Z., Fine, J., Hamilton, T. P., Thomas, B., & Turetsky, B. (1982). Factors affecting entrapment in escalating conflicts: The importance of timing. *Journal of Research in Personality,* **16,** 247–266.

Brodt, S. E., & Ross, L. D. (1998). The role of stereotyping in overconfident social prediction. *Social Cognition,* **16,** 228–252.

Brodt, S. E., & Zimbardo, P. G. (1981). Modifying shyness-related social behavior through symptom misattribution. *Journal of Personality and Social Psychology,* **41,** 437–449.

Bronfenbrenner, U. (1961). The mirror image in Soviet-American relations. *Journal of Social Issues,* **17**(3), 45–56.

Brooks, D. (2004, June 5). Circling the wagons. *New York Times* (www.nytimes.com).

Brooks, D. (2005, August 10). All cultures are not equal. *New York Times* (www.nytimes.com).

Broome, A., & Wegner, D. M. (1994). Some positive effects of releasing socially anxious people from the need to please. Paper presented to the American Psychological Society convention.

Brown, D. E. (1991). *Human universals.* New York: McGraw-Hill.

Brown, D. E. (2000). Human universals and their implications. In N. Roughley (Ed.), *Being humans: Anthropological universality and particularity in transdisciplinary perspectives.* New York: Walter de Gruyter.

Brown, G. (2008). *Wartime courage: Stories of extraordinary bravery in World War II.* London: Bloomsbury.

Brown, H. J., Jr. (1990). *P.S. I love you.* Nashville: Rutledge Hill.

Brown, J. D., & Dutton, K. A. (1994). From the top down: Self-esteem and self-evaluation. Unpublished manuscript, University of Washington.

Brown, J. D., Novick, N. J., Lord, K. A., & Richards, J. M. (1992). When Gulliver travels: Social context, psychological closeness, and self-appraisals. *Journal of Personality and Social Psychology,* **62,** 717–727.

Brown, J. D., & Taylor, S. E. (1986). Affect and the processing of personal information: Evidence for mood-activated self-schemata. *Journal of Experimental Social Psychology, 22,* 436–452.

Brown, K. T., Brown, T. N., Jackson, J. S., Sellers, R. M., & Manuel, W. J. (2003). Teammates on and off the field? Contact with Black teammates and the racial attitudes of White student athletes. *Journal of Applied Social Psychology, 33,* 1379–1403.

Brown, R. (1965). *Social psychology.* New York: Free Press.

Brown, R. (1987). Theory of politeness: An exemplary case. Paper presented to the Society of Experimental Social Psychology meeting. Cited by R. O. Kroker & L. A. Wood (1992), Are the rules of address universal? IV: Comparison of Chinese, Korean, Greek, and German usage. *Journal of Cross-Cultural Psychology, 23,* 148–162.

Brown, R., Eller, A., Leeds, S., & Stace, K. (2007). Intergroup contact and intergroup attitudes: A longitudinal study. *European Journal of Social Psychology, 37,* 692–703.

Brown, R., Maras, P., Masser, B., Vivian, J., & Hewstone, M. (2001). Life on the ocean wave: Testing some intergroup hypotheses in a naturalistic setting. *Group Processes and Intergroup Relations, 4,* 81–97.

Brown, R., Vivian, J., & Hewstone, M. (1999). Changing attitudes through intergroup contact: The effects of group membership salience. *European Journal of Social Psychology, 29,* 741–764.

Brown, R., & Wootton-Millward, L. (1993). Perceptions of group homogeneity during group formation and change. *Social Cognition, 11,* 126–149.

Brown, R. P., Charnsangavej, T., Keough, K. A., Newman, M. L., & Rentfrom, P. J. (2000). Putting the "affirm" into affirmative action: Preferential selection and academic performance. *Journal of Personality and Social Psychology, 79,* 736–747.

Brown, S. L., Brown, R. M., House, J. S., & Smith, D. M. (2008). Coping with spousal loss: Potential buffering effects of self-reported helping behavior. *Personality and Social Psychology Bulletin, 34,* 849–861.

Brown, S. L., Nesse, R. M., Vinokur, A. D., & Smith, D. M. (2003). Providing social support may be more beneficial than receiving it. *Psychological Science, 14,* 320–327.

Brown, V. R., & Paulus, P. B. (2002). Making group brainstorming more effective: Recommendations from an associative memory perspective. *Current Directions in Psychological Science, 11,* 208–212.

Brown, W. M., Price, M. E., Kang, J., Pound, N., Zhao, Y., & Yu, H. (2008). Fluctuating asymmetry and preferences for sex-typical bodily characteristics. *Proceedings of the National Academy of Sciences, 105,* 12938–12943 (pnas.org).

Browning, C. R. (1992). *Ordinary men: Reserve Police Battalion 101 and the final solution in Poland.* New York: HarperCollins.

Bruce, V. (1998, July). Identifying people caught on video. *The Psychologist,* pp. 331–335.

Bruck, M., & Ceci, S. J. (1999). The suggestibility of children's memory. *Annual Review of Psychology, 50,* 419–439.

Bruck, M., & Ceci, S. (2004). Forensic developmental psychology: Unveiling four common misconceptions. *Current Directions in Psychological Science, 15,* 229–232.

Brückner, H., & Bearman, P. (2005). After the promise: The STD consequences of adolescent virginity pledges. *Journal of Adolescent Health, 36,* 271–278.

Bryan, J. H., & Test, M. A. (1967). Models and helping: Naturalistic studies in aiding behavior. *Journal of Personality and Social Psychology, 6,* 400–407.

Buckhout, R. (1974, December). Eyewitness testimony. *Scientific American,* pp. 23–31.

Buehler, R., & Griffin, D. (2003). Planning, personality, and prediction: The role of future focus in optimistic time predictions. *Organizational Behavior and Human Decision Processes, 92,* 80–90.

Buehler, R., Griffin, D., & Ross, M. (1994). Exploring the "planning fallacy": When people underestimate their task completion times. *Journal of Personality and Social Psychology, 67,* 366–381.

Buehler, R., Griffin, D., & Ross, M. (2002). Inside the planning fallacy: The causes and consequences of optimistic time predictions. In T. Gilovich, D. Griffin, & D. Kahneman (Eds.), *Heuristics and biases: The psychology of intuitive judgment.* Cambridge: Cambridge University Press.

Buehler, R., Messervey, D., & Griffin, D. (2005). Collaborative planning and prediction: Does group discussion affect optimistic biases in estimation? *Organizational Behavior and Human Decision Processes, 97,* 47–63.

Buffardi, L. E., & Campbell, W. K. (2008). Narcissism and social networking websites. *Personality and Social Psychology Bulletin, 34,* 1303–1314.

Buford, B. (1992). *Among the thugs.* New York: Norton.

Bugental, D. B., & Hehman, J. A. (2007). Ageism: A review of research and policy implications. *Social Issues and Policy Review, 1,* 173–216.

Buller, D. J. (2005). *Adapting minds: Evolutionary psychology and the persistent quest for human nature.* Cambridge, MA: MIT Press.

Buller, D. J. (2009, January). Four fallacies of pop evolutionary psychology. *Scientific American,* pp. 74–81.

Bullock, J. (2006, March 17). The enduring importance of false political beliefs. Paper presented at the annual meeting of the Western Political Science Association, Albuquerque (www.allacademic.com/meta/p97459_index.html).

Burchill, S. A. L., & Stiles, W. B. (1988). Interactions of depressed college students with their roommates: Not necessarily negative. *Journal of Personality and Social Psychology, 55,* 410–419.

Bureau of the Census. (1975). *Historical abstract of the United States: Colonial times to 1970.* Washington, DC: Superintendent of Documents.

Bureau of the Census. (1993, May 4). Voting survey, reported by Associated Press.

Bureau of the Census. (2009). *The 2009 statistical abstract* (Table 946; www.census.gov).

Burger, J. M. (1987). Increased performance with increased personal control: A self-presentation interpretation. *Journal of Experimental Social Psychology, 23,* 350–360.

Burger, J. M. (1991). Changes in attributions over time: The ephemeral fundamental attribution error. *Social Cognition, 9,* 182–193.

Burger, J. M. (2009, January). Replicating Milgram: Would people still obey today? *American Psychologist, 64,* 1–11.

Burger, J. M., & Burns, L. (1988). The illusion of unique invulnerability and the use of effective contraception. *Personality and Social Psychology Bulletin, 14,* 264–270.

Burger, J. M., & Guadagno, R. E. (2003). Self-concept clarity and the foot-in-the-door procedure. *Basic and Applied Social Psychology, 25,* 79–86.

Burger, J. M., Messian, N., Patel, S., del Prade, A., & Anderson, C. (2004). What a coincidence! The effects of incidental similarity on compliance. *Personality and Social Psychology Bulletin, 30,* 35–43.

Burger, J. M., & Palmer, M. L. (1991). Changes in and generalization of unrealistic optimism following experiences with stressful events: Reactions to the 1989 California earthquake. *Personality and Social Psychology Bulletin, 18,* 39–43.

Burger, J. M., & Pavelich, J. L. (1994). Attributions for presidential elections: The situational shift over time. *Basic and Applied Social Psychology, 15,* 359–371.

Burger, J. M., Sanchez, J., Imberi, J. E., & Grande, L. R. (2009). The norm of reciprocity as an internalized social norm: Returning favors even when no one finds out. *Social Influence, 4,* 11–17.

Burger, J. M., Soroka, S., Gonzago, K., Murphy, E., & Somervell, E. (2001). The effect of fleeting attraction on compliance to requests. *Personality and Social Psychology Bulletin, 27,* 1578–1586.

Burkholder, R. (2003, February 14). Unwilling coalition? Majorities in Britain, Canada oppose military action in Iraq. *Gallup Poll Tuesday Briefing* (www.gallup.com/poll).

Burkholder, R. (2005, January 11). Chinese far wealthier than a decade ago, but are they happier? *Gallup Poll* (www.poll.gallup.com).

Burkley, E. (2008). The role of self-control in resistance to persuasion. *Personality and Social Psychology Bulletin, 34,* 419–431.

Burn, S. M. (1992). Locus of control, attributions, and helplessness in the homeless. *Journal of Applied Social psychology, 22,* 1161–1174.

Burnham, G., Lafta, R., Doocy, S., & Roberts, L. (2006). Mortality after the 2003 invasion of Iraq: A cross-sectional cluster sample survey. *Lancet, 368,* 1421–1428.

Burns, D. D. (1980). *Feeling good: The new mood therapy.* New York: Signet.

Burns, J. F. (2003a, April 13). Pillagers strip Iraqi museum of its treasure. *New York Times* (www.nytimes.com).

Burns, J. F. (2003b, April 14). Baghdad residents begin a long climb to an ordered city. *New York Times* (www.nytimes.com).

Burnstein, E., Crandall, R., & Kitayama, S. (1994). Some neo-Darwinian decision rules for altruism: Weighing cues for inclusive fitness as a function of the biological importance of the decision. *Journal of Personality and Social Psychology, 67,* 773–789.

Burnstein, E., & Vinokur, A. (1977). Persuasive argumentation and social comparison as determinants of attitude polarization. *Journal of Experimental Social Psychology, 13,* 315–332.

Burnstein, E., & Worchel, P. (1962). Arbitrariness of frustration and its consequences for aggression in a social situation. *Journal of Personality*, **30**, 528–540.

Burr, W. R. (1973). *Theory construction and the sociology of the family*. New York: Wiley.

Burson, K. A., Larrick, R. P., & Klayman, J. (2006). Skilled or unskilled, but still unaware of it: How perceptions of difficulty drive miscalibration in relative comparisons. *Journal of Personality and Social Psychology*, **90**, 60–77.

Burton, C. M., & King, L. A. (2008). Effects of (very) brief writing on health: The two-minute miracle. *British Journal of Health Psychology*, **13**, 9–14.

Bush, G. W. (2005, December 12). Address to the World Affairs Council of Philadelphia. Quote by CNN.com, Bush: Iraqi democracy making progress.

Bush, G. W. (2006). Quoted by David Brooks, Ends without means. *New York Times*, September 14, 2006 (www.nytimes.com).

Bush, G. W. (2008). Quoted by Terence Hunt, AP White House correspondent, Bush says Iraq war was worth it. Yahoo! News (news.yahoo.com).

Bushman, B. J. (1993). Human aggression while under the influence of alcohol and other drugs: An integrative research review. *Current Directions in Psychological Science*, **2**, 148–152.

Bushman, B. J. (1998). Priming effects of media violence on the accessibility of aggressive constructs in memory. *Personality and Social Psychology Bulletin*, **24**, 537–545.

Bushman, B. J. (2002). Does venting anger feed or extinguish the flame? Catharsis, rumination, distraction, anger, and aggressive responding. *Personality and Social Psychology Bulletin*, **28**, 724–731.

Bushman, B. J. (2005). Violence and sex in television programs do not sell products in advertisements. *Psychological Science*, **16**, 702–708.

Bushman, B. J. (2007). That was a great commercial, but what were they selling? Effects of violence and sex on memory for products in television commercials. *Journal of Applied Social Psychology*, **37**, 1784–1796.

Bushman, B. J., & Anderson, C. A. (1998). Methodology in the study of aggression: Integrating experimental and nonexperimental findings. In R. Geen & E. Donnerstein (Eds.), *Human aggression: Theories, research and implications for policy*. San Diego: Academic Press.

Bushman, B. J., & Anderson, C. A. (2001). Media violence and the American public: Scientific facts versus media misinformation. *American Psychologist*, **56**, 477–489.

Bushman, B. J., & Anderson, C. A. (2002). Violent video games and hostile expectations: A test of the general aggression model. *Personality and Social Psychology Bulletin*, **28**, 1679–1686.

Bushman, B. J., & Baumeister, R. (1998). Threatened egotism, narcissism, self-esteem, and direct and displaced aggression: Does self-love or self-hate lead to violence? *Journal of Personality and Social Psychology*, **75**, 219–229.

Bushman, B. J., & Baumeister, R. F. (2002). Does self-love or self-hate lead to violence? *Journal of Research in Personality*, **36**, 543–545.

Bushman, B. J., Baumeister, R. F., & Phillips, C. M. (2001). Do people aggress to improve their mood? Catharsis beliefs, affect regulation opportunity, and aggressive responding. *Journal of Personality and Social Psychology*, **81**, 17–32.

Bushman, B. J., Baumeister, R. F., & Stack, A. D. (1999). Catharsis, aggression, and persuasive influence: Self-fulfilling or self-defeating prophecies? *Journal of Personality and Social Psychology*, **76**, 367–376.

Bushman, B. J., Baumeister, R. F., Thomaes, S., Ryu, E., Begeer, S., & West, S. G. (2009). Looking again, and harder, for a link between low self-esteem and aggression. *Journal of Personality*, published online February 2, 2009.

Bushman, B. J., & Bonacci, A. M. (2002). Violence and sex impair memory for television ads. *Journal of Applied Psychology*, **87**, 557–564.

Bushman, B. J., & Bonacci, A. M. (2004). You've got mail: Using e-mail to examine the effect of prejudiced attitudes on discrimination against Arabs. *Journal of Experimental Social Psychology*, **40**, 753–759.

Bushman, B. J., Bonacci, A. M., Pedersen, W. C., Vasquez, E. A., & Miller, N. (2005). Chewing on it can chew you up: Effects of rumination on triggered displaced aggression. *Journal of Personality and Social Psychology*, **88**, 969–983.

Bushman, B. J., & Geen, R. G. (1990). Role of cognitive-emotional mediators and individual differences in the effects of media violence on aggression. *Journal of Personality and Social Psychology*, **58**, 156–163.

Bushman, B. J., Wang, M. C., & Anderson, C. A. (2005a). Is the curve relating temperature to aggression linear or curvilinear? Assaults and temperature in Minneapolis reexamined. *Journal of Personality and Social Psychology*, **89**, 62–66.

Bushman, B. J., Wang, M. C., & Anderson, C. A. (2005b). Is the curve relating temperature to aggression linear or curvilinear? A response to Bell (2005) and to Cohn and Rotton (2005). *Journal of Personality and Social Psychology*, **89**, 74–77.

Buss, D. M. (1984). Toward a psychology of person-environment (PE) correlation: The role of spouse selection. *Journal of Personality and Social Psychology*, **47**, 361–377.

Buss, D. M. (1985). Human mate selection. *American Scientist*, **73**, 47–51.

Buss, D. M. (1989). Sex differences in human mate preferences: Evolutionary hypotheses tested in 37 cultures. *Behavioral and Brain Sciences*, **12**, 1–49.

Buss, D. M. (1994a). *The evolution of desire: Strategies of human mating*. New York: Basic Books.

Buss, D. M. (1994b). The strategies of human mating. *American Scientist*, 82, 238–249.

Buss, D. M. (1995a). Evolutionary psychology: A new paradigm for psychological science. *Psychological Inquiry*, **6**, 1–30.

Buss, D. M. (1995b). Psychological sex differences: Origins through sexual selection. *American Psychologist*, **50**, 164–168.

Buss, D. M. (1999). Behind the scenes. In D. G. Myers, *Social psychology*, 6th edition. New York: McGraw-Hill.

Buss, D. M. (2007). The evolution of human mating strategies: Consequences for conflict and cooperation. In S. W. Gangestad & J. A. Simpson (Eds.), *The evolution of mind: Fundamental questions and controversies*. New York: Guilford.

Buss, D. M. (Ed.). (2005). *The handbook of evolutionary psychology*. New York: Wiley.

Buss, D. M., & Shackelford, T. K. (1997). Human aggression in evolutionary psychological perspective. *Clinical Psychology Review*, **17**, 605–619.

Buston, P. M., & Emlen, S. T. (2003). Cognitive processes underlying human mate choice: The relationship between self-perception and mate preference in Western society. *Proceedings of the National Academy of Sciences*, **100**, 8805–8810.

Butcher, S. H. (1951). *Aristotle's theory of poetry and fine art*. New York: Dover.

Butler, A. C., Hokanson, J. E., & Flynn, H. A. (1994). A comparison of self-esteem lability and low trait self-esteem as vulnerability factors for depression. *Journal of Personality and Social Psychology*, **66**, 166–177.

Butler, J. L., & Baumeister, R. F. (1998). The trouble with friendly faces: Skilled performance with a supportive audience. *Journal of Personality and Social Psychology*, **75**, 1213–1230.

Butterfield, F. (2001, April 20). Victims' race affects decisions on killers' sentence, study finds. *New York Times*, p. A10.

Butz, D. A., & Plant, E. A. (2006). Perceiving outgroup members as unresponsive: Implications for approach-related emotions, intentions, and behavior. *Journal of Personality and Social Psychology*, **91**, 1066–1079.

Buunk, B. P., & van der Eijnden, R. J. J. M. (1997). Perceived prevalence, perceived superiority, and relationship satisfaction: Most relationships are good, but ours is the best. *Personality and Social Psychology Bulletin*, **23**, 219–228.

Buunk, B. P., & Van Yperen, N. W. (1991). Referential comparisons, relational comparisons, and exchange orientation: Their relation to marital satisfaction. *Personality and Social Psychology Bulletin*, **17**, 709–717.

Byers, S., & Wang, A. (2004). Understanding sexuality in close relationships from the social exchange perspective. In J. H. Harvey, A. Wenzel, & S. Sprecher (Eds.), *The handbook of sexuality in close relationships*. Mahwah, NJ: Erlbaum.

Byrne, D. (1971). *The attraction paradigm*. New York: Academic Press.

Byrne, D., & Clore, G. L. (1970). A reinforcement model of evaluative responses. *Personality: An International Journal*, **1**, 103–128.

Byrne, D., & Wong, T. J. (1962). Racial prejudice, interpersonal attraction, and assumed dissimilarity of attitudes. *Journal of Abnormal and Social Psychology*, **65**, 246–253.

Byrnes, J. P., Miller, D. C., & Schafer, W. D. (1999). Gender differences in risk taking: A meta-analysis. *Psychological Bulletin*, **125**, 367–383.

Bytwerk, R. L. (1976). Julius Streicher and the impact of *Der Stürmer*. *Wiener Library Bulletin*, **29**, 41–46.

Bytwerk, R. L., & Brooks, R. D. (1980). Julius Streicher and the rhetorical foundations of the holocaust. Paper presented to the Central States Speech Association convention.

Cacioppo, J. T. (2007, October). The rise in collaborative science. *Association for Psychological Science Observer*, pp. 52–53.

Cacioppo, J. T., & 18 others. (2007). Social neuroscience: Progress and implications for mental health. *Perspectives on Psychological Science*, **2**, 99–123.

Cacioppo, J. T., Claiborn, C. D., Petty, R. E., & Heesacker, M. (1991). General framework for the study of attitude change in psychotherapy. In C. R. Snyder & D. R. Forsyth (Eds.), *Handbook of social and clinical psychology*. New York: Pergamon.

Cacioppo, J. T., & Patrick, W. (2008). *Loneliness: Human nature and the need for social connection.* New York: Norton.

Cacioppo, J. T., & Petty, R. E. (1981). Electromyograms as measures of extent and affectivity of information processing. *American Psychologist,* **36,** 441–456.

Cacioppo, J. T., & Petty, R. E. (1986). Social processes. In M. G. H. Coles, E. Donchin, & S. W. Porges (Eds.), *Psychophysiology.* New York: Guilford.

Cacioppo, J. T., Petty, R. E., Feinstein, J. A., & Jarvis, W. B. G. (1996). Dispositional differences in cognitive motivation: The life and times of individuals varying in need for cognition. *Psychological Bulletin,* **119,** 197–253.

Cacioppo, J. T., Petty, R. E., & Morris, K. J. (1983). Effects of need for cognition on message evaluation, recall, and persuasion. *Journal of Personality and Social Psychology,* **45,** 805–818.

Cairns, E., & Hewstone, M. (2002). The impact of peacemaking in Northern Ireland on intergroup behavior. In S. Gabi & B. Nevo (Eds.), *Peace education: The concept, principles, and practices around the world.* Mahwah, NJ: Erlbaum.

Caldwell, H. K., Lee, H-J., MacBeth, A. H., & Young, W. S. (2008). Vasopressin: Behavioral roles of an "original" neuropeptide. *Progress in Neurobiology,* **84,** 1–24.

Cameron, L., & Rutland, A. (2006). Extended contact through story reading in school: Reducing children's prejudice toward the disabled. *Journal of Social Issues,* **62,** 469–488.

Campbell, D. T. (1975a). The conflict between social and biological evolution and the concept of original sin. *Zygon,* **10,** 234–249.

Campbell, D. T. (1975b). On the conflicts between biological and social evolution and between psychology and moral tradition. *American Psychologist,* **30,** 1103–1126.

Campbell, E. Q., & Pettigrew, T. F. (1959). Racial and moral crisis: The role of Little Rock ministers. *American Journal of Sociology,* **64,** 509–516.

Campbell, W. K. (2005). *When you love a man who loves himself.* Chicago: Sourcebooks.

Campbell, W. K., Bosson, J. K., Goheen, T. W., Lakey, C. E., & Kernis, M. H. (2007). Do narcissists dislike themselves "deep down inside"? *Psychological Science,* **18,** 227–229.

Campbell, W. K., Bush, C. P., Brunell, A. B., & Shelton, J. (2005). Understanding the social costs of narcissism: The case of the tragedy of the commons. *Personality and Social Psychology Bulletin,* **31,** 1358–1368.

Campbell, W. K., & Foster, C. A. (2002). Narcissism and commitment in romantic relationships: An investment model analysis. *Personality and Social Psychology Bulletin,* **28,** 484–495.

Campbell, W. K., Rudich, E., & Sedikides, C. (2002). Narcissism, self-esteem, and the positivity of self-views: Two portraits of self-love. *Personality and Social Psychology Bulletin,* **28,** 358–368.

Campbell, W. K., & Sedikides, C. (1999). Self-threat magnifies the self-serving bias: A meta-analytic integration. *Review of General Psychology,* **3,** 23–43.

Canadian Centre on Substance Abuse (1997). *Canadian profile: Alcohol, tobacco, and other drugs.* Ottawa: Canadian Centre on Substance Abuse.

Canadian Psychological Association (2000). *Canadian code of ethics for psychologists.* Ottawa: Canadian Psychological Association (www.cpa.ca/ethics2000.html).

Cann, A., Calhoun, L. G., & Selby, J. W. (1979). Attributing responsibility to the victim of rape: Influence of information regarding past sexual experience. *Human Relations,* **32,** 57–67.

Canter, D., Breaux, J., & Sime, J. (1980). Domestic, multiple occupancy, and hospital fires. In D. Canter (Ed.), *Fires and human behavior.* Hoboken, NJ: Wiley.

Cantril, H., & Bumstead, C. H. (1960). *Reflections on the human venture.* New York: New York University Press.

Caputo, D., & Dunning, D. (2005). What you don't know: The role played by errors of omission in imperfect self-assessments. *Journal of Experimental Social Psychology,* **41,** 488–505.

Carducci, B. J., Cosby, P. C., & Ward, D. D. (1978). Sexual arousal and interpersonal evaluations. *Journal of Experimental Social Psychology,* **14,** 449–457.

Carli, L. L. (1999). Cognitive reconstruction, hindsight, and reactions to victims and perpetrators. *Personality and Social Psychology Bulletin,* **25,** 966–979.

Carli, L. L., & Leonard, J. B. (1989). The effect of hindsight on victim derogation. *Journal of Social and Clinical Psychology,* **8,** 331–343.

Carlo, G., Eisenberg, N., Troyer, D., Switzer, G., & Speer, A. L. (1991). The altruistic personality: In what contexts is it apparent? *Journal of Personality and Social Psychology,* **61,** 450–458.

Carlsmith, J. M., & Gross, A. E. (1969). Some effects of guilt on compliance. *Journal of Personality and Social Psychology,* **11,** 232–239.

Carlson, J., & Hatfield, E. (1992). *The psychology of emotion.* Fort Worth, TX: Holt, Rinehart & Winston.

Carlson, K. A., & Russo, J. E. (2001). Biased interpretation of evidence by mock jurors. *Journal of Experimental Psychology: Applied,* **7,** 91–103.

Carlson, M., Charlin, V., & Miller, N. (1988). Positive mood and helping behavior: A test of six hypotheses. *Journal of Personality and Social Psychology,* **55,** 211–229.

Carlson, M., Marcus-Newhall, A., & Miller, N. (1990). Effects of situational aggression cues: A quantitative review. *Journal of Personality and Social Psychology,* **58,** 622–633.

Carlston, D. E., & Shovar, N. (1983). Effects of performance attributions on others' perceptions of the attributor. *Journal of Personality and Social Psychology,* **44,** 515–525.

Carlston, D. E., & Skowronski, J. J. (2005). Linking versus thinking: Evidence for the different associative and attributional bases of spontaneous trait transference and spontaneous trait inference. *Journal of Personality and Social Psychology,* **89,** 884–898.

Carlton-Ford, S., Ender, M., & Tabatabai, A. (2008). Iraqi adolescents: Self-regard, self-derogation, and perceived threat in war. *Journal of Adolescence,* **31,** 53–75.

Carnagey, N. L., Anderson, C. A., & Bushman, B. J. (2007). The effect of video game violence on physiological desensitization to real-life violence. *Journal of Experimental Social Psychology,* **43,** 489–496.

Carnahan, T., & McFarland, S. (2007). Revisiting the Stanford Prison Experiment: Could participant self-selection have led to the cruelty? *Personality and Social Psychology Bulletin,* **33,** 603–614.

Carnevale, P. J., & Choi, D-W. (2000). Culture in the mediation of international disputes. *International Journal of Psychology,* **35,** 105–110.

Carnevale, P. J., & Probst, T. M. (1998). Social values and social conflict in creative problem solving and categorization. *Journal of Personality and Social Psychology,* **74,** 1300–1309.

Carney, D. R., & Banaji, M. R. (2008). First is best. Unpublished manuscript, Harvard University.

Carpusor, A. G., & Loges, W. E. (2006). Rental discrimination and ethnicity in names. *Journal of Applied Social Psychology,* **36,** 934–952.

Carré, J. M., & McCormick, C. M. (2008). In your face: Facial metrics predict aggressiveness behaviour in the laboratory and in varsity and professional hockey players. *Proceedings of the Royal Society B,* **275,** 2651–2656.

Carroll, D., Davey Smith, G., & Bennett, P. (1994, March). Health and socio-economic status. *The Psychologist,* pp. 122–125.

Carroll, J. (2007, August 16). Most Americans approve of interracial marriages. Gallup News Service (www.gallup.com).

Carroll, J. S., Padilla-Walker, L. M., Nelson, L. J., Olson, C. D., Barry, C. M., & Madsen, S. D. (2008). Generation XXX: Pornography acceptance and use among emerging adults. *Journal of Adolescent Research,* **23,** 6–30.

Carter, S. L. (1993). *Reflections of an affirmative action baby.* New York: Basic Books.

Carter, S., & Snow, C. (2004, May). Helping singles enter better marriages using predictive models of marital success. Presented to the American Psychological Society convention.

Cartwright, D. S. (1975). The nature of gangs. In D. S. Cartwright, B. Tomson, & H. Schwartz (Eds.), *Gang delinquency.* Monterey, CA: Brooks/Cole.

Carvallo, M., & Gabriel, S. (2006). No man is an island: The need to belong and dismissing avoidant attachment style. *Personality and Social Psychology Bulletin,* **32,** 697–709.

Carver, C. S., Kus, L. A., & Scheier, M. F. (1994). Effect of good versus bad mood and optimistic versus pessimistic outlook on social acceptance versus rejection. *Journal of Social and Clinical Psychology,* **13,** 138–151.

Carver, C. S., & Scheier, M. F. (1978). Self-focusing effects of dispositional self-consciousness, mirror presence, and audience presence. *Journal of Personality and Social Psychology,* **36,** 324–332.

Carver, C. S., & Scheier, M. F. (1981). *Attention and self-regulation.* New York: Springer-Verlag.

Carver, C. S., & Scheier, M. F. (1986). Analyzing shyness: A specific application of broader self-regulatory principles. In W. H. Jones, J. M. Cheek, & S. R. Briggs (Eds.), *Shyness: Perspectives on research and treatment.* New York: Plenum.

Cash, T. F., & Janda, L. H. (1984, December). The eye of the beholder. *Psychology Today,* pp. 46–52.

Caspi, A., & Herbener, E. S. (1990). Continuity and change: Assortative marriage and the consistency of personality in adulthood. *Journal of Personality and Social Psychology,* **58,** 250–258.

Caspi, A., McClay, J., Moffitt, T., Mill, J., Martin, J., Craig, I. W., Taylor, A., & Poulton, R. (2002). Role of genotype in the cycle of violence in maltreated children. *Science,* **297,** 851–854.

Caspi, A., Sugden, K., Moffitt, T. E., Taylor, A., Craig, I. W., Harrington, H. L., McClay, J., Mill, J., Martin, J., Braithwaite, A., & Poulton, R. (2003). Influence of life stress on depression: Moderation by a polymorphism in the 5-HTT gene. *Science*, **30**, 386–389.

Cassidy, J. (2000). Adult romantic attachments: A developmental perspective on individual differences. *Review of General Psychology Special Issue: Adult attachment*, **4**, 111–131.

Castelli, L., Carraro, L., Tomelleri, S., & Amari, A. (2007). White children's alignment to the perceived racial attitudes of the parents: Closer to the mother than father. *British Journal of Developmental Psychology*, **25**, 353–357.

Ceci, S. J., & Bruck, M. (1993a). Child witnesses: Translating research into policy. *Social Policy Report (Society for Research in Child Development)*, **7**(3), 1–30.

Ceci, S. J., & Bruck, M. (1993b). Suggestibility of the child witness: A historical review and synthesis. *Psychological Bulletin*, **113**, 403–439.

Ceci, S. J., & Bruck, M. (1995). *Jeopardy in the courtroom: A scientific analysis of children's testimony*. Washington, DC: American Psychological Association.

Cemalcilar, Z., & Falbo, T. (2008). A longitudinal study of the adaptation of international students in the United States. *Journal of Cross-Cultural Psychology*, **39**, 799–804.

Centers for Disease Control (CDC). (2005, February 28). Deaths: Preliminary data for 2003. *National Vital Statistics Reports*, 53, No. 15 (by D. L. Hoyert, H-C. Kung, & B. L. Smith), Centers for Disease Control and Prevention, National Center for Health Statistics.

Centers for Disease Control (CDC). (2005, November 11). Cigarette smoking among adults in the United States. *Morbidity and Mortality Weekly Report*, **54**(44), 1121–1124.

Centers for Disease Control (CDC). (2008, Spring). Sexual violence: Facts at a glance. Centers for Disease Control and Prevention (www.cdc.gov/injury).

Centerwall, B. S. (1989). Exposure to television as a risk factor for violence. *American Journal of Epidemiology*, **129**, 643–652.

Chaiken, S. (1979). Communicator physical attractiveness and persuasion. *Journal of Personality and Social Psychology*, **37**, 1387–1397.

Chaiken, S. (1980). Heuristic versus systematic information processing and the use of source versus message cues in persuasion. *Journal of Personality and Social Psychology*, **39**, 752–766.

Chaiken, S., & Eagly, A. H. (1976). Communication modality as a determinant of message persuasiveness and message comprehensibility. *Journal of Personality and Social Psychology*, **34**, 605–614.

Chaiken, S., & Eagly, A. H. (1983). Communication modality as a determinant of persuasion: The role of communicator salience. *Journal of Personality and Social Psychology*, **45**, 241–256.

Chaiken, S., & Maheswaran, D. (1994). Heuristic processing can bias systematic processing: Effects of source credibility, argument ambiguity, and task importance on attitude judgment. *Journal of Personality and Social Psychology*, **66**, 460–473.

[...] & Inman, M. L. [...] conflict:

Chambers, J. R., & Melnyk, D. (2006). Why do I hate thee? Conflict misperceptions and intergroup mistrust. *Personality and Social Psychology Bulletin*, **32**, 1295–1311.

Chambers, J. R., & Windschitl, P. D. (2004). Biases in social comparative judgments: The role of nonmotivated factors in above-average and comparative-optimism effects. *Psychological Bulletin*, **130**, 813–838.

Chance, J. E., & Goldstein, A. G. (1981). Depth of processing in response to own- and other-race faces. *Personality and Social Psychology Bulletin*, **7**, 475–480.

Chance, J. E., Goldstein, A. G. (1996). The other-race effect and eyewitness identification. In S. L. Sporer (Ed.), *Psychological issues in eyewitness identification* (pp. 153–176). Mahwah, NJ: Erlbaum.

Chandler, J., & Schwarz, N. (2009). How extending your middle finger affects your perception of others: Learned movements influence concept accessibility. *Journal of Experimental Social Psychology*, **45**, 123–128.

Chapman, L. J., & Chapman, J. P. (1969). Genesis of popular but erroneous psychodiagnostic observations. *Journal of Abnormal Psychology*, **74**, 272–280.

Chapman, L. J., & Chapman, J. P. (1971, November). Test results are what you think they are. *Psychology Today*, pp. 18–22, 106–107.

Chartrand, T. L., & Bargh, J. A. (1999). The chameleon effect: The perception-behavior link and social interaction. *Journal of Personality and Social Psychology*, **76**, 893–910.

Chatard, A., Guimond, S., & Selimbegovic, L. (2007). "How good are you in math?" The effect of gender stereotypes on students' recollection of their school marks. *Journal of Experimental Social Psychology*, **43**, 1017–1024.

Check, J., & Malamuth, N. (1984). Can there be positive effects of participation in pornography experiments? *Journal of Sex Research*, **20**, 14–31.

Chen, E. (2004). Why socioeconomic status affects the health of children: A psychosocial perspective. *Current Directions in Psychological Science*, **13**, 112–115.

Chen, F. F., & Kenrick, D. T. (2002). Repulsion or attraction? Group membership and assumed attitude similarity. *Journal of Personality and Social Psychology*, **83**, 111–125.

Chen, L.-H., Baker, S. P., Braver, E. R., & Li, G. (2000). Carrying passengers as a risk factor for crashes fatal to 16- and 17-year-old drivers. *Journal of the American Medical Association*, **283**, 1578–1582.

Chen, S. C. (1937). Social modification of the activity of ants in nest-building. *Physiological Zoology*, **10**, 420–436.

Chen, S., Boucher, H. C., & Tapias, M. P. (2006). The relational self revealed: Integrative conceptualization and implications for interpersonal life. *Psychological Bulletin*, **132**, 151–179.

Chen, Z., Williams, K. D., Fitness, J., & Newton, N. C. (2008). When hurt will not heal: Exploring the capacity to relive social and physical pain. *Psychological Science*, **19**, 789–795.

Cheney, R. (2003, March 16). Comments on Face the Nation, CBS News.

Cherlin, A. J., Chase-Lansdale, P. L., & McRae, C. (1998). Effects of parental divorce on mental health throughout the life course. *American Sociological Review*, **63**, 239–249.

Chiao, J. Y., Bowman, N. E., & Gill, H. (2008) The political gender gap: Gender bias in facial inferences that predict voting behavior. *PLoS One* **3**(10): e3666. (doi:10.1371/journal.pone.0003666).

Chicago Tribune. (2002, September 30). When believing isn't seeing (www.chicagotribune.com).

Chodorow, N. J. (1978). *The reproduction of mother: Psychoanalysis and the sociology of gender*. Berkeley, CA: University of California Press.

Chodorow, N. J. (1989). *Feminism and psychoanalytic theory*. New Haven, CT: Yale University Press.

Choi, I., & Choi, Y. (2002). Culture and self-concept flexibility. *Personality & Social Psychology Bulletin*, **28**, 1508–1517.

Choi, I., Nisbett, R. E., & Norenzayan, A. (1999). Causal attribution across cultures: Variation and universality. *Psychological Bulletin*, **125**, 47–63.

Christensen, P. N., & Kashy, D. A. (1998). Perceptions of and by lonely people in initial social interaction. *Personality and Social Psychology Bulletin*, **24**, 322–329.

Chua, H. F., Boland, J. E., & Nisbett, R. E. (2005). Cultural variation in eye movements during scene perception. *Proceedings of the National Academy of Sciences*, **102**, 12629–12633.

Chua-Eoan, H. (1997, April 7). Imprisoned by his own passions. *Time*, pp. 40–42.

Church, G. J. (1986, January 6). China. *Time*, pp. 6–19.

Cialdini, R. B. (1984). *Influence: How and why people agree to things*. New York: William Morrow.

Cialdini, R. B. (1988). *Influence: Science and practice*. Glenview, IL: Scott, Foresman/Little, Brown.

Cialdini, R. B. (1991). Altruism or egoism? That is (still) the question. *Psychological Inquiry*, **2**, 124–126.

Cialdini, R. B. (1995). A full-cycle approach to social psychology. In G. G. Brannigan & M. R. Merrens (Eds.), *The social psychologists: Research adventures*. New York: McGraw-Hill.

Cialdini, R. B. (2000). *Influence: Science and practice*, 4th edition. Boston: Allyn & Bacon.

Cialdini, R. B. (2005). Basic social influence is underestimated. *Psychological Inquiry*, **16**, 158–161.

Cialdini, R. B., Bickman, L., & Cacioppo, J. T. (1979). An example of consumeristic social psychology: Bargaining tough in the new car showroom. *Journal of Applied Social Psychology*, **9**, 115–126.

Cialdini, R. B., Borden, R. J., Thorne, A., Walker, M. R., Freeman, S., & Sloan, L. R. (1976). Basking in reflected glory: Three (football) field studies. *Journal of Personality and Social Psychology*, **39**, 406–415.

Cialdini, R. B., Cacioppo, J. T., Bassett, R., & Miller, J. A. (1978). Lowball procedure for producing compliance: Commitment then cost. *Journal of Personality and Social Psychology*, **36**, 463–476.

Cialdini, R. B., Demaine, L. J., Barrett, D. W., Sagarin, B. J., & Rhoads, K. L. V. (2003). The poison parasite defense: A strategy for sapping a stronger opponent's persuasive strength. Unpublished manuscript, Arizona State University.

Cialdini, R. B., Kenrick, D. T., & Baumann, D. J. (1981). Effects of mood on prosocial behavior in children and adults. In N. Eisenberg-Berg

(Ed.), *The development of prosocial behavior*. New York: Academic Press.

Cialdini, R. B., & Schroeder, D. A. (1976). Increasing compliance by legitimizing paltry contributions: When even a penny helps. *Journal of Personality and Social Psychology*, **34**, 599–604.

Cialdini, R. B., Vincent, J. E., Lewis, S. K., Catalan, J., Wheeler, D., & Danby, B. L. (1975). Reciprocal concessions procedure for inducing compliance: The door-in-the-face technique. *Journal of Personality and Social Psychology*, **31**, 206–215.

Cicerello, A., & Sheehan, E. P. (1995). Personal advertisements: A content analysis. *Journal of Social Behavior and Personality*, **10**, 751–756.

Cioffi, D., & Garner, R. (1998). The effect of response options on decisions and subsequent behavior: Sometimes inaction is better. *Personality and Social Psychology Bulletin*, **24**, 463–472.

Clack, B., Dixon, J., & Tredoux, C. (2005). Eating together apart: Patterns of segregation in a multi-ethnic cafeteria. *Journal of Community and Applied Social Psychology*, **15**, 1–16.

Clancy, S. M., & Dollinger, S. J. (1993). Photographic depictions of the self: Gender and age differences in social connectedness. *Sex Roles*, **29**, 477–495.

Clark, K., & Clark, M. (1947). Racial identification and preference in Negro children. In T. M. Newcomb & E. L. Hartley (Eds.), *Readings in social psychology*. New York: Holt.

Clark, M. S. (1984). Record keeping in two types of relationships. *Journal of Personality and Social Psychology*, **47**, 549–557.

Clark, M. S. (1986). Evidence for the effectiveness of manipulations of desire for communal versus exchange relationships. *Personality and Social Psychology Bulletin*, **12**, 414–425.

Clark, M. S., & Bennett, M. E. (1992). Research on relationships: Implications for mental health. In D. Ruble & P. Costanzo (Eds.), *The social psychology of mental health*. New York: Guilford.

Clark, M. S., & Mills, J. (1979). Interpersonal attraction in exchange and communal relationships. *Journal of Personality and Social Psychology*, **37**, 12–24.

Clark, M. S., & Mills, J. (1993). The difference between communal and exchange relationships: What it is and is not. *Personality and Social Psychology Bulletin*, **19**, 684–691.

Clark, M. S., Mills, J., & Corcoran, D. (1989). Keeping track of needs and inputs of friends and strangers. *Personality and Social Psychology Bulletin*, **15**, 533–542.

Clark, M. S., Mills, J., & Powell, M. C. (1986). Keeping track of needs in communal and exchange relationships. *Journal of Personality and Social Psychology*, **51**, 333–338.

Clark, R. D., III. (1974). Effects of sex and race on helping behavior in a nonreactive setting. *Representative Research in Social Psychology*, **5**, 1–6.

Clark, R. D., III. (1995). A few parallels between group polarization and minority influence. In S. Moscovici, H. Mucchi-Faina, & A. Maass (Eds.), *Minority influence*. Chicago: Nelson-Hall.

Clark, R. D., III, & Maass, S. A. (1988). The role of social categorization and perceived source credibility in minority influence. *European Journal of Social Psychology*, **18**, 381–394.

Clarke, A. C. (1952). An examination of the operation of residual propinquity as a factor in mate selection. *American Sociological Review*, **27**, 17–22.

Clarke, V. (2003, March 25). Quoted in "Street fighting: A volatile enemy." *Wall Street Journal*, pp. A1, A13.

Clary, E. G., & Snyder, M. (1993). Persuasive communications strategies for recruiting volunteers. In D. R. Young, R. M. Hollister, & V. A. Hodgkinson (Eds.), *Governing, leading, and managing nonprofit orgnaizations*. San Francisco: Jossey-Bass.

Clary, E. G., & Snyder, M. (1995). Motivations for volunteering and giving: A functional approach. In C. H. Hamilton & W. E. Ilchman (Eds.), *Cultures of giving II: How heritage, gender, wealth, and values influence philanthropy*. Bloomington, IN: Indiana University Center on Philanthropy.

Clary, E. G., & Snyder, M. (1999). The motivations to volunteer: Theoretical and practical considerations. *Current Directions in Psychological Science*, **8**, 156–159.

Clary, E. G., Snyder, M., Ridge, R. D., Copeland, J., Stukas, A. A., Haugen, J., & Miene, P. (1998). Understanding and assessing the motivations of volunteers: A functional approach. *Journal of Personality and Social Psychology*, **74**, 1516–1531.

Cleghorn, R. (1980, October 31). ABC News, meet the Literary Digest. *Detroit Free Press*.

Clevstrom, J., & Passariello, C. (2006, August 18). No kicks from "champagne." *Wall Street Journal*, p. A11.

Clifford, M. M., & Walster, E. H. (1973). The effect of physical attractiveness on teacher expectation. *Sociology of Education*, **46**, 248–258.

Cline, V. B., Croft, R. G., & Courrier, S. (1973). Desensitization of children to television violence. *Journal of Personality and Social Psychology*, **27**, 360–365.

Clooney, G., Pressman, D., & Prednergast, J. (2008, November 22–23). Obama's opportunity to help Africa. *Wall Street Journal*, p. A13.

Clore, G. L., Bray, R. M., Itkin, S. M., & Murphy, P. (1978). Interracial attitudes and behavior at a summer camp. *Journal of Personality and Social Psychology*, **36**, 107–116.

Clore, G. L., Wiggins, N. H., & Itkin, G. (1975). Gain and loss in attraction: Attributions from nonverbal behavior. *Journal of Personality and Social Psychology*, **31**, 706–712.

CNN. (2007, October 6). Jury awards $6.1 million in McDonald's strip search case (www.cnn.com).

Coan, J. A., Schaefer, H. S., & Davidson, R. J. (2006). Lending a hand: Social regulation of the neural response to threat. *Psychological Science*, **17**, 1032–1039.

Coates, B., Pusser, H. E., & Goodman, I. (1976). The influence of "Sesame Street" and "Mister Rogers' Neighborhood" on children's social behavior in the preschool. *Child Development*, **47**, 138–144.

Coats, E. J., & Feldman, R. S. (1996). Gender differences in nonverbal correlates of social status. *Personality and Social Psychology Bulletin*, **22**, 1014–1022.

Codol, J.-P. (1976). On the so-called superior conformity of the self behavior: Twenty experimental investigations. *European Journal of Social Psychology*, **5**, 457–501.

Cohen, D. (1996). Law, social policy, and violence: The impact of regional cultures. *Journal of Personality and Social Psychology*, **70**, 961–978.

Cohen, D. (1998). Culture, social organization, and patterns of violence. *Journal of Personality and Social Psychology*, **75**, 408–419.

Cohen, E. G. (1980). Design and redesign of the desegregated school: Problems of status, power and conflict. In W. G. Stephan & J. R. Feagin (Eds.), *School desegregation: Past, present, and future*. New York: Plenum.

Cohen, F., Ogilvie, D. M., Solomon, S., Greenberg, J., & Pyszczynski, T. (2005). American roulette: The effect of reminders of death on support for George W. Bush in the 2004 presidential election. *Analyses of Social Issues and Public Policy*, **5**(1), 177–187.

Cohen, G. L., Steele, C. M., & Ross, L. D. (1999). The mentor's dilemma: Providing critical feedback across the racial divide. *Personality and Social Psychology Bulletin*, **25**, 1302–1318.

Cohen, J. E. (2005, September). Human population grows up. *Scientific American*, pp. 48–55.

Cohen, M., & Davis, N. (1981). *Medication errors: Causes and prevention*. Philadelphia: G. F. Stickley Co. Cited by R. B. Cialdini (1989), Agents of influence: Bunglers, smugglers, and sleuths. Paper presented at the American Psychological Association convention.

Cohen, S. (1980). Training to understand TV advertising: Effects and some policy implications. Paper presented at the American Psychological Association convention.

Cohen, S. (2002). Psychosocial stress, social networks, and susceptibility to infection. In H. G. Koenig & H. J. Cohen (Eds.), *The link between religion and health: Psychoneuroimmunology and the faith factor*. New York: Oxford University Press.

Cohen, S. (2004). Social relationships and health. *American Psychologist*, **59**, 676–684.

Cohen, S., & Rodriguez, M. S. (1995). Pathways linking affective disturbances and physical disorders. *Health Psychology*, **14**, 374–380.

Cohen, S., Doyle, W. J., Skoner, D. P., Rabin, B. S., & Gwaltney, J. M., Jr. (1997). Social ties and susceptibility to the common cold. *Journal of the American Medical Association*, **277**, 1940–1944.

Cohen, S., Doyle, W. J., Turner, R., Alper, C. M., & Skoner, D. P. (2003). Sociability and susceptibility to the common cold. *Psychological Science*, **14**, 389–395.

Cohn, E. G. (1993). The prediction of police calls for service: The influence of weather and temporal variables on rape and domestic violence. *Environmental Psychology*, **13**, 71–83.

Cohn, E. G., & Rotton, J. (2005). The curve is still out there: A reply to Bushman, Wang, and Anderson (2005), Is the curve relating temperature to aggression linear or curvilinear? *Journal of Personality and Social Psychology*, **89**, 67–70.

Cohrs, J. C., Moschner, B., Maes, J., & Kielmann, S. (2005). The motivational bases of right-wing authoritarianism and social dominance orientation: Relations to values and attitudes in the aftermath of September 11, 2001. *Personality and Social Psychology Bulletin*, **31**, 1425–1434.

Colarelli, S. M., Spranger, J. L.,

Coleman, L. M., Jussim, L., & Abraham, J. (1987). Students' reactions to teachers' evaluations: The unique impact of negative feedback. *Journal of Applied Social Psychology,* **17,** 1051–1070.

Collins, N. L., & Miller, L. C. (1994). Self-disclosure and liking: A meta-analytic review. *Psychological Bulletin,* **116,** 457–475.

Colman, A. M. (1991). Crowd psychology in South African murder trials. *American Psychologist,* **46,** 1071–1079. See also A. M. Colman (1991), Psychological evidence in South African murder trials. *The Psychologist,* **14,** 482–486.

Comer, D. R. (1995). A model of social loafing in a real work group. *Human Relations,* **48,** 647–667.

Comstock, G. (2008). A sociological perspective on television violence and aggression. *American Behavioral Scientist,* **51,** 1184–1211.

Comstock, G., & Scharrer, E. (1999). *Television: What's on, who's watching and what it means.* San Diego: Academic Press.

Conger, R. D., Cui, M., Bryant, C. M., & Elder, G. H. (2000). Competence in early adult romantic relationships: A developmental perspective on family influences. *Journal of Personality and Social Psychology,* **79,** 224–237.

Contrada, R. J., Ashmore, R. D., Gary, M. L., Coups, E., Egeth, J. D., Sewell, A., Ewell, K., Goyal, T. M., & Chasse, V. (2000). Ethnicity-related sources of stress and their effects on well-being. *Current Directions in Psychological Science,* **9,** 136–139.

Conway, F., & Siegelman, J. (1979). *Snapping: America's epidemic of sudden personality change.* New York: Delta Books.

Conway, L. G., III, Suedfeld, P., & Tetlock, P. E. (2001). Integrative complexity and political decisions that lead to war or peace. In D. J. Christie, R. V. Wagner, & D. Winter (Eds.), *Peace, conflict, and violence: Peace psychology for the 21st century.* Englewood Cliffs, NJ: Prentice-Hall.

Conway, M., & Ross, M. (1986). Remembering one's own past: The construction of personal histories. In R. Sorrentino & E. T. Higgins (Eds.), *Handbook of motivation and cognition.* New York: Guilford.

Cook, S. W. (1985). Experimenting on social issues: The case of school desegregation. *American Psychologist,* **40,** 452–460.

Cook, T. D., & Flay, B. R. (1978). The persistence of experimentally induced attitude change. In L. Berkowitz (Ed.), *Advances in experimental social psychology* (Vol. 11). New York: Academic Press.

Cooley, C. H. (1902). *Human nature and the social order.* New York: Schocken Books.

Coombs, R. H. (1991, January). Marital status and personal well-being: A literature review. *Family Relations,* **40,** 97–102.

Cooper, H. (1983). Teacher expectation effects. In L. Bickman (Ed.), *Applied social psychology annual* (Vol. 4). Beverly Hills, CA: Sage.

Cooper, J. (1999). Unwanted consequences and the self: In search of the motivation for dissonance reduction. In E. Harmon-Jones & J. Mills (Eds.), *Cognitive dissonance: Progress on a pivotal theory in social psychology.* Washington, DC: American Psychological Association.

Correll, J., Park, B., Judd, C. M., & Wittenbrink, B. (2002). The police officer's dilemma: Using ethnicity to disambiguate potentially threatening individuals. *Journal of Personality and Social Psychology,* **83,** 1314–1329.

Correll, J., Park, B., Judd, C. M., & Wittenbrink, B. (2007). The influence of stereotypes on decisions to shoot. *European Journal of Social Psychology,* **37,** 1102–1117.

Correll, J., Park, B., Judd, C. M., Wittenbrink, B., Sadler, M. S., & Keesee, T. (2007). Across the thin blue line: Police officers and racial bias in the decision to shoot. *Journal of Personality and Social Psychology,* **92,** 1006–1023.

Correll, J., Urland, G. R., & Ito, T. A. (2006). Event-related potentials and the decision to shoot: The role of threat perception and cognitive control. *Journal of Experimental Social Psychology,* **42,** 120–128.

Costanzo, M. (1997). *Just revenge: Costs and consequences of the death penalty.* New York: St. Martin's.

Costanzo, M. (1998). *Just revenge.* New York: St. Martins.

Costello, C., Gaines, S. D., & Lynham, J. (2008). Can catch shares prevent fisheries' collapse? *Science,* **321,** 1678–1682.

Cota, A. A., & Dion, K. L. (1986). Salience of gender and sex composition of ad hoc groups: An experimental test of distinctiveness theory. *Journal of Personality and Social Psychology,* **50,** 770–776.

Cotton, J. L. (1981). Ambient temperature and violent crime. Paper presented at the Midwestern Psychological Association convention.

Cotton, J. L. (1986). Ambient temperature and violent crime. *Journal of Applied Social Psychology,* **16,** 786–801.

Cottrell, C. A., & Neuberg, S. L. (2005). Different emotional reactions to different groups: A sociofunctional threat-based approach to "prejudice." *Journal of Personality and Social Psychology,* **88,** 770–789.

Cottrell, N. B., Wack, D. L., Sekerak, G. J., & Rittle, R. M. (1968). Social facilitation of dominant responses by the presence of an audience and the mere presence of others. *Journal of Personality and Social Psychology,* **9,** 245–250.

Court, J. H. (1985). Sex and violence: A ripple effect. In N. M. Malamuth & E. Donnerstein (Eds.), *Pornography and sexual aggression.* New York: Academic Press.

Cousins, N. (1978, September 16). The taxpayers revolt: Act two. *Saturday Review,* p. 56.

Coyne, S. M., & Archer, J. (2005). The relationship between indirect and physical aggression on television and in real life. *Social Development,* **14,** 324–338.

Crabb, P. B., & Bielawski, D. (1994). The social representation of material culture and gender in children's books. *Sex Roles,* **30,** 69–79.

Crabtree, S. (2002, January 22). Gender roles reflected in teen tech use. *Gallup Tuesday Briefing* (www.gallup.com).

Crandall, C. S. (1988). Social contagion of binge eating. *Journal of Personality and Social Psychology,* **55,** 588–598.

Crandall, C. S., & Eshleman, A. (2003). A justification–suppression model of the expression and experience of prejudice. *Psychological Bulletin,* **129,** 414–446.

Crano, W. D., & Mellon, P. M. (1978). Causal influence of teachers' expectations on children's academic performance: A cross-legged panel analysis. *Journal of Educational Psychology,* **70,** 39–49.

Crawford, M., Stark, A. C., & Renner, C. H. (1998). The meaning of Ms.: Social assimilation of a gender concept. *Psychology of Women Quarterly,* **22,** 197–208.

Crawford, T. J. (1974). Sermons on racial tolerance and the parish neighborhood context. *Journal of Applied Social Psychology,* **4,** 1–23.

Crisp, R. J., & Hewstone, M. (1999). Differential evaluation of crossed category groups: Patterns, processes, and reducing intergroup bias. *Group Processes & Intergroup Relations,* **2,** 307–333.

Crisp, R. J., & Hewstone, M. (2000). Multiple categorization and social identity. In D. Capozza & R. Brown (Eds.), *Social identity theory: Trends in theory and research.* Beverly Hills, CA: Sage.

Crocker, J. (1981). Judgment of covariation by social perceivers. *Psychological Bulletin,* **90,** 272–292.

Crocker, J. (2002). The costs of seeking self-esteem. *Journal of Social Issues,* **58,** 597–615.

Crocker, J., & Gallo, L. (1985). The self-enhancing effect of downward comparison. Paper presented at the American Psychological Association convention.

Crocker, J., Hannah, D. B., & Weber, R. (1983). Personal memory and causal attributions. *Journal of Personality and Social Psychology,* **44,** 55–56.

Crocker, J., & Knight, K. M. (2005). Contingencies of self-worth. *Current Directions in Psychological Science,* **14,** 200–203.

Crocker, J., & Luhtanen, R. (1990). Collective self-esteem and ingroup bias. *Journal of Personality and Social Psychology,* **58,** 60–67.

Crocker, J., & Luhtanen, R. (2003). Level of self-esteem and contingencies of self-worth: Unique effects on academic, social, and financial problems in college students. *Personality and Social Psychology Bulletin,* **29,** 701–712.

Crocker, J., & McGraw, K. M. (1984). What's good for the goose is not good for the gander: Solo status as an obstacle to occupational achievement for males and females. *American Behavioral Scientist,* **27,** 357–370.

Crocker, J., & Park, L. E. (2004). The costly pursuit of self-esteem. *Psychological Bulletin,* **130,** 392–414.

Crocker, J., Thompson, L. L., McGraw, K. M., & Ingerman, C. (1987). Downward comparison, prejudice, and evaluations of others: Effects of self-esteem and threat. *Journal of Personality and Social Psychology,* **52,** 907–916.

Crocker, J., & Wolfe, C. (2001). Contingencies of self-worth. *Psychological Review.*

Crockett, M. J., Clark, L., Tabibnia, G., Lieberman, M. D., & Robbins, T. W. (2008). Serotonin modulates behavioral reactions to unfairness. *Science,* **320,** 1739.

Crosby, F. J. (Ed.) (1987). *Spouse, parent, worker: On gender and multiple roles.* New Haven, CT: Yale University Press.

Crosby, F., Bromley, S., & Saxe, L. (1980). Recent unobtrusive studies of black and white discrimination and prejudice: A literature review. *Psychological Bulletin,* **87,** 546–563.

Crosby, J. R., & Monin, B. (2007). Failure to warn: How student race affects warnings of potential academic difficulty. *Journal of Experimental Social Psychology,* **43,** 663–670.

Cross, P. (1977, Spring). Not *can* but *will* college teaching be improved? *New Directions for Higher Education,* No. 17, pp. 1–15.

Cross, S. E., Liao, M-H., & Josephs, R. (1992). A cross-cultural test of the self-evaluation maintenance model. Paper presented at the American Psychological Association convention.

Crossen, C. (1993). *Tainted truth: The manipulation of face in America.* New York: Simon & Schuster.

Cross-National Collaborative Group. (1992). The changing rate of major depression. *Journal of the American Medical Association,* **268,** 3098–3105.

Croxton, J. S., Eddy, T., & Morrow, N. (1984). Memory biases in the reconstruction of interpersonal encounters. *Journal of Social and Clinical Psychology,* **2,** 348–354.

Croyle, R. T., & Cooper, J. (1983). Dissonance arousal: Physiological evidence. *Journal of Personality and Social Psychology,* **45,** 782–791.

Csikszentmihalyi, M. (1990). *Flow: The psychology of optimal experience.* New York: Harper & Row.

Csikszentmihalyi, M. (1999). If we are so rich, why aren't we happy? *American Psychologist,* **54,** 821–827.

Cuddy, A. J. C., & 23 others. (2009). Stereotype content model across cultures: Towards universal similarities and some differences. *British Journal of Social Psychology,* **48,** 1–33.

Cullen, L. T., & Masters, C. (2008, January 28). We just clicked. *Time,* pp. 86–89.

Cullum, J., & Harton, H. C. (2007). Cultural evolution: Interpersonal influence, issue importance, and the development of shared attitudes in college residence halls. *Personality and Social Psychology Bulletin,* **33,** 1327–1339.

Cunningham, J. D. (1981). Self-disclosure intimacy: Sex, sex-of-target, cross-national, and generational differences. *Personality and Social Psychology Bulletin,* **7,** 314–319.

Cunningham, M. R., Shaffer, D. R., Barbee, A. P., Wolff, P. L., & Kelley, D. J. (1990). Separate processes in the relation of elation and depression to helping: Social versus personal concerns. *Journal of Experimental Social Psychology,* **26,** 13–33.

Cunningham, W. A., Johnson, M. K., Raye, C. L., Gatenby, J. C., Gore, J. C., & Banaji, M. R. (2004). Separable neural components in the processing of black and white faces. *Psychological Science,* **15,** 806–813.

Cutler, B. L., Moran, G., & Narvy, D. J. (1992). Jury selection in insanity defense cases. *Journal of Research in Personality,* **26,** 165–182.

Cutler, B. L., & Penrod, S. D. (1988a). Context reinstatement and eyewitness identification. In G. M. Davies & D. M. Thomson (Eds.), *Context reinstatement and eyewitness identification.* New York: Wiley.

Cutler, B. L., & Penrod, S. D. (1988b). Improving the reliability of eyewitness identification: Lineup construction and presentation. *Journal of Applied Psychology,* **73,** 281–290.

Cutler, B. L., & Penrod, S. D. (1995). Mistaken identification: The eyewitness, psychology, and the law. New York: Cambridge University Press.

Cutler, B. L., Penrod, S. D., & Dexter, H. R. (1989). The eyewitness, the expert psychologist and the jury. *Law and Human Behavior,* **13,** 311–332.

Cutler, B. L., Penrod, S. D., & Stuve, T. E. (1988). Juror decision making in eyewitness identification cases. *Law and Human Behavior,* **12,** 41–55.

Cutrona, C. E. (1986). Behavioral manifestations of social support: A microanalytic investigation. *Journal of Personality and Social Psychology,* **51,** 201–208.

Cynkar, A. (2007, June). The changing gender composition of psychology. *Monitor on Psychology,* **38,** 46–47.

Dabbs, J. M., Jr. (1992). Testosterone measurements in social and clinical psychology. *Journal of Social and Clinical Psychology,* **11,** 302–321.

Dabbs, J. M., Jr. (2000). *Heroes, rogues, and lovers: Testosterone and behavior.* New York: McGraw-Hill.

Dabbs, J. M., Jr., Carr, T. S., Frady, R. L., & Riad, J. K. (1995). Testosterone, crime, and misbehavior among 692 male prison inmates. *Personality and Individual Differences,* **18,** 627–633.

Dabbs, J. M., Jr., & Janis, I. L. (1965). Why does eating while reading facilitate opinion change? An experimental inquiry. *Journal of Experimental Social Psychology,* **1,** 133–144.

Dabbs, J. M., Jr., & Morris, R. (1990). Testosterone, social class, and antisocial behavior in a sample of 4,462 men. *Psychological Science,* **1,** 209–211.

Dabbs, J. M., Jr., Riad, J. K., & Chance, S. E. (2001). Testosterone and ruthless homicide. *Personality and Individual Differences,* **31,** 599–603.

Dabbs, J. M., Jr., Strong, R., & Milun, R. (1997). Exploring the mind of testosterone: A beeper study. *Journal of Research in Personality,* **31,** 577–588.

Dalrymple, T. (2007). On evil. *New English Review* (www.newenglishreview.org).

Damon, W. (1995). *Greater expectations: Overcoming the culture of indulgence in America's homes and schools.* New York: Free Press.

Danner, D. D., Snowdon, D. A., & Friesen, W. V. (2001). Positive emotions in early life and longevity: Findings from the Nun Study. *Journal of Personality and Social Psychology,* **80,** 804–813.

Dardenne, B., Dumont, M., & Bollier, T. (2007). Insidious dangers of benevolent sexism: Consequences for women's performance. *Journal of Personality and Social Psychology,* **93,** 764–779.

Darley, J. M. (1995). Book review essay. *Political Psychology.*

Darley, J., & Alter, A. (2009). Behavioral issues of punishment and deterrence. In E. Shafir (Ed.), *The behavioral foundations of policy.* Princeton, NJ: Princeton University Press.

Darley, J. M., & Batson, C. D. (1973). From Jerusalem to Jericho: A study of situational and dispositional variables in helping behavior. *Journal of Personality and Social Psychology,* **27,** 100–108.

Darley, J. M., & Berscheid, E. (1967). Increased liking as a result of the anticipation of personal contact. *Human Relations,* **20,** 29–40.

Darley, J. M., & Gross, P. H. (1983). A hypothesis-confirming bias in labelling effects. *Journal of Personality and Social Psychology,* **44,** 20–33.

Darley, J. M., & Latané, B. (1968). Bystander intervention in emergencies: Diffusion of responsibility. *Journal of Personality and Social Psychology,* **8,** 377–383.

Darwin, C. (1859/1988). *The origin of species.* Vol. 15 of *The Works of Charles Darwin,* edited by P. H. Barrett & R. B. Freeman. New York: New York University Press.

Das, E. H. H. J., de Wit, J. B. F., & Stroebe, W. (2003). Fear appeals motivate acceptance of action recommendations: Evidence for a positive bias in the processing of persuasive messages. *Personality and Social Psychology Bulletin,* **29,** 650–664.

Dasgupta, N., & Rivera, L. M. (2006). From automatic antigay prejudice to behavior: The moderating role of conscious beliefs about gender and behavioral control. *Journal of Personality and Social Psychology,* **91,** 268–280.

Dashiell, J. F. (1930). An experimental analysis of some group effects. *Journal of Abnormal and Social Psychology,* **25,** 190–199.

Dateline. (2000, June 20). Dateline NBC. New York: NBC.

Davidson, R. J., Putnam, K. M., & Larson, C. L. (2000). Dysfunction in the neural circuitry of emotion regulation—A possible prelude to violence. *Science,* **289,** 591–594.

Davies, M. F. (1997). Belief persistence after evidential discrediting: The impact of generated versus provided explanations on the likelihood of discredited outcomes. *Journal of Experimental Social Psychology,* **33,** 561–578.

Davies, P. (2004, April 14). Into the 21st century. *Metaviews* (www.metanexus.net).

Davies, P. (2007). *Cosmic jackpot: Why our universe is just right for life.* Boston: Houghton-Mifflin.

Davies, P. G., Spencer, S. J., Quinn, D. M., & Gerhardstein, R. (2002). Consuming images: How television commercials that elicit stereotype threat can restrain women academically and professionally. *Personality and Social Psychology Bulletin,* **28,** 1615–1628.

Davies, P. G., Steele, C. M., & Spencer, S. J., (2005). Clearing the air: Identity safety moderates the effects of stereotype threat on women's leadership aspirations. *Journal of Personality and Social Psychology,* **88,** 276–287.

Davila, J., Bradbury, T. N., Cohan, C. L., & Tochluk, S. (1997). Marital functioning and depressive symptoms: Evidence for a stress generation model. *Journal of Personality and Social Psychology,* **73,** 849–861.

Davis, B. M., & Gilbert, L. A. (1989). Effect of dispositional and situational influences on women's dominance expression in mixed-sex dyads. *Journal of Personality and Social Psychology,* **57,** 294–300.

Davis, C. G., Lehman, D. R., Silver, R. C., Wortman, C. B., & Ellard, J. H. (1996). Self-blame following a traumatic event: The role of perceived avoidability. *Personality and Social Psychology Bulletin,* **22,** 557–567.

Davis, C. G., Lehman, D. R., Wortman, C. B., Silver, R. C., & Thompson, S. C. (1995). The undoing of traumatic life events. *Personality and Social Psychology Bulletin,* **21,** 109–124.

Davis, D., Loftus, E. F., Vanous, S., & Cucciare, M. (2008). "Unconscious transference" can be an instance of "change blindness." *Applied Cognitive Psychology,* **22,** 605–623.

Davis, J. A. (2004). Did growing up in the 1960s leave a permanent mark on attitudes and values? Evidence from the GSS. *Public Opinion Quarterly,* **68,** 161–183.

Davis, J. H., Kameda, T., Parks, C., Stasson, M., & Zimmerman, S. (1989). Some social mechanics of group decision making: The distribution of opinion, polling sequence, and implications for consensus. *Journal of Personality and Social Psychology,* **57,** 1000–1012.

Davis, J. H., Kerr, N. L., Atkin, R. S., Holt, R., & Meek, D. (1975). The decision processes of 6- and 12-person mock juries assigned unanimous and two-thirds majority rules. *Journal of Personality and Social Psychology,* **32,** 1–14.

Davis, J. H., Kerr, N. L., Stasser, G., Meek, D., & Holt, R. (1977). Victim consequences, sentence severity, and decision process in mock juries. *Organizational Behavior and Human Performance*, **18**, 346–365.

Davis, J. H., Stasson, M. F., Parks, C. D., Hulbert, L., Kameda, T., Zimmerman, S. K., & Ono, K. (1993). Quantitative decisions by groups and individuals: Voting procedures and monetary awards by mock civil juries. *Journal of Experimental Social Psychology*, **29**, 326–346.

Davis, J. L., & Rusbult, C. E. (2001). Attitude alignment in close relationships. *Journal of Personality and Social Psychology*, **81**, 65–84.

Davis, K. E. (1985, February). Near and dear: Friendship and love compared. *Psychology Today*, pp. 22–30.

Davis, K. E., & Jones, E. E. (1960). Changes in interpersonal perception as a means of reducing cognitive dissonance. *Journal of Abnormal and Social Psychology*, **61**, 402–410.

Davis, L., & Greenlees, C. (1992). Social loafing revisited: Factors that mitigate—and reverse—performance loss. Paper presented at the Southwestern Psychological Association convention.

Davis, M. H., & Franzoi, S. L. (1986). Adolescent loneliness, self-disclosure, and private self-consciousness: A longitudinal investigation. *Journal of Personality and Social Psychology*, **51**, 595–608.

Dawes, R. (1998, October). The social usefulness of self-esteem: A skeptical view. *Harvard Mental Health Letter*, pp. 4–5.

Dawes, R. M. (1976). Shallow psychology. In J. S. Carroll & J. W. Payne (Eds.), *Cognition and social behavior*. Hillsdale, NJ: Erlbaum.

Dawes, R. M. (1980a). Social dilemmas. *Annual Review of Psychology*, **31**, 169–193.

Dawes, R. M. (1980b). You can't systematize human judgment: Dyslexia. In R. A. Shweder (Ed.), *New directions for methodology of social and behavioral science: Fallible judgment in behavioral research*. San Francisco: Jossey-Bass.

Dawes, R. M. (1990). The potential nonfalsity of the false consensus effect. In R. M. Hogarth (Ed.), *Insights in decision making: A tribute to Hillel J. Einhorn*. Chicago: University of Chicago Press.

Dawes, R. M. (1991). Social dilemmas, economic self-interest, and evolutionary theory. In D. R. Brown & J. E. Keith Smith (Eds.), *Frontiers of mathematical psychology: Essays in honor of Clyde Coombs*. New York: Springer-Verlag.

Dawes, R. M. (1994). *House of cards: Psychology and psychotherapy built on myth*. New York: Free Press.

Dawes, R. M. (2005). The ethical implications of Paul Meehl's work on comparing clinical versus actuarial prediction methods. *Journal of Clinical Psychology*, **61**, 1245–1255.

Dawes, R. M., McTavish, J., & Shaklee, H. (1977). Behavior, communication, and assumptions about other people's behavior in a commons dilemma situation. *Journal of Personality and Social Psychology*, **35**, 1–11.

Dawkins, R. (1976). *The selfish gene*. New York: Oxford University Press.

Dawson, N. V., Arkes, H. R., Siciliano, C., Blinkhorn, R., Lakshmanan, M., & Petrelli, M. (1988). Hindsight bias: An impediment to accurate probability estimation in clinicopathologic conferences. *Medical Decision Making*, **8**, 259–264.

de Botton, A. (2004). *Status anxiety*. New York: Pantheon.

De Cremer, D. (2002). Charismatic leadership and cooperation in social dilemmas: A matter of transforming motives? *Journal of Applied Social Psychology*, **32**, 997–1016.

De Hoog, N., Stroebe, W., & de Wit, J. B. F. (2007). The impact of vulnerability to and severity of a health risk on processing and acceptance of fear-arousing communications: A meta-analysis. *Review of General Psychology*, **11**, 258–285.

de Hoogh, A. H. B., den Hartog, D. N., Koopman, P. L., Thierry, H., van den Berg, P. T., van der Weide, J. G., & Wilderom, C. P. M. (2004). Charismatic leadership, environmental dynamism, and performance. *European Journal of Work and Organisational Psychology*, **13**, 447–471.

De Houwer, J., Thomas, S., & Baeyens, F. (2001). Associative learning of likes and dislikes: A review of 25 years of research on human evaluative conditioning. *Psychological Bulletin*, **127**, 853–869.

de Jong-Gierveld, J. (1987). Developing and testing a model of loneliness. *Journal of Personality and Social Psychology*, **53**, 119–128.

De Vogli, R., Chandola, T., & Marmot, M. G. (2007). Negative aspects of close relationships and heart disease. *Archives of Internal Medicine*, **167**, 1951–1957.

de Waal, F. B. M. (2005–2006, Fall–Winter). The evolution of empathy. *Greater Good*, pp. 6–9.

de Waal, F. B. M., Leimgruber, K., & Greenberg, A. R. (2008). Giving is self-rewarding for monkeys. *Proceedings of the National Academy of Sciences*, **105**, 13685–13689.

De Wall, C. N., Maner, J. K., & Rouby, D. A. (2009). Social exclusion and early-stage interpersonal perception: Selective attention to signs of acceptance. *Journal of Personality and Social Psychology*, **96**, 729–741.

Deary, I. J. (2005). Intelligence, health and death. *Psychologist*, **18**, 610–613.

Deary, I. J., Batty, G. D., & Gale, C. R. (2008). Bright children become enlightened adults. *Psychological Science*, **19**, 1–6.

Deaux, K., & LaFrance, M. (1998). Gender. In D. Gilbert, S. Fiske, and G. Lindzey (Eds.), *The handbook of social psychology*, 4th edition. Hillsdale, NJ: Erlbaum.

DeBruine, L. M. (2002). Facial resemblance enhances trust. *Proceedings of the Royal Society of London*, **269**, 1307–1312.

DeBruine, L. M. (2004). Facial resemblance increases the attractiveness of same-sex faces more than other-sex faces. *Proceedings of the Royal Society of London, B*, **271**(1552): 2085–2090.

Decety, J., & Sommerville, J. A. (2003). Shared representations between self and other: A social cognitive neuroscience view. *Trends in Cognitive Sciences*, **7**, 527–533.

Deci, E. L., La Guardia, J. G., Moller, A. C., Scheiner, M. J., & Ryan, R. M. (2006). On the benefits of giving as well as receiving autonomy support: Mutuality in close friendships. *Personality and Social Bulletin*, **32**, 313–327.

Deci, E. L., & Ryan, R. M. (1985). *Intrinsic motivation and self-determination in human behavior*. New York: Plenum.

Deci, E. L., & Ryan, R. M. (1987). The support of autonomy and the control of behavior. *Journal of Personality and Social Psychology*, **53**, 1024–1037.

Deci, E. L., & Ryan, R. M. (1991). A motivational approach to self: Integration in personality. In R. Dienstbier (Ed.) *Perspectives on motivation: Nebraska Symposium on Motivation* (Vol. 38, pp. 237–288). Lincoln, NE: University of Nebraska Press.

Deci, E. L., & Ryan, R. M. (1997). Behaviorists in search of the null: Revisiting the undermining of intrinsic motivation by extrinsic rewards. Unpublished manuscript, University of Rochester.

Deci, E. L., & Ryan, R. M. (Eds.). (2002). *Handbook of self-determination research*. Rochester, NY: University of Rochester Press.

Deci, E. L., & Ryan, R. M. (2008). Facilitating optimal motivation and psychological well-being across life's domains. *Canadian Psychology*, **49**, 14–23.

Delgado, J. (1973). In M. Pines, *The brain changers*. New York: Harcourt Brace Jovanovich.

della Cava, M. R. (2003, April 2). Iraq gets sympathetic press around the world. *USA Today* (www.usatoday.com).

Dembroski, T. M., Lasater, T. M., & Ramirez, A. (1978). Communicator similarity, fear-arousing communications, and compliance with health care recommendations. *Journal of Applied Social Psychology*, **8**, 254–269.

Denissen, J. J. A., Penke, L., Schmitt, D. P., & van Aken, M. A. G. (2008). Self-esteem reactions to social interactions: Evidence for sociometer mechanisms across days, people, and nations. *Journal of Personality and Social Psychology*, **95**, 181–196.

Dennett, D. (2005, December 26). Spiegel interview with evolution philosopher Daniel Dennett: Darwinism completely refutes intelligent design. *Der Spiegel* (www.service.dspiegel.de).

Dennett, D. C. (2005, August 28). Show me the science. *New York Times* (www.nytimes.com).

Denrell, J. (2008). Indirect social influence. *Science*, **321**, 47–48.

Denrell, J., & Le Mens, G. (2007). Interdependent sampling and social influence. *Psychological Review*, **114**, 398–422.

Denson, T. F., Pedersen, W. C., & Miller, N. (2006). The displaced aggression questionnaire. *Journal of Personality and Social Psychology*, **90**, 1032–1051.

Department of Canadian Heritage. (2006). What is multiculturalism? (www.pch.gc.ca).

DePaulo, B. (2006). *Singled out: How singles are stereotyped, stigmatized, and ignored, and still live happily ever after*. New York: St. Martin's.

DePaulo, B. M., Charlton, K., Cooper, H., Lindsay, J. J., & Muhlenbruck, L. (1997). The accuracy-confidence correlation in the detection of deception. *Personality and Social Psychology Review*, **1**, 346–357.

Derks, B., Inzlicht, M., & Kang, S. (2008). The neuroscience of stigma and stereotype threat. *Group Processes and Intergroup Relations*, **11**, 163–181.

Derlega, V., Metts, S., Petronio, S., & Margulis, S. T. (1993). *Self-disclosure*. Newbury Park, CA: Sage.

Dermer, M., Cohen, S. J., Jacobsen, E., & Anderson, E. A. (1979). Evaluative judgments of aspects of life as a function of vicarious exposure to hedonic extremes. *Journal of Personality and Social Psychology*, **37**, 247–260.

Dermer, M., & Pyszczynski, T. A. (1978). Effects of erotica upon men's loving and liking responses for women they love. *Journal of Personality and Social Psychology, 36,* 1302–1309.

Desforges, D. M., Lord, C. G., Pugh, M. A., Sia, T. L., Scarberry, N. C., & Ratcliff, C. D. (1997). Role of group representativeness in the generalization part of the contact hypothesis. *Basic and Applied Social Psychology, 19,* 183–204.

Desforges, D. M., Lord, C. G., Ramsey, S. L., Mason, J. A., Van Leeuwen, M. D., West, S. C., & Lepper, M. R. (1991). Effects of structured cooperative contact on changing negative attitudes toward stigmatized social groups. *Journal of Personality and Social Psychology, 60,* 531–544.

DeSteno, D., Petty, R. E., Wegener, D. T., & Rucker, D. D. (2000). Beyond valence in the perception of likelihood: The role of emotion specificity. *Journal of Personality and Social Psychology, 78,* 397–416.

Detweiler, J. B., Bedell, B. T., Salovey, P., Pronin, E., & Rothman, A. J. (1999). Message framing and sunscreen use: Gain-framed messages motivate beach-goers. *Health Psychology, 18,* 189–196.

Deutsch, M. (1985). *Distributive justice: A social psychological perspective.* New Haven: Yale University Press.

Deutsch, M. (1986). Folie à deux: A psychological perspective on Soviet-American relations. In M. P. Kearns (Ed.), *Persistent patterns and emergent structures in a waning century.* New York: Praeger.

Deutsch, M. (1993). Educating for a peaceful world. *American Psychologist, 48,* 510–517.

Deutsch, M. (1994). Constructive conflict resolution: Principles, training, and research. *Journal of Social Issues, 50,* 13–32.

Deutsch, M. (1999). Behind the scenes. In D. G. Myers, *Social psychology,* 6th edition (p. 519). New York: McGraw-Hill.

Deutsch, M., & Collins, M. E. (1951). *Interracial housing: A psychological evaluation of a social experiment.* Minneapolis: University of Minnesota Press.

Deutsch, M., & Gerard, H. B. (1955). A study of normative and informational social influence upon individual judgment. *Journal of Abnormal and Social Psychology, 51,* 629–636.

Deutsch, M., & Krauss, R. M. (1960). The effect of threat upon interpersonal bargaining. *Journal of Abnormal and Social Psychology, 61,* 181–189.

Devenport, J. L., Stinson, V., Cutler, B. L., & Kravitz, D. A. (2002). How effective are the cross-examination and expert testimony safeguards? Jurors' perceptions of the suggestiveness and fairness of biased lineup procedures. *Journal of Applied Psychology, 87,* 1042–1054.

Devine, P. A., Brodish, A. B., & Vance, S. L. (2005). Self-regulatory processes in interracial interactions: The role of internal and external motivation to respond without prejudice. In J. P. Forgas, K. D. Williams, & S. M. Laham (Eds.), *Social motivation: Conscious and unconscious processes.* New York: Cambridge University Press.

Devine, P. G. (1989). Stereotypes and prejudice: Their automatic and controlled components. *Journal of Personality and Social Psychology, 56,* 5–18.

Devine, P. G., Evett, S. R., & Vasquez-Suson, K. A. (1996). Exploring the interpersonal dynamics of intergroup contact. In R. Sorrentino & E. T. Higgins (Eds.), *Handbook of motivation and cognition: The interpersonal content* (Vol. 3). New York: Guilford.

Devine, P. G., Plant, E. A., & Buswell, B. N. (2000). Breaking the prejudice habit: Progress and obstacles. In S. Oskamp (Ed.), *Reducing prejudice and discrimination.* Mahwah, NJ: Erlbaum.

Devine, P. G., & Sharp, L. B. (2008). Automatic and controlled processes in stereotyping and prejudice. In T. Nelson (Ed.), *Handbook of prejudice, stereotyping, and discrimination.* New York: Psychology Press.

Devos-Comby, L., & Salovey, P. (2002). Applying persuasion strategies to alter HIV-relevant thoughts and behavior. *Review of General Psychology, 6,* 287–304.

DeWall, C. N., Baumeister, R. F., Stillman, T. F., & Gailliot, M. T. (2007). Violence restrained: Effects of self-regulation and its depletion on aggression. *Journal of Experimental Social Psychology, 43,* 62–76.

DeWall, C. N., Baumeister, R. F., & Vohs, K. D. (2008). Satiated with belongingness? Effects of acceptance, rejection, and task framing on self-regulatory performance. *Journal of Personality and Social Psychology, 95,* 1367–1382.

Dexter, H. R., Cutler, B. L., & Moran, G. (1992). A test of voir dire as a remedy for the prejudicial effects of pretrial publicity. *Journal of Applied Social Psychology, 22,* 819–832.

Dey, E. L., Astin, A. W., & Korn, W. S. (1991). *The American freshman: Twenty-five year trends.* Los Angeles: Higher Education Research Institute, UCLA.

Diamond, J. (1996, December). The best ways to sell sex. *Discover,* pp. 78–86.

Diamond, S. S. (1993). Instructing on death: Psychologists, juries, and judges. *American Psychologist, 48,* 423–434.

Dick, S. (2008). *Homophobic hate crime: The Gay British Crime Survey 2008.* Stonewall (www.stonewall.org.uk).

Dicum, J. (2003, November 11). Letter to the editor. *New York Times,* p. A20.

Diekman, A. B., McDonald, M., & Gardner, W. L. (2000). Love means never having to be careful: The relationship between reading romance novels and safe sex behavior. *Psychology of Women Quarterly, 24,* 179–188.

Diekmann, K. A., Samuels, S. M., Ross, L., & Bazerman, M. H. (1997). Self-interest and fairness in problems of resource allocation: Allocators versus recipients. *Journal of Personality and Social Psychology, 72,* 1061–1074.

Diener, E. (1976). Effects of prior destructive behavior, anonymity, and group presence on deindividuation and aggression. *Journal of Personality and Social Psychology, 33,* 497–507.

Diener, E. (1979). Deindividuation, self-awareness, and disinhibition. *Journal of Personality and Social Psychology, 37,* 1160–1171.

Diener, E. (1980). Deindividuation: The absence of self-awareness and self-regulation in group members. In P. Paulus (Ed.), *The psychology of group influence.* Hillsdale, NJ: Erlbaum.

Diener, E. (2005, December 1). Guidelines for national indicators of subjective well-being and ill-being. Department of Psychology, University of Illinois.

Diener, E., & Crandall, R. (1979). An evaluation of the Jamaican anticrime program. *Journal of Applied Social Psychology, 9,* 135–146.

Diener, E., Horwitz, J., & Emmons, R. A. (1985). Happiness of the very wealthy. *Social Indicators, 16,* 263–274.

Diener, E., Kesebir, P., & Lucas, R. (2008). Benefits of accounts of well-being—for societies and for psychological science. *Applied Psychology, 57,* 37–53.

Diener, E., Lucas, R. E., & Schimmack, U. (2009). *Well-being for public policy.* Oxford, UK: Oxford University Press.

Diener, E., Lucas, R. E., & Scollon, C. N. (2006). Beyond the hedonic treadmill: Revising the adaptation theory of well-being. *American Psychologist, 61,* 305–314.

Diener, E., & Wallbom, M. (1976). Effects of self-awareness on antinormative behavior. *Journal of Research in Personality, 10,* 107–111.

Dienstbier, R. A., Roesch, S. C., Mizumoto, A., Hemenover, S. H., Lott, R. C., & Carlo, G. (1998). Effects of weapons on guilt judgments and sentencing recommendations for criminals. *Basic and Applied Social Psychology, 20,* 93–102.

Dijksterhuis, A., Bos, M. W., Nordgren, L. F., & van Baaren, R. B. (2006). Complex choices better made unconsciously? *Science, 313,* 760–761.

Dijksterhuis, A., & Nordgren, L. F. (2006). A theory of unconscious thought. *Perspectives on Psychological Science, 1,* 95–109.

Dijksterhuis, A., Smith, P. K., van Baaren, R. B., & Wigboldus, D. H. J. (2005). The unconscious consumer: Effects of environment on consumer behavior. *Journal of Consumer Psychology, 15,* 193-202.

Dill, J. C., & Anderson, C.A. (1999). Loneliness, shyness, and depression: The etiology and interrelationships of everyday problems in living. In T. Joiner and J. C. Coyne (Eds.) *The interactional nature of depression: Advances in interpersonal approaches.* Washington, DC: American Psychological Association.

Dillehay, R. C., & Nietzel, M. T. (1980). Constructing a science of jury behavior. In L. Wheeler (Ed.), *Review of personality and social psychology* (Vol. 1). Beverly Hills, CA: Sage.

Dindia, K., & Allen, M. (1992). Sex differences in self-disclosure: A meta-analysis. *Psychological Bulletin, 112,* 106–124.

Dion, K. K. (1972). Physical attractiveness and evaluations of children's transgressions. *Journal of Personality and Social Psychology, 24,* 207–213.

Dion, K. K. (1973). Young children's stereotyping of facial attractiveness. *Developmental Psychology, 9,* 183–188.

Dion, K. K., & Berscheid, E. (1974). Physical attractiveness and peer perception among children. *Sociometry, 37,* 1–12.

Dion, K. K., & Dion, K. L. (1985). Personality, gender, and the phenomenology of romantic love. In P. R. Shaver (Ed.), *Review of personality and social psychology* (Vol. 6). Beverly Hills, CA: Sage.

Dion, K. K., & Dion, K. L. (1991). Psychological individualism and romantic love. *Journal of Social Behavior and Personality, 6,* 17–33.

Dion, K. K., & Dion, K. L. (1993). Individualistic and collectivistic perspectives on gender and the cultural context of love and intimacy. *Journal of Social Issues, 49,* 53–69.

Dion, K. K., & Dion, K. L. (1996). Cultural perspectives on romantic love. *Personal Relationships, 3,* 5–17.

Dion, K. K., & Stein, S. (1978). Physical attractiveness and interpersonal influence. *Journal of Experimental Social Psychology, 14,* 97–109.

Dion, K. L. (1979). Intergroup conflict and intragroup cohesiveness. In W. G. Austin & S. Worchel (Eds.), *The social psychology of intergroup relations.* Monterey, CA: Brooks/Cole.

Dion, K. L. (1987). What's in a title? The Ms. stereotype and images of women's titles of address. *Psychology of Women Quarterly,* **11,** 21–36.

Dion, K. L. (1998). The social psychology of perceived prejudice and discrimination. Colloquium presentation, Carleton University.

Dion, K. L., & Cota, A. A. (1991). The Ms. stereotype: Its domain and the role of explicitness in title preference. *Psychology of Women Quarterly,* **15,** 403–410.

Dion, K. L., & Dion, K. K. (1988). Romantic love: Individual and cultural perspectives. In R. J. Sternberg & M. L. Barnes (Eds.), *The psychology of love.* New Haven, CT: Yale University Press.

Dion, K. L., & Schuller, R. A. (1991). The Ms. stereotype: Its generality and its relation to managerial and marital status stereotypes. *Canadian Journal of Behavioural Science,* **23,** 25–40.

Dishion, T. J., McCord, J., & Poulin, F. (1999). When interventions harm: Peer groups and problem behavior. *American Psychologist,* **54,** 755–764.

Dixon, B. (1986, April). Dangerous thoughts: How we think and feel can make us sick. *Science* **86,** 63–66.

Dixon, J., & Durrheim, K. (2003). Contact and the ecology of racial division: Some varieties of informal segregation. *British Journal of Social Psychology,* **42,** 1–23.

Dixon, J., Durrheim, K., & Tredoux, C. (2005). Beyond the optimal contact strategy: A reality check for the contact hypothesis. *American Psychologist,* **60,** 697–711.

Dixon, J., Durrheim, K., & Tredoux, C. (2007). Intergroup contact and attitudes toward the principle and practice of racial equality. *Psychological Science,* **18,** 867–872.

Dixon, J., Tredoux, C., & Clack, B. (2005). On the micro-ecology of racial division: A neglected dimension of segregation. *South African Journal of Psychology,* **35,** 395–411.

Dohrenwend, B., Pearlin, L., Clayton, P., Hamburg, B., Dohrenwend, B. P., Riley, M., & Rose, R. (1982). Report on stress and life events. In G. R. Elliott & C. Eisdorfer (Eds.), *Stress and human health: Analysis and implications of research* (A study by the Institute of Medicine/National Academy of Sciences). New York: Springer.

Dolinski, D. (2000). On inferring one's beliefs from one's attempt and consequences for subsequent compliance. *Journal of Personality and Social Psychology,* **78,** 260–272.

Dolinski, D., & Nawrat, R. (1998). "Fear-then-relief" procedure for producing compliance: Beware when the danger is over. *Journal of Experimental Social Psychology,* **34,** 27–50.

Dollard, J., Doob, L., Miller, N., Mowrer, O. H., & Sears, R. R. (1939). *Frustration and aggression.* New Haven, CT: Yale University Press.

Dolnik, L., Case, T. I., & Williams, K. D. (2003). Stealing thunder as a courtroom tactic revisted: Processes and boundaries. *Law and Human Behavior,* **27,** 265–285.

Donaldson, Z. R., & Young, L. J. (2008). Oxytocin, vasopressin, and the neurogenetics of sociality. *Science,* **322,** 900–904.

Donders, N. C., Correll, J., & Wittenbrink, B. (2008). Danger stereotypes predict racially biased attentional allocation. *Journal of Experimental Social Psychology,* **44,** 1328–1333.

Donnellan, M. B., Larsen-Rife, D., & Conger, R. D. (2005). Personality, family history, and competence in early adult romantic relationships. *Journal of Personality and Social Psychology,* **88,** 562–576.

Donnerstein, E. (1980). Aggressive erotica and violence against women. *Journal of Personality and Social Psychology,* **39,** 269–277.

Donnerstein, E., Linz, D., & Penrod, S. (1987). *The question of pornography.* London: Free Press.

Doob, A. N., & Kirshenbaum, H. M. (1973). Bias in police lineups—partial remembering. *Journal of Police Science and Administration,* **1,** 287–293.

Doob, A. N., & McLaughlin, D. S. (1989). Ask and you shall be given: Request size and donations to a good cause. *Journal of Applied Social Psychology,* **19,** 1049–1056.

Doob, A. N., & Roberts, J. (1988). Public attitudes toward sentencing in Canada. In N. Walker & M. Hough (Eds.), *Sentencing and the public.* London: Gower.

Dotsch, R., & Wigboldus, D. H. J. (2008). Virtual prejudice. *Journal of Experimental Social Psychology,* **44,** 1194–1198.

Doty, R. M., Peterson, B. E., & Winter, D. G. (1991). Threat and authoritarianism in the United States, 1978–1987. *Journal of Personality and Social Psychology,* **61,** 629–640.

Douglas, K. M., & McGarty, C. (2001). Identifiability and self-presentation: Computer-mediated communication and intergroup interaction. *British Journal of Social Psychology,* **40,** 399–416.

Douglass, A. B., & Steblay, N. (2006). Memory distortion in eyewitnesses: A meta-analysis of the post-identification feedback effect. *Applied Cognitive Psychology,* **20,** 859–869.

Douglass, F. (1845/1960). *Narrative of the life of Frederick Douglass, an American slave: Written by himself.* (B. Quarles, Ed.). Cambridge, MA: Harvard University Press.

Dovidio, J. F. (1991). The empathy-altruism hypothesis: Paradigm and promise. *Psychological Inquiry,* **2,** 126–128.

Dovidio, J. F., Gaertner, S. L., Anastasio, P. A., & Sanitioso, R. (1992). Cognitive and motivational bases of bias: Implications of aversive racism for attitudes toward Hispanics. In S. Knouse, P. Rosenfeld, & A. Culbertson (Eds.), *Hispanics in the workplace.* Newbury Park, CA: Sage.

Dovidio, J. F., Gaertner, S. L., Hodson, G., Houlette, M., & Johnson, K. M. (2005). Social inclusion and exclusion: Recategorization and the perception of intergroup boundaries. In D. Abrams, M. A. Hogg, & J. M. Marques (Eds.), *The social psychology of inclusion and exclusion.* New York: Psychology Press.

Dovidio, J. R., Brigham, J. C., Johnson, B. T., & Gaertner, S. L. (1996). Stereotyping, prejudice, and discrimination: Another look. In N. Macrae, M. Hewstone, & C. Stangor (Eds.), *Stereotypes and stereotyping.* New York: Guilford.

Downs, A. C., & Lyons, P. M. (1991). Natural observations of the links between attractiveness and initial legal judgments. *Personality and Social Psychology Bulletin,* **17,** 541–547.

Doyle, J. M. (2005). *True witness: Cops, courts, science, and the battle against misidentification.* New York: Palgrave MacMillan.

Drabman, R. S., & Thomas, M. H. (1974). Does media violence increase children's toleration of real-life aggression? *Developmental Psychology,* **10,** 418–421.

Drabman, R. S., & Thomas, M. H. (1975). Does TV violence breed indifference? *Journal of Communications,* **25**(4), 86–89.

Drabman, R. S., & Thomas, M. H. (1976). Does watching violence on television cause apathy? *Pediatrics,* **57,** 329–331.

Draguns, J. G. (1990). Normal and abnormal behavior in cross-cultural perspective: Specifying the nature of their relationship. *Nebraska Symposium on Motivation 1989,* **37,** 235–277.

Dreber, A., Rand, D. G., Fudenberg, D., & Nowak, M. A. (2008). Winners don't punish. *Nature,* **452,** 348–351.

Driedger, L. (1975). In search of cultural identity factors: A comparison of ethnic students. *Canadian Review of Sociology and Anthropology,* **12,** 150–161.

Driskell, J. E., & Mullen, B. (1990). Status, expectations, and behavior: A meta-analytic review and test of the theory. *Personality and Social Psychology Bulletin,* **16,** 541–553.

Drolet, A. L., & Morris, M. W. (2000). Rapport in conflict resolution: Accounting for how face-to-face contact fosters mutual cooperation in mixed-motive conflicts. *Journal of Experimental Social Psychology,* **36,** 26–50.

Dryer, D. C., & Horowitz, L. M. (1997). When do opposites attract? Interpersonal complementarity versus similarity. *Journal of Personality and Social Psychology,* **72,** 592–603.

DuBois, W. E. B. (1903/1961). *The souls of black folk.* Greenwich, CT: Fawcett Books.

Duck, J. M., Hogg, M. A., & Terry, D. J. (1995). Me, us and them: Political identification and the third-person effect in the 1993 Australian federal election. *European Journal of Social Psychology,* **25,** 195–215.

Duffy, M. (2003, June 9). Weapons of mass disappearance. *Time,* pp. 28-33.

Dunbar, R. (1996). *Grooming, gossip, and the evolution of language.* Cambridge, MA: Harvard University Press.

Duncan, B. L. (1976). Differential social perception and attribution of intergroup violence: Testing the lower limits of stereotyping of blacks. *Journal of Personality and Social Psychology,* **34,** 590–598.

Dunn, E., & Ashton-James, C. (2008). On emotional innumeracy: Predicted and actual affective response to grand-scale tragedies. *Journal of Experimental Social Psychology,* **44,** 692–698.

Dunn, E. W., Aknin, L. B., & Norton, M. I. (2008). Spending money on others promotes happiness. *Science,* **319,** 1687–1688.

Dunn, E. W., Wilson, T. D., & Gilbert, D. T. (2003). Location, location, location: The misprediction of satisfaction in housing lotteries. *Personality and Social Psychology Bulletin,* **29,** 1421-1432.

Dunn, J. R., & Schweitzer, M. E. (2005). Feeling and believing: The influence of emotion on trust. *Journal of Personality and Social Psychology,* **88,** 736–748.

Dunning, D. (1995). Trait importance and modifiability as factors influencing self-assessment and self-enhancement motives. *Personality and Social Psychology Bulletin,* **21,** 1297–1306.

Dunning, D. (2005). *Self-insight: Roadblocks and detours on the path to knowing thyself.* London: Psychology Press.

Dunning, D. (2006). Strangers to ourselves? *The Psychologist,* **19,** 600–603.

Dunning, D., Griffin, D. W., Milojkovic, J. D., & Ross, L. (1990). The overconfidence effect in social prediction. *Journal of Personality and Social Psychology,* **58,** 568–581.

Dunning, D., Meyerowitz, J. A., & Holzberg, A. D. (1989). Ambiguity and self-evaluation. *Journal of Personality and Social Psychology,* **57,** 1082–1090.

Dunning, D., Perie, M., & Story, A. L. (1991). Self-serving prototypes of social categories. *Journal of Personality and Social Psychology,* **61,** 957–968.

Dunning, D., & Perretta, S. (2002). Automaticity and eyewitness accuracy: A 10- to 12-second rule for distinguishing accurate from inaccurate positive identifications. *Journal of Applied Psychology,* **87,** 951–962.

Dunning, D., & Sherman, D. A. (1997). Stereotypes and tacit inference. *Journal of Personality and Social Psychology,* **73,** 459–471.

Dunning, D., & Stern, L. B. (1994). Distinguishing accurate from inaccurate eyewitness identifications via inquiries about decision processes. *Journal of Personality and Social Psychology,* **67,** 818–835.

Durante, K. M., Li, N. P., & Haselton, M. G. (2008). Changes in women's dress across the ovulatory cycle: Naturalistic and laboratory task-based evidence. *Personality and Social Psychology Bulletin,* **34,** 1451–1460.

Dutton, D. (2006, January 13). Hardwired to seek beauty. *The Australian* (www.theastralian.news.com.au).

Dutton, D. G. (1971). Reactions of restaurateurs to blacks and whites violating restaurant dress regulations. *Canadian Journal of Behavioural Science,* **3,** 298–302.

Dutton, D. G. (1973). Reverse discrimination: The relationship of amount of perceived discrimination toward a minority group and the behavior of majority group members. *Canadian Journal of Behavioural Science,* **5,** 34–45.

Dutton, D. G., & Aron, A. P. (1974). Some evidence for heightened sexual attraction under conditions of high anxiety. *Journal of Personality and Social Psychology,* **30,** 510–517.

Dutton, D. G., Boyanowsky, E. O., & Bond, M. H. (2005). Extreme mass homicide: From military massacre to genocide. *Aggression and violent behavior,* **10,** 437–473.

Dutton, D. G., & Lake, R. A. (1973). Threat of own prejudice and reverse discrimination in interracial situations. *Journal of Personality and Social Psychology,* **28,** 94–100.

Duval, S., Duval, V. H., & Neely, R. (1979). Self-focus, felt responsibility, and helping behavior. *Journal of Personality and Social Psychology,* **37,** 1769–1778.

Duval, S., & Wicklund, R. A. (1972). *A theory of objective self-awareness.* New York: Academic Press.

Dykstra, P. A., & Fokkema, T. (2007). Social and emotional loneliness among divorced and married men and women: Comparing the deficit and cognitive perspectives. *Basic and Applied Social Psychology,* **29,** 1–12.

Eagly, A. H. (1987). Sex differences in social behavior: A social-role interpretation. Hillsdale, NJ: Erlbaum.

Eagly, A. H. (1994). Are people prejudiced against women? Donald Campbell Award invited address, American Psychological Association convention.

Eagly, A. H., Ashmore, R. D., Makhijani, M. G., & Longo, L. C. (1991). What is beautiful is good, but . . . : A meta-analytic review of research on the physical attractiveness stereotype. *Psychological Bulletin,* **110,** 109–128.

Eagly, A., & Carli, L. (2007). *Through the labyrinth: The truth about how women become leaders.* Cambridge, MA: Harvard University Press.

Eagly, A. H., & Chaiken, S. (1993). *The psychology of attitudes.* San Diego: Harcourt Brace Jovanovich.

Eagly, A. H., & Chaiken, S. (1998). Attitude structure and function. In D. Gilbert, S. Fiske, and G. Lindzey (Eds.), *The handbook of social psychology,* 4th edition. New York: McGraw-Hill.

Eagly, A. H., & Chaiken, S. (2005). Attitude research in the 21st century: The current state of knowledge. In D. Albarracin, B. T. Johnson, & M. P. Zanna (Eds.), *The handbook of attitudes.* Mahwah, NJ: Erlbaum.

Eagly, A. H., & Crowley, M. (1986). Gender and helping behavior: A meta-analytic review of the social psychological literature. *Psychological Bulletin,* **100,** 283–308.

Eagly, A. H., Diekman, A. B., Johannesen-Schmidt, M. C., & Koenig, A. M. (2004). Gender gaps in sociopolitical attitudes: A social psychological analysis. *Journal of Personality and Social Psychology,* **87,** 796–816.

Eagly, A. H., & Johnson, B. T. (1990). Gender and leadership style: A meta-analysis. *Psychological Bulletin,* **108,** 233–256.

Eagly, A. H., Mladinic, A., & Otto, S. (1991). Are women evaluated more favorably than men? *Psychology of Women Quarterly,* **15,** 203–216.

Eagly, A. H., & Wood, W. (1991). Explaining sex differences in social behavior: A meta-analytic perspective. *Personality and Social Psychology Bulletin,* **17,** 306–315.

Eagly, A. H., & Wood, W. (1999). The origins of sex differences in human behavior: Evolved dispositions versus social roles. *American Psychologist,* **54,** 408–423.

Eagly, A. H., Wood, W., & Chaiken, S. (1978). Casual inferences about communicators and their effect on opinion change. *Journal of Personality and Social Psychology,* **36,** 424–435.

Easterbrook, G. (2004, May 25). The 50¢-a-gallon solution. *New York Times* (www.nytimes.com).

Easterlin, R. (1995). Will raising the incomes of all increase the happiness of all? *Journal of Economic Behavior and Organization,* **27,** 35–47.

Eastwick, P. W., & Finkel, E. J. (2008a). Speed-dating as a methodological innovation. *The Psychologist,* **21,** 402–403.

Eastwick, P. W., & Finkel, E. J. (2008b). Sex differences in mate preferences revisited: Do people know what they initially desire in a romantic partner? *Journal of Personality and Social Psychology,* **94,** 245–264.

Eastwick, P. W., Finkel, E. J., Krishnamurti, T., & Loewenstein, G. (2007). Mispredicting distress following romantic breakup: Revealing the time course of the affective forecasting error. *Journal of Experimental Social Psychology,* **44,** 800–807.

Eastwick, P. W., Finkel, E. J., Mochon, D., & Ariely, D. (2007). Selective versus unselective romantic desire. *Psychological Science,* **18,** 317–319.

Ebbesen, E. B., Duncan, B., & Konecni, V. J. (1975). Effects of content of verbal aggression on future verbal aggression: A field experiment. *Journal of Experimental Social Psychology,* **11,** 192–204.

Eberhardt, J. L., (2005). Imaging race. *American Psychologist,* **60,** 181–190.

Eberhardt, J. L., Purdie, V. J., Goff, P. A., & Davies, P. G. (2004). Seeing black: Race, crime, and visual processing. *Journal of Personality and Social Psychology,* **87,** 876–893.

Eckersley, R. (2005). Is modern Western culture a health hazard? *International Journal of Epidemiology,* published online November 22.

Economist (2000, June 10). America's death-penalty lottery. *The Economist.*

Edney, J. J. (1980). The commons problem: Alternative perspectives. *American Psychologist,* **35,** 131–150.

Edwards, C. P. (1991). Behavioral sex differences in children of diverse cultures: The case of nurturance to infants. In M. Pereira & L. Fairbanks (Eds.), *Juveniles: Comparative socioecology.* Oxford: Oxford University Press.

Edwards, D., & Potter, J. (2005). Discursive psychology, mental states and descriptions. In H. te Molder & J. Potter (Eds.), *Conversation and cognition.* New York: Cambridge University Press.

Edwards, K. (1990). The interplay of affect and cognition in attitude formation and change. *Journal of Personality and Social Psychology,* **59,** 202–216.

Edwards, K., & Bryan, T. S. (1997). Judgmental biases produced by instructions to disregard: The (paradoxical) case of emotional information. *Personality and Social Psychology Bulletin,* **23,** 849–864.

Efran, M. G. (1974). The effect of physical appearance on the judgment of guilt, interpersonal attraction, and severity of recommended punishment in a simulated jury task. *Journal of Research in Personality,* **8,** 45–54.

Egan, L. C., Santos, L. R., & Bloom, P. (2007). The origins of cognitive dissonance: Evidence from children and monkeys. *Psychological Science,* **18,** 978–983.

Ehrlich, P., & Feldman, M. (2003). Genes and cultures: What creates our behavioral phenome? *Current Anthropology,* **44,** 87–95.

Eibach, R. P., & Ehrlinger, J. (2006). "Keep your eyes on the prize": Reference points and racial differences in assessing progress toward equality. *Personality and Social Psychology Bulletin,* **32,** 66–77.

Eibach, R. P., Libby, L. K., & Gilovich, T. D. (2003). When change in the self is mistaken for change in the world. *Journal of Personality and Social Psychology,* **84,** 917–931.

Eich, E., Reeves, J. L., Jaeger, B., & Graff-Radford, S. B. (1985). Memory for pain: Relation between past and present pain intensity. *Pain,* **23,** 375–380.

Eisenberg, N., Fabes, R. A., Schaller, M., Miller, P., Carlo, G., Poulin, R., Shea, C., & Shell, R. (1991). Personality and socialization correlates of vicarious emotional responding. *Journal of Personality and Social Psychology,* **61,** 459–470.

Eisenberg, N., & Lennon, R. (1983). Sex differences in empathy and related capacities. *Psychological Bulletin,* **94,** 100–131.

Eisenberger, N. I., Lieberman, M. D., & Williams, K. D. (2003). Does rejection hurt? An fMRI study of social exclusion. *Science, 302,* 290–292.

Eisenberger, R., & Rhoades, L. (2001). Incremental effects of reward on creativity. *Journal of Personality and Social Psychology, 81,* 728–741.

Eisenberger, R., Rhoades, L., & Cameron, J. (1999). Does pay for performance increase or decrease perceived self-determination and intrinsic motivation? *Journal of Personality and Social Psychology, 77,* 1026–1040.

Eisenberger, R., & Shanock, L. (2003). Rewards, intrinsic motivation, and creativity: A case study of conceptual and methodological isolation. *Creativity Research Journal, 15,* 121–130.

Eiser, J. R., Sutton, S. R., & Wober, M. (1979). Smoking, seat-belts, and beliefs about health. *Addictive Behaviors, 4,* 331–338.

Elder, G. H., Jr. (1969). Appearance and education in marriage mobility. *American Sociological Review, 34,* 519–533.

Eldersveld, S. J., & Dodge, R. W. (1954). Personal contact or mail propaganda? An experiment in voting turnout and attitude change. In D. Katz, D. Cartwright, S. Eldersveld, & A. M. Lee (Eds.), *Public opinion and propaganda.* New York: Dryden Press.

Ellemers, N., Van Rijswijk, W., Roefs, M., & Simons, C. (1997). Bias in intergroup perceptions: Balancing group identity with social reality. *Personality and Social Psychology Bulletin, 23,* 186–198.

Elliot, A. J., & Devine, P. G. (1994). On the motivational nature of cognitive dissonance: Dissonance as psychological discomfort. *Journal of Personality and Social Psychology, 67,* 382–394.

Elliott, L. (1989, June). Legend of the four chaplains. *Reader's Digest,* pp. 66–70.

Ellis, B. J., & Symons, D. (1990). Sex difference in sexual fantasy: An evolutionary psychological approach. *Journal of Sex Research, 27,* 490–521.

Ellis, H. D. (1981). Theoretical aspects of face recognition. In G. H. Davies, H. D. Ellis, & J. Shepherd (Eds.), *Perceiving and remembering faces.* London: Academic Press.

Ellison, P. A., Govern, J. M., Petri, H. L., & Figler, M. H. (1995). Anonymity and aggressive driving behavior: A field study. *Journal of Social Behavior and Personality, 10,* 265–272.

Ellsworth, P. (1985, July). Juries on trial. *Psychology Today,* pp. 44–46.

Ellsworth, P. (1989, March 6). Supreme Court ignores social science research on capital punishment. Quoted by *Behavior Today,* pp. 7–8.

Ellsworth, P. C., & Mauro, R. (1998). Psychology and law. In D. Gilbert, S. T. Fiske, & G. Lindzey (Eds.), *Handbook of social psychology,* 4th edition. New York: McGraw-Hill.

Elms, A. C. (1995). Obedience in retrospect. *Journal of Social Issues, 51,* 21–31.

Emmons, R. A., Larsen, R. J., Levine, S., & Diener, E. (1983). Factors predicting satisfaction judgments: A comparative examination. Paper presented at the Midwestern Psychological Association.

Emswiller, T., Deaux, K., & Willits, J. E. (1971). Similarity, sex, and requests for small favors. *Journal of Applied Social Psychology, 1,* 284–291.

Eng, P. M., Kawachi, I., Fitzmaurice, G., & Rimm, E. B. (2001). Effects of marital transitions on changes in dietary and other health behaviors in men. Paper presented to the American Psychosomatic Society meeting.

Engemann, K. M., & Owyang, M. T. (2003, April). So much for that merit raise: The link between wages and appearance. *The Regional Economist* (www.stlouisfed.org).

Engs, R., & Hanson, D. J. (1989). Reactance theory: A test with collegiate drinking. *Psychological Reports, 64,* 1083–1086.

Ennis, B. J., & Verrilli, D. B., Jr. (1989). Motion for leave to file brief amicus curiae and brief of Society for the Scientific Study of Religion, American Sociological Association, and others. U.S. Supreme Court Case No. 88-1600, Holy Spirit Association for the Unification of World Christianity, *et al.,* v. David Molko and Tracy Leal. On petition for writ of certiorari to the Supreme Court of California. Washington, DC: Jenner & Block, 21 Dupont Circle NW.

Ennis, R., & Zanna, M. P. (1991). Hockey assault: Constitutive versus normative violations. Paper presented at the Canadian Psychological Association convention.

Enzle, M. E., & Hawkins, W. L. (1992). A priori actor negligence mediates a posteriori outcome. *Journal of Experimental Social Psychology, 28*(2), 169–185.

Epley, N., Akalis, S., Waytz, A., & Cacioppo, J. T. (2008). Creating social connection through inferential reproduction: Loneliness and perceived agency in gadgets, gods, and greyhounds. *Psychological Science, 19,* 114–120.

Epley, N., & Dunning, D. (2006). The mixed blessings of self-knowledge in behavioral prediction: Enhanced discrimination but exacerbated bias. *Personality and Social Psychology Bulletin, 32,* 641–655.

Epley, N., & Huff, C. (1998). Suspicion, affective response, and educational benefit as a result of deception in psychology research. *Personality and Social Psychology Bulletin, 24,* 759–768.

Epley, N., Savitsky, K., & Kachelski, R. A. (1999, September/October). What every skeptic should know about subliminal persuasion. *Skeptical Inquirer,* pp. 40–45.

Epley, N., & Whitchurch, E. (2008). Mirror, mirror on the wall: Enhancement in self-recognition. *Personality and Social Psychology Bulletin, 34,* 1159–1170.

Epstein, J. A., & Botvin, G. J. (2008). Media refusal skills and drug skill refusal techniques: What is their relationship with alcohol use among inner-city adolescents? *Addictive Behavior, 33,* 528–537.

Epstein, R. (2007, February/March). The truth about online dating. *Scientific American Mind,* pp. 28–35.

Epstein, S. (1980). The stability of behavior: II. Implications for psychological research. *American Psychologist, 35,* 790–806.

Epstude, K., & Roese, N. J. (2008). The functional theory of counterfactual thinking. *Personality and Social Psychology Review, 12,* 168–192.

Erickson, B., Holmes, J. G., Frey, R., Walker, L., & Thibaut, J. (1974). Functions of a third party in the resolution of conflict: The role of a judge in pretrial conferences. *Journal of Personality and Social Psychology, 30,* 296–306.

Erickson, B., Lind, E. A. Johnson, B. C., & O'Barr, W. M. (1978). Speech style and impression formation in a court setting: The effects of powerful and powerless speech. *Journal of Experimental Social Psychology, 14,* 266–279.

Erikson, E. H. (1963). *Childhood and society.* New York: Norton.

Eron, L. D. (1987). The development of aggressive behavior from the perspective of a developing behaviorism. *American Psychologist, 42,* 425–442.

Eron, L. D., & Huesmann, L. R. (1980). Adolescent aggression and television. *Annals of the New York Academy of Sciences, 347,* 319–331.

Eron, L. D., & Huesmann, L. R. (1984). The control of aggressive behavior by changes in attitudes, values, and the conditions of learning. In R. J. Blanchard & C. Blanchard (Eds.), *Advances in the study of aggression* (Vol. 1). Orlando, FL: Academic Press.

Eron, L. D., & Huesmann, L. R. (1985). The role of television in the development of prosocial and antisocial behavior. In D. Olweus, M. Radke-Yarrow, and J. Block (Eds.), *Development of antisocial and prosocial behavior.* Orlando, FL: Academic Press.

Escobar-Chaves, S. L., & Anderson, C. A. (2008). Media and risky behaviors. *The Future of Children, 18,* 147–180.

Escobar-Chaves, S. L., Tortolero, S. R., Markham, C. M., Low, B. J., Eitel, P., & Thickstun, P. (2005). Impact of the media on adolescent sexual attitudes and behaviors. *Pediatrics, 116,* 303–326.

Esser, J. K. (1998, February–March). Alive and well after 25 years. A review of groupthink research. *Organizational Behavior and Human Decision Processes, 73,* 116–141.

Esses, V. M., Haddock, G., & Zanna, M. P. (1993a). Values, stereotypes, and emotions as determinants of intergroup attitudes. In D. Mackie & D. Hamilton (Eds.), *Affect, cognition and stereotyping: Interactive processes in intergroup perception.* San Diego, CA: Academic Press.

Esses, V. M., Haddock, G., & Zanna, M. P. (1993b). The role of mood in the expression of intergroup stereotypes. In M. P. Zanna & J. M. Olson (Eds.), *The psychology of prejudice: The Ontario symposium* (Vol. 7). Hillsdale, NJ: Erlbaum.

Esses, V. M., Jackson, L. M., Dovidio, J. F., & Hodson, G. (2005). Instrumental relations among groups: Group competition, conflict, and prejudice. In J. F. Dovidio, P. Glick, & L. A. Rudman (Eds.), *On the nature of prejudice: Fifty years after Allport* (pp. 227–243). Malden, MA: Blackwell.

Esses, V. M., & Webster, C. D. (1988). Physical attractiveness, dangerousness, and the Canadian criminal code. *Journal of Applied Social Psychology, 18,* 1017–1031.

Etaugh, C. E., Bridges, J. S., Cummings-Hill, M., & Cohen, J. (1999). "Names can never hurt me": The effects of surname use on perceptions of married women. *Psychology of Women Quarterly, 23,* 819–823.

Etzioni, A. (1967). The Kennedy experiment. *The Western Political Quarterly, 20,* 361–380.

Etzioni, A. (1991, May–June). The community in an age of individualism (interview). *The Futurist,* pp. 35–39.

Etzioni, A. (1993). *The spirit of community.* New York: Crown.

Etzioni, A. (1999). The monochrome society. *The Public Interest, 137* (Fall), 42–55.

Etzioni, A. (2005). The diversity within unity platform. Washington, DC: The Communitarian Network.

Evans, G. W. (1979). Behavioral and physiological consequences of crowding in humans. *Journal of Applied Social Psychology,* **9,** 27–46.

Evans, G. W., Lepore, S. J., & Allen, K. M. (2000). Cross-cultural differences in tolerance for crowding: Fact or fiction? *Journal of Personality and Social Psychology,* **79,** 204–210.

Evans, G. W., Lepore, S. J., & Schroeder, A. (1996). The role of interior design elements in human responses to crowding. *Journal of Personality and Social Psychology,* **70,** 41–46.

Evans, R. I., Smith, C. K., & Raines, B. E. (1984). Deterring cigarette smoking in adolescents: A psycho-social-behavioral analysis of an intervention strategy. In A. Baum, J. Singer, & S. Taylor (Eds.), *Handbook of psychology and health: Social psychological aspects of health* (Vol. 4). Hillsdale, NJ: Erlbaum.

Fabrigar, L. R., & Petty, R. E. (1999). The role of the affective and cognitive bases of attitudes in susceptibility to affectively and cognitively based persuasion. *Personality and Social Psychology Bulletin,* **25,** 363–381.

Fairchild, H. H., & Cowan, G. (1997). The O. J. Simpson trial: Challenges to science and society. *Journal of Social Issues,* **53,** 583–591.

Fallshore, M., & Schooler, J. W. (1995). Verbal vulnerability of perceptual expertise. *Journal of Experimental Psychology: Learning, Memory, and Cognition,* **21,** 1608–1623.

Farquhar, J. W., Maccoby, N., Wood, P. D., Alexander, J. K., Breitrose, H., Brown, B. W., Jr., Haskell, W. L., McAlister, A. L., Meyer, A. J., Nash, J. D., & Stern, M. P. (1977, June 4). Community education for cardiovascular health. *Lancet,* 1192–1195.

Farrell, E. F. (2005, March 18). The battle for hearts and lungs. *Chronicle of Higher Education* (www.chronicle.com).

Farrelly, M. C., Davis, K. C., Duke, J., & Messeri, P. (2008, January 17). Sustaining "truth": Changes in youth tobacco attitudes and smoking intentions after three years of a national antismoking campaign. *Health Education Research* (doi:10.1093/her/cym087).

Farrelly, M. C., Healton, C. G., Davis, K. C., Messeri, P., Hersey, J. C., & Haviland, M. L. (2002). Getting to the truth: Evaluating national tobacco countermarketing campaigns. *American Journal of Public Health,* **92,** 901–907.

Farris, C., Treat, T. A., Viken, R. J., & McFall, R. M. (2008). Perceptual mechanisms that characterize gender differences in decoding women's sexual intent. *Psychological Science,* **19,** 348–354.

Farwell, L., & Weiner, B. (2000). Bleeding hearts and the heartless: Popular perceptions of liberal and conservative ideologies. *Personality and Social Psychology Bulletin,* **26,** 845–852.

Faulkner, S. L., & Williams, K. D. (1996). A study of social loafing in industry. Paper presented to the Midwestern Psychological Association convention.

Faust, D., & Ziskin, J. (1988). The expert witness in psychology and psychiatry. *Science,* **241,** 31–35.

Fazio, R. (1987). Self-perception theory: A current perspective. In M. P. Zanna, J. M. Olson, & C. P. Herman (Eds.), *Social influence: The Ontario symposium* (Vol. 5). Hillsdale, NJ: Erlbaum.

Fazio. R. H. (2007). Attitudes as object-evaluation associations of varying strength. *Social Cognition,* **25,** 603–637.

Fazio, R. H., Effrein, E. A., & Falender, V. J. (1981). Self-perceptions following social interaction. *Journal of Personality and Social Psychology,* **41,** 232–242.

Fazio, R. H., Zanna, M. P., & Cooper, J. (1977). Dissonance versus self-perception: An integrative view of each theory's proper domain of application. *Journal of Experimental Social Psychology,* **13,** 464–479.

Fazio, R. H., Zanna, M. P., & Cooper, J. (1979). On the relationship of data to theory: A reply to Ronis and Greenwald. *Journal of Experimental Social Psychology,* **15,** 70–76.

Feather, N. T. (2005). Social psychology in Australia: Past and present. *International Journal of Psychology,* **40,** 263–276.

Federal Bureau of Investigation (FBI). (2008). *Murder offenders by age, sex, and race, 2008.* (Expanded Homicide Data Table 3).

Federal Bureau of Investigation (FBI). (2008). *Uniform crime reports for the United States.* Washington, DC: Federal Bureau of Investigation.

Federal Trade Commission (FTC). (2003, June 12). Federal Trade Commission cigarette report for 2001 (www.ftc.gov/opa/2003/06/2001cigrpt.htm).

Feeney, J. A. (1996). Attachment, caregiving, and marital satisfaction. *Personal Relationships,* **3,** 401–416.

Feeney, J. A., & Noller, P. (1990). Attachment style as a predictor of adult romantic relationships. *Journal of Personality and Social Psychology,* **58,** 281–291.

Feeney, J., Peterson, C., & Noller, P. (1994). Equity and marital satisfaction over the family life cycle. *Personality Relationships,* **1,** 83–99.

Fein, S., Goethals, G. R., & Kugler, M. B. (2007). Social influence on political judgments: The case of presidential debates. *Political Psychology,* **28,** 165–192.

Fein, S., & Hilton, J. L. (1992). Attitudes toward groups and behavioral intentions toward individual group members: The impact of nondiagnostic information. *Journal of Experimental Social Psychology,* **28,** 101–124.

Fein, S., & Spencer, S. J. (1997). Prejudice as self-image maintenance: Affirming the self through derogating others. *Journal of Personality and Social Psychology,* **73,** 31–44.

Feinberg, J. M., & Aiello, J. R. (2006). Social facilitation: A test of competing theories. *Journal of Applied Social Psychology,* **36,** 1–23.

Feingold, A. (1988). Matching for attractiveness in romantic partners and same-sex friends: A meta-analysis and theoretical critique. *Psychological Bulletin,* **104,** 226–235.

Feingold, A. (1990). Gender differences in effects of physical attractiveness on romantic attraction: A comparison across five research paradigms. *Journal of Personality and Social Psychology,* **59,** 981–993.

Feingold, A. (1991). Sex differences in the effects of similarity and physical attractiveness on opposite-sex attraction. *Basic and Applied Social Psychology,* **12,** 357–367.

Feingold, A. (1992a). Gender differences in mate selection preferences: A test of the parental investment model. *Psychological Bulletin,* **112,** 125–139.

Feingold, A. (1992b). Good-looking people are not what we think. *Psychological Bulletin,* **111,** 304–341.

Feldman, R. S., & Prohaska, T. (1979). The student as Pygmalion: Effect of student expectation on the teacher. *Journal of Educational Psychology,* **71,** 485–493.

Feldman, R. S., & Theiss, A. J. (1982). The teacher and student as Pygmalions: Joint effects of teacher and student expectations. *Journal of Educational Psychology,* **74,** 217–223.

Felson, R. B. (1984). The effect of self-appraisals of ability on academic performance. *Journal of Personality and Social Psychology,* **47,** 944–952.

Felson, R. B. (2000). A social psychological approach to interpersonal aggression. In V. B. Van Hasselt & M. Hersen (Eds.), *Aggression and violence: An introductory text.* Boston: Allyn & Bacon.

Fenigstein, A. (1984). Self-consciousness and the overperception of self as a target. *Journal of Personality and Social Psychology,* **47,** 860–870.

Fenigstein, A., & Carver, C. S. (1978). Self-focusing effects of heartbeat feedback. *Journal of Personality and Social Psychology,* **36,** 1241–1250.

Fenigstein, A., & Vanable, P. A. (1992). Paranoia and self-consciousness. *Journal of Personality and Social Psychology,* **62,** 129–138.

Ferguson, C. J., & Kilburn, J. (2009). The public health risks of media violence: A meta-analytic review. *Journal of Pediatrics,* **154**(5), 759–763.

Fergusson, D. M., Horwood, L. J., & Shannon, F. T. (1984). A proportional hazards model of family breakdown. *Journal of Marriage and the Family,* **46,** 539–549.

Feshbach, S. (1980). Television advertising and children: Policy issues and alternatives. Paper presented at the American Psychological Association convention.

Festinger, L. (1954). A theory of social comparison processes. *Human Relations,* **7,** 117–140.

Festinger, L. (1957). *A theory of cognitive dissonance.* Stanford: Stanford University Press.

Festinger, L. (1987). Reflections on cognitive dissonance theory: Thirty years later. Paper presented at the American Psychological Association convention.

Festinger, L., & Carlsmith, J. M. (1959). Cognitive consequences of forced compliance. *Journal of Abnormal and Social Psychology,* **58,** 203–210.

Festinger, L., & Maccoby, N. (1964). On resistance to persuasive communications. *Journal of Abnormal and Social Psychology,* **68,** 359–366.

Festinger, L., Pepitone, A., & Newcomb, T. (1952). Some consequences of deindividuation in a group. *Journal of Abnormal and Social Psychology,* **47,** 382–389.

Feynman, R. (1967). *The character of physical law.* Cambridge, MA: MIT Press.

Fichter, J. (1968). *America's forgotten priests: What are they saying?* New York: Harper.

Fiedler, F. E. (1987, September). When to lead, when to stand back. *Psychology Today,* pp. 26–27.

Fincham, F. D., & Bradbury, T. N. (1993). Marital satisfaction, depression, and attributions: A longitudinal analysis. *Journal of Personality and Social Psychology,* **64,** 442–452.

Finchilescu, G. (2005). Meta-stereotypes may hinder inter-racial contact. *South African Journal of Psychology,* **35,** 460–472.

Findley, M. J., & Cooper, H. M. (1983). Locus of control and academic achievement: A literature review. *Journal of Personality and Social Psychology,* **44,** 419–427.

Finkel, E. J., & Campbell, W. K. (2001). Self-control and accommodation in close relationships: An interdependence analysis. *Journal of Personality and Social Psychology,* **81,** 263–277.

Fischer, G. J. (1997). Gender effects on individual verdicts and on mock jury verdicts in a simulated acquaintance rape trial. *Sex Roles,* **36,** 491–501.

Fischer, K., Egerton, M., Gershuny, J. I., & Robinson, J. P. (2007). Gender convergence in the American Heritage Time Use Study (AHTUS). *Social Indicators Research,* **82,** 1–33.

Fischer, P., & Greitemeyer, T. (2006). Music and aggression: The impact of sexual-aggressive song lyrics on aggression-related thoughts, emotions, and behavior toward the same and the opposite sex. *Personality and Social Psychology Bulletin,* **32,** 1165–1176.

Fischer, R., & Chalmers, A. (2008). Is optimism universal? A meta-analytical investigation of optimism levels across 22 nations. *Personality and Individual Differences,* **45,** 378–382.

Fischhoff, B. (1982). Debiasing. In D. Kahneman, P. Slovic, & A. Tversky (Eds.), *Judgment under uncertainty: Heuristics and biases.* New York: Cambridge University Press.

Fischhoff, B., & Bar-Hillel, M. (1984). Diagnosticity and the base rate effect. *Memory and Cognition,* **12,** 402–410.

Fischtein, D. S., Herold, E. S., & Desmarais, S. (2007). How much does gender explain in sexual attitudes and behaviors? A survey of Canadian adults. *Archives of Sexual Behavior,* **36,** 451–461.

Fishbein, D., & Thelen, M. H. (1981a). Husband-wife similarity and marital satisfaction: A different approach. Paper presented at the Midwestern Psychological Association convention.

Fishbein, D., & Thelen, M. H. (1981b). Psychological factors in mate selection and marital satisfaction: A review (Ms. 2374). *Catalog of Selected Documents in Psychology,* **11,** 84.

Fishbein, M., & Ajzen, I. (1974). Attitudes toward objects as predictive of single and multiple behavioral criteria. *Psychological Review,* **81,** 59–74.

Fisher, H. (1994, April). The nature of romantic love. *Journal of NIH Research,* pp. 59–64.

Fisher, R. J. (1994). Generic principles for resolving intergroup conflict. *Journal of Social Issues,* **50,** 47–66.

Fisher, R. P., Geiselman, R. E., & Amador, M. (1989). Field test of the cognitive interview: Enhancing the recollection of actual victims and witnesses of crime. *Journal of Applied Psychology,* **74,** 722–727.

Fisher, R. P., Geiselman, R. E., & Raymond, D. S. (1987). Critical analysis of police interview techniques. *Journal of Police Science and Administration,* **15,** 177–185.

Fisher, R. P., McCauley, M. R., & Geiselman, R. E. (1994). Improving eyewitness testimony with the Cognitive Interview. In D. F. Ross, J. D. Read, & M. P. Toglia (Eds.), *Adult eyewitness testimony: Current trends and developments.* Cambridge, England: Cambridge University Press.

Fiske, A. P., Kitayama, S., Markus, H. R., & Nisbett, R. E. (1998). The cultural matrix of social psychology. In D. Gilbert, S. Fiske, and G. Lindzey (Eds.), *The handbook of social psychology,* 4th edition. Hillsdale, NJ: Erlbaum.

Fiske, S. T. (1989). Interdependence and stereotyping: From the laboratory to the Supreme Court (and back). Invited address, American Psychological Association convention.

Fiske, S. T. (1992). Thinking is for doing: Portraits of social cognition from daguerreotype to laserphoto. *Journal of Personality and Social Psychology,* **63,** 877–889.

Fiske, S. T. (1993). Controlling other people: The impact of power on stereotyping. *American Psychologist,* **48,** 621–628.

Fiske, S. T. (1999). Behind the scenes. In D. G. Myers, *Social psychology,* 6th edition. New York: McGraw-Hill.

Fiske, S. T. (2004). Mind the gap: In praise of informal sources of formal theory. *Personality and Social Psychology Review,* **8,** 132–137.

Fiske, S. T., Bersoff, D. N., Borgida, E., Deaux, K., & Heilman, M. E. (1991). Social science research on trial: The use of sex stereotyping research in Price Waterhouse v. Hopkins. *American Psychologist,* **46,** 1049–1060.

Fiske, S. T., Harris, L. T., & Cuddy, A. J. C. (2004). Why ordinary people torture enemy prisoners. *Science,* **306,** 1482–1483.

Fiske, S. T., Xu, J., Cuddy, A. C., & Glick, P. (1999). (Dis)respecting versus (Dis)liking: Status and interdependence predict ambivalent stereotypes of competence and warmth. *Journal of Social Issues,* **55,** 473–489.

Fitzpatrick, A. R., & Eagly, A. H. (1981). Anticipatory belief polarization as a function of the expertise of a discussion partner. *Personality and Social Psychology Bulletin,* **1,** 636–642.

Flay, B. R., Ryan, K. B., Best, J. A., Brown, K. S., Kersell, M. W., d'Avernas, J. R., & Zanna, M. P. (1985). Are social-psychological smoking prevention programs effective? The Waterloo study. *Journal of Behavioral Medicine,* **8,** 37–59.

Fleming, M. A., Wegener, D. T., & Petty, R. E. (1999). Procedural and legal motivations to correct for perceived judicial biases. *Journal of Experimental Social Psychology,* **35,** 186–203.

Fletcher, G. J. O., Danilovics, P., Fernandez, G., Peterson, D., & Reeder, G. D. (1986). Attributional complexity: An individual differences measure. *Journal of Personality and Social Psychology,* **51,** 875–884.

Fletcher, G. J. O., Fincham, F. D., Cramer, L., & Heron, N. (1987). The role of attributions in the development of dating relationships. *Journal of Personality and Social Psychology,* **53,** 481–489.

Fletcher, G. J. O., Simpson, J. A., Thomas, G., & Giles, L. (1999). Ideals in intimate relationships. *Journal of Personality and Social Psychology,* **76,** 72–89.

Fletcher, G. J. O., Tither, J. M., O'Loughlin, C., Friesen, M., & Overall, N. (2004). Warm and homely or cold and beautiful? Sex differences in trading off traits in mate selection. *Personality and Social Psychology Bulletin,* **30,** 659–672.

Fletcher, G. J. O., & Ward, C. (1989). Attribution theory and processes: A cross-cultural perspective. In M. H. Bond (Ed.), *The cross-cultural challenge to social psychology.* Newbury Park, CA: Sage.

Flood, M. (2007). Exposure to pornography among youth in Australia. *Journal of Sociology,* **43,** 45–60.

Flynn, F. J., & Lake, V. K. B. (2008). If you need help, just ask: Underestimating compliance with direct requests for help. *Journal of Personality and Social Psychology,* **95,** 128–143.

Foa, U. G., & Foa, E. B. (1975). *Resource theory of social exchange.* Morristown, NJ: General Learning Press.

Fogelman, E. (1994). *Conscience and courage: Rescuers of Jews during the Holocaust.* New York: Doubleday Anchor.

Foley, L. A. (1976). Personality and situational influences on changes in prejudice: A replication of Cook's railroad game in a prison setting. *Journal of Personality and Social Psychology,* **34,** 846–856.

Follett, M. P. (1940). Constructive conflict. In H. C. Metcalf & L. Urwick (Eds.), *Dynamic administration: The collected papers of Mary Parker Follett.* New York: Harper.

Ford, R. (2008). Is racial prejudice declining in Britain? *British Journal of Sociology,* **59,** 609–636.

Ford, T. E. (1997). Effects of stereotypical television portrayals of African-Americans on person perception. *Social Psychology Quarterly,* **60,** 266–278.

Ford, T. E., Boxer, C. F., Armstrong, J., & Edel, J. R. (2008). More than "just a joke": The prejudice-releasing function of sexist humor. *Personality and Social Psychology Bulletin,* **34,** 159–170.

Forgas, J. P. (1999). Behind the scenes. In D. G. Myers, *Social psychology,* 6th edition. New York: McGraw-Hill.

Forgas, J. P. (2007). When sad is better than happy: Negative affect can improve the quality and effectiveness of persuasive messages and social influence strategies. *Journal of Experimental Social Psychology,* **43,** 513–528.

Forgas, J. P. (2008). Affect and cognition. *Perspectives on Psychological Science,* **3,** 94–101.

Forgas, J. P., Bower, G. H., & Krantz, S. E. (1984). The influence of mood on perceptions of social interactions. *Journal of Experimental Social Psychology,* **20,** 497–513.

Forgas, J. P., Dunn, E., & Granland, S. (2008). Are you being served . . . ? An unobtrusive experiment of affective influences on helping in a department store. *European Journal of Social Psychology,* **38,** 333–342.

Forgas, J. P., & Moylan, S. (1987). After the movies: Transient mood and social judgments. *Personality and Social Psychology Bulletin,* **13,** 467–477.

Form, W. H., & Nosow, S. (1958). *Community in disaster.* New York: Harper.

Forster, E. M. (1976). *Aspects of the novel* (Ed. O. Stallybrass). Harmondsworth: Penguin. (Original work published 1927.)

Forsyth, D. R., Kerr, N. A., Burnette, J. L., & Baumeister, R. F. (2007). Attempting to improve the academic performance of struggling college students by bolstering their self-esteem: An intervention that backfired. *Journal of Social and Clinical Psychology,* **26,** 447–459.

Forsyth, D. R., & Leary, M. R. (1997). Achieving the goals of the scientist-practitioner model: The seven interfaces of social and counseling psychology. *The Counseling Psychologist,* **25,** 180–200.

Foss, R. D. (1978). The role of social influence in blood donation. Paper presented at the American Psychological Association convention.

Foster, C. A., Witcher, B. S., Campbell, W. K., & Green, J. D. (1998). Arousal and attraction: Evidence for automatic and controlled processes. *Journal of Personality and Social Psychology,* **74,** 86–101.

Fournier, R., & Tompson, T. (2008, September 20). Poll: Racial views steer some white Dems away from Obama. Associated Press via news.yahoo.com (data from www.knowledgenetworks.com survey for AP-Yahoo in partnership with Stanford University).

Fowler, J. H., & Christakis, N. A. (2008). Dynamic spread of happiness in a large social network: Longitudinal analysis over 20 years in the Framingham Heart Study. *British Medical Journal*, **337** (doi: 10.1136/bmj.a2338).

Frank, J. D. (1974). *Persuasion and healing: A comparative study of psychotherapy*. New York: Schocken.

Frank, J. D. (1982). Therapeutic components shared by all psychotherapies. In J. H. Harvey & M. M. Parks (Eds.), *The master lecture series: Vol. 1. Psychotherapy research and behavior change*. Washington, DC: American Psychological Association.

Frank, R. (1999). *Luxury fever: Why money fails to satisfy in an era of excess*. New York: Free Press.

Frankel, A., & Snyder, M. L. (1987). Egotism among the depressed: When self-protection becomes self-handicapping. Paper presented at the American Psychological Association convention.

Franklin, B. J. (1974). Victim characteristics and helping behavior in a rural southern setting. *Journal of Social Psychology*, **93**, 93–100.

Frantz, C. M. (2006). I AM being fair: The bias blind spot as a stumbling block to seeing both sides. *Basic and Applied Social Psychology*, **28**, 157–167.

Frasure-Smith, N., & Lespérance, F. (2005). Depression and coronary heart disease: Complex synergism of mind, body, and environment. *Current Directions in Psychological Science*, **14**, 39–43.

Frasure-Smith, N., Lesperance, F., Juneau, M., Talajic, M., & Bourassa, M. G. (1999). Gender, depression, and one-year prognosis after myocardial infarction. *Psychosomatic Medicine*, **61**, 26–37.

Frasure-Smith, N., Lesperance, F., & Talajic, M. (1995). The impact of negative emotions on prognosis following myocardial infarction: Is it more than depression? *Health Psychology*, **14**, 388–398.

Frederick, D. A., & Haselton, M. G. (2007). Why is muscularity sexy? Tests of the fitness indicator hypothesis. *Personality and Social Psychology Bulletin*, **8**, 1167–1183.

Freedman, J. L., Birsky, J., & Cavoukian, A. (1980). Environmental determinants of behavioral contagion: Density and number. *Basic and Applied Social Psychology*, **1**, 155–161.

Freedman, J. L., & Fraser, S. C. (1966). Compliance without pressure: The foot-in-the-door technique. *Journal of Personality and Social Psychology*, **4**, 195–202.

Freedman, J. L., & Perlick, D. (1979). Crowding, contagion, and laughter. *Journal of Experimental Social Psychology*, **15**, 295–303.

Freedman, J. L., & Sears, D. O. (1965). Warning, distraction, and resistance to influence. *Journal of Personality and Social Psychology*, **1**, 262–266.

Freedman, J. S. (1965). Long-term behavioral effects of cognitive dissonance. *Journal of Experimental Social Psychology*, **1**, 145–155.

Freeh, L. (1993, September 1). Inaugural address as FBI director.

Freeman, M. A. (1997). Demographic correlates of individualism and collectivism: A study of social values in Sri Lanka. *Journal of Cross-Cultural Psychology*, **28**, 321–341.

French, J. R. P. (1968). The conceptualization and the measurement of mental health in terms of self-identity theory. In S. B. Sells (Ed.), *The definition and measurement of mental health*. Washington, DC: Department of Health, Education, and Welfare. (Cited by M. Rosenberg, 1979, *Conceiving the self*. New York: Basic Books.)

Freund, B., Colgrove, L. A., Burke, B. L., & McLeod, R. (2005). Self-rated driving performance among elderly drivers referred for driving evaluation. *Accident Analysis and Prevention*, **37**, 613–618

Friedman, H. S., & DiMatteo, M. R. (1989). *Health psychology*. Englewood Cliffs, NJ: Prentice-Hall.

Friedman, H. S., Riggio, R. E., & Casella, D. F. (1988). Nonverbal skill, personal charisma, and initial attraction. *Personality and Social Psychology Bulletin*, **14**, 203–211.

Friedman, R., & Elliot, A. J. (2008). The effect of arm crossing on persistence and performance. *European Journal of Social Psychology*, **38**, 449–461.

Friedman, T. L. (2003, April 9). Hold your applause. *New York Times* (www.nytimes.com).

Friedman, T. L. (2003, June 4). Because we could. *New York Times* (www.nytimes.com).

Friedrich, J. (1996). On seeing oneself as less self-serving than others: The ultimate self-serving bias? *Teaching of Psychology*, **23**, 107–109.

Friedrich, L. K., & Stein, A. H. (1973). Aggressive and prosocial television programs and the natural behavior of preschool children. *Monographs of the Society of Research in Child Development*, **38** (4, Serial No. 151).

Friedrich, L. K., & Stein, A. H. (1975). Prosocial television and young children: The effects of verbal labeling and role playing on learning and behavior. *Child Development*, **46**, 27–38.

Frieze, I. H., Olson, J. E., & Russell, J. (1991). Attractiveness and income for men and women in management. *Journal of Applied Social Psychology*, **21**, 1039–1057.

Froming, W. J., Walker, G. R., & Lopyan, K. J. (1982). Public and private self-awareness: When personal attitudes conflict with societal expectations. *Journal of Experimental Social Psychology*, **18**, 476–487.

Fuller, S. R., & Aldag, R. J. (1998). Organizational Tonypandy: Lessons from a quarter century of the groupthink phenomenon. *Organizational Behavior and Human Decision Processes*, **73**, 163–185.

Fultz, J., Batson, C. D., Fortenbach, V. A., McCarthy, P. M., & Varney, L. L. (1986). Social evaluation and the empathy-altruism hypothesis. *Journal of Personality and Social Psychology*, **50**, 761–769.

Funder, D. C. (1987). Errors and mistakes: Evaluating the accuracy of social judgment. *Psychological Bulletin*, **101**, 75–90.

Furnham, A. (1982). Explanations for unemployment in Britain. *European Journal of Social Psychology*, **12**, 335–352.

Furnham, A., & Gunter, B. (1984). Just world beliefs and attitudes towards the poor. *British Journal of Social Psychology*, **23**, 265–269.

Gable, S. L., Gonzaga, G. C., & Strachman, A. (2006). Will you be there for me when things go right? Supportive responses to positive event disclosures. *Journal of Personality and Social Psychology*, **91**, 904–917.

Gabrenya, W. K., Jr., Wang, Y.-E., & Latané, B. (1985). Social loafing on an optimizing task: Cross-cultural differences among Chinese and Americans. *Journal of Cross-Cultural Psychology*, **16**, 223–242.

Gabriel, S., & Gardner, W. L. (1999). Are there "his" and "hers" types of interdependence? The implications of gender differences in collective versus relational interdependence for affect, behavior, and cognition. *Journal of Personality and Social Psychology*, **77**, 642–655.

Gächter, S., Renner, E., & Sefton, M. (2008). The long-run benefits of punishment. *Science*, **322**, 1510.

Gaebelein, J. W., & Mander, A. (1978). Consequences for targets of aggression as a function of aggressor and instigator roles: Three experiments. *Personality and Social Psychology Bulletin*, **4**, 465–468.

Gaertner, L., Iuzzini, J., Witt, M. G., & Oriña, M. M. (2006). Us without them: Evidence for an intragroup origin of positive in-group regard. *Journal of Personality and Social Psychology*, **90**, 426-439.

Gaertner, L., Sedikides, C., & Chang, K. (2008). On pancultural self-enhancement: Well-adjusted Taiwanese self-enhance on personally valued traits. *Journal of Cross-Cultural Psychology*, **39**, 463–477.

Gaertner, L., Sedikides, C., & Graetz, K. (1999). In search of self-definition: Motivational primacy of the individual self, motivational primacy of the collective self, or contextual primacy? *Journal of Personality and Social Psychology*, **76**, 5–18.

Gaertner, S. L. (1973). Helping behavior and racial discrimination among liberals and conservatives. *Journal of Personality and Social Psychology*, **25**, 335–341.

Gaertner, S. L. (1975). The role of racial attitudes in helping behavior. *Journal of Social Psychology*, **97**, 95–101.

Gaertner, S. L., & Bickman, L. (1971). Effects of race on the elicitation of helping behavior. *Journal of Personality and Social Psychology*, **20**, 218–222.

Gaertner, S. L., & Dovidio, J. F. (1977). The subtlety of white racism, arousal, and helping behavior. *Journal of Personality and Social Psychology*, **35**, 691–707.

Gaertner, S. L., & Dovidio, J. F. (1986). The aversive form of racism. In J. F. Dovidio & S. L. Gaertner (Eds.), *Prejudice, discrimination, and racism*. Orlando, FL: Academic Press.

Gaertner, S. L., & Dovidio, J. F. (2005). Understanding and addressing contemporary racism: From aversive racism to the Common Ingroup Identity Model. *Journal of Social Issues*, **61**, 615–639.

Gaertner, S. L., Dovidio, J. F., Nier, J. A., Banker, B. S., Ward, C. M., Houlette, M., & Loux, S. (2000). The common ingroup identity model for reducing intergroup bias: Progress and challenges. In D. Capozza & R. Brown (Eds.), *Social identity processes: Trends in theory and research*. London: Sage.

Gaertner, S. L., Mann, J., Murrell, A., & Dovidio, J. F. (2001). Reducing intergroup bias: The benefits of recategorization. In M. A. Hogg & D. Abrams (Eds.), *Intergroup relations: Essential readings*. Philadelphia: Psychology Press.

Gailliot, M. T. (2008). Unlocking the energy dynamics of executive function: Linking executive functioning to brain glycogen. *Perspectives on Psychological Science,* **3,** 245–263.

Gailliot, M. T., & Baumeister, R. F. (2007). Self-regulation and sexual restraint. Dispositionally and temporarily poor self-regulatory abilities contribute to failures at restraining sexual behavior. *Personality and Social Psychology Bulletin,* **33,** 173–186.

Galanter, M. (1989). *Cults: Faith, healing, and coercion.* New York: Oxford University Press.

Galanter, M. (1990). Cults and zealous self-help movements: A psychiatric perspective. *American Journal of Psychiatry,* **147,** 543–551.

Galinsky, A. D., & Moskowitz, G. B. (2000). Perspective-taking: Decreasing stereotype expression, stereotype accessibility, and in-group favoritism. *Journal of Personality and Social Psychology,* **78,** 708–724.

Galizio, M., & Hendrick, C. (1972). Effect of musical accompaniment on attitude: The guitar as a prop for persuasion. *Journal of Applied Social Psychology,* **2,** 350–359.

Gallo, L. C., & Matthews, K. A. (2003). Understanding the association between socioeconomic status and physical health: Do negative emotions play a role? *Psychological Bulletin,* **129,** 10–51.

Gallup. (1996). Gallup survey of scientists sampled from the 1995 edition of *American Men and Women of Science.* Reported by National Center for Science Education (www.ncseweb.org).

Gallup. (2005). The gender gap (Iraq war survey, April 29 to May 1; death penalty survey, May 2 to May 5). Gallup Organization (www.gallup.com).

Gallup News. (2007, October 4). Scientists assess global well-being. Gallup Organization (www.gallup.com/poll).

Gallup Organization. (1990). April 19–22 survey reported in *American Enterprise,* September/October 1990, p. 92.

Gallup Organization. (2003, June 10). American public opinion about Iraq. Gallup Poll News Service (www.gallup.com/poll/focus/sr030610.asp).

Gallup Organization. (2003, July 8). American public opinion about Iraq. Gallup Poll News Service (www.gallup.com).

Gallup Poll. (1990, July). Reported by G. Gallup, Jr., & F. Newport, Americans widely disagree on what constitutes "rich." *Gallup Poll Monthly,* pp. 28–36.

Gallup, G. H. (1972). *The Gallup poll: Public opinion 1935–1971* (Vol. 3, pp. 551, 1716). New York: Random House.

Gallup, G. H., Jr., & Jones, T. (1992). *The saints among us.* Harrisburg, PA: Morehouse.

Gallup, G. H., Jr., & Lindsay, D. M. (1999). *Surveying the religious landscape: Trends in U.S. beliefs.* Harrisburg, PA: Morehouse.

Gangestad, S. W., Simpson, J. A., & Cousins, A. J. (2004). Women's preferences for male behavioral displays change across the menstrual cycle. *Psychological Science,* **15,** 203–207.

Gangestad, S. W., & Snyder, M. (2000). Self-monitoring: Appraisal and reappraisal. *Psychological Bulletin,* **126,** 530–555.

Gangestad, S. W., & Thornhill, R. (1997). Human sexual selection and developmental stability. In J. A. Simpson & D. T. Kenrick (Eds.), *Evolutionary social psychology.* Mahwah, NJ: Erlbaum.

Garb, H. N. (1994). Judgment research: Implications for clinical practice and testimony in court. *Applied and Preventive Psychology,* **3,** 173–183.

Garb, H. N. (2005). Clinical judgment and decision making. *Annual Review of Clinical Psychology,* **1,** 67–89.

Garcia-Marques, T., Mackie, D. M., Claypool, H. M., & Garcia-Marques, L. (2004). Positivity can cue familiarity. *Personality and Social Psychology Bulletin,* **30,** 585–593.

Gardner, G., & Assadourian, E. (2004). Rethinking the good life. Chapter 8 in *State of the World 2004.* Washington, DC: WorldWatch Institute.

Gardner, M. (1997, July/August). Heaven's Gate: The UFO cult of Bo and Peep. *Skeptical Inquirer,* pp. 15–17.

Gardner, W. L., Pickett, L., Jefferis, V., & Knowles, M. (2005). On the outside looking in: Loneliness and social monitoring. *Personality and Social Psychology Bulletin,* **31,** 1549–1560.

Garry, M., Manning, C. G., Loftus, E. F., & Sherman, S. J. (1996). Imagination inflation: Imagining a childhood event inflates confidence that it occurred. *Psychonomic Bulletin & Review,* **3,** 208–214.

Garver-Apgar, C. E., Gangestad, S. W., Thornhill, R., Miller, R. D., & Olp, J. J. (2006). Major histocompatibility complex alleles, sexual responsivity, and unfaithfulness in romantic couples. *Psychological Science,* **17,** 830–834.

Gastorf, J. W., Suls, J., & Sanders, G. S. (1980). Type A coronary-prone behavior pattern and social facilitation. *Journal of Personality and Social Psychology,* **8,** 773–780.

Gates, M. F., & Allee, W. C. (1933). Conditioned behavior of isolated and grouped cockroaches on a simple maze. *Journal of Comparative Psychology,* **15,** 331–358.

Gaunt, R. (2006). Couple similarity and marital satisfaction: Are similar spouses happier? *Journal of Personality,* **74,** 1401–1420.

Gavanski, I., & Hoffman, C. (1987). Awareness of influences on one's own judgments: The roles of covariation detection and attention to the judgment process. *Journal of Personality and Social Psychology,* **52,** 453–463.

Gavzer, B. (1997, January 5). Are trial consultants good for justice? *Parade,* p. 20.

Gawande, A. (2002). *Complications: A surgeon's notes on an imperfect science.* New York: Metropolitan Books, Holt.

Gawronski, B., & Bodenhausen, G. V. (2006). Associative and propositional processes in evaluation: An integrative review of implicit and explicit attitude change. *Psychological Bulletin,* **132,** 692–731.

Gayoso, A., Cutler, B. L., & Moran, G. (1991). Assessing the value of social scientists as trial consultants: A consumer research approach. Unpublished manuscript, Florida International University.

Gazzaniga, M. S. (1985). *The social brain: Discovering the networks of the mind.* New York: Basic Books.

Gazzaniga, M. S. (1992). *Nature's mind: The biological roots of thinking, emotions, sexuality, language, and intelligence.* New York: Basic Books.

Gazzaniga, M. (1998). *The mind's past.* Berkeley, CA: University of California Press.

Gazzaniga, M. (2008). *Human: The science behind what makes us unique.* New York: Ecco.

Gebauer, J. E., Riketta, M., Broemer, P., & Maio, G. R. (2008). "How much do you like your name?" An implicit measure of global self-esteem. *Journal of Experimental Social Psychology,* **44,** 1346–1354.

Geen, R. G. (1998). Aggression and antisocial behavior. In D. Gilbert, S. Fiske, & G. Lindzey (Eds.), *Handbook of social psychology,* 4th edition. New York: McGraw-Hill.

Geen, R. G., & Gange, J. J. (1983). Social facilitation: Drive theory and beyond. In H. H. Blumberg, A. P. Hare, V. Kent, & M. Davies (Eds.), *Small groups and social interaction* (Vol. 1). London: Wiley.

Geen, R. G., & Quanty, M. B. (1977). The catharsis of aggression: An evaluation of a hypothesis. In L. Berkowitz (Ed.), *Advances in experimental social psychology* (Vol. 10). New York: Academic Press.

Geen, R. G., & Thomas, S. L. (1986). The immediate effects of media violence on behavior. *Journal of Social Issues,* **42**(3), 7–28.

Geers, A. L., Handley, I. M., & McLarney, A. R. (2003). Discerning the role of optimism in persuasion: The valence-enhancement hypothesis. *Journal of Personality and Social Psychology,* **85,** 554–565.

Geiselman, R. E. (1996, May 14). On the use and efficacy of the cognitive interview: Commentary on Memon & Stevenage on witness memory. *Psychology.96.7.11.witness-memory.2.geiselman* (from psyc@phoenix.princeton.edu@ukacr1.bitnet).

Gentile, B. C., Twenge, J. M., & Campbell, W. K. (2009). Birth cohort differences in self-esteem, 1988–2008: A cross-temporal meta-analysis. Unpublished manuscript.

Gentile, D. A. (2004, May 14). Quoted by K. Laurie in *Violent games* (ScienCentral.com).

Gentile, D. A., & Anderson, C. A. (2003). Violent video games: The newest media violence hazard. In D. A. Gentile (Ed.), *Media violence and children.* Westport, CT: Ablex.

Gentile, D. A., Anderson, C. A., Yukawa, S., Ihori, N., Saleem, M., Ming, L. K., Shiuya, A., Liau, A. K., Khoo, A., Bushman, B. J., Buesmann, L. R., & Sakamoto, A. (2009). The effects of prosocial video games on prosocial behaviors: International evidence from correlational, longitudinal, and experimental studies. *Personality and Social Psychology Bulletin,* **35,** 752–763.

Gentile, D. A., Lynch, P. J., Linder, J. R., & Walsh, D. A. (2004). The effects of violent video game habits on adolescent hostility, aggressive behaviors, and school performance. *Journal of Adolescence,* **27,** 5–22.

Gentile, D. A., Saleem, M., & Anderson, C. A. (2007). Public policy and the effects of media violence on children. *Social Issues and Policy Review,* **1,** 15–61.

George, D., Carroll, P., Kersnick, R., & Calderon, K. (1998). Gender-related patterns of helping among friends. *Psychology of Women Quarterly,* **22,** 685–704.

Gerard, H. B. (1999). A social psychologist examines his past and looks to the future. In A. Rodrigues & R. Levine (Eds.), *Reflections on 100 years of experimental social psychology.* New York: Basic Books.

Gerard, H. B., & Mathewson, G. C. (1966). The effects of severity of initiation on liking for a group: A replication. *Journal of Experimental Social Psychology,* **2,** 278–287.

Gerard, H. B., Wilhelmy, R. A., & Conolley, E. S. (1968). Conformity and group size. *Journal of Personality and Social Psychology,* **8,** 79–82.

Gerbasi, K. C., Zuckerman, M., & Reis, H. T. (1977). Justice needs a new blindfold: A review of mock jury research. *Psychological Bulletin,* **84,** 323–345.

Gerbner, G. (1994). The politics of media violence: Some reflections. In C. Hamelink & O. Linne (Eds.), *Mass communication research: On problems and policies.* Norwood, NJ: Ablex.

Gerbner, G., Gross, L., Signorielli, N., Morgan, M., & Jackson-Beeck, M. (1979). The demonstration of power: Violence profile No. 10. *Journal of Communication,* **29,** 177–196.

Gergen, K. E. (1982). *Toward transformation in social knowledge.* New York: Springer-Verlag.

Gerrig, R. J., & Prentice, D. A. (1991, September). The representation of fictional information. *Psychological Science,* **2,** 336–340.

Gerstenfeld, P. B., Grant, D. R., & Chiang, C-P. (2003). Hate online: A content analysis of extremist Internet sites. *Analyses of Social Issues and Public Policy,* **3,** 29–44.

Giancola, P. R., & Corman, M. D. (2007). Alcohol and aggression: A test of the attention-allocation model. *Psychological Science,* **18,** 649–655.

Gibbons, F. X. (1978). Sexual standards and reactions to pornography: Enhancing behavioral consistency through self-focused attention. *Journal of Personality and Social Psychology,* **36,** 976–987.

Gibbons, F. X., & Wicklund, R. A. (1982). Self-focused attention and helping behavior. *Journal of Personality and Social Psychology,* **43,** 462–474.

Gibson, B., & Sanbonmatsu, D. M. (2004). Optimism, pessimism, and gambling: The downside of optimism. *Personality and Social Psychology Bulletin,* **30,** 149–160.

Gifford, R., & Hine, D. W. (1997). Toward cooperation in commons dilemmas. *Canadian Journal of Behavioural Science,* **29,** 167–179.

Gigerenzer, G. (2004). Dread risk, September 11, and fatal traffic accidents. *Psychological Science,* **15,** 286–287.

Gigerenzer, G. (2007). *Gut feelings: The intelligence of the unconscious.* New York: Viking.

Gigone, D., & Hastie, R. (1993). The common knowledge effect: Information sharing and group judgment. *Journal of Personality and Social Psychology,* **65,** 959–974.

Gilbert, D. (2007). *Stumbling on happiness.* New York: Knopf.

Gilbert, D. T., & Ebert, J. E. J. (2002). Decisions and revisions: The affective forecasting of escapable outcomes. Unpublished manuscript, Harvard University.

Gilbert, D. T., Giesler, R. B., & Morris, K. A. (1995). When comparisons arise. *Journal of Personality and Social Psychology,* **69,** 227–236.

Gilbert, D. T., & Hixon, J. G. (1991). The trouble of thinking: Activation and application of stereotypic beliefs. *Journal of Personality and Social Psychology,* **60,** 509–517.

Gilbert, D. T., & Jones, E. E. (1986). Perceiver-induced constraint: Interpretations of self-generated reality. *Journal of Personality and Social Psychology,* **50,** 269–280.

Gilbert, D. T., Krull, D. S., & Malone, P. S. (1990). Unbelieving the unbelievable: Some problems in the rejection of false information. *Journal of Personality and Social Psychology,* **59,** 601–613.

Gilbert, D. T., Lieberman, M. D., Morewedge, C. K., & Wilson, T. D. (2004). The peculiar longevity of things not so bad. *Psychological Science,* **15,** 14–19.

Gilbert, D. T., & Malone, P. S. (1995). The correspondence bias. *Psychological Bulletin,* **117,** 21–38.

Gilbert, D. T., Pinel, E. C., Wilson, T. D., Blumberg, S. J., & Wheatley, T. P. (1998). Immune neglect: A source of durability bias in affective forecasting. *Journal of Personality and Social Psychology,* **75,** 617–638.

Gilbert, D. T., Tafarodi, R. W., & Malone, P. S. (1993). You can't not believe everything you read. *Journal of Personality and Social Psychology,* **65,** 221–233.

Gilbert, D. T., & Wilson, T. D. (2000). Miswanting: Some problems in the forecasting of future affective states. In J. Forgas (Ed.), *Feeling and thinking: The role of affect in social cognition.* Cambridge, England: Cambridge University Press.

Gillath, O. M., Shaver, P. R., Baek, J-M., & Chun, D. S. (2008). Genetic correlates of adult attachment. *Personality and Social Psychology Bulletin,* **34,** 1396–1405.

Gillham, J. E., Shatte, A. J., Reivich, K. J., & Seligman, M. E. P. (2000). Optimism, pessimism, and explanatory style. In E. C. Chang (Ed.), *Optimism and pessimism.* Washington, DC: APA Books.

Gilligan, C. (1982). *In a different voice: Psychological theory and women's development.* Cambridge, MA: Harvard University Press.

Gilligan, C., Lyons, N. P., & Hanmer, T. J. (Eds.) (1990). *Making connections: The relational worlds of adolescent girls at Emma Willard School.* Cambridge, MA: Harvard University Press.

Gillis, J. S., & Avis, W. E. (1980). The male-taller norm in mate selection. *Personality and Social Psychology Bulletin,* **6,** 396–401.

Gilovich, T., & Douglas, C. (1986). Biased evaluations of randomly determined gambling outcomes. *Journal of Experimental Social Psychology,* **22,** 228–241.

Gilovich, T., & Eibach, R. (2001). The fundamental attribution error where it really counts. *Psychological Inquiry,* **12,** 23–26.

Gilovich, T., Kerr, M., & Medvec, V. H. (1993). Effect of temporal perspective on subjective confidence. *Journal of Personality and Social Psychology,* **64,** 552–560.

Gilovich, T., & Medvec, V. H. (1994). The temporal pattern to the experience of regret. *Journal of Personality and Social Psychology,* **67,** 357–365.

Gilovich, T., Medvec, V. H., & Savitsky, K. (2000). The spotlight effect in social judgment: An egocentric bias in estimates of the salience of one's own actions and appearance. *Journal of Personality and Social Psychology,* **78,** 211–222.

Gilovich, T., Savitsky, K., & Medvec, V. H. (1998). The illusion of transparency: Biased assessments of others' ability to read one's emotional states. *Journal of Personality and Social Psychology,* **75,** 332–346.

Giltay, E. J., Geleijnse, J. M., Zitman, F. G., Buijsse, B., & Kromhout, D. (2007). Lifestyle and dietary correlates of dispositional optimism in men: The Zutphen Elderly Study. *Journal of Psychosomatic Research,* **63,** 483–490.

Giltay, E. J., Geleijnse, J. M., Zitman, F. G., Hoekstra, T., & Schouten, E. G. (2004). Dispositional optimism and all-cause and cardiovascular mortality in a prospective cohort of elderly Dutch men and women. *Archives of General Psychiatry,* **61,** 1126–1135.

Ginsburg, B., & Allee, W. C. (1942). Some effects of conditioning on social dominance and subordination in inbred strains of mice. *Physiological Zoology,* **15,** 485–506.

Gladwell, M. (2003, March 10). Connecting the dots: The paradoxes of intelligence reform. *New Yorker,* pp. 83–88.

Glasman, L. R., & Albarracin, D. (2006). Forming attitudes that predict future behavior: A meta-analysis of the attitude-behavior relation. *Psychological Bulletin,* **132,** 778–822.

Glass, D. C. (1964). Changes in liking as a means of reducing cognitive discrepancies between self-esteem and aggression. *Journal of Personality,* **32,** 531–549.

Gleason, M. E. J., Iida, M., Bolger, N., & Shrout, P. E. (2003). Daily supportive equity in close relationships. *Personality and Social Psychology Bulletin,* **29,** 1036–1045.

Glick, P., & others. (2004). Bad but bold: Ambivalent attitudes toward men predict gender inequality in 16 nations. *Journal of Personality and Social Psychology,* **86,** 713–728.

Glick, P., & Fiske, S. T. (1996). The ambivalent sexism inventory: Differentiating hostile and benevolent sexism. *Journal of Personality and Social Psychology,* **70,** 491–512.

Glick, P., & Fiske, S. T. (2007). Sex discrimination: The psychological approach. In F. J. Crosby, M. S. Stockdale, & S. Ropp (Eds.), *Sex discrimination in the workplace: Multidisciplinary perspectives.* Malden, MA: Blackwell.

Gockel, C., Kerr, N. L., Seok, D-H., & Harris, D. W. (2008). Indispensability and group identification as sources of task motivation. *Journal of Experimental Social Psychology,* **44,** 1316–1321.

Goethals, G. R., Messick, D. M., & Allison, S. T. (1991). The uniqueness bias: Studies of constructive social comparison. In J. Suls & T. A. Wills (Eds.), *Social comparison: Contemporary theory and research.* Hillsdale, NJ: Erlbaum.

Goethals, G. R., & Nelson, E. R. (1973). Similarity in the influence process: The belief-value distinction. *Journal of Personality and Social Psychology,* **25,** 117–122.

Goggin, W. C., & Range, L. M. (1985). The disadvantages of hindsight in the perception of suicide. *Journal of Social and Clinical Psychology,* **3,** 232–237.

Goh, J. O., Chee, M. W., Tan, J. C., Venkatraman, V., Hebrank, A., Leshikar, E. D., Jenkins, L., Sutton, B. P., Gutchess, A. H., & Park, D. C. (2007). Age and culture modulate object processing and object-science binding in the ventral visual area. *Cognitive, Affective & Behavioral Neuroscience,* **7,** 44–52.

Goldhagen, D. J. (1996). *Hitler's willing executioners.* New York: Knopf.

Goldman, W., & Lewis, P. (1977). Beautiful is good: Evidence that the physically attractive are more socially skillful. *Journal of Experimental Social Psychology,* **13,** 125–130.

Goldsmith, C. (2003, March 25). World media turn wary eye on U.S. *Wall Street Journal,* p. A12.

Goldstein, A. P. (1994). Delinquent gangs. In A. P. Goldstein, B. Harootunian, and J. C. Conoley (Eds.), *Student aggression: Prevention, control, and replacement.* New York: Guilford.

Goldstein, A. P., Glick, B., & Gibbs, J. C. (1998). Aggression replacement training: A

comprehensive intervention for aggressive youth (rev. ed.). Champaign, IL: Research Press.
Goldstein, J. H., & Arms, R. L. (1971). Effects of observing athletic contests on hostility. *Sociometry,* **34,** 83–90.
Gonsalkorale, K., & Williams, K. D. (2006). The KKK would not let me play: Ostracism even by a despised outgroup hurts. *European Journal of Social Psychology,* **36,** 1–11.
Gonsalves, B., Reber, P. J., Gitelman, D. R., Parrish, T. B., Mesulam, M-M., & Paller, K. A. (2004). Neural evidence that vivid imagining can lead to false remembering. *Psychological Science,* **15,** 655–659.
Gonzaga, G. C., Campos, B., & Bradbury, T. (2007). Similarity, convergence, and relationship satisfaction in dating and married couples. *Journal of Personality and Social Psychology,* **93,** 34–48.
Gonzaga, G., Keltner, D., Londahl, E. A., & Smith, M. D. (2001). Love and the commitment problem in romantic relations and friendship. *Journal of Personality and Social Psychology,* **81,** 247–262.
Gonzalez, A. Q., & Koestner, R. (2005). Parental preference for sex of newborn as reflected in positive affect in birth announcements. *Sex Roles,* **52,** 407–411.
González-Vallejo, C., Lassiter, G. D., Bellezza, F. S., & Lindberg, M. J. (2008). "Save angels perhaps": A critical examination of unconscious thought theory and the deliberation-without-attention effect. *Review of General Psychology,* **12,** 282–296.
Goodhart, D. E. (1986). The effects of positive and negative thinking on performance in an achievement situation. *Journal of Personality and Social Psychology,* **51,** 117–124.
Gordijn, E. H., & Stapel, D. A. (2008). When controversial leaders with charisma are effective: The influence of terror on the need for vision and impact of mixed attitudinal messages. *European Journal of Social Psychology,* **38,** 389–411.
Gordijn, E. H., De Vries, N. K., & De Dreu, C. K. W. (2002). Minority influence on focal and related attitudes: Change in size, attributions and information processing. *Personality and Social Psychology Bulletin,* **28,** 1315–1326.
Gordon, R. A. (1996). Impact of ingratiation on judgments and evaluations: A meta-analytic investigation. *Journal of Personality and Social Psychology,* **71,** 54–70.
Gore, A. (2007, July 1). Moving beyond Kyoto. *New York Times* (www.nytimes.com).
Gortmaker, S. L., Must, A., Perrin, J. M., Sobol, A. M., & Dietz, W. H. (1993). Social and economic consequences of overweight in adolescence and young adulthood. *New England Journal of Medicine,* **329,** 1008–1012.
Gotlib, I. H., & Colby, C. A. (1988). How to have a good quarrel. In P. Marsh (Ed.), *Eye to eye: How people interact.* Topsfield, MA: Salem House.
Gottlieb, J., & Carver, C. S. (1980). Anticipation of future interaction and the bystander effect. *Journal of Experimental Social Psychology,* **16,** 253–260.
Gottman, J. (with N. Silver). (1994). *Why marriages succeed or fail.* New York: Simon & Schuster.
Gottman, J. M. (1998). Psychology and the study of marital processes. *Annual Review of Psychology,* **49,** 169–197.

Gough, H. G., & Thorne, A. (1986). Positive, negative, and balanced shyness. In W. H. Jones, J. M. Cheek, & S. R. Briggs (Eds.), *Shyness: Perspectives on research and treatment.* New York: Plenum.
Gough, S. (2003, November 3). My journey so far (www.nakedwalk.alivewww.co.uk/about_me.htm).
Gould, M. S., & Shaffer, D. (1986). The impact of suicide in television movies: Evidence of imitation. *New England Journal of Medicine,* **315,** 690–694.
Gould, S. J. (1988, July). Kropotkin was no crackpot. *Natural History,* pp. 12–21.
Gouldner, A. W. (1960). The norm of reciprocity: A preliminary statement. *American Sociological Review,* **25,** 161–178.
Gove, W. R., Style, C. B., & Hughes, M. (1990). The effect of marriage on the well-being of adults: A theoretical analysis. *Journal of Family Issues,* **11,** 4–35.
Granberg, D., & Bartels, B. (2005). On being a lone dissenter. *Journal of Applied Social Psychology,* **35,** 1849–1858.
Granstrom, K., & Stiwne, D. (1998). A bipolar model of groupthink: An expansion of Janis's concept. *Small Group Research,* **29,** 32–56.
Gray, C., Russell, P., & Blockley, S. (1991). The effects upon helping behaviour of wearing pro-gay identification. *British Journal of Social Psychology,* **30,** 171–178.
Gray, J. D., & Silver, R. C. (1990). Opposite sides of the same coin: Former spouses' divergent perspectives in coping with their divorce. *Journal of Personality and Social Psychology,* **59,** 1180–1191.
Graziano, W. G., Jensen-Campbell, L. A., & Finch, J. F. (1997). The self as a mediator between personality and adjustment. *Journal of Personality and Social Psychology,* **73,** 392–404.
Greeley, A. M. (1991). *Faithful attraction.* New York: Tor Books.
Greeley, A. M., & Sheatsley, P. B. (1971). Attitudes toward racial integration. *Scientific American,* **225**(6), 13–19.
Green, A. R., Carney, D. R., Pallin, D. J., Ngo, L. H., Raymond, K. L., Iezzoni, L. I., & Banaji, M. R. (2007). Implicit bias among physicians and its prediction of thrombolysis decisions for Black and White patients. *Journal of General Internal Medicine,* **22,** 1231–1238.
Green, C. W., Adams, A. M., & Turner, C. W. (1988). Development and validation of the school interracial climate scale. *American Journal of Community Psychology,* **16,** 241–259.
Green, D. P., Glaser, J., & Rich, A. (1998). From lynching to gay bashing: The elusive connection between economic conditions and hate crime. *Journal of Personality and Social Psychology,* **75,** 82–92.
Green, D. P., & Wong, J. S. (2008). Tolerance and the contact hypothesis: A field experiment. In E. Borgida (Ed.), *The political psychology of democratic citizenship.* London: Oxford University Press.
Green, M. C., Strange, J. J., & Brock, T. C. (Eds.). (2002). *Narrative impact: Social and cognitive foundations.* Mahwah, NJ: Erlbaum.
Greenberg, J. (1986). Differential intolerance for inequity from organizational and individual agents. *Journal of Applied Social Psychology,* **16,** 191–196.

Greenberg, J. (2008). Understanding the vital human quest for self-esteem. *Perspectives on Psychological Science,* **3,** 48–55.
Greenberg, J., Landau, M. J., Kosloff, S., & Solomon, S. (2008). How our dreams of death transcendence breed prejudice, stereotyping, and conflict. In T. Nelson (Ed.), *Handbook of prejudice, stereotyping, and discrimination.* New York: Psychology Press.
Greenberg, J., Pyszczynski, T., Burling, J., & Tibbs, K. (1992). Depression, self-focused attention, and the self-serving attributional bias. *Personality and Individual Differences,* **13,** 959–965.
Greenberg, J., Pyszczynski, T., Solomon, S., Rosenblatt, A., Veeder, M., Kirkland, S., & Lyon, D. (1990). Evidence for terror management theory II: The effects of mortality salience on reactions to those who threaten or bolster the cultural worldview. *Journal of Personality and Social Psychology,* **58,** 308–318.
Greenberg, J., Pyszczynski, T., Solomon, S., Simon, L., & Breus, M. (1994). Role of consciousness and accessibility of death-related thoughts in mortality salience effects. *Journal of Personality and Social Psychology,* **67,** 627–637.
Greenberg, J., Schimel, J., Martens, A., Solomon, S., & Pyszczynski, T. (2001). Sympathy for the devil: Evidence that reminding whites of their mortality promotes more favorable reactions to white racists. *Motivation and Emotion,* **25,** 113–133.
Greenberg, J., Solomon, S., & Pyszczynski, T. (1997). Terror management theory of self-esteem and cultural worldviews: Empirical assessments and conceptual refinements. *Advances in Experimental Social Psychology,* **29,** 61–142.
Greenwald, A. G. (1975). On the inconclusiveness of crucial cognitive tests of dissonance versus self-perception theories. *Journal of Experimental Social Psychology,* **11,** 490–499.
Greenwald, A. G. (1980). The totalitarian ego: Fabrication and revision of personal history. *American Psychologist,* **35,** 603–618.
Greenwald, A. G. (1992). New look 3: Unconscious cognition reclaimed. *American Psychologist,* **47,** 766–779.
Greenwald, A. G., & Banaji, M. R. (1995). Implicit social cognition: Attitudes, self-esteem, and stereotypes. *Psychological Review,* **102,** 4–27.
Greenwald, A. G., Banaji, M. R., Rudman, L. A., Farnham, S. D., Nosek, B. A., & Mellott, D. S. (2002). A unified theory of implicit attitudes, stereotypes, self-esteem, and self-concept. *Psychological Bulletin,* **109,** 3–25.
Greenwald, A. G., Banaji, M. R., Rudman, L. A., Farnham, S. D., Nosek, B. A., & Rosier, M. (2000). Prologue to a unified theory of attitudes, stereotypes, and self-concept. In J. P. Forgas (Ed.), *Feeling and thinking: The role of affect in social cognition and behavior.* New York: Cambridge University Press.
Greenwald, A. G., McGhee, D. E., & Schwartz, J. L. K. (1998). Measuring individual differences in implicit cognition: The implicit association test. *Journal of Personality and Social Psychology,* **74,** 1464–1480.
Greenwald, A. G., Nosek, B. A., & Banaji, M. R. (2003). Understanding and using the implicit association test: I. An improved scoring algorithm. *Journal of Personality and Social Psychology,* **85,** 197–216.

Greenwald, A. G., Poehlman, T. A., Uhlmann, E. L., & Banaji, M. R. (2008). Understanding and using the Implicit Association Test: III. Meta-analysis of predictive validity. *Journal of Personality and Social Psychology,* **97**(1), 17–41.

Greitemeyer, T. (2009). Effects of songs with prosocial lyrics on prosocial thoughts, affect, and behavior. *Journal of Experimental Social Psychology,* **45,** 186–190.

Griffitt, W. (1970). Environmental effects on interpersonal affective behavior. Ambient effective temperature and attraction. *Journal of Personality and Social Psychology,* **15,** 240–244.

Griffitt, W. (1987). Females, males, and sexual responses. In K. Kelley (Ed.), *Females, males, and sexuality: Theories and research.* Albany: State University of New York Press.

Griffitt, W., & Veitch, R. (1971). Hot and crowded: Influences of population density and temperature on interpersonal affective behavior. *Journal of Personality and Social Psychology,* **17,** 92–98.

Griskevicius, V., Tybur, J. M., Sundie, J. M., Cialdini, R. B., Miller, G. F., & Kenrick, D. T. (2007). Blatant benevolence and conspicuous consumption: When romantic motives elicit strategic costly signals. *Journal of Personality and Social Psychology,* **93,** 85–102.

Groenenboom, A., Wilke, H. A. M., & Wit, A. P. (2001). Will we be working together again? The impact of future interdependence on group members' task motivation. *European Journal of Social Psychology,* **31,** 369–378.

Grofman, B. (1980). The slippery slope: Jury size and jury verdict requirements—legal and social science approaches. In B. H. Raven (Ed.), *Policy studies review annual* (Vol. 4). Beverly Hills, CA: Sage.

Gronlund, S. D. (2004a). Sequential lineups: Shift in criterion or decision strategy? *Journal of Applied Psychology,* **89,** 362–368.

Gronlund, S. D. (2004b). Sequential lineup advantage: Contributions of distinctiveness and recollection. *Applied Cognitive Psychology,* **19,** 23–37.

Gross, A. E., & Crofton, C. (1977). What is good is beautiful. *Sociometry,* **40,** 85–90.

Gross, J. T. (2001). *Neighbors: The destruction of the Jewish community in Jedwabne, Poland.* Princeton: Princeton University Press.

Grote, N. K., & Clark, M. S. (2001). Perceiving unfairness in the family: Cause or consequence of marital distress? *Journal of Personality and Social Psychology,* **80,** 281–293.

Grove, J. R., Hanrahan, S. J., & McInman, A. (1991). Success/failure bias in attributions across involvement categories in sport. *Personality and Social Psychology Bulletin,* **17,** 93–97.

Grove, W. M., Zald, D. H., Lebow, B. S., Snitz, B. E., & Nelson, C. (2000). Clinical versus mechanical prediction: A meta-analysis. *Psychological Assessment,* **12,** 19–30.

Grube, J. W., Kleinhesselink, R. R., & Kearney, K. A. (1982). Male self-acceptance and attraction toward women. *Personality and Social Psychology Bulletin,* **8,** 107–112.

Gruder, C. L. (1977). Choice of comparison persons in evaluating oneself. In J. M. Suls & R. L. Miller (Eds.), *Social comparison processes.* Washington, DC: Hemisphere.

Gruder, C. L., Cook, T. D., Hennigan, K. M., Flay, B., Alessis, C., & Kalamaj, J. (1978). Empirical tests of the absolute sleeper effect predicted from the discounting cue hypothesis. *Journal of Personality and Social Psychology,* **36,** 1061–1074.

Gruendl, M. (2005, accessed December 14). Beautycheck (www.beautycheck.de).

Gruman, J. C., & Sloan, R. P. (1983). Disease as justice: Perceptions of the victims of physical illness. *Basic and Applied Social Psychology,* **4,** 39–46.

Grunberger, R. (1971). *The 12-year Reich: A social history of Nazi Germany, 1933–1945.* New York: Holt, Rinehart & Winston.

Grush, J. E. (1980). Impact of candidate expenditures, regionality, and prior outcomes on the 1976 Democratic presidential primaries. *Journal of Personality and Social Psychology,* **38,** 337–347.

Grush, J. E., & Glidden, M. V. (1987). Power and satisfaction among distressed and nondistressed couples. Paper presented at the Midwestern Psychological Association convention.

Guéguen, N., & Jacob, C. (2001). Fund-raising on the Web: The effect of an electronic foot-in-the-door on donation. *CyberPsychology and Behavior,* **4,** 705–709.

Guerin, B. (1993). *Social facilitation.* Paris: Cambridge University Press.

Guerin, B. (1994). What do people think about the risks of driving? Implications for traffic safety interventions. *Journal of Applied Social Psychology,* **24,** 994–1021.

Guerin, B. (1999). Social behaviors as determined by different arrangements of social consequences: Social loafing, social facilitation, deindividuation, and a modified social loafing. *The Psychological Record,* **49,** 565–578.

Guerin, B., & Innes, J. M. (1982). Social facilitation and social monitoring: A new look at Zajonc's mere presence hypothesis. *British Journal of Social Psychology,* **21,** 7–18.

Guimond, S., Dambrun, N., Michinov, N., & Duarte, S. (2003). Does social dominance generate prejudice? Integrating individual and contextual determinants of intergroup cognitions. *Journal of Personality and Social Psychology,* **84,** 697–721.

Guiness, O. (1993). *The American hour: A time of reckoning and the once and future role of faith.* New York: Free Press.

Gundersen, E. (2001, August 1). MTV is a many splintered thing. *USA Today,* p. 1D.

Gunter, B. (2008). Media violence: Is there a case for causality? *American Behavioral Scientist,* **51,** 1061–1122.

Gupta, U., & Singh, P. (1982). Exploratory study of love and liking and type of marriages. *Indian Journal of Applied Psychology,* **19,** 92–97.

Gurin, P., Dey, E. L., Hurtado, S., & Gurin, G. (2002). Diversity and higher education: Theory and impact on educational outcomes. *Harvard Educational Review,* **72,** 330–366.

Gutierres, S. E., Kenrick, D. T., & Partch, J. J. (1999). Beauty, dominance, and the mating game: Contrast effects in self-assessment reflect gender differences in mate selection. *Journal of Personality and Social Psychology,* **25,** 1126–1134.

Gutmann, D. (1977). The cross-cultural perspective: Notes toward a comparative psychology of aging. In J. E. Birren & K. Warner Schaie (Eds.), *Handbook of the psychology of aging.* New York: Van Nostrand Reinhold.

Guttentag, M., & Secord, P. F. (1983). *Too many women? The sex ratio question.* Thousand Oaks, CA: Sage.

Hacker, H. M. (1951). Women as a minority group. *Social Forces,* **30,** 60–69.

Hackman, J. R. (1986). The design of work teams. In J. Lorsch (Ed.), *Handbook of organizational behavior.* Englewood Cliffs, NJ: Prentice-Hall.

Hadden, J. K. (1969). *The gathering storm in the churches.* Garden City, NY: Doubleday.

Haddock, G., Maio, G. R., Arnold, K., & Huskinson, T. (2008). Should persuasion be affective or cognitive? The moderating effects of need for affect and need for cognition. *Personality and Social Psychology Bulletin,* **34,** 769–778.

Haddock, G., & Zanna, M. P. (1994). Preferring "housewives" to "feminists." *Psychology of Women Quarterly,* **18,** 25–52.

Haeffel, G. J., Gibb, B. E., Metalsky, G. I., Alloy, L. B., Abramson, L. Y., Hankin, B. L., Joiner, T. E., Jr., & Swendsen, J. D. (2008). Measuring cognitive vulnerability to depression: Development and validation of the cognitive style questionnaire. *Clinical Psychology Review,* **28,** 824–836.

Haemmerlie, F. M. (1987). Creating adaptive illusions in counseling and therapy using a self-perception theory perspective. Paper presented at the Midwestern Psychological Association, Chicago.

Haemmerlie, F. M., & Montgomery, R. L. (1982). Self-perception theory and unobtrusively biased interactions: A treatment for heterosocial anxiety. *Journal of Counseling Psychology,* **29,** 362–370.

Haemmerlie, F. M., & Montgomery, R. L. (1984). Purposefully biased interventions: Reducing heterosocial anxiety through self-perception theory. *Journal of Personality and Social Psychology,* **47,** 900–908.

Haemmerlie, F. M., & Montgomery, R. L. (1986). Self-perception theory and the treatment of shyness. In W. H. Jones, J. M. Cheek, & S. R. Briggs (Eds.), *A sourcebook on shyness: Research and treatment.* New York: Plenum.

Hafer, C. L., & Bègue, L. (2005). Experimental research on just-world theory: Problems, developments, and future challenges. *Psychological Bulletin,* **131,** 128–167.

Hafner, H., & Schmidtke, A. (1989). Do televised fictional suicide models produce suicides? In D. R. Pfeffer (Ed.), *Suicide among youth: Perspectives on risk and prevention.* Washington, DC: American Psychiatric Press.

Hagerty, M. R. (2000). Social comparisons of income in one's community: Evidence from national surveys of income and happiness. *Journal of Personality and Social Psychology,* **78,** 764–771.

Haidt, J. (2003). The moral emotions. In R. J. Davidson (Ed.). *Handbook of affective sciences.* Oxford: Oxford University Press.

Haidt, J. (2006). *The happiness hypothesis: Finding modern truth in ancient wisdom.* New York: Basic Books.

Halberstadt, A. G., & Saitta, M. B. (1987). Gender, nonverbal behavior, and perceived dominance: A test of the theory. *Journal of Personality and Social Psychology,* **53,** 257–272.

Halberstadt, J. (2006). The generality and ultimate origins of the attractiveness of prototypes. *Personality and Social Psychology Review,* **10,** 166–183.

Halberstadt, J., & Green, J. (2008). Carryover effects of analytic thought on preference quality.

Journal of Experimental Social Psychology, **44,** 1199–1203.

Halberstadt, J., & Green, J. (2008). Carryover effects of analytic thought on preference quality. *Journal of Experimental Social Psychology,* **44,** 1199–1203.

Halberstadt, J., O'Shea, R. P., & Forgas, J. (2006). Outgroup fanship in Australia and New Zealand. *Australian Journal of Psychology,* **58,** 159–165.

Hall, J. A. (1984). *Nonverbal sex differences: Communication accuracy and expressive style.* Baltimore: Johns Hopkins University Press.

Hall, J. A., Coats, E. J., & LeBeau, L. S. (2005). Nonverbal behavior and the vertical dimension of social relations: A meta-analysis. *Psychological Bulletin,* **131,** 898–924.

Hall, J. A., Rosip, J. C., LeBeau, L. S., Horgan, T. G., & Carter, J. D. (2006). Attributing the sources of accuracy in unequal-power dyadic communication: Who is better and why? *Journal of Experimental Social Psychology,* **42,** 18–27.

Hall, T. (1985, June 25). The unconverted: Smoking of cigarettes seems to be becoming a lower-class habit. *Wall Street Journal,* pp. 1, 25.

Halverson, A. M., Hallahan, M., Hart, A. J., & Rosenthal, R. (1997). Reducing the biasing effects of judges' nonverbal behavior with simplified jury instruction. *Journal of Applied Psychology,* **82,** 590–598.

Hamberger, J., & Hewstone, M. (1997). Inter-ethnic contact as a predictor of blatant and subtle prejudice: Tests of a model in four West European nations. *British Journal of Social Psychology,* **36,** 173–190.

Hamblin, R. L., Buckholdt, D., Bushell, D., Ellis, D., & Feritor, D. (1969). Changing the game from get the teacher to learn. *Transaction,* January, pp. 20–25, 28–31.

Hamilton, D. L., & Gifford, R. K. (1976). Illusory correlation in interpersonal perception: A cognitive basis of stereotypic judgments. *Journal of Experimental Social Psychology,* **12,** 392–407.

Hamilton, D. L., & Rose, T. L. (1980). Illusory correlation and the maintenance of stereotypic beliefs. *Journal of Personality and Social Psychology,* **39,** 832–845.

Hamilton, V. L., Hoffman, W. S., Broman, C. L., & Rauma, D. (1993). Unemployment, distress, and coping: A panel study of autoworkers. *Journal of Personality and Social Psychology,* **65,** 234–247.

Hampson, R. B. (1984). Adolescent prosocial behavior: Peer-group and situational factors associated with helping. *Journal of Personality and Social Psychology,* **46,** 153–162.

Hancock, K. J., & Rhodes, G. (2008). Contact, configural coding and the other-race effect in face recognition. *British Journal of Psychology,* **99,** 45–56.

Haney, C. (1991). The fourteenth amendment and symbolic legality: Let them eat due process. *Law and Human Behavior,* **15,** 183–204.

Haney, C. (1993). Psychology and legal change. *Law and Human Behavior,* **17,** 371–398.

Haney, C., & Logan, D. D. (1994). Broken promise: The Supreme Court's response to social science research on capital punishment. *Journal of Social Issues,* **50,** 75–101.

Haney, C., & Zimbardo, P. (1998). The past and future of U.S. prison policy: Twenty-five years after the Stanford Prison Experiment. *American Psychologist,* **53,** 709–727.

Haney, C., & Zimbardo, P. G. (2009). Persistent dispositionalism in interactionist clothing: Fundamental attribution error in explaining prison abuse. *Personality and Social Psychology Bulletin,* **35,** 807–814.

Hans, V. P., & Vidmar, N. (1981). Jury selection. In N. L. Kerr & R. M. Bray (Eds.), *The psychology of the courtroom.* New York: Academic Press.

Hansen, D. E., Vandenberg, B., & Patterson, M. L. (1995). The effects of religious orientation on spontaneous and nonspontaneous helping behaviors. *Personality and Individual Differences,* **19,** 101–104.

Harbaugh, W. T., Mayr, U., & Burghart, D. R. (2007). Neural responses to taxation and voluntary giving reveal motives for charitable donations. *Science,* **316,** 1622–1625.

Harber, K. D. (1998), Feedback to minorities: Evidence of a positive bias. *Journal of Personality and Social Psychology,* **74,** 622–628.

Hardin, G. (1968). The tragedy of the commons. *Science,* **162,** 1243–1248.

Hardy, C., & Latané, B. (1986). Social loafing on a cheering task. *Social Science,* **71,** 165–172.

Hardy, C. L., & Van Vugt, M. (2006). Nice guys finish first: The competitive altruism hypothesis. *Personality and Social Psychology Bulletin,* **32,** 1402–1413.

Haritos-Fatouros, M. (1988). The official torturer: A learning model for obedience to the authority of violence. *Journal of Applied Psychology,* **18,** 1107–1120.

Haritos-Fatouros, M. (2002). *Psychological origins of institutionalized torture.* New York: Routledge.

Harkins, S. G. (1981). Effects of task difficulty and task responsibility on social loafing. Presentation to the First International Conference on Social Processes in Small Groups, Kill Devil Hills, North Carolina.

Harkins, S. G., & Jackson, J. M. (1985). The role of evaluation in eliminating social loafing. *Personality and Social Psychology Bulletin,* **11,** 457–465.

Harkins, S. G., Latané, B., & Williams, K. (1980), Social loafing: Allocating effort or taking it easy? *Journal of Experimental Social Psychology,* **16,** 457–465.

Harkins, S. G., & Petty, R. E. (1982). Effects of task difficulty and task uniqueness on social loafing. *Journal of Personality and Social Psychology,* **43,** 1214–1229.

Harkins, S. G., & Petty, R. E. (1987). Information utility and the multiple source effect. *Journal of Personality and Social Psychology,* **52,** 260–268.

Harkins, S. G., & Szymanski, K. (1989). Social loafing and group evaluation. *Journal of Personality and Social Psychology,* **56,** 934–941.

Harkness, K. L., Sabbagh, M. A., Jacobson, J. A., Chowdrey, N. K., & Chen, T. (2005). Enhanced accuracy of mental state decoding in dysphoric college students. *Cognition & Emotion,* **19,** 999–1025.

Harmon-Jones, E., & Allen, J. J. B. (2001). The role of affect in the mere exposure effect: Evidence from psychophysiological and individual differences approaches. *Personality and Social Psychology Bulletin,* **27,** 889–898.

Harmon-Jones, E., Gerdjikov, T., & Harmon-Jones, E. (2008). The effect of induced compliance on relative left frontal cortical activity: A test of the action-based model of dissonance. *European Journal of Social Psychology,* **38,** 35–45.

Harmon-Jones, E., Greenberg, J., Solomon, S., & Simon, L. (1996). The effects of mortality salience on intergroup bias between minimal groups. *European Journal of Social Psychology,* **26,** 677–681.

Harries, K. D., & Stadler, S. J. (1988). Heat and violence: New findings from Dallas field data, 1980–1981. *Journal of Applied Social Psychology,* **18,** 129–138.

Harris, J. R. (1996). Quoted from an article by Jerome Burne for the *Manchester Observer* (via Harris: 72073.1211@CompuServe.com).

Harris, J. R. (1998). *The nurture assumption.* New York: Free Press.

Harris, J. R. (2007). *No two alike: Human nature and human individuality.* New York: Norton.

Harris, L. T., & Fiske, S. T. (2006). Dehumanizing the lowest of the low: Neuroimaging responses to extreme out-groups. *Psychological Science,* **17**(10), 847–853.

Harris, M. J., & Rosenthal, R. (1985). Mediation of interpersonal expectancy effects: 31 meta-analyses. *Psychological Bulletin,* **97,** 363–386.

Harris, M. J., & Rosenthal, R. (1986). Four factors in the mediation of teacher expectancy effects. In R. S. Feldman (Ed.), *The social psychology of education.* New York: Cambridge University Press.

Harrison, A. A. (1977). Mere exposure. In L. Berkowitz (Ed.), *Advances in experimental social psychology* (Vol. 10, pp. 39–83). New York: Academic Press.

Hart, A. J., & Morry, M. M. (1997). Trait inferences based on racial and behavioral cues. *Basic and Applied Social Psychology,* **19,** 33–48.

Hart, A. J., Whalen, P. J., Shin, L. M., & others. (2000, August). Differential response in the human amygdala to racial outgroup vs. ingroup face stimuli. *Neuroreport: For Rapid Communication of Neuroscience Research,* **11,** 2351–2355.

Harter, J. K., & Gurley, V. F. (2008, September). Measuring well-being in the United States. *APS Observer,* pp. 23–26.

Hartup, W. W., & Stevens, N. (1997). Friendships and adaptation in the life course. *Psychological Bulletin,* **121,** 355–370.

Harvey, J. H., & Omarzu, J. (1997). Minding the close relationship. *Personality and Social Psychology Review,* **1,** 224–240.

Haselton, M. G., & Buss, D. M. (2000). Error management theory: A new perspective on biases in cross-sex mind reading. *Journal of Personality and Social Psychology,* **78,** 81–91.

Haselton, M. G., & Nettle, D. (2006). The paranoid optimist: An integrative evolutionary model of cognitive biases. *Personality and Social Psychology Review,* **10,** 47–66.

Haslam, S. A., & Reicher, S. (2007). Beyond the banality of evil: Three dynamics of an interactionist social psychology of tyranny. *Personality and Social Psychology Bulletin,* **33,** 615–622.

Hass, R. G., Katz, I., Rizzo, N., Bailey, J., & Eisenstadt, D. (1991). Cross-racial appraisal as related to attitude ambivalence and cognitive complexity. *Personality and Social Psychology Bulletin,* **17,** 83–92.

Hastie, R., Penrod, S. D., & Pennington, N. (1983). *Inside the jury.* Cambridge, MA: Harvard University Press.

Hastorf, A., & Cantril, H. (1954). They saw a game: A case study. *Journal of Abnormal and Social Psychology,* **49,** 129–134.

Hatfield (Walster), E., Aronson, V., Abrahams, D., & Rottman, L. (1966). Importance of physical attractiveness in dating behavior. *Journal of Personality and Social Psychology,* **4,** 508–516.

Hatfield (was Walster), E., Walster, G. W., & Berscheid, E. (1978). *Equity: Theory and research.* Boston: Allyn & Bacon.

Hatfield, E. (1988). Passionate and compassionate love. In R. J. Sternberg & M. L. Barnes (Eds.), *The psychology of love.* New Haven, CT: Yale University Press.

Hatfield, E., & Sprecher, S. (1986). *Mirror, mirror: The importance of looks in everyday life.* Albany, NY: SUNY Press.

Hatfield, E., & Walster, G. W. (1978). *A new look at love.* Reading, MA: Addison-Wesley. (Note: originally published as Walster, E., & Walster, G. W.)

Hatfield, E., Cacioppo, J. T., & Rapson, R. (1992). The logic of emotion: Emotional contagion. In M. S. Clark (Ed.), *Review of Personality and Social Psychology.* Newbury Park, CA: Sage.

Hatfield, E., Traupmann, J., Sprecher, S., Utne, M., & Hay, J. (1985). Equity and intimate relations: Recent research. In W. Ickes (Ed.), *Compatible and incompatible relationships.* New York: Springer-Verlag.

Hatzfeld, J. (2007). *Machete season: The killers in Rwanda speak.* New York: Farrar, Straus and Giroux.

Haugtvedt, C. P., & Wegener, D. T. (1994). Message order effects in persuasion: An attitude strength perspective. *Journal of Consumer Research,* **21,** 205–218.

Hauser, D. (2005, June 30). Five years of abstinence-only-until-marriage education: Assessing the impact. *Advocates for Youth* (www.advocatesforyouth.org).

Havel, V. (1990). *Disturbing the peace.* New York: Knopf.

Hawkley, L. C., & Cacioppo, J. T. (2007). Aging and loneliness: Downhill quickly? *Current Directions in Psychological Science,* **16,** 187–191.

Hazan, C. (2004). Intimate attachment/capacity to love and be loved. In C. Peterson & M. E. P. Seligman (Eds.), *The values in action classification of strengths and virtues.* Washington, DC: American Psychological Association.

Hazan, C., & Shaver, P. R. (1994). Attachment as an organizational framework for research on close relationships. *Psychological Inquiry,* **5,** 1–22.

Headey, B., & Wearing, A. (1987). The sense of relative superiority—central to well-being. *Social Indicators Research,* **20,** 497–516.

Heap, B., & Comim, F. (2005). Consumption and happiness: Christian values and an approach towards sustainability. Capability and Sustainability Centre, St. Edmund's College, University of Cambridge. Address to Christians in Science annual meeting.

Hearold, S. (1986). A synthesis of 1043 effects of television on social behavior. In G. Comstock (Ed.), *Public communication and behavior* (Vol. 1). Orlando, FL: Academic Press.

Hebl, M. R., & Heatherton, T. F. (1998). The stigma of obesity in women: The difference is black and white. *Personality and Social Psychology Bulletin,* **24,** 417–426.

Hedge, A., & Yousif, Y. H. (1992). Effects of urban size, urgency, and cost on helpfulness: A cross-cultural comparison between the United Kingdom and the Sudan. *Journal of Cross-Cultural Psychology,* **23,** 107–115.

Heesacker, M. (1989). Counseling and the elaboration likelihood model of attitude change. In J. F. Cruz, R. A. Goncalves, & P. P. Machado (Eds.), *Psychology and education: Investigations and interventions.* (Proceedings of the International Conference on Interventions in Psychology and Education, Porto, Portugal, July 1987.) Porto, Portugal: Portugese Psychological Association.

Heider, F. (1958). *The psychology of interpersonal relations.* New York: Wiley.

Heine, S. J., & Hamamura, T. (2007). In search of East Asian self-enhancement. *Personality and Social Psychology Review,* **11,** 4–27.

Heine, S. J., Kitayama, S., Lehman, D. R., Takata, T., Ide, E., Leung, C., & Matsumoto, H. (2001). Divergent consequences of success and failure in Japan and North America: An investigation of self-improving motivations and malleable selves. *Journal of Personality and Social Psychology,* **81,** 599–615.

Heine, S. J., & Lehman, D. R. (1997). The cultural construction of self-enhancement: An examination of group-serving biases. *Journal of Personality and Social Psychology,* **72,** 1268–1283.

Heine, S. J., Lehman, D. R., Markus, H. R., & Kitayama, S. (1999). Is there a universal need for positive self-regard? *Psychological Review,* **106,** 766–794.

Heine, S. J., Takemoto, T., Moskalenko, S., Lasaleta, J., & Heinrich, J. (2008). Mirrors in the head: Cultural variation in objective self-awareness. *Personality and Social Psychology Bulletin,* **34,** 879–887.

Heinrich, L. M., & Gullone, E. (2006). The clinical significance of loneliness: A literature review. *Clinical Psychology Review,* **26,** 695–718.

Heins, M. (2004, December 14). Quoted by B. Kloza, Violent Christmas games. *ScienCentralNews* (www.sciencecentral.com).

Helgeson, V. S., Cohen, S., & Fritz, H. L. (1998). Social ties and cancer. In P. M. Cinciripini & others (Eds.), *Psychological and behavioral factors in cancer risk.* New York: Oxford University Press.

Hellman, P. (1980). *Avenue of the righteous of nations.* New York: Atheneum.

Helweg-Larsen, M., Cunningham, S. J., Carrico, A., & Pergram, A. M. (2004). To nod or not to nod: An observational study of nonverbal communication and status in female and male college students. *Psychology of Women Quarterly,* **28,** 358–361.

Helweg-Larsen, M., & LoMonaco, B. L. (2008). Queuing among U2 fans: Reactions to social norm violations. *Journal of Applied Social Psychology,* **38,** 2378–2393.

Hemsley, G. D., & Doob, A. N. (1978). The effect of looking behavior on perceptions of a communicator's credibility. *Journal of Applied Social Psychology,* **8,** 136–144.

Henderson-King, E. I., & Nisbett, R. E. (1996). Anti-black prejudice as a function of exposure to the negative behavior of a single black person. *Journal of Personality and Social Psychology,* **71,** 654–664.

Hendrick, S. S., & Hendrick, C. (1995). Gender differences and similarities in sex and love. *Personal Relationships,* **2,** 55–65.

Hendrick, S. S., Hendrick, C., & Adler, N. L. (1988). Romantic relationships: Love, satisfaction, and staying together. *Journal of Personality and Social Psychology,* **54,** 980–988.

Hennigan, K. M., Del Rosario, M. L., Health, L., Cook, T. D., Wharton, J. D., & Calder, B. J. (1982). Impact of the introduction of television on crime in the United States: Empirical findings and theoretical implications. *Journal of Personality and Social Psychology,* **42,** 461–477.

Henrich, J., McElreath, R., Barr, A., Ensminger, J., Barrett, C., Bolyanatz, A., Cardenas, J. C., Gurven, M., Gwako, E., Henrich, N., Lerorogol, C., Marlowe, F., Tracer, D., & Ziker, J. (2006). Costly punishment across human societies. *Science,* **312,** 1767–1770.

Henslin, M. (1967). Craps and magic. *American Journal of Sociology,* **73,** 316–330.

Hepworth, J. T., & West, S. G. (1988). Lynchings and the economy: A time-series reanalysis of Hovland and Sears (1940). *Journal of Personality and Social Psychology,* **55,** 239–247.

Heradstveit, D. (1979). *The Arab-Israeli conflict: Psychological obstacles to peace* (Vol. 28). Oslo, Norway: Universitetsforlaget. Distributed by Columbia University Press. Reviewed by R. K. White (1980), *Contemporary Psychology,* **25,** 11–12.

Herek, G. (1993). Interpersonal contact and heterosexuals' attitudes toward gay men: Results from a national survey. *Journal of Sex Research,* **30,** 239–244.

Herek, G. M. (2009). Hate crimes and stigma-related experiences among sexual minority adults in the United States: Prevalence estimates from a national probability sample. *Journal of Interpersonal Violence,* **24**(1), 54–74.

Herlocker, C. E., Allison, S. T., Foubert, J. D., & Beggan, J. K. (1997). Intended and unintended overconsumption of physical, spatial, and temporal resources. *Journal of Personality and Social Psychology,* **73,** 992–1004.

Herzog, S. M., & Hertwig, R. (2009). The wisdom of many in one mind: Improving individual judgments with dialectical bootstrapping. *Psychological Science,* **20,** 231–237.

Hewstone, M. (1990). The "ultimate attribution error"? A review of the literature on intergroup causal attribution. *European Journal of Social Psychology,* **20,** 311–335.

Hewstone, M. (1994). Revision and change of stereotypic beliefs: In search of the elusive subtyping model. In S. Stroebe & M. Hewstone (Eds.), *European review of social psychology* (Vol. 5). Chichester, England: Wiley.

Hewstone, M., & Fincham, F. (1996). Attribution theory and research: Basic issues and applications. In M. Hewstone, W. Stroebe, and G. M. Stephenson (Eds.), *Introduction to social psychology: A European perspective.* Oxford, UK: Blackwell.

Hewstone, M., & Greenland, K. (2000). Intergroup conflict. Unpublished manuscript, Cardiff University.

Hewstone, M., Hantzi, A., & Johnston, L. (1991). Social categorisation and person memory: The pervasiveness of race as an organizing principle. *European Journal of Social Psychology,* **21,** 517–528.

Hewstone, M., Hopkins, N., & Routh, D. A. (1992). Cognitive models of stereotype change:

Generalization and subtyping in young people's views of the police. *European Journal of Social Psychology, 22,* 219–234.

Higbee, K. L., Millard, R. J., & Folkman, J. R. (1982). Social psychology research during the 1970s: Predominance of experimentation and college students. *Personality and Social Psychology Bulletin,* **8,** 180–183.

Higgins, E. T., & McCann, C. D. (1984). Social encoding and subsequent attitudes, impressions and memory: "Context-driven" and motivational aspects of processing. *Journal of Personality and Social Psychology,* **47,** 26–39.

Higgins, E. T., & Rholes, W. S. (1978). Saying is believing: Effects of message modification on memory and liking for the person described. *Journal of Experimental Social Psychology,* **14,** 363–378.

Hilmert, C. J., Kulik, J. A., & Christenfeld, N. J. S. (2006). Positive and negative opinion modeling: The influence of another's similarity and dissimilarity. *Journal of Personality and Social Psychology,* **90,** 440–452.

Hilton, J. L., & von Hippel, W. (1990). The role of consistency in the judgment of stereotype-relevant behaviors. *Personality and Social Psychology Bulletin,* **16,** 430–448.

Hine, D. W., & Gifford, R. (1996). Attributions about self and others in commons dilemmas. *European Journal of Social Psychology,* **26,** 429–445.

Hines, M. (2004). *Brain gender.* New York: Oxford University Press.

Hinkle, S., Brown, R., & Ely, P. G. (1992). Social identity theory processes: Some limitations and limiting conditions. *Revista de Psicologia Social,* pp. 99–111.

Hinsz, V. B. (1990). Cognitive and consensus processes in group recognition memory performance. *Journal of Personality and Social Psychology,* **59,** 705–718.

Hinsz, V. B., Tindale, R. S., & Vollrath, D. A. (1997). The emerging conceptualization of groups as information processors. *Psychological Bulletin,* **121,** 43–64.

Hirschman, R. S., & Leventhal, H. (1989). Preventing smoking behavior in school children: An initial test of a cognitive-development program. *Journal of Applied Social Psychology,* **19,** 559–583.

Hirt, E. R., & Markman, K. D. (1995). Multiple explanation: A consider-an-alternative strategy for debiasing judgments. *Journal of Personality and Social Psychology,* **69,** 1069–1088.

Hirt, E. R., Zillmann, D., Erickson, G. A., & Kennedy, C. (1992). Costs and benefits of allegiance: Changes in fans' self-ascribed competencies after team victory versus defeat. *Journal of Personality and Social Psychology,* **63,** 724–738.

Hitsch, G. J., Hortacsu, A., and Ariely, D. (2006, February). What makes you click? Mate preferences and matching outcomes in online dating. MIT Sloan Research Paper No. 4603-06 (ssrn.com/abstract=895442).

Hobden, K. L., & Olson, J. M. (1994). From jest to antipathy: Disparagement humor as a source of dissonance-motivated attitude change. *Basic and Applied Social psychology,* **15,** 239–249.

Hodges, B. H., & Geyer, A. L. (2006). A nonconformist account of the Asch experiments: Values, pragmatics, and moral dilemmas. *Personality and Social Psychology Review,* pp. 102–119.

Hodgkinson, V. A., Weitzman, M. S., & Kirsch, A. D. (1990). From commitment to action: How religious involvement affects giving and volunteering. In R. Wuthnow, V. A. Hodgkinson, & Associates (Eds.), *Faith and philanthropy in America: Exploring the role of religion in America's voluntary sector.* San Francisco: Jossey-Bass.

Hodson, G., Harry, H., & Mitchell, A. (2009). Independent benefits of contact and friendship on attitudes toward homosexuals among authoritarians and highly identified heterosexuals. *European Journal of Social Psychology,* **39,** 509–525.

Hoffman, L. W. (1977). Changes in family roles, socialization, and sex differences. *American Psychologist,* **32,** 644–657.

Hoffman, M. L. (1981). Is altruism part of human nature? *Journal of Personality and Social Psychology,* **40,** 121–137.

Hofling, C. K., Brotzman, E., Dairymple, S., Graves, N., & Pierce, C. M. (1966). An experimental study in nurse-physician relationships. *Journal of Nervous and Mental Disease,* **143,** 171–180.

Hofmann, W., Gawronski, B., Gschwendner, T., Le, H., & Schmitt, M. (2005). A meta-analysis on the correlation between the implicit association test and explicit self-report measures. *Personality and Social Psychology Bulletin,* **31,** 1369–1385.

Hogan, R., Curphy, G. J., & Hogan, J. (1994). What we know about leadership: Effectiveness and personality. *American Psychologist,* **49,** 493–504.

Hogg, M. A. (1992). *The social psychology of group cohesiveness: From attraction to social identity.* London: Harvester Wheatsheaf.

Hogg, M. A. (2001). A social identity theory of leadership. *Personality and Social Psychology Review,* **5,** 184–200.

Hogg, M. A. (2006). Social identity theory. In P. J. Burke (Ed.), *Contemporary social psychological theories.* Stanford, CA: Stanford University Press.

Hogg, M. A. (2008). Social identity processes and the empowerment of followers. In R. E. Riggio, I. Chaleff, & J. Lipman-Blumen (Eds.), *The art of followership: How great followers create great leaders and organizations.* San Francisco: Jossey-Bass.

Hogg, M. A., & Hains, S. C. (1998). Friendship and group identification: A new look at the role of cohesiveness in groupthink. *European Journal of Social Psychology,* **28,** 323–341.

Hogg, M. A., Hains, S. C., & Mason, I. (1998). Identification and leadership in small groups: Salience, frame of reference, and leader stereotypicality effects on leader evaluations. *Journal of Personality and Social Psychology,* **75,** 1248–1263.

Hogg, M. A., Turner, J. C., & Davidson, B. (1990). Polarized norms and social frames of reference: A test of the self-categorization theory of group polarization. *Basic and Applied Social Psychology,* **11,** 77–100.

Holland, R. W., Hendriks, M., & Aarts, H. (2005). Smells like clean spirit: Nonconscious effect of scent on cognition and behavior. *Psychological Science,* **16,** 689–693.

Holland, R. W., Meertens, R. M., & Van Vugt, M. (2002). Dissonance on the road: Self-esteem as a moderator of internal and external self-justification strategies. *Personality and Social Psychology Bulletin,* **28,** 1712–1724.

Hollander, E. P. (1958). Conformity, status, and idiosyncrasy credit. *Psychological Review,* **65,** 117–127.

Holmberg, D., & Holmes, J. G. (1994). Reconstruction of relationship memories: A mental models approach. In N. Schwarz & S. Sudman (Eds.), *Autobiographical memory and the validity of retrospective reports.* New York: Springer-Verlag.

Holmes, J. G., & Rempel, J. K. (1989). Trust in close relationships. In C. Hendrick (Ed.), *Review of personality and social psychology* (Vol. 10). Newbury Park, CA: Sage.

Holtgraves, T. (1997). Styles of language use: Individual and cultural variability in conversational indirectness. *Journal of Personality and Social Psychology,* **73,** 624–637.

Holtman, Z., Louw, J., Tredoux, C., & Carney, T. (2005). Prejudice and social contact in South Africa: A study of integrated schools ten years after apartheid. *South African Journal of Psychology,* **35,** 473–493.

Holtzworth, A., & Jacobson, N. S. (1988). An attributional approach to marital dysfunction and therapy. In J. E. Maddux, C. D. Stoltenberg, & R. Rosenwein (Eds.), *Social processes in clinical and counseling psychology.* New York: Springer-Verlag.

Holtzworth-Munroe, A., & Jacobson, N. S. (1985). Causal attributions of married couples: When do they search for causes? What do they conclude when they do? *Journal of Personality and Social Psychology,* **48,** 1398–1412.

Honigman, R. J., Phillips, K. A., & Castle, D. J. (2004). A review of psychosocial outcomes for patients seeking cosmetic surgery. *Plastic and Reconstructive Surgery,* **113,** 1229–1237.

Hoorens, V. (1993). Self-enhancement and superiority biases in social comparison. In W. Stroebe & M. Hewstone (Eds.), *European review of social psychology* (Vol. 4). Chichester: Wiley.

Hoorens, V. (1995). Self-favoring biases, self-presentation and the self-other asymmetry in social comparison. *Journal of Personality,* **63,** 793–819.

Hoorens, V., & Nuttin, J. M. (1993). Overvaluation of own attributes: Mere ownership or subjective frequency? *Social Cognition,* **11,** 177–200.

Hoorens, V., Nuttin, J. M., Herman, I. E., & Pavakanun, U. (1990). Mastery pleasure versus mere ownership: A quasi-experimental cross-cultural and cross-alphabetical test of the name letter effect. *European Journal of Social Psychology,* **20,** 181–205.

Hoorens, V., Smits, T., & Shepperd, J. A. (2008). Comparative optimism in the spontaneous generation of future life-events. *British Journal of Social Psychology,* **47,** 441–451.

Hoover, C. W., Wood, E. E., & Knowles, E. S. (1983). Forms of social awareness and helping. *Journal of Experimental Social Psychology,* **19,** 577–590.

Hooykaas, R. (1972). *Religion and the rise of modern science.* Grand Rapids, MI: Eerdmans.

Hormuth, S. E. (1986). Lack of effort as a result of self-focused attention: An attributional ambiguity analysis. *European Journal of Social Psychology,* **16,** 181–192.

Hornstein, H. (1976). *Cruelty and kindness.* Englewood Cliffs, NJ: Prentice-Hall.

Horowitz, S. V., & Boardman, S. K. (1994). Managing conflict: Policy and research implications. *Journal of Social Issues*, **50**, 197–211.

Horwitz, A. V., White, H. R., & Howell-White, S. (1997). Becoming married and mental health: A longitudinal study of a cohort of young adults. *Journal of Marriage and the Family*, **58**, 895–907.

Höss, R. (1959). *Commandant at Auschwitz: Autobiography*. London: Weidenfeld and Nicolson.

Houck, M. M. (2006, July). CSI: Reality. *Scientific American*, pp. 85–89.

House, R. J., & Singh, J. V. (1987). Organizational behavior: Some new directions for I/O psychology. *Annual Review of Psychology*, **38**, 669–718.

Houston, V., & Bull, R. (1994). Do people avoid sitting next to someone who is facially disfigured? *European Journal of Social Psychology*, **24**, 279–284.

Hovland, C. I., & Sears, R. (1940). Minor studies of aggression: Correlation of lynchings with economic indices. *Journal of Psychology*, **9**, 301–310.

Hovland, C. I., Lumsdaine, A. A., & Sheffield, F. D. (1949). *Experiments on mass communication. Studies in social psychology in World War II* (Vol. III). Princeton, NJ: Princeton University Press.

Howard, D. J. (1997). Familiar phrases as peripheral persuasion cues. *Journal of Experimental Social Psychology*, **33**, 231–243.

Howell, R. T., & Howell, C. J. (2008). The relation of economic status to subjective well-being in developing countries: A meta-analysis. *Psychological Bulletin*, **134**, 536–560.

Hoyle, R. H. (1993). Interpersonal attraction in the absence of explicit attitudinal information. *Social Cognition*, **11**, 309–320.

Hsee, C. K., & Hastie, R. (2006). Decision and experience: Why don't we choose what makes us happy? *Trends in Cognitive Sciences*, **10**, 31–37.

Huart, J., Corneille, O., & Becquart, E. (2005). Face-based categorization, context-based categorization, and distortions in the recollection of gender ambiguous faces. *Journal of Experimental Social Psychology*, **41**, 598–608.

Huddy, L., & Virtanen, S. (1995). Subgroup differentiation and subgroup bias among Latinos as a function of familiarity and positive distinctiveness. *Journal of Personality and Social Psychology*, **68**, 97–108.

Huesmann, L. R., Lagerspetz, K., & Eron, L. D. (1984). Intervening variables in the TV violence-aggression relation: Evidence from two countries. *Developmental Psychology*, **20**, 746–775.

Huesmann, L. R., Moise-Titus, J., Podolski, C-L., & Eron, L. D. (2003). Longitudinal relations between children's exposure to TV violence and their aggressive and violent behavior in young adulthood: 1977–1992. *Developmental Psychology*, **39**, 201–222.

Hugenberg, K. & Bodenhausen, G. V. (2003). Facing prejudice: Implicit prejudice and the perception of facial threat. *Psychological Science*, **14**, 640–643.

Hugenberg, K., Miller, J., & Claypool, H. M. (2007). Categorization and individuation in the cross-race recognition deficit: Toward a solution to an insidious problem. *Journal of Experimental Social Psychology*, **43**, 334–340.

Hui, C. H., Triandis, H. C., & Yee, C. (1991). Cultural differences in reward allocation: Is collectivism the explanation? *British Journal of Social Psychology*, **30**, 145–157.

Hull, J. G., & Young, R. D. (1983). The self-awareness-reducing effects of alcohol consumption: Evidence and implications. In J. Suls & A. G. Greenwald (Eds.), *Psychological perspectives on the self* (Vol. 2). Hillsdale, NJ: Erlbaum.

Hull, J. G., Levenson, R. W., Young, R. D., & Sher, K. J. (1983). Self-awareness-reducing effects of alcohol consumption. *Journal of Personality and Social Psychology*, **44**, 461–473.

Human Security Centre. (2005). *The human security report 2005: War and peace in the 21st century*. University of British Columbia.

Hunt, A. R. (2000, June 22). Major progress, inequities cross three generations. *Wall Street Journal*, pp. A9, A14.

Hunt, M. (1990). *The compassionate beast: What science is discovering about the humane side of humankind*. New York: William Morrow.

Hunt, M. (1993). *The story of psychology*. New York: Doubleday.

Hunt, P. J., & Hillery, J. M. (1973). Social facilitation in a location setting: An examination of the effects over learning trials. *Journal of Experimental Social Psychology*, **9**, 563–571.

Hunt, R., & Jensen, J. (2007). *The experiences of young gay people in Britain's schools*. Stonewall (www.stonewall.org.uk).

Hunter, J. A., Stringer, M., & Watson, R. P. (1991). Intergroup violence and intergroup attributions. *British Journal of Social Psychology*, **30**, 261–266.

Hunter, J. D. (2002, June 21–22). "To change the world." Paper presented to the Board of Directors of The Trinity Forum, Denver, Colorado.

Huo, Y. J., Smith, H. J., Tyler, T. R., & Lind, E. A. (1996). Superordinate identification, subgroup identification, and justice concerns: Is separatism the problem; is assimilation the answer? *Psychological Science*, **7**, 40–45.

Huston, A. C., Donnerstein, E., Fairchild, H., Feshbach, N. D., Katz, P. A., & Murray, J. P. (1992). *Big world, small screen: The role of television in American society*. Lincoln, NE: University of Nebraska Press.

Huston, T. L. (1973). Ambiguity of acceptance, social desirability, and dating choice. *Journal of Experimental Social Psychology*, **9**, 32–42.

Huston, T. L., & Chorost, A. F. (1994). Behavioral buffers on the effect of negativity on marital satisfaction: A longitudinal study. *Personal Relationships*, **1**, 223–239.

Huston, T. L., Niehuis, S., & Smith, S. E. (2001). The early marital roots of conjugal distress and divorce. *Current Directions in Psychological Science*, **10**, 116–119.

Hutnik, N. (1985). Aspects of identity in a multi-ethnic society. *New Community*, **12**, 298–309.

Hutson, M. (2007, March/April). Unnatural selection. *Psychology Today*, pp. 90–95.

Hvistendahl, M. (2008, July 9). No country for young men. *New Republic* (www.tnr.com).

Hyde, J. S. (2005). The gender similarities hypothesis. *American Psychologist*, **60**, 581–592.

Hyde, J. S., Mezulis, A. H., & Abramson, L. Y. (2008). The ABCs of depression: Integrating affective, biological, and cognitive models to explain the emergence of the gender difference in depression. *Psychological Review*, **115**, 291–313.

Hyman, H. H., & Sheatsley, P. B. (1956 & 1964). Attitudes toward desegregation. *Scientific American*, **195**(6), 35–39, and **211**(1), 16–23.

Hyman, R. (1981). Cold reading: How to convince strangers that you know all about them. In K. Frazier (Ed.), *Paranormal borderlands of science*. Buffalo, NY: Prometheus Books.

Ickes, B. (1980). On disconfirming our perceptions of others. Paper presented at the American Psychological Association convention.

Ickes, W., Layden, M. A., & Barnes, R. D. (1978). Objective self-awareness and individuation: An empirical link. *Journal of Personality*, **46**, 146–161.

Ickes, W., Patterson, M. L., Rajecki, D. W., & Tanford, S. (1982). Behavioral and cognitive consequences of reciprocal versus compensatory responses to preinteraction expectancies. *Social Cognition*, **1**, 160–190.

Ickes, W., Snyder, M., & Garcia, S. (1997). Personality influences on the choice of situations. In R. Hogan, J. Johnson, & S. Briggs (Eds.), *Handbook of Personality Psychology*. San Diego: Academic Press.

ILO. (1997, December 11). Women's progress in workforce improving worldwide, but occupation segregation still rife. International Labor Association press release (www.ilo.org/public/english/bureau/inf/pr/1997/35.htm).

Imai, Y. (1994). Effects of influencing attempts on the perceptions of powerholders and the powerless. *Journal of Social Behavior and Personality*, **9**, 455–468.

Imhoff, R., & Erb, H-P. (2009). What motivates nonconformity? Uniqueness seeking blocks majority influence. *Personality and Social Psychology Bulletin*, **35**, 309–320.

Ingham, A. G., Levinger, G., Graves, J., & Peckham, V. (1974). The Ringelmann effect: Studies of group size and group performance. *Journal of Experimental Social Psychology*, **10**, 371–384.

Inglehart, M. R., Markus, H., & Brown, D. R. (1989). The effects of possible selves on academic achievement—a panel study. In J. P. Forgas & J. M. Innes (Eds.), *Recent advances in social psychology: An international perspective*. North-Holland: Elsevier Science Publishers.

Inglehart, R. (1990). *Culture shift in advanced industrial society*. Princeton, NJ: Princeton University Press.

Inglehart, R. (1997). *Modernization and postmodernization*. Princeton: Princeton University Press.

Inglehart, R. (2006). Cultural change and democracy in Latin America. In Frances Hagopian (Ed.), *Contemporary Catholicism, religious pluralism and democracy in Latin America*. South Bend: Notre Dame University Press.

Inglehart, R. (2009). Cultural Change and Democracy in Latin America. In Frances Hagopian (Ed.), *Religious pluralism, democracy, and the Catholic Church in Latin America*. South Bend: University of Notre Dame Press.

Inglehart, R., Foa, R., Peterson, C., & Welzel, C. (2008). Development, freedom, and rising happiness: A global perspective (1981–2007). *Perspectives on Psychological Science*, **3**, 264–285.

Inglehart, R., & Welzel, C. (2005). *Modernization, cultural change, and democracy: The human development sequence*. New York: Cambridge University Press.

Insko, C. A., Nacoste, R. W., & Moe, J. L. (1983). Belief congruence and racial discrimination: Review of the evidence and critical evaluation. *European Journal of Social Psychology*, **13**, 153–174.

Intergovernmental Panel on Climate Change. (2007). Climate change 2007: The physical science basis. Summary for policymakers (www.ipcc.ch).

Inzlicht, M., McKay, L., & Aronson, J. (2006). Stigma as ego depletion: How being the target of prejudice affects self-control. *Psychological Science,* **17,** 262–269.

Ipsos. (2007, June 5). Most Canadians (84%) express concern for reducing non-industrial sources of greenhouse gas emissions. Ipsos Reid survey (www.ipsos-na.com).

IPU. (2008). Women in national parliaments: Situation as of 30 April 2008. International Parliamentary Union (www.ipu.org).

Isen, A. M., Clark, M., & Schwartz, M. F. (1976). Duration of the effect of good mood on helping: Footprints on the sands of time. *Journal of Personality and Social Psychology,* **34,** 385–393.

Isen, A. M., & Means, B. (1983). The influence of positive affect on decision-making strategy. *Social Cognition,* **2,** 28–31.

Isen, A. M., Shalker, T. E., Clark, M., & Karp, L. (1978). Affect, accessibility of material in memory, and behavior: A cognitive loop. *Journal of Personality and Social Psychology,* **36,** 1–12.

Isozaki, M. (1984). The effect of discussion on polarization of judgments. *Japanese Psychological Research,* **26,** 187–193.

ISR Newsletter. (1975). Institute for Social Research, University of Michigan, 3(4), 4–7.

Ito, T. A., Miller, N., & Pollock, V. E. (1996). Alcohol and aggression: A meta-analysis on the moderating effects of inhibitory cues, triggering events, and self-focused attention. *Psychological Bulletin,* **120,** 60–82.

Iyengar, S. S., & Lepper, M. R. (2000). When choice is demotivating: Can one desire too much of a good thing? *Journal of Personality and Social Psychology,* **79,** 995–1006.

Iyengar, S. S., Wells, R. E., & Schwartz, B. (2006). Doing better but feeling worse: Looking for the "best" job undermines satisfaction. *Psychological Science,* **17,** 143–150.

Jackman, M. R., & Senter, M. S. (1981). Beliefs about race, gender, and social class different, therefore unequal: Beliefs about trait differences between groups of unequal status. In D. J. Treiman & R. V. Robinson (Eds.), *Research in stratification and mobility* (Vol. 2). Greenwich, CT: JAI Press.

Jackson, J. M., & Latané, B. (1981). All alone in front of all those people: Stage fright as a function of number and type of co-performers and audience. *Journal of Personality and Social Psychology,* **40,** 73–85.

Jackson, J. W., Kirby, D., Barnes, L, & Shepard, L. (1993). Institutional racism and pluralistic ignorance: A cross-national comparison. In M. Wievorka (Ed.), *Racisme et modernite.* Paris: Editions la Découverte.

Jackson, L. A., Hunter, J. E., & Hodge, C. N. (1995). Physical attractiveness and intellectual competence: A meta-analytic review. *Social Psychology Quarterly,* **58,** 108–123.

Jacobs, R. C., & Campbell, D. T. (1961). The perpetuation of an arbitrary tradition through several generations of a laboratory microculture. *Journal of Abnormal and Social Psychology,* **62,** 649–658.

Jacoby, S. (1986, December). When opposites attract. *Reader's Digest,* pp. 95–98.

Jacques-Tiua, A. J., Abbey, A., Parkhill, M. R., & Zawacki, T. (2007). Why do some men misperceive women's sexual intentions more frequently than others do? An application of the confluence model. *Personality and Social Psychology Bulletin,* **333,** 1467–1480.

Jaffe, Y., Shapir, N., & Yinon, Y. (1981). Aggression and its escalation. *Journal of Cross-Cultural Psychology,* **12,** 21–36.

Jaffe, Y., & Yinon, Y. (1983). Collective aggression: The group-individual paradigm in the study of collective antisocial behavior. In H. H. Blumberg, A. P. Hare, V. Kent, & M. Davies (Eds.), *Small groups and social interaction* (Vol. 1). Cambridge: Wiley.

James, W. (1890, reprinted 1950). *The principles of psychology* (Vol. 2). New York: Dover.

James, W. (1899). Talks to teachers on psychology: And to students on some of life's ideals. New York: Holt, 1922, p. 33. Cited by W. J. McKeachie, Psychology in America's bicentennial year. *American Psychologist,* **31,** 819–833.

James, W. (1902, reprinted 1958). *The varieties of religious experience.* New York: Mentor Books.

Jamieson, D. W., Lydon, J. E., Stewart, G., & Zanna, M. P. (1987). Pygmalion revisited: New evidence for student expectancy effects in the classroom. *Journal of Educational Psychology,* **79,** 461–466.

Janes, L. M., & Olson, J. M. (2000). Jeer pressure: The behavioral effects of observing ridicule of others. *Personality and Social Psychology Bulletin,* **26,** 474–485.

Janis, I. L. (1971, November). Groupthink. *Psychology Today,* pp. 43–46.

Janis, I. L. (1972). *Victims of groupthink.* New York: Houghton Mifflin.

Janis, I. L. (1982). Counteracting the adverse effects of concurrence-seeking in policy-planning groups: Theory and research perspectives. In H. Brandstatter, J. H. Davis, & G. Stocker-Kreichgauer (Eds.), *Group decision making.* New York: Academic Press.

Janis, I. L. (1989). Crucial decisions: Leadership in policymaking and crisis management. New York: Free Press.

Janis, I. L., Kaye, D., & Kirschner, P. (1965). Facilitating effects of eating while reading on responsiveness to persuasive communications. *Journal of Personality and Social Psychology,* **1,** 181–186.

Janis, I. L., & Mann, L. (1977). *Decision-making: A psychological analysis of conflict, choice and commitment.* New York: Free Press.

Jankowiak, W. R., & Fischer, E. F. (1992). A cross-cultural perspective on romantic love. *Ethnology,* **31,** 149–155.

Jason, L. A., Rose, T., Ferrari, J. R., & Barone, R. (1984). Personal versus impersonal methods for recruiting blood donations. *Journal of Social Psychology,* **123,** 139–140.

Jeffery, R. W., Drewnowski, A., Epstein, L. H., Stunkard, A. J., Wilson, G. T., Wing, R. R., & Hill, D. R. (2000). Long-term maintenance of weight loss: Current status. *Health Psychology,* **19,** No. 1 (Supplement), 5–16.

Jelalian, E., & Miller, A. G. (1984). The perseverance of beliefs: Conceptual perspectives and research developments. *Journal of Social and Clinical Psychology,* **2,** 25–56.

Jellison, J. M., & Green, J. (1981). A self-presentation approach to the fundamental attribution error: The norm of internality. *Journal of Personality and Social Psychology,* **40,** 643–649.

Jemmott, J. B., III., & Locke, S. E. (1984). Psychosocial factors, immunologic mediation, and human susceptibility to infectious diseases: How much do we know? *Psychological Bulletin,* **95,** 78–108.

Jenkins, A. C., Macrae, C. N., & Mitchell, J. P. (2008). Repetition suppression of ventromedial prefrontal activity during judgments of self and others. *Proceedings of the National Academy of Sciences,* **105,** 4507–4512 (www.pnas.org).

Jennings, D. L., Amabile, T. M., & Ross, L. (1982). Informal covariation assessment: Data-based vs theory-based judgments. In D. Kahneman, P. Slovic, & A. Tversky (Eds.), *Judgment under uncertainty: Heuristics and biases.* New York: Cambridge University Press.

Jervis, R. (1985). Perceiving and coping with threat: Psychological perspectives. In R. Jervis, R. N. Lebow, & J. Stein (Eds.), *Psychology and deterrence.* Baltimore: Johns Hopkins University Press.

Jetten, J., Hornsey, M. J., & Adarves-Yorno, I. (2006). When group members admit to being conformist: The role of relative intragroup status in conformity self-reports. *Personality and Social Psychology Bulletin,* **32,** 162–173.

John, O. P., & Srivastava, S. (1999). The Big Five trait taxonomy: History, measurement, and theoretical perspectives. In L. A. Pervin & O. P. John (Eds.), *Handbook of personality: Theory and research.* New York: Guilford.

Johnson, A. L., Crawford, M. T., Sherman, S. J., Rutchick, A. M., Hamilton, D. L., Ferreira, M. B., & Petrocelli, J. V. (2006). A functional perspective on group memberships: Differential need fulfilment in group typology. *Journal of Experimental Social Psychology,* **42,** 707–719.

Johnson, C. S., Olson, M. A., & Fazio, R. H. (2009). Getting acquainted in interracial interactions: Avoiding intimacy but approaching race. *Personality and Social Psychology Bulletin,* **35,** 557–571.

Johnson, D. J., & Rusbult, C. E. (1989). Resisting temptation: Devaluation of alternative partners as a means of maintaining commitment in close relationships. *Journal of Personality and Social Psychology,* **57,** 967–980.

Johnson, D. W., & Johnson, R. T. (1987). *Learning together and alone: Cooperative, competitive, and individualistic learning,* 2nd edition. Englewood Cliffs, NJ: Prentice-Hall.

Johnson, D. W., & Johnson, R. T. (1995). Teaching students to be peacemakers: Results of five years of research. *Peace and Conflict: Journal of Peace Psychology,* **1,** 417–438.

Johnson, D. W., & Johnson, R. T. (2000). The three Cs of reducing prejudice and discrimination. In S. Oskamp (Ed.), *Reducing prejudice and discrimination.* Mahwah, NJ: Erlbaum.

Johnson, D. W., & Johnson, R. T. (2003a). Field testing integrative negotiations. *Peace and Conflict,* **9,** 39–68.

Johnson, D. W., & Johnson, R. T. (2003b). Student motivation in co-operative groups: Social interdependence theory. In R. M. Gillies & A. F. Ashman (Eds.), *Co-operative learning: The social and intellectual outcomes of learning in groups.* New York: Routledge.

Johnson, D. W., & Johnson, R. T. (2004). Cooperation and the use of technology. In D. H. Jonassen (Eds.), *Handbook of research on* *educational communications and technology*, 2nd edition. Mahwah, NJ: Erlbaum.

Johnson, D. W., Maruyama, G., Johnson, R., Nelson, D., & Skon, L. (1981). Effects of cooperative, competitive, and individualistic goal structures on achievement: A meta-analysis. *Psychological Bulletin*, **89**, 47–62.

Johnson, E. J., & Goldstein, D. (2003). Do defaults save lives? *Science*, **302**, 1338–1339.

Johnson, J. A. (2007, June 26). Not so situational. Commentary on the SPSP listserv (spsp-discuss@stolaf.edu).

Johnson, J. D., Bushman, B. J., & Dovidio, J. F. (2008). Support for harmful treatment and reduction of empathy toward blacks: "Remnants" of stereotype activation involving Hurricane Katrina and "Lil' Kim." *Journal of Experimental Social Psychology*, **44**, 1506–1513.

Johnson, J. D., Jackson, L. A., & Gatto, L. (1995). Violent attitudes and deferred academic aspirations: Deleterious effects of exposure to rap music. *Basic and Applied Social Psychology*, **16**, 27–41.

Johnson, J. D., Olivo, N., Gibson, N., Reed, W., & Ashburn-Hardo, L. (2009). Priming media stereotypes reduces support for social welfare policies: The mediating role of empathy. *Personality and Social Psychology Bulletin*, **35**, 463–475.

Johnson, J. D., Trawalter, S., & Dovidio, J. F. (2000). Converging interracial consequences of exposure to violent rap music on stereotypical attributions of Blacks. *Journal of Experimental Social Psychology*, **36**, 233–251.

Johnson, J. G., Cohen, P., Smailes, E. M., Kasen, S., & Brook, J. S. (2002). Television viewing and aggressive behavior during adolescence and adulthood. *Science*, **295**, 2468–2471.

Johnson, M. H., & Magaro, P. A. (1987). Effects of mood and severity on memory processes in depression and mania. *Psychological Bulletin*, **101**, 28–40.

Johnson, P. (1988, November 25–27). Hearst seeks pardon. *USA Today*, p. 3A.

Johnson, R. D., & Downing, L. L. (1979). Deindividuation and valence of cues: Effects of prosocial and antisocial behavior. *Journal of Personality and Social Psychology*, **37**, 1532–1538.

Johnson, W., & Krueger, R. F. (2006). How money buys happiness: Genetic and environmental processes linking finances and life satisfaction. *Journal of Personality and Social Psychology*, **90**, 680–691.

Joiner, T. E., Jr. (1994). Contagious depression: Existence, specificity to depressed symptoms, and the role of reassurance seeking. *Journal of Personality and Social Psychology*, **67**, 287–296.

Joiner, T. E., Jr. (1999). The clustering and contagion of suicide. *Current Directions in Psychological Science*, **8**, 89–92.

Joinson, A. N. (2001). Self-disclosure in computer-mediated communication: The role of self-awareness and visual anonymity. *European Journal of Social Psychology*, **31**, 177–192.

Joly-Mascheroni, R. M., Senju, A., & Shepherd, A. J. (2008). Dogs catch human yawns. *Biology Letters*, **4**, 446–448.

Jonas, K. (1992). Modelling and suicide: A test of the Werther effect. *British Journal of Social Psychology*, **31**, 295–306.

Jones, C. S., & Kaplan, M. F. (2003). The effects of racially stereotypical crimes on juror decision-making and information-processing strategies. *Basic and Applied Social Psychology*, **25**, 1–13.

Jones, E. E. (1964). *Ingratiation*. New York: Appleton-Century-Crofts.

Jones, E. E. (1976). How do people perceive the causes of behavior? *American Scientist*, **64**, 300–305.

Jones, E. E., & Davis, K. E. (1965). From acts to dispositions: The attribution process in person perception. In L. Berkowitz (Ed.), *Advances in experimental social psychology* (Vol. 2). New York: Academic Press.

Jones, E. E., & Harris, V. A. (1967). The attribution of attitudes. *Journal of Experimental Social Psychology*, **3**, 2–24.

Jones, E. E., & Nisbett, R. E. (1971). *The actor and the observer: Divergent perceptions of the causes of behavior*. Morristown, NJ: General Learning Press.

Jones, E. E., Rhodewalt, F., Berglas, S., & Skelton, J. A. (1981). Effects of strategic self-presentation on subsequent self-esteem. *Journal of Personality and Social Psychology*, **41**, 407–421.

Jones, E. E., Rock, L., Shaver, K. G., Goethals, G. R., & Ward, L. M. (1968). Pattern of performance and ability attribution: An unexpected primacy effect. *Journal of Personality and Social Psychology*, **10**, 317–340.

Jones, E. E., Williams, K. D., & Brewer, N. (2008). "I had a confidence epiphany!" Obstacles to combating post-identification confidence inflation. *Law and Human Behavior*, **32**, 164–176.

Jones, J. M. (1988). Piercing the veil: Bi-cultural strategies for coping with prejudice and racism. Invited address at the national conference "Opening Doors: An Appraisal of Race Relations in America," University of Alabama, June 11.

Jones, J. M. (2003). TRIOS: A psychological theory of the African legacy in American culture. *Journal of Social Issues*, **59**, 217–242.

Jones, J. M. (2003, April 4). Blacks show biggest decline in support for war compared with 1991. Gallup Poll (www.gallup.com).

Jones, J. M. (2004). TRIOS: A model for coping with the universal context of racism? In G. Philogène (Ed.), *Racial identity in context: The legacy of Kenneth B. Clark*. Washington, DC: American Psychological Association.

Jones, J. T., & Cunningham, J. D. (1996). Attachment styles and other predictors of relationship satisfaction in dating couples. *Personal Relationships*, **3**, 387–399.

Jones, J. T., Pelham, B. W., Carvallo, M., & Mirenberg, M. C. (2004). How do I love thee? Let me count the Js: Implicit egotism and interpersonal attraction. *Journal of Personality and Social Psychology*, **87**, 665–683.

Jones, J. T., Pelham, B. W., & Mirenberg, M. C. (2002). Name letter preferences are not merely mere exposure: Implicit egotism as self-regulation. *Journal of Experimental Social Psychology*, **38**, 170–177.

Jones, R. A., & Brehm, J. W. (1970). Persuasiveness of one- and two-sided communications as a function of awareness there are two sides. *Journal of Experimental Social Psychology*, **6**, 47–56.

Jones, T. F., & 7 others. (2000). Mass psychogenic illness attributed to toxic exposure at a high school. *New England Journal of Medicine*, **342**, 96–100.

Jones, W. H., Carpenter, B. N., & Quintana, D. (1985). Personality and interpersonal predictors of loneliness in two cultures. *Journal of Personality and Social Psychology*, **48**, 1503–1511.

Josephson, W. L. (1987). Television violence and children's aggression: Testing the priming, social script, and disinhibition predictions. *Journal of Personality and Social Psychology*, **53**, 882–890.

Jost, J. T., & Kay, A. C. (2005). Exposure to benevolent sexism and complementary gender stereotypes: Consequences for specific and diffuse forms of system justification. *Journal of Personality and Social Psychology*, **88**, 498–509.

Jourard, S. M. (1964), *The transparent self*. Princeton, NJ: Van Nostrand.

Jourden, F. J., & Heath, C. (1996). The evaluation gap in performance perceptions: Illusory perceptions of groups and individuals. *Journal of Applied Psychology*, **81**, 369–379.

Judd, C. M., Blair, I. V., & Chapleau, K. M. (2004). Automatic stereotypes vs. automatic prejudice: Sorting out the possibilities in the Payne (2001) weapon paradigm. *Journal of Experimental Social Psychology*, **40**, 75–81.

Jussim, L. (1986). Self-fulfilling prophecies: A theoretical and integrative review. *Psychological Review*, **93**, 429–445.

Jussim, L. (2005). Accuracy in social perception: Criticisms, controversies, criteria, components and cognitive processes. *Advances in Experimental Social Psychology*, **37**, 1–93.

Jussim, L., & Harber, K. D. (2005). Teacher expectations and self-fulfilling prophecies: Knowns and unknowns, resolved and unresolved controversies. *Personality and Social Psychology Review*, **9**, 131–155.

Jussim, L., McCauley, C. R., & Lee, Y-T. (1995). Introduction: Why study stereotype accuracy and inaccuracy? In Y. T. Lee, L. Jussim, & C. R. McCauley (Eds.), *Stereotypes accuracy: Toward appreciating group differences*. Washington, DC: American Psychological Association.

Kagan, J. (1989). Temperamental contributions to social behavior. *American Psychologist*, **44**, 668–674.

Kagan, J. (2009). Historical selection. *Review of General Psychology*, **13**, 77–88.

Kagehiro, D. K. (1990). Defining the standard of proof in jury instructions. *Psychological Science*, **1**, 194–200.

Kahle, L. R., & Berman, J. (1979). Attitudes cause behaviors: A cross-lagged panel analysis. *Journal of Personality and Social Psychology*, **37**, 315–321.

Kahlor, L., & Morrison, D. (2007). Television viewing and rape myth acceptance among college women. *Sex Roles*, **56**, 729–739.

Kahn, M. W. (1951). The effect of severe defeat at various age levels on the aggressive behavior of mice. *Journal of Genetic Psychology*, **79**, 117–130.

Kahneman, D., & Miller, D. T. (1986). Norm theory: Comparing reality to its alternatives. *Psychological Review*, **93**, 75–88.

Kahneman, D., & Renshon, J. (2007, January/February). Why hawks win. *Foreign Policy* (www.foreignpolicy.com).

Kahneman, D., & Snell, J. (1992). Predicting a changing taste: Do people know what they will like? *Journal of Behavioral Decision Making*, **5**, 187–200.

Kahneman, D., & Tversky, A. (1979). Intuitive prediction: Biases and corrective procedures. *Management Science*, **12**, 313–327.

Kahneman, D., & Tversky, A. (1995). Conflict resolution: A cognitive perspective. In K. Arrow, R. Mnookin, L. Ross, A. Tversky, & R. Wilson

(Eds.), *Barriers to the negotiated resolution of conflict.* New York: Norton.

Kaiser Family Foundation. (2001). National survey. Most gays and lesbians see greater acceptance. News release, November 13, 2001 (www.kff.org).

Kaiser Family Foundation. (2005, November 9). *Sex on TV4* (www.kff.org).

Kalick, S. M. (1977). *Plastic surgery, physical appearance, and person perception.* Unpublished doctoral dissertation, Harvard University. Cited by E. Berscheid in An overview of the psychological effects of physical attractiveness and some comments upon the psychological effects of knowledge of the effects of physical attractiveness. In W. Lucker, K. Ribbens, & J. A. McNamera (Eds.), *Logical aspects of facial form* (craniofacial growth series). Ann Arbor: University of Michigan Press, 1981.

Kalven, H., Jr., & Zeisel, H. (1966). *The American jury.* Chicago: University of Chicago Press.

Kameda, T., & Sugimori, S. (1993). Psychological entrapment in group decision making: An assigned decision rule and a groupthink phenomenon. *Journal of Personality and Social Psychology,* **65,** 282–292.

Kammer, D. (1982). Differences in trait ascriptions to self and friend: Unconfounding intensity from variability. *Psychological Reports,* **51,** 99–102.

Kanagawa, C., Cross, S. E., & Markus, H. R. (2001). "Who am I?" The cultural psychology of the conceptual self. *Personality and Social Psychology Bulletin,* **27,** 90–103.

Kanazawa, S., & Kovar, J. L. (2004). Why beautiful people are more intelligent. *Intelligence,* **32,** 227–243.

Kandel, D. B. (1978). Similarity in real-life adolescent friendship pairs. *Journal of Personality and Social Psychology,* **36,** 306–312.

Kanekar, S., & Nazareth, A. (1988). Attributed rape victim's fault as a function of her attractiveness, physical hurt, and emotional disturbance. *Social Behaviour,* **3,** 37–40.

Kanten, A. B., & Teigen, K. H. (2008). Better than average and better with time: Relative evaluations of self and others in the past, present, and future. *European Journal of Social Psychology,* **38,** 343–353.

Kaplan, M. F. (1989). Task, situational, and personal determinants of influence processes in group decision making. In E. J. Lawler (Ed.), *Advances in group processes* (Vol. 6). Greenwich, CT: JAI Press.

Kaplan, M. F., & Martin, A. M. (2006). *Understanding world jury systems through social psychological research.* Florence, KY: Taylor and Francis.

Kaplan, M. F., & Schersching, C. (1980). Reducing juror bias: An experimental approach. In P. D. Lipsitt & B. D. Sales (Eds.), *New directions in psycholegal research* (pp. 149–170). New York: Van Nostrand Reinhold.

Kaplan, M. F., Wanshula, L. T., & Zanna, M. P. (1993). Time pressure and information integration in social judgment: The effect of need for structure. In O. Svenson & J. Maule (Eds.), *Time pressure and stress in human judgment and decision making.* Cambridge, England: Cambridge University Press.

Kaprio, J., Koskenvuo, M., & Rita, H. (1987). Mortality after bereavement: A prospective study of 95,647 widowed persons. *American Journal of Public Health,* **77,** 283–287.

Karau, S. J., & Williams, K. D. (1993). Social loafing: A meta-analytic review and theoretical integration. *Journal of Personality and Social Psychology,* **65,** 681–706.

Karau, S. J., & Williams, K. D. (1997). The effects of group cohesiveness on social loafing and compensation. *Group Dynamics: Theory, Research, and Practice,* **1,** 156–168.

Karney, B. R., & Bradbury, T. N. (1995). The longitudinal course of marital quality and stability: A review of theory, method, and research. *Psychological Bulletin,* **118,** 3–34.

Karney, B. R., & Bradbury, T. N. (1997). Neuroticism, marital interaction, and the trajectory of marital satisfaction. *Journal of Personality and Social Psychology,* **72,** 1075–1092.

Kasen, S., Chen, H., Sneed, J., Crawford, T., & Cohen, P. (2006). Social role and birth cohort influences on gender-linked personality traits in women: A 20-year longitudinal analysis. *Journal of Personality and Social Psychology,* **91,** 944–958.

Kashima, E. S., & Kashima, Y. (1998). Culture and language: the case of cultural dimensions and personal pronoun use. *Journal of Cross-Cultural Psychology,* **29,** 461–486.

Kashima, Y., & Kashima, E. S. (2003). Individualism, GNP, climate, and pronoun drop: Is individualism determined by affluence and climate, or does language use play a role? *Journal of Cross-Cultural Psychology,* **34,** 125–134.

Kasser, T. (2000). Two versions of the American dream: Which goals and values make for a high quality of life? In E. Diener and D. Rahtz (Eds.), *Advances in quality of life: Theory and research.* Dordrecht, Netherlands: Kluwer.

Kasser, T. (2002). *The high price of materialism.* Cambridge, MA: MIT Press.

Kassin, S. M., Goldstein, C. C., & Savitsky, K. (2003). Behavioral confirmation in the interrogation room: On the dangers of presuming guilt. *Law and Human Behavior,* **27,** 187–203.

Kassin, S. M., Tubb, V. A., Hosch, H. M., & Memon, A. (2001). On the "general acceptance" of eyewitness testimony research: A new survey of the experts. *American Psychologist,* **56,** 405–416.

Kassin, S. M., & Wrightsman, L. S. (1979). On the requirements of proof: The timing of judicial instruction and mock juror verdicts. *Journal of Personality and Social Psychology,* **37,** 1877–1887.

Katz, E. (1957). The two-step flow of communication: An up-to-date report on a hypothesis. *Public Opinion Quarterly,* **21,** 61–78.

Katz, I., Cohen, S., & Glass, D. (1975). Some determinants of cross-racial helping behavior. *Journal of Personality and Social Psychology,* **32,** 964–970.

Katz, J., Beach, S. R. H., & Joiner, T. E., Jr. (1999). Contagious depression in dating couples. *Journal of Social and Clinical Psychology,* **18,** 1–13.

Katzev, R., Edelsack, L., Steinmetz, G., & Walker, T. (1978). The effect of reprimanding transgressions on subsequent helping behavior: Two field experiments. *Personality and Social Psychology Bulletin,* **4,** 126–129.

Katzev, R., & Wang, T. (1994). Can commitment change behavior? A case study of environmental actions. *Journal of Social Behavior and Personality,* **9,** 13–26.

Kaufman, J., & Zigler, E. (1987). Do abused children become abusive parents? *American Journal of Orthopsychiatry,* **57,** 186–192.

Kawachi, I., Kennedy, B. P., & Wilkinson, R. G. (1999). Crime: Social disorganization and relative deprivation. *Social Science and Medicine,* **48,** 719–731.

Kawachi, I., Kennedy, B. P., Wilkinson, R. G., & Kawachi, K. W. (Eds.). (1999). *Society and population health reader: Income inequality and health.* New York: New Press.

Kawakami, K., Dovidio, J. F., Moll, J., Hermsen, S., & Russin, A. (2000). Just say no (to stereotyping): Effects of training in the negation of stereotypic associations on stereotype activation. *Journal of Personality and Social Psychology,* **78,** 871–888.

Kawakami, K., Dunn, E., Kiarmali, F., & Dovidio, J. F. (2009). Mispredicting affective and behavioral responses to racism. *Science,* **323,** 276–278.

Keating, J. P., & Brock, T. C. (1974). Acceptance of persuasion and the inhibition of counterargumentation under various distraction tasks. *Journal of Experimental Social Psychology,* **10,** 301–309.

Kebbell, M. R., Milne, R., & Wagstaff, G. F. (1999). The cognitive interview: A survey of its forensic effectiveness. *Psychology, Crime, and Law,* **5,** 101–115.

Keizer, K., Lindenberg, S., & Steg, L. (2008). The spreading of disorder. *Science,* **322,** 1681–1685.

Keller, E. B., & Berry, B. (2003). *The influentials: One American in ten tells the other nine how to vote, where to eat, and what to buy.* New York: Free Press.

Keller, J., & Dauenheimer, D. (2003). Stereotype threat in the classroom: Dejection mediates the disrupting threat effect on women's math performance. *Personality and Social Psychology Bulletin,* **29,** 371–381.

Kellerman, J., Lewis, J., & Laird, J. D. (1989). Looking and loving: The effects of mutual gaze on feelings of romantic love. *Journal of Research in Personality,* **23,** 145–161.

Kellermann, A. L. (1997). Comment: Gunsmoke—changing public attitudes toward smoking and firearms. *American Journal of Public Health,* **87,** 910–912.

Kellermann, A. L., & 9 others. (1993). Gun ownership as a risk factor for homicide in the home. *New England Journal of Medicine,* **329,** 1984–1991.

Kelley, H. H. (1973). The process of causal attribution. *American Psychologist,* **28,** 107–128.

Kelley, H. H. & Stahelski, A. J. (1970). The social interaction basis of cooperators' and competitors' beliefs about others. *Journal of Personality and Social Psychology,* **16,** 66–91.

Kelley, K., Dawson, L., & Musialowski, D. M. (1989). Three faces of sexual explicitness: The good, the bad, and the useful. In D. Zillmann & J. Bryant (Eds.), *Pornography: Reesearch advances and policy considerations.* Hillsdale, NJ: Erlbaum.

Kelly, D. J., Liu, S., Ge, L., Quinn, P. C., Slater, A. M., Lee, K., Liu, Q., & Pascalis, O. (2007). Cross-race preferences for same-race faces extended beyond the African versus Caucasian contrast in 3-month-old infants. *Infancy,* **11,** 87–95.

Kelly, D. J., Quinn, P. C., Slater, A. M., Lee, K., Ge, L., & Pascalis, O. (2007). The other-race effect develops during infancy: Evidence of perceptual narrowing. *Psychological Science,* **18,** 1084–1089.

Kelly, D. J., Quinn, P. C., Slater, A. M., Lee, K., Gibson, A., Smith, M., Ge, L., & Y Pascalis, O. (2005). Three-month-olds, but not newborns prefer own-race faces. *Developmental Science,* **8,** F31–F36.

Kelman, H. C. (1997). Group processes in the resolution of international conflicts: Experiences from the Israeli-Palestinian case. *American Psychologist,* **52,** 212–220.

Kelman, H. C. (1998). Building a sustainable peace: The limits of pragmatism in the Israeli-Palestinian negotiations. Address to the American Psychological Association convention.

Kelman, H. C. (2007). The Israeli-Palestinian peace process and its vicissitudes: Insights from attitude theory. *American Psychologist,* **62,** 287–303.

Kelman, H. C. (2008). Evaluating the contributions of interactive problem solving to the resolution of ethnonational conflicts. *Peace and Conflict,* **14,** 29–60.

Kendler, K. S., Neale, M., Kessler, R., Heath, A., & Eaves, L. (1993). A twin study of recent life events and difficulties. *Archives of General Psychiatry,* **50,** 789–796.

Kennedy, D. (2006). New year, new look, old problem. *Science,* **311,** 15.

Kennedy, J. F. (1956). *Profiles in courage.* New York: Harper.

Kennedy, K. A., & Pronin, E. (2008). When disagreement gets ugly: Perceptions of bias and the escalation of conflict. *Personality and Social Psychology Bulletin,* **34,** 833–848.

Kenny, D. A., & Acitelli, L. K. (2001). Accuracy and bias in the perception of the partner in a close relationship. *Journal of Personality and Social Psychology,* **80,** 439–448.

Kenny, D. A., & Nasby, W. (1980). Splitting the reciprocity correlation. *Journal of Personality and Social Psychology,* **38,** 249–256.

Kenrick, D. T. (1987). Gender, genes, and the social environment: A biosocial interactionist perspective. In P. Shaver & C. Hendrick (Eds.), *Sex and gender: Review of personality and social psychology* (Vol. 7). Beverly Hills, CA: Sage.

Kenrick, D. T., & Gutierres, S. E. (1980). Contrast effects and judgments of physical attractiveness: When beauty becomes a social problem. *Journal of Personality and Social Psychology,* **38,** 131–140.

Kenrick, D. T., Gutierres, S. E., & Goldberg, L. L. (1989). Influence of popular erotica on judgments of strangers and mates. *Journal of Experimental Social Psychology,* **25,** 159–167.

Kenrick, D. T., & MacFarlane, S. W. (1986). Ambient temperature and horn-honking: A field study of the heat/aggression relationship. *Environment and Behavior,* **18,** 179–191.

Kenrick, D. T., Nieuweboer, S., & Buunk, A. P. (2009). Universal mechanisms and cultural diversity: Replacing the blank slate with a coloring book. In M. Schaller, A. Norenzayan, S. Heine, T. Yamagishi, & T. Kameda (Eds.), *Evolution, culture, and the human mind.* New York: Psychology Press.

Kenrick, D. T., & Trost, M. R. (1987). A biosocial theory of heterosexual relationships. In K. Kelly (Ed.), *Females, males, and sexuality.* Albany: State University of New York Press.

Kenworthy, J. B., Hewstone, M., Levine, J. M., Martin, R., & Willis, H. (2008). The phenomenology of minority-majority status: Effects of innovation in argument generation. *European Journal of Social Psychology,* **38,** 624–636.

Kernis, M. H. (2003). High self-esteem: A differentiated perspective. In E. C. Chang & L. J. Sanna (Eds.), *Virtue, vice, and personality: The complexity of behavior.* Washington, DC: APA Books.

Kerr, N. (1999). Behind the scenes. In D. G. Myers, *Social psychology,* 6th edition. New York: McGraw-Hill.

Kerr, N. L. (1978). Severity of prescribed penalty and mock jurors' verdicts. *Journal of Personality and Social Psychology,* **36,** 1431–1442.

Kerr, N. L. (1981a). Effects of prior juror experience on juror behavior. *Basic and Applied Social Psychology,* **2,** 175–193.

Kerr, N. L. (1981b). Social transition schemes: Charting the group's road to agreement. *Journal of Personality and Social Psychology,* **41,** 684–702.

Kerr, N. L. (1983). Motivation losses in small groups: A social dilemma analysis. *Journal of Personality and Social Psychology,* **45,** 819–828.

Kerr, N. L. (1989). Illusions of efficacy: The effects of group size on perceived efficacy in social dilemmas. *Journal of Experimental Social Psychology,* **25,** 287–313.

Kerr, N. L. (1992). Norms in social dilemmas. In D. Schroeder (Ed.), *Social dilemmas: Psychological perspectives.* New York: Praeger.

Kerr, N. L., Atkin, R. S., Stasser, G., Meek, D., Holt, R. W., & Davis, J. H. (1976). Guilt beyond a reasonable doubt: Effects of concept definition and assigned decision rule on the judgments of mock jurors. *Journal of Personality and Social Psychology,* **34,** 282–294.

Kerr, N. L., & Bray, R. M. (2005). Simulation, realism, and the study of the jury. In N. Brewer & K. D. Williams (Eds.), *Psychology and law: An empirical perspective.* New York: Guilford.

Kerr, N. L., & Bruun, S. E. (1981). Ringelmann revisited: Alternative explanations for the social loafing effect. *Personality and Social Psychology Bulletin,* **7,** 224–231.

Kerr, N. L., Garst, J., Lewandowski, D. A., & Harris, S. E. (1997). That still, small voice: Commitment to cooperate as an internalized versus a social norm. *Personality and Social Psychology Bulletin,* **23,** 1300–1311.

Kerr, N. L., Harmon, D. L., & Graves, J. K. (1982). Independence of multiple verdicts by jurors and juries. *Journal of Applied Social Psychology,* **12,** 12–29.

Kerr, N. L., & Kaufman-Gilliland, C. M. (1994). Communication, commitment, and cooperation in social dilemmas. *Journal of Personality and Social Psychology,* **66,** 513–529.

Kerr, N. L. & Kaufman-Gilliland, C. M. (1997). "... and besides, I probably couldn't have made a difference anyway": Justification of social dilemma defection via perceived self-inefficacy. *Journal of Experimental Social Psychology,* **33,** 211–230.

Kerr, N. L., & MacCoun, R. J. (1985). The effects of jury size and polling method on the process and product of jury deliberation. *Journal of Personality and Social Psychology,* **48,** 349–363.

Kerr, N. L., Messé, L. A., Seok, D-H., Sambolec, E. J., Lount, R. B., Jr., & Park, E. S. (2007). Psychological mechanisms underlying the Köhler motivation gain. *Personality and Social Psychology Bulletin,* **33,** 828–841.

Kerr, R. A. (2007a). Scientists tell policymakers we're all warming the world. *Science,* **315,** 754–757.

Kerr, R. A. (2007b). How urgent is climate change? *Science,* **318,** 1230–1231.

Kerr, R. A. (2007c). Is battered Arctic Sea ice down for the count? *Science,* **318,** 33.

Kerr, R. A. (2007d). Pushing the scary side of global warming. *Science,* **316,** 1412–1415.

Kessler, T., & Mummendey, A. (2001). Is there any scapegoat around? Determinants of intergroup conflicts at different categorization levels. *Journal of Personality and Social Psychology,* **81,** 1090–1102.

Kidd, J. B., & Morgan, J. R. (1969). A predictive information system for management. *Operational Research Quarterly,* **20,** 149–170.

Kiecolt-Glaser, J. K., Loving, T. J., Stowell, J. R., Malarkey, W. B., Lemeshow, S., Dickinson, S. L., & Glaser, R. (2005). Hostile marital interactions, proinflammatory cytokine production, and wound healing. *Archives of General Psychiatry,* **62,** 1377–1384.

Kiecolt-Glaser, J. K., Malarkey, W. B., Chee, M., Newton, T., Cacioppo, J. T., Mao, H-Y., & Glaser, R. (1993). Negative behavior during marital conflict is associated with immunological down-regulation. *Psychosomatic Medicine,* **55,** 395–409.

Kiesler, C. A. (1971). *The psychology of commitment: Experiments linking behavior to belief.* New York: Academic Press.

Kihlstrom, J. F. (1994). The social construction of memory. Address to the American Psychological Society convention.

Kihlstrom, J. F., & Cantor, N. (1984). Mental representations of the self. In L. Berkowitz (Ed.), *Advances in experimental social psychology* (Vol. 17). New York: Academic Press.

Kim, H., & Markus, H. R. (1999). Deviance of uniqueness, harmony or conformity? A cultural analysis. *Journal of Personality and Social Psychology,* **77,** 785–800.

Kim, H. S., & Sherman, D. K. (2007). "Express yourself": Culture and the effect of self-expression on choice. *Journal of Personality and Social Psychology,* **92,** 1–11.

Kimmel, A. J. (1998). In defense of deception. *American Psychologist,* **53,** 803–805.

Kinder, D. R., & Sears, D. O. (1985). Public opinion and political action. In G. Lindzey & E. Aronson (Eds.), *The handbook of social psychology,* 3rd edition. New York: Random House.

King, L. A. (2001). The health benefits of writing about life goals. *Personality and Social Psychology Bulletin,* **27,** 798–807.

Kingdon, J. W. (1967). Politicians' beliefs about voters. *The American Political Science Review,* **61,** 137–145.

Kingston, D. A., Fedoroff, P., Firestone, P., Curry, S., & Bradford, J. M. (2008). Pornography use and sexual aggression: The impact of frequency and type of pornography use on recidivism among sexual offenders. *Aggressive Behavior,* **34,** 341–351.

Kingston, D. A., Malamuth, N. M., Fedoroff, P., & Marshall, W. L. (2009). The importance of individual differences in pornography use: Theoretical perspectives and implications for treating sexual offenders. *Journal of Sex Research,* **46,** 216–232.

Kinnier, R. T., & Metha, A. T. (1989). Regrets and priorities at three stages of life. *Counseling and Values,* **33,** 182–193.

Kinsley, M. (2003, April 21). The power of one. *Time*, p. 86.

Kirsh, S. J. (2006). Cartoon violence and aggression in youth. *Aggression and Violent Behavior*, **11**, 547–557.

Kitayama, S. (1996). The mutual constitution of culture and the self: Implications for emotion. Paper presented to the American Psychological Society convention.

Kitayama, S. (1999). Behind the scenes. In D. G. Myers, *Social Psychology*, 6th edition. New York: McGraw-Hill.

Kitayama, S., & Karasawa, M. (1997). Implicit self-esteem in Japan: Name letters and birthday numbers. *Personality and Social Psychology Bulletin*, **23**, 736–742.

Kitayama, S., & Markus, H. R. (1995). Culture and self: Implications for internationalizing psychology. In N. R. Godlberger & J. B. Veroff (Eds.), *The culture and psychology reader*. New York: New York University Press.

Kitayama, S., & Markus, H. R. (2000). The pursuit of happiness and the realization of sympathy: Cultural patterns of self, social relations, and well-being. In E. Diener & E. M. Suh (Eds.), *Subjective well-being across cultures*. Cambridge, MA: MIT Press.

Kite, M. E. (2001). Changing times, changing gender roles: Who do we want women and men to be? In R. K. Unger (Ed.), *Handbook of the psychology of women and gender*. New York: Wiley.

Klaas, E. T. (1978). Psychological effects of immoral actions: The experimental evidence. *Psychological Bulletin*, **85**, 756–771.

Klapwijk, A., & Van Lange, P. A. M. (2009). Promoting cooperation and trust in "noisy" situations: The power of generosity. *Journal of Personality and Social Psychology*, **96**, 83–103.

Klauer, K. C., & Voss, A. (2008). Effects of race on responses and response latencies in the weapon identification task: A test of six models. *Personality and Social Psychology Bulletin*, **34**, 1124–1140.

Kleck, R. E., & Strenta, A. (1980). Perceptions of the impact of negatively valued physical characteristics on social interaction. *Journal of Personality and Social Psychology*, **39**, 861–873.

Klein, I., & Snyder, M. (2003). Stereotypes and behavioral confirmation: From interpersonal to intergroup perspectives. *Advances in Experimental Social Psychology*, **35**, 153–235.

Klein, J. G. (1991). Negative effects in impression formation: A test in the political arena. *Personality and Social Psychology Bulletin*, **17**, 412–418.

Klein, O., Snyder, M., & Livingston, R. W. (2004). Prejudice on the stage: Self-monitoring and the public expression of group attitudes. *British Journal of Social Psychology*, **43**, 299–314.

Klein, W. M., & Kunda, Z. (1992). Motivated person perception: Constructing justifications for desired beliefs. *Journal of Experimental Social Psychology*, **28**, 145–168.

Kleinke, C. L. (1977). Compliance to requests made by gazing and touching experimenters in field settings. *Journal of Experimental Social Psychology*, **13**, 218–223.

Kleinke, C. L., Peterson, T. R., & Rutledge, R. R. (1998). Effects of self-generated facial expressions on mood. *Journal of Personality and Social Psychology*, **74**, 272–279.

Klentz, B., Beaman, A. L., Mapelli, S. D., & Ullrich, J. R. (1987). Perceived physical attractiveness of supporters and nonsupporters of the women's movement: An attitude-similarity-mediated error (AS-ME). *Personality and Social Psychology Bulletin*, **13**, 513–523.

Klinesmith, J., Kasser, T., & McAndrew, F. T. (2006). Guns, testosterone, and aggression. *Psychological Science*, **17**(7), 568–571.

Klopfer, P. H. (1958). Influence of social interaction on learning rates in birds. *Science*, **128**, 903.

Klucharev, V., Hytönen, K., Rijpkema, M., Smidts, A., & Fernández, G. (2009). Reinforcement learning signal predicts conformity. *Neuron*, **61**, 140–151.

Knight, G. P., Fabes, R. A., & Higgins, D. A. (1996). Concerns about drawing causal inferences from meta-analyses: An example in the study of gender differences in aggression. *Psychological Bulletin*, **119**, 410–421.

Knight, J. A., & Vallacher, R. R. (1981). Interpersonal engagement in social perception: The consequences of getting into the action. *Journal of Personality and Social Psychology*, **40**, 990–999.

Knight, P. A., & Weiss, H. M. (1980). Benefits of suffering: Communicator suffering, benefitting, and influence. Paper presented at the American Psychological Association convention.

Knowles, E. D., & Peng, K. (2005). White selves: Conceptualizing and measuring a dominant-group identity. *Journal of Personality and Social Psychology*, **89**, 223–241.

Knowles, E. S. (1983). Social physics and the effects of others: Tests of the effects of audience size and distance on social judgment and behavior. *Journal of Personality and Social Psychology*, **45**, 1263–1279.

Knox, R. E., & Inkster, J. A. (1968). Postdecision dissonance at post-time. *Journal of Personality and Social Psychology*, **8**, 319–323.

Knudson, R. M., Sommers, A. A., & Golding, S. L. (1980). Interpersonal perception and mode of resolution in marital conflict. *Journal of Personality and Social Psychology*, **38**, 751–763.

Koehler, D. J. (1991). Explanation, imagination, and confidence in judgment. *Psychological Bulletin*, **110**, 499–519.

Koehler, J. J., & Macchi, L. (2004). Thinking about low-probability events. *Psychological Science*, **15**, 540–546.

Koenig, L. B., McGue, M., & Iacono, W. G. (2008). Stability and change in religiousness during emerging adulthood. *Developmental Psychology*, **44**, 531–543.

Koestner, R. F. (1993). False consensus effects for the 1992 Canadian referendum. Paper presented at the American Psychological Association convention.

Koestner, R., & Wheeler, L. (1988). Self-presentation in personal advertisements: The influence of implicit notions of attraction and role expectations. *Journal of Social and Personal Relationships*, **5**, 149–160.

Kohnken, G., Milne, R., Memon, A., & Bull, R. (1999). The cognitive interview: A meta-analysis. *Psychology, Crime, and Law*, **5**, 3–27.

Kolata, G., & Peterson, I. (2001, July 21). New way to insure eyewitnesses can ID the right bad guy. *New York Times* (www.nytimes.com).

Kolivas, E. D., & Gross, A. M. (2007). Assessing sexual aggression: Addressing the gap between rape victimization and perpetration prevalence rates. *Aggression and Violent Behavior*, **12**, 315–328.

Komorita, S. S., & Barth, J. M. (1985). Components of reward in social dilemmas. *Journal of Personality and Social Psychology*, **48**, 364–373.

Konrad, A. M., Ritchie, J. E., Jr., Lieb, P., & Corrigall, E. (2000). Sex differences and similarities in job attribute preferences: A meta-analysis. *Psychological Bulletin*, **126**, 593–641.

Koo, M., Algoe, S. B., Wilson, T. D., & Gilbert, D. T. (2008). It's a wonderful life: Mentally subtracting positive events improves people's affective states, contrary to their affective forecasts. *Journal of Personality and Social Psychology*, **95**, 1217–1224.

Koole, S. L., Dijksterhuis, A., & van Knippenberg, A. (2001). What's in a name? Implicit self-esteem and the automatic self. *Journal of Personality and Social Psychology*, **80**, 669–685.

Koomen, W., & Bahler, M. (1996). National stereotypes: Common representations and ingroup favouritism. *European Journal of Social Psychology*, **26**, 325–331.

Koomen, W., & Dijker, A. J. (1997). Ingroup and outgroup stereotypes and selective processing. *European Journal of Social Psychology*, **27**, 589–601.

Koop, C. E. (1987). Report of the Surgeon General's workshop on pornography and public health. *American Psychologist*, **42**, 944–945.

Koppel, M., Argamon, S., & Shimoni, A. R. (2002). Automatically categorizing written texts by author gender. *Literary and Linguistic Computing*, **17**, 401–412.

Koriat, A., Lichtenstein, S., & Fischhoff, B. (1980). Reasons for confidence. *Journal of Experimental Social Psychology: Human Learning and Memory*, **6**, 107–118.

Korn, J. H., & Nicks, S. D. (1993). The rise and decline of deception in social psychology. Poster presented at the American Psychological Society convention.

Koss, M. P., Heise, L., & Russo, N. F. (1994). The global health burden of rape. *Psychology of Women Quarterly*, **18**, 509–537.

Krackow, A., & Blass, T. (1995). When nurses obey or defy inappropriate physician orders: Attributional differences. *Journal of Social Behavior and Personality*, **10**, 585–594.

Krahé, B. (1998). Sexual aggression among adolescents: Prevalence and predictors in a German sample. *Psychology of Women Quarterly*, **22**, 537–554.

Kramer, A. E. (2008, August 32). Russia's collective farms: Hot capitalist property. *New York Times* (www.nytimes.com).

Kramer, G. P., Kerr, N. L., & Carroll, J. S. (1990). Pretrial publicity, judicial remedies, and jury bias. *Law and Human Behavior*, **14**, 409–438.

Kraus, S. J. (1995). Attitudes and the prediction of behavior: A meta-analysis of the empirical literature. *Personality and Social Psychology Bulletin*, **21**, 58–75.

Kraut, R. E. (1973). Effects of social labeling on giving to charity. *Journal of Experimental Social Psychology*, **9**, 551–562.

Kravitz, D. A., & Martin, B. (1986). Ringelmann rediscovered: The original article. *Journal of Personality and Social Psychology*, **50**, 936–941.

Krebs, D. (1970). Altruism—An examination of the concept and a review of the literature. *Psychological Bulletin*, **73**, 258–302.

Krebs, D. (1975). Empathy and altruism. *Journal of Personality and Social Psychology,* **32,** 1134–1146.

Krebs, D. L. (1998). The evolution of moral behaviors. In C. Crawford & D. L. Krebs (Eds.), *Handbook of evolutionary psychology: Ideas, issues, and applications.* Mahwah, NJ: Erlbaum.

Krebs, D., & Adinolfi, A. A. (1975). Physical attractiveness, social relations, and personality style. *Journal of Personality and Social Psychology,* **31,** 245–253.

Krendl, A. C., Richeson, J. A., Kelley, W. M., & Heatherton, T. F. (2008). The negative consequences of threat: A functional magnetic resonance imaging investigation of the neural mechanisms underlying women's underperformance in math. *Psychological Science,* **19,** 168–175.

Kressel, K., & Pruitt, D. G. (1985). Themes in the mediation of social conflict. *Journal of Social Issues,* **41,** 179–198.

Kressel, N. J., & Kressel, D. F. (2002). *Stack and sway: The new science of jury consulting.* Boulder, CO: Westview.

Krisberg, K. (2004). Successful "truth" anti-smoking campaign in funding jeopardy: New commission works to save campaign. *Medscape* (www.medscape.com).

Kristof, N. D. (2007, August 16). The big melt. *New York Times* (www.nytimes.com).

Krizan, Z., & Suls, J. (2008). Losing sight of oneself in the above-average effect: When egocentrism, focalism, and group diffuseness collide. *Journal of Experimental Social Psychology,* **44,** 929–942.

Kroger, R. O., & Wood, L. A. (1992). Are the rules of address universal? IV: Comparison of Chinese, Korean, Greek, and German usage. *Journal of Cross-Cultural Psychology,* **23,** 148–162.

Krosnick, J. A., & Alwin, D. F. (1989). Aging and susceptibility to attitude change. *Journal of Personality and Social Psychology,* **57,** 416–425.

Krosnick, J. A., & Schuman, H. (1988). Attitude intensity, importance, and certainty and susceptibility to response effects. *Journal of Personality and Social Psychology,* **54,** 940–952.

Krueger, A. (2007a, November/December). What makes a terrorist. *The American* (www.american.com).

Krueger, A. (2007b). *What makes a terrorist: Economics and the roots of terrorism.* Princeton, NJ: Princeton University Press.

Krueger, J. (1996). Personal beliefs and cultural stereotypes about racial characteristics. *Journal of Personality and Social Psychology,* **71,** 536–548.

Krueger, J., & Clement, R. W. (1994a). Memory-based judgments about multiple categories: A revision and extension of Tajfel's accentuation theory. *Journal of Personality and Social Psychology,* **67,** 35–47.

Krueger, J., & Clement, R. W. (1994b). The truly false consensus effect: An ineradicable and egocentric bias in social perception. *Journal of Personality and Social Psychology,* **67,** 596–610.

Krueger, J., & Rothbart, M. (1988). Use of categorical and individuating information in making inferences about personality. *Journal of Personality and Social Psychology,* **55,** 187–195.

Krueger, J. I. (2007). From social projection to social behaviour. *European Review of Social Psychology,* **18,** 1–35.

Krueger, J. I., & Funder, D. C. (2003a). Towards a balanced social psychology: Causes, consequences and cures for the problem-seeking approach to social behavior and cognition. *Behavioral and Brain Sciences,* **27**(3), 313–327.

Krueger, J. I., & Funder, D. C. (2003b). Social psychology: A field in search of a center. *Behavioral and Brain Sciences,* **27**(3), 361–367.

Krueger, R. F., Hicks, B. M., & McGue, M. (2001). Altruism and antisocial behavior: Independent tendencies, unique personality correlates, distinct etiologies. *Psychological Science,* **12,** 397–402.

Kruger, J., & Dunning, D. (1999). Unskilled and unaware of it: How difficulties in recognizing one's own incompetence lead to inflated self-assessments. *Journal of Personality and Social Psychology,* **77,** 1121–1134.

Kruger, J., & Evans, M. (2004). If you don't want to be late, enumerate: Unpacking reduces the planning fallacy. *Journal of Experimental Social Psychology,* **40,** 586–598.

Kruger, J., & Gilovich, T. (1999). "I cynicism" in everyday theories of responsibility assessment: On biased assumptions of bias. *Journal of Personality and Social Psychology,* **76,** 743–753.

Kruger, J., Gordon, C. L., & Kuban, J. (2006). Intentions in teasing: When "just kidding" just isn't good enough. *Journal of Personality and Social Psychology,* **90,** 412–425.

Kruger, J., & Savitsky, K. (2009). On the genesis of inflated (and deflated) judgments of responsibility. *Organizational Behavior and Human Decision Processes,* **108,** 143–152.

Kruger, J., Windschitl, P. D., Burrus, J., Fessel, F., & Chambers, J. R. (2008). The rational side of egocentrism in social comparisons. *Journal of Experimental Social Psychology,* **44,** 220–232.

Kruger, J., Wirtz, D., & Miller, D. T. (2005). Counterfactual thinking and the first instinct fallacy. *Journal of Personality and Social Psychology,* **88,** 725–735.

Kruglanski, A. W., & Ajzen, I. (1983). Bias and error in human judgment. *European Journal of Social Psychology,* **13,** 1–44.

Kruglanski, A. W., & Fishman, S. (2006). The psychology of terrorism: "Syndrome" versus "tool" perspective. *Journal of Terrorism and Political Violence,* **18**(2), 193–215.

Kruglanski, A. W., & Golec de Zavala, A. (2005) Individual motivations, the group process and organizational strategies in suicide terrorism. *Psychology and Sociology (Psycologie et sociologie).*

Kruglanski, A. W., & Webster, D. M. (1991). Group members' reactions to opinion deviates and conformists at varying degrees of proximity to decision deadline and of environmental noise. *Journal of Personality and Social Psychology,* **61,** 212–225.

Krugman, P. (2003, February 18). Behind the great divide. *New York Times* (www.nytimes.com).

Krull, D. S., Loy, M. H-M., Lin, J., Wang, C-F., Chen, S., & Zhao, X. (1999). The fundamental fundamental attribution error: Correspondence bias in individualist and collectivist cultures. *Personality and Social Psychology Bulletin,* **25,** 1208–1219.

Kubany, E. S., Bauer, G. B., Pangilinan, M. E., Muroka, M. Y., & Enriquez, V. G. (1995). Impact of labeled anger and blame in intimate relationships. *Journal of Cross-Cultural Psychology,* **26,** 65–83.

Kubey, R., & Csikszentmihalyi, M. (2002, February). Television addiction is no mere metaphor. *Scientific American,* **286,** 74–82.

Kugihara, N. (1999). Gender and social loafing in Japan. *Journal of Social Psychology,* **139,** 516–526.

Kuiper, N. A., & Higgins, E. T. (1985). Social cognition and depression: A general integrative perspective. *Social Cognition,* **3,** 1–15.

Kull, S. (2003, June 4). Quoted in "Many Americans unaware WMD have not been found." Program on International Policy Attitudes (http://pipa.org/whatsnew/html/new_6_04_03.html).

Kunda, Z., & Oleson, K. C. (1995). Maintaining stereotypes in the face of disconfirmation: Constructing grounds for subtyping deviants. *Journal of Personality and Social Psychology,* **68,** 565–579.

Kunda, Z., & Oleson, K. C. (1997). When exceptions prove the rule: How extremity of deviance determines the impact of deviant examples on stereotypes. *Journal of Personality and Social Psychology,* **72,** 965–979.

Kunda, Z., & Sherman-Williams, B. (1993). Stereotypes and the construal of individuating information. *Personality and Social Psychology Bulletin,* **19,** 90–99.

Kunda, Z., & Spencer, S. J. (2003). When do stereotypes come to mind and when do they color judgment? A goal-based theoretical framework for stereotype activation and application. *Psychological Bulletin,* **129,** 522–544.

Kunkel, D. (2001, February 4). Sex on TV. Menlo Park, CA: Henry J. Kaiser Family Foundation (www.kff.org).

Kunst-Wilson, W. R., & Zajonc, R. B. (1980). Affective discrimination of stimuli that cannot be recognized. *Science,* **207,** 557–558.

Kupper, N., & Denollet, J. (2007). Type D personality as a prognostic factor in heart disease: Assessment and mediating mechanisms. *Journal of Personality Assessment,* **89,** 265–276.

Kurzman, D. (2004). *No greater glory: The four immortal chaplains and the sinking of the Dorchester in World War II.* New York: Random House.

Lacey, M. (2004, April 9). A decade after massacres, Rwanda outlaws ethnicity. *New York Times* (www.nytimes.com).

Lafferty, E. (1994, November 14). Now, a jury of his peers. *Time,* p. 64.

LaFrance, M. (1985). Does your smile reveal your status? *Social Science News Letter,* **70** (Spring), 15–18.

LaFrance, M., Hecht, M. A., & Paluck, E. L. (2003). The contingent smile: A meta-analysis of sex differences in smiling. *Psychological Bulletin,* **129,** 305–334.

LaFromboise, T., Coleman, H. L. K., & Gerton, J. (1993). Psychological impact of biculturalism: Evidence and theory. *Psychological Bulletin,* **114,** 395–412.

Lagerspetz, K. (1979). Modification of aggressiveness in mice. In S. Feshbach & A. Fraczek (Eds.), *Aggression and behavior change.* New York: Praeger.

Lagerspetz, K. M. J., Bjorkqvist, K., Berts, M., & King, E. (1982). Group aggression among school children in three schools. *Scandinavian Journal of Psychology,* **23,** 45–52.

Laird, J. D. (1974). Self-attribution of emotion: The effects of expressive behavior on the quality of emotional experience. *Journal of Personality and Social Psychology, 29,* 475–486.

Laird, J. D. (1984). The real role of facial response in the experience of emotion: A reply to Tourangeau and Ellsworth, and others. *Journal of Personality and Social Psychology, 47,* 909–917.

Lakin, J. L., & Chartrand, T. L. (2003). Using nonconscious behavioral mimicry to create affiliation and rapport. *Psychological Science, 14,* 334-339.

Lakin, J. L., Chartrand, T. L., & Arkin, R. M. (2008). I am too just like you: Nonconscious mimicry as an automatic behavioral responses to social exclusion. *Psychological Science, 19,* 816–821.

Lalancette, M-F., & Standing, L. (1990). Asch fails again. *Social Behavior and Personality, 18,* 7–12.

Lalonde, R. N. (1992). The dynamics of group differentiation in the face of defeat. *Personality and Social Psychology Bulletin, 18,* 336–342.

Lalwani, A. K., Shavitt, S., & Johnson, T. (2006). What is the relation between cultural orientation and socially desirable responding? *Journal of Personality and Social Psychology, 90,* 165–178.

Lamal, P. A. (1979). College student common beliefs about psychology. *Teaching of Psychology, 6,* 155–158.

Lamberth, J. (1998, August 6). Driving while black: A statistician proves that prejudice still rules the road. *Washington Post,* p. C1.

Landau, M. J., Solomon, S., Greenberg, J., Cohen, F., Pyszczynski, T., Arndt, J., Miller, C. H., Ogilvie, D. M., & Cook, A. (2004). Deliver us from evil: The effects of mortality salience and reminders of 9/11 on support for President George W. Bush. *Personality and Social Psychology Bulletin, 30,* 1136–1150.

Landers, A. (1985, August). Is affection more important than sex? *Reader's Digest,* pp. 44–46.

Landers, S. (1988, July). Sex, drugs 'n' rock: Relation not causal. *APA Monitor,* p. 40.

Laner, M. R., & Ventrone, N. A. (1998). Egalitarian daters/traditionalist dates. *Journal of Family Issues, 19,* 468–477.

Laner, M. R., & Ventrone, N. A. (2000). Dating scripts revised. *Journal of Family Issues, 21,* 488–500.

Langer, E. J. (1977). The psychology of chance. *Journal for the Theory of Social Behavior, 7,* 185–208.

Langer, E. J., & Imber, L. (1980). The role of mindlessness in the perception of deviance. *Journal of Personality and Social Psychology, 39,* 360–367.

Langer, E. J., & Rodin, J. (1976). The effects of choice and enhanced personal responsibility for the aged: A field experiment in an institutional setting. *Journal of Personality and Social Psychology, 334,* 191–198.

Langer, E. J., & Roth, J. (1975). Heads I win, tails it's chance: The illusion of control as a function of the sequence of outcomes in a purely chance task. *Journal of Personality and Social Psychology, 32,* 951–955.

Langford, D. J., Crager, S. E., Shehzad, Z., Smith, S. B., Sotocinal, S. G., Levenstadt, J. S., Chanda, M. L., Levitin, D. J., & Mogil, J. S. (2006). Social modulation of pain as evidence for empathy in mice. *Science, 312,* 1967–1970.

Langlois, J. H., Kalakanis, L., Rubenstein, A. J., Larson, A., Hallam, M., & Smoot, M. (2000). Maxims or myths of beauty? A meta-analytic and theoretical review. *Psychological Bulletin, 126,* 390–423.

Langlois, J. H., & Roggman, L. A. (1990). Attractive faces are only average. *Psychological Science, 1,* 115–121.

Langlois, J. H., Roggman, L. A., Casey, R. J., Ritter, J. M., Rieser-Danner, L. A., & Jenkins, V. Y. (1987). Infant preferences for attractive faces: Rudiments of a stereotype? *Developmental Psychology, 23,* 363–369.

Langlois, J. H., Roggman, L. A., & Musselman, L. (1994). What is average and what is not average about attractive faces? *Psychological Science, 5,* 214–220.

Langlois, J., Kalakanis, L., Rubenstein, A., Larson, A., Hallam, M., & Smoot, M. (1996). Maxims and myths of beauty: A meta-analytic and theoretical review. Paper presented to the American Psychological Society convention.

Lanzetta, J. T. (1955). Group behavior under stress. *Human Relations, 8,* 29–53.

Larsen, K. (1974). Conformity in the Asch experiment. *Journal of Social Psychology, 94,* 303–304.

Larsen, K. S. (1990). The Asch conformity experiment: Replication and transhistorical comparisons. *Journal of Social Behavior and Personality, 5*(4), 163–168.

Larsen, R. J., Csikszentmihalyi, N., & Graef, R. (1982). Time alone in daily experience: Loneliness or renewal? In L. A. Peplau & D. Perlman (Eds.), *Loneliness: A sourcebook of current theory, research and therapy.* New York: Wiley.

Larsen, R. J., & Diener, E. (1987). Affect intensity as an individual difference characteristic: A review. *Journal of Research in Personality, 21,* 1–39.

Larson, J. R., Jr., Foster-Fishman, P. G., & Keys, C. B. (1994). Discussion of shared and unshared information in decision-making groups. *Journal of Personality and Social Psychology, 67,* 446–461.

Larsson, K. (1956). *Conditioning and sexual behavior in the male albino rat.* Stockholm: Almqvist & Wiksell.

Larwood, L. (1978). Swine flu: A field study of self-serving biases. *Journal of Applied Social Psychology, 18,* 283–289.

Larwood, L., & Whittaker, W. (1977). Managerial myopia: Self-serving biases in organizational planning. *Journal of Applied Psychology, 62,* 194–198.

Lassiter, G. D., Diamond, S. S., Schmidt, H. C., & Elek, J. K. (2007). Evaluating videotaped confessions. *Psychological Science, 18,* 224–226.

Lassiter, G. D., & Dudley, K. A. (1991). The a priori value of basic research: The case of videotaped confessions. *Journal of Social Behavior and Personality, 6,* 7–16.

Lassiter, G. D., Geers, A. L., Handley, I. M., Weiland, P. E., & Munhall, P. J. (2002). Videotaped interrogations and confessions: A simple change in camera perspective alters verdicts in simulated trials. *Journal of Applied Psychology, 87,* 867–874.

Lassiter, G. D., & Irvine, A. A. (1986). Videotaped confessions: The impact of camera point of view on judgments of coercion. *Journal of Applied Social Psychology, 16,* 268–276.

Lassiter, G. D., & Munhall, P. J. (2001). The genius effect: Evidence for a nonmotivational interpretation. *Journal of Experimental Social Psychology, 37,* 349–355.

Lassiter, G. D., Munhall, P. J., Berger, I. P., Weiland, P. E., Handley, I. M., & Geers, A. L. (2005). Attributional complexity and the camera perspective bias in videotaped confessions. *Basic and Applied Social Psychology, 27,* 27–35.

Latané, B., & Dabbs, J. M., Jr. (1975). Sex, group size and helping in three cities. *Sociometry, 38,* 180–194.

Latané, B., & Darley, J. M. (1968). Group inhibition of bystander intervention in emergencies. *Journal of Personality and Social Psychology, 10,* 215–221.

Latané, B., & Darley, J. M. (1970). *The unresponsive bystander: Why doesn't he help?* New York: Appleton-Century-Crofts.

Latané, B., & Nida, S. (1981). Ten years of research on group size and helping. *Psychological Bulletin, 89,* 308–324.

Latané, B., & Rodin, J. (1969). A lady in distress: Inhibiting effects of friends and strangers on bystander intervention. *Journal of Experimental Social Psychology, 5,* 189–202.

Latané, B., Williams, K., & Harkins. S. (1979). Many hands make light the work: The causes and consequences of social loafing. *Journal of Personality and Social Psychology, 37,* 822–832.

Laughlin, P. R. (1996). Group decision making and collective induction. In E. H. Witte & J. H. Davis (Eds.), *Understanding group behavior: Consensual action by small groups.* Mahwah, NJ: Erlbaum.

Laughlin, P. R., & Adamopoulos, J. (1980). Social combination processes and individual learning for six-person cooperative groups on an intellective task. *Journal of Personality and Social Psychology, 38,* 941–947.

Laughlin, P. R., Hatch, E. C., Silver, J. S., & Boh, L. (2006). Groups perform better than the best individuals on letters-to-numbers problems: Effects of group size. *Journal of Personality and Social Psychology, 90,* 644–651.

Laughlin, P. R., Zander, M. L., Knievel, E. M., & Tan, T. K. (2003). Groups perform better than the best individuals on letters-to-numbers problems: Informative equations and effective strategies. *Journal of Personality and Social Psychology, 85,* 684–694.

Laumann, E. O., Gagnon, J. H., Michael, R. T., & Michaels, S. (1994). *The social organization of sexuality: Sexual practices in the United States.* Chicago: University of Chicago Press.

Lawler, A. (2003a). Iraq's shattered universities. *Science, 300,* 1490–1491.

Lawler, A. (2003b). Mayhem in Mesopotamia. *Science, 301,* 582–588.

Lawler, A. (2003c). Ten millennia of culture pilfered amid Baghdad chaos. *Science, 300,* 402–403.

Layden, M. A. (1982). Attributional therapy. In C. Antaki & C. Brewin (Eds.), *Attributions and psychological change: Applications of attributional theories to clinical and educational practice.* London: Academic Press.

Lazarsfeld, P. F. (1949). *The American soldier*—an expository review. *Public Opinion Quarterly, 13,* 377–404.

Leaper, C., & Ayres, M. M. (2007). A meta-analytic review of gender variations in adults' language use: Talkativeness, affiliative speech and assertive speech. *Personality and Social Psychology Review, 11,* 328–363.

Leary, M. (1994). *Self-presentation: Impression management and interpersonal behavior.* Pacific Grove, CA: Brooks/Cole.

Leary, M. R. (1998). The social and psychological importance of self-esteem. In R. M. Kowalski & M. R. Leary (Eds.), *The social psychology of emotional and behavioral problems*. Washington, DC: American Psychological Association.

Leary, M. R. (1999). The social and psychological importance of self-esteem. In R. M. Kowalski & M. R. Leary (Eds.), *The social psychology of emotional and behavioral problems*. Washington, DC: APA Books.

Leary, M. R. (2001). Social anxiety as an early warning system: A refinement and extension of the self-presentation theory of social anxiety. In S. G. Hofmann & P. M. DiBartolo (Eds.), *From social anxiety to social phobia: Multiple perspectives*. Needham Heights, MA: Allyn & Bacon.

Leary, M. R. (2004a). *The curse of the self: Self-awareness, egotism, and the quality of human life*. New York: Oxford University Press.

Leary, M. R. (2004b). The self we know and the self we show: Self-esteem, self-presentation, and the maintenance of interpersonal relationships. In M. Brewer & M. Hewstone (Eds.), *Emotion and motivation*. Malden, MA: Ushers.

Leary, M. R. (2007). Motivational and emotional aspects of the self. *Annual Review of Psychology*, **58**, 317–344.

Leary, M. R., & Kowalski, R. M. (1995). *Social anxiety*. New York: Guilford.

Leary, M. R., Kowalski, R. M., Smith, L., & Phillips, S. (2003). Teasing, rejection, and violence: Case studies of the school shootings. *Aggressive Behavior*, **29**, 202–214.

Leary, M. R., Nezlek, J. B., Radford-Davenport, D., Martin, J., & McMullen, A. (1994). Self-presentation in everyday interactions: Effects of target familiarity and gender composition. *Journal of Personality and Social Psychology*, **67**, 664–673.

LeDoux, J. (2002). *Synaptic self: How our brains become who we are*. New York: Viking.

Lee, A. Y., & Aaker, J. L. (2004). Bringing the frame into focus: The influence of regulatory fit on processing fluency and persuasion. *Journal of Personality and Social Psychology*, **86**, 205–218.

Lee, F., Hallahan, M., & Herzog, T. (1996). Explaining real-life events: How culture and domain shape attributions. *Personality and Social Psychology Bulletin*, **22**, 732–741.

Lee, R. Y-P., & Bond, M. H. (1996). How friendship develops out of personality and values: A study of interpersonal attraction in Chinese culture. Unpublished manuscript, Chinese University of Hong Kong.

Lee, Y-S., & Waite, L. J. (2005). Husbands' and wives' time spent on housework: A comparison of measures. *Journal of Marriage and Family*, **67**, 328–336.

Lefcourt, H. M. (1982). *Locus of control: Current trends in theory and research*. Hillsdale, NJ: Erlbaum.

Legrain, P. (2003, May 9). Cultural globalization is not Americanization. *Chronicle of Higher Education* (www.chronicle.com/free).

Lehavot, K., & Lambert, A. J. (2007). Toward a greater understanding of antigay prejudice: On the role of sexual orientation and gender role violation. *Basic and Applied Social Psychology*, **29**, 279–292.

Lehman, D. R., Lempert, R. O., & Nisbett, R. E. (1988). The effects of graduate training on reasoning: Formal discipline and thinking about everyday-life events. *American Psychologist*, **43**, 431–442.

Leippe, M. R. (1985). The influence of eyewitness nonidentification on mock-jurors. *Journal of Applied Social Psychology*, **15**, 656–672.

Leippe, M. R. (1994). The appraisal of eyewitness testimony. In D. F. Ross, J. D. Read, & M. P. Toglia (Eds.), *Adult eyewitness testimony: Current trends and developments*. New York: Cambridge.

Lemyre, L., & Smith, P. M. (1985). Intergroup discrimination and self-esteem in the minimal group paradigm. *Journal of Personality and Social Psychology*, **49**, 660–670.

Lench, H. C., Quas, J. A., & Edelstein, R. S. (2006). My child is better than average: The extension and restriction of unrealistic optimism. *Journal of Applied Social Psychology*, **36**, 2963–2979.

Leodoro, G., & Lynn, M. (2007). The effect of server posture on the tips of Whites and Blacks. *Journal of Applied Social Psychology*, **37**, 201–209.

Leon, D. (1969). *The Kibbutz: A new way of life*. London: Pergamon Press. Cited by B. Latané, K. Williams, & S. Harkins (1979), Many hands make light the work: The causes and consequences of social loafing. *Journal of Personality and Social Psychology*, **37**, 822–832.

Leone, C. & Hawkins, L. B. (2006). Self-monitoring and close relationships. *Journal of Personality*, **74**, 739–778.

Lepore, S. J., Ragan, J. D., & Jones, S. (2000). Talking facilitates cognitive-emotional processes of adaptation to an acute stressor. *Journal of Personality and Social Psychology*, **78**, 499–508.

Lepper, M. R., & Greene, D. (Eds.) (1979). *The hidden costs of reward*. Hillsdale, NJ: Erlbaum.

Lerner, M. J. (1980). *The belief in a just world: A fundamental delusion*. New York: Plenum.

Lerner, M. J., & Miller, D. T. (1978). Just world research and the attribution process: Looking back and ahead. *Psychological Bulletin*, **85**, 1030–1051.

Lerner, M. J., & Simmons, C. H. (1966). Observer's reaction to the "innocent victim": Compassion or rejection? *Journal of Personality and Social Psychology*, **4**, 203–210.

Lerner, M. J., Somers, D. G., Reid, D., Chiriboga, D., & Tierney, M. (1991). Adult children as caregivers: Egocentric biases in judgments of sibling contributions. *The Gerontologist*, **31**, 746–755.

Lerner, R. M., & Frank, P. (1974). Relation of race and sex to supermarket helping behavior. *Journal of Social Psychology*, **94**, 201–203.

Leshner, A. I. (2005, October). Science and religion should not be adversaries. *APS Observer* (www.psychologicalscience.org).

Leung, K., & Bond, M. H. (1984). The impact of cultural collectivism on reward allocation. *Journal of Personality and Social Psychology*, **47**, 793–804.

Leung, K., & Bond, M. H. (2004). Social axioms: A model of social beliefs in multi-cultural perspective. In M. P. Zanna (Ed.), *Advances in Experimental Social Psychology*. San Diego, CA: Academic Press.

Levav, J., & Fitzsimons, G. J. (2006). When questions change behavior: The role of ease of representation. *Psychological Science*, **17**, 207–213.

Leventhal, H. (1970). Findings and theory in the study of fear communications. In L. Berkowitz (Ed.), *Advances in experimental social psychology* (Vol. 5). New York: Academic Press.

Levesque, M. J., Nave, C. S., & Lowe, C. A. (2006). Toward an understanding of gender differences in inferring sexual interest. *Psychology of Women Quarterly*, **30**, 150–158.

Levine, J. M. (1989). Reaction to opinion deviance in small groups. In P. Paulus (Ed.), *Psychology of group influence: New perspectives*. Hillsdale, NJ: Erlbaum.

Levine, J. M., & Moreland, R. L. (1985). Innovation and socialization in small groups. In S. Moscovici, G. Mugny, & E. Van Avermaet (Eds.), *Perspectives on minority influence*. Cambridge: Cambridge University Press.

Levine, M., & Crowther, S. (2008). The responsive bystander: How social group membership and group size can encourage as well as inhibit bystander intervention. *Journal of Personality and Social Psychology*, **95**, 1429–1439.

Levine, M., Prosser, A., Evans, D., & Reicher, S. (2005). Identity and emergency intervention: How social group membership and inclusiveness of group boundaries shape helping behavior. *Personality and Social Psychology Bulletin*, **31**, 443–453.

Levine, R. V. (2003). The kindness of strangers. *American Scientist*, **91**, 226–233.

Levine, R. V., Martinez, T. S., Brase, G., & Sorenson, K. (1994). Helping in 36 U.S. cities. *Journal of Personality and Social Psychology*, **67**, 69–82.

Levinson, H. (1950). *The science of chance: From probability to statistics*. New York: Rinehart.

Levitan, L. C., & Visser, P. S. (2008). The impact of the social context on resistance to persuasion: Effortful versus effortless responses to counter-attitudinal information. *Journal of Experimental Social Psychology*, **44**, 640–649.

Levy, B. (1996). Improving memory in old age through implicit self-stereotyping. *Journal of Personality and Social Psychology*, **71**, 1092–1107.

Levy, S. R., Stroessner, S. J., & Dweck, C. S. (1998). Stereotype formation and endorsement: The role of implicit theories. *Journal of Personality and Social Psychology*, **74**, 1421–1436.

Levy-Leboyer, C. (1988). Success and failure in applying psychology. *American Psychologist*, **43**, 779–785.

Lewandowski, G. W., & Bizzoco, N. M. (2007). Addition through subtraction: Growth following the dissolution of a low-quality relationship. *Journal of Positive Psychology*, **2**, 40–54.

Lewandowski, G. W., Jr., Aron, A., & Gee, J. (2007). Personality goes a long way: The malleability of opposite-sex physical attractiveness. *Personal Relationships*, **14**, 571–585.

Lewandowsky, S., Stritzke, W. G. K., Oberauer, K., & Morales, M. (2005). Memory for fact, fiction, and misinformation: The Iraq War 2003. *Psychological Science*, **16**, 190–195.

Lewicki, P. (1985). Nonconscious biasing effects of single instances on subsequent judgments. *Journal of Personality and Social Psychology*, **48**, 563–574.

Lewin, K. (1936). *A dynamic theory of personality*. New York: McGraw-Hill.

Lewinsohn, P. M., Hoberman, H., Teri, L., & Hautziner, M. (1985). An integrative theory of depression. In S. Reiss & R. Bootzin (Eds.), *Theoretical issues in behavior therapy*. New York: Academic Press.

Lewinsohn, P. M., & Rosenbaum, M. (1987). Recall of parental behavior by acute depressives, remitted depressives, and nondepressives. *Journal of Personality and Social Psychology*, **52**, 611–619.

Lewis, C. S. (1952). *Mere Christianity*. New York: Macmillan.

Lewis, D. O. (1998). *Guilty by reason of insanity*. London: Arrow.

Lewis, R. J., Derlega, V. J., Clarke, E., & Kuang, J. C. (2006). Stigma consciousness, social constraints, and lesbian well-being. *Journal of Counseling Psychology*, **53**, 48–56.

Lewis, R. S., Goto, S. G., & Kong, L. L. (2008). Culture and context: East Asian American and European American differences in P3 event-related potentials and self-construal. *Personality and Social Psychology Bulletin*, **34**, 623–634.

Leyens, J.-P., Camino, L., Parke, R. D., & Berkowitz, L. (1975). Effects of movie violence on aggression in a field setting as a function of group dominance and cohesion. *Journal of Personality and Social Psychology*, **32**, 346–360.

Leyens, J.-P., Cortes, B., Demoulin, S., Dovidio, J. F., Fiske, S. T., Gaunt, R., Paladino, M-P., Rodriquez-Perez, A., Rodriquez-Torrez, R., & Vaes, J. (2003). Emotional prejudice, essentialism, and nationalism. *European Journal of Social Psychology*, **33**, 703–717.

Leyens, J-P., Demoulin, S., Vaes, J., Gaunt, R., & Paladino, M. P. (2007). Infra-humanization: The wall of group differences. *Social Issues and Policy Review*, **1**, 139–172.

Li, N. P., Bailey, J. M., Kenrick, D. T., & Linsenmeier, J. A. W. (2002). The necessities and luxuries of mate preferences: Testing the tradeoffs. *Journal of Personality and Social Psychology*, **82**, 947–955.

Liberman, A., & Chaiken, S. (1992). Defensive processing of personally relevant health messages. *Personality and Social Psychology Bulletin*, **18**, 669–679.

Liberman, V., Samuels, S. M., & Ross, L. (2004). The name of the game: Predictive power of reputations vs. situational labels in determining Prisoner's Dilemma game moves. *Personality and Social Psychology Bulletin*, **30**, 1175–1185.

Lichtblau, E. (2003, March 18). U.S. seeks $289 billion in cigarette makers' profits. *New York Times* (www.nytimes.com).

Lichtblau, E. (2005, August 24). Profiling report leads to a demotion. *New York Times* (www.nytimes.com).

Lichtenstein, S., & Fischhoff, B. (1980). Training for calibration. *Organizational Behavior and Human Performance*, **26**, 149–171.

Liehr, P., Mehl, M. R., Summers, L. C., & Pennebaker, J. W. (2004). Connecting with others in the midst of stressful upheaval on September 11, 2001. *Applied Nursing Research*, **17**, 2–9.

Lilienfeld, S. O., Fowler, K. A., Lohr, J. M., & Lynn, S. J. (2005). Pseudoscience, nonscience, and nonsense in clinical psychology: Dangers and remedies. In R. H. Wright & N. A. Cummings (Eds.), *Destructive trends in mental health: The well-intentioned path to harm*. New York: Routledge.

Lilienfeld, S. O., Wood, J. M., & Garb, H. N. (2000). The scientific status of projective techniques. *Psychological Science in the Public Interest*, **1**, 27–66.

Lindsay, R. C. L., & Wells, G. L. (1985). Improving eyewitness identifications from lineups: Simultaneous versus sequential lineup presentation. *Journal of Applied Psychology*, **70**, 556–564.

Lindsay, R. C. L., Wells, G. L., & Rumpel, C. H. (1981). Can people detect eyewitness-identification accuracy within and across situations? *Journal of Applied Psychology*, **66**, 79–89.

Lindskold, S. (1978). Trust development, the GRIT proposal, and the effects of conciliatory acts on conflict and cooperation. *Psychological Bulletin*, **85**, 772–793.

Lindskold, S. (1979a). Conciliation with simultaneous or sequential interaction: Variations in trustworthiness and vulnerability in the prisoner's dilemma. *Journal of Conflict Resolution*, **27**, 704–714.

Lindskold, S. (1979b). Managing conflict through announced conciliatory initiatives backed with retaliatory capability. In W. G. Austin & S. Worchel (Eds.), *The social psychology of intergroup relations*. Monterey, CA: Brooks/Cole.

Lindskold, S. (1981). The laboratory evaluation of GRIT: Trust, cooperation, aversion to using conciliation. Paper presented at the American Association for the Advancement of Science convention.

Lindskold, S. (1983). Cooperators, competitors, and response to GRIT. *Journal of Conflict Resolution*, **27**, 521–532.

Lindskold, S., & Aronoff, J. R. (1980). Conciliatory strategies and relative power. *Journal of Experimental Social Psychology*, **16**, 187–198.

Lindskold, S., Bennett, R., & Wayner, M. (1976). Retaliation level as a foundation for subsequent conciliation. *Behavioral Science*, **21**, 13–18.

Lindskold, S., Betz, B., & Walters, P. S. (1986). Transforming competitive or cooperative climate. *Journal of Conflict Resolution*, **30**, 99–114.

Lindskold, S., & Collins, M. G. (1978). Inducing cooperation by groups and individuals. *Journal of Conflict Resolution*, **22**, 679–690.

Lindskold, S., & Finch, M. L. (1981). Styles of announcing conciliation. *Journal of Conflict Resolution*, **25**, 145–155.

Lindskold, S., & Han, G. (1988). GRIT as a foundation for integrative bargaining. *Personality and Social Psychology Bulletin*, **14**, 335–345.

Lindskold, S., Han, G., & Betz, B. (1986a). Repeated persuasion in interpersonal conflict. *Journal of Personality and Social Psychology*, **51**, 1183–1188.

Lindskold, S., Han, G., & Betz, B. (1986b). The essential elements of communication in the GRIT strategy. *Personality and Social Psychology Bulletin*, **12**, 179–186.

Lindskold, S., Walters, P. S., Koutsourais, H., & Shayo, R. (1981). Cooperators, competitors, and response to GRIT. Unpublished manuscript, Ohio University.

Linssen, H., & Hagendoorn, L. (1994). Social and geographical factors in the explanation of the content of European nationality stereotypes. *British Journal of Social Psychology*, **33**, 165–182.

Linville, P. W., Fischer, G. W., & Fischhoff, B. (1992). AIDS risk perceptions and decision biases. In J. B. Pryor & G. D. Reeder (Eds.), *The social psychology of HIV infection*. Hillsdale, NJ: Erlbaum.

Linville, P. W., Fischer, G. W., & Salovey, P. (1989). Perceived distributions of the characteristics of in-group and out-group members: Empirical evidence and a computer simulation. *Journal of Personality and Social Psychology*, **57**, 165–188.

Lippa, R. A. (2007). The preferred traits of mates in a cross-national study of heterosexual and homosexual men and women: An examination of biological and cultural influences. *Archives of Sexual Behavior*, **36**, 193–208.

Lippa, R. A. (2008a). Sex differences and sexual orientation differences in personality: Findings from the BBC Internet survey. *Archives of Sexual Behavior*, **37**, 173–187.

Lippa, R. A. (2008b). Sex differences in sex drive, sociosexuality, and height across 53 nations: Testing evolutionary and social structural theories. *Archives of Sexual Behavior* (www.springerlink.com/content/x754q0433g18hg81/).

Lipsitz, A., Kallmeyer, K., Ferguson, M., & Abas, A. (1989). Counting on blood donors: Increasing the impact of reminder calls. *Journal of Applied Social Psychology*, **19**, 1057–1067.

Little, A., & Perrett, D. (2002). Putting beauty back in the eye of the beholder. *The Psychologist*, **15**, 28–32.

Livingston, R. W. (2001). What you see is what you get: Systematic variability in perceptual-based social judgment. *Personality and Social Psychology Bulletin*, **27**, 1086–1096.

Livingston, R. W., & Drwecki, B. B. (2007). Why are some individuals not racially biased? Susceptibility to affective conditioning predicts nonprejudice toward Blacks. *Psychological Science*, **18**, 816–823.

Locke, E. A., & Latham, G. P. (1990). Work motivation and satisfaction: Light at the end of the tunnel. *Psychological Science*, **1**, 240–246.

Locke, K. D., & Horowitz, L. M. (1990). Satisfaction in interpersonal interactions as a function of similarity in level of dysphoria. *Journal of Personality and Social Psychology*, **58**, 823–831.

Locksley, A., Borgida, E., Brekke, N., & Hepburn, C. (1980). Sex stereotypes and social judgment. *Journal of Personality and Social Psychology*, **39**, 821–831.

Locksley, A., Hepburn, C., & Ortiz, V. (1982). Social stereotypes and judgments of individuals: An instance of the base-rate fallacy. *Journal of Experimental Social Psychology*, **18**, 23–42.

Locksley, A., Ortiz, V., & Hepburn, C. (1980). Social categorization and discriminatory behavior: Extinguishing the minimal intergroup discrimination effect. *Journal of Personality and Social Psychology*, **39**, 773–783.

Lockwood, P. (2002). Could it happen to you? Predicting the impact of downward comparisons on the self. *Journal of Personality and Social Psychology*, **87**, 343–358.

Lockwood, P., Dolderman, D., Sadler, P., & Gerchak, E. (2004). Feeling better about doing worse: Social comparisons within romantic relationships. *Journal of Personality and Social Psychology*, **87**, 80–95.

Loewenstein, G., & Schkade, D. (1999). Wouldn't it be nice? Predicting future feelings. In D. Kahneman, E. Diener, & N. Schwarz (Eds.), *Understanding well-being: Scientific perspectives on enjoyment and suffering* (pp. 85–105). New York: Russell Sage Foundation.

Loewenstein, G., & Small, D. A. (2007). The Scarecrow and the Tin Man: The vicissitudes of human sympathy and caring. *Journal of General Psychology*, **11**, 112–126.

Lofland, J., & Stark, R. (1965). Becoming a worldsaver: A theory of conversion to a deviant perspective. *American Sociological Review,* **30,** 862–864.

Loftin, C., McDowall, D., Wiersema, B., & Cottey, T. J. (1991). Effects of restrictive licensing of handguns on homicide and suicide in the District of Columbia. *New England Journal of Medicine,* **325,** 1615–1620.

Loftus, E. F. (1979a). *Eyewitness testimony.* Cambridge, MA: Harvard University Press.

Loftus, E. F. (1979b). The malleability of human memory. *American Scientist,* **67,** 312–320.

Loftus, E. F. (2001, November). Imagining the past. *The Psychologist,* **14,** 584–587.

Loftus, E. F. (2003). Make-believe memories. *American Psychologist,* **58,** 867–873.

Loftus, E. F. (2007). Memory distortions: Problems solved and unresolved. In M. Garry & H. Hayne (Eds.), *Do justice and let the sky fall: Elizabeth Loftus and her contributions to science, law, and academic freedom.* Mahway, NJ: Erlbaum.

Loftus, E. F., & Bernstein, D. M. (2005). Rich false memories: The royal road to success. In A. F. Healy (Ed.), *Experimental cognitive psychology and its applications.* Washington, DC: American Psychological Association.

Loftus, E. F., & Klinger, M. R. (1992). Is the unconscious smart or dumb? *American Psychologist,* **47,** 761–765.

Loftus, E. F., Miller, D. G., & Burns, H. J. (1978). Semantic integration of verbal information into a visual memory. *Journal of Experimental Social Psychology: Human Learning and Memory,* **4,** 19–31.

Loftus, E. F., & Zanni, G. (1975). Eyewitness testimony: The influence of the wording in a question. *Bulletin of the Psychonomic Society,* **5,** 86–88.

Lombardo, J. P., Weiss, R. F., & Buchanan, W. (1972). Reinforcing and attracting functions of yielding. *Journal of Personality and Social Psychology,* **21,** 359–368.

London, K., & Nunez, N. (2000). The effect of jury deliberations on jurors' propensity to disregard inadmissable evidence. *Journal of Applied Psychology,* **85,** 932–939.

London, P. (1970). The rescuers: Motivational hypotheses about Christians who saved Jews from the Nazis. In J. Macaulay & L. Berkowitz (Eds.), *Altruism and helping behavior.* New York: Academic Press.

Lonner, W. J. (1980). The search for psychological universals. In H. C. Triandis & W. W. Lambert (Eds.), *Handbook of cross-cultural psychology* (Vol. 1). Boston: Allyn & Bacon.

Lonner, W. J. (1989). The introductory psychology text and cross-cultural psychology: Beyond Ekman, Whorf, and biased I.Q. tests. In D. Keats, D. R. Munro & L. Mann (Eds.), *Heterogeneity in cross-cultural psychology.*

Lord, C. G., Desforges, D. M., Ramsey, S. L., Trezza, G. R., & Lepper, M. R. (1991). Typicality effects in attitude-behavior consistency: Effects of category discrimination and category knowledge. *Journal of Experimental Social Psychology,* **27,** 550–575.

Lord, C. G., Lepper, M. R., & Preston, E. (1984). Considering the opposite: A corrective strategy for social judgment. *Journal of Personality and Social Psychology,* **47,** 1231–1243.

Lord, C. G., Ross, L., & Lepper, M. (1979). Biased assimilation and attitude polarization: The effects of prior theories on subsequently considered evidence. *Journal of Personality and Social Psychology,* **37,** 2098–2109.

Losch, M. E., & Cacioppo, J. T. (1990). Cognitive dissonance may enhance sympathetic tonus, but attitudes are changed to reduce negative affect rather than arousal. *Journal of Experimental Social Psychology,* **26,** 289–304.

Lott, A. J., & Lott, B. E. (1961). Group cohesiveness, communication level, and conformity. *Journal of Abnormal and Social Psychology,* **62,** 408–412.

Lott, A. J., & Lott, B. E. (1974). The role of reward in the formation of positive interpersonal attitudes. In T. Huston (Ed.), *Foundations of interpersonal attraction.* New York: Academic Press.

Loughman, S., & Haslam, N. (2007). Animals and androids: Implicit associations between social categories and nonhumans. *Psychological Science,* **18,** 116–121.

Lovett, F. (1997). Thinking about values (report of December 13, 1996 *Wall Street Journal* national survey). *The Responsive Community,* **7**(2), 87.

Lowenstein, D. (2000, May 20). Interview. *The World* (www.cnn.com/TRANSCRIPTS/0005/20/stc.00.html).

Lowenthal, M. F., Thurnher, M., Chiriboga, D., Beefon, D., Gigy, L., Lurie, E., Pierce, R., Spence, D., & Weiss, L. (1975). *Four stages of life.* San Francisco: Jossey-Bass.

Loy, J. W., & Andrews, D. S. (1981). They also saw a game: A replication of a case study. *Replications in Social Psychology,* **1**(2), 45–59.

Lücken, M., & Simon, B. (2005). Cognitive and affective experiences of minority and majority members: The role of group size, status, and power. *Journal of Experimental Social Psychology,* **41,** 396–413.

Lueptow, L. B., Garovich, L., & Lueptow, M. B. (1995). The persistence of gender stereotypes in the face of changing sex roles: Evidence contrary to the sociocultural model. *Ethology and Sociobiology,* **16,** 509–530.

Luginbuhl, J., & Middendorf, K. (1988). Death penalty beliefs and jurors' responses to aggravating and mitigating circumstances in capital trials. *Law and Human Behavior,* **12,** 263–281.

Lumsdaine, A. A., & Janis, I. L. (1953). Resistance to "counter-propaganda" produced by one-sided and two-sided "propaganda" presentations. *Public Opinion Quarterly,* **17,** 311–318.

Lumsden, A., Zanna, M. P., & Darley, J. M. (1980). When a newscaster presents counter-additional information: Education or propaganda? Paper presented to the Canadian Psychological Association annual convention.

Luntz, F. (2003, June 10). Quoted by T. Raum, "Bush insists banned weapons will be found." Associated Press (story.news.yahoo.com).

Luo, S., & Klohnen, E. C. (2005). Assortative mating and marital quality in newlyweds: A couple-centered approach. *Journal of Personality and Social Psychology,* **88,** 304–326.

Lutsky, L. A., Risucci, D. A., & Tortolani, A. J. (1993). Reliability and accuracy of surgical resident peer ratings. *Evaluation Review,* **17,** 444–456.

Lüüs, C. A. E., & Wells, G. L. (1994). Determinants of eyewitness confidence. In D. F. Ross, J. D. Read, & M. P. Toglia (Eds.), *Adult eyewitness testimony: Current trends and developments* (pp. 348–362). New York: Cambridge University Press.

Lydon, J., & Dunkel-Schetter, C. (1994). Seeing is committing: A longitudinal study of bolstering commitment in amniocentesis patients. *Personality and Social Psychology Bulletin,* **20,** 218–227.

Lykken, D. T. (1997). The American crime factory. *Psychological Inquiry,* **8,** 261–270.

Lykken, D. T. (2000, Spring). Psychology and the criminal justice system: A reply to Haney and Zimbardo. *The General Psychologist,* **35,** 11–15.

Lykken, D. T., & Tellegen, A. (1993). Is human mating adventitious or the result of lawful choice? A twin study of mate selection. *Journal of Personality and Social Psychology,* **65,** 56–68.

Lynch, J. W., Kaplan, G. A., Pamuk, E. R., Cohen, R. D., Heck, K. E., Balfour, J. L., & Yen, I. H. (1998). Income inequality and mortality in metropolitan areas of the United States. *American Journal of Public Health,* **88,** 1074–1080.

Lynch, J. W., Smith, G. D., Kaplan, G. A., & House, J. S. (2000). Income inequality and health: A neo-material interpretation. *British Medical Journal,* **320,** 1200–1204.

Lynn, M., & Oldenquist, A. (1986). Egoistic and nonegoistic motives in social dilemmas. *American Psychologist,* **41,** 529–534.

Lyons, L. (2003, September 23). Oh, boy: Americans still prefer sons. *Gallup Poll Tuesday Briefing* (www.gallup.com).

Lyubomirsky, S. (2001). Why are some people happier than others? The role of cognitive and motivational processes in well-being. *American Psychologist,* **56,** 239–249.

Lyubomirsky, S., Sousa, L., & Dickerhoof, R. (2006). The costs and benefits of writing, talking, and thinking about life's triumphs and defeats. *Journal of Personality and Social Psychology,* **90,** 692–708.

Ma, V., & Schoeneman, T. J. (1997). Individualism versus collectivism: A comparison of Kenyan and American self-concepts. *Basic and Applied Social Psychology,* **19,** 261–273.

Maass, A. (1998). Personal communication from Universita degli Studi di Padova.

Maass, A. (1999). Linguistic intergroup bias: Stereotype perpetuation through language. In M. P. Zanna (Ed.), *Advances in Experimental Social Psychology,* **31,** 79–121.

Maass, A., & Clark, R. D., III. (1984). Hidden impact of minorities: Fifteen years of minority influence research. *Psychological Bulletin,* **95,** 428–450.

Maass, A., & Clark, R. D., III. (1986). Conversion theory and simultaneous majority/minority influence: Can reactance offer an alternative explanation? *European Journal of Social Psychology,* **16,** 305–309.

Maass, A., Milesi, A., Zabbini, S., & Stahlberg, D. (1995). Linguistic intergroup bias: Differential expectancies or in-group protection? *Journal of Personality and Social Psychology,* **68,** 116–126.

Maass, A., Volparo, C., & Mucchi-Faina, A. (1996). Social influence and the verifiability of the issue under discussion: Attitudinal versus objective items. *British Journal of Social Psychology,* **35,** 15–26.

Maccoby, E. E. (2002). Gender and group process: A developmental perspective. *Current Directions in Psychological Science,* **11,** 54–58.

Maccoby, N. (1980). Promoting positive health behaviors in adults. In L. A. Bond & J. C. Rosen (Eds.), *Competence and coping during adulthood.* Hanover, NH: University Press of New England.
Maccoby, N., & Alexander, J. (1980). Use of media in lifestyle programs. In P. O. Davidson & S. M. Davidson (Eds.). *Behavioral medicine: Changing health lifestyles.* New York: Brunner/Mazel.
MacCoun, R. J., & Kerr, N. L. (1988). Asymmetric influence in mock jury deliberation: Jurors' bias for leniency. *Journal of Personality and Social Psychology,* **54,** 21–33.
MacDonald, G., & Leary, M. R. (2005). Why does social exclusion hurt? The relationship between social and physical pain. *Psychological Bulletin,* **131,** 202–223.
MacDonald, G., Zanna, M. P., & Holmes, J. G. (2000). An experimental test of the role of alcohol in relationship conflict. *Journal of Experimental Social Psychology,* **36,** 182–193.
MacDonald, T. K., & Ross, M. (1997). Assessing the accuracy of predictions about dating relationships: How and why do lovers' predictions differ from those made by observers? Unpublished manuscript, University of Lethbridge.
Mack, D., & Rainey, D. (1990). Female applicants' grooming and personnel selection. *Journal of Social Behavior and Personality,* **5,** 399–407.
MacLeod, C., & Campbell, L. (1992). Memory accessibility and probability judgments: An experimental evaluation of the availability heuristic. *Journal of Personality and Social Psychology,* **63,** 890–902.
MacLin, O. H., Zimmerman, L. A., & Malpass, R. S. (2005). PC_Eyewitness and the sequential superiority effect: Computer based lineup administration. *Law and Human Behavior,* **29,** 303–321.
Macrae, C. N., & Bodenhausen, G. V. (2000). Social cognition: Thinking categorically about others. *Annual Review of Psychology,* **51,** 93–120.
Macrae, C. N., & Bodenhausen, G. V. (2001). Social cognition: Categorical person perception. *British Journal of Psychology,* **92,** 239–255.
Macrae, C. N., Alnwick, M. A., Milne, A. B., & Schloerscheidt, A. M. (2002). Person perception across the menstrual cycle: Hormonal influences on social-cognitive functioning. *Psychological Science,* **13,** 532–536.
Macrae, C. N., Bodenhausen, G. V., Milne, A. B., & Jetten, J. (1994). Out of mind but back in sight: Stereotypes on the rebound. *Journal of Personality and Social Psychology,* **67,** 808–817.
Macrae, C. N., & Johnston, L. (1998). Help, I need somebody: Automatic action and inaction. *Social Cognition,* **16,** 400–417.
Maddux, J. E. (1993). The mythology of psychopathology: A social cognitive view of deviance, difference, and disorder. *The General Psychologist,* **29**(2), 34–45.
Maddux, J. E. (2008). Positive psychology and the illness ideology: Toward a positive clinical psychology. *Applied Psychology: An International Review,* **57,** 54–70.
Maddux, J. E., & Gosselin, J. T. (2003). Self-efficacy. In M. R. Leary, & J. P. Tangney (Eds.), *Handbook of self and identity.* New York: Guilford.
Maddux, J. E., & Rogers, R. W. (1983). Protection motivation and self-efficacy: A revised theory of fear appeals and attitude change. *Journal of Experimental Social Psychology,* **19,** 469–479.
Maddux, W. W., Galinsky, A. D., Cuddy, A. J. C., & Polifroni, M. (2008). When being a model minority is good . . . and bad: Realistic threat explains negativity towards Asian Americans. *Personality and Social Psychology Bulletin,* **34,** 74–89.
Maddux, W. W., Mullen, E., & Galinsky, A. D. (2008). Chameleons bake bigger pies and take bigger pieces: Strategic behavioral mimicry facilitates negotiation outcomes. *Journal of Experimental Social Psychology,* **44,** 461–468.
Madon, S., Jussim, L., & Eccles, J. (1997). In search of the powerful self-fulfilling prophecy. *Journal of Personality and Social Psychology,* **72,** 791–809.
Madon, S., Jussim, L., Keiper, S., Eccles, J., Smith, A., & Palumbo, P. (1998). The accuracy and power of sex, social class, and ethnic stereotypes: A naturalistic study in person perception. *Personality and Social Psychology Bulletin,* **24,** 1304–1318.
Madrian, B. C., & Shea, D. F. (2001). The power of suggestion: Inertia in 401(k) participation and savings behavior. *Quarterly Journal of Economics,* **116,** 1149–1187.
Mae, L., Carlston, D. E., & Skowronski, J. (1999). Spontaneous trait transference to familiar communicators: Is a little knowledge a dangerous thing? *Journal of Personality and Social Psychology,* **77,** 233–246.
Major, B., Kaiser, C. R., & McCoy, S. K. (2003). It's not my fault: When and why attributions to prejudice protect self-esteem. *Personality and Social Psychology Bulletin,* **29,** 772–781.
Malamuth, N. M. (1996). The confluence model of sexual aggression. In D. M. Buss & N. M. Malamuth (Eds.), *Sex, power, conflict: Evolutionary and feminist perspectives.* New York: Oxford University Press.
Malamuth, N. M. (2003). Criminal and noncriminal sexual aggressors: Integrating psychopathy in a hierarchical-mediational confluence model. In R. A. Prentky, E. Janus, & M. Seto (Eds.), *Sexually coercive behavior: Understanding and management.* New York: Annals of the New York Academy of Sciences.
Malamuth, N. M., & Check, J. V. P. (1981). The effects of media exposure on acceptance of violence against women: A field experiment. *Journal of Research in Personality,* **15,** 436–446.
Malamuth, N. M., Haber, S., Feshbach, S., & others. (1980, March). *Journal of Research in Personality,* **14,** 121–137.
Malkiel, B. (2007). *A random walk down Wall Street,* 9th edition. New York: Norton.
Malle, B. F. (2006). The actor-observer asymmetry in attribution: A (surprising) meta-analysis. *Psychological Bulletin,* **132,** 895–919.
Maner, J. K., Gailliot, M. T., & Miller, S. L. (2009). The implicit cognition of relationship maintenance: Inattention to attractive alternatives. *Journal of Experimental Social Psychology,* **45,** 174–179.
Maner, J. K., Kenrick, D. T., Becker, V., Robertson, T. E., Hofer, B., Neuberg, S. L., Delton, A. W., Butner, J., & Schaller, M. (2005). Functional projection: How fundamental social motives can bias interpersonal perception. *Journal of Personality and Social Psychology,* **88,** 63–78.
Maner, J. K., Miller, S. L., Schmidt, N. B., & Eckel, L. A. (2008). Submitting to defeat: Social anxiety, dominance threat, and decrements in testosterone. *Psychological Science,* **19,** 764–768.
Manis, M., Cornell, S. D., & Moore, J. C. (1974). Transmission of attitude-relevant information through a communication chain. *Journal of Personality and Social Psychology,* **30,** 81–94.
Manis, M., Nelson, T. E., & Shedler, J. (1988). Stereotypes and social judgment: Extremity, assimilation, and contrast. *Journal of Personality and Social Psychology,* **55,** 28–36.
Mann, L. (1981). The baiting crowd in episodes of threatened suicide. *Journal of Personality and Social Psychology,* **41,** 703–709.
Manning, R., Levine, M., & Collins, A. (2007). The Kitty Genovese murder and the social psychology of helping: The parable of the 38 witnesses. *American Psychologist,* **62,** 555–562.
Mar, R. A., & Oatley, K. (2008). The function of fiction is the abstraction and simulation of social experience. *Perspectives on Psychological Science,* **3,** 173–192.
Marcus, A. C., & Siegel, J. M. (1982). Sex differences in the use of physician services: A preliminary test of the fixed role hypothesis. *Journal of Health and Social Behavior,* **23,** 186–197.
Marcus, S. (1974). Review of *Obedience to authority.* New York Times Book Review, January 13, pp. 1–2.
Marcus-Newhall, A., Pedersen, W. C., Carlson, M., & Miller, N. (2000). Displaced aggression is alive and well: A meta-analytic review. *Journal of Personality and Social Psychology,* **78,** 670–689.
Markey, P. M., Wells, S. M., & Markey, C. N. (2002). In S. P. Shohov (Ed.), *Advances in Psychology Research,* **9,** 94–113. Huntington, NY: Nova Science.
Markman, H. J., Floyd, F. J., Stanley, S. M., & Storaasli, R. D. (1988). Prevention of marital distress: A longitudinal investigation. *Journal of Consulting and Clinical Psychology,* **56,** 210–217.
Markman, K. D., & McMullen, M. N. (2003). A reflection and evaluation model of comparative thinking. *Personality and Social Psychology Review,* **7,** 244–267.
Marks, G., & Miller, N. (1987). Ten years of research on the false-consensus effect: An empirical and theoretical review. *Psychological Bulletin,* **102,** 72–90.
Markus, H. (2001, October 7). Culture and the good life. Address to the Positive Psychology Summit conference, Washington, DC.
Markus, H. R. (2005). On telling less than we can know: The too tacit wisdom of social psychology. *Psychological Inquiry,* **16,** 180–184.
Markus, H., & Kitayama, S. (1991). Culture and the self: Implications for cognition, emotion, and motivation. *Psychological Review,* **98,** 224–253.
Markus, H. R., & Kitayama, S. (1994). A collective fear of the collective: Implications for selves and theories of selves. *Personality and Social Psychology Bulletin,* **20,** 568–579.
Markus, H., & Nurius, P. (1986). Possible selves. *American Psychologist,* **41,** 954–969.
Markus, H., & Wurf, E. (1987). The dynamic self-concept: A social psychological perspective. *Annual Review of Psychology,* **38,** 299–337.
Marmot, M. G., & Wilkinson, R. G. (Eds.) (1999). *Social determinants of health.* Oxford: Oxford University Press.
Marsden, P., & Attia, S. (2005). A deadly contagion? *The Psychologist,* **18,** 152–155.

Marsh, H. W., Kong, C-K., & Hau, K-T. (2000). Longitudinal multilevel models of the big-fish-little-pond effect on academic self-concept: Counterbalancing contrast and reflected-glory effects in Hong Kong schools. *Journal of Personality and Social Psychology,* **78,** 337–349.

Marsh, H. W., & O'Mara, A. (2008). Reciprocal effects between academic self-concept, self-esteem, achievement, and attainment over seven adolescent years: Unidimensional and multidimensional perspectives of self-concept. *Personality and Social Psychology Bulletin,* **34,** 542–552.

Marsh, H. W., & Young, A. S. (1997). Causal effects of academic self-concept on academic achievement: Structural equation models of longitudinal data. *Journal of Educational Psychology,* **89,** 41–54.

Marshall, R. (1997). Variances in levels of individualism across two cultures and three social classes. *Journal of Cross-Cultural Psychology,* **28,** 490–495.

Marshall, W. L. (1989). Pornography and sex offenders. In D. Zillmann & J. Bryant (Eds.), *Pornography: Research advances and policy considerations.* Hillsdale, NJ: Erlbaum.

Martens, A., Kosloff, S., Greenberg, J., Landau, M. J., & Schmader, R. (2007). Killing begets killing: Evidence from a bug-killing paradigm that initial killing fuels subsequent killing. *Personality and Social Psychology Bulletin,* **33,** 1251–1264.

Martin, L. L., & Erber, R. (2005). The wisdom of social psychology: Five commonalities and one concern. *Psychological Inquiry,* **16,** 194–202.

Martin, R., Hewstone, M., & Martin, P. Y. (2008). Majority versus minority influence: The role of message processing in determining resistance to counter-persuasion. *European Journal of Social Psychology,* **38,** 16–34.

Martin, R., Martin, P. Y., Smith, J. R., & Hewstone, M. (2007). Majority versus minority influence and prediction of behavioural intentions and behaviour. *Journal of Experimental Social Psychology,* **43,** 763–771.

Martino, S. C., Collins, R. L., Kanouse, D. E., Elliott, M., & Berry, S. H. (2005). Social cognitive processes mediating the relationship between exposure to television's sexual content and adolescents' sexual behavior. *Journal of Personality and Social Psychology,* **89,** 914–924.

Marty, M. (1988, December 1). Graceful prose: Your good deed for the day. *Context,* p. 2.

Maruyama, G., Rubin, R. A., & Kingbury, G. (1981). Self-esteem and educational achievement: Independent constructs with a common cause? *Journal of Personality and Social Psychology,* **40,** 962–975.

Marvelle, K., & Green, S. (1980). Physical attractiveness and sex bias in hiring decisions for two types of jobs. *Journal of the National Association of Women Deans, Administrators, and Counselors,* **44**(1), 3–6.

Maslow, A. H., & Mintz, N. L. (1956). Effects of esthetic surroundings: I. Initial effects of three esthetic conditions upon perceiving "energy" and "well-being" in faces. *Journal of Psychology,* **41,** 247–254.

Masserman, J. H., Wechkin, S., & Terris, W. (1964). "Altruistic" behavior in rhesus monkeys. *American Journal of Psychiatry,* **121,** 584–585.

Mast, M. S., & Hall, J. A. (2006). Women's advantage at remembering others' appearance: A systematic look at the why and when of a gender difference. *Personality and Social Psychology Bulletin,* **32,** 353–364.

Mastekaasa, A. (1995). Age variations in the suicide rates and self-reported subjective well-being of married and never-married persons. *Journal of Community & Applied Social Psychology,* **5,** 21–39.

Mastroianni, G. R. (2002). Milgram and the Holocaust: A reexamination. *Journal of Theoretical and Philosophical Psychology,* **22,** 158–173.

Mastroianni, G. R., & Reed, G. (2006). Apples, barrels, and Abu Ghraib. *Sociological Focus,* **39,** 239–250.

Masuda, T., Gonzalez, R., Kwan, L., & Nisbett, R. E. (2008). Culture and aesthetic preference: Comparing the attention to context of East Asians and Americans. *Personality and Social Psychology Bulletin,* **34,** 1260–1275.

Masuda, T., & Kitayama, S. (2004). Perceiver-induced constraint and attitude attribution in Japan and the U.S.: A case for the cultural dependence of the correspondence bias. *Journal of Experimental Social Psychology,* **40,** 409–416.

Matheson, K., Cole, B., & Majka, K. (2003). Dissidence from within: Examining the effects of intergroup context on group members' reactions to attitudinal opposition. *Journal of Experimental Social Psychology,* **39,** 161–169.

Matthews, K. A. (2005). Psychological perspectives on the development of coronary heart disease. *American Psychologist,* **60,** 783–796.

Maxwell, G. M. (1985). Behaviour of lovers: Measuring the closeness of relationships. *Journal of Personality and Social Psychology,* **2,** 215–238.

Mayer, J. D., & Salovey, P. (1987). Personality moderates the interaction of mood and cognition. In K. Fiedler & J. Forgas (Eds.), *Affect, cognition, and social behavior.* Toronto: Hogrefe.

Mazur, A., & Booth, A. (1998). Testosterone and dominance in men. *Behavioral and Brain Sciences,* **21,** 353–363.

Mazzella, R., & Feingold, A. (1994). The effects of physical attractiveness, race, socioeconomic status, and gender of defendants and victims on judgments of mock jurors: A meta-analysis. *Journal of Applied Social Psychology,* **24,** 1315–1344.

Mazzoni, G., & Memon, A. (2003). Imagination can create false autobiographical memories. *Psychological Science,* **14,** 186–188.

Mazzuca, J. (2002, August 20). Teens shrug off movie sex and violence. *Gallup Tuesday Briefing* (www.gallup.com).

McAlister, A., Perry, C., Killen, J., Slinkard, L. A., & Maccoby, N. (1980). Pilot study of smoking, alcohol and drug abuse prevention. *American Journal of Public Health,* **70,** 719–721.

McAndrew, F. T. (1981). Pattern of performance and attributions of ability and gender. *Journal of Personality and Social Psychology,* **7,** 583–587.

McAndrew, F. T. (2002). New evolutionary perspectives on altruism: Multilevel-selection and costly-signaling theories. *Current Directions in Psychological Science,* **11,** 79–82.

McCann, C. D., & Hancock, R. D. (1983). Self-monitoring in communicative interactions: Social cognitive consequences of goal-directed message modification. *Journal of Experimental Social Psychology,* **19,** 109–121.

McCarthy, J. F., & Kelly, B. R. (1978a). Aggression, performance variables, and anger self-report in ice hockey players. *Journal of Psychology,* **99,** 97–101.

McCarthy, J. F., & Kelly, B. R. (1978b). Aggressive behavior and its effect on performance over time in ice hockey athletes: An archival study. *International Journal of Sport Psychology,* **9,** 90–96.

McCauley, C. (1989). The nature of social influence in groupthink: Compliance and internalization. *Journal of Personality and Social Psychology,* **57,** 250–260.

McCauley, C. (1998). Group dynamics in Janis's theory of groupthink: Backward and forward. *Organizational Behavior and Human Decision Processes,* **73,** 142–163.

McCauley, C. (2004). Psychological issues in understanding terrorism and the response to terrorism. In C. E. Stout (Ed.) *Psychology of terrorism. Coping with the continuing threat, condensed edition* (pp. 33–65). Westport, CT: Praeger/Greenwood.

McCauley, C. R. (2002). Psychological issues in understanding terrorism and the response to terrorism. In C. E. Stout (Ed.), *The psychology of terrorism* (Vol. 3). Westport, CT: Praeger/Greenwood.

McCauley, C. R., & Segal, M. E. (1987). Social psychology of terrorist groups. In C. Hendrick (Ed.), *Group processes and intergroup relations: Review of personality and social psychology* (Vol. 9). Newbury Park, CA: Sage.

McClure, J. (1998). Discounting causes of behavior: Are two reasons better than one? *Journal of Personality and Social Psychology,* **74,** 7–20.

McConahay, J. B. (1981). Reducing racial prejudice in desegregated schools. In W. D. Hawley (Ed.), *Effective school desegregation.* Beverly Hills, CA: Sage.

McCrae, R. R., & Costa, P. T., Jr. (1999). A five-factor theory of personality. In L. A. Pervin & O. P. John (Eds.), *Handbook of personality: Theory and research.* New York: Guilford.

McCullough, J. L., & Ostrom, T. M. (1974). Repetition of highly similar messages and attitude change. *Journal of Applied Psychology,* **59,** 395–397.

McDermott, T. (2005). *Perfect soldiers: The hijackers: Who they were, why they did it.* New York: HarperCollins.

McFall, R. M. (1991). Manifesto for a science of clinical psychology. *The Clinical Psychologist,* **44,** 75–88.

McFall, R. M. (2000). Elaborate reflections on a simple manifesto. *Applied and Preventive Psychology,* **9,** 5–21.

McFarland, C., & Ross, M. (1985). The relation between current impressions and memories of self and dating partners. Unpublished manuscript, University of Waterloo.

McFarland, S. G. (2005). On the eve of war: Authoritarianism, social dominance, and American students' attitudes toward attacking Iraq. *Personality and Social Psychology Bulletin,* **31,** 360–367.

McFarland, S. G., Ageyev, V. S., & Abalakina-Paap, M. A. (1992). Authoritarianism in the former Soviet Union. *Journal of Personality and Social Psychology,* **63,** 1004–1010.

McFarland, S. G., Ageyev, V. S., & Djintcharadze, N. (1996). Russian authoritarianism two years after communism. *Personality and Social Psychology Bulletin,* **22,** 210–217.

McFarland, S., & Carnahan, T. (2009). A situation's first powers are attracting volunteers and selecting participants: A reply to Haney and Zimbardo (2009). *Personality and Social Psychology Bulletin,* **35,** 815–818.

McGillicuddy, N. B., Welton, G. L., & Pruitt, D. G. (1987). Third-party intervention: A field experiment comparing three different models. *Journal of Personality and Social Psychology,* **53,** 104–112.

McGillis, D. (1979). Biases and jury decision making. In I. H. Frieze, D. Bar-Tal, & J. S. Carroll, *New approaches to social problems.* San Francisco: Jossey-Bass.

McGlone, M. S., & Tofighbakhsh, J. (2000). Birds of a feather flock conjointly (?): Rhyme as reason in aphorisms. *Psychological Science,* **11,** 424–428.

McGlynn, R. P., Tubbs, D. D., & Holzhausen, K. G. (1995). Hypothesis generation in groups constrained by evidence. *Journal of Experimental Social Psychology,* **31,** 64–81.

McGrath, J. E. (1984). *Groups: Interaction and performance.* Englewood Cliffs, NJ: Prentice-Hall.

McGraw, A. P., Mellers, B. A., & Tetlock, P. E. (2005). Expectations and emotions of Olympic atheletes. *Journal of Experimental Social Psychology,* **41,** 438–446.

McGregor, I., Newby-Clark, I. R., & Zanna, M. P. (1998). Epistemic discomfort is moderated by simultaneous accessibility of inconsistent elements. In E. Harmon-Jones and J. Mills (Eds.), *Cognitive dissonance theory 40 years later: A revival with revisions and controversies.* Washington, DC: American Psychological Association.

McGregor, I., Zanna, M. P., Holmes, J. G., & Spencer, S. J. (2001). Conviction in the face of uncertainty: Going to extremes and being oneself. *Journal of Personality and Social Psychology,* **80,** 472–478.

McGuire, A. (2002, August 19). Charity calls for debate on adverts aimed at children. *The Herald* (Scotland), p. 4.

McGuire, W. J. (1964). Inducing resistance to persuasion: Some contemporary approaches. In L. Berkowitz (Ed.), *Advances in experimental social psychology* (Vol. 1). New York: Academic Press.

McGuire, W. J., McGuire, C. V., Child, P., & Fujioka, T. (1978). Salience of ethnicity in the spontaneous self-concept as a function of one's ethnic distinctiveness in the social environment. *Journal of Personality and Social Psychology,* **36,** 511–520.

McGuire, W. J., McGuire, C. V., & Winton, W. (1979). Effects of household sex composition on the salience of one's gender in the spontaneous self-concept. *Journal of Experimental Social Psychology,* **15,** 77–90.

McGuire, W. J., & Padawer-Singer, A. (1978). Trait salience in the spontaneous self-concept. *Journal of Personality and Social Psychology,* **33,** 743–754.

McKelvie, S. J. (1995). Bias in the estimated frequency of names. *Perceptual and Motor Skills,* **81,** 1331–1338.

McKelvie, S. J. (1997). The availability heuristic: Effects of fame and gender on the estimated frequency of male and female names. *Journal of Social Psychology,* **137,** 63–78.

McKenna, F. P., & Myers, L. B. (1997). Illusory self-assessments—Can they be reduced? *British Journal of Psychology,* **88,** 39–51.

McKenna, K. Y. A., & Bargh, J. A. (1998). Coming out in the age of the Internet: Identity demarginalization through virtual group participation. *Journal of Personality and Social Psychology,* **75,** 681–694.

McKenna, K. Y. A., & Bargh, J. A. (2000). Plan 9 from cyberspace: The implications of the Internet for personality and social psychology. *Personality and Social Psychology Review,* **4,** 57–75.

McKenna, K. Y. A., Green, A. S., & Gleason, M. E. J. (2002). What's the big attraction? Relationship formation on the Internet. *Journal of Social Issues,* **58,** 9–31.

McKenzie-Mohr, D., & Zanna, M. P. (1990). Treating women as sexual objects: Look to the (gender schematic) male who has viewed pornography. *Personality and Social Psychology Bulletin,* **16,** 296–308.

McMillen, D. L., & Austin, J. B. (1971). Effect of positive feedback on compliance following transgression. *Psychonomic Science,* **24,** 59–61.

McMillen, D. L., Sanders, D. Y., & Solomon, G. S. (1977). Self-esteem, attentiveness, and helping behavior. *Journal of Personality and Social Psychology,* **3,** 257–261.

McNeill, B. W., & Stoltenberg, C. D. (1988). A test of the elaboration likelihood model for therapy. *Cognitive Therapy and Research,* **12,** 69–79.

McNulty, J. K., O'Mara, E. M., & Karney, B. R. (2008). Benevolent cognitions as a strategy of relationship maintenance: "Don't sweat the small stuff" . . . But it is not all small stuff. *Journal of Personality and Social Psychology,* **94,** 631–646.

McPherson, M., Smith-Lovin, L., & Cook, J. M. (2001). Birds of a feature: Homophily in social networks. *Annual Review of Sociology,* **27,** 415–444.

Mead, G. H. (1934). *Mind, self, and society.* Chicago: University of Chicago Press.

Medalia, N. Z., & Larsen, O. N. (1958). Diffusion and belief in collective delusion: The Seattle windshield pitting epidemic. *American Sociological Review,* **23,** 180–186.

Medvec, V. H., Madey, S. F., & Gilovich, T. (1995). When less is more: Counterfactual thinking and satisfaction among Olympic medalists. *Journal of Personality and Social Psychology,* **69,** 603–610.

Medvec, V. H., & Savitsky, K. (1997). When doing better means feeling worse: The effects of categorical cutoff points on counterfactual thinking and satisfaction. *Journal of Personality and Social Psychology,* **72,** 1284–1296.

Meehl, P. E. (1954). *Clinical vs. statistical prediction: A theoretical analysis and a review of evidence.* Minneapolis: University of Minnesota Press.

Meehl, P. E. (1986). Causes and effects of my disturbing little book. *Journal of Personality Assessment,* **50,** 370–375.

Mehl, M. R., & Pennebaker, J. W. (2003). The sounds of social life: A psychometric analysis of students' daily social environments and natural conversations. *Journal of Personality and Social Psychology,* **84,** 857–870.

Mehlman, P. T., & 7 others. (1994). Low CSF 5-HIAA concentrations and severe aggression and impaired impulse control in nonhuman primates. *American Journal of Psychiatry,* **151,** 1485–1491.

Meier, B. P., & Hinsz, V. B. (2004). A comparison of human aggression committed by groups and individuals: An interindividual-intergroup discontinuity. *Journal of Experimental Social Psychology,* **40,** 551–559.

Meissner, C. A., & Brigham, J. C. (2001). Thirty years of investigating the own-race bias in memory for faces: A meta-analytic review. *Psychology, Public Policy, & Law,* **7,** 3–35.

Meissner, C. A., Brigham, J. C., & Butz, D. A. (2005). Memory for own- and other-race faces: A dual-process approach. *Applied Cognitive Psychology,* **19,** 545–567.

Meissner, C. A., Brigham, J. C., & Kelley, C. M. (2001). The influence of retrieval processes in verbal overshadowing. *Memory and Cognition,* **29,** 176–186.

Meissner, C. A., Tredoux, C. G., Parker, J. F., & MacLin, O. R. (2005). Eyewitness decisions in simultaneous and sequential lineups: A dual-process signal detection theory analysis. *Memory and Cognition,* **33,** 783–792.

Meleshko, K. G. A., & Alden, L. E. (1993). Anxiety and self-disclosure: Toward a motivational model. *Journal of Personality and Social Psychology,* **64,** 1000–1009.

Mellers, B., Hertwig, R., & Kahneman, D. (2001). Do frequency representations eliminate conjunction effects: An exercise in adversarial collaboration. *Psychological Science,* **12,** 269–275.

Mendonca, P. J., & Brehm, S. S. (1983). Effects of choice on behavioral treatment of overweight children. *Journal of Social and Clinical Psychology,* **1,** 343–358.

Merari, A. (2002). Explaining suicidal terrorism: Theories versus empirical evidence. Invited address to the American Psychological Association.

Merikle, P. M., Smilek, D., & Eastwood, J. D. (2001). Perception without awareness: Perspectives from cognitive psychology. *Cognition,* **79,** 115–134.

Merton, R. K. (1938; reprinted 1970). *Science, technology and society in seventeenth-century England.* New York: Fertig.

Merton, R. K. (1948). The self-fulfilling prophecy. *Antioch Review,* **8,** 193–210.

Merton, R. K., & Kitt, A. S. (1950). Contributions to the theory of reference group behavior. In R. K. Merton & P. F. Lazarsfeld (Eds.), *Continuities in social research: Studies in the scope and method of the American soldier.* Glencoe, IL: Free Press.

Merz, J. F. & Caulkins, J. P. (1995). Propensity to abuse—propensity to murder? *Chance,* **8,** 14.

Mesmer-Magnus, J. R., & DeChurch, L. A. (2009). Information sharing and team performance: A meta-analysis. *Journal of Applied Psychology,* **94,** 535–546.

Messé, L. A., & Sivacek, J. M. (1979). Predictions of others' responses in a mixed-motive game: Self-justification or false consensus? *Journal of Personality and Social Psychology,* **37,** 602–607.

Messick, D. M., & Sentis, K. P. (1979). Fairness and preference. *Journal of Experimental Social Psychology,* **15,** 418–434.

Metalsky, G. I., Joiner, T. E., Jr., Hardin, T. S., & Abramson, L. Y. (1993). Depressive reactions to failure in a naturalistic setting: A test of the hopelessness and self-esteem theories of depression. *Journal of Abnormal Psychology,* **102,** 101–109.

Meyers, S. A., & Berscheid, E. (1997). The language of love: The difference a preposition makes. *Personality and Social Psychology Bulletin,* **23,** 347–362.

Mezulis, A. H., Abramson, L. Y., Hyde, J. S., & Hankin, B. L. (2004). Is there a universal positivity bias in attributions? A meta-analytic review of individual, developmental, and cultural differences in the self-serving attributional bias. *Psychological Bulletin,* **130,** 711–747.

Michaels, J. W., Blommel, J. M., Brocato, R. M., Linkous, R. A., & Rowe, J. S. (1982). Social facilitation and inhibition in a natural setting. *Replications in Social Psychology,* **2,** 21–24.

Mickelson, K. D., Kessler, R. C., & Shaver, P. R. (1997). Adult attachment in a nationally representative sample. *Journal of Personality and Social Psychology,* **73,** 1092–1106.

Mikula, G. (1984). Justice and fairness in interpersonal relations: Thoughts and suggestions. In H. Taijfel (Ed.), *The social dimension: European developments in social psychology* (Vol. 1). Cambridge: Cambridge University Press.

Mikulincer, M., Florian, V., & Hirschberger, G. (2003). The existential function of close relationships: Introducing death into the science of love. *Personality and Social Psychology Review,* **7,** 20–40.

Mikulincer, M., & Shaver, P. R. (2001). Attachment theory and intergroup bias: Evidence that priming the secure base schema attenuates negative reactions to out-groups. *Journal of Personality and Social Psychology,* **81,** 97–115.

Mikulincer, M., Shaver, P. R., Gillath, O., & Nitzberg, R. A. (2005). Attachment, caregiving, and altruism: Boosting attachment security increases compassion and helping. *Journal of Personality and Social Psychology,* **89,** 817–839.

Milgram, A. (2000). My personal view of Stanley Milgram. In T. Blass (Ed.), *Obedience to authority: Current perspectives on the Milgram paradigm.* Mahwah, NJ: Erlbaum.

Milgram, S. (1961, December). Nationality and conformity. *Scientific American,* pp. 45–51.

Milgram, S. (1965). Some conditions of obedience and disobedience to authority. *Human Relations,* **18,** 57–76.

Milgram, S. (1974). *Obedience to authority.* New York: Harper and Row.

Millar, M. G., & Millar, K. U. (1996). Effects of message anxiety on disease detection and health promotion behaviors. *Basic and Applied Social Psychology,* **18,** 61–74.

Millar, M. G., & Tesser, A. (1992). The role of beliefs and feelings in guiding behavior: The mismatch model. In L. Martin & A. Tesser (Eds.), *The construction of social judgment.* Hillsdale NJ: Erlbaum.

Miller, A. G. (1986). *The obedience experiments: A case study of controversy in social science.* New York: Praeger.

Miller, A. G. (2004). What can the Milgram obedience experiments tell us about the Holocaust? Generalizing from the social psychological laboratory. In A. G. Miller (Ed.), *The social psychology of good and evil.* New York: Guilford.

Miller, A. G. (2006). Exonerating harm-doers: Some problematic implications of social-psychological explanations. Paper presented to the Society of Personality and Social Psychology convention.

Miller, A. G., Ashton, W., & Mishal, M. (1990). Beliefs concerning the features of constrained behavior: A basis for the fundamental attribution error. *Journal of Personality and Social Psychology,* **59,** 635–650.

Miller, C. E., & Anderson, P. D. (1979). Group decision rules and the rejection of deviates. *Social Psychology Quarterly,* **42,** 354–363.

Miller, C. T., & Felicio, D. M. (1990). Person-positivity bias: Are individuals liked better than groups? *Journal of Experimental Social Psychology,* **26,** 408–420.

Miller, D. T., Downs, J. S., & Prentice, D. A. (1998). Minimal conditions for the creation of a unit relationship: The social bond between birthdaymates. *European Journal of Social Psychology,* **28,** 475.

Miller, D. T., & McFarland, C. (1987). Pluralistic ignorance: When similarity is interpreted as dissimilarity. *Journal of Personality and Social Psychology,* **53,** 298–305.

Miller, D. W. (2001, November 23). Jury consulting on trial. *Chronicle of Higher Education,* pp. A15, A16.

Miller, G. E., & Blackwell, E. (2006). Turning up the heat: Inflammation as a mechanism linking chronic stress, depression, and heart disease. *Current Directions in Psychological Science,* **15,** 269–272.

Miller, G. R., & Fontes, N. E. (1979). *Videotape on trial: A view from the jury box.* Beverly Hills, CA: Sage.

Miller, G., Tybur, J. M., & Jordan, B. D. (2007). Ovulatory cycle effects on tip earnings by lap dancers: Economic evidence for human estrus? *Evolution and Human Behavior,* **28,** 375–381.

Miller, J. G. (1984). Culture and the development of everyday social explanation. *Journal of Personality and Social Psychology,* **46,** 961–978.

Miller, K. I., & Monge, P. R. (1986). Participation, satisfaction, and productivity: A meta-analytic review. *Academy of Management Journal,* **29,** 727–753.

Miller, L. C. (1990). Intimacy and liking: Mutual influence and the role of unique relationships. *Journal of Personality and Social Psychology,* **59,** 50–60.

Miller, L. C., Berg, J. H., & Archer, R. L. (1983). Openers: Individuals who elicit intimate self-disclosure. *Journal of Personality and Social Psychology,* **44,** 1234–1244.

Miller, L. E., & Grush, J. E. (1986). Individual differences in attitudinal versus normative determination of behavior. *Journal of Experimental Social Psychology,* **22,** 190–202.

Miller, N. (2002). Personalization and the promise of contact theory. *Journal of Social Issues,* **58,** 387–410.

Miller, N., & Campbell, D. T. (1959). Recency and primacy in persuasion as a function of the timing of speeches and measurements. *Journal of Abnormal and Social Psychology,* **59,** 1–9.

Miller, N., & Marks, G. (1982). Assumed similarity between self and other: Effect of expectation of future interaction with that other. *Social Psychology Quarterly,* **45,** 100–105.

Miller, N., Maruyama, G., Beaber, R. J., & Valone, K. (1976). Speed of speech and persuasion. *Journal of Personality and Social Psychology,* **34,** 615–624.

Miller, N., Pedersen, W. C., Earleywine, M., & Pollock, V. E. (2003). A theoretical model of triggered displaced aggression. *Personality and Social Psychology Review,* **7,** 75–97.

Miller, N. E. (1941). The frustration-aggression hypothesis. *Psychological Review,* **48,** 337–342.

Miller, P. A., & Eisenberg, N. (1988). The relation of empathy to aggressive and externalizing/antisocial behavior. *Psychological Bulletin,* **103,** 324–344.

Miller, P. A., Kozu, J., & Davis, A. C. (2001). Social influence, empathy, and prosocial behavior in cross-cultural perspective. In W. Wosinska, R. B. Cialdini, D. W. Barrett, & J. Reykowski (Eds.), *The practice of social influence in multiple cultures.* Mahwah, NJ: Erlbaum.

Miller, P. C., Lefcourt, H. M., Holmes, J. G., Ware, E. E., & Saley, W. E. (1986). Marital locus of control and marital problem solving. *Journal of Personality and Social Psychology,* **51,** 161–169.

Miller, P. J. E., Niehuis, S., & Huston, T. L. (2006). Positive illusions in marital relationships: A 13-year longitudinal study. *Personality and Social Psychology Bulletin,* **32,** 1579–1594.

Miller, P. J. E., & Rempel, J. K. (2004). Trust and partner-enhancing attributions in close relationships. *Personality and Social Psychology Bulletin,* **30,** 695–705.

Miller, R. L., Brickman, P., & Bolen, D. (1975). Attribution versus persuasion as a means for modifying behavior. *Journal of Personality and Social Psychology,* **31,** 430–441.

Miller, R. S. (1997). Inattentive and contented: Relationship commitment and attention to alternatives. *Journal of Personality and Social Psychology,* **73,** 758–766.

Miller, R. S., & Schlenker, B. R. (1985). Egotism in group members: Public and private attributions of responsibility for group performance. *Social Psychology Quarterly,* **48,** 85–89.

Miller, R. S., & Simpson, J. A. (1990). Relationship satisfaction and attentiveness to alternatives. Paper presented at the American Psychological Association convention.

Millett, K. (1975, January). The shame is over. *Ms.,* pp. 26–29.

Mims, P. R., Hartnett, J. J., & Nay, W. R. (1975). Interpersonal attraction and help volunteering as a function of physical attractiveness. *Journal of Psychology,* **89,** 125–131.

Minard, R. D. (1952). Race relationships in the Pocohontas coal field. *Journal of Social Issues,* **8**(1), 29–44.

Mio, J. S., Thompson, S. C., & Givens, G. H. (1993). The commons dilemma as a metaphor: Memory, influence, and implications for environmental conservation. *Metaphor and Symbolic Activity,* **8,** 23–42.

Mirels, H. L., & McPeek, R. W. (1977). Self-advocacy and self-esteem. *Journal of Consulting and Clinical Psychology,* **45,** 1132–1138.

Mirsky, S. (2009, January). What's good for the group. *Scientific American,* p. 51.

Mischel, W. (1968). *Personality and assessment.* New York: Wiley.

Mita, T. H., Dermer, M., & Knight, J. (1977). Reversed facial images and the mere-exposure hypothesis. *Journal of Personality and Social Psychology,* **35,** 597–601.

Mitchell, G., Tetlock, P. E., Mellers, B. A., & Ordonez, L. D. (1993). Judgments of social justice: Compromises between equality and efficiency. *Journal of Personality and Social Psychology,* **65,** 629–639.

Mitchell, J., McCrae, C. N, & Banaji, M. R. (2006). Dissociable medial prefrontal contributions to judgments of similar and dissimilar others. *Neuron,* **18,** 655–663.

Mitchell, T. L., Haw, R. M., Pfeifer, J. E., & Meissner, C. A. (2005). Racial bias in mock juror decision-making: A meta-analytic review of defendant treatment. *Law and Human Behavior,* **29,** 621–637.

Mitchell, T. R., & Thompson, L. (1994). A theory of temporal adjustments of the evaluation of events: Rosy prospection and rosy retrospection. In C. Stubbart, J. Porac, & J. Meindl (Eds.), *Advances in managerial cognition and organizational information processing.* Greenwich, CT: JAI Press.

Mitchell, T. R., Thompson, L., Peterson, E., & Cronk, R. (1997). Temporal adjustments in the evaluation of events: The "rosy view." *Journal of Experimental Social Psychology,* **33,** 421–448.

Moffitt, T., Caspi, A., Sugden, K., Taylor, A., Craig, I. W., Harrington, H., McClay, J., Mill, J., Martin, J., Braithwaite, A., & Poulton, R. (2003). Influence of life stress on depression: Moderation by a polymorphism in the 5-HTT gene. *Science,* **301,** 386–389.

Moghaddam, F. M. (2005). The staircase to terrorism: A psychological exploration. *American Psychologist,* **60,** 161–169.

Monin, B., & Norton, M. I. (2003). Perceptions of a fluid consensus: Uniqueness bias, false consensus, false polarization, and pluralistic ignorance in a water conservation crisis. *Personality and Social Psychology,* **29,** 559–567.

Monson, T. C., Hesley, J. W., & Chernick, L. (1982). Specifying when personality traits can and cannot predict behavior: An alternative to abandoning the attempt to predict single-act criteria. *Journal of Personality and Social Psychology,* **43,** 385–399.

Monteith, M. J. (1993). Self-regulation of prejudiced responses: Implications for progress in prejudice-reduction efforts. *Journal of Personality and Social Psychology,* **65,** 469–485.

Montoya, R. M. (2008). I'm hot, so I'd say you're not: The influence of objective physical attractiveness on mate selection. *Personality and Social Psychology Bulletin,* **34,** 1315–1331.

Montoya, R. M., & Horton, R. S. (2004). On the importance of cognitive evaluation as a determinant of interpersonal attraction. *Journal of Personality and Social Psychology,* **86,** 696–712.

Montoya, R. M., & Insko, C. A. (2008). Toward a more complete understanding of the reciprocity of liking effect. *European Journal of Social Psychology,* **38,** 477–498.

Moody, K. (1980). *Growing up on television: The TV effect.* New York: Times Books.

Moons, W. G., & Mackie, D. M. (2007). Thinking straight while seeing red: The influence of anger on information processing. *Personality and Social Psychology Bulletin,* **33,** 706–720.

Moons, W. G., Mackie, D. M., & Garcia-Marques, T. (2009). The impact of repetition-induced familiarity on agreement with weak and strong arguments. *Journal of Personality and Social Psychology,* **96,** 32–44.

Moore, D. A., & Small, D. A. (2007). Error and bias in comparative judgment: On being both better and worse than we think we are. *Journal of Personality and Social Psychology,* **92,** 972–989.

Moore, D. L., & Baron, R. S. (1983). Social facilitation: A physiological analysis. In J. T. Cacioppo & R. Petty (Eds.), *Social psychophysiology.* New York: Guilford.

Moore, D. W. (2003, March 18). Public approves of Bush ultimatum by more than 2-to-1 margin. Gallup News Service (www.gallup.com).

Moore, D. W. (2004, March 23). The civil unions vs. gay marriage proposals. *Gallup Tuesday Briefing* (www.gallup.com).

Moore, D. W. (2004, April 20). Ballot order: Who benefits? *Gallup Poll Tuesday Briefing* (www.gallup.com).

Mor, N., & Winquist, J. (2002). Self-focused attention and negative affect: A meta-analysis. *Psychological Bulletin,* **128,** 638–662.

Moran, G., & Comfort, J. C. (1982). Scientific juror selection: Sex as a moderator of demographic and personality predictors of impaneled felony juror behavior. *Journal of Personality and Social Psychology,* **43,** 1052–1063.

Moran, G., & Comfort, J. C. (1986). Neither "tentative" nor "fragmentary": Verdict preference of impaneled felony jurors as a function of attitude toward capital punishment. *Journal of Applied Psychology,* **71,** 146–155.

Moran, G., & Cutler, B. L. (1991). The prejudicial impact of pretrial publicity. *Journal of Applied Social Psychology,* **21,** 345–367.

Moran, G., Cutler, B. L., & De Lisa, A. (1994). Attitudes toward tort reform, scientific jury selection, and juror bias: Verdict inclination in criminal and civil trials. *Law and Psychology Review,* **18,** 309–328.

Moran, G., Cutler, B. L., & Loftus, E. F. (1990). Jury selection in major controlled substance trials: The need for extended voir dire. *Forensic Reports,* **3,** 331–348.

Moreland, R. L., & Zajonc, R. B. (1977). Is stimulus recognition a necessary condition for the occurrence of exposure effects? *Journal of Personality and Social Psychology,* **35,** 191–199.

Morgan, C. A., III, Hazlett, G., Doran, A., Garrett, S., Hoyt, G., Thomas, P., Baranoski, M., & Southwick, S. M. (2004). Accuracy of eyewitness memory for persons encountered during exposure to highly intense stress. *International Journal of Law and Psychiatry,* **27,** 265–279.

Morling, B., & Lamoreaux, M. (2008). Measuring culture outside the head: A meta-analysis of individualism-collectivism in cultural products. *Personality and Social Psychology Bulletin,* **12,** 199–221.

Morris, W. N., & Miller, R. S. (1975). The effects of consensus-breaking and consensus-preempting partners on reduction of conformity. *Journal of Experimental Social Psychology,* **11,** 215–223.

Morrow, L. (1983, August 1). All the hazards and threats of success. *Time,* pp. 20–25.

Moscovici, S. (1985). Social influence and conformity. In G. Lindzey & E. Aronson (Eds.), *The handbook of social psychology,* 3rd edition. Hillsdale, NJ: Erlbaum.

Moscovici, S. (1988). Notes towards a description of social representations. *European Journal of Social Psychology,* **18,** 211–250.

Moscovici, S. (2001). Why a theory of social representation? In K. Deaux & G. Philogène (Eds.), *Representations of the social: Bridging theoretical traditions.* Malden, MA: Blackwell.

Moscovici, S., Lage, S., & Naffrechoux, M. (1969). Influence of a consistent minority on the responses of a majority in a color perception task. *Sociometry,* **32,** 365–380.

Moscovici, S., & Zavalloni, M. (1969). The group as a polarizer of attitudes. *Journal of Personality and Social Psychology,* **12,** 124–135.

Motherhood Project. (2001, May 2). Watch out for children: A mothers' statement to advertisers. Institute for American Values (www.watchoutforchildren.org).

Moyer, K. E. (1976). *The psychobiology of aggression.* New York: Harper & Row.

Moyer, K. E. (1983). The physiology of motivation: Aggression as a model. In C. J. Scheier & A. M. Rogers (Eds.), *G. Stanley Hall Lecture Series* (Vol. 3). Washington, DC: American Psychological Association.

Moynihan, D. P. (1979). Social science and the courts. *Public Interest,* **54,** 12–31.

Muehlenhard, C. L. (1988). Misinterpreted dating behaviors and the risk of date rape. *Journal of Social and Clinical Psychology,* **6,** 20–37.

Mueller, C. M., & Dweck, C. S. (1998). Praise for intelligence can undermine children's motivation and performance. *Journal of Personality and Social Psychology,* **75,** 33–52.

Mueller, C. W., Donnerstein, E., & Hallam, J. (1983). Violent films and prosocial behavior. *Personality and Social Psychology Bulletin,* **9,** 83–89.

Mullen, B. (1986a). Atrocity as a function of lynch mob composition: A self-attention perspective. *Personality and Social Psychology Bulletin,* **12,** 187–197.

Mullen, B. (1986b). Stuttering, audience size, and the other-total ratio: A self-attention perspective. *Journal of Applied Social Psychology,* **16,** 139–149.

Mullen, B., Anthony, T., Salas, E., & Driskell, J. E. (1994). Group cohesiveness and quality of decision making: An integration of tests of the groupthink hypothesis. *Small Group Research,* **25,** 189–204.

Mullen, B., & Baumeister, R. F. (1987). Group effects on self-attention and performance: Social loafing, social facilitation, and social impairment. In C. Hendrick (Ed.), *Group processes and intergroup relations: Review of personality and social psychology* (Vol. 9). Newbury Park, CA: Sage.

Mullen, B., Brown, R., & Smith, C. (1992). Ingroup bias as a function of salience, relevance, and status: An integration. *European Journal of Social Psychology,* **22,** 103–122.

Mullen, B., Bryant, B., & Driskell, J. E. (1997). Presence of others and arousal: An integration. *Group Dynamics: Theory, Research, and Practice,* **1,** 52–64.

Mullen, B., & Copper, C. (1994). The relation between group cohesiveness and performance: An integration. *Psychological Bulletin,* **115,** 210–227.

Mullen, B., Copper, C., & Driskell, J. E. (1990). Jaywalking as a function of model behavior. *Personality and Social Psychology Bulletin,* **16,** 320–330.

Mullen, B., & Goethals, G. R. (1990). Social projection, actual consensus and valence. *British Journal of Social Psychology,* **29,** 279–282.

Mullen, B., & Hu, L. (1989). Perceptions of ingroup and outgroup variability: A meta-analytic integration. *Basic and Applied Social Psychology,* **10,** 233–252.

Mullen, B., & Riordan, C. A. (1988). Self-serving attributions for performance in naturalistic settings: A meta-analytic review. *Journal of Applied Social Psychology*, **18**, 3–22.

Muller, S., & Johnson, B. T. (1990). Fear and persuasion: A linear relationship? Paper presented to the Eastern Psychological Association convention.

Mullin, C. R., & Linz, D. (1995). Desensitization and resensitization to violence against women: Effects of exposure to sexually violent films on judgments of domestic violence victims. *Journal of Personality and Social Psychology*, **69**, 449–459.

Munro, G. D., Ditto, P. H., Lockhart, L. K., Fagerlin, A., Gready, M., & Peterson, E. (1997). Biased assimilation of sociopolitical arguments: Evaluating the 1996 U.S. presidential debate. Unpublished manuscript, Hope College.

Muraven, M., Tice, D. M., & Baumeister, R. F. (1998). Self-control as a limited resource: Regulatory depletion patterns. *Journal of Personality and Social Psychology*, **74**, 774–790.

Murphy, C. (1990, June). New findings: Hold on to your hat. *The Atlantic*, pp. 22–23.

Murphy, C. M., & O'Farrell, T. J. (1996). Marital violence among alcoholics. *Current Directions in Psychological Science*, **5**, 183–187.

Murphy-Berman, V., Berman, J. J., Singh, P., Pachauri, A., & Kumar, P. (1984). Factors affecting allocation to needy and meritorious recipients: A cross-cultural comparison. *Journal of Personality and Social Psychology*, **46**, 1267–1272.

Murray, J. P., & Kippax, S. (1979). From the early window to the late night show: International trends in the study of television's impact on children and adults. In L. Berkowitz (Ed.), *Advances in experimental social psychology* (Vol. 12). New York: Academic Press.

Murray, S. L., Gellavia, G. M., Rose, P., & Griffin, D. W. (2003). Once hurt, twice hurtful: How perceived regard regulates daily marital interactions. *Journal of Personality and Social Psychology*, **84**, 126–147.

Murray, S. L., & Holmes, J. G. (1997). A leap of faith? Positive illusions in romantic relationships. *Personality and Social Psychology Bulletin*, **23**, 586–604.

Murray, S. L., Holmes, J. G., Gellavia, G., Griffin, D. W., & Dolderman, D. (2002). Kindred spirits? The benefits of egocentrism in close relationships. *Journal of Personality and Social Psychology*, **82**, 563–581.

Murray, S. L., Holmes, J. G., & Griffin, D. W. (1996a). The benefits of positive illusions: Idealization and the construction of satisfaction in close relationships. *Journal of Personality and Social Psychology*, **70**, 79–98.

Murray, S. L., Holmes, J. G., & Griffin, D. W. (1996b). The self-fulfilling nature of positive illusions in romantic relationships: Love is not blind, but prescient. *Journal of Personality and Social Psychology*, **71**, 1155–1180.

Murray, S. L., Holmes, J. G., & Griffin, D. W. (2000). Self-esteem and the quest for felt security: How perceived regard regulates attachment processes. *Journal of Personality and Social Psychology*, **78**, 478–498.

Murray, S. L., Holmes, J. G., MacDonald, G., & Ellsworth, P. C. (1998). Through the looking glass darkly? When self-doubts turn into relationship insecurities. *Journal of Personality and Social Psychology*, **75**, 1459–1480.

Murstein, B. L. (1986). *Paths to marriage*. Newbury Park, CA: Sage.

Muson, G. (1978, March). Teenage violence and the telly. *Psychology Today*, pp. 50–54.

Mussweiler, T. (2006). Doing is for thinking! Stereotype activation by stereotypic movements. *Psychological Science*, **17**, 17–21.

Myers, D. G. (1978). Polarizing effects of social comparison. *Journal of Experimental Social Psychology*, **14**, 554–563.

Myers, D. G. (1993). *The pursuit of happiness*. New York: Avon.

Myers, D. G. (2000a). *The American paradox: Spiritual hunger in an age of plenty*. New Haven, CT: Yale University Press.

Myers, D. G. (2000b). The funds, friends, and faith of happy people. *American Psychologist*, **55**, 56–67.

Myers, D. G. (2001, December). Do we fear the right things? *American Psychological Society Observer*, p. 3.

Myers, D. G. (2010). *Psychology*, 9th edition. New York: Worth Publishers.

Myers, D. G., & Bishop, G. D. (1970). Discussion effects on racial attitudes. *Science*, **169**, 778–789.

Myers, J. E., Madathil, J., & Tingle, L. R. (2005). Marriage satisfaction and wellness in India and the United States: A preliminary comparison of arranged marriages and marriages of choice. *Journal of Counseling and Development*, **83**, 183–190.

Myers, J. N. (1997, December). Quoted by S. A. Boot, Where the weather reigns. *World Traveler*, pp. 86, 88, 91, 124.

Myers, N. (2000). Sustainable consumption: The meta-problem. In B. Heap & J. Kent (Eds.), *Towards sustainable consumption: A European perspective*. London: The Royal Society.

Nadler, A. (1991). Help-seeking behavior: Psychological costs and instrumental benefits. In M. S. Clark (Ed.), *Prosocial behavior*. Newbury Park, CA: Sage.

Nadler, A., & Fisher, J. D. (1986). The role of threat to self-esteem and perceived control in recipient reaction to help: Theory development and empirical validation. In L. Berkowitz (Ed.), *Advances in Experimental Social Psychology* (Vol. 19). Orlando, FL: Academic Press.

Nadler, A., Goldberg, M., & Jaffe, Y. (1982). Effect of self-differentiation and anonymity in group on deindividuation. *Journal of Personality and Social Psychology*, **42**, 1127–1136.

Nagar, D., & Pandey, J. (1987). Affect and performance on cognitive task as a function of crowding and noise. *Journal of Applied Social Psychology*, **17**, 147–157.

Nagourney, A. (2002, September 25). For remarks on Iraq, Gore gets praise and scorn. *New York Times* (www.nytimes.com).

Nail, P. R., MacDonald, G., & Levy, D. A. (2000). Proposal of a four-dimensional model of social response. *Psychological Bulletin*, **126**, 454–470.

Nair, H., Manchanda, P., & Bhatia, T. (2008, May). Asymmetric social interactions in physician prescription behavior: The role of opinion leaders. Stanford University Graduate School of Business Research Paper No. 1970 (ssrn.com/abstract=937021).

National Center for Health Statistics. (1991). Family structure and children's health: United States, 1988 (by Deborah A. Dawson). *Vital and Health Statistics*, Series 10, No. 178, CHHS Publication No. PHS 91–1506.

National Center for Health Statistics. (2004, December 15). Marital status and health: United States, 1999–2002 (by Charlotte A. Schoenborn). *Advance Data from Vital and Human Statistics*, No. 351. Centers for Disease Control and Prevention.

National Research Council. (1993). *Understanding and preventing violence*. Washington, DC: National Academy Press.

National Research Council. (2002). *Youth, pornography, and the Internet*. Washington, DC: National Academy Press.

National Safety Council. (2008). Transportation mode comparisons, from *Injury Facts* (via correspondence with Kevin T. Fearn, Research & Statistical Services Department).

National Television Violence Study. (1997). Thousand Oaks, CA: Sage.

Naylor, T. H. (1990). Redefining corporate motivation, Swedish style. *Christian Century*, **107**, 566–570.

NCHS. (2008, August 6). National ambulatory medical care survey: 2006 summary. *National Health Statistics Report*, No. 3 (by D. K. Cherry, E. Hing, D. A. Woodwell, & E. A. Rechtsteiner). Centers for Disease Control and Prevention: National Center for Health Statistics (www.cdc.gov/nchs/data/nhsr/nhsr003.pdf).

Needles, D. J., & Abramson, L. Y. (1990). Positive life events, attributional style, and hopefulness: Testing a model of recovery from depression. *Journal of Abnormal Psychology*, **99**, 156–165.

Neff, L. A., & Karney, B. R. (2005). To know you is to love you: The implications of global adoration and specific accuracy for marital relationships. *Journal of Personality and Social Psychology*, **88**, 480–497.

Neidorf, S., & Morin, R. (2007, May 23). Four in ten Americans have close friends or relatives who are gay. Pew Research Center Publications (pewresearch.org).

Neimeyer, G. J., MacNair, R., Metzler, A. E., & Courchaine, K. (1991). Changing personal beliefs: Effects of forewarning, argument quality, prior bias, and personal exploration. *Journal of Social and Clinical Psychology*, **10**, 1–20.

Nelson, L., & LeBoeuf, R. (2002). Why do men overperceive women's sexual intent? False consensus vs. evolutionary explanations. Paper presented to the annual meeting of the Society for Personality and Social Psychology.

Nelson, L. D., & Morrison, E. L. (2005). The symptoms of resource scarcity: Judgments of food and finances influence preferences for potential partners. *Psychological Science*, **16**, 167–173.

Nelson, L. J., & Miller, D. T. (1995). The distinctiveness effect in social categorization: You are what makes you unusual. *Psychological Science*, **6**, 246.

Nelson, T. E., Acker, M., & Manis, M. (1996). Everyday base rates (sex stereotypes): Potent and resilient. *Journal of Personality and Social Psychology*, **59**, 664–675.

Nelson, T. E., Biernat, M. R., & Manis, M. (1990). Everyday base rates (sex stereotypes): Potent and resilient. *Journal of Personality and Social Psychology*, **59**, 664–675.

Nemeth, C. (1979). The role of an active minority in intergroup relations. In W. G. Austin and S. Worchel (Eds.), *The social psychology of intergroup relations*. Monterey, CA: Brooks/Cole.

Nemeth, C., & Wachtler, J. (1974). Creating the perceptions of consistency and confidence: A necessary condition for minority influence. *Sociometry*, **37**, 529–540.

Nemeth, C., & Chiles, C. (1988). Modelling courage: The role of dissent in fostering independence. *European Journal of Social Psychology,* **18,** 275–280.

Nemeth, C. J. (1997). Managing innovation: When less is more. *California Management Review,* **40,** 59–74.

Nemeth, C. J. (1999). Behind the scenes. In D. G. Myers, *Social psychology,* 6th edition. New York: McGraw-Hill.

Nemeth, C. J., Brown, K., & Rogers, J. (2001a). Devil's advocate versus authentic dissent: Stimulating quantity and quality. *European Journal of Social Psychology,* **31,** 1–13.

Nemeth, C. J., Connell, J. B., Rogers, J. D., & Brown, K. S. (2001b). Improving decision making by means of dissent. *Journal of Applied Social Psychology,* **31,** 48–58.

Nemeth, C. J., & Ormiston, M. (2007). Creative idea generation: Harmony versus stimulation. *European Journal of Social Psychology,* **37,** 524–535.

Nemeth, C. J., Personnaz, B., Personnaz, M., & Goncalo, J. A. (2004). The liberating role of conflict in group creativity: A study in two countries. *European Journal of Social Psychology,* **34,** 365–374.

Neumann, R., & Strack, F. (2000). Approach and avoidance: The influence of proprioceptive and exteroceptive cues on encoding of affective information. *Journal of Personality and Social Psychology,* **79,** 39–48.

New York Times. (2002, May 26). Fighting to live as the towers died (www.nytimes.com).

Newcomb, T. M. (1961). *The acquaintance process.* New York: Holt, Rinehart & Winston.

Newell, B., & Lagnado, D. (2003). Think-tanks, or think *tanks.* The Psychologist, **16,** 176.

Newell, B. R., Wong, K. Y., Cheung, J. C. H., & Rakow, T. (2008, August 23). Think, blink, or sleep on it? The impact of modes of thought on complex decision making. *Quarterly Journal of Experimental Psychology* (DOI: 10.1080/17470210802215202).

Newman, H. M., & Langer, E. J. (1981). Post-divorce adaptation and the attribution of responsibility. *Sex Roles,* **7,** 223–231.

Newman, L. S. (1993). How individualists interpret behavior: Idiocentrism and spontaneous trait inference. *Social Cognition,* **11,** 243–269.

Newman, L. S., Duff, K., Schnopp-Wyatt, N., Brock, B., & Hoffman, Y. (1997). Reactions to the O. J. Simpson verdict: "Mindless tribalism" or motivated inference processes? *Journal of Social Issues,* **53,** 547–562.

Newport, F. (2007a, May 11). The age factor: Older Americans most negative about Iraq war (www.galluppoll.com).

Newport, F. (2007b, June 11). Majority of Republicans doubt theory of evolution. *Gallup Poll* (www.galluppoll.com).

Newport, F., Moore, D. W., Jones, J. M., & Saad, L. (2003, March 21). Special release: American opinion on the war. *Gallup Poll Tuesday Briefing* (www.gallup.com/poll/tb/goverpubli/s0030325.asp).

Nias, D. K. B. (1979). Marital choice: Matching or complementation? In M. Cook and G. Wilson (Eds.), *Love and attraction.* Oxford: Pergamon.

Nichols, J. (2003, February 9). Man overdoses online as chatters watch him die. *Grand Rapids Press,* p. A20.

Nicholson, C. (2007, January). Framing science: Advances in theory and technology are fueling a new era in the science of persuasion. *APS Observer* (www.psychologicalscience.org).

Nicholson, N., Cole, S. G., & Rocklin, T. (1985). Conformity in the Asch situation: A comparison between contemporary British and U. S. university students. *British Journal of Social Psychology,* **24,** 59–63.

Nie, N. H., & Erbring, L. (2000, February 17). Internet and society: A preliminary report. Stanford, CA: Stanford Institute for the Quantitative Study of Society.

Niedermeier, K. E., Kerr, N. L., & Messe, L. A. (1999). Jurors' use of naked statistical evidence: Exploring bases and implications of the Wells effect. *Journal of Personality and Social Psychology,* **76,** 533–542.

Nielsen. (2008a, May). Nielsen's three screen report. The Nielsen Company (www.nielsen.com).

Nielsen. (2008b, February 14). Nielsen reports DVR playback is adding to TV viewing levels. The Nielsen Company (www.nielsen.com).

Nielsen, M. E. (1998). Social psychology and religion on a trip to Ukraine (psychwww.com/psyrelig/ukraine/index.htm).

Niemi, R. G., Mueller, J., & Smith, T. W. (1989). *Trends in public opinion: A compendium of survey data.* New York: Greenwood Press.

Nigro, G. N., Hill, D. E., Gelbein, M. E., & Clark, C. L. (1988). Changes in the facial prominence of women and men over the last decade. *Psychology of Women Quarterly,* **12,** 225–235.

Nijstad, B. A., & Stroebe, W. (2006). How the group affects the mind: A cognitive model of idea generation in groups. *Personality and Social Psychology Review,* **10,** 186–213.

Nijstad, B. A., Stroebe, W., & Lodewijkx, H. F. M. (2006). The illusion of group productivity. A reduction of failures explanation. *European Journal of Social Psychology,* **36,** 31–48.

Nisbett, R. (2003). *The geography of thought: How Asians and Westerners think differently . . . and why.* New York: Free Press.

Nisbett, R. E. (1990). Evolutionary psychology, biology, and cultural evolution. *Motivation and emotion,* **14,** 255–263.

Nisbett, R. E. (1993). Violence and U.S. regional culture. *American Psychologist,* **48,** 441–449.

Nisbett, R. E., Fong, G. T., Lehman, D. R., & Cheng, P. W. (1987). Teaching reasoning. *Science,* **238,** 625–631.

Nisbett, R. E., & Masuda, T. (2003). Culture and point of view. *Proceedings of the National Academy of Sciences,* **100,** 11163–11170.

Nisbett, R. E., & Ross, L. (1980). *Human inference: Strategies and shortcomings of social judgment.* Englewood Cliffs, NJ: Prentice-Hall.

Nix, G., Watson, C., Pyszczynski, T., & Greenberg, J. (1995). Reducing depressive affect through external focus of attention. *Journal of Social and Clinical Psychology,* **14,** 36–52.

Noel, J. G., Forsyth, D. R., & Kelley, K. N. (1987). Improving the performance of failing students by overcoming their self-serving attributional biases. *Basic and Applied Social Psychology,* **8,** 151–162.

Nolan, J. M., Schultz, P. W., Cialdini, R. B., Goldstein, N. J., & Griskevicius, V. (2008). Normative social influence is underdetected. *Personality and Social Psychology Bulletin,* **34,** 913–923.

Nolan, S. A., Flynn, C., & Garber, J. (2003). Prospective relations between rejection and depression in young adolescents. *Journal of Personality and Social Psychology,* **85,** 745–755.

Nolen-Hoeksema, S. (2003). *Women who think too much: How to break free of overthinking and reclaim your life.* New York: Holt.

Noller, P. (1996). What is this thing called love? Defining the love that supports marriage and family. *Personal Relationships,* **3,** 97–115.

Noller, P., & Fitzpatrick, M. A. (1990). Marital communication in the eighties. *Journal of Marriage and Family,* **52,** 832–843.

Noon, E., & Hollin, C. R. (1987). Lay knowledge of eyewitness behaviour: A British survey. *Applied Cognitive Psychology,* **1,** 143–153.

Noor, M., Brown, R., Gonzalez, R., Manzi, J., & Lewis, C. A. (2008). On positive psychological outcomes: What helps groups with a history of conflict to forgive and reconcile with each other? *Personality and Social Psychology Bulletin,* **34,** 819–832.

NORC. (National Opinion Research Center) (1996). General social survey. National Opinion Research Center, University of Chicago (courtesy Tom W. Smith).

NORC. (National Opinion Research Center) (2005). Marriage and happiness data from National Opinion Research Center General Social Surveys, 1972 to 2004 (www.csa.berkeley,edu:7502).

Norem, J. K. (2000). Defensive pessimism, optimism, and pessimism. In E. C. Chang (Ed.), *Optimism and pessimism.* Washington, DC: APA Books.

Norem, J. K., & Cantor, N. (1986). Defensive pessimism: Harnessing anxiety as motivation. *Journal of Personality and Social Psychology,* **51,** 1208–1217.

Norenzayan, A., & Heine, S. J. (2005). Psychological universals: What are they and how can we know? *Psychological Bulletin,* **131,** 763–784.

North, A. C., Hargreaves, D. J., & McKendrick, J. (1997). In-store music affects product choice. *Nature,* **390,** 132.

Norton, M. I., Frost, J. H., & Ariely, D. (2007). Less is more: The lure of ambiguity, or why familiarity breeds contempt. *Journal of Personality and Social Psychology,* **92,** 97–105.

Nosek, B. A. (2007). Implicit-explicit relations. *Current Directions in Psychological Science,* **16,** 65–69.

Nosek, B. A., Smyth, F. L., Hansen, J. J., Devos, T., Lindner, N. M., Ranganath, K. A., Smith, C. T., Olson, K. R., Chugh, D., Greenwald, A. G., & Banaji, M. R. (2007). Pervasiveness and correlates of implicit attitudes and stereotypes. *European Review of Social Psychology,* **18,** 36–88.

Notarius, C., & Markman, H. J. (1993). *We can work it out.* New York: Putnam.

Nunez, N., Poole, D. A., & Memon, A. (2003). Psychology's two cultures revisited: Implications for the integration of science with practice. *Scientific Review of Mental Health Practice,* **2**(1), 8–19.

Nurmi, J-E., & Salmela-Aro, K. (1997). Social strategies and loneliness: A prospective study. *Personality and Individual Differences,* **23,** 205–215.

Nurmi, J.-E., Toivonen, S., Salmela-Aro, K., & Eronen, S. (1996). Optimistic, approach-oriented, and avoidance strategies in social situations: Three studies on loneliness and peer relationships. *European Journal of Personality, 10,* 201–219.

Nuttin, J. M., Jr. (1987). Affective consequences of mere ownership: The name letter effect in twelve European languages. *European Journal of Social Psychology, 17,* 318–402.

Nyhan, B., & Reifler, J. (2008). When corrections fail: The persistence of political misperceptions. Unpublished manuscript, Duke University.

O'Connor, A. (2004, May 14). Pressure to go along with abuse is strong, but some soldiers find strength to refuse. *New York Times* (www.nytimes.com).

O'Dea, T. F. (1968). Sects and cults. In D. L. Sills (Ed.), *International encyclopedia of the social sciences* (Vol. 14). New York: Macmillan.

O'Hegarty, M., Pederson, L. L., Yenokyan, G., Nelson, D., & Wortley, P. (2007). Young adults' perceptions of cigarette warning labels in the United States and Canada. *Preventing Chronic Disease: Public Health Research, Practice, and Policy, 30,* 467–473.

O'Leary, K. D., Christian, J. L., & Mendell, N. R. (1994). A closer look at the link between marital discord and depressive symptomatology. *Journal of Social and Clinical Psychology, 13,* 33–41.

Oaten, M., & Cheng, K. (2006a). Improved self-control: The benefits of a regular program of academic study. *Basic and Applied Social Psychology, 28,* 1–16.

Oaten, M., & Cheng, K. (2006b). Longitudinal gains in self-regulation from regular physical exercise. *British Journal of Health Psychology, 11,* 717–733.

Oceja, L. (2008). Overcoming empathy-induced partiality: Two rules of thumb. *Basic and Applied Social Psychology, 30,* 176–182.

Oddone-Paolucci, E., Genuis, M., & Violato, C. (2000). A meta-analysis of the published research on the effects of pornography. In C. Violata (Ed.), *The changing family and child development.* Aldershot, England: Ashgate Publishing.

Ohbuchi, K., & Kambara, T. (1985). Attacker's intent and awareness of outcome, impression management, and retaliation. *Journal of Experimental Social Psychology, 21,* 321–330.

Ohtaki, P. (1999, March 24). Internment-camp reporter makes homecoming visit. Associated Press. Reprinted in P. T. Ohtaki (Ed.), *It was the right thing to do!* (Self-published collection of Walt and Mildred Woodward–related correspondence and articles).

Oishi, S., Lun, J., & Sherman, G. D. (2007). Residential mobility, self-concept, and positive affect in social interactions. *Journal of Personality and Social Psychology, 93,* 131–141.

Oishi, S., Rothman, A. J., Snyder, M., Su, J., Zehm, K., Hertel, A. W., Gonzales, M. H., & Sherman, G. D. (2007). The socioecological model of procommunity action: The benefits of residential stability. *Journal of Personality and Social Psychology, 93,* 831–844.

Olfson, M., & Pincus, H. A. (1994). Outpatient therapy in the United States: II. Patterns of utilization. *American Journal of Psychiatry, 151,* 1289–1294.

Oliner, S. P., & Oliner, P. M. (1988). *The altruistic personality: Rescuers of Jews in Nazi Europe.* New York: Free Press.

Olson, I. R., & Marshuetz, C. (2005). Facial attractiveness is appraised in a glance. *Emotion, 5,* 498–502.

Olson, J. M., & Cal, A. V. (1984). Source credibility, attitudes, and the recall of past behaviours. *European Journal of Social Psychology, 14,* 203–210.

Olson, J. M., Roese, N. J., & Zanna, M. P. (1996). Expectancies. In E. T. Higgins & A. W. Kruglanski (Eds.), *Social psychology: Handbook of basic principles* (pp. 211–238). New York: Guilford.

Olson, K. R., Dunham, Y., Dweck, C. S., Spelke, E. S., & Banaji, M. R. (2008). Judgments of the lucky across development and culture. *Journal of Personality and Social Psychology, 94,* 757–776.

Olweus, D. (1979). Stability of aggressive reaction patterns in males: A review. *Psychological Bulletin, 86,* 852–875.

Olweus, D., Mattsson, A., Schalling, D., & Low, H. (1988). Circulating testosterone levels and aggression in adolescent males: A causal analysis. *Psychosomatic Medicine, 50,* 261–272.

Omoto, A. M., & Snyder, M. (2002). Considerations of community: The context and process of volunteerism. *American Behavioral Scientist, 45,* 846–867.

Open Secrets. (2005). 2004 election overview: Winning vs. spending (www.opensecrets.org).

Opotow, S. (1990). Moral exclusion and injustice: An introduction. *Journal of Social Issues, 46,* 1–20.

Oppenheimer, D. M. (2004). Spontaneous discounting of availability in frequency judgment tasks. *Psychological Science, 15,* 100–105.

Orbell, J. M., van de Kragt, A. J. C., & Dawes, R. M. (1988). Explaining discussion-induced cooperation. *Journal of Personality and Social Psychology, 54,* 811–819.

Orenstein, P. (2003, July 6). Where have all the Lisas gone? *New York Times* (www.nytimes.com).

Orive, R. (1984). Group similarity, public self-awareness, and opinion extremity: A social projection explanation of deindividuation effects. *Journal of Personality and Social Psychology, 47,* 727–737.

Ornstein, R. (1991). *The evolution of consciousness: Of Darwin, Freud, and cranial fire: The origins of the way we think.* New York: Prentice-Hall.

Osborne, J. W. (1995). Academics, self-esteem, and race: A look at the underlying assumptions of the disidentification hypothesis. *Personality and Social Psychology Bulletin, 21,* 449–455.

Osgood, C. E. (1962). *An alternative to war or surrender.* Urbana, IL: University of Illinois Press.

Osgood, C. E. (1980). GRIT: A strategy for survival in mankind's nuclear age? Paper presented at the Pugwash Conference on New Directions in Disarmament, Racine, WI.

Oskamp, S. (1991). Curbside recycling: Knowledge, attitudes, and behavior. Paper presented at the Society for Experimental Social Psychology meeting, Columbus, OH.

Osofsky, M. J., Bandura, A., & Zimbardo, P. G. (2005). The role of moral disengagement in the execution process. *Law and Human Behavior, 29,* 371–393.

Osterhouse, R. A., & Brock, T. C. (1970). Distraction increases yielding to propaganda by inhibiting counterarguing. *Journal of Personality and Social Psychology, 15,* 344–358.

Ostrom, T. M., & Sedikides, C. (1992). Out-group homogeneity effects in natural and minimal groups. *Psychological Bulletin, 112,* 536–552.

Oswald, A. (2006, January 19). The hippies were right all along about happiness. *Financial Times,* p. 15.

Oswald, A. J. (2008). On the curvature of the reporting function from objective reality to subjective feelings. Unpublished manuscript at www.andrewoswald.com.

Ouellette, J. A., & Wood, W. (1998). Habit and intention in everyday life: The multiple processes by which past behavior predicts future behavior. *Psychological Bulletin, 124,* 54–74.

Oxfam. (2005, March 26). Three months on: New figures show Tsunami may have killed up to four times as many women as men. Oxfam Press release (www.oxfam.org.uk).

Oyserman, D., Coon, H. M., & Kemmelmeier, M. (2002a). Rethinking individualism and collectivism: Evaluation of theoretical assumptions and meta-analyses. *Psychological Bulletin, 128,* 3–72.

Oyserman, D., Kemmelmeier, M., & Coon, H. M. (2002b). Cultural psychology, a new look: Reply to Bond (2002), Fiske (2002), Kitayama (2002), and Miller (2002). *Psychological Bulletin, 128,* 110–117.

Ozer, E. M., & Bandura, A. (1990). Mechanisms governing empowerment effects: A self-efficacy analysis. *Journal of Personality and Social Psychology, 58,* 472–486.

Packer, D. J. (2008). Identifying systematic disobedience in Milgram's obedience experiments: A meta-analytic review. *Perspectives on Psychological Science, 3*(4), 301–304.

Packer, D. J. (2009). Avoiding groupthink: Whereas weakly identified members remain silent, strongly identified members dissent about collective problems. *Psychological Science, 20,* 546–548.

Padgett, V. R. (1989). Predicting organizational violence: An application of 11 powerful principles of obedience. Paper presented at the American Psychological Association convention.

Page, S. E. (2007). *The difference: How the power of diversity creates better groups, firms, schools, and societies.* Princeton, NJ: Princeton University Press.

Page-Gould, E., Mendoza-Denton, R., & Tropp, L. R. (2008). With a little help from my cross-group friend: Reducing anxiety in intergroup contexts through cross-group friendship. *Journal of Personality and Social Psychology, 95,* 1080–1094.

Pallak, M. S., Mueller, M., Dollar, K., & Pallak, J. (1972). Effect of commitment on responsiveness to an extreme consonant communication. *Journal of Personality and Social Psychology, 23,* 429–436.

Pallak, S. R., Murroni, E., & Koch, J. (1983). Communicator attractiveness and expertise, emotional versus rational appeals, and persuasion: A heuristic versus systematic processing interpretation. *Social Cognition, 2,* 122–141.

Palmer, D. L. (1996). Determinants of Canadian attitudes toward immigration: More than just racism? *Canadian Journal of Behavioural Science, 28,* 180–192.

Palmer, E. L., & Dorr, A. (Eds.) (1980). *Children and the faces of television: Teaching, violence, selling.* New York: Academic Press.

Paloutzian, R. (1979). Pro-ecology behavior: Three field experiments on litter pickup. Paper presented at the Western Psychological Association convention.

Pandey, J., Sinha, Y., Prakash, A., & Tripathi, R. C. (1982). Right-left political ideologies and attribution of the causes of poverty. *European Journal of Social Psychology*, **12**, 327–331.

Paolini, S., Hewstone, M., Cairns, E., & Voci, A. (2004). Effects of direct and indirect cross-group friendships on judgments of Catholics and Protestants in Northern Ireland: The mediating role of an anxiety-reduction mechanism. *Personality and Social Psychology Bulletin*, **30**, 770–786.

Papastamou, S., & Mugny, G. (1990). Synchronic consistency and psychologization in minority influence. *European Journal of Social Psychology*, **20**, 85–98.

Pape, R. A. (2003, September 22). Dying to kill us. *New York Times* (www.nytimes.com).

Parachin, V. M. (1992, December). Four brave chaplains. *Retired Officer Magazine*, pp. 24–26.

Parashar, U. D., Gibson, C. J., Bresse, J. S., & Glass, R. I. (2006). Rotavirus and severe childhood diarrhea. *Emerging Infectious Diseases*, **12**, 304–306.

Park, B., & Rothbart, M. (1982). Perception of out-group homogeneity and levels of social categorization: Memory for the subordinate attributes of in-group and out-group members. *Journal of Personality and Social Psychology*, **42**, 1051–1068.

Parke, R. D., Berkowitz, L., Leyens, J. P., West, S. G., & Sebastian, J. (1977). Some effects of violent and nonviolent movies on the behavior of juvenile delinquents. In L. Berkowitz (Ed.), *Advances in experimental social psychology* (Vol. 10). New York: Academic Press.

Parker, K. D., Ortega, S. T., & VanLaningham, J. (1995). Life satisfaction, self-esteem, and personal happiness among Mexican and African Americans. *Sociological Spectrum*, **15**, 131–145.

Pascarella, E. T., & Terenzini, P. T. (1991). *How college affects students: Findings and insights from twenty years of research.* San Francisco: Jossey-Bass.

Patrick, H., Knee, C. R., Canevello, A., Lonsbary, C. (2007). The role of need fulfillment in relationship functioning and well-being: A self-determination theory perspective. *Journal of Personality and Social Psychology*, **92**, 434–457.

Patterson, D. (1996). *When learned men murder.* Bloomington, IN: Phi Delta Kappan.

Patterson, G. R., Chamberlain, P., & Reid, J. B. (1982). A comparative evaluation of parent training procedures. *Behavior Therapy*, **13**, 638–650.

Patterson, G. R., Littman, R. A., & Bricker, W. (1967). Assertive behavior in children: A step toward a theory of aggression. *Monographs of the Society of Research in Child Development* (Serial No. 113), **32**, 5.

Patterson, M. L. (2008). Back to social behavior: Mining the mundane. *Basic and Applied Social Psychology*, **30**, 93–101.

Patterson, M. L., Iizuka, Y., Tubbs, M. E., Ansel, J., & Anson, J. (2006). Passing encounters East and West: Comparing Japanese and American pedestrian interactions. Paper presented to the Society of Personality and Social Psychology convention.

Patterson, M. L., Iizuka, Y., Tubbs, M. E., Ansel, J., Tsutsumi, M., & Anson, J. (2007). Passing encounters east and west: Comparing Japanese and American pedestrian interactions. *Journal of Nonverbal Behavior*, **31**, 155–166.

Patterson, T. E. (1980). The role of the mass media in presidential campaigns: The lessons of the 1976 election. *Items*, **34**, 25–30. Social Science Research Council, 605 Third Avenue, New York, NY 10016.

Paulhus, D. (1982). Individual differences, self-presentation, and cognitive dissonance: Their concurrent operation in forced compliance. *Journal of Personality and Social Psychology*, **43**, 838–852.

Paulhus, D. L., & Lim, D. T. K. (1994). Arousal and evaluative extremity in social judgments: A dynamic complexity model. *European Journal of Social Psychology*, **24**, 89–99.

Paulhus, D. L., & Morgan, K. L. (1997). Perceptions of intelligence in leaderless groups: The dynamic effects of shyness and acquaintance. *Journal of Personality and Social Psychology*, **72**, 581–591.

Paulhus, D. L., & Williams, K. M. (2002). The Dark Triad of personality: Narcissism, Machiavellianism and psychopathy. *Journal of Research in Personality*, **36**, 556–563.

Paulus, P. B. (1998). Developing consensus about groupthink after all these years. *Organizational Behavior and Human Decision Processes*, **73**, 362–375.

Paulus, P. B., Brown, V., & Ortega, A. H. (1997). Group creativity. In R. E. Purser and A. Montuori (Eds.), *Social creativity* (Vol. 2). Cresskill, NJ: Hampton Press.

Paulus, P. B., Larey, T. S., & Dzindolet, M. T. (1998). Creativity in groups and teams. In M. Turner (Ed.), *Groups at work: Advances in theory and research.* Hillsdale, NJ: Erlbaum.

Paulus, P. B., Larey, T. S., & Ortega, A. H. (1995). Performance and perceptions of brainstormers in an organizational setting. *Basic and Applied Social Psychology*, **17**, 249–265.

Payne, B. K. (2001). Prejudice and perception: The role of automatic and controlled processes in misperceiving a weapon. *Journal of Personality and Social Psychology*, **81**, 181–192.

Payne, B. K. (2006). Weapon bias: Split-second decisions and unintended stereotyping. *Current Directions in Psychological Science*, **15**, 287–291.

Pedersen, A., & Walker, I. (1997). Prejudice against Australian Aborigines: Old-fashioned and modern forms. *European Journal of Social Psychology*, **27**, 561–587.

Pedersen, W. C., Gonzales, C., & Miller, N. (2000). The moderating effect of trivial triggering provocation on displaced aggression. *Journal of Personality and Social Psychology*, **78**, 913–927.

Pegalis, L. J., Shaffer, D. R., Bazzini, D. G., & Greenier, K. (1994). On the ability to elicit self-disclosure: Are there gender-based and contextual limitations on the opener effect? *Personality and Social Psychology Bulletin*, **20**, 412–420.

Pelham, B., & Crabtree, S. (2008, October 8). Worldwide, highly religious more likely to help others: Pattern holds throughout the world and across major religions. Gallup Poll (www.gallup.com).

Pennebaker, J. (1990). *Opening up: The healing power of confiding in others.* New York: William Morrow.

Pennebaker, J. W. (1982). *The psychology of physical symptoms.* New York: Springer-Verlag.

Pennebaker, J. W., & Lay, T. C. (2002). Language use and personality during crises: Analyses of Mayor Rudolph Giuliani's press conferences. *Journal of Research in Personality*, **36**, 271–282.

Pennebaker, J. W., & O'Heeron, R. C. (1984). Confiding in others and illness rate among spouses of suicide and accidental death victims. *Journal of Abnormal Psychology*, **93**, 473–476.

Pennebaker, J. W., Rimé, B., & Sproul, G. (1996). Stereotypes of emotional expressiveness of northerners and southerners: A cross-cultural test of Montesquieu's hypotheses. *Journal of Personality and Social Psychology*, **70**, 372–380.

Penner, L. A. (2002). Dispositional and organizational influences on sustained volunteerism: An interactionist perspective. *Journal of Social Issues*, **58**, 447–467.

Penner, L. A., Dertke, M. C., & Achenbach, C. J. (1973). The "flash" system: A field study of altruism. *Journal of Applied Social Psychology*, **3**, 362–370.

Pennington, N., & Hastie, R. (1993). The story model for juror decision making. In R. Hastie (Ed.), *Inside the juror: The psychology of juror decision making.* New York: Cambridge University Press.

Penrod, S., & Cutler, B. L. (1987). Assessing the competence of juries. In I. B. Weiner & A. K. Hess (Eds.), *Handbook of forensic psychology.* New York: Wiley.

Penton-Voak, I. S., Jones, B. C., Little, A. C., Baker, S., Tiddeman, B., Burt, D. M., & Perrett, D. I. (2001). Symmetry, sexual dimorphism in facial proportions and male facial attractiveness. *Proceedings of the Royal Society of London*, **268**, 1–7.

People. (2003, September 1). Nipped, tucked, talking, *People*, pp. 102–111.

Peplau, L. A., & Fingerhut, A. W. (2007). The close relationships of lesbians and gay men. *Annual Review of Psychology*, **58**, 405–424.

Peplau, L. A., & Gordon, S. L. (1985). Women and men in love: Gender differences in close heterosexual relationships. In V. E. O'Leary, R. K. Unger, & B. S. Wallston (Eds.), *Women, gender, and social psychology.* Hillsdale, NJ: Erlbaum.

Pereira, J. (2003, January 10). Just how far does First Amendment protection go? *Wall Street Journal*, pp. B1, B3.

Perkins, H. W. (1991). Religious commitment, Yuppie values, and well-being in post-collegiate life. *Review of Religious Research*, **32**, 244–251.

Perlman, D., & Rook, K. S. (1987). Social support, social deficits, and the family: Toward the enhancement of well-being. In S. Oskamp (Ed.), *Family processes and problems: Social psychological aspects.* Newbury Park, CA: Sage.

Perls, F. S. (1972). Gestalt therapy [interview]. In A. Bry (Ed.), *Inside psychotherapy.* New York: Basic Books.

Perls, F. S. (1973, July). Ego, hunger and aggression: The beginning of Gestalt therapy. Random House, 1969. Cited by Berkowitz in The case for bottling up rage. *Psychology Today*, pp. 24–30.

Perrin, S., & Spencer, C. (1981). Independence or conformity in the Asch experiment as a reflection of cultural or situational factors. *British Journal of Social Psychology*, **20**, 205–209.

Persico, N., Postlewaite, A., & Silverman, D. (2004). The effect of adolescent experience on labor market outcomes: The case of height. *Journal of Political Economy*, **112**, 1019–1053.

Persky, S., & Blascovich, J. (2005). Consequences of playing violent video games in immersive virtual environments, In A. Axelsson & Ralph Schroeder (Eds.), *Work and Play in Shared Virtual Environments*. New York: Springer.

Pessin, J. (1933). The comparative effects of social and mechanical stimulation on memorizing. *American Journal of Psychology*, **45**, 263–270.

Pessin, J., & Husband, R. W. (1933). Effects of social stimulation on human maze learning. *Journal of Abnormal and Social Psychology*, **28**, 148–154.

Peters, E., Romer, D., Slovic, P., Jamieson, K. H., Whasfield, L., Mertz, C. K., & Carpenter, S. M. (2007). The impact and acceptability of Canadian-style cigarette warning labels among U.S. smokers and nonsmokers. *Nicotine and Tobacco Research*, **9**, 473–481.

Peterson, C., & Barrett, L. C. (1987). Explanatory style and academic performance among university freshmen. *Journal of Personality and Social Psychology*, **53**, 603–607.

Peterson, C., & Bossio, L. M. (2000). Optimism and physical well-being. In E. C. Chang (Ed.), *Optimism and pessimism*. Washington, DC: APA Books.

Peterson, C., Schwartz, S. M., & Seligman, M. E. P. (1981). Self-blame and depression symptoms. *Journal of Personality and Social Psychology*, **41**, 253–259.

Peterson, C., & Seligman, M. E. P. (1987). Explanatory style and illness. *Journal of Personality*, **55**, 237–265.

Peterson, C., Seligman, M. E. P., & Vaillant, G. E. (1988). Pessimistic explanatory style is a risk factor for physical illness: A thirty-five-year longitudinal study. *Journal of Personality and Social Psychology*, **55**, 23–27.

Peterson, C., & Steen, T. A. (2002). Optimistic explanatory style. In C. R. Snyder & S. J. Lopez (Ed.), *Handbook of positive psychology*. London: Oxford University Press.

Peterson, E. (1992). *Under the unpredictable plant*. Grand Rapids, MI: Eerdmans.

Peterson, J. L., & Zill, N. (1981). Television viewing in the United States and children's intellectual, social, and emotional development. *Television and Children*, **2**(2), 21–28.

Pettigrew, T. F. (1958). Personality and sociocultural factors in intergroup attitudes: A cross-national comparison. *Journal of Conflict Resolution*, **2**, 29–42.

Pettigrew, T. F. (1969). Racially separate or together? *Journal of Social Issues*, **2**, 43–69.

Pettigrew, T. F. (1978). Three issues in ethnicity: Boundaries, deprivations, and perceptions. In J. M. Yinger & S. J. Cutler (Eds.), *Major social issues: A multidisciplinary view*. New York: Free Press.

Pettigrew, T. F. (1979). The ultimate attribution error: Extending Allport's cognitive analysis of prejudice. *Personality and Social Psychology Bulletin*, **5**5, 461–476.

Pettigrew, T. F. (1980). Prejudice. In S. Thernstrom et al. (Eds.), *Harvard encyclopedia of American ethnic groups*. Cambridge, MA: Harvard University Press.

Pettigrew, T. F. (1986). The intergroup contact hypothesis reconsidered. In M. Hewstone & R. Brown (Eds.), *Contact and conflict in intergroup encounters*. Oxford: Blackwell.

Pettigrew, T. F. (1988). Advancing racial justice: Past lessons for future use. Paper for the University of Alabama conference "Opening Doors: An appraisal of Race Relations in America."

Pettigrew, T. F. (1997). Generalized intergroup contact effects on prejudice. *Personality and Social Psychology Bulletin*, **23**, 173–185.

Pettigrew, T. F. (2003). Peoples under threat: Americans, Arabs, and Israelis. *Peace and Conflict*, **9**, 69–90.

Pettigrew, T. F. (2004). Intergroup contact: Theory, research, and new perspectives. In J. A. Banks & C. A. McGee Banks (Eds.), *Handbook of research on multicultural education*. San Francisco: Jossey-Bass.

Pettigrew, T. F. (2006). A two-level approach to anti-immigrant prejudice and discrimination. In R. Mahalingam (Ed.), *Cultural psychology of immigrants*. Mahwah, NJ: Erlbaum.

Pettigrew, T. F. (2008). Future directions for intergroup contact theory and research. *Intercultural Relations*, **32**, 187–199.

Pettigrew, T. F., Christ, O., Wagner, U., Meertens, R. W., van Dick, R., & Zick, A. (2008). Relative deprivation and intergroup prejudice. *Journal of Social Issues*, **64**, 385–401.

Pettigrew, T. F., Christ, O., Wagner, U., & Stellmacher, J. (2007). Direct and indirect intergroup contact effects on prejudice: A normative interpretation. *International Journal of Intercultural Relations*, **31**, 411–425.

Pettigrew, T. F., Jackson, J. S., Brika, J. B., Lemaine, G., Meertens, R. W., Wagner, U., & Zick, A. (1998). Outgroup prejudice in western Europe. *European Review of Social Psychology*, **8**, 241–273.

Pettigrew, T. F., & Meertens, R. W. (1995). Subtle and blatant prejudice in western Europe. *European Journal of Social Psychology*, **25**, 57–76.

Pettigrew, T. F., & Tropp, L. R. (2000). Does intergroup contact reduce prejudice: Recent meta-analytic findings. In Oskamp, S. (Ed.), *Reducing prejudice and discrimination* (pp. 93–114). Mahwah, NJ: Erlbaum.

Pettigrew, T. F., & Tropp, L. R. (2006). A meta-analytic test of intergroup contact theory. *Journal of Personality and Social Psychology*, **90**, 751–783.

Pettigrew, T. F., & Tropp, L. R. (2008). How does intergroup contact reduce prejudice? Meta-analytic tests of three mediators. *European Journal of Social Psychology*, **38**, 922–934.

Pettigrew, T. F., Wagner, U., & Christ, O. (2008). Who opposes immigration? Comparing German with North American findings. *DuBois Review*, **4**, 19–40.

Petty, R. E., & Bri͂nol, P. (2008). Persuasion: From single to multiple to metacognitive processes. *Perspectives on Psychological Science*, **3**, 137–147.

Petty, R. E., & Cacioppo, J. T. (1979). Effects of forewarning of persuasive intent and involvement on cognitive response and persuasion. *Personality and Social Psychology Bulletin*, **5**, 173–176.

Petty, R. E., & Cacioppo, J. T. (1986). *Communication and persuasion: Central and peripheral routes to attitude change*. New York: Springer-Verlag.

Petty, R. E., Cacioppo, J. T., & Goldman, R. (1981). Personal involvement as a determinant of argument-based persuasion. *Journal of Personality and Social Psychology*, **41**, 847–855.

Petty, R. E., Haugtvedt, C. P., & Smith, S. M. (1995). Elaboration as a determinant of attitude strength: Creating attitudes that are persistent, resistant, and predictive of behavior. In R. E. Petty & J. A. Krosnick (Eds.), *Attitude strength: Antecedents and consequences*. Hillsdale, NJ: Erlbaum.

Petty, R. E., Schumann, D. W., Richman, S. A., & Strathman, A. J. (1993). Positive mood and persuasion: Different roles for affect under high and low elaboration conditions. *Journal of Personality and Social Psychology*, **64**, 5–20.

Petty, R. E., & Wegener, D. T. (1998). Attitude change: Multiple roles for persuasion variables. In D. Gilbert, S. Fiske, & G. Lindzey (Eds), *Handbook of Social Psychology*, 4th edition. New York: McGraw-Hill.

Pew Research Center. (2000, May 10). Tracking online life: How women use the Internet to cultivate relationships with family and friends. Washington, DC: Pew Internet and American Life Project.

Pew Research Center. (2003). Views of a changing world 2003. The Pew Global Attitudes Project. Washington, DC: Pew Research Center for the People and the Press (people-press.org/reports/pdf/185.pdf).

Pew Research Center. (2006, February 13). Not looking for love: Romance in America. Pew Internet and American Life Project (pewresearch.org).

Pew Research Center. (2006, March 14). Guess who's coming to dinner. Pew Research Center (pewresearch.org).

Pew Research Center. (2006, March 30). America's immigration quandary. Pew Research Center (www.people-press.org).

Pew Research Center. (2006, July 12). Little consensus on global warming: Partisanship drives opinion. Pew Research Center (people-press.org).

Pew Research Center. (2006, September 21). Publics of Asian powers hold negative views of one another. Pew Global Attitudes Project Report, Pew Research Center (pewresearch.org).

Pew Research Center (2007, May 22). *Muslim Americans: Middle class and mostly mainstream* (www.pewresearch.org).

Pew Research Center. (2007, July 18). Modern marriage: "I like hugs. I like kisses. But what I really love is help with the dishes." Pew Research Center (pewresearch.org).

Pew Research Center. (2008, September 17). Unfavorable views of both Jews and Muslims increase in Europe. Pew Research Center (www.pewresearch.org).

Phillips, D. L. (2003, September 20). Listening to the wrong Iraqi. *New York Times* (www.nytimes.com).

Phillips, D. P. (1982). The impact of fictional television stories on U.S. adult fatalities: New evidence on the effect of the mass media on violence. *American Journal of Sociology*, **87**, 1340–1359.

Phillips, D. P. (1985). Natural experiments on the effects of mass media violence on fatal aggression: Strengths and weaknesses of a new approach. In L. Berkowitz (Ed.), *Advances in experimental social psychology* (Vol. 19). Orlando, Fla.: Academic Press.

Phillips, D. P., Carstensen, L. L., & Paight, D. J. (1989). Effects of mass media news stories on suicide, with new evidence on the role of story content. In D. R. Pfeffer (Ed.), *Suicide *among youth: Perspectives on risk and prevention.* Washington, DC: American Psychiatric Press.

Phillips, T (2004, April 3). Quoted by T. Baldwin & D. Rozenberg, "Britain 'must scrap multiculturalism.'" *The Times,* p. A1.

Phinney, J. S. (1990). Ethnic identity in adolescents and adults: Review of research. *Psychological Bulletin,* **108,** 499–514.

Pichon, I., Boccato, G., & Saroglou, V. (2007). Nonconscious influences of religion on prosociality: A priming study. *European Journal of Social Psychology,* **37,** 1032–1045.

Pierce, J. P., & Gilpin, E. A. (1995). A historical analysis of tobacco marketing and the uptake of smoking by youth in the United States: 1890–1977. *Health Psychology,* **14,** 500–508.

Pierce, J. P., Lee, L., & Gilpin, E. A. (1994). Smoking initiation by adolescent girls, 1944 through 1988. *Journal of the American Medical Association,* **27,** 608–611.

Piliavin, J. A. (2003). Doing well by doing good: Benefits for the benefactor. In C. L. M. Keyes & J. Haidt (Eds.), *Flourishing: Positive psychology and the life well-lived.* Washington, DC: American Psychological Association.

Piliavin, J. A., Evans, D. E., & Callero, P. (1982). Learning to "Give to unnamed strangers": The process of commitment to regular blood donation. In E. Staub, D. Bar-Tal, J. Karylowski, & J. Reykawski (Eds.), *The development and maintenance of prosocial behavior: International perspectives.* New York: Plenum.

Piliavin, J. A., & Piliavin, I. M. (1973). The Good Samaritan: Why *does* he help? Unpublished manuscript, University of Wisconsin.

Pincus, J. H. (2001). *Base instincts: What makes killers kill?* New York: Norton.

Pinel, E. C. (1999). Stigma consciousness: The psychological legacy of social stereotypes. *Journal of Personality and Social Psychology,* **76,** 114–128.

Pinel, E. C. (2002). Stigma consciousness in intergroup contexts: The power of conviction. *Journal of Experimental Social Psychology,* **38,** 178–185.

Pinel, E. C. (2004). You're just saying that because I'm a woman: Stigma consciousness and attributions to discrimination. *Self and Identity,* **3,** 39–51.

Pingitore, R., Dugoni, B. L., Tindale, R. S., & Spring, B. (1994). Bias against overweight job applicants in a simulated employment interview. *Journal of Applied Psychology,* **79,** 909–917.

Pinker, S. (1997). *How the mind works.* New York: Norton.

Pinker, S. (2002). *The blank slate.* New York: Viking.

Pinker, S. (2008). *The sexual paradox: Men, women, and the real gender gap.* New York: Scribner.

Pipher, M. (2002). *The middle of everywhere: The world's refugees come to our town.* Harcourt.

Plaks, J. E., & Higgins, E. T. (2000). Pragmatic use of stereotyping in teamwork: Social loafing and compensation as a function of inferred partner-situation fit. *Journal of Personality and Social Psychology,* **79,** 962–974.

Platow, M. J., Haslam, S. A., Both, A., Chew, I., Cuddon, M., Goharpey, N., Måurer, J., Rosini, S., Tsekouras, A., & Grace, D. M. (2004). "It's not funny if *they're* laughing": Self-categorization, social influence, and responses to canned laughter. *Journal of Experimental Social Psychology,* **41,** 542–550.

Platz, S. J., & Hosch, H. M. (1988). Cross-racial/ethnic eyewitness identification: A field study. *Journal of Applied Social Psychology,* **18,** 972–984.

Pliner, P., Hart, H., Kohl, J., & Saari, D. (1974). Compliance without pressure: Some further data on the foot-in-the-door technique. *Journal of Experimental Social Psychology,* **10,** 17–22.

Plomin, R., & Daniels, D. (1987). Why are children in the same family so different from one another? *Behavioral and Brain Sciences,* **10,** 1–60.

Polk, M., & Schuster, A. M. H. (2005). *The looting of the Iraq museum, Baghdad: The lost legacy of ancient Mesopotamia.* New York: Harry N. Abrams.

Pomazal, R. J., & Clore, G. L. (1973). Helping on the highway: The effects of dependency and sex. *Journal of Applied Social Psychology,* **3,** 150–164.

Poniewozik, J. (2003, November 24). All the news that fits your reality. *Time,* p. 90.

Pooley, E. (2007, May 28). The last temptation of Al Gore. *Time,* pp. 31–37.

Popenoe, D. (2002). The top ten myths of divorce. Unpublished manuscript, National Marriage Project, Rutgers University.

Pornpitakpan, C. (2004). The persuasiveness of source credibility: A critical review of five decades' evidence, *Journal of Applied Social Psychology,* **34,** 243–281.

Post, J. M. (2005). The new face of terrorism: Socio-cultural foundations of contemporary terrorism. *Behavioral Sciences and the Law,* **23,** 451–465.

Postmes, T., & Spears, R. (1998). Deindividuation and antinormative behavior: A meta-analysis. *Psychological Bulletin,* **123,** 238–259.

Postmes, T., Spears, R., & Cihangir, S. (2001). Quality of decision making and group norms. *Journal of Personality and Social Psychology,* **80,** 918–930.

Potter, T., Corneille, O., Ruys, K. I., & Rhodes, G. (2006). S/he's just another pretty face: A multidimensional scaling approach to face attractiveness and variability. *Psychonomic Bulletin & Review,* **14,** 368–372.

Pratkanis, A. R., Greenwald, A. G., Leippe, M. R., & Baumgardner, M. H. (1988). In search of reliable persuasion effects: III. The sleeper effect is dead. Long live the sleeper effect. *Journal of Personality and Social Psychology,* **54,** 203–218.

Pratkanis, A. R., & Turner, M. E. (1996). The proactive removal of discriminatory barriers: Affirmative action as effective help. *Journal of Social Issues,* **52,** 111–132.

Pratt, M. W., Pancer, M., Hunsberger, B., & Manchester, J. (1990). Reasoning about the self and relationships in maturity: An integrative complexity analysis of individual differences. *Journal of Personality and Social Psychology,* **59,** 575–581.

Pratto, F. (1996). Sexual politics: The gender gap in the bedroom, the cupboard, and the cabinet. In D. M. Buss & N. M. Malamuth (Eds.), *Sex, power, conflict: Evolutionary and feminist perspectives.* New York: Oxford University Press.

Pratto, F., Sidanius, J., Stallworth, L. M., & Malle, B. F. (1994). Social dominance orientation: A personality variable predicting social and political attitudes. *Journal of Personality and Social Psychology,* **67,** 741–763.

Pratto, F., Stallworth, L. M., & Sidanius, J. (1997). The gender gap: Differences in political attitudes and social dominance orientation. *British Journal of Social Psychology,* **36,** 49–68.

Prentice, D. A., & Carranza, E. (2002). What women and men should be, shouldn't be, are allowed to be, and don't have to be: The contents of prescriptive gender stereotypes. *Psychology of Women Quarterly,* **26,** 269–281.

Prentice-Dunn, S., & Rogers, R. W. (1980). Effects of deindividuating situational cues and aggressive models on subjective deindividuation and aggression. *Journal of Personality and Social Psychology,* **39,** 104–113.

Prentice-Dunn, S., & Rogers, R. W. (1989). Deindividuation and the self-regulation of behavior. In P. B. Paulus (Ed.), *Psychology of group influence,* 2nd edition. Hillsdale, NJ: Erlbaum.

Presson, P. K., & Benassi, V. A. (1996). Illusion of control: A meta-analytic review. *Journal of Social Behavior and Personality,* **11,** 493–510.

Price, G. H., Dabbs, J. M., Jr., Clower, B. J., & Resin, R. P. (1974). At first glance—Or, is physical attractiveness more than skin deep? Paper presented at the Eastern Psychological Association convention. Cited by K. L. Dion & K. K. Dion (1979). Personality and behavioral correlates of romantic love. In M. Cook & G. Wilson (Eds.), *Love and attraction.* Oxford: Pergamon.

Pritchard, I. L. (1998). The effects of rap music on aggressive attitudes toward women. Master's thesis, Humboldt State University.

Prohaska, V. (1994). "I know I'll get an A": Confident overestimation of final course grades. *Teaching of Psychology,* **21,** 141–143.

Pronin, E. (2008). How we see ourselves and how we see others. *Science,* **320,** 1177–1180.

Pronin, E., Berger, J., & Molouki, S. (2007). Alone in a crowd of sheep: Asymmetric perceptions of conformity and their roots in an introspection illusion. *Journal of Personality and Social Psychology,* **92,** 585–595.

Pronin, E., Kruger, J., Savitsky, K., & Ross, L. (2001). You don't know me, but I know you: The illusion of asymmetric insight. *Journal of Personality and Social Psychology,* **81,** 639–656.

Pronin, E., Lin, D. Y., & Ross, L. (2002). The bias blind spot: Perceptions of bias in self versus others. *Personality and Social Psychology Bulletin,* **28,** 369–381.

Pronin, E., & Ross, L. (2006). Temporal differences in trait self-ascription: When the self is seen as an other. *Journal of Personality and Social Psychology,* **90,** 197–209.

Prothrow-Stith, D. (with M. Wiessman) (1991). *Deadly consequences.* New York: HarperCollins.

Provine, R. R. (2005). Yawning. *American Scientist,* **93,** 532–539.

Pruitt, D. G. (1986). Achieving integrative agreements in negotiation. In R. K. White (Ed.), *Psychology and the prevention of nuclear war.* New York: New York University Press.

Pruitt, D. G. (1998). Social conflict. In D. Gilbert, S. T. Fiske, & G. Lindzey (Eds.), *Handbook of social psychology,* 4th edition. New York: McGraw-Hill.

Pruitt, D. G., & Kimmel, M. J. (1977). Twenty years of experimental gaming: Critique, synthesis, and suggestions for the future. *Annual Review of Psychology,* **28,** 363–392.

Pruitt, D. G., & Lewis, S. A. (1975). Development of integrative solutions in bilateral negotiation. *Journal of Personality and Social Psychology,* **31,** 621–633.

Pruitt, D. G., & Lewis, S. A. (1977). The psychology of integrative bargaining. In

D. Druckman (Ed.), *Negotiations: A social-psychological analysis*. New York: Halsted.

Pruitt, D. G., & Rubin, J. Z. (1986). *Social conflict*. San Francisco: Random House.

Pryke, S., Lindsay, R. C. L., Dysart, J. E., & Dupuis, P. (2004). Multiple independent identification decisions: A method of calibrating eyewitness identifications. *Journal of Applied Psychology, 89,* 73–84.

Pryor, J. B., DeSouza, E. R., Fitness, J., Hutz, C., Kumpf, M., Lubbert, K., Pesonen, O., & Erber, M. W. (1997). Gender differences in the interpretation of social-sexual behavior: A cross-cultural perspective on sexual harassment. *Journal of Cross-Cultural Psychology, 28,* 509–534.

Pryor, J. H., Hurtado, S., Saenz, V. B., Lindholm, J. A., Korn, W. S., & Mahoney, K. M. (2005). *The American freshman: National norms for Fall 2005*. Los Angeles: Higher Education Research Institute, UCLA.

Pryor, J. H., Hurtado, S., Sharkness, J., & Korn, W. S. (2007). *The American freshman: National norms for Fall 2007*. Los Angeles: Higher Education Research Institute, UCLA.

PTC. (2007, January 10). *Dying to entertain: Violence on prime time broadcast TV, 1998 to 2006*. Parents Television Council (www.parentstv.org).

Public Opinion. (1984, August/September). *Vanity Fair*, p. 22.

Purvis, J. A., Dabbs, J. M., Jr., & Hopper, C. H. (1984). The "opener": Skilled user of facial expression and speech pattern. *Personality and Social Psychology Bulletin, 10,* 61–66.

Putnam, R. (2000). *Bowling alone*. New York: Simon & Schuster.

Putnam, R. (2006, July 3). You gotta have friends: A study finds that Americans are getting lonelier. *Time*, p. 36.

Pyszczynski, T., Abdollahi, A., Solomon, S., Greenberg, J., Cohen, F., & Weise, D. (2006). Mortality salience, martyrdom, and military might: The great Satan versus the axis of evil. *Personality and Social Psychology Bulletin, 32,* 525–537.

Pyszczynski, T., & Greenberg, J. (1987). Self-regulatory perseveration and the depressive self-focusing style: A self-awareness theory of reactive depression. *Psychological Bulletin, 102,* 122–138.

Pyszczynski, T., Hamilton, J. C., Greenberg, J., & Becker, S. E. (1991). Self-awareness and psychological dysfunction. In C. R. Snyder & D. O. Forsyth (Eds.), *Handbook of social and clinical psychology: The health perspective*. New York: Pergamon.

Qirko, H. N. (2004). "Fictive kin" and suicide terrorism. *Science, 304,* 49–50.

Quartz, S. R., & Sejnowski, T. J. (2002). *Liars, lovers, and heroes: What the new brain science reveals about how we become who we are*. New York: Morrow.

Raine, A. (1993). *The psychopathology of crime: Criminal behavior as a clinical disorder*. San Diego, CA: Academic Press.

Raine, A. (2005). The interaction of biological and social measures in the explanation of antisocial and violent behavior. In D. M. Stoff & E. J. Susman (Eds.), *Developmental psychobiology of aggression*. New York: Cambridge University Press.

Raine, A. (2008). From genes to brain to antisocial behavior. *Current Directions in Psychological Science, 17,* 323–328.

Raine, A., Lencz, T., Bihrle, S., LaCasse, L., & Colletti, P. (2000). Reduced prefrontal gray matter volume and reduced autonomic activity in antisocial personality disorder. *Archives of General Psychiatry, 57,* 119–127.

Raine, A., Stoddard, J., Bihrle, S., & Buchsbaum, M. (1998). Prefrontal glucose deficits in murderers lacking psychosocial deprivation. *Neuropsychiatry, Neuropsychology, & Behavioral Neurology, 11,* 1–7.

Rajagopal, P., Raju, S., & Unnava, H. R. (2006). Differences in the cognitive accessibility of action and inaction regrets. *Journal of Experimental Social Psychology, 42,* 302–313.

Rajecki, D. W., Bledsoe, S. B., & Rasmussen, J. L. (1991). Successful personal ads: Gender differences and similarities in offers, stipulations, and outcomes. *Basic and Applied Social Psychology, 12,* 457–469.

Ramirez, J. M., Bonniot-Cabanac, M-C., & Cabanac, M. (2005). Can aggression provide pleasure? *European Psychologist, 10,* 136–145.

Rank, S. G., & Jacobson, C. K. (1977). Hospital nurses' compliance with medication overdose orders: A failure to replicate. *Journal of Health and Social Behavior, 18,* 188–193.

Rapoport, A. (1960). *Fights, games, and debates*. Ann Arbor: University of Michigan Press.

Rappoport, L., & Kren, G. (1993). Amoral rescuers: The ambiguities of altruism. *Creativity Research Journal, 6,* 129–136.

Rawls, J. (1971). *A theory of justice*. Cambridge, MA: Belknap Press of Harvard University Press.

Ray, D. G., Mackie, D. M., Rydell, R. J., & Smith, E. R. (2008). Changing categorization of self can change emotions about outgroups. *Journal of Experimental Social Psychology, 44,* 1210–1213.

Reed, D. (1989, November 25). Video collection documents Christian resistance to Hitler. Associated Press release in *Grand Rapids Press*, pp. B4, B5.

Regan, D. T., & Cheng, J. B. (1973). Distraction and attitude change: A resolution. *Journal of Experimental Social Psychology, 9,* 138–147.

Regan, D. T., & Fazio, R. (1977). On the consistency between attitudes and behavior: Look to the method of attitude formation. *Journal of Experimental Social Psychology, 13,* 28–45.

Regan, P. C. (1998). What if you can't get what you want? Willingness to compromise ideal mate selection standards as a function of sex, mate value, and relationship context. *Personality and Social Psychology Bulletin, 24,* 1294–1303.

Reicher, S., Spears, R., & Postmes, T. (1995). A social identity model of deindividuation phenomena. In W. Storebe & M. Hewstone (Eds.), *European review of social psychology* (Vol. 6). Chichester, England: Wiley.

Reid, P., & Finchilescu, G. (1995). The disempowering effects of media violence against women on college women. *Psychology of Women Quarterly, 19,* 397–411.

Reifman, A. S., Larrick, R. P., & Fein, S. (1991). Temper and temperature on the diamond: The heat-aggression relationship in major league baseball. *Personality and Social Psychology Bulletin, 17,* 580–585.

Reiner, W. G., & Gearhart, J. P. (2004). Discordant sexual identity in some genetic males with cloacal exstrophy assigned to female sex at birth. *New England Journal of Medicine, 350,* 333–341.

Reis, H. T., & Aron, A. (2008). Love: Why is it, why does it matter, and how does it operate? *Perspectives on Psychological Science, 3,* 80–86.

Reis, H. T., Nezlek, J., & Wheeler, L. (1980). Physical attractiveness in social interaction. *Journal of Personality and Social Psychology, 38,* 604–617.

Reis, H. T., & Shaver, P. (1988). Intimacy as an interpersonal process. In S. Duck (Ed.), *Handbook of personal relationships: Theory, relationships and interventions*. Chichester, England: Wiley.

Reis, H. T., Wheeler, L., Spiegel, N., Kernis, M. H., Nezlek, J., & Perri, M. (1982). Physical attractiveness in social interaction: II. Why does appearance affect social experience? *Journal of Personality and Social Psychology, 43,* 979–996.

Reisenzein, R. (1983). The Schachter theory of emotion: Two decades later. *Psychological Bulletin, 94,* 239–264.

Reitzes, D. C. (1953). The role of organizational structures: Union versus neighborhood in a tension situation. *Journal of Social Issues, 9*(1), 37–44.

Remley, A. (1988, October). From obedience to independence. *Psychology Today*, pp. 56–59.

Renaud, H., & Estess, F. (1961). Life history interviews with one hundred normal American males: "Pathogenecity" of childhood. *American Journal of Orthopsychiatry, 31,* 786–802.

Renner, M. (1999). *Ending violent conflict*. Worldwatch Paper 146, Worldwatch Institute.

Ressler, R. K., Burgess, A. W., & Douglas, J. E. (1988). *Sexual homicide patterns*. Boston: Lexington Books.

Revkin, A. C. (2008, December 16). A cooler year on a warming planet. *New York Times* blog (www.nytimes.com).

Reynolds, J., Stewart, M., MacDonald, R., & Sischo, L. (2006). Have adolescents become too ambitious? High school seniors' educational and occupational plans, 1976 to 2000. *Social Problems, 53,* 186–206.

Rhine, R. J., & Severance, L. J. (1970). Ego-involvement, discrepancy, source credibility, and attitude change. *Journal of Personality and Social Psychology, 16,* 175–190.

Rhodes, G. (2006). The evolutionary psychology of facial beauty. *Annual Review of Psychology, 57,* 199–226.

Rhodes, G., Sumich, A., & Byatt, G. (1999). Are average facial configurations attractive only because of their symmetry? *Psychological Science, 10,* 52–58.

Rhodes, N., & Wood, W. (1992). Self-esteem and intelligence affect influenceability: The mediating role of message reception. *Psychological Bulletin, 111,* 156–171.

Rhodewalt, F. (1987). Is self-handicapping an effective self-protective attributional strategy? Paper presented at the American Psychological Association convention.

Rhodewalt, F., & Agustsdottir, S. (1986). Effects of self-presentation on the phenomenal self. *Journal of Personality and Social Psychology, 50,* 47–55.

Rhodewalt, F., Saltzman, A. T., & Wittmer J. (1984). Self-handicapping among competitive athletes: The role of practice in self-esteem protection. *Basic and Applied Social Psychology, 5,* 197–209.

Rholes, W. S., Newman, L. S., & Ruble, D. N. (1990). Understanding self and other: Developmental and motivational aspects of perceiving persons in terms of invariant dispositions. In E. T. Higgins & R. M. Sorrentino (Eds.), *Handbook of motivation and cognition: Foundations of social behavior* (Vol. 2). New York: Guilford.

Rice, B. (1985, September). Performance review: The job nobody likes. *Psychology Today*, pp. 30–36.

Rice, M. E., & Grusec, J. E. (1975). Saying and doing: Effects on observer performance. *Journal of Personality and Social Psychology*, **32**, 584–593.

Richard, F. D., Bond, C. F., Jr., & Stokes-Zoota, J. J. (2003). One hundred years of social psychology quantitatively described. *Review of General Psychology*, **7**, 331-363.

Richards, Z., & Hewstone, M. (2001). Subtyping and subgrouping: Processes for the prevention and promotion of stereotype change. *Personality and Social Psychology Review*, **5**, 52–73.

Richardson, B. B. (2005, Spring–Summer). A conversation with Judith Lichtman, a.k.a. "the 101st Senator." ABA/YLD Women in the Profession Committee newsletter.

Richardson, D. S. (2005). The myth of female passivity: Thirty years of revelations about female aggression. *Psychology of Women Quarterly*, **29**, 238–247.

Richardson, J. D., Huddy, W. P., & Morgan, S. M. (2008). The hostile media effect, biased assimilation, and perceptions of a presidential debate. *Journal of Applied Social Psychology*, **38**, 1255–1270.

Richardson, L. F. (1960). Generalized foreign policy. *British Journal of Psychology Monographs Supplements*, **23**. Cited by A. Rapoport in *Fights, games, and debates* (p. 15). Ann Arbor: University of Michigan Press.

Richeson, J. A., & Trawalter, S. (2008). The threat of appearing prejudiced, and race-based attentional biases. *Psychological Science*, **19**, 98–102.

Richtel, M. (2007, June 2). For pornographers, Internet's virtues turn to vices. *New York Times* (www.nytimes.com).

Ridge, R. D., & Reber, J. S. (2002). "I think she's attracted to me": The effect of men's beliefs on women's behavior in a job interview scenario. *Basic and Applied Social Psychology*, **24**, 1–14.

Riek, B. M., Mania, E. W., & Gaertner, S. L. (2006). Intergroup threat and outgroup attitudes: A meta-analytic review. *Personality and Social Psychology Review*, **10**, 336–353.

Riess, M., Rosenfeld, P., Melburg, V., & Tedeschi, J. T. (1981). Self-serving attributions: Biased private perceptions and distorted public descriptions. *Journal of Personality and Social Psychology*, **41**, 224–231.

Rietzschel, E. F., Nijstad, B. A., & Stroebe, W. (2006). Productivity is not enough: A comparison of interactive and nominal brainstorming groups on idea generation and selection. *Journal of Experimental Social Psychology*, **42**, 244–251.

Riggs, J. M. (1992). Self-handicapping and achievement. In A. K. Boggiano & T. S. Pittman (Eds.), *Achievement and motivation: A social-developmental perspective*. New York: Cambridge University Press.

Riordan, C. A. (1980). Effects of admission of influence on attributions and attraction. Paper presented at the American Psychological Association convention.

Risen, J. L., Gilovich, T., & Dunning, D. (2007). One-shot illusory correlations and stereotype formation. *Personality and Social Psychology Bulletin*, **33**, 1492–1502.

Roach, M. (1998, December). Why men kill. *Discover*, pp. 100–108.

Robberson, M. R., & Rogers, R. W. (1988). Beyond fear appeals: Negative and positive persuasive appeals to health and self-esteem. *Journal of Applied Social Psychology*, **18**, 277–287.

Robertson, I. (1987). *Sociology*. New York: Worth Publishers.

Robins, L., & Regier, D. (Eds.). (1991). *Psychiatric disorders in America*. New York: Free Press.

Robins, R. W., & Beer, J. S. (2001). Positive illusions about the self: Short-term benefits and long-term costs. *Journal of Personality and Social Psychology*, **80**, 340–352.

Robins, R. W., Mendelsohn, G. A., Connell, J. B., & Kwan, V. S. Y. (2004). Do people agree about the causes of behavior? A social relations analysis of behavior ratings and causal attributions. *Journal of Personality and Social Psychology*, **86**, 334–344.

Robinson, J. (2002, October 8). What percentage of the population is gay? *Gallup Tuesday Briefing* (www.gallup.com).

Robinson, M. D., & Ryff, C. D. (1999). The role of self-deception in perceptions of past, present, and future happiness. *Personality and Social Psychology Bulletin*, **25**, 595–606.

Robinson, M. S., & Alloy, L. B. (2003). Negative cognitive styles and stress-reactive rumination interact to predict depression: A prospective study. *Cognitive Therapy and Research*, **27**, 275–291.

Robinson, T. N., Wilde, M. L., Navracruz, L. C., Haydel, F., & Varady, A. (2001). Effects of reducing children's television and video game use on aggressive behavior. *Archives of Pediatric and Adolescent Medicine*, **155**, 17–23.

Rochat, F. (1993). How did they resist authority? Protecting refugees in Le Chambon during World War II. Paper presented at the American Psychological Association convention.

Rochat, F., & Modigliani, A. (1995). The ordinary quality of resistance: From Milgram's laboratory to the village of Le Chambon. *Journal of Social Issues*, **51**, 195–210.

Roehling, M. V., Roehling, P. V., & Odland, I. M. (2008). Investigating the validity of stereotypes about overweight employees. *Group and Organization Management*, **23**, 392–424.

Roehling, M. V., Roehling, P. V., & Pichler, S. (2007). The relationship between body weight and perceived weight-related employment discrimination: The role of sex and race. *Journal of Vocational Behavior*, **71**, 300–318.

Roehling, P. V., Roehling, M. V., Vandlen, J. D., Blazek, J., & Guy, W. C. (2009). Weight discrimination and the glass ceiling effect among top U.S. male and female CEOs. *Equal Opportunities International*, **28**, 179–196.

Roese, N. J., & Hur, T. (1997). Affective determinants of counterfactual thinking. *Social Cognition*, **15**, 274–290.

Roese, N. L., & Olson, J. M. (1994). Attitude importance as a function of repeated attitude expression. *Journal of Experimental Social Psychology*, **66**, 805–818.

Roger, L. H., Cortes, D. E., & Malgady, R. B. (1991). Acculturation and mental health status among Hispanics: Convergence and new directions for research. *American Psychologist*, **46**, 585–597.

Rogers, C. R. (1980). *A way of being*. Boston: Houghton Mifflin.

Rogers, C. R. (1985, February). Quoted by Michael A. Wallach and Lise Wallach in "How psychology sanctions the cult of the self." *Washington Monthly*, pp. 46–56.

Rogers, R. W., & Mewborn, C. R. (1976). Fear appeals and attitude change: Effects of a threat's noxiousness, probability of occurrence, and the efficacy of coping responses. *Journal of Personality and Social Psychology*, **34**, 54–61.

Rogers, R. W., & Prentice-Dunn, S. (1981). Deindividuation and anger-mediated interracial aggression: Unmasking regressive racism. *Journal of Personality and Social Psychology*, **41**, 63–73.

Rohrer, J. H., Baron, S. H., Hoffman, E. L., & Swander, D. V. (1954). The stability of autokinetic judgments. *Journal of Abnormal and Social Psychology*, **49**, 595–597.

Rohter, L. (2004, December 19). U.S. waters down global commitment to curb greenhouse gases. *New York Times* (www.nytimes.com).

Rokeach, M. (1968). *Beliefs, attitudes, and values*. San Francisco: Jossey-Bass.

Rokeach, M., & Mezei, L. (1966). Race and shared beliefs as factors in social choice. *Science*, **151**, 167–172.

Romer, D., Gruder, D. L., & Lizzadro, T. (1986). A person-situation approach to altruistic behavior. *Journal of Personality and Social Psychology*, **51**, 1001–1012.

Roney, J. R. (2003). Effects of visual exposure to the opposite sex: Cognitive aspects of mate attraction in human males. *Personality and Social Psychology Bulletin*, **29**, 393–404.

Rook, K. S. (1984). Promoting social bonding: Strategies for helping the lonely and socially isolated. *American Psychologist*, **39**, 1389–1407.

Rook, K. S. (1987). Social support versus companionship: Effects on life stress, loneliness, and evaluations by others. *Journal of Personality and Social Psychology*, **52**, 1132–1147.

Rooth, D-O. (2007). Implicit discrimination in hiring: Real-world evidence. IZA Discussion Paper No. 2764, University of Kalmar, Institute for the Study of Labor (IZA).

Rose, A. J., & Rudolph, K. D. (2006). A review of sex differences in peer relationship processes: Potential trade-offs for the emotional and behavioral development of girls and boys. *Psychological Bulletin*, **132**, 98–131.

Rosenbaum, M. E. (1986). The repulsion hypothesis: On the nondevelopment of relationships. *Journal of Personality and Social Psychology*, **51**, 1156–1166.

Rosenbaum, M. E., & Holtz, R. (1985). The minimal intergroup discrimination effect: Out-group derogation, not in-group favorability. Paper presented at the American Psychological Association convention.

Rosenberg, L. A. (1961). Group size, prior experience and conformity. *Journal of Abnormal and Social Psychology*, **63**, 436–437.

Rosenblatt, A., & Greenberg, J. (1988). Depression and interpersonal attraction: The role of perceived similarity. *Journal of Personality and Social Psychology*, **55**, 112–119.

Rosenblatt, A., & Greenberg, J. (1991). Examining the world of the depressed: Do depressed people prefer others who are depressed? *Journal of Personality and Social Psychology*, **60**, 620–629.

Rosenbloom, S. (2008, January 3). Putting your best cyberface forward. *New York Times*, Style section.

Rosenfeld, D., Folger, R., & Adelman, H. F. (1980). When rewards reflect competence: A qualification of the overjustification effect. *Journal of Personality and Social Psychology*, **39**, 368–376.

Rosenhan, D. L. (1970). The natural socialization of altruistic autonomy. In J. Macaulay & L. Berkowitz (Eds.), *Altruism and helping behavior*. New York: Academic Press.

Rosenhan, D. L. (1973). On being sane in insane places. *Science*, **179**, 250–258.

Rosenthal, D. A., & Feldman, S. S. (1992). The nature and stability of ethnic identity in Chinese youth: Effects of length of residence in two cultural contexts. *Journal of Cross-Cultural Psychology*, **23**, 214–227.

Rosenthal, R. (1985). From unconscious experimenter bias to teacher expectancy effects. In J. B. Dusek, V. C. Hall, & W. J. Meyer (Eds.), *Teacher expectancies*. Hillsdale, NJ: Erlbaum.

Rosenthal, R. (1991). Teacher expectancy effects: A brief update 25 years after the Pygmalion experiment. *Journal of Research in Education*, **1**, 3–12.

Rosenthal, R. (2002). Covert communication in classrooms, clinics, courtrooms, and cubicles. *American Psychologist*, **57**, 839–849.

Rosenthal, R. (2003). Covert communication in laboratories, classrooms, and the truly real world. *Current Directions in Psychological Science*, **12**, 151–154.

Rosenthal, R. (2006). Applying psychological research on interpersonal expectations and covert communication in classrooms, clinics, corporations, and courtrooms. In S. I. Donaldson, D. E. Berger, & K. Pezdek (Eds.), *Applied psychology: New frontiers and rewarding careers*. Mahwah, NJ: Erlbaum.

Rosenthal, R. (2008). Introduction, methods, results, discussion: The story of a career. In R. Levin, A. Rodriques, & L. Zelezny (Eds.), *Journeys in social psychology: Looking back to inspire the future*. New York: Psychology Press.

Rosenthal, R., & Jacobson, L. (1968). *Pygmalion in the classroom: Teacher expectation and pupils' intellectual development*. New York: Holt, Rinehart & Winston.

Rosenzweig, M. R. (1972). Cognitive dissonance. *American Psychologist*, **27**, 769.

Roseth, C. J., Johnson, D. W., & Johnson, R. T. (2008). Promoting early adolescents' achievement and peer relationships: The effects of cooperative, competitive, and individualistic goal structures. *Psychological Bulletin*, **134**, 223–246.

Ross, L. (1977). The intuitive psychologist and his shortcomings: Distortions in the attribution process. In L. Berkowitz (Ed.), *Advances in experimental social psychology* (Vol. 10). New York: Academic Press.

Ross, L. (1981). The "intuitive scientist" formulation and its developmental implications. In J. H. Havell & L. Ross (Eds.), *Social cognitive development: Frontiers and possible futures*. Cambridge, England: Cambridge University Press.

Ross, L. (1988). Situationist perspectives on the obedience experiments. Review of A. G. Miller's *The obedience experiments*. *Contemporary Psychology*, **33**, 101–104.

Ross, L., Amabile, T. M., & Steinmetz, J. L. (1977). Social roles, social control, and biases in social-perception processes. *Journal of Personality and Social Psychology*, **35**, 485–494.

Ross, L., & Anderson, C. A. (1982). Shortcomings in the attribution process: On the origins and maintenance of erroneous social assessments. In D. Kahneman, P. Slovic, & A. Tversky (Eds.), *Judgment under uncertainty: Heuristics and biases*. New York: Cambridge University Press.

Ross, L., & Lepper, M. R. (1980). The perseverance of beliefs: Empirical and normative considerations. In R. A. Shweder (Ed.), *New directions for methodology of behavioral science: Fallible judgment in behavioral research*. San Francisco: Jossey-Bass.

Ross, L., & Ward, A. (1995). Psychological barriers to dispute resolution. In M. P. Zanna (Ed.), *Advances in experimental social psychology* (Vol. 27). San Diego: Academic Press.

Ross, L., & Ward, A. (1996). Naive realism in everyday life: Implications for social conflict and misunderstanding. In T. Brown, E. Reed, & E. Turiel (Eds.), *Values and knowledge*. Hillsdale, NJ: Erlbaum.

Ross, M., & Fletcher, G. J. O. (1985). Attribution and social perception. In G. Lindzey & E. Aronson (Eds.), *The Handbook of Social Psychology*, 3rd edition. New York: Random House.

Ross, M., McFarland, C., & Fletcher, G. J. O. (1981). The effect of attitude on the recall of personal histories. *Journal of Personality and Social Psychology*, **40**, 627–634.

Ross, M., & Newby-Clark, I. R. (1998). Construing the past and future. *Social Cognition*, **16**, 133–150.

Ross, M., & Sicoly, F. (1979). Egocentric biases in availability and attribution. *Journal of Personality and Social Psychology*, **37**, 322–336.

Rossi, A. S., & Rossi, P. H. (1990). *Of human bonding: Parent-child relations across the life course*. Hawthorne, NY: Aldine de Gruyter.

Roszell, P., Kennedy, D., & Grabb, E. (1990). Physical attractiveness and income attainment among Canadians. *Journal of Psychology*, **123**, 547–559.

Rotenberg, K. J., Gruman, J. A., & Ariganello, M. (2002). Behavioral confirmation of the loneliness stereotype. *Basic and Applied Social Psychology*, **24**, 81–89.

Rothbart, M., & Birrell, P. (1977). Attitude and perception of faces. *Journal of Research Personality*, **11**, 209–215.

Rothbart, M., Fulero, S., Jensen, C., Howard, J., & Birrell, P. (1978). From individual to group impressions: Availability heuristics in stereotype formation. *Journal of Experimental Social Psychology*, **14**, 237–255.

Rothbart, M., & Taylor, M. (1992). Social categories and social reality. In G. R. Semin & K. Fielder (Eds.), *Language, interaction and social cognition*. London: Sage.

Rothblum, E. D. (2007). Same-sex couples in legalized relationships: I do, or do I? Unpublished manuscript, Women's Studies Department, San Diego State University.

Rothman, A. J., & Salovey, P. (1997). Shaping perceptions to motivate healthy behavior: The role of message framing. *Psychological Bulletin*, **121**, 3–19.

Rotter, J. (1973). Internal-external locus of control scale. In J. P. Robinson & R. P. Shaver (Eds.), *Measures of social psychological attitudes*. Ann Arbor: Institute for Social Research.

Rotton, J., & Frey, J. (1985). Air pollution, weather, and violent crimes: Concomitant time-series analysis of archival data. *Journal of Personality and Social Psychology*, **49**, 1207–1220.

Rotundo, M., Nguyen, D-H., & Sackett, P. R. (2001). A meta-analytic review of gender differences in perceptions of sexual harrassment. *Journal of Applied Psychology*, **86**, 914–922.

Rowe, D. C., Almeida, D. M., & Jacobson, K. C. (1999). School context and genetic influences on aggression in adolescence. *Psychological Science*, **10**, 277–280.

Rowe, D. C., Vazsonyi, A. T., & Flannery, D. J. (1994). No more than skin deep: Ethnic and racial similarity in developmental process. *Psychological Review*, **101**, 396–413.

Roy, M. M., Christenfeld, N. J. S., & McKenzie, C. R. M. (2005). Underestimating the duration of future events: Memory incorrectly used or memory bias? *Psychological Bulletin*, **131**, 738–756.

Ruback, R. B., Carr, T. S., & Hoper, C. H. (1986). Perceived control in prison: Its relation to reported crowding, stress, and symptoms. *Journal of Applied Social Psychology*, **16**, 375–386.

Rubin, A. (2003, April 16). War fans young Arabs' anger. *Los Angeles Times* (www.latimes.com).

Rubin, J. Z. (1986). Can we negotiate with terrorists: Some answers from psychology. Paper presented at the American Psychological Association convention.

Rubin, L. B. (1985). *Just friends: The role of friendship in our lives*. New York: Harper & Row.

Rubin, R. B. (1981). Ideal traits and terms of address for male and female college professors. *Journal of Personality and Social Psychology*, **41**, 966–974.

Rubin, Z. (1973). *Liking and loving: An invitation to social psychology*. New York: Holt, Rinehart & Winston.

Ruby, R. (2007, June 26). Capital punishment's constant constituency: An American majority. Pew Research Center (pewresearch.org).

Rudolph, U., Roesch, S. C., Greitenmeyer, T., & Weiner, B. (2004). A meta-analytic review of help-giving and aggression from an attributional perspective: Contributions to a general theory of motivation. *Cognition and Emotion*, **18**, 815–848.

Ruiter, R. A. C., Abraham, C., & Kok, G. (2001). Scary warnings and rational precautions: A review of the psychology of fear appeals. *Psychology and Health*, **16**, 613–630.

Ruiter, S., & De Graaf, N. D. (2006). National context, religiosity, and volunteering: Results from 53 countries. *American Sociological Review*, **71**, 191–210.

Rule, B. G., Taylor, B. R., & Dobbs, A. R. (1987). Priming effects of heat on aggressive thoughts. *Social Cognition*, **5**, 131–143.

Rusbult, C. E. (1980). Commitment and satisfaction in romantic associations: A test of the investment model. *Journal of Experimental Social Psychology*, **16**, 172–186.

Rusbult, C. E., Johnson, D. J., & Morrow, G. D. (1986). Impact of couple patterns of problem solving on distress and nondistress in dating relationships. *Journal of Personality and Social Psychology*, **50**, 744–753.

Rusbult, C. E., Martz, J. M., & Agnew, C. R. (1998). The investment model scale: Measuring commitment level, satisfaction level, quality of alternatives, and investment size. *Personal Relationships, 5,* 357–391.

Rusbult, C. E., Morrow, G. D., & Johnson, D. J. (1987). Self-esteem and problem-solving behaviour in close relationships. *British Journal of Social Psychology, 26,* 293–303.

Rusbult, C. E., Olsen, N., Davis, J. L., & Hannon, P. A. (2001). Commitment and relationship maintenance mechanisms. In J. Harvey & A. Wenzel (Eds.), *Close romantic relationships: Maintenance and enhancement.* Mahwah, NJ: Erlbaum.

Rushton, J. P. (1975). Generosity in children: Immediate and long-term effects of modeling, preaching, and moral judgment. *Journal of Personality and Social Psychology, 31,* 459–466.

Rushton, J. P. (1991). Is altruism innate? *Psychological Inquiry, 2,* 141–143.

Rushton, J. P., & Bons, T. A. (2005). Mate choice and friendship in twins. *Psychological Science, 16,* 555–559.

Rushton, J. P., Brainerd, C. J., & Pressley, M. (1983). Behavioral development and construct validity: The principle of aggregation. *Psychological Bulletin, 94,* 18–38.

Rushton, J. P., & Campbell, A. C. (1977). Modeling, vicarious reinforcement and extraversion on blood donating in adults: Immediate and long-term effects. *European Journal of Social Psychology, 7,* 297–306.

Rushton, J. P., Chrisjohn, R. D., & Fekken, G. C. (1981). The altruistic personality and the self-report altruism scale. *Personality and Individual Differences, 2,* 293–302.

Rushton, J. P., Fulker, D. W., Neale, M. C., Nias, D. K. B., & Eysenck, H. J. (1986). Altruism and aggression: The heritability of individual differences. *Journal of Personality and Social Psychology, 50,* 1192–1198.

Russell, B. (1930/1980). *The conquest of happiness.* London: Unwin Paperbacks.

Russell, G. W. (1983). Psychological issues in sports aggression. In J. H. Goldstein (Ed.), *Sports violence.* New York: Springer-Verlag.

Russell, N. J. C., & Gregory, R. J. (2005). Making the undoable doable: Milgram, the Holocaust, and modern government. *American Review of Public Administration, 35,* 327–349.

Ruvolo, A., & Markus, H. (1992). Possible selves and performance: The power of self-relevant imagery. *Social Cognition, 9,* 95–124.

Ryan, R. (1999, February 2). Quoted by A. Kohn, In pursuit of affluence, at a high price. *New York Times* (www.nytimes.com).

Ryckman, R. M., Robbins, M. A., Kaczor, L. M., & Gold, J. A. (1989). Male and female raters' stereotyping of male and female physiques. *Personality and Social Psychology Bulletin, 15,* 244–251.

Rydell, R. J., McConnell, A. R., & Beilock, S. L. (2009). Multiple social identities and stereotype threat: Imbalance, accessibility, and working memory. *Journal of Personality and Social Psychology, 96,* 949–966.

Ryff, C. D., & Singer, B. (2000). Interpersonal flourishing: A positive health agenda for the new millennium. *Personality and Social Psychology Review, 4,* 30–44.

Saad, L. (2002, November 21). Most smokers wish they could quit. Gallup News Service (www.gallup.com/poll/releases/pr021121.asp).

Saad, L. (2003, April 22). Giving global warming the cold shoulder. The Gallup Organization (www.gallup.com).

Saad, L. (2006, August 10). Anti-Muslim sentiments fairly commonplace. Gallup News Service (poll.gallup.com).

Saad, L. (2007, March 12). To Americans, the risks of global warming are not imminent: A majority worries about climate changes, but thinks problems are a decade or more away. Gallup Poll (www.galluppoll.com).

Sabini, J., & Silver, M. (1982). *Moralities of everyday life.* New York: Oxford University Press.

Sacerdote, B., & Marmaros, D. (2005). How do friendships form? NBER Working Paper No. 11530 (www.nber.org/papers/W11530).

Sachs, J. D. (2006, July). Ecology and political upheaval. *Scientific American, 291,* 37.

Sack, K., & Elder, J. (2000, July 11). Poll finds optimistic outlook but enduring racial division. *New York Times* (www.nytimes.com).

Sacks, C. H., & Bugental, D. P. (1987). Attributions as moderators of affective and behavioral responses to social failure. *Journal of Personality and Social Psychology, 53,* 939–947.

Safer, M. A., Bonanno, G. A., & Field, N. P. (2001). It was never that bad: Biased recall of grief and long-term adjustment to the death of a spouse. *Memory, 9,* 195–204.

Sagarin, B. J., Cialdini, R. B., Rice, W. E., & Serna, S. B. (2002). Dispelling the illusion of invulnerability: The motivations and mechanisms of resistance to persuasion. *Journal of Personality and Social Psychology, 83,* 526–541.

Sagarin, B. J., Rhoads, K. v. L., & Cialdini, R. B. (1998). Deceiver's distrust: Denigration as a consequence of undiscovered deception. *Personality and Social Psychology Bulletin, 24,* 1167–1176.

Sageman, M. (2004). *Understanding terror networks.* Philadelphia: University of Pennsylvania Press.

Saks, M. J. (1974). Ignorance of science is no excuse. *Trial, 10*(6), 18–20.

Saks, M. J. (1996). The smaller the jury, the greater the unpredictability. *Judicature, 79,* 263–265.

Saks, M. J. (1998). What do jury experiments tell us about how juries (should) make decisions? *Southern California Interdisciplinary Law Journal, 6,* 1–53.

Saks, M. J., & Hastie, R. (1978). *Social psychology in court.* New York: Van Nostrand Reinhold.

Saks, M. J., & Marti, M. W. (1997). A meta-analysis of the effects of jury size. *Law and Human Behavior, 21,* 451–467.

Sakurai, M. M. (1975). Small group cohesiveness and detrimental conformity. *Sociometry, 38,* 340–357.

Sales, S. M. (1972). Economic threat as a determinant of conversion rates in authoritarian and nonauthoritarian churches. *Journal of Personality and Social Psychology, 23,* 420–428.

Sales, S. M. (1973). Threat as a factor in authoritarianism: An analysis of archival data. *Journal of Personality & Social Psychology, 28,* 44–57.

Salganik, M. J., Dodds, P. S., & Watts, D. J. (2006). Experimental study of inequality and unpredictability in an artificial cultural market. *Science, 311,* 854–856.

Salmela-Aro, K., & Nurmi, J-E. (2007). Self-esteem during university studies predicts career characteristics 10 years later. *Journal of Vocational Behavior, 70,* 463–477.

Salovey, P., Mayer, J. D., & Rosenhan, D. L. (1991). Mood and healing: Mood as a motivator of helping and helping as a regulator of mood. In M. S. Clark (Ed.), *Prosocial behavior.* Newbury Park, CA: Sage.

Salovey, P., Schneider, T. R., & Apanovitch, A. M. (2002). Message framing in the prevention and early detection of illness. In J. P. Dillard & M. Pfau (Eds.), *The persuasion handbook: Theory and practice.* Thousand Oaks, CA: Sage.

Saltzstein, H. D., & Sandberg, L. (1979). Indirect social influence: Change in judgmental processor anticipatory conformity. *Journal of Experimental Social Psychology, 15,* 209–216.

Sampson, E. E. (1975). On justice as equality. *Journal of Social Issues, 31*(3), 45–64.

Sanbonmatsu, D. M., Akimoto, S. A., & Gibson, B. D. (1994). Stereotype-based blocking in social explanation. *Personality and Social Psychology Bulletin, 20,* 71–81.

Sancton, T. 1997, October 13). The dossier on Diana's crash. *Time,* pp. 50–56.

Sande, G. N., Goethals, G. R., & Radloff, C. E. (1988). Perceiving one's own traits and others': The multifaceted self. *Journal of Personality and Social Psychology, 54,* 13–20.

Sanders, G. S. (1981a). Driven by distraction: An integrative review of social facilitation and theory and research. *Journal of Experimental Social Psychology, 17,* 227–251.

Sanders, G. S. (1981b). Toward a comprehensive account of social facilitation: Distraction/conflict does not mean theoretical conflict. *Journal of Experimental Social Psychology, 17,* 262–265.

Sanders, G. S., Baron, R. S., & Moore, D. L. (1978). Distraction and social comparison as mediators of social facilitation effects. *Journal of Experimental Social Psychology, 14,* 291–303.

Sanderson, C. A., & Cantor, N. (2001). The association of intimacy goals and marital satisfaction: A test of four mediational hypotheses. *Personality and Social Psychology Bulletin, 27,* 1567–1577.

Sanislow, C. A., III, Perkins, D. V., & Balogh, D. W. (1989). Mood induction, interpersonal perceptions, and rejection in the roommates of depressed, nondepressed-disturbed, and normal college students. *Journal of Social and Clinical Psychology, 8,* 345–358.

Sanitioso, R., Kunda, Z., & Fong, G. T. (1990). Motivated recruitment of autobiographical memories. *Journal of Personality and Social Psychology, 59,* 229–241.

Sanna, L. J., Parks, C. D., Meier, S., Chang, E. C., Kassin, B. R., Lechter, J. L., Turley-Ames, K. J., & Miyake, T. M. (2003). A game of inches: Spontaneous use of counterfactuals by broadcasters during major league baseball playoffs. *Journal of Applied Social Psychology, 33,* 455–475.

Sansone, C. (1986). A question of competence: The effects of competence and task feedback on intrinsic interest. *Journal of Personality and Social Psychology, 51,* 918–931.

Sapadin, L. A. (1988). Friendship and gender: Perspectives of professional men and women. *Journal of Social and Personal Relationships, 5,* 387–403.

Sapolsky, R. (2005, December). Sick of poverty. *Scientific American,* pp. 93–99.

Sargent, J. D., Heatherton, T. F., & Ahrens, M. B. (2002). Adolescent exposure to extremely violent movies. *Journal of Adolescent Health, 31,* 449–454.

Sarnoff, I., & Sarnoff, S. (1989). *Love-centered marriage in a self-centered world*. New York: Schocken Books.

Sartre, J-P. (1946/1948). *Anti-Semite and Jew*. New York: Schocken Books.

Sassenberg, K., Moskowitz, G. B., Jacoby, J., & Hansen, N. (2007). The carry-over effect of competition: The impact of competition on prejudice towards uninvolved outgroups. *Journal of Experimental Social Psychology*, **43**, 529–538.

Sato, K. (1987). Distribution of the cost of maintaining common resources. *Journal of Experimental Social Psychology*, **23**, 19–31.

Saucier, D. A., & Miller, C. T. (2003). The persuasiveness of racial arguments as a subtle measure of racism. *Personality and Social Psychology Bulletin*, **29**, 1303–1315.

Saucier, D. A., Miller, C. T., & Doucet, N. (2005). Differences in helping Whites and Blacks: A meta-analysis. *Personality and Social Psychology Review*, **9**, 2–16.

Savitsky, K., Epley, N., & Gilovich, T. (2001). Do others judge us as harshly as we think? Overestimating the impact of our failures, shortcomings, and mishaps. *Journal of Personality and Social Psychology*, **81**, 44–56.

Savitsky, K., & Gilovich, T. (2003). The illusion of transparency and the alleviation of speech anxiety. *Journal of Experimental Social Psychology*, **39**, 618–625.

Savitsky, K., Van Voven, L., Epley, N., & Wright, W. M. (2005). The unpacking effect in allocations of responsibility for group tasks. *Journal of Experimental Social Psychology*, **41**, 447–457.

Sax, L. J., Lindholm, J. A., Astin, A. W., Korn, W. S., & Mahoney, K. M. (2002). *The American freshman: National norms for Fall, 2002*. Los Angeles: Cooperative Institutional Research Program, UCLA.

Scarr, S. (1988). Race and gender as psychological variables: Social and ethical issues. *American Psychologist*, **43**, 56–59.

Schachter, S. (1951). Deviation, rejection and communication. *Journal of Abnormal and Social Psychology*, **46**, 190–207.

Schachter, S., & Singer, J. E. (1962). Cognitive, social and physiological determinants of emotional state. *Psychological Review*, **69**, 379–399.

Schacter, D., Kaszniak, A., & Kihlstrom, J. (1991). Models of memory and the understanding of memory disorders. In T. Yanagihara & R. Petersen (Eds.), *Memory disorders: Research and clinical practice*. New York: Marcel Dekker.

Schafer, R. B., & Keith, P. M. (1980). Equity and depression among married couples. *Social Psychology Quarterly*, **43**, 430–435.

Schaffner, P. E. (1985). Specious learning about reward and punishment. *Journal of Personality and Social Psychology*, **48**, 1377–1386.

Schaffner, P. E., Wandersman, A., & Stang, D. (1981). Candidate name exposure and voting: Two field studies. *Basic and Applied Social Psychology*, **2**, 195–203.

Schaller, M., & Cialdini, R. B. (1988). The economics of empathic helping: Support for a mood management motive. *Journal of Experimental Social Psychology*, **24**, 163–181.

Schein, E. H. (1956). The Chinese indoctrination program for prisoners of war: A study of attempted brainwashing. *Psychiatry*, **19**, 149–172.

Schiffenbauer, A., & Schiavo, R. S. (1976). Physical distance and attraction: An intensification effect. *Journal of Experimental Social Psychology*, **12**, 274–282.

Schiffmann, W. (1999, February 4). An heiress abducted: Patty Hearst, 25 years after her kidnapping. Associated Press (www.abcnews.com).

Schimel, J., Arndt, J., Pyszczynski, T., & Greenberg, J. (2001). Being accepted for who we are: Evidence that social validation of the intrinsic self reduces general defensiveness. *Journal of Personality and Social Psychology*, **80**, 35–52.

Schimel, J., Pyszczynski, T., Greenberg, J., O'Mahen, H., & Arndt, J. (2000). Running from the shadow: Psychological distancing from others to deny characteristics people fear in themselves. *Journal of Personality & Social Psychology*, **78**, 446–462.

Schimel, J., Simon, L., Greenberg, J., Pyszczynski, T., Solomon, S., & Waxmonsky, J. (1999). Stereotypes and terror management: Evidence that mortality salience enhances stereotypic thinking and preferences. *Journal of Personality and Social Psychology*, **77**, 905–926.

Schimmack, U., Oishi, S., & Diener, E. (2005). Individualism: A valid and important dimension of cultural differences between nations. *Personality and Social Psychology Review*, **9**, 17–31.

Schkade, D. A., & Kahneman, D. (1998). Does living in California make people happy? A focusing illusion in judgments of life satisfaction. *Psychological Science*, **9**, 340–346.

Schkade, D. A., & Sunstein, C. R. (2003, June 11). Judging by where you sit. *New York Times* (www.nytimes.com).

Schkade, D., Sunstein, C. R., & Hastie, R. (2007). What happened on deliberation day? *California Law Review*, **95**, 915–940.

Schlenker, B. R. (1976). Egocentric perceptions in cooperative groups: A conceptualization and research review. Final Report, Office of Naval Research Grant NR 170-797.

Schlenker, B. R., & Leary, M. R. (1982). Social anxiety and self-presentation: A conceptualization and model. *Psychological Bulletin*, **92**, 641–669.

Schlenker, B. R., & Leary, M. R. (1985). Social anxiety and communication about the self. *Journal of Language and Social Psychology*, **4**, 171–192.

Schlenker, B. R., & Miller, R. S. (1977a). Group cohesiveness as a determinant of egocentric perceptions in cooperative groups. *Human Relations*, **30**, 1039–1055.

Schlenker, B. R., & Miller, R. S. (1977b). Egocentrism in groups: Self-serving biases or logical information processing? *Journal of Personality and Social Psychology*, **35**, 755–764.

Schlenker, B. R., & Weigold, M. F. (1992). Interpersonal processes involving impression regulation and management. *Annual Review of Psychology*, **43**, 133–168.

Schlesinger, A. M., Jr. (1965). *A thousand days*. Boston: Houghton Mifflin. Cited by I. L. Janis (1972) in *Victims of groupthink*. Boston: Houghton Mifflin.

Schlesinger, A., Jr. (1949). The statistical soldier. *Partisan Review*, **16**, 852–856.

Schlesinger, A., Jr. (1991, July 8). The cult of ethnicity, good and bad. *Time*, p. 21.

Schlosser, E. (2003, March 10). Empire of the obscene. *New Yorker*, pp. 61–71.

Schmader, T., Johns, M., & Forbes, C. (2008). An integrated process model of stereotype threat effects on performance. *Psychological Review*, **115**, 336–356.

Schmid, R. E. (2008, July 8). Pet owners prefer McCain over Obama. Associated Press (news.yahoo.com).

Schmitt, D. P. & 128 others. (2004). Patterns and universals of adult romantic attachment across 62 cultural regions: Are models of self and of other pancultural constructs? *Journal of Cross-Cultural Psychology*, **35**, 367–402.

Schmitt, D. P. (2003). Universal sex differences in the desire for sexual variety; tests from 52 nations, 6 continents, and 13 islands. *Journal of Personality and Social Psychology*, **85**, 85–104.

Schmitt, D. P. (2005). Sociosexuality from Argentina to Zimbabwe: A 40 nation study of sex, culture, and strategies of human mating. *Behavioral and Brain Sciences*, **28**, 247–311.

Schmitt, D. P. (2006). Evolutionary and cross-cultural perspectives on love: The influence of gender, personality, and local ecology on emotional investment in romantic relationships. In R. J. Sternberg (Ed.), *The psychology of love* (2nd ed.). New Haven, CT: Yale University Press.

Schmitt, D. P. (2007). Sexual strategies across sexual orientations: How personality traits and culture relate to sociosexuality among gays, lesbians, bisexuals, and heterosexuals. *Journal of Psychology and Human Sexuality*, **18**, 183–214.

Schmitt, D. P., & Allik, J. (2005). Simultaneous administration of the Rosenberg Self-Esteem Scale in 53 nations: Exploring the universal and culture-specific features of global self-esteem. *Journal of Personality and Social Psychology*, **89**, 623–642.

Schmitt, D. P., Realo, A., Voracek, M., & Allik, J. (2008). Why can't a man be more like a woman? Sex differences in Big Five personality traits across 55 cultures. *Journal of Personality and Social Psychology*, **94**, 168–182.

Schnall, S., & Laird, J. D. (2003). Keep smiling: Enduring effects of facial expressions and postures on emotional experience and memory. *Cognition and Emotion*, **17**, 787–797.

Schneider, M. E., Major, B., Luhtanen, R., & Crocker, J. (1996). Social stigma and the potential costs of assumptive help. *Personality and Social Psychology Bulletin*, **22**, 201–209.

Schneider, P. (2000, February 13). Saving Konrad Latte. *New York Times Magazine* (www.nytimes.com).

Schneider, T. R., Salovey, P., Pallonen, U., Mundorf, N., Smith, N. F., & Steward, W. T. (2000). Visual and auditory message framing effects on tobacco smoking. *Journal of Applied Social Psychology*, **31**(4), 667–682.

Schoeneman, T. J. (1994). Individualism. In V. S. Ramachandran (Ed.), *Encyclopedia of Human Behavior*. San Diego: Academic Press.

Schofield, J. (1982). *Black and white in school: Trust, tension, or tolerance?* New York: Praeger.

Schofield, J. W. (1986). Causes and consequences of the colorblind perspective. In J. F. Dovidio & S. L. Gaertner (Eds.), *Prejudice, discrimination, and racism*. Orlando, FL: Academic Press.

Schooler, J. W. (2002). Verbalization produces a transfer inappropriate processing shift. *Applied Cognitive Psychology*, **16**, 989–997.

Schor, J. B. (1998). *The overworked American*. New York: Basic Books.

Schroeder, D. A., Dovidio, J. F., Sibicky, M. E., Matthews, L. L., & Allen, J. L. (1988). Empathic concern and helping behavior: Egoism or altruism: *Journal of Experimental Social Psychology*, **24**, 333-353.

Schulz, J. W., & Pruitt, D. G. (1978). The effects of mutual concern on joint welfare. *Journal of Experimental Social Psychology*, **14**, 480-492.

Schulz-Hardt, S., Frey, D., Luthgens, C., & Moscovici, S. (2000). Biased information search in group decision making. *Journal of Personality and Social Psychology*, **78**, 655-669.

Schuman, H., & Kalton, G. (1985). Survey methods. In G. Lindzey & E. Aronson (Eds.), *Handbook of Social Psychology* (Vol. 1). Hillsdale, NJ: Erlbaum.

Schuman, H., & Scott, J. (1989). Generations and collective memories. *American Sociological Review*, **54**, 359-381.

Schutte, J. W., & Hosch, H. M. (1997). Gender differences in sexual assault verdicts. *Journal of Social Behavior and Personality*, **12**, 759-772.

Schwartz, B. (2000). Self-determination: The tyranny of freedom. *American Psychologist*, **55**, 79-88.

Schwartz, B. (2004). *The tyranny of choice*. New York: Ecco/HarperCollins.

Schwartz, S. H. (1975). The justice of need and the activation of humanitarian norms. *Journal of Social Issues*, **31**(3), 111-136.

Schwartz, S. H., & Gottlieb, A. (1981). Participants' post-experimental reactions and the ethics of bystander research. *Journal of Experimental Social Psychology*, **17**, 396-407.

Schwartz, S. H., & Rubel, T. (2005). Sex differences in value priorities: Cross-cultural and multimethod studies. *Journal of Personality and Social Psychology*, **89**, 1010-1028.

Schwarz, N., & Clore, G. L. (1983). Mood, misattribution, and judgments of well-being: Informative and directive functions of affective states. *Journal of Personality and Social Psychology*, **45**, 513-523.

Schwarz, N., & Kurz, E. (1989). What's in a picture? The impact of face-ism on trait attribution. *European Journal of Social Psychology*, **19**, 311-316.

Schwarz, N., Strack, F., Kommer, D., & Wagner, D. (1987). Soccer, rooms, and the quality of your life: Mood effects on judgments of satisfaction with life in general and with specific domains. *Journal of Applied Social Psychology*, **17**, 69-79.

Schweitzer, K., Zillmann, D., Weaver, J. B., & Luttrell, E. S. (1992, Spring). Perception of threatening events in the emotional aftermath of a televised college football game. *Journal of Broadcasting and Electronic Media*, pp. 75-82.

Sciolino, E. (2005, December 12). Immigrants' dreams mix with fury in a gray place near Paris. *New York Times* (www.nytimes.com).

Scott, J. P., & Marston, M. V. (1953). Nonadaptive behavior resulting from a series of defeats in fighting mice. *Journal of Abnormal and Social Psychology*, **48**, 417-428.

Scottish Life (2001, Winter). Isle of Muck without a crime for decades. *Scottish Life*, p. 11.

Sears, D. O. (1979). Life stage effects upon attitude change, especially among the elderly. Manuscript prepared for Workshop on the Elderly of the Future, Committee on Aging, National Research Council, Annapolis, MD, May 3-5.

Sears, D. O. (1986). College sophomores in the laboratory: Influences of a narrow data base on social psychology's view of human nature. *Journal of Personality and Social Psychology*, **51**, 515-530.

Sedikides, C. (1993). Assessment, enhancement, and verification determinants of the self-evaluation process. *Journal of Personality and Social Psychology*, **65**, 317-338.

Sedikides, C., Gaertner, L., & Vevea, J. L. (2005). Pancultural self-enhancement reloaded: A meta-analytic reply to Heine (2005). *Journal of Personality and Social Psychology*, **89**, 539-551.

Segal, H. A. (1954). Initial psychiatric findings of recently repatriated prisoners of war. *American Journal of Psychiatry*, **61**, 358-363.

Segal, N. L. (1984). Cooperation, competition, and altruism within twin sets: A reappraisal. *Ethology and Sociobiology*, **5**, 163-177.

Segal, N. L., & Hershberger, S. L. (1999). Cooperation and competition between twins: Findings from a Prisoner's Dilemma game. *Evolution and Human Behavior*, **20**, 29-51.

Segall, M. H., Dasen, P. R., Berry, J. W., & Poortinga, Y. H. (1990). *Human behavior in global perspective: An introduction to cross-cultural psychology*. New York: Pergamon.

Segerstrom, S. C. (2001). Optimism and attentional bias for negative and positive stimuli. *Personality and Social Psychology Bulletin*, **27**, 1334-1343.

Segerstrom, S. C., McCarthy, W. J., Caskey, N. H., Gross, T. M., & Jarvik, M. E. (1993). Optimistic bias among cigarette smokers. *Journal of Applied Social Psychology*, **23**, 1606-1618.

Segerstrom, S., & Miller, G. E. (2004). Psychological stress and the human immune system: A meta-analytic study of 30 years of inquiry. *Psychological Bulletin*, **130**, 601-630.

Seibt, B., & Forster, J. (2004). Stereotype threat and performance: How self-stereotypes influence processing by inducing regulatory foci. *Journal of Personality and Social Psychology*, **87**(1), 38-56.

Selby, J. W., Calhoun, L. G., & Brock, T. A. (1977). Sex differences in the social perception of rape victims. *Personality and Social Psychology Bulletin*, **3**, 412-415.

Seligman, M. (1994). *What you can change and what you can't*. New York: Knopf.

Seligman, M. E. P. (1975). *Helplessness: On depression, development and death*. San Francisco: W. H. Freeman.

Seligman, M. E. P. (1991). *Learned optimism*. New York: Knopf.

Seligman, M. E. P. (1992). Power and powerlessness: Comments on "Cognates of personal control." *Applied & Preventive Psychology*, **1**, 119-120.

Seligman, M. E. P. (1998). The prediction and prevention of depression. In D. K. Routh & R. J. DeRubeis (Eds.), *The science of clinical psychology: Accomplishments and future directions*. Washington, DC: American Psychological Association.

Seligman, M. E. P. (2002). *Authentic happiness: Using the new positive psychology to realize your potential for lasting fulfillment*. New York: Free Press.

Seligman, M. E. P., Nolen-Hoeksema, S., Thornton, N., & Thornton, K. M. (1990). Explanatory style as a mechanism of disappointing athletic performance. *Psychological Science*, **1**, 143-146.

Seligman, M. E. P., & Schulman, P. (1986). Explanatory style as a predictor of productivity and quitting among life insurance sales agents. *Journal of Personality and Social Psychology*, **50**, 832-838.

Sengupta, S. (2001, October 10). Sept. 11 attack narrows the racial divide. *New York Times* (www.nytimes.com).

Sengupta, S. (2003, May 27). Congo war toll soars as U.N. pleads for aid. *New York Times* (www.nytimes.com).

Sentyrz, S. M., & Bushman, B. J. (1998). Mirror, mirror, on the wall, who's the thinnest one of all? Effects of self-awareness on consumption of fatty, reduced-fat, and fat-free products. *Journal of Applied Psychology*, **83**, 944-949.

Seta, C. E., & Seta, J. J. (1992). Increments and decrements in mean arterial pressure levels as a function of audience composition: An averaging and summation analysis. *Personality and Social Psychology Bulletin*, **18**, 173-181.

Seta, J. J. (1982). The impact of comparison processes on coactors' task performance. *Journal of Personality and Social Psychology*, **42**, 281-291.

Shaffer, D. R., Pegalis, L. J., & Bazzini, D. G. (1996). When boy meets girls (revisited): Gender, gender-role orientation, and prospect of future interaction as determinants of self-disclosure among same- and opposite-sex acquaintances. *Personality and Social Psychology Bulletin*, **22**, 495-506.

Shah, A. (2005, June 11). Poverty facts and stats (www.globalissues.org/TradeRelated/Facts.asp#fact1).

Shah, A. K., & Oppenheimer, D. M. (2008). Heuristics made easy: An effort-reduction framework. *Psychological Bulletin*, **134**, 207-222.

Sharan, S., & Sharan, Y. (1976). *Small group teaching*. Englewood Cliffs, NJ: Educational Technology.

Sharan, Y., & Sharan, S. (1994). Group investigation in the cooperative classroom. In S. Sharan (Ed.), *Handbook of cooperative learning methods*. Westport, CT: Greenwood.

Shariff, A. F., & Norenzayan, A. (2007). God is watching you: Priming God concepts increases prosocial behavior in an anonymous economic game. *Psychological Science*, **18**, 803-809.

Shaver, P. R., & Hazan, C. (1993). Adult romantic attachment: Theory and evidence. In D. Perlman & W. Jones (Eds.), *Advances in personal relationships* (Vol. 4). Greenwich, CT: JAI.

Shaver, P. R., & Hazan, C. (1994). Attachment. In A. L. Weber & J. H. Harvey (Eds.), *Perspectives on close relationships*. Boston: Allyn & Bacon.

Shaver, P., Hazan, C., & Bradshaw, D. (1988). Love as attachment: The integration of three behavioral systems. In R. J. Sternberg & M. L. Barnes (Eds.), *The psychology of love*. New Haven, CT: Yale University Press.

Shaw, J. S., III. (1996). Increases in eyewitness confidence resulting from postevent questioning. *Journal of Experimental Psychology: Applied*, **2**, 126-146.

Shaw, M. E. (1981). *Group dynamics: The psychology of small group behavior*. New York: McGraw-Hill.

Sheese, B. E., & Graziano, W. G. (2005). Deciding to defect: The effects of video-game violence on cooperative behavior. *Psychological Science*, **16**, 354-357.

Sheldon, K. M., Elliot, A. J., Youngmee, K., & Kasser, T. (2001). What is satisfying about satisfying events? Testing 10 candidate psychological needs. *Journal of Personality and Social Psychology, 80,* 325–339.

Sheldon, K. M., Ryan, R. M., Deci, E. L., & Kasser, T. (2004). The independent effects of goal contents and motives on well-being: It's both what you pursue and why you pursue it. *Personality and Social Psychology Bulletin, 30,* 475–486.

Sheldon, K. M., & Niemiec, C. P. (2006). It's not just the amount that counts: Balanced need satisfaction also affects well-being. *Journal of Personality and Social Psychology, 91,* 331–341.

Shell, R. M., & Eisenberg, N. (1992). A developmental model of recipients' reactions to aid. *Psychological Bulletin, 111,* 413–433.

Shelton, J. N., & Richeson, J. A. (2005). Intergroup contact and pluralistic ignorance. *Journal of Personality and Social Psychology, 88,* 91–107.

Sheppard, B. H., & Vidmar, N. (1980). Adversary pretrial procedures and testimonial evidence: Effects of lawyer's role and machiavelianism. *Journal of Personality and Social Psychology, 39,* 320–322.

Shepperd, J. A. (2003). Interpreting comparative risk judgments: Are people personally optimistic or interpersonally pessimistic? Unpublished manuscript, University of Florida.

Shepperd, J. A., & Arkin, R. M. (1991). Behavioral other-enhancement: Strategically obscuring the link between performance and evaluation. *Journal of Personality and Social Psychology, 60,* 79–88.

Shepperd, J. A., Arkin, R. M., & Slaughter, J. (1995). Constraints on excuse making: The deterring effects of shyness and anticipated retest. *Personality and Social Psychology Bulletin, 21,* 1061–1072.

Shepperd, J. A., Grace, J., Cole, L. J., & Klein, C. (2005). Anxiety and outcome predictions. *Personality and Social Psychology Bulletin, 31,* 267–275.

Shepperd, J. A., & Taylor, K. M. (1999). Ascribing advantages to social comparison targets. *Basic and Applied Social Psychology, 21,* 103–117.

Shepperd, J. A., & Wright, R. A. (1989). Individual contributions to a collective effort: An incentive analysis. *Personality and Social Psychology Bulletin, 15,* 141–149.

Shergill, S. S., Bays, P. M., Frith, C. D., & Wolpert, D. M. (2003). Two eyes for an eye: The neuroscience of force escalation. *Science, 301,* 187.

Sherif, M. (1935). A study of some social factors in perception. *Archives of Psychology,* No. 187.

Sherif, M. (1937). An experimental approach to the study of attitudes. *Sociometry, 1,* 90–98.

Sherif, M. (1966). *In common predicament: Social psychology of intergroup conflict and cooperation.* Boston: Houghton Mifflin.

Sherman, D. K., Nelson, L. D., & Ross, L. D. (2003). Naive realism and affirmative action: Adversaries are more similar than they think. *Basic and Applied Social Psychology, 25,* 275–289.

Sherman, J. W. (1996). Development and mental representation of stereotypes. *Journal of Personality and Social Psychology, 70,* 1126–1141.

Sherman, J. W., Kruschke, J. K., Sherman, S. J., Percy, E. J., Petrocelli, J. V., & Conrey, F. R. (2009). Attentional processes in stereotype formation: A common model for category accentuation and illusory correlation. *Journal of Personality and Social Psychology, 96,* 305–323.

Sherman, J. W., Lee, A. Y., Bessenoff, G. R., & Frost, L. A. (1998). Stereotype efficiency reconsidered: Encoding flexibility under cognitive load. *Journal of Personality and Social Psychology, 75,* 589–606.

Sherman, S. J., Cialdini, R. B., Schwartzman, D. F., & Reynolds, K. D. (1985). Imagining can heighten or lower the perceived likelihood of contracting a disease: The mediating effect of ease of imagery. *Personality and Social Psychology Bulletin, 11,* 118–127.

Shermer, M. (2006). Answer on World Question Center 2006. The Edge (www.edge.org).

Shih, M., Pittinsky, T. L., & Ambady, N. (1999). Stereotype susceptibility: Identity salience and shifts in quantitative performance. *Psychological Science, 10,* 80–83.

Shiller, R. (2000). *Irrational exuberance.* Princeton: Princeton University Press.

Shipman, P. (2003). We are all Africans. *American Scientist, 91,* 496–499.

Shook, N. J., & Fazio, R. H. (2008). Interracial roommate relationships: An experimental field test of the contact hypothesis. *Psychological Science, 19,* 717–723.

Short, J. F., Jr. (Ed.) (1969). *Gang delinquency and delinquent subcultures.* New York: Harper & Row.

Shostak, M. (1981). *Nisa: The life and words of a !Kung woman.* Cambridge, MA: Harvard University Press.

Shotland, R. L. (1989). A model of the causes of date rape in developing and close relationships. In C. Hendrick (Ed.), *Review of Personality and Social Psychology* (Vol. 10). Beverly Hills, CA: Sage.

Shotland, R. L., & Stebbins, C. A. (1983). Emergency and cost as determinants of helping behavior and the slow accumulation of social psychological knowledge. *Social Psychology Quarterly, 46,* 36–46.

Shotland, R. L., & Straw, M. K. (1976). Bystander response to an assault: When a man attacks a woman. *Journal of Personality and Social Psychology, 34,* 990–999.

Showers, C., & Ruben, C. (1987). Distinguishing pessimism from depression: Negative expectations and positive coping mechanisms. Paper presented at the American Psychological Association convention.

Shrauger, J. S. (1975). Responses to evaluation as a function of initial self-perceptions. *Psychological Bulletin, 82,* 581–596.

Shrauger, J. S., & Schoeneman, T. J. (1979, May). Symbolic interactionist view of self-concept: Through the looking glass darkly. *Psychological Bulletin, 86,* 549–573.

Shriver, E. R., Young, S. G., Hugenberg, K., Bernstein, M. J., & Lanter, J. R. (2008, February). Class, race, and the face: Social context modulates the cross-race effect in face recognition. *Personality and Social Psychology Bulletin, 34,* 260–274.

Sidanius, J., & Pratto, F. (1999). *Social dominance: An intergroup theory of social hierarchy and oppression.* New York: Cambridge University Press.

Sidanius, J., Pratto, F., & Bobo, L. (1994). Social dominance orientation and the political psychology of gender: A case of invariance? *Journal of Personality and Social Psychology, 67,* 998–1011.

Sidanius, J., Van Laar, C., Levin, S., & Sinclair, S. (2004). Ethnic enclaves and the dynamics of social identity on the college campus: The good, the bad, and the ugly. *Journal of Personality and Social Psychology, 87,* 96–110.

Sigall, H. (1970). Effects of competence and consensual validation on a communicator's liking for the audience. *Journal of Personality and Social Psychology, 16,* 252–258.

Silk, J. B., Alberts, S. C., & Altmann, J. (2003). Social bonds of female baboons enhance infant survival. *Science, 302,* 1231–1234.

Silke, A. (2003). Deindividuation, anonymity, and violence: Findings from Northern Ireland. *Journal of Social Psychology, 143,* 493–499.

Silver, M., & Geller, D. (1978). On the irrelevance of evil: The organization and individual action. *Journal of Social Issues, 34,* 125–136.

Silver, N. (2009, May 9). Bush may haunt Republicans for generations (www.fivethirtyeight.com).

Silvia, P. J. (2005). Deflecting reactance: The role of similarity in increasing compliance and reducing resistance. *Basic and Applied Social Psychology, 27,* 277–284.

Silvia, P. J., & Duval, T. S. (2001). Objective self-awareness theory: Recent progress and enduring problems. *Personality and Social Psychology Review, 5,* 230–241.

Simmons, W. W. (2000, December). When it comes to having children, Americans still prefer boys. *The Gallup Poll Monthly,* pp. 63–64.

Simon, H. A. (1957). *Models of man: Social and rational.* New York: Wiley.

Simon, P. (1996, April 17). American provincials. *Christian Century,* pp. 421–422.

Simonton, D. K. (1994). *Greatness: Who makes history and why.* New York: Guilford.

Simpson, J. A. (1987). The dissolution of romantic relationships: Factors involved in relationship stability and emotional distress. *Journal of Personality and Social Psychology, 53,* 683–692.

Simpson, J. A., Campbell, B., & Berscheid, E. (1986). The association between romantic love and marriage: Kephart (1967) twice revisited. *Personality and Social Psychology Bulletin, 12,* 363–372.

Simpson, J. A., Gangestad, S. W., & Lerma, M. (1990). Perception of physical attractiveness: Mechanisms involved in the maintenance of romantic relationships. *Journal of Personality and Social Psychology, 59,* 1192–1201.

Simpson, J. A., Rholes, W. S., & Nelligan, J. S. (1992). Support seeking and support giving within couples in an anxiety-provoking situation: The role of attachment styles. *Journal of Personality and Social Psychology, 62,* 434–446.

Simpson, J. A., Rholes, W. S., & Phillips, D. (1996). Conflict in close relationships: An attachment perspective. *Journal of Personality and Social Psychology, 71,* 899–914.

Sinclair, S., Dunn, E., & Lowery, B. S. (2004). The relationship between parental racial attitudes and children's implicit prejudice. *Journal of Experimental Social Psychology, 41,* 283–289.

Singer, M. (1979). Cults and cult members. Address to the American Psychological Association convention.

Singer, T., Seymour, B., O'Doherty, J. P., Stephan, K. E., Dolan, R. J., & Frith, C. D. (2006). Empathic neural responses are modulated by the perceived fairness of others. *Nature, 439,* 466–469.

Singh, D. (1993). Adaptive significance of female physical attractiveness: Role of waist-to-hip ratio. *Journal of Personality and Social Psychology,* **65,** 293–307.

Singh, D. (1995). Female judgment of male attractiveness and desirability for relationships: Role of waist-to-hip ratio and financial status. *Journal of Personality and Social Psychology,* **69,** 1089–1101.

Singh, D., & Randall, P. K. (2007). Beauty is in the eye of the plastic surgeon: Waist-hip ratio (WHR) and women's attractiveness. *Personality and Individual Differences,* **43,** 329–340.

Singh, R., & Ho, S. J. (2000). Attitudes and attraction: A new test of the attraction, repulsion and similarity-dissimilarity asymmetry hypotheses. *British Journal of Social Psychology,* **39,** 197–211.

Singh, R., & Teoh, J. B. P. (1999). Attitudes and attraction: A test of two hypotheses for the similarity-dissimilarity asymmetry. *British Journal of Social Psychology,* **38,** 427–443.

Sissons, M. (1981). Race, sex, and helping behavior. *British Journal of Social Psychology,* **20,** 285–292.

Sittser, G. L. (1994, April). Long night's journey into light. *Second Opinion,* pp. 10–15.

Sivarajasingam, V., Moore, S., & Shepherd, J. P. (2005). Winning, losing, and violence. *Injury Prevention,* **11,** 69–70.

Six, B., & Eckes, T. (1996). Metaanalysen in der Einstellungs-Verhaltens-Forschung. *Zeitschrift fur Sozialpsychologie,* pp. 7–17.

Skaalvik, E. M., & Hagtvet, K. A. (1990). Academic achievement and self-concept: An analysis of causal predominance in a developmental perpsective. *Journal of Personality and Social Psychology,* **58,** 292–307.

Skinner, B. F. (1971). *Beyond freedom and dignity.* New York: Knopf.

Skitka, L. J. (1999). Ideological and attributional boundaries on public compassion: Reactions to individuals and communities affected by a natural disaster. *Personality and Social Psychology Bulletin,* **25,** 793–808.

Skitka, L. J., Bauman, C. W., & Mullen, E. (2004). Political tolerance and coming to psychological closure following the September 11, 2001, terrorist attacks: An integrative approach. *Personality and Social Psychology Bulletin,* **30,** 743–756.

Skitka, L. J., & Tetlock, P. E. (1993). Providing public assistance: Cognitive and motivational processes underlying liberal and conservative policy preferences. *Journal of Personality and Social Psychology,* **65,** 1205–1223.

Skurnik, I., Yoon, C., Park, D. C., & Schwarz, N. (2005). How warnings about false claims become recommendations. *Journal of Consumer Research,* 31, 713–724.

Slatcher, R. B., & Pennebaker, J. W. (2006). How do I love thee? Let me count the words: The social effects of expressive writing. *Psychological Science,* **17,** 660–664.

Slater, M., Antley, A., Davison, A., Swapp, D., Guger, C., Barker, C., Pistrang, N., & Sanchez-Vives, M. V. (2006). A virtual reprise of the Stanley Milgram obedience experiments. *PloS One,* **1**(1): e39 (DOI:10.1371/journal.pone.0000039).

Slavin, R. E. (1985). Cooperative learning: Applying contact theory in desegregated schools. *Journal of Social Issues,* **41**(3), 45–62.

Slavin, R. E. (1990, December/January). Research on cooperative learning: Consensus and controversy. *Educational Leadership,* pp. 52–54.

Slavin, R. E., & Cooper, R. (1999). Improving intergroup relations: Lessons learned from cooperative learning programs. *Journal of Social Issues,* **55,** 647–663.

Slavin, R. E., Hurley, E. A., & Chamberlain, A. (2003). Cooperative learning and achievement: Theory and research. In W. M. Reynolds & G. E. Miller (Eds.), *Handbook of psychology: Educational psychology* (Vol. 7). New York: Wiley.

Slavin, R. E., & Madden, N. A. (1979). School practices that improve race relations. *Journal of Social Issues,* **16,** 169–180.

Slotow, R., Van Dyke, G., Poole, J., Page, B., & Klocke, A. (2000). Older bull elephants control young males. *Nature,* **408,** 425–426.

Slotter, E. B., & Gardner, W. L. (2009). Where do you end and I begin? Evidence for anticipatory, motivated self-other integration between relationship partners. *Journal of Personality and Social Psychology,* **96,** 1137–1151.

Slovic, P. (1972). From Shakespeare to Simon: Speculations—and some evidence—about man's ability to process information. *Oregon Research Institute Research Bulletin,* **12**(2).

Slovic, P. (2007). "If I look at the mass I will never act": Psychic numbing and genocide. *Judgment and Decision Making,* **2,** 79–95.

Slovic, P., & Fischhoff, B. (1977). On the psychology of experimental surprises. *Journal of Experimental Psychology: Human Perception and Performance,* **3,** 455–551.

Small, M. F. (1999, March 30). Are we losers? Putting a mating theory to the test. *New York Times* (www.nytimes.com).

Smedley, J. W., & Bayton, J. A. (1978). Evaluative race-class stereotypes by race and perceived class of subjects. *Journal of Personality and Social Psychology,* **3,** 530–535.

Smelser, N. J., & Mitchell, F. (Eds.) (2002). *Terrorism: Perspectives from the behavioral and social sciences.* Washington, DC: National Research Council, National Academies Press.

Smith, A. (1976). *The wealth of nations.* Book 1. Chicago: University of Chicago Press. (Originally published, 1776.)

Smith, D. E., Gier, J. A., & Willis, F. N. (1982). Interpersonal touch and compliance with a marketing request. *Basic and Applied Social Psychology,* **3,** 35–38.

Smith, H. (1976) *The Russians.* New York: Balantine Books. Cited by B. Latané, K. Williams, and S. Harkins in "Many hands make light the work." *Journal of Personality and Social Psychology,* 1979, **37,** 822–832.

Smith, H. J., & Tyler, T. R. (1997). Choosing the right pond: The impact of group membership on self-esteem and group-oriented behavior. *Journal of Experimental Social Psychology,* **33,** 146–170.

Smith, H. W. (1981). Territorial spacing on a beach revisited: A cross-national exploration. *Social Psychology Quarterly,* **44,** 132–137.

Smith, M. B. (1978). Psychology and values. *Journal of Social Issues,* **34,** 181–199.

Smith, P. B. (2005). Is there an indigenous European social psychology? *International Journal of Psychology,* **40,** 254–262.

Smith, P. B., & Tayeb, M. (1989). Organizational structure and processes. In M. Bond (Ed.), *The cross-cultural challenge to social psychology.* Newbury Park, CA: Sage.

Smith, R. H., Turner, T. J., Garonzik, R., Leach, C. W., Urch-Druskat, V., & Weston, C. M. (1996). Envy and Schadenfreude. *Personality and Social Psychology Bulletin,* **22,** 158–168.

Smith, T. W. (1998, December). *American sexual behavior: Trends, socio-demographic differences, and risk behavior.* National Opinion Research Center GSS Topical Report No. 25.

Smith, V. L. (1991). Prototypes in the courtroom: Lay representations of legal concepts. *Journal of Personality and Social Psychology,* **61,** 857–872.

Smith, V. L., & Ellsworth, P. C. (1987). The social psychology of eyewitness accuracy: Misleading questions and communicator expertise. *Journal of Applied Psychology,* **72,** 294–300.

Smolowe, J. (1994, August 1). Race and the O. J. case. *Time,* pp. 24–25.

Smoreda, Z., & Licoppe, C. (2000). Gender-specific use of the domestic telephone. *Social Psychology Quarterly,* **63,** 238–252.

Snodgrass, M. A. (1987). The relationships of differential loneliness, intimacy, and characterological attributional style to duration of loneliness. *Journal of Social Behavior and Personality,* **2,** 173–186.

Snopes. (2008, accessed July 30). The naked truth (www.snopes.com/humor/iftrue/pollster.asp).

Snyder, C. R. (1978). The "illusion" of uniqueness. *Journal of Humanistic Psychology,* **18,** 33–41.

Snyder, C. R. (1980). The uniqueness mystique. *Psychology Today,* March, pp. 86–90.

Snyder, C. R., & Fromkin, H. L. (1980). *Uniqueness: The human pursuit of difference.* New York: Plenum.

Snyder, C. R., & Higgins, R. L. (1988). Excuses: Their effective role in the negotiation of reality. *Psychological Bulletin,* **104,** 23–35.

Snyder, C. R., & Smith, T. W. (1986). On being "shy like a fox": A self-handicapping analysis. In W. H. Jones et al. (Eds.), *Shyness: Perspectives on research and treatment.* New York: Plenum.

Snyder, M. (1981). Seek, and ye shall find: Testing hypotheses about other people. In E. T. Higgins, C. P. Herman, & M. P. Zanna (Eds.), *Social cognition: The Ontario symposium on personality and social psychology.* Hillsdale, NJ: Erlbaum.

Snyder, M. (1984). When belief creates reality. In L. Berkowitz (Ed.), *Advances in Experimental Social Psychology* (Vol. 18). New York: Academic Press.

Snyder, M. (1987). *Public appearances/private realities: The psychology of self-monitoring.* New York: Freeman.

Snyder, M. (1988). Experiencing prejudice firsthand: The "discrimination day" experiments. *Contemporary Psychology,* **33,** 664–665.

Snyder, M., Campbell, B., & Preston, E. (1982). Testing hypotheses about human nature: Assessing the accuracy of social stereotypes. *Social Cognition,* **1,** 256–272.

Snyder, M., Grether, J., & Keller, K. (1974). Staring and compliance: A field experiment on hitch-hiking. *Journal of Applied Social Psychology,* **4,** 165–170.

Snyder, M., & Haugen, J. A. (1994). Why does behavioral confirmation occur? A functional perspective on the role of the perceiver. *Journal of Experimental Social Psychology,* **30,** 218–246.

Snyder, M., & Haugen, J. A. (1995). Why does behavioral confirmation occur? A functional perspective on the role of the target. *Personality and Social Psychology Bulletin,* **21,** 963–974.

Snyder, M., & Ickes, W. (1985). Personality and social behavior. In G. Lindzey & E. Aronson (Eds.), *Handbook of social psychology,* 3rd edition. New York: Random House.

Snyder, M., & Swann, W. B., Jr. (1976). When actions reflect attitudes: The politics of impression management. *Journal of Personality and Social Psychology,* **34,** 1034–1042.

Snyder, M., Tanke, E. D., & Berscheid, E. (1977). Social perception and interpersonal behavior: On the self-fulfilling nature of social stereotypes. *Journal of Personality and Social Psychology,* **35,** 656–666.

Solano, C. H., Batten, P. G., & Parish, E. A. (1982). Loneliness and patterns of self-disclosure. *Journal of Personality and Social Psychology,* **43,** 524–531.

Solberg, E. C., Diener, E., & Robinson, M. D. (2003). Why are materialists less satisfied? In T. Kasser & A. D. Kanner (Eds.), *Psychology and consumer culture: The struggle for a good life in a materialistic world.* Washington, DC: APA Books.

Solberg, E. C., Diener, E., Wirtz, D., Lucas, R. E., & Oishi, S. (2002). Wanting, having, and satisfaction: Examining the role of desire discrepancies in satisfaction with income. *Journal of Personality and Social Psychology,* **83,** 725–734.

Solomon, H., & Solomon, L. Z. (1978). Effects of anonymity on helping in emergency situations. Paper presented at the Eastern Psychological Association convention.

Solomon, H., Solomon, L. Z., Arnone, M. M., Maur, B. J., Reda, R. M., & Rother, E. O. (1981). Anonymity and helping. *Journal of Social Psychology,* **113,** 37–43.

Solomon, S., Greenberg, J., & Pyszczynski, T. (2000). Pride and prejudice: Fear of death and social behavior. *Current Directions in Psychological Science,* **9,** 200–203.

Sommer, R. (1969). *Personal space.* Englewood Cliffs, NJ: Prentice-Hall.

Sommers, S. R., & Ellsworth, P. C. (2000). Race in the courtroom: Perceptions of guilt and dispositional attributions. *Personality and Social Psychology Bulletin,* **26,** 1367–1379.

Sommers, S. R., & Ellsworth, P. C. (2001). White juror bias: An investigation of prejudice against Black defendants in the American courtroom. *Psychology, Public Policy, and Law,* **7,** 201–229.

Sonne, J., & Janoff, D. (1979). The effect of treatment attributions on the maintenance of weight reduction: A replication and extension. *Cognitive Therapy and Research,* **3,** 389–397.

Sparrell, J. A., & Shrauger, J. S. (1984). Self-confidence and optimism in self-prediction. Paper presented at the American Psychological Association convention.

Spector, P. E. (1986). Perceived control by employees: A meta-analysis of studies concerning autonomy and participation at work. *Human Relations,* **39,** 1005–1016.

Speer, A. (1971). *Inside the Third Reich: Memoirs.* (P. Winston & C. Winston, trans.). New York: Avon Books.

Spence, A., & Townsend, E. (2007). Predicting behaviour towards genetically modified food using implicit and explicit attitudes. *British Journal of Social Psychology,* **46,** 437–457.

Spence, C. (2006). Mismatching money and need. *Stanford Social Innovation Review,* **4,** 49.

Spencer, S. J., Fein, S., Wolfe, C. T., Fong, C., & Dunn, M. A. (1998). Automatic activation of stereotypes: The role of self-image threat. *Personality and Social Psychology Bulletin,* **24,** 1139–1152.

Spencer, S. J., Steele, C. M., & Quinn, D. M. (1999). Stereotype threat and women's math performance. *Journal of Experimental Social Psychology,* **3,** 4–28.

Speth, J. G. (2008). Foreword. In A. A. Leiserowitz & L. O. Fernandez, *Toward a new consciousness: Values to sustain human and natural communities.* New Haven: Yale School of Forestry & Environmental Studies.

Spiegel, H. W. (1971). *The growth of economic thought.* Durham, NC: Duke University Press.

Spitz, H. H. (1999). Beleaguered *Pygmalion:* A history of the controversy over claims that teacher expectancy raises intelligence. *Intelligence,* **27,** 199–234.

Spitzberg, B. H., & Hurt, H. T. (1987). The relationship of interpersonal competence and skills to reported loneliness across time. *Journal of Social Behavior and Personality,* **2,** 157–172.

Spivak, J. (1979, June 6). *Wall Street Journal.*

Sporer, S. L. (2008). Lessons from the origins of eyewitness testimony research in Europe. *Applied Cognitive Psychology,* **22,** 737–757.

Sporer, S. L., Trinkl, B., & Guberova, E. (2007). Matching faces. Differences in processing speed of out-group faces by different ethnic groups. *Journal of Cross-Cultural Psychology,* **38,** 398–412.

Sprecher, S. (1987). The effects of self-disclosure given and received on affection for an intimate partner and stability of the relationship. *Journal of Personality and Social Psychology,* **4,** 115–127.

Sprecher, S., Aron, A., Hatfield, E., Cortese, A., Potapova, E., & Levitskaya, A. (1994). Love: American style, Russian style, and Japanese style. *Personal Relationships,* **1,** 349–369.

Sprecher, S., Sullivan, Q., & Hatfield, E. (1994). Mate selection preferences: Gender differences examined in a national sample. *Journal of Personality and Social Psychology,* **66,** 1074–1080.

Sprecher, S., & Toro-Morn, M. (2002). A study of men and women from different sides of Earth to determine if men are from Mars and women are from Venus in their beliefs about love and romantic relationships. *Sex Roles,* **46,** 131–147.

Srivastava, S., McGonigal, K. M., Richards, J. M., Butler, E. A., & Gross, J. J. (2006). Optimism in close relationships: How seeing things in a positive light makes them so. *Journal of Personality and Social Psychology,* **91,** 143–153.

Stajkovic, A., & Luthans, F. (1998). Self-efficacy and work-related performance: A meta-analysis. *Psychological Bulletin,* **124,** 240–261.

Stalder, D. R. (2008). Revisiting the issue of safety in numbers: The likelihood of receiving help from a group. *Social Influence,* **3,** 24–33.

Stambor, Z. (2006, April). How reliable is eyewitness testimony? *APA Monitor,* pp. 26–27.

Stangor, C., Jonas, K., Stroebe, W., & Hewstone, M. (1996). Influence of student exchange on national stereotypes, attitudes and perceived group variability. *European Journal of Social Psychology,* **26,** 663–675.

Stangor, C., Lynch, L., Duan, C., & Glass, B. (1992). Categorization of individuals on the basis of multiple social features. *Journal of Personality and Social Psychology,* **62,** 207–218.

Stangor, C., & McMillan, D. (1992). Memory for expectancy-congruent and expectancy-incongruent information: A review of the social and social developmental literatures. *Psychological Bulletin,* **111,** 42–61.

Stanley, D., Phelps, E., & Banaji, M. (2008). The neural basis of implicit attitudes. *Current Directions in Psychological Science,* **17,** 164–170.

Stanovich, K. E., & West, R. F. (2008). On the relative independence of thinking biases and cognitive ability. *Journal of Personality and Social Psychology,* **94,** 672–695.

Stapel, D. A., & Suls, J. (2004). Method matters: Effects of explicit versus implicit social comparisons on activation, behavior, and self-views. *Journal of Personality and Social Psychology,* **87,** 860–875.

Staples, B. (1999a, May 2). When the "paranoids" turn out to be right. *New York Times* (www.nytimes.com).

Staples, B. (1999b, May 24). Why "racial profiling" will be tough to fight. *New York Times* (www.nytimes.com).

Staples, B. (2000, June 26). Playing "catch and grope" in the schoolyard. *New York Times* (www.nytimes.com).

Stark, E., Kim, A., Miller, C., & Borgida, E. (2008). Effects of including a graphic warning label in advertisements for reduced-exposure products: Implications for persuasion and policy. *Journal of Applied Social Psychology,* **38,** 281–293.

Stark, R., & Bainbridge, W. S. (1980). Networks of faith: Interpersonal bonds and recruitment of cults and sects. *American Journal of Sociology,* **85,** 1376–1395.

Stasser, G. (1991). Pooling of unshared information during group discussion. In S. Worchel, W. Wood, & J. Simpson (Eds.), *Group process and productivity.* Beverly Hills, CA: Sage.

Stasser, G., Kerr, N. L., & Bray, R. M. (1981). The social psychology of jury deliberations: Structure, process, and product. In N. L. Kerr & R. M. Bray (Eds.), *The psychology of the courtroom.* New York: Academic Press.

Statistics Canada. (2008). *Victims and persons accused of homicide, by age and sex.* (Table 253-003).

Staub, E. (1978). *Positive social behavior and morality: Social and personal influences* (Vol. 1). Hillsdale, NJ: Erlbaum.

Staub, E. (1989). *The roots of evil: The origins of genocide and other group violence.* Cambridge: Cambridge University Press.

Staub, E. (1991). Altruistic and moral motivations for helping and their translation into action. *Psychological Inquiry,* **2,** 150–153.

Staub, E. (1992). The origins of caring, helping and nonaggression: Parental socialization, the family system, schools, and cultural influence. In S. Oliner & P. Oliner (Eds.), *Embracing the other: Philosophical, psychological, and theological perspectives on altruism.* New York: New York University Press.

Staub, E. (1996). Altruism and aggression in children and youth: Origins and cures. In R. Feldman (Ed.), *The psychology of adversity.* Amherst, MA: University of Massachusetts Press.

Staub, E. (1997a). Blind versus constructive patriotism: Moving from embeddedness in the group to critical loyalty and action. In D. Bar-Tal and E. Staub (Eds.), *Patriotism in the lives of individuals and nations.* Chicago: Nelson-Hall.

Staub, E. (1997b). *Halting and preventing collective violence: The role of bystanders.* Background paper for symposium organized by the Friends of Raoul Wallenberg, Stockholm, June 13–16.

Staub, E. (1999a). Behind the scenes. In D. G. Myers, *Social psychology*, 6th edition. New York: McGraw-Hill.

Staub, E. (1999b). The origins and prevention of genocide, mass killing, and other collective violence. *Peace and Conflict*, **5,** 303–336.

Staub, E. (2003). *The psychology of good and evil: Why children, adults, and groups help and harm others.* New York: Cambridge University Press.

Staub, E. (2005a). The origins and evolution of hate, with notes on prevention. In R. J. Sternberg (Ed.), *The psychology of hate.* Washington, DC: American Psychological Association.

Staub, E. (2005b). The roots of goodness: The fulfillment of basic human needs and the development of caring, helping and nonaggression, inclusive caring, moral courage, active bystandership, and altruism born of suffering. In G. Carlo & C. P. Edwards (Eds.), *Moral motivation through the life span: Theory, research, applications. Nebraska Symposium on Motivation* (Vol. 51). Lincoln, NE: University of Nebraska Press.

Staub, E., & Bar-Tal, D. (2003). Genocide, mass killing, and intractable conflict. In D. Sears, L. Huddy, & R. Jervis (Eds.), *Handbook of political psychology.* New York: Oxford University Press.

Staub, E., & Pearlman, L. A. (2005a). Advancing healing and reconciliation. In L. Barbanel & R. Sternberg (Eds), *Psychological interventions in times of crisis* (pp. 213–243). New York: Springer.

Staub, E., & Pearlman, L. A. (2005b). Psychological recovery and reconciliation after the genocide in Rwanda and in other post-conflict settings. In R. Sternberg & L. Barbanel (Eds.), *Psychological interventions in times of crisis.* New York: Springer.

Staub, E., & Pearlman, L. A. (2009). Reducing intergroup prejudice and conflict: A commentary. *Journal of Personality and Social Psychology*, **96,** 588–593.

Staub, E., Pearlman, L. A., Gubin, A., & Hagengimana, A. (2005). Healing, reconciliation, forgiving and the prevention of violence after genocide or mass killing: An intervention and its experimental evaluation in Rwanda. *Journal of Social and Clinical Psychology*, **24,** 297–334.

Steblay, N. M. (1987). Helping behavior in rural and urban environments: A meta-analysis. *Psychological Bulletin*, **102,** 346–356.

Steblay, N. M., Besirevic, J., Fulero, S. M., & Jimenez-Lorente, B. (1999). The effects of pretrial publicity on juror verdicts: A meta-analytic review. *Law and Human Behavior*, **23,** 219–235.

Steblay, N., Dysart, J. E., Fulero, S., & Lindsay, R. C. L. (2001). Eyewitness accuracy rates in sequential and simultaneous lineup presentations: A meta-analytic comparison. *Law and Human Behavior*, **25,** 459–473.

Steele, C. M. (1988). The psychology of self-affirmation: Sustaining the integrity of the self. In L. Berkowitz (Ed.), *Advances in experimental social psychology* (Vol. 21). Orlando, FL: Academic Press.

Steele, C. M. (1997). A threat in the air: How stereotypes shape intellectual identity and performance. *American Psychologist*, **52,** 613–629.

Steele, C. M., & Aronson, J. (1995). Stereotype threat and the intellectual test performance of African Americans. *Journal of Personality and Social Psychology*, **69,** 797–811.

Steele, C. M., Southwick, L. L., & Critchlow, B. (1981). Dissonance and alcohol: Drinking your troubles away. *Journal of Personality and Social Psychology*, **41,** 831–846.

Steele, C. M., Spencer, S. J., & Aronson, J. (2002). Contending with group image: The psychology of stereotype and social identity threat. In Zanna, M. P. (Ed.), *Advances in experimental social psychology*, **34,** 379–440. San Diego: Academic Press.

Steele, C. M., Spencer, S. J., & Lynch, M. (1993). Self-image resilience and dissonance: The role of affirmational resources. *Journal of Personality and Social Psychology*, **64,** 885–896.

Steffen, P. R., & Masters, K. S. (2005). Does compassion mediate the intrinsic religion-health relationship? *Annals of Behavioral Medicine*, **30,** 217–224.

Stein, A. H., & Friedrich, L. K. (1972). Television content and young children's behavior. In J. P. Murray, E. A. Rubinstein, & G. A. Comstock (Eds.), *Television and social learning.* Washington, DC: Government Printing Office.

Stein, D. D., Hardyck, J. A., & Smith, M. B. (1965). Race and belief: An open and shut case. *Journal of Personality and Social Psychology*, **1,** 281–289.

Steinem, G. (1988). Six great ideas that television is missing. In S. Oskamp. (Ed.), *Television as a social issue: Applied Social Psychology Annual* (Vol. 8). Newbury Park, CA: Sage.

Steinhauer, J., & Holson, L. M. (2008, September 20). Text messages fly, danger lurks. *New York Times* (www.nytimes.com).

Stelter, B. (2008, November 25). Web suicide viewed live and reaction spur a debate. *New York Times* (www.nytimes.com).

Stelzl, M., Janes, L., & Seligman, C. (2008). Champ or chump: Strategic utilization of dual social identities of others. *European Journal of Social Psychology*, **38,** 128–138.

Stelzl, M., & Seligman, C. (2004). The social identity strategy of MOATING: Further evidence. Paper presented at the Society of Personality and Social Psychology convention.

Stephan, C. W., & Stephan, W. G. (1986). Habla Ingles? The effects of language translation on simulated juror decisions. *Journal of Applied Social Psychology*, **16,** 577–589.

Stephan, W. G. (1986). The effects of school desegregation: An evaluation 30 years after *Brown.* In R. Kidd, L. Saxe, & M. Saks (Eds.), *Advances in applied social psychology.* New York: Erlbaum.

Stephan, W. G. (1987). The contact hypothesis in intergroup relations. In C. Hendrick (Ed.), *Group processes and intergroup relations.* Newbury Park, CA: Sage.

Stephan, W. G. (1988). School desegregation: Short-term and long-term effects. Paper presented at the national conference "Opening Doors: An Appraisal of Race Relations in America," University of Alabama.

Stephan, W. G., Berscheid, E., & Walster, E. (1971). Sexual arousal and heterosexual perception. *Journal of Personality and Social Psychology*, **20,** 93–101.

Stephens, N. M., Markus, H. R., & Townsend, S. S. M. (2007). Choice as an act of meaning: The case of social class. *Journal of Personality and Social Psychology*, **93,** 814–830.

Sternberg, R. J. (1988). Triangulating love. In R. J. Sternberg & M. L. Barnes (Eds.), *The psychology of love.* New Haven, CT: Yale University Press.

Sternberg, R. J. (1998). *Cupid's arrow: The course of love through time.* New York: Cambridge University Press.

Sternberg, R. J. (2003). A duplex theory of hate and its development and its application to terrorism, massacres, and genocide. *Review of General Psychology*, **7,** 299–328.

Sternberg, R. J., & Grajek, S. (1984). The nature of love. *Journal of Personality and Social Psychology*, **47,** 312–329.

Stewart-Williams, S. (2007). Altruism among kin vs. nonkin: Effects of cost of help and reciprocal exchange. *Evolution and Human Behavior*, **28,** 193–198.

Stillinger, C., Epelbaum, M., Keltner, D., & Ross, L. (1991). The "reactive devaluation" barrier to conflict resolution. Unpublished manuscript, Stanford University.

Stinson, V., Devenport, J. L., Cutler, B. L., & Kravitz, D. A. (1996). How effective is the presence-of-counsel safeguard? Attorney perceptions of suggestiveness, fairness, and correctability of biased lineup procedures. *Journal of Applied Psychology*, **81,** 64–75.

Stinson, V., Devenport, J. L., Cutler, B. L., & Kravitz, D. A. (1997). How effective is the motion-to-suppress safeguard? Judges' perceptions of the suggestiveness and fairness of biased lineup procedures. *Journal of Personality and Social Psychology*, **82,** 211–220.

Stix, G. (2008, March). When markets beat the polls. *Scientific American Mind*, pp. 38–45.

Stockdale, J. E. (1978). Crowding: Determinants and effects. In L. Berkowitz (Ed.), *Advances in experimental social psychology* (Vol. 11). New York: Academic Press.

Stokes, J., & Levin, I. (1986). Gender differences in predicting loneliness from social network characteristics. *Journal of Personality and Social Psychology*, **51,** 1069–1074.

Stone, A. A., Hedges, S. M., Neale, J. M., & Satin, M. S. (1985). Prospective and cross-sectional mood reports offer no evidence of a "blue Monday" phenomenon. *Journal of Personality and Social Psychology*, **49,** 129–134.

Stone, A. L., & Glass, C. R. (1986). Cognitive distortion of social feedback in depression. *Journal of Social and Clinical Psychology*, **4,** 179–188.

Stone, J. (2000, November 6). Quoted by Sharon Begley, The stereotype trap. *Newsweek.*

Stone, J., Lynch, C. I., Sjomeling, M., & Darley, J. M. (1999). Stereotype threat effects on Black and White athletic performance. *Journal of Personality and Social Psychology*, **77,** 1213–1227.

Stone, L. (1977). *The family, sex and marriage in England, 1500–1800.* New York: Harper & Row.

Stoner, J. A. F. (1961). A comparison of individual and group decisions involving risk. Unpublished master's thesis, Massachusetts Institute of Technology, 1961. Cited by D. G. Marquis in Individual responsibility and group decisions involving risk, *Industrial Management Review*, **3,** 8–23.

Storms, M. D. (1973). Videotape and the attribution process: Reversing actors' and observers' points of view. *Journal of Personality and Social Psychology, 27,* 165–175.

Storms, M. D., & Thomas, G. C. (1977). Reactions to physical closeness. *Journal of Personality and Social Psychology, 35,* 412–418.

Stouffer, S. A., Suchman, E. A., DeVinney, L. C., Star, S. A., & Williams, R. M., Jr. (1949). *The American soldier: Adjustment during army life* (Vol. 1.). Princeton, NJ: Princeton University Press.

Strack, F., & Deutsch, R. (2004). Reflective and impulsive determinants of social behavior. *Personality and Social Psychology Review, 8*(3), 220–247.

Strack, F., Martin, L. & Stepper, S. (1988). Inhibiting and facilitating conditions of the human smile: A nonobtrusive test of the facial feedback hypothesis. *Journal of Personality and Social Psychology, 54,* 768–777.

Strack, S., & Coyne, J. C. (1983). Social confirmation of dysphoria: Shared and private reactions to depression. *Journal of Personality and Social Psychology, 44,* 798–806.

Straus, M. A., & Gelles, R. J. (1980). *Behind closed doors: Violence in the American family.* New York: Anchor/Doubleday.

Streeter, S. A., & McBurney, D. H. (2003). Waist–hip ratio and attractiveness: New evidence and a critique of "a critical test." *Evolution and Human Behavior, 24,* 88–98.

Stroebe, W., & Diehl, M. (1994). Productivity loss in idea-generating groups. In W. Stroebe & M. Hewstone (Eds.), *European review of social psychology* (Vol. 5). Chichester: Wiley.

Stroebe, W., Insko, C. A., Thompson, V. D., & Layton, B. D. (1971). Effects of physical attractiveness, attitude similarity, and sex on various aspects of interpersonal attraction. *Journal of Personality and Social Psychology, 18,* 79–91.

Stroebe, W., Lenkert, A., & Jonas, K. (1988). Familiarity may breed contempt: The impact of student exchange on national stereotypes and attitudes. In W. Stroebe & A. W. Kruglanski (Eds.), *The social psychology of intergroup conflict.* New York: Springer.

Stroebe, W., Stroebe, M., Abakoumkin, G., & Schut, H. (1996). The role of loneliness and social support in adjustment to loss: A test of attachment versus stress theory. *Journal of Personality and Social Psychology, 70,* 1241–1249.

Stroessner, S. J., Hamilton, D. L., & Lepore, L. (1990). Intergroup categorization and intragroup differentiation: Ingroup-outgroup differences. Paper presented at the American Psychological Association convention.

Stroessner, S. J., & Mackie, D. M. (1993). Affect and perceived group variability: Implications for stereotyping and prejudice. In D. M. Mackie & D. L. Hamilton (Eds.), *Affect, cognition, and stereotyping: Interactive processes in group perception.* San Diego: Academic Press.

Strong, S. R. (1968). Counseling: An interpersonal influence process. *Journal of Counseling Psychology, 17,* 81–87.

Strong, S. R. (1978). Social psychological approach to psychotherapy research. In S. L. Garfield & A. E. Bergin (Eds.), *Handbook of psychotherapy and behavior change,* 2nd edition. New York: Wiley.

Strong, S. R. (1991). Social influence and change in therapeutic relationships. In C. R. Snyder & D. R. Forsyth (Eds.), *Handbook of social and clinical psychology.* New York: Pergamon.

Strong, S. R., Welsh, J. A., Corcoran, J. L., & Hoyt, W. T. (1992). Social psychology and counseling psychology: The history, products, and promise of an interface. *Journal of Personality and Social Psychology, 39,* 139–157.

Stroufe, B., Chaikin, A., Cook, R., & Freeman, V. (1977). The effects of physical attractiveness on honesty: A socially desirable response. *Personality and Social Psychology, 3,* 59–62.

Stukas, A. A., Snyder, M., & Clary, E. G. (1999). The effects of "mandatory volunteerism" on intentions to volunteer. *Psychological Science, 10,* 59–64.

Sue, S., Smith, R. E., & Caldwell, C. (1973). Effects of inadmissible evidence on the decisions of simulated jurors: A moral dilemma. *Journal of Applied Social Psychology, 3,* 345–353.

Suedfeld, P. (2000). Reverberations of the Holocaust fifty years later: Psychology's contributions to understanding persecution and genocide. *Canadian Psychology, 41,* 1–9.

Sullivan, A. (1999, September 26). What's so bad about hate? *New York Times Magazine* (www.nytimes.com).

Suls, J., & Tesch, F. (1978). Students' preferences for information about their test performance: A social comparison study, *Journal of Applied Social Psychology, 8,* 189–197.

Suls, J., Wan, C. K., & Sanders, G. S. (1988). False consensus and false uniqueness in estimating the prevalence of health-protective behaviors. *Journal of Applied Social Psychology, 18,* 66–79.

Summers, G., & Feldman, N. S. (1984). Blaming the victim versus blaming the perpetrator: An attributional analysis of spouse abuse. *Journal of Social and Clinical Psychology, 2,* 339–347.

Sun, C., Bridges, A., Wosnitzer, R., Scharrer, E., & Liberman, R. (2008). A comparison of male and female directors in popular pornography: What happens when women are at the helm? *Psychology of Women Quarterly, 32,* 312–325.

Sundstrom, E., De Meuse, K. P., & Futrell, D. (1990). Work teams: Applications and effectiveness. *American Psychologist, 45,* 120–133.

Sunstein, C. R. (2001). *Republic.com.* Princeton: Princeton University Press.

Sunstein, C. R. (2007a). Group polarization and 12 angry men. *Negotiation Journal, 23,* 443–447.

Sunstein, C. R. (2007b). On the divergent American reactions to terrorism and climate change. *Columbia Law Review, 107,* 503–557.

Sunstein, C. R., & Hastie, R. (2008). *Four failures of deliberating groups.* Economics Working Paper Series, University of Chicago Law School (www.law.uchicago.edu).

Sunstein, C. R., Schkade, D., & Ellman, L. M. (2004). Ideological voting on federal courts of appeals: A preliminary investigation. *Virginia Law Review, 90,* 301–354.

Surgery.org. (2008). Cosmetic procedures in 2007. American Society for Aesthetic Plastic Surgery (www.surgery.org).

Surowiecki, J. (2004). *The wisdom of crowds.* New York: Doubleday.

Sussman, N. M. (2000). The dynamic nature of cultural identity throughout cultural transitions: Why home is not so sweet. *Personality and Social Psychology Review, 4,* 355–373.

Svenson, O. (1981). Are we all less risky and more skillful than our fellow drivers? *Acta Psychologica, 47,* 143–148.

Swami, V., Chan, F., Wong, V., Furnham, A., & Tovée, M. J. (2008). Weight-based discrimination in occupational hiring and helping behavior. *Journal of Applied Social Psychology, 38,* 968–981.

Swann, W. B., Jr. (1984). Quest for accuracy in person perception: A matter of pragmatics. *Psychological Review, 91,* 457–475.

Swann, W. B., Jr. (1996). *Self-traps: The elusive quest for higher self-esteem.* New York: Freeman.

Swann, W. B., Jr. (1997). The trouble with change: Self-verification and allegiance to the self. *Psychological Science, 8,* 177–180.

Swann, W. B., Jr., Chang-Schneider, C., & Angulo, S. (2007). Self-verification in relationships as an adaptive process. In J. Wood, A. Tesser, & J. Holmes (Eds.) *Self and relationships.* New York: Psychology Press.

Swann, W. B., Jr., & Gill, M. J. (1997). Confidence and accuracy in person perception: Do we know what we think we know about our relationship partners? *Journal of Personality and Social Psychology, 73,* 747–757.

Swann, W. B., Jr., Gómez, Á., Seyle, D. C., Morales, J. F., & Huici, C. (2009). Identity fusion: The interplay of personal and social identities in extreme group behavior. *Journal of Personality and Social Psychology, 96,* 995–1011.

Swann, W. B., Jr., & Pelham, B. (2002, July–September). Who wants out when the going gets good? Psychological investment and preference for self-verifying college roommates. *Self and Identity, 1,* 219–233.

Swann, W. B., Jr., & Predmore, S. C. (1985). Intimates as agents of social support: Sources of consolation or despair? *Journal of Personality and Social Psychology, 49,* 1609–1617.

Swann, W. B., Jr., & Read, S. J. (1981). Acquiring self-knowledge: The search for feedback that fits. *Journal of Personality and Social Psychology, 41,* 1119–1128.

Swann, W. B., Jr., Rentfrow, P. J., & Gosling, S. D. (2003). The precarious couple effect: Verbally inhibited men + critical, disinhibited women = bad chemistry. *Journal of Personality and Social Psychology, 85,* 1095–1106.

Swann, W. B., Jr., Sellers, J. G., & McClarty, K. L. (2006). Tempting today, troubling tomorrow: The roots of the precarious couple effect. *Personality and Social Psychology Bulletin, 32,* 93–103.

Swann, W. B., Jr., Stein-Seroussi, A., & Giesler, R. B. (1992a). Why people self-verify. *Journal of Personality and Social Psychology, 62,* 392–401.

Swann, W. B., Jr., Stein-Seroussi, A., & McNulty, S. E. (1992b). Outcasts in a white lie society. The enigmatic worlds of people with negative self-conceptions. *Journal of Personality and Social Psychology, 62,* 618–624.

Swann, W. B., Jr., Wenzlaff, R. M., Krull, D. S., & Pelham, B. W. (1991). Seeking truth, reaping despair: Depression, self-verification and selection of relationship partners. *Journal of Abnormal Psychology, 101,* 293–306.

Swap, W. C. (1977). Interpersonal attraction and repeated exposure to rewarders and punishers. *Personality and Social Psychology Bulletin, 3,* 248–251.

Sweeney, J. (1973). An experimental investigation of the free rider problem. *Social Science Research, 2,* 277–292.

Sweeney, P. D., Anderson, K., & Bailey, S. (1986). Attributional style in depression: A meta-analytic review. *Journal of Personality and Social Psychology,* **50,** 947–991.

Swets, J. A., Dawes, R. M., & Monahan, J. (2000). Psychological science can improve diagnostic decisions. *Psychological Science in the Public Interest,* **1,** 1–26.

Swim, J. K. (1994). Perceived versus meta-analytic effect sizes: An assessment of the accuracy of gender stereotypes. *Journal of Personality and Social Psychology,* **66,** 21–36.

Swim, J. K., Aikin, K. J., Hall, W. S., & Hunter, B. A. (1995). Sexism and racism: Old-fashioned and modern prejudices. *Journal of Personality and Social Psychology,* **68,** 199–214.

Swim, J., Borgida, E., Maruyama, G., & Myers, D. G. (1989). Joan McKay vs. John McKay: Do gender stereotypes bias evaluations? *Psychological Bulletin,* **105,** 409–429.

Swim, J. K., & Cohen, L. L. (1997). Overt, covert, and subtle sexism. *Psychology of Women Quarterly,* **21,** 103–118.

Swim, J. K., Cohen, L. L., & Hyers, L. L. (1998). Experiencing everyday prejudice and discrimination. In J. K. Swim & C. Stangor (Eds.), *Prejudice: The target's perspective.* San Diego: Academic Press.

Swim, J. K., & Hyers, L. L. (1999). Excuse me—What did you just say?!: Women's public and private reactions to sexist remarks. *Journal of Experimental Social Psychology,* **35,** 68–88.

Swindle, R., Jr., Heller, K., Bescosolido, B., & Kikuzawa, S. (2000). Responses to nervous breakdowns in America over a 40-year period: Mental health policy implications. *American Psychologist,* **55,** 740–749.

Symons, D. (1979). *The evolution of human sexuality.* New York: Oxford University Press.

t'Hart, P. (1998). Preventing groupthink revisited: Evaluating and reforming groups in government. *Organizational Behavior and Human Decision Processes,* **73,** 306–326.

Tafarodi, R. W., Lo, C., Yamaguchi, S., Lee, W. W-S., & Katsura, H. (2004). The inner self in three countries. *Journal of Cross-Cultural Psychology,* **35,** 97–117.

Tafarodi, R. W., & Vu, C. (1997). Two-dimensional self-esteem and reactions to success and failure. *Personality and Social Psychology Bulletin,* **23,** 626–635.

Tajfel, H. (1970, November). Experiments in intergroup discrimination. *Scientific American,* pp. 96–102.

Tajfel, H. (1981). *Human groups and social categories: Studies in social psychology.* London: Cambridge University Press.

Tajfel, H. (1982). Social psychology of intergroup relations. *Annual Review of Psychology,* **33,** 1–39.

Tajfel, H., & Billig, M. (1974). Familiarity and categorization in intergroup behavior. *Journal of Experimental Social Psychology,* **10,** 159–170.

Talbert, B. (1997, February 2). Bob Talbert's quote bag. *Detroit Free Press,* p. 5E, quoting *Allure* magazine.

Tamres, L. K., Janicki, D., & Helgeson, V. S. (2002). Sex differences in coping behavior: A meta-analytic review and an examination of relative coping. *Personality and Social Psychology Review,* **6,** 2–30.

Tang, S-H., & Hall, V. C. (1995). The overjustification effect: A meta-analysis. *Applied Cognitive Psychology,* **9,** 365–404.

Tangney, J. P., Baumeister, R. F., & Boone, A. L. (2004). High self-control predicts good adjustment, less pathology, better grades, and interpersonal success. *Journal of Personality,* **72,** 271–324.

Tanke, E. D., & Tanke, T. J. (1979). Getting off a slippery slope: Social science in the judicial processes. *American Psychologist,* **34,** 1130–1138.

Tannen, D. (1990). *You just don't understand: Women and men in conversation.* New York: Morrow.

Tanner, R. J., Ferraro, R., Chartrand, T. L., Bettman, J. R., & Van Barren, R. (2008). Of chameleons and consumption: The impact of mimicry on choice and preferences. *Journal of Consumer Research,* **34,** 754–766.

Tapp, J. L. (1980). Psychological and policy perspectives on the law: Reflections on a decade. *Journal of Social Issues,* **36**(2), 165–192.

Tarmann, A. (2002, May/June). Out of the closet and onto the Census long form. *Population Today,* **30,** 1, 6.

Taubes, G. (1992). Violence epidemiologists tests of hazards of gun ownership. *Science,* **258,** 213–215.

Tavris, C., & Aronson, E. (2007). *Mistakes were made (but not by me): Why we justify foolish beliefs, bad decisions, and hurtful acts.* New York: Harcourt.

Taylor, D. A., Gould, R. J., & Brounstein, P. J. (1981). Effects of personalistic self-disclosure. *Personality and Social Psychology Bulletin,* **7,** 487–492.

Taylor, D. M., & Doria, J. R. (1981). Self-serving and group-serving bias in attribution. *Journal of Social Psychology,* **113,** 201–211.

Taylor, S. E. (1981). A categorization approach to stereotyping. In D. L. Hamilton (Ed.), *Cognitive processes in stereotyping and intergroup behavior.* Hillsdale, NJ: Erlbaum.

Taylor, S. E. (1989). *Positive illusions: Creative self-deception and the healthy mind.* New York: Basic Books.

Taylor, S. E. (2002). The tending instinct: How nurturing is essential to who we are and how we live. New York: Times Books.

Taylor, S. E., Crocker, J., Fiske, S. T., Sprinzen, M., & Winkler, J. D. (1979). The generalizability of salience effects. *Journal of Personality and Social Psychology,* **37,** 357–368.

Taylor, S. E., & Fiske, S. T. (1978). Salience, attention, and attribution: Top of the head phenomena. In L. Berkowitz (Ed.), *Advances in experimental social psychology* (Vol. 11). New York: Academic Press.

Taylor, S. E., Fiske, S. T., Etcoff, N. L., & Ruderman, A. J. (1978). Categorical and contextual bases of person memory and stereotyping. *Journal of Personality and Social Psychology,* **36,** 778–793.

Taylor, S. E., Lerner, J. S., Sherman, D. K., Sage, R. M., & McDowell, N. K. (2003a). Are self-enhancing cognitions associated with healthy or unhealthy biological profiles? *Journal of Personality and Social Psychology* **85,** 605–615.

Taylor, S. E., Lerner, J. S., Sherman, D. K., Sage, R. M., & McDowell, N. K. (2003b). Portrait of the self-enhancer: Well adjusted and well liked or maladjusted and friendless? *Journal of Personality and Social Psychology,* **84,** 165–176.

Taylor, S. E., Repetti, R. L., & Seeman, T. (1997). Health psychology: What is an unhealthy environment and how does it get under the skin? *Annual Review of Psychology,* **48,** 411–447.

Taylor, S. P., & Chermack, S. T. (1993). Alcohol, drugs and human physical aggression. *Journal of Studies on Alcohol,* Supplement No. 11, 78–88.

Technical Working Group for Eyewitness Evidence. (1999). Eyewitness Evidence: A Guide for Law Enforcement. A research report of the U.S. Department of Justice, Office of Justice Programs, National Institute of Justice.

Tedeschi, J. T., Nesler, M., & Taylor, E. (1987). Misattribution and the bogus pipeline: A test of dissonance and impression management theories. Paper presented at the American Psychological Association convention.

Teger, A. I. (1980). *Too much invested to quit.* New York: Pergamon.

Teigen, K. H. (1986). Old truths or fresh insights? A study of students' evaluations of proverbs. *British Journal of Social Psychology,* **25,** 43–50.

Teigen, K. H., Evensen, P. C., Samoilow, D. K., & Vatne, K. B. (1999). Good luck and bad luck: How to tell the difference. *European Journal of Social Psychology,* **29,** 981–1010.

Telch, M. J., Killen, J. D., McAlister, A. L., Perry, C. L., & Maccoby, N. (1981). Long-term follow-up of a pilot project on smoking prevention with adolescents. Paper presented at the American Psychological Association convention.

Tennen, H., & Affleck, G. (1987). The costs and benefits of optimistic explanations and dispositional optimism. *Journal of Personality,* **55,** 377–393.

Tenney, E. R., MacCoun, R. J., Spellman, B. A., & Hastie, R. (2007). Calibration trumps confidence as a basis for witness credibility. *Psychological Science,* **18,** 46–50.

Tennov, D. (1979). *Love and limerence: The experience of being in love.* New York: Stein and Day.

Terracciano, A., & 86 others. (2005). National character does not reflect mean personality trait levels in 49 cultures. *Science,* **310,** 96–100.

Tesser, A. (1988). Toward a self-evaluation maintenance model of social behavior. In L. Berkowitz (Ed.), *Advances in experimental social psychology* (Vol. 21). San Diego, CA: Academic Press.

Tesser, A., Martin, L., & Mendolia, M. (1995). The impact of thought on attitude extremity and attitude-behavior consistency. In R. E. Petty and J. A Krosnick (Eds.), *Attitude strength: Antecedents and consequences.* Hillsdale, NJ: Erlbaum.

Tesser, A., Millar, M., & Moore, J. (1988). Some affective consequences of social comparison and reflection processes: The pain and pleasure of being close. *Journal of Personality and Social Psychology,* **54,** 49–61.

Tesser, A., Rosen, S., & Conlee, M. C. (1972). News valence and available recipient as determinants of news transmission. *Sociometry,* **35,** 619–628.

Testa, M. (2002). The impact of men's alcohol consumption on perpetration of sexual aggression. *Clinical Psychology Review,* **22,** 1239–1263.

Tetlock, P. E. (1985). Integrative complexity of American and Soviet foreign policy rhetoric: A time-series analysis. *Journal of Personality and Social Psychology,* **49,** 1565–1585.

Tetlock, P. E. (1998a). Close-call counterfactuals and belief-system defenses: I was not almost wrong but I was almost right. *Journal of Personality and Social Psychology,* **75,** 639–652.

Tetlock, P. E. (1988b). Monitoring the integrative complexity of American and Soviet policy rhetoric: What can be learned? *Journal of Social Issues*, **44**, 101–131.

Tetlock, P. E. (1999). Theory-driven reasoning about plausible pasts and probable futures in world politics: Are we prisoners of our preconceptions? *American Journal of Political Science*, **43**, 335–366.

Tetlock, P. E. (2005). *Expert political judgment: How good is it? How can we know?* Princeton, NJ: Princeton University Press.

Tetlock, P. E., Peterson, R. S., McGuire, C., Chang, S., & Feld, P. (1992). Assessing political group dynamics: A test of the groupthink model. *Journal of Personality and Social Psychology*, **63**, 403–425.

Thibodeau, R. (1989). From racism to tokenism: The changing face of blacks in New Yorker cartoons. *Public Opinion Quarterly*, **53**, 482–494.

Thomas, G. C., & Batson, C. D. (1981). Effect of helping under normative pressure on self-perceived altruism. *Social Psychology Quarterly*, **44**, 127–131.

Thomas, G. C., Batson, C. D., & Coke, J. S. (1981). Do Good Samaritans discourage helpfulness? Self-perceived altruism after exposure to highly helpful others. *Journal of Personality and Social Psychology*, **40**, 194–200.

Thomas, K. W., & Pondy, L. R. (1977). Toward an "intent" model of conflict management among principal parties. *Human Relations*, **30**, 1089–1102.

Thomas, L. (1971). Notes of a biology watcher: A fear of pheromones. *New England Journal of Medicine*, **285**, 292–293.

Thompson, L. (1990a). An examination of naive and experienced negotiators. *Journal of Personality and Social Psychology*, **59**, 82–90.

Thompson, L. (1990b). The influence of experience on negotiation performance. *Journal of Experimental Social Psychology*, **26**, 528–544.

Thompson, L. (1998). *The mind and heart of the negotiator*. Upper Saddle River, NJ: Prentice-Hall.

Thompson, L., & Hrebec, D. (1996). Lose-lose agreements in interdependent decision making. *Psychological Bulletin*, **120**, 396–409.

Thompson, L., Valley, K. L., & Kramer, R. M. (1995). The bittersweet feeling of success: An examination of social perception in negotiation. *Journal of Experimental Social Psychology*, **31**, 467–492.

Thompson, L. L., & Crocker, J. (1985). Prejudice following threat to the self-concept. Effects of performance expectations and attributions. Unpublished manuscript, Northwestern University.

Thompson, S. C., Armstrong, W., & Thomas, C. (1998). Illusions of control, underestimations, and accuracy: A control heuristic explanation. *Psychological Bulletin*, **123**, 143–161.

Thompson, W. C., Cowan, C. L., & Rosenhan, D. L. (1980). Focus of attention mediates the impact of negative affect on altruism. *Journal of Personality and Social Psychology*, **38**, 291–300.

Thompson, W. C., Fong, G. T., & Rosenhan, D. L. (1981). Inadmissible evidence and juror verdicts. *Journal of Personality and Social Psychology*, **40**, 453–463.

Thompson, W. C., & Schumann, E. L. (1987). Interpretation of statistical evidence in criminal trials. *Law and Human Behavior*, **11**, 167–187.

Thomson, R., & Murachver, T. (2001). Predicting gender from electronic discourse. *British Journal of Social Psychology*, **40**, 193–208 (and personal correspondence from T. Murachver, May 23, 2002).

Thornton, B., & Maurice, J. (1997). Physique contrast effect: Adverse impact of idealized body images for women. *Sex Roles*, **37**, 433–439.

Tice, D. M., & Baumeister, R. F. (1997). Longitudinal study of procrastination, performance, stress, and health: The costs and benefits of dawdling. *Psychological Science*, **8**, 454–458.

Tice, D. M., Butler, J. L., Muraven, M. B., & Stillwell, A. M. (1995). When modesty prevails: Differential favorability of self-presentation to friends and strangers. *Journal of Personality and Social Psychology*, **69**, 1120–1138.

Tideman, S. (2003, undated). Announcement of Operationalizing Gross National Happiness conference, February 18–20, 2004. Distributed via the Internet.

Tierney, J. (2008, January 29). Hitting it off, thanks to algorithms of love. *New York Times* (www.nytimes.com).

Time. (1992, March 30). The not so merry wife of Windsor, pp. 38–39.

Time. (1994, November 7). Vox pop (poll by Yankelovich Partners Inc.), p. 21.

Timko, C., & Moos, R. H. (1989). Choice, control, and adaptation among elderly residents of sheltered care settings. *Journal of Applied Social Psychology*, **19**, 636–655.

Timmerman, T. A. (2007). "It was a thought pitch": Personal, situational, and target influences on hit-by-pitch events across time. *Journal of Applied Psychology*, **92**, 876–884.

Tindale, R. S., Davis, J. H., Vollrath, D. A., Nagao, D. H., & Hinsz, V. B. (1990). Asymmetrical social infuence in freely interacting groups: A test of three models. *Journal of Personality and Social Psychology*, **58**, 438–449.

Tobin, R. J., & Eagles, M. (1992). U.S. and Canadian attitudes toward international interactions: A cross-national test of the double-standard hypothesis. *Basic and Applied Social Psychology*, **13**, 447–459.

Todorov, A., Mandisodza, A. N., Goren, A., & Hall, C. C. (2005). Inferences of competence from faces predict election outcomes. *Science*, **308**, 1623–1626.

Tomorrow, T. (2003, April 30). Passive tense verbs deployed before large audience; stories remain unclear (www240.pair.com/tomtom/pages/ja/ja_fr.html).

Tong, E. M. W., Tan, C. R. M., Latheef, N. A., Selamat, M. F. B., & Tan, D. K. B. (2008). Conformity: Moods matter. *European Journal of Social Psychology*, **38**, 601–611.

Tormala, Z. L., Brinol, P., & Petty, R. E. (2006). When credibility attacks: The reverse impact of source credibility on persuasion. *Journal of Experimental Social Psychology*, **42**, 684–691.

Tormala, Z. L., Clarkson, J. J., & Petty, R. E. (2006). Resisting persuasion by the skin of one's teeth: The hidden success of resisted persuasive messages. *Journal of Personality and Social Psychology*, **91**, 423–435.

Toronto News. (1977, July 26).

Totterdell, P., Kellett, S., Briner, R. B., & Teuchmann, K. (1998). Evidence of mood linkage in work groups. *Journal of Personality and Social Psychology*, **74**, 1504–1515.

Towles-Schwen, T., & Fazio, R. H. (2006). Automatically activated racial attitudes as predictors of the success of interracial roommate relationships. *Journal of Experimental Social Psychology*, **42**, 698–705.

Towson, S. M. J., & Zanna, M. P. (1983). Retaliation against sexual assault: Self-defense or public duty? *Psychology of Women Quarterly*, **8**, 89–99.

Trail, T. E., Shelton, J. N., & West, T. V. (2009). Interracial roommate relationships: Negotiating daily interactions. *Personality and Social Psychology Bulletin*, **35**, 671–684.

Trampe, D., Stapel, D. A., & Siero, F. W. (2007). On models and vases: Body dissatisfaction and proneness to social comparison effects. *Journal of Personality and Social Psychology*, **92**, 106–118.

Traut-Mattausch, E., Schulz-Hardt, S., Greitemeyer, T., & Frey, D. (2004). Expectancy confirmation in spite of disconfirming evidence: The case of price increases due to the introduction of the Euro. *European Journal of Social Psychology*, **34**, 739–760.

Trautwein, Ul, & Lüdtke, O. (2006). Self-esteem, academic self-concept, and achievement: How the learning environment moderates the dynamics of self-concept. *Journal of Personality and Social Psychology*, **90**, 334–349.

Travis, L. E. (1925). The effect of a small audience upon eye-hand coordination. *Journal of Abnormal and Social Psychology*, **20**, 142–146.

Trawalter, S., Todd, A. R., Baird, A. A., & Richeson, J. A. (2008). Attending to threat: Race-based patterns of selective attention. *Journal of Experimental Social Psychology*, **44**, 1322–1327.

Trewin, D. (2001). *Australian social trends 2001*. Canberra: Australian Bureau of Statistics.

Triandis, H. C. (1981). Some dimensions of intercultural variation and their implications for interpersonal behavior. Paper presented at the American Psychological Association convention.

Triandis, H. C. (1982). Incongruence between intentions and behavior: A review. Paper presented at the American Psychological Association convention.

Triandis, H. C. (1994). *Culture and social behavior*. New York: McGraw-Hill.

Triandis, H. C. (2000). Culture and conflict. *International Journal of Psychology*, **55**, 145–152.

Triandis, H. C., Bontempo, R., Villareal, M. J., Asai, M., & Lucca, N. (1988). Individualism and collectivism: Cross-cultural perspectives on self-ingroup relationships. *Journal of Personality and Social Psychology*, **54**, 323–338.

Trimble, D. E. (1993). Meta-analysis of altruism and intrinsic and extrinsic religiousness. Paper presented at the Eastern Psychological Association convention.

Triplett, N. (1898). The dynamogenic factors in pacemaking and competition. *American Journal of Psychology*, **9**, 507–533.

Trolier, T. K., & Hamilton, D. L. (1986). Variables influencing judgments of correlational relations. *Journal of Personality and Social Psychology*, **50**, 879–888.

Tropp, L. R., & Pettigrew, T. F. (2005a). Differential relationships between intergroup contact and affective and cognitive dimensions of prejudice. *Personality and Social Psychology Bulletin*, **31**, 1145–1158.

Tropp, L. R., & Pettigrew, T. F. (2005b). Relationships between intergroup contact and prejudice among minority and majority status groups. *Psychological Science*, **16**, 951–957.

Trost, M. R., Maass, A., & Kenrick, D. T. (1992). Minority influence: Personal relevance biases cognitive processes and reverses private acceptance. *Journal of Experimental Social Psychology, 28,* 234–254.

Trzesniewski, K. H., Donnellan, M. B., Moffitt, T. E., Robins, R. W., Poulton, R., & Caspi, A. (2006). Low self-esteem during adolescence predicts poor health, criminal behavior, and limited economic prospects during adulthood. *Developmental Psychology, 42,* 381–390.

Trzesniewski, K. H., Donnellan, M. B., & Robins, R. W. (2008). Do today's young people really think they are so extraordinary? An examination of secular changes in narcissism and self-enhancement. *Psychological Science, 19,* 181–188.

Tsang, J-A. (2002). Moral rationalization and the integration of situational factors and psychological processes in immoral behavior. *Review of General Psychology, 6,* 25–50.

Tumin, M. M. (1958). Readiness and resistance to desegregation: A social portrait of the hard core. *Social Forces, 36,* 256–273.

Turner, C. W., Hesse, B. W., & Peterson-Lewis, S. (1986). Naturalistic studies of the long-term effects of television violence. *Journal of Social Issues, 42*(3), 51–74.

Turner, J. C. (1981). The experimental social psychology of intergroup behaviour. In J. Turner & H. Giles (Eds.), *Intergroup behavior.* Oxford, England: Blackwell.

Turner, J. C. (1984). Social identification and psychological group formation. In H. Tajfel (Ed.), *The social dimensions: European developments in social psychology* (Vol. 2). London: Cambridge University Press.

Turner, J. C. (1987). *Rediscovering the social group: A self-categorization theory.* New York: Blackwell.

Turner, J. C., & Haslam, S. A. (2001). Social identity, organizations, and leadership. In M. E. Turner (Ed.), *Groups at work: Theory and research.* Mahwah, NJ: Erlbaum.

Turner, J. C., & Reynolds, K. J. (2004). The social identity perspective in intergroup relations: Theories, themes, and controversies. In M. B. Brewer & M. Hewstone (Eds.), *Self and social identity.* Malden, MA: Blackwell.

Turner, M. E., & Pratkanis, A. R. (1993). Effects of preferential and meritorious selection on performance: An examination of intuitive and self-handicapping perspectives. *Personality and Social Psychology Bulletin, 19,* 47–58.

Turner, M. E., & Pratkanis, A. R. (1994). Social identity maintenance prescriptions for preventing groupthink: Reducing identity protection and enhancing intellectual conflict. *International Journal of Conflict Management, 5,* 254–270.

Turner, M. E., & Pratkanis, A. R. (1997). Mitigating groupthink by stimulating constructive conflict. In C. K. W. De Dreu & E. Van de Vliert (Eds.), *Using conflict in organizations.* London: Sage.

Turner, M. E., Pratkanis, A. R., Probasco, P., & Leve, C. (1992). Threat cohesion and group effectiveness: Testing a social identity maintenance perspective on groupthink. *Journal of Personality and Social Psychology, 63,* 781–796.

Turner, N., Barling, J., & Zacharatos, A. (2002). Positive psychology at work. In C. R. Snyder & S. J. Lopez (Eds.), *The handbook of positive psychology.* New York: Oxford University Press.

Turner, R. N., Hewstone, M., & Voci, A. (2007a). Reducing explicit and implicit outgroup prejudice via direct and extended contact: The mediating role of self-disclosure and intergroup anxiety. *Journal of Personality and Social Psychology, 93,* 369–388.

Turner, R. N., Hewstone, M., Voci, A., Paolini, S., & Christ, O. (2007b). Reducing prejudice via direct and extended cross-group friendship. *European Review of Social Psychology, 18,* 212–255.

Turner, R. N., Hewstone, M., Voci, A., & Vonofakou, C. (2008). A test of the extended intergroup contact hypothesis: The mediating role of intergroup anxiety, perceived ingroup and outgroup norms, and inclusion of the outgroup in the self. *Journal of Personality and Social Psychology, 95,* 843–860.

Tutu, D. (1999). *No future without forgiveness.* New York: Doubleday.

Tversky, A. (1985, June). Quoted by Kevin McKean in Decisions, decisions, *Discover,* pp. 22–31.

Tversky, A., & Kahneman, D. (1973). Availability: A neuristic for judging frequency and probability. *Cognitive Psychology, 5,* 207–302.

Tverksy, A., & Kahneman, D. (1974). Judgment under uncertainty: Heuristics and biases. *Science, 185,* 1123–1131.

Tversky, A., & Kahneman, D. (1983). Extensional versus intuitive reasoning: The conjunction fallacy in probability judgment. *Psychological Review, 90,* 293–315.

Twenge, J. M. (1997). Changes in masculine and feminine traits over time: A meta-analysis. *Sex Roles, 36,* 305–325.

Twenge, J. M. (2006). *Generation me: Why today's young Americans are more confident, assertive, entitled—and more miserable than ever before.* New York: Free Press.

Twenge, J. M., Abebe, E., & Campbell, W. K. (2009). Fitting in or standing out: Trends in American parents' choices for children's names, 1880–2007. Unpublished manuscript.

Twenge, J. M., Baumeister, R. F., Tice, D. M., & Stucke, T. S. (2001). If you can't join them, beat them: Effects of social exclusion on aggressive behavior. *Journal of Personality and Social Psychology, 81,* 1058–1069.

Twenge, J. M., & Campbell, W. K. (2001). Age and birth cohort differences in self-esteem: A cross-temporal meta-analysis. *Personality and Social Psychology Review, 5,* 321–344.

Twenge, J. M., & Campbell, W. K. (2008). Increases in positive self-views among high school students: Birth cohort changes in anticipated performance, self-satisfaction, self-liking, and self-competence. *Psychological Science, 19,* 1082–1086.

Twenge, J. M., Catanese, K. R., & Baumeister, R. F. (2002). Social exclusion causes self-defeating behavior. *Journal of Personality and Social Psychology, 83,* 606–615.

Twenge, J. M., Catanese, K. R., & Baumeister, R. F. (2003). Social exclusion and the deconstructed state: Time perception, meaninglessness, lethargy, lack of emotion, and self-awareness. *Journal of Personality and Social Psychology, 85,* 409–423.

Twenge, J. M., & Foster, J. D. (2008). Mapping the scale of the narcissism epidemic: Increases in narcissism 2002–2007 within ethnic groups. *Journal of Research in Personality, 42,* 1619–1622.

Twenge, J. M., Konrath, S., Foster, J. D., Campbell, W. K., & Bushman, B. J. (2008). Egos inflating over time: A cross-temporal meta-analysis of the Narcissistic Personality Inventory. *Journal of Personality, 76,* 875–901.

Twenge, J. M., Zhang, L., Catanese, K. R., Dolan-Pascoe, B., Lyche, L. F., & Baumeister, R. F. (2007). Replenishing connectedness: Reminders of social activity reduce aggression after social exclusion. *British Journal of Social Psychology, 46,* 205–224.

Tyler, T. R., & Lind, E. A. (1990). Intrinsic versus community-based justice models: When does group membership matter? *Journal of Social Issues, 46,* 83–94.

Tzeng, M. (1992). The effects of socioeconomic heterogamy and changes on marital dissolution for first marriages. *Journal of Marriage and the Family, 54,* 609–619.

U. S. Supreme Court, Plessy v. Ferguson. (1986). Quoted by L. J. Severy, J. C. Brigham, & B. R. Schlenker, *A contemporary introduction to social psychology* (p. 126). New York: McGraw-Hill.

Uchino, B. N., Cacioppo, J. T., & Kiecolt-Glaser, J. K. (1996). The relationship between social support and physiological processes: A review with emphasis on underlying mechanisms and implications for health. *Psychological Bulletin, 119,* 488–531.

Ugwuegbu, C. E. (1979). Racial and evidential factors in juror attribution of legal responsibility. *Journal of Experimental Social Psychology, 15,* 133–146.

Uleman, J. S. (1989). A framework for thinking intentionally about unintended thoughts. In J. S. Uleman & J. A. Bargh (Eds.), *Unintended thought: The limits of awareness, intention, and control.* New York: Guilford.

Uleman, J. S., Saribay, S. A., & Gonzalez, C. M. (2008). Spontaneous inferences, implicit impressions, and implicit theories. *Annual Review of Psychology, 59,* 329–360.

Unger, R. K. (1979). Whom does helping help? Paper presented at the Eastern Psychological Association convention, April.

Unger, R. K. (1985). Epistemological consistency and its scientific implications. *American Psychologist, 40,* 1413–1414.

United Nations (UN). (1991). *The world's women, 1970–1990: Trends and statistics.* New York: United Nations.

United Nations (UN). (2006). *Ending violence against women: From words to action.* Study of the Secretary-General. New York: United Nations (www.un.org).

Unkelbach, C., Forgas, J. P., & Denson, T. F. (2008). The turban effect: The influence of Muslim headgear and induced affect on aggressive responses in the shooter bias paradigm. *Journal of Experimental Social Psychology, 44,* 1409–1413.

USGS. (2006). United States energy and world energy production and consumption statistics. U.S. Geological Survey (energy.cr.usgs.gov/energy/stats_ctry/Stat1.html#ConsumptionUvsW).

Väänänen, A., Buunk, B. P., Kivimäke, M., Pentti, J., & Vahtera, J. (2005). When it is better to give than to receive: Long-term health effects of perceived reciprocity in support exchange. *Journal of Personality and Social Psychology,* **89,** 176–193.

Vaillant, G. E. (1977). *Adaptation to life.* Boston: Little, Brown.

Vaillant, G. E. (1997). Report on distress and longevity. Paper presented to the American Psychiatric Association convention.

Valcour, M. (2007). Work-based resources as moderators of the relationship between work hours and satisfaction with work-family balance. *Journal of Applied Psychology,* **92,** 1512–1523.

Valdesolo, P., & DeSteno, D. (2007). Moral hypocrisy: Social groups and the flexibility of virtue. *Psychological Science,* **18,** 689–690.

Valdesolo, P., & DeSteno, D. (2008). The duality of virtue: Deconstructing the moral hypocrite. *Journal of Experimental Social Psychology,* **44,** 1334–1338.

Valentine, T., & Mesout, J. (2009). Eyewitness identification under stress in the London Dungeon. *Applied Cognitive Psychology,* **23,** 151–161.

Valentine, T., Pickering, A., & Darling, S. (2003). Characteristics of eyewitness identification that predict the outcome of real lineups. *Applied Cognitive Psychology,* **17,** 969–993.

Vallone, R. P., Griffin, D. W., Lin, S., & Ross, L. (1990). Overconfident prediction of future actions and outcomes by self and others. *Journal of Personality and Social Psychology,* **58,** 582–592.

Vallone, R. P., Ross, L., & Lepper, M. R. (1985). The hostile media phenomenon: Biased perception and perceptions of media bias in coverage of the "Beirut Massacre." *Journal of Personality and Social Psychology,* **49,** 577–585.

van Baaren, R. B., Holland, R. W., Karremans, R. W., & van Knippenberg, A. (2003). Mimicry and interpersonal closeness. Unpublished manuscript, University of Nijmegen.

van Baaren, R. B., Holland, R. W., Kawakami, K., & van Knippenberg, A. (2004). Mimicry and prosocial behavior. *Psychological Science,* **15,** 71–74.

van Baaren, R. B., Holland, R. W., Steenaert, B., & van Knippenberg, A. (2003). Mimicry for money: Behavioral consequences of imitation. *Journal of Experimental Social Psychology,* **39,** 393–398.

Van Boven, L., & Gilovich, T. (2003). To do or to have? That is the question. *Journal of Personality and Social Psychology,* **85,** 1193–1202.

Van Boven, L., & Loewenstein, G. (2003). Social projection of transient drive states. *Personality and Social Psychology Bulletin,* **29,** 1159–1168.

van den Bos, K., & Spruijt, N. (2002). Appropriateness of decisions as a moderator of the psychology of voice. *European Journal of Social Psychology,* **32,** 57–72.

van Dijk, W. W., Finkenauer, C., & Pollmann, M. (2008). The misprediction of emotions in track athletics: Is experience the teacher of all things? *Basic and Applied Social Psychology,* **30,** 369–376.

van Honk, J., & Schutter, D. J. L. G. (2007). Testosterone reduces conscious detection of signals serving social correction. *Psychological Science,* **18,** 663–667.

Van Knippenberg, D., & Wilke, H. (1992). Prototypicality of arguments and conformity to ingroup norms. *European Journal of Social Psychology,* **22,** 141–155.

Van Laar, C., Levin, S., Sinclair, S., & Sidanius, J. (2005). The effect of university roommate contact on ethnic attitudes and behavior. *Journal of Experimental Social Psychology,* **41,** 329–345.

Van Vugt, M., De Cremer, D., & Janssen, D. P. (2007). Gender differences in cooperation and competition. *Psychological Science,* **18,** 19–23.

Van Vugt, M., & Spisak, B. R. (2008). Sex differences in the emergence of leadership during competitions within and between groups. *Psychological Science,* **19,** 854–858.

Van Vugt, M., Van Lange, P. A. M., & Meertens, R. M. (1996). Commuting by car or public transportation? A social dilemma analysis of travel mode judgements. *European Journal of Social Psychology,* **26,** 373–395.

Van Yperen, N. W., & Buunk, B. P. (1990). A longitudinal study of equity and satisfaction in intimate relationships. *European Journal of Social Psychology,* **20,** 287–309.

Vandello, J. A., & Cohen, D. (1999). Patterns of individualism and collectivism across the United States. *Journal of Personality and Social Psychology,* **77,** 279–292.

Vandello, J. A., Cohen, D., & Ransom, S. (2008). U.S. southern and northern differences in perceptions of norms about aggression: Mechanisms for the perpetuation of a culture of honor. *Journal of Cross-Cultural Psychology,* **39,** 162–177.

Vanderslice, V. J., Rice, R. W., & Julian, J. W. (1987). The effects of participation in decision-making on worker satisfaction and productivity: An organizational simulation. *Journal of Applied Social Psychology,* **17,** 158–170.

Vanman, E. J., Paul, B. Y., Kaplan, D. L., & Miller, N. (1990). Facial electromyography differentiates racial bias in imagined cooperative settings. *Psychophysiology,* **27,** 563.

Vargas, R. A. (2009, July 6). "City of Heroes" character "Twixt" becomes game's most hated outcast courtesy of Loyola professor. *The Times-Picayune* (www.nola.com).

Vasquez, E. A., Denson, T. F., Pedersen, W. C., Stenstrom, D. M., & Miller, N. (2005). The moderating effect of trigger intensity on triggered displaced aggression. *Journal of Experimental Social Psychology,* **41,** 61–67.

Vaughan, K. B., & Lanzetta, J. T. (1981). The effect of modification of expressive displays on vicarious emotional arousal. *Journal of Experimental Social Psychology,* **17,** 16–30.

Vazire, S., & Mehl, M. R. (2008). Knowing me, knowing you: The accuracy and unique predictive validity of self-ratings and other-ratings of daily behavior. *Journal of Personality and Social Psychology,* **95,** 1202–1216.

Vega, V., & Malamuth, N. M. (2007). Predicting sexual aggression: The role of pornography in the context of general and specific risk factors. *Aggressive Behavior,* **33,** 104–117.

Verkuyten, M., & Yildiz, A. A. (2007). National (dis)identification and ethnic and religious identity: A study among Turkish-Dutch Muslims. *Personality and Social Psychology,* **33,** 1448–1462.

Verplanken, B. (1991). Persuasive communication of risk information: A test of cue versus message processing effects in a field experiment. *Personality and Social Psychology Bulletin,* **17,** 188–193.

Vescio, T. K., Gervais, S. J., Snyder, M., & Hoover, A. (2005). Power and the creation of patronizing environments: The stereotype-based behaviors of the powerful and their effects on female performance in masculine domains. *Journal of Personality and Social Psychology,* **88,** 658–672.

Veysey, B. M., & Messner, S. F. (1999). Further testing of social disorganization theory: An elaboration of Sampson and Groves's "Community structure and crime." *Journal of Research in Crime and Delinquency,* **36,** 156–174.

Vidmar, N. (1979). The other issues in jury simulation research. *Law and Human Behavior,* **3,** 95–106.

Vidmar, N., & Laird, N. M. (1983). Adversary social roles: Their effects on witnesses' communication of evidence and the assessments of adjudicators. *Journal of Personality and Social Psychology,* **44,** 888–898.

Vignoles, V. L., Chryssochoou, X., & Breakwell, G. M. (2000). The distinctiveness principle: Identity, meaning, and the bounds of cultural relativity. *Personality and Social Psychology Review,* **4,** 337–354.

Viken, R. J., Treat, T. A., Bloom, S. L., & McFall, R. M. (2005). Illusory correlation for body type and happiness: Covariation bias and its relationship to eating disorder symptoms. *International Journal of Eating Disorders,* **38,** 65–72.

Visher, C. A. (1987). Juror decision making: The importance of evidence. *Law and Human Behavior,* **11,** 1–17.

Visintainer, M. A., & Seligman, M. E. (1983, July/August). The hope factor. *American Health,* pp. 59–61.

Visintainer, M. A., & Seligman, M. E. P. (1985). Tumor rejection and early experience of uncontrollable shock in the rat. Unpublished manuscript, University of Pennsylvania. See also M. A. Visintainer et al. (1982), Tumor rejection in rats after inescapable versus escapable shock. *Science,* **216,** 437–439.

Visser, P. S., & Mirabile, R. R. (2004). Attitudes in the social context: The impact of social network composition on individual-level attitude strength. *Journal of Personality and Social Psychology,* **87,** 779–795.

Vitelli, R. (1988). The crisis issue assessed: An empirical analysis. *Basic and Applied Social Psychology,* **9,** 301–309.

Vivian, J. E., & Berkowitz, N. H. (1993). Anticipated outgroup evaluations and intergroup bias. *European Journal of Social Psychology,* **23,** 513–524.

Vohs, K. D., Baumeister, R. F., & Ciarocco, N. J. (2005). Self-regulation and self-presentation: Regulatory resource depletion impairs impression management and effortful self-presentation depletes regulatory resources. *Journal of Personality and Social Psychology,* **88,** 632–657.

Vohs, K. D., Baumeister, R. F., Schmeichel, B. J., Twenge, J. M., Nelson, N. M., & Tice, D. M. (2008). Making choices impairs subsequent self-control: A limited-resource account of decision making, self-regulation, and active initiative. *Journal of Personality and Social Psychology,* **94,** 883–898.

Vohs, K. D., Mead, N. L., & Goode, M. R. (2006). The psychological consequences of money. *Science,* **314,** 1154–1156.

Vohs, K. D., Mead, N. L., & Goode, M. R. (2008). Merely activating the concept of money changes personal and interpersonal behavior. *Current Directions in Psychological Science,* **17,** 208–212.

Vohs, K. D., & Schooler, J. W. (2008). The value of believing in free will: Encouraging a belief in determinism increases cheating. *Psychological Science,* **19,** 49–54.

Vollrath, D. A., Sheppard, B. H., Hinsz, V. B., & Davis, J. H. (1989). Memory performance by decision-making groups and individuals. *Organizational Behavior and Human Decision Processes,* **43,** 289–300.

Von Hippel, W., Brener, L., & von Hippel, C. (2008). Implicit prejudice toward injecting drug users predicts intentions to change jobs among drug and alcohol nurses. *Psychological Science,* **19,** 7–12.

von Hippel, W., Silver, L. A., & Lynch, M. B. (2000). Stereotyping against your will: The role of inhibitory ability in stereotyping and prejudice among the elderly. *Personality and Social Psychology Bulletin,* **26,** 523–532.

Vonofakou, C., Hewstone, M., & Voci, A. (2007). Contact with out-group friends as a predictor of meta-attitudinal strength and accessibility of attitudes toward gay men. *Journal of Personality and Social Psychology,* **92,** 804–820.

Vorauer, J. D. (2001). The other side of the story: Transparency estimation in social interaction. In G. Moskowitz (Ed.), *Cognitive social psychology: The Princeton symposium on the legacy and future of social cognition.* Mahwah, NJ: Erlbaum.

Vorauer, J. D. (2005). Miscommunications surrounding efforts to reach out across group boundaries. *Personality and Social Psychology Bulletin,* **31,** 1653–1664.

Vorauer, J. D., Main, K. J., & O'Connell, G. B. (1998). How do individuals expect to be viewed by members of lower status groups? Content and implications of meta-stereotypes. *Journal of Personality and Social Psychology,* **75,** 917–937.

Vorauer, J. D., & Ratner, R. K. (1996). Who's going to make the first move? Pluralistic ignorance as an impediment to relationship formation. *Journal of Social and Personal Relationships,* **13,** 483–506.

Vorauer, J. D., & Sakamoto, Y. (2006). I thought we could be friends, but . . . Systematic miscommunication and defensive distancing as obstacles to cross-group friendship formation. *Psychological Science* **17,** 326–331.

Vukovic, J., Jones, B. C., DeBruine, L. M., Little, A. C., Feinberg, D. R., & Welling, L. L. M. (2008). Circum-menopausal changes in women's face preferences. *Biology Letters* (DOI: 10.1098/rsbl.2008.0478).

Vul, E., & Pashler, H. (2008). Measuring the crowd within: Probabilistic representations within individuals. *Psychological Science,* **19,** 646–647.

Wagner, R. V. (2006). Terrorism: A peace psychological analysis. *Journal of Social Issues,* **62,** 155–171.

Wagner, U., Christ, O., & Pettigrew, T. F. (2008). Prejudice and group-related behavior in Germany. *Journal of Social Issues,* **64,** 403–416.

Wagstaff, G. F. (1983). Attitudes to poverty, the Protestant ethic, and political affiliation: A preliminary investigation. *Social Behavior and Personality,* **11,** 45–47.

Wald, M. L. (2008, July 27). Flight's first fatal trip. *New York Times* (www.nytimes.com).

Walinsky, A. (1995, July). The crisis of public order. *The Atlantic Monthly,* pp. 39–54.

Walker, L. J., & Frimer, J. A. (2007). Moral personality of brave and caring exemplars. *Journal of Personality and Social Psychology,* **93,** 845–860.

Walker, M., Harriman, S., & Costello, S. (1980). The influence of appearance on compliance with a request. *Journal of Social Psychology,* **112,** 159–160.

Walker, P. M., & Hewstone, M. (2008). The influence of social factors and implicit racial bias on a generalized own-race effect. *Applied Cognitive Psychology,* **22,** 441–453.

Walker, R. (2004, December 5). The hidden (in plain sight) persuaders. *New York Times Magazine* (www.nytimes.com).

Wall, B. (2002, August 24–25). Profit matures along with baby boomers. *International Herald Tribune,* p. 13.

Wallace, C. P. (2000, May 8). Germany's glass ceiling. *Time,* p. B8.

Wallace, D. S., Paulson, R. M., Lord, C. G., & Bond, C. F., Jr. (2005). Which behaviors do attitudes predict? Meta-analyzing the effects of social pressure and perceived difficulty. *Review of General Psychology,* **9,** 214-227.

Wallace, M. *New York Times,* November 25, 1969.

Waller, J. (2002). *Becoming evil: How ordinary people commit genocide and mass killing.* New York: Oxford University press.

Walster (Hatfield), E. (1965). The effect of self-esteem on romantic liking. *Journal of Experimental Social Psychology,* **1,** 184–197.

Walster (Hatfield), E., Aronson, V., Abrahams, D., & Rottman, L. (1966). Importance of physical attractiveness in dating behavior. *Journal of Personality and Social Psychology,* **4,** 508–516.

Walster (Hatfield), E., & Festinger, L. (1962). The effectiveness of "overheard" persuasive communications. *Journal of Abnormal and Social Psychology,* **65,** 395–402.

Walster (Hatfield), E., Walster, G. W., & Berscheid, E. (1978). *Equity: Theory and research.* Boston: Allyn & Bacon.

Walther, J. B., Van Der Heide, B., Kim, S-Y., Westerman, D., & Tong, S. T. (2008). The role of friends' appearance and behavior on evaluations of individuals on Facebook: Are we known by the company we keep? *Human Communication Research,* **34,** 28–49.

Walum, H., Westberg, L., Heinningsson, S., Neiderhiser, J. M., Reiss, D., Igl, W., Ganiban, J. M., Spotts, E. L., Pedersen, N. L., Eriksson, E., & Lichtenstein, P. (2008). Genetic variation in the vasopressin receptor 1a gene (*AVPR1A*) associates with pair-bonding behavior in humans. *Proceedings of the National Academy of Sciences,* **105,** 14153–14156.

Ward, W. C., & Jenkins, H. M. (1965). The display of information and the judgment of contingency. *Canadian Journal of Psychology,* **19,** 231–241.

Warneken, F., & Tomasello, M. (2006). Altruistic helping in human infants and young chimpanzees. *Science,* **311,** 1301–1303.

Warnick, D. H., & Sanders, G. S. (1980). The effects of group discussion on eyewitness accuracy. *Journal of Applied Social Psychology,* **10,** 249–259.

Warr, P., & Payne, R. (1982). Experiences of strain and pleasure among British adults. *Social Science and Medicine,* **16,** 1691–1697.

Warren, N. C. (2005, March 4). Personal correspondence from founder of eHarmony.com.

Wason, P. C. (1960). On the failure to eliminate hypotheses in a conceptual task. *Quarterly Journal of Experimental Psychology,* **12,** 129–140.

Watkins, D., Akande, A., & Fleming, J. (1998). Cultural dimensions, gender, and the nature of self-concept: A fourteen-country study. *International Journal of Psychology,* **33,** 17–31.

Watkins, D., Cheng, C., Mpofu, E., Olowu, S., Singh-Sengupta, S., & Regmi, M. (2003). Gender differences in self-construal: How generalizable are Western findings? *Journal of Social Psychology,* **143,** 501–519.

Watkins, E. R. (2008). Constructive and unconstructive repetitive thought. *Psychological Bulletin,* **134,** 163–206.

Watson, D. (1982, November). The actor and the observer: How are their perceptions of causality divergent? *Psychological Bulletin,* **92,** 682–700.

Watson, R. I., Jr. (1973). Investigation into deindividuation using a cross-cultural survey technique. *Journal of Personality and Social Psychology,* **25,** 342–345.

Watt, S. E., & Badger, A. J. (2009). Effects of social belonging on homesickness: An application of the belongingness hypothesis. *Personality and Social Psychology Bulletin,* **35,** 516–530.

Weary, G., & Edwards, J. A. (1994). Social cognition and clinical psychology: Anxiety, depression, and the processing of social information. In R. Wyer & T. Srull (Eds.), *Handbook of social cognition* (Vol. 2). Hillsdale, NJ: Erlbaum.

Weary, G., Harvey, J. H., Schwieger, P., Olson, C. T., Perloff, R., & Pritchard, S. (1982). Self-presentation and the moderation of self-serving biases. *Social Cognition,* **1,** 140–159.

Webb, T. L., & Sheeran, P. (2006). Does changing behavioral intentions engender behavior change? A meta-analysis of the experimental evidence. *Psychological Bulletin,* **132,** 249-268.

Weber, B., & Hertel, G. (2007). Motivation gains of inferior group members: A meta-analytical review. *Journal of Personality and Social Psychology,* **93,** 973–993.

Weber, N., Wells, G. L., & Semmler, C. (2004). Eyewitness identification accuracy and response latency: The unruly 10–12-second rule. *Journal of Experimental Psychology: Applied,* **10,** 139–147.

Wegner, D. M., & Erber, R. (1992). The hyperaccessibility of suppressed thoughts. *Journal of Personality and Social Psychology,* **63,** 903–912.

Wehr, P. (1979). *Conflict regulation.* Boulder, CO: Westview.

Weiner, B. (1980). A cognitive (attribution)-emotion-action model of motivated behavior: An analysis of judgments of help-giving. *Journal of Personality and Social Psychology,* **39,** 186–200.

Weiner, B. (1981). The emotional consequences of causal ascriptions. Unpublished manuscript, UCLA.

Weiner, B. (1985). "Spontaneous" causal thinking. *Psychological Bulletin,* **97,** 74–84.

Weiner, B. (1995). *Judgments of responsibility: A foundation for a theory of social conduct.* New York: Guilford.

Weinstein, N. D. (1980). Unrealistic optimism about future life events. *Journal of Personality and Social Psychology,* **39,** 806–820.

Weinstein, N. D. (1982). Unrealistic optimism about susceptibility to health problems. *Journal of Behavioral Medicine,* **5,** 441–460.

Weiss, J., & Brown, P. (1976). Self-insight error in the explanation of mood. Unpublished manuscript, Harvard University.

Wells, G. L. (1984). The psychology of lineup identifications. *Journal of Applied Social Psychology*, **14,** 89–103.

Wells, G. L. (1986). Expert psychological testimony. *Law and Human Behavior*, **10,** 83–95.

Wells, G. L. (1992). Naked statistical evidence of liability: Is subjective probability enough? *Journal of Personality and Social Psychology*, **62,** 739–752.

Wells, G. L. (1993). What do we know about eyewitness identification? *American Psychologist*, **48,** 553–571.

Wells, G. L. (2005). Helping experimental psychology affect legal policy. In N. Brewer & K. D. Williams (Eds.), *Psychology and law: An empirical perspective*. New York: Guilford.

Wells, G. L. (2008). Field experiments on eyewitness identification: Towards a better understanding of pitfalls and prospects. *Law and Human Behavior*, **32,** 6–10.

Wells, G. L., & Bradfield, A. L. (1998). "Good, you identified the suspect": Feedback to eyewitnesses distorts their reports of the witnessing experience. *Journal of Applied Psychology*, **83,** 360–376.

Wells, G. L., & Bradfield, A. L. (1999). Distortions in eyewitnesses' recollections: Can the postidentification-feedback effect be moderated? *Psychological Science*, **10,** 138–144.

Wells, G. L., Charman, S. D., & Olson, E. A. (2005). Building face composites can harm lineup identification performance. *Journal of Experimental Psychology: Applied*, **11,** 147–156.

Wells, G. L., Ferguson, T. J., & Lindsay, R. C. L. (1981). The tractability of eyewitness confidence and its implications for triers of fact. *Journal of Applied Psychology*, **66,** 688–696.

Wells, G. L., & Leippe, M. R. (1981). How do triers of fact enter the accuracy of eyewitness identification? Memory for peripheral detail can be misleading. *Journal of Applied Psychology*, **66,** 682–687.

Wells, G. L., Lindsay, R. C. L., & Ferguson, T. (1979). Accuracy, confidence, and juror perceptions in eyewitness identification. *Journal of Applied Psychology*, **64,** 440–448.

Wells, G. L., Lindsay, R. C. L., & Tousignant, J. P. (1980). Effects of expert psychological advice on human performance in judging the validity of eyewitness testimony. *Law and Human Behavior*, **4,** 275–285.

Wells, G. L., Malpass, R. S., Lindsay, R. C. L., Fisher, R. P., Turtle, J. W., & Fulero, S. M. (2000). Mistakes in eyewitness identification are caused by known factors. Collaboration between criminal justice experts and research psychologists may lower the number of errors. *American Psychologist*, **55,** 581–598.

Wells, G. L., Memon, A., & Penrod, S. D. (2006). Eyewitness evidence: Improving its probative value. *Psychological Science in the Public Interest*, **7,** 45–75.

Wells, G. L., & Murray, D. M. (1983). What can psychology say about the *Neil v. Biggers* criteria for judging eyewitness accuracy? *Journal of Applied Psychology*, **68,** 347–362.

Wells, G. L., & Olson, E. A. (2001). The other-race effect in eyewitness identification: What do we do about it? *Psychology, Public Policy and the Law*, **7,** 230–246.

Wells, G. L., & Olson, E. A. (2003). Eyewitness testimony. *Annual Review of Psychology*, **54,** 277–295.

Wells, G. L., Olson, E. A., & Charman, S. D. (2002). The confidence of eyewitnesses in their identifications from lineups. *Current Directions in Psychological Science*, **11,** 151–154.

Wells, G. L., & Petty, R. E. (1980). The effects of overt head movements on persuasion: Compatibility and incompatibility of responses. *Basic and Applied Social Psychology*, **1,** 219–230.

Wells, G. L., & Turtle, J. W. (1987). Eyewitness testimony research: Current knowledge and emergent controversies. *Canadian Journal of Behavioral Science*, **19,** 363–388.

Wener, R., Frazier, W., & Farbstein, J. (1987, June). Building better jails. *Psychology Today*, pp. 40–49.

Wenzlaff, R. M., & Prohaska, M. L. (1989). When misery prefers company: Depression, attributions, and responses to others' moods. *Journal of Experimental Social Psychology*, **25,** 220–233.

Werner, C. M., Kagehiro, D. K., & Strube, M. J. (1982). Conviction proneness and the authoritarian juror: Inability to disregard information or attitudinal bias? *Journal of Applied Psychology*, **67,** 629–636.

Werner, C. M., Stoll, R., Birch, P., & White, P. H. (2002). Clinical validation and cognitive elaboration: Signs that encourage sustained recycling. *Basic and Applied Social Psychology*, **24,** 185–203.

West, S. G., & Brown, T. J. (1975). Physical attractiveness, the severity of the emergency and helping: A field experiment and interpersonal simulation. *Journal of Experimental Social Psychology*, **11,** 531–538.

West, S. G., Whitney, G., & Schnedler, R. (1975). Helping a motorist in distress: The effects of sex, race, and neighborhood. *Journal of Personality and Social Psychology*, **31,** 691–698.

Weyant, J. M. (1984). Applying social psychology to induce charitable donations. *Journal of Applied Social Psychology*, **14,** 441–447.

Weyant, J. M., & Smith, S. L. (1987). Getting more by asking for less: The effects of request size on donations of charity. *Journal of Applied Social Psychology*, **17,** 392–400.

Whatley, M. A., Webster, J. M., Smith, R. H., & others. (1999). The effect of a favor on public and private compliance: How internalized is the norm of reciprocity? *Basic and Applied Social Psychology*, **21,** 251–261.

Wheeler, L., Koestner, R., & Driver, R. E. (1982). Related attributes in the choice of comparison others: It's there, but it isn't all there is. *Journal of Experimental Social Psychology*, **18,** 489–500.

White, G. L. (1980). Physical attractiveness and courtship progress. *Journal of Personality and Social Psychology*, **39,** 660–668.

White, G. L., & Kight, T. D. (1984). Misattribution of arousal and attraction: Effects of salience of explanations for arousal. *Journal of Experimental Social Psychology*, **20,** 55–64.

White, J. W., & Kowalski, R. M. (1994). Deconstructing the myth of the nonaggressive woman. *Psychology of Women Quarterly*, **18,** 487–508.

White, K., & Lehman, D. R. (2005). Culture and social comparison seeking: The role of self-motives. *Personality and Social Psychology Bulletin*, **31,** 232–242.

White, L., & Edwards, J. (1990). Emptying the nest and parental well-being: An analysis of national panel data. *American Sociological Review*, **55,** 235–242.

White, M. (2000). *Historical atlas of the twentieth century* (users.erols.com/mwhite28/warstat8.htm).

White, M. J., & Gerstein, L. H. (1987). Helping: The influence of anticipated social sanctions and self-monitoring. *Journal of Personality*, **55,** 41–54.

White, R. (1984). *Fearful warriors: A psychological profile of U.S.-Soviet relations*. New York: Free Press.

White, R. K. (1968). *Nobody wanted war: Misperception in Vietnam and other wars*. New York: Doubleday.

White, R. K. (1986). *Psychology and the prevention of nuclear war*. New York: New York University Press.

White, R. K. (1996). Why the Serbs fought: Motives and misperceptions. *Peace and Conflict: Journal of Peace Psychology*, **2,** 109–128.

White, R. K. (1998). American acts of force: Results and misperceptions. *Peace and Conflict*, **4,** 93–128.

White, R. K. (2004). Misperception and war. *Peace and Conflict*, **10,** 399–409.

Whitley, B. E., Jr. (1987). The effects of discredited eyewitness testimony: A meta-analysis. *Journal of Social Psychology*, **127,** 209–214.

Whitman, D. (1996, December 16). I'm OK, you're not. *U.S. News and World Report*, p. 24.

Whitman, D. (1998). *The optimism gap: The I'm OK—They're not syndrome and the myth of American decline*. New York: Walker.

Whitman, R. M., Kramer, M., & Baldridge, B. (1963). Which dream does the patient tell? *Archives of General Psychology*, **8,** 277–282.

Whittaker, J. O., & Meade, R. D. (1967). Social pressure in the modification and distortion of judgment: A cross-cultural study. *International Journal of Psychology*, **2,** 109–113.

Whooley, M. A., de Jonge, P., Vittinghoff, E., Otte, C., Moos, R., Carney, R. M., Ali, S., Dowray, S., Na, B., Feldman, M. C., Schiller, N. B., & Browner, W. S. (2008). Depressive symptoms, health behaviors, and risk of cardiovascular events in patients with coronary heart disease. *Journal of the American Medical Association*, **300,** 2379–2388.

Wicker, A. W. (1969). Attitudes versus actions: The relationship of verbal and overt behavioral responses to attitude objects. *Journal of Social Issues*, **25,** 41–78.

Wicker, A. W. (1971). An examination of the "other variables" explanation of attitude-behavior inconsistency. *Journal of Personality and Social Psychology*, **19,** 18–30.

Widom, C. S. (1989). Does violence beget violence? A critical examination of the literature. *Psychological Bulletin*, **106,** 3–28.

Wiebe, D. J. (2003). Homicide and suicide risks associated with firearms in the home: A national case-control study. *Annals of Emergency Medicine*, **41,** 771–782.

Wiegman, O. (1985). Two politicians in a realistic experiment: Attraction, discrepancy, intensity of delivery, and attitude change. *Journal of Applied Social Psychology*, **15,** 673–686.

Wiesel, E. (1985, April 6). The brave Christians who saved Jews from the Nazis. *TV Guide*, pp. 4–6.

Wieselquist, J., Rusbult, C. E., Foster, C. A., & Agnew, C. R. (1999). Commitment, pro-relationship behavior, and trust in close relationships. *Journal of Personality and Social Psychology, 77,* 942–966.

Wike, R., & Grim, B. J. (2007, October 30). Widespread negativity: Muslims distrust Westerners more than vice versa. Pew Research Center (pewresearch.org).

Wikipedia. (2008, accessed July 30). Strip search prank call scam (en.wikipedia.org).

Wilder, D. A. (1977). Perception of groups, size of opposition, and social influence. *Journal of Experimental Social Psychology, 13,* 253–268.

Wilder, D. A. (1978). Perceiving persons as a group: Effect on attributions of causality and beliefs. *Social Psychology, 41,* 13–23.

Wilder, D. A. (1981). Perceiving persons as a group: Categorization and intergroup relations. In D. L. Hamilton (Ed.), *Cognitive processes in stereotyping and intergroup behavior*. Hillsdale, NJ: Erlbaum.

Wilder, D. A. (1990). Some determinants of the persuasive power of in-groups and out-groups: Organization of information and attribution of independence. *Journal of Personality and Social Psychology, 59,* 1202–1213.

Wilder, D. A., & Shapiro, P. N. (1984). Role of out-group cues in determining social identity. *Journal of Personality and Social Psychology, 47,* 342–348.

Wilder, D. A., & Shapiro, P. N. (1989). Role of competition-induced anxiety in limiting the beneficial impact of positive behavior by out-group members. *Journal of Personality and Social Psychology, 56,* 60–69.

Wilder, D. A., & Shapiro, P. (1991). Facilitation of outgroup stereotypes by enhanced ingroup identity. *Journal of Experimental Social Psychology, 27,* 431–452.

Wildschut, T., Insko, C. A., & Pinter, B. (2007). Interindividual-intergroup discontinuity as a joint function of acting as a group and interacting with a group. *European Journal of Social Psychology, 37,* 390–399.

Wildschut, T., Pinter, B., Vevea, J. L., Insko, C. A., & Schopler, J. (2003). Beyond the group mind: A quantitative review of the interindividual-intergroup discontinuity effect. *Psychological Bulletin, 129,* 698–722.

Wilford, J. N. (1999, February 9). New findings help balance the cosmological books. *New York Times* (www.nytimes.com).

Wilkes, J. (1987, June). Murder in mind. *Psychology Today,* pp. 27–32.

Wilkinson, G. S. (1990, February). Food sharing in vampire bats. *Scientific American, 262,* 76–82.

Wilkowski, B. M., & Robinson, M. D. (2008). The cognitive basis of trait anger and reactive aggression: An integrative analysis. *Personality and Social Psychology Bulletin, 12,* 3–21.

Willard, G., & Gramzow, R. H. (2009). Beyond oversights, lies, and pies in the sky: Exaggeration as goal projection. *Personality and Social Psychology Bulletin, 35,* 477–492.

Williams, D. K., Bourgeois, M. J., & Croyle, R. T. (1993). The effects of stealing thunder in criminal and civil trials. *Law and Human Behavior, 17,* 597–609.

Williams, E. F., & Gilovich, T. (2008). Do people really believe they are above average? *Journal of Experimental Social Psychology, 44,* 1121–1128.

Williams, J. E. (1993). Young adults' views of aging: A nineteen-nation study. In M. I. Winkler (Ed.), *Documentos: Conferencia del XXIV Congreso Interamericano de Psicologia* (pp. 101–123). Santiago, Chile: Sociedad Interamericana de Psicologia.

Williams, J. E., & Best, D. L. (1990). *Measuring sex stereotypes: A multination study*. Newbury Park, CA: Sage.

Williams, J. E., Satterwhite, R. C., & Best, D. L. (1999). Pancultural gender stereotypes revisited: The Five Factor model. *Sex Roles, 40,* 513–525.

Williams, J. E., Satterwhite, R. C., & Best, D. L. (2000). Five-factor gender stereotypes in 27 countries. Paper presented at the XV Congress of the International Association for Cross-Cultural Psychology, Pultusk, Poland.

Williams, K. D. (2002). *Ostracism: The power of silence*. New York: Guilford.

Williams, K. D. (2007). Ostracism. *Annual Review of Psychology, 58,* 425–452.

Williams, K. D., Cheung, C. K. T., & Choi, W. (2000). Cyberostracism: Effects of being ignored over the Internet. *Journal of Personality and Social Psychology, 79,* 748–762.

Williams, K. D., Harkins, S., & Latané, B. (1981). Identifiability as a deterrent to social loafing: Two cheering experiments. *Journal of Personality and Social Psychology, 40,* 303–311.

Williams, K. D., & Karau, S. J. (1991). Social loafing and social compensation: The effects of expectations of coworker performance. *Journal of Personality and Social Psychology, 61,* 570–581.

Williams, K. D., Nida, S. A., Baca, L. D., & Latané, B. (1989). Social loafing and swimming: Effects of identifiability on individual and relay performance of intercollegiate swimmers. *Basic and Applied Social Psychology, 10,* 73–81.

Williams, M. J., & Eberhardt, J. L. (2008). Biological conceptions of race and the motivation to cross racial boundaries. *Journal of Personality and Social Psychology, 94,* 1033–1047.

Williams, T. M. (Ed.) (1986). *The impact of television: A natural experiment in three communities*. Orlando, FL: Academic Press.

Williamson, G. M., & Clark, M. S. (1989). Providing help and desired relationship type as determinants of changes in moods and self-evaluations. *Journal of Personality and Social Psychology, 56,* 722–734.

Willis, F. N., & Hamm, H. K. (1980). The use of interpersonal touch in securing compliance. *Journal of Nonverbal Behavior, 5,* 49–55.

Willis, J., & Todorov, A. (2006). First impressions: Making up your mind after a 100-ms exposure to a face. *Psychological Science, 17,* 592–598.

Wilson, A. E., & Ross, M. (2001). From chump to champ: People's appraisals of their earlier and present selves. *Journal of Personality and Social Psychology, 80,* 572–584.

Wilson, D. K., Kaplan, R. M., & Schneiderman, L. J. (1987). Framing of decisions and selections of alternatives in health care. *Social Behaviour, 2,* 51–59.

Wilson, D. S., & Wilson, E. O. (2008). Evolution for "the good of the group." *American Scientist, 96,* 380–389.

Wilson, D. W., & Donnerstein, E. (1979). Anonymity and interracial helping. Paper presented at the Southwestern Psychological Association convention.

Wilson, E. O. (1978). *On human nature*. Cambridge, MA: Harvard University Press.

Wilson, E. O. (2002, February). The bottleneck. *Scientific American, 286,* 83–91.

Wilson, G. (1994, March 25). Equal, but different. *The Times Higher Education Supplement, Times of London*.

Wilson, J. P., & Petruska, R. (1984). Motivation, model attributes, and prosocial behavior. *Journal of Personality and Social Psychology, 46,* 458–468.

Wilson, R. S., & Matheny, A. P., Jr. (1986). Behavior-genetics research in infant temperament: The Louisville twin study. In R. Plomin & J. Dunn (Eds.), *The study of temperament: Changes, continuities, and challenges*. Hillsdale, NJ: Erlbaum.

Wilson, S. J., & Lipsey, M. W. (2005). The effectiveness of school-based violence prevention programs for reducing disruptive and aggressive behavior. Revised Report for the National Institute of Justice School Violence Prevention Research Planning Meeting, May 2005.

Wilson, T. D. (1985). Strangers to ourselves: The origins and accuracy of beliefs about one's own mental states. In J. H. Harvey & G. Weary (Eds.), *Attribution in contemporary psychology*. New York: Academic Press.

Wilson, T. D. (2002). *Strangers to ourselves: Discovering the adaptive unconscious*. Cambridge: Harvard University Press.

Wilson, T. D., & Bar-Anan, Y. (2008). The unseen mind. *Science, 321,* 1046–1047.

Wilson, T. D., Dunn, D. S., Kraft, D., & Lisle, D. J. (1989). Introspection, attitude change, and attitude-behavior consistency: The disruptive effects of explaining why we feel the way we do. In L. Berkowitz (Ed.), *Advances in experimental social psychology* (Vol. 22). San Diego: Academic Press.

Wilson, T. D., & Gilbert, D. T. (2003). Affective forecasting. *Advances in Experimental Social Psychology, 35,* 346–413.

Wilson, T. D., & Gilbert, D. T. (2005). Affective forecasting: Knowing what to want. *Current Directions in Psychological Science, 14,* 131–134.

Wilson, T. D., Laser, P. S., & Stone, J. I. (1982). Judging the predictors of one's mood: Accuracy and the use of shared theories. *Journal of Experimental Social Psychology, 18,* 537–556.

Wilson, T. D., Lindsey, S., & Schooler, T. Y. (2000). A model of dual attitudes. *Psychological Review, 107,* 101–126.

Wilson, W. R. (1979). Feeling more than we can know: Exposure effects without learning. *Journal of Personality and Social Psychology, 37,* 811–821.

Winch, R. F. (1958). *Mate selection: A study of complementary needs*. New York: Harper & Row.

Windschitl, P. D., Kruger, J., & Simms, E. N. (2003). The influence of egocentrism and focalism on people's optimism in competitions: When what affects us equally affects me more. *Journal of Personality and Social Psychology, 85,* 389–408.

Wines, M. (2005, September 23). Crime in South Africa grows more vicious. *New York Times* (www.nytimes.com).

Winquist, J. R., & Larson, J. R., Jr. (2004). Sources of the discontinuity effect: Playing against a group versus being in a group. *Journal of Experimental Social Psychology, 40,* 675–682.

Winseman, A. L. (2005, March 8). Invitations, donations up among engaged congregation members. Gallup Poll (www.gallup.com).

Winter, F. W. (1973). A laboratory experiment of individual attitude response to advertising exposure. *Journal of Marketing Research*, **10**, 130–140.

Winter, R. J., & York, R. M. (2007, June). The "CSI effect": Now playing in a courtroom near you? *Monitor on Psychology*, p. 54.

Wiseman, R. (1998, Fall). Participatory science and the mass media. *Free Inquiry*, pp. 56–57.

Wisman, A., & Koole, S. L. (2003). Hiding in the crowd: Can mortality salience promote affiliation with others who oppose one's worldviews? *Journal of Personality and Social Psychology*, **84**, 511–526.

Wispe, L. G., & Freshley, H. B. (1971). Race, sex, and sympathetic helping behavior: The broken bag caper. *Journal of Personality and Social Psychology*, **17**, 59–65.

Wittenberg, M. T., & Reis, H. T. (1986). Loneliness, social skills, and social perception. *Personality and Social Psychology Bulletin*, **12**, 121–130.

Wittenbrink, B. (2007). Measuring attitudes through priming. In B. Wittenbrink & N. Schwarz (Eds.), *Implicit measures of attitudes*. New York: Guilford.

Wittenbrink, B., Judd, C. M., & Park, B. (1997). Evidence for racial prejudice at the implicit level and its relationship with questionnaire measures. *Journal of Personality and Social Psychology*, **72**, 262–274.

Wixon, D. R., & Laird, J. D. (1976). Awareness and attitude change in the forced-compliance paradigm: The importance of when. *Journal of Personality and Social Psychology*, **34**, 376–384.

Wohl, M. J. A., & Enzle, M. E. (2002). The deployment of personal luck: Sympathetic magic and illusory control in games of pure chance. *Personality and Social Psychology Bulletin*, **28**, 1388–1397.

Wojciszke, B., Bazinska, R., & Jaworski, M. (1998). On the dominance of moral categories in impression formation. *Personality and Social Psychology Bulletin*, **24**, 1251–1263.

Wolak, J., Mitchell, K., & Finkelhor, D. (2007). Unwanted and wanted exposure to online pornography in a national sample of youth Internet users. *Pediatrics*, **119**, 247–257.

Wolf, S. (1987). Majority and minority influence: A social impact analysis. In M. P. Zanna, J. M. Olson, & C. P. Herman (Eds.), *Social influence: The Ontario symposium on personality and social psychology*, Vol. 5. Hillsdale, NJ: Erlbaum.

Wolf, S., & Latané, B. (1985). Conformity, innovation and the psycho-social law. In S. Moscovici, G. Mugny, & E. Van Avermaet (Eds.), *Perspectives on minority influence*. Cambridge: Cambridge University Press.

Wolf, S., & Montgomery, D. A. (1977). Effects of inadmissible evidence and level of judicial admonishment to disregard on the judgments of mock jurors. *Journal of Applied Social Psychology*, **7**, 205–219.

Women on Words and Images. (1972). *Dick and Jane as victims: Sex stereotyping in children's readers*. Princeton: Women on Words and Images. Cited by C. Tavris & C. Offir (1977) in *The longest war: Sex differences in perspective* (p. 177). New York: Harcourt Brace Jovanovich.

Wood, J. V., Heimpel, S. A., & Michela, J. L. (2003). Savoring versus dampening: Self-esteem differences in regulating positive affect. *Journal of Personality and Social Psychology*, **85**, 566–580.

Wood, W., & Eagly, A. H. (2002). A cross-cultural analysis of the behavior of women and men: Implications for the origins of sex differences. *Psychological Bulletin*, **128**, 699–727.

Wood, W., & Eagly, A. H. (2007). Social structural origins of sex differences in human mating. In S. W. Gangestad & J. A. Simpson (Eds.), *The evolution of mind: Fundamental questions and controversies*. New York: Guilford.

Wood, W., Rhodes, N., & Whelan, M. (1989). Sex differences in positive well-being: A consideration of emotional style and marital status. *Psychological Bulletin*, **106**, 249–264.

Woodberry, R. D., & Smith, C. S. (1998). Fundamentalism et al: Conservative Protestants in America. *Annual Review of Sociology*, **24**, 25–56.

Woodward, W., & Woodward, M. (1942, March 26). Not time enough, "Not Time Enough." Editorial, *Bainbridge Review*, p. 1.

Woodzicka, J. A., & LaFrance, M. (2001). Real versus imagined gender harassment. *Journal of Social Issues*, **57**(1), 15–30.

Worchel, S., Andreoli, V. A., & Folger, R. (1977). Intergroup cooperation and intergroup attraction: The effect of previous interaction and outcome of combined effort. *Journal of Experimental Social Psychology*, **13**, 131–140.

Worchel, S., Axsom, D., Ferris, F., Samah, G., & Schweitzer, S. (1978). Deterrents of the effect of intergroup cooperation on intergroup attraction. *Journal of Conflict Resolution*, **22**, 429–439.

Worchel, S., & Brown, E. H. (1984). The role of plausibility in influencing environmental attributions. *Journal of Experimental Social Psychology*, **20**, 86–96.

Worchel, S., & Norvell, N. (1980). Effect of perceived environmental conditions during cooperation on intergroup attraction. *Journal of Personality and Social Psychology*, **38**, 764–772.

Worchel, S., Rothgerber, H., Day, E. A., Hart, D., & Butemeyer, J. (1998). Social identity and individual productivity within groups. *British Journal of Social Psychology*, **37**, 389–413.

Word, C. O., Zanna, M. P., & Cooper, J. (1974). The nonverbal mediation of self-fulfilling prophecies in interracial interaction. *Journal of Experimental Social Psychology*, **10**, 109–120.

Workman, E. A., & Williams, R. L. (1980). Effects of extrinsic rewards on intrinsic motivation in the classroom. *Journal of School Psychology*, **18**, 141–147.

World Bank (2003, April 4). *Gender equality and the millennium development goals*. Washington, DC: Gender and Development Group, World Bank (www.worldbank.org/gender).

Worringham, C. J., & Messick, D. M. (1983). Social facilitation of running: An unobtrusive study. *Journal of Social Psychology*, **121**, 23–29.

Wraga, M., Helt, M., Jacobs, E., & Sullivan, K. (2007). Neural basis of stereotype-induced shifts in women's mental rotation performance. *Social Cognitive and Affective Neuroscience*, **2**, 12–19.

Wright, D. B., & Hall, M. (2007). How a "reasonable doubt" instruction affects decisions of guilt. *Basic and Applied Social Psychology*, **29**, 91–98.

Wright, D. B., & Skagerberg, E. M. (2007). Postidentification feedback affects real eyewitnesses. *Psychological Science*, **18**, 172–178.

Wright, D. B., & Stroud, J. N. (2002). Age differences in lineup identification accuracy: People are better with their own age. *Law and Human Behavior*, **26**, 641–654.

Wright, D. B., Boyd, C. E., & Tredoux, C. G. (2001). A field study of own-race bias in South Africa and England. *Psychology, Public Policy, & Law*, **7**, 119–133.

Wright, E. F., Lüüs, C. A., & Christie, S. D. (1990). Does group discussion facilitate the use of consensus information in making causal attributions? *Journal of Personality and Social Psychology*, **59**, 261–269.

Wright, R. (1995, March 13). The biology of violence. *New Yorker*, pp. 69–77.

Wright, R. (1998, February 2). Politics made me do it. *Time*, p. 34.

Wright, R. (2003, June 29). Quoted by Thomas L. Friedman, "Is Google God?" *New York Times* (www.nytime.com).

Wright, R. (2003, September 11). Two years later, a thousand years ago. *New York Times* (www.nytimes.com).

Wright, S. C., Aron, A., McLaughlin-Volpe, T., & Ropp, S. A. (1997). The extended contact effect: Knowledge of cross-group friendships and prejudice. *Journal of Personality and Social Psychology*, **73**, 73–90.

Wrightsman, L. (1978). The American trial jury on trial: Empirical evidence and procedural modifications. *Journal of Social Issues*, **34**, 137–164.

Wrosch, C., & Miller, G. E. (2009). Depressive symptoms can be useful: Self-regulatory and emotional benefits of dysphoric mood in adolescence. Unpublished manuscript.

Wuthnow, R. (1994). *God and mammon in America*. New York: Free Press.

Wylie, R. C. (1979). *The self-concept (Vol. 2): Theory and research on selected topics*. Lincoln, NE: University of Nebraska Press.

Yamaguchi, S., Greenwald, A. G., Banaji, M. R., Murakami, F., Chen, D., Shiomura, K., Kobayashi, C., Cai, H., & Krendl, A. (2007). Apparent universality of positive implicit self-esteem. *Psychological Science*, **18**, 498–500.

Yang, S., Markoczy, L., & Qi, M. (2007). Unrealistic optimism in consumer credit card adoption. *Journal of Economic Psychology*, **28**, 170–185.

Yarmey, A. D. (2003a). Eyewitness identification: Guidelines and recommendations for identification procedures in the United States and in Canada. *Canadian Psychology*, **44**, 181–189.

Yarmey, A. D. (2003b). Eyewitnesses. In D. Carson and R. Bull, *Handbook of psychology in legal contexts*, 2nd edition. Chichester: Wiley.

Ybarra, O. (1999). Misanthropic person memory when the need to self-enhance is absent. *Personality and Social Psychology Bulletin*, **25**, 261–269.

Yelsma, P., & Athappilly, K. (1988). Marriage satisfaction and communication practices: Comparisons among Indian and American couples. *Journal of Comparative Family Studies*, **19**, 37–54.

Young, L. (2009). Love: Neuroscience reveals all. *Nature*, **457**, 148.

Yousif, Y., & Korte, C. (1995). Urbanization, culture, and helpfulness. *Journal of Cross-Cultural Psychology*, **26**, 474–489.

Yovetich, N. A., & Rusbult, C. E. (1994). Accommodative behavior in close relationships: Exploring transformation of motivation. *Journal of Experimental Social Psychology*, **30**, 138–164.

Yuchtman (Yaar), E. (1976). Effects of social-psychological factors on subjective economic welfare. In B. Strumpel (Ed.), *Economic means for human needs*. Ann Arbor: Institute for Social Research, University of Michigan.

Yuille, J. C., & Cutshall, J. L. (1986). A case study of eyewitness memory of a crime. *Journal of Applied Psychology*, **71**, 291–301.

Yukl, G. (1974). Effects of the opponent's initial offer, concession magnitude, and concession frequency on bargaining behavior. *Journal of Personality and Social Psychology*, **30**, 323–335.

Yzerbyt, V. Y., & Leyens, J-P. (1991). Requesting information to form an impression: The influence of valence and confirmatory status. *Journal of Experimental Social Psychology*, **27**, 337–356.

Zadro, L., Boland, C., & Richardson, R. (2006). How long does it last? The persistence of the effects of ostracism in the socially anxious. *Journal of Experimental Social Psychology*, **42**, 692–697.

Zagefka, H., & Brown, R. (2005). Comparisons and perceived deprivation in ethnic minority settings. *Personality and Social Psychology Bulletin*, **31**, 467–482.

Zajonc, R. B. (1965). Social facilitation. *Science*, **149**, 269–274.

Zajonc, R. B. (1968). Attitudinal effects of mere exposure. *Journal of Personality and Social Psychology*, **9**, Monograph Suppl. No. 2, part 2.

Zajonc, R. B. (1970, February). Brainwash: Familiarity breeds comfort. *Psychology Today*, pp. 32–35, 60–62.

Zajonc, R. B. (1980). Feeling and thinking: Preferences need no inferences. *American Psychologist*, **35**, 151–175.

Zajonc, R. B. (1998). Emotions. In D. Gilbert, S. T. Fiske, & G. Lindzey (Eds.), *Handbook of social psychology*, 4th edition. New York: McGraw-Hill.

Zajonc, R. B. (2000). Massacres: Mass murders in the name of moral imperatives. Unpublished manuscript, Stanford University.

Zakaria, F. (2008). We need a wartime president. *Newsweek* (www.newsweek.com).

Zanna, M. P. (1993). Message receptivity: A new look at the old problem of open- vs. closed-mindedness. In A. Mitchell (Ed.), *Advertising: Exposure, memory and choice*. Hillsdale, NJ: Erlbaum.

Zanna, M. P., & Olson, J. M. (1982). Individual differences in attitudinal relations. In M. P. Zanna, E. T. Higgins, & C. P. Herman, *Consistency in social behavior: The Ontario symposium* (Vol. 2). Hillsdale, NJ: Erlbaum.

Zaragoza, M. S., & Mitchell, K. J. (1996). Repeated exposure to suggestion and the creation of false memories. *Psychological Science*, **7**, 294–300.

Zauberman, G., & Lynch, J. G., Jr. (2005). Resource slack and propensity to discount delayed investments of time versus money. *Journal of Experimental Psychology: General*, **134**, 23–37.

Zebrowitz, L. A., Collins, M. A., & Dutta, R. (1998). The relationship between appearance and personality across the life span. *Personality and Social Psychology Bulletin*, **24**, 736–749.

Zebrowitz, L. A., Olson, K., & Hoffman, K. (1993). Stability of babyfaceness and attractiveness across the life span. *Journal of Personality and Social Psychology*, **64**, 453–466.

Zebrowitz-McArthur, L. (1988). Person perception in cross-cultural perspective. In M. H. Bond (Ed.), *The cross-cultural challenge to social psychology*. Newbury Park, CA: Sage.

Zeelenberg, M., van der Pligt, J., & Manstead, A. S. R. (1998). Undoing regret on Dutch television: Apologizing for interpersonal regrets involving actions or inactions. *Personality and Social Psychology Bulletin*, **24**, 1113–1119.

Zeisel, H., & Diamond, S. S. (1976). The jury selection in the Mitchell-Stans conspiracy trial. *American Bar Foundation Research Journal*, **1**, 151–174 (see p. 167). Cited by L. Wrightsman, The American trial jury on trial: Empirical evidence and procedural modifications. *Journal of Social Issues*, 1978, **34**, 137–164.

Zhang, Y. F., Wyon, D. P., Fang, L., & Melikov, A. K. (2007). The influence of heated or cooled seats on the acceptable ambient temperature range. *Ergonomics*, **50**, 586–600.

Zhong, C-B., Galinsky, A D., & Unzueta, M. M. (2008). Negational racial identity and presidential voting preferences. *Journal of Experimental Social Psychology*, **44**, 1563–1566.

Zhong, C-B, & Leonardelli, G. F. (2008). Cold and lonely: Does social exclusion literally feel cold? *Psychological Science*, **19**, 838–842.

Zhong, C-B., & Liljenquist, K. (2006). Washing away your sins: Threatened morality and physical cleansing. *Science*, **313**, 1451–1452.

Zhou, X., Sedikides, C., Wildschut, T., & Gao, D-G. (2008). Counteracting loneliness: On the restorative function of nostalgia. *Psychological Science*, **19**, 1023–1029.

Zick, A., Pettigrew, T. F., & Wagner, U. (2008). Ethnic prejudice and discrimination in Europe. *Journal of Social Issues*, **64**, 233–251.

Zick, A., Wolf, C., Küpper, B., Davidov, E., Schmidt, P., & Heitmeyer, W. (2008). The syndrome of group-focused enmity: The interrelation of prejudices tested with multiple cross-sectional and panel data. *Journal of Social Issues*, **64**, 363–383.

Zill, N. (1988). Behavior, achievement, and health problems among children in stepfamilies: Findings from a national survey of child health. In E. Mavis Hetherington and Josephine D. Arasteh (Eds.), *Impact of divorce, single parenting, and stepparenting on children*. Hillsdale, NJ: Erlbaum.

Zillmann, D. (1988). Cognition-excitation interdependencies in aggressive behavior. *Aggressive Behavior*, **14**, 51–64.

Zillmann, D. (1989a). Aggression and sex: Independent and joint operations. In H. L. Wagner & A. S. R. Manstead (Eds.), *Handbook of psychophysiology: Emotion and social behavior*. Chichester: Wiley.

Zillmann, D. (1989b). Effects of prolonged consumption of pornography. In D. Zillmann & J. Bryant (Eds.), *Pornography: Research advances and policy considerations*. Hillsdale, NJ: Erlbaum.

Zillmann, D., & Paulus, P. B. (1993). Spectators: Reactions to sports events and effects on athletic performance. In R. N. Singer, N. Murphey, & L. K. Tennant (Eds.), *Handbook of research on sport psychology*. New York: Macmillan.

Zillmann, D., & Weaver, J. B., III. (1999). Effects of prolonged exposure to gratuitous media violence on provoked and unprovoked hostile behavior. *Journal of Applied Social Psychology*, **29**, 145–165.

Zillmann, D., & Weaver, J. B. (2007). Aggressive personality traits in the effects of violence imagery on unprovoked impulsive aggression. *Journal of Research in Personality*, **41**, 753–771.

Zillmer, E. A., Harrower, M., Ritzler, B. A., & Archer, R. P. (1995). *The quest for the Nazi personality: A psychological investigation of Nazi war criminals*. Hillsdale, NJ: Erlbaum.

Zimbardo, P. G. (1970). The human choice: Individuation, reason, and order versus deindividuation, impulse, and chaos. In W. J. Arnold & D. Levine (Eds.), *Nebraska symposium on motivation, 1969*. Lincoln: University of Nebraska Press.

Zimbardo, P. G. (1971). *The psychological power and pathology of imprisonment*. A statement prepared for the U.S. House of Representatives Committee on the Judiciary, Subcommittee No. 3: Hearings on Prison Reform, San Francisco, October 25.

Zimbardo, P. G. (1972). The Stanford prison experiment. A slide/tape presentation produced by Philip G. Zimbardo, Inc., P. O. Box 4395, Stanford, CA 94305.

Zimbardo, P. G. (2002, April). Nurturing psychological synergies. *APA Monitor*, pp. 5, 38.

Zimbardo, P. G. (2004a). A situationist perspective on the psychology of evil: Understanding how good people are transformed into perpetrators. In A. G. Miller (Ed.), *The social psychology of good and evil*. New York: Guilford.

Zimbardo, P. G. (2004b, May 3). Awful parallels: Abuse of Iraqi inmates and SPE. Comments to Social Psychology of Personality and Social Psychology listserv.

Zimbardo, P. G. (2007, September). Person x situation x system dynamics. *The Observer* (Association for Psychological Science), p. 43.

Zimbardo, P. G., Ebbesen, E. B., & Maslach, C. (1977). *Influencing attitudes and changing behavior*. Reading, MA: Addison-Wesley.

Zimmer, C. (2005, November). The neurobiology of the self. *Scientific American*, pp. 93–101.

Zitek, E. M., & Hebl, M. R. (2007). The role of social norm clarity in the influenced expression of prejudice over time. *Journal of Experimental Social Psychology*, **43**, 867–876.

Zola-Morgan, S., Squire, L. R., Alvarez-Royo, P., & Clower, R. P. (1991). Independence of memory functions and emotional behavior. *Hippocampus*, **1**, 207–220.

Zucker, G. S., & Weiner, B. (1993). Conservatism and perceptions of poverty: An attributional analysis. *Journal of Applied Social Psychology*, **23**, 925–943.

Zuckerman, E. W., & Jost, J. T. (2001). What makes you think you're so popular? Self-evaluation maintenance and the subjective side of the "friendship paradox." *Social Psychology Quarterly*, **64**, 207–223.

Zuwerink, J. R., Monteith, M. J., Devine, P. G., & Cook, D. A. (1996). Prejudice toward blacks: With and without compunction? *Basic and Applied Social Psychology*, **18**, 131–150.

Créditos

TEXTO E ILUSTRAÇÕES

CAPÍTULO 2
Figura 2.5: adaptada de Figura 2, p. 435, em Bushman et al., 2009, "Looking again, and harder, for a link between low self-esteem and aggression", *Journal of Personality*, 77:2(April). © 2009, Copyright dos Autores. Journal compilation © 2009, Wiley Periodicals, Inc.

Figura 2.8: de R. Inglehart e C. Welzel, 2005, *Modernization, Cultural Change, and Democracy*. © Ronald Inglehart e Christian Welzel 2005. Reimpressa com permissão de Cambridge University Press e do autor.

CAPÍTULO 3
Figura 3.3: de J. P. Forgas, G. H. Bower e S. E. Kranz, 1984, "A influência do humor sobre as percepções de interações sociais", *Journal of Experimental Social Psychology*, 20. Reimpressa com permissão de Elsevier.

CAPÍTULO 4
Figuras 4.3, 4.4: reimpressão de B. J. Bushman e A. M. Bonacci, 2004, "Você tem uma mensagem: Usando o *e-mail* para examinar o efeito de atitudes preconceituosas e discriminação contra os Árabes", *Journal of Experimental Social Psychology*, 40, p. 753-759. Copyright 2004, com permissão de Elsevier e Brad J. Bushman, Ph.D., University of Michigan.

CAPÍTULO 5
Figuras 5.2 e 5.3: M. L. Patterson, Y. Iizuka, M. Tubbs, J. Ansel, M. Tsutsumi e J. Anson, 2007, "Passing encounters East and West: Comparing Japanese and American pedestrian interactions". *Journal of Nonverbal Behavior*, 31, p. 155-166. Com a permissão de Miles Patterson, Springer Science e Business Media.

Figura 5.5: de D. M. Buss, "As Estratégis do Acasalamento Humano", 1994, *American Scientist*, 82 (May-June), p. 238-249, Figura 3. Reimpressa com permissão de Sigma Xi.

Figura 5.6: de D. M. Buss, 1995, "Psicologia Evolucionista: Um novo paradigma", *Psychological Inquiry*, 6:1, Fig 1, p. 3. Reimpressa com permissão de Taylor & Francis Group, http://www.informaworld.com.

Figura 5.7: reimpressa com permissão de Pew Global Attitudes Project, http://pewglobal.org

Figura 5.8: adaptada de A. H. Eagly e W. Wood, 1991, "Explicando as diferenças de sexo no comportamento social: uma perspectiva metanalítica", *Personality and Social Psychology Bulletin*, 17, p. 306-315. Copyright © 1991. Reimpressa com permissão de Sage Publications, Inc.

CAPÍTULO 6
Figura 6.4: de Stanley Milgram, 1974, Figura 13, "Learner demands to be shocked", p. 91, e "The learner's schedule of protests em Milgram's 'Heart Disturbance' experiments: 75-300 volts", p. 56-57. De *Obedience to Authority: An Experimental View*, by Stanley Milgram. Copyright © 1974 by Stanley Milgram. Reimpressa com permissão de HarperCollins Publishers e de Pinter & Martin, Ltd.

p. 203: de Roger Fisher em "Evitando a Guerra Nuclear", *Bulletin of the Atomic Scientists*, March 1981, p. 11-17. Copyright © 2006 by Bulletin of the Atomic Scientists, Chicago, IL, 60602. Reproduzida com permissão de Bulletin of the Atomic Scientists, www.thebulletin.org.

Figura 6.5: de S. Milgram, 1965, "Algumas condições de obediência e desobediência à autoridade", *Human Relations*, 18, p. 57–76. Reimpressa com permissão de Sage Publications.

CAPÍTULO 9
Figura 9.1: "Mudando as atitudes raciais dos brancos norte-americanos de 1958 a 2007". Dados de pesquisas do Gallup (brain.gallup.com).

Figura 9.3: "Mudança de atitudes de gênero de 1958 a 2007". Dados de pesquisas do Gallup (brain.gallup.com).

Figura 9.6: de P. G. Devine e R. S. Malpass, 1985, "Estratégias de orientação no reconhecimento diferencial de rostos", *Personality and Social Psychology Bulletin*, 11, p. 33–40. Copyright © 1985. Reimpressa com permissão de Sage Publications, Inc.

Figura 9.8: "Superestimando as Populações de Minoria". Fonte: 1990 Gallup Poll (Gates, 1993). Dados de pesquisas do Gallup (brain.gallup.com).

CAPÍTULO 10
Figura 10.10: adaptada de Craig A. Anderson e Brad J. Bushman, 2001, "Efeitos de *videogames* violentos sobre comportamento agressivo, cognição agressiva, efeito agressivo, excitação psicológica e comportamento pró-social: uma revisão metanalítica da literatura científica", *Psychological Science*, 12, n° 5, p. 353-359. Reimpressa com permissão de Blackwell Publishing.

CAPÍTULO 11
Figura 11.5: reimpressa com permissão de Kristina M. Durante.

Figura 11.12: usada com permissão de National Opinion Research Center.

CAPÍTULO 12
Figura 12.2: de M. A. Whatley, J. M. Webster, R. H. Smith e A. Rhodes, 1999, "O efeito de uma gentileza sobre a conformidade pública e privada: o quanto a norma de reciprocidade está internalizada?" *Basic and Applied Social Psychology*, 21, p. 251–259. Reimpressa com permissão de Lawrence Erlbaum Associates.

Figura 12.7: "Necessidades e doações incompatíveis" de C. Spence, 2006, "Incompatibilidade entre dinheiro e necessidade". Em *Stanford Social Innovation Review*, 4, p. 49. Reimpressa com permissão.

Figura 12.11: "Você fez algum dos seguintes no mês passado: doação para uma instituição de caridade". De *Gallup World Survey, 2008*. Dados de Pesquisas do Gallup (brain.gallup.com).

CAPÍTULO 13
Figura 13.4: de P. E. Tetlock, 1988, "Monitorando a complexidade integrativa da retórica política Americana e Soviética: O que pode ser aprendido?" *Journal of Social Issues*, 454, n° 2, p. 101-131. Reimpressa com permissão de Blackwell Publishing.

Figura 13.6: "Tendência dos Índices de Aprovação de George W. Bush (2001-presente). http://www.gallup.com/poll/116500/Presidential-Approval-Ratings-George-Bush.aspx. Reimpressa com permissão de Gallup Poll.

CAPÍTULO 14
Figura 14.1: de N. Nunez, D. Poole e A. Memon, 2003, "Duas culturas da Psicologia reexaminadas: implicações para a integração de ciência e prática", *Scientific Review of Mental Health Practice*. Reimpressa com permissão.

CRÉDITOS

Figura 14.4: de J. Dill e C. Anderson, 1998, "Solidão, timidez e depressão: a etiologia e os relacionamentos interpessoais dos problemas cotidianos", em *Recent Advances in Interpersonal Approaches to Depression*, T. Joiner & J. Coyne, eds., 1998. Copyright © 1998 American Psychological Association. Reimpressa com permissão.

CAPÍTULO 15

Figura 15.2: de G. H. Fisher, 1968, "Ambiguidade da forma: o velho e o novo", *Perception and Psychophysics*, 4, p. 189–192. Reimpressa com permissão de Psychonomic Society, Inc.

CAPÍTULO 16

Figura 16.4: adaptada de Metas de Vida de Estudantes Universitários do Primeiro Ano nos EUA, 1966-2005. De UCLA Higher Education Research Institute, 2005. *The American Freshman: National Norms for Fall 2005*. Reimpressa com permissão.

Figura 16.5: de R. F. Inglehart, 2006, "Mudança cultural e democracia na América Latina", em Frances Hagopian, ed., *Contemporary Catholicism, Religious Pluralism and Democracy in Latin America*, Notre Dame University Press, 2006.

Figura 16.8: "Estrutura do modelo de contabilidade nacional", Quadro 2, p. 21 de *The National Accounts of Well-Being Report*. © 2009 NEF. Usada com permissão.

FOTOS
INICIAIS

p. v(no alto): Blend Images/Getty Images; p. v(middle): © Corbis; p. v(embaixo): Terry Vine/Getty Images; p. vi: Jerry Marks Productions/Getty Images; p. vii: GoGo Images/Masterfile; p. viii: Getty Images/Digital Vision; p. ix: Nick White/Getty Images; p. x: Blend Images/Alamy; p. xi: Corbis/Age Fotostock; p. xii(embaixo): © Fancy Photography/Veer; p. xiii(em cima): © IT Stock/PunchStock; p. xiii(embaixo): Tony Anderson/Getty Images; p. xiv: © PhotoAlto/PunchStock; p. xv: Via Productions/Brand X Pictures/JupiterImages; p. xviii: Getty Images/Photodisc

Aberturas das Partes

p. 49: © Gala/Superstock; p. 135: © Ace Stock Limited/Alamy; p. 245: © Larry Dale Gordon/Getty Images; p. 403: © Jeremy Sutton-Hibbert/Alamy

CAPÍTULO 1

p. 27: © Holger Hill/Getty Images; p. 33: R. C. James; p. 34: © David Young-Wolff/PhotoEdit; p. 40: © Corrance/Still Digital; p. 41: © Michael Newman/PhotoEdit; p. 42: Cortesia de the Survey Research Center at The University of Michigan; p. 44: © Mary Kate Denny/PhotoEdit

CAPÍTULO 2

p. 50: © HBSS/Age Fotostock; p. 53: © AP Images/Dima Gavrysh; p. 58 (esquerda): Cortesia Hazel Rose Markus; p. 58 (direita): Cortesia Shinobu Kitayama; p. 58 (embaixo): © AP Images/Peter Dejong; p. 60: © AP Images/Gene Blythe; p. 63: © Michael Newman/PhotoEdit; p. 68: © Marc Deville/Gamma/Eyedea Presse; p. 70: © Arlo Gilbert; p. 74: © Larry Dale Gordon/Getty Images; p. 79: © Tibor Bognar/Corbis

CAPÍTULO 3

p. 81: © Shawn Thew/epa/Corbis; p. 84: © Bettmann/Corbis; p. 85: © Shawn Thew/epa/Corbis; p. 92: © AP Images/J. Scott Applewhite; p. 96: © Trae Patton/NBCU Photo Bank via AP Images; p. 98: © Rob Melnychuk/Getty Images; p. 100: © Image Source Black/Alamy; p. 101: © Ellen Senisi/Image Works; p. 103: © AP Images/Michael Stephens; p. 104: Everett Collection; p. 104: Cortesia Kathryn Brownson, Hope College; p. 105 (no alto): © Guy Cali/Stock Connection/PictureQuest; p. 105 (embaixo): © Esbin-Anderson/Image Works

CAPÍTULO 4

p. 113: © Ted Levine/Corbis; p. 116: Cortesia Mahzarin Banaji; p. 117: © Kevin P. Casey/Corbis; p. 120: © Phillip Zimbardo; p. 121: Foto Cortesia de Washington Post via Getty Images; p. 123: © AP Images/Sayyid Azim; p. 123: Cortesia de Andy Martens, University of Canterbury; p. 124: © AP Images/Gary Kazanjian; p. 128 (no alto): © Michael Newman/PhotoEdit; p. 128(embaixo): Cortesia Leon Festinger; p. 129: © Ariel Skelley/Getty Images; p. 130 (no alto): © Colin Young-Wolff/PhotoEdit; p. 130 (embaixo): Cortesia Fritz Strack; p. 131: © Kyodo News International, Inc.

CAPÍTULO 5

p. 136: © Larry Kolvoord/Image Works; p. 140: © Dorothy Littell/Stock Boston; p. 141(no alto): © Kees Keizer; p. 141 (embaixo): © AP Images/J. Scott Applewhite; p. 143: © Fujifotos/Image Works; p. 146 (esquerda): © Audrey Gottlieb; p. 146 (direita): © Bob Daemmrich/Image Works; p. 152: © Frederick M. Brown/Getty Images; p. 154: © AP Images/Suzanne Plunkett; p. 155 (esquerda): © Spencer Grant/PhotoEdit; p. 155 (direita): © Capital Features/Image Works; p. 156: © Will Hart/PhotoEdit; p. 158: Cortesia Alice Eagly

CAPÍTULO 6

p. 161: © MedioImages/Corbis; p. 164: de Provine, Robert, "Yawning," *American Scientist*, Volume 93, Fig. 6, p. 536. Imagens cortesia Dr. Robert R. Provine, Department of Psychology, University of Maryland; p. 167: © William Vandivert; p. 169: Stanley Milgram, 1965, de the film *Obedience*, distributed by the Pennsylvania State University, PCR; p. 170: © AP Images; p. 171: Cortesia Alexandra Milgram; p. 172: © Benny Gool/Capetown Independent Newspaper; p. 173: © Empics; p. 174: © AP Images/APTN; p. 176: © James A. Sugar/Corbis; p. 177: © PhotoFest; p. 178: © AP Images; p. 180: Cortesia CNN; p. 181 (no alto) : © Anup Shah/Nature Picture Library; p. 181 (embaixo) : © Zia Soleil/Getty Images; p. 183 (esquerda): © Bettmann/Corbis; p. 183 (direita): © Peter Kramer/Getty Images; p. 185 (no alto): © AP Images/Joe Hermosa; p. 185 (embaixo) : © Michael Newman/PhotoEdit

CAPÍTULO 7

p. 188: © Photos 12/Alamy; p. 189: © Bob Daemmrich/Image Works; p. 195: Figuras Cortesia de Jeremy Bailenson, Nick Yee e Stanford's Virtual Human Interaction Lab, http://vhil.stanford.edu; p. 196: © AP Images/Uwe Lein; p. 198(todas): © Health Canada; p. 201 (esquerda): © AP Images/Jeff Chiu; p. 201 (direita): © Win McNamee/Getty Images; p. 202: © Time Life Pictures/Getty Images; p. 206: © Hulton Archive/Getty Images; p. 207: © AP Images/HO; p. 209: © AP Images/Richard Vogel; p. 212 (no alto): Cortesia William McGuire, Yale University; p. 212 (embaixo): © Rachel Epstein/Image Works; p. 213: © Michelle D. Bridwell/PhotoEdit

CAPÍTULO 8

p. 216: © Sheng Li/Reuters/Corbis; p. 218: © Bob Winsett/Corbis; p. 220 (no alto): © Mike Okoniewski; p. 220 (embaixo): Cortesia Herman Miller, Inc.; p. 222: Cortesia Alan G. Ingham; p. 223 (em cima): © Royalty-Free/Corbis; p. 223 (embaixo): © David Young-Wolff/PhotoEdit; p. 224 (no alto): © Joel W. Rogers/Corbis; p. 224 (embaixo): © AP Images/Laurent Rebours; p. 225: © Phillip Zimbardo; p. 227: © AP Images/Massimo Sambucetti; p. 230: © Tom Brakefield/Stock Connection/PictureQuest; p. 234: Cortesia Irving Janis; p. 235: © Kobal Collection; p. 238: Cortesia Daniel Kahneman; p. 242 (no alto): © Mark Richards/PhotoEdit; p. 242 (embaixo): © Corbis

CAPÍTULO 9

p. 246: © Bob Daemmrich; p. 249: Andrew Redington/Getty Images; p. 250 (embaixo): © AP Images/Charles Dharapak; p. 250 (no alto): © Jim Craigmyle/Getty Images; p. 252 (todas): J. Correll, B. Park, C. M. Judd e B. Wittenbrink, 2002, "O dilema do policial: uso da étnica para diferenciar indivíduos potencialmente ameaçadores", *Journal of Personality and Social Psychology*, 83, p. 1316, Fig. 1. Imagens cortesia Josh Correll; p. 258: © Chris Leslie Smith/PhotoEdit; p. 259

(esquerda): © AP Images; p. 259 (direita): © Bonnie Kamin/PhotoEdit; p. 261 (no alto): © Brand X Photos/PhotoDisc; p. 261 (embaixo): © Digital Vision/PhotoDisc; p. 261 (embaixo): © AP Images; p. 263: © 1999 Allan Tannenbaum; p. 265: James Blascovich; p. 267: © AP Images/Eugene Hoshiko; p. 270: © AP Images/Lynne Sladk; p. 272: © Bob Daemmrich/Stock Boston; p. 275: Cortesia Dr. Claude Steele; p. 276: © Paul Drinkwater/ NBCU Photo Bank via AP Images; p. 273: de Johanne, Huart, Olivier Corneille e Emilie Becquart, 2005, "Categoriazação baseada no rosto, categoriazação baseada no contexto e distorções na lembrança de rostos ambíguos em termos de gênero", *Journal of Experimental Social Psychology*, 41, p. 598-608, Fig. 1

CAPÍTULO 10

p. 279: © AP Images/Thibault Camus; p. 282: © Jeff Share/Black Star; p. 283: © Jose Mercado/Corbis Images; p. 285: © O. Burriel/ Photo Researchers; p. 287 (no alto): © Albert Bandura; p. 287 (embaixo): © Stephen Whitehorn/AA World Travel/Topfoto/Image Works; p. 289 (no alto): © AP Images/Jack Smith; p. 289 (embaixo): © John Barr/Getty Images; p. 292: © Bettmann/Corbis Images; p. 300: Cortesia Craig A. Anderson; p. 301: © Gus van Dyk, Pilanesberg

CAPÍTULO 11

p. 308: © Alaska Stock/Alamy; p. 310 (no alto): © Getty Images; p. 310 (embaixo): N. I. Eisenberger, M. D. Lieberman e K. D. Williams, 2003, "A rejeição fere? Um estudo de fMRI de exclusão social", *Science*, 302, p. 290-292. © 2003 Associação Americana para o Avanço da Ciência; p. 311: © Tony Freeman/PhotoEdit; p. 312: © PhotoDisc; p. 314 (todas): © AP Images/Michael Sohn; p. 315: © Peter Scholey/Getty Images; p. 317: © AP Images; p. 318: Cortesia Ellen Berscheid, University of Minnesota; p. 319 (esquerda): © Rick Smolan/Stock Boston; p. 319 (centro à esquerda): © John Lund/Getty Images; p. 319 (centro à direita): © Catherine Karnow/Woodfin Camp; p. 319 (direita): © Marc Romanelli/Getty Images; p. 320 (esquerda): © Oliver Bodmer/Zuma Press; p. 320 (direita): de C. Braun, M. Gruendl, C. Marberger e C. Scherber, 2001, "Verificação da beleza – causas e consequências da atratividade facial humana", apresentado no The German Students Award 2000/2001; p. 410 (no alto): K. M. Durante, N. P. Li e M. G. Haselton, 2008, "Mudanças na escolha de roupas das mulheres durante o ciclo ovulatório: evidência naturalista e laboratorial baseada na tarefa", *Personality and Social Psychology Bulletin*, 34, p. 1451-1460. Fig. 1, p. 5. Imagens Cortesia de Dr. Kristina Durante; p. 320 (no alto à esquerda): © Terry Lilly/Zuma Press; p. 320 (no alto à direita): © Mark Mainz/Getty Images; p. 322: © Granger Collection; p. 324: Cortesia James M. Jones; p. 327 (todas): Dr. Pawel Lewicki, University of Tulsa, Oklahoma; p. 329: © Joe Polillio; p. 330: de A. Aron, H. Fisher, D. J. Mashek, G. Strong, H. Li e L. L. Brown, 2005, "Sistemas de recompensa, motivação e emoção associadas com o estágio inicial de amor romântico intenso", *Journal of Neurophysiology*, 94, p. 327–337. Imagem Cortesia de Lucy L. Brown; p. 331: © AP Images/Jae C. Hong; p. 332: © Elizabeth Crews/Image Works

CAPÍTULO 12

p. 342: © Jim West/Alamy; p. 343 (no alto): Cortesia Yad Vashem, The Holocaust Martyrs and Heroes Remembrance Authority; p. 343 (embaixo): © National Gallery Collection; Com permissão de Trustees of the National Gallery, London; p. 345: Cortesia Dennis Krebs; p. 347: © Ellis Herwig/Stock Boston; p. 349: © AP Images/Pier Paolo Cito; p. 350: © Twentieth Century Fox/Shooting Star; p. 353: Cortesia Laura Myers; p. 356: © Ed Kashi/Corbis Images; p. 357: Cortesia John M. Darley, Princeton University; p. 358 (no alto): © Peter Dazeley/Getty Images; p. 358 (embaixo): © Corbis Sygma; p. 362 (todas): Cortesia Lisa DeBruine; p. 364: © Lynn Burkholder/First Impressions; p. 369: © Leopold Page Photographic Collection, Cortesia de USHMM Photo Archives (Photo #03411)

CAPÍTULO 13

p. 372: © Jeff Greenberg/Alamy; p. 373: © AP Images; p. 376: © Catherine Karnow/Corbis Images; p. 377: © Joseph Sohm, ChromoSohm/ Corbis Images; p. 378: © Muzafer Sherif; p. 381 (no alto): © Chris Morris/Black Star; p. 381 (embaixo): © Robert King/Getty Images; p. 385: Cortesia John Dixon, Lancaster University; p. 387 (esquerda): Cortesia Nicole Shelton; p. 387 (direita): Cortesia Jennifer Richeson. Foto de Stephen Anzaldi; p. 388: © AP Images; p. 390: © AP Images/Martin Meissner; p. 391: © Ian Shaw/Getty Images; p. 392 (no alto): © AP Images; p. 392 (embaixo): © Bettmann/Corbis Images; p. 393: © AP Images; p. 395: © Mike Blake/Corbis; p. 397: © Mark Antman/Image Works

CAPÍTULO 14

p. 404: © Véronique Burger/Photo Researchers; p. 406: © AP Images/Robert Sorbo; p. 408: © Robin Nelson/PhotoEdit; p. 411 (no alto): Cortesia Shelley Taylor; p. 411 (embaixo): © Punchstock UpperCut Images; p. 414 (no alto): © Comstock/PictureQuest; p. 412 (embaixo): © Bob Daemmrich/Image Works; p. 417: © Jacques Chenet; p. 419: © Ellis Herwig/Stock Boston; p. 424: de *The Scotsman*, "Se você nasceu e foi criado em Calton você pode esperar morrer aos 54", 29 de agosto de 2008, p. 22-23. Foto de Mike Gibbons/Spindrift Photo Agency

CAPÍTULO 15

p. 428: © AP Images/Vince Bucci, Pool; p. 430 (ambas): Cortesia Chicago Tribune; p. 433: © AP Images/Chuck Burton; p. 434 (ambas): Cortesia Elizabeth Loftus; p. 441: © Christopher Gardner/New Times/Corbis Images; p. 442: © John Giordano/Corbis; p. 444: © AP/Pool/Star Ledger; p. 448: © Alexander Jason/Getty Images

CAPÍTULO 16

p. 450: © Jewel Samad/Getty Images; p. 451 (ambas): © NASA Goddard Space Flight Center; p. 453: © Ilene MacDonald/Alamy; p. 457: © AP Images/Ng Han Guan; p. 459: © Kayte M. Deioma/PhotoEdit

Índice Onomástico

A

Aaker, J. L., 42
Abbate, C. S., 366-367
Abbey, A., 99-100, 424-425
Abelson, R., 113
Abelson, R. P., 196-197
Abrams, D., 232-233
Abramson, L. Y., 409-411, 419-420
ACHA, 404-405
Acitelli, L. K., 145-146, 323-324
Acker, M., 276-277
Ackermann, R., 409-410
Adair, J. G., 43
Adamopoulos, J., 237
Adams, D., 283-284
Adams, G., 108-109
Adams, J. M., 338-339
Addis, M. E., 145, 349-350
Aderman, D., 346-347
Adinolfi, A. A., 314-315
Adler, N. E., 39, 423-424
Adler, R. P., 213
Adler, S. J., 442
Adorno, T., 255-256
Aesop, 314-315
Affleck, G., 417-418
Agnew, X. B., 338-339
Agthe, M., 151
Agustsdottir, S., 418-419
Ahmad, N., 354-355
Aiello, J. R., 219-220
Ainsworth, M. D. S., 332-334
Ajzen, I., 110-111, 115-117
Albarracin, D., 117-118, 191-192, 202-203
Aldag, R. J., 235-236
Alden, L. E., 414
Alexander, J., 202-203
Alicke, M. D., 440-441
Alkhuzai, A. H., 368
Allee, W. C., 218, 286
Allen, J. J. B., 313-314
Allen, M., 145
Allen, V. L., 176-177
Allen, W., 279-280
Allik, J., 70-71
Allison, S. T., 94-95, 102, 265, 376
Alloy, L., 409
Alloy, L. B., 409-411
Allport, F. H., 218
Allport, G. W., 247, 255-260, 272-274, 392-393, 431
Altemeyer, B., 255-257
Altemeyer, R., 256-257
Alter, A., 304-305

Altman, I., 140-141
Alwin, D. F., 204-205, 400
Amabile, T., 102-104
Amato, P. R., 353, 438-439
Ambady, N., 107-108, 275, 316
American Medical Association, 155
American Psychological Association, 45, 283
Amir, Y., 384-385
Anastasi, J. S., 266-267
Anda, R., 415-416
Andersen, S. M., 52-53, 344-345, 369-370
Anderson, C., 78
Anderson, C. A., 46, 76-77, 84-86, 289-291, 296-301, 319, 323-324, 373-375, 411-414
Anderson, D. C., 289-290
Anderson, P. D., 179-180
Anderson, P. L., 75
Anderson, S. M., 289-290
Andrews, D. S., 28-29
Andrews, F. E., 365
Andrews, F. M., 424-425
Angelou, M., 173-174
Angier, N., 305
Annan, K., 393-394
Annan, K. A., 154-155
Antonio, A. L., 240-241
Antonucci, T. C., 145-146
Applewhite, M. H., 207, 209-210
Archer, D., 258, 303-304
Archer, J., 148, 283, 295
Archer, R. L., 334-335
Arendt, H., 173-174
Argyle, M., 141-143, 159
Aristotle, 124, 139-140, 303-304, 315-316, 322-323, 376, 410-411
Ariza, L. M., 230-231
Arkes, H., 202-203
Arkes, H. R., 115-117
Arkin, R. M., 78-79, 311-312
Armitage, C. J., 117
Armor, D. A., 73-74
Arms, R. L., 303-304
Aron, A., 165-166, 324-325, 330-331, 335-336, 378-379
Aron, A. P., 329-330
Aron, E., 165-166, 335-336, 378-379
Aronson, E., 44-45, 126-127, 197-199, 208, 325-327, 392-393
Aronson, J., 274-275
Arora, R., 56
Arriaga, C. R., 338-339

Arriaga, X. B., 338-339
Arrow, K. J., 238-239
ASAPS, 315-316
Asch, S. E., 165-167, 171-172, 174-178, 182-183, 200-201
Asendorpf, J. B., 413-414
Ash, R., 280-281
Asher, J., 282
Ashton-James, C., 60, 368
Astin, A. W., 155, 252-253, 455
Athappilly, K., 331-332
Attia, S., 286
Aubrey, J. S., 321
Auden, W. H., 140-141
Augoustinos, M., 33
Augustine, St., 152-153, 251-252
Austin, J. B., 346
Averill, J. R., 285
Avis, W. E., 157-158
Axsom, D., 205-206
Ayres, I., 250-251
Ayres, M. M., 147-148
Azrin, N. H., 288-289

B

Baars, B. J., 82
Babad, E., 74, 107-108
Bach, R., 67-68
Bachman, J. G., 40, 192-193
Back, M. D., 311-312
Bacon, F., 423-424
Badger, A. J., 309
Bähler, M., 247-248
Bailenson, J., 195
Bailenson, J. N., 195, 313-314
Bailey, J. M., 148, 149
Bainbridge, W., 209-210
Bainbridge, W. S., 208-209
Baize, H. R., Jr., 317
Baldwin, M. W., 332-333
Banaji, M., 115-116, 200-201
Banaji, M. R., 89, 248-249
Bandura, A., 54-55, 66-67, 69-70, 286-288
Banks, S., 197-198
Barash, D., 137-138, 281-282, 349-350
Barash, D. P., 350-351
Barber, B. M., 97, 147-148
Barber, N., 149
Bargh, J. A., 82-83, 88, 89, 100, 163-165, 230-231, 248-249, 337
Bar-Haim, Y., 314-315
Bar-Hillel, M., 93
Barlett, C., 299-300

Barlett, C. P., 299-300
Barnes, E., 342-343
Barnes, R. D., 349
Barnett, M. A., 346-347
Barnett, P. A., 410-411
Baron, J., 271-272, 348-349
Baron, L., 293
Baron, R., 220-221
Baron, R. A., 304-305, 317-318
Baron, R. S., 209-210, 218-219, 286, 453-454
Baron-Cohen, S., 146-147
Barongan, C., 296-297
Barrett, L. C., 67-68
Barry, D., 72, 145-146, 149
Bar-Tal, D., 380, 452-453
Bartels, B., 176-177
Barth, J. M., 377
Bartholomew, K., 332-333
Bartholomew, R., 165-166
Bartholow, B. C., 283, 291, 299-300
Bartholow, B. D., 263, 299-300
Barzun, J., 134
Basile, K. C., 293-294
Bassili, J. N., 239-240
Bastian, B., 100-101
Batson, C. D., 75-76, 114, 117-118, 145-146, 256-257, 352-355, 359-361, 368-371, 397-398
Baumann, D. J., 346
Baumann, L. J., 414-415
Baumeister, R. F., 40, 52-53, 64-67, 78, 102, 139-140, 149, 218-222, 253-254, 308-311, 325, 334-335, 338-340, 417
Baumgardner, A. H., 78
Baumhart, R., 72
Baxter, T. L., 104-105
Bayer, E., 218
Bayton, J. A., 249-250
Bazerman, M. H., 398-399
Beals, K. P., 335-336
Beaman, A. L., 227, 322, 370-371
Bearman, P., 178-179
Bearman, P. S., 178-179
Beaulieu, C. M. J., 140-141
Beck, A. T., 412-413
Becker, S. W., 363-364
Beer, J. S., 73-74
Bègue, L., 270-271
Bell, B. E., 430-431
Bell, P. A., 289-290
Bellah, R., 186-187
Belluck, P., 149
Belson, W. A., 295

ÍNDICE ONOMÁSTICO

Bem, D., 86-87, 129-130, 132-133
Benassi, V. A., 97
Bennett, M. E., 63
Bennett, P., 39
Bennett, R., 293
Bennis, W., 242-243
Benson, P. L., 361, 364
Benton, T. R., 436-437
Benvenisti, M., 260-261
Berg, J. H., 328-329, 334-336, 412-413
Berger, J., 184-185
Berglas, S., 78
Berkman, L. F., 421-422
Berkowitz, L., 175-177, 285, 288-291, 295-297, 346-349
Berkowitz, N. H., 261-262
Berman, J., 115-117
Berndsen, M., 268-269
Bernhardt, P. C., 283-284
Bernieri, F., 107-108
Berns, G. S., 180-181
Bernstein, D. M., 86-87
Bernstein, M. J., 266-267
Berra, Y., 348
Berry, B., 203
Berry, D. S., 438
Berscheid, E., 104-105, 109, 122-123, 312, 314-319, 324-325, 329-334, 379-380, 424-425
Bersoff, D. N., 444-445
Bertrand, M., 250-251
Besser, A., 333-334
Best, D., 146-147
Bettencourt, B. A., 148, 266-267, 276-277, 282
Bianchi, S. M., 153-155
Bickman, L., 175-176, 361, 365-366, 394-395
Bielawski, D., 153-154
Bierce, A., 246-247
Biernat, M., 76-77, 264-267, 272-273, 276-277, 323-324
Bigam, R. G., 442-443
Billig, M., 261
Binder, J., 385
Biner, P. M., 290-291
Bingenheimer, J. B., 287-288
Binham, R., 350-351
Birrell, P., 84
Bishop, B., 230
Bishop, G. D., 229-230, 414-416
Bizzoco, N. M., 338-339
Björkqvist, K., 148
Blackburn, R. T., 76-77
Blackmun, H., 448
Blackstone, W., 446-448
Blackwell, E., 416-417
Blair, C. A., 356
Blair, I. V., 439-440
Blair, T., 459-460
Blake, R. R., 390-391, 397-398
Blanchard, F. A., 124
Blank, H., 35-36, 87-88
Blanton, H., 115-117, 128-129
Blascovich, J., 195, 265, 299-300
Blass, T., 167-170, 181-183

Block, J., 102-103
Boardman, S. K., 396
Boden, J. M., 63-65
Bodenhausen, G. V., 61-62, 98-99, 196-197, 250-252, 263-265
Boggiano, A., 130-131
Boggiano, A. K., 131-132
Bohner, G., 99-100
Bohr, N., 158
Bombeck, E., 212-213
Bonacci, A., 118-119
Bonanno, G., 75-77
Bond, C., 276-277
Bond, C. F., Jr., 218-219
Bond, M. H., 142-143, 287-288, 322-323, 379-380
Bond, R., 182-183
Bonnot, V., 275
Bono, J. E., 242-243
Bons, T. A., 312
Bonta, B. D., 392-393
Boomsma, D. I., 413-414
Booth, A., 283-284
Borgida, E., 253-254, 271-272, 275-276, 439-441
Borkenau, P., 91-92
Bornstein, B. H., 430-431
Bornstein, G., 312-313, 377
Bornstein, R. F., 87-88, 314-315
Bossard, J. H. S., 311-312
Bossio, L. M., 417
Bothwell, R. K., 265-266
Botvin, G. J., 212-213
Botwin, M. D., 324-325
Bouas, K. S., 377
Bourgeois, M. J., 442-443
Bowen, E., 28-29
Bower, B., 434-435
Bower, G. H., 98-99, 410-411
Bowlby, J., 331-332
Boyatzis, C., 43-44
Boyes, A. D., 326-327
Bradbury, T. N., 65-66, 326-327, 340
Bradfield, A. L., 435
Bradley, O., 383-384
Bradley, W., 131-132
Bradshaw, E., 436-437
Bradshaw, G. S., 436-437
Brandon, R., 430-431
Branscombe, N. R., 267-268
Bratslavsky, E., 334-335
Bratslavsky, J. D., 325
Brauer, M., 228-229, 231-232
Braun, C., 320-321
Braverman, J., 196-197
Bray, R. M., 445-446, 448
Bregman, N. J., 432-434
Brehm, J. W., 128-129, 133, 184-185, 199-200
Brehm, S., 184-185
Brehm, S. S., 418-421
Brekke, N., 271-272, 275-276
Brenner, S. N., 72
Brewer, M., 44-45
Brewer, M. B., 261-263, 273, 376, 392-394
Brickman, P., 183, 455

Brigham, J., 265-266
Brigham, J. C., 265-266, 431-432, 434-435
Brin, S., 455
Briñol, P., 190-194
British Psychological Society, 45
Britt, T. W., 284-285
Brock, T., 194-195
Brock, T. C., 205-206
Brockner, J., 54-55, 374-375
Brodt, S. E., 247-248, 414
Bronfenbrenner, U., 380-453
Brooks, D., 84, 229-230
Brooks, R. D., 197-198
Broome, A., 414
Brown, D., 137
Brown, D. E., 54-55
Brown, E. H., 219-220
Brown, G., 342-343
Brown, H. J., 72-73
Brown, J., 62-63
Brown, J. D., 98-99, 321, 410-411
Brown, K. T., 392, 422-423
Brown, P., 58-59
Brown, R., 142-143, 265-266, 283-284, 386-388, 457-458
Brown, R. M., 46-47, 123
Brown, R. P., 275
Brown, S. L., 319, 344-345
Brown, T. J., 349-350
Brown, V., 238
Browning, C., 176-177
Browning, E. B., 328-329
Browning, R., 331-332, 407
Brownlee, E. A., 78
Bruce, V., 431
Bruck, M., 431-433
Brueckner, H., 178-179
Bruun, S. E., 222
Bryan, J. H., 359-360
Bryan, T. S., 440
Bryant, J., 290-291
Buckhout, R., 430-431
Buddha, 114
Buehler, R., 59-60, 91-92
Buffardi, L. E., 78-79
Buford, B., 227
Bugental, D. B., 247
Bugental, D. P., 410-411
Bull, R., 317
Buller, D. J., 152-153
Bullock, J., 202-203
Bumstead, C. H., 239-240
Bundy, T., 292
Burchill, S. A. L., 410-411
Bureau of the Census, 456, 457
Burger, J. M., 73-74, 103-104, 122, 129-130, 167-168, 176-177, 194-195, 241, 311-312, 348, 360-361
Burkholder, R., 189, 456-458
Burkley, E., 211
Burn, S. M., 68-69
Burnham, G., 279-280
Burns, D. D., 409
Burns, H. J., 432-433
Burns, J. F., 224
Burns, L., 73-74

Burnstein, E., 231-232, 285, 350-351
Burr, W. R., 311-312
Burson, K. A., 91-92
Burton, C. M., 423-424
Burton, R., 163-165
Bush, G. H. W., 114-115
Bush, G. W., 126-127, 388-389
Bushman, B. J., 64, 205-206, 226-227, 283, 289-290, 296-301, 303-305
Bushnell, N., 298-299
Buss, D. M., 30, 110-111, 137-138, 150-152, 153, 281-282, 319, 324-325
Buston, P. M., 322-323
Butcher, S. H., 303-304
Butler, A. C., 410-411
Butler, J. L., 218-219
Butler, S., 151
Butterfield, F., 438-439
Butz, D. A., 108-109
Buunk, B. P., 76-77, 334
Byers, S., 326-327
Byrne, D., 265, 322, 327-328
Byrnes, J. P., 147-148
Bytwerk, R. L., 188-189, 197-198

C

Cacioppo, J. T., 31-32, 114-115, 130-131, 133, 190-191, 196, 199, 205-206, 237, 412-413, 421-422
Cacioppo, R. B., 394-395
Cairns, D. L., 434-435
Cairns, E., 385
Cal, A. V., 192-193
Caldwell, C., 440
Caldwell, D., 129-130
Caldwell, H. K., 333-334
Cameron, D., 453-454
Cameron, L., 384-385
Campbell, A. C., 359-360
Campbell, B., 331-332
Campbell, D. T., 32-33, 163-165, 200-201, 349-352, 457-458
Campbell, E. Q., 257-258
Campbell, L., 93-94
Campbell, W., 457-458
Campbell, W. K., 56, 64-67, 70-71, 73-74, 78-79, 338-339, 374-375
Canadian Psychological Association, 45
Canadian Centre on Substance Abuse, 184-185
Cann, A., 439-440
Canter, D., 356-357
Cantor, N., 53, 74, 335-336
Cantril, H., 28-29, 239-240
Caputo, D., 91-92
Carducci, B. J., 329-330
Carli, L., 147-148, 271
Carlo, G., 363-364
Carlsmith, J. M., 44-45, 126-128, 346
Carlsmith, M., 199
Carlson, J., 330-331
Carlson, K. A., 442
Carlson, M., 285, 347-348

ÍNDICE ONOMÁSTICO 549

Carlston, D., 84-85
Carlston, D. E., 79
Carlton-Ford, S., 76-77
Carnagey, N. L., 299-300
Carnahan, T., 120-121
Carnegie, A., 305
Carnegie, D., 325-327
Carnevale, P. J., 454, 397
Carney, D., 200-201
Carpenter, S., 248-249
Carpusor, A. G., 247-248
Carranza, E., 145
Carré, J. M., 283
Carroll, D., 39, 423-424
Carroll, J., 250-251
Carroll, J. S., 291-292
Carter, J., 444-445
Carter, S., 266-267, 322-323
Cartwright, D. S., 230, 287-288
Carvallo, M., 309
Carver, C. S., 104-105, 117-118, 365-367, 410-411, 413-414
Cash, T. F., 317-318
Caspi, A., 138-139, 283, 322
Cassidy, J., 333-334
Castelli, L., 255-256
Caulkins, J. P., 442-443
CDC, 293-294, 423-424
Ceci, S. J., 431-433
Cemaliclar, Z., 309
Census Bureau, 87-88
Centerwall, B. S., 295-296
Chaiken, S., 114, 190-196, 199, 204
Chalmers, A., 72-73
Chambers, J. R., 75-76, 453-454
Chance, J., 265-266
Chandler, J., 130-131
Chapman, J. P., 405-406
Chapman, L. J., 405-406
Charles I (King of England), 54-55
Chart, T., 163-165
Chartrand, T. L., 88, 248-249, 322-323
Chatard, A., 272-273
Check, J., 293
Check, J. V. P., 292
Chen, E., 423-424
Chen, F. F., 323-324
Chen, L.-H., 228-229
Chen, S., 52-53, 260-261
Chen, S. C., 218
Chen, Z., 310-311
Cheney, R., 285
Cheng, J. B., 205-206
Cheng, K., 67-68
Cherlin, A. J., 287-288
Chermack, S. T., 283
Chesterfield, Lord, 265-266, 359-360
Chesterton, G. K., 143-144
Chiao, J. Y., 316
Chiles, C., 176-177
Chiliki, W., 213
Chodorow, N., 145
Choi, D.-W., 397
Choi, I., 56-57, 105
Choi, Y., 56-57
Chorost, A. F., 330-331

Christakis, N. A., 410-411
Christensen, P. N., 412-413
Chua, H. F., 56
Chua-Eoan, H., 207-208
Church, G. J., 223-224
Churchill, W., 190, 377-378
Cialdini, D. T., 346
Cialdini, J. T., 394-395
Cialdini, R. B., 122-125, 128-129, 194-195, 212, 237, 261, 353-354, 366-370, 389-390
Ciano, G., 76-77
Cicerello, A., 316
Cicero, 314-315
Cioffi, D., 370-371
Clack, B., 385
Clancy, S. M., 145-146
Clark, K., 249-250
Clark, M., 249-250, 347-348
Clark, M. S., 63, 334-335, 346
Clark, R., 240-241
Clark, R. D., III, 176-177, 361
Clarke, A. C., 311-312
Clarke, V., 143-144
Clary, E. G., 364
Cleghorn, R., 41-42
Clement, R. W., 74, 265
Clevstrom, J., 184-185
Clifford, M. M., 317
Cline, V. B., 297-298
Clinton, H. R., 115-117
Clooney, G., 279-280
Clore, G. L., 58-59, 326-328, 349-350, 386-387
Coan, J. A., 422-423
Coates, B., 368-370
Coats, E., 146-147
Codol, J.-P., 76-77
Cohen, D., 55, 287-288
Cohen, F., 388-389
Cohen, G. L., 275
Cohen, J. E., 452
Cohen, M., 169-170
Cohen, S., 214, 392, 415-417, 421-424
Cohn, E. G., 289-290
Cohrs, J. C., 256-257
Colarelli, S. M., 147-148
Colby, C. A., 396
Cole, J., 225-226
Coleman, L. M., 325-326
Collins, M. E., 384-385
Collins, N. L., 334-335
Colman, A. M., 230
Comer, D. R., 224
Comfort, J. C., 444-445
Comim, F., 452-453
Comstock, G., 294-297
Confucius, 92-93, 136, 138-139
Conger, R. D., 333-334
Conner, M., 117
Conrad, J., 87-88
Contrada, R. J., 176-177
Conway, F., 208, 208-209
Conway, L. G., III, 454
Conway, M., 87-88
Cook, C. E., 334-335
Cook, S. W., 124, 392

Cook, T. D., 192-193
Cooley, C. H., 54-55
Coombs, R. H., 425
Cooper, H., 107-108
Cooper, H. M., 67-68
Cooper, J., 126, 133, 214, 273
Cooper, R., 392
Copper, C., 233-234
Corman, M. D., 283
Correll, J., 251-252
Costa, P. T., Jr., 141-143
Costanzo, M., 280-281, 304-305, 444-445
Costello, C., 375-376
Costello, S., 177-178
Cota, A. A., 185-186, 247-248
Cotton, J. L., 289-290
Cottrell, C. A., 263
Cottrell, N., 220-221
Court, J. H., 292
Cousins, N., 111-112
Cowan, C. L., 346-347
Cowan, G., 438-439
Coyne, J. C., 410-411
Coyne, S. M., 295
Crabb, P., 153-154
Crabtree, S., 145, 365
Crandall, C. S., 176-177, 263-264
Crandall, R., 305
Crane, F., 335-336
Crano, W., 107-108
Crawford, M., 247-248
Crawford, T., 201-202
Crisp, R. J., 393-394
Crocker, J., 62-63, 65-66, 96-97, 260-263, 266-267, 272-273, 459-460
Crockett, M. J., 283-284
Crofton, C., 322
Croizet, J.-C., 275
Crosby, F., 250-251
Crosby, F. J., 425
Crosby, J. R., 250-251
Cross, P., 76-77
Cross, S. E., 56-57
Cross-National Collaborative Group, 411-412
Crowley, M., 145-146, 349-350, 363-364
Crowther, S., 358-359
Croxton, J., 86-87
Croyle, R. T., 133
Csikszentmihalyi, M., 298-299, 459-460
Cuddy, A., 171-172
Cuddy, A. J. C., 255
Cullen, L. T., 337
Cullum, J., 176-177
Cunningham, J. D., 332-333, 335-336
Cunningham, M. R., 347-348
Cunningham, W. A., 252
Cutler, B. L., 430-431, 434-438, 440-441, 443-444
Cutrona, C. E., 422-423
Cutshall, J. L., 431
Cynkar, A., 155

D

Dabbs, J. M., Jr., 153, 196-197, 283-284, 356
D'Agostino, P. R., 314-315
Dalrymple, T., 301
Damon, W., 40
Daniels, D., 156
Danner, D. D., 417
Dardenne, B., 255
Darley, J., 276-277, 304-305
Darley, J. M., 312, 355-363
Darley, S., 214
Darrow, C., 437-438, 443-444
Darwin, C., 130-131, 137-138, 303-304
Das, E. H. H. J., 197-198
Dasgupta, N., 263-264
Dashiell, J. F., 218
Dauenheimer, D., 275
Davenport, G., 169
Davidson, R. J., 282
Davies, C., 430-431
Davies, M. F., 85-86
Davies, P., 152-153, 274
Davila, J., 425
Davis, B. M., 147-148
Davis, C. G., 96-97
Davis, D., 431
Davis, J., 204-205
Davis, J. H., 211, 444-445
Davis, J. L., 323-324
Davis, K., 100-101
Davis, K. E., 122-123, 331-332
Davis, L., 223-224
Davis, M. H., 412-413
Davis, N., 169-170
Davis, T. L., 440-441
Dawes, R. M., 40, 64, 75, 111-112, 374-375, 377-378, 408
Dawkins, R., 138-139, 349-352
Dawson, N. V., 37
Deary, I. J., 256-257, 423-424
Deaux, K., 147-148
de Botton, A., 457-458
DeBruine, L. M., 313-314, 360-362
Decety, J., 53
DeChurch, L. A., 237
Deci, E. L., 68-69, 130-133, 309, 333-334
De Cremer, D., 377-378
De Graaf, N. D., 365
De Hoog, N., 196-198
de Hoogh, A. H. B., 242-243
De Houwer, J., 327-328
De—Jong-Gierveld, J., 411-412
Delgado, J., 119
Della Cava, M. R., 189
Dembroski, T., 194-195
Demoulin, S., 261-262
DeNeve, K. M., 291
Denissen, J. J. A., 309
Dennett, D., 137-138, 152-153
Denollet, J., 415-416
Denrell, J., 180-181
Denson, T. F., 282
Department of Canadian Heritage, 393-395

DePaulo, B., 424-425
DePaulo, B. M., 90-91
Derks, B., 275
Derlega, V., 334-335
Dermer, M., 314-315, 329-330, 458-459
DeRubeis, R. J., 409-410
Desforges, D. M., 392-393
DeSteno, D., 98-99, 114
Detweiler, J. B., 415-416
Deuser, W. E., 291
Deutsch, M., 178-180, 373-374, 377, 452-453, 384-385, 392-393, 399
Deutsch, R., 89
Devenport, J. L., 436-438
Devine, P. G., 133, 248-249, 263-268
De Vogli, R., 422-423
DeVos-Comby, L., 197-198
de Waal, F. B. M., 310, 353
DeWall, C. N., 310-311
Dexter, H. R., 440-441
Dey, E. L., 455
Diamond, J., 320-321
Diamond, S. S., 442-444
Dick, S., 247
Dicum, J., 337
Diehl, M., 237
Diekman, A. B., 94-95
Diekmann, K. A., 70-71
Diener, E., 117-118, 225-227, 282, 305, 455-458, 460-461
Dienstbier, R. A., 291
Dietrich, M., 324-325
Dijker, A., 140
Dijksterhuis, A., 89, 190-191
Dill, J. C., 411-414
Dill, K., 300-301
Dillehay, R. C., 448
Dindia, K., 145
Dion, K. K., 194-195, 317-319, 330-332, 338-339
Dion, K. L., 185-186, 247-248, 267-268, 317-318, 330-332, 338-339, 388-389
Dishion, T. J., 230
Disraeli, B., 114
Dixon, B., 416-417
Dixon, J., 384-385
Dobzhansky, T., 152-153
Dodge, R., 202-203
Dohrenwend, B., 422-423
Dolinski, D., 347-348, 370-371
Dollard, J., 283-284
Dollinger, S. J., 145-146
Dolnik, L., 205-206
Donaldson, Z. R., 331-332
Donders, N. C., 251-252
Donnellan, M. B., 64-65, 333-334
Donnerstein, E., 292-295, 361
Doob, A., 193-194
Doob, A. N., 94-95, 367-368, 436
Doria, J. R., 76-77
Dorr, A., 213
Dotsch, R., 251-252
Doty, R. M., 255-256
Douglas, C., 97

Douglas, K. M., 225-226
Douglass, A. B., 434-435
Douglass, F., 120-121
Douthitt, E. Z., 219-220
Dovidio, J. F., 247-248, 250-251, 353-354, 361-362, 390-391
Dowd, M., 320-321, 380
Downing, L., 226-227
Downs, A. C., 438-439
Doyle, A. C., 37
Doyle, J. M., 149, 430-431
Drabman, R. S., 297-298
Draguns, J. G., 411-412
Dreber, A., 374-375
Driedger, L., 393-394
Driskell, J. E., 176-177
Drolet, A. L., 377
Drwecki, B. B., 250-251
Dryer, D. C., 324-325
DuBois, W. E. B., 393-394
Duck, J. M., 202-203
Dudley, K., 103-104
Duffy, M., 126, 189
Dunbar, R., 376
Duncan, B. L., 269-270
Dunkel-Schetter, C., 169
Dunn, E., 60, 78-79, 368
Dunn, E. W., 344-345, 457-458
Dunn, J. R., 397-398
Dunning, D., 59-60, 72-76, 90-92, 276-277, 434-435
Durante, K. M., 320-321
Durrheim, K., 385
Dutton, D., 137
Dutton, D. G., 279-280, 329-330, 361
Dutton, K., 62-63
Duval, S., 104-105, 366-367
Duval, T. S., 104-105
Duval, V. H., 366-367
Dweck, C. S., 67-68
Dykstra, P. A., 412-413

E
Eagles, M., 380
Eagly, A., 147-148
Eagly, A. H., 114, 145-148, 157-158, 190-191, 193-194, 204, 231-232, 242-243, 252-253, 317-318, 349-350, 363-364
Easterbrook, G., 453-454
Easterlin, R., 457
Eastwick, P. W., 60, 316, 324-325
Ebbesen, E. B., 303-304
Eberhardt, J., 252, 439-440
Eberhardt, J. L., 269-270
Ebert, J., 69-70
Ebert, J. E. J., 60
Eckersley, R., 456-458
Eckes, T., 117
Edney, J. J., 376
Edwards, C. P., 153-154
Edwards, D., 382-383
Edwards, J., 331-332
Edwards, J. A., 98
Edwards, K., 196-197, 440
Efran, M. G., 438
Egan, L., 128-129

Ehrlich, P., 151-152
Ehrlinger, J., 249-250
Eibach, R. P., 106
Eibach, R. P., 75, 249-250
Eich, E., 87-88
Einstein, A., 280
Eisenberg, N., 145-146, 348, 352-353, 362-363
Eisenberger, N. I., 310-311
Eisenberger, R., 131-132
Eisenhower, D., 280
Eiser, J. R., 126
Elder, G. H., Jr., 317
Elder, J., 261
Eldersveld, S., 202-203
Ellemers, N., 261-262
Elliot, A., 130-131
Elliot, A. J., 133
Elliott, L., 363-364
Ellis, B. J., 149
Ellis, H., 265-266
Ellison, P., 225-226
Ellman, L. M., 447
Ellsworth, P., 444-445
Ellsworth, P. C., 431-432, 438-439, 442-444, 448
Elms, A. C., 167-168
Emerson, R. W., 113, 153, 172-173, 225, 239-240, 271, 325-326
Emlen, S. T., 322-323
Emmons, R. A., 424-425
Emswiller, T., 360-361
Eng, P. M., 422-423
Engemann, K. M., 317-318
Engs, R., 184-185
Ennis, R., 209-210, 286
Enzle, M. E., 97, 440-441
Epictetus, 134
Epley, N., 45, 59-60, 72, 82-83, 412-413
Epstein, J. A., 213
Epstein, R., 337
Epstein, S., 181-182
Epstude, K., 95-96
Erb, H.-P., 184-185
Erber, R., 110-111, 263
Erbring, L., 337
Erickson, B., 192-193, 397
Erikson, E., 333-334
Eron, L. D., 295, 305
Escobar-Chaves, S. L., 297-298
Eshelman, A., 263-264
Esser, J. K., 236-237
Esses, V. M., 250-251, 264-265, 379-380, 438
Estess, F., 407
Etaugh, C. E., 247-248
Etzioni, A., 161-162, 186, 249-250, 394-395, 399, 400
Evans, D., 361
Evans, G. W., 219-220
Evans, M., 93
Evans, R. I., 212-213
Exline, J., 66-67

F
Fabrigar, L. R., 196-197
Fairchild, H. H., 438-439

Falbo, T., 309
Fallshore, M., 434-435
Farquhar, J., 202-203
Farrell, E. F., 213
Farrelly, M. C., 197-198
Farris, C., 99-100
Farwell, L., 105
Faulkner, S. L., 222-223
Faust, D., 408
Fazio, R., 117-118
Fazio, R. H., 115-116, 133, 248-249, 386-387, 407
FBI, 148
Feather, N. T., 32-33
Federal Bureau of Investigation, 148, 249-250
Federal Trade Commission, 212-213
Feeney, J., 334-335
Feeney, J. A., 332-333
Fein, S., 180-181, 263, 275-276
Feinberg, J. M., 219-220
Feingold, A., 151, 315-319, 438-439
Feldman, M., 151-152
Feldman, N. S., 271-272
Feldman, R. S., 107-109, 146-147
Feldman, S. S., 393-394
Felicio, D. M., 275-276
Felson, R. B., 54-55, 280-281
Fenigstein, A., 104-105, 414
Ferguson, C. J., 296-297
Ferguson, M. J., 89
Ferguson, T. J., 432-434
Fergusson, D. M., 338-339
Feshbach, N., 213, 214
Festinger, L., 53-54, 113, 126-129, 193-194, 205-206, 225, 231-232, 236-237
Feynman, R., 132-133
Fichter, J., 257-258
Fiedler, F. E., 241
Fiedler, L., 185-186
Fincham, F., 99-100
Fincham, F. D., 65-66
Finchilescu, G., 298-299, 386
Findley, M. J., 67-68
Fingerhut, A. W., 149, 424-425
Finkel, E. J., 66-67, 316
Finkenauer, J. I., 325
Fischer, E. F., 330
Fischer, G. J., 439-440
Fischer, P., 297-298
Fischer, R., 72-73
Fischhoff, B., 35-36, 93
Fischstein, D. S., 149
Fishbein, D., 324-325
Fishbein, M., 115-117
Fisher, G. H., 431-432
Fisher, H., 330-331
Fisher, J. D., 348
Fisher, K., 153-155
Fisher, R., 169-170
Fisher, R. J., 397-398
Fisher, R. P., 432-435
Fishman, S., 280-281, 452-453
Fiske, S. T., 32-33, 111-112, 137-139, 171-174, 250-253, 255, 265-267, 276-278
Fitzpatrick, A. R., 231-232

Fitzpatrick, M. A., 340
Fitzsimmons, G. J., 117
Flay, B. R., 192-193, 212-213
Fleming, M. A., 440
Fletcher, G. J. O., 87-88, 98-99, 106, 269-270, 314-315, 326-328, 334
Flood, M., 291-292
Flynn, F. J., 365-366
Foa, E. B., 343-344
Foa, U. B., 343-344
Fogelman, E., 367-368
Fokkema, T., 412-413
Foley, L. A., 386-387
Follett, M. P., 395-396
Fontes, N. E., 440-441
Forbes, C., 275
Ford, R., 249-250
Ford, T. E., 257-259
Forgas, J. P., 98-99, 196-197, 347-348
Form, W. H., 350-351
Forster, E. M., 132-133
Forster, J., 275
Forsyth, D. R., 62-63, 417-418
Foss, R. D., 365-366
Foster, C. A., 330, 338-339
Foster, J. D., 64-65
Fournier, R., 249-250
Fowler, J. H., 410-411
Francis of Assisi, Saint, 345
Frank, A., 129-130
Frank, J., 210-211
Frank, P., 361
Frank, R., 259-260
Frankel, A., 78
Franklin, B., 50, 124, 434-435
Franklin, B. J., 361
Frantz, C. M., 453-454
Franzoi, S. L., 412-413
Fraser, S. C., 121-122
Frasure-Smith, N., 415-416
Frederick, D. A., 320-321
Freedman, J., 123, 205-206, 219-220
Freedman, J. L., 121-122
Freeh, L., 306
Freeman, M. A., 55
French, J. R. P., 72
Freshley, H. B., 361
Freud, S., 273, 329-330
Freund, B., 73-74
Frey, J., 288-290
Friedman, H. S., 324-325
Friedman, R., 130-131
Friedman, T., 284-285
Friedman, T. L., 189
Friedrich, J., 77
Friedrich, L. K., 368-370
Frieze, I. H., 317 318
Frimer, J. A., 362-363
Froming, W. J., 117-118
Fromkin, H., 184-185
Fromm, E., 316
Fulbright, J. W., 377
Fuller, S. R., 235-236
Fulton, R., 239-240
Fultz, J., 353-354
Funder, D., 110-111

Funder, D. C., 102-103, 110-111
Furnham, A., 105, 271-272

G

Gable, S. L., 334-335
Gabrenya, W. K., Jr., 223-224
Gabriel, S., 145, 309
Gaebelein, J. W., 300-301
Gaeddert, W., 379-380
Gaertner, L., 57, 71, 262-263
Gaertner, S. L., 250-251, 273, 361-362, 390-391, 393-394
Gailliot, M. T., 66-67
Galanter, M., 210-211
Galbraith, J. K., 456
Galinsky, A. D., 397-398
Galizio, M., 196-197
Gallagher, B., 249-250
Gallo, L., 459-460
Gallo, L. C., 423-424
Gallup, G. H., Jr., 256-257
Gange, J. J., 218-221
Gangestad, S. W., 79, 319-321
Garb, H. N., 405-406, 409
Garcia-Marques, T., 314-315
Gardner, M., 207-208
Gardner, W. L., 145, 335-336, 413-414
Garner, R., 370-371
Garrity, M. J., 284-285
Garry, M., 432-434
Gartner, R., 303-304
Garver-Apgar, C. E., 324-325
Gastorf, J. W., 220-221
Gates, B., 354-355
Gates, M. F., 218
Gaunt, R., 322-323
Gavanski, I., 60-61
Gavzer, B., 443-444
Gawande, A., 72
Gawronski, B., 61-62
Gayoso, A., 443-444
Gazzaniga, M., 89-90, 119
Gearhart, J. P., 153
Gebauer, J. E., 313-314
Geen, R. G., 218-221, 283-284, 295-297, 303-304
Geers, A. L., 199-200
Geiselman, R. E., 434-435
Geller, D., 173-174
Gelles, R. J., 286-287
Gentile, B. C., 56, 368-370
Gentile, D. A., 295-300
George, D., 363-364
George, H., 165-166
Gerard, H. B., 175-176, 178-180, 208
Gerbasi, K. C., 444-445
Gerbner, G., 294-295, 297-299
Gergen, K. E., 370-371
Gerrig, R. J., 94-95
Gerstein, L. H., 363-364
Gerstenfeld, P. B., 230-231
Gesan, A., 453-454
Geyer, A., 166-167
Giancola, P. R., 283
Gibbons, F. X., 117-118, 346-347
Gibson, B., 73-74

Gifford, R., 268-269, 374-376
Gigerenzer, G., 89-90, 94-95, 110-111
Gigone, D., 231-232
Gilbert, D., 58-59, 69-70, 100, 211
Gilbert, D. T., 54-55, 59-61, 102, 264-265, 312, 457-458
Gilbert, L. A., 147-148
Gilham, J. E., 419-420
Gill, M. J., 90-91
Gillath, O. M., 333-334
Gilligan, C., 145
Gillis, J. S., 157-158
Gilman, C. P., 188-189
Gilovich, J., 70-71
Gilovich, T., 51-52, 72-73, 91-92, 96-97, 106, 356-357, 457-458
Giltay, E. J., 417
Ginsburg, B., 286
Gladwell, M., 37
Glasman, L. R., 117-118
Glass, C. R., 98-99
Glass, D. C., 122-123
Gleason, M. E. J., 344-345
Glenn, N., 204-205
Glick, P., 252-253, 255
Glidden, M. V., 396
Gockel, C., 223-224
Goethals, G. R., 74, 75, 195
Goethe, J. W. von, 117-118, 129-130, 199-200
Goggin, W. C., 406-407
Goh, J. O., 56
Goldberg, L. R., 104-105
Goldberg, P., 253-254
Goldhagen, D. J., 172, 188-189
Goldman, W., 318-319
Goldsmith, C., 189
Goldstein, A., 265-266, 301
Goldstein, A. P., 305
Goldstein, D., 42
Goldstein, J. H., 303-304
Golec de Zavala, A., 148, 208-209
Gonsalkorale, K., 310
Gonsalves, B., 432-434
Gonzaga, G., 328-329
Gonzaga, G. C., 322-323
Gonzalez, A., 392
Gonzalez, A. Q., 253-254
González-Vallejo, C., 89
Goode, E., 165-166
Goodhart, D. E., 74
Gordijn, E. H., 197-198, 445-446
Gordon, R. A., 325-326
Gordon, S. L., 330
Gore, A., 389-390
Gortmaker, S. L., 43, 246-247
Gosselin, J. T., 66-67
Gotlib, I. H., 396, 410-411
Gottlieb, A., 358-359
Gottlieb, J., 365-367
Gottman, J., 340
Gough, H. G., 414
Gough, S., 172-173
Gould, M. S., 165-166
Gould, S. J., 376
Gouldner, A. W., 348
Gove, W. R., 424-425

Govern, J., 225-226
Grajek, S., 331-332
Gramzow, R. H., 76-77
Granberg, D., 176-177
Granstrom, K., 235-236
Graves, J., 221-222
Graves, R., 329-330
Gray, C., 360-361
Gray, J. D., 70-71
Graziano, W. G., 66-67, 299-300
Greeley, A. M., 124, 259-260, 335-336
Green, A. R., 250-251
Green, C. W., 391
Green, D. P., 259-260, 391
Green, J., 104-105
Green, M. C., 94-95
Green, S., 317-318
Greenberg, J., 63, 76-78, 262-263, 379-380, 419-420
Greene, D., 130-131
Greene, J., 350-351
Greenland, K., 393-394
Greenles, C., 223-224
Greenwald, A. G., 87-90, 115-116, 132-133, 248-252
Greer, G., 142-143
Gregory, R. J., 169
Greitemeyer, T., 297-298, 368-370
Griffit, W., 148, 288-290, 327-328
Grim, B. J., 246-247
Griskevicius, V., 349-350
Groenenboom, A., 223-224
Gronlund, S. D., 436
Gross, A. E., 322
Gross, A. M., 99-100
Gross, J. E., 346
Gross, J. T., 280
Gross, P., 276-277
Grote, N. K., 334-335
Grove, J. R., 70-71
Grove, W. M., 408
Grube, J., 263
Gruder, C. L., 54-55, 192-193
Gruendl, M., 320-321
Gruman, J. C., 271-272
Grunberger, R., 124-125
Grusec, J. E., 359-360
Grush, J. E., 117-118, 201-202, 396
Guadagno, R. E., 122
Guégen, N., 122
Guerin, B., 72, 218-221
Guimond, S., 255
Guiness, O., 338
Gullone, E., 412-413
Gunter, B., 271-272, 296-297
Gupta, U., 331-332
Gurin, P., 387-388
Gurley, V. F., 460-461
Guthrie, W., 181-182
Gutierres, D. T., 321
Gutierres, S. E., 321
Gutmann, D., 153-154
Guttentag, M., 254

H

Hacker, H. M., 255
Hackman, J. R., 223-224

552 ÍNDICE ONOMÁSTICO

Hadden, J. K., 257-258
Haddock, G., 145, 205-206, 252-253
Haeffel, G. J., 409-410
Haemmerlie, F. M., 418-420
Hafer, C. L., 270-271
Hafner, H., 165-166
Hagendoorn, L., 247-248
Hagerty, M. R., 286, 457-458
Hagtvet, K. A., 40
Haidt, J., 52-53, 359-360
Hains, M. A., 235-236
Halberstadt, A., 145-146
Halberstadt, J., 319, 389-390
Haldane, J. B. S., 349-350
Hall, G. C. N., 296-297
Hall, J., 146-147
Hall, J. A., 147-148, 315-316
Hall, M., 442
Hall, T., 87-88
Hall, V. C., 131-132
Halverson, A. M., 442-443
Hamamura, T., 71
Hamberger, J., 387-388
Hamblin, R. L., 304-305
Hamilton, D., 268-270
Hamilton, D. L., 96-97
Hamilton, V. L., 410-411
Hamm, H. K., 169
Hampson, R. B., 362-363
Hancock, K. J., 265-266
Hancock, R. D., 79
Hand, B. L., 111-112, 409
Haney, C., 120, 438-439, 444-445
Hans, V. P., 443-444
Hansen, D. E., 364
Hansen, J., 451
Hanson, D. J., 184-185
Harbaugh, W. T., 344-345
Harber, K., 250-251
Harber, K. D., 107-108
Harburg, E. Y., 312
Hardin, G., 374-375
Hardy, C., 222
Hardy, C. L., 344-345
Haritos-Fatouros, M., 172-173
Harkins, S., 222-223
Harkins, S. G., 205-206, 221-224
Harkness, K. L., 409-410
Harmon-Jones, E., 133, 262-263, 313-314
Harries, K. D., 289-290
Harriman, S., 177-178
Harris, J. R., 144, 156-157, 333-334
Harris, L., 171-172
Harris, L. T., 252
Harris, M. J., 107-108
Harris, V., 102-104
Harrison, A. A., 313-314
Hart, A. J., 250-251, 263-264
Harter, J. K., 460-461
Harton, H. C., 176-177
Hartup, W. W., 424-425
Harvey, J., 335-336
Harvey, J. H., 341
Harvey, R. J., 413-414

Haselton, J. H., 74
Haselton, M., 110-111
Haselton, M. G., 320-321
Haslam, N., 100-101, 262-263
Haslam, S. A., 120-121
Hass, R. G., 250-251
Hasselhoff, D., 74
Hastie, R., 69, 231-232, 235-236, 437-438, 441-446
Hastorf, A., 28-29
Hatfield, E., 130-131, 193-194, 315-316, 325-334, 379-380
Hatzfeld, J., 301
Haugen, J. A., 43
Haugtvedt, C. P., 200-201
Hauser, D., 191-192
Havel, V., 458-459
Hawkins, L. B., 79
Hawkins, W. L., 440-441
Hawkley, L. C., 412-413
Hawthorne, N., 120
Hazan, C., 332-334, 338-339
Hazlitt, W., 255, 409-410
Headey, B., 72
Heap, B., 452-453
Hearold, S., 368-370
Heath, C., 76-77, 184-185
Heatherton, T. F., 246-247
Hebl, M. R., 246-247, 257-258
Hecato, 325-326
Hedge, A., 350-351
Heesacker, M., 421
Hehman, J. A., 247
Heider, F., 100-101
Heine, S., 55, 57
Heine, S. J., 57, 71, 141-143, 227, 269-270
Heinrich, L. M., 412-413
Heins, M., 299-300
Heinz, A., 283
Heise, L., 293-294
Heisenberg, W., 33
Hellman, P., 342-343
Helweg-Larsen, M., 147-148, 162-163
Hemsley, G., 193-194
Henderson, M., 141-143
Henderson-King, E. L., 268
Hendrick, C., 196-197, 330
Hendrick, S. S., 330, 335-336
Hennigan, K., 286
Henrich, J., 344-345
Henslin, M., 97
Hepworth, J. T., 259-260
Heradstveit, D., 452-453
Herbener, E. S., 322
Herek, G. M., 247, 387-388
Herlocker, C. E., 374-375
Hershberger, S. L., 349-350
Hershey, J. C., 271-272
Hertel, G., 223-224
Hertwig, R., 238-239
Herzog, S. M., 238-239
Heschel, A., 189
Hewstone, M., 99-100, 265-266, 270-271, 273, 385, 387-388, 393-394
Higbee, K. L., 43

Higgins, C. R., 75-76
Higgins, E. T., 120-121, 223-224, 410-411
Hillery, J., 218-219
Hilmert, C. J., 176-177
Hilton, J. L., 83-84, 275-276
Hine, D. W., 374-376
Hines, M., 153
Hinkle, S., 260-261
Hinsz, V. B., 231-232, 237, 301-302
Hippocrates, 288-289
Hirschman, R. S., 212-213
Hirt, E. R., 85-86, 410-411
Hitchcock, A., 295
Hitler, A., 190-191
Hitsch, G. J., 317
Hixon, J. G., 264-265
Ho, S. J., 322-323
Hobbes, T., 281-282
Hobden, K. L., 126-127
Hodges, B., 166-167
Hodgkinson, V. A., 365
Hodson, G., 387-388
Hoffer, E., 163-165
Hoffman, C., 60-61
Hoffman, L. W., 257-258
Hoffman, M. L., 353
Hofling, C. K., 169-170
Hofmann, W., 115-116
Hogan, R., 242-243
Hogg, M., 260-261
Hogg, M. A., 176-177, 232-233, 242-243
Hogg, S. C., 235-236
Holland, R., 82-83
Holland, R. W., 133
Hollander, E. P., 179-180
Hollin, C. R., 436-437
Holmberg, D., 87-88
Holmes, J., 87-88
Holmes, J. G., 334-335
Holmes, O. W., Jr., 94-95, 430-431, 467
Holson, L. M., 309
Holt, R., 444-445
Holtgraves, T., 56-57
Holtman, Z., 386-387
Holtz, R., 262-263
Holtzworth-Munroe, A., 99-100
Honigman, R. J., 317-318
Hoorens, V., 72-73, 312-313
Hoover, C. W., 366-367
Hooykaas, R., 112
Hormuth, S. E., 78
Hornstein, H., 281-282
Horowitz, L., 332-333
Horowitz, L. M., 324-325
Horowitz, S. V., 396
Horton, R. S., 322
Horwitz, A. V., 425
Hosch, H. M., 100, 265-266, 436-437
Höss, R., 103-104
Houck, M. M., 442-443
House, R. J., 242-243
Houston, V., 317
Hovland, C., 190, 199-200

Hovland, C. I., 196, 199-200, 259-260
Howard, D. J., 190-191
Howell, C. J., 455
Howell, R. T., 455
Hoyle, R. H., 322-323
Hrebec, D., 395-396
Hsee, C., 69
Hu, L., 265-266
Huart, J., 272-273
Huddy, L., 265-266
Huesmann, L. R., 282, 295-296, 305
Huff, C., 45
Hugenberg, K., 250-252, 266-267
Hui, C. H., 379-380
Hull, J. G., 227, 414
Hulton, A. J. B., 54-55
Human Security Centre, 280
Hunsberger, B., 256-257
Hunt, A. R., 155
Hunt, M., 67-68, 145-146, 354-355
Hunt, P., 218-219
Hunt, R., 247
Hunter, J. A., 452-453
Hunter, J. D., 189
Huo, Y. J., 393-394
Hur, T., 96-97
Hurt, H. T., 413-414
Husband, R. W., 218
Huston, A. C., 294-295
Huston, T. L., 316, 330-331, 340
Hutnik, N., 393-394
Hutson, M., 443-444
Hvistendahl, M., 254
Hyde, J. S., 144, 410-411
Hyers, L., 173-174
Hyman, H. H., 249-250
Hyman, R., 121-122

I

Ibsen, H., 111-112
Ickes, B., 104-105
Ickes, W., 159, 181-182, 227, 272-273, 349
Iizuka, Y., 142
Imai, Y., 70-71
Imber, L., 266-267
Imhoff, R., 184-185
Ingham, A., 221-222
Ingham, A. G., 221-222
Inglehart, M. R., 53
Inglehart, R., 68-69, 138-139, 156, 341, 424-425, 455, 456
Inkster, J., 128-129
Inman, M. L., 453-454
Innes, J. M., 33, 220-221
Insko, C. A., 323-325
Intergovernmental Panel on Climate Change, 451
International Labour Organization, 154-155
Inzlicht, M., 274
Isen, A. M., 98-99, 347-348
Isozaki, M., 228-229
Ito, T. A., 283
Iyengar, S. S., 68-69

ÍNDICE ONOMÁSTICO 553

J

Jackman, M., 252-253
Jackman, M. R., 249-250
Jackson, J., 67-68, 105
Jackson, J. M., 219-220, 222
Jackson, J. W., 269-270
Jackson, L. A., 317-318
Jacob, C., 122
Jacobs, R., 163-165
Jacobson, C. K., 169-170
Jacobson, L., 107-108
Jacobson, N., 99-100
Jacoby, S., 324-325
Jacques-Tiura, A. J., 293-294
Jaffe, Y., 301, 301-302
James, H., 322
James, W., 78, 129-131, 134, 256-257
Jamieson, D., 108-109
Janda, L. H., 317-318
Janes, L. M., 179-180
Janis, I. L., 196-197, 199-200, 232-237, 454, 382-383
Jankowiak, W. R., 330
Janoff, D., 420-421
Jason, L. A., 365-366
Jefferson, T., 91-92
Jeffery, R. W., 420-421
Jelalian, E., 85-86
Jellison, J. M., 104-105
Jemmott, J. B., III, 416-417
Jenkins, A. C., 252
Jenkins, H. M., 96-97
Jennings, D. L., 96-97
Jensen, J., 247
Jervis, R., 83-84, 380
Jetten, J., 176-177
John, O. P., 141-143
Johns, M., 275
Johnson, A. L., 217
Johnson, B. T., 196-197, 242-243
Johnson, D. J., 322
Johnson, D. W., 392-393, 395-396
Johnson, E. J., 42
Johnson, H., 334
Johnson, J., 120-121
Johnson, J. D., 259, 272-273, 296-297, 385
Johnson, J. G., 295-296
Johnson, M. H., 98-99, 410-411
Johnson, P., 183
Johnson, R., 226-227
Johnson, R. T., 392, 395-396
Johnson, S., 262-263
Johnson, W., 455
Johnston, L., 88
Joiner, T. E., Jr., 165-166, 410-411
Joinson, A. N., 337
Joly-Mascheroni, R. M., 164
Jonas, K., 165-166
Jones, C. S., 438-439
Jones, E., 78, 100-104
Jones, E. E., 102-104, 122-123, 200-201, 325-326, 412-413, 418-419, 434-435
Jones, J. M., 273, 323-324, 354-355
Jones, J. T., 313-314, 332-333
Jones, R. A., 199-200
Jones, T., 256-257
Jones, T. F., 165-166
Jones, W. H., 46, 338-339
Jost, J. T., 63, 252-253
Joubert, J., 178-179
Jourard, S., 334-336
Jourden, F. J., 76-77
Judd, C., 251-252
Judge, T. A., 242-243
Jussim, L., 33, 82-83, 107-111, 247-248
Juvenal, 271

K

Kagan, J., 32-33, 282
Kagehiro, D. K., 442-445
Kahle, L. R., 115-117
Kahlor, L., 292
Kahn, A., 379-380
Kahn, M. W., 286
Kahneman, D., 60-61, 90-91, 93-98, 238, 313-314, 452-454, 398-399
Kalick, S. M., 317-318
Kalton, G., 41-42
Kalven, H., Jr., 437-438, 444-448
Kambara, T., 290-291
Kameda, T., 239-240
Kammer, D., 104-105
Kanagawa, C., 55
Kanazawa, S., 317
Kandel, D. B., 324-325
Kanekar, S., 100
Kanten, A. B., 71
Kaplan, M. F., 232-233, 264-265, 438-440
Kaprio, J., 422-423
Karasawa, M., 312-313
Karau, S. J., 222-224
Karney, B. R., 326-327, 335-336, 340
Kasen, S., 153
Kashima, E. S., 55
Kashima, Y., 55
Kashy, D. A., 412-413
Kasser, T., 456-458
Kassin, S. M., 108-109, 436-437, 440-441
Katz, E., 203
Katz, I., 361
Katz, J., 410-411
Katzev, R., 178-179, 366-367
Kaufman, J., 286-287
Kaufman-Gilliland, C. M., 376
Kawachi, I., 286, 423-424
Kawakami, K., 173-174, 248-249
Kay, A. C., 252-253
Kaye, D., 196-197
Kearney, K., 263
Keating, J. P., 205-206
Kebbell, M. R., 434-435
Keillor, G., 71
Keith, P. M., 334
Keizer, K., 140-141
Keller, E. B., 203
Keller, J., 275
Kellerman, J., 340
Kellermann, A. L., 291
Kelley, H., 100-102
Kelley, H. H., 108-109
Kelley, K., 303-304
Kelly, B. R., 286
Kelly, D. J., 265-266, 314-315
Kelman, H. C., 452-453, 397-398
Kendler, K. S., 410-411
Kennedy, D., 137-138, 451
Kennedy, J. F., 179-180
Kennedy, K. A., 452-453
Kenny, D. A., 323-325
Kenrick, D., 150, 152-153
Kenrick, D. T., 151-152, 289-290, 321, 323-324, 331-332
Kenrick, E. P., 346
Kenrick, S. E., 321
Kenworthy, J. B., 240-241
Kernahan, C., 148
Kernis, M. H., 65-66
Kerr, N., 444-445, 448
Kerr, N. L., 147-148, 178-179, 222-224, 376-378, 440-441, 444-448
Kerr, R. A., 451-452
Kessler, T., 393-394
Key, E., 301
Kidd, J. B., 77
Kidd, R. F., 349
Kiecolt-Glaser, J. K., 416-417
Kierkegaard, S., 35-36
Kiesler, C., 211
Kight, T. D., 330
Kihlstrom, J. F., 53
Kihlstrom, John F., 85-86
Kilburn, J., 296-297
Kim, H., 56-57
Kim, H. S., 56-57
Kimmel, A. J., 45
Kimmel, M. J., 377
Kinder, D. R., 84
King, L. A., 423-424
King, L. L., 325
Kingdon, J. W., 70-71
Kingston, D. A., 292, 293
Kinnier, R. T., 96-97
Kinsley, M., 241
Kipling, R., 140, 262-263
Kippax, S., 294-295
Kirschner, P., 196-197
Kirsh, S. J., 294-295
Kirshenbaum, H. M., 436
Kissinger, H., 319
Kitayama, S., 54-58, 105, 162-163, 312-313
Kite, M. E., 153-154
Kitt, A. S., 286
Klapwijk, A., 399
Klauer, K. C., 252
Kleck, R., 267-268
Kleck, R. E., 267-268
Klein, I., 109
Klein, J. G., 325
Klein, O., 79
Klein, W. M., 312
Kleinhesselink, R., 263
Kleinke, C. L., 130-131, 169
Klentz, B., 322
Klinesmith, J., 283
Klinger, M., 89-90

Klohnen, E. C., 322-323
Klopfer, P. H., 218
Klucharev, V., 179-180
Knight, G. P., 148
Knight, J., 314-315
Knight, J. A., 312
Knight, P. A., 193-194
Knowles, E. D., 185-186
Knowles, E. S., 219-220
Knox, R., 128-129
Knudson, R. M., 395-396
Kobrynowicz, D., 266-267
Koehler, D. J., 93
Koehler, J. J., 442-443
Koenig, L. B., 204-205
Koestner, R., 253-254, 317
Koestner, R. F., 74
Kohnken, G., 434-435
Koladny, A., 45
Kolata, G., 436-437
Kolivas, E. D., 99-100
Komorita, S. S., 377
Konrad, A. M., 145-146
Koo, M., 459-460
Koole, S. L., 309, 313-314
Koomen, W., 140, 247-248
Koop, C. E., 292, 293
Koppel, M., 147-148
Koriat, A., 93
Korn, J. H., 44-45
Korn, W. S., 455
Korte, C., 358-359
Koss, M. P., 293-294
Kovar, J. L., 317
Kowalski, R. M., 148, 310, 413-414
Krackow, A., 169-170
Krahé, B., 293-294
Kramer, A. E., 223-224
Kramer, G. P., 440
Kraus, S. J., 114-115
Krauss, R. M., 377
Kraut, R. E., 367-368
Kravitz, D. A., 221-222
Krebs, D., 314-315, 344-345
Krebs, D. L., 350-351
Krendl, A. C., 275
Kressel, D. F., 443-444
Kressel, K., 397-398
Kressel, N. J., 443-444
Krisberg, K., 194-195
Kristof, N. D., 451-452
Krizan, Z., 72-73
Kroger, R. O., 142-143
Krosnick, J. A., 41-42, 204-206
Krueger, J., 285
Krueger, J., 74, 75, 265, 276-277
Krueger, R. F., 362-363, 455
Kruger, J., 72-73, 90-91, 93, 95-96, 110-111, 336-337
Kruger, T., 70-71
Kruglanski, A. W., 110-111, 148, 208-209, 239-240, 280-281, 452-453
Krugman, P., 189
Krull, D. S., 105
Kubany, E. S., 304-305
Kubey, R., 298-299
Kugihara, N., 223-224

Kuiper, N. A., 410-411
Kull, S., 126
Kunda, Z., 263-264, 272-273, 312
Kunkel, D., 297-298
Kunst-Wilson, W. R., 314-315
Kupper, N., 415-416
Kurtz, J. E, 324-325
Kurz, E., 259
Kurzman, D., 363-364

L

Lacey, M., 394-395
LaFrance, M., 59-60, 145-148
LaFromboise, T., 393-394
Lagerspetz, K., 282
Lagerspetz, K. M. J., 301
Lagnado, D., 235-236
Laird, J., 86-87
Laird, J. D., 86-87, 129-130, 340
Laird, N. M., 432-434
Lake, R. A., 361
Lake, V. K. B., 365-366
Lakin, J. L., 310-311, 322-323
Lalancette, M.-F., 182-183
Lalonde, R. N., 70-71
Lalwani, A. K., 56-57
Lamal, P. A., 85-86
Lambert, A. J., 322-323
Lamberth, J., 250-251
Lamoreaux, M., 56-57
Landau, M. J., 263
Landers, A., 41, 302-303
Laner, M. R., 147-148
Langer, E., 67-69, 97, 266-267
Langer, E. J., 76-77, 200-201
Langford, D. J., 353
Langlois, J., 318-319
Langlois, J. H., 317-319
Lanzetta, J., 130-131
Lanzetta, J. T., 130-131, 388-389
Lao Tzu, 159
Lao-tzu, 71
La Rochefoucauld, F. de, 117-118, 122-123, 326-328
Larsen, K., 182-183
Larsen, O. N., 165-166
Larsen, R. J., 282, 412-413
Larson, J. R., Jr., 230-232
Larsson, K., 218
Larwood, L., 72, 77
Lasater, T., 194-195
Lassiter, D., 103-104
Lassiter, G. D., 72, 103-104
Latané, B., 219-223, 240-241, 355-359, 362-363
Latham, G. P., 241
Laughlin, P. R., 237
Laumann, E. O., 100, 149
Lawler, A., 224
Lay, T. C., 388-389
Layden, M. A., 419-421
Lazarsfeld, P., 35-36
Leahy, W., 91-92
Leaper, C., 147-148
Leary, 310
Leary, M., 40, 52-53, 55, 63, 79
Leary, M. R., 78-79, 125, 308-310, 413-414, 417-418

LeBoeuf, R., 100
LeDoux, J., 89
Lee, A. Y., 197-198
Lee, F., 105
Lee, R. Y.-P., 322-323
Lee, Y.-S., 72
Lee, Y.-T., 247-248
Lefcourt, H. M., 67-68
Legrain, P., 138-139
Lehavot, K., 322-323
Lehman, D. R., 57, 111-112, 269-270
Leippe, M. R., 429-431
Le Mens, G., 180-181
Lemyre, L., 262-263
Lench, H. C., 73-74
L'Engle, M., 110-111
Lennon, J., 308-309
Lennon, R., 145-146
Leodoro, G., 366-367
Leon, D., 223-224
Leonardelli, G. F., 310, 412-413
Leone, C., 79
LePage, A., 291
Lepore, S. J., 423-424
Lepper, M., 83-86, 130-131
Lepper, M. R., 68-69, 84-85
Lerner, M., 270-271
Lerner, M. J., 72, 270-271
Lerner, R. M., 361
Leshner, A., 37-38, 152-153
Leung, K., 142-143, 379-380
Levav, J., 117
Leventhal, H., 197-198, 212-213, 414-415
Levesque, M. J., 100
Levin, I., 412-413
Levine, J., 240-241
Levine, J. M., 176-177, 239-240
Levine, M., 358-359, 361
Levine, R., 212-213
Levine, R. V., 358-359
Levinger, G., 221-222
Levinson, H., 377-378
Levitan, L. C., 214
Levy, B., 66-67
Levy, S. R., 269-270
Levy-Leboyer, C., 197-198
Lewandowski, G. W., 338-339
Lewandowski, G. W., Jr., 322
Lewandowsky, S., 85-86
Lewicki, P., 327-328
Lewin, K., 38-39, 182-183, 382-383
Lewinsohn, P. M., 410-412
Lewis, C. S., 58-59, 127-129, 185-186, 205-206, 424-425
Lewis, D. O., 282
Lewis, J., 340
Lewis, P., 318-319
Lewis, R., 330-331
Lewis, R. J., 267-268
Lewis, R. S., 56
Lewis, S. A., 395-396
Leyens, J.-P., 261-262, 296-297, 325
Li, N. P., 320-321
Liberman, A., 199
Liberman, V., 377-378

Lichtblau, E., 213, 250-251
Lichtenberg, G. C., 184
Lichtenstein, S., 93
Licoppe, C., 145
Lieberman, M. D., 310-311
Liebler, A., 91-92
Liehr, P., 388-389
Lilienfeld, S. O., 405-406
Liljenquist, K., 366-367
Lim, D. T. K., 98-99
Lind, E. A., 368
Linder, D., 325-327
Lindsay, R. C. L., 430-434, 436-437
Lindskold, S., 399
Linssen, H., 247-248
Linville, P. W., 42, 265-266
Linz, D., 292-294
Lippa, R. A., 145-146, 148, 315-316
Lippitt, R., 382-383
Lipsey, M. W., 305
Lipsitz, A., 121-122
Little, A., 319
Livingston, R. W., 250-251, 317-318
Locke, E. A., 241
Locke, J., 176-177
Locke, K. D., 324-325
Locke, S. E., 416-417
Locksley, A., 261, 275-276
Lockwood, P., 54-55, 63
Loewenstein, G., 60, 360-361
Lofland, J., 208-209
Loftin, C., 291
Loftus, E. F., 86-87, 89-90, 429-435
Logan, D. D., 444-445
Loges, W. E., 247-248
Lombardo, J. P., 328
LoMonaco, B., 162-163
London, K., 440-441
London, P., 368-370
Lonner, W. J., 141-144
Lord, C., 83-86
Lord, C. G., 275-276
Losch, M. E., 133
Lott, A. J., 176-177, 327-328
Lott, B. E., 176-177, 327-328
Loughman, S., 262-263
Lovett, F., 72
Lowenstein, D., 299-300
Lowenstein, G., 75
Lowenthal, M. F., 153
Loy, J. W., 28-29
Lücken, M., 239-240
Lüdtke, O., 40
Lueptow, L. B., 252-253
Luginbuhl, J., 444-445
Luhtanen, R., 260-261
Lumsdaine, A. A., 199-200
Lumsden, A., 189
Luntz, F., 126
Luo, S., 322-323
Luthans, F., 66-67
Lutsky, L. A., 59-60
Lüüs, C. A. E., 435
Lydon, J., 169
Lykken, D. T., 230, 283, 286-287, 312
Lynch, J. G., Jr., 91-92
Lynch, J. W., 423-424

Lynn, M., 366-367, 377-378
Lyons, L., 254
Lyons, P. M., 438-439
Lyubomirsky, S., 423-424, 457-458

M

Ma, V., 55
Maachi, L., 442-443
Maass, A., 240-241, 269-270
Maass, S. A., 176-177
Macaulay, T., 353-354
Maccoby, E., 145, 229-230
Maccoby, N., 202-203, 205-206
MacCoun, R. J., 178-179, 446-448
MacDonald, G., 60, 202-203, 283, 310
MacDonald, T., 59-60
MacFarlane, S. W., 289-290
Mack, D., 317-318
Mackie, D. M., 196-197, 264-265
MacLeod, C., 93-94
MacLin, O. H., 436
Macrae, C. N., 263-265, 320-321
Macrae, N., 88
Madden, N. A., 391
Maddux, J. E., 66-67, 197-198, 405-406, 408
Maddux, W. W., 259-260, 397
Madon, S., 107-108, 247-248
Madrian, B. C., 42
Mae, L., 84-85
Magaro, P. A., 98-99, 410-411
Mahalik, J. R., 145, 349-350
Maheswaran, D., 191-192
Major, B., 70-71
Malamuth, N., 293
Malamuth, N. M., 292-294
Malkiel, B., 91-92
Malle, B., 103-104
Malone, P., 100
Malpass, R. S., 265-266
Mander, A., 300-301
Maner, J. K., 120-121, 263, 276-277, 283-284, 338-339
Manis, M., 276-277
Mann, L., 225, 235-236
Mannell, R. C., 131-132
Manning, R., 355
Mar, R. A., 94-95
Marcus, S., 167-168
Marcus Aurelius, 37-38, 188-189
Marcus-Newhall, A., 284-285
Markey, P., 122, 324-325
Markman, H. J., 340
Markman, K. D., 85-86, 95-96
Marks, G., 74, 312
Markus, H., 30-31, 53, 55-58, 66-67
Markus, H. R., 162-163
Marmaros, D., 385
Marmot, M. G., 423-424
Marsden, P., 286
Marsh, H. W., 53-55, 62-63
Marshall, R., 55
Marshall, W. L., 293
Marshuetz, C., 317-318
Marston, M. V., 286
Martens, A., 123
Marti, M. W., 448

ÍNDICE ONOMÁSTICO

Martin, B., 221-222
Martin, L., 110-111
Martin, R., 240-241
Martino, S. C., 297-298
Marty, M., 46-47
Maruyama, G., 40, 253-254
Marvelle, K., 317-318
Marx, K., 218-219, 286, 379-380
Maslow, A. H., 33-34, 327-328
Masserman, J. H., 353
Mast, M. S., 146-147, 315-316
Mastekaasa, A., 425
Masters, C., 337
Masters, K. S., 363-364
Mastroianni, G. R., 120-121
Masuda, T., 56-57, 105
Masure, R. M., 218
Matheny, A. P., Jr., 282
Mathewson, G. C., 208
Matthews, D., 325-326
Matthews, K. A., 416-417, 423-424
Maugham, W. S., 321
Maurice, J., 321
Mauro, R., 442-444, 448
Maxwell, G. M., 331-332
Mayer, J. D., 98-99, 410-411
Mazur, A., 283-284
Mazzella, R., 438-439
Mazzoni, G., 432-434
Mazzuca, J., 297-298
McAlister, A., 212-213
McAllister, H. A., 432-434
McAndrew, F. T., 200-201, 350-351
McAuslan, P., 99-100
McBurney, D. H., 320-321
McCann, C. D., 79, 120-121
McCarthy, J. F., 286
McCartney, P., 308-309
McCauley, C., 230-231, 235-236, 247-248, 285
McClure, J., 101-102
McConahay, J. B., 392-393
McConnell, K., 86-87
McCormick, C. M., 283
McCrae, R. R., 141-143
McCullough, J. L., 314-315
McDermott, T., 174
McFall, R. M., 405-406
McFarland, C., 87-88, 232-233
McFarland, S., 120-121
McFarland, S. G., 255-257
McGarty, C., 225-226
McGillicuddy, N. B., 397-399
McGillis, D., 437-438
McGlone, M. S., 202-203
McGlynn, R. P., 237
McGovern, K. A., 82
McGrath, J. E., 217
McGraw, A. P., 95-96
McGraw, K. M., 266-267
McGregor, I., 263, 301-302
McGuire, A., 212-213
McGuire, W., 185-186, 211, 212
McGuire, W. J., 185-186, 190-191
McKelvie, S. J., 93-94
McKenna, F. P., 72
McKenna, K. Y. A., 230-231, 337
McKenzie-Mohr, D., 303-304

McLaughlin, D. S., 367-368
McMillan, D., 272-273
McMillen, D. L., 346-347
McMullen, M. N., 95-96
McNeill, B. W., 421
McNulty, J. K., 99-100
McPeek, R. W., 418-419
McPherson, M., 311-312
McQuinn, R. D., 328-329, 335-336, 412-413
Mead, G. H., 54-55
Mead, M., 216-217
Meade, R., 182-183
Means, B., 98-99
Medalia, N. Z., 165-166
Medvec, V., 51
Medvec, V. H., 95-97, 356-357
Meehl, P. E., 408
Meertens, R. W., 259-260
Mehl, M. R., 30, 59-60, 309
Mehlman, P. T., 283-284
Meier, B. P., 301-302
Meissner, C. A., 265-266, 431-432, 434-436
Meleshko, K. G. A., 414
Mellers, B., 93-94
Mellon, P., 107-108
Melnyk, D., 453-454
Memom, A., 432-434
Memon, A., 405, 436-437
Mendonca, P. J., 418-419
Merari, A., 230-231
Merikle, P. M., 82-83
Merton, R., 106-107
Merton, R. K., 112, 286
Merz, J. F., 442-443
Mesmer-Magnus, J. R., 237
Mesout, J., 431
Messé, L. A., 377
Messick, D. M., 220-221, 379-380
Messner, S., 230
Metalsky, G. I., 410-411
Metha, A. T., 96-97
Mettee, D. R., 326-327
Mewborn, C. R., 197-198
Meyers, S. A., 329-330
Mezei, L., 265
Mezulis, A. H., 70-71
Michaels, J., 218-219
Mickelson, K. D., 332-333
Middendorf, K., 444-445
Mikula, G., 379-380
Mikulincer, M., 263, 309, 352-353
Milgram, A., 167-168
Milgram, S., 28-29, 166-169, 171-178, 181-183, 304-305
Mill, J. S., 161-162, 235
Millar, K. U., 197-198
Millar, M., 61-62
Millar, M. G., 197-198
Millar, P., 457-458
Miller, A., 174
Miller, A. G., 85-86, 102, 167-168, 172
Miller, C. E., 179-180
Miller, C. T., 83-84, 275-276
Miller, D., 232-233, 266-267
Miller, D. G., 432-433

Miller, D. T., 95-96, 261, 270-271
Miller, D. W., 443-444
Miller, G., 320-321
Miller, G. E., 73-74, 416-417
Miller, G. R., 440-441
Miller, J. B., 145
Miller, J. G., 105, 348-349
Miller, K. I., 68-69
Miller, L. C., 334-335
Miller, L. E., 117-118
Miller, N., 74, 193-194, 200-201, 284-285, 312-313, 386-387, 392-393
Miller, N. E., 284-285
Miller, P. A., 352-353, 360-361
Miller, P. C., 67-68
Miller, P. J. E., 326-327, 332-333
Miller, R., 109-110
Miller, R. S., 76-77, 79, 176-177, 322, 338-339
Millett, K., 335-336
Mills, J., 208, 334
Mims, P. R., 349-350
Minard, R. D., 257-258
Mintz, N. L., 327-328
Mio, J. S., 377-378
Mirabile, R. R., 214
Mirels, H. L., 418-419
Mirenberg, M. C., 313-314
Mirsky, S., 351-352
Mischel, W., 181
Mita, T. H., 314-315
Mitchell, F., 230-231
Mitchell, G., 379-380
Mitchell, J., 252, 331-332
Mitchell, K. J., 431-432
Mitchell, T., 86-87
Mitchell, T. L., 438-439
Modigliani, A., 172-173, 343
Moffitt, T., 283
Moghaddam, F. M., 230-231
Molander, E. A., 72
Monge, P. R., 68-69
Monin, B., 75, 250-251
Monson, T. C., 181-182
Montaigne, 117-118
Monteith, M. J., 263-264
Montgomery, D. A., 440
Montgomery, R. L., 418-420
Montoya, R. M., 316, 322, 324-325
Moody, K., 213
Moons, W. G., 196-197, 202-203
Moore, D., 220-221
Moore, D. A., 72-73
Moore, D. L., 218-219
Moore, D. W., 41-42, 189, 200-201
Moos, R. H., 68-69
Mor, N., 410-411
Moran, G., 440, 443-445
Moran, T., 397-398
Moreland, R., 241
Moreland, R. L., 314-315
Morgan, C. A., III, 431
Morgan, J. R., 77
Morgan, K. L., 414
Morin, R., 387-388
Morling, B., 56-57
Morris, M. W., 377

Morris, R., 283
Morris, W. N., 176-177
Morrison, D., 292
Morrison, E. L., 319
Morrow, L., 162-163
Morry, M. M., 250-251
Moscovici, S., 33, 228-229, 239-241
Moskowitz, G. B., 397-398
Motherhood Project, 213, 214
Mouton, J. S., 390-391, 397-398
Moyer, K. E., 282
Moylan, S., 98-99
Moynihan, D. P., 32-33
Muehlenhard, C. L., 100
Mueller, C. M., 67-68
Mueller, C. W., 296-297
Mugny, G., 239-240
Mullainathan, S., 250-251
Mullen, B., 70-71, 74, 176-177, 218-222, 225, 233-234, 236-237, 261-262, 265-266, 301
Mullen, G., 177-178
Muller, S., 196-197
Mullin, C. R., 292
Mummendey, A., 393-394
Munhall, P. J., 72
Munro, G., 84
Murachver, T., 145
Muraven, M., 65-66
Murphy, C., 35-37
Murphy, C. M., 283
Murphy-Berman, V., 379-380
Murray, D. M., 431
Murray, J. P., 294-295, 297-298
Murray, S., 108-109
Murray, S. L., 65-66, 323-327
Murstein, B. L., 316
Muson, G., 295
Mussweiler, T., 130-131
Myers, D. G., 69, 87-88, 94-95, 98, 229-230, 232-233, 293, 338-339, 425, 456
Myers, J., 238
Myers, J. E., 331-332
Myers, L. B., 72
Myers, N., 451, 453-454

N

Nadler, A., 227, 348-350
Nagar, D., 219-220
Nagourney, A., 114-115
Nail, P. R., 162-163, 184-185
Nair, H., 203
Nasby, W., 324-325
National Center for Health Statistics (NCHS), 268, 415-416, 421-423
National Institute of Mental Health, 368-370
National Research Council, 291-292, 306
National Safety Council, 30, 94-95
National Television Violence Study, 294-295
Navratilova, M., 78
Nawrat, R., 347-348
Naylor, T. H., 242-243
Nazareth, A., 100
Needles, D. J., 410-411

Neely, R., 366-367
Neff, L. A., 335-336
Neidorf, S., 387-388
Neimeyer, G. J., 421
Nelson, E., 195
Nelson, L., 100, 266-267
Nelson, L. D., 319
Nelson, T., 276-277
Nemeth, C., 176-177, 239-241
Nemeth, C. J., 235-237, 240-241
Nettle, D., 74
Nettles, B., 209-210
Neuberg, S. L., 263
Neumann, R., 163-165
Newby-Clark, I. R., 90-91
Newcomb, T., 204-205, 225
Newcomb, T. M., 311-312, 322-323
New Economic Foundation, 460-461
Newell, B., 235-236
Newell, B. R., 89
Newman, H. M., 76-77
Newman, L. S., 105, 438-439
Newport, F., 126, 146-147, 152-153, 189
Nias, D. K. B., 324-325
Nichols, J., 357-358
Nicholson, C., 197-198
Nicholson, N., 182-183
Nicks, S. D., 44-45
Nida, S., 356
Nie, N. H., 337
Niebuhr, R., 73-74
Niedermeier, K. E., 442-443
Niemi, R. G., 155, 303-304
Niemiec, C. P., 309
Nietzel, M. T., 448
Nietzsche, F., 259-260
Nigro, G., 258
Nijstad, B. A., 237
Nisbett, R., 56, 110-112
Nisbett, R. E., 56-57, 103-104, 111-112, 268, 287-288
Nix, G., 411-412
Noble, A. M., 445-446
Noel, J. G., 67-68
Nolan, J., 179-180
Nolan, S. A., 309
Nolen-Hoeksema, S., 410-411
Noller, P., 332-333, 340, 341
Noon, E., 436-437
Noor, M., 397
NORC, 155
Norem, J., 74
Norem, J. K., 74
Norenzayan, A., 141-143, 364
North, A. C., 190-191
North, N., 171-172
Norton, B. A., 322-323
Norton, M. I., 75
Nosek, B. A., 61-62, 115-116, 248-249
Nosow, S., 350-351
Notarius, C., 340
Novalis, 176-177
Nunez, N., 405, 440-441
Nurius, P., 53
Nurmi, J.-E., 63, 413-414

Nuttin, J. M., Jr., 312-313
Nyhan, B., 202-203

O

Oaten, M., 67-68
Oatley, K., 94-95
Obama, B., 68-69, 236-237, 297-298
Obama, M., 352-353
Oceja, L., 354-355
O'Connor, A., 181-182
Oddone-Paolucci, E., 292
O'Dea, T. F., 208-209
Odean, T., 97, 147-148
O'Farrell, T. J., 283
Ohbuchi, K., 290-291
O'Heeron, R. C., 422-423
O'Hegarty, M., 197-198
Ohtaki, P., 242-243
Oishi, S., 56-57, 376
Oldenquist, A., 377-378
O'Leary, K. D., 339-340
Oleson, K. C., 273
Olfson, M., 415-416
Oliner, P. M., 368-370
Oliner, S. P., 368-370
Olson, E. A., 436
Olson, I. R., 317-318
Olson, J. M., 79, 108-109, 126-127, 133, 179-180, 192-193
Olson, K. R., 271-272
Olweus, D., 282, 283
O'Malley, P. M., 40
O'Mara, A., 62-63
Omarzu, J., 341
Omoto, A., 364
Omoto, A. M., 365-366
Opotow, S., 368
Oppenheimer, D., 101-102
Oppenheimer, D. M., 93
Orbell, J. M., 376
Orenstein, P., 185-186
Orive, R., 226-227
Ormiston, M., 235-236
Ornstein, R., 121-122, 170-171
Orwell, G., 388-389
Osborne, J. W., 275
Osgood, C. E., 398-399
Oskamp, S., 117
Osofsky, M. J., 123
Osterhouse, R. A., 205-206
Ostrom, T. M., 265, 314-315
Oswald, A., 460-461
Oullette, J. A., 117
Ovid, 316, 344-345
Owyang, M. T., 317-318
Oxfam, 154-155
Oyserman, D., 55
Ozer, E. M., 54-55

P

Packer, D. J., 167-168, 236-237
Padawer-Singer, A., 185-186
Padgett, V. R., 169
Page, S. E., 235-236, 240-241
Page-Gould, E., 386-387
Pallak, M. S., 199

Pallak, S. R., 194-195
Palmer, D. L., 259-260
Palmer, E. L., 213
Palmer, M. L., 103-104
Paloutzian, R., 201-202
Pandey, J., 105, 219-220
Paolini, S., 387-388
Papastamou, S., 239-240
Pape, R. A., 280-281
Parachin, V. M., 363-364
Parashur, U. D., 94-95
Park, B., 265-266
Park, L., 65-66
Parke, R. D., 296-297
Parker, K. D., 424-425
Parliament of the World Religions, 368
Pascal, B., 89, 421
Pascarella, E. T., 229-230
Pashler, H., 238-239
Passariello, C., 184-185
Patrick, H., 309
Patrick, W., 412-413, 421-422
Patterson, D., 173-174
Patterson, G. R., 286-287
Patterson, M., 142
Patterson, T. E., 314-315
Paulhus, D., 64, 126
Paulhus, D. L., 98-99, 414
Pauling, L., 379-380
Paulus, P., 236-238
Paulus, P. B., 218-219, 237
Paul VI (Pope), 372-373
Pavelich, J., 103-104
Payne, K., 251-252
Payne, R., 421-422
Pearlman, L. A., 397-398
Peckham, V., 221-222
Pedersen, A., 250-251
Pedersen, W. C., 284-285
Pegalis, L. J., 334-335
Pelham, B., 65-66, 365
Pelham, B. W., 313-314
Peng, K., 185-186
Pennebaker, J. W., 30, 309, 336, 388-389, 414-415, 422-423
Penner, L. A., 349-350, 362-364
Pennington, N., 441-442, 445-446
Penrod, S., 292-294, 443-444
Penrod, S. D., 430-431, 434-435, 445-446
Penton-Voak, I., 319
Pepitone, A., 225
Peplau, L. A., 149, 330, 334-335, 424-425
Pereira, J., 299-300
Perkins, H. W., 424-425
Perlman, D., 424-425
Perls, F., 186, 302-304
Perrett, D., 319
Perretta, S., 434-435
Perrin, S., 182-183
Persico, N., 317-318
Persky, S., 299-300
Pessin, J., 218
Peters, E., 197-198
Peterson, C., 67-68, 76-77, 409-410, 417

Peterson, E., 46-47
Peterson, I., 436-437
Peterson, J. L., 298-299
Petruska, R., 363-364
Pettigrew, T. F., 247, 250-251, 257-260, 262-263, 269-270, 285, 383-389
Petty, R. E., 114-115, 130-131, 133, 190-192, 196-197, 199-200, 205-206, 223-224
Phares, J., 67-68
Phillips, D. L., 453-454
Phillips, D. P., 165-166
Phillips, T., 394-395
Phinney, J. S., 393-394
Pichon, I., 364
Pierce, J. P., 201-202
Pierce, K. P., 393-394
Piliavin, J. A., 344-345, 370-371
Piliavin, I. M., 345
Pincus, H. A., 415-416
Pincus, J. H., 282
Pinel, E. C., 109, 267-268
Pingitore, R., 246-247
Pinker, S., 137-138, 145-146, 149, 253-254
Pipher, M., 412-413
Pittinsky, T., 275
Plaks, J. E., 223-224
Plant, E. A., 108-109
Plato, 252-253, 296-297
Platow, M., 163-165
Platz, S. J., 265-266
Pliner, P., 121-122
Plomin, R., 156
Poincaré, J. H., 37-38
Polk, M., 224
Pomazal, R. J., 349-350
Pondy, L. R., 453-454
Poniewozik, J., 83-84
Poole, D. A., 405
Pooley, E., 197-198
Popenoe, D., 338-339
Population Reference Bureau, 452
Pornpitakpan, C., 193-194
Post, J., 231-232
Postman, L., 431
Postmes, T., 226-227, 236-237
Potok, C., 46-47
Potter, J., 382-383
Potter, T., 319
Pratkanis, A. R., 78, 192-193, 235-236, 348, 393
Pratt, M. W., 153
Pratto, F., 145-147, 255-256
Predmore, S. C., 335-336
Prentice, D. A., 94-95, 145
Prentice-Dunn, S., 226-227, 250-251
Presson, P. K., 97
Preston, E., 85-86
Price, G. H., 322
Priel, B., 333-334
Pritchard, I. L., 296-297
Probst, T. M., 454
Prohaska, M. L., 324-325
Prohaska, T., 107-109
Prohaska, V., 74

ÍNDICE ONOMÁSTICO

Pronin, E., 71, 72, 103-104, 106, 182-183, 452-453
Prosser, A., 361
Prothrow-Stith, D., 396
Provine, R., 164
Pruitt, D. G., 377, 395-398
Pryke, S., 436-437
Pryor, J. B., 99-100
Pryor, J. H., 148, 155, 189, 230, 363-364
Publilius Syrus, 122
Purvis, J. A., 334-335
Putnam, R., 145-146, 298-299, 336, 337, 365, 369-370, 388-389, 400, 411-412
Pyszczynski, T., 76-78, 263, 410-411
Pyszczynski, T. A., 329-330

Q

Qirko, H. N., 230-231
Quanty, M. B., 303-304
Quarts, S. R., 157-158
Quinn, D., 274-275

R

Raine, A., 282
Rainey, D., 317-318
Rajagopal, P., 96-97
Rajecki, D. W., 317
Ramirez, A., 194-195
Ramirez, J. M., 304-305
Randall, P. K., 151-152, 320-321
Randi, J., 428-429
Range, L. M., 406-407
Rank, S. G., 169-170
Rapoport, A., 373-374
Rapson, R., 330
Ratner, R. K., 232-233
Rawls, J., 379-380
Ray, D. G., 260-261
Raymond, P., 100
Read, S., 92-93
Reagan, R., 388-390, 400
Reber, J., 109
Reed, D., 257-258
Reed, G., 120-121
Regan, D. T., 117-118, 205-206
Regan, P. C., 327-328
Regier, D., 425
Reicher, S., 120-121, 226-227, 361
Reid, P., 298-299
Reifler, J., 202-203
Reifman, A., 289-290
Reiner, W. G., 153
Reis, H. T., 314-315, 330, 334-335, 412-413
Reisenzein, R., 290-291
Reitzes, D. C., 257-258
Remley, A., 400
Rempel, J. K., 332-335
Renaud, H., 407
Renner, M., 280
Renshon, J., 452-454
Ressler, R. K., 293
Revkin, A. C., 451
Reynolds, J., 73-74

Rhine, R. J., 199
Rhodes, G., 265-266, 319
Rhodes, M. G., 266-267
Rhodes, N., 204
Rhodewalt, F., 78, 418-419
Rholes, W. S., 104-105, 120-121
Rice, B., 70-71
Rice, M. E., 359-360
Richard, F. D., 37-38
Richards, Z., 273
Richardson, B. B., 148, 155
Richardson, J. D., 83-84
Richardson, L. F., 372-373
Richeson, J. A., 263-264, 386-387
Ridge, R., 109
Ridley, M., 138-139
Riek, B. M., 259-260
Riess, M., 78-79
Rietzschel, E. F., 237
Riggs, J. M., 78
Ringelmann, M., 221-222
Riordan, C. A., 70-71, 328
Risen, J. L., 268-269
Rivera, L. M., 263-264
Roach, M., 281-282
Robberson, M. R., 197-198
Roberts, J., 94-95
Robertson, I., 138-139
Robins, L., 425
Robins, R. W., 73-74, 100-101
Robinson, J., 268
Robinson, M. D., 73-74, 282, 456-458
Robinson, M. S., 410-411
Robinson, T. N., 305
Rochat, F., 172-173, 343
Rockeach, M., 265
Rodin, J., 67-69, 357-358
Rodriguez, M. S., 415-416
Roehling, M. V., 43, 247
Roehling, P. V., 247
Roese, N. J., 96-97
Roese, N. L., 133
Roethke, T., 60-61
Roger, L. H., 393-394
Rogers, C., 186, 335-336
Rogers, R., 197-198, 226-227
Rogers, R. W., 197-198, 250-251
Roggman, L. A., 319
Rohrer, J. H., 163
Rohter, L., 451
Rokeach, M., 323-324
Romer, D., 363-364
Roney, J. R., 151
Rook, K. S., 413-414, 422-425
Rooney, A., 326-327
Rooth, D.-O., 250-251
Rose, A. J., 145
Rose, T., 269-270
Rosenbaum, M., 410-411
Rosenbaum, M. E., 262-263, 322-323
Rosenberg, L. A., 175-176
Rosenblatt, A., 324-325
Rosenbloom, S., 78-79
Rosenfeld, D., 131-132
Rosenhan, D. L., 346-347, 368-370, 406-407

Rosenthal, D. A., 393-394
Rosenthal, R., 106-109, 453-454
Rosenzweig, M. R., 124
Roseth, C. J., 392
Ross, D. F., 436-437
Ross, L., 71, 83-86, 102-105, 110-112, 167, 377-378, 397-398
Ross, L. D., 247-248
Ross, L. T., 99-100
Ross, M., 59-60, 71, 72, 75-76, 87-88, 90-91, 98-99, 256-257
Rossi, A. S., 145-146
Rossi, P. H., 145-146
Roszell, P., 317-318
Rotenberg, K. J., 109
Roth, J., 200-201
Rothbart, M., 84, 185-186, 265-266, 268-269, 276-277
Rothblum, E. D., 149
Rothman, A. J., 415-416
Rotter, J., 67-68
Rotton, J., 288-290
Rotundo, M., 100
Rousseau, J.-J., 281-282
Rowe, D., 46
Rowe, D. C., 282
Roy, M. M., 59-60
Ruback, R. B., 68-69
Rubel, T., 146-147
Ruben, C., 74
Rubin, A., 389
Rubin, J. Z., 286, 377
Rubin, L. B., 146-147
Rubin, R. B., 399
Rubin, Z., 328-329, 340
Ruble, D. N., 131-132
Ruby, R., 444-445
Ruckelshaus, W. D., 450-451
Rudolph, K. D., 145
Rudolph, U., 348-349
Ruese, N. J., 95-96
Ruiter, R. A. C., 197-198
Ruiter, S., 365
Rule, B. G., 289-290
Rumpel, C. H., 430-431
Rusbult, C. E., 322-324, 326-327, 339-340
Rushton, J. P., 181-182, 282, 312, 350-351, 359-360, 362-363
Russell, B., 79, 315-316
Russell, G. W., 303-304
Russell, N. J. C., 169
Russo, J. E., 442
Russo, N. F., 293-294
Rutland, A., 384-385
Ruvolo, A., 66-67
Ryan, R., 455-458
Ryan, R. M., 68-69, 130-133, 309
Ryckman, R. M., 43
Rydell, R. J., 275
Ryff, C. D., 73-74, 421-422

S

Saad, L., 126, 246-247, 452-453
Sabini, J., 173-174
Sacerdote, B., 385
Sachs, J. D., 451-452
Sack, K., 261

Sackett, A. M., 74
Sacks, C. H., 410-411
Sacks, J., 77
Sadat, A., 397
Safer, M. A., 87-88
Sagarin, B., 210-211
Sagarin, B. J., 74
Sageman, M., 231-232
Saitta, M., 145-146
Sakamoto, Y., 386
Saks, M. J., 437-438, 443-444, 446-448
Sakurai, M. M., 176-177
Sales, S. M., 208-209, 255-256
Salganik, M., 232-233
Salmela-Aro, K., 63
Salovey, P., 98-99, 197-198, 346-347, 410-411, 415-416
Saltzstein, H. D., 178-179
Sampson, E. E., 379-380
Sanbonmatsu, D. M., 73-74, 272-273
Sancton, T., 358
Sandberg, L., 178-179
Sande, G. N., 104-105
Sanders, G., 220-221, 237
Sanderson, C. A., 335-336
Sanislow, C. A., III, 410-411
Sanitioso, R., 75-76
Sanna, L. J., 95-96
Sansone, C., 131-132
Sapadin, L. A., 146-147
Sapolsky, R., 423-424
Sargent, J. D., 297-298
Sarnoff, I., 341
Sarnoff, S., 341
Sartre, J.-P., 27, 159, 421-422
Sassenberg, K., 259-260
Sato, K., 374-375
Saucier, D. A., 83-84, 361-362
Savitsky, K., 51-53, 72, 95-96, 356-357
Sax, L. J., 145, 252-253
Scarr, S., 145
Schachter, S., 179-180, 290-291, 329-330
Schacter, D., 66-67
Schafer, R. B., 334
Schaffner, P., 98
Schaffner, P. E., 314-315
Schaller, M., 353-354
Scharrer, E., 294-295
Scheier, M. F., 104-105, 117-118, 413-414
Schein, E., 124-125
Scher, S. J., 78
Schersching, C., 439-440
Schiavo, R. S., 219-220
Schiffenbauer, A., 219-220
Schiffman, W., 183
Schimel, J., 65-66, 262-263, 324-325
Schimmack, U., 55
Schkade, D., 60-61, 229-230, 447
Schlenker, B. R., 76-79, 413-414
Schlesinger, A., Jr., 35-36, 137, 235, 400
Schmader, T., 275

Schmid, R. E., 39-40
Schmidtke, A., 165-166
Schmitt, D., 150, 158
Schmitt, D. P., 70-71, 148, 149, 333-334
Schnall, S., 129-130
Schneider, M. E., 348
Schneider, P., 342-343
Schneider, T. R., 415-416
Schoeneman, T. J., 54-55
Schoenrade, P. A., 353
Schofield, J. W., 385
Schooler, J. W., 67-68, 434-435
Schopenhauer, A., 405
Schor, J. B., 454-455, 457-458
Schroeder, D. A., 353-354
Schroeder, D. R., 367-368
Schroeder, J. E., 317
Schuh, E., 252
Schuller, R. A., 247-248
Schulman, P., 67-68
Schulz, J. W., 397
Schulz-Hardt, S., 235-236
Schuman, H., 41-42, 204-205
Schuman, R., 338
Schumann, E. L., 442
Schuster, A. M. H., 224
Schutte, J. W., 100
Schutter, D. J. L. G., 283
Schwartz, B., 68-69
Schwartz, M. F., 347-348
Schwartz, S. H., 146-147, 348-349, 358-359
Schwarz, N., 58-59, 98, 130-131, 259
Schweitzer, K., 98-99
Schweitzer, M. E., 397-398
Sciolino, E., 377-378
Scott, J., 204-205
Scott, J. P., 286
Sears, D., 204-206
Sears, D. O., 84
Sears, R., 259-260
Sechler, E. S., 85-86
Secord, P. F., 254
Sedikides, C., 70-71, 75-76, 265
Segal, H. A., 124-125
Segal, M., 230-231
Segal, N. L., 349-350
Segall, M., 149
Segerstrom, S., 416-417
Segerstrom, S. C., 73-74, 417-418
Seibt, B., 275
Sejnowski, T. J., 157-158
Selby, J. W., 438-439
Seligman, M. E. P., 40, 67-68, 410-412, 416-417
Seneca, 76-77, 335-336, 422-423
Sengupta, 279-280
Sengupta, S., 279-280
Senter, M., 252-253
Senter, M. S., 249-250
Sentis, K. P., 379-380
Sentyrz, S. M., 226-227
Seta, C. E., 220-221
Seta, J. J., 220-221
Severance, L. J., 199
Shackelford, T. K., 281-282

Shaffer, D., 165-166
Shaffer, D. R., 334-335
Shah, A., 454-455
Shah, A. K., 93
Shakespeare, W., 58-59, 84, 178-179, 182-183, 230-231, 289-290
Shapiro, P. N., 261-262, 272-273, 388-389
Sharan, S., 392
Sharan, Y., 392
Shariff, A. F., 364
Sharp, L. B., 248-249
Shaver, P., 263, 331-332, 334-335
Shaver, P. R., 332-333, 338-339
Shaw, G. B., 231-232, 257-258
Shaw, J. S., III, 435
Shaw, M., 217
Shea, D. F., 42
Sheatsley, P. B., 124, 249-250, 259-260
Sheehan, E. P., 317
Sheeran, P., 117
Sheese, B. E., 299-300
Sheffield, F. D., 199-200
Sheldon, K. M., 309, 456-458
Shell, R. M., 348
Shelton, J. N., 386-387
Sheppard, B. H., 432-434
Shepperd, J. A., 54-55, 72-73, 78, 91-92, 223-224, 414
Shergill, S. S., 374-375
Sherif, C. W., 163-165
Sherif, M., 163-165, 377-379, 390-391
Sherman, D., 276-277
Sherman, D. K., 56-57, 453-454
Sherman, J. W., 264-265, 268-269
Sherman, S. J., 93-94
Sherman-Williams, B., 272-273
Shermer, M., 391
Shih, M., 275
Shiller, R., 106-107
Shipman, P., 137
Shook, N. J., 386-387
Short, J. F., Jr., 287-288
Shostak, M., 330-331
Shotland, R. L., 100, 348-349, 358
Shovar, N., 79
Showers, C., 74
Shrauger, J. S., 54-55, 74, 325-326
Shriver, E. R., 266-267
Sicoly, F., 71, 75-76
Sidanius, J., 146-148, 230, 255-256
Siegelman, J., 208-209
Sigall, H., 328
Silk, J. B., 350-351
Silke, A., 226-227
Silver, M., 173-174, 261
Silver, N., 204-205
Silver, R. C., 70-71
Silverman, J., 309
Silvia, P. J., 104-105, 176-177
Simmons, C. H., 271
Simmons, W. W., 254
Simon, B., 239-240
Simon, H., 110-111
Simon, P., 41-42
Simonton, K., 242

Simpson, J. A., 322, 331-334, 339-340
Sinclair, S., 255-256
Singer, B., 421-422
Singer, J. E., 290-291, 329-330
Singer, M., 208-209
Singer, T., 145-146
Singh, D., 151-152, 320-321
Singh, J. V., 242-243
Singh, P., 331-332
Singh, R., 322-323
Sissons, M., 361
Sittser, G. L., 96-97
Sivacek, J. M., 377
Sivarajasingam, V., 283-284
Six, B., 117
Skaalvik, E. M., 40
Skagerberg, E. M., 434-435
Skinner, B. F., 344-345
Skitka, L. J., 105, 259-260, 322-323, 348-349
Skowronski, J., 84-85
Skurnik, L., 202-203
Slatcher, R. B., 336
Slater, M., 167-168
Slavin, R. E., 391-393
Sloan, R. P., 271-272
Slotow, R., 301
Slotter, E. B., 335-336
Slovic, P., 35-36, 109-110, 368
Small, D. A., 72-73, 360-361
Small, M. F., 152-153
Smedley, J. W., 249-250
Smelser, N. J., 230-231
Smith, A., 73-74, 375-376
Smith, C. S., 256-257
Smith, D. E., 169
Smith, G., 39
Smith, H., 222-223
Smith, H. J., 260-261
Smith, H. W., 140-141
Smith, M. B., 33-34
Smith, P., 182-183, 242-243
Smith, P. B., 28
Smith, P. M., 262-263
Smith, R. E., 440
Smith, R. H., 54-55
Smith, S. L., 367-368
Smith, T. W., 268, 414, 420-421
Smith, V. L., 431-432, 440-441
Smolowe, J., 439-440
Smoreda, Z., 145
Snell, J., 313-314
Snibbe, A. C., 423-424
Snodgrass, M. A., 412-413
Snow, C., 322-323
Snyder, C. R., 72, 184-185, 414
Snyder, E. H., 364
Snyder, M., 43, 79, 95-96, 109, 117-118, 159, 349-350, 365-366, 407
Snyder, R. L., 75-76
Solano, C. H., 334-335
Solberg, E. C., 285, 456-458
Solomon, H., 365-366
Solomon, L. Z., 365-366
Solomon, S., 76-77, 262-263
Sommer, R., 140-141
Sommers, S. R., 438-439, 445-446

Sommerville, J. A., 53
Sonne, J., 420-421
Sontag, S., 300-301
Sophocles, 196
Sparrell, J. A., 74
Spears, R., 226-227
Spector, P. E., 241
Speer, A., 235
Spence, A., 115-116
Spence, C., 360-361
Spencer, C., 182-183
Spencer, H., 196
Spencer, S., 274-275
Spencer, S. J., 263-264
Speth, J. G., 454
Spiegel, H. W., 73-74
Spinoza, B., 326-327
Spisak, B. R., 147-148
Spitz, H. H., 107-108
Spitzberg, B. H., 413-414
Spivak, J., 222-223
Sporer, S. L., 265-266, 430-431
Sprecher, S., 315-316, 331-332, 335-336
Spruijt, N., 241
Srivastava, S., 109, 141-143
Stadler, S. J., 289-290
Stahelski, A. J., 108-109
Stajkovic, A., 66-67
Stalder, D. R., 356
Stambor, Z., 430-431
Standing, L., 182-183
Stangor, C., 144, 272-273, 386-387
Stanley, D., 115-117
Stanovich, K. E., 109-110
Stanton, E. C., 286
Stapel, D. A., 54-55, 197-198
Staples, B., 250-251, 283
Stark, E., 197-198
Stark, R., 208-210
Stasser, G., 231-232, 444-448
Statistics Canada, 148
Staub, E., 172-173, 260-261, 279-280, 286-287, 301, 345, 353-354, 358-359, 368-370, 380, 397-398
Stebbins, C. A., 348-349
Steblay, N. M., 350-351, 434-436, 440
Steele, C., 133, 274-275
Steele, C. M., 54-55, 133, 274-275
Steen, T., 409-410
Steffen, P. R., 363-364
Stein, A. H., 368-370
Stein, D. D., 265
Stein, S., 194-195
Steinem, G., 294-295
Steinhauer, J., 309
Steinmetz, J., 102-104
Stelter, B., 225-226
Stelzl, M., 261-262
Stephan, C. W., 438-439
Stephan, W. G., 329-330, 384-385, 387-388, 438-439
Stephens, N., 182-183
Stern, L. B., 434-435
Sternberg, R. J., 280, 328-329, 331-332, 340
Stevens, N., 424-425

Stewart-Williams, S., 349-350
Stiles, W. B., 410-411
Stillinger, C., 397-398
Stinson, V., 437-438
Stiwne, D., 235-236
Stix, G., 238-239
St. John, H., 458-459
Stockdale, J. E., 140-141
Stoen, G., 208
Stokes, J., 412-413
Stoltenberg, C. D., 421
Stone, A. A., 58-59
Stone, A. L., 98-99
Stone, J., 274-275
Stone, L., 338-339
Stoner, J. A. F., 227-228
Storms, M. D., 219-220
Stouffer, S. A., 286, 384-385
Strack, F., 89, 163-165
Strack, S., 410-411
Straus, M. A., 286-287, 293
Straw, M. K., 358
Streeter, S. A., 320-321
Strenta, A., 267-268
Stroebe, W., 237, 316, 384-385, 412-413
Stroessner, S. J., 264-265
Strong, S., 210-211
Strong, S. R., 417-418, 420-421
Stroud, J. N., 266-267
Stroufe, B., 349-350
Stukas, A. A., 127-128
Sue, S., 440
Suedfeld, P., 358-359
Sugimori, S., 239-240
Sullivan, A., 303-304
Suls, J., 54-55, 72-73, 75
Summers, G., 271-272
Sun, C., 291-292
Sundstrom, E., 242-243
Sunstrom, C. R., 94-95, 228-231, 235-236, 447
Surowiecki, J., 238-239
Sussman, N. M., 183
Svenson, O., 72
Swami, V., 246-247
Swann, W. B., Jr., 62-63, 65-66, 75-76, 90-93, 110-111, 117-118, 260-261, 326-327, 335-336, 340, 407
Swap, W. C., 314-315
Sweeney, J., 222
Sweeney, P. D., 409-410
Swets, J. A., 408
Swift, J., 86-87, 257-258
Swim, J. K., 145, 173-174, 250-254, 267-268
Swindle, R., Jr., 411-412
Symons, D., 149
Synder, M. L., 78
Szent-Györgyi, A., 218-219
Szymanski, K., 223-224

T

Tafarodi, R. W., 54-55, 57
Tajfel, H., 32-33, 260-261
Talbert, B., 75
Talbot, M., 165-166
Tamres, L. K., 145

Tang, S.-H., 131-132
Tangney, J. P., 67-68
Tanke, E. D., 109, 446-448
Tanke, T. J., 446-448
Tannen, D., 145
Tanner, R. J., 165-166
Tapp, J. L., 448
Tarmann, A., 268
Taubes, G., 291, 306
Tavris, C., 126-127, 303-304
Tayeb, M., 242-243
Taylor, D. A., 334-335
Taylor, D. M., 76-77
Taylor, K. M., 54-55, 223-224
Taylor, L. D., 321
Taylor, M., 185-186
Taylor, S., 75-76, 145, 410-411
Taylor, S. E., 72-76, 98-99, 124, 265-267, 409-411, 422-423
Taylor, S. P., 283
Technical Working Group, 432-434
Tedeschi, J. T., 126
Teger, A. I., 374-375
Teigen, Karl, 36-37
Teigen, K. H., 71, 96-97
Telch, M. J., 212-213
Tellegen, A., 312
Temple, W., 207-208
Tennen, H., 417-418
Tenney, E. R., 431
Tennov, D., 346-347
Teob, J. B. P., 322-323
Terenzini, P. T., 229-230
Teresa, Mother, 368
Terracciano, A., 142-143
Tesch, F., 54-55
Tesser, A., 61-63, 120-121, 231-232, 261
Test, M. A., 359-360
Testa, M., 283
Tetlock, P. E., 92-93, 115-117, 120-121, 236-237, 348-349, 454, 382-383, 397-398
t'Hart, P., 235-236
Thatcher, M., 286, 400
Theiss, A. J., 107-109
Thelen, M. H., 324-325
Theroux, P., 87-88
Thibodeau, R., 259
Thomas, G. C., 219-220, 370-371
Thomas, K. W., 453-454
Thomas, L., 151, 279-280
Thomas, M. H., 297-298
Thomas, S. L., 296-297
Thomas, W. N., 436-437
Thomas à Kempis, 243-244
Thompson, J., 433
Thompson, L., 86-87, 395-396
Thompson, L. L., 262-263
Thompson, S. C., 97
Thompson, W. C., 346-347, 442, 448
Thomson, R., 145
Thoreau, H. D., 85-86
Thorne, A., 414
Thornhill, R., 319
Thornton, B., 321
Tice, D. M., 78-79, 417
Tideman, S., 459-460

Tierney, J., 337, 375-376
Timko, C., 68-69
Timmerman, T. A., 284-285
Tindale, R. S., 446-448
Titus, L. J., 218-219
Tobin, R. J., 380
Tocqueville, A. de, 186, 285
Todorov, A., 100-101, 316
Tofighbakhsh, J., 202-203
Tolstoy, L., 103-104, 124, 318-319, 322
Tomasello, M., 353
Tomorrow, T., 189
Tompson, T., 249-250
Tong, E. M. W., 181-182
Tormala, Z. L., 193-194, 211
Totterdell, P., 163-165
Towles-Schwen, T., 115-116
Townsend, E., 115-116
Towson, S. M. J., 438-439
Trail, T. E., 385
Trampe, D., 321
Traub, J., 190
Traut-Mattausch, E., 85-86
Trautwein, U., 40
Travis, L. E., 218
Trawalter, S., 251-252, 263-264
Trewin, D., 294-295
Triandis, H. C., 55, 57, 114-115, 140-141, 286-287, 331-332, 338, 393-394
Trimble, D. E., 364
Triplett, N., 218
Trivers, R., 350-351
Trolier, T. K., 96-97
Tropp, L. R., 250-251, 383-385
Trost, M. R., 239-240, 331-332
Trzesniewski, K. H., 63-65
Tsang, J.-A., 174
Tuan, Y.-F., 226-227
Tubb, V. A., 436-437
Tumin, M. M., 259-260
Turner, C. W., 295
Turner, J. C., 32-33, 199, 217, 259-261
Turner, M. E., 78, 234-236, 348, 393
Turner, N., 242-243
Turner, R. N., 384-385
Turtle, J. W., 436-437
Tutu, D., 186
Tversky, A., 90-91, 93-94, 97, 98, 110-111, 238, 398-399
Twain, M., 326-327, 331-332, 404-405
Twenge, J. M., 56, 64-65, 73-74, 158, 309, 310
Tyler, T. R., 260-261, 368
Tzeng, M., 338-339

U

Uchino, B. N., 422-423
Ugwuegbu, C. E., 438-439
Uleman, J., 100-101
Unger, R. K., 33, 344-345
United Nations, 153-154, 254
Unkelbach, C., 251-252
USGS, 453-454
Ustinov, P., 311-312

V

Väänä, A., 422-423
Vaillant, G., 86-87
Vaillant, G. E., 416-417
Valcour, M., 68-69
Valdesolo, P., 114
Valentine, T., 430-431, 434-435
Vallacher, R. R., 312
Vallone, R., 83-84, 91-92
Vanable, P. A., 414
Van Baaren, R., 163-165
van Baaren, R. B., 322-323
Van Boven, L., 75, 457-458
Vandello, J. A., 55, 287-288
Van den Bos, K., 241
van der Eijnden, R. J. J. M., 76-77
VanderLaan, B. F., 408
Van der Plight, J., 41-42
Vanderslice, V. J., 241
Van Dijk, W. W., 60
Van Honk, J., 283
Van Knippenberg, D., 194-195
Van Laar, C., 386-387
Van Lange, P. A. M., 399
Vanman, E. J., 263-264
Van Vugt, M., 147-148, 344-345, 377-379
Van Yperen, N. W., 334
Vargas, R. A., 179-180
Vasquez, E. A., 284-285
Vaughan, K. B., 130-131
Vazire, S., 59-60
Vega, V., 293
Veitch, R., 288-290
Ventis, W. L., 256-257
Ventrone, N. A., 147-148
Verkuyten, M., 260-261
Verplanken, B., 191-192
Verrilli, D. B., Jr., 209-210
Vescio, T., 255
Veysey, B., 230
Vidmar, N., 432-434, 443-444, 448
Viken, R. J., 96-97
Vinokur, A., 231-232
Vinsel, A. M., 140-141
Virgil, 67-68, 192-193, 317-318
Virtanen, S., 265-266
Visher, C. A., 429-430, 437-438
Visintainer, M. A., 416-417
Visser, P. S., 205-206, 214
Vitelli, R., 44-45
Vivan, J. E., 261-262
Vohs, K. D., 67-69, 78-79, 149, 325, 364
Vollrath, D. A., 446-448
Von—Arnim, E., 109-110
Von Hippel, W., 83-84, 250-251, 263-264
Vonnegut, K., 452-453
Vonofakou, C., 387-388
Vorauer, J. D., 232-233, 267-268, 386
Voss, A., 252
Vu, C., 54-55
Vukovic, J., 151
Vul, E., 238-239

W

Wachtler, J., 240-241
Wagner, R. V., 285
Wagstaff, G. F., 105
Waite, L. J., 72
Wald, M. L., 94-95
Walinsky, A., 306
Walker, I., 250-251
Walker, L. J., 362-363
Walker, M., 177-178
Walker, P. M., 265-266
Walker, R., 202-203
Wall, B., 320-321
Wallace, C. P., 154-155
Wallace, D. S., 117
Wallace, M., 172
Wallbom, M., 117-118, 227
Waller, J., 123, 174, 179-180
Walster, E., 193-194, 314-315, 324-326, 379-380
Walster, G. W., 327-328, 333-334, 379-380
Walster, L. J., 317
Walters, R. H., 286-287
Walther, W., 78-79
Walum, H., 331-334
Wang, A., 326-327
Wang, C. X., 209-210
Wang, T., 178-179
Wangchuck, Jigme Singye, 459-460
Ward, A., 377-378, 397
Ward, C., 269-270
Ward, W. C., 96-97
Warneken, F., 353
Warnick, D., 237
Warr, P., 421-422
Warren, N. C., 322-323
Wason, P. C., 92-93
Watkins, D., 145
Watkins, E. R., 410-411
Watson, D., 104-105
Watson, R., 226-227
Watt, S. E., 309
Wearing, A., 72
Weary, G., 78-79, 98
Weaver, J. B., III, 296-297
Webb, T. L., 117
Weber, A. L., 335-336
Weber, B., 223-224
Weber, N., 434-435
Webster, C. D., 438
Webster, D. M., 239-240
Webster, P., 328-329
Weeks, J. L., 353-354
Wegener, D., 199-200
Wegener, D. T., 200-201
Wegner, D. M., 263, 414
Wehr, P., 397-398
Weigold, M. F., 78
Weiner, B., 99-100, 105, 285, 348-349
Weinstein, N., 72-73
Weiss, H. M., 193-194
Weiss, J., 58-59

Weizel, C., 69, 156
Wells, G. L., 130-131, 297-298, 429-438, 442-443
Welzel, C., 138-139
Wener, R., 68-69
Wenzlaff, R. M., 324-325
Werner, C., 199-200
Werner, C. M., 444-445
West, R. F., 109-110
West, S. G., 259-260, 349-350
Weyant, J. M., 367-368
Whatley, M. A., 348
Wheeler, L., 54-55, 317
Whitchurch, E., 72
White, G. L., 316, 330
White, J. W., 148
White, K., 57
White, L., 331-332
White, M., 280
White, M. J., 363-364
White, P., 440-441
White, R., 380
White, R. K., 453-454, 382-383
Whitehead, A. N., 37, 117
Whitley, B. E., Jr., 429-430
Whitman, D., 77, 249-250
Whitman, R. M., 407
Whitman, W., 115-117, 310-311
Whittaker, J., 182-183
Whittaker, W., 77
Whooley, M. A., 417
Wicker, A., 114-115
Wicklund, R., 104-105
Wicklund, R. A., 346-347
Widom, C. S., 286-287
Wiebe, D. J., 291
Wiegman, O., 192-193
Wiesel, E., 342-343
Wieselquist, J., 334
Wigboldus, D. H. J., 251-252
Wike, R., 246-247
Wilde, O., 240-241
Wilder, D. A., 175-176, 194-195, 261-262, 265, 272-273, 388-389
Wildschut, T., 378-379
Wilford, J. N., 152-153
Wilke, H., 194-195
Wilkes, J., 280-281
Wilkinson, G. S., 350-351
Wilkinson, R. G., 423-424
Wilkowski, B. M., 282
Willard, G., 76-77
Williams, D. K., 199-200
Williams, E., 72-73
Williams, J. E., 143-144, 146-147, 252-253, 415-416
Williams, K., 64, 221-222
Williams, K. D., 222-224, 309-311, 378-379
Williams, M. J., 269-270
Williams, R. L., 131-132
Williams, T. M., 295-296
Williamson, G. M., 346
Willis, F. N., 169
Willis, J., 100-101
Wilson, A., 70-71

Wilson, B., 261-262
Wilson, D. K., 415-416
Wilson, D. S., 350-351
Wilson, D. W., 361
Wilson, E. O., 61-62, 349-351, 461-462
Wilson, G., 151
Wilson, J. P., 363-364
Wilson, R. S., 282
Wilson, S. J., 305
Wilson, T., 60-61
Wilson, T. D., 58-61, 457-458
Wilson, W. R., 314-315
Winch, R. F., 324-325
Windschitl, P. D., 72-73, 75-76
Wines, M., 94-95
Winquist, J., 410-411
Winquist, J. R., 230
Winseman, A. L., 364
Winter, F. W., 314-315
Winter, R. J., 442-443
Wiseman, R., 438
Wisman, A., 309
Wispe, L. G., 361
Wittenberg, M. T., 412-413
Wittenbrink, B., 248-249
Wixon, D. R., 86-87
Wodehouse, P. G., 346-347
Wohl, M. J. A., 97
Wojciszke, B., 328
Wolak, J., 291-292
Wolf, S., 240-241, 440
Wolfe, C., 62-63
Wolfensohn, J., 285
Women on Words and Images, 258
Wong, J. S., 391
Wong, T. J., 265
Wood, J. V., 75-76
Wood, L. A., 142-143
Wood, W., 117, 148, 157-158, 193-194, 204, 424-425
Woodberry, R. D., 256-257
Woods, T., 249-250
Woodward, M., 242
Woodward, W., 242
Woodzicka, J., 59-60
Wootton-Millward, L., 265-266
Worchel, P., 285
Worchel, S., 219-220, 223-224, 391
Word, C., 273
Workman, E. A., 131-132
World Bank, 147-148
Worringham, C. J., 220-221
Wotman, S. R., 339-340
Wraga, M., 275
Wright, D., 266-267
Wright, D. B., 266-267, 434-435, 442
Wright, E. F., 237
Wright, R., 150, 230-231, 283-284, 453-454
Wright, R. A., 223-224
Wright, S. C., 386-387
Wrightsman, L., 443-444
Wrightsman, L. S., 440-441

Wrosch, C., 73-74
Wurf, P., 53
Wylie, R. C., 72

Y

Yamaguchi, S., 71
Yang, S., 73-74
Yarmey, A. D., 432-434, 436-437
Ybarra, O., 65-66
Yee, N., 195
Yelsma, P., 331-332
Yildiz, A. A., 260-261
Yinon, Y., 301
York, R. M., 442-443
Young, A. S., 54-55
Young, J. E., 412-413
Young, L., 331-332
Young, M. P., 331-332
Young, R. D., 414
Yousif, Y., 358-359
Yousif, Y. H., 350-351
Yovetich, N. A., 340
Yuchtman, E., 285
Yuille, J. C., 431
Yukl, G., 395-396
Yzerbyt, V. Y., 325

Z

Zadro, L., 310
Zagefka, H., 457-458
Zajonc, R. B., 218, 220-221, 231-232, 301, 312-315, 382-383
Zakaria, F., 280-281
Zanna, M., 252-253, 273
Zanna, M. P., 79, 145, 199, 286, 303-304, 438-439
Zanni, G., 434-435
Zaragoza, M. S., 431-432
Zauberman, G., 91-92
Zavalloni, M., 228-229
Zebrowitz, L. A., 322
Zebrowitz-McArthur, L., 105, 438
Zeelenberg, M., 96-97
Zeisel, H., 437-438, 443-448
Zhang, Y. F., 453-454
Zhong, C.-B., 310, 366-367, 393-394, 412-413
Zhou, X., 412-413
Zick, A., 247, 255-257
Zickafoose, D. J., 430-431
Zigler, E., 286-287
Zill, N., 286-287, 298-299
Zillman, D., 296-297
Zillmann, D., 218-219, 290-291, 296-297, 321
Zillmer, E. A., 173-174
Zimbardo, P. G., 120-121, 209-210, 225-227, 452-453, 414
Zimmer, C., 53, 350-351
Ziskin, J., 408
Zitek, E. M., 257-258
Zola-Morgan, S., 314-315
Zucker, G. S., 105
Zuckerman, E. W., 63
Zuwerink, J. R., 263-264

Índice Remissivo

A

Abu Ghraib. *Ver* Guerra do Iraque
aceitação, 162-163. *Ver também* conformidade
aconselhamento. *Ver* terapia
acordos integrativos, 395-396
adição, 330-331
agressão, 279-307
   definições, 280-281
   e estimulação, 290-291, 296-297, 299-300
   e gênero, 148, 153
   e incidentes aversivos, 288-291
   e influência do grupo, 300-303
   e pornografia, 291-295
   e *videogames*, 298-301
   e violência na televisão, 43-44, 294-299, 305
   extensão de, 279-280
   reduzindo, 302-307
   sinais de, 290-292, 305
   teoria da aprendizagem social, 286-288, 304-305
   teoria da frustração-agressão, 283-286
   teorias biológicas, 281-284
agressão hostil, 280-281, 304-305
agressão instrumental, 280-281
ajuda, 342-371
   crescente, 365-371
   e felicidade, 346-348, 426-427
   e gênero, 349-350, 363-364
   e modelagem, 358-360, 368-370
   e normas, 348-350
   e personalidade, 362-364
   e pressões de tempo, 359-361
   e religião, 363-365
   e semelhança, 360-363
   e teoria da atribuição, 348-349, 369-371
   inação do espectador, 355-359
   psicologia evolucionista sobre, 349-352
   teoria da troca social, 343-348
Alemanha nazista, 28-29
   e ajuda, 342-343, 362-363, 368-370
   e atitudes, 124-125
   e conformidade, 169, 172-173, 176-177
   e identidade social, 263
   e inação do espectador, 358-359
   e mal, 173-174
   e persuasão, 188-189, 197-198
   e preconceito, 259-260
alinhamento de atitude, 323-324
altruísmo, 343-344, 351-355, 377-378. *Ver também* ajuda
ameaça do estereótipo, 274-275
American Society of Trial Consultants, 443-444

amizade, 141-143, 145-147, 223-224, 386-388.
   Ver também relacionamentos
amor, 328-333
   apaixonado, 328-333
   companheiro, 330-332, 335-336, 341
   e atratividade física, 321-322
amor apaixonado, 328-333
amor companheiro, 330-332, 335-336, 341
amor-próprio, 344-345
amostragem aleatória, 40-41
andrógeno, 153-154
anonimato, 225-227
ansiedade, 76-77, 413-415
antecipação, 312-313
apego, 331-334
apego ansioso-ambivalente, 333-334
apego evitativo, 333-334
apego preocupado, 333-334
apego seguro, 332-333
apego temeroso, 333-334
apoio institucional ao preconceito, 257-259
apreensão de avaliação, 220-222
aprendizagem por observação, 286-287. *Ver também* modelagem
aquecimento global, 451-453. *Ver também* sustentabilidade
arbitragem, 394-395, 397-399
áreas de satisfação, 460-461
argumentos opostos, 199-200, 205-206, 211
armadilha social, 373-376
armas, 290-292, 305, 306
armas de fogo, 290-292, 305, 306
assumir riscos, 147-148
ataques terroristas de 11 de setembro de 2001
   e ajuda, 343
   e ameaças externas comuns, 388-389
   e heurística de disponibilidade, 94-95
   e identidade social, 263
   e intuições sociais, 30
   e mal, 173-174
   e polarização do grupo, 230-231
   e preconceito, 118-119, 246-247, 259-260
   e teoria da frustração-agressão, 284-285
   e viés de retrospectiva, 37
atenção, e persuasão, 209-210
atitude, 30-31, 113-134
   atitudes duplas, 61-62, 114-116, 248-249
   e autoapresentação, 125-126
   e autopercepção, 128-133
   e conformidade, 162-163, 172-173, 208
   e dissonância cognitiva, 126-129, 132-133
   e hipocrisia moral, 114-115
   e influência social, 114-117
   e mudança, 134

   e persuasão, 191-192
   e teoria do comportamento planejado, 115-117
   potência, 117-118
   Ver também princípio atitudes acompanham comportamento; preconceito
atitudes acompanham comportamento, princípio, 30-31, 119-125
   e ajuda, 369-370
   e apoio falado, 120-122
   e conformidade, 162-163, 208
   e dissonância cognitiva, 133
   e felicidade, 426
   e fenômeno do pé na porta, 121-123, 208
   e moralidade, 122-124
   e movimentos sociais, 124-125
   e papéis, 120-121
   e persuasão, 208
   e promoção da paz, 383-384
   e tratamento, 417-419
atitudes duplas, 61-62, 114-116, 248-249
atitudes explícitas, 61-62, 114-116, 191-192
atitudes implícitas, 61-62, 114-116, 191-192
atração, 310-328, 324-327
   e egotismo implícito, 313-314
   e proximidade, 311-315, 328
   e semelhança, 322-325, 328
   mútua, 324-328
   teoria da recompensa, 326-328
   Ver também atratividade física
atração mútua, 324-328
atratividade, 193-196. *Ver também* atratividade física
atratividade física, 314-322
   e amor, 321-322
   e comparação social, 320-321
   e cultura, 318-319
   e julgamentos do jurado, 438
   e mediocridade, 319, 320-321
   e namoro, 314-316
   e persuasão, 194-195
   e teoria da recompensa da atração, 328
   estereótipo da atratividade física, 317-319
   fenômeno de compatibilidade, 316-317
   psicologia evolucionista sobre, 319-321
atribuição disposicional, 100-101
atribuição indevida, 99-100
atribuição situacional, 100-101
atribuições interesseiras, 70-71
autoapresentação, 77-80, 125-126
autoconceito, 53-62
   autoconhecimento, 58-62
   definição, 53
   desenvolvimento do, 53-55
   e ajuda, 366-368

e conformidade, 185-186
e cultura, 54-59
e identidade social, 261
identidades possíveis, 53-54
autoconfiança, 240-241
autoconhecimento, 58-62
autoconsciência, 104-105, 117-118, 226-227
autoconsciência, 267-268
autocontrole, 65-70
autoeficácia, 66-70, 420-421
autoestima, 62-66
    baixa *vs.* segura, 64-66
    definição, 62-63
    e atração, 325-326
    e autoconceito, 54-55
    e cultura, 57
    e depressão, 410-411
    e identidade social, 260-261, 263
    e narcisismo, 64-65
    e persuasão, 204
    e viés de autosserviço, 75-77
    vs. autoeficácia, 66-70
autoincapacitação, 78
autojustificativa, 126-129, 380. *Ver também* dissonância cognitiva
automonitoramento, 78-79
autoridade institucional, 170-172
autoridade legítima, 169-171
autorrevelação, 334-336
autoverificação, 92-93

B

bajulação, 325-326
barganhar, 394-396
bem-estar nacional, 460-461
Benzien, Jeffrey, 172
biopsicossocial, 31-32
bocejo, 164
bode-expiatório, 259-260, 346
brainstorming, 237, 238

C

Calley, Williams, 171-172
calor (ardor), 288-290
canal de comunicação, 201-204
capital social, 348
características da demanda, 45
casamento. *Ver* relacionamentos
catarse, 294-295, 302-305
categorização, 264-267
cérebro
    e agressão, 282
    e amor, 330
    e atitudes, 115-117
    e autocontrole, 66-67
    e individualismo/coletivismo, 56-57
    e intuição, 89-90
    e ostracismo, 310-311
    e preconceito, 252
Cinderela, 27
classe. *Ver* condição socioeconômica
clima, 288-290
coatores, 218
coeficiente de correlação, 40
coesão, 176-177

coletivismo
    definição, 55
    e autoconceito, 55-59
    e comunitarismo, 400-401
    e conformidade, 186
    e influência do grupo, 223-224
    Ver também cultura
comparação para baixo, 458-460
comparação social, 53-55
    e atratividade física, 320-321
    e materialismo, 457-458
    e polarização do grupo, 231-233
competição, 377-380
complementaridade, 324-325
comportamento instintivo, 281-282
comportamento pró-social, 297-300, 368-370. *Ver também* ajuda
compreensão, 204
compromisso prévio, 177-179
comunicação
    canais de, 201-204
    e conformidade, 184
    e dilemas sociais, 377-378
    e gênero, 147-148
    e persuasão, 192-196, 208-209
    e promoção da paz, 394-399
    e relacionamentos, 340
    fluxo a dois níveis de, 203-204
comunitarismo, 186-187, 400-401
conceitos, 33-34
conciliação, 398-399
condescendência, 255
condição de controle, 43-45
condição socioeconômica
    e comparação social, 458-459
    e conformidade, 182-183
    e internet, 337
    e persuasão, 208-209
    e saúde, 423-424
    Ver também desigualdades sociais
confederado, 142
confiabilidade, 193-194
confiança, 208-209, 397
confidência, 422-424
confirmação comportamental, 109-110
conflito, 372-384
    e competição, 377-380
    e dilemas sociais, 373-378
    e mudança de clima, 451-452
    e percepção de injustiça, 379-380
    e percepção errônea, 379-384, 395-398
    Ver também promoção da paz
conformidade, 161-187
    definição, 162-163
    e atitudes, 162-163, 172-173, 208
    e coesão, 176-177
    e compromisso anterior, 177-179
    e cultura, 182-183, 186
    e mal, 173-174
    e métodos experimentais, 174-175
    e normas, 172-174
    e papéis, 182-184
    e pensamento de grupo, 234-235
    e personalidade, 181-183
    e preconceito, 257-258
    e resposta pública, 177-178
    e *status*, 176-178

    e tamanho do grupo, 175-176
    e unanimidade, 175-177
    exemplos da vida real, 171-172
    experimentos de formação de norma de Sharif, 163-166
    experimentos de obediência de Milgram, 167-169, 171-172, 181-182
    experimentos de pressão do grupo de Asch, 165-167
    influência normativa *vs.* informativa, 179-181, 231-233
    resistência a, 184-187
    variações na, 168-172
consciência do estigma, 267-268
conselho profissional, 33-34
consenso, 101-102. *Ver também* efeito do falso consenso
consentimento informado, 45
consistência, 101-102, 239-241
consumo, 453-455
contágio social, 163-165, 301
contato. *Ver* proximidade
contato em condição de igualdade, 387-388
contato visual, 193-194, 340
controle pessoal, 158-159
cooperação, 387-395
    e ameaças externas comuns, 387-391
    e aprendizagem cooperativa, 391-393
    e identidade social, 389-390, 393-395
    e metas superordenadas, 390-391
correlação ilusória, 96-97, 405-406
correlações com intervalo de tempo (*time-lagged*), 40
credibilidade, 192-195, 199, 208-209
crenças sociais, 142-143
culpa, 346, 366-368
culto (também denominado novo movimento religioso), 207-211
cultura, 138-144
    definição, 33, 138-139
    diversidade na, 138-140
    e agressão, 287-288
    e amor, 330
    e atração, 323-324
    e atratividade física, 318-319
    e autoconceito, 54-59
    e autoestima, 57
    e conformidade, 182-183, 186
    e culpa, 346
    e depressão, 411-412
    e divórcio, 338-339
    e erro de atribuição fundamental, 104-105
    e estereótipos, 247-248
    e gênero, 153-157
    e identidade social, 393-395
    e influência social, 30-31
    e normas, 140-143
    e percepção de injustiça, 379-380
    e psicologia evolucionária, 151-153
    e semelhança, 141-144
    e valores, 32-34
    importância da, 138-140

D

debriefing, 45, 358-359
delírios de massa, 165-166

depoimento da testemunha ocular, 429-438
   e *feedback*, 435-435
   e persuasão, 429-431
   efeito da informação errada, 431-434
   recontar, 432-434
   redução do erro, 432-438
   taxas de inexatidão, 430-433
depressão, 75-76, 409-412, 415-417
designação aleatória, 43-45
desigualdades sociais, 255-256, 387-388, 423-424, 458-459. *Ver também* condição socioeconômica; *status*
desindividuação, 224-227
desinibição, 296-297
deslocamento, 284-285
dessegregação, 383-385, 391-393
dessensibilização, 297-298
diagnóstico. *Ver* psicologia clínica
diagnóstico autoconfirmatório, 407
diferença ator-observador, 103-104
diferenças de idade, 204-206, 247
difusão de responsabilidade, 300-301, 358-359
Dilema do prisioneiro, 373-375
dilema social, 373-378
   Dilema do prisioneiro, 373-375
   resolvendo, 375-378
   Tragédia dos comuns, 374-375
discrepância, 197-199
discriminação, 247-248, 253-254. *Ver também* preconceito
discriminação de peso. *Ver* preconceito contra obesidade
disponibilidade heurística, 93-96
dissonância cognitiva, 126-129, 132-133
distância da vítima, 169
distinção, 101-102, 266-270
distração, 205-206, 220-221
diversidade, 136-137, 323-324. *Ver também* cultura; preconceito
divórcio, 338-339, 412-413
doença. *Ver* psicologia clínica
dor, 288-289, 310-311

E

educação de conscientização da mídia (*media awareness education*), 293-295
efeito as mulheres são maravilhosas, 252-253
efeito camaleão, 163-165
efeito da informação errada, 86-87, 431-434
efeito da recenticidade, 200-201
efeito de acentuação, 229-230
efeito de arrastamento (*bandwagon*), 232-233
efeito de autorreferência, 61-62
efeito de falsa singularidade, 75
efeito de homogeneidade do grupo externo, 265-266
efeito de lentidão da minoria, 239-240
efeito de mera exposição, 312-315
efeito de primazia, 200-201
efeito de refletor, 50-53
efeito de sobrejustificação, 130-133, 133, 369-371
efeito do dorminhoco, 192-193
efeito do espectador, 357-358
efeito do falso consenso, 74-75, 100, 322-323
efeito placebo, 417-418

egoísmo, 345, 349-350, 354-355
egotismo implícito, 313-314
Eichman, Adolf, 169-171
eleições
   e atitudes, 117-118
   e atratividade física, 316
   e autoconhecimento, 59-60
   e categorização, 265-266
   e efeito de mera exposição, 314-315
   e erro de atribuição fundamental, 103-104
   e identidade social, 393-394
   e influência do grupo, 238-239
   e manejo do terror, 263
   e percepções de imagem de espelho, 453-454
   e persuasão, 196-197, 200-205
   e pesquisa de opinião, 41-42
   e preconcepções, 83-84
   e proximidade, 312
   e questões legais, 443-444
elevação, 359-360
emoções
   e autopercepção, 129-131
   e bem-estar nacional, 460-461
   e depoimento da testemunha ocular, 431-432
   e doença, 415-417
   e efeito de mera exposição, 314-315
   e estimulação, 290-291
   e fenômeno do nível de adaptação, 457-458
   e gênero, 146-147
   e intuição, 89
   e memória, 87-88
   e percepção de autocontrole, 65-67
   e persuasão, 196-198
   e pré-ativação (*priming*), 82-83
   e preconcepções, 84
   ilusão de transparência, 51-52, 356-357, 386
   previsão de, 59-61
   teoria dos dois fatores (bifatorial), 329-330
   Ver também humores
empatia, 145-146, 352-355, 397-398
engano (*deception*), 44-45
equidade
   e atração, 333-335
   e justiça, 379-380
   e preconceito, 255-256
erro de atribuição fundamental, 101-106, 374-375, 380
erro de percepção, 379-384, 395-398
erros cognitivos. *Ver* expectativas; erro de atribuição fundamental; julgamento social, percepção social
escolha, 68-69
escravidão, 120-121, 127-128
espaço pessoal, 140-141
esquema, 53, 89
esquema do *self*, 53
estatística
   e compreensão do jurado, 442-443
   e julgamentos clínicos, 407-408
estereótipo, 115-116, 130-131, 247-248, 252-253
   autoperpetuante, 271-273
   e atratividade física, 317-319
   e categorização, 264-265
   e conflito, 380
   e julgamentos de indivíduos, 275-278

   e julgamentos do jurado, 438-439
   e pensamento de grupo, 234-235
   Ver também preconceito
estereótipo da atratividade física, 317-319
estereótipos autoperpetuantes, 271-273
estilo explanatório, 409-413, 417-421
estímulos subliminares, 82-83, 89-90
estresse, 75-77, 145, 416-417
estruturação, 41-42
ética, 44-45, 166-169, 358-359, 408
etnocêntrico, 255-256
eventos ruins *vs.* eventos bons, 325
exaustão, 354-355
excitação
   e agressão, 290-291, 296-297, 299-300
   e amor, 329-330
   e dissonância cognitiva, 132-133
   e influência do grupo, 218-221, 224
exclusão, 309-311, 412-413
exclusão moral, 368
exercício, 426
expectativas, 106-110
expectativas do professor, 106-109
experiências de domínio, 69-70
experimento de simulação de prisão, 120-121
experimentos da boneca Bobo
expertise, 89, 192-194
explicações do ciclo de vida, 204-205
explicações generacionais, 204-205
explicações sociais; *Ver* teoria da atribuição
expressividade, 140-141
expressões faciais, 129-131, 145-146, 164

F

facilitação social, 217-223
falácia do planejamento, 59-60, 91-93
falsa modéstia, 79
falsas crenças, 163-165
falsas memórias, 431-434
família, 145-146, 286-287
favoritismo, 261-262, 354-355
felicidade
   aumentando, 426-427
   e ajuda, 346-348
   e bem-estar nacional, 460-461
   e materialismo, 426, 454-459
   e relacionamentos, 341, 423-427, 459-460
   e religião, 426-427, 459-460
fenômeno autocinético, 163
fenômeno de compatibilidade, 316-317
fenômeno de excesso de confiança, 89-93, 406-407
fenômeno de mudança arriscada, 227-229
fenômeno do mundo justo, 270-272
fenômeno do mundo justo, 270-272
fenômeno do nível de adaptação, 456-458
fenômeno do pé na porta, 121-123, 172, 208
fenômeno "eu sabia o tempo todo" (viés de retrospectiva), 35-38, 87-88, 151-153, 406-407
fluência, 202-203
fluxo, 426, 459-460
fluxo de comunicação de dois estágios, 203-204
folie à deux, 209-210
formação de norma, 163-166
frustração, 283-284
funcionalismo, 151-152

G

generalização exagerada, 247-248
gênero, 144-157
   definição, 144
   e agressão, 148, 153
   e ajuda, 349-350, 363-364
   e amor, 330
   e autorrevelação, 335-336
   e comparação social, 321
   e cultura, 153-157
   e depressão, 410-411
   e dominância social, 146-148
   e erro de atribuição, 99-100
   e hormônios, 153-154
   e independência vs. conexão, 145-147
   e influência do grupo, 223-224
   e interação biologia-cultura, 157-158
   e polarização do grupo, 229-230
   e preconceito, 250-254
   e sexualidade, 148-150
   e solidão, 412-413
   e tratamento médico, 415-416
   psicologia evolucionista sobre, 149-153
   Ver também preconceito
genes, 282-283, 331-332. *Ver também* psicologia evolucionista
genocídio, 301, 358-359. *Ver também* Alemanha nazista
Genovese, Kitty, 355, 358
Gore, Al, 189-190
GRIT, 398-399
grupo, 217, 259-263
   tamanho do, 175-176, 225, 376
   Ver também influência do grupo
grupo externo, 260-263
grupo interno, 260-263
grupos de autoajuda, 418-419
guarda da mente, 235
guerra, normas da, 143-144
Guerra do Iraque
   e agressão instrumental, 280-281
   e ajuda, 354-355
   e ameaças externas comuns, 388-389
   e autoestima, 76-77
   e conformidade, 173-174, 181-182
   e dilemas sociais, 375-376
   e dissonância cognitiva, 126-127
   e empatia, 145-146
   e influência do grupo, 224, 235-236
   e influência social, 30-31, 114-115
   e liderança, 241
   e percepção errônea, 453-454, 382-383
   e perseverança da crença, 85-86
   e persuasão, 189
   e preconceito, 246-247, 256-257
   e teoria da frustração-agressão, 284-285
Guerra do Vietnã, 233-234, 354-355, 374-376, 453-454

H

Hearst, Patrícia, 183
heurístico, 93-96
heurístico de representatividade, 93-94
hipocrisia moral, 114-115
hipótese, 37-39
holocausto. *Ver* Alemanha Nazista
homens. *Ver* gênero
homicídio. *Ver* agressão
homofobia, 247
hormônios, 153-154, 283-284
humildade, 77
humores
   e ajuda, 346-348
   e conformidade, 181-182
   e julgamento social, 98-99
   e persuasão, 196-197
   e pré-ativação (*priming*), 82-83
   Ver também depressão; emoções

I

identidade independente, 55
identidade interdependente, 55
identidade pessoal, 260-261
identidade social, 259-263, 265, 301
   e cooperação, 389-390, 393-395
identidades (*selves*) possíveis, 53-54
ignorância pluralista, 232-233, 385-387
Igreja da Unificação, 207-210
ilusão de controle, 97-98
ilusão de invulnerabilidade, 234-235
ilusão de transparência, 51-52, 356-357, 386
ilusão de unanimidade, 235
ilusões positivas, 410-411
imigração, 247, 259-260, 393-395
imitação, 296-297, 322-323, 397
inação do espectador, 355-359
incidentes aversivos, 288-291
inclusão moral, 367-368
individualismo
   definição, 55
   e autoconceito, 55-59
   e comunitarismo, 400-401
   e conformidade, 186
   e depressão, 411-412
   Ver também cultura
inferência de traço espontânea, 84-85, 100-101, 103-104
influência da minoria, 239-446
influência do grupo, 216-244
   aspectos positivos de, 243-244
   e influência da minoria, 239-244, 445-446
   e questões legais, 445-449
   facilitação social, 217-222
   pensamento de grupo, 232-237, 380
   polarização do grupo, 227-233, 380, 445-447
   preguiça social, 220-224, 237
   solução de problema do grupo, 236-239
influência dos pares, 156-157
influência informal, 179-181, 231-232
influência normativa, 179-181, 231-233
influência pessoal, 202-203, 365-367
influência social, 30-31
   e atitudes, 114-117
   e terapia, 420-421
   vs. controle pessoal, 158-159
   Ver também conformidade; cultura; gênero; persuasão
infra-humanização, 261-263
inoculação de atitude, 211-214
instruções do juiz, 439-441
insulamento, 338-340
interação, 157-159
internet, 225-226, 230-231, 336-337, 357-358
intuição, 88-90
intuição social, 29-30
invasão da Baía dos Porcos, 233-234
inversão de papel, 184

J

jogo, 145-146
jogos sem soma zero, 375-376
Jones, Jim, 207-210
julgamento social, 88-100
   e heurística, 93-96
   e humores, 98-99
   e intuição, 88-90
   e pensamento contrafactual, 95-97
   e pensamento ilusório, 89-90, 96-98, 111-112
   fenômeno do excesso de confiança, 89-93
   importância do, 109-112
   julgamentos do jurado, 437-442
julgamentos do jurado. *Ver* questões legais
justificativa insuficiente, 126-128, 130-131

K

Koresh, David, 207-210

L

lavagem cerebral, 124-125
liderança da tarefa, 241
liderança democrática, 241-243
liderança social, 241
liderança transformadora, 242-244
líderes de opinião, 203-204
local de controle externo, 67-68
lócus de controle, 67-68
lócus de controle interno, 67-68

M

mal, 173-174
manejo da impressão. *Ver* autoapresentação
manejo do terror, 262-263
massacre de My Lay, 171-172
materialismo, 456-458
   alternativas ao, 458-461
   aumento no, 454-455
   correlações riqueza-felicidade, 426, 454-458
   e comparação social, 457-459
mediação, 394-398
medicina comportamental, 414-415. *Ver também* psicologia da saúde
medo, 196-198. *Ver também* emoções
medo do fracasso, 78
memória
   e percepção social, 82-83, 85-88
   pré-ativação (*priming*), 82-83, 88, 238, 298-299, 364
   Ver também depoimento da testemunha ocular
mera presença, 217-221
meta superordenada, 390-391
métodos de pesquisa, 37-47
   e questões legais, 448-449
   generalização, 45-46

hipóteses, 37-39
pesquisa correlacional, 38-42
pesquisa experimental, 39, 42-47, 436-437
realidade virtual, 195
mídia
　e comportamento pró-social, 297-300, 368-370
　e julgamentos do jurado, 368-370
　pornografia, 291-295
　videogames, 298-301
　violência na televisão, 43-44, 294-299, 305
　Ver também persuasão
Milgram, Stanley, 167-169, 171-172
mito do estupro, 292
modelagem, 358-360, 368-370
modéstia, 79
Moon, Sun Myung, 207-208
moralidade, 122-124
morte, 262-263
movimentos sociais, 124-125
mulheres. *Ver* gênero
multiculturalismo, 393-395
multidão, 218-220

N

narcisismo, 64-65, 78-79
necessidade de cognição, 205-206
necessidade de pertencimento, 308-311
negligência imune, 60-61
neurociência. *Ver* neurociência social
neurociência social, 31-32
norma de reciprocidade, 348, 350-352
norma de responsabilidade social, 348-349, 359-360
normas
　e ajuda, 348-350
　e conformidade, 172-174
　e cultura, 140-143
　e dilemas sociais, 377-378
novos movimentos religiosos. *Ver* culto

O

obediência, 162-163. *Ver também* conformidade
orgulho, 77
orientação de dominância social, 146-148, 255-257
ostracismo, 309-311
otimismo, 72-74, 416-418

P

papéis sociais. *Ver* papel
papel, 53-54, 120-121, 153-157, 182-184
papel de gênero, 153-157
"parasitas", 222-224
paz, 373. *Ver também* promoção da paz
Pearl Harbor, 233-234
pena capital, 444-445
pena de morte, 444-445
pensamento contrafactual, 95-97
pensamento de grupo, 232-237, 380
pensamento ilusório, 89-90, 96-98, 111-112
pensamento inconsciente, 89
pensamento positivo, 66-68, 110-112, 196-197, 459-460

pensamento simplista, 454
percepção de autocontrole, 65-70
percepção de imagem de espelho, 380-454
percepção de injustiça, 379-380
percepção do líder mau-pessoas boas, 453-454
percepção social, 82-88
　e memória, 82-83, 85-88
　e preconcepções, 82-85
　importância da, 109-112
　perseverança da crença, 84-86
　pré-ativação (*priming*), 82-83
perseverança da crença, 84-86
personalidade, 30-31, 181-183, 255-257, 362-364, 415-416
personalidade autoritária, 255-257
personalização da vítima, 169-170
personalização exagerada, 414-415
persuasão, 188-215
　cultos, 207-211
　e canais de comunicação, 201-204
　e comunicador, 192-196, 208-209
　e conteúdo, 196-201, 208-209
　e depoimento da testemunha ocular, 429-431
　e plateia, 204-206, 208-209
　e polarização do grupo, 231-233
　e terapia, 421
　resistência à, 210-215
　rotas centrais *vs.* periféricas, 190-192, 196, 205-206, 231-232, 421
pesquisa correlacional, 38-42
　pesquisa de opinião, 40-42
　relacionamentos de correlação/causação, 39-41
　vs. pesquisa experimental, 43-44, 46-47
pesquisa de campo, 38-39
pesquisa de opinião, 40-42
pesquisa experimental, 39, 42-47, 436-437. *Ver também* tópicos de pesquisa específicos
pesquisa laboratorial, 38-39
pessimismo defensivo, 74
plateia, 204-206, 208-209
pobreza, 423-424. *Ver também* condição socioeconômica
polarização do grupo, 227-233
　e conflito, 380
　e questões legais, 445-447
　exemplos da vida real, 229-232
　experimentos em, 228-230
　explicações de, 231-233
　fenômeno de mudança arriscada, 227-229
pontualidade, 140-141
pornografia, 291-295
Portal do Paraíso, 207-211
pós-modernismo, 449
pré-ativação (*priming*), 82-83, 88, 238, 298-299, 364
preconceito, 118-119, 124, 246-278
　definições, 247-249
　e ajuda, 361-362
　e ameaça do estereótipo, 274-275
　e atitudes duplas, 248-249
　e atribuições, 269-272
　e categorização, 264-267
　e cooperação, 391-393
　e dessegregação, 383-385, 391-393
　e distinção, 266-270

　e efeito de mera exposição, 314-315
　e estereótipos autoperpetuantes, 271-273
　e ignorância pluralista, 386
　e julgamentos de indivíduos, 275-278
　e julgamentos do jurado, 438-440
　e obesidade, 43, 246-247
　e profecias autorrealizadoras, 273-274
　e proximidade, 383-385
　e seleção do júri, 443-444
　evitando, 263-264
　fontes sociais de, 255-259
　gênero, 250-254
　moderno, 250-251
　racial, 248-252
　reduzindo, 277-278
　teoria da identidade social, 259-263, 265
　teoria do bode-expiatório, 259-260
　Ver também promoção da paz
preconceito contra obesidade, 43, 246-247
preconceito moderno, 250-251
preconceito racial, 248-252. *Ver também* preconceito
preconcepções, 33-34, 82-85, 380
preferências de acasalamento, 150-152
preguiça social, 220-224, 237
pressão do grupo, 165-167
previsões afetivas, 59-61
primeiras impressões, 317-318
privação relativa, 285-286
problemas de comportamento, 409-418
　depressão, 75-76, 409-412, 415-417
　solidão, 334-335, 411-414
　timidez, 413-415
　tratamento para, 417-421
processamento automático, 89, 115-117
processamento cognitivo
　categorização, 264-267
　e depressão, 409-412
　e intuição, 89-90
　e persuasão, 190-192
　e pré-ativação, 82-83
　e solidão, 411-414
　e viés de autosserviço, 75-76
　necessidade por cognição, 205-206
　timidez, 413-415
processamento controlado, 89, 115-117
processamento duplo, 29, 115-117, 191-192
profecia autorrealizável, 28, 106-110, 273-274
promoção da paz, 373, 383-401
　e comunicação, 394-399
　e conciliação, 398-399
　e proximidade, 383-388
　Ver também cooperação
propaganda, 189-190. *Ver também* persuasão
propaganda. *Ver* persuasão
proximidade, 311-315, 328, 383-388
psicologia clínica
　precisão do julgamento, 405-409
　terapia, 210-211, 417-421
　Ver também problemas de comportamento; saúde
psicologia cultural, 58
psicologia da saúde, 414-418
psicologia evolucionária, 30-31, 137-139
　sobre agressão, 281-282
　sobre ajuda, 349-352
　sobre atratividade física, 319-321

sobre gênero, 149-153
sobre religião, 152-153
psicologia social
  definição, 27-29
  e bom-senso, 34-38
  e valores, 32-35
  temas importantes na, 28-32

Q

qualidade de vida, 460-461
questão natureza-criação, 30-32, 138-139
questões legais, 428-449
  características da vítima, 440-442
  características do réu, 437-440
  compreensão do jurado, 441-443
  e influência do grupo, 445-449
  instruções do juiz, 439-441
  pena de morte, 444-445
  seleção do júri, 442-444
  Ver também depoimento da testemunha ocular

R

racionalização, 234-235
racismo, 248-249. *Ver também* preconceito racial
raiva, 285. *Ver também* agressão; emoções
realidade, construção da, 28-29
realidade virtual, 195
realismo depressivo, 409-410
realismo experimental, 44-45, 166-167
realismo mundano, 44-45, 166-167
reatância, 184-185, 440
reciprocidade de revelação, 334-335
recontar, 432-434
rede social, 78-79
regressão para a média, 97-98
regulação, 375-376
rejeição, 309-311
relacionamentos, 308-341
  amor, 321-322, 328-333, 335-336, 341
  dissolução de, 338-340
  e apego, 331-334
  e autorrevelação, 334-336
  e equidade, 333-335
  e felicidade, 341, 423-427, 459-460
  e gênero, 145-147
  e influência do grupo, 223-224
  e internet, 336-337
  e normas, 141-143
  e saúde, 421-424
  encorajando, 341
  necessidade de pertencer, 308-311
  Ver também atração
relevância do grupo, 386-387
religião
  cultos, 207-211
  e ajuda, 363-365
  e felicidade, 426-427, 459-460
  e inclusão moral, 368
  e preconceito, 256-258
  e psicologia evolucionista, 152-153
repetição, 201-203, 313-315
representações sociais, 33
retrospectiva cor-de-rosa, 86-88

Rickey, Branch, 393
rima, 202-203
Robinson, Jackie, 393
rota central à persuasão, 190-192, 196, 205-206, 231-232, 421
rota periférica para persuasão, 190-192, 196, 205-206, 421
roteiros sociais, 297-298
rotulagem, 33-35, 54-55
ruminação, 304-305, 410-411

S

satisfação com a vida, 460-461
saúde, 421-424
  psicologia da, 414-418
  Ver também problemas de comportamento
saúde. *Ver* materialismo
seleção de parentesco, 349-351
seleção de parentesco, 349-351
seleção do grupo, 350-352
seleção do júri, 442-444
seleção natural, 137-138
self (eu, identidade)
  autoapresentação, 77-80
  e efeito de refletor, 51-53
  e ilusão de transparência, 51-53
  percepção de autocontrole, 65-70
  Ver também autoconceito; autoestima; viés de autosserviço
self espelho, 54-55
semelhança
  e ajuda, 360-363
  e atração, 322-325, 328
  e cultura, 141-144
  e julgamentos do jurado, 438-440
  e persuasão, 194-195
  psicologia evolucionista sobre, 350-351
sentimento de culpa, 410-412
serotonina, 283-284
sexismo, 248-249. *Ver também* gênero
sexismo benevolente, 252-253
sexismo hostil, 252-253
sexualidade, 148-152
similitude. *Ver* semelhança
simpatia. *Ver* atração
Simpson, O. J., 428-429
singularidade, 184-186
sistema imune psicológico, 60-61
socialização, 255-258, 367-371
solicitude, 28-29, 163-164
solidão, 334-335, 411-414
solução de problemas, 236-239
sono, 426-427
status
  e conflito, 379-380
  e conformidade, 176-178
  e julgamentos do jurado, 437-438
  e preconceito, 255-256, 262-263
  normas universais, 142-144
  Ver também desigualdades sociais
subagrupar, 273
subjetividade, 33-34
submissão, 162-163, 208. *Ver também* conformidade
subtipagem, 273
sugestionabilidade, 163-166

suicídio imitado (*copycat*), 165-166
sustentabilidade, 450-462
  e ameaças externas comuns, 389-390
  e comparação para baixo, 458-460
  e dilemas sociais, 373-374, 377-378
  e persuasão, 189-190
  necessidade de, 451-453
  possibilitar, 452-455
  Ver também materialismo

T

tabu do incesto, 143-144
TAI (teste de associação implícita). *Ver* teste de associação implícita (TAI)
técnica bola baixa, 122
técnica da porta na cara, 366-368
temperatura, 288-290, 412-413
tempo, 359-361, 426
teoria, 37-39
teoria da aprendizagem social, 286-288, 304-305
teoria da atribuição, 99-106
  atribuições de bom senso, 100-102
  e ajuda, 348-349, 369-371
  e atração, 325-326
  e conflito, 453-454
  e depressão, 409-410
  e dilemas sociais, 374-375
  e erro de atribuição fundamental, 101-106, 374-375, 380
  e preconceito, 269-272
  e terapia, 419-421
  má atribuição, 99-100
  transferência de traço espontânea, 84-85, 100-101, 103-104
teoria da autopercepção, 128-133
teoria da autosserviço, 133
teoria da dissonância. *Ver* dissonância cognitiva
teoria da frustração-agressão, 283-291
teoria da recompensa da ajuda, 344-348
teoria da recompensa da atração, 326-328
teoria da troca social, 343-348
teoria do comportamento planejado, 115-117
teoria do conflito grupal realístico, 259-260, 377-380
teoria dos dois fatores da emoção, 329-330
terapia, 210-421
terapia coerciva, 420-421
terapia de estilo explanatório, 419-421
terapia do comportamento, 417-419
terapia racional-emotiva, 418-419
terrorismo
  e agressão instrumental, 280-281
  e identidade social, 263
  e pensamento de grupo, 380
  e percepções de imagem de espelho, 452-453
  e persuasão, 208-209
  e polarização do grupo, 230-232
  e teoria da aprendizagem social, 286
  e teoria da frustração-agressão, 285
  Ver também ataques terroristas de 11 de setembro de 2001
teste de associação implícita (TAI), 115-117, 248-249
testosterona, 283-284

timidez, 413-415
Titanic, 235, 349
tomada de decisão, 127-129, 177-179, 196-197
traços, 141-143
Tragédia dos comuns, 374-375
treinamento da assertividade, 417-418
treinamento das habilidades sociais, 418-420

U

uso de álcool, 184-185, 283

V

valores, 32-35
variável dependente, 43-44
variável independente, 43-44

videogames, 298-301
viés. *Ver* viés de retrospectiva; preconceito; viés de autosserviço
viés da perspectiva da câmera, 103-104
viés da raça, 265-266, 361-362
viés de autosserviço, 70-77
   e arbitragem, 398-399
   e atração, 313-314, 317
   e atribuições, 70-71
   e autoestima, 75-77
   e conflito, 380
   e otimismo, 72-74
   e polarização do grupo, 232-233
   e preconceito, 269-271
   efeito de falsa singularidade, 75
   efeito de falso consenso, 74-75, 100, 322-323
   explicações de, 75-76

viés de confirmação, 92-93
viés de grupo interno, 260-262, 350-352, 368, 380, 389-390
viés de impacto, 60-61
viés de interesse do grupo, 76-77, 269-271
viés de retrospectiva, 35-38, 87-88, 151-153, 406-407
viés do experimentador, 106-107
viés induzido por retrato, 436-437
viés linguístico intergrupal, 270-271
violação das regras, 140-141, 176-178
violência. *Ver* agressão
violência na televisão, 43-44, 294-299, 305
violência sexual, 291-295. *Ver também* agressão
visão cega, 89-90
vocações, 145-146